新中国民法典草案总览

（增订本）

何勤华 李秀清 陈 颐 编

上卷

图书在版编目（CIP）数据

新中国民法典草案总览：全3册/何勤华，李秀清，陈颐编. —增订本. —北京：北京大学出版社，2017.5
ISBN 978-7-301-28052-2

Ⅰ.①新… Ⅱ.①何… ②李… ③陈… Ⅲ.①民法—法典—草案—汇编—中国 Ⅳ.①D923.09

中国版本图书馆 CIP 数据核字（2017）第 024606 号

书　　　名	新中国民法典草案总览（增订本）（上中下卷） Xin Zhongguo Minfa Dian Cao'an Zonglan（Zengding Ben）（Shang Zhong Xia Juan）
著作责任者	何勤华　李秀清　陈　颐　编
责任编辑	王建君　陈　康
标准书号	ISBN 978-7-301-28052-2
出版发行	北京大学出版社
地　　　址	北京市海淀区成府路 205 号　100871
网　　　址	http://www.pup.cn　http://www.yandayuanzhao.com
电子信箱	yandayuanzhao@163.com
新浪微博	@北京大学出版社　@北大出版社燕大元照法律图书
电　　　话	邮购部 62752015　发行部 62750672　编辑部 62117788
印 刷 者	南京爱德印刷有限公司
经 销 者	新华书店
	880 毫米×1230 毫米　32 开本　84.25 印张　3788 千字 2017 年 5 月第 1 版　2017 年 5 月第 1 次印刷
定　　　价	388.00 元（全三卷）

未经许可，不得以任何方式复制或抄袭本书之部分或全部内容。
版权所有，侵权必究
举报电话：010-62752024　电子信箱：fd@pup.pku.edu.cn
图书如有印装质量问题，请与出版部联系，电话：010-62756370

增订本序

2015年3月,新中国第五次民法典编纂工作正式启动。① 在北京大学出版社的建议和支持下,我们决定增订再版15年前编辑的《新中国民法典草案总览》,以纪念为新中国民法典编纂事业呕心沥血的几代法律人。

本次增订情况如下:

一、对原书的调整

(一)据1957年4月4日的"[借贷]说明",借贷不包括使用借贷(借用),因此将原书第一部分"50年代""四、债法分则""(四)借贷"中的有关借用契约的内容独立成章。

---

① 关于新中国民法典编纂历程的著述已有不少,现仅就前四次立法过程简要说明如下:
第一次民法典编纂工作始自1954年下半年,1956年9月中共八大后进展迅速,于同年年底草拟了民法草稿。1957年"反右运动"开始后,民法典编纂工作偃旗息鼓。1958年8月,毛泽东在北戴河中央政治局扩大会议上的讲话中明确,"民法和刑法那一类法律都不需要了"。
1962年3月22日,毛泽东在谈话中突然提出"没有法律不行,刑法、民法一定要搞",第二次民法典编纂工作随之启动。随着1965年年初开始接踵而来的"四清运动"("社会主义教育运动")和"文化大革命",第二次民法典编纂工作无疾而终。
1978年10月13日,中央政法小组召开法制建设座谈会,重提毛泽东1962年3月22日制定刑法、民法的讲话,同年12月13日,邓小平在中央工作会议闭幕会上讲话中明确"应该集中力量制定刑法、民法、诉讼法和其他各种必要的法律",第三次民法典编纂工作于1979年11月正式启动。不过,邓小平在上述讲话中同时指出,"修改补充法律,成熟一条就修改补充一条,不要等待'成套设备'",因此,在第三次民法典编纂工作中,彭真最终认为"民法不是短期间可以制定的",主张"一方面要搞民法,另一方面要搞单行法……先搞单行法,成熟了,再吸收到民法中来"("在民法座谈会上的讲话",1981年5月27日),其结果是1982年5月以后,民法编纂工作三度搁置。
2000年3月,李鹏委员长在《全国人大常委会工作报告》中明确提出"力争在本届(第九届)人大任期内编纂一部比较完整的民法典",第四次民法典编纂工作正式启动。2003年3月,全国人大换届,之前于2002年12月23日曾提交全国人大常委会审议的民法典草案因批评意见甚多被搁置,十届全国人大继续单行立法的思路,整体性的民法典编纂工作第四次搁置。

（二）原书第一部分"50年代""四、债法分则""（七）信托、行纪"部分的"说明"（1958年3月21日）及四次草稿均只写做"信托"，因此删去目录中"行纪"二字。

（三）1957年《保障出版物著作权暂行规定（草案）》原放在全书附录，现调整至第一部分"20世纪50年代"附录。

（四）原书第二部分"60年代"增加了二级标题，相应标题据1963年7月9日《中华人民共和国民法（草稿）》和1964年7月1日《中华人民共和国民法草案（试拟稿）》确定，该部分收录文献的顺序亦依照这两稿重新调整。

（五）1963年3月《中华人民共和国经济法（草案）》原放在全书附录，现调整至第二部分"20世纪60年代"附录。

二、增补的内容

（一）第一部分"20世纪50年代"附录增加了陈绍禹于1950年4月14日所作的《关于〈中华人民共和国婚姻法〉起草经过和起草理由的报告》。

（二）自第三次民法典编纂开始，三次民法典编纂均主张民法典起草与民事单行法制定工作并行不悖。在第三次民法典编纂时，主持立法工作的全国人大常委会副委员长彭真就主张"先搞单行法，成熟了，再吸收到民法中来"[1]；在第四次民法典编纂时，全国人大常委会委员长李鹏在《全国人大常委会工作报告》（2000年）中提出，"在民事主体制度、物权制度、债权制度、知识产权制度、婚姻家庭制度等单项法律基本齐备的基础上，力争在本届人大任期内编纂一部比较完整的民法典"[2]；在第五次民法典编纂中，立法者认为，婚姻法、民法通则、继承法、收养法、担保法、合同法、物权法、侵权责任法等一系列民事法律，为编纂民法典准备了较好的条件，而编纂工作也将按照"两步走"的工作思路进行：第一步，编纂民法典总编（即"中华人民共和国民法总则"）；第二步，编纂民法典各分编，从而形成统一的民法典。[3]

因此，本次增补，除增加了2002年12月23日《中华人民共和国民法（草案）》外，还尽可能完整地收录了20世纪70年代末以来民法通则、民法总则、物权法、担保法、经济合同法、涉外经济合同法、技术合同法、合同法、婚姻法、收养法、继承法、著作权法、专利法、商标法以及涉外民事关系法律适用法的立法草案、修正案草案以及相关立法文献，并分别列入第三部分"20世纪70年代末至90年代中期"、第四部分"20世纪90年代末以来"。

---

[1] 彭真：《在民法座谈会上的讲话》（1981年5月27日），载《彭真文选》（1941—1990），人民出版社1991年版，第424页。

[2] 李鹏：《全国人民代表大会常务委员会工作报告（2000年）——2000年3月9日在第九届全国人民代表大会第三次会议上》，载中国人大网（http://www.npc.gov.cn/wxzl/wxzl/2000-12/14/content_8939.htm），2016年10月20日访问。

[3] 参见《关于〈中华人民共和国民法总则（草案）〉的说明》，载中国人大网（http://www.npc.gov.cn/npc/lfzt/rlyw/2016-07/05/content_1993422.htm），2016年10月20日访问。

此外，为便利使用，本次增订对原文的序号按照现行规范作了统一调整，对个别字如"帐"与"账"、"的""地""得"、"作"与"做"的用法作了统一，对阿拉伯数字与汉语数字的使用按照现行规范作了调整。同时，在尊重历史文件原貌的基础上，我们对极少数字词缺漏影响句意完整的，作了谨慎的填补，并以"[ ]"标明；个别无法索解的表达，仍予以保留，以待通人。

本次增订工作，得到了北京大学出版社蒋浩先生以及华东政法大学戴永盛副教授、金可可教授、浙江大学陆青副教授、中山大学韩光明副教授的大力帮助；华东政法大学法律史专业硕士研究生李琴、陈梅、曾润轩、柴雯协助校阅了初稿；蒋浩先生以及王建君、陈康编辑努力的工作确保了本书的品质。在此，一并表达我们诚挚的谢意。

本次增订，规模庞大，资料繁多，错误缺点在所难免，敬请读者诸君务必批评指正。我们虽然是搞法史研究的，但也想为我国民法典的编纂——这一凝聚了数代法律人梦想的伟大事业尽一点绵薄之力。

本书，就是我们献给学界的一点心意。

何勤华 李秀清 陈 颐
于华东政法大学
法律文明史研究院
2017 年 3 月 27 日

要 目

上 卷

20 世纪 50 年代

一、总则 ………………………………………… 3
二、所有权 ……………………………………… 38
三、债篇通则 …………………………………… 136
四、债篇分则 …………………………………… 197
五、继承 ………………………………………… 809
附录 ……………………………………………… 815

中 卷

20 世纪 60 年代

一、民法 ………………………………………… 851
二、总则 ………………………………………… 1061
三、财产的流转关系 …………………………… 1063
附录 ……………………………………………… 1143

20 世纪 70 年代末至 90 年代中期

一、民法 ………………………………………… 1151

二、民法通则 …………………………………… 1343
三、经济合同法（修改） ……………………… 1361
附录 ……………………………………………… 1384

下 卷

20 世纪 90 年代末以来

一、民法 …………………………………………… 1483
二、民法总则 ……………………………………… 1548
三、物权法 ………………………………………… 1695
四、合同法 ………………………………………… 1848
五、侵权责任法 …………………………………… 2211
六、婚姻法（修改） ……………………………… 2279
七、著作权法（修改） …………………………… 2347
八、专利法（修改） ……………………………… 2431
九、商标法（修改） ……………………………… 2527
十、涉外民事关系法律适用法 …………………… 2596

附录　中华人民共和国民法总则 ……………… 2611

详 目

上 卷

20 世纪 50 年代

一、总则 3
中华人民共和国民法总则(草稿)(1955 年 10 月 5 日) 3
中华人民共和国民法典(第二次草稿)总则篇(1955 年 10 月 24 日) 11
 总则部分讨论题(1956 年 11 月 28 日) 18
 关于讨论法律行为和诉讼时效的一些主要意见(1956 年 11 月 28 日) 19
 对总则提出书面意见的单位(1956 年 11 月 28 日) 21
总则篇(第三次草稿)(1956 年 12 月 17 日) 22
中华人民共和国民法典总则篇(第四次草稿)(1957 年 1 月 15 日) 29

二、所有权 38
说明(1958 年 3 月 25 日) 38
中华人民共和国民法典所有权篇(草稿)[最初稿](1956 年 4 月) 40
中华人民共和国民法典所有权篇(第一次草稿)(1956 年 4 月) 52
中华人民共和国民法典所有权篇草稿(二稿)(1956 年 4 月) 59
中华人民共和国民法典所有权草案(草稿)[三稿](1956 年 5 月 12 日) 64
中华人民共和国民法典所有权篇草案(草稿)[四稿](1956 年 6 月 5 日) 69
中华人民共和国民法典所有权篇草案(第五次草稿)(1956 年 8 月 20 日) 75
《中华人民共和国民法典(草案)》所有权篇(第五次草稿)意见汇辑
 (1956 年 12 月 26 日) 82
中华人民共和国民法典草案所有权篇(第六次草稿)(1957 年 1 月 7 日) 123
中华人民共和国民法典草案所有权篇(第七次草稿)(1957 年 1 月 21 日) ... 128

详目 1

关于"所有权篇"的几个问题(1957年3月21日) ·················· 133
关于典权、地上权、抵押权等问题调查提纲 ·················· 134

三、债篇通则 ·················· 136

说明 ·················· 136
债篇通则(第一次草稿)(1955年10月24日) ·················· 137
  对通则部分内容的意见 ·················· 144
[债篇通则]债的履行部分(第一次草稿)(1956年8月23日) ·················· 145
  关于债权篇通则的参考资料(债的担保部分)(1956年9月3日) ·················· 153
债权篇通则(草稿)[二稿](1957年1月7日) ·················· 157
债的通则(第二次稿)(另案)(1957年1月9日) ·················· 168
  债权篇有关通则部分的讨论题(1957年1月10日) ·················· 180
债篇通则(第三次草稿)(1957年2月5日) ·················· 183
损害赔偿(或改为:因侵权行为所产生的债)(第三次草稿)
  (1957年2月10日) ·················· 191
无因管理(第三次草稿)(1957年2月10日) ·················· 193
不当得利(第三次草稿)(1957年2月10日) ·················· 194
  有关民法债篇通则的几个主要问题(1957年3月30日) ·················· 195

附

讨论题[债] ·················· 196

四、债篇分则 ·················· 197

(一)买卖 ·················· 197

说明(1958年3月31日) ·················· 197
买卖条例(第一次稿)(1956年3月29日) ·················· 200
买卖(第二次草稿)(1956年4月14日) ·················· 208
买卖(第三次草稿)(1956年4月25日) ·················· 214
买卖(第四次草稿)(1956年6月18日) ·················· 219
买卖(第五次草稿)(1956年7月24日) ·················· 224
买卖契约(合同)(第六次草稿)(1957年4月1日) ·················· 230

(二)承揽 ·················· 234

说明(1958年3月27日) ·················· 234
承揽(第一次草稿)(1956年5月30日) ·················· 235

  座谈提纲(1955年5月10日)……238
  关于加工订货合同的问题(民法问题座谈会记录之五)(1955年5月)……239
  北京市有关业务部门座谈加工订货问题摘要(1956年5月17日)……242
 承揽(第二次草稿)(1956年6月6日)……259
 承揽(或写为:包工合同)(第三次草稿)(1956年7月16日)……261
 承揽(或写为:包工合同)(第四次稿)(1956年7月28日)……264
  关于承揽契约的一些主要问题(1956年12月)……268
  中华人民共和国民法典(草案)债篇承揽第四次稿意见汇辑
   (1956年12月15日)……272
  有关加工订货的一些新情况(1957年2月7日)……303
 中华人民共和国民法典(草案)债篇承揽契约(第五次草稿)
  (1957年3月7日)……306
  承揽契约的几个问题(1957年3月25日)……309
  承揽契约的几个问题(1957年5月15日)……311

附
  承揽契约历次调查材料单位……312
  关于加工、订货参考资料索引(一)(1955年11月4日)……314

(三)租赁……317
 说明(1958年4月5日)……317
 中华人民共和国民法债权篇租赁(第一次草稿)(1956年3月24日)……318
 租赁(第二次草稿)(1956年4月6日)……327
 租赁(第三次草稿)(1956年4月14日)……331
 中华人民共和国民法典租赁篇(第四次草稿)(1956年5月26日)……335
 租赁(第五次草稿)(1956年7月11日)……339
 中华人民共和国民法典(草案)债篇租赁(第五次草稿)意见汇辑
  (1957年1月14日)……343
 中华人民共和国民法典(草案)债篇租赁(第六次草稿)(1957年3月23日)……366

附
  租赁契约历次调查材料的单位……371

(四)借贷……373
 说明(1957年4月4日)……373
 借贷(第二次草稿)(1955年9月3日)……375
 借贷(第二次稿)(1956年3月27日)……380

借贷(第三次稿)(1956年4月20日) ······ 382
借贷(第四次稿)(1956年7月23日) ······ 385
 中华人民共和国民法典(草案)债篇借贷(第四次稿)意见汇辑
  (1957年1月9日) ······ 388
 关于借贷契约的几个主要问题(1957年1月9日) ······ 409
 关于借贷的一些情况(1957年2月16日) ······ 411
 关于"借贷契约"的几个问题(1957年3月22日) ······ 414

附
 天津市关于借贷问题的座谈记录 ······ 415
 有关借贷债务研究的初步意见 ······ 421
 关于借贷的参考问题 ······ 425
 借贷资料调查提纲 ······ 427
 关于私人借贷问题的资料(1953年12月) ······ 428

(五)借用 ······ 437

借用契约(第一次稿)(1956年7月16日) ······ 437
 借用契约的几个主要问题(1957年2月4日) ······ 438
 关于借用契约的草案意见(1956年11月) ······ 439

附
 使用借贷的材料(1956年3月31日) ······ 440
 西四区人民法院使用借贷案件的情况(1956年3月12日) ······ 442

(六)承揽运送 ······ 443

说明(1958年4月4日) ······ 443
承揽运送契约(第一次草稿)(1956年6月4日) ······ 444
承揽运送契约(第二次草稿)(1956年6月22日) ······ 446
承揽运送契约(第三次草稿)(1956年8月1日) ······ 448
运送(第四次草稿)(1956年8月10日) ······ 450
承揽运送契约(第四次草稿)(1956年8月21日) ······ 453
 中华人民共和国民法典(草案)债权篇承揽运送契约(第四次草稿)
  意见汇报(1957年2月22日) ······ 455
 承揽运送契约(第四次草稿)几个问题(1957年3月5日) ······ 472
运送(第五次草稿)(1957年3月20日) ······ 474
承揽运送契约(第五次草稿)(1957年3月20日) ······ 476
 关于"承揽运送契约"的几个问题(1957年3月23日) ······ 478

关于"承揽运送契约"的几个问题(1957年5月20日) ……………… 480

(七)委任 …………………………………………………………… 482

委任契约(第一次草稿)(1956年8月9日) ……………………… 482
委任契约(第二次草稿)(1956年8月24日) …………………… 484
  委任契约的几个问题(委任契约资料之一)(1956年8月) …… 486
委任契约(第三次草稿)(1956年9月15日) …………………… 491
委任契约(第四次稿)(草稿)(1957年2月22日) ……………… 493
委任契约(第四次草稿)(1957年3月14日) …………………… 497

(八)信托 …………………………………………………………… 499

说明(1958年3月21日) ………………………………………… 499
信托契约(第一次草稿)(1956年8月) …………………………… 501
  有关行纪问题座谈记录(1956年8月6日) …………………… 503
信托契约(第二次草稿)(1956年8月30日) …………………… 506
信托契约(第三次稿)(1956年9月20日) ……………………… 508
  有关"信托契约"的分解参考资料(1957年1月14日) ……… 510
  中华人民共和国民法典(草案)债篇信托契约(第三次草稿)意见汇辑
    (1957年1月14日) ………………………………………… 522
  关于信托契约中应讨论的几个问题(1957年2月8日) ……… 548
  关于"信托契约"的几个问题(1957年3月21日) …………… 550
信托契约(第四次稿)(1957年3月21日) ……………………… 551

(九)赠与 …………………………………………………………… 553

说明(1958年4月4日) …………………………………………… 553
赠与(契约)(初稿)(1956年11月17日) ……………………… 554

附

沈阳市公证处答复(1956年9月29日) ………………………… 556
赠与契约资料(根据北京市公证处公证的十五件赠与契约所作的总结)
  (1956年9月30日) ……………………………………………… 557
赠与契约的参考资料(根据文化部文物局文物捐献档案整理)
  (1957年2月11日) ……………………………………………… 561
赠与契约的几个类别(1957年6月1日) ………………………… 564
赠与中的纠纷案情(1957年6月1日) …………………………… 565
广州市公证处公证赠与卷宗 ………………………………………… 566

武汉市公证处卷宗(第47号)(1957年4月2日) ················· 568
　　广州市中级及区人民法[院]座谈会：关于赠与问题记录(1957年5月13日) ······ 569
　　河北省高级人民法院报送有关"合伙、赠与、互易"的案件材料 ············ 570

(十) 基本建设工程包工 ······································ 574
　简要说明 ··· 574
　基本建设承揽(第一次草稿) ·································· 576
　　准备起草基本建设承揽条文中的主要问题 ······················ 580
　　基本建设包工合同起草提纲(1956年5月13日) ··················· 583
　　关于基本建设包工合同的几个问题 ··························· 588
　基本建设工程承揽(基本建设工程包工)(第二次草稿) ················· 590
　　基本建设工程包工(第二次草稿)座谈意见(1956年7月8日) ············ 594
　基本建设工程包工(第三次草稿)(1956年6月26日) ··················· 604
　基本建设工程包工(第四次草稿)(1956年7月23日) ··················· 607
　　"基本建设工程包工"讨论意见 ····························· 610
　　中华人民共和国民法典(草案)债篇基本建设工程包工合同(第四次草稿)
　　　意见汇集(1957年1月20日) ····························· 614
　中华人民共和国民法典(草案)债篇基本建设工程包工合同(第五次草稿)
　　(1957年3月6日) ······································ 644

　附
　　国家建委基建局林丛同志谈基本建设情况记录整理(1957年1月) ········· 648

(十一) 保管 ·· 651
　简要说明 ··· 651
　保管(第一次草稿)(1956年8月9日) ····························· 652
　保管(第二次草稿)(1956年8月22日) ···························· 654
　保管(第三次草稿)(1956年9月6日) ····························· 657
　　中华人民共和国民法典(草案)债篇保管章(第三次草稿)意见汇集
　　　(1957年1月20日) ···································· 661
　中华人民共和国民法典(草案)债篇保管(第四次草稿)(1957年3月26日) ····· 679

　附
　　北京市仓储公司资料 ··································· 682
　　关于财产租赁的基本情况 ································ 684
　　保管合同中的问题 ···································· 685
　　保管合同讨论的问题 ·································· 687

（十二）结算 ································· 688

说明(1958年3月21日) ································ 688
结算(草案)[最初稿](1956年8月28日) ·············· 690
 关于结算凭证(票据)的几个问题——中国人民银行总行陈同志谈
 (1956年7月31日) ································ 692
 关于银行结算问题座谈记录——中国人民银行总行马专员谈
 (1956年7月31日) ································ 695
 关于信用合作社办理非现金结算的参考材料(1956年8月28日) ··· 699
结算契约(草稿)(1956年10月20日) ·················· 700
结算(账户)契约(二稿)(1956年11月6日) ············· 702
中华人民共和国民法典(草案)债权篇结算(账户)契约(第二次草稿)
意见汇辑(1957年2月18日) ························ 704

（十三）供应 ································· 723

供应(第一次草稿) ································ 723
供应(第二次草稿) ································ 730
供应(第三次草稿)(1956年8月19日) ·················· 735
中华人民共和国民法典(草案)债权篇供应章(第三次草稿)意见汇集
(1956年12月24日) ································ 741
 供应合同第三次稿的讨论题(1957年2月8日) ············ 776
 有关物资供应问题座谈记录(1957年2月19日) ············ 778
供需合同(第四次草稿)(1957年4月1日) ··············· 792

（十四）联营(合伙) ···························· 795

联营(合伙)契约(初稿)(1956年11月10日) ··············· 795
 关于合伙、联营问题调查纲要 ························ 797
 债权篇联营(合伙)参考资料(1957年1月21日) ············ 798

五、继承 ······································· 809

中华人民共和国继承法(草稿)(1958年3月) ··············· 809
 关于继承问题向彭真同志的报告(1956年9月27日) ············ 812

附录 ··· 815

关于《中华人民共和国婚姻法》起草经过和起草理由的报告
(1950年4月14日) ································ 815

北京市公证处证明收养契约的专题总结(1957年2月13日) ············ 838
保障出版物著作权暂行规定(草案)(1957年) ····················· 842

中 卷

20世纪60年代

一、民法 ··· 851

中华人民共和国民法(草稿)(1963年6月8日) ··················· 851
  办公室小组讨论民法(1963年6月8日草稿)第一、二部分提出的问题和
  意见(1963年6月8日) ·· 859
  对民法(1963年6月8日草稿)第一、二部分提出的问题和意见
  (1963年6月21日) ·· 865
中华人民共和国民法(草稿)(1963年7月9日) ··················· 870
  办公室小组讨论民法(1963年7月9日草稿)第一、二部分提出的问题和
  意见(1963年7月9日) ·· 877
  中华人民共和国民法第一、二篇(草稿)意见汇辑(1964年2月12日) ··· 880
中华人民共和国民法草案(试拟稿)(1964年7月1日) ············· 908
  对民法(1964年7月1日试拟稿)第一编的修改意见(1964年9月25日) ··· 939
  对民法(1964年7月1日试拟稿)第二编的修改意见(1964年9月25日) ··· 942
  对民法(1964年7月1日试拟稿)第三编的修改意见(1964年9月25日) ··· 947
中华人民共和国民法草案(试拟稿)(1964年11月1日) ············ 957

附

  民法大纲的初步设想 ··· 993
  关于建立新的民法体系的一些想法(1962年10月) ················ 1000
  民法草案大纲(草稿)(1962年12月) ···························· 1002
  中华人民共和国民法草案(初稿)(1963年) ······················ 1005
  中华人民共和国民法(草稿)(1963年4月) ······················ 1013
  建国以来有关民事重要法规目录(草稿)(1962年10月12日) ······ 1021
  有关民法问题的重要文件目录(1963年3月) ···················· 1045

二、总则 ·· 1061

中华人民共和国民法(草稿)(修改稿)[总则第一章](1964年3月) ········ 1061

三、财产的流转关系 …… 1063

税收关系(试拟稿)(1963年12月) …… 1063
 中华人民共和国民法第三篇税收关系(试拟稿)意见汇辑(一)
  (1964年3月5日) …… 1065
结算关系(试拟稿)(1963年11月19日) …… 1071
 中华人民共和国民法第三篇结算关系(1963年11月19日试拟稿)
  意见汇辑(1964年3月2日) …… 1073
基本建设关系(试拟稿)(1963年11月5日) …… 1076
 中华人民共和国民法第三篇基本建设关系(试拟稿)意见汇辑(一)
  (1964年2月29日) …… 1080
第　章　租赁关系(草稿)(1963年10月31日) …… 1093
 中华人民共和国民法第三篇租赁关系(1963年10月31日草稿)
  意见汇辑(一)(1964年3月6日) …… 1096

附

中华人民共和国民法第三篇运输关系(1963年12月4日草稿)
 意见汇辑(一)(1964年2月27日) …… 1115
中华人民共和国民法第三篇劳动报酬关系和福利关系
 (1963年11月7日试拟稿)意见汇辑(一)(1964年2月27日) …… 1126
中华人民共和国民法第三篇家庭财产关系(1963年9月3日草稿)
 意见汇辑(一)(1964年2月25日) …… 1136

附录 …… 1143

中华人民共和国经济法(草案)(1963年3月) …… 1143

20世纪70年代末至90年代中期

一、民法 …… 1151

中华人民共和国民法草案(征求意见稿)(1980年8月15日) …… 1151
中华人民共和国民法草案(征求意见二稿)(1981年4月10日) …… 1201
中华人民共和国民法草案(第三稿)(1981年7月31日) …… 1244
中华人民共和国民法草案(第四稿)(1982年5月1日) …… 1295

二、民法通则 …… 1343

中华人民共和国民法总则(讨论稿)(1985年7月10日) …… 1343

彭真委员长在全国《民法通则(草案)》座谈会上的讲话要点
(1985年12月4日) ·· 1345
彭冲副委员长在全国《民法通则(草案)》座谈会上的讲话
(1985年12月4日) ·· 1347
陈丕显副委员长在全国《民法通则(草案)》座谈会上的讲话
(1985年12月4日) ·· 1350
彭冲副委员长在全国《民法通则(草案)》座谈会各组召集人会议上的讲话
(1985年12月11日) ··· 1352
关于《中华人民共和国民法通则(草案)》的说明(1986年4月2日) ······ 1353
第六届全国人民代表大会法律委员会关于三个法律草案审议结果的
报告(1986年4月11日) ·· 1358

三、经济合同法(修改) ·· 1361

中华人民共和国经济合同法(修订草案) ································ 1361
中华人民共和国经济合同法修正案(草案)(1993年6月) ················ 1372
关于《中华人民共和国经济合同法修正案(草案)》的说明
(1993年6月22日) ·· 1375
全国人大法律委员会关于《中华人民共和国经济合同法修正案(草案)》
审议结果的报告(1993年8月25日) ································· 1379
关于对修改经济合同法的决定(草案)和反不正当竞争法(草案修改稿)
修改意见的汇报(节选)(1993年9月1日) ·························· 1382

附录 ·· 1384

关于《中华人民共和国担保法(草案)》的说明(1995年2月21日) ······ 1384
全国人大法律委员会关于《中华人民共和国担保法(草案)》审议结果的
报告(1995年6月23日) ·· 1387
关于担保法(草案修改稿)、保险法(草案修改稿)和惩治破坏金融秩序犯罪
的决定(草案修改稿)修改意见的汇报(节选)(1995年6月29日) ··· 1390
关于《中华人民共和国经济合同法草案》的说明(1981年12月) ········· 1392
全国人大法案委员会关于三个法律草案的审查报告(节选)
(1981年12月11日) ··· 1395
关于《中华人民共和国涉外经济合同法(草案)》的说明(1985年1月10日)
·· 1397
全国人大法律委员会对《中华人民共和国涉外经济合同法(草案)》
审议结果的报告(1985年3月15日) ································· 1399

关于《中华人民共和国涉外经济合同法(草案)》(修改稿)几点修改
　　意见的说明(1985年3月21日) ·················· 1402
关于《中华人民共和国技术合同法(草案)》的说明(1987年1月12日) ······ 1403
关于《中华人民共和国技术合同法(草案)》(修改稿)几点修改意见的
　　说明(1987年6月15日) ······················ 1408
关于《中华人民共和国技术合同法(草案)》(修改稿)的几点修改意见
　　的汇报(1987年6月20日) ····················· 1410
关于《中华人民共和国婚姻法(修改草案)》和《中华人民共和国
　　国籍法(草案)》的说明(节选)(1980年9月2日) ············ 1411
全国人大法案委员会关于四个法律草案的审查报告(节选)(1980年9月9日)
　　··································· 1414
关于《中华人民共和国收养法(草案)》的说明(1991年6月21日) ······· 1416
全国人大法律委员会对《中华人民共和国收养法(草案)》审议结果
　　的报告(1991年12月23日) ···················· 1419
全国人大法律委员会关于对收养法草案修改意见的汇报
　　(1991年12月28日) ························ 1421
关于《中华人民共和国收养法(修订草案)》的说明(1998年8月24日) ····· 1423
全国人大法律委员会关于《中华人民共和国收养法(修订草案)》
　　审议结果的报告(1998年10月27日) ················· 1426
关于村民委员会组织法(修订草案修改稿)和修改收养法的决定
　　(草案)修改意见的报告(节选)(1998年11月4日) ··········· 1428
关于《中华人民共和国继承法(草案)》的说明(1985年4月3日) ········ 1430
全国人大法律委员会关于《继承法(草案)》几个问题的说明
　　(1985年4月9日) ························· 1434
全国人民代表大会法律委员会对《中华人民共和国继承法(草案)》
　　审议结果的报告(1985年4月9日) ·················· 1436
关于《中华人民共和国著作权法(草案)》的说明(1989年12月20日) ····· 1438
全国人大法律委员会对《中华人民共和国著作权法(草案)》审议
　　结果的报告(1990年6月20日) ···················· 1443
全国人大法律委员会关于《中华人民共和国著作权法(草案修改稿)》
　　修改意见的汇报(1990年8月30日) ·················· 1446
全国人大法律委员会关于著作权法(草案修改稿)、铁路法(草案修改
　　稿)、归侨侨眷权益保护法(草案修改稿)的修改意见的汇报(节选)
　　(1990年9月6日) ························· 1452
关于《中华人民共和国专利法(草案)》的说明(1983年12月2日) ······· 1454

全国人民代表大会法律委员会对《中华人民共和国专利法(草案)》
　　审议结果的报告(1984年2月23日) ·············· 1459
关于《中华人民共和国专利法修正案(草案)》的说明(1992年6月23日)
　　··· 1462
全国人大法律委员会对《中华人民共和国专利法修正案(草案)》审议
　　结果的报告(1992年8月28日) ················· 1466
全国人大法律委员会关于对税收征收管理法(草案修改稿)和关于修改
　　专利法的决定(草案)修改意见的汇报(节选)(1992年9月3日) ····· 1469
关于《中华人民共和国商标法(草案)》的说明(1982年8月19日) ·········· 1471
关于《中华人民共和国商标法修正案(草案)》的说明(1992年12月22日)
　　··· 1474
全国人大法律委员会关于《中华人民共和国商标法修正案(草案)》
　　审议结果的报告(1993年2月15日) ·············· 1477
全国人大法律委员会关于国家安全法(草案修改稿)、修改商标法的决定
　　(草案)、关于惩治假冒注册商标犯罪的补充规定(草案)、产品质量法
　　(草案修改稿)修改意见的汇报(节选)(1993年2月22日) ······· 1479

下　卷

20世纪90年代末以来

一、民法 ·· 1483

中华人民共和国民法(草案)(2002年12月23日) ············ 1483
　　关于《中华人民共和国民法(草案)》的说明(2002年12月23日) ········· 1543

二、民法总则 ·· 1548

中华人民共和国民法(草案)第一编总则(2002年12月23日) ············· 1548
　　关于《中华人民共和国民法(草案)》的说明(关于民法总则部分)
　　(2002年12月23日) ································· 1549
中华人民共和国民法总则(草案)(2016年7月5日) ············ 1550
　　关于《中华人民共和国民法总则(草案)》的说明(2016年7月5日) ······ 1569
中华人民共和国民法总则(草案)(二次审议稿)(2016年10月31日) ······ 1577
　　关于《中华人民共和国民法总则(草案)》修改情况的汇报(2016年10月31日)
　　··· 1597

中华人民共和国民法总则(草案)(三次审议稿)(2016年12月12日) …… 1601
　　关于《中华人民共和国民法总则(草案)》修改情况的汇报(2016年12月12日)
　　　　……………………………………………………………………………… 1621
中华人民共和国民法总则(草案)(四次审议稿)(2017年3月8日) …… 1624
　　关于《中华人民共和国民法总则(草案)》的说明(2017年3月8日) …… 1644
中华人民共和国民法总则(草案)(修改稿)(2017年3月12日) …………… 1650
　　关于《中华人民共和国民法总则(草案)》审议结果的报告
　　　　(2017年3月12日) ……………………………………………………… 1670
中华人民共和国民法总则(草案)(建议表决稿)(2017年3月14日) …… 1673
　　关于《中华人民共和国民法总则(草案修改稿)》修改意见的报告
　　　　(2017年3月14日) ……………………………………………………… 1693

三、物权法 …………………………………………………………………… 1695

中华人民共和国物权法(征求意见稿)(2002年1月) ……………………… 1695
中华人民共和国民法(草案)第二编物权法(2002年12月23日) ………… 1725
　　关于《中华人民共和国民法(草案)》的说明(关于物权法部分)
　　　　(2002年12月23日) …………………………………………………… 1726
中华人民共和国物权法(草案)(修改稿)(2004年9月27日) …………… 1727
　　全国人大法律委员会关于《中华人民共和国物权法(草案)》的情况
　　　　汇报(2004年10月19日) ……………………………………………… 1754
　　全国人大法律委员会关于《中华人民共和国物权法(草案)》修改
　　　　情况的汇报(2005年6月24日) ……………………………………… 1758
中华人民共和国物权法(草案)(2005年7月10日) ……………………… 1762
　　吴邦国委员长在主持听取有关方面对物权法草案修改意见座谈会时
　　　　的讲话(2005年9月26日) …………………………………………… 1787
　　全国人大法律委员会关于《中华人民共和国物权法(草案)》修改
　　　　情况的汇报(2005年10月23日) ……………………………………… 1789
　　全国人大法律委员会关于《中华人民共和国物权法(草案)》修改
　　　　情况的汇报(2006年8月22日) ……………………………………… 1797
　　第十届全国人大常委会第二十四次会议全国人大法律委员会关于《中华
　　　　人民共和国物权法(草案)》修改情况的汇报(2006年10月27日) …… 1802
　　全国人大法律委员会关于《中华人民共和国物权法(草案)》修改
　　　　情况的汇报(2006年12月24日) ……………………………………… 1811
中华人民共和国物权法(草案)(2007年) …………………………………… 1814
　　关于《中华人民共和国物权法(草案)》的说明(2007年3月8日) ……… 1838

第十届全国人民代表大会法律委员会关于《中华人民共和国物权法
（草案）》审议结果的报告(2007年3月12日) ················· 1844
第十届全国人民代表大会法律委员会关于《中华人民共和国物权法
（草案修改稿）》修改意见的报告(2007年3月15日) ············ 1846
第十届全国人民代表大会法律委员会关于《中华人民共和国物权法
（草案建议表决稿）》修改意见的报告(2007年3月16日) ········· 1847

四、合同法 ··· 1848

中华人民共和国合同法（试拟稿）(1995年1月) ················· 1848
中华人民共和国合同法（试拟稿）(1995年10月16日) ············ 1917
中华人民共和国合同法（试拟稿）(1996年5月) ················· 1960
中华人民共和国合同法（征求意见稿）(1997年5月14日) ········· 1998
关于《中华人民共和国合同法（征求意见稿）》几个问题的说明
（1997年5月14日） ··· 2036
中华人民共和国合同法（草案）(1998年8月20日) ··············· 2041
关于《中华人民共和国合同法（草案）》的说明(1998年8月24日) ··· 2078
中华人民共和国合同法（草案）(1998年9月7日) ················· 2082
全国人大法律委员会关于《中华人民共和国合同法（草案）》有关
问题的说明(1998年10月22日) ································· 2119
中华人民共和国合同法（三次审议稿）(1998年12月21日) ········ 2123
全国人大法律委员会关于《中华人民共和国合同法（草案）》修改
情况的汇报(1998年12月21日) ································· 2160
中华人民共和国合同法（四次审议稿） ··························· 2164
全国人大法律委员会关于《中华人民共和国合同法（草案）》修改
情况的汇报(1999年1月25日) ································· 2202
关于《中华人民共和国合同法（草案）》的说明(1999年3月9日) ··· 2205
第九届全国人民代表大会法律委员会关于《中华人民共和国合同法
（草案）》审议结果的报告(1999年3月14日) ··················· 2209

五、侵权责任法 ··· 2211

中华人民共和国民法（草案）第八编侵权责任法(2002年12月23日) ··· 2211
关于《中华人民共和国民法（草案）》的说明（关于侵权责任法部分）
（2002年12月23日） ··· 2212
中华人民共和国侵权责任法（草案）（二次审议稿） ··············· 2213

全国人民代表大会法律委员会关于《中华人民共和国侵权责任法(草案)》
　　主要问题的汇报(2008年12月22日) ·· 2221
全国人民代表大会法律委员会关于《中华人民共和国侵权责任法
　　(草案)》修改情况的汇报(2009年10月27日) ·································· 2226
中华人民共和国侵权责任法(草案)(2009年11月6日) ························ 2228
　　侵权责任法(草案)审议摘登(2009年11月12日) ······························ 2237
中华人民共和国侵权责任法(草案)(三次审议稿) ································ 2258
全国人民代表大会法律委员会关于《中华人民共和国侵权责任法
　　(草案)》审议结果的报告(2009年12月22日) ·································· 2267
中华人民共和国侵权责任法(草案)(四次审议稿) ································ 2269
全国人民代表大会法律委员会关于《中华人民共和国侵权责任法
　　(草案四次审议稿)》修改意见的报告(2009年12月25日) ··············· 2278

六、婚姻法(修改) ·· 2279

中华人民共和国婚姻法修正案(征求意见稿)(2000年8月7日) ·········· 2279
中华人民共和国婚姻法修正案(草案)(初次审议稿) ···························· 2283
中华人民共和国婚姻法修订对照文本 ·· 2287
关于《中华人民共和国婚姻法修正案(草案)》的说明(2000年10月23日) ··· 2297
中华人民共和国婚姻法修正案(草案)(二次审议稿) ···························· 2301
中华人民共和国婚姻法(修正草案)(二次审议稿) ································ 2305
全国人大法律委员会关于《中华人民共和国婚姻法修正案(草案)》
　　修改情况的汇报(2000年12月22日) ·· 2311
中华人民共和国婚姻法(修正草案)(征求意见稿)(2001年1月5日) ······ 2314
关于修改《中华人民共和国婚姻法》的决定(草案)(三次审议稿) ········· 2320
中华人民共和国婚姻法(修正草案)(三次审议稿)(2001年4月18日) ··· 2324
全国人大法律委员会关于《中华人民共和国婚姻法修正案(草案)》
　　审议结果的报告(2001年4月18日) ·· 2330
全国人民代表大会常务委员会关于修改《中华人民共和国婚姻法》
　　的决定(草案)(建议表决稿)(2001年4月) ······································ 2334
中华人民共和国婚姻法(修正草案)(建议表决稿)(2001年4月28日) ······ 2339
全国人大法律委员会关于税收征收管理法(修订草案)、信托法(草案)、
　　修改婚姻法的决定(草案)和国防教育法(草案)修改意见的书面报告
　　(节选)(2001年4月28日) ·· 2345

七、著作权法(修改) ··· 2347

中华人民共和国著作权法(修改草案)(2012年3月) ···························· 2347

关于《中华人民共和国著作权法》(修改草案)的简要说明
(2012年3月) ·················· 2362
中华人民共和国著作权法(修改草案第二稿)(2012年7月) ·········· 2372
关于《中华人民共和国著作权法》(修改草案第二稿)修改和完善的
简要说明(2012年7月) ················· 2388
中华人民共和国著作权法(修订草案送审稿)(2014年6月6日) ······ 2392
关于《中华人民共和国著作权法》(修订草案送审稿)的说明 ········ 2409

附

关于《中华人民共和国著作权法修正案(草案)》的说明(2000年12月22日) ··· 2413
关于《中华人民共和国著作权法修正案(草案)》的补充说明 ············· 2418
全国人大法律委员会关于《中华人民共和国著作权法修正案(草案)》
修改情况的汇报(2001年4月24日) ················· 2421
全国人大法律委员会关于《中华人民共和国著作权法修正案(草案)》
审议结果的报告(2001年10月22日) ················ 2424
全国人大法律委员会关于修改著作权法的决定(草案)、关于修改商标法
的决定(草案)、职业病防治法(草案)、海域使用管理法(草案)和修
改工会法的决定(草案)修改意见的书面报告(2001年10月27日) ··· 2426
关于《中华人民共和国著作权法修正案(草案)》的说明(2010年2月24日) ··· 2428
全国人民代表大会法律委员会关于《中华人民共和国著作权法
修正案(草案)》审议结果的报告(2010年2月26日) ············ 2430

八、专利法(修改) ·························· 2431

中华人民共和国专利法修正案(草案)(2008年8月29日) ··········· 2431
关于《中华人民共和国专利法修正案(草案)》的说明(2008年8月25日) ··· 2435
全国人民代表大会法律委员会关于《中华人民共和国专利法修正案
(草案)》审议结果的报告(2008年12月22日) ·············· 2439
全国人民代表大会法律委员会关于《全国人民代表大会常务委员会关
于修改〈中华人民共和国专利法〉的决定(草案)》修改意见的报告
(2008年12月25日) ····················· 2441
专利法修改草案(征求意见稿)条文对照(2012年8月9日) ·········· 2442
关于专利法修改草案(征求意见稿)的说明(2012年8月9日) ········· 2446
中华人民共和国专利法修改草案(征求意见稿)条文对照(2015年4月1日) ··· 2450
关于《中华人民共和国专利法修改草案(征求意见稿)》的说明
(2015年4月1日) ······················ 2474
中华人民共和国专利法修订草案(送审稿)(2015年12月2日) ········ 2488

关于《中华人民共和国专利法修订草案(送审稿)》的说明(2015年12月2日) … 2501

附

关于《中华人民共和国专利法修正案(草案)》的说明
(2000年4月25日) …………………………………………… 2504

九届全国人大常委会第十五次会议分组审议专利法修正案(草案)
的意见(2000年4月28日) ………………………………… 2509

全国人大法律委员会关于《中华人民共和国专利法修正案(草案)》
修改情况的汇报(2000年7月3日) ……………………… 2513

九届全国人大常委会第十六次会议审议专利法修正案(草案二次审议
稿)的意见(2000年7月3日) …………………………… 2516

全国人大法律委员会关于《中华人民共和国专利法修正案(草案)》
审议结果的报告(2000年8月21日) …………………… 2519

九届全国人大常委会第十七次会议分组审议关于修改专利法的决定
(草案)的意见(2000年8月21日) ……………………… 2522

全国人大法律委员会关于修改《中华人民共和国专利法》的决定
(草案)修改意见的报告(2000年8月25日) …………… 2525

九、商标法(修改) …………………………………………… 2527

(一)2001年修改 ……………………………………………… 2527

中华人民共和国商标法修正案(草案)(一次审议稿) ………… 2527

关于《中华人民共和国商标法修正案(草案)》的说明(一次审议稿说明)
(2000年12月22日) ……………………………………… 2531

中华人民共和国商标法修正案(草案)(二次审议稿) ………… 2535

中华人民共和国商标法(修正草案)(二次审议稿) …………… 2540

全国人大法律委员会关于《中华人民共和国商标法修正案(草案)》
修改情况的汇报(二次审议稿说明)(2001年4月18日) … 2547

关于修改《中华人民共和国商标法》的决定(草案)(三次审议稿) … 2550

中华人民共和国商标法(修正草案)(三次审议稿) …………… 2556

全国人大法律委员会关于《中华人民共和国商标法修正案(草案)》
审议结果的报告(三次审议稿说明)(2001年10月17日) … 2564

全国人大法律委员会关于修改著作权法的决定(草案)、关于修改
商标法的决定(草案)、职业病防治法(草案)、海域使用管理法
(草案)和修改工会法的决定(草案)修改意见的书面报告(节选)
(2001年10月27日) ……………………………………… 2567

(二)2013 年修改 ·· 2569
　中华人民共和国商标法(修订草案征求意见稿)(2011 年 9 月 1 日)············ 2569
　中华人民共和国商标法修正案(草案)(2012 年 12 月 28 日)··················· 2580
　　关于《中华人民共和国商标法修正案(草案)》的说明(2012 年 12 月 24 日)···· 2586
　　全国人民代表大会法律委员会关于《中华人民共和国商标法修正案
　　　(草案)》修改情况的汇报(2013 年 6 月 26 日)·································· 2589
　　全国人民代表大会法律委员会关于《中华人民共和国商标法修正案
　　　(草案)》审议结果的报告(2013 年 8 月 26 日)·································· 2592
　　全国人民代表大会法律委员会关于《全国人民代表大会常务委员会关于
　　　修改〈中华人民共和国商标法〉的决定(草案)》修改意见的报告
　　　(2013 年 8 月 29 日) ·· 2594

十、涉外民事关系法律适用法 ·· 2596

　中华人民共和国民法(草案)第九编涉外民事关系的法律适用法
　　(2002 年 12 月 23 日) ·· 2596
　　关于《中华人民共和国民法(草案)》的说明(关于涉外民事关系的法律
　　　适用法部分)(2002 年 12 月 23 日) ··· 2597
　中华人民共和国涉外民事关系法律适用法(草案)(二次审议稿)
　　(2010 年 8 月 28 日) ·· 2598
　　全国人民代表大会法律委员会关于《中华人民共和国涉外民事关系法律
　　　适用法(草案)》主要问题的汇报(2010 年 8 月 23 日) ·················· 2602
　　全国人民代表大会法律委员会关于《中华人民共和国涉外民事关系法律
　　　适用法(草案)》审议结果的报告(2010 年 10 月 25 日) ·················· 2605
　　全国人民代表大会法律委员会关于《中华人民共和国涉外民事关系法律
　　　适用法(草案三次审议稿)》修改意见的报告(2010 年 10 月 28 日) ······ 2607

附录　中华人民共和国民法总则

　　(中华人民共和国第十二届全国人民代表大会第五次会议于 2017 年 3 月
　　　15 日通过,自 2017 年 10 月 1 日起施行) ··· 2611

20世纪50年代

一、总　则

中华人民共和国民法总则（草稿）①

1955年10月5日

第一章　基本原则

第一条　为保护民事权利的正确行使，以促进我国社会主义工业化和社会主义改造事业的顺利进行，保证逐步消灭剥削制度，建立社会主义社会的目的，特制定本法。

第二条　本法是调整社会主义组织间，社会主义组织与私营企业、公民间，及私营企业、公民相互间的财产关系，以加强国民经济计划性，提高社会生产力，逐步改善公民的物质和文化生活的需要。

另有两种意见：

1. 本条可改为："本法是调整国家机关、国营企业、合作社、私营企业、社会团体、群众团体、公民间，及其相互之间的财产关系，以加强国民经济计划性，提高社会生产力，逐步改善公民的物质和文化生活的需要。"
2. 原条文最后两句可不要，"以加强国民经济计划性"可改为"以加强国民经济计划的顺利进行"。

第三条　中华人民共和国公民都有权选用自己的姓名，自由设定住所②，发明和著作以及在全国领域内自由设定住所，在法定范围内自由处理自己的财产；为法律行为及承担债务；并可遵照国家法令组织工商企业的民事权利。

第四条　民事权利受法律保护；但民事权利的行使，不得违反法律或公共利益。

第五条　在我国境内的外国公民的民事权利，如中华人民共和国已与各该国订有协定的，依协定的规定行使；未订有协定的，可在中华人民共和国的法令限制范围内享有民事权利。

---

① 本件原件未注明日期。第1页右下角有手写"1955.10.5"等字。
② "自由设定住所"六字为手写加入。

第六条 民事权利的争议,依民事诉讼程序解决。
国家机关之间因财产关系发生争议时,依特别法令所定的程序解决。
第七条 雇佣劳动关系,家庭婚姻关系,或因发明、著作所发生的关系,以特别法典规定。

第二章 权利主体(人)①

第一节 公 民

第八条 凡中华人民共和国公民,不分民族、种族、性别、职业、社会出身、宗教信仰、教育程度、财产状况,都有享受民事权利和负担相应义务的能力。

第九条 公民的权利能力从出生时开始,到死亡时终止。

第十条 年满十八岁的人为成年人。成年人有完全以自己的行为能力行使取得民事上的权利与负担义务。

第十一条 年满七岁以上十八岁以下的未成年人可以行使与他年龄[相]适应的日常生活上的法律行为;但对于财产的处理,及与其年龄不相适应的事情,必须经法定代理人的同意或由法定代理人代为行使。

第十二条 下列的人为无行为能力的人:
(一)未满七岁的幼年人;
(二)有精神病以及其他不能独立处理自己财产事务并经法院宣告为无行为能力的成年人。
无行为能力的人由其法定代理人代为法律行为。

第十三条 公民在行使民事权利时,应用户籍登记的真实姓名。

第十四条 公民以自己正式户籍的住处为住所。如住所不明时,以其财产所在地为住所。未成年人和无行为能力的人,以其法定代理人的住所为住所。

第十五条 公民离开自己的住所,从获得他的最后消息的日期起满一年以上的,可以经过利害关系人向法院申请宣告他失踪;宣告失踪后经过二年仍还没有消息的,法院可以依他的利害关系人的申请,宣告失踪人死亡。
因战争或特殊事件足以推定他遇难的,自战争停止或特殊事件终止的日期起满二年以后,法院可以依他的利害关系人的申请宣告他死亡。
宣告死亡的日期为其死亡的日期。

第十六条 宣告失踪人的财产,由他的法定代理人或由法院指定其他人保管。

第十七条 被宣告死亡人的婚姻关系自宣告死亡的日期终止;其财产按本法继承的规定处理。

第十八条 被宣告死亡人如果生还时,请求法院撤销死亡的宣告,并要求返还他

---

① 此处原件手写改为"公民与法人"。

应得的现存的财产及变卖其财产所得的或相等价额。如承受财产人生活困难的,可以少退其一部分财产。

被宣告死亡后生还的人的配偶已重新结婚,婚姻关系不再恢复。

附:研究问题——关于判处死刑缓期执行的人或无期徒刑的人,得视情况由法律规定剥夺其民事权利。

第二节 法 人

第十九条 国家机关、群众团体、社会组织、合作社、企业、学校、医院等能以自己的名义取得民事权利和负担民事义务,并在法院起诉、应诉的公私组织都是法人。

第二十条 法人必须依照国家法令、政府批准的准则或具有组织章程并经主管机关核准登记的程序而成立。

第二十一条 法人应有自己的名称。

法人应有其固定的办公或经营业务的地点。

第二十二条 法人自成立的日期起,应根据法律规定和自己成立的目的享有民事权利和负担义务。

第二十三条 法人应由机关负责人或代表代为行使民事权利和履行义务。

第二十四条 法人在行使民事权利时,受其主管机关的监督。

主管机关如发现法人违反法律规定和自己成立的目的时,可根据其具体情况有权加以制止、改组或解散其组织。

第二十五条 法人因国家命令、撤销登记、申请、核准宣告破产或任务完成而解散或消灭。

第二十六条 法人解散后,在其主管机关监督下,根据需要可组织财产清理委员会,负责清理债权债务,如有剩余部分,移交给应得人。

第二十七条 居留在中华人民共和国境内的外国法人,除国家法令有特别规定外,适用本节法人的规定。

第三章 民事权利的客体

(另一种意见:权利客体)

第二十八条 民事权利的客体包括物和权利。

本条说明权利客体的范围。

第二十九条 民事权利的客体,是指权利主体能够占有和支配的生产资料、生活资料和其他物质。

本条说明法律上称为物的意义。

第三十条 下列的物和权利,都可以作为民事权利的客体:

(一)国家没有禁止流转的物;

本款正面规定什么样的物可以作为权利客体。

(二)依其性质能够参与流转的物权、债权和其他具有物质利益的合法权利。

本款说明什么权利可以作为权利客体。

第三十一条 土地只有依照法定的条件和程序,才可以参与民事流转。

本条把土地问题在限制流转的前提下,加以原则规定。中共中央农村工作部同志谈:土地问题目前在我国是个较大而又普遍的问题,应以单行法规定,在民法典中可以既原则而又灵活地交代一下。

第三十二条 社会主义经济组织的固定资产,国家建筑物和设备,不得让给私人或其团体所有;不得作为抵押的标的;不得依追诉程序作为请求(执行)偿付的标的。

本条说明对某些国家财产加以禁止或流转的规定。

第三十三条 下列各物,都禁止在私人间流转:

(一)武器、弹药、爆炸物、军用品、航空机件、剧烈毒品、高度化学易燃物、受管制的无线电器材;

本款说明对某些违禁物品禁止流转的规定。

(二)金、银的块锭和原料,银元,国家公债,外国的货币、票据、证券;

本款说明对金、银、外汇禁止流转的规定。

(三)机关、团体、学校、企业的档案材料。

本款说明对档案材料禁止流转的规定。我们认为在目前情况下,这样规定较为适宜。经与国家档案局联系,他们正在草拟中华人民共和国档案管理办法,并提出下面两个问题:一个是禁止流转面的问题,面广了是否执行有困难?另一个就是涉及私人所有权的问题,是否与宪法规定保护私人所有权精神有抵触?上述问题他们正在研究中。

第三十四条 凡是在民事关系上禁止、限制流转的物,只能在特别法令所规定的限度内,才可以参与流转。

本条规定前三条——第四到第六条①禁止和限制在私人间流转的物,还可以在特别法令限制内参与流转。

第三十五条 凡在性质上属于一个物的构成部分,或在经济效用上属于同一生产设备的组成部分,如因其分割而引起减损物的价值或对生产不利时,不得(禁止)分割流转。

本条说明对不能或不宜分割的物或生产设备,加以分割的限制。

第三十六条 凡在民事关系上可以流转的物和权利都受法律的保护。但任何人不得利用其所有的物和权利破坏公共利益。

本条总结以上各条所规定参与民事流转的物和权利,都依法得到保护,同时又要受到限制。

注:

1.关于"主物与从物"之分。我们认为规定了在现实生活中实际意义不大,而且向北

---

① 原件如此,或指上文第三十一条、第三十二条、第三十三条。

京市人民法院了解这类纠纷问题也很少,即或有问题,也可以依据约定和习惯解决,所以不拟规定在权利客体中。

2. 关于"特定物与种类物"之分。可分别规定在物权、债权法中,故在权利客体中不加规定。

3. 关于"物的孳息"的规定。天然孳息可在物权法中规定;法定孳息可在债权法利息中规定。所以也不规定在权利客体中。

第四章　法律行为

第三十七条　法律行为是设定、变更、消灭民事权利义务关系的行为;可以是单方的,也可以是双方的。

第三十八条　法律行为可以用书面形式,也可以用口头形式。如果法律规定必须用书面形式的,应依其规定。

书面形式的法律行为,应当由行为人(当事人)或其代理人负责签名盖章。

第三十九条　法律行为必须依照法律、法令的规定经过批准、公证或者登记的,在完成规定的程序后,才能发生效力。

第四十条　违反或规避国家法律、法令,抵触国民经济计划以及危害公共利益的法律行为,无效。

以上的法律行为经确认无效后,如果已经造成(有)不当得利的,应追缴国库。

另案:把违反国民经济计划的法律行为单列一条,写成:"参加国民经济计划的单位,作出的法律行为违反国民经济计划规定的,无效。"

第四十一条　无行为能力的人(或加上"精神错乱的人或丧失行为能力的人")所作的法律行为,无效。

限制行为能力的人应当得到而没有得到法定代理人的同意所作出的法律行为,无效。但经法定代理人追认的,应认为有效。

第四十二条　标的物不可能执行的法律行为,无效。

另案:本条不要。

第四十三条　由于欺诈、威胁而作出的法律行为,受害人得请求法院确认(宣告)其为无效(全部或一部)。加害人应负损害赔偿的责任。

第四十四条　由于重大的误解而作出的法律行为,经申请后(或"经申请后"四字删去),法院得确认(宣告)为无效。

另案:第四十三、四十四两条合并写:"由于欺诈、威胁或因有重大的误解而作出的法律行为,得声请法院确认全部或一部无效。"

第四十五条　由于行为人的一方,同对方的代理人或第三人恶意通谋而作出的法律行为,经申请后(或"经申请后"四字删去),法院得确认(宣告)为无效。受害人有权请求损害赔偿。

第四十六条　双方通谋所作出的,专为表示形式的法律行为,无效。

另案：双方通谋所作出的仅具形式的虚伪（虚假）的法律行为，无效。

第四十七条 双方通谋以虚伪（伪装）的法律行为掩盖真实的法律行为的，其虚伪（伪装）法律行为应认为无效；真实的法律行为如不与法律相抵触，应认为有效。

第四十八条 行为人的一方乘人之危而作出的显然不利于对方的法律行为，经申请后（或"经申请后"四字删去），法院得确认（宣告）为无效。加害人应负损害赔偿责任。

第四十九条 法律行为可以附带权利义务开始的条件或者解除的条件。

附开始条件的法律行为，自条件成就的时候，权利义务开始。

附解除条件的法律行为，自条件成就的时候，权利义务消灭。

第五十条 附条件的法律行为，如果所附条件违反法律、法令的或者不可能实现的，无效。

第五十一条 当事人因为条件成就对自己不利，恶意妨碍条件成就的，视为条件已成就。

当事人因为条件成就对自己有利，恶意帮助条件成就的，视为条件不成就。

第五十二条 附条件的法律行为的当事人（义务人），在条件没有成就以前，不得以自己的行为引起标的物的恶化或者消灭。否则，在条件成就的时候，应负损失赔偿的责任。（问题：如果利害关系的第三人妨碍条件成就时，怎[么]办？）

另案：以上四条不要。

第五十三条 根据法律规定或者被代理人的委任，代理人可以在代理权限内代被代理人作法律行为。

第五十四条 代理人在代理权限内所作出的法律行为，直接对于被代理人发生效力。

第五十五条 委任代理人代作法律行为的时候，应有被代理人书面委任为原则；如果法律另有规定，依其规定。

第五十六条 代理人不得以被代理人的名义，同自己或者同自己所代理的第三人作法律行为；但被代理人同意的，不在此限。

第五十七条 未经授权代理的人用代理人的资格或者代理人超过代理权限所作出的法律行为无效。如果对善意的第三人造成损失的，应负赔偿责任。

但代理人超过代理权限所作的法律行为，经过被代理人同意或者追认的，不在此限。

第五十八条 代理人有权辞却代理，授权人有权撤回委任。辞却代理与撤回委任的时候，代理人应将代理证书交还授权人。

第五十九条 代理权产生的根据消灭，代理权消灭。

第六十条 代理权的消灭，不影响代理人在代理期间内所作出的法律行为的效力。

另案：第五十八条到第六十条不要。

第五章 诉讼期间的效力

第六十一条 向法院请求他人履行义务的诉讼期间,如超过法律规定时,法院不予保护。

国家财产受到他人侵害时,可以随时追还,不受诉讼期间的限制。

第六十二条 请求他人履行义务的诉讼期间的计算,有约定期间的,自约定期满时开始;如无约定期间的,自权利义务成立时开始。

第六十三条 法律无其他规定时,请求他人履行义务的诉讼期间,定为四年。

国家机关、国营企业、合作社间,及其相互之间,请求他人履行义务的诉讼期间,定为二年。

第六十四条 有下列情形的,请求他人履行义务的诉讼期间,分别依本条各款的规定[①]:

(一)运输、邮电、劳动报酬定为一年。

(二)加工订货、不合规格的商品、违约罚金定为六个月。

(三)无偿的借用、托管、保存财产定为八年。

第六十五条 请求他人履行义务的诉讼期间,如由于人力不可抗拒的原因或法院认为他过期请求的理由充分时,可延长其期限。

第六十六条 请求他人履行义务的诉讼期间,因起诉或有足以证明义务人承认担负义务时,重新开始计算。

民事行为(包括合法、不合法)[②]

第一条 民事行为,就是能够产生、变更、消灭民事权利义务的行为。

另案:民事行为,就是设定、变更、消灭民事权利义务以及引起法律后果的行为。

第二条 合法的民事行为,就是遵守国家法律、法令,服从国民经济计划,符合社会公共利益的行为,合法的民事行为必须出于行为人的真实意思。

国家保护合法的民事行为。(另案:本款不要)

第三条 合法的民事行为,可以是单方的,也可以是双方的;双方的合法民事行为就是契约行为。

第四条 合法的民事行为,可以采取书面形式,也可以采取口头形式。

合法的民事行为采取书面形式的应由行为人或其代理人签名盖章。

---

① 修改此条的手写文字字迹不清。
② 关于"民事行为"有两页油印稿,附在本草稿之后。

另案：合法的民事行为，可以采取口头形式，也可以采取书面形式；采取书面形式时，应由行为人或其代理人签名盖章。

第五条 合法的民事行为，依照法律、法令（或双方的约定）的规定，须经批准、公证或者登记的，必须在完成规定的程序以后，才能发生效力。

另案：第四、五两条合并。

第六条 设立民事权利义务的民事行为，采取书面形式的，变更（或加上"解除"）此种权利义务的民事行为，也必须采取书面形式。

第七条 设立民事权利义务的民事行为，经过批准、公证或登记的，变更此种权利义务的民事行为，也必须经过同样的程序。

另案：第六、七两条合并。

第八条 违法的民事行为就是违反第二至七条的规定以及侵害国家利益或他人权利的民事行为。

国家追究违法的民事行为。（另案：本款不要）

第九条 违法的民事行为，不论是单方的或者双方的，行为人都应依照法律负民事上的责任。

中华人民共和国民法典(第二次草稿)总则篇[①]

1955 年 10 月 24 日

第一章　基本原则

第一条　中华人民共和国民法的任务是调整国家机关、国营企业、合作社、公私合营企业、私营企业、公共组织、社会团体、公民间和它们相互间的财产关系。并且也调整和财产关系密切联系的人身关系。

第二条　中华人民共和国民法调整财产关系的基本原则,是巩固和发展社会主义所有制,保证国民经济计划的顺利执行,保障民事权利的正确行使。

另一个写法:

第一条　为了巩固和发展社会主义所有制,保证国民经济计划的顺利进行,并且保护民事权利的正确行使,特制定本法。

第二条　本法是调整国家机关、国营企业、合作社、公私合营企业、私营企业、公共组织、社会团体、公民间及其相互间的财产关系。并调整和财产关系密切联系的人身关系。

另案:本法是调整公民、法人间和他们相互间的财产关系。

又一个写法意见:第一、二条合并为一条。

第三条　民事权利受法律保护;但是民事权利的行使,不得违反法律或公共利益。

另案:民事权利的行使,不得违反法律或公共利益。

第四条　民事权利的争议,依照诉讼程序或者经过调解程序解决。

国家机关、国营企业、合作社因财产关系发生争议的时候,由特别法规定的程序解决。

另案:本条不要,可在诉讼法中规定。

第五条　土地关系、雇用劳动关系、家庭婚姻关系、行政法规所调整的财产关系,另以法律规定。

另案:土地关系、雇用劳动关系、家庭婚姻关系,以特别法调整。

[①] 括号内"第二次"三字为手写加入的文字。

第二章 公民和法人
〔另案:民事权利主体(公民和法人)〕

第一节 公 民

第六条 中华人民共和国公民,不分民族、种族、性别、职业、社会出身、宗教信仰、教育程度、财产状况,都有享受民事权利和负担民事义务的能力。

第七条 中华人民共和国公民,都有权选择自己的姓名、住所、合法的事业和职业,从事发明和著作,在法定范围内处理自己的财产,以及行使其他民事权利。

第八条 公民享受民事权利和负担民事义务的能力,从出生的时候开始,到死亡的时候终止。

第九条 年满十八岁的人是成年人,成年人能完全以自己的行为取得民事权利和负担民事义务。

另案:年满十八岁的人是成年人,成年人有完全的行为能力,以自己的行为取得民事权利和负担民事义务。

第十条 年满七岁到未满十八岁的人是未成年人。未成年人可以用自己的行为取得和他年龄相当的民事权利和负担民事义务;在处理和他年龄不相当的财产时,必须经过法定代理人的同意或由法定代理人代为行使。

另案:年满七岁到十八岁的人是未成年人,未成年人是限制行为能力的人,可以用自己的行为取得和他年龄相当的民事权利和负担民事义务;在处理和他年龄不相当的财产时,必须经过法定代理人的同意或由法定代理人代为行使,但法律有特别规定的,除外。

第十一条 下列的人不能以自己的行为取得民事权利和负担民事义务,应当由他的法定代理人代为行使:

(一)没有满七岁的幼年人;

(二)有精神病和其他不能独立处理自己的财产事务,经过法院宣告不能以自己的行为取得民事权利和负担民事义务的人。

另案:下列的人是没有行为能力的人:

(一)没有满七岁的幼年人;

(二)有精神病和其他不能独立处理自己财产事务,经过法院宣告没有行为能力的人。

没有行为能力的人由他的法定代理人代为行使法律行为。

第十二条 公民在行使民事权利的时候,应当用户籍登记的姓名。

第十三条 公民以自己正式户籍的住处为住所。住所不明的,以他的职业或财产所在地为住所。

不能以自己的行为取得民事权利和负担民事义务的人(或写为"没有行为能力的人"),以他的法定代理人的住所为住所。

第十四条 公民离开自己的住所,从得到他最后消息的日期起,满一年以上的,法院可以依照他的利害关系人的申请,宣告他失踪;宣告失踪以后经过二年还没有消息的,法院可以依照他的利害关系人的申请,宣告失踪人死亡。

因战争或特殊事件足以推定遭难的,从战争停止或特殊事件终止的日期起满二年的,法院可以依照他的利害关系人的申请,宣告他死亡。

宣告死亡的日期是他死亡的日期。

对本条的意见:

1. 宣告死亡的年限规定,是否短了?结合我国交通不便等实际情况,应再加考虑。
2. 第三款中是否还要增加"宣告失踪的日期是他失踪的日期"的规定?

第十五条 宣告失踪人的财产,由他的法定代理人或由法院指定其他人保管。

第十六条 被宣告死亡人的财产,按照本法继承的规定处理。

第十七条 被宣告死亡人如果生还,可请求法院撤销死亡的宣告,并且要求返还他应得的现存的财产或者与财产相等的价额。如果财产承受人确有困难,可酌情少退一部分。

第十八条 居留在中华人民共和国的外国公民的民事权利,如果他的所属国和我国订有协定的,依照协定的规定;没有协定的,可在中华人民共和国法令有关规定的范围内享有民事权利。

意见:本条移入施行法中规定。

第二节 法 人

第十九条 国家机关、合作社、企业、群众团体、社会组织、学校、医院能以自己的组织名称取得民事权利和负担民事义务,并且在法院起诉、应诉的,都可以作为法人。

另案:凡能以自己的组织名义取得民事权利和负担民事义务并且在法院起诉、应诉的公私组织,都可以作为法人。

第二十条 法人的成立必须依照国家法令、政府批准的准则或者具有组织章程并且经过主管机关登记核准的程序。

第二十一条 法人从成立的日期起,根据法律规定和自己成立的目的享有民事权利和负担民事义务。

第二十二条 法人由它的负责人(或写为"机关")或代表行使民事权利和履行民事义务。

第二十三条 法人在行使民事权利的时候,受它的主管机关的监督。

主管机关如果发现法人违反法律、公共利益或者自己成立的目的,可根据具体情况有权加以限制、改组或解散它的组织。

第二十四条 法人因国家法令、撤销登记、核准结束、宣告破产或者任务完成而解散。

第二十五条 法人解散的时候,在它的主管机关监督下,按照需要可以组织财产清理委员会,负责财产的清理。

第二十六条 在中华人民共和国境内设立的外国企业和团体,除有特别法令规定以外,适用本节法人的规定。

意见:本条移入施行法中规定。

第三章　物和权利
[另案:民事权利的客体(物和权利)]

第二十七条　物和权利是指人们(或写为"公民和法人")能够支配的生产资料、生活资料,能够取得物质利益的权利。

另案:民事权利的客体是指人们能够支配的生产资料、生活资料和具有物质利益的权利。

第二十八条　下列的物和权利,都可以参加民事流转:

(一)国家没有禁止流转的物;

(二)能够参加民事流转的物权、债权和其他合法权利。

另案:二十七、二十八条合并(国家没有禁止流转的物);能够参加民事流转的物权、债权和其他具有物质利益的合法权利,都可以参加民事流转(或写为"都可以作为权利的客体")。

第二十九条　土地只有依照法定的条件和程序,才可以参加民事流转。

第三十条　国家统购、统销和其他限制在私人间流转的物,只能在法定的范围内,才可以参加民事流转。

第三十一条　社会主义经济组织的固定资产,国家建筑物和设备,不得让给私人或私人团体所有;不得作为抵押物;不得作为偿还债务的执行物。

意见:本条拟和有关部门研究后再定。像这样概括的写,可能同具体问题有抵触。

第三十二条　武器、弹药、爆炸物、军用品、航空机件、剧烈毒品、高度化学易燃物、受管制的无线电器材,都禁止在私人间流转。但依照法定程序批准的除外。

第三十三条　金、银的块锭和原料,银元,国家公债,外国的货币、证券,都禁止在私人间买卖和抵押。

第三十四条　国家全部档案材料,禁止在私人间流转。

第三十五条　凡是性质上属于一个物的组成部分,或在经济效用上属于同一生产设备的组成部分,如果因分割会引起减损物的价值或对生产不利时,不得分割流转。

意见:本条可以考虑不要,以后在物权中去安排。

第四章　法律行为

第三十六条　法律行为是设立、变更、消灭民事权利或义务关系的行为。

法律行为可以是单方的,也可以是双方的。

第三十七条 法律行为可以用书面形式,也可以用口头形式,如果是法律规定必须用书面形式的,应当按照规定。

书面形式的法律行为,应当由当事人,或者由他的代理人负责签名盖章。

第三十八条 法律行为凡须依照法律、法令的规定要经过批准、公证或者登记的,在完成规定的程序后,才能发生效力。

第三十九条 违反或者规避国家法律、法令,破坏国民经济计划以及危害公共利益的法律行为,无效。

第四十条 不能以自己的行为取得民事权利和负担民事义务的人(或写为"没有行为能力的人"),或者临时处于精神错乱,不能表达自己真实意志的人,所作的法律行为,无效。

违反本法第十一条规定的人(或写为"限制行为能力的人"),所作的法律行为,无效。但是,经过法定代理人追认的,认为有效。

第四十一条 由于欺诈、威胁或者因对契约主要内容有重大误解所作的法律行为,受害人可以请求法院确认宣告全部或一部无效。

意见:欺诈、威胁的法律行为属于违法行为,重大误解的法律行为,其界限很难划分,因此,此条可不要。

第四十二条 双方通谋专为表示形式所作的虚假的法律行为,无效。

双方通谋以虚假的法律行为掩盖真实的法律行为,虚假的法律行为,无效。

第四十三条 行为人的一方乘对方因急迫困难的需要,所作的显然有害于对方的法律行为,无效。

第四十四条 因无效的法律行为所得到的非法利益,应当追缴归公。

因无效的法律行为,使一方受到损害的,加害人应当负赔偿损失的责任。

第四十五条 法律行为可以附带权利义务开始的条件或者解除的条件。

附开始条件的法律行为,从条件成就的时候,权利义务开始。

附解除条件的法律行为,从条件成就的时候,权利义务消灭。

第四十六条 当事人因为条件成就对自己不利,恶意妨碍条件成就的,认为条件已成就。

当事人因为条件成就对自己有利,恶意帮助条件成就的,认为条件不成就。

第四十七条 附条件的法律行为的义务人,在条件没有成就以前,不得以自己的行为引起标的物的恶化或者消灭,否则,在条件成就的时候,应当负赔偿损失的责任。

另案:第四十五至四十七条不要。

第四十八条 法定代理人或者委任代理人,用被代理人的名义在代理权限内所作出的法律行为,直接对被代理人发生效力。

第四十九条 代理人不得以被代理人的名义,同自己或者同自己所代理的第三人作法律行为;但是,经过被代理人同意的,除外。

第五十条 没有经过授权代理的人用代理人的资格或者代理人超过代理权限所

作的法律行为,无效;如果对善意的第三人造成损失的,应当负赔偿责任。

但代理人超过代理权限所作的法律行为,经过被代理人同意或者追认的,除外。

第五十一条　代理权产生根据消灭的时候,代理权消灭。

代理权的消灭,不影响代理人在代理期间所作的法律行为的效力。

第四章　[法律行为]的另案:民事行为

(一)民事行为是能够发生、变更、消灭民事权利义务以及引起法律后果的行为。

另案:民事行为是能够发生民事法律后果的行为。

(二)合法的民事行为,是遵守国家法律、法令,服从国民经济计划,符合社会公共利益的民事行为。

(三)合法的民事行为,不论是单方的,或双方的,必须出于行为人的真实意思。

(四)合法的民事行为可以采取口头形式,也可以采取书面形式,如法律规定必须用书面形式的,应依其规定。书面形式,应由行为人或其代理人签名盖章。

如设立民事权利义务的民事行为,采取书面形式的,变更此种权利义务的民事行为,也必须采取书面形式。

(五)合法的民事行为,依照法律、法令的规定,须经批准、公证或登记的,必须在完成规定的程序以后,才能发生效力。

如设立民事权利义务的民事行为,经过批准、公证或者登记的,变更此种权利义务的民事行为,也必须经过同样的程序。

(六)违反第二至七条的规定以及侵害国家利益或他人权利的民事行为就是违法的行为。

违法的民事行为,依据法律可确认全部、部分无效或负民事责任。

第五章　诉讼的时间效力

第五十二条　请求他人履行义务的诉讼期间,如果超过法律规定的,法院不予保护。

国家财产受到侵占的时候,可以随时追还,不受诉讼期间的限制。

第五十三条　诉讼期间的计算,契约上有约定履行义务期间的,从约定期满的时候开始,如果没有约定期间的,从权利义务成立的时候开始。

第五十四条　法律没有其他规定的,请求他人履行义务的诉讼期间,定为四年;但是法律、法令另有规定的,除外。

国家机关、国营企业、合作社、人民团体间,和它们相互间的诉讼期间,定为二年。

意见:时间的规定,还须要与各有关部门联系后再斟酌延长或缩短。

第五十五条 请求他人履行义务的诉讼期间,如果由于人力不可抗拒的原因,或者法院认为他过期请求有充分理由的,可以延长期限。

第五十六条 因起诉或者有足够证明义务人承认担负义务的,请求他人履行义务的诉讼期间,可以重新开始计算。

总则部分讨论题

1956 年 11 月 28 日

一、在社会主义建设时期,民法所担负的任务是什么?民事立法的基本原则和指导思想是什么?民法除调整财产关系外,是否还调整人身非财产关系?

二、民法总则应当包括哪些主要内容?解决哪些主要问题?它在整个民法典中的意义与作用?

三、根据中国当前的实际情况,如何划分有行为能力、限制行为能力和无行为能力的标准?

在我国当前的经济状况下法人应具备什么条件?哪些是法人?国家是一个民事主体算不算法人?

四、"物和权利"一章是否需要?需要则应如何规定?与所有权章是否有矛盾?如何结合?权利是否客体?决定能否参加民事流转的原则是什么?

五、"法律行为"与"民事行为"有何区别?

法律行为是否包括不合法的?"无效的法律行为"的提法是否妥当?

法律行为中的无效与契约中的无效有何不同?应否加以合并?在我国的民法中应如何反映?

六、起诉时效期间的规定应长抑短?不同的主体(如公公之间、公私之间、私私之间)在时效上是否应有不同的规定?划分这些期间的标准如何?在我国民法总则中对时效应作笼统的原则性规定抑作列举的具体的规定?

关于讨论法律行为和诉讼时效的一些主要意见

1956年11月28日

在讨论总则法律行为和诉讼时效部分中,分歧的意见是很多的。为了便于研究,兹将不同的意见分述于下:

一、法律行为部分

讨论中,有下列不同意见:

第一种意见主张民法典总则中要规定的,应只限于当事人目的在于设定、变更或者消灭民事权利义务关系的行为,即包括行为的法律后果有效的部分和法律后果无效的部分,反对把侵权行为也包括在"法律行为"之内。

主要理由是:(1)民事权利义务关系多是当事人按照自己的意图进行的,民法典从正面加以规定,可以更好地帮助当事人行使民事权利负担民事义务;(2)如果把法律行为的内容包括侵权(违法)行为,并没有实际意义,因为侵权(违法)行为和"法律行为"有根本的区别,包括在一起就会使法律行为与违法行为混同起来。如勉强、抽象地对违法行为加以规定,对法典的作用并不大。因之,主张法律行为不包括侵权行为在内。

第二种意见主张民法典总则中要规定的是民事主体(即权利主体)所作的能够引起民事权利义务关系及其他法律后果的行为。这种行为既包括当事人目的在于设定、变更或者消灭民事权利义务关系的合法(有效)行为和不合法(无效)行为,也包括引起法律后果的侵权(违法)行为,并主张把它称为"民事行为"。

主要理由是:(1)既然民事法律后果是由主体的行为所引起,而主体引起民事法律后果的行为又是包括有意的和无意的,合法的(有效的)和不合法的(无效的、违法的),法典就应该反映实际,把这些内容都包括进去;(2)如果规定的像苏俄民法典中的"法律行为"一样的东西,没有办法解决法律行为是指合法的,但又产生法律行为无效的矛盾问题,而按照"民事行为"来规定则不发生这一矛盾;(3)在名词上"法律行为"不好懂,改为"民事行为"既通俗,又好懂。

第三种意见主张法律行为不在总则中规定,而分别在有关篇章中规定。

主要理由是:(1)法律行为中契约是主要部分,在债的通则中规定较直接,而且可避免重复;(2)避免了合法、不合法的概念纠纷,在契约中只谈有效、无效;(3)民法是彼此联系的,在债的通则中规定,其他篇章在适用时也可引用。

此外,还有同志主张法律行为的目的既是指向民事法权关系发生、变更、消灭的行为,因而,它只能是合法的法律行为,不应当有无效或不合法的法律行为,更不应当将侵权行为包括在内。

二、诉讼时效部分

讨论中,有的同志认为在我们的民法典中应规定一个完整的时效制度,即包括请求权时效、诉讼时效和取得时效三部分。但很多同志主张在总则中只规定诉讼时效就够了。其中应否规定取得时效问题争论得比较热烈,他们的论点是:

(1)主张必须规定的理由为:①规定对稳定财产关系、解决财产纠纷有好处;②可以促使占有人对占有财产的爱护和管理;③在全行业合营以后,对取得时效的规定已不可能导致资本主义所有制的产生;④发生时效问题的,都是生活资料,其中更以家庭用品为多,对这些财产,如无取得时效规定,必将作为无主财产归国家所有。而国家获得之后并无好处。

(2)主张不必规定的理由为:①根据时效而取得,足以鼓励不劳而获,与社会主义道德风尚不相符合;②目前我国仍处在过渡时期,基于种种原因,所有人不明而被他人占有的财产,为数尚多,如果规定取得时效制度,这批财产都将为占有人所有,显然与社会道德和国家的政策不相符合;③一般公民之间,并没有因时效而取得的习惯;④由于公民所有的都是生活资料,经过登记后才转让所有权的如房屋、车辆等,又不包括在内,因此即使规定的话,范围既很窄,作用也不大。

对于被他人长期占有而所有人又不主张权利的财产,在主张不必规定取得时效的同志中,有的认为有关诉讼时效和无主财产的条文,已能解决这些问题;有的认为可以诉讼时效期满后,规定一个占有人通知所有人的期限,过此期限,即作为无主财产收归国有。

对总则提出书面意见的单位

1956 年 11 月 28 日

安徽省高级人民法院	江苏省高级人民法院
湖南省高级人民法院	新疆维吾尔自治区高级人民法院
华东政法学院	广东省高级人民法院
广州市人民法院	甘肃省高级人民法院
复旦大学	陕西省高级人民法院
广西省高级人民法院	福建省高级人民法院
山西省高级人民法院	黑龙江省高级人民法院
西南政法学院	中南政法学院
青海省高级人民法院	吉林省高级人民法院
四川省高级人民法院	辽宁省高级人民法院
天津市高级人民法院	山东省[高级]人民法院
南京市人民法院	江西省高级人民法院
成都市人民法院	内蒙[古自治区高级]人民法院
东北人大	浙江省高级人民法院
沈阳市人民法院	云南省高级人民法院
中央政法干校、东北分校	

（计 31 个单位）

总则篇(第三次草稿)

1956 年 12 月 17 日

第一章 基本原则

第一条 为保护民事权利的正确行使,促进国民经济计划任务的完成,以巩固发展社会主义所有制,特制定本法。

另案:为了巩固和发展社会主义所有制,促进国民经济计划任务的完成,保护民事权利的正确行使,特制定本法。

意见:有人认为本条仍应将逐步改善公民的物质和文化生活的需要的内容包括在内。

第二条 本法是调整国家、机关、企业、集体组织、公民间或它们相互间一定范围内的财产关系。

意见:有人认为著作发明权如果包括在民法典中,则本条末应再加上"并调整和财产关系密切联系的人身关系"。

第三条 民事权利受国家法律保护,但民事权利的行使,不能违反法律和公共利益。

第四条 行使民事权利负担民事义务的双方当事人,在法律关系中处于平等的地位。

第二章 民事权利主体

第一节 公 民

第五条 中华人民共和国公民,从出生的时候开始,到死亡的时候终止,都能够享有民事权利和负担民事义务。

第六条 年满 18 岁的人是成年人。成年人有完全的行为能力,能以自己的行为取得民事权利和负担民事义务。

第七条 年满 7 岁到未满 18 岁的未成年人是限制行为能力人,可以用自己的行为取得和他年龄相当的民事权利和负担民事义务;在处理和他年龄不相当的财产时,必须经过法定代理人的同意,或由法定代理人代为行使。

年满14岁的未成年人,如果能以自己的劳动取得劳动报酬,在没有法定代理人的情况下,可以独立行使民事权利。

意见:有人认为第二款规定中所能处理的财产,只能限于他个人劳动所得部分。

第八条 下列的人是无行为能力人。

(一)没有满7岁的未成年人;

(二)有精神病和其他不能以自己意志独立处理自己财产事务,经过法院确认为无行为能力的人。

无行为能力的人,民事权利和义务由他的法定代表人代为行使。

第九条 公民在行使民事权利和义务的时候,应当用户口簿登记的姓名。

第十条 公民以自己正式户口或临时户口住处为住所,或以他的职业或财产所在地为住所。

无行为能力人以他的法定代理人及监护人的住所为住所。

第十一条 公民离开自己的住所,从得到他最后消息的日期起,满一年的,法院可以根据利害关系人和检察院的申请,宣告他失踪;宣告失踪以后经过二年还没有消息时,法院可以依照利害关系人和检察院的申请,宣告失踪人死亡。

因战争或特殊事件足以推定公民遭难的,从战争停止或特殊事件终止的日期起满二年的,法院可以依照利害关系人和检察院的申请,宣告他死亡。

宣告死亡的日期作为他死亡的日期。

意见:

1. 利害关系人应作何解释?

2. 战争停止是指整个战争停止,抑是指战役停止?应明确。

3. 有人认为宣告失踪和死亡这一部分可以不要,如必需保存时,则应再分别各种情况具体写。

第十二条 被宣告失踪人的财产,由他的法定代理人保管或由法院指定其他人保管。

第十三条 被宣告死亡人的财产,按照本法继承篇(部分)的规定处理。

第十四条 被宣告死亡人如果生还(或改为"被宣告死亡的人如果出现的时候"),可请求法院撤销死亡的宣告,并且要求返还他尚存的财产或者与财产相等的价额。

意见:

1. 有人认为本条末应再加"如果财产承受人确有困难,可酌情少退一部分"两句。

2. 有人认为在被宣告死亡人的财产已处理后,为了保持财产的稳定,应该定有一个期限,即在被宣告死亡后若干年内仍未发现被宣告死亡人生还的,以后便再不能要求返还。

3. 收归国有后的财产,在被宣告死亡人生还后要否返还,有不同意见,有的同志认为公民之间尚且返还,国家也同样要返还。但也有人认为已收归了国库便不能再返还,但生还人生活有困难的,则可由国家加以适当照顾。

4. "尚存的财产"可能有两种不同的解释,一种是原物的尚存,一种是变卖后所存的现值,应明确。

第十五条　居留在中华人民共和国境内的外国公民,在我国法律规定的范围内享有民事权利和负担民事义务。外国公民的所属国和我国对民事权利另有协定的,按协定办理。

第二节　法　人

第十六条　凡以自己的名称及财产取得民事权利和负担民事义务的集体组织都可以作为法人。

第十七条　法人的成立必须依照国家法令,政府批准的章程或者经过国家主管机关登记核准。

意见:有人认为法令应作何解释,要明确界限。

第十八条　法人从成立的日期起,根据法律规定和自己成立的目的享有民事权利和负担民事义务。

意见:有人认为"根据法律规定和自己成立的目的"一句可去掉。因为法人当然是按照其组织章程进行活动的。

第十九条　法人由它的负责人或代表行使民事权利和履行民事义务。

意见:有人认为本条应与上一条合并。

第二十条　法人在行使民事权利的时候,受有关主管机关的监督。法人违反法律、公共利益或者自己成立的目的,有关主管机关可根据自己的权限加以限制、改组或解散它的组织。

意见:有人认为该条是属行政法的范围,因而可去掉。

第二十一条　法人因国家法令、撤销登记、核准结束或者任务完成而解散。

注:

1. 有人认为"撤销登记"应去掉,因撤销登记一般是由于违法,这个内容上一条已包括。

2. 有人认为应将"合并"和"宣告破产"的内容列入。

第二十二条　法人解散的时候,在它的主管机关监督下,负责清理财产、偿还债务。

意见:有人认为本条可不要。有人认为可列作上一条的副款。

第二十三条　在中华人民共和国境内设立的外国企业和团体,除有特别法令规定以外,适用本节法人的规定。

第三章　民事权利的客体①

第一条　民事权利客体是指人们能够支配的生产资料、生活资料和具有物质利

---

① 因当时草案大多分章编写,然后合并,故条文序号并不连续,还有部分草案无条文序号(仅写作"第　条")。下文收录各草案也存在同样情形,不再一一注明。

益的权利。

另案：民事权利客体是指人们能够支配的财产。

第二条 除法律另有规定外，一切财产都可以作为民事权利的客体。

第三条 军用武器弹药、爆炸物、高度化学易燃物、剧烈性毒品、放射性物质、受管理的无线电器材以及其他法律禁止个人持有或所有的物，都禁止在公民间流转。

第四条 金银的块锭和原料、银元、外国货币和证券、统购统销物资以及国家限制流转的物，只有在法律规定的范围内，才可以参加民事流转。

第五条 国家的档案，禁止参加民事流转。

注：关于物的几个分类，初步讨论中认为：有的分法对当前实际情况意义不大（如主物、从物和可分物、不可分物）；有的应和它相关的法律后果写在一起（如特定物、种类物），所以在这里都不反映了。

第四章　民事行为

第　条 民事主体的行为，不论单方的或双方的，凡能引起民事关系的发生、变更、消灭以及其他民事法律后果的，都是民事行为。

第　条 合法的民事行为必须遵守国家法律、法令和国民经济计划，不损害公共利益和他人利益。

第　条 需要表示意志的合法的民事行为，行为人必须有行为能力，表达真实意志，不虚伪，不欺诈。

在法律规定需要有书面形式的时候，应当按照规定完成法定形式；在法律规定需要批准、公证或登记的时候，应当按照规定完成法定程序。

另案：将第二、三条合并成为一条。

合法的民事行为必须：

1. 遵守国家法律、法令和国民经济计划，不违反公共利益和他人利益；
2. 行为人要有行为能力；
3. 出于行为人的真实意志、不虚伪、不欺诈、不威胁；
4. 在法律规定需要有书面形式的时候，应当按照规定完成法定形式；在法律规定需要批准、公证或登记的时候，应当按照规定完成法定程序。

第　条 违反第二、三条规定的，都是不合法的民事行为。

第　条 不合法的民事行为，依照不同情况，产生下列后果：

（一）已经取得的权利和履行的义务，应该全部自始无效，由一方或双方恢复原来的状态；

（二）造成他方损害的负赔偿责任；

（三）法律另有规定或者契约另有约定的，按照规定[或]约定处理。

注：第三项改为"法律另有规定的，按照规定处理"。

第　条 民事行为依法需由法定代理人代理的时候，必须由法定代理人代理。

除法律另有规定外,民事行为也可以由约定代理人代理。

代理人以被代理人的名义在代理权限内所作的民事行为,直接对被代理人产生权利和义务。

注：

1. 将第二款改为："除法律另有规定外,民事行为依其性质也可以由约定代理人代理。"

2. 本条内容太简单,不能解决代理问题,因此考虑不放在"民事行为"中,另列一节"代理"。

第五章　诉讼时效

第一条　请求他人返还财产或履行债务,如果超过法律规定的诉讼时效期间,法院不予保护。

第二条　诉讼时效期间定为四年。社会主义组织间的诉讼时效期间定为一年六个月。但法律另有规定诉讼时效期间的,依其规定。

另一意见：最后加上一款"诉讼时效期间不得自行协议变更"。

第三条　占有人或债务人在超过诉讼时效期间后,返还财产或履行债务的,不得要求退还。

诉讼时效期满后,占有人占有的属于所有人的财产,和债务人未履行的债的标的,应视同无主财产由国家处理。

第四条　诉讼时效期间的计算,依照下列规定：

（一）请求返还被人不法占有的财产,从所有人发现不法占有人的时候开始；

（二）定期债务,从约定期满的时候开始；

（三）不定期债务,从债务关系发生的时候开始；

（四）因致人损害所发生的债,从被害人发现加害人的时候开始。

诉讼时效期间的计算,法律另有特别规定的,依其规定。

第五条　诉讼时效期间,法院可以根据下列原因予以延长：

（一）由于不可抗力的原因不能起诉的；

（二）债务经主管机关宣告缓期偿付的；

（三）占有人或债务人承诺所有人或债权人的请求的；

（四）因具有正当理由而迟误诉讼时效的。

诉讼时效期间的延长,最短不得少于六个月,最长不得超过法定时效的一倍,但因战争等特殊情况的除外。

附则：社会主义组织间不适用因承诺而延长诉讼时效期间的规定。

另一意见：本条分写为三条：

第　条　诉讼时效期间,因下列原因而中止：

1. 由于不可抗力的原因而不能起诉的；
2. 债务经宣告缓期偿付的；
3. 当事人是正在执行战争任务的军人。

在上述原因消除后，诉讼时效继续进行，但剩余期间不足六个月的，延长到六个月。

第　条　诉讼时效期间，因下列原因而中断：
1. 占有人或债务人承诺所有人或债权人的请求；
2. 起诉或进行和解。但起诉被驳回、自动撤回或和解不成立的，诉讼时效不中断。

发生中断的原因消除后，诉讼时效期间重新计算，中断以前所经过的时间，不算在重新计算的时效期间以内。

社会主义组织间不适用诉讼时效中断的规定。

第　条　在特殊情况下，法院认为迟误诉讼时效具有正当理由的，可以延长诉讼时效的期间。

法律行为（另案）

（一）法律行为是为了设定、变更、消灭民事权利义务关系的行为。法律行为可以是单方的，也可以是双方的。

（二）法律行为可以采用书面的形式，也可以采用口头的形式。法律规定法律行为必须采用书面形式的，必须按照规定，行为人或者他的代理人应当签名盖章。

法律规定法律行为必须经过批准、公证或者登记的，只有在完成规定的程序以后，才发生法律效力。

注：有人主张"批准"可不要。

（三）行为人违反或者规避国家法律、法令、破坏国家经济计划以及危害公共利益的法律行为，无效。

注：
1. 有的同志认为，这条应该加上法律后果，即"行为人的非法所得应当根据情节轻重没收归国家所有，或者行为人返还已经履行的给付"。
2. 有的同志认为，总则"法律行为"部分所解决的只是有关法律事实的问题，因此这条的法律后果应当由债的通则来规定。

（四）没有行为能力的人，或者临时处在精神错乱而不能表达自己真实意志的人，所作的法律行为无效；但是经过他的法定代理人事后追认的，除外。

注：
1. 有的同志认为，这条应该规定法律后果，即"确认无效后，应当返还已经履行的给付，如果有行为能力的人造成对方损害时，应当负责赔偿"。
2. 同（三）注2。

（五）行为人对于因受欺诈、威胁所作的法律行为，可以请求法院确认他的法律行为全部或者一部无效。

注：

1. 有的同志认为，这条应该规定法律后果，即"对无效部分已经履行的双方应当返还，如果情节严重的，加害人不能请求返还，受害人的一切所得收归国家所有"。

2. 同（三）注2。

（六）行为人对法律行为的内容有重大误解的，可以请求法院确认他的法律行为全部或者一部无效。

注：

1. 有的同志认为，这条应该规定法律后果，即"对无效部分已经履行的，应当返还。但对造成误解有过错的一方，应当赔偿对方因此所受到的一切损失"。

2. 同（三）注2。

（七）行为人所作的法律行为，如果是由于双方通谋，并没有使行为发生法律后果的意愿，所作的法律行为无效。

行为人用虚伪的方式来掩盖他们真实要作的法律行为，虚伪的法律行为无效。

（八）行为人的一方乘对方的迫切需要，所作出显然不公平合理的法律行为，无效。

注：

1. 有的同志认为，这条应该规定法律后果，即"确认无效后，受害人的一切所得，根据加害情节的轻重，没收归国家所有；加害人的一切所得，应当返还给受害人"。

2. 同（三）注2。

（九）法律行为经过确认无效以后，应当认为从法律行为开始的时候起就无效。

（十）法律行为可以附开始的条件，也可以附解除的条件。

附开始条件的法律行为，从条件成就的时候起，权利和义务就产生。

附解除条件的法律行为，从条件成就的时候起，权利和义务就消灭。

（十一）行为人的一方，由于条件的成就对自己不利，而恶意妨碍条件成就的，应当认为条件已经成就。

行为人的一方，由于条件的成就对自己有利，而恶意促使条件成就的，应当认为条件不成就。

（十二）法律行为，除法律规定必须由行为人亲自办理的以外，可以委托代理人去代作。

代理人用被代理人名义，在代理权限范围内所作的法律行为，直接对被代理人发生权利和义务。

第一款另案：除法律规定必须由当事人，或者法定代理人亲自办理的法律行为以外，法律行为可以委托代理人去作。

（十三）代理人超出代理权限所作的法律行为，除经过被代理人同意或者追认外，应当由代理人自己负责。

（十四）代理人代理期间内所作的法律行为，在代理权限消灭后，仍然有效。

中华人民共和国民法典总则篇(第四次草稿)

1957年1月15日

民法典总则篇的内容与结构尚有很多分歧的意见,如第四章应用"民事行为"抑用"法律行为",有很多不同的方案;也有部分同志主张根本不要民事权利客体和法律行为两部分。为了便于研究,展开讨论,将各种不同意见都附上供参考。

第一章 基本原则

第一条 为了保障民事权利的正确行使和民事义务的切实履行,促进国民经济计划的顺利完成,巩固与发展社会主义所有制,以利于公民生活的逐步改善,特制定本法。

第二条 本法调整国家机关、企业、合作社、社会团体、公民间和它们相互间一定范围内的财产关系,及与财产关系有密切联系的人身关系。

第一条和第二条的另案:

第一条 为了调整国家机关、企业、合作社、社会团体、公民间和它们相互间一定范围内的财产关系,及与财产关系有密切联系的人身关系,特制定本法。

第二条 调整财产关系的基本原则是巩固和发展社会主义所有制,促进国民经济计划的顺利完成,保障民事权利的正确行使和民事义务的切实履行。

第三条 民事权利的行使和民事义务的履行,不能违反法律和公共利益。

第四条 行使民事权利和负担民事义务的双方当事人,在法律关系中处于平等的地位。

第二章 民事权利主体

(或写为"主体;民事主体;权利主体;民事权利;
义务主体;公民和法人;人")

第一节 公民

第五条 中华人民共和国公民,都能够享有民事权利和负担民事义务。

意见:在"中华人民共和国公民"之后加"从出生的时候开始到死亡的时候终止"一句,然后接"都……"。

第六条 年满18岁的人是成年人。成年人有完全的行为能力,能以自己的行为行使民事权利和负担民事义务。

第七条 7岁以上未满18岁的未成年人是限制行为能力人。限制行为能力人可以以自己的行为行使或负担同他年龄相适应的民事权利或义务,在处理同他年龄不相适应的财产时,必须经过他的法定代理人的同意,或由他的法定代理人代为处理。

意见:本条应加上"未成年人根据其他法律已参加劳动有劳动收入的,可以独立处理他个人的劳动所得,在这个范围内,视同完全行为能力人"的内容。

第八条 下列的人是无行为能力人:
(一)年未满7岁的未成年人;
(二)有精神病或其他不能以自己的意思处理自己的事务,经过法院确认为无行为能力的人。

无行为能力人,由他的法定代理人代为行使民事权利和负担民事义务。

第九条 公民在行使民事权利,负担民事义务的时候,应当用自己户口登记的姓名。

第十条 公民以自己正式户口所在地为住所。在必要的时候,也可以他的临时户口、职业,或财产所在地为住所。

无行为能力人以他的法定代理人的住所为住所。

第十一条 公民离开自己的住所,从得到他最后消息的日期起满一年时,法院可以根据利害关系人或检察院的申请,宣告失踪;宣告失踪以后经过二年还没有消息时,法院可以依照利害关系人或检察院的申请,宣告失踪人死亡。

公民因战争或其他特殊事件足以推定遭难的,从战争停止或特殊事件终止的日期起满二年时,法院可以依照利害关系人或检察院的申请,宣告死亡。

宣告死亡的日期视同死亡的日期。

意见:不要宣告失踪,只要满三年即可宣告死亡,但法律另有规定的除外。

第十二条 被宣告失踪人的财产,由他的法定代理人或委任代理人保管,法院认为有必要时,也可指定其他人保管。

第十三条 被宣告死亡人如果生还,可请求法院撤销死亡宣告。

意见:有人认为本条应加上:被宣告死亡人也可以请求返还他尚存财产的一部或全部。

第十四条 居留在中华人民共和国境内的外国公民,在我国法令规定的范围内享有民事权利负担民事义务。外国公民的所属国和我国如订有关于民事权利义务的协定时,可按协定办理。

第二节 法 人

第十五条 法人是以自己的名称及财产行使民事权利和负担民事义务的组织。

第十六条 法人的成立,应当依照国家法令、政府批准的章程或者经过国家主管机关登记核准。

另案:凡依照国家法令、政府批准的章程或者经过国家主管机关登记核准而成立的组织,都是法人。

法人能以自己的名称和财产取得民事权利和负担民事义务。

第十七条 法人从成立的日期起,根据法律规定的和自己成立的目的享有民事权利和负担民事义务。

意见:如第十五、十六条采用另案,本条可不要。

第十八条 法人由它的负责人或代表行使民事权利和履行民事义务。

意见:将本条与上一条合并,条文如下:法人从成立的日期起,根据法律规定和自己成立的目的,由它的负责人或代表行使民事权利和履行民事义务。

第十九条 法人因国家法令、撤销登记、核准结束或者任务完成而解散。

第二十条 法人解散的时候,在它的主管机关监督下,负责清理财产,偿还债务。

意见:有人认为本条可列作上一条的副款。

第二十一条 在中华人民共和国境内设立的国际性组织、外国企业和团体,另有特别法令规定的,依其规定。

第三章　民事权利客体
（另一意见:财产）

第二十二条 一切财产,包括生产资料、生活资料和具有物质利益的权利,除法律另有规定外,都可以作为民事权利的客体。

第二十三条 军用武器、弹药、器材、爆炸物,剧烈性的毒品,放射性的物质,受管制的无线电器材以及法律禁止个人所有的其他物,都不许在公民间流转。

第二十四条 金银的块锭和原料、银元、外国货币和证券以及其他属于国家限制流转的物,只有在法律规定的范围内,才可以作为民事流转的客体。

另一意见:对国家统购统销物资亦应该在这一条后加以反映。

第二十五条 国家的档案,禁止作为民事流转的客体。

注:关于物的几个分类,初步讨论中认为,有的分法对当前实际情况意义不大(如主物、从物和可分物、不可分物);有的应和它相关的法律后果写在一起(如特定物、种类物),所以在这里都不反映了。

第四章　民事行为(第二种写法)[①]

第二十六条 民事主体所为的行为,凡能引起民事法律关系的发生、变更、消灭

[①] 原文如此。从上下文逻辑看,本括号内应是"第一种写法"。

以及其他民事法律后果的,都是民事行为。

第二十七条　民事行为的有效条件是:

(一)遵守国家法律、法令和国民经济计划,不损害公共利益和他人利益;

(二)行为人要有行为能力;

(三)出于行为人的真实意志,没有虚伪、欺诈和威胁;

(四)法律规定需要书面形式的,应按规定完成法定形式;法律规定需要批准、公证或登记的,应按规定完成法定程序。

第二十八条　凡是违反前条所规定的有效条件之一的民事行为,都应认为无效。

民事行为,按照具体情节,可以认定全部无效;也可以认定部分无效,而保留有效部分。

违反法定形式或法定程序的民事行为,行为人如能补行法定形式或法定程序,也可以认为有效。

第二十九条　无效的民事行为,依照不同情况,产生下列不同的法律后果:

(一)民事行为因违反本法第二十七条第一项的规定而无效时,如果一方或双方已向他方给付,有权请求返还,如果一方或双方出于故意或有重大过失,应将他的给付追交给国家。

(二)民事行为因违反本法第二十七条第三项的规定而无效时,受害人如果已向他方给付,有权请求返还。受害人如果受领了他方的给付,应该追交给国家。

(三)民事行为因违反本法第二十七条第二项的规定而无效时,如果已经给付,应该返还。

第三十条　民事行为因违法或违约而造成他人人身、财产上的损害时,应负赔偿责任。

第三十一条　民事行为的法律后果,其他法律另有规定的依其规定。

第三十二条　民事行为依法需由法定代理人代理的时候,必须由法定代理人代理。

除法律另有规定外,民事行为也可以根据契约由约定代理人代理。

代理人以被代理人的名义在代理权限内所作的民事行为,直接对被代理人产生权利和义务。

第四章　民事行为(第二种写法)

(一)民事主体的行为,不论单方或者双方,凡能引起民事法律后果的,都是民事行为。

另案:民事主体的行为,不论是单方的或者双方的,凡是以设定、变更、废止民事权利义务为目的的,或者虽不是以上述为目的,但由于其行为而引起民事法律后果的,都是民事行为。

(二)行为人的行为,目的在设立、变更、废止民事权利义务关系的,是意思表示的行为。(意思表示的行为可以用书面,也可以用口头的形式)

(三)行为人为意思表示的行为,必须:

1. 遵守国家法律、法令和(或)国民经济计划;

2. 行为人要有行为能力;(注:有的同志主张本款应加上限制行为能力人的行为效力)

3. 出于真实的意志,不欺骗,不威吓,不通谋;

4. 在法律规定需要有书面形式的,应按照规定完成法定形式;在法律规定需要批准、公证或者登记的,应当按照规定完成法定程序。

(四)行为人为意思表示的行为,违反第三条中任何一项规定的,无效。

(五)无效的意思表示的行为,从开始无效。

无效的意思表示的行为,后果如下:

1. 已取得的权利和已履行的义务,应恢复原状;

2. 造成他方损失的,应负赔偿的责任;

3. 法律另有规定的,按照规定处理。

注:(1)有的同志主张,在本条第二款后果中加上一款"对情节严重的,人民法院可以按照具体情况没收当事人非法所得的一部或者全部"。

(2)有的同志主张本条第二款删掉。

(六)意思表示的行为,除法律规定(必须由行为人亲自办理)外,可以委托他人代理。

代理人用被代理人名义,在代理权限范围内所为意思表示的行为,直接对被代理人发生权利和义务。

代理人超出代理权限,所为意思表示的行为,除经过被代理人同意或者追认外,应当由代理人自己负责。

注:有的同志主张本条改为第二十九条的一款。

(七)行为人的行为,虽然不是以产生民事法律关系为目的,但引起了民事权利义务的产生或消灭,行为人应按照法律规定取得一定权利和(或)负担一定义务。

(八)行为人的行为,不论有意或者过失,使国家财产(公共利益)或者他人的人身、财产受到损害时,是不法(侵权)行为,应担负民事上赔偿的责任(义务)。

注:(1)有同志主张第五条放在第七条后面。

(2)有同志主张本章标题用"民事主体的行为"。

第四章 民事行为(第三种写法)

(一)民事主体的行为,不论单方的或者双方的,凡能引起民事关系的发生、变更、消灭以及其他民事法律后果的,都是民事行为。

（二）合法的民事行为必须遵守国家法律、法令和国民经济计划,不损害公共利益和他人利益。

（三）以设定、变更、消灭民事法律关系为目的的合法的民事行为(或写为"需要表示意志的合法的民事行为"),行为人必须有行为能力,表达真实意志,不虚伪,不欺诈。

在法律规定需要有书面形式的,应当按照规定完成法定形式;在法律规定需要批准、公证或登记的,应当按照规定完成法定程序。

（四）违反第二、三条规定的是不合法的民事行为,产生下列后果:

1. 已经取得权利和履行义务的,应当根据具体情况,确认全部或者一部自始无效,由一方或者双方恢复原来的状态;

2. 造成他方损害的,负赔偿责任;

3. 法律另有规定的,按照规定处理。

（五）民事行为依法需由法定代理人代理的时候,必须由法定代理人代理。

除法律另有规定外,民事行为也可以约定由他人代理。

代理人以被代理人的名义在代理权限内所作的民事行为,直接对被代理人产生权利和义务。

第四章　另案:法律行为

注:关于"法律行为",我们感到这名词不好,有人主张改为"表意行为""意思表示及其法律后果",但也有同志不同意这两个新名词,认为在没有更好的名词来代替以前,暂时仍用"法律行为"。

（一）法律行为是目的在于设定、变更或者消灭民事权利义务关系的行为。

法律行为可以是单方的,也可以是双方的。

（二）法律行为可以采用书面的形式,也可以采用口头的形式。法律规定法律行为必须采用书面形式的,必须按照规定,如果不按照规定又没有人证、物证及其他可靠证据的,人民法院可以确认无效。

法律规定法律行为必须经过公证或者登记的,只有在完成规定的程序以后,才发生法律效力。

注:有人主张第二款的"公证"两字之前,加上"批准"等字样,因为实际中可能会有需要批准的情况。

（三）行为人违反或者规避国家法律、法令,破坏国家经济计划以及危害公共利益的法律行为,无效。行为人的非法所得,根据情节轻重没收归国家所有,或者行为人返还已经履行的给付。

注:有人主张将最后一句"或者行为人返还已经履行的给付"删去。

（四）没有行为能力的人,临时处在精神错乱而不能表达自己真实意志的人所作的法律行为,或者限制行为能力人所作的和他年龄不相当的法律行为,无效;但是经过他们的法定代理人事后追认的,除外。

确认无效后,应当返还已经履行的给付,如果有行为能力的人造成对方损害时,应当负责赔偿。

(五)行为人对于因受欺诈、威胁所作的法律行为,可以请求法院确认全部或者一部无效。无效部分已经履行的,应当返还给对方;如果情节严重,加害人不能请求返还,收归国家所有。

(六)行为人对法律行为的内容有重大误解的,可以请求法院确认全部或者一部无效。无效部分已经履行的,应当返还给对方;造成误解有过错的一方,还应当赔偿对方因此所受到的一切损失。

(七)行为人所作的法律行为,如果是由于双方通谋,并没有使行为发生法律后果的意愿,所作的法律行为无效。

行为人用虚伪的方式来掩盖他们真实要作的法律行为,虚伪的法律行为无效。

注:有人主张第一款考虑删去。

(八)被确认无效的法律行为,从行为开始的时候无效。

注:另有同志主张将第三条、第四条、第五条、第六条中关于法律行为无效以后的后果这一部分文字全部删去,类似意思放在债篇通则中去解决。

(九)法律行为可以附开始的条件,也可以附解除的条件。

附开始条件的法律行为,从条件成就的时候起,权利和义务就产生。

附解除条件的法律行为,从条件成就的时候起,权利和义务就消灭。

(十)行为人的一方,由于条件的成就对自己不利,而恶意妨碍条件成就的,应当认为条件已经成就。

行为人的一方,由于条件的成就对自己有利,而恶意促使条件成就的,应当认为条件不成就。

注:有人主张第九条、第十条删去。

(十一)法律行为除法律规定必须亲自办理或者法定代理人代作以外,可以委托他人代作。

代理人用被代理人的名义,在代理权限范围内所作的法律行为,直接对被代理人发生权利和义务。

(十二)代理人超出代理权限所作的法律行为,除经过被代理人同意或者追认外,由代理人自己负责。

(十三)代理人在代理期间内所作的法律行为,在代理权限消灭后,仍然有效。

注:有人主张本条删去。

第五章 诉讼时效

第三十三条 请求他人返还财产或履行债务,如果超过法律规定的诉讼时效期间法院不予保护(有的主张加上公断机关或者"法院"二字不要)。

第三十四条　一般诉讼时效期间定为四年。社会主义组织相互间的诉讼时效期间定为一年六个月。但法律另有规定的,依其规定。

注:对于诉讼时效的期间,究竟规定多少年为好,还需要进一步摸清情况和有关方面商榷后再行确定。

第三十五条　占有人或债务人在超过诉讼时效期间后,返还财产或履行债务的,不得要求退还。

诉讼时效期满后,占有人未归还的属于所有人的财产,和债务人未履行的债的标的不得归占有人或债务人所有,应交由当地有关机关处理。

国家机关、企业不适用本条规定。

另一意见:本条第二款可以不要。认为:(1)应规定取得时效,可以在所有权篇加以考虑;(2)交由国家处理的都是些零星财物和小额债务,如收归国有意义不大,由国家处理也增加不少麻烦。

第三十六条　诉讼时效期间的起算,依照下列规定:

(一)请求返还被人不法占有的财产,从所有人发现不法占有人时候开始;

(二)定期债务,从约定期满的时候开始;

(三)不定期债务,从债务关系发生的时候开始;

(四)因致人损害所发生的债,从被害人发现加害人的时候开始;

(五)因不当得利所发生的债,从不当得利人应当知道他所得的利益是不当得利的时候开始。(有人主张不要此款)

诉讼时效期间的起算,法律另有特别规定的,依其规定。

第三十七条　诉讼时效期间,法院可以根据下列原因予以延长:

(一)由于不可抗力的原因不能起诉的;

(二)债务经主管机关宣告缓期偿付的;

(三)占有人或债务人承诺所有人或债权人的请求的;(有人主张本项不要)

(四)因具有其他正当理由而迟误诉讼时效的。

诉讼时效期间的延长,最短不得少于六个月,最长不得超过法定时效期间的一倍,但因战争等特殊情况的除外。

国家机关、企业间不适用因承诺而延长诉讼时效期间的规定。(如第三项不要则本款也可以不要)

另一意见:本条分写为三条:

第　条　诉讼时效期间,因下列原因而中止:

1. 由于不可抗力的原因而不能起诉的;
2. 债务经宣告缓期偿付的;
3. 当事人是正在执行战争任务的军人。

在上述原因消除后,诉讼时效继续进行,但剩余期间不足六个月,延长到六个月。

第　条　诉讼时效期间,因下列原因而中断:

1. 占有人或债务人承诺所有人或债权人的请求;
2. 起诉或进行和解。但起诉被驳回、自动撤回或和解不成立的,诉讼时效不中断。

发生中断的原因消除后,诉讼时效期间重新计算,中断以前所经过的时间,不算在重新计算的时效期间以内。

社会主义组织间不适用诉讼时效中断的规定。

第 条 在特殊情况下,法院认为迟误诉讼时效具有正当理由的,可以延长诉讼时效的期间。

注:本条原案所指的诉讼时效期间的延长,实际上包括了诉讼时效的中止、中断和法院给予的延长(如《苏俄民法典》第49条所规定的)三种不同情况。这样规定的理由是:便于理解。由于一般人对中止、中断的概念闹不大清;而中止、中断事实上发生了延长诉讼时效期间的效果。由于考虑到延长是由法院宣告的,而各地情况亦不一致,法院工作人员的水平亦多参差,所以规定了几种主要原因和最低、最高年限的幅度。为了保护债权人或所有人的权益,除了规定了延长的最高年限,同时还照顾到战争等特殊情况,又作了例外的规定,以便于法院根据不同原因和情况予以延长。

二、所有权

说 明[①]

所有权、信托、保险、结算起草小组 1958年3月25日

这里是所有权篇的八次草稿(最初稿和一至七稿),十份初步讨论意见,十八份座谈记录,一份调研提纲,十七份民法理论参考资料,九份外国立法参考资料,一份意见汇辑,和一份讨论题。分订三册。

所有权篇是1956年初开始草拟条文的,至1957年3月止,共修改七次。

在草拟过程中,访问了以下一些单位:

1. 北京方面:中共中央农村工作部、国务院八办、国务院宗教局、最高人民法院、国家计委、法制委员会、第一机械工业部、农业部、水利部、水产部、内务部、铁道部、交通部、邮电部、林业部、财政部、供销总社、人民银行总行、中央广播事业局、北京市高级和中级人民法院、北京市房地局、北京市民政局、北京市及前门区手工业社、张郭庄农业生产合作社等。

2. 上海方面:上海高级人民法院、人民银行、经租公司、宗教局、财政局、长航局、公安局、房地局、民政局、公证处。

3. 广州方面:省侨委会、省华侨投资公司、省文化局、市公安局、市财政局、市房地局、人民银行、宗教处。

4. 武汉方面:宗教处、民政局、公安局、城市建设委员会、文化局、邮政局、财政局、房地产局等。

5. 西安方面:省高级人民法院、市中级法院。

在历次修改中,争论较多的问题是:

第一章通则为:所有权分类问题,在他人所有权上的使用关系要否反映和如何反映的问题。

---

① 本件原件为手写稿。

第二章国家所有权为:国家专有财产问题;国家机关、企业对财产特别是固定资产的经营管理处分问题。

第三章合作社所有权为:社团所有权要否在本章反映和如何反映的问题。

第四章公民所有权为:资本家所有权要否反映和如何反映的问题,个体劳动者所有权和个人所有权能否合并反映的问题。

第五章所有权的取得与丧失为:要否规定取得时效制度问题;特定物和种类物的交付问题。

第六章所有权的保护为:对善意第三人和原所有人的保护问题;合作社能否与国家享有同样的特殊保护问题。

第七章共有为:共同共有要否反映的问题。

这些争论,有的在小组内已取得一致认识,有的在小组内就存在着两种不同意见,这在历次草稿和讨论意见中都可以看到,这里不予详细说明了。所有这些争论的问题,不问在原有小组中已否取得一致认识,今后都必须进一步搞深搞透,然后作出结论。

所有权篇资料较多,这是因为:搞的时间较长,搜集面较广,意见较为集中,把可以整理的资料尽可能的都整出来了。由于草拟过程中正是所有制变化最大的一段时间,形势逼着需要不断地找新资料。但是所有权的资料也有它的特点,这就是:现成的少,整篇的少,集中的少,因此在搜集上有其局限性。而我们平日对若干零星资料的综合工作也还做得不够。

起草所有权篇的搞法:是学习、调查研究和草拟条文而齐头并进的。学习理论和分解汇编各国民法资料相结合,调查研究和草拟修改条文相结合,经验证明这样做法是对的。

在全国各项工作大跃进的新形势下,关于国家专有财产的范围、国家财产的经营管理、合作社财产的范围、拾得遗失物的报酬和共有财产中共有人的关系等,都必须根据新情况来对条文作重新研究。

中华人民共和国民法典所有权篇
（草稿）[最初稿]①

1956年4月

第一章 通 则

第一条 调整财产所有权的目的,是为了促进社会主义财产的发展和巩固,保证逐步提高劳动人民的物质文化生活水平,建成繁荣幸福的社会主义社会。

参考资料:

1.《中华人民共和国宪法》(以下简称《宪法》)序言第一段;

2.《保加利亚财产法》第1、3条。

第二条 国家财产受法律特别保护。爱护和保卫国家财产是每一个公民的神圣职责。

参考资料:波里雅鲁施著《苏联社会主义所有制》第30—38页。

第三条 财产所有人,在行使所有权的时候,必须遵守个人利益服从社会公共利益的原则。

任何人不许利用私人财产所有权危害公共利益。

参考资料:

1.《宪法》第14条;

2.布拉都西教科书(上)第10—12页。②

第四条 财产所有人在合法(或法律规定的)范围以内,对于财产有占有、使用、处分的权利。

---

① 原件标题下有手写体"1956.4"字样。
② 本件所涉及的书籍文献信息依次如下:〔前苏联〕波里雅鲁施:《苏联社会主义所有制》,舒凝译,时代出版社1954年版;〔前苏联〕斯·恩·布拉都西主编:《苏维埃民法》(上下册),中国人民大学民法教研室译,中国人民大学1954年版;〔前苏联〕坚金(第一、二分册)、布拉图斯(第三、四分册)主编:《苏维埃民法》(四册),中国人民大学民法教研室译,法律出版社1956—1958年版;〔前苏联〕克依里洛娃:《苏维埃民法》(上下册),北京政法学院民法教研室译,北京政法学院1958年版[据刘长敏主编《甲子华章:中国政法大学校史(1952—2012)》载,克依里洛娃于1955年8月25日至28日抵达北京政法学院,本件所指克依里洛娃的《苏维埃民法》或为时间更早的内部讲义];〔前苏联〕卡列娃、费其金主编:《苏维埃国家和法的基础》,中国人民大学编译室译,沈其昌校,法律出版社1955年版。

参考资料:

1.《苏俄民法典》第 58 条;

2.《捷克民法典》第 107 条。

第五条 所有权分为:

(一)国家所有权;

(二)合作社所有权;

(三)公民个人所有权。(或公民生活资料所有权和私有财产权)

参考资料:

1.《捷克民法典》第 7 章;

2.《保加利亚财产法》第 2 条;

3.《苏俄民法典》第 52 条。

第二章　国家所有权

第六条 国家财产是全民所有的社会主义财产。

国家财产的唯一所有人是国家。

参考资料:

1.《宪法》第 6 条;

2.《苏维埃国家和法的基础》第 383 页;

3. 德·莫·坚金教授编《苏维埃民法》(第二分册)(以下简称"坚金讲义")第 13—14 页;

4.《捷克民法典》第 102 条。

第七条 国家财产的范围(或客体范围)不受任何限制。

参考资料:布拉都西教授主编《苏维埃民法》(上)第 211 页。

第八条 矿藏、水流,由法律规定为国有的森林、荒地和其他资源,公用的铁路及其车辆,公路,港口,航空运输,国家银行,邮政、电报、无线电广播事业,国营广场,拖拉机站,都属于国家专有的财产。

对于国家经济命脉或国家安全具有特别(或重要)意义的财产,也可以依照法律宣告为国家专有。

参考资料:

1.《宪法》第 6 条;

2. 铁道、交通、邮电部和中国人民银行总行座谈材料;

3.《苏联宪法》第 6 条;

4.《苏俄民法典》第 53 条;

5.《保加利亚财产法》第 5 条。

第九条 国家专有的财产,除国家特别准许外,合作社组织、公共团体和公民都不准许有所有权。

参考资料:布拉都西教授主编《苏维埃民法》(上)第218页。

第十条 武器、弹药、爆炸物、军用品、航空机件、高度化学易燃物、剧烈性毒品、受管制的无线电器材,非经国家主管机关批准,不许私人持有(或所有)。

参考资料:

1.中国人民解放军军械、公安、卫生部书面材料;

2.《苏俄民法典》第55、56条。

第十一条 国家根据国民经济计划授权经国家机关和国营企业在规定的权限以内,按照经济核算制的原则经营、管理国家的财产。

另一个意见:国家依照国民经济计划把国家的财产分配给国家机关和国营企业在规定的权限以内,根据经济核算制的原则进行经营、管理。

参考资料:

1.《苏俄民法典》第58条附则;

2.《捷克民法典》第103条;

3.《保加利亚财产法》第7条。

第十二条 国家机关、国营企业间固定资产的转移,应当按照国家规定的程序无偿进行。

参考资料:

1.财政部座谈材料;

2.《保加利亚财产法》第12条;

3.坚金讲义(第二分册)第26页。

第十三条 国家机关、国营企业和合作社间固定资产的转移,一般是有偿进行;国家为了扶助合作社经济的发展。经过国务院的批准,也可无偿进行。

参考资料:

1.财政部座谈材料;

2.坚金讲义第26页。

第十四条 国家机关和国营企业多余的或不适用的固定资产,可以依照国家规定的程序出让。

参考资料:

1.《中央财政公报》1954年第6期第44页;

2.《保加利亚财产法》第10、11条。

第十五条 规定作为基本建设使用的资产,不许拨作流通使用。规定作为流通使用的资产,不许拨作基本建设使用。

参考资料:

1.财政部座谈材料;

2.《保加利亚财产法》第8条。

第十六条 固定资产,在一个部所管辖的企业间转移的时候,须经过部长的批准;在不属于一个部的企业间转移的时候,须经过双方部长的共同决定,并报国务院批准。

参考资料：

1. 财政、第一机械工业、铁道部座谈材料；
2. О.Н.沙吉科夫著《匈牙利人民共和国国营工业的民法调整》第7页。

第三章　合作社所有权

第十七条　合作社是劳动人民按照自愿、互利的原则组织起来的集体经济组织。合作社的财产是劳动人民集体所有的社会主义财产。

合作社财产的所有人，是每一个合作社组织。

另一个意见：合作社组织的财产是劳动群众集体所有的社会主义财产。

合作社财产的所有人，是每一个合作社组织。

参考资料：

1.《宪法》第7条；
2. 我国各合作社章程第1条。

第十八条　依法成立的合作社组织，对于它的生产工具、生产资料、公共建筑物、产品、商品、企业以及和它业务有关的财产，都有所有权。

农业、手工业生产合作社在初级阶段，生产工具、生产资料，可以归社员个人所有。在自愿和互利的原则下，逐步转变为集体所有。

参考资料：

1.《苏联宪法》第7条；
2.《苏俄民法典》第57条；
3.《保加利亚财产法》第22条；
4. 我国各合作社章程。

第十九条　农业生产合作社对社员交与合作社的土地的所有权，依照社章的规定。

参考资料：《保加利亚财产法》第26条。

第二十条　每个合作社组织都有独立的财产所有权，对它所有的财产有占有、使用和处分的权利。

参考资料：坚金著《苏维埃民法讲义》第28页。

第二十一条　合作社组织在行使所有权的时候，必须遵守国家法律，服从国民经济计划和社章的规定。

参考资料：

1.《苏维埃民法教科书》第236页；
2.《保加利亚财产法》第23条。

第二十二条　合作社组织的财产，应该按照社章的规定，经过社员大会或社员代表大会通过和上级领导机关的批准，才能够进行处分。

另一个意见:"才能够进行处分"一句,改为"才能够出卖或转让"。

参考资料:我国各合作社章程管理机构部分。

第二十三条 合作社组织的财产,在转移的时候,应该按照有偿的原则进行。

合作社组织从国家无偿取得的财产,只能够无偿地转移给国家。

参考资料:

1.《保加利亚财产法》第25条;

2.坚金著《苏维埃民法讲义》第28—29页。

第四章　公民个人所有权

（另一个意见是:公民生活资料所有权和私有财产权）

第二十四条 公民对于自己的劳动收入、储蓄、公债券、住房和庭院（包括居住用的幕帐、木船等）家常用具、消费品和享用品等各种生活资料,都有所有权。

农业生产合作社的农户,除上述生活资料外,对自用小块园地的收入、零星树木、家禽家畜以及从事农业生产和副业生产使用的工具,都有所有权。

参考资料:

1.《苏俄民法典》第54条;

2.《捷克民法典》第105条;

3.《保加利亚财产法》第28条;

4.《苏联宪法》第7条、第10条;

5.《罗马尼亚宪法》第12条;

6.布拉都西教科书第241—248页。

第二十五条 个体农民、个体手工业者以及其他个体劳动者,对于进行生产所需用的,而不是用来剥削他人劳动的生产工具和生产资料都有所有权。

参考资料:

1.《宪法》第7条;

2.《苏联宪法》第9条;

3.《苏俄民法典》第54条;

4.《罗马尼亚宪法》第10条;

5.《波兰宪法》第12条;

6.布拉都西教科书第248—249页。

第二十六条 原私营工商业的所有人,对公私合营中的定股定息或其他合法（另一个意见不要"合法"二字）收入都为他们个人所有。（另一个意见:可以为个人所有）

另一个意见:

1.原私营工商业者（或用原资本家）,对公私合营中的（定股定息）或其他合法收入,有所有权。

2.原私营工商业者,在全行业公私合营企业完全转为全民所有以前,对（定股定息）或其他合法收入依法有所有权。

参考资料:《物权参考资料》第 7 号:"对(资本家生产资料所有权)问题的讨论意见"。(常委印)

第二十七条 凡是法律禁止个人所有的物品,如武器、弹药、爆炸物品、各种军用品、航空机件、剧烈毒品、高度化学易燃品、国家的档案材料和受管制的通讯器材等都不得为个人所有。(这一条可以取消)

第五章 共有财产

第二十八条 二人或二人以上共同所有的财产是共有财产。共有财产可以是按份共有,也可以是统一共有。按份共有的财产,是各共有人可以按照不同的或相同的份额划分出属于自己所有部分的共有财产,统一共有财产是依共有人的共同关系,在共同所有财产中并不划分份额的共有财产。

参考资料:
1.《苏俄民法典》第 61 条;
2.《捷克民法典》第 331 条;
3.《保加利亚财产法》第 33 条;
4. 布拉都西教科书第 202 页;
5.《苏联法律大辞典》(共有财产)条;
6. 克依里洛娃讲义第 7 页。

第二十九条 对于按份共有财产的占有、使用和处分,应该由全体共有人决定,如果全体共有人意见不一致,按照多数决定。(另一意见,按照份额的多数决定)

参考资料:
1.《苏俄民法典》第 62 条;
2.《捷克民法典》第 135 条;
3.《保加利亚财产法》第 32 条;
4. 克依里洛娃讲义第 97 页。

第三十条 按份共有人在不损害其他共有人权利的原则下,可以处分本人在共有财产中属于自己的份额。

参考资料:
1.《捷克民法典》第 133 条;
2. 布拉都西教科书第 203 页。

第三十一条 按份共有人,可以随时请求从共有财产中分割出属于自己的份额,但不得损害共有财产的价值或效用。如果共有财产是不可分割物,请求分割的人应该接受相等价值的补偿。

参考资料:
1.《苏俄民法典》第 65 条;

2.《捷克民法典》第139条、第140条；

3.布拉都西教科书第204页。

第三十二条 按份共有人，除契约另有约定外，应该按照自己在共有财产中的所有份额，担负应该付出的税款、管理、养护、修缮和其他各项费用。

参考资料：《苏俄民法典》第63条。

第三十三条 按份共有人出让自己在共有财产中的份额时，其他共有人有优先购买权，但由法院公开拍卖时除外。

优先人如不按期履行约定的条件进行购买，即丧失优先权。

参考资料：

1.《苏俄民法典》第64条；

2.《捷克民法典》第137条；

3.布拉都西教科书第203页；

4.克依里洛娃讲义第97页。

第三十四条 统一共有人都可以对共有财产的全部行使所有权，但在处分统一财产时应取得各共有人的同意。

第三十五条 统一共有人，对于共有财产如有正当理由，可以进行分割（或用请求分割），分割的方法可以参照第四条规定办理。

第三十六条 统一共有人，对于共有财产都有维护的责任和负担各种费用的义务。

参考资料：克依里洛娃讲义第98页。

第六章 所有权的取得和消灭

第三十七条 所有权依契约、时效、继承、遗赠以及其他法律规定的方法而取得。（我们意见，在这一章前面有一条概括性的规定较好）

参考资料：《保加利亚财产法》第77条。

第三十八条 国家为了公共利益的需要，对城乡土地和其他生产资料，可以依照法律规定的条件和程序进行征购或征用，并给予所有人以适当的补偿。

另一意见：国家为了公共利益的需要，对个人、公共团体或合作社组织的财产，可以依照法律规定的条件和程序进行征购或征用，并给予所有人以适当的补偿。

参考资料：

1.《宪法》第13条；

2.内务部《关于征用土地的指示（草案）》；

3.《保加利亚财产法》第101、107条。

第三十九条 国家根据国民经济计划对资本主义工商企业，通过购买的方式，逐步转变为全民所有。（有同志认为：应摆在所有权通则中）。

参考资料：《物权参考资料》第7号。

第四十条 没收所有人的财产,必须依照法律规定的程序,经过人民法院的判决作为处罚的时候,才可以执行。

另一个意见:没收所有人的财产,必须依照法律规定的程序,才可以执行。

参考资料:《苏俄民法典》第70条。

第四十一条 所有人不明或没有所有人的财产是无主财产,无主财产依照法令规定的程序移归国家所有。

无主的农户财产由所在地的乡人民委员会处理。

参考资料:

1.《苏俄民法典》第68条;

2.《捷克民法典》第159条;

3.《保加利亚财产法》第6条;

4.《苏维埃国家和法的基础》第386页。

第四十二条 拾得遗失物、漂流物的人,应该通知或送交所有人,如所有人不明时,应交当地公安机关、乡人民委员会或其他有关机关处理。

参考资料:

1.《保加利亚财产法》第87条、第88条;

2.《物权参考资料》第2号。

第四十三条 对拾得遗失物的所有人不能判明的时候,依照法令规定的程序,视同无主财产归国家所有。

参考资料:

1. 铁道部座谈材料;

2.《各国民法分解资料汇编》物权部分第39—48页;

3.《苏维埃国家和法的基础》第386页。

第四十四条 发现在地下埋藏的历史文物及贵重物品,概为国家所有。

参考资料:《物权参考资料》第2号。

第四十五条 合作社组织财产的取得,依照下列方法:

(一)生产工具、生产资料、建筑物和其他财产的公有化;

(二)国家的帮助;

(三)根据法律或主管机关的决定;

(四)扩大再生产;

(五)根据买卖、赠与等民事法律行为。(此条可以不要)

参考资料:

1.《苏维埃国家和法的基础》第388、389页;

2.《各国民法分解资料汇编》物权部分。

第四十六条 公民个人依契约、继承、遗赠、占有时效、法院判决以及其他法律规定而取得财产所有权。(此条可以不要)

参考资料:

1.《保加利亚财产法》第77条；

2.《捷克民法典》第115条；

3. 布拉都西教科书(上册)第197页。

第四十七条 善意占有他人的财产连续满三年时间的，就可以取得所有权。

占有时效期间的计算，按照诉讼时效的计算规定。

参考资料：

1.《捷克民法典》第116、117、118条；

2.《保加利亚财产法》第78—86条；

3. 布拉都西教科书(上册)第198页。

第四十八条 对于特定物所有权的转移，自契约成立时起，受让人即取得所有权，对于种类物所有权的移转(以数量、重量、长度计算的物)即必须实行交付后，受让人才能取得所有权。

房屋所有权的移转，须在当地房地产主管机关办理登记。

参考资料：

1.《苏俄民法典》第66、67条；

2.《捷克民法典》第111条；

3. 坚金讲义第5页。

第四十九条 凡是取得主物所有权的人，也取得从物的所有权，同时还取得连同所有权的其他权利，但与原所有人的人身相关联的那些权利除外。

参考资料：

1.《捷克民法典》第130条；

2.《保加利亚财产法》第92条。

第五十条 由财产所产生的收益，如树木的果实、牲畜的幼畜及其他类似的产物，属于财产所有人所有。

参考资料：

1.《捷克民法典》第124条；

2.《保加利亚财产法》第93条。

第五十一条 加工人使用属于他人所有的材料加工成为新的物品时，如果加工物的价值显然超过材料的价值，加工人可以在补偿材料的代价后，取得加工物的所有权。

如果材料的价值较大时，由加工人与材料所有人双方协商解决。取得产品所有权的人，应该补偿他方的损失。

说明：这一条主要解决所有人的财产被加工人加工制成新的产品时的处理方法。

参考资料：

1.《捷克民法典》第125—129条；

2.《保加利亚财产法》第94—98条。

另一意见：主张上列三条都可以不写。

第五十二条 合作社组织财产的所有权,随着合作社组织的合并或解散而消灭。

参考资料:

1.《捷克民法典》第 132 条;
2.《保加利亚财产法》第 99 条;
3.《苏维埃民法教科书》第 199—200 页。

第五十三条 所有权因下列原因而消灭。

(一)所有权让给他人;
(二)所有权的抛弃;
(三)由于国家行政命令的决定和法院的判决。

参考资料:

1.《捷克民法典》第 132 条;
2.《保加利亚财产法》第 99—100 条;
3. 布拉都西教科书(上册)第 199 页;
4. 坚金讲义第 42 页。

第七章 所有权的保护

第五十四条 所有人的财产受到不法占有或侵害时,所有人有权请求返还,或者请求赔偿相当于原有财产的价值;所有人行使所有权受到妨害时,有权请求排除;所有人行使所有权有受到妨害的可能时,有权请求防止。

参考资料:

1.《苏俄民法典》第 60、59 条;
2.《保加利亚财产法》第 72、108 条;
3. 布拉都西教科书(上册)第 205 页;
4. 坚金讲义第 12 页;
5.《捷克民法典》第 149 条。

第五十五条 国家财产受特别保护,任何人不许侵占。

保护国家财产是每一个公民的神圣职责。

另一个意见:国家财产受特别保护,任何人不许利用个人所有权妨碍国家所有权的发展和巩固。(有同志认为:应摆在所有权通则中)

参考资料:

1.《苏维埃国家和法的基础》第 396 页;
2. 坚金讲义第 8 页第 1 项。

第五十六条 国家财产在发现被人侵占的时候,不论占有人是善意的还是恶意的,国家都有权向占有人请求返还属于它的财产和偿还被侵占期间一切应得的利益。这种返还请求,不受诉讼时效的限制。

参考资料:

1.《苏俄民法典》第59、60条；

2.坚金讲义第9、10页第3、3、5项。

第五十七条 财产的所有人在国家和合作社组织或公民间不能判明的时候,推定财产的所有人是国家。

财产的所有人在合作社组织和公民间不能判明的时候,推定财产的所有人是合作社组织。(这条副款应放在合作社所有权的保护中)

参考资料：

1.《捷克民法典》第153条；

2.坚金讲义第10页第7项。

第五十八条 合作社组织的财产,在发现被人侵占的时候,合作社有权请求归还或偿还被侵占期间一切应得的利益。这种请求权不受时效的限制。

参考资料：

1.《苏俄民法典》第59、60条；

2.布拉都西教授1955年6月28日"关于所有权问题的报告"。

第五十九条 合作社的固定资产,只有在合作社解散清理的时候,才能够用来清偿债务。

合作社的公积金、公益金和其他公共积累,不允许分散或用来抵偿债务。

参考资料：

1.《农业生产合作社示范章程》第68条；

2.《苏维埃民法教科书》第238—240页；

3.坚金著《苏维埃民法讲义》第32—33页。

第六十条 合作社在经营期间,个别社员的债权人对社员的股金,不能够请求偿还。

参考资料：《苏维埃民法教科书》第238、240页。

第六十一条 公民的财产被恶意占有人占有时,所有人除有权请求返还原物外,还有权请求返还占有期间原物所得的收益或赔偿占有期间原物所受的损失。

公民的财产被善意占有人占有时,所有人除有权请求返还原物外,还有权要求从已经证明占有人是非法占有时起所应付出的原物收益,或赔偿原物所受的损害。

另一种写法：

公民的财产被他人恶意占有时,公民向恶意占有人有下列请求权：

(一)返还原有财产或者按照原价赔偿；

(二)返还或者赔偿全部占有期间所已得或应得的收益。

附则

一、凡是占有人明知或者应知其占有为不合法的占有,都是恶意占有。

二、凡是没有契约、法律或者行政命令的任何原因而占有他人财产的都是不法占有。

公民的财产被人善意占有时,所有人向善意占有人有下列请求权：

(一)返还原有财产或者按照原价折旧赔偿;

(二)返还或者赔偿从占有人已知占有为不合法的占有时起所已得或应得的收益。

附则:凡是占有他人财产的人不知或者不应知其占有为不合法的占有都是善意占有。

参考资料:

1.《捷克民法典》第152条、第145—147条;

2.布拉都西教科书(上册)第208页;

3.《保加利亚财产法》第70、71、78条。

第六十二条 占有人在占有财产期间所支付的必要费用,可以向所有人请求偿还。

参考资料:

1.《捷克民法典》第148条;

2.《保加利亚财产法》第72条。

第六十三条 善意占有人不是直接从所有人取得的财产,所有人不得请求返还。但是所有人对于他所遗失的或者被盗窃的财产仍然可以请求返还。

中华人民共和国民法典所有权篇（第一次草稿）[①]

1956年4月

第一章 通 则

第一条 财产所有权分为（或写为：主要分为）：
（一）国家所有权；
（二）合作社所有权；
（三）公民生活资料所有权和其他财产所有权。（或写为：个人所有权）

第二条 财产所有权的调整，是为了促进社会主义所有制的发展和巩固，逐步改造非社会主义所有制为社会主义所有制，保证不断提高劳动人民的物质文化生活水平，建成社会主义社会。

<small>有同志认为：这个帽子太大，与总则可能有重复之处，待各篇合并时再统一考虑。</small>

第三条 财产所有人在法律规定的范围内，对于财产有占有、使用、处分的权利；并应负担由财产所产生的义务。

第四条 财产所有人，在行使所有权的时候，必须遵守个人利益服从社会公共利益的原则。

任何人不许利用私人财产所有权危害（或妨害）公共利益。

第五条 国家财产受法律特别保护，爱护和保卫国家财产是每一个公民的神圣职责。

第二章 国家所有权

第六条 国家财产是全民所有的社会主义财产。

国家财产的唯一所有人是国家。

第七条 国家所有权的客体范围不受任何限制。

<small>多数同志主张：取消此条。</small>

[①] 原件标题上方有手写"1956.4"字样。

理由：
1. 不言而喻的事，这样写出来反而引起混乱；
2. 实际意义不大，属于理论上的问题，太空。

第八条 矿藏、水流，由法律规定为国有的森林、荒地和其他资源；铁路及其车辆，公路，港口，航空运输，海运轮船，银行，邮电通讯，无线电广播事业和其他国营企业，都属于国家专有的财产。

对于国家经济命脉或国家安全具有重大关系的其他财产，也可以依照法律宣告为国家专有。

有同志主张：
1. 银行应该是国家银行，因为现在还有公私合营和私营银行存在。
2. 邮电通讯改写为邮政、电报、电话比较通俗易懂。
3. 国营企业后再加国有事业，这样可以包括科学研究机关。

第九条 应归国家专有的财产，除国家特别准许外，合作社组织、公共团体和公民都不能有所有权（或写为：不许任何人有所有权）。

第十条 武器、弹药、爆炸物、军用品、航空机件、高度化学易燃物、剧烈性毒品、受管制的无线电器材，非经国家主管机关批准，不许个人持有。（或写为：所有）

第十一条 国家财产，由国家根据法律和国民经济计划授权给国家机关和国营企业在规定的权限以内，进行经营管理和处分。

另一写法：国家根据法律和国民经济计划授权给国家机关和国营企业在规定的权限以内，进行经营管理和处分国家的财产。

第十二条 国家机关、国营企业间固定资产的转移调拨，应当无偿进行。

固定资产，在一个部所管辖的企业间转移调拨的时候，须经过部长的批准；在不属于一个部或中央、地方国管企业间转移调拨的时候，须经过双方主管机关决定，并报告国务院批准。

第十三条 国家机关、国营企业和合作社间固定资产的转移，应该是有偿的；但国家为了扶助合作社经济的发展，也可以把固定资产无偿地转移给合作社。转移的时候，必须依照国家规定的程序进行。

有同志认为：
1. "合作社经济"可改为"合作经济"。
2. 国家财产在国家机关、国营企业之间的转移，所有权并不变化；但国家与合作社间财产的转移，所有权是变了，这[是]性质不同的两件事，是否同用"转移"字样，值得研究。这里，在前者暂用"转移调拨"，后者用"转移"，留待以后再考虑。

第十四条 国家机关和国营企业不需用的固定资产，必须依照国家规定的程序，才可以出让。

第十五条 规定作为基本建设使用的资金，不许拨作流通使用。

规定作为流通使用的资金，不许拨作基本建设使用。

多数同志认为，这个属财政法调整范围，与所有权关系不大，可以不要。

第三章　合作社所有权

第十六条　合作社财产是劳动群众(或写为:劳动人民)集体所有的社会主义财产。合作社财产的所有人,是每一个合作社组织。

第十七条　合作社组织,对于它的生产工具、生产资料、公共建筑物、产品、商品、企业以及和它业务有关的其他财产,都有所有权。

第十八条　农业生产合作社对于土地的权利,依照有关土地法令的规定。

有的同志主张取消此条,因原则中已有交代由特别法去调整。

第十九条　每一个合作社组织都有独立的财产所有权,在行使所有权的时候,必须遵守国家法律,服从国民经济计划和社章的规定。

第二十条　合作社组织在处分(或写为:购置和出让)重要财产的时候,应该按照社章的规定,经过社员大会或社员代表大会通过和上级领导机关的批准,才可以进行。

第二十一条　合作社组织的财产,在转移的时候,应该按照有偿的原则进行。

合作社组织从国家无偿取得的财产,只能无偿地转移给国家。

第四章　公民生活资料所有权和其他财产所有权(个人所有权)

这里,把个人所有权、个体劳动者所有权和资本家所有权都写在同一章内,并拟冠以"个人所有权"的题目。理由是:

1. 个人生活资料所有权与个体劳动者所有权有相同的一面,在苏联已有法学家主张把两者合并,这在我们也可以采用的。

2. 资本家所有权的性质虽与个人生活资料所有权、个体劳动者所有权不同,但它已处在消灭前夕,把它独立一章既无内容,也显得很不适当。而目下资本家所有权的具体表现主要是定息收入,今天定息收入是合法收入,因此,它虽仍是剥削性的,但已不再是生产资料的问题,故把它与个人生活资料所有权放在一起还说得过去。

3. 在今天,不问资本家或个体劳动者,都是公民。因此,在个人所有权的标题下,是可以包括得了的。

有同志认为,把三种所有权合在一章,冠以"个人所有权"的题目是有缺点的,理由是:

1. 把剥削收入与劳动收入混同起来了;
2. 把生产资料的所有权与生活资料的所有权混同起来了;
3. 把应该巩固和发展的所有权与应该改造和消灭的所有权混同起来了;
4. 把资本主义的大私有制与个体劳动者的小私有制混同起来了。

为了解决这些矛盾,多数同志主张用"公民生产资料所有权和其他财产所有权"不用

"个人所有权"。至于三个所有权的不同性质,在各自的条文中都已表达出来了。但这种写法对法人还不能包括,而现实生活中公共团体亦有财产,但公共团体是一个法人,这个情况虽不多,但是否应当予以反映或是否在这里反映,今后应作进一步考虑。

第二十二条 公民对于自己的劳动收入、储蓄、公债券、住房(或写为:房屋)和庭院(包括居住用的幕帐、木船等)家常用具、消费品、享用品和其他生活资料,都有所有权。

农业生产合作社的农户,除上款所列的生活资料外,对自用小块园地的收益、零星树木、家禽、家畜,以及从事农、副业生产使用的小型农具和工具,都有所有权。

第二十三条 个体农民、个体手工业者以及其他个体劳动者,对于从事生产所使用的、不是用来剥削他人劳动的生产工具和生产资料,都有所有权。

第二十四条 私营工商业者(或写为:原私营工商业者),在实行全行业公私合营时期,对他的定股定息或其他合法收入,有所有权。

另一个意见:私营工商业者(或写为:原私营工商业者),[对]在公私合营期间的定股定息或其他合法收入,有所有权。

有同志认为:

1. 这一条对房屋资本家和未合营资本家的所有权尚不能完全包括。
2. 实行全行业公私合营是标志改造资本主义企业的新阶段,是一个运动过程,所以"全行业"三字可以不必反映。
3. 企业实行公私合营以后,在这里的条文中,对私方人员的称呼,用"私营工商业者"或者说"原私营工商业者",以及初步讨论中曾提出的"原资本家""原资本主义企业所有人"等,都感到还不够确切,有待进一步考虑。

第二十五条 所有人的财产,在紧急避难的时候,应该供给他人使用;但财产所有人因此而受到的损失,应该得到相当的补偿。

第五章 共有财产

第二十六条 二人或二人以上共同所有的财产是共有财产。共有财产可以是按份共有,也可以是统一共有。(或写为:共同共有)

按份共有财产是各共有人对共有财产有不同的或相同的份额。

统一共有财产是由于共有人的共同关系而发生的并不划分份额的共有财产。

第二十七条 对于按份共有财产的占有、使用和处分,应该由全体共有人决定;如果全体共有人经协商意见不一致的时候,可以按照份额多数决定并适当照顾其他共有人的利益。(另一意见:可以按共有人的多数决定并适当照顾份额多的共有人的利益。)

第二十八条 按份共有人在不损害其他共有人权利的原则下,可以处分本人在共有财产中属于自己的份额。

按份共有人在从共有财产中分割出属于自己的部分的时候,不应损害共有财产的价值或效用。如果共有财产是不可分割物,请求分割的人应该接受相等价值的补偿。

第二十九条　按份共有人,对于共有财产的税款、管理、保养和其他各项费用,应该按照自己在共有财产的份额比例负担,但契约另有约定的除外。

第三十条　按份共有人出让自己在共有财产中的份额时,其他共有人有优先购买权。但让给近亲属的时候除外。

有优先购买权人如不按照约定的期限和条件进行购买的,即丧失优先权。

第三十一条　各统一共有人,对全部共有财产都可以行使所有权,在处分统一财产的时候应取得各共有人的同意。

第三十二条　统一共有财产不得进行分割,但统一共有人的共同关系终止或有正当理由的除外。

第三十三条　统一共有人,对于共有财产都有维护的责任和负担各种费用的义务。

第六章　所有权的取得和消灭

第三十四条　财产所有权根据契约、继承、遗赠、占有时效、法院判决、行政命令以及其他法律的规定而取得。

第三十五条　国家为了公共利益的需要,对个人、公共团体或合作社组织的财产,可以依照法律规定的条件和程序进行征购、征用或收归国有。

第三十六条　没收所有人的财产,必须依照法律规定的程序,经过人民法院的判决作为处罚的时候,才可以进行。

第三十七条　所有人不明或没有所有人的财产是无主财产。无主财产依照法律规定的程序移归国家所有。

农村中的无主财产由所在地的乡人民委员会处理。

第三十八条　发现在地下埋藏的历史文物和贵重物品,都为国家所有。

有的同志主张:去掉"在地下"三字,因为历史文物和贵重物品不应限于在地下埋藏的。

第三十九条　遗失物、漂流物的拾得人,应该送交或通知所有人,如所有人不明的时候,应交当地公安机关、乡人民委员会或其他有关机关公告招领,满六个月后无人认领的,收归国有。

失物人可以酌给拾得人以适当的报酬。

第四十条　财产所有权因契约转移的时候,必须在让与人实行交付后,受让人才取得所有权。

房屋所有权的转移,必须在当地房地产主管机关办理登记。

有的同志主张:这条副款摆在物权还是债权篇？要以后再讨论决定。

第四十一条 善意占有他人的财产连续满×年的,就可以取得所有权。计算占有时效,按照诉讼时效的规定。

小组同志一致主张:占有时效期间应长于诉讼时效一年。

第四十二条 凡是取得主物所有权人,也取得从物的所有权,同时还取得连同所有权的其他权利,但与人身相关联的权利除外。

第四十三条 由财产所产生的收益(如树木的果实、牲畜的幼畜及其他类似的收益),属于财产所有人所有。

第四十四条 加工人使用属于他人所有的材料加工成为新的物品时,如果加工物的价值显然超过材料的价值,加工人可以在补偿材料的代价后,取得加工物的所有权。

如果材料的价值较大时,由加工人与材料所有人双方协商解决。取得加工物所有权的人,应该补偿他方的损失。

多数同志主张:第42条至第44条,可以取消。

第四十五条 财产所有权因下列原因而消灭:

(一)所有权让给他人；

(二)所有权的抛弃；

(三)由于组织的合并或解散；

(四)由于国家行政命令的决定和法院的判决。

第七章 所有权的保护

第四十六条 所有人的财产受到不法占有或侵害的时候,所有人有权请求返还,或者请求赔偿相当于原有财产的价值；所有人在行使所有权受到妨害的时候,有权请求排除,所有人行使所有权有可能受到妨害的时候,有权请求防止。

第四十七条 国家财产和合作社财产在发现被人不法占有的时候,都有权向占有人请求返还属于它的财产和偿还被占有期间一切应得的利益。这种请求权不受诉讼时效的限制。

附则:没有契约、法律或者行政命令的任何原因而占有他人财产的都是不法占有。

有的同志主张:诉讼时效国家财产和合作社财产应该有所区别。

第四十八条 财产在国家和合作社间或国家和公民间不能判明所有人的时候,推定财产的所有人是国家。

财产在合作社和公民间不能判明所有人的时候,推定财产的所有人是合作社。

第四十九条 国营企业的固定资产和保证三个月业务活动必要的流动资金,都不能用来清偿债务。

第五十条 合作社的固定资产,只有在合作社解散清理的时候,才能够用来清偿债务。

合作社的公积金、公益金和其他公共积累的财产,不论在经营期间或解散清理的时候,都不许分散或用来抵偿债务。

合作社在经营期间,社员不得请求以自己的股金来偿还债务。

第五十一条 公民的财产被恶意占有时,除有权请求返还原物外,还有权请求返还占有期间原物应得的收益或赔偿占有期间原物所受的损失。

附则:占有人明知或者应知其占有为不合法的占有,都是恶意占有。

第五十二条 公民的财产被善意占有时,有权请求返还原物;但是善意占有人不是直接从所有人取得财产的时候,除了遗失或被盗窃以外,所有人不得请求返还原物。

所有人对善意占有人占有期间所得的收益,不得请求返还。

附则:占有他人财产的人,不知或不应知其占有为不合法的占有,都是善意占有。

第五十三条 占有人在占有财产期间所支付的必要费用,可以向所有人请求偿还。

有同志认为:恶意占有人应该除外。

中华人民共和国民法典所有权篇草稿(二稿)①

1956年4月

第一章 通 则

第一条 财产所有权的调整,是为了发展和巩固社会主义所有制,保证劳动人民物质文化生活水平的不断提高。

第二条 财产所有权分为:

(一)国家所有权;

(二)合作社所有权;

(三)公民生活资料所有权和其他财产所有权。(或写为:个人所有权)

第三条 财产所有人,在法律规定的范围内,对于财产有占有、使用、处分的权利;并应负担由财产所产生的义务。

第四条 财产所有人,在行使所有权的时候,必须遵守个人利益服从社会公共利益的原则。

第五条 国家财产受法律特别保护,爱护和保卫国家财产是每一个公民的神圣职责。

第二章 国家所有权

第六条 国家财产是全民所有的社会主义财产。

国家财产的唯一所有人是国家。

第七条 矿藏,水流,由法律规定为国有的森林、荒地和其他资源;铁路运输,航空运输,海运轮船,公路,港口,国家银行,邮电通讯,无线电广播事业和拖拉机站,都属于国家的专有财产。

对于国家经济命脉或国家安全具有重大关系的其他财产,也可以依法宣告为国家专有。

---

① 原件标题下写有手写体"1956.4"字样。

第八条 武器、弹药、爆炸物、军用品、航空机件、高度化学易燃物、剧烈性毒品、受管制的无线电器材,非经国家主管机关批准,不许个人持有。

第九条 国家财产,由国家根据法律、法令和国民经济计划分配给国家机关和国营企业,进行经营、管理和处分。

第十条 国家机关和国营企业相互间固定资产的调拨,应当依照国家规定的程序无偿进行。

第十一条 国家机关、国营企业和合作社间固定资产的转移,应当是有偿的;但国家为了扶助合作社经济的发展,也可以把固定资产无偿地转移给合作社。转移的时候,必须依照国家规定的程序进行。

第十二条 国家机关和国营企业不需用的固定资产,必须依照国家规定的程序,才可以出让。

第三章　合作社所有权

第十三条 合作社财产是劳动群众集体所有制所有的社会主义财产。

合作社财产的所有人,是每一个合作社组织。

第十四条 合作社组织,对于它的股份基金、生产资料、建筑物、产品、商品以及和它业务有关的其他财产,都有所有权。

第十五条 农业生产合作社对于社员交给合作社的土地,有所有权。

第十六条 每一个合作社组织都有独立的财产所有权,在行使所有权的时候,必须遵守国家法律,服从国民经济计划和社章的规定。

第十七条 合作社组织的财产,在转移的时候,应当按照有偿的原则进行。

合作社组织从国家无偿取得的财产,在转移给国家的时候,只能无偿进行。(另一意见:此款可以不要)

第四章　公民生活资料所有权和其他财产所有权(或写为:个人所有权)

第十八条 公民对于自己的劳动收入、储蓄、公债券、住房、帐幕、家常用具、消费品、享用品和其他生活资料,都有所有权。农业生产合作社的农户,除上款所列的生活资料外,对于自用小块园地的收益、零星树木、家禽、家畜,以及从事农、副业生产使用的小农具和工具,都有所有权。

第十九条 个体农民、个体手工业者以及其他个体劳动者,对于从事生产或社会服务事业所使用的、不是用来剥削他人劳动的生产资料和其他工具,都有所有权。

第二十条 资本家,在公私合营期间,对他的定息收入或其他合法收入,有所有权。

房屋业主,在国家经租期间,对房屋的固定租金,有所有权。

第二十一条　依法登记的私人团体,对和它业务活动有关的财产,有所有权。

第二十二条　在紧急避难的时候,所有人的财产,应当供给他人救急使用;但财产所有人因此而受到的损失,应当得到适当的补偿。

第五章　共有财产

第二十三条　二人或二人以上共同所有的财产是共有财产。共有财产可以按份共有,也可以统一共有。(或写为:共同共有)按份共有,是各共有人对共有财产有不同份额或相同份额的共有。统一共有是夫妻或家庭等共同关系而产生的并不划分份额的共有。

第二十四条　对于按份共有财产的占有、使用和处分,应当由全体共有人协商决定,如果全体共有人意见不一致,即按照占总份额半数以上共有人的意见决定并适当照顾其他共有人的利益。(另一意见:即按照全体共有人半数以上的意见决定并适当照顾份额多的共有人的利益)如果意见不一致而又不能取得多数的时候,可以申请法院处理。

第二十五条　按份共有人在不损害其他共有人权利的原则下,可以处分本人在共有财产中属于自己的份额。

按份共有人在从共有财产中分割出属于自己部分的时候,不应损害共有财产的价值或效用。如果共有财产是不可分割物,请求分割的人应当接受相当价值的补偿。

第二十六条　按份共有人出让自己在共有财产中的份额时,其他共有人有优先购买权。

优先购买权人如不按照约定的期限和条件进行购买,即丧失优先权。

第二十七条　按份共有人,对于共有财产的税款、管理、保养和其他各项费用,应当按照自己在共有财产中的份额比例负担。

第二十八条　各统一共有人,对于全部共有财产都可以行使所有权,但在处分共有财产的时候,应当取得各共有人的同意。

第二十九条　统一共有财产不得进行分割,但统一共有人的共同关系终止或有正当理由的除外。

第三十条　各统一共有人,对于共有财产都有维护的责任和负担各种费用的义务。

第六章　所有权的取得和消灭

第三十一条　财产所有权根据契约、继承、遗赠、占有时效、法院判决、行政命令以及其他法律的规定而取得。

第三十二条　国家为了公共利益的需要,对个人、公共团体或合作社组织的财产,可以依照法律规定的条件和程序进行征购、征用或收归国有。

第三十三条　没收所有人的财产,必须依照法律规定的程序,经过人民法院判决作为处罚的时候,才可以进行。

第三十四条　无主财产、无人继承的财产和无人经管的财产,应当依照法律规定的程序,收归国家所有。

上款所列的财产在农村中由所在地的乡人民委员会处理。

第三十五条　发现(或加上:在地下)埋藏的历史文物和贵重物品,都为国家所有。

第三十六条　遗失物、漂流物的拾得人,应当送交或通知所有人;如所有人不明,应交当地公安机关、乡人民委员会或其他有关机关公告招领,满六个月后无人认领的,收归国有。

失物人应当给付拾得人相当于遗失物、漂流物价值百分之十以内的报酬,并偿付拾得人因送交和保养失物所支出的费用;但主管机关可以根据失物的价值和失物人的经济状况酌予减免。

失物如果是国家的财产,国家可以酌给拾得人以适当的奖励。

第三十七条　财产所有权因契约而转移的时候,不论是特定物或种类物,除另有约定外,都必须在让与人实行交付后,受让人才取得所有权。

交付的方法主要有下列各种:

(一)出让人将出让财产交给受让人点收后,即为交付;

(二)出让人将出让财产的运输保管证件(如铁路运货单、仓库提货单等)交给受让人后,即为交付;

(三)受让人原已占有出让物的,在契约成立的时候,即为交付;

(四)出让人出让财产,但仍继续占有此项财产的,可以与受让人另订契约,代替交付;

(五)出让的财产暂由第三人占有时,出让人可以把对第三人交还财产的请求权让与受让人,代替交付。

第三十八条　占有人占有他人的财产,如果是公开当做自己的财产而占有,并且连续占有满五年的,就可以取得所有权;但是用犯罪的方法占有他人财产的,除外。

另一意见:此条可以取消。

第三十九条　取得主物所有权的人,也取得从物所有权,同时还取得连同所有权的其他权利,但与人身相关联的权利除外。

第四十条　由财产所产生的收益(如树木的果实,牲畜的幼畜及其他类似的收益),属于财产所有人所有。

第四十一条　加工人使用属于他人所有的材料加工成为新的物品时,如果加工物的价值显然超过材料的价值,加工人可以在补偿材料的代价后,取得加工物的所有权。如果材料的价值较大时,由加工人与材料所有人双方协商解决。取得加工物所有权的人,应该补偿他方的损失。(多数同志主张:取消此条)

  第四十二条 财产所有权因下列原因而消灭:
  (一)所有权的让与;
  (二)所有权的抛弃;
  (三)组织的解散;(或写为消灭)
  (四)国家法律、法令、行政命令的规定和法院的判决。

第七章 所有权的保护

  第四十三条 所有人的财产受到不法占有或侵害的时候,所有人有权请求返还原物或赔偿相当于原物的价值。对于恶意占有人,并可请求返还或赔偿全部占有期间已得或应得的收益;对于善意占有人,只能请求返还或赔偿从他已知或应知他的占有是不法占有的时候起,已得或应得的收益。
  占有人可以向所有人请求偿付在占有期间他所支出的必要费用。
  附则:没有契约、法律或行政命令的任何原因而占有他人财产的,都是不法占有。
  占有人明知或应知其占有是不合法的占有,都是恶意占有。
  占有人不知或不应知其占有是不合法的占有,都是善意占有。
  第四十四条 所有人在行使所有权受到妨害的时候,有权请求排除;所有人行使所有权可能受到妨害的时候,有权请求防止。
  第四十五条 国家和合作社在发现它的财产被他人不法占有的时候,不论是恶意占有还是善意占有,都有权向占有人请求返还它的财产或相当价值的赔偿,并返还在占有期间已得或应得的收益,这种请求权不受诉讼时效的限制。
  第四十六条 善意占有人不是向所有人直接取得的财产,除了遗失或被盗窃的财产以外,所有人不得请求返还,善意占有人即取得所有权。
  只有货币和有价证券,不论是遗失或被盗窃,原所有人都不能向善意取得人请求返还。国有或合作社组织遗失或被盗窃的货币和有价证券亦同。
  第四十七条 合作社在经营期间,社员不得请求以自己的股金来偿还债务。
  另一意见:本条可以列入合作社所有权一章中,或者取消此条。
  第四十八条 财产在国家和合作社间或国家和公民间发生争议不能判明所有人的时候,推定财产的所有人是国家。
  财产在合作社和公民间发生争议不能判明所有人的时候,推定财产的所有人是合作社。

中华人民共和国民法典所有权草案
（草稿）[三稿] [1]
1956年5月12日

第一章 通 则

第一条 财产所有权分为：
（一）国家所有权；
（二）合作社所有权；
（三）公民生活资料所有权和其他私人财产所有权。（或写为：个人所有权）

第二条 财产所有人，在法律规定的范围内，对于财产有占有、使用、处分的权利；并应负担由财产所产生的义务。

第三条 财产所有人，在行使所有权的时候，应当遵守个人利益服从社会公共利益的原则。

所有人的财产，在他人遇到紧急危难的时候，应当供作救急使用；但财产所有人因此而受到的损失，可以得到适当的补偿。

第四条 国家财产受法律特别保护。爱护和保卫公共财产是每一个公民的神圣职责。

第二章 国家所有权

第五条 国家财产是全民所有的社会主义财产。

国家财产的唯一所有人是国家。

国家财产的客体范围不受任何限制。

第六条 矿藏，水流，由法律规定为国有森林、荒地和其他资源；铁路、航空、海洋运输，公路，港口，国家银行，邮电通讯、无线电广播事业和拖拉机站，都属于国家的专有财产。

对于国家经济命脉或国家安全具有重大关系的其他财产，也可以依法宣告国家

---

[1] 原件标题上方有手写体"三稿"字样。

专有。

第七条 军用武器、弹药、爆炸物、军用品、航空机件、高度化学易燃物、剧烈性毒品、放射性物质、受管制的无线电器材,非经国家主管机关批准,不许个人持有或所有。

第八条 国家财产,由国家根据法律、法令和国民经济计划分配给国家机关、国营企业进行经营和管理。

第九条 固定资产在国家机关、国营企业间进行调拨的时候,应当依照国家主管机关的命令无偿进行。

第十条 国家财产和合作社财产相互转移的时候,应当有偿进行。

另一意见:取消第九条,第十条改写为:

列入国家预算的机关、国营企业以及合作社组织间财产的转移调拨,依照特别法令的规定。

第三章 合作社所有权

第十一条 合作社财产是劳动群众集体所有的社会主义财产。

合作社财产的所有人,是每一个合作社组织。合作社组织有独立的财产所有权,但社章另有规定的,依其规定。

第十二条 合作社组织,对于它的基金、生产资料、建筑物、产品、商品以及和它业务有关的其他财产,有所有权。

第十三条 农业生产合作社对于社员交给合作社公有化的土地,有所有权。

第十四条 合作社组织在行使所有权的时候,必须遵守国家法律、法令,服从国民经济计划和社章的规定。

第十五条 合作社组织的财产,在转移的时候,应当按照有偿的原则进行。

第十六条 合作社社员不得请求以自己的股金来偿还债务。

第四章 公民生活资料所有权和其他私人财产所有权

(或写为:个人所有权)

第十七条 公民对于自己的劳动收入、储蓄、公债券、住宅、帐幕、家常用具、消费品、享用品和其他生活资料,有所有权。

农业生产合作社的农户,除上款所列的生活资料外,按照社章的规定对自用小块园地收益、零星树木、家禽、家畜,以及从事农、副业生产使用的小农具和工具,有所有权。

第十八条 个体农民、个体手工业者以及其他个体劳动者,对于从事生产或社会服务事业所使用的、不是用来剥削他人劳动的生产资料和其他工具,有所有权。

第十九条 资本家,在公私合营期间,对他的(有的意见加上:定股)定息和其他合法收入,有所有权。

房屋业主,在公私合营或国家经租期间,对房屋的固定租金,有所有权。

第二十条 依法登记的私人团体,对和它业务活动有关的财产,有所有权。

另一意见:本条可以在总则篇权利主体中规定,或在施行法中交代。这里可不用规定。

第五章 所有权的取得和消灭

第二十一条 财产所有权根据契约、继承、遗赠、占有时效、法院判决、行政命令以及其他法律规定的方法而取得。

另一意见:财产所有权,根据法律、法令规定的方法而取得。

第二十二条 国家为了公共利益的需要,对个人、公共团体或合作社组织的财产,可以依照法律规定的条件和程序进行征购、征用或收归国有。

第二十三条 没收所有人的财产,必须依照法律规定的程序,经过人民法院判决作为处罚的时候,才可以进行。

第二十四条 无主财产、无人继承的财产和无人经管的财产,应当依照法律规定的程序,收归国家所有。

上款所列的财产在农村中由所在地的乡人民委员会处理。

第二十五条 发现埋藏的历史文物和贵重物品,都为国家所有。

第二十六条 遗失物、漂流物的拾得人,应当送交或通知所有人;如所有人不明,应交当地公安机关、乡人民委员会或其他有关机关公告招领,满六个月后无人认领的,收归国有。

失物人应当给拾得人相当于失物价值10%以内的报酬。但主管机关可以酌情减免。

失物如果是国家的财产,或者是无人认领应当收归国有的财产,国家可以酌给拾得人以适当的奖励。

拾得人因送交或保养失物而支出的费用,可以向失物人请求偿还。

第二十七条 财产所有权因契约而转移的时候,不论是特定物或种类物,除另有约定外,都必须在让与人实行交付后,受让人才取得所有权。

另一意见:财产所有权因契约而转移的时候,除另有约定外,特定物从契约成立时起,受让人取得所有权;种类物从交付时起受让人取得所有权。

交付的方法主要有下列各种:

(一)出让人将出让财产交给受让人点收后,即为交付;

(二)出让人将出让财产的运输保管证件(如铁路运货单、仓库提货单等)交给受让人或按照受让人指定交邮寄送以后,即为交付;

(三)受让人原已占有出让物的,在契约成立的时候,即为交付;

(四)出让人出让财产,但仍继续占有此项财产的,可以与受让人另订契约,代替交付；

（五）出让的财产暂由第三人占有时，出让人可以把对第三人交还财产的请求权让与受让人，代替交付；

（六）房屋所有权的转移，必须在当地主管机关办理登记手续以后，才为交付。

第二十八条 所有人的财产，被他人公开以所有的意思占有连续满五年的，并且在此期间所有人不请求返还时，占有人即取得财产所有权。

第二十九条 取得主物所有权的人，也取得从物的所有权。

第三十条 由财产所产生的收益（如树木的果实，牲畜的幼畜及其他类似的收益），属于财产所有人所有。

第三十一条 加工人使用属于他人所有的材料加工成为新的物品时，如果加工物的价值显然超过材料的价值，加工人可以在补偿材料的代价后，取得加工物的所有权。如果材料的价值较大时，由加工人与材料所有人双方协商解决。取得加工物所有权的人，应该补偿他方的损失。

另一意见：取消此条。

第三十二条 财产所有权因下列原因而消灭：

（一）所有权的让与；

（二）所有权的抛弃；

（三）财产的消灭；

（四）组织的解散；

（五）国家法律、法令、行政命令的规定和法院的判决。

第六章　所有权的保护

第三十三条 所有人的财产被他人不法占有的时候，所有人有权请求返还。对于恶意占有人，并可请求返还或赔偿全部占有期间已得或应得的收益；对于善意占有人，只能请求返还或赔偿从他已知或应知他的占有是不法占有的时候起已得或应得的收益。

占有人可以向所有人请求偿付在占有期间他所支出的必要费用。

附则：没有法律或行政命令或契约的任何原因而占有他人财产的，都是不法占有。

占有人明知或应知其占有是不合法的占有，都是恶意占有。

占有人不知或不应知其占有是不合法的占有，都是善意占有。

第三十四条 所有人在行使所有权受到妨害的时候，有权请求排除；所有人行使所有权可能受到妨害的时候，有权请求防止。

第三十五条 国家在发现它的财产被他人不法占有的时候，不论是恶意占有还有善意占有，都有权向占有人请求返还它的财产，并返还在占有期间已得或应得的收益。

这种请求权不受诉讼时效的限制。合作社的财产在发现被他人恶意占有时,亦同。

第三十六条　善意占有人不是向所有人直接取得的财产,除了遗失或被盗窃的财产以外,所有人不得请求返还,善意占有人即取得所有权。

只有货币和无记名的有价证券,不论是遗失或被盗窃,原所有人都不能向善意取得人请求返还。国家或合作社组织遗失或被盗窃的货币和无记名的有价证券亦同。

第三十七条　财产在国家和合作社间或国家和公民间发生争议不能判明所有人的时候,推定财产的所有人是国家。

财产在合作社和公民间发生争议不能判明所有人的时候,推定财产的所有人是合作社。

第七章　共　有

第三十八条　二人或二人以上共同所有的财产是共有财产。共有财产可以按份共有,也可以共同共有。

按份共有,是各共有人对共有财产有不同份额或相同份额的共有。共同共有是由夫妻或家庭等共同关系而产生的、不分份额的共有。

第三十九条　对于按份共有财产的占有、使用和处分,应当由全体共有人协商决定,如果全体共有人意见不一致,即按照占总份额半数以上共有人的意见决定并适当照顾其他共有人的利益。(另一意见:即按照全体共有人半数以上的意见决定并适当照顾份额多的共有人的利益)如果意见不一致而又不能取得多数的时候,可以申请法院处理。

第四十条　按份共有人在不妨害其他共有人权利的原则下,可以处分本人在共有财产中属于自己的份额或请求分割共有财产。

按份共有财产如果是不可分割物,在分割时可以采用折价补偿的办法。

第四十一条　按份共有人出让自己在共有财产中的份额时,其他共有人有优先购买权。

优先购买权人如不按照约定的期限和条件进行购买,即丧失优先权。

第四十二条　按份共有人,对于共有财产的税款、管理、保养和其他各项费用,应当按照自己在共有财产中的份额比例负担。

第四十三条　各共同共有人,对于全部共有财产都可以行使所有权;但在处分共有财产的时候,应当取得各共有人的同意。

第四十四条　共同共有财产在共同共有原因消灭或有正当理由时,可以分割。

第四十五条　各共同共有人,对于共有财产都有维护的责任和负担各种费用的义务。

第四十六条　建筑物的各部分分属于不同的所有人时,供公共使用的部分如:地基、屋顶、庭院、围墙、烟囱、火门、过道等,应归各所有人共有,不得请求分割。

中华人民共和国民法典所有权篇草案
（草稿）[四稿] ①

1956年6月5日

第一章 通 则

第一条 财产所有权分为：

（一）国家所有权；

（二）合作社所有权；

（三）公民生活资料所有权和其他私人财产所有权。（或写为：个人所有权）

第二条 财产所有人，在法律规定的范围内，对于财产有占有、使用、处分的权利；并应负担由财产所产生的义务。

第三条 财产所有人，在行使所有权的时候，应当遵守个人利益服从社会公共利益的原则。

所有人的财产，在他人遇到紧急危难的时候，应当供作救急使用；但财产所有人因此而受到的损失，可以得到适当的补偿。

第四条 国家财产受法律特别保护。爱护和保卫公共财产是每一个公民的神圣职责。

第二章 国家所有权

第五条 国家财产是全民所有的社会主义财产。

国家财产的唯一所有人是国家。

国家财产的客体范围不受任何限制。

第六条 矿藏，水流，由法律规定为国有的森林、荒地和其他资源；铁路、航空、海洋运输，公路，港口，国家银行，邮电通讯、无线电广播事业和拖拉机站，都属于国家的专有财产。

---

① 原件本标题边上注有手写体"4稿"字样。

对于国家经济命脉或国家安全具有重大关系的其他财产,也可以依法宣告为国家专有。

第七条 军用武器、弹药、爆炸物、军用品、航空机件、高度化学易燃物、剧烈性毒品、放射性物质、受管制的无线电器材,非经国家主管机关批准,不许个人持有或所有。

第八条 国家财产,由国家根据法律、法令和国民经济计划分配给国家机关、国营企业进行经营和管理。

第九条 固定资产在国家机关、国营企业间进行调拨的时候,应当依照国家主管机关的命令无偿进行。

第十条 国家财产和合作社财产相互转移的时候,应当有偿进行。

另一意见:取消第九条,第十条改写为:

列入国家预算的机关、国营企业以及合作社组织间财产的转移调拨,依照特别法令的规定。

第三章 合作社所有权

第十一条 合作社财产是劳动群众集体所有的社会主义财产。

合作社财产的所有人,是每一个合作社组织。合作社组织有独立的财产所有权,但社章另有规定的,依其规定。

第十二条 合作社组织,对于它的基金、生产资料、建筑物、产品、商品以及和它业务有关的其他财产,有所有权。

第十三条 农业生产合作社对于社员交给合作社公有化的土地,有所有权。

第十四条 合作社组织在行使所有权的时候,必须遵守国家法律、法令,服从国民经济计划和社章的规定。

第十五条 合作社组织的财产,在转移的时候,应当按照有偿的原则进行。

第十六条 合作社社员不得请求以自己的股金来偿还债务。

第四章 公民生活资料所有权和其他私人财产所有权

(或写为:个人所有权)

第十七条 公民对于自己的劳动收入、储蓄、公债券、住宅、帐幕、家常用具、消费品、享用品和其他生活资料,有所有权。

农业生产合作社的农户,除上款所列的生活资料外,按照社章的规定对自用小块园地的收益、零星树木、家禽、家畜,以及从事农、副业生产使用的小农具和工具,有所有权。

第十八条 个体农民、个体手工业者以及其他个体劳动者,对于从事生产或社服务事业所使用的、不是用来剥削他人劳动的生产资料和其他工具,有所有权。

第十九条 在公私合营期间,资本家对他的定股定息和其他合法收入,有所有权。(有的意见,不要加上"定股")。

房屋业主,在公私合营或国家经租期间,对房屋和固定租金,有所有权。(有的意见,后一句写为:"对房屋的固定租金有所有权")

第二十条 依法登记的私人团体,对和它业务活动有关的财产,有所有权。

另一意见:本条可以在总则篇权利主体中规定,或在施行法中交代。这里可不用规定。

第五章 所有权的取得和消灭

第二十一条 财产所有权根据契约、继承、遗赠、取得时效、法院判决、行政命令以及其他法律规定的方法而取得。

另一意见:财产所有权,根据法律、法令规定的方法而取得。

第二十二条 国家为了公共利益的需要,对个人、公共团体或合作社组织的财产,可以依照法律规定的条件和程序进行征购、征用或收归国有。

第二十三条 没收所有人的财产,必须依照法律规定的程序,经过人民法院判决作为处罚的时候,才可以进行。

第二十四条 无主财产、无人继承的财产和无人经管的财产,应当依照法律规定的程序,收归国家所有。

上款所列的财产在农村中由所在地的乡人民委员会处理。

第二十五条 发现埋藏的历史文物和贵重物品,都为国家所有。

第二十六条 遗失物、漂流物的拾得人,应当立即送还失物或通知失物人认领;如失物人不明,应当交给当地公安机关、乡人民委员会或其他主管机关保存并公告招领;在六个月以内失物人前来认领时,应当返还失物或变卖失物的价款,失物在满六个月后仍无人认领时,收归国家所有。

第二十七条 失物的拾得人可以向失物人请求相当于失物价值10%以下的报酬。但主管机关根据失物的价值和失物人的经济状况,可以酌情减免。在发生争议的时候,申请人民法院处理。

失物人对拾得人或保管人因送还或保养失物而支出的必要费用,应当偿还。

第二十八条 失物如果是属于国家的财产,或者是无人认领收归国有的财产,国家可以酌给拾得人以适当的奖励。

第二十九条 公共交通线路和公共场所对拾得遗失物的处理,依照主管机关特别规章的规定。

第三十条 财产所有权因契约而转移的时候,不论是特定物或种类物,除另有约定外,都必须在让与人实行交付后,受让人才取得所有权。

另一意见:财产所有权因契约而转移的时候,除另有约定外,特定物从契约成立时起,受让人取得所有权;种类物从交付时起,受让人取得所有权。

交付的方法主要有下列各种:

(一)出让人将出让财产交给受让人点收后,即为交付;

(二)出让人将出让财产的运输保管证件(如铁路运货单、仓库提货单等)交给受让人或按照受让人指定交邮寄送以后,即为交付;

(三)受让人原已占有出让物的,在契约成立的时候,即为交付;

(四)出让人出让财产,但仍继续占有此项财产的,可以与受让人另订契约,代替交付;

(五)出让的财产暂由第三人占有时,出让人可以把对第三人交还财产的请求权让与受让人,代替交付;

(六)房屋所有权的转移,必须在当地主管机关办理登记手续以后,才为交付。

第三十一条　占有人占有他人的一般生活资料或小型生产工具,必须具有下列条件,才可取得所有权:

(一)善意占有;

(二)公开占有;

(三)视为己有的占有;

(四)连续占有满(五)年,所有人没有主张权利的。

占有人占有他人的住房,必须具有下列条件,才可取得所有权:

(一)与上款(一)、(二)、(三)项相同;

(二)连续占有满(十)年,所有人没有主张权利的;

(三)在主管机关办理登记手续的。

关于取得时效期间的计算,适用计算诉讼时效的规定。

另案:所有人的财产,在被他人公开以所有的意思善意占有连续满(五)年而所有人没有主张权利时,如果是价值较大的财产,则视作无主财产归国家所有;如果是价值不大的财产,则由占有人取得所有权。

另外意见:

1. 取得时效应在民法总则中连同诉讼时效作统一的时效制度的制定。

2. 主张不要取得时效的规定。

第三十二条　取得主物所有权的人,也取得从物的所有权。但契约另有约定的除外。

第三十三条　由财产所产生的收益(如树木的果实,牲畜的幼畜及其他类似的收益),属于财产所有人所有。

第三十四条　加工人使用属于他人所有的材料加工成为新的物品时,如果加工物的价值显然超过材料的价值,加工人可以在补偿材料的代价后,取得加工物的所有权。如果材料的价值较大时,由加工人与材料所有人双方协商解决。取得加工物所有权的人,应该补偿他方的损失。

另一意见:取消此条。

第三十五条 财产所有权因下列原因而消灭:

(一)所有权的让与;
(二)所有权的抛弃;
(三)取得时效的完成;
(四)财产的消灭;
(五)组织的解散;
(六)法院的判决;
(七)国家法律、法令、行政命令的规定。

第六章 所有权的保护

第三十六条 所有人的财产被他人不法占有的时候,所有人有权请求返还。对于恶意占有人,并可请求返还或赔偿全部占有期间已得或应得的收益;对于善意占有人,只能请求返还或赔偿从他已知或应知他的占有是不法占有的时候起已得或应得的收益。

占有人可以向所有人请求偿付在占有期间他所支出的必要费用。

附则:没有法律或行政命令或契约的任何原因而占有他人财产的,都是不法占有。

占有人明知或应知其占有是不合法的占有,都是恶意占有。

占有人不知或不应知其占有是不合法的占有,都是善意占有。

第三十七条 所有人在行使所有权受到妨害的时候,有权请求排除;所有人行使所有权可能受到妨害的时候,有权请求防止。

第三十八条 国家(另一意见,这里加上"合作社")在发现它的财产被他人不法占有的时候,不论是恶意占有还是善意占有,都有权向占有人请求返还它的财产,并返还在占有期间已得或应得的收益。这种请求权不受诉讼时效的限制。

第三十九条 善意占有人不是向所有人直接取得的财产,除了此项财产是遗失的或被盗窃的以外,原所有人不得请求返还,善意占有人即取得所有权。

只有货币和无记名的有价证券,不论是遗失的或被盗窃的,也不论是属于国家的或合作社组织的,原所有人都不能向善意取得人请求返还。

第四十条 财产在国家和合作社间或国家和公民间发生争议不能判明所有人的时候,推定财产的所有人是国家。

财产是合作社和公民间发生争议不能判明所有人的时候,推定财产的所有人是合作社。

第七章 共 有

第四十一条 二人或二人以上共同所有的财产是共有财产。共有财产可以按份共有,也可以共同共有。

按份共有,是各共有人对共有财产有不同份额或相同份额的共有。共同共有是由夫妻或家庭等共同关系而产生的、不分份额的共有。

第四十二条 对于按份共有财产的占有、使用和处分,应当由全体共有人协商决定,如果全体共有人意见不一致,即按照占总份额半数以上共有人的意见决定并适当照顾其他共有人的利益。(另一意见:即按照全体共有人半数以上的意见决定并适当照顾份额多的共有人的利益)如果意见不一致而又不能取得多数的时候,申请法院处理。

第四十三条 按份共有人在不妨害其他共有人权利的原则下,可以处分本人在共有财产中属于自己的份额或请求分割共有财产。按份共有财产如果是不可分割物,在分割时可以采用折价补偿的办法。

第四十四条 按份共有人出让自己在共有财产中的份额时,其他共有人有优先购买权。

优先购买权人如不按照约定的期限和条件进行购买,即丧失优先权。

第四十五条 按份共有人,对于共有财产的税款、管理、保养和其他各项费用,应当按照自己在共有财产中的份额比例负担。

第四十六条 各共同共有人,对于全部共有财产都可以行使所有权;但在处分共有财产的时候,应当取得各共有人的同意。

第四十七条 共同共有财产在共同共有原因消灭或有正当理由时,可以分割。

第四十八条 各共同共有人,对于共有财产都有维护的责任和负担各种费用的义务。

第四十九条 建筑物分属于不同的所有人时,供公共使用的部分如:地基、屋顶、庭院、围墙、烟囱、大门、楼梯、过道等,应归各所有人共同所有和共同使用,不得请求分割。

中华人民共和国民法典所有权篇草案
（第五次草稿）

1956年8月20日

第一章 通 则

第一条 财产所有权分为：

（一）国家所有权；

（二）合作社所有权；

（三）公民生活资料所有权和其他私人财产所有权。

本条第三项的另外意见：

1. 写为："个人所有权"

2. 将本项分写为两项：一项为"公民个人所有权"；另一项为"私人财产所有权"。

第二条 财产所有人，在法律规定的范围内，对于财产有占有、使用、处分的权利；并应负担由财产所产生的义务。

另一意见：在"使用"后面加上"收益"两字。

第三条 财产所有人，在行使所有权的时候，应当遵守个人利益服从社会公共利益、个体利益服从整体利益的原则。

另外意见：

1. 本条应在修改总则篇中统一考虑。

2. 本条可以修改为：财产所有人，在行使所有权的时候，不得妨碍（或危害）社会公共利益。

第四条 财产所有人对自己的财产，在他人遇到紧急危难的时候，应当供作救急使用；但财产所有人因此而受到的损失，可以得到适当的补偿。

另一意见：本条应在修改总则篇中统一考虑。

第五条 财产所有人对自己的财产，由于自然条件和相邻关系，为他人必须通行或使用，应当允许他人使用。

使用人对所有人的财产应当妥为保护，并负担因使用而产生的各项费用，如果因使用而使所有人的财产遭受到损失的时候，使用人应当给予适当的补偿。

第六条 国家财产受法律特别保护。爱护和保卫公共财产是每一个公民的神圣职责。

附注：

1. 有的同志意见，在本章中应反映个体劳动者所有制和资本家所有制的转变过程，所以主张再加上两条：

第×条 个体劳动者生产资料所有制，应当根据自愿互利的原则，通过合作化的道路，逐步转变为集体所有。

第×条 资本家生产资料所有制，应当根据法律、法令的规定，通过赎买的方式，逐步转变为全民所有。

2. 多数同志意见，这两条内容在宪法中已有规定，可不必在民法所有权篇反映。

第二章 国家所有权

第七条 国家财产是全民所有的社会主义财产。

国家财产的唯一所有人是国家。

国家财产的客体范围不受任何限制。

第八条 矿藏，水流，由法律规定为国有的森林、荒地和其他资源；铁路、航空、海洋运输，公路，港口，国家银行，邮电通讯、无线电广播事业和拖拉机站，都属于国家的专有财产。国家专有财产不得为合作社或公民所有。

对于国家经济命脉或国家安全具有重大关系的其他财产，也可以依法宣告为国家专有。

第九条 军用武器、弹药、爆炸物、军用品、航空机件、高度化学易燃物、烈性毒品、放射性物质、受管制的无线电器材，非经国家主管机关批准，不许个人持有或所有。

第十条 国家财产，由国家根据法律、法令和国民经济计划分配给国家机关、国营企业进行经营和管理。

第十一条 国家机关、列入国家预算的团体、国营企业以及合作社组织间财产的转移调拨，依照特别法令的规定。

另一意见：把本条分写为三条：

1. 固定资产在国家机关、国营企业间进行调拨的时候，应当依照国家主管机关的命令无偿进行。

2. 国家财产和合作社财产相互转移的时候，应当有偿进行。

3. 国家机关和国家企业不需用的固定资产，必须依照国家规定的程序，才可以出让。

第三章 合作社所有权

第十二条 合作社财产是劳动群众集体所有的社会主义财产。

合作社财产的所有人，是每一个合作社组织。合作社有独立的财产所有权，但社章另有规定的,依其规定。

第十三条　合作社,对于它的基金、生产资料、建筑物、产品、商品以及和它业务有关的其他财产,有所有权。

第十四条　农业生产合作社对属于它集体所有的土地,有所有权。

第十五条　合作社在行使所有权的时候,必须遵守国家法律、法令,服从国民经济计划和依照社章的规定。

另一意见:合作社在行使所有权的时候,应当根据社章并必须遵守国家法律、法令和服从国民经济计划。

第十六条　合作社的财产,在转移的时候,应按照有偿的原则进行。

第四章　公民生活资料所有权和其他私人财产所有权

另外意见:
1. 本章标题改为"个人所有权"。
2. 本章分为两章。一章为"公民个人所有权";另一章为"私人财产所有权"。

第十七条　公民对于自己的劳动收入、储蓄、公债券、住宅、帐幕、家常用具、消费品、享用品和其他生活资料,有所有权。

农业生产合作社的农户,除上款所列的生活资料外,按照社章的规定对自用小块园地的收益、零星树木、家禽、家畜,以及从事农、副业生产使用的小农具和工具,有所有权。

第十八条　个体农民、个体手工业者以及其他个体劳动者,对于从事生产或社会服务事业所使用的、不是用来剥削他人劳动的生产资料和其他工具,有所有权。

第十九条　在公私合营期间,资本家对他的定息和其他合法收入,有所有权。

另一意见:在定息前面加上"定股"。

第二十条　在公私合营或国家经租期间,房屋业主对他的房屋和固定租金有所有权。

另一意见:第二句改为:"房屋业主对房屋和固定租金,有所有权"。

第二十一条　依法登记的私人团体,对和它业务活动有关的财产,有所有权。

另外意见:
1. 取消本条。
2. 可在总则篇权利主体中加以规定。

第五章　所有权的取得和消灭

第二十二条　财产所有权根据契约、继承、遗赠、法院判决、行政命令以及其他法律规定的方法而取得。

另一意见：财产所有权，根据法律、法令规定的方法而取得。

第二十三条 国家为了公共利益的需要，对个人、公共团体或合作社组织的财产，可以依照法律规定的条件和程序进行征购、征用或收归国有。

第二十四条 没收所有人的财产，必须依照法律规定的程序，经过人民法院的判决，才可以进行。

第二十五条 无主财产、无人继承的财产和无人经管任其损坏的财产，应当依照法律规定的程序，收归国家所有。

第二十六条 发现埋藏的历史文物和贵重物品，都为国家所有。

第二十七条 遗失物、漂流物的拾得人，应当立即送还失物或通知失物人认领；如失物人不明，应当交给当地公安机关、乡人民委员会或其他主管机关保存并公告招领；在六个月以内失物人前来认领时，应当返还失物或变卖失物的价款，失物在满六个月后仍无人认领时，收归国家所有。

第二十八条 失物的拾得人可以向失物人请求相当于失物价值（10%）以下的报酬。在发生争议的时候，主管机关可以根据失物的价值和失物人的经济状况，酌情增加或减免。

失物人对拾得人或保管人因送还或保养失物而支出的必要费用，应当偿还。

第二十九条 失物如果是属于国家的财产、无人认领收归国有的财产，或者是应归国家所有的埋藏物，国家可以酌给拾得人和发现人以适当的奖励。

第三十条 公共交通线路和公共场所对拾得遗失物的处理，依照主管机关特别规章的规定。

第三十一条 财产所有权因契约而转移的时候，不论是特定物或种类物，除另有约定外，都必须在让与人实行交付后，受让人才取得所有权。

交付的方法主要有下列各种：

（一）出让人将出让财产交给受让人点收后，即为交付；

（二）出让人将出让财产的运输保管证件（如铁路运货单、仓库提货单等）交给受让人或按照受让人指定交邮寄送以后，即为交付；

（三）受让人原已占有出让物的，在契约成立的时候，即为交付；

（四）出让人出让财产，但仍继续占有此项财产的，可以与受让人另订契约，作为交付；

（五）出让的财产暂由第三人占有时，出让人可以把对第三人交还财产的请求权让与受让人，作为交付；

（六）财产所有权的转移，依法必须经过登记的，必须在当地主管机关办理登记过户手续以后，才为交付。

另一意见：第一款改为：财产所有权因契约而转移的时候，除另有约定外，特定物从契约成立时起，受让人取得所有权，种类物从交付时起，受让人取得所有权。

第三十二条 取得主物所有权的人，也取得从物的所有权，但契约另有约定的除外。

第三十三条 由财产所产生的收益（如树木的果实、牲畜的幼畜及其他类似的收益），属于财产所有人所有。

第三十四条 财产所有权因下列原因而消灭：

（一）所有权的让与；

（二）所有权的抛弃；

（三）财产的消灭；

（四）组织的解散；

（五）法院的判决；

（六）国家法律、法令、行政命令的规定。

附注：本章对取得时效问题，在初步讨论中意见极为分歧。有的主张要规定取得时效；有的主张不必规定。现在我们把两种意见都写出来，广泛征求意见，以便最后决定在我国目前情况下是否需要规定取得时效制度。

主张必须规定的理由是：(1)规定对稳定财产关系、解决财产纠纷有好处；(2)可以促使占有人对占有财产的爱护和管理；(3)在全行业合营以后，对取得时效的规定已不可能导致资本主义所有制的产生；(4)发生时效问题的，都是生活资料，其中更以家庭用品为多，对这些财产，如无取得时效规定，必将作为无主财产归国家所有，而国家获得之后并无好处。主张必须规定的同志拟出的条文是："所有人对自己的财产，在被他人以公开形式、当做自己所有、连续善意占有满（六）年而所有人没有主张权利时，占有人可以取得所有权。但已经登记的财产除外。国家财产和合作社财产不适用取得时效。"

多数同志认为不必规定取得时效，理由是：(1)根据时效而取得，足以鼓励不劳而获，与社会主义道德风尚不相符合；(2)目前我国仍处在过渡时期，基于种种原因，所有人不明而被他人占有的财产，为数尚多；如果规定取得时效制度，这批财产都将为占有人所有，显然与争取人心向我的国家政策不相符合；(3)一般公民之间，并无因时效而取得的习惯；(4)由于公民所有都是生活资料，经过登记后才转让所有权的如房屋、车辆等，又不包括在内，因此即使规定的话，范围既很窄，作用也不大。对于被他人长期占有而所有人又不主张权利的财产，在主张不必规定取得时效的同志中，有的认为有关诉讼时效和无主财产的条文，已能解决这些问题；有的认为可在诉讼时效期满后，规定一个占有人通知所有人的期限，过此期限，即作为无主财产收归国有。

第六章　所有权的保护

第三十五条 所有人在自己的财产被他人不法占有的时候，有权请求返还。对于恶意占有人，并可请求返还或赔偿全部占有期间已得或应得的收益；对于善意占有人，只能请求返还或赔偿从他已知或应知他的占有是不法占有的时候起已得或应得的收益。

占有人可以向所有人请求偿付在占有期间他所支出的必要费用。

附则：没有法律、行政命令、契约或其他原因作为根据而占有他人财产的，都是不法占有。

占有人明知或应知其占有是不合法的占有，都是恶意占有。（有同志主张：在第一句后，再加上"和明知出让人是无权处理的非所有人而受让财产的"一句话）

占有人不知或不应知其占有是不合法的占有，都是善意占有。

附注：有同志认为规定善意占有为不法占有的一种，容易混淆。主张不必沿用旧名词而另换新名词。

第三十六条 所有人在行使所有权受到妨害的时候，有权请求排除；所有人行使所有权可能受到妨害的时候，有权请求防止。

第三十七条 国家（另一意见，这里加上"合作社"）在发现它的财产被他人不法占有的时候，不论是恶意占有还是善意占有，都有权向占有人请求返还它的财产，并返还在占有期间已得或应得的收益。这种请求权不受诉讼时效的限制。

第三十八条 善意占有人不是向所有人直接取得的财产，除了此项财产是遗失的或被盗窃的以外，原所有人不得请求返还，善意占有人即取得所有权。

只有货币和无记名的有价证券，不论是遗失的或被盗窃的，也不论是属于国家的或合作社组织的，原所有人都不能向善意取得人请求返还。

第三十九条 财产在国家和合作社间或国家和公民间发生争议不能判明所有人的时候，推定财产的所有人是国家。

财产在合作社和公民间发生争议不能判明所有人的时候，推定财产的所有人是合作社。

第七章 共 有

第四十条 二人或二人以上共同所有的财产是共有财产。共有财产可以按份共有，也可以共同共有。

按份共有，是各共有人对共有财产有不同份额或相同份额的共有。共同共有是由夫妻或家庭等共同关系而产生的、不分份额的共有。

第四十一条 对于按份共有财产的占有、使用和处分，应当由全体共有人协商决定。如果全体共有人意见不一致，即按照占总份额半数以上共有人的意见决定并适当照顾其他共有人的利益。（另一意见：即按照全体共有人半数以上的意见决定并适当照顾份额多的共有人的利益）如果意见不一致而又不能取得多数的时候，申请法院处理。

第四十二条 按份共有人在不妨害其他共有人权利的原则下，可以处分本人在共有财产中属于自己的份额或请求分割共有财产。

按份共有财产如果是不可分割物，在分割时可以采用折价补偿的办法。

第四十三条 按份共有人出让自己在共有财产中的份额时,其他共有人有优先购买权。

有优先购买权的人如不按照约定的期限和条件进行购买,即丧失优先权。

第四十四条 按份共有人,对于共有财产的税款、管理、保养和其他各项费用,应当按自己在共有财产中的份额比例负担。

第四十五条 各共同共有人,对于全部共有财产都可以行使所有权;但在处分共有财产的时候,应当取得各共有人的同意。

第四十六条 共同共有财产在共同共有原因消灭或有正当理由时,可以分割。分割的时候,应当根据具体情况,可以相等,也可以不相等。

第四十七条 各共同共有人,对于共有财产都有维护的责任和负担各种费用的义务。

第四十八条 建筑物分属于不同的所有人时,供公共使用的部分如:地基、屋顶、庭院、围墙、烟囱、大门、楼梯、过道等,应归各所有人共同所有或分别所有,共同使用。

另一意见:地基、庭院、围墙、烟囱不要。

《中华人民共和国民法典(草案)》所有权篇(第五次草稿)意见汇辑

全国人民代表大会常务委员会办公厅研究室　1956年12月26日

说　明

这份材料,是根据已经收到的下列58个单位所提意见整理的:

国务院第八办公室、最高人民法院民三组、最高人民法院陈瑾昆同志、中国人民解放军总军械部、国家计划委员会办公厅、民族事务委员会办公厅、卫生部、交通部、邮电部、对外贸易部、公安部办公厅、司法部法令编纂司、内务部办公厅、财政部办公厅、林业部办公厅、铁道部办公厅、农业部办公厅、中国人民银行总行、中国民航局、中央手工业管理局、中央工商行政管理局秘书处、山西省高级人民法院、上海市高级人民法院、天津市高级人民法院、云南省高级人民法院、内蒙古自治区高级人民法院、四川省高级人民法院、北京市高级人民法院、甘肃省高级人民法院、江苏省高级人民法院、河北省高级人民法院、陕西省高级人民法院、湖北省高级人民法院、湖南省高级人民法院、新疆维吾尔自治区高级人民法院、福建省高级人民法院、广东省高级人民法院、广西省高级人民法院、辽宁省高级人民法院、上海市第一中级法院、沈阳市中级人民法院、重庆市中级人民法院、沈阳市司法局、沈阳市法律顾问处、中国人民大学法律系、东北人民大学法律系、复旦大学法律系、中南政法学院、西南政法学院、中央政法干校东北分校、西北大学法律系、天津市商业仓储公司、北京市民政局、北京市公安局、北京市工商管理局、北京市房地产管理局、北京市手工业生产合作社联合总社、北京市公共汽车公司。

中华人民共和国民法典所有权篇草案(第五次草稿)

对本篇总的意见:

1. 对名称和内容方面的意见

"所有权篇"名称可斟酌,所有权只为物权一种,似尚有其他必要的物权应当规定。(高院陈瑾昆)

2. 对本篇分章方面的意见

有的同志认为所有权篇可以考虑不分章。因为有的章内容不多,有的章条文内容涉及其他各章,这样分章反而不清楚。(中国人民大学)

3. 建议增加下列条文

"各民族自治地方的自治机关可以根据本篇精神结合当地具体情况制定补充条例(或者补充规定)"。(民族事务委员会)

4. 对本篇所用几个名词的意见

条文所称"财产",可改称"所有权"或"物"。因财产是总称,所有权则是以个别的"物"为标的。"财产所有人"似可称"所有权人"或"所有人"。(高院陈瑾昆)

第一章 通 则

对本章总的意见:

1. 建议在本章中反映我国现时存在的四种所有制形式,及个体劳动者所有制和资本家所有制的转变趋势,并对有关条文作相应的修改。因为民法应是一部成套的完整的成文法典,所以凡以上内容虽在宪法中已有规定,但此处似仍应反映。(国家计划委员会)

2. 本章除保留第一条外,其余都可以删去。(内务部)

本章第二、三、四条规定,其内容均属原则性问题。为避免在分则中罗列基本原则的现象,以在民法总则篇中反映为宜。(福建省高级人民法院部分同志意见)

第一条 财产所有权分为:

(一)国家所有权;

(二)合作社所有权;

(三)公民生活资料所有权和其他私人财产所有权。

本条第三项的另外意见:

1. 写为:"个人所有权"。

2. 将本项分写为两项:一项为"公民个人所有权";另一项为"私人财产所有权"。

1. 对本条总的意见

(1)我们基本上同意本条分类标准。目前我国的生产关系已经起了根本的变化,因而公民所有权主要是生活资料和少数其他个人财产。其他个人财产,包括入社农民自有小生产资料;个体劳动者不是用来剥削他人劳动的生产资料和其他工具;资本家在公私合营企业的定息和其他合法收入,以及公民对自己的劳动收入等,这些,与宪法上所规定的农民的土地所有权,个体劳动者和资本家的生产资料所有权是有分别的。但我国社会比公布宪法时已进了一步,所以本条规定是适合当前客观情况的。(司法部法令编纂司)

(2)这样分类,无论从形式和内容方面都比较符合《宪法》第10、11、12条的规定。(东北人民大学)

2. 条文改写

建议本条改写为:

"财产的所有分为:

"一、国家所有财产;

"二、合作社所有财产;

"三、私人所有财产。"(内务部)

3. 对第二项的意见

(1)有的认为在第二项后边加上"及其他团体所有权",可以包括合作社以外的团体的集体所有。(新疆维吾尔自治区高级人民法院)

(2)第二项改为"集体所有权"。(上海市高级人民法院)

4. 对第三项的意见

甲. 同意原案。(西南政法学院、辽宁省高级人民法院、山西省高级人民法院部分同志意见、福建省高级人民法院部分同志意见、甘肃省高级人民法院、江苏省高级人民法院、陕西省高级人民法院、新疆维吾尔自治区高级人民法院部分同志意见、天津市高级人民法院部分同志意见)

理由:

(1)同意原条文写法,因为我国目前既存在着公民的生活资料私有制,也存在着正在改造中的小手工业和个体农民的生产资料私有制,因此本条第三项如用"个人所有权"则嫌范围太狭不能包括现有的所有权制度的全部内容,如用"公民个人所有权"和"私人财产所有权"两项又嫌划分过于机械,因此原条文第三项的写法还是确当的。(江苏省高级人民法院)

(2)本项所指公民生活资料和其他私人财产有所区别,这样规定符合于现实情况。(福建省高级人民法院部分同志意见)

乙. 在同意原案基础上的修改。

(1)主张把第三项改为"公民个人所有权和其他私人财产所有权",以便与第十七条规定的内容相一致。(山西省高级人民法院部分同志意见、公安部、西北大学)

(2)有的同志认为第三项可以改为"公民的生活资料及其他财产所有权"。(中国人民大学)

(3)第三项"私人财产所有权"可改为"个人财产所有权"。因财产私有制将逐步转变为全民所有制,前者在用语上不如后者适当。(司法部法令编纂司)

丙. 第三项同意另外意见。

1. 用"个人所有权"。(中国民航局、农业部、林业部、财政部、广东省高级人民法院、湖南省高级人民法院、云南省高级人民法院、北京市高级人民法院、河北省高级人民法院、内蒙古自治区高级人民法院、山西省高级人民法院、广西壮族自治区高级人民法院部分同志意见、福建省高级人民法院部分同志意见、沈阳市中级人民法院、沈阳市法律顾问处、北京市手工业生产合作社联合总社、新疆维吾尔自治区高级人民法院部分同志意见、湖北省高级人民法院、高院陈瑾昆)

理由:

(1)公民生活资料所有权和其他私人财产所有权,均为个人所有,故可写为"个人所有权"。(湖北省高级人民法院)

(2)本项内容实质上是指个人所有权而言,用"个人所有权"文字简练,又通俗易懂,更加恰当。(福建省高级人民法院部分同志意见)

(3)如"公民生活资料"和"其他私人财产"有必要区分时,同意原案,否则以改为"个人所有权"为好。(北京市房地产管理局)

2. 同意用"个人所有权"基础上的修改。

(1)主张用"公民个人所有权"。(中央工商行政管理局、新疆维吾尔自治区高级人民法院部分同志意见、四川省高级人民法院、上海市第一中级人民法院)

理由:

第三项改为"公民个人所有权"。因原第三项"生活资料所有权"和"私人财产所有权"这两个概念很难划分,且看不出必须划分的法律意义。同时,生活资料也是财产,不必另外提。(上海市第一中级人民法院、上海市高级人民法院)

第三项改为"公民个人所有权"较好。因目前资产阶级在企业的股权还是合法存在,同时又在消灭过程中,不必强调个人对生产资料的所有权;但也不必强调个人对生活资料的所有权。

(2)"公民生活资料所有权和其他私人财产所有权",应当改为"公民所有权"。因为本条是根据宪法规定财产所有权的形式,可以不必涉及所有权的范围。(交通部)

丁. 第三项同意另外意见2,分成两项:"公民个人所有权";"私人财产所有权"。因生活资料也属于私有财产范围之内,所以不必另行注明。(天津市高级人民法院部分同志意见)

戊. 对第三项的又一意见:第三项改为"私人财产所有权",不必详分,因为目前我国私有财产还存在,个人所有权可包括在内,同时这是通则,在下面的条款中已作了具体规定。同时我国人民不习惯于这样区分。(北京市公安局)

第二条 财产所有人,在法律规定的范围内,对于财产有占有、使用、处分的权利;并应负担由财产所产生的义务。

另一意见:在"使用"后面加上"收益"二字。

1. 对"使用"后面要不要加"收益"二字的意见

甲. 不同意在"使用"后面加上"收益"二字。(广东省高级人民法院、四川省高级人民法院、广西省高级人民法院、陕西省高级人民法院、湖南省高级人民法院部分同志意见、内蒙古自治区高级人民法院部分同志意见、山西省高级人民法院部分同志意见、上海市第一中级人民法院、沈阳市法律顾问处、北京市公共汽车公司、江苏省高级人民法院、复旦大学部分同志意见)

理由:

(1)因为"收益"是占有、使用、处分的派生物。(上海市第一中级人民法院、四川省高级人民法院部分同志意见)

(2)认为使用必然产生收益,使用权和收益权是一致的;条文标明使用实即包括收益意义,无须再增加"收益"二字。(江苏省高级人民法院)

(3)不同意在"使用"后面加上"收益"二字,以免滥加解释发生误会。(上海市高级人民法院部分同志意见、福建省高级人民法院)

(4) 不同意在"使用"后面加上"收益"二字。因享有财产所有权而取得其收益,是理所当然的事。(西北大学)

(5) 不同意使用后边加上"收益"二字,因财产所有权一定会带来收益,同时第33条已有具体规定。(北京市公安局)

(6) 因为使用就是取得对物有关的利益。也就是说,在使用这一概念中,已经包括了收益,所以不必把"收益"二字列出。同时,在我国条件下,是应当强调对物的使用,满足人民物质和文化的需要,把物交与别人使用不是所有权的主要东西。(复旦大学部分同志意见)

乙. 同意在"使用"后面加上"收益"二字。(最高人民法院、云南省高级人民法院、中国人民银行总行、复旦大学部分同志意见、中南政法学院、四川省高级人民法院部分同志意见、林业部、财政部、山西省高级人民法院部分同志意见、上海市高级人民法院部分同志意见、公安部、北京市高级人民法院、农业部、沈阳市司法局、内蒙古自治区高级人民法院部分同志意见、甘肃省高级人民法院、新疆维吾尔自治区高级人民法院、交通部、天津市高级人民法院、重庆市中级人民法院、东北人民大学、北京市手工业合作社联合总社)

理由:
(1) 多数同志同意在"使用"后面加上"收益"二字,这样较切合中国目前还保护收益的实际情况,也比较明确些。(新疆维吾尔自治区高级人民法院)

(2) 多数同志认为加"收益"二字较妥,这样更能对保证财产所有人的所有权起到积极的因素。(天津市高级人民法院)

(3) 多数同志都赞成在"使用"后面加上"收益"二字,这样和后面第35、37条所提的"收益"才能统一起来。(四川省重庆市中级人民法院)

(4) 在使用与收益之间应加上顿点,即"……使用、收益……",因为这样可以把所有权的权能更明确化,避免解释上的混乱,和适用上的不便。(东北人民大学)

丙."使用"后面是否加"收益"就看如何理解"使用",收益包括在使用内可以,分出来也无不可。(中国人民大学)

2. 对"处分"二字的意见
(1) "处分"改用"处置"较好。(中国民航局)
(2) "处分"改用"处理"较通俗。(广东省高级人民法院)

3. 对"占有"二字的意见
原条文中的"占有"二字应当删去。因为使用、收益、处分,都包含有占有的意义,不必另外规定。(交通部)

4. 对本条末一句的意见
有的同志认为其中"……并应负担由财产所产生的义务"一句,没有实际意义,也可以考虑去掉。(中国人民大学)

5. 建议删去本条
因适用于国家所有财产都嫌不得体。(内务部)

第三条 财产所有人,在行使所有权的时候,应当遵守个人利益服从社会公共利益、个体利益服从整体利益的原则。

另外意见:

1. 本条应在修改总则篇中统一考虑。

2. 本条可以修改为:财产所有人,在行使所有权的时候,不得妨碍(或危害)社会公共利益。

1. 条文改写

(1) 本条修改为:"财产所有人,在行使所有权的时候,不得妨碍(或危害)社会公共利益,应当遵守个人利益服从社会公共利益、个体利益服从整体利益的原则。"(农业部)

(2) 可改为:"财产所有人在行使所有权的时候,不能妨害社会公共利益或其他个人的合法利益。"(最高人民法院)

2. 同意原案(山西省高级人民法院部分同志意见、天津市高级人民法院、北京市公安局部分同志意见)

3. 同意应在修改总则篇中统一考虑(四川省高级人民法院、新疆维吾尔自治区高级人民法院、上海市高级人民法院部分同志意见、北京市高级人民法院部分同志意见、北京市公安部部分同志意见、湖南省高级人民法院、西南政法学院、财政部、云南省高级人民法院、北京市房地产管理局、山西省高级人民法院部分同志意见、北京市工商管理局、内务部、沈阳市中级人民法院、内蒙古高级人民法院部分同志意见、中国人民大学、交通部、高院陈瑾昆、复旦大学、东北人民大学、甘肃省高级人民法院)

4. 同意另外意见2(广东省高级人民法院、江苏省高级人民法院、广西省高级人民法院、河北省高级人民法院、内蒙古自治区高级人民法院、辽宁省高级人民法院、林业部、中国民航局、中国人民银行总行、北京市高级人民法院部分同志意见、湖北省高级人民法院、北京市民政局、北京市公共汽车公司、北京市手工业合作社联社、上海市第一中级人民法院、陕西省高级人民法院)

理由:

(1) 财产所有人在行使所有权时不得妨碍社会公共利益,因为这句话比较通俗易懂,好理解,好掌握。(北京市公安局部分同志意见)

(2) 因为这样写法律作用较原案似乎明显些。(上海市第一中级人民法院)

(3) 因原案太原则不够具体,执行时有困难。另外意见较好。(湖北省高级人民法院)

(4) 另外意见较好,原则概括,文字上更适合法律的要求,原文都像教科书。(天津市高级人民法院)

第四条 财产所有人对自己的财产,在他人遇到紧急危难的时候,应当供作救急使用;但财产所有人因此而受到的损失,可以得到适当的补偿。

另一意见:本条应在修改总则篇中统一考虑。

1. 条文改写

(1) 原文尚欠明确,应改为:"财产所有人的财产,如遇到他人有紧急危难情事,须提供作救急使用时,有提供之义务,但因此而受到财产上的损失,应得到适当的补偿。"(北京市高级人民法院)

(2)应当修改为:"他人为防御或回避紧急危难必须救急使用或处分所有人的财产时,财产所有人不得拒绝[对]财产的使用或处分,但财产所有人因此而受到的损失,所以得到适当的补偿。"(复旦大学)

2. 同意原案并对原案的修改补充

(1)本条"因此"二字改为:"因救急而受到的损失"。而最后一句嫌不够明确,应再详述。(山西省高级人民法院部分同志意见)

(2)"可以"二字可改为"应当"。(最高人民法院)

(3)本条"可以得到适当的补偿"改为"有权请求适当补偿"。(云南省高级人民法院)

(4)有少数人主张把"在他人遇到紧急危险的时候"改写为"在他人遇到紧急危难而又必需的时候"。(广西省高级人民法院)

(5)本条应加"附则",把"紧急危难"作统一解释。(天津市高级人民法院)

(6)由谁来补偿,应明确。(中国人民银行总行)

(7)本条中"……应当供作救急使用……"好像必然义务。事实上不是什么供作,而是允许,让为救急使用而已。(中国人民大学)

(8)同意保留第四条原案,因为这一条的含义仅能用于对物的财产权利,与一般的民事权利有所不同,所以不能与第三条另外意见相比。(东北人民大学)

3. 同意放在总则篇内(上海市高级人民法院部分同志意见、湖南省高级人民法院部分同志意见、林业部、内务部、交通部)

理由:这是对于行使权利限制的规定,就是紧急避难(外尚有正当防御)原则的规定,以在总则内统一规定为宜。(高院陈瑾昆)

4. 主张本条可以删去

理由:

(1)这条可以不要,因为这是道德问题。(上海市高级人民法院部分同志意见)

(2)财产所有人对自己的财产在他人遇到紧急危难时应当供救急使用,这样提法,法律的约束性不够,如果他不供作救急使用时,是否视为违反法律而负法律责任。如果仅属公民的道义问题,则法律上不需加以规定。(中国民航局)

(3)我们认为该条可以不要,因为"救人之急"是属于道德范围内的事情,虽然应予提倡,但不宜载入法律。(陕西省高级人民法院)

第五条 财产所有人对自己的财产,由于自然条件和相邻关系,为他人必须通行或使用,应当允许他人使用。

使用人对所有人的财产应当妥为保护,并负担因使用而产生的各项费用,如果因使用而使所有人的财产遭受到损失的时候,使用人应当给予适当的补偿。

1. 同意原案(最高人民法院)

2. 对原案的修改补充

(1)本条"……应当允许他人使用"后可加"可规定契约施行"字样。(北京市公共汽车公司)

(2)建议在本条第一款最后加"或通行"三字。(山西省高级人民法院)

(3)建议本条第一款后加上"但通行人应就所有人损害最小的地方通行"。(内蒙古自治区高级人民法院)

(4)第一款"和"改"或者","或"改"或者","允许他人"下加"通行或者"。又第二款"对所有人的财产"改"对所使用的物","妥为"上加"以相当注意","因使用而产生"改"因使用所生","如果……的时候"改"如果因使用而使使用物遭受损害,使用人应当赔偿"。(高院陈瑾昆)

(5)上面泛提"财产",下面提出"为他人必须通行",通行与财产相接连,似乎不够恰当。

如果指明土地、宅基、走道等,又嫌狭窄,不能概括其他方面,可否下面只提使用,不提通行,而将"相邻关系"去掉。(上海市第一中级人民法院)

(6)本条是否包括通行的道路在内,不够明确。我们意见应明确提出,不包括通行的道路在内。(辽宁省高级人民法院)

(7)第一款末句"使用"前面应加上"通行"两字。二款末尾"适当的补偿","适当"二字应删去。(福建省高级人民法院)

(8)本条中"……由于自然条件和相邻关系……"一语,有的同志认为:"和相邻关系"可以去掉。因为现在的土地、房屋产生的相邻关系情况不同,不必如旧法中一样提出,可以解释包括在自然条件中,其中"……为他人必须通行或使用……"关于"或通行"三字可去掉,意义包括在使用的概念中。(中国人民大学)

(9)本条第二款应写为:"使用人对所有人的财产应当妥为保护,在使用期间并适当负担由财产所产生的义务及因使用而产生的各项费用。"(广西省高级人民法院)

(10)根据邮电企业电信建筑物的特殊情况,需要经常在不属于邮电企业所有的土地、桥梁和其他建筑物上树立电杆,架设电线等。树立电杆必须占用农民或合作社的土地,但面积极小,对土地所有人的损失极微,因此,除有时因架设杆线踏伤青苗较多经农民提出要求时给予适当补偿外,对于树立电杆所用土地,历来都是无偿的,农民亦从未提出补偿要求。如果按照这一款条文规定:"因使用而使所有人的财产遭受到损失的时候,使用人应当给予适当的补偿",而对土地所有人给予补偿,在土地所有人方面所得无几,而邮电企业在处理上则很复杂困难。这种情况,其他公用事业部门亦有。我们建议,在第五条第二款后增添一款,规定"公用事业使用极小数量的土地时(如树立电线杆等),得按照国家法律(如邮电法等)的规定,不予补偿。"全国各地除江西省人民委员会规定邮电企业所立电报、电话木杆等均应向人民委员会缴纳费用外,亦没有要求付费。关于江西省人民委员会的规定,我部已上报国务院,现正由财政部研究中。(邮电部)

3. 主张本条可以删去

建议删去本条。因不适用于国家所有财产。(内务部)

有的认为本条可以与第四条合并起来写,一种是在紧急危难的情况下,一种是在通常的情况下。(新疆维吾尔自治区高级人民法院)

第六条 国家财产受法律特别保护。爱护和保卫公共财产是每一个公民的神圣职责。

1. 同意原案(最高人民法院、农业部、内蒙古自治区高级人民法院、天津市高级人民法院、江苏省高级人民法院)

理由:本条在宪法虽有规定,但必要时在一般法律可以重复。这样既可以表示立法根据,也可以从原则到具体,使法律条文系统化,便于执行。在人民法院组织法中即有此例。(江苏省高级人民法院)

2. 对原案的修改补充

(1) 同一条文中"国家财产"和"公共财产"两个名词,似有混淆,应说清楚。(中国人民银行总行、广东省高级人民法院)

(2)《宪法》第101条规定了公共财产神圣不可侵犯。建议本条不要只提"国家财产"受法律特别保护,而改为"公共财产"受法律特别保护。(四川省重庆市中级人民法院)

(3) 建议在"国家财产"前加上"为全民所有"字样。(北京市公共汽车公司)

(4) 合作社与公民个人财产应受法律保护的问题,也应在该条文中一并阐明。(陕西省高级人民法院)

3. 本条可以删去(内务部、交通部、中国人民大学、西北大学、上海市高级人民法院、福建省高级人民法院、云南省高级人民法院、湖北省高级人民法院、北京市公安局)

理由:

(1) 如果说,国家财产的民法特殊保护,应有具体内容,此处无须口号式地重复宪法已规定的东西。(中国人民大学)

(2) 如要规定,可在民法总则中考虑。(湖北省高级人民法院)

(3) 保护国有财产是人民的公德和神圣职责,所以不必在民法典中规定。(北京市公安局)

附注:

1. 有的同志意见,在本章中应反映个体劳动者所有制和资本家所有制的转变过程,所以主张再加上两条:

第×条 个体劳动者生产资料所有制,应当根据自愿互利的原则,通过合作化的道路,逐步转变为集体所有。

第×条 资本家生产资料所有制,应当根据法律、法令的规定,通过赎买的方式,逐步转变为全民所有。

2. 多数同志意见,这两条内容在宪法中已有规定,可不必在民法所有权篇反映。

1. 同意加上附注中所列的两条。(内蒙古自治区高级人民法院部分同志意见、新疆维吾尔自治区高级人民法院部分同志意见、东北人民大学、江苏省高级人民法院)

2. 附注拟增两条不必增加。(内务部、林业部、财政部、交通部、沈阳市法律顾问处、高院陈瑾昆、司法部法令编纂司、上海市第一中级人民法院、天津市高级人民法院、复旦大学、西南政法学院、福建省高级人民法院、上海市高级人民法院、辽宁省高级人民法院、云南省高级人民法院、北京市高级人民法院、湖南省高级人民法院、广西省高级人民法院、甘肃省高级人民法院、北京市工商管理局、北京市手工业合作社联社、新疆维吾尔自治区高级人民法院部分同志意见)

理由:

(1) 因为组织合作,通过赎买,宪法已有规定,而解决民事法权的争议,亦用不着像这样的条文。(上海市第一中级人民法院)

(2) 不仅因为这个问题在宪法中已有规定,同时因为所有制的转变问题不是民法问题,故不必在民法典中规定。(复旦大学)

(3) 目前农业合作化已基本完成,私人资本主义工商业亦已全部公私合营,不必再在这里规定。(湖北省高级人民法院)

第二章 国家所有权

对本章总的意见:

在第二章内,可考虑增加"依法没收的建筑物、商业、企业和其他贵重物品等"一条。(公安部)

第七条 国家财产是全民所有的社会主义财产。

国家财产的唯一所有人是国家。

国家财产的客体范围不受任何限制。

1. 条文改写

(1) 建议把本条改为:"国家财产的唯一所有人是国家,它是全民所有的社会主义财产,它的客体范围不受任何限制。"不必分款。(财政部)

(2) 应当修改为:"全民所有的社会主义财产是国家财产,都属国家所有,国家所有权的客体物,不受任何种类上的限制。"(复旦大学)

2. 同意原案(最高人民法院、沈阳市中级人民法院部分同志意见、山西省高级人民法院、上海市高级人民法院、陕西省高级人民法院、天津市高级人民法院)

3. 对原案的修改补充

(1) 有的认为"国家财产"就是指所有权的客体而言,故第三款中"客体"二字可以删去。(新疆维吾尔自治区高级人民法院)

(2) 建议把本条"国家财产的唯一所有人是国家"一句中的"人"字改为"者"字。(天津市国营商业储运公司)

(3) 本条第三款"国家财产的客体范围不受任何限制"意思不清楚,容易引起误解,可以去掉。(中国人民大学)

认为第三款可以去掉的还有上海市高级人民法院部分同志和广东省高级人民法院。

4. 主张删去本条

(1) 本条可以删去,因和宪法重复。(内务部、沈阳市中级人民法院部分同志意见)

(2) 本条可以放到总则中去考虑。(沈阳市中级人民法院部分同志意见)

(3) 建议第七、八两条合并,因从内容看,第八条好像是第七条的注解。(北京市工商管理局)

(4)本条整个内容,都只是用理论分析的问题,不分章的话都可以考虑不要。(中国人民大学)

第八条 矿藏,水流,由法律规定为国有的森林、荒地和其他资源;铁路、航空、海洋运输,公路,港口,国家银行,邮电通讯、无线电广播事业和拖拉机站,都属于国家的专有财产。国家专有财产不得为合作社或公民所有。

对于国家经济命脉或国家安全具有重大关系的其他财产,也可以依法宣告为国家专有。

1. 条文改写

矿藏,水流,铁路、航空、海洋运输,公路,港口,国家银行,邮电通讯、无线电广播事业和拖拉机站;由法律规定为国有的森林、荒地和其他资源等都属于国家专有财产。国家专有财产不得为合作社或公民所有。(云南省高级人民法院)

2. 同意原案(最高人民法院、陕西省高级人民法院、山西省高级人民法院、天津市高级人民法院、上海市高级人民法院)

3. 对原案的修改补充

(1)①国家的专有财产内容是否需加文化古迹一项?

②航空不得为合作社或公民所有,不甚恰当。将来航空发达,飞机和汽车一样可供大家使用,如这样规定,将来大家就不可能有飞机了。

③在本条中"港口"后拟增加航空港、站。(中国民航局)

(2)本条"矿藏……邮电通讯、无线电广播事业和拖拉机站,都属于国家的专有财产"拟请改为:"矿藏……公用邮电通讯,有线和无线广播站台及其线路和拖拉机站都属于国家的专有财产。"

理由是:电话通讯的用户内部设备可以为用户所自有;广播事业除无线外,在农村里还普遍设有有线广播。

又本条第一款规定"国家专有财产不得为合作社或公民所有"。目前闽、浙两省有十余家电话公司尚在公私合营阶段,如果草案第十九条"在公私合营期间,资本家对他的定息和其他合法收入,有所有权"的规定可以引申解释为"在公私合营期间,资本家对于合营企业的财产没有所有权,也就是说合营企业的财产所有权属于国家",那么,目前公私合营企业电话公司的情况同第八条的规定就没有冲突。根据1954年7月13日前政务院财委会财经交邮字第16号批复规定:凡电话用户(包括机关、企业、合作社、个人等)因装设或移动电话而需新设线路时,所需材料(木杆、电线)费用,应由用户全部负担,新设线路的产权则归邮电企业所有。而其他公用事业如电力等,也有类似规定。因此,我们意见可否在本条或其他适当条文里增加一款,明确规定邮电等公用事业在其现有设备(如邮电企业的线路)之外,如因用户使用而需新增设备(线路)所支付的费用,由用户负担,新增设备的产权属于国家。(邮电部)

(3)有的同志认为国家专有财产中规定的如航空、海洋运输、拖拉机站、邮电通讯等概念不明确,不知所指何物,是否可以简略的规定一些,事实上也不能所有的都列举齐全。(中国人民大学)

(4)应把"不得为……公民所有"改为"不得为……公民个人所有"。(沈阳市中级人民法院)

把第一款"公民"改为"个人"以与下条一致。(高院陈瑾昆)

(5)"国家专有财产不得为合作社或公民所有"一句话可删去。(沈阳市司法局)

第九条 军用武器、弹药、爆炸物、军用品、航空机件、高度化学易燃物、烈性毒品、放射性物质、受管制的无线电器材,非经国家主管机关批准,不许个人持有或所有。

1. 同意原案(最高人民法院、陕西省高级人民法院、山西省高级人民法院、天津市高级人民法院)

2. 对原案的修改补充

(1)①所列是否够完全?信鸽、警犬、猛兽等可考虑增加。

②航空机件不许个人所有,不甚恰当。因将来航空发达,飞机和汽车一样可供大家所有。(中国民航局)

(2)有的认为"受管制的无线电器材"后边[应]添加"及其他依法宣告的"。(新疆维吾尔自治区高级人民法院)

(3)本条"军用武器、弹药"等用语,含义似不够完整确切。按部队中的一般习惯,直接或间接用于战斗的各种器械,即武器、弹药、器材等的总称是兵器;而兵器中用于直接发挥战斗力,杀伤敌人有生力量,压制和破坏敌人火器,摧毁敌人战斗设施等用途的,如枪、炮等,始称武器。武器、弹药中并不能包括军队战斗或训练用的辅助器具以及军事上专用的各种材料等。同时,"军用武器、弹药"亦属军用品,似不能与军用品并列。按此,原文可否改为:"兵器及其他军用品,爆炸物……"或"军用武器、弹药、器材及其他军用品,爆炸物……"较好。(中国人民解放军总军械部)

(4)本条所列之烈性毒品,不属于麻醉药品范围。(卫生部)

(5)本条所述"高度化学易燃物"规定得不够明确。因化学易燃物的范围很广,其中有些是工、农业所必需的,有些是人民日常生活所必需的。例如,从消防角度来研究,汽油(当然不仅是这一种)是属于高度易燃物品,但它与人民的日常生活有密切联系,如对这一类也规定不许个人持有,似不够妥当。(公安部)

"高度化学易燃物"不像中国话,是否是指高度易燃的化学物?(中国人民大学)

(6)末句不许个人"持有或所有",不许个人所有似乎有些讲不通,建议改用其他适当词句。(上海市第一中级人民法院)

"不许个人持有或所有"拟改为"……不许归个人所有或持有"。(铁道部)

3. 主张删去本条

有的同志认为本条内容可考虑放到总则民事权利客体一章中加以规定。(中国人民大学)

第十条 国家财产,由国家根据法律、法令和国民经济计划分配给国家机关、国营企业进行经营和管理。

1. 同意原案(最高人民法院、天津市高级人民法院、山西省高级人民法院、陕西省高级

人民法院、上海市高级人民法院）

2. 对原案的修改补充

(1)国家财产对公私合营企业也有增拨情形,似应补充规定。（中国人民银行总行）

(2)建议在国营企业后加上"事业单位",因"事业单位"也有经营和管理国家财产的事。（财政部）

3. 主张删去本条

有的同志认为这条内容看来不是民法问题,好像财政法、行政法的问题,可考虑不放在此处。（中国人民大学）

第十一条 国家机关、列入国家预算的团体、国营企业以及合作社组织间财产的转移调拨,依照特别法令的规定。

另一意见:把本条分写为三条:

1. 固定资产在国家机关、国营企业间进行调拨的时候,应当依照国家主管机关的命令无偿进行。

2. 国家财产和合作社财产相互转移的时候,应当有偿进行。

3. 国家机关和国家企业不需用的固定资产,必须依照国家规定的程序,才可以出让。

1. 条文改写

(1)国有机关、列入国家预算的团体、国营企业以及合作社组织间财产的调拨转移,如有特别法令规定者,依照特别法令的规定。（复旦大学部分同志意见）

(2)"国家机关、国营企业、列入国家预算的团体以及合作社组织之间的财产转移或调拨,应依照下列规定:即另一意见的三条。"因为原文的"特别法令"不确切,而且有的可能没有规定,所以这里明确的规定出来较好,有益于实际工作。（天津市高级人民法院部分同志意见）

(3)本条可改为两条:

①固定资产在国家机关和国营企业间进行调拨的时候,应当依照国家主管机关的命令,无偿进行。在国家机关、国营企业和合作社间相互进行调拨的时候,应当有偿进行。

②采用本条另一意见的第三款,但"国家企业"字样,改为"国营企业"。（农业部）

(4)建议以原条为主,把另一意见的三条作为原条的三款（新疆维吾尔自治区高级人民法院）；或把另一意见的三条作为原条的附注。（西北大学部分同志意见）

2. 同意原案（财政部、林业部、甘肃省高级人民法院、四川省高级人民法院、湖南省高级人民法院、云南省高级人民法院、广东省高级人民法院、辽宁省高级人民法院、东北人民大学、高院陈瑾昆、天津市高级人民法院部分同志意见、复旦大学部分意见、上海市第一中级人民法院、内蒙古自治区高级人民法院）

理由:

(1)在目前合作化高潮中,常有通过国家援助形式支持合作化运动的事实,所调拨的物资往往采取无偿支付办法。另外,在防汛排涝中也有采用无偿补助防汛器材形式支援受灾地区人力物力之不足。因此,原草稿所附的另一意见,规定得太死,不如原条文较为合适,同时以后诸章对此问题也有具体规定,为了避免重复起见,本条亦不必过于具体。

（四川省高级人民法院）

（2）"只对财产调拨问题作一原则性规定［就］可以了，而另外意见所规定的内容实际已经是行政法问题，民法典中是不必规定的。"（复旦大学部分同志意见）

（3）"这些单位间的转移调拨，必须要有特别法令的规定，因此不需再具体指出来，有人主张把另一意见中的第一条并入第十一条原案中去。理由是现已发生不遵照主管机关命令转移房屋情事。"（湖南省高级人民法院）

（4）即使本条分写为三条，也难概括一切，并又涉及一些行政财政制度方面的问题，倒复杂化了……（东北人民大学）

3. 对原案的修改补充

（1）"同意原条文，但自全行业公私合营采取定息办法后，国家机关，国营企业对公私合营企业间也有财产转移调拨的事实，似应补充规定。"（中国人民银行总行）

建议把"公私合营企业"放进去。（国家计划委员会）

（2）同意原条文。建议在国营企业后加"事业单位"。合作社似无加入本条的必要。（财政部）

（3）有的认为应加上国家财产与私人间的转移问题。（新疆维吾尔自治区高级人民法院）

4. 同意另一意见

因为分为三条比较明确具体，便于适用。（四川省高级人民法院、北京市高级人民法院、西北大学部分同志意见、北京市公安局、北京市手工业合作社联合总社、福建省高级人民法院、交通部、最高人民法院）

5. 主张删去本条

建议本条可以删去。（内务部）

有的同志认为这样规定，没有什么作用，实际意义不大，可以考虑不要。（中国人民大学）

第三章　合作社所有权

对本章总的意见：

1. 建议在本章内增加一条，说明社员个人财产和社的公共财产之间的关系。（农业部）

2. 第十二条、第十六条关于合作社所有权，有的同志认为都是可有可无的条文。虽然内容没有错，但实际意义不大，不规定也未尝不可。（中国人民大学）

第十二条　合作社财产是劳动群众集体所有的社会主义财产。

合作社财产的所有人，是每一个合作社组织。合作社有独立的财产所有权，但社章另有规定的，依其规定。

1. 条文改写

（1）"劳动人民集体所有的社会主义财产，是合作社财产，属于合作社组织所有。"

这样修改的理由是：原条文中"合作社有独立……"这一规定之精神，在第十五条中已

有规定了,所以这里就不必再规定。(复旦大学)

(2)"合作社财产的所有人是每一个合作组织,它是劳动群众集体所有的社会主义财产,合作社有独立的财产所有权,但社章另有规定的,依其规定。"(财政部)

(3)"合作社财产的所有人,是每个合作社组织,合作社有独立的财产所有权,但社章另有规定的依其规定。"(湖北省高级人民法院)

2. 同意原案(最高人民法院、山西省高级人民法院、陕西省高级人民法院、北京市高级人民法院)

3. 对原案的修改补充

(1)合作社是集体所有制,根据第二条的规定,它应有对财产的占有、使用、处分的权利,但此条又规定:"但社章另有规定的,依其规定。"不知指何而言。(国家计划委员会)

本条第二款中"……合作社有独立的财产所有权……依其规定。"意思不清楚,可考虑这段话都去掉。(中国人民大学)

(2)有的认为"合作社有独立的财产所有权"这句话与前一句话重复,可以删去。(新疆维吾尔自治区高级人民法院)

4. 主张删去本条(内务部)

第十三条 合作社,对于它的基金、生产资料、建筑物、产品、商品以及和它业务有关的其他财产,有所有权。

1. 同意原案(最高人民法院、山西省高级人民法院、陕西省高级人民法院、北京市高级人民法院)

2. 对原案的修改补充

(1)本条中"……以及和它业务有关的其他财产……"有的同志认为与业务有关无关很难说,其他无关的财产就没有所有权了,也不一定,是否可考虑改为"……商品等其他财产……"。(中国人民大学)

(2)认为"……以及和它'业务有关'四字不确切,容易使人误解,应加以修改。比如河流和海洋与渔业生产合作社的业务有关,但该社不能把河流和海洋作为自己的财产而取得所有权;又如所有拖拉机和新式农具都与农业社有关,但农业社不能把拖拉机和新式农具都作为该社的财产而取得所有权。"(天津市高级人民法院)

(3)建议在"和它业务有关的其他财产"后,加上"除国家专有财产以外"。(内蒙古自治区高级人民法院)

3. 主张删去本条

建议从略。(中国民航局)

建议十二、十三、十四三条合并写。(广东省高级人民法院)

建议本条和第十四条合并。(内务部)

第十四条 农业生产合作社对属于它集体所有的土地,有所有权。

1. 同意原案(最高人民法院、陕西省高级人民法院、山西省高级人民法院、北京市高级人民法院、天津市高级人民法院)

2. 对原案的修改补充

(1)本条"土地"后面,似可加上"及与土地相连的树木等"一句。因在某些地区的土地上,存在人造林的情况。(公安部)

(2)本条第一句"……对属于它集体所有的土地"改为"……对社员集体所有的土地"。(复旦大学)

3. 主张删去本条

(1)建议从略。(中国民航局、内蒙古自治区高级人民法院)

(2)建议十二、十三、十四三条合并写。(广东省高级人民法院)

(3)建议本条和第十三条合并。(内务部)

第十五条 合作社在行使所有权的时候,必须遵守国家法律、法令,服从国民经济计划和依照社章的规定。

另一意见:合作社在行使所有权的时候,应当根据社章并必须遵守国家法律、法令和服从国民经济计划。

1. 同意原案(最高人民法院、内务部、财政部、四川省高级人民法院、广东省高级人民法院、云南省高级人民法院、辽宁省高级人民法院、内蒙古自治区高级人民法院、江苏省高级人民法院、中央手工业管理局、上海市第一中级人民法院、上海市高级人民法院部分同志意见、北京市高级人民法院、高院陈瑾昆)

理由:

(1)认为社章不能违背国家的法律、法令,合作社在行使所有权时也应该首先以服从国家的法律、法令为前提,故建议采用原条文。(江苏省高级人民法院)

(2)因另一意见反嫌降低国家法律的地位。(上海市第一中级人民法院)

(3)因社章必须服从国家法律和法令,如有抵触应修改社章。(中央手工业管理局)

2. 对原案的修改补充

(1)原条文第一句改写为"合作社在根据社章行使所有权的时候",末句"和依照社章的规定"删去。(林业部)

(2)根据八大发言文件看到,国家计划是对合作社有指导和参考的意义与作用,所以是否可将第十五条中的"服从国民经济计划"一项取消,这并不是说合作社不需要服从国家计划了。因为关于计划和合作社的关系,如果是必须执行的计划,则由"法令"概括了,如果是计划和合作社的一般关系,就已经在社章里规定了。所以要求合作社服从国家法律、法令、社章就完全够了。又加上国民经济计划在目前对合作社的要求与意义不同,所以也不能和苏联作形式上的比拟。(东北人民大学)

3. 同意另一意见(北京市公安局、北京市工商管理局、湖南省高级人民法院、复旦大学、北京市手工业合作社联合社、广西壮族自治区高级人民法院、北京市民政局、农业部、沈阳市中级人民法院、交通部、甘肃省高级人民法院、陕西省高级人民法院)

理由:

(1)因合作社财产的占有、使用、处分在社章中应有规定,所以合作社在行使所有权的时候,首先应当根据社章的规定办理。(北京市民政局)

(2)因为合作社与国家机关或企业不同,它的活动首先是应当根据社章。(复旦大学)

4.主张删去本条

有的同志认为:本条可以放在所有权通则中,因为国家、公民都如此,只是合作社加上了"和依照社章的规定"而已。(中国人民大学)

第十六条 合作社的财产,在转移的时候,应按照有偿的原则进行。

1.同意原案(最高人民法院、北京市高级人民法院、山西省高级人民法院、陕西省高级人民法院、天津市高级人民法院)

2.对原案的修改补充

本条不能包括公益金补助社员时的一种财产无偿转移的情况。(甘肃省高级人民法院)

3.主张删去本条(中国人民大学、复旦大学、北京市公安局、湖南省高级人民法院部分同志意见、北京市房地产管理局)

理由:

(1)有的同志认为本条没有实际意义,所以可以去掉。(中国人民大学)

(2)因为在第十一条中已有原则性规定,所以可以删去。(复旦大学、北京市公安局)

第四章 公民生活资料所有权和其他私人财产所有权

另外意见:

1.本章标题改为"个人所有权"。

2.本章分为两章。一章为"公民个人所有权";另一章为"私人财产所有权"。

1.同意原标题。(陕西省高级人民法院、东北人民大学、江苏省高级人民法院、天津市高级人民法院、上海市高级人民法院部分同志意见、复旦大学部分同志意见)

2.主张标题改为"个人所有权"。(最高人民法院、北京市高级人民法院、高院陈瑾昆、中国民航局、农业部、内蒙古自治区高级人民法院、对外贸易部部分同志意见、四川省高级人民法院、复旦大学部分同志意见)

3.同意另外意见2,把本章分为两章。(铁道部)

4.主张标题用"公民所有权"。(交通部)

5.主张标题用"私人财产所有权"。(北京市公安局、对外贸易部部分同志意见)

6.建议本章增加条文。

"公共团体"可以作为独立的法人存在,因此,应在第四章中另列一条和"私人团体"并列。(天津市高级人民法院)

第十七条 公民对于自己的劳动收入、储蓄、公债券、住宅、帐幕、家常用具、消费品、享用品和其他生活资料,有所有权。

农业生产合作社的农户,除上款所列的生活资料外,按照社章的规定对自用小块园地的收益、零星树木、家禽、家畜,以及从事农、副业生产使用的小农具和工具,有所有权。

1. 条文改写

建议把本条改为:"公民对于合法取得的或保有的财产有所有权,对于财产上法律所许可的收益有享用权。"理由是财产种类很多,本条虽列举了劳动收入、储蓄和公债券,却漏列了金、银、现款,而金、银、现款不一定是从劳动收入而来。又如私人纪念品很难归纳为享用品或消费品一类。(对外贸易部)

2. 同意原案(最高人民法院、陕西省高级人民法院、北京市高级人民法院、天津市高级人民法院)

3. 对原案的修改补充

(1)"劳动收入"的所有权,法律上如何解释或确定。如果其他法律上未规定,则是否可在本条内照顾。(中国民航局)

(2)第一款"劳动收入"、"住宅"应改为"合法收入"、"房屋",以与《宪法》第十一条一律,且现时收入,亦不必全为劳动所得。(高院陈瑾昆)

(3)有的同志认为"帐幕"之类东西可以去掉,可以根据"住宅"解释。否则的话,水上居民的"木船"、山居的"窑洞"也都要写上了,事实上没有必要。(中国人民大学)

(4)有的认为在第一款中应加上"供个人学习研究的书籍和用品",有的认为第一款中的"帐幕"如系指游牧民族居住的毡房,可以不单独列出,可把它写成"住宅(帐幕)"。(新疆维吾尔自治区高级人民法院)

(5)似应增加"著作"一项。(中国人民银行总行)

(6)有些在今后长期间内还应归个人所有的物品,如科学研究者的藏书仪器,音乐家的乐器,某些剧种演员自备的服装、道具,等等,条文内未有规定。而这类物品既不属于家常用具、消费品、享用品的范围,而这些人又不是个体劳动者。建议在本条予以适当规定。(铁道部)

(7)建议把本条第二款"的收益"删去,而在本款后面"……副业生产使用的小农具和工具"改为:"……副业生产使用的小农具和工具的收益。"(山西省高级人民法院)

(8)对于公民所有权客体的规定我们认为应将"家庭副业"列入公民所有权客体的范围中。因目前有些家庭妇女自购缝纫机一套,承揽顾客的裁剪定作等,这应该认为"家庭副业"。(沈阳市司法局)

(9)本条二款"按照社章的规定"几个字应该取消。(广西省高级人民法院)

(10)在本条后面,建议增加"手工业合作社社员自用的小工具,有所有权"。(中央手工业管理局)

第十八条 个体农民、个体手工业者以及其他个体劳动者,对于从事生产或社会服务事业所使用的、不是用来剥削他人劳动的生产资料和其他工具,有所有权。

1. 同意原案(最高人民法院、陕西省高级人民法院、北京市高级人民法院、山西省高级人民法院、天津市高级人民法院)

2. 对原案的修改补充

(1)如现阶段没有剥削存在则不要这一条;如有剥削存在,则是否不要保护其所有权,请考虑。(广东省高级人民法院)

(2)建议把本条内"不是用来剥削他人劳动"的字样去掉,因这样更符合国情一些。(中南政法学院)

(3)请考虑这样一个问题:在北京有些具有车马的个体劳动者,他一方面自己赶车,同时又把多余的车马租给别人,收取高额租费,其中显有剥削,这样,对他出租的车马是否有所有权呢?(林业部)

(4)多数认为:本条对剥削界限缺乏明确载述,在处理案件中往往碰到有些当事人本身是积极参加劳动,家庭经济来源主要靠劳动收入,但是还是购置数辆人力板车出租,因而成为剥削他人劳动的生产资料,如概按本条论处,似乎打击面过宽。本条在修改时最好考虑这一问题。(福建省高级人民法院)

第十九条 在公私合营期间,资本家对他的定息和其他合法收入,有所有权。
另一意见:在定息前面加上"定股"。

1. 条文改写

(1)本条改为:"在公私合营期间,资本家对自己的股息和其他合法收入有所有权。"(复旦大学部分同志意见)

(2)本条改为:"在公私合营期间资本家享有以定息为内容的生产资料所有权。"因为如果仅写为"……资本家对他的定息和其他合法收入有所有权",那就和宪法关于公民个人生活资料所有权的规定没有两样了。"资本家所有权"意味着对生产资料的占有(现在是以定息体现的),否则便不成其为资本家所有权了。(中央政法干校东北分校)

(3)"定股"、"定息"仅是一个改变私有制中过渡形式的名词,很多人不习惯。是否把本条改为:"在公私合营期间,资本家对他的合法收入有所有权。"(云南省高级人民法院)

2. 同意原案(最高人民法院、四川省高级人民法院、上海市高级人民法院部分同志意见、湖南省高级人民法院、西北大学、广东省高级人民法院、辽宁省高级人民法院、河北省高级人民法院、财政部、新疆维吾尔自治区高级人民法院、北京市公安局、广西省高级人民法院、福建省高级人民法院部分同志意见、内务部、内蒙古自治区高级人民法院、复旦大学部分同志意见)

理由:

(1)本条所指的定息是我们对私营工商业赎买政策的产物。从赎买的意义来说,定股的所有权不应属于资本家,因此本条不要加入"定股"二字以免在执行时被动。(北京市公安局)

(2)因为在全行业公私合营后,资本家的生产资料所有权,一般实际上已移转为国家所有,资本家仅能享有国家给他的定息所有权(性质上是债权,不过取到定息后归其所有)。至于暂不实行定息的合营企业,那是极个别的。(司法部法令编纂司)

(3)因标明定息即意味着"定股"存在。同时这种"定股"不体现国家对资本家所有制的赎买政策,与一般股份不同。资本家的所有权应该表现在定息而不在定股,故不必增加"定股"字样。(江苏省高级人民法院)

(4)可不必加"定股"二字,定股只是为了定息而采取的一种计算方法,定息制度就是赎买的形式。(四川省高级人民法院)

(5)因资本家的股权问题,实际是不存在的,存在的仅是定息收入而已。(复旦大学部分同志意见)

3. 对原案的修改补充

主张删去"和其他收入"字样。因所指内容不够明确,如指劳动收入,第十七条已有规定,另外小业主参加合营后的财产是否退还,尚不明确,如果退还应考虑在个人所有权中有所规定。(北京市工商管理局)

4. 同意另一意见(中国人民大学、上海市第一中级人民法院、北京市高级人民法院、湖北省高级人民法院、交通部、天津市高级人民法院、东北人民大学)

理由:

(1)有的同志认为:既写上了"定息",不写"定股",是否"定股"就取消了所有权。(中国人民大学)

(2)在"定息"之前加上"定股"二字,资本家目前对"定股"的有限度的处分,才有法律根据。(上海市第一中级人民法院)

(3)因为定股是合法存在的,依法保护的东西。(东北人民大学)

(4)因为在目前公私合营期间资本家对"定股"实际上仍有所有权,如果否认这一点也就谈不上定息了,同时加上"定股"又没有坏处,它符合我们的政策和宪法。(天津市高级人民法院)

5. 主张删去本条(中央工商行政管理局、对外贸易部、高院陈瑾昆)

理由:

(1)本条可考虑不要规定,这并不等于否定定息所有权。因定息时间不会太长。(中央工商行政管理局)

(2)本条和二十条可以考虑删去。由于资本家也是公民,他的定股、定息、房屋租金都是合法保有和有所有权的,将来法律有变更同样可以解释。法律的条文是拿来解决问题的,不要拿来引起问题。如果在公私合营或国家经租期间,房屋业主对他的房屋和固定租金有所有权,那么,过了这个期间怎么样呢?民法典虽然不是一成不变的,但是仍然是国家的常法,时间性的或局限性的条文最好避免采用。(对外贸易部)

(3)"本条可不要。因此(条)为过渡所定,且可包括于第十七条第一款之内。"(高院陈瑾昆)

第二十条 在公私合营或国家经租期间,房屋业主对他的房屋和固定租金有所有权。

另一意见:第二句改为:"房屋业主对房屋和固定租金,有所有权。"

1. 条文改写

(1)我们认为该条应改为:"在国家经租期间,房屋业主对房屋和固定租金有所有权;在公私合营期间,房屋原业主对房屋的固定租金有所有权。"(陕西省高级人民法院)

(2)本条可以只提国家经租问题,因公私合营房产可适用第十九条的规定。本条最好改为:"由国家经租的房屋,在国家经租期间,原房主对房屋的固定租金有所有权。"(关于公私合营与经租的区分,尚不明确)(北京市房地产管理局)

2. 同意原案(内务部、天津市高级人民法院、国务院八办、内蒙古自治区高级人民法院、广东省高级人民法院、湖南省高级人民法院、云南省高级人民法院、四川省高级人民法院、北京市手工业合作社联合总社、上海市第一中级人民法院、林业部、福建省高级人民法院部分同志意见、东北人民大学）

理由：

(1) 本条和第十九条要互相适应。如第十九条加上"定股"，则本条以原案为宜。（林业部）

(2) "房屋"的固定租金原出于房屋的所有权，因此同意原条文意见，不必修改。（江苏省高级人民法院部分同志意见）

(3) 因为"房屋"和"定股"是不同的。（福建省高级人民法院部分同志意见）

(4) 因为合营经租，还很难说业主对房屋的所有权都没有了。（东北人民大学）

3. 对原案的修改补充

(1) 建议在后面加一句："法律、法令另有规定者除外。"（四川省高级人民法院）

(2) 本条第一句文字，拟改为："公私合营或国家经租的房屋，在出租期间"。第二句同意另一意见。（财政部）

(3) 有一个意见认为本条对某些既不公私合营，又非国家经租的出租房屋的房产权及租金没有明确态度，而主张采取肯定的态度。（广西省高级人民法院）

4. 对原案提出的问题

(1) 本条是指公私合营工商业所使用的房屋？还是指大房产主（资本家）所有的房屋？很不明确，应予以具体规定。（北京市公安局）

(2) 认为本条究竟指什么性质的房屋，含义不够明显。并认为应把保护私人房屋的所有权政策肯定下来，以全面反映国家对房屋的政策。（新疆维吾尔自治区高级人民法院）

(3) 本条所指房屋业主的身份不明确，是否把资本家和劳动人民都包括在内？（福建省高级人民法院部分同志意见）

(4) 本条所指"房屋"的范围如何？厂房和属于企业的铺面房不应包括。（内蒙古自治区高级人民法院）

5. 同意另一意见（最高人民法院、复旦大学、北京市高级人民法院、辽宁省高级人民法院、河北省高级人民法院、交通部、上海市高级人民法院部分同志意见）

理由：

(1) 因在经租或公私合营时，房主所得的也仅仅是一定的租金。（复旦大学）

(2) 因为这样便于将来对出租房屋的业主采取措施，不致被动。（北京市高级人民法院）

(3) 因为房屋的公私合营与国家经租政策是社会主义改造政策的一部分，因此固定租金即是所有权，不必再注明"房屋所有权"字样。（江苏省高级人民法院部分同志意见）

6. 主张删去本条（对外贸易部、高院陈瑾昆、甘肃省高级人民法院、中央工商行政管理局）

理由：

(1) 因可以包括在第十七条第一款之内。（高院陈瑾昆）

(2) 因本条的内容可以包括在第二条内，无须另列一条。（甘肃省高级人民法院）

(3)由于资本家也是公民,他的房屋租金是合法保有并有所有权的,将来法律有变更同样可以解释。如果在国家经租期间,房屋业主对他的房屋和固定租金有所有权,那么,过了这个时期怎么样呢?所以本条可以考虑删去。(对外贸易部)

(4)本条涉及私人房屋所有权问题,目前关于房产改造政策尚未确定,这些条文很难定下来。(中央工商行政管理局)

第二十一条 依法登记的私人团体,对和它业务活动有关的财产,有所有权。

另外意见:

1. 取消本条。
2. 可在总则篇权利主体中加以规定。

1. 条文改写

本条拟改为:"依法登记的私人团体在法定范围内进行活动所使用的财产和收益,有所有权。"(福建省高级人民法院部分同志意见)

2. 同意原案(广东省高级人民法院、上海市第一中级人民法院、北京市手工业合作社联合总社、东北人民大学)

3. 对原案的修改补充

(1)将"对和它业务活动有关的财产"改为"对属于它的财产"。(天津市高级人民法院)

本条"对和它业务活动有关的财产"一句改为"对和业务活动有关的它的财产"。因和它业务活动有关的财产,可能有原来就不属于它的。(广西省高级人民法院)

(2)有同志建议:把"依法登记"改写为"依法成立"更完全一些。理由是有的团体并不一定要登记。(四川省重庆市中级人民法院、西南政法学院)

(3)有的认为不少宗教团体的房屋、土地、牲畜等财产,应在条文中加上"宗教团体"。(新疆维吾尔自治区高级人民法院)

(4)讨论中很多同志认为"私人团体"的意义和范围不明确,既未见到过有关文件的记载,实践中亦缺乏这类案例。如民办小学的董事会能否算私人团体?因此建议修改时加以明确,如目前确有所谓"私人团体"存在,并有财产时可以加以规定,否则建议取消。(江苏省高级人民法院)

4. 同意另外意见1,取消本条(上海市高级人民法院部分同志意见、陕西省高级人民法院、中国民航局、最高人民法院、交通部、中国人民大学、国务院八办、辽宁省高级人民法院、内务部、沈阳市中级人民法院、高院陈瑾昆)

5. 同意另外意见2,放在总则篇中规定(四川省高级人民法院、财政部、林业部、西北大学、湖南省高级人民法院)

第五章 所有权的取得和消灭

第二十二条 财产所有权根据契约、继承、遗赠、法院判决、行政命令以及其他法律规定的方法而取得。

另一意见:财产所有权,根据法律、法令规定的方法而取得。

1. 条文改写

(1)本条可改为:"财产所有权依当事人法律行为和法律、法令的规定而取得。"因为所有权的取得,不外这两方面的原因,条文上用列举方式,不如用概括规定为适宜。(司法部法令编纂司)

(2)本条可改为:"财产所有权,根据宪法和法律、法令而取得。"(内务部)

2. 同意原案(中国人民银行总行、复旦大学、四川省高级人民法院、北京市高级人民法院、天津市高级人民法院部分同志意见、广东省高级人民法院、甘肃省高级人民法院、上海市第一中级人民法院、上海市高级人民法院、财政部、江苏省高级人民法院)

理由:

(1)因采取列举和概括相结合的规定,可以使一般老百姓了解条文的内容。(复旦大学)

(2)因修改意见较为笼统,建议采用原条文。(江苏省高级人民法院)

3. 对原案的修改补充

(1)本条财产所有权的取得,应将主要来源的劳动所得也加入。(陕西省高级人民法院)

(2)其中"遗赠"虽属赠与性质,但并不包括全部赠与内容,故建议在"遗赠"后再加"赠与"二字。(江苏省高级人民法院)

(3)"契约"只为法律行为之一种,还有单独行为,"遗赠"即为单独行为之一。又特别标出"行政命令"亦可斟酌。但"财产"二字可去。"根据"可改"依照"。(高院陈瑾昆)

4. 同意另一意见(中国人民大学、北京市手工业合作社联合总社、河北省高级人民法院、最高人民法院、辽宁省高级人民法院、天津市高级人民法院部分同志意见、福建省高级人民法院、湖南省高级人民法院)

5. 对另一意见的修改补充

同意另一意见。但在该款后面可加上如契约、继承、行政命令等。(西北大学)

第二十三条 国家为了公共利益的需要,对个人、公共团体或合作社组织的财产,可以依照法律规定的条件和程序进行征购、征用或收归国有。

1. 同意原案(最高人民法院、山西省高级人民法院、北京市高级人民法院)

2. 对原案的修改补充

(1)本条规定的范围,较《宪法》第十三条为宽,此有违宪之嫌,应考虑。(高院陈瑾昆)

(2)征购、征用或收归国有的个人、公共团体或合作社组织的财产,可否在条文中指明为某几种财产。(陕西省高级人民法院)

(3)"征用"二字,是否改为所有权?不明确。(湖南省高级人民法院)

(4)本条"对个人"应改为"对私人"。(内务部)

3. 主张删去本条

这是行政法问题,同时,宪法已作规定,此处没有重复的必要。(中国人民大学)

第二十四条 没收所有人的财产,必须依照法律规定的程序,经过人民法院的判决,才可以进行。

1. 同意原案(最高人民法院、陕西省高级人民法院、山西省高级人民法院、天津市高级人民法院)

2. 对原案的修改补充

(1)不同意原文。将第二句改为："必须依照法律、法令的规定"，不必要提程序，因为法院的判决，当然要根据程序，法院组织法已有规定。把第三句改为："经过人民法院的裁判"，因为裁判比判决的面广。(北京市高级人民法院)

(2)可把"必须依照法律规定的程序"一句删去。(湖北省高级人民法院)

(3)建议把"经过人民法院的判决"一句删去。(河北省高级人民法院)

(4)建议把头一句改为"依法应没收所有人的财产时必须……"，则能防范乱没收的现象产生。(福建省高级人民法院)

(5)本案"没收所有人的财产"应改为"没收私人所有的财产"。(内务部)

(6)本条"法律"下加"法令"。"经过……判决"句上加"一般"，因为现时有些法令也有规定没收为行政处分的，似乎以后还有此必要，不过为了严格保护私人所有权，没收规定只是刑罚，均须由法院判决，也是可以的。(高院陈瑾昆)

第二十五条 无主财产、无人继承的财产和无人经管任其损坏的财产，应当依照法律规定的程序，收归国家所有。

1. 同意原案(最高人民法院、天津市高级人民法院、陕西省高级人民法院)

2. 对原案的修改补充

(1)本条应加"由公证机关或人民法院证明"，收归国家所有。(上海市高级人民法院)

(2)"任其损坏"四字可以不要。(中国民航局)

(3)本条对"无人经管任其损坏的财产"不应收归国有。(山西省高级人民法院)

(4)"无人经管"是否包括限于财力及其他原因无力经管的？(内蒙古自治区高级人民法院)

(5)本条内应加列"或收归公有"。理由：①可以参照继承法草案中，对无人继承的财产的规定；②根据一些财产的情况，有时收归合作社公有比收归国有更适宜。(甘肃省高级人民法院)

(6)本条"法律"下加"法令"。(高院陈瑾昆)

第二十六条 发现埋藏的历史文物和贵重物品，都为国家所有。

1. 同意原案(最高人民法院、山西省高级人民法院、陕西省高级人民法院、天津市高级人民法院)

2. 对原案的修改补充

(1)埋藏的历史文物和贵重物品，可能是有主物，是否一律收为国家所有？包不包括"有主坟墓"内的？我们不明确。其次建议比照第二十五条也规定出"应当依照法律规定的程序，收归国家所有"较为妥当。(四川省高级人民法院)

(2)历史文物可以为国家所有,但贵重物品亦国家所有不太妥。(上海市高级人民法院)

(3)同意原文,把"发现"二字去掉,因为不发现就不会知道有,这样就把发现的和不发现的都包括了。(北京市高级人民法院)

(4)可统称为埋藏物,法律上的埋藏物有其一定含义。同时,这样做也和第二十九条在用语上取得一致。(中国人民大学)

(5)本条所指贵重物品,系属有主物,还是无主物?如属前者,可否收归国有,希望能规定得更明确一些。(云南省高级人民法院)

第二十七条 遗失物、漂流物的拾得人,应当立即送还失物或通知失物人认领;如失物人不明,应当交给当地公安机关、乡人民委员会或其他主管机关保存并公告招领;在六个月以内失物人前来认领时,应当返还失物或变卖失物的价款,失物在满六个月后仍无人认领时,收归国家所有。

1. 同意原案(最高人民法院、天津市高级人民法院、陕西省高级人民法院)
2. 对原案的修改补充

(1)同意原案。但应当把"交给当地公安机关和乡人民委员会"去掉,改成"交给当地人民委员会和其他主管机关"。因为这样,使条文更简练,也好执行。并且当地人民委员会就包括了公安机关和乡人民委员会。(北京市高级人民法院)

(2)本条内"在六个月以内失物人前来认领时"一句可以删掉,而把后段改为"失物在满六个月后仍无人认领时,则失物或变卖失物的价款,收归国有"。(湖南省高级人民法院)

(3)本条倒数第二句文字"失物在满六个月后仍无人认领时",拟改为"超过六个月后仍无人认领时"。(财政部)

(4)本条第一分段建议改为:"应当立即送还失物或通知失物人认领或交当地公安机关……"(山西省高级人民法院)

(5)本条末三句"应当返还失物"下应加"人"字,"或变卖……价款"改"或者因必要变卖的价金"。(高院陈瑾昆)

(6)本条"或变卖失物的价款",这个短语可以考虑删去。因写上这个短语可能产生流弊。(内务部)

第二十八条 失物的拾得人可以向失物人请求相当于失物价值(10%)以下的报酬。在发生争议的时候,主管机关可以根据失物的价值和失物人的经济状况,酌情增加或减免。

失物人对拾得人或保管人因送还或保养失物而支出的必要费用,应当偿还。

1. 条文改写

(1)将第一款改为"失物的拾得人可以向失物人请求适当的报酬,在发生争议的时候,主管机关可以根据失物的价值和失物人的经济状况,酌情处理。"因为规定得灵活些好执行,以免不切合实际。(北京市高级人民法院)

(2)本条第二款应改写为:"失物人对拾得人或保管人因送还或保养失物及其他必要

的支出费用,应当偿还。"(广西省高级人民法院)

2. 同意原案(最高人民法院、陕西省高级人民法院、四川省高级人民法院部分同志意见、天津市高经人民法院部分同志意见)

3. 对原案的修改补充

(1)本条第一款可以删去。因我国社会里没有这种习惯。(内务部)

(2)有人认为失物拾得人如果对失物进行有价使用,可以适当折抵部分保养费用。比如有人拾得毛驴,进行喂养并用做搬运工具,后来失主找到,往往因为所算草料费几乎与驴的价值相等,致失主与拾得人间发生纠纷。也有人认为这样规定会影响不好,别人不愿拾了。(新疆维吾尔自治区高级人民法院)

(3)报酬的多少问题。

①10%的报酬太高,最高不得超过5%,但也可由双方协议。

不应规定报酬,拾得人对失物是应该归还的。(上海市高级人民法院)

②报酬可以确定为失物价值的10%,亦不应超过10%,这种肯定的规定,可以减少因此而发生的争议。此外,报酬过高是不合理,建议取消条文中"酌情增加"的字样。但失物人经济确有困难者,得适当减免之。(中国人民大学)

③本条(10%)以下的报酬,建议改为20%,并将末一句"酌情增加或减免",建议改为"酌情减免"。(财政部)

④个别同志认为把10%的数字改为"适当"二字。(天津市高级人民法院)

(4)主张把第一款第一句改为:"失物的拾得人或保管人因送还或保养失物而支出的必要费用,必须偿还。如果发生争执,请求主管部门解决。"(山西省高级人民法院)

(5)建议第二款加一句:"拾得失物时所支付的劳动。"(四川省高级人民法院部分同志意见)

第二十九条 失物如果是属于国家的财产、无人认领收归国有的财产,或者是应归国家所有的埋藏物,国家可以酌给拾得人和发现人以适当的奖励。

1. 条文改写

本条应改写为:"失物如果是属于国家的财产,无人认领收归国有的财产,或者是应归国家所有的埋藏物,国家可以酌给拾得人和发现人以适当的奖励,对拾得人因送还或保养失物及其他必要的支出费用,应当偿还。"(广西省高级人民法院部分同志意见)

2. 同意原案(最高人民法院、陕西省高级人民法院、山西省高级人民法院、天津市高级人民法院)

3. 主张删去本条,与第二十八条合并,成为它的第三款(广西省高级人民法院部分同志意见、高院陈瑾昆)

理由:

本条可以并入第二十八条作为第三款。"国家可以……奖励"改为:"可以不给予第一款所规定的报酬,由国家酌给拾得人或者发现人以适当的奖励。"如此则二者之关系方为明了。(高院陈瑾昆)

第三十条 公共交通线路和公共场所对拾得遗失物的处理,依照主管机关特别规章的规定。

1. 同意原案(最高人民法院、天津市高级人民法院、陕西省高级人民法院、北京市高级人民法院)

2. 对原案的修改补充

(1)"公共交通线路和公共场所"一话含义不明,究竟是在这些地方抑指这些地方的管理人员而言?而"交通线路"一词也很含糊,如城市的大街马路也是交通线路。有人认为可以具体指明公共交通工具、车站、码头等,这样较明确。(新疆维吾尔自治区高级人民法院)

(2)建议把第一句改为:"对在公共交通线路上或公共场所……"(山西省高级人民法院)

"公共交通路线……"这句前面,似可加"在"字。不然,可能引起"公共交通路线"是主词的文法误解。(上海市第一中级人民法院)

3. 主张删去本条

(1)建议删去本条,因原意已归纳在第二十七条里,无须单独列出。(内务部)

(2)有人认为本条可以不要,因第二十七、二十八条对遗失物的处理已作了相应规定。(湖南省高级人民法院)

(3)本条也可以并入第二十八条作为第四款。(高院陈瑾昆)

第三十一条 财产所有权因契约而转移的时候,不论是特定物或种类物,除另有约定外,都必须在让与人实行交付后,受让人才取得所有权。

交付的方法主要有下列各种:

(一)出让人将出让财产交给受让人点收后,即为交付;

(二)出让人将出让财产的运输保管证件(如铁路运货单、仓库提货单等)交给受让人或按照受让人指定交邮寄送以后,即为交付;

(三)受让人原已占有出让物的,在契约成立的时候,即为交付;

(四)出让人出让财产,但仍继续占有此项财产的,可以与受让人另订契约,作为交付;

(五)出让的财产暂由第三人占有时,出让人可以把对第三人交还财产的请求权让与受让人,作为交付;

(六)财产所有权的转移,依法必须经过登记的,必须在当地主管机关办理登记过户手续以后,才为交付。

另一意见:第一款改为:财产所有权因契约而转移的时候,除另有约定外,特定物从契约成立时起,受让人取得所有权,种类物从交付时起,受让人取得所有权。

1. 条文改写

"特定物的所有权依契约移转的时候,除法律或者契约别有所定外,在契约成立的时候,受让人就取得所有权,但是受让物还须交付的时候,受让物的费用,负担和危险,仍须由出让人负担。不是特定物的所有权,在出让人将物交付的时候,受让人才取得所有权。"

理由:原案所定所谓主要交付方法有些是另事,不必作为交付规定(这些还有好多问

题)。有些根本不妥,如将交付与点收相混,所以只设概括规定为妥。(高院陈瑾昆)

2. 第一款同意原案(北京市高级人民法院、上海市第一中级人民法院、天津市高级人民法院、司法部法令编纂司、云南省高级人民法院、复旦大学、福建省高级人民法院多数同志意见、最高人民法院部分同志意见、内蒙古自治区高级人民法院)

理由:因为把所有权的移转时间,按种类物与特定物不同规定,这不但与我国实际情况不相符合,而且特定物自契约成立时起,虽然还在出让人手中,所有权不移转,这样容易产生许多纠纷,不易解决。(复旦大学)

3. 对第一款原案的修改补充

(1)对"特定物"和"种类物",应有明确的解释。(湖南省高级人民法院、新疆维吾尔自治区高级人民法院、财政部、内务部)

(2)鉴于苏联学者对"移转所有权"一词提出异议,我们对这一提法亦可予以考虑。(西北大学)

4. 第一款同意另一意见(湖南省高级人民法院、中国人民大学、交通部、河北省高级人民法院、内务部、甘肃省高级人民法院、辽宁省高级人民法院、最高人民法院部分同志意见、沈阳市中级人民法院)

理由:因为特定物如房屋,在买卖契约成立后,买受人即已取得了所有权,即令因出卖人未将房屋交付,因而发生的纠纷,也只能是交付的问题,并不因而影响所有权,在审判实践中对所有权的移转问题的处理亦大多如此。因此建议采用另一意见。(江苏省高级人民法院)

5. 对第二款原案的修改补充

(1)本条第二款第二项规定:"出让人将出让财产的运输保管证件(如铁路运货单、仓库提货单等)交给受让人或按照受让人指定交邮寄送以后,即为交付。"按照邮局规定,邮件在交寄以后,投交收件人以前,寄件人有权对于他所寄的邮件做种种变更处分,如撤回、改寄给另一收件人等。对于代收货价的邮件(仓库提货单往往是按代收货价邮件寄送的),必须收件人缴付货款后,才能取得所有权,而且收件人不依寄件人所请变更(增加)的款项付款,就不能取得所有权。因此,上列规定"或按照受让人指定交邮寄送"一语,似可删去。(邮电部)

(2)二款四项"出让人出让财产,但仍继续占有此项财产的"叙述,不如改为"出让人出让的财产仍为出让人占有时"较为通顺。第五项中"暂由"的"暂"字,似可改为"现"字比较切实些。(上海市第一中级人民法院)

(3)"让与人"与"出让人"应统一用名。(中国民航局、邮电部)

(4)本款第六项第一、二两句改为"依法必须登记的财产所有权的转移。"(财政部)

(5)由于不是一切所有权的转让都必须登记,因此建议在"……依法必须经过登记"后加一"的"字。(四川省高级人民法院)①

第三十二条 取得主物所有权的人,也取得从物的所有权,但契约另有约定的除外。

---

① 原条文中已有"的",未知是否系下发的文稿中遗漏了。

1. 同意原案(最高人民法院、北京市高级人民法院、陕西省高级人民法院、山西省高级人民法院、天津市高级人民法院)

2. 对原案的修改补充

主物、从物两词后边,可用( )加注。(内务部)

3. 对本条可在总则中规定的意见

(1)这一问题可在总则规定,如总则篇没有规定,可在此处解决。(中国人民大学)

(2)本条是否在总则内规定或者在此处规定,待酌。(高院陈瑾昆)

第三十三条 由财产所产生的收益(如树木的果实,牲畜的幼畜及其他类似的收益),属于财产所有人所有。

1. 同意原案(最高人民法院、山西省高级人民法院、陕西省高级人民法院、北京市高级人民法院、天津市高级人民法院)

2. 对原案的修改补充

(1)可以加上"除另有约定者外"。如租用乳牛,目的就在于取得牛乳,显然,在此种情形下,牛乳不能属于牛的所有人,而应属于租用人。(中国人民大学)

(2)本条括弧中注释性的文字应不要。因易使人误解如收益仅指一些自然收益。(广西省高级人民法院)

3. 对本条可在总则中规定的意见

"本条是否在总则内规定或者在此处规定,待酌。"(高院陈瑾昆)

4. 主张删去本条(内务部)

第三十四条 财产所有权因下列原因而消灭:

(一)所有权的让与;

(二)所有权的抛弃;

(三)财产的消灭;

(四)组织的解散;

(五)法院的判决;

(六)国家法律、法令、行政命令的规定。

1. 条文改写

(1)本条可改为:"财产所有权,因物质消灭,法律行为和法律、法令的规定而消灭。"因为所有权的消灭,实际上不外上列三种情况,不必列举许多消灭的具体原因。(司法部法令编纂司)

(2)所有权因所有权人抛弃或者标的物消灭而消灭。

理由:

原案所列原因,都不是所有权消灭,如让与、法院判决等(组织解散也有移转于他组织的),所以应当修改如上。再如规定所有权外尚有他物权时,并可以规定他物权因与所有权混同而消灭。(高院陈瑾昆)

2. 同意原案(最高人民法院、山西省高级人民法院、天津市高级人民法院、北京市高级

人民法院)

3. 对原案的修改补充

(1)第一项改为"所有权的出卖与赠与"。(辽宁省高级人民法院)

(2)所有权消灭的原因中,规定"所有权的抛弃"一项,就房屋来说容易在房屋破旧危险时造成房主借口所有权的抛弃而不履行修缮经营的义务,请考虑是否不列。(北京市房地产管理局)

(3)第三项"财产的消灭",拟请对于储蓄存款的睡眠户长期无人支领的余额,特别放宽消灭的时限。如何具体规定,请斟酌。(中国人民银行总行)

第三项"财产的消灭"不要,其余同意原条文。(四川省高级人民法院)

(4)第四项的规定不够明确,是否可以包括在第一项内?(甘肃省高级人民法院)

(5)第五项的语意,亦嫌突兀,似可改为"法院所作没收拍卖为他人所有的判决"。(上海市第一中级人民法院)

(6)第六项的规定,可能引起国家用法律规定来消灭所有权的误会。似可改为"法院所作没收拍卖为他人所有的判决"。(上海市第一中级人民法院)

第六项"行政命令"字样可删去。因为"行政命令"可以包括在法律、法令里。(内务部)

(7)如果要保留本条的话,是否需要加上一项,将所有人的死亡作为财产所有权消灭原因之一。(中国人民大学)

附注:本章对取得时效问题,在初步讨论中意见极为分歧。有的主张要规定取得时效;有的主张不必规定。现在我们把两种意见都写出来,广泛征求意见,以便最后决定在我国目前情况下是否需要规定取得时效制度。

主张必须规定的理由是:(1)规定对稳定财产关系、解决财产纠纷有好处;(2)可以促使占有人对占有财产的爱护和管理;(3)在全行业合营以后,对取得时效的规定已不可能导致资本主义所有制的产生;(4)发生时效问题的,都是生活资料,其中更以家庭用品为多,对这些财产,如无取得时效规定,必将作为无主财产归国家所有,而国家获得之后并无好处。主张必须规定的同志拟出的条文是:"所有人对自己的财产,在被他人以公开形式、当做自己所有、连续善意占有满(六)年而所有人没有主张权利时,占有人可以取得所有权。但已经登记的财产除外。国家财产和合作社财产不适用取得时效。"

多数同志认为不必规定取得时效,理由是:(1)根据时效而取得,足以鼓励不劳而获,与社会主义道德风尚不相符合;(2)目前我国仍处在过渡时期,基于种种原因,所有人不明而被他人占有的财产,为数尚多;如果规定取得时效制度,这批财产都将为占有人所有,显然与争取人心向我的国家政策不相符合;(3)一般公民之间,并无因时效而取得的习惯;(4)由于公民所有的都是生活资料,经过登记后才转让所有权的如房屋、车辆等,又不包括在内,因此即使规定的话,范围既很窄,作用也不大。对于被他人长期占有而所有人又不主张权利的财产,在主张不必规定取得时效的同志中,有的认为有关诉讼时效和无主财产的条文,已能解决这些问题;有的认为可在诉讼时效期满后,规定一个占有人通知所有人的期限,过此期限,即作为无主财产收归国有。

1. 主张要规定"取得时效"的(中国人民大学、中南政法学院、复旦大学部分同志意见、山西省高级人民法院部分同志意见、内蒙古自治区高级人民法院部分同志意见、沈阳法律顾问处、四川省高级人民法院部分同志意见、上海市第一中级法院、西北大学部分同志意见、云南省高级人民法院、高院陈瑾昆、陕西省高级人民法院、湖北省高级人民法院)

2. 主张要规定"取得时效"的补充理由

除上述四个理由外,补充如下:

(1)随着人民觉悟的提高,不会导致不劳而食的恶习。

(2)我国现时所存在的所有人不明而被他人占有的财产,大多数是房屋,随着产权清理,大多数问题已得到解决。

(3)既然是长期占有,规定了"取得时效",对物的利用是有好处的,同时也可以稳定正常的流转。(以上复旦大学部分同志意见)

(4)从法律的严密性来讲,亦以规定为好。(上海市第一中级人民法院)

(5)对实际工作中还有方便。(西北大学部分同志意见)

3. 主张要规定"取得时效"的具体意见

(1)条文试拟:"以所有的意思,公开、善意、继续占有他人所有物满五年的人,取得其物的所有权,但是已经登记的所有权,除外。国家所有物和合作社所有物不适用取得时效。"(高院陈瑾昆)

(2)对主张要规定"取得时效"原案的修改补充

①同意占有人以公开形式善意占有他人财产连续满(六)年而所有人没有主张权利时,占有人可以取得所有权。但占有人在达到法定取得所有权的时限时,应通知被占有的财产的原来所有人,如原来的所有人在一年内仍未提出权利问题时,占有人即取得所有权。(陕西省高级人民法院)

②可以考虑明确规定为"善意占有取得时效"。(西北大学部分同志意见)

③原案须加上"法律、法令另有规定者除外"。(四川省高级人民法院部分同志意见)

④原案六年时间太长。(云南省高级人民法院)

4. 主张不要规定"取得时效"的(司法部法令编纂司、国务院八办、东北人民大学、中国民航局、广东省高级人民法院、交通部、湖南省高级人民法院多数同志意见、林业部、最高人民法院、北京市手工业合作社联合总社、天津市高级人民法院、中央政法干校东北分校、广西省高级人民法院、上海市高级人民法院部分同志意见、北京市高级人民法院、四川省高级人民法院部分同志意见、河北省高级人民法院、北京市公共汽车公司、北京市房地产管理局、财政部、辽宁省高级人民法院、北京市民政局、福建省高级人民法院、山西省高级人民法院部分同志意见、内务部、农业部、复旦大学部分同志意见、内蒙古自治区高级人民法院部分同志意见、新疆维吾尔自治区高级人民法院)

5. 主张不要"取得时效"的补充理由

除上述四个理由外,补充如下:

(1)根据时效而取得,会促使某些人违反共产主义道德,以千方百计谋取财产,并使之合法化。

(2)有的地区不少侨胞在国外,对在祖国的财产一时困难表示意志,如规定取得时效,将使代管人不劳而获地取得,与社会主义道德风尚不符。

(3)有的劳动人民解放前去金门、台湾求生,目前他无法表达意志处分财产权利,也以时效规定是不符人情道理。(以上福建省高级人民法院)

(4)规定了实际上是利少害多。(最高人民法院)

(5)目前我国如逃往台湾、留学国外及其他因特殊情况,财产暂不能处理的问题尚多,如规定"取得时效"容易引起这些人的更多疑虑。

(6)在审判实践中从未见有此类案例。(以上江苏省高级人民法院)

(7)可以在"诉讼时效"中加以解决。(天津市高级人民法院)

(8)不作硬性规定,可以根据实际情况灵活处理。(新疆维吾尔自治区高级人民法院)

第六章 所有权的保护

第三十五条 所有人在自己的财产被他人不法占有的时候,有权请求返还。对于恶意占有人,并可请求返还或赔偿全部占有期间已得或应得的收益;对于善意占有人,只能请求返还或赔偿从他已知或应知他的占有是不法占有的时候起已得或应得的收益。

占有人可以向所有人请求偿付在占有期间他所支出的必要费用。

附则:没有法律、行政命令、契约或其他原因作为根据而占有他人财产的,都是不法占有。

占有人明知或应知其占有是不合法的占有,都是恶意占有。(有同志主张:在第一句后,再加上"和明知出让人是无权处理的非所有人而受让财产的"一句话)

占有人不知或不应知其占有是不合法的占有,都是善意占有。

附注:有同志认为规定善意占有为不法占有的一种,容易混淆。主张不必沿用旧名词而另换新名词。

1.条文改写

(1)这条应当修改为:

"财产被他人无权占有的时候,财产所有人有权请求占有人返还被占有的财产。

对于恶意占有人并可请求返还或赔偿全部占有期间已得或应得的占有财产上的收益;对于善意占有人只能请求返还或赔偿从占有人已知或应知占有是无权占有的时候起已得或应得的占有财产上的收益。

占有人可以向所有人请求偿还在占有期间他所支出的为占有财产所必要的费用。"

关于附则应当修改为:

"没有法律、行政命令、契约或其他原因作为权源(根据)而占有他人财产的,都是无权占有。

占有人明知或应知其占有是无权占有者,都是恶意占有。

占有人不知或不应知其占有是无权占有者,都是善意占有。"(复旦大学)

(2)本条主张改为:"合作社和个人所有的财产被他人不法占有,有权请求返还,并可请求赔偿全部占有期间应得的收益。"附则可删。(内务部)

2.同意原案(最高人民法院、陕西省高级人民法院、东北人民大学、山西省高级人民法

院、四川省高级人民法院、北京市房地产管理局、福建省高级人民法院、北京市高级人民法院、北京市公安局、中国人民大学)

3.对原案的修改补充

(1)本条内"对于恶意占有人……对于善意占有人……",最好另起两段分述之。(湖南省高级人民法院)

(2)在第二款"占有人可以……"之前加上"恶意占有外"六字,否则会鼓励不法行为,增多民事纠纷。(天津市高级人民法院)

(3)对请求偿付在占有期间所支出的费用的权利只能给予善意占有人,不能给予恶意占有人。因此建议在第二款头上加"善意"二字。(江苏省高级人民法院)

(4)"对于善意占有人,只能请求返还或赔偿从他已知或应知他的占有是不法占有的时候起……""或应知"三字应删去。第二款①中的"或不应知"四字可删去。(辽宁省高级人民法院)

(5)本条第一款对恶意占有人一句应改写为"对恶意占有人,并可请求返还或赔偿全部占有期间已得或应得的收益和占有期间由于毁损而产生的赔偿"。(广西省高级人民法院)

(6)"……只能请求返还或赔偿从他已知或……"这第二个"或"字改为"并"字较好。(上海市高级人民法院)

4.对附则的意见

(1)对不法占有、善意占有、恶意占有的解释,不必在条文中规定。(广西省高级人民法院)

(2)主张在结构上不用"附则"。

①有的主张不要附则,把附则的内容在条文上加以解释。(新疆维吾尔自治区高级人民法院)

②"附则"两字拟删,因在我国法律条文中尚不习惯□□,建议把原附则以下各款都作为本条各款,与上二款平列。(财政部)

(3)第三十五条附则第一款可作为本条第三款,"契约"改"法律行为","其他"下加"合法",又"法律"下加"法令","行政命令"上加"法院裁判",又恶意善意不必规定,因为这就是知与不知的问题,要规定在总则内(善意、恶意不只此处,用的地方真正多)。(高院陈瑾昆)

(4)附则一款中的"其他原因"似欠明确,因为任何社会现象都不会是没有原因的。本款是否可以改为:"无法律上的根据而占有他人财产者,都是不法占有。"(中国人民大学)

(5)应当把本条附则另外作一条,并且仍照原文分列三款,同时应当把这一条列在第三十五条前面。(交通部)

(6)同意附则中括弧内增加的那句话。(陕西省高级人民法院、北京市高级人民法院、天津市高级人民法院、财政部、沈阳市中级人民法院、北京市公安局、交通部、江苏省高级人民法院)

---

① "第二款"似应指本条附则第三款。

理由:

①加了这句话,意义比较完善。(北京市公安局)

②在实际工作中,明知出让人是无权处理的非所有人而受让其财产的情况还是不少的,有的还带同谋的性质。因此,加上这句话就更有力地保证正当所有权和打击非法的恶意占有。(天津市高级人民法院)

③加了这一句可以区分出盗卖或者故意买赃等不法行为。(江苏省高级人民法院)

不同意附则括弧内增加的那句话。(西北大学、内蒙古自治区高级人民法院、湖南省高级人民法院)

5. 对"善意占有"、"恶意占有"和"不法占有"名词方面的意见

(1) 对于"善意占有"等既没有适当的新名词,沿用旧名词还是可以的。可不作修改。(广西省高级人民法院、西北大学、江苏省高级人民法院、北京市高级人民法院部分同志意见)

(2) 本条至第三十七条中"不法占有"一词,包括"善意占有"在内,概念不易使人分清,以改为"无权占有"为宜。(司法部法令编纂司)

(3) 同意把恶意占有和善意占有,用情况说明,不沿用旧名词。同时也同意这两种占有都是非法占有。(河北省高级人民法院)

(4) 最好另换新名词,应该通俗易懂。(新疆维吾尔自治区高级人民法院、北京市高级人民法院部分同志意见)

第三十六条 所有人在行使所有权受到妨害的时候,有权请求排除;所有人行使所有权可能受到妨害的时候,有权请求防止。

1. 条文改写

(1) 本条可改为:"所有人在行使所有权受到妨碍或可能受到妨碍时,有权请求排除或防止。"(中国人民大学)

(2) 建议本条改为:"所有权人在行使所有权受到或可能受到妨害的时候,有权请求排除或请求防止。"这样文字上更加紧凑些。(江苏省高级人民法院)

2. 同意原案(最高人民法院、北京市高级人民法院、天津市高级人民法院、陕西省高级人民法院、山西省高级人民法院)

3. 对原案的修改补充

主张在这一条中还应规定受到毁损有权请求赔偿。(新疆维吾尔自治区高级人民法院)

第三十七条 国家(另一意见,这里加上"合作社")在发现它的财产被他人不法占有的时候,不论是恶意占有还是善意占有,都有权向占有人请求返还它的财产,并返还在占有期间已得或应得的收益。这种请求权不受诉讼时效的限制。

1. 条文改写

本条主张改写为:"国家所有的财产被人不法占有,应当由主管机关向占有人追还,并追还在占有期间应得的收益。并把它放在第三十五条前面。"(内务部)

本条条文应当修改为:

"国家发现国有财产被他人无权占有的时候,不论是恶意占有还是善意占有,都有权请求占有人返还被占有的财产,并请求返还在占有期间已得或应得的占有财产上的利益。这种请求权不受诉讼时效的限制。"(复旦大学)

2. 同意原案(最高人民法院、交通部、湖北省高级人民法院、天津市高级人民法院、北京市公安局、山西省高级人民法院部分同志意见)

主张原案不必加上"合作社"的理由:

(1)因为合作社不能与国家同等看待。(天津市高级人民法院)

(2)因为合作社财产并未规定是神圣不可侵犯的。(湖北省高级人民法院)

3. 对原案的修改补充

(1)在这种情况下,善意占有人返还财产及在占有期间已得之收益即可,不宜返还应得之收益,以便保护善意占有人,同时,国营企业间是否适用此条之规定,需研究。(中国人民大学)

(2)本条"请求"可以改为"要求"。(湖南省高级人民法院)

(3)本条"应得的利益"中"应得的"三字可以删去。(新疆维吾尔自治区高级人民法院)

4. 主张在条文中加上"合作社"三字(四川省高级人民法院、东北人民大学、广东省高级人民法院、上海市高级人民法院、重庆市中级人民法院、财政部、中南政法学院、北京市高级人民法院、福建省高级人民法院、农业部、内蒙古自治区高级人民法院、山西省高级人民法院部分同志意见、北京市房地产管理局、北京市手工业合作社联合总社、湖南省高级人民法院、陕西省高级人民法院)

理由:

因为我们对于合作社财产与国家财产的态度虽有区别,但因目前正处于社会主义改造高潮中,通过立法对合作社财产的重要性加以强调,是有利于推动社会主义改造事业的发展的。(江苏省高级人民法院)

5. 主张在条文中加上"合作社",但对诉讼时效限制的规定有不同意见

(1)主张在条文末尾不提"诉讼时效"问题。(湖南省高级人民法院、四川省高级人民法院部分同志意见)

(2)主张明确提出合作社应受"诉讼时效"限制

为保护社会主义所有制的合作社财产的发展壮大,合作社的财产被他人不法占有时,可以向善意占有人请求返还,但应有时效的限制,否则,会减弱合作社对自己的财产的责任感,同时合作社的财产范围有限,不同于国家,不受时效限制也没有必要。(中央政法干校东北分校)

6. 主张删去本条

本条可以不要,因为可以包括在第三十五条之内,再取得时效也有除外规定。(高院陈瑾昆)

第三十八条 善意占有人不是向所有人直接取得的财产,除了此项财产是遗失的或被盗窃的以外,原所有人不得请求返还,善意占有人即取得所有权。

只有货币和无记名的有价证券,不论是遗失的或被盗窃的,也不论是属于国家的或合

作社组织的,原所有人都不能向善意取得人请求返还。

1. 条文改写

建议把本条改为:"善意占有人所取得的财产,除了此项财产是遗失的或被窃盗的以外,所有人不得请求返还。善意占有人即取得所有权。"(云南省高级人民法院)

2. 同意原案(天津市高级人民法院、陕西省高级人民法院、山西省高级人民法院)

3. 对原案第一款的修改补充

(1)第一款似与第二十七条矛盾。因第二十七条规定,满了六个月无人认领的遗失物,归国家善意占有后,是不能要求返还的。而本款的规定是可以要求返还的。(中国人民银行总行)

(2)如善意占有人即取得所有权,亦造成不劳而获。建议按第三十条的精神,改为:"原所有人可以请求返还,占有人并可以向所有人要求偿付占有期间他所付出的费用。"(中国民航局)

(3)关于"除了此项财产是遗失的或被盗窃的以外",应把这句话取消,把遗失或被盗窃的包括在内,因为如果不包括则迫的面太宽。①(北京市高级人民法院)

(4)其中遗失和盗窃的财物,经善意占有人占有后,如原所有人请求返还时,是否还补偿善意占有人,占有时所出的代价,应明确起来。(如善意占有人在市场上买了一件不知是偷来的东西,事后被失主发现了要求返还,那么善意占有人所出价款,应如何补偿。)(河北省高级人民法院)

(5)有的提出善意占有的盗窃物品,如果是花了代价买来的,是可以要求偿还。过去常有这类案件。(新疆维吾尔自治区高级人民法院)

(6)"遗失或窃盗"含意不明确。是否包括经所有人意志脱离所有人而[从]他人手中被遗失或盗窃的情况,如果不包括,我们的意见,应加上:在遗失或盗窃的情况下,不仅所有人有权请求返还,合法占有人也有权请求返还。这样才能更好地保护所有人,同时对善意占有人也没有什么不公平的地方,因为他可以自拾得者或盗窃者那里得到补偿。(中央政法干校东北分校)

4. 对原案第二款的修改补充

(1)第二款把货币和不记名有价证券并列,不甚妥当。因为货币是自由流通的,而不记名有价证券如国家公债目前在我国原则上是不许自由流通的。而且,遗失了其他财产,倘可以向善意占有人请求返还,而遗失了巨额的有价证券,经证明确为某人所遗失的时候,反而不能向善意占有人请求返还,未免不公平。万一因此引起纠纷,法律又将如何补救。(中国人民银行总行)

(2)本条第二款中"或合作社组织的"一点可以删去。而将"也不论是属于国家的合作社组织的"一句改为"即使是属于国家的",因这条与三十七条是有联系的,第三十七条既未加上"合作社组织",这里也当然用不着再提出合作社组织了。(西南政法学院)

(3)大家认为本条二款末句意义不明确,因有些情况表面上来看是善意的,但究其实

---

① 原件如此,或有错漏。

质,却是恶意,如按本条不予追究,殊不合理。(福建省高级人民法院)

(4)认为本条第二款末一句"……原所有人都不能向善意取得人请求返还"不妥。因为国家财产和合作社财产为特殊保护的财产,在发现第三人基于遗失或被盗的情形下,也应当规定返还,善意取得人也有义务返还,但其返还不一定交还原物,而只能是返还种类物,因此应改为:"……原所有人都不能向善意取得人请求返还原物。"意思是可能请求返还货币和有价证券的券面金额。(北京市高级人民法院)

(5)本条第二款末尾:"……原所有人都不能向善意取得人请求返还",应加上"由善意占有人即取得所有权"。因为原条款只是解决所有权属谁的问题。如不加上由"善意占有人取得所有权"难免引起误解。此外,在公开市场上买入的物,如买主是善意,不论所买的是否他人遗失或被盗的物,仍可由善意占有人取得所有权。这种立法先例,可供参考。(司法部法令编纂司)

5. 主张删去本条

(1)本条可以删去(内务部)

(2)建议与第三十五条合并。(辽宁省高级人民法院)

(3)本条是仿苏俄民法,与取得时效和第三十五条的关系上,不要此条为是。(高院陈瑾昆)

第三十九条 财产在国家和合作社间或国家和公民间发生争议不能判明所有人的时候,推定财产的所有人是国家。

财产在合作社和公民间发生争议不能判明所有人的时候,推定财产的所有人是合作社。

1. 同意原案(最高人民法院、山西省高级人民法院、陕西省高级人民法院)

2. 对原案的修改补充

(1)有的认为:应将"推定"改为"判定",因为"推定"带有主观成分,用语不妥。有的认为"推定"应改为"决定",因发生争议不一定都到法院。有的认为仍用"推定",因"推定"不一定是主观推定,也包括调查研究的意思。(北京市高级人民法院)

(2)财产在合作社和公民间发生争议不能判明所有人的时候,亦应推定财产的所有人是国家。(中国人民大学)

(3)我们认为,对合作社不能适用推定原则,特别是农业生产合作社与个体农民间,如适用推定原则,会妨障①社与农民的团结。(中央政法干校东北分校)

(4)在财产不能判明所有人的时候,应再具体明确一下情况,不然仅规定推定财产所有人,恐在具体执行上发生问题。(河北省高级人民法院)

(5)本条规定对财产所有权发生"争议"时,可由一方来"推定"是否还应提到如推定不合理时如何处理,否则与第二十二条的规定似有矛盾。(国家计划委员会)

3. 主张删去本条

---

① 原件如此,视为"妨碍"之误。

我们一致的意见是取消本条。因为这是沿用旧法观点，与我们的观点是不一致的。如果我们承认争议有"不能判明"的情况，那么，实际上陷入了"不可知论"的唯心主义泥坑。同时，如果遇上私私间争议不可判明的情况又怎么办呢？这就是说，只有用审判人员的主观臆断了，实际上这是不允许的，事实上这种情况也不会存在，所以不要本条好。（天津市高级人民法院）

第七章 共 有

第四十条 二人或二人以上共同所有的财产是共有财产。共有财产可以按份共有，也可以共同共有。

按份共有，是各共有人对共有财产有不同份额或相同份额的共有。共同共有是由夫妻或家庭等共同关系而产生的、不分份额的共有。

1. 同意原案（最高人民法院、陕西省高级人民法院、山西省高级人民法院、北京市高级人民法院、天津市高级人民法院、广西省高级人民法院）
2. 对原案的修改补充

(1)"夫妻或家庭等共同关系"的范围极难确定，建议取消二款。以"共同共有得根据专门法律的规定而发生"这样一款作为二款，以便对共同共有的范围加以严格限制。（中国人民大学）

(2)我们觉得二款可以不列，因共有关系除二款提到的以外，还有共同购置等其他情况。（北京市房地产管理局）

第四十一条 对于按份共有财产的占有、使用和处分，应当由全体共有人协商决定。如果全体共有人意见不一致，即按照占总份额半数以上共有人的意见决定并适当照顾其他共有人的利益。（另一意见：即按照全体共有人半数以上的意见决定并适当照顾份额多的共有人的利益）如果意见不一致而又不能取得多数的时候，申请法院处理。

1. 同意原案（河北省高级人民法院、陕西省高级人民法院、广西省高级人民法院部分同志意见、东北人民大学、辽宁省高级人民法院、财政部、内务部、甘肃省高级人民法院、江苏省高级人民法院、内蒙古自治区高级人民法院、天津市高级人民法院）

(1)因为条文中"……并适当照顾其他共有人的利益"一句，对按份共有的财产共有人无论是份额多的或者少的利益都已概括在内了，因此无须再附加其他文字。（江苏省高级人民法院）

(2)因为如果按人数决定，就容易影响份额多的人的权利的行使，并且今后都是劳动所得的财产，故应按份额决定，不按人数决定。（北京市高级人民法院）

2. 对原案的修改补充

(1)可把"即按照总份额半数以上共有人的意见决定并适当照顾其他共有人的利益"一句删去。改为"如全体共有人的意见不一致的时候，申请法院处理"。理由是：有时多数人的意见不一定公平合理，因此，这一句可以删去。（湖北省高级人民法院）

(2)"并适当照顾其他共有人的"一语,用意虽美,反容易引起纷争,似可不要。(上海市第一中级人民法院)

(3)在一切场合下,依占总份额半数以上共有人意见即为共有物之处分恐不妥当。我们认为:占总份额半数以上共有人不经其他共有人一致同意即可作无偿转让或销毁物品等处分是不恰当的。(中国人民大学)

(4)应当把第一句"占有"删去,并且在"使用"下面加"收益"二字。(交通部)

3.同意括弧内另一意见(最高人民法院、湖南省高级人民法院、四川省高级人民法院、交通部、云南省高级人民法院、广西省高级人民法院部分同志意见)

理由:因为既可避免少数份额多的人从中操纵,又可适当照顾少数份额多的人的利益。(四川省高级人民法院)

第四十二条 按份共有人在不妨害其他共有人权利的原则下,可以处分本人在共有财产中属于自己的份额或请求分割共有财产。

按份共有财产如果是不可分割物,在分割时可以采用折价补偿的办法。

1.同意原案(最高人民法院、北京市高级人民法院、山西省高级人民法院、天津市高级人民法院、陕西省高级人民法院、广西省高级人民法院)

2.对原案的修改补充

为了保护那些以共同使用为有利的财产,建议在第二款"不可分割"后加一句"或不宜分割物……"(江苏省高级人民法院)

第四十三条 按份共有人出让自己在共有财产中的份额时,其他共有人有优先购买权。

有优先购买权的人如不按照约定的期限和条件进行购买,即丧失优先权。

1.同意原案(最高人民法院、陕西省高级人民法院、山西省高级人民法院、广西省高级人民法院)

2.对原案的修改补充

(1)第一款的后末段我们意见应为:其他共有人"在同等条件下"有优先购买权。(北京市公安局)

(2)在一款中可加上"在约定期限内,就同等条件"等字,这样就可以取消二款,既简单,又明确。(中国人民大学)

(3)部分同志建议,在本条一款"有优先购买权"之前加上"在同等的条件下"。另有同志建议,是否可以对本条二款的"约定的期限"作一个一般的规定,不然出让人往往把时间定得过短,有优先购买权的人又往往要求较长时间的考虑,因而发生纠纷。(重庆市中级人民法院、西南政法学院)

(4)同意原条文。但应将第二款"有优先购买权的人如不按照约定……"后面加上"或通知"三字,因有些共有人在有些情况下不容易约定好期限或价钱。(北京市高级人民法院)

(5)主张在"其他共有人有优先购买权"一句内加上"按照公平价格"六字。(天津市

高级人民法院)

(6)"出让"改"出卖"。(高院陈瑾昆)

第四十四条 按份共有人,对于共有财产的税款、管理、保养和其他各项费用,应当按自己在共有财产中的份额比例负担。

1. 同意原案(最高人民法院、陕西省高级人民法院、山西省高级人民法院、天津市高级人民法院、广西省高级人民法院)

2. 主张删去本条
部分同志认为本条可以和第四十七条合并起来写,以免重复。(重庆市中级人民法院)

第四十五条 各共同共有人,对于全部共有财产都可以行使所有权;但在处分共有财产的时候,应当取得各共有人的同意。

1. 同意原案(最高人民法院、陕西省高级人民法院、山西省高级人民法院、天津市高级人民法院、广西省高级人民法院)

2. 对原案的修改补充
应在"对于全部共有财产"后面加上"在不损害共有人利益的情况下"一句话。(北京市高级人民法院)

3. 主张删去本条
(1)本条可以不要。(上海市高级人民法院部分同志意见)
(2)本条可要可不要。(中国人民大学)
(3)有人认为本条可并入第四十条。(湖南省高级人民法院)

第四十六条 共同共有财产在共同共有原因消灭或有正当理由时,可以分割。分割的时候,应当根据具体情况,可以相等,也可以不相等。

1. 条文改写
本条条文应修改为:
"共同共有财产在共同共有原因消灭或有正当理由时可以分割。
分割共同共有财产的方法,除产生共同共有财产关系的法律或契约有规定或约定者依其规定或约定外,应由共同共有人全体同意决定的方法行之。"
原条文关于"可以相等,也可以不相等"的规定,不太合理,应当规定原则上应相等,特殊情况除外,因随人民生活提高,妇女参加劳动等原因,相等分割不会发生大问题,为了照顾少数年老或未参加劳动无独立生活能力的[人],可以例外允许不相等分割,这样可以鼓励妇女的独立性。(复旦大学)

2. 同意原案(最高人民法院、天津市高级人民法院、陕西省高级人民法院、山西省高级人民法院、广西省高级人民法院)

3. 对原案的修改补充
(1)分割的时候,原则上是应当相等分割,但根据具体情况,也可以不相等。在"也可以不相等"一句之前,应加一句"如果取得一方同意"。(上海市高级人民法院)

(2)建议取消"或有正当理由"等字。(中国人民大学)
4.主张与他条合并
可考虑与第四十二条合并。(北京市高级人民法院)

第四十七条 各共同共有人,对于共有财产都有维护的责任和负担各种费用的义务。

1.同意原案(最高人民法院、天津市高级人民法院、山西省高级人民法院、陕西省高级人民法院、广西省高级人民法院)
2.对原案的修改补充
在"对于共有财产都有维护的责任和"的后面应加上"连带"二字。(北京市高级人民法院)
3.主张删去本条
(1)本条可要可不要。(中国人民大学)
(2)本案和第四十四条的内容一部分是相同的,应把两条合并,另作文字修改。(西南政法学院)
(3)本条可以删去。(内务部)

第四十八条 建筑物分属于不同的所有人时,供公共使用的部分如:地基、屋顶、庭院、围墙、烟囱、大门、楼梯、过道等,应归各所有人共同所有或分别所有,共同使用。
另一意见:地基、庭院、围墙、烟囱不要。

1.条文改写
(1)建议改为:"建筑物分属于不同的所有人时,其供公共使用的部分,不论是共同所有,还是分别所有,均应共同使用。"(中国人民大学)
(2)本条拟改为:"建筑物分属于各个所有人时,供公共使用的部分,应为各所有人共同所有或分别所有,共同使用。"(河北省高级人民法院)
2.同意原案(内务部、财政部、天津市高级人民法院、陕西省高级人民法院、山西省高级人民法院、上海市第一中级人民法院、交通部、东北人民大学、甘肃省高级人民法院、江苏省高级人民法院、湖南省高级人民法院部分同志意见、广西省高级人民法院)
3.对原文的修改补充
(1)本条不必指出具体物名。(湖南省高级人民法院部分同志意见)
(2)供公共使用的部分只提大门、楼梯、过道等即可,不必要提其他。(广东省高级人民法院)
(3)主张在"共同使用"后加上"和保护"三字。(新疆维吾尔自治区高级人民法院)
(4)主张应把"地基"删去。也有主张即连屋顶、庭院、围墙、烟囱、大门、楼梯、过道等都不必规定。这些问题在处理时得依据当地风俗习惯或根据具体情况解决。(福建省高级人民法院)
4.同意另一意见(内蒙古自治区高级人民法院)

中华人民共和国民法典草案所有权篇
（第六次草稿）
1957年1月7日

第一章 通　则

第一条　财产所有权分为：

（一）国家所有权；

（二）合作社和其他社会团体所有权；

（三）公民所有权。（或改写为：个人所有权。或：私人所有权。或：公民生活资料所有权和其他私人财产所有权）

另一意见：本条写为：

财产所有权分为：

（一）国家所有权；

（二）合作社和其他社会团体所有权；

（三）个人所有权；

（四）个体劳动者所有权；

（五）资本家所有权。[有人主张，财产所有权分为五类时，它的排列顺序应是：（一）国家所有权；（二）合作社和其他社会团体所有权；（三）个体劳动者所有权；（四）资本家所有权；（五）个人所有权。]

第二条　财产所有人，在法律规定的范围内，对于财产有占有、使用、处分的权利，并应负担由财产所产生的义务。

注：有人主张用"处理"、"处置"代替"处分"，但讨论中都感到在法律定义上不够确切，故草稿暂仍用"处分"。

第三条　财产所有人，在他人遇到紧急危难的时候，应当把自己的财产供作救急使用，但所有人因此而受到的损失，有权请求赔偿。

另一意见：本条应结合债篇损害赔偿有关条文统一考虑。

第四条　财产所有人对自己的财产，由于自然环境为他人必须通行或其他使用的，应当允许使用。

使用人对所有人的财产应当妥为保护，并负担因使用而产生的各项费用，如果因使用而使所有人的财产遭到损失的时候,所有人有权请求赔偿。

第二章　国家所有权

第五条　国家财产是全民所有的社会主义财产。
国家财产的唯一所有人是国家。
国家财产的客体范围不受任何限制。
另一种写法:国家财产的唯一所有人是国家,它是全民所有的社会主义财产,它的客体不受任何限制。

第六条　矿藏、水流、银行、公用的交通运输、邮电通讯设备等,都属于国家的专有财产。
国家专有财产除法律、法令另有规定外,不得为合作社或公民所有。

第七条　国家财产,由国家机关、国营企业和列入国家预算的机构根据法律、法令和国民经济计划进行经营、管理和处分。

第三章　合作社和其他社会团体所有权

第八条　合作社财产是劳动群众集体所有的社会主义财产。
合作社财产的所有人,是每一个合作社组织。

第九条　合作社,对于它的基金、生产资料、建筑物、产品、商品等财产,有所有权。
另一意见:本条再加上一款:"农业生产合作社对集体所有的土地,有所有权。"

第十条　合作社在行使所有权的时候,除遵守国家法律、法令,服从国民经济计划外,并必须依照社章的规定。
另一意见:本条已在总则中解决,可以不要。

第十一条　依法登记的社会团体,对它的财产,有所有权。

第四章　公民所有权

另外意见:
1. 本章标题改为:"个人所有权"或"私人所有权"或"公民生活资料所有权和其他私人财产所有权"。
2. 本章分为三章:一章为个人所有权(包括十二、十三两条);一章为个体劳动者所有权(包括第十四条);一章为资本家所有权(包括十五、十六两条)。

第十二条　公民对自己的劳动收入、储蓄、公债券、住宅、生活用品、文化用品和其他生活资料,有所有权。

第十三条 农业生产合作社的农户,对自有的小块园地收益、零星树木、家禽、家畜,以及从事农、副业生产的小农具和小型工具,有所有权。

手工业生产合作社或其他合作社社员对自有的小型生产工具,有所有权。

第十四条 个体农民、个体手工业者以及其他个体劳动者,对于自有的从事生产或社会服务事业所使用的生产资料和其他工具,有所有权。

第十五条 资本家对他在公私合营企业中的定息和其他合法收入,有所有权。

第十六条 房屋业主对他的由国家经租房屋的固定租金,有所有权。

第五章 所有权的取得和丧失

第十七条 财产所有权根据契约、继承、遗赠、法院判决以及其他法律、法令的规定而取得。

另一意见:财产所有权,根据法律、法令的规定而取得。

第十八条 国家为了公共利益的需要,对所有人的财产,可以依照法律规定的条件和程序进行征购、征用或收归国有。

另一意见:本条内容在宪法中已有规定,且似属于行政法范围,可以不要此条。

第十九条 国家对于所有人的财产,必须依照法律、法令的规定,经过人民法院的裁判,才可以没收。

第二十条 无主财产和无人继承的财产,应当依照法定的程序收归国有。

第二十一条 发现埋藏的历史文物,应当依法收归国有。

第二十二条 遗失物、漂流物的拾得人,应当立即送还失物或通知失物人认领;如失物人不明,应当交给当地公安机关、乡人民委员会或其他主管机关保存并公告招领;在六个月以内失物人前来认领时,应当返还失物。

如果失物不易保管,主管机关可以按照它的规定变卖失物,保存价款。

失物或变卖失物的价款,在满六个月后仍无人认领的时候,收归国有。

第二十三条 失物的拾得人可以向失物人请求(或写为:失物人应当给予拾得人)相当于失物价值百分之五左右(或写为:百分之十以下)的报酬。有发生争议的时候,主管机关可以根据失物的价值和失物人的经济状况,酌情处理。

失物人对拾得人或保管人因送还或保养失物而支出的必要费用,应当偿还。

失物如果是属于国家的财产,国家可以酌给拾得人以适当的奖励。

第二十四条 对于在公共交通工具和公共场所内拾得遗失物的处理,依照主管机关特别规章的规定。

注:本条暂时保留,待进一步与有关机关研究后再作决定。

第二十五条 财产所有权因契约而转移的时候,不论是特定物或种类物,除另有约定外,都必须在出让人实行交付后,受让人才取得所有权。

另一意见:本条改为:财产所有权因契约而转移的时候,除另有约定外,特定物从契约成立时起,受让人取得所有权;种类物从交付时起,受让人取得所有权。

第二十六条 财产所有人因所有权的出让、所有权的抛弃、法院的判决或法律、法令的规定而丧失所有权。

附注:本章对取得时效问题,在讨论中意见尚不完全一致。有的主张要规定取得时效;有的主张不必规定。现在我们把两种意见都写出来,广泛征求意见,以便最后决定在我国目前情况下是否需要规定取得时效制度。

主张必须规定的理由是:(1)规定对稳定财产关系、解决财产纠纷有好处;(2)可以促使占有人对占有财产的爱护和管理;(3)在全行业合营以后,对取得时效的规定已不可能导致资本主义所有制的产生;(4)发生时效问题的,都是生活资料,其中更以家庭用品为多,对这些财产,如无取得时效规定,必将作为无主财产归国家所有,而国家获得之后并无好处。主张必须规定的同志拟出的条文是:"所有人对自己的财产,在被他人以公开形式、当做自己所有、连续善意占有满(六)年而所有人没有主张权利时,占有人可以取得所有权。但已经登记的财产除外。国家财产和合作社财产不适用取得时效。"

多数同志认为不必规定取得时效,理由是:(1)根据时效而取得,足以鼓励不劳而获,与社会主义道德风尚不相符合;(2)目前我国仍处在过渡时期,基于种种原因,所有人不明而被他人占有的财产,为数尚多;如果规定取得时效制度,这批财产都将为占有人所有,显然与争取人心向我的国家政策不相符合;(3)一般公民之间,并无因时效而取得的习惯;(4)由于公民所有的都是生活资料,经过登记后才转让所有权的如房屋、车辆等,又不包括在内,因此即使规定的话,范围既很窄,作用也不大。对于被他人长期占有而所有人又不主张权利的财产,在主张不必规定取得时效的同志中,有的认为有关诉讼时效和无主财产的条文,已能解决这些问题;有的认为可在诉讼时效期满后,规定一个占有人通知所有人的期限,过此期限,即作为无主财产收归国有。

第六章 所有权的保护

第二十七条 所有人在自己的财产被他人不法占有的时候,有权请求返还,并可请求返还或赔偿全部占有期间已得或应得的收益。

第二十八条 占有人不是向原所有人直接取得的财产,并且不知或不应知出让人是无权出让财产的人,原所有人不得请求返还,占有人即取得所有权。如果此项财产是遗失或者被盗窃的,原所有人有权请求返还。但占有人所受到的损失不可能从出让人处得到赔偿的时候,原所有人应给予适当的补偿。

占有人可以向所有人请求偿付在占有期间他所支出的必要费用。

另一种写法:占有人不知或不应知其占有是不法占有,而又不是向所有人直接取得的财产,原所有人不得请求返还,占有人即取得所有权。如果此项财产是遗失或者被盗窃的,原所有人有权请求返还。但占有人所受到的损失不可能从出让人处得到赔偿的时候,原所有人应给予适当的补偿。

占有人可以向所有人请求偿付占有期间他所支出的必要费用。

第二十九条 国家在发现它的财产被他人不法占有的时候,不论在任何情况下,都有权向占有人请求返还,并返还在占有期间已得或应得的收益。这种请求权不受诉讼时效的限制。

第三十条 所有人在行使所有权受到妨碍或可能受到妨碍的时候,有权请求排除或防止。

第七章 共 有

第三十一条 二人或二人以上共同所有的财产是共有财产。共有财产可以按份共有,也可以共同共有。

按份共有,是各共有人对共有财产有不同份额或相同份额的共有。共同共有是各共有人对共有财产不分份额的共有。

第三十二条 对于按份共有财产的占有、使用和处分,应当由全体共有人协商决定,如果全体共有人意见不一致,即按照占总份额半数以上共有人的意见决定并适当照顾其他共有人的利益。(另一意见:即按照全体共有人半数以上的意见决定并适当照顾份额多的共有人的利益)如果意见不一致而又不能取得多数的时候,申请法院处理。

第三十三条 按份共有人在不妨害其他共有人权利的原则下,可以处分本人在共有财产中属于自己的份额或请求分割共有财产。

按份共有财产如果是不可分割物,在分割时可以采用折价补偿的办法。

第三十四条 按份共有人出让自己在共有财产中的份额时,其他共有人在同等的条件下有优先购买权。

有优先购买权的人如不按照约定的期限和条件进行购买,即丧失优先权。

第三十五条 按份共有人,对于共有财产的税款、管理、保养和其他各项费用,应当按照自己在共有财产中的份额比例负担。

第三十六条 各共同共有人,对于共有财产的全部都有所有权;但在处分共有财产的时候,应当取得各共有人的同意。

第三十七条 共同共有财产在共同共有关系终止或有正当理由时,可以分割。分割的时候,应当根据具体情况处理。

第三十八条 各共同共有人,对于共有财产都有保护的责任和负担各种费用的义务。

第三十九条 建筑物分属于不同的所有人时,供公共使用的部分不论是共同共有,还是分别所有,均应共同使用。

中华人民共和国民法典草案所有权篇
（第七次草稿）

1957 年 1 月 21 日

第一章 通 则

第一条 财产所有权分为：

（一）国家所有权；

（二）合作社所有权；

（三）公民所有权。（或改写为：个人所有权。或：私人所有权。或：公民个人所有权）

第二条 财产所有人，在法律规定的范围内，对于财产有占有、使用、处分（有人主张写为：处理）的权利；并应负担由财产所产生的义务。

第三条 财产所有人，在他人遇到紧急危难的时候，应当把自己的财产供作救急使用，如果所有人因此而受到损失，有权请求赔偿。

另一意见：本条不要，或结合债篇损害赔偿有关条文统一考虑。

第四条 财产所有人对自己的财产，由于自然环境为他人必须通行或其他使用的，应当允许使用。

使用人对所有人的财产应当妥为保护，并负担因使用而产生的各项费用，如果因使用而使所有人的财产遭到损失的时候，所有人有权请求赔偿。

第二章 国家所有权

第五条 国家财产是全民所有制的社会主义财产。

国家财产的唯一所有人是国家。

国家所有权的客体范围不受任何限制。

第六条 矿藏，水流，由法律规定为国有的森林、荒地，工矿企业，银行，交通运输、邮电通讯、无线电广播设备等，都属于国家所有的财产。

第七条 国家财产，由国家机关、国营企业和列入国家预算的其他单位根据法律、法令和国民经济计划进行经营、管理和处分。

第三章 合作社所有权

第八条 合作社财产是劳动群众集体所有的社会主义财产。
合作社财产的所有人,是各该合作社组织。
第九条 合作社对于它的基金、生产资料、建筑物、产品、商品等财产,有所有权。
第十条 合作社在行使所有权的时候,除遵守国家法律、法令,服从国民经济计划外,并必须依照社章的规定。
另一意见:本条已在总则中解决,可以不要。
第十一条 依法登记的社会团体,对它的财产,有所有权。
另一意见:本条不要,因在总则法人一节中已可包括。

第四章 公民所有权

另外意见:本章标题改为:"个人所有权"或"私人所有权"或"公民个人所有权"。

第十二条 公民对自己的劳动收入、储蓄、住宅、生活用品、文化用品和其他生活资料,有所有权。
第十三条 农业生产合作社的农户,对小块园地的收益和自有的零星树木、家禽、家畜,以及从事农、副业生产的小农具和小型工具,有所有权。
手工业生产合作社社员或其他合作社社员对自有的小型生产工具,有所有权。
第十四条 个体农民、个体手工业者以及其他个体劳动者,对于自有的从事生产或社会服务事业所使用的生产资料和其他工具,有所有权。
第十五条 资本家对他的定息收入和其他合法财产,有所有权。
注:关于城市房屋业主所有权问题待进一步了解后再行规定。

第五章 所有权的取得和丧失

第十六条 财产所有权根据契约、继承、遗赠、法院判决以及其他法律、法令的规定而取得。
第十七条 国家为了公共利益的需要,对所有人的财产,可以依照法律规定的条件和程序进行征购、征用或收归国有。
另一意见:本条内容在宪法中已有规定,且属于行政法范围,可以不要此条。
第十八条 无主财产和无人继承的财产,应当依照法定的程序收归国有或公有。
第十九条 发现埋藏的历史文物,应当依法收归国有。
第二十条 遗失物、漂流物的拾得人,应当立即送还失物或通知失物人认领;如失物人不明,应当交由当地公安机关、乡人民委员会或其他主管机关保存并公告招领;在六个月以内失物人前来认领时,应当返还失物。

如果失物不易保管,主管机关可以按照它的规定变卖失物,保存价款。

失物或变卖失物的价款,在满六个月后仍无人认领的时候,收归国有。

第二十一条 失物的拾得人可以向失物人请求(或写为:失物人应当给予拾得人)相当于失物价值百分之五左右(或写为:百分之十以下)的报酬。在发生争议的时候,主管机关可以根据失物的价值和失物人的经济状况,酌情处理。

失物人对拾得人或保管人因送还或保养失物而支出的必要费用,应当偿还。

失物如果是属于国家的财产,国家可以酌给拾得人以适当的奖励。

第二十二条 对于在公共交通工具和公共场所内拾得遗失物的处理,依照主管机关特别规章的规定。

注:以上两条有的同志主张不需规定。

第二十三条 财产所有权因契约而转移的时候,不论是特定物或种类物,除另有约定外,都必须在出让人实行交付后,受让人才取得所有权。

注:有的同志主张本条规定不论特定物或种类物都以交付转移所有权,因此特定物、种类物不必放上。

另一意见:本条改为:财产所有权因契约而转移的时候,除另有约定外,特定物从契约成立时起,受让人取得所有权;种类物从交付时起,受让人取得所有权。

第二十四条 财产所有人因所有权的出让、所有权的抛弃、法院的判决或法律、法令的规定而丧失所有权。

第六章　所有权的保护

第二十五条 所有人在自己的财产被他人不法占有的时候,有权请求返还原物,并可请求返还或赔偿全部占有期间已得或应得的收益。

第二十六条 占有人不是向原所有人直接取得的财产,并且不知道和不可能知道出让人是无权出让财产的人,原所有人不得请求返还,占有人即取得所有权。

如果前项财产是遗失或者被盗窃的,原所有人有权请求返还;占有人可以向所有人请求偿付在占有期间他所支出的必要费用。但占有人所受到的损失不可能从出让人处得到赔偿的时候,原所有人应给予适当的补偿。

注:有人主张第二款的遗失与被盗窃的情况有所不同,所以"遗失或者"四字可以去掉。

第二十七条 国家在发现它的财产被他人不法占有的时候,不论在任何情况下,都有权向占有人请求返还原物和在占有期间已得或应得的收益。这种请求权不受诉讼时效的限制。

第二十八条 所有人在行使所有权受到妨碍或可能受到妨碍的时候,有权请求排除或防止。

第七章 共 有

第二十九条 二人或二人以上共同所有的财产是共有财产。共有财产可以按份共有,也可以共同共有。

按份共有,是各共有人对共有财产有不同份额或相同份额的共有。共同共有是各共有人对共有财产不分份额的共有。

第三十条 对于按份共有财产的占有、使用和处分,应当由全体共有人协商决定,如果全体共有人意见不一致,即按照占总份额半数以上共有人的意见决定并适当照顾其他共有人的利益。(另一意见:即按照全体共有人半数以上的意见决定并适当照顾份额多的共有人的利益)如果意见不一致而又不能取得多数的时候,申请法院处理。

第三十一条 按份共有人在不妨碍其他共有人权利的原则下,可以处分本人在共有财产中属于自己的份额或请求分割共有财产。

按份共有财产如果是不可分割物,在分割时可以采用折价补偿的办法。

第三十二条 按份共有人出让自己在共有财产中的份额时,其他共有人在同等的条件下有优先购买权。

有优先购买权的人如不按照约定的期限和条件进行购买,即丧失优先权。

第三十三条 按份共有人,对于共有财产的税款、管理、保养和其他各项费用,应当按照自己在共有财产中的份额比例负担。

第三十四条 各共同共有人,对于共有财产的全部都有所有权;但在处分共有财产的时候,应当取得各共有人的同意。

第三十五条 共同共有财产在共同共有关系终止或有正当理由时,可以分割。分割的时候,应当根据具体情况处理。

第三十六条 各共同共有人,对于共有财产都有保护的责任和负担各种费用的义务。

注:在"所有权的取得和丧失"一章,是否需要规定"取得时效"条文,在讨论中未取得一致意见。有的主张要规定取得时效;有的主张不必规定。现在我们写出来,广泛征求意见,以便最后决定在我国目前情况下是否需要规定取得时效制度。

主张必须规定的理由是:(1)规定对稳定财产关系、解决财产纠纷有好处;(2)可以促使占有人对占有财产的爱护和管理;(3)在全行业合营以后,对取得时效的规定已不可能导致资本主义所有制的产生;(4)发生时效问题的,都是生活资料,其中更以家庭用品为多,对这些财产,如无取得时效规定,必将作为无主财产归国家所有,而国家获得之后并无好处。主张必须规定的同志拟出的条文是:"所有人对自己的财产,在被他人以公开形式、当做自己所有、连续善意占有满(六)年而所有人没有主张权利时,占有人可以取得所有权。但已经登记的财产除外。国家财产和合作社财产不适用取得时效。"

有的同志认为不必规定取得时效,理由是:(1)根据时效而取得,足以鼓励不劳而获,与社会主义道德风尚不相符合;(2)目前我国仍处在过渡时期,基于种种原因,所有人不明而被他人占有的财产,为数尚多;如果规定取得时效制度,这批财产都将为占有人所有,显然与争取人心向我的国家政策不相符合;(3)一般公民之间,并无因时效而取得的习惯;(4)由于公民所有的都是生活资料,经过登记后才转让所有权的如房屋、车辆等,又不包括在内,因此即使规定的话,范围既很窄,作用也不大。对于被他人长期占有而所有人又不主张权利的财产,在主张不必规定取得时效的同志中,有的认为有关诉讼时效和无主财产的条文,已能解决这些问题;有的认为可在诉讼时效期满后,规定一个占有人通知所有人的期限,过此期限,即作为无主财产收归国有。

关于"所有权篇"的几个问题

1957年3月21日

一、紧急危难时,把自己所有的财产提供别人使用的实例多不多?因使用而发生损失如何处理?

二、由于自然环境和相邻关系,自己的房屋及其他财产为他人通行使用时,发生过什么纠纷?处理原则如何?

三、在实际生活中,典权、抵押权、留置权、使用权等是否存在?其实际情况如何?

四、在全行业合营后,资本家除定息收入外,是否还有其他合法财产?华侨投资在所有权方面如何处理?

五、对城市私人房屋改造情况如何?在实行国家经租后,对房屋所有权应如何看法?

六、依法登记的社会团体一般有些什么财产?对它的所有权应如何规定?

七、在实际生活中,对合作社或公民的财产进行征购、征用或收归国有的实例多不多?

八、各地对遗失物和漂流物是如何处理的?

九、实际生活中,是否有因取得时效而取得对财产所有权的?有些什么案例?

关于典权、地上权、抵押权等问题调查提纲[①]

一、情况

1. 解放后历年来设定典权和解放前遗留下来的典权的统计数字。设定典权房屋占私有房屋多少？出典房屋原是自住的多还是出租的多？出典和承典人的成分？出典和承典的原因？典价占房价多少成？典房转租的租金和典价按放款利率计算可得到的利息的比例如何？

2. 解放后历年来设定的"地上权"（北京房地局叫"地用权"，一般叫"租地造屋"）和解放前遗留下来的"地上权"的统计数字。解放后新设定的曾否办理过登记？设定"地上权"的房屋自住的多抑出租的多？土地所有者的情况？在他人土地上建屋人的成分？

3. 目前若干工矿区自建公助的职工宿舍正在发展，你处有没有具体的统计数字和有关这方面的其他材料？

4. 有没有关于房屋抵押权和设定其他权利的情况？

二、权利义务

1. 在典当关系中，典期一般多少年？最长和最短多少年？未到期是否可以回赎？逾期是否仍可回赎？逾期久不回赎，在什么情况下承典人可取得所有权？典权标的因不可抗力毁灭，双方怎样负担损失？典权人是否可以转典转租？出典房屋归谁修缮？典权存续期间出典人能否出让典物？

2. 在地上权关系中，一般年限有多长？到期如何处理标的物？地上权人一般的义务是什么？土地设定地上权后久不建屋如何处理？设有地上权的房屋能否转租出典？

3. 各地对自建公助房屋是如何约定权利义务的？房屋所有人对其自建房屋可否自由处分？在处分时有何限制？

4. 对房屋抵押权或其他权利是如何约定权利义务的？

5. 解放前和解放后设定的典权、地上权和抵押权，在性质上、权利义务上有何不同？

6. 在这些关系中的权利义务，除以上列举的以外，还有哪些权利义务？

[①] 本件原件未注明日期，在原卷宗中与"关于'所有权篇'的几个问题"（1957年3月21日）一同附于"所有权篇（第一次草稿）"之后。

三、社会主义改造和典权、地上权和抵押权的关系

1. 城市房屋在进行社会主义改造中,对设有典权、地上权和抵押权的房屋如何处理?

2. 在合作化高潮以后,农村中有没有新设定的典权和地上权?如有,它和城市设定的有什么不同?

3. 设有典权、地上权和抵押权的房屋,如其地基被国家依法征用时,是如何处理的?

四、发展趋势

设定典权、地上权和抵押权在人民经济生活中有何利弊?对这几种法律关系应如何认识?其发展趋势如何?未来的民法典中对它们有无规定必要?

五、其他

1. 有没有关于典权、地上权、自建公助、房屋抵押权等方面的法令条例或内部掌握的原则?如有,请送我们一份。

2. 有没有关于这方面典型案例?如有,请送我们一份。

三、债篇通则

说　明[①]

债篇通则是1956年4月开始起草的，共有三次草稿。第一次草稿于1956年8月完成，第二次草稿有两案，第三次草稿于1957年2月完成。每次草稿只是在研究室内部进行过讨论，没有发到外部有关单位征求意见。

通则的起草工作是在债篇的大部分分则已经有了草稿的基础上，主要利用各小组手头上占有的材料进行的，没有花费更多的力量单独收集资料，只是到北京市司法部门和个别企业单位对债务中的一些一般性问题进行过了解，所以专题材料很少。

通则的起草工作，是在起草各个分则的各小组全体同志参加之下进行的。由于各小组当时还忙于修改各个分则，所以对通则下的工夫不大。同时在分则没有搞出较细致的草稿以前，也不可能花费更多的时间来搞通则。因此，通则的草稿是很粗糙的。

债篇通则的内容，是将各个分则共同性的问题总括提炼而集中加以规定的，今后将随着分则的变化而变化。另外，由于各方面经济关系不断发生变化，有些问题的规定和实际已经不相符合。如债的各种担保方法规定得很多，但实际生活中有些担保形式已不存在，即便有也很少。类似这样的问题很多，应不应当规定，今后需要进一步研究。

---

① 本说明系全国人大常委会办公厅研究室于1958年3月29日编定的"债篇通则草稿"卷宗的说明。本件原件为手写稿。

债篇通则(第一次草稿)

1955 年 10 月 24 日

由计划法律法令所生的债

第一条 负责完成国民经济计划的社会主义组织,应该按照计划规定供应产品、签订契约或者履行某种义务。

另案:社会主义组织,根据计划法律、法令的规定,负责完成国民经济计划的,都有供给或者履行某种工作的义务。如果应该签订契约,当事人必须在法定期限内,按法定程序签订,不能拒绝。

注:有的同志认为,本条还应增加下列一款:

"主管机关根据国民经济的需要,可以规定所属企业负担一定义务。"

但也有同志认为,这一款不必加上,因为这些内容是属于行政法的范围。

第二条 根据计划法律、法令所签订的契约,它的内容必须符合该项法律、法令。如果该项法律、法令变更或者废除,契约就应该修改或者解除。

注:有的同志认为,本条应再加一款:"契约如果不符合该项法律、法令,必须立即进行修改,使它符合该项法律、法令,但是不能认为契约无效。"(这是为了保障即时执行国家计划)但也有同志认为这一款不必加上。

第三条 经由计划法律、法令规定的权利和义务,不能转移或者放弃。

注:有的同志主张对本条内:

1."不能转移或者放弃"改为"不能转移给他人或者将债权放弃。"

2."……放弃"后加一句"但法律、法令另有规定的,除外。"

第四条 由计划法律、法令所生的债,如果其他法律、法令没有别的规定,都应该遵守债篇各章的规定。

另案:本条不要,因为其他法律、法令应该服从民法。

由契约所生的债

第五条 契约是两个或者两个以上的人,为了设立、变更或者解除债权、债务关系而达成的协议。

另案:本条不要。

第六条 契约的内容可以由当事人自由约定,但是不能违反法律、法令、国民经济计划和社会主义道德的原则。

另案:契约的签订和履行,必须遵守法律、法令、国民经济计划和社会主义道德的原则。

注:有的同志认为本条正款中的"不能违反"应改为"必须遵守"。

第七条 双方当事人对契约内容一经同意,契约即认为成立。

法律规定必须经过公证或者登记的契约,在完成公证或者登记手续后,才算成立。

注:有的同志认为第一款的"双方"二字可去掉。

第八条 双方当事人可以在契约内约定等待某些条件产生的时候,才开始履行双方的权利和义务;也可以约定在某些条件产生的时候,解除双方的权利和义务。

当事人不能恶意阻碍或者促使条件的发生,也不能在条件发生以前故意使标的物恶化或灭失。

另案:本条不要。

第九条 契约可以用书面形式,也可以用口头形式。

金额在 50 元(有的同志主张 100 元)以上或者法律规定必须用书面形式的契约,都应当用书面形式。

注:有的同志主张在条文后面加:否则,不予保护。但是,当事人能提出人证、物证或者其他确实有力证据的除外。

另案:本条另加一款:"书面形式的契约,应该由签订人亲自签字。如果因疾病或者生理上不能亲自签字的,可以委托他人代签。"

注:有的同志主张本款移到第七条后边。

第十条 提议人当面或者用其他直接交谈方式向对方提议签订契约,凡是没有指定承诺期限的,如果对方不立即表示承诺,就失去约束力。

用书面或者用其他不是直接交谈的方式向对方提议签订契约,凡是没有指定承诺期限的,如果对方在正常所必要的时间内不表示承诺,就失去约束力。

注:有的同志主张:"承诺"改为"承认"或者"同意",下同。

第十一条 签订契约的提议定有承诺期限的,如果对方不在期限内承诺就失去约束力。

第十二条 提议人在承诺期限内接到对方寄交的承诺通知,契约即认为成立。

注:有的同志认为条文中的"在承诺期限内"应去掉。

第十三条 承诺通知迟延到达的时候,提议人不受约束,应该视为新的提议。

迟延到达的承诺通知如果证明承诺确系及时发出,在这种情况下,除非提议人立即声明拒绝接受,契约即视为成立。

注:有的同志认为本条第一款中的"应该视为新的提议"一句应去掉。

第十四条 如果承诺的条件不同于原提议,就应该视为拒绝原提议,而为新的提议。

另案:第十三、十四两条合并写为:"承诺通知迟延到达或者承诺的条件不同于原提议,提议人不受约束,应该视为新的提议。"

迟延到达的承诺通知如果证明承诺人确系及时发出,在这种情况下,除非提议人立即声明拒绝接受,契约即视为成立。

第十五条　提议人可以撤销提议。如果在承诺期限内撤销提议造成对方损失,应该负责赔偿。

另案:第十条到第十五条合并写为:

1. 提议签订契约的人,在听候回话期间内,没有得到对方答复,不得撤销提议。如果撤销,应该赔偿因撤销而造成的损失。

2. 与第十三条同。

第十六条　以广告声明对完成某项行为的人给予报酬的,广告人应该对完成该项行为的人给付报酬。

广告人对于预定报酬的广告在撤销的时候,必须用原来广告的方式声明,否则,不生效力。

第十七条　对于完成广告声明行为的人,如果广告中没有其他声明,应该按照下列规定取得报酬:

(一)数人先后完成的,由最先完成行为的人取得报酬;

(二)数人同时完成的,由数人平均分配;

(三)数人共同完成的,根据各人对完成行为贡献的大小比例分配。

另案:第十六条、第十七条不要。

第十八条　违反法律、法令,破坏国民经济计划以及危害公共利益的契约,无效。如果有不当得利,应该按照情节轻重返还对方或者缴纳国库。

另案:违反法律、法令,破坏国民经济计划以及危害公共利益的契约,无效。已经履行契约的,应该返还。对于情节严重的,人民法院有权没收一部或者全部缴归国库。

第十九条　用欺诈、威胁或者乘他人急迫需要用显然不利于他人的条件所签订的契约,受害人可以申请人民法院确认契约的一部或者全部无效。无效部分已经履行的,受害人有权请求返还;但是加害人无权请求返还,不返还部分,收归国库。

受害人因为签订契约遭受损失,可以请求加害人赔偿。

第二十条　双方通谋,专为表现形式所签订的虚假契约,无效。

用虚假的契约掩盖真实的契约,虚假契约无效。被掩盖的真实契约,如果合乎契约的有效条件,应该认为有效。

第二十一条　无行为能力人所签订的契约,无效。

限制行为能力人所签订的契约,必须经过法定代理人的同意,才认为有效。但是,法律另有规定的,除外。

契约确认无效,已经履行的,应该返还。如果造成损失,由有过失一方负责赔偿。

但是无行为能力人没有赔偿有行为能力人的损失的义务。

注:有的同志认为无行为能力人对有行为能力人造成的损失,应该由他的监护人负赔偿责任。

第二十二条　契约主要内容有重大误解的时候,当事人可以申请人民法院确认契约的一部或者全部无效。无效部分已经履行的,应该返还。如果造成损失,由引起误解的一方负赔偿责任。

注:有的同志主张本条另加"如果纯粹属于计算上的错误,应该予以修正,不能认为契约无效。"

第二十三条　为第三人利益所签订的契约,除了债权人可以请求债务人向享受利益的第三人给付以外,享受利益的第三人,也可以向债务人直接请求给付。

第二十四条　享受利益的第三人放弃请求权的时候,债权人在不违反契约意义的情况下,可以自己享受契约约定的利益。

第二十五条　如果享受利益的第三人,已对债务人表示愿意享受契约约定的利益,签订契约的当事人,没有得到他的同意,无权变更或者解除契约。

由无因管理所生的债

第二十六条　无因管理是管理人既没有受到委托,也没有法律上的义务,而自愿代替他人管理事务的行为。

无因管理只有防止事务的急迫损害又来不及通知事务所属人,或者虽不是急迫损害,但不可能通知的情况下发生。

注:有的同志主张第二款不要。

另案:"无因管理是管理人在为防止他人事务的急迫损害又来不及通知事务所属人,或者虽不是急迫损害但不可能通知的情况下,既没有受到委托,也没有法律上的义务,而自愿代替他人管理事务的行为。"

第二十七条　管理人应当尽可能地立即将管理事务的意图,或者已经进行管理的情况,通知事务所属人,取得同意后,即成为委任或者保管的关系,在这种情况下,适用本法委任或保管章的规定。

第二十八条　管理人应当依照事务所属人的意思,或者可推知是他的意思,用有利于他的方法管理事务。

第二十九条　管理人违反所属人的意思管理事务,或者虽依照他的意思管理事务和但有重大过失的时候,应当对造成损害负赔偿责任。

管理人对事务的损害,如果是由于履行法律上或者道德上的义务所造成的,虽违反本人的意思,也可以免除赔偿责任。

注:有的同志主张第一款改为:"管理人违反事务所属人的意思管理事务,或者是故意或者因为有重大过失造成事务的损害,应该负责赔偿。"

第三十条　管理人对管理事务所支付的有益和必要费用,由事务所属人负责归还;如果受到损失,由事务所属人负责赔偿。

另案1:管理人并没有违反事务所属人的意思也没有重大过失,可以向事务所属人请求归还为管理事务所支出的有益和必要费用,如果有直接损失,还可以请求赔偿。

另案2:在防止事务的急迫损害和来不及通知事务所属人,或者不是急迫损害,但不可能通知的情况下,管理人可以向事务所属人请求偿还为管理事务所支出的有益和必要费用,如果有直接损失,还可以请求赔偿。

由不应当得到的利益所生的债

第三十一条 凡是没有法律上的根据,不是由于自己的积极行为使他人受到损害,所获得的利益,都是不应当得到的利益。这种不应当得到的利益,应该返还给应得利益的人。

另案:不当得利是没有法律上的根据,或者虽有法律上的根据,但这些根据已经消灭,使别人受到损害,而获得的利益。

由不应当得到的利益中而获得的其他利益,应当同时返还。

注:有的同志认为正款中所提"积极行为"并不明确,应加修改。"应得利益的人"可改为"受害人",下同。

第三十二条 不应当得到利益的人,应该从他知道或者应当知道的时候起将所得实际利益和由此取得的其他利益,返还给应得利益的人。

如果是故意或者因为有重大过失使应得利益的人受到损害,应该负责赔偿。

注:有的同志主张第二款前加"不应当得到利益的人不知道所获得的是不应当得到的利益以前"一句。并加入第三款,文为:"不应当得到利益的人已经知道是不应当得到[的]利益以后,造成应得利益的人的一切损害,都应该负责赔偿。"

另案:不应当得到利益的人在接受财产的时候,并不知道是不应当得到[的]利益的,应该从他知道或者应当知道的时候起,全部返还。

在知道是不应当得到的利益以前,将获得的财产已经用掉或者出卖,应当折价赔偿或者交出出卖的价款。对所得的财产造成损害的,除了是人力不可抗拒的以外,应该负赔偿责任。在这段期间内所支付的必要和有益费用,可以在返还财产的时候,请求偿还。

第三十三条 不应当得到利益的人对不应得的利益所支付的有益或必要费用,可以请求补偿。

另案:不应当得到利益的人在接受财产的时候,已经知道是不应当得到的利益的,除了所得利益应当全部返还以外,对人力不可抗拒的损害也要负赔偿责任。在这段期间内,所支出的保管、增值费用,无权请求偿还。

由侵权行为所生的债

第三十四条 因故意或者过失不法造成他人身体、财产的损害,应该负赔偿责任。但是损害是由于人力不可抗拒或者由于执行命令或者由于被害人自己的重大过失所造成的,不负赔偿责任。

另案:故意或者过失违反法律、法令、社会主义道德而使他人身体、财产受到损害应该负赔偿责任。

注:有的同志主张正文内"身体"应该改为"生命、身体"。

第三十五条 数人共同不法造成他人损害,负连带赔偿责任。

第三十六条 国家机关工作人员,在职务范围以内造成他人的损害,由该工作人员所在机关负赔偿责任。所在机关赔偿之后,可以根据该工作人员故意或者过失的情节轻重,责令他偿还全部、一部或者免除。

国家机关工作人员,在职务以外造成他人的损害,由工作人员自己负赔偿责任。

注:有的同志认为第一款所提到的"职务范围以内"的界限难于划分,应研究修改。

有的同志认为"国家机关工作人员"的范围不明确,应考虑。

有的同志认为第二款可以不要,如要,应当独立作为一条。

第三十七条 无行为能力人造成他人的损害由法定代理人负赔偿责任。

限制行为能力人造成他人的损害,由限制行为能力人负责赔偿,在不能或者赔偿不足的时候,由法定代理人负赔偿责任。

因故意或者过失使自己处于临时无行为能力状态,造成他人的损害,应该负赔偿责任。

注:有的同志认为:"法定代理人"应该分别改为"监护人","保佐人"。

有的同志认为第二款改为:"限制行为能力人造成他人的损害由法定代理人和限制行为能力人共同负赔偿责任。"

有的同志认为第三款最后一句应该改为"应该酌使负赔偿责任"。

第三十八条 动物造成他人损害,由动物的管理人或者所有人负赔偿责任。

建筑物或者其他物由于设备或管理不善造成他人损害,由物的所有人负赔偿责任。

根据前两款规定,由管理人或者所有人负责赔偿情况下,如果损害是由于第三人的过错造成的,管理人或者所有人有权要求该第三人负责补偿。

另案:本条第三款应该独列一条"如果加害人造成他人的损害是第三人造成的,由该第三人负责赔偿。"

注:有的同志认为第二款最后一句应补充为"由物的所有人或者施工人负赔偿责任"。

第三十九条 为了保护公共利益、自己或者他人的身体和财产,对正在进行犯罪的人采取正当防卫,造成对方的损害,不负赔偿责任。

另案:因正当防卫造成对方的损害,不负赔偿责任。

第四十条 因避免自己或者他人的身体、财产上的急迫危险,而造成他人的损害,如果这种危险是自己造成的,应该负赔偿责任;如果是第三人造成的,由第三人赔偿责任;如果是人力不可抗拒的原因所致成的,由避难人负赔偿责任。

注:本条内的"人力不可抗拒的"责任在讨论中有不同意见:(1)由避难人酌情赔偿;

(2)不负责任;(3)不须规定。

第四十一条 加害人损害他人身体的健康,应当赔偿被害人的治疗期间的医药费用和失去应得的工资。如果受害人在治疗以后失去部分或者全部劳动力的,加害人应当在一定期间内赔偿受害人应得的工资,或者津贴生活费用。

加害人造成他人死亡,除负担受害人医药丧葬费用外,并在一定期限内承担受害人生前所抚养的人的生活费用。

第四十二条 加害人损害他人财产,应当负责恢复原状,如果不可能恢复原状,可以用金钱赔偿。

第四十三条 如果法律没有其他规定,损害赔偿应当限于受害人的直接损害。

另案:如果法律没有其他规定,损害赔偿不仅限于受害人的直接损害,而且应当包括被害人的间接损害。

注:有的同志认为,另案内尚应该在"法律"后加"或者契约"几字。

第四十四条 损害的发生是加害人和受害人双方都有责任的时候,如果法律没有其他规定,加害人只就自己过失部分负赔偿责任。

第四十五条 人民法院在决定损害赔偿数额的时候,应该根据双方经济情况作适当处理。

另案1:人民法院在决定损害赔偿数额的时候,可以根据加害人的故意或者过失的情节轻重,以及双方的经济情况酌情增加或者减少。

另案2:人民法院在决定损害赔偿数额的时候,可以根据双方经济情况酌情减免。

第四十六条 因保护社会主义财产而受到损害的时候,受害人和他的家属可以根据本法第四十一条、第四十二条的规定向国家有关单位请求生活、医药费用或者抚恤金。

注:有的同志主张"国家"两字可去掉。

对通则部分内容的意见[1]

一、有人认为通则内容应包括上述各个部分,如已整理出的体系。但也有人认为通则部分只应包括一般性、综合性和关系到各分则的内容,因而损害赔偿、不当得利、无因管理等部分应抽出,作为分则,放在债的其他分则的后面。

二、有人认为损害赔偿中应分契约内与契约外两部分,契约内的损害赔偿可抽出其共通的放在通则中,契约外的损害赔偿应独立为分则,放在债的其他分则的后面。

三、中国当前是否有不经契约而直接由计划法律、法令所生的债?值得研究。有人认为苏、新国家都有此种规定,而中国的实际情况也有此种现象,因此应该加以规定;但也有人认为不管实际上是否存在此种情况,但这种情况为数不会很多,我们不鼓励这样做,而且为了保证权利义务的履行,签订契约是必要的;对不经契约而直接产生的债,也可以由行政法规而不由民法进行调整。由于彼此所根据的理由都不多,待进一步搜集资料,调查我国的实际情况后再行决定。

四、契约的概念应否规定的问题:有人认为在叙述各种债的首条,一般都先写概念,有了概念是会帮助人们了解该部分的内容,为了内容的完整性,应当加以规定。但也有人认为这一条没有实际意义,而且这个定义太大,写起来也不容易确切,既难确切,又不解决具体问题,不如不写,契约的概念可在教科书中谈,在民法典中没有规定的必要。

五、要约与承诺应否规定的问题:有人认为要约与承诺是属于契约前的阶段,是属于道德上的范围,在法律上无强制力,一般纠纷也很少,规定了反而限制了民事流转,因而在契约部分不必规定,契约部分所应规定的,主要在于契约的签订与履行。同时不在民法典中规定也不等于排斥要约与承诺的存在。

六、悬赏广告的问题:假如要约与承诺在契约部分内不加规定,则悬赏广告也应抽出,但悬赏广告在现实生活中是有的,把它摆在什么地方?还要考虑。

七、契约的无效以及附期限、附条件的契约,有人认为应在总则篇的法律行为中去规定,这里不必规定。但有人主张应在债的通则中规定。

八、为第三人利益所签订的契约,有人认为应在债的履行中加以规定;但也有人认为为第三人利益所签订的契约是契约成立的一种类型,应在契约部分规定。

---

[1] 本件原件未署单位、日期,据卷宗排列顺序及内容判断,应是对"债篇通则(第一次草稿)"的意见。

[债篇通则]债的履行部分(第一次草稿)

1956年8月23日

第一条 行使债权,履行债务,应该服从国民经济计划,遵守社会主义共同生活规则,本着诚实负责的态度进行。

另案1:债务人应该严格按照契约所规定的条件,以积极负责的态度(实际)履行债务;债权人应该给予债务人必要的协助。

另案2:债的履行,应该严格遵守契约纪律,本着实际履行、适当履行的原则精神得到实现。

第二条 债的标的,可以是物,也可以是债务人为一定行为或不为一定行为。

注:有人主张本条不要,因为在债的概念中已得到说明,并且债的标的究竟指物还是指行为,在理论上尚待研究。

第三条 债的标的物应该按照法定或约定的规格质量给付;如果没有规定规格质量,债务人应以良好的合于通常使用的物给付。

第四条 债的标的可以从几种当中选择一种履行的时候,如果法令或契约没有规定,选择权属于债务人。

如果选择权属于债权人,债权人在规定的选择期间不行使选择权时,选择权就移转于债务人。

第五条 选择的债的标的物中有一种标的发生意外灭失的时候,有选择权的一方应在其余的标的中进行选择;如果其余的标只剩一种时,丧失选择权。

第六条 以金钱为标的[的]债务,除对外贸易或国家银行经办的外币存款另有规定外,一律用人民币支付。

第七条 定期债务,应按法定或约定的期限履行。

不定期债务,经债权人提出请求后,债务人应即履行,如果立即履行确有困难,可以给债务人七天的准备时间。但法令或契约对准备时间另有规定的,依其规定。

第八条 定期债务,债务人必须征得债权人同意才能提前履行。如果未得债权人同意而提前履行,债权人因此受到的损失和支出的费用,有权请求债务人偿付。

第九条 定期债务,在债权人确有紧急需要并征得债务人同意时,可以请求提前履行。因提前履行所增加的费用,应由债权人负担。

第十条 债的履行地点,如果法令、契约没有规定并且依债的性质也不能决定

的,应按下列规定履行:

(一)金钱债务,在债务发生时债权人住所地;

(二)以物为标的[的]债务,在债务发生时物的所在地。

注:另外有的同志主张再加上下面的内容作为第三项:其他债务,在债务人住所地。

第十一条 债务人应向债权人或其代理人履行债务。如果向其他人履行,必须经债权人承认,才发生清偿的效力。

债务人根据通常情况,不能发现受领人无权受领而是善意履行债务的,也发生清偿的效力。

第十二条 债务人对同一债权人负有数宗同种类的债务,在债务人提出的给付不足清偿全部债务的时候,应按到期先后偿付;如果同时到期双方又未约定清偿顺序时,应按比例偿付。

第十三条 互负义务的双方当事人,应当同时履行债务,任何一方在没有得到他方给付前,可以拒绝给付。但根据法定、约定或依习惯一方有首先给付义务的除外。

第十四条 债权人和债务人在相互有利的情况下,可以约定分期履行债务。但与债的性质及法令规定有抵触的应该除外。

第十五条 债务可以由第三人履行。但与债务人人身有密切关系的债务,必须征得债权人的同意后,才能由第三人履行。

社会主义组织为债务人的时候,在不抵触国家法令和国民经济计划的情况下,经过批准程序,才能由第三人履行。

由第三人履行债务的时候,如果发生不履行或不适当履行的情况,债务人应该赔偿债权人所受到的损失。

第十六条 社会主义组织间关于金钱债务的支付,应该经过国家银行以划拨结算的方式进行。但零星小额付款,法令另有规定的可以除外。

第十七条 因债权人住所不明、债权人无故拒绝受领、或者债权人无行为能力又无合法代理人的时候,债务人可以将给付物提存于当地的公证机关以清偿债务。如果当地没有公证机关,可以向人民法院提存。提存后没有正当理由不得撤回。

提存的标的物如果容易腐坏变质,应当在公证机关或人民法院的监督下,由债务人变卖后提存价款。

第十八条 公证机关或人民法院接受提存后,应当通知或公告债权人受领。如果通知或公告后满一年无人受领(或:债权人不来受领),作为无主财产收归国有。

第十九条 由于提存造成债务人的额外开支,以及提存后公证处或人民法院对提存物的保管费用,都由债权人负担。如果提存物过期无人受领而被收归国有,应在提存物中扣除上项费用。

第二十条 债的标的是债务人的行为时,如果债权人无故拒绝接受或不给以必要的协助,债务人可以解除契约并要求赔偿所受到的损失。

第二十一条 二人(或写双方当事人)相互间负有种类相同并都已到清偿期的债

务,任何一方可以通知他方互相抵销;其他的债务,经双方同意后也可以抵销。

第二十二条　几个债务人负有一个可分的共同债务,除法令或契约另有规定外,应按各自所负担的份额履行债务。

几个债权人享有一个可分的共同债权,除法令或契约另有规定外,应按各自所享有的份额请求履行。

第二十三条　连带的债只有在法令或契约有规定的时候才能发生。债的标的物是不可分物时,视为连带的债。

约定连带责任时,必须用书面形式。

注:有的意见主张:公民之间也可以用口头形式。

第二十四条　两个或两个以上债务人负担连带责任时,债权人可以同时或者先后向连带债务人中一人、数人或者全体,请求履行一部或者全部债务。在连带债务中,债权人没有得到全部清偿前,全体连带债务人对于没有清偿部分的债务,仍然负担连带责任。

第二十五条　债务人清偿了连带债务以后,有权向其他的连带债务人请求偿还其应分担的部分。连带债务人中一人不能偿还的部分,由其余债务人按比例负担。

注:有的意见主张:"连带债务人中一人……按比例负担"一段不要。

第二十六条　两个或两个以上的债权人享有连带债权时,其中任何一人都有权向债务人请求履行一部或者全部债务。债务人向连带债权人中之一人清偿了全部债务以后,其他债权人的请求权消灭。

第二十七条　连带债权人中的一人得到清偿以后,其余的债权人有权向他请求应得的部分。

第二十八条　除法令或契约另有规定外,因给付所生的费用由债务人负担;因受领所生的费用由债权人负担;因变更履行地点所生的额外开支,由引起变更的一方负担。

第二十九条　债务人如果无故不履行债务,除赔偿债权人所受到的损失外,仍应担负履行债务的责任。

第三十条　债务人如果确有困难,无法按期履行债务,人民法院或公断机关可以根据双方当事人的具体情况,判令分期履行或缓期履行,并且可以酌情免除债务人赔偿损失的责任。

第三十一条　由于不应归债务人负责的原因造成不能履行债务的时候,应该免除债务人的责任。

第三十二条　双方契约由于不应归双方当事人负责的原因造成一方不能履行债务的时候,任何一方不得要求对方按约给付,如果一方已经给付一部或全部,有权要求返还。

另案:因为不应归双方当事人负责的原因造成一方不能履行债务的时候,不能履行的一方不得要求对方按约给付,如果已经受领了对方的给付,应该返还。

第三十三条 双方契约的一方当事人(或:双方当事人的一方),由于应归自己负责的原因而不能履行债务的时候,对方可以解除契约,并请求赔偿损失。

第三十四条 双方契约的一方当事人(或:双方当事人的一方),由于应归对方负责的原因造成不能履行债务的时候,不能履行的一方如果有损失,有权请求对方赔偿。

第三十五条 由于应归双方负责的原因造成一方不能履行债务的时候,如果一方有损失,应该根据双方所负责任的大小按比例分担损失。

第三十六条 债务人应该按照契约全部履行债务;如果到期不能全部履行,而部分履行对债权人确无利益,债权人有权拒绝接受部分给付。

第三十七条 定期债务,债务人如果在规定期间没有履行,应该负迟延责任。

不定期债务,经债权人提出请求后,债务人不立即履行或在准备期间内没有履行,也应负迟延责任。

债务人由于不应归自己负责的原因造成迟延履行债务的时候,不负迟延责任。

第三十八条 债务人迟延履行债务,应负下列责任:

(一)对债权人赔偿因迟延履行所受到的损失,或者按照约定给付罚金;

(二)担负迟延履行期间标的物意外损失的责任;

(三)如果迟延后的履行对债权人没有利益而被拒绝接受的时候,应该赔偿债权人因此所受到的损失。

注:关于金钱债务迟延利息问题,可以考虑在借贷部分去规定。

第三十九条 债务人给付的标的物,如果不符合法定或约定的规格质量,可按下列规定分别处理:

(一)适当减少价金;

(二)债务人在债权人要求的期限内负责修理完好;

(三)债权人可以拒绝受领;拒绝受领后如果有损失,可以请求债务人赔偿。

第四十条 债的标的物,自债权人受领的时候开始,在法定或约定债务人保证质量的期限内,债权人对标的物有提出缺陷的权利;但经过按件验收的标的物,债权人接受后,债务人对标的物的明显缺陷可以不负责任。

第四十一条 债权人无正当理由不按期接受债务人的给付,或因没有给债务人以必要的协助造成债务人不能按期履行债务的时候,债权人应负迟延责任。

第四十二条 债权人迟延受领,应负下列责任:

(一)对债务人赔偿因迟延受领所受到的损失,或者按照约定给付罚金;

(二)担负迟延受领期间标的物意外损失的责任。

第四十三条 在债权人迟延受领期间,债务人仍应妥善保管债的标的物,保管费用由债权人负担。

债的转让

第一条 债权人可以将自己的债权转让给第三人。但是法律或者契约另有规定的除外。

债权转让的时候,有关债权的一切附属权利也随同转让。

第二条 债务人必须经债权人的同意,才能将债务转让给第三人。

第三条 社会主义组织间债权、债务的转让,不能违背国家计划,并须经过主管机关批准。

注:有的同志主张这条不要。

第四条 债权、债务转让的时候,应该订立书面契约。

第五条 债权转让的时候,债权人应当通知债务人,并对债权的真实性向新债权人负责。

第六条 债务转让给第三人的时候,设定的保证和抵押即行消灭。但是保证人或者抵押人愿意继续担保的,除外。

保 证

第七条 按照保证契约,保证人应担保主债务人向债权人履行债务。主债务人无力履行债务的时候,由保证人负责履行。但是契约约定保证人负担连带责任的,依其约定。

第八条 保证契约必须采用书面形式。

注:有的同志主张:也可以用口头形式。

第九条 保证人负担责任的范围和主债务人相同,但是契约另有约定的除外。

注:本条不要。

第十条 保证人向债权人履行债务后,应立即通知主债务人;主债务人自己履行了债务,也应该立即通知保证人。

第十一条 变更主债务内容的时候,债权人应该征得保证人的同意,否则保证人不负担保责任。

第十二条 由于债权人的过错,造成债务人履行困难或者不能履行,保证人不负担保责任。

第十三条 几个人共同保证同一债务的时候,应该向债权人负连带责任。但是法律或者契约另有规定的除外。

第十四条 保证人代替主债务人向债权人履行债务后,保证人对主债务人即处于债权人的地位。债权人应该把一切有关债权的证件移转给保证人。

第十五条 定有履行期限的主债务,债权人自主债务到期之日起六个月内没有向保证人提出请求的时候,保证责任(即行)消灭。未定履行期限的主债务,债权人自保证契约订立之日起一年内没有向保证人提出请求的时候,保证责任(即行)消灭。

违 约 金

第十六条 双方当事人的一方不履行或者不适当履行契约的时候,应该按照约定给付他方一定的违约金。

违约金的数额以不超过债务总额的15%为限。

社会主义组织之间为了完成国家计划任务所订立的契约,必须约定违约金。

本条第二款的另案:违约金的数额以不超过应交付部分的15%为限。

注:有的同志主张,这条的第三款不要。

第十七条 约定违约金必须采用书面形式。

注:有的同志主张,这条不要。

第十八条 给付违约金的一方不能免除履行契约的义务;在给付违约金以后,违约的一方还不能履行契约的时候,他方有权解除契约。如果因违约金造成对方损失,还应该负责赔偿。

另案:给付违约金并不免除主债务的实际履行。在给付违约金以后,如果还不能弥补对方的损失,他方有权请求损害赔偿。

违约金的数额不应过高或者过低;交付违约金的一方如果认为违约金的数额过高,法院或者公断机关可以根据债务履行的情况酌情减低。

定 金

第十九条 定金是订约的一方为证明契约的成立及担保契约的履行,从约定的给付中预先给付他方一定的金钱或者实物。

第二十条 给付定金的一方不履行契约的时候,他方可以解除契约,并且不退回定金。

接受定金的一方不履行契约的时候,他方可以解除契约,并且要求加倍返还定金。

抵 押

第二十一条 债务人不履行设有抵押权的债务,债权人有权从抵押财产的价值中比其他债权人优先得到清偿。

抵押人可以是债务人,也可以是第三人。但是抵押人必须是抵押财产的所有人。

第二十二条 设定抵押权应当采用书面形式。如果法律规定应该经过公证证明的时候,还必须经过公证证明。

第二十三条 抵押流通中的商品的时候,抵押人有权用和抵押品价值相等的其他商品代替;抵押权人有权随时检查所抵押的商品。

第二十四条 债权人不能使用由他保管的抵押财产,以及由抵押财产所产生的收益。

第二十五条 除法律或者契约另有规定外,抵押人可以将已经设有抵押权的财产再抵押给另一个债权人,但是抵押财产的价值不能少于应该担保债务的总价额,并且应该征得前一个债权人的同意,以及把已经设有抵押担保的事实通知后一个债权人。

注:本条不要。

第二十六条 一种财产设有几个抵押权的时候,抵押权人对抵押财产的请求清偿顺序,应该按照抵押权设定的先后受偿。

注:如果第二十五条不要,则这条也不要。

第二十七条 抵押权人或者抵押人对由他保管的抵押财产,有义务交付保险,保险费用由抵押人负担。但是契约另有规定的除外。

当已交付保险的抵押财产遭受意外灭失的时候,抵押权人有权从保险赔偿费内优先得到清偿。

第二十八条 出卖抵押财产所得到的款项不够清偿债务的时候,抵押权人有权从债务人的其他财产中得到清偿。

当抵押财产在六个月内卖不出去的时候,抵押财产折价归债权人所有。

第二十九条 当抵押权所担保的债权消灭的时候,抵押权人应当把自己保管的抵押财产返还给抵押人。

留 置 权

第三十条 当债务人不履行义务的时候,为了保证债权得到清偿,债权人有权留置债务人所交付的物品。

注:有的同志主张增加一款:"债务人如能提供担保,即不得留置。"

第三十一条 债务人在一个月内不履行债务的时候,债权人有权变卖所留置的物品,并且从所得的价款中得到清偿;如果还有余额,应该通知债务人在五个月内领取,债务人逾期不领取即上缴国库。危险物品、易腐物品除外。

注:有的同志主张:债权人留置的物品,应只限于偿付其债权所必需的适当数量,但是物品不能分割的除外。

债的消灭

第三十二条 债因下列情况而消灭:

(一)已经清偿；
(二)根据国家机关的命令；
(三)订立新契约以代替旧契约；
(四)债的价额相等并已经到清偿日期的债的相互抵销；
(五)债务人和债权人同是一人；
(六)提存；
(七)由一定身份所生的债的当事人死亡；
(八)由于债权人的过错使债务人不能履行；
(九)债权人免除债务人履行债务。

注：有的同志主张：第八项不要。

关于债权篇通则的参考资料(债的担保部分)

全国人民代表大会常务委员会办公厅研究室 1956年9月3日

一、留置权的问题

(北京铁路管理局商务处事故赔偿科同志谈 1956年8月24日)

(一)货物中的留置

货物运输中的留置有好几种:(1)因货运违反政府政策法令而被扣留,铁路局即会同公安人员检验编制记录,交公安局处理;(2)货主没有交运杂费,将他的货物扣留。交清后才给他提单,没交清以前,不给他提单,没有提单就不能提取货物——这只是说明没有办清手续而将货物扣留了,还不是我们所说的留置(按:究竟算不算留置?值得研究)。前一种情况完全由公安局处理,应交的费用(运费及其他杂费)由铁路局与公安局协商解决;在第二种情况中又有:(1)普通货物运输中发生的:例如包装上标明是印刷品,到站时实质上是精密仪器(印刷品与精密仪器的运价不同),运费有增加,如果托运人不增加运费,铁路局有权留置货物,并按5倍科处罚款。按铁路《无法交付货件处理细则》规定:铁路局有权变卖扣留物品受偿,多余的退回,从通知起6个月内,托运人不来领取,余额上缴国库;(2)对危险性货物只保管24小时,超过这个期限仍不来领取,铁路局有权变卖。一般货物,原则上在5天内催告收货人,8天内催告发货人,经过13天后仍不领取就变卖。但是有个例外,如果货物本身价值不大,或者是容易腐烂的货物,同时保管费又过高的,则不受上述时间的限制,只要铁路局认为不够弥补运费时,经局长批准后即可以缩短时间,随时就地处理。

目前存在的问题:以上情况在实际处理中是有问题的,特别在全行业公私合营以后,变卖扣留物品很困难。过去我们掌握是先公后私,合营后大家都不要买,国家统一分配物质不能随便处理,如果要处理,必须通过所在地人民委员会物质供应机关。现在,一般都不愿购买扣留物品,原因:(1)铁路局不能保证规格质量;(2)品种复杂;(3)各个国营企业单位都没有这方面的进货计划。现在合营企业也不买,只有手工业合作社废弃品处理部收买,但又作价过低,所以现在有许多物品还没有处理。

(二)行李包裹的留置

行李包裹是直接行使留置,并且往往行使强制留置,不过只是小数量的。留置时间是30天,超过30天不补交运费,铁路可以变卖留置的物品。具体做法是:行李保管两天(从到达日起),包裹从通知日起两天,超过的收保管费,每天每件行李收费两毛,包裹是3毛,超过30天不来领取即变卖,如有特殊原因,有机关、派出所证明,可以豁免(所谓特殊情况就是指不是由于自己的原因造成的)。6个月内还不来认领,即上缴国库。特殊物质随时处理,必要时到合作社了解价格,标价拍卖。遗失物品一般保管6个月,6个月内不来领取即上缴国库。

目前存在主要问题是留置物品卖不出去。

二、违约金的问题

(北京市中国百货公司采购供应站谈　1956年8月24日)

违约金有三种:(1)加工中的违约金;(2)订货中的违约金;(3)包销中的违约金。

加工中的违约金,1955年度是5‰、6‰到7‰。

订货、包销是2‰、3‰到4‰。加工中的违约金是按工缴费计算,包销、订货是按交货总值计算。

1956年以后,加工中的违约金降低到3‰、4‰或5‰;订货、包销是1‰、2‰或3‰。

为什么在违约金中有三种情况?因为:到期不交货,如果事前有通知,则按1‰,没通知是按2‰,超过10天是按3‰,加工亦同。

从罚款来说,大部分是经过双方协商,如有特殊情况,例如机器损坏、停电以及其他自然灾害等,则免罚。

目前存在的问题:(1)有的厂方没有按规定的规格质量交货,如以其他产品代替约定的产品;(2)有的厂方临时提出减产,我们不同意,结果到期交不了货;(3)不合规格质量也是造成罚款的原因之一。

违约罚款一般是到期不交货或者是验收不合格退回而误期,原料供应不足时不按罚款论。

违约金是按日计算,如果罚款数额超过总值的15%,则报请政府处理。但在实际当中,一般是误期3天到5天,10天以上的很少,1‰的比重特别多,占80%,2‰的占10%,免罚的也不少。如果厂方实际上生产不出那么多,经我们同意后就修订合同,可以延期交货,但是如果我们的任务很急,一般是不同意修改合同。

我们掌握的对象:国营5间,合作社18间,合营15间,完全是百货业。订立的合同,属于订货的有36份,订购的5份,加工的1份。

商品储备贷款:当缺少资金的时候可以向人民银行贷款,主要是根据销售情况。收入多时减少贷款,少时增加贷款,收支不平衡时则另外贷款,这叫做超计划贷款,到收支平衡时则减少贷款。贷款后,必须保证经常储备的商品量,这些商品具有抵押的性质,而且这种情况在实际中很多。银行对商品储备贷款有监督权,掌握流动资金计划与采购计划。

关于违约金的计算问题,一般是以人民币计算,实际中没有以实物来计算违约金的。

三、抵押和担保的问题

(一)中国人民银行北京市分行贷款的抵押、担保情况

1. 公私合营以前的情况

(1) 对私营商业的贷款——需要有抵押品。抵押品分：①固定物资抵押，如房屋（也可以借别人房屋抵押）；②流动物资抵押，抵押品留债务人处，可以流动，但要经常保持不低于贷款数额的物资储存。

(2) 对手工业的贷款——是采取照顾的态度。大都是信用贷款，无抵押品但应设定保证。手工业者所找的担保人也都是手工业者，有时互相作保，实际上不能起到担保人的作用。债务人到期还不出钱的时候，担保人也往往不能清偿。这种情况银行的处理是准其延期付款，但有些长期拖延的，实在不好处理。

(3) 对私人贷款——每年雨季前后，市民为了修理房屋以房契作抵押向银行贷款的很多。一般均在500元以下。由于金额小，大都能按期清偿。有时也有以破烂小屋作抵押，贷款金额超过其本身价值的，但这种情况均是极困难户，若得不到贷款修理，房屋就有倒塌的危险，所以也只好贷给。

抵押贷款一般的不经过公证、登记，如果有特殊情况即需要公证。

2. 公私合营以后的情况

公私合营以后向银行贷款均用抵押品担保，不需要保人。对抵押品一般都不处理，因为借款户卖不出的东西，银行拿来更卖不了。而实际上国营、公私合营企业的贷款没有不能清偿的情况。因为国营企业有亏损时，由上级机关在财政上加以弥补；公私合营企业有亏损时，在上缴利润上弥补。

银行对手工业合作社的贷款也是要抵押品作担保，但是担保作用不大。到期不能归还借款时，银行不能单纯地从本身利益出发，有时为了维持其生产还要继续贷款，仅提请其上级联社加强监督、改善经营，使生产好转后再归还。

手工业合作社在贷款时虽然要得到上级联社的同意和担保，但实际上不负经济责任。
国营、公私合营企业向银行所贷的款，必须用在生产方面。

(二) 北京市房管局关于房屋抵押、担保情况

1. 房屋抵押

私私间房屋抵押，双方应同来房管局登记，由房管局发给抵押权人"他项权证"为凭（房契仍留抵押人处）。在债务未清偿"他项权证"未取消以前，该屋不得出卖。每年雨季时小业主以房契作抵押贷款的很多。贷款时先在公证处办好公证手续，由公证处通知法院，再由法院通知房管局。这个办法法院和房管局均认为太麻烦，既然银行已拿了房契，该屋自然不能再出卖了，不必再通知法院和房管局。因此今年就不再通知了。

解放初期，私私间抵押曾有将一个房屋辗转抵押好几次（即甲押给乙，乙押给丙，丙又押给丁）的投机行为，现在已经没有这种情况了。

房屋抵押不收税费，房管局对此也掌握不严，所以不来登记的也不少。
城区土地没有抵押情况。

2. 抵押权与典权的区别及其他

抵押房屋，抵押权人不能使用债务人所借的款子，否则要计利息；在出典房屋的情况下承典人可以使用房屋，债务人所借的款也不计利息。

房屋出典，承典人要支付承典税。由于承典税比买卖税低，为了防止以承典作为变相

的买卖,规定承典期超过20年就按买卖税率征收。房屋出典的缺点是承典人往往不爱护房屋,尤其是典期快到的时候听其破坏不加修理(一般规定小修由承典人出资,大修由所有人出资),因此考虑将典价降低,消极的使出典人不愿出典以减少出典成交。

3. 担保问题

房屋在买卖时也有担保情况,但需要设定担保的均不是正常的买卖情况,在正常情况下不设定担保。如:所有权人不在,他的直系亲属由于急需必须要出卖房屋时就要设保人,以保证出卖房屋的产权无其他纠纷。保证分人保、铺保两种。房管局在某种情况下也出面作担保,例如:作为担保的房屋是属于共有财产,但该屋共有人不在时,由房管局担保该屋在担保期间不再出卖。

债权篇通则（草稿）[二稿]①

全国人民代表大会常务委员会办公厅研究室　1957年1月7日

第一章　债的发生

第一节　由计划法律、法令所生的债

第一条　社会主义的经济组织，在完成国民经济计划的任务时，应当根据国家计划法律、法令的规定签订合同或者根据法令规定，不经过签订合同，直接履行债务。

第二条　由国家计划法律、法令所产生的债务，必须符合国家关于该项计划法律、法令所规定的内容。并随着国家对于该项计划法律、法令的变更或者废除，债的内容也应该变更或者解除。

第三条　由国家计划法律、法令产生的债权和债务，除由特别法令规定外，不能移转或者放弃。②

第二节　由契约所生的债

第四条　契约是由双方当事人根据国家计划法律、法令或由双方当事人依照自己的意思需要设立债权、债务关系所达成的协议。

另案：债权、债务可以由两个或者两个以上的人，根据国民经济计划或者自己的需要，通过签订契约而产生。

第五条　契约的内容，不能违反法律、法令、国民经济计划和公共利益。

注：
1. 有人认为应将末句"公共利益"改为"社会主义道德"。
2. 有人认为第一句后加"可以自己约定，但……"。

第六条　契约可以用书面签订，也可以用口头约定。

依法规定必须用书面形式签订的契约，都应当有书面形式；如果没有书面，在发生争执时，应由主张权利的当事人负责，举出其他确切证据。

---

① 本件原件扉页有手写"第二次稿第一案"字样。
② 原件此处有手写旁注"到稿□去解决"字样。

第七条 双方当事人对契约内容一经同意，契约即认为成立。

法律规定必须经过公证或者登记的契约，在完成公证或者登记的手续后，才算成立。

注：

1. 有人认为以上的"成立"都应改为"生效"。

2. 有人认为第二款末句应改为"才发生效力"。

第八条 违反法律、法令、国民经济计划以及公共利益的契约无效。如果一方已为给付，应按情节轻重或者返还请求；或者收归国有。

第九条 债权人为第三人的利益，与债务人签订的契约，除了债权人可以请求债务人向第三人履行以外，享受利益的第三人也可以直接要求债务人履行。如果第三人放弃享受利益的请求权，可由债权人自己享受；但这些权利如果是和第三人人身不可分离的除外。

注：

1. 有人认为本条应分列为两条，即句号前为一条，句号后为一条。

2. 有人认为如果受益人放弃，而债权人又不能享受的时候，契约中所规定的利益由谁享受？债务人对他的债务，如何履行？

第十条 为第三人利益所订的契约，在第三人已经表示愿意接受后如果没有得到第三人的同意，订约人无权变更或者解除契约。

第三节 因造成他人损害所生的债

第十一条 由于故意或过失违反法律、法令或社会主义道德而使他人人身、财产受到损害时，加害人对受害人应负赔偿责任。

第十二条 数人共同不法造成他人损害，负连带赔偿责任。

第十三条 机关、企业、学校、团体的工作人员，在执行职务时造成他人的损害，由该工作人员的所属单位负赔偿责任。其所属单位赔偿后，可以根据该工作人员故意或过失的情节轻重，责令他赔偿全部、一部或者免除他的责任。

注：有人认为本条第三句应改为："由该工作人员的所属单位根据其所应负责部分负赔偿责任"。

第十四条 无行为能力人造成他人的损害，由其法定代理人负赔偿责任。

限制行为能力人造成他人的损害，由限制行为能力人自己负责赔偿，在他不能赔偿或赔偿不足的时候，由其法定代理人负责赔偿。

第十五条 动物造成他人损害，由动物的所有人或占有人负责赔偿。

建筑物或者其他物由于设备或管理不善造成他人的损害，由物的所有人负责赔偿。在施工过程中造成他人的损害，由施工人负责赔偿。

损害的发生如果是由于第三人的故意或过失所造成，应由第三人负责赔偿。

第十六条 有高度危险的业务、设备或动物对他人造成的损害，由其所有人或占有人负责赔偿。

但其损害的发生是由于不可抗力、受害人的故意或重大过失所引起的,除外。

第十七条 为了保护公共利益、自己或他人的身体、财产,出于正当防卫造成了对方的损害,不负赔偿责任。

注:有人认为第三句应改为"对正在进行犯罪的人采取正当防卫"。

第十八条 为了避免自己或他人的身体、财产上的急迫危险,而造成他人的损害,如果这种危险是自己造成的,应负赔偿责任;如果是第三人造成的,由第三人负赔偿责任;如果是人力不可抗拒的原因所造成的,应根据实际情况,由避难人负全部、部分或免除赔偿责任。

注:有人认为本条中的第三人责任问题不必规定,因这条只解决避难人与受害人相互间的问题,损害如果是由第三人的原因造成的,则仅是避难人向第三人请求补偿的问题。

第十九条 加害人损害他人身体的健康,应当赔偿受害人所必需的医药费用和因此而造成的其他损失;如果受害人在治疗以后失去部分或全部劳动能力的,加害人应当赔偿受害人在一定期间内应得的劳动收入,或者负担全部或一部生活费用。

加害人造成他人死亡时,除负担受害人医药丧葬费用外,并在一定期限内承担受害人生前所扶养的人的生活费用。

第二十条 加害人损害他人财产,应当负责恢复原状,如果不可能恢复原状,可以用金钱赔偿。

注:

1. 有人认为后一句应补充为"可以用金钱或者实物赔偿"。
2. 有人认为本条的第三、第四两句取消,在第二句后接写"或者折价赔偿"。

第二十一条 损害的发生是加害人和受害人双方都有责任的时候,加害人只就自己应负的责任范围负责赔偿。

第二十二条 损害赔偿的数额,除根据加害人的故意或过失的情节轻重及受害人的受害程度之外,并应参照双方的经济情况酌情决定。

另案:损害赔偿的数额,可由人民法院根据受害程度、加害情况及双方经济情况决定。

第二十三条 公民为了保护社会主义财产而受到损害时,应由受益单位根据国家的法令规章及受害人受害的程度给以生活费、医药费或者抚恤金。

另案:本条不要。

第四节 由无因管理所生的债

第二十四条 无因管理是管理人为了保护他人的利益,既没有受到委托,也没有法律上的义务,而在无法或来不及通知的情况下,自愿代替他人管理事务的行为。

另案:无因管理是管理人在为防止他人事务的急迫损害又来不及通知事务所属人,或者虽不是急迫损害但不可能通知的情况下,既没有受到委托,也没有法律的义务,而自愿代替他人管理事务的行为。

第二十五条 管理人应当妥善地管理事务,保管财产,并且应当迅速设法通知本人。取得本人同意后,即成为委任或保管的关系,适用本法关于委任或保管的规定。

第二十六条 管理人在管理事务中所支出的必要费用和因管理事务使自己财产遭受的直接损失,可以在管理事务结束交还本人时请求归还;因故意或重大过失对事务所造成的损害,应负赔偿责任。

注：
1. 有人认为本条应将请求权与赔偿责任分写两条。
2. 有人认为无因管理中所提的"本人"应都改为"事务所属人"。
3. 有人提出,所保管的财产如果意外灭失,管理人所支出的必要费用是否仍有权请求偿还？

第五节 由不当得利所生的债

第二十七条 不当得利是既没有法律上的根据,也不是出于自己的故意,而是由于他人的过失,使他人受了损失并使自己得到的利益。

不当得利,应从知道的时候起,将全部实际所得的利益,迅速返还给原所有人。

第二十八条 不当得利人在知道是不当得利以前,如果已将获得的财产处分了,就应当折价补偿。如果对于财产造成了损失,除了由于人力不可抗拒的原因之外,要负赔偿责任。

不当得利人对其获得财产所支出的必要保管和增值费用,可在返还所得利益时向原所有人请求偿还。

第二十九条 不当得利人在知道其所获得的利益是不当得利后,如果不迅速返还给原所有人,则从他知道的时候起按照本法所有权篇关于恶意占有的规定处理。

×× ① 凡是受益人没有法律上的根据,而从对方获得利益并使对方受到损失的都是不当得利。不当得利的收益人应该将他所受到的利益返还给对方。

×× 受益人在受到利益的时候,不知道他所受领的是不当得利,应该从知道的时候起负责返还。如果在知道以前已将受领的利益处分了,或者因自己的过错使利益灭失,应该折价偿还。

如果受益人在受到利益的时候已经知道是不当得利,除了按照前款规定负责返还以外,并对人力不可抗拒的灭失也应负责。

×× 受益人对不知道受到的利益是不当得利以前所支付的有益和必要费用,可以请求对方补偿。

第二章 债的履行

第三十条 债务人应该严格按照债的内容,以积极负责的态度切实履行债务;如

---

① 原件如此,应系本节"由不当得利所生的债"三条的另案。

依债的性质或约定,债的履行要有债权人对债务人协助才能完成的,债权人应该给予必要的协助。

另案:本条不要。

第三十一条 债务人对债的标的,应该按照法定或者约定的标准履行;如果没有法定或者约定的标准,应该按照当地通常标准履行。

注:这条内容如果包括行为的履行,是否能解决问题?

第三十二条 债的标的选择权,一般应属于债务人,如约定选择权属于债权人时,可以例外。

如果法定或约定选择权属于债权人,而债权人在规定的选择期间不行使选择权时,其选择权移转于债务人。

第三十三条 以金钱为标的的债务一律用人民币支付。但对外贸易或国家银行经办的外币存款除外。

第三十四条 定期债务,应按法定或约定的期限履行。

不定期债务,债务人可以随时履行,债权人也可以随时请求履行。债权人提出请求后,债务人应立即履行,如果立即履行确有困难,债权人应当给予债务人以一定的准备时间。

注:有人认为本条末句应改为:"……应给债务人七天的准备时间。但法律或契约对准备时间另有较长的规定的,依其规定。"

第三十五条 定期债务,如果取得双方同意,也可以提前履行。

由于提前履行造成的损失及额外开支,由请求提前履行的一方负担。

第三十六条 债的履行地点,如果没有法定或约定,并且依债的性质也不能决定的,应按下列规定履行:

(一)金钱债务,在债务发生时债权人住所地;

(二)以物为标的以及其他债务,在债务人住所地。

注:有人认为应将物为标的的内容另作一项,写为"以物为标的的债务,在债务发生时物的所在地"。

另案:本条不要。

第三十七条 债务人可以向债权人或其代理人履行债务。如果向其他人履行必须经债权人同意,才发生清偿的效力。但向法院判决或法律规定的第三人履行的,除外。

债务人根据提出的债权确实凭证而履行的,具有清偿的效力。

第三十八条 债务除由债务人本人履行外,也可以由第三人履行。但与债务人本身有密切关系的债务,必须征得债权人的同意后,才能由第三人履行。

社会主义组织间的债务,只有在不抵触国家法令和国民经济计划情况下,并取得债权人的同意,才能由第三人履行。

由第三人履行债务的时候,如果发生不履行或不适当履行的情况,债务人应该负责履行或者赔偿债权人因此所受到的损失。

注:对第二款的意见:(1)在一般情况下不允许社会主义组织间的债务由第三人履行,只有在例外情况下才可以;(2)"社会主义组织间"的面太宽;(3)"并取得债权人的同意"一句不要。

另案:在不抵触国家法律、法令和国民经济计划的情况下,债务可以由第三人履行。但与债务人本身密切关系的债务,必须征得债权人的同意后,才能由第三人履行。

由第三人履行债务的时候,如果发生不履行或不适当履行的情况,债务人应该履行债务或赔偿债权人因不履行或不适当履行所受到的损失。

第三十九条　债务人对债权人负有数宗同种类的债务,在债务人提出的给付不足清偿全部债务的时候,应按债的到期先后偿付;如果同时到期,应按债的设立先后偿付。

另案:本条不要。

第四十条　双方当事人互为对待给付的债务,如果没有法定或约定先由何方履行,或依债的性质也不能确定先由何方履行的时候,任何一方在没有得到对待给付时,都可以拒绝给付。

第四十一条　社会主义组织间支付金钱的债务,应该依照国家银行划拨结算的规定进行。

另案:分则"结算"中已有规定,本条不要。

第四十二条　债务人履行债务,如因债权人住所不明,债权人无故拒绝受领,或者债权人无行为能力又无合法代理人以致无法给付的时候,债务人可以将给付的金钱或实物提存于当地公证机关或人民法院。提存后没有正当理由不得撤回。

注:有人主张再加一款:

提存物如果容易腐坏变质,应当在公证机关或人民法院的监督下,由债务人变卖后提存价款。

第四十三条　公证机关或人民法院接受提存后,应当通知或公告债权人受领。如果通知或公告后满一年(或改六个月)债权人还不受领就作为无主财产收归国有。

注:已收归国有的财产,如果债权人有正当理由是否还可以取回?

第四十四条　由于提存造成债务人的额外开支,以及提存后公证机关或人民法院对提存物所支出的保管费用或其他费用,都由债权人负担。如果提存物被收归国有,应在提存物中扣除上项费用。

第四十五条　几个债务人对一个可分的标的物负有共有的债务时,除契约另有规定外,应按各自所负担的份额履行债务。

几个债权人对一个可分的标的物享有共同债权时,除契约另有规定外,应按各自所享有的份额请求履行。

注:有人主张:第一款和第二款的末尾均要加上:如果份额不能确定,可以平均负担。

另案:本条不要。

第四十六条　只有法定或约定几个债务人负连带责任时,才能成立连带的债。

债的标的物是不可分物时,视为连带的债。

约定连带责任时,必须用书面形式。

注：

1. 有人主张：只有法令规定才能发生连带的债,契约不能自由约定。同时第三款也不要。

2. 第二款不要。

第四十七条 两个以上债务人负担连带责任时,债权人有权同时或者先后向连带债务人中一人、数人或者全体,请求履行一部或者全部债务。

连带债务没有全部清偿前全体连带债务人仍负连带责任。债务人清偿了连带债务以后,有权向其他连带债务人请求偿还其应分担的部分。连带债务人中有人不能偿还的部分,由其余债务人按比例负担。

注：有人主张："连带债务人中有人……按比例负担"一段不要。

第四十八条 债的履行费用,如果没有法定或约定,应依下列规定负担：

（一）因给付所生的费用由债务人负担；

（二）因受领所生的费用由债权人负担；

（三）因变更履行地点所生的费用,由引起变更的一方负担。①

第四十九条 债务人应该按照契约规定全部履行债务,如果不能全部履行,债务人必须征得债权人同意,才可以部分履行。

另案：债务人应该按照契约全部履行债务；如果部分履行,债权人有权拒绝。

注：有的意见：本条可以提前,放在履行的方法中。

第五十条 债务人由于应归自己负责的原因而不能履行债务时,债权人有权解除契约,并且请求债务人赔偿损失或按约给付违约金。

注：将第一句改为："由于债务人的故意、过失或者是由于第三人的原因造成债务人不能履行时"。

第五十一条 债务人的给付,如果不符合法定或约定的规格质量,债权人有权请求按下列规定分别处理：

（一）调换相当质量的物品；

（二）适当减少价金；

（三）要求债务人限制修理完好；

（四）可以拒绝受领,解除契约；如果有损失并可请求债务人赔偿。

第五十二条 债务人过期履行债务,应分别负下列迟延责任：

（一）按照法定或约定给付违约金；

（二）赔偿对方所受到的损失；

（三）担负迟延期间标的物意外损失的责任；

---

① 原件本条有手写旁注"与五十二条有矛盾,要去掉"字样。

（四）对方有权请求解除契约。

注：有人认为解除契约要加以限制。

第五十三条　债务人不履行或不适当履行债务，如果是由于下列原因造成的可以免除责任：

（一）由于①国家计划、法令的变更；

（二）另有行政命令；

（三）发生人力不可抗拒的事故；

（四）由于债权人的故意或过失。

注：有人主张将"债务人不履行或不适当履行债务"改为"债务人不履行、迟延履行或不按约定的规格、质量履行"。

第五十四条　债权人没有正当理由而不按期接受债务人的给付，或者没有依照法定或约定给予债务人以必要的协助，造成债务人不能按期履行债务的时候，应按照第二十三条的规定，负同样的迟延责任。

第五十五条　在债权人迟延受领期间，债务人仍应妥善保管债的标的物。保管费用由债权人负担。

第五十六条　由于应归双方当事人负责的原因造成一方②不能履行债务的时候，如果一方有损失，应该根据双方应负责任的大小分担损失③。

第五十七条　债务人如果确有困难，无法按期履行债务，人民法院可以根据双方当事人的具体情况，判令分期履行或缓期履行。

第三章　债的保全

第一节　违约金

第五十八条　双方当事人的一方，如果违反了契约的规定，应该按照法定或约定给付他方一定的违约金。

第五十九条　给付违约金并不免除契约的实际履行。

在给付违约金以后，违约的一方还不能履行契约的时候，他方有权解除契约。如果因违约造成对方损失，并应负责赔偿。

另案：将本条改为：

给付违约金并不免除契约的实际履行。在给付违约金以后，如果还不能弥补对方的损失，对方有权请求赔偿损害。

第六十条　违约罚款的总金额过高，公断机关或者人民法院可以根据违约的

---

① 原件此处圈去"由于"二字。
② 原件此处圈去"一方"二字。
③ 原件此处圈去"损失"二字。

具体情况,酌情减少。①

第二节 保 证

第六十一条 为了担保债的履行,可以设立保证。当债务人无力履行债务的时候,应当由保证人负责履行。如果约定保证人应负连带责任的,依照约定。

第六十二条 变更主债务内容的时候,如果不征得保证人的同意,保证人不负担保责任。

第六十三条 几个人共同保证同一债务的时候,应当向债权人负连带的保证责任。但契约另有规定的,依照约定。

第六十四条 保证人代替主债务人向债权人履行债务后,债权人应当将一切有关债权的证件移转给保证人,保证人即处于原债权人的地位。

第六十五条 定有履行期限的主债务,债权人自主债务到期之日起六个月内没有向保证人提出请求的时候,保证责任即行消灭。未定履行期限的主债务,债权人自保证契约订立之日起一年内没有向保证人提出请求的时候,保证责任即行消灭。

注:有人认为定期、不定期债务都应一致规定为一年。

对保证部分的意见:有人认为除上述五条外,尚要增加下列内容:

1.保证人的责任范围与主债务人一样,应当担负因迟延履行所造成的一切损害的责任。(这个内容应放在第六十一条,作为该条的第二款)

2.保证人向债权人履行债务后,应当立即通知主债务人,如果保证人不履行这一义务,而主债务人自己履行债务的时候,保证人就没有权利请求返还。

主债务人向债权人履行债务后,应当立即通知保证人,如果主债务人不履行这一义务,而保证人自己已向债权人清偿的时候,保证人有权向主债务人请求返还。

(这两项内容作为一条的两款,放在第六十三条之后,作为第六十四条,原第六十四条往下推)

第三节 抵 押

第六十六条 为了担保债务的履行,可以设立抵押。债务人在不履行债务时,债权人有权就抵押财产价值优先得到清偿。

第六十七条 设立抵押应当采用书面形式。如果法律规定应该经过登记、公证证明的时候,还必须经过登记或公证证明。

注:有人主张:"设定抵押应当采用书面形式"一句不要。

另案:本条不要。

第六十八条 用流通中的商品作为抵押品的时候,抵押人可以用和抵押品价值相等的其他商品代替;抵押权人有权随时检查所抵押的商品。如果代替的商品价值

---

① 原件本条被圈去。

不足,抵押权人有权追回贷款或停止放款。

第六十九条 抵押物如果由抵押权人保管,抵押权人不能使用或取得抵押物所产生的收益,但契约另有约定的除外。

注:本条不要。

第七十条 变卖抵押物所得到的款项不够清偿债务的时候,抵押权人有权从债务人的其他财产中得到清偿。

如果抵押物确实无法变卖而债务人又无其他财产可以清偿债务的时候,可将抵押物折价归债权人所有。

注:将"如果抵押物确实无法变卖"一句改为"当抵押财产在一年内卖不出去"。

对"抵押"部分总的意见:有人认为一物数抵的情况及清偿程序也要反映。

第四节 定 金

第七十一条 为了证明契约的成立和担保债务的履行,订约的一方可以给付他方定金。

注:末尾加一句:"但法律另有规定的除外。"

第七十二条 给付定金的一方不履行契约的时候,他方可以解除契约,并且不退回定金。

接受定金的一方不履行契约的时候,他方可以解除契约,并且要求加倍返还定金。

对"定金"部分总的意见:定金部分整个不要。

第五节 留 置

第七十三条 当债务人不履行债务的时候,为了保证债权得到清偿,债权人有权留置债务人的物品。但债务人如能提供其他担保,即不得留置。

第七十四条 债权人将债务人的物品留置后,如果满一个月仍没有得到债务人清偿债务时,有权变卖留置物并且从所得到的价款中得到清偿;但是危险物品和易腐物品,债权人可以按照实际情况提前变卖,不受一个月的限制。

变卖清偿后,如果还有余额,应该通知债务人在六个月内领取,债务人逾期不领取,即作为无人受领的财产,收归国有。

注:

1. 有人主张:债权人留置的物品,应只限于偿付其债权所必需的适当数量,但是物品不能分割的除外。

2. 为了保护公民的个人财产权,还是由债权人向公证处提存较好。不宜马上收归国有。

第四章 债的移转和消灭

第七十五条 债权人可以将自己的债权移转给第三人。但依法定、约定,或依债的性质不能移转的债权除外。

债权人移转债权的时候,有关债权的一切附属权利也随同移转,并对债权的真实性向新债权人负责。

债权人移转债权的时候,应当通知债务人。

第七十六条 债务人必须经债权人的同意,才能将债务移转给第三人。债务移转给第三人的时候,为担保履行债务所设定的保证和抵押即行消灭。但是保证人或者抵押人愿意继续担保的,除外。

第七十七条 社会主义组织间的债权、债务的移转,不能违背国家计划,并须经过主管机关批准。

另一意见:本条不要。

第七十八条 对债权、债务移转的时候,应该订立书面契约。①

另一意见:本条不要。

第七十九条 债因下列情况而消灭:

(一)已经履行完毕;

(二)根据法律、法令或行政命令;

(三)订立新契约以代替旧契约(或写为债的更新);

(四)债的相互抵销;

(五)债权人和债务人由于继承、法人的归并、合并等原因而合为一人;

(六)提存;

(七)与人身有关联的债的当事人死亡;

(八)债权人免除债务人履行债务。

---

① 原件第七十七条、第七十八条被圈去。

债的通则(第二次稿)(另案)

1957年1月9日

第一部分 通 则

(一)债的概念和发生根据

第一条 债是一方(债权人)有权请求他方(债务人)为一定行为或不为一定行为的法律关系。

另案1:按照债的关系,一方(债务人)有向对方(债权人)完成某种行为或不为某种行为的义务;对方有向他请求的权利。

另案2:债是一方(债权人)有权请求他方(债务人)提供一定的物(包括金钱)的行为或者为其他的行为。

第二条 债是由于契约、计划法令、侵权行为、不当得利、无因管理以及其他法定的根据而发生。

另案:债可以基于契约关系而发生,也可以基于非契约关系如计划法令、侵权行为、不当得利、无因管理以及其他法定的原因而发生。

(二)债的履行

第三条 行使债权,履行债务,应该服从国民经济计划,遵守社会主义共同生活规则,本着诚实负责的态度进行。

另案1:债务人应该严格按照契约所规定的条件,以积极负责的态度(实际)履行债务;债权人应该给予债务人必要的协助。

另案2:债的履行,应该严格遵守契约纪律,本着实际履行、适当履行的原则精神得到实现。

第四条 债务人应向债权人或其代理人履行债务。如果向其他人履行,必须经债权人承认,才发生清偿的效力。

债务人根据通常情况,不能发现受领人无权受领而是善意履行债务的,也发生清偿的效力。

另案：债务人应向债权人或其代理人以及依照法院的指示或法律规定履行债务。如果向其他人履行，必须经债权人承认，才发生清偿的效力。

第五条　债务可以由第三人履行。但与债务人人身有密切关系的债务，必须征得债权人的同意后，才能由第三人履行。

由第三人履行的时候，如果发生不履行或不适当履行的情况，债务人应该赔偿债权人所受到的损失。

第六条　债的标的是物的时候，应该按照法定或约定的规格质量给付；如果没有规定，债务人应以良好的合乎通常使用的物给付。

注：另有同志主张将第二十四条与本条合并，增加一款条文为："违反前项规定的，债权人有权拒绝受领并请求赔偿因此所造成的损害，或者减价受领，或者交由债务人负责修理完好后受领。"

第七条　债的标的是金钱的时候，应该一律用人民币支付，但法律（另有意见把法律两字改为："对外贸易和国家银行经办的外币存款"）另有规定的除外。

第八条　定期债务，应按法律或契约规定的期限履行，如果双方同意也可以提前履行。

债务人事先未取得债权人的同意提前履行债务，造成债权人的损失应负赔偿责任。

第九条　不定期债务，债务人可以随时履行，债权人也可以随时请求履行，债权人提出请求后，债务人应立即履行，如果立即履行确有困难，应该给债务人七天的准备时间。但是法律或契约对准备时间另有较长的规定的，依其规定。

第十条　债的履行地点，如果法律、契约没有规定并且依债的性质也不能决定的，按下列规定履行：

（一）交付金钱的债务，在债务发生时债权人住所地；

（二）交付物的债务，在债务发生时物的所在地［另有两个意见：（一）在物的所在地；（二）在债权人住所地］；

（三）其他债务，在债务人住所地。

第十一条　互负义务的双方当事人，应当同时履行债务，任何一方在没有得到他方给付前，可以拒绝给付。但是根据法律、契约或依习惯一方有首先给付义务的除外。

第十二条　债权人和债务人可以约定分期履行债务，但是与法律规定或债的性质有抵触的除外。

第十三条　社会主义组织间以金钱支付的债务，应该经过国家银行以划拨结算的方式进行。但是法律另有规定的除外。

第十四条　因债权人住所不明、债权人无故拒绝受领、或者债权人无行为能力又无合法代理人的时候，债务人可以将给付的金钱或者实物提存于当地的公证机关以清偿债务。如果当地没有公证机关,可以向人民法院提存。

公证机关或人民法院接受提存后,应当通知或公告债权人受领。如果通知或公告后满一年债权人未来受领,作为无主财产收归国有。

注:另有同志主张第二款的一年期间,应该和一般时效期间一致起来。

第十五条　双方当事人相互间负有标的相同并都已到清偿期的债务,任何一方可以通知对方互相抵销。

标的、期限不同的债务,经双方同意,也可以抵销。但是与人身有关的如扶养、致人身损害所生的债,不能抵销。

第十六条　几个债权人共同享有一个债权,或者几个债务人共同负担一个债务的时候,债权人应按各自享有的份额请求,债务人也只按各自负担的份额履行,只有法律或契约另有规定时才负连带责任。

债的标的是不可分割物时,视为连带的债。

第十七条　连带的债的债权人可以向连带债务人中的一人或者数人请求履行债务。债务人向连带债权人中的一人清偿了全部债务以后,其他连带债权人的请求权即行消灭。

连带债权人中的一人得到清偿以后,其他连带债权人有权向他请求应得的部分。

连带债务人清偿了债务以后,有权向其他连带债务人请求偿还其应分担的部分。如果有不能偿还的部分,由其余债务人按比例负担。(另有意见改为平均负担)

第十八条　可以从几种标的当中选择一种履行的债,叫做选择的债。

如果法律或契约没有规定,选择权属于债务人;在选择权属于债权人而债权人在规定的选择期间不行使选择权的时候,选择权就移转于债务人。

标的发生意外灭失的时候,有选择权的一方应在其余的标的中进行选择,标的只剩一种时,丧失选择权。

注:另有同志主张第三款不要。

第十九条　债务人不履行债务,债权人有权请求赔偿所受到的损失,并且可以要求债务人继续履行债务或者解除契约。

第二十条　应归债务人负责的原因不能履行债务的时候,债权人可以解除契约,并且要求赔偿损害。

应归债权人负责的原因使债务人不能履行债务的时候,债务人免除责任,如有损害,并可向债权人请求赔偿。

第二十一条　双方契约中,由于归双方当事人共同负责的原因而使一方不能履行债务的时候,双方免除履行的责任,一方受到损害,由双方当事人按责任大小比例分担。

不归双方当事人或双方当事人的任何一方负责的原因而使债务人不能履行债务的时候,任何一方不得要求对方按约给付,如果一方已经给付,有权请求对方返还。

第二十二条　债务人在规定期间内,如果只履行一部分债务,应对没有履行的部分，负下列迟延责任：

（一）对债权人赔偿因迟延履行所受到的损失，并且按照约定给付违约金；

（二）担负迟延履行期间标的物意外损失的责任（另外有同志主张：如果采取以物品交付作为所有权移转的原则，这项规定就可以不要）；

（三）如果迟延后的履行对债权人没有利益，债权人可以拒绝接受，债务人应赔偿债权人因此所受到的损失。

注：

1. 这里指的迟延是仅限于部分迟延而言，全部迟延认为是不履行。

2. 另有同志主张：迟延履行应分为全部迟延和部分迟延，不履行也分为全部不履行和部分不履行。

第二十三条 如果债务人到期不能履行全部债务，而部分履行对于债权人确有损害的时候，债权人可以拒绝接受、解除契约，并请求赔偿损害。

注：

1. 本条不要。

2. 增加一段："但是社会主义组织之间除外"。

第二十四条 债务人给付的标的物，如果不符合法定或约定的规格、质量，可以按照下列规定分别处理：

（一）适当减少价金；

（二）债务人在债权人要求的期限内负责修理完好；

（三）债权人可以拒绝受领；拒绝受领后如果有损失，可以请求债务人赔偿。

注：

1. 如果采用第六条注的意见，则这条可以取消。

2. 另有同志主张：损害赔偿的原则应该贯串在三项处理办法中。

第二十五条 债务人交付的标的，债权人应该及时进行检验。对于容易发现的瑕疵，应该立即向债务人提出，否则债务人不负瑕疵责任。

第二十六条 标的中不容易发现的瑕疵和债务人故意隐瞒的瑕疵，债权人可以在下列期间内提出，但仅限于发现后立即通知债务人，否则债务人不负瑕疵责任。

（一）债务人故意隐瞒的瑕疵，不得超过三年；

（二）建筑物的瑕疵，不得超过一年；

（三）其他瑕疵，不得超过六个月。

第二十七条 债权人无正当理由不按期接受债务人的履行（给付），应负下列责任：

（一）赔偿债务人受到的损失并且（或者）按照约定给付违约金；

（二）负担不按期受领期间标的物意外损失的责任（另有同志主张：如果采取以物品交付作为所有权移转的原则，这项规定就可以不要）。

注：另有同志主张：债权人不按期接受时，债务人有权解除契约这个意思应该写上。

第二十八条 在债权人迟延受领期间，债务人仍应妥善保管债的标的物，保管费用由债权人负担。

第二十九条 因给付所生的费用由债务人负担;因受领所生的费用,由债权人负担;因变更履行地点所生的额外开支,由引起变更的一方负担,但是法律或契约另有规定的除外。

注:本条不要,因为给付和收领的费用界线不好划。

(三)债的移转

第三十条 债权可以移转给第三人;债务经债权人的同意,也可以移转给第三人。但是法律另有规定的除外。

第三十一条 债权移转时,附属权利(保证、抵押等),应随同移转;债务移转时如果得到担保人的同意,附属权利也可以随同移转。

第三十二条 债权的移转,债权人应事先通知债务人,并对债权的真实性向新债权人负责。

(四)债的担保

第三十三条 为了担保债务的履行,可以采用保证、违约金、定金、抵押、留置等方法。

保 证

第三十四条 保证人应担保债务人向债权人履行债务。债务人无力履行债务的时候,由保证人负责履行。但是契约约定保证人负担连带责任的,依其约定。

第三十五条 保证契约必须采用书面形式。

注:这一条仍应继续研究。

第三十六条 变更债务内容的时候,债权人应该征得保证人的同意,否则保证人不负担保责任。

注:

1. 另有同志主张把"债权人应该征得保证人的同意"中的"债权人"改为"债务人",因为实际生活中一般也是"债务人"通知;也有同志主张把"债权人"三字去掉,谁提出变更就由谁负责通知。

2. 另有同志主张加上一款,说明债务内容变更并没有加重保证人的责任的情况下,无须征得保证人的同意。

第三十七条 几个人共同保证同一债务的时候,应该向债权人负连带责任。但是法律或者契约另有规定的除外。

第三十八条 保证人代替债务人向债权人履行债务后,保证人对债务人即处于债权人的地位。

注：
1. 最后一句改为："保证人即享有原来的债权"。
2. 最后一句改为："债务人应向保证人清偿债务"。
3. 最后一句改为："保证人有权向债务人要求清偿"。

第三十九条　定有履行期限的主债务，债权人自债务到期之日起六个月内没有向保证人提出请求的时候，保证责任（即行）消灭。未定履行期限的债务，债权人自保证契约订立之日起一年内没有向保证人提出请求的时候，保证责任（即行）消灭。

违 约 金

第四十条　双方当事人的一方不履行或者不适当履行契约的时候，应该按照约定给付他方违约金。

违约金的数额以不超过债务总额的15%为限。

社会主义组织之间为了完成国民经济计划任务所订立的契约必须约定违约金。

注：
1. 有的同志主张第二款不要。因为百分数不好定得太死。
2. 有的同志认为第三款的情况再摸一下之后再决定。

第四十一条　给付违约金的一方不能免除履行契约的义务；在给付违约金以后，违约的一方还不能履行契约的时候，他方有权解除契约，如果因违约造成对方损失，还应该负责赔偿。

另案：给付违约金并不免除主债务的实际履行。在给付违约金以后，如果还不能弥补对方的损失，他方有权请求损害赔偿。

违约金的数额不应过高或者过低；交付违约金的一方如果认为违约金的数额过高，法院或者公断机关可以根据债务履行的情况酌情减低。（如果采取这一案，那么前一条的第二款可以取消）

定 金

第四十二条　定金是订约的一方为证明契约的成立及担保契约的履行，从约定的给付中预先给付他方一定的金钱或者实物。

第四十三条　给付定金的一方不履行契约的时候，他方可以解除契约，并且不退回定金。

接受定金的一方不履行契约的时候，他方可以解除契约，并且可以要求加倍返还定金。

注：定金问题估计今后会逐渐减少，而且与预付款界线难划，如果发生问题似可用赔偿损失来解决，可以考虑担保部分取消定金，并对定金情况继续研究。

抵 押

第四十四条　债务人不履行设有抵押的债务，债权人有权从抵押财产的价值中比其他债权人优先得到清偿。

抵押人可以是债务人,也可以是第三人。但是抵押人必须是抵押财产的所有人。

注:另有同志意见:抵押人不应规定限于抵押财产的所有人,一经设定抵押,不论财产属谁所有,抵押权不受影响。同时原条文第二款的规定,没能实际解决抵押人识别抵押财产属谁所有的问题,所以应把第二款去掉。

第四十五条　设定抵押权应当采用书面形式。如果法律规定应该经过公证证明的时候,还必须经过公证证明。

第四十六条　以流通中的商品作为抵押品的时候,抵押人有权用和抵押品价值相等的其他商品代替;抵押权人有权随时检查所抵押的商品。

注:本条规定的情况算不算抵押应该继续研究。

第四十七条　债权人不能使用由他保管的抵押财产,以及由抵押财产所产生的收益。

第四十八条　抵押财产在契约规定交付保险的时候,保险费由抵押人负担。当保险事故发生的时候,抵押权人有权从保险赔偿费内优先得到清偿。

第四十九条　出卖抵押财产所得到的款项不够清偿债务的时候,抵押权人有权从债务人的其他财产中得到清偿。

当抵押财产在六个月内卖不出去的时候,抵押财产折价归债权人所有。

注:另有同志主张本条第一款不要。

留　置

第五十条　当债务人不履行债务的时候,为了保证债权人得到清偿,债权人有权留置债务人适当数量的物品。

第五十一条　债权人留置了物品以后,债务人在三个月(一个月)内仍不履行债务的时候,债权人有权变卖所留置的物品,并且从所得的价款中得到清偿;如果还有余额,应该通知债务人在五个月内领取,债务人逾期不领取即上缴国库。

注:

1. 本条中三个月(一个月)的时间问题,根据不十分充分,是否适当,请多加考虑。

2. 另有同志主张:在债的担保这一部分中,不要规定留置权,有关留置问题,在各有关契约(分则)中解决。

(五)债的消灭

第五十二条　债因下列情况而消灭:

(一)清偿;

(二)根据国家机关的命令或人民法院的判决;

(三)抵销;

（四）提存；

（五）与人身有关的债的当事人死亡；

（六）债权人免除债务人履行债务。

注：另有同志主张：把"订立新契约以代替旧契约""混同""由于债权人的过错使债务人不能履行"加上，作为债的消灭原因。

第二部分　契　约

一般规定

第五十三条　契约是双方当事人为了设立、变更或者解除债权、债务关系而达成的协议。

注：

1. 有同志主张把"双方"两字去掉。

2. 另有同志主张在"契约是双方当事人"之后，加上"根据自愿或者国民经济计划的要求"之类的字样。

第五十四条　契约的内容可以由当事人自由约定，但是不能违反法律、法令、国民经济计划和社会主义道德的原则。

另案：契约的签订和履行，必须遵守法律、法令、国民经济计划和社会主义道德的原则。

注：

1. 有的同志认为本条正款中的"不能违反"应改为"必须遵守"。

2. 本条不要。

第五十五条　提议人当面或者用其他直接交谈方式向对方提议签订契约的时候，凡是没有规定答复期限的，如果对方不立即表示同意，就失去约束力。

用书面或者用其他不是直接交谈的方式向对方提议签订契约的时候，凡是没有规定答复期限的，如果对方在正常所必要的时间内不表示同意，就失去约束力。

注：有的同志主张："同意"改为"承认"或者"承诺"，下同。

第五十六条　提议人可以撤销提议。如果在规定的答复期限内撤销提议造成对方损失，应该负责赔偿。

第五十七条　双方当事人对契约内容一经同意，契约即认为成立并生效。

法律规定必须经过公证、登记或批准程序的契约，在完成公证、登记或批准的手续后生效。

第五十八条　契约可以用书面形式，也可以用口头形式。但是法律、法令规定需要用书面形式的，必须用书面形式。

第五十九条　为第三人利益所签订的契约，除了债权人可以请求债务人向享受利益的第三人给付以外,享受利益的第三人,也可以向债务人直接请求给付。

第六十条 享受利益的第三人,已对债务人表示愿意享受契约约定的利益,签订契约的当事人,没有得到他的同意,无权变更或者解除契约。

享受利益的第三人放弃请求权的时候,债权人在不违反契约意义的情况下,可以自己享受契约约定的利益。

第六十一条 根据国家计划、命令所订立的契约,在国家计划、命令变更时,契约必须随之修改或另订新约,因此引起一方受到损失时,他方不负责任。

第六十二条 契约订立后,双方必须严格遵守。除法律另有规定外,一方提出修改或另订新约,必须取得对方同意。因契约变更引起一方受到损失时,由提出变更契约的一方负责。

第六十三条 由于债务人不能履行、迟延履行或交付的标的物不合乎规格质量,债权人可以提出解除契约。

由于债权人拒绝受领,债务人也可以提出解除契约。

第六十四条 违反法律、法令,破坏国民经济计划以及危害公共利益的契约,无效。如果有不当得利,应该按照情节轻重返还对方或者收缴国库。

另案:违反法律、法令,破坏国民经济计划以及危害公共利益的契约,无效。已经履行契约的,应该返还。对于情节严重的,人民法院有权没收一部或者全部缴归国库。

第六十五条 用欺诈、威胁或者乘他人急迫需要用显然不利于他人的条件所签订的契约,受害人可以申请人民法院确认契约的一部或者全部无效。无效部分已经履行的,受害人有权请求返还;但是加害人无权请求返还,不返还部分,收归国库。

受害人因为签订契约遭受损失,可以请求加害人赔偿。

第六十六条 双方通谋,所签订的虚假契约,无效。

用虚假的契约掩盖真实的契约,虚假的契约无效。被掩盖的真实契约,如果合乎契约的有效条件,应该认为有效。

第六十七条 无行为能力人所签订的契约,无效。

限制行为能力人所签订的契约,必须经过法定代理人的同意,才认为有效。但是,法律另有规定的,除外。

契约确认无效,已经履行的,应该返还,如果造成损失的,由有过失的一方负责赔偿。但是无行为能力人没有赔偿有行为能力人的损失的义务。

注:有的同志认为无行为能力人对有行为能力人造成的损失,应该由他的监护人负赔偿责任。

第六十八条 契约主要内容有重大误解的时候,当事人可以申请人民法院确认契约的一部或者全部无效。无效的部分已经履行的,应该返还,如果造成损失,由引起误解的一方负赔偿责任。

注:有的同志主张本条另加"如果纯粹属于计算上的错误,应予以修正,不能认为契约无效"。

说明：从第十二条至第十六条(前五条)有下列四种意见：

第一，有的主张契约的无效及无效的后果，应该在总则法律行为部分中作详细的规定，在契约的一般规定部分中作简单的规定。

第二，有的主张契约的无效及无效的后果，在契约的一般规定部分不谈，完全在总则的法律行为中谈。

第三，有的主张契约的无效及无效的后果，应该全在契约的一般规定中谈，总则中的"法律行为"可以取消。

第四，有的主张契约的无效及无效的后果，应该在契约的一般规定中作详细规定，在总则的法律行为部分中作简单的规定。

第三部分　由于其他原因所生的债

（一）侵权行为所生的债

第六十九条　因故意或者过失造成他人身体、财产的损害，应该负赔偿责任。但是损害是由于人力不可抗拒或者由于执行命令或者由于被害人自己的重大过失所引起的，不负赔偿责任。

注：因不履行合同造成的损害赔偿应不应该包括这一部分，请大家考虑。

第七十条　数人共同造成他人损害，负连带赔偿责任。

注：另有同志主张这条并入前一条，作为前一条的第二款。

第七十一条　机关、企业、团体的工作人员，在执行职务时造成他人的损害，由该工作人员的服务单位负赔偿责任。赔偿后，可以根据该工作人员故意或者过失的情节轻重，责令他偿还全部、一部，或者免除他的责任。

第七十二条　无行为能力人造成他人的损害，由法定代理人负赔偿责任。

限制行为能力人造成他人的损害，由限制行为能力人负责赔偿，在不能赔偿或者赔偿不足的时候，由法定代理人负赔偿责任。

因故意或者过失使自己处于临时无行为能力状态，造成他人的损害，应该负赔偿责任。

注：另有同志主张第二款头句的"故意"、"过失"去掉。

第七十三条　动物造成他人损害，由动物的管理人或者所有人负赔偿责任。

建筑物及其他物由于设备或管理不善造成他人损害，由物的所有人负赔偿责任。

根据前两款规定，由管理人或者所有人负责赔偿情况下，如果损害是由于第三人的过错造成的，管理人或者所有人有权要求该第三人负责赔偿。

另案：动物造成他人损害或建筑物及其他物由于设备、管理不善造成他人损害，由物的所有人负责赔偿。所有人赔偿以后，可以向应负责任的管理人或第三人要求偿还。

注：

1. 把第一款和第二款合并为一款,不要分动物、建筑物和其他物,只统称为"物",负责的人也写概括一点。

2. 主张建筑物、动物和其他物造成损害,责任应首先由直接负责的人负,在他不能负或有困难时才找所有人。

第七十四条　为了保护公共利益,自己或他人的利益实施正当防卫,造成对方的损害,不负责任。("对方"两字,应继续考虑)

另案:为了保护公共利益、自己或者他人的身体和财产,对正在进行犯罪的人采取正当防卫,造成对方的损害,不负赔偿责任。

第七十五条　因避免自己或者他人的身体、财产上的急迫危险,而造成他人的损害,如果这种危险是自己造成的,应该负赔偿责任;如果是第三人造成的,由第三人负赔偿责任;如果是人力不可抗拒的原因所致成的,由避难人负赔偿责任。

注:本条内的"人力不可抗拒的责任"在讨论中有不同的意见:(1)由避难人酌情赔偿;(2)不负责任;(3)不须规定。

第七十六条　加害人损害他人身体健康,应当赔偿被害人治疗期间的医药费用和失去应得的工资。如果受害人在治疗以后失去部分或者全部劳动力,加害人应当赔偿受害人一定期间内应得的工资,或者补偿其生活费用。

加害人造成他人死亡,除负担受害人医药丧葬费用外,并在一定期限内承担受害人生前所扶养的人的生活费用。

注:另有同志主张将"应得的工资"改为"应得的收入"。以下照此更改。

第七十七条　加害人损害他人财产,应当负责修理或按照原物赔偿,如果不可能修理或不能用原物赔偿时,可以折价赔偿。

第七十八条　如果法律或者契约没有其他规定,损害赔偿不仅限于受害人的直接损害,而且应当包括被害人的间接损害。

注:在致人身损害时发生不发生直接和间接损害?如何划分?仍应继续研究。

第七十九条　损害的发生是加害人和受害人双方都有责任的时候,如果法律没有其他规定,加害人只就自己过失部分负赔偿责任。

注:如果无过失是否还要负责?有无法律规定无过失负责?应继续考虑。

第八十条　人民法院在决定损害赔偿数额的时候,应该根据双方经济情况作适当处理。

注:另有同志意见这条不要。

第八十一条　因保护社会主义财产而受到损害的时候,受害人和他的家属可以(根据本法第八、九、十条的规定)向有关单位请求适当数额的生活、医药费用或者抚恤金。

注:括号内的文字,有同志主张不要。

(二)无因管理所生的债

第八十二条　无因管理是为了保护他人的利益,管理人既没有受到委托,也没有法律上的义务,(而在无法通知的情况下)自愿代替他人管理事务的行为。

注:括弧内的文字,另有同志主张不要。

第八十三条 管理人管理事务以后,应该迅速通知本人。取得本人同意后,即成为委任或保管的关系,适用本法"委任"或"保管"的规定。

第八十四条 管理人应用有利于事务的方法进行管理,事务所属人应支付给管理人必要的费用。

管理人因故意或重大过失造成事物损害,应该负赔偿责任。

注:另有同志主张这一部分应该增加如下内容:

1. 管理期间管理的事物因意外灭失,管理人已经支出的费用负担问题。
2. 管理人于事务管理完毕应将管理财物和收益交给所属人。

(三)不当得利所生的债

第八十五条 凡是没有法律上的根据,不是由于自己的积极行为使他人受到损害,所获得的利益,都是不当得利。

注:

1. 另有同志意见第一句改为:"凡是没有法律或契约的根据"。
2. 有人主张"积极行为"含义不清,应考虑修改。

第八十六条 不当得利人在接受财产的时候,并不知道是不应当得到利益的,应该从他知道或者应当知道的时候起,全部返还。

在知道是不应当得到的利益以前,将获得的财产已经用掉或者出卖,应当折价赔偿或者交出出卖的价款。对所得的财产造成损害的,除了是人力不可抗拒的以外,应该负赔偿责任。在这段期间内所支付的必要和有益费用,可以在返还财产的时候,请求偿还。

注:另有同志主张第二款"除了是人力不可抗拒的以外"改为"除了是人力不可抗拒或轻微过失以外"。

第八十七条 不当得利人在接受财产的时候,已经知道是不应当得到的利益的,除了所得利益应当全部返还以外,对人力不可抗拒的损害也要负赔偿责任。在这段期间内,所支出的保管、增值费用,无权请求偿还。

注:另有同志主张增值费用应有权请求偿还。

说明:另有同志主张债权篇的结构作如下的安排:

第一部分　通则
第二部分　契约
第三部分　债权行为所生的债
第四部分　无因管理所生的债
第五部分　不当得利所生的债

债权篇有关通则部分的讨论题

1957 年 1 月 10 日

一、民法典中债篇是解决什么问题的？它的意义、作用在哪里？起草债篇的指导思想和基本原则是什么？

二、债权篇的结构应该怎样安排？"债的担保"和"债的转让"又应该在哪一部分安排？

债权篇的结构安排，有三种不同意见：

第一种意见主张：分为两部分。第一部分通则。下分：第一章债的发生；第二章债的履行；第三章债的转让；第四章债的保全；第五章债的消灭。第二部分是各种契约。第一章债的发生部分包括因国民经济计划法令、契约、致以损害、无因管理和不当得利发生的债，但也有少数同志主张把致以损害发生的债抽出来，不要包括在债的发生部分，而作为一个分则，放在各种契约之后安排。

第二种意见主张：分为三部分。第一部分：通则。下分：（一）债的概念和发生根据；（二）债的履行；（三）债的转让；（四）债的担保；（五）债的消灭。第二部分：契约。下分：（一）契约的一般规定；（二）各种契约。第三部分：其他原因发生的债。下分：（一）因侵权行为发生的债；（二）因无因管理发生的债；（三）因不当得利发生的债。

第三种意见主张：分为五部分。第一部分：通则。第二部分：由契约发生的债。（这两部分具体条文的安排同意第二种意见）第三部分：因侵权行为发生的债。第四部分：因无因管理发生的债。第五部分：因不当得利发生的债。

"债的保全"怎样安排，有三种不同意见：

第一种意见主张：把保证、违约金、抵押、定金、留置等五种保全方法，集中安排在债权篇通则部分的"债的保全"这一节中。

第二种意见主张：把抵押、留置安排在特权部分，因为它与物权有关，把保证、定金、违约金安排在债权篇通则部分的"债的保全"这一节中。

第三种意见主张：把定金、违约金安排在契约的通则部分，因为这两种保全方法只有契约之债才发生，把保证、抵押、留置安排在债权篇通则部分的"债的保全"这一节中。

"债的转让"怎样安排，有两种不意见：一种意见主张在债权篇通则中单独安排一章。另一种意见主张不在债权篇通则中安排，而在契约的通则部分，因为只有契约之债才发生转让的问题。

三、债由哪些原因发生？国民经济计划法令是不是发生债的直接根据？①

四、保证人的责任如果契约没有约定时，究竟使他负连带责任？还是使他只负补充责任？保证人的责任范围是不是和债务人一样（例如：债务人责任范围包括本金、利息、违约金、赔偿损失等，保证人也一样负这些方面的责任）？②

五、违约金有两种，一种是罚款性违约金；另一种是评价性违约金，我国民法应采用哪一种？③

关于违约金的问题，有两种不同的意见。第一种意见主张：应该采取罚款性的违约金，即支付违约金是对违约方的惩罚，不等于是赔偿损失，因而若有损失还可以请求违约方负责赔偿。第二种意见主张：应该采取评价性的违约金。因为当事人约定违约金要考虑到违约时的损失，因此，只有支付违约金还不足弥补损失的情况下才可以请求赔偿不足弥补损失的部分。这样规定并不等于违约金不是惩罚违约方的手段。

六、定金能不能起担保作用？要不要作为债的保全方法之一来加以规定？它与预付款的界线如何划分？④

七、连带的债要不要规定？如果要规定，是不是限于有法律规定或标的物不可分割时才发生连带之债？⑤

八、债的标的包括些什么？要不要在条文中加以规定？怎样规定？⑥

关于债的标的问题，有人认为是物，有人认为是行为，也有人认为物和行为都可能是债的标的。

九、不履行、不适当履行、迟延履行三者怎样区别？⑦

这个问题，有同志这样主张："不履行"指的是全部不履行，部分不履行视为迟延。全部迟延视为不履行。"迟延"指的是部分迟延，全部迟延视为不履行（迟延履行也是不适当履行的一种）。另外也有同志主张："不履行"应该分为全部不履行和部分不履行；"迟延"也应该分为全部迟延和部分迟延（也是不适当履行）。

十、因侵权行为发生⑧损害赔偿的范围是不是包括契约内的和契约外的？赔偿的范围应只限于直接损害？抑要包括间接损害？直接损害同间接损害怎样划分？⑨

十一、不当得利发生的债的范围多大？包括不包括因法律行为无效而发生的返还不当得利？⑩

不当得利的范围究竟应该有多大？目前有三种不同的意见。有的同志主张：凡是不

---

① 原件本句前有手写旁注"孙刘"字样。
② 原件本句前有手写旁注"卓"字样。
③ 原件本句前有手写旁注"黄"字样。
④ 原件本句前有手写旁注"韩"字样。
⑤ 原件本句前有手写旁注"鲁"字样。
⑥ 原件本句前有手写旁注"鲁"字样。
⑦ 原件本句前有手写旁注"汤、刘"字样。
⑧ 原件此处圈去"因侵权行为发生"七字。
⑨ 原件本句前有手写旁注"李、郑"字样。
⑩ 原件本句前有手写旁注"金"字样。

合法的(即没有法律上的根据)收入都叫不当得利,因此,因法律行为无效而发生的返还不当得利,也包括在内。有的同志主张范围应该小一些,仅在得利人不是用积极行动得来的利益,才算不当得利。另有一些同志主张范围应该更小一些,即不仅是得利人不是用积极行动得来的利益,而且还要他在主观上不知道是不应当得到的利益才算不当得利。

债篇通则(第三次草稿)[①]

1957年2月5日

(一)债的发生

第一条[②] 债是一方有权请求对方履行一定义务的法律关系。

另案1:债是一方(债权人)有权请求他方(债务人)为一定行为或不为一定行为的法律关系。

注:有人主张"或不为一定行为"七字可以去掉。

另案2:债是一方(债权人)有权请求他方(债务人)提供一定的物(包括金钱)的行为或者为其他的行为。

第二条[③] 债是由于计划法令、契约、侵权行为、不当得利、无因管理以及其他法定的根据而发生。

注:计划法令能不能作为债的发生的直接根据,犹待进一步研究。

第三条[④] 由计划法令所发生的债,和根据计划法令签订契约所发生的债,必须符合计划法令的内容;在计划法令变更时,债的内容也应当变更。如果因此引起一方受到损失时,他方不负责任。

第四条[⑤] 由契约发生的债,在契约订立后,一方提出修改或另订新约,必须取得对方同意。因契约变更引起一方受到损失时,由提出变更契约的一方负责。

(二)债的履行

第五条[⑥] 债务人应该严格按照债的内容,以积极负责的态度切实履行债务;如依债的性质或约定,债的履行要有债权人对债务人协助才能完成的,债权人应该给予

[①] 本件原件有如下手写眉批:"分解资料是指《各国民法分解资料汇编》(第三辑)债权部分(一)"。
[②] 原件本条有手写旁注如下:"苏107、捷216、德241、国民党199条。见《分解》第1—2页。"
[③] 原件本条有手写旁注如下:"苏106、捷211条。见《分解》3—4页。"
[④] 原件本条有手写旁注如下:"捷212、保6条。见《分解》3—4页。"
[⑤] 原件本条有手写旁注如下:"保44条。见《分解》3页。"
[⑥] 原件本条有手写旁注如下:"保63、德242条。见《分解》44—45页。"

必要的协助。

注:有人认为本条可以不要。

第六条①　债务人可以向债权人或其代理人履行债务。如果向其他人履行必须经债权人同意,才发生清偿的效力。但向法院判决或法律规定的第三人履行的,除外。

债务人根据提出的债权确实凭证而履行债务的,具有清偿的效力。

第七条②　债务除由债务人本人履行外,也可以由第三人履行。但与债务人人身有密切联系的债务,必须征得债权人的同意后,才能由第三人履行。

社会主义组织间的债务,只有在不抵触国家法令和国民经济计划的情况下,并取得债权人的同意,才能由第三人履行。

由第三人履行的债务,如果发生不履行或不适当履行的情况,债务人应该负责履行;如果债权人因此而受到损失的,债务人应该负责赔偿。

注:有人对第二款的意见:(1)在一般情况下不允许社会主义组织间的债务由第三人履行,只有在例外情况下才可以;(2)"社会主义组织间"的面太宽,例如农业合作社等都是社会主义组织;(3)"并取得债权人的同意"一句不要。

第八条③　债务人对债的标的,应该按照法定或者约定的标准履行;如果没有法定或者约定的标准,应该按照履行地点的通常标准履行。

注:这条内容如果包括行为的履行,是否能解决问题?

第九条④　债的标的是金钱的时候,应该一律用人民币支付,但法律(另有意见把法律两字改为:"对外贸易和国家银行经办的外币存款")另有规定的除外。

第十条⑤　定期债务,应按法律或契约规定的期限履行,如果双方同意也可以提前履行。

债务人事先未取得债权人的同意提前履行债务,如果造成债权人的损失应负赔偿责任。

注:有人认为第二款中没有规定"是否是债权人非收不可?"或者"是否可以不收"两种情况,所以主张不要。

第十一条⑥　不定期债务,债务人可以随时履行,债权人也可以随时请求履行,债权人提出请求后,债务人应立即履行;如果立即履行确有困难,应该给债务人(七)天的("七天的"或用"以适当的")准备时间。但是法律或契约对准备时间另有规定的,依其规定。

---

①　原件本条有手写旁注如下:"保75条。见《分解》56页。"
②　原件本条有手写旁注如下:"保73、德267、国民党268条。见《分解》60—61页。"
③　原件本条有手写旁注如下:"苏108、捷222、法1246、国民党200条。见《分解》47—49页。"
④　原件本条有手写旁注如下:"苏107、德244、国民党201条。见《分解》47—50页。"
⑤　原件本条有手写旁注如下:"苏111、法1186、德271、国民党315条。见《分解》50—53页。"
⑥　原件本条有手写旁注如下:"苏111、捷306、保69条。见《分解》50页。"

第十二条① 债的履行地点,如果法律、契约没有规定并且依照债的性质也不能决定的,按下列规定履行:

(一)交付金钱的债务,在债务发生时债权人住所地;

(二)交付物的债务,在债务发生时物的所在地[另有两个意见:(一)在物的所在地;(二)在债权人住所地];

(三)其他债务,在债务人住所地。

注:有人认为不易列举完全,有的情况也并不如列举中所指的那种情况,如银行存款的交付,是在债务人(银行)所在地实现的。所以主张本条可以不要。

第十三条② 双方当事人互为给付的债务,应同时履行,任何一方在没有得到他方给付前,可以拒绝给付。但是根据法律、契约或依习惯一方有首先给付义务的除外。

第十四条 债务人对债权人负有数宗同种类的债务,在债务人提出的给付不足清偿全部债务的时候,应按债的到期先后偿付;如果同时到期,应按债的设立先后偿付。

第十五条 债权人和债务人可以约定分期履行债务;但是与法律规定或债的性质有抵触的除外。

第十六条③ 受现金管理的社会主义组织间支付现金的债务,应该依照国家银行划拨结算的规定履行。

注:有人认为本条在"结算"中已有规定,可以不要。

第十七条④ 因债权人住所不明、债权人无故拒绝受领、或者债权人无行为能力又无合法代理人的时候,债务人可以将给付的金钱或者实物提存于当地的公证机关或人民法院以清偿债务。

公证机关或人民法院接受提存后,应当通知或公告债权人受领。如果通知或公告后满一年债权人未来受领,作为无主财产收归国有。

注:另有同志主张第二款的一年期间,应该和一般时效期间一致起来。

第十八条⑤ 双方当事人相互间负有标的相同并都已到清偿期的债务,任何一方可以通知对方互相抵销。

标的不同,期限不同的债务,经双方同意,也可以抵销。但是与人身有关的债务和致人身损害所生的债务,不能抵销。

第十九条⑥ 几个债务人共同负担债务的时候,除另有约定外,应按各自所负担的份额履行债务。

几个债权人共同享有一个债权的时候,除另有约定外,应按各自所享有的份额请

---

① 原件本条有手写旁注如下:"苏111、捷302、保68、法1247、国民党314条。见《分解》53—56页。"
② 原件本条有手写旁注如下:"苏139、保90、国民党264条。见《分解》56—58页。"
③ 原件本条有手写旁注如下:"保67条。见《分解》6页。"
④ 原件本条有手写旁注如下:"苏114、捷316、法1257、德372、国民党326条。见《分解》168—172页。"
⑤ 原件本条有手写旁注如下:"捷326、保103、法1289、德287、国334条(《分解》161—166页)。"
⑥ 原件本条有手写旁注如下:"苏116、保121、法1200、德427、国292条(《分解》88—93页)。"

求履行。

注:有人主张:第一款和第二款的末尾均要加上:如果份额不能确定,可以平均负担和平均享有权利。

第二十条① 只有法定或约定几个债务人负连带责任时,才能成立连带的债。

债的标的物是不可分物时,视为连带的债。

约定连带责任时,必须用书面形式。

注:有人主张:只有法律规定才能发生连带的债,契约不能自由约定。同时第二款、第三款都可以不要。

第二十一条② 连带的债的债权人可以向连带债务人中的一人或者数人请求履行一部或全部债务。连带债务人清偿了债务以后,有权向其他连带债务人请求偿还其应分担的部分。如果有不能偿还的部分,由其余债务人按比例负担。(另有意见改为平均负担)

债务人向连带债权人中的一人清偿了全部债务以后,其他连带债权人的请求权即行消灭,但他们有权向受偿的连带债权人请求应得的部分。

第二十二条③ 约定可以从几种标的中选择一种履行的债,选择权属于债务人,但如另有法定或约定的除外。在选择权属于债权人而债权人在规定的选择期间不行使选择权的时候,选择权就移转于债务人。

第二十三条④ 债务人能履行而不履行债务的,债权人有权要求债务人继续履行债务或者解除契约,并请求赔偿因此所受到的损失和按约给付违约金。

第二十四条⑤ 债务人由于应归自己负责的原因而不能履行债务时,债权人有权解除契约,并且请求债务人赔偿损失和按约给付违约金。

第二十五条⑥ 债务人的给付,如果不符合法定或约定的规格、质量,债权人可以根据不同情况请求按下列规定分别处理:

(一)调换合于法定约定规格、质量的物品;

(二)要求债务人限期修理完好;

(三)适当减少价金;

(四)可以解除契约,并请求债务人按约给付违约金;如果有损失并可请求债务人赔偿。

注:有人主张在第四项内不必加违约金。

---

① 原件本条有手写旁注如下:"苏115、国272、保122、法1203、德421条(《分解》88—90页)。"
② 原件本条有手写旁注如下:"苏115条、国280条、捷240、241条、保127条、法1205条、德426条(《分解》93—98页)。"
③ 原件本条有手写旁注如下:"苏108条、国109条、捷221条、保103条、法1190条、德262条(《分解》106—109页)。"
④ 原件本条有手写旁注如下:"苏119条、国220条、保81条、法1148条、德275条(《分解》62—64页)。"
⑤ 原件本条有手写旁注如下:"苏117条、保80条、捷261条(《分解》65—66页)。"
⑥ 原件本条有手写旁注如下:"捷226条(《分解》80页)。"

第二十六条① 债务人对全部或部分债务过期履行的,应就没有按期履行的债务分别负下列迟延责任:

(一)按照法定或约定给付违约金;
(二)因迟延履行而使对方受到损失的,应赔偿对方所受的损失;
(三)担负迟延期间标的物意外损失的责任;
(四)迟延履行如果对债权人没有利益,债权人有权请求解除契约。

注:有人认为第四项第一句可以不要。

第二十七条② 债务人不能履行、过期履行或不按规格质量履行债务,如果是由于下列原因造成的,可以免除责任:

(一)国家经济计划的变更;
(二)执行行政命令;
(三)发生人力不可抗拒的事故;
(四)由于债权人的故意或过失。

第二十八条③ 债权人没有正当理由而不按期接受或拒绝接受债务人的给付,或者没有依照法定或约定给予债务人以必要的协助,造成债务人的损失,应当依约给付违约金和负责赔偿,并担负不按期受领期间标的物的意外损失。

第二十九条④ 在债权人迟延受领期间,债务人仍应妥善保管债的标的物,保管费用由债权人负担。

第三十条⑤ 债务人交付的标的,债权人应该及时认真进行检验。对于容易发现的瑕疵,应该立即向债务人提出,否则债务人不负瑕疵责任;但另有法定或约定的除外。

标的中不容易发现的瑕疵,债务人在法定或约定的期限内负瑕疵责任。

标的中由债务人故意隐瞒的瑕疵,债权人在发现后可以随时提出,债务人仍应负瑕疵责任。

第三十一条 由于应归双方当事人负责的原因,使债务不能履行、过期履行或不按规格质量履行的时候,如果一方有损失,应该根据双方应负责任的大小,分别负担。

第三十二条⑥ 因给付所生的费用由债务人负担;因受领所生的费用,由债权人负担;因变更履行地点所生的额外开支,由引起变更的一方负担,但是法律或契约另有规定的除外。

注:有人认为本条可以不要,因为给付和受领的费用界线不好划。

第三十三条 债务人如果确有困难,无法按期履行债务,人民法院可以根据双方

---

① 原件本条有手写旁注如下:"苏121条、国231条、捷253条、保79条、法1139条、德286条(《分解》71—75页)。"
② 原件本条有手写旁注如下:"苏118条、保81条、法1147条、德275条(《分解》62—64页)。"
③ 原件本条有手写旁注如下:"苏112条、国234条、捷259条、保95条、法293条(《分解》76—79页)。"
④ 原件本条有手写旁注如下:"国240条、(《分解》79页)、捷259条(《分解》76页)。"
⑤ 原件本条有手写旁注如下:"捷226条(《分解》80页)。"
⑥ 原件本条有手写旁注如下:"苏113条、捷303条(《分解》53—54页)。"

当事人的具体情况,判令分期履行或缓期履行。

注:有人认为本条可以不要。

(三)债的担保

违约金

第三十四条① 因契约所发生的债,如果一方违反了契约的规定,应该按照法定或约定给付他方一定的违约金。

国营企业间为了完成国民经济计划任务所订立的契约,必须约定违约金。

第三十五条② 给付违约金并不免除对契约的实际履行。

在给付违约金以后,违约的一方还不能履行契约的时候,他方有权解除契约。如果因违约造成对方损失,并应负责赔偿。

另案:将本条改为:

给付违约金并不免除对契约的实际履行。在给付违约金以后,如果还不能弥补对方的损失,对方有权请求赔偿损失。

保 证

第三十六条③ 为了担保债的履行,可以设立保证。债务人无力履行债务的时候,由保证人负责履行。但是契约约定保证人负担连带责任的,依其约定。

第三十七条④ 变更债务内容的时候,如果不征得保证人的同意,保证人不负担保责任。

第三十八条⑤ 几个人共同保证同一债务的时候,应当向债权人负连带的保证责任。但契约另有规定的,依照约定。

第三十九条⑥ 保证人代替主债务人向债权人履行债务后,债权人应当将一切有关债权的证件移转给保证人,保证人即处于原债权人的地位。

注:有人主张把最后一句改为:"保证人有权向债务人要求清偿"。

第四十条⑦ 定有履行期限的主债务,债权人自债务到期之日起六个月内没有向保证人提出请求的时候,保证责任(即行)定履行期限的债务,债权人自保证契约订立之日起一年内没有向保证人提出请求的时候,保证责任(即行)消灭。

---

① 原件本条有手写旁注如下:"苏141条、捷223条、保92条、法1226条、德339条(《分解》)123—128页)。"

② 原件本条有手写旁注如下:"国250条(《分解》127—128页)。"

③ 原件本条有手写旁注如下:"捷288条、保138条(《分解》130—131页)。"

④ 原件本条有手写旁注如下:"保141条(《分解》131页)。"

⑤ 原件本条有手写旁注如下:"保141条(《分解》131页)。"

⑥ 原件本条有手写旁注如下:"保146条(《分解》132页)。"

⑦ 原件本条有手写旁注如下:"保147条(《分解》132页)。"

抵　押

第四十一条① 为了担保债务的履行,可以设立抵押。债务人在不履行债务时,债权人有权就抵押财产价值优先得到清偿。

第四十二条 设立抵押应当采用书面形式。如果法律规定应该经过登记、公证证明的时候,还必须经过登记或公证证明。

第四十三条 用流通中的商品作为抵押品的时候,抵押人可以用和抵押品价值相等的其他商品代替;抵押权人有权随时检查所抵押的商品。如果代替的商品价值不足,抵押权人有权追回贷款或停止放款。

第四十四条 债权人不能使用由他保管的抵押财产,以及由抵押财产所产生的收益,但契约另有约定的,除外。

注:有人主张,本条可以不要。

第四十五条 抵押财产在契约规定交付保险的时候,保险费由抵押人负担。当保险事故发生的时候,抵押权人有权从保险赔偿费内优先得到清偿。

注:有人主张,本条可以不要。

第四十六条 出卖抵押财产所得到的款项不够清偿债务的时候,抵押权人有权从债务人的其他财产中得到清偿。

当抵押财产在六个月内卖不出去的时候,抵押财产折价归债权人所有。

注:有人主张,本条可以不要。

留　置

第四十七条② 当债务人不履行债务的时候,为了保证债权得到清偿,债权人有权留置债务人的物品。但债务人如能提供其他担保,即不得留置。

第四十八条 债权人将债务人的物品留置后,如果满一个月仍没有得到债务人清偿债务时,有权变卖留置物并且从所得到的价款中得到清偿;但对易腐物品,债权人可以按照实际情况提前变卖。

变卖清偿后,如果还有余额,应该通知债务人在六个月内领取,债务人逾期不领取,即作为无人受领的财产,收归国有。

注:

1. 有人主张:债权人留置的物品,应只限于偿付其债权所必需的适当数量,但是物品不能分割的除外。

2. 有人主张:为了保护公民的个人财产权,还是由债权人向公证处提存较好。不宜马上收归国有。

3. 有人主张:在债的担保这一部分中,不要规定留置权,有关留置权问题,在各有关分

---

① 原件本条有手写旁注如下:"捷295条(《分解》132页)。"
② 原件本条有手写旁注如下:"保91条(《分解》133—134页)。"

则中去解决。

定　金

第四十九条① 定金是订约的一方为证明契约的成立及担保契约的履行,从约定的给付中预先给付他方一定的金钱或者实物。

第五十条② 给付定金的一方不履行契约的时候,他方可以解除契约,并且不退回定金。

接受定金的一方不履行契约的时候,他方可以解除契约,并且可以要求加倍返还定金。

注:定金问题估计今后会逐渐减少,而且与预付款界线难划,如果发生问题似可用赔偿损失来解决,可以考虑担保部分取消定金,并对定金情况继续研究。

(四)债的移转

第五十一条③ 债权人可以将自己的债权移转给第三人。但依法定、约定,或依债的性质不能移转的债权除外。

债权人移转债权的时候,有关债权的一切附属权利也随同移转,并对债权的真实性向新债权人负责。

债权人移转债权的时候,应当通知债务人。

第五十二条④ 债务人必须经债权人的同意,才能将债务移转给第三人。债务移转给第三人的时候,为担保履行债务所设定的保证和抵押即行消灭。但是保证人或者抵押人愿意继续担保的,除外。

第五十三条⑤ 债因下列情况而消灭:

(一)已经履行完毕;

(二)根据法律、法令、行政命令或人民法院的判决;

(三)债的相互抵销;

(四)提存;

(五)与人身有关的债当事人死亡;

(六)债权人免除债务人履行债务。

注:有人主张:把"订立新契约以代替旧契约"、"混同"加上,作为债的消灭原因。

---

① 原件本条有手写旁注如下:"苏143条、保93条(《分解》128—129页)。"
② 原件本条有手写旁注如下:"苏143条、保93条、德338条、国249条(《分解》128—130页)。"
③ 原件本条有手写旁注如下:"苏124条、捷263条、264条、德398条、国294、295—297条(《分解》110—115页)。"
④ 原件本条有手写旁注如下:"苏126、127条、捷268、270条、保101条(《分解》116—118页)。"
⑤ 原件本条有手写旁注如下:"苏129条、法1123条、捷298条(《分解》137—139页)。"

损害赔偿（或改为：因侵权行为所产生的债）（第三次草稿）

1957年2月10日

第一条 由于故意或者过失使他人人身、财产受到损害的，加害人应对受害人负赔偿责任。

第二条 数人共同造成他人损害的，负连带赔偿责任。

第三条 损害的发生如果是由于第三人的故意或者过失所造成，应由第三人负赔偿责任。

注：有的同志提出如第三人找不到时，责任应由谁负？还待明确。

第四条 损害的发生是加害人和受害人双方都有责任的时候，加害人只就自己过失部分负赔偿责任。

第五条 无行为能力人造成他人损害的，由他的法定代理人负赔偿责任。

限制行为能力人造成他人损害的，由他自己负责赔偿；在不能赔偿或者赔偿不足的时候，由他的法定代理人负责赔偿。

注：有的同志主张另加一款："因故意或过失使自己临时处于没有意思能力状态而造成他人的损害，应负赔偿责任。"

第六条 机关、企业、学校、团体的工作人员，因执行职务对他人造成的损害，由该工作人员所服务的单位负责赔偿。服务单位赔偿后，可以根据该工作人员故意或过失的情节轻重，责令他赔偿全部、一部或者免除责任。

注：

1. 有的同志认为工作人员在执行职务中对他人造成的损害，不应不分情况全部由其服务单位先代负赔偿责任，应该根据工作人员本身是否有犯罪行为来决定。如果是加害行为造成他人的损害，应该由工作人员自己负赔偿责任；如果造成的损害尚未构成犯罪，可由机关先代为赔偿，以后由机关酌情处理。

2. 有的同志认为工作人员在执行职务中致人的损害都是由于他的故意或者过失所造成的，因之，服务单位不应预先代为赔偿，应由该工作人员直接赔偿。如果工作人员自己无力赔偿，同时受害人不取得赔偿就不能生活的，可酌情由社会救济办法解决。

第七条 动物造成他人损害，由动物的所有人或管理人（或改为占有人）负责赔偿。

建筑物或者其他物由于设备或管理不善造成他人的损害,由物的所有人负责赔偿。在施工过程中造成他人的损害,由施工人负责赔偿。

第八条 因高度危险的业务、设备造成他人损害的,由所有人或管理人(或改为占有人)负责赔偿,但损害的发生是由于不可抗力、受害人的故意或重大过失所引起的除外。

另案:本条不要。

第九条 为了保护自己、他人的人身、财产,或者公共利益,对正在进行犯罪的人(或改写为"正在进行的侵害行为")采取正当的防卫,而造成了对方的损害,不负赔偿责任。

另案:本条不要。认为刑法已有规定。

第十条 为了避免自己或他人的身体、财产上的急迫危险,而造成了他人的损害,如果这种危险是由自己所引起的,应负赔偿责任;如果是由人力不可抗拒的原因所造成的,应根据实际情况,由避难人负全部、一部或者免除赔偿责任。

注:本条内的"人力不可抗拒的"责任在讨论中有不同意见:(1)不负责任;(2)不须规定。

另案:本条不要。

第十一条 加害人损害他人身体健康的,应当赔偿受害人在治疗期间必需的医药费用和实际损失;如果受害人在治疗以后失去一部或全部劳动能力的,加害人应当赔偿受害人在一定期间内应得的劳动收入或者负担全部或一部生活费用。

加害人造成他人死亡时,除负担受害人医药丧葬费用外,并在一定期间内承担受害人生前所抚养的人的生活费用。

第十二条 加害人损害他人财产,应对该项财产恢复损害前的原状。如果恢复原状有缺陷,使该项财产减少了价额,加害人还应补偿这项差额。

如果不恢复原状或者恢复原状显然有重大困难的,加害人可以用相当的实物或者金钱赔偿。

第十三条 损害赔偿的责任,除根据加害人的故意或者过失的情节轻重及受害人受害程度大小之外,并应参照双方的经济情况酌情决定。

注:有的同志主张,第一句改为:"人民法院在决定损害赔偿责任的时候"。

第十四条 公民为了保护社会主义财产而受到损害的时候,应由管理该项财产的单位按照国家的法令规章及受害人受害的程度给以生活费、医药费或者抚恤金。

另案:本条不要。

第十五条 人身、财产设有保险的,在受到他人损害的时候,应按本法保险章的有关规定处理。

另案:本条不要。

无因管理(第三次草稿)

1957年2月10日

第一条 无因管理是管理人在为了及时防止他人受到损害而又来不及通知他人或者虽非急迫损害但不可能通知的情况下,没有受到委托,而自愿代替他人管理事务的行为。

另案:无因管理是为了保护他人的利益,管理人既没有受到委托,也没有其他法律上的义务,而在无法通知的情况下,自愿代替他人管理事务的行为。

注:有的同志主张,另案中的"而在无法通知的情况下"一句可以去掉。

第二条 管理人应当对他人的事务尽到妥善管理的责任,并且迅速设法通知他人。在取得他人的同意后,即成为委任或保管的关系,适用本法关于委任或保管的规定。

第三条 管理人于事务管理完毕时,应将所管理的事务和收益交给事务所属人。

管理人在管理事务中所支出的必要费用和因管理事务使自己财产遭受的实际损失,可以向事务所属人请求偿还。

注:有的同志主张条文内应包括事务所属人应对妥善保管事务的管理人给以适当报酬的规定。

第四条 管理人因故意或重大过失对事务所造成的损害,应负赔偿责任。

不当得利(第三次草稿)

1957年2月10日

第一条 凡是没有法律或契约的根据,并非出于自己的故意或过失,而从他人的损失中所获得的利益,都是不当得利。

不当得利人,对他所获得的利益,应从知道的时候起,全部返还给失利人。

注:对不当得利的范围尚有下列两种不同意见:

1. 凡是没有法律或契约根据而得到的利益都应该是不当得利。因为不当得利所要解决的就是那些其他法律没有规定,不能解决的不合法的利益就要返还的问题。

2. 不当得利应该包括那些不是出于自己的故意或过失,而是被动地从他方所不当取得的利益。

第二条 在知道是不当得利以前,已将获得的利益作了处理,或者由于自己的故意或者过失使获得的利益受到损失,应当折价偿还。

第三条 不当得利对其获得利益所支出的必要保管和增值费用,可在返还所得利益时向收回利益的人请求偿还。

有关民法债篇通则的几个主要问题

1957年3月30日

一、民法债篇的结构应怎样安排？它应包括哪些章？债的通则可否与契约的一般原则合并反映？不是由契约所生的债（如因侵权行为、无因管理和不当得利发生的债）安排在什么地方？有关契约的一般规定如何与总则篇"法律行为"章相呼应？

二、因契约所生各种之债，在分章时还是粗分好抑是细分好？例如所有买卖性的各种关系像供应、买卖、预购、互易等，所有委托性的各种关系像委任、信托、承揽运送、保管等，可否放在一章抑分列各章反映？

三、在我国情况下债由哪些原因发生，国民经济计划法令是不是发生债的直接根据？

四、怎样确定债务人不履行、不能履行、过期履行或不按规格质量履行债务的界限和责任后果？在什么情况下可以免除责任？

五、实际生活中，债的担保有哪些方式？抵押和留置放在所有权篇反映好还是放在债篇反映好？

六、在什么情况下才能成立连带之债？如果连带债务人中一人清偿债务后，向其他连带债务人求偿而有不能偿还的部分，其余债务人还是按比例负担抑按平均负担？

附

讨论题[债]①

（一）保险的作用是什么？它是否有长期储蓄性？如有,它的表现如何？强制保险与自愿保险应根据什么去区别？强制保险与契约的自由平等是否有矛盾？有争议时,为什么强制保险采取行政程序,而自愿保险要向公断处、法院等提出申诉？苏联的社会保险与我国的劳动保险及资本主义国家的保险有无异同？强制保险、自愿保险在权利义务上有什么区别？意义如何？

（二）保险利益应当为财产所有人享有,为什么其他如质权人、行纪人等也享有保险利益？为什么受益人领得死亡保险金不能列入遗产,这样做会有什么后果？财产保险中比例责任制与第一危险制度的适用范围如何？② 这在中国的实际问题中应如何说明？又全苏预算和加盟共和国预算机关的财产以及属于这些机关管理的企业和组织的财产,为什么它们既不依自愿程序保险,也不依强制程序保险？而应当根据什么程序来保险？国家企业可以自愿保险,为什么集体农庄财产要实行强制保险？

（三）目前中国的合伙与苏联的合伙在性质和作用上有何不同？联营□□是否算作合伙？私营商业中的合伙与独资以及公司有什么区别？

（四）致以损害的民、刑责任如何划分？及其两者的关系如何？致以损害发生的民事责任如何？有哪些范围是由致以损害人负责？哪些范围致以损害人不负责任？在损害是由受害人的过失或急忽所造成的情况下对方是否仍应认为是加害人？并是否仍应视双方的财产状况机动处理？

（五）为什么无行为能力的人对所致损害不负责任而要其父母或监护人、保佐人负责？其用意何在？以上问题与我国实际情况有何异同？在致人损害的问题上,机关所属的技术人员在执行职务中所犯过失时为什么不能适用机关应负责任的原则？

（六）不当得利与无因管理及侵犯他人财产所有权有什么区别？
对于善意取得国家财产利益的不当得利人的利益,法律上是否予以保护？

（七）返还不当得利的请求权与财产返还请求权有何区别？相互关系如何？为什么说不当得利人对于他所致使或放任而造成的财产恶化的责任这一规则在因不当得利而引起的诉讼中常常并不适用？是否是已有了财产返还请求权时,就排除了因不当得利所产生的请求权,这又如何理解？

（八）不当得利典型范例与因不当得利所生的特种债务如何区别？

---

① 本件原件为手写稿,未署日期,据卷宗排列顺序推测,约于1955年至1957年间拟写。
② 原件此处圈去"与高度危险有关的区别？什么是不可抗力?"两句。

四、债篇分则

（一）买　卖

说　明[①]

买卖小组　1958年3月31日

一、买卖合同现有六次草稿，第一次稿从1956年3月16日动笔29日写成，最后一次稿是1957年4月1日定稿。起草买卖稿前，首先在北京与中央商业部和商业部十几个专业公司，以及北京市商业局、市人民法院等单位进行调查研究收集资料。在1955年11月又到上海市将近1个月时间，和上海市18个有关单位举行了25次座谈会，对买卖合同情况和问题进行调查研究。买卖合同的条文的草拟工作，即在此基础上进行。每次修改条文，都与有关单位商讨研究。随着修改次数的增多，参加讨论的单位和征求意见的范围逐渐扩大。二次稿是起草小组内部讨论修改的；三次稿是1956年5月17日在北京邀请8个有关单位座谈讨论修改的；四次稿是小组与政法院校同志共同讨论修改的；五次稿于1956年10月30日分发到43个有关单位征求意见，然后又同研究室全体同志共同讨论修改的；六次稿于1957年4月8日又分发到46个有关单位征求意见，现已有21个单位寄来意见，这些意见已汇集出来，尚待根据这些意见再作修改。

二、在起草和修改买卖条文的过程中我们曾对根据物资分配计划签订的供应合同，和国家采购组织与商业社签订的农产品预购合同，应否列入买卖条文的调整范围问题，进行讨论研究，大多数同志认为在我国生产资料社会主义所有制的基础上，买卖条文对这两种财产流转合同不应该适用。这两种合同在形式上或在某些点上虽与买卖相似，但各有其特点，而且都是社会主义组织间的合同，已形成一种独立的合同制度，所以都单列为一章比较适宜。将来在具体执行时，可以互为补充和引用。因而

---

① 本说明系全国人大常委会办公厅研究室1958年3月编定"买卖草稿"卷宗的手写说明。

在买卖章的适用范围上,与资本主义国家民法买卖章所适用范围根本不同。我们的买卖条文主要是调整商品流转中的零售环节和一般的财产转让所发生的民事关系。

另外,在买卖章中关于出卖财产的所有权转移时间,是否按种类物与特定物来分别规定转移时间问题;自由市场开放后,价格政策如何反映在买卖条文中去问题;以及瑕疵担保责任等问题,都尚须进一步调查研究,组织专题讨论。

买卖第三次稿座谈会的单位及出席人员(1956年5月17日)

1. 商业部　贾一农
2. 北京大学　潘祜周
3. 中国人民大学　佟柔
4. 中央政法干校　卓元干、李奋武
5. 农产品采购部　顾延泰
6. 北京市百货公司　李昌汉
7. 北京市中级人民法院　周才储
8. 全国供销合作总社(未出席)

第五次稿征求意见的单位(1956年7月30日)

△1. 西南政法学院民法教研室
 3. 华东政法学院民法教研室
△5. 中国人民大学法律系民法教研室
△7. 北京大学法律系民法教研室
 9. 武汉大学法律系民法教研室
△11. 中央政法干校民法教研室
 13. 中央政法干校西北分校
△15. 最高人民法院
 17. 农产品采购部
 19. 北京市百货公司
 21. 北京市中级人民法院
△23. 上海市高级人民法院
△25. 山西省高级人民法院
 27. 天津市工商业局门城副局长
 29. 重庆市商业局孙济世副局长
△31. 沈阳商业局朱华副局长
△33. 湖南省商业厅王希明副厅长
 35. 青海省商业厅米苏厅长
 37. 西安市商业局王备军副局长
 39. 广州商业局乔学模副局长
 41. 中央手工业推销局安仁存局长
△43. 商业部办公厅贾一农
△2. 中南政法学院民法教研室
 4. 北京政法学院民法教研室
△6. 东北人民大学法律系民法教研室
 8. 西北大学法律系民法教研室
 10. 复旦大学法律系民法教研室
△12. 中央政法干校东北分校
 14. 国务院一办
△16. 中央司法部
△18. 中华全国供销合作总社
△20. 北京市高级人民法院
△22. 天津市高级人民法院
△24. 山东省高级人民法院
 26. 北京市第一商业局周城局长
 28. 上海市第一商业局周企生局长
 30. 哈尔滨商业局王麟骥副局长
 32. 河南省商业厅石玉璞副厅长
 34. 山西省商业厅史茂才副厅长
 36. 江苏省商业厅李铮副厅长
△38. 武汉商业局虞振华局长
△40. 中国百货公司黄洪年经理
 42. 中国医药公司王化民副经理
△44. 二机部

注:有△符号的是寄来意见了。

买卖方六次稿征求意见的单位(1957年4月8日)

△1. 青海省百货公司
2. 武汉市商业局
3. 贵州省高级人民法院
△4. 河南省高级人民法院
△5. 江西省高级人民法院
△6. 浙江省高级人民法院
7. 重庆市中级人民法院
△8. 广西省商业厅
9. 安徽省百货公司
10. 南宁市百货公司
11. 桂林市百货公司
△12. 镇江市百货公司
△13. 内蒙古自治区供销合作社
14. 新疆维吾尔自治区供销社
15. 南昌市百货公司
△16. 无锡市人民法院
17. 州市商业局①
18. 苏州市商业局
19. 内江市人民法院
△20. 湘潭市人民法院
△21. 福州市商业局
△22. 成都市商业局
23. 湖南省商业厅
24. 四川省商业厅
△25. 福建省商业厅
△26. 山西省商业厅
△27. 湖南省百货公司
△28. 江苏省供销合作社
29. 广东省供销合同社
30. 上海市供销合同社
31. 湖北省供销合同社
32. 山东省供销合同社
33. 云南省供销合同社
34. 复旦大学法律系民法教研室
35. 中南政法学院民法教研室
36. 华东政法学院
37. 西南政法学院
△38. 上海财经学院
△39. 东北人民大学法律系
40. 西南财经学院
△41. 中南财经学院
42. 东北财经学院
△43. 中央政法干校东北分校
44. 武汉大学法律系
△45. 西北大学法律系
46. 西安市中级人民法院

注：有△符号的是寄来意见了。

参加买卖小组的工作人员(先后共10人)

钱昌照(法案委员)、金平(西南政法学院)、刘兴权(东北人民大学)、芮沐(北京大学)、朴蕴(研究室)、张竞修(研究室)、孙求玉(研究室)、郑求中(东北人民大学)、李文彩(复旦大学)、刘家兴(北京大学)

---

① 原件应有漏字。

买卖条例(第一次稿)[①]

1956年3月29日

(概　念)

第一条　按照买卖契约,出卖人应该把物或权利交付买受人所有,买受人应该接受,并且支付约定的价金。

(标　的)

第二条　一切在法律上不禁止流通的标的[②]物或权利,都可以作为买卖契约的标的。

对于禁止和限止流通的物或权利,只有根据特别法律的规定,才能作为买卖契约的标的。

(价　格)

第三条　买卖契约中标的物的价格应该符合标的物在交付地和交付时国家规定的价格,要是国家没有规定价格,可以由双方协商决定。

另案1:标的物的价格,应该遵照国家规定的价格,要是国家没有规定价格,可以由双方协商决定。如果价格在契约中规定不具体,在支付价金的时候,应该按照标的物在交付地和交付时的价格。

另案2:买卖契约中标的物的价格,应该遵照国家规定的价格,要是国家没有规定价格,可以由双方协商决定。

买卖契约中约定按照国家规定的价格,视为标的物交付地和交付时的价格。

第四条　在书面订立的买卖合同[③]中必须订明价格,如果不能订明价格,也就[④]应该订明作价的具体办法。

---

① 本件原件为手写稿。标题涂去"条例"二字。
② 原件此处涂去"标的"二字。
③ 原件此处"合同"改为"契约"。
④ 原件此处涂去"就"字。

（订立的形式和程序）

第五条 买卖契约除由法律规定必须用书面订立以外，可以用书面形式，也可以用口头形式。

分期交付、赊销、预购的买卖合同①必须用书面形式。

买卖房屋的契约必须用书面形式，并且应该经过国家公证机关公证或国家主管机关登记。

另案：现货现款的买卖契约，不论金额多少，都可以用口头形式。但由法律规定必须用书面形式的，按照法律规定。

第六条 口头形式的买卖契约，在双方就标的物和价金取得协议（互相同意）的时候，即为成立；书面形式的买卖契约，双方签名盖章后即为成立。但需要公证或登记的，在公证或登记后才能发生效力。

（所有权的转移）

第七条 买卖契约中标的物的所有权，自出卖人交付标的物（受领）的时候起，移转给买受人。如果合同规定②交付标的物和支付价金必须同时履行的，则在双方同时清付的时候，所有权才能移转；如果合同规定③标的物交付后还需要经过验收的，则自验收完毕的时候起，所有权才能移转。如果法律规定必须经过登记过户的，则在登记过户后，所有权才能移转。

第八条 买卖契约成立以后，标的物的所有权还没有移转给买受人以前，该物不论在卖方或在买方，都应该积极地负责保管。否则，如果造成损失，疏于保管的一方应该负赔偿损失的责任。

另案：将第七条、第八条合并为"买受人对于特定物的所有权，在契约成立的时候取得；对于种类物的所有权，自交付的时候取得"。

（占先原则）

第九条 特定物的出卖人如将该物先后出卖给数个买受人的时候，该物的所有权应该属于最先订立契约的买受人。

另案1：另附一款"如果订立契约的先后顺序不能证明，该物属于最先付清价金的买受人；如果都没有付清价金，该物属于已经取得该物的买受人；如果出卖人还没有将该物交给任何人，则该物属于最先提起交付诉讼的买受人。"

（也有主张付清价金一段放在占有该物一段之后）。

另案2：本案不要。

---

① 原件此处"合同"改为"契约"。
② 原件此处"合同规定"改为"契约约定"。
③ 原件此处"合同规定"改为"契约约定"。

（优先购买权）

第十条 共有人对于共有物或承租人对于租赁的房屋有优先购买权。

社会主义组织作为买受人的时候，对于其他人的优先购买权享有优先权。

另案：共有人的一人将他自己的一份出卖的时候，其他共有人有优先购买权；出租的房屋出卖的时候，住户有优先购买权。

作为买受人的社会主义法人有优先购买权，并且对于其他人的优先购买权享有优先权。

（标的物的意外灭失）

第十一条 如果没有其他约定，自出卖人将标的物交付给买受人的时候起，标的物意外灭失的危险由买受人负担。

如果出卖人交付迟延或买受人受领迟延，标的物意外灭失的危险，由迟延的一方负担。

如果买受人请求出卖人将标的物运送到履行地以外的处所，则自出卖人将标的物交付经营运送的人或机构的时候起，标的物意外灭失的危险即由买受人负担。

如果买受人关于送交方法有特别的指示，出卖人不按照指示办理又不能提出充分理由，出卖人对于买受人因此而受到的损失应该负赔偿责任。

另案1：如果合同①没有其他约定，标的物意外灭失或损坏的危险责任，以及该物所得的收入，自出卖人将标的物交付（买受人）②的时候起，移转给买受人。

买受人如果请求将标的物运送到履行地点以外的处所，出卖人自将该物交付运送人的时候起，不再负意外灭失或损坏的危险责任。

如果③出卖人交付迟延，或者买受人受领迟延，在这种情况下，意外灭失或损坏的危险责任由迟延的一方负担。

另案2：如果没有其他约定，标的物意外灭失的危险，自所有权转移的时候起由买受人负担。

如果由于出卖人或买受人的过失使标的物遭到意外灭失，则由有过失的一方负责。

（当事人权利义务）

第十二条 出卖人应该按照约定将标的物交付买受人，买受人应该受领并且支付约定的价金。如果合同④没有其他约定，标的物的交付和价金的支付应该同时履行。

---

① 原件此处"合同"改作"契约"。
② 原件此处涂去"（买受人）"三字。
③ 原件此处"如果"二字改作"但"。
④ 原件此处"合同"二字改作"契约"。

另案：双方如没有其他约定，契约订立之后，标的物的交付和价金的支付应该同时履行。

（标的物交付地点）

第十三条 如没有其他约定，标的物的所在地应该作为标的物和价金的交付地点。

另案：此条列入债的通则内。

（买受人违约时出卖人的权利）

第十四条 买受人如果违背契约，拒绝受领标的物，或拒绝支付约定的价金，出卖人可以要求买受人履行契约，或迳自拒绝履行契约，并且可以向买受人请求赔偿因违约而造成的损失。

第十五条 买受人迟延受领标的物或迟延支付价金，出卖人可以要求买受人履行契约并且可以向买受人请求赔偿因迟延而造成的损失。

另案：迟延责任列入债的通则内。

（出卖人违约时买受人的权利）

第十六条 出卖人如果违背契约，不将标的物交付买受人，或所交付的标的物不符合契约规定的时候①，买受人可以要求出卖人履行契约或迳自拒绝履行契约，并且可以向出卖人请求赔偿因不履行或不正确履行契约而造成的损失。

（瑕疵责任）

第十七条 财产的出卖权，除强制拍卖以外，属于财产所有人。财产非由所有人出卖的时候，买受人仅在财产所有人不能向他索还②的情况下，才能取得所有权。

第十八条 出卖的财产，设有第三人的权利，出卖人必须在出卖的时候告知买受人。否则，买受人有权解除契约，并且可以请求赔偿损失。如果出卖人已经告知买受人，买受人仍然自愿订立买卖契约的，出卖人不再负责。

第十九条 预先成立特约免除或限制出卖人对于权利或物的瑕疵的担保责任的，如果出卖人故意隐瞒瑕疵，特约无效。

第二十条 出卖物如果全部属于第三人，出卖人应该返还全部价金，并且付给买受人对物花去的有益费用，其他损失的赔偿，按照违约的一般原则处理。

出卖物如果部分属于第三人，买受人有权要求出卖人返还该部分的价金和对于该部分物支付的有益费用，或解除契约，并且可以请求出卖人按照出卖全部属于第三

---

① 原件"或所交付的……"一句改作"或不按照契约的约定交付标的物"。
② 原件此处"不能向他索还"六字改作"无权向他索还"。

人之规定①赔偿损失。

第廿一条　买受人如果有正当理由②疑惧买卖契约中的标的物设有第三人权利③，因此不能保证其应得权利的全部或一部的时候，可以拒绝支付全部价金或部分价金，在这种情况下，出卖人也可以请求买受人将未付的价金提存。但出卖人已经提出相当担保的，买受人不能拒绝支付价金。

第廿二条　出卖人交付的标的物如果不符合契约上所约定规格、质量，以致大量减少价值，不适合于通常使用或约定使用的④，这种瑕疵责任应该由出卖人负担。如果出卖物的瑕疵在出卖时买受人已经知道，或显然容易发现而没有发现的，出卖人不负责任。但出卖人在出卖的时候曾经明白否认出卖物有瑕疵存在的，不在此限。⑤

（买受人通知瑕疵的期限）

第廿三条　买受人对交付的标的物应该迅速进行检验，并将检验出来的瑕疵立即告知出卖人。否则，就丧失请求赔偿的权利。

第廿四条　买受人受领标的物的时候，没有约定保险期间或保留瑕疵请求权的，事后不能主张瑕疵。但标的物的瑕疵用通常方法检验不易发现或出卖人故意隐瞒的作为例外。在这种情况下，买受人一经发现瑕疵，必须立即⑥

另案：将第廿二、廿三、廿四条合并写：

1. 出卖人如果不按照契约所约定的规格、质量交付标的物，应该对买受人负责。

2. 买受人收到标的物后，应该迅速进行检验，发现瑕疵应该立即告知出卖人，买受人要是不这样做⑦，买受人就丧失对瑕疵的请求权。

3. 契约上如果⑧没有其他约定，标的物经过验收后，瑕疵责任即由买受人负担，但用通常方法检验不易发现的瑕疵或出卖人故意隐瞒的瑕疵，虽在验收后发现，如果买受人在发现瑕疵后立即告知出卖人，则瑕疵责任仍由出卖人负担。

（买受人对瑕疵提出请求的期限）

第廿五条　瑕疵请求的期限，关于建筑物，买受人自受领之日起，必须在一年内提出；关于其他标的物在六个月内提出。如果出卖人有欺骗情形，可以在三年内提出。至于契约约定有较长的请求期限的，按照契约的约定。

---

① 原件此处删去"按照出卖全部属于第三人之规定"十四字。
② 原件此处删去"出卖人交付的标的物如果"等字样。
③ 原件此处插入"或者有被追回的可能"九字。
④ 原件此处注明"'以致……约定使用'不要"字样。
⑤ 原件此处"不在此限"四字改作"作为例外"。
⑥ 原件此处有缺漏。
⑦ 原件此处"买受人要是不这样做"一句改作"否则"二字。
⑧ 原件此处删去"如果"二字。

(买受人请求权的内容)

第廿六条　买受人对受领的标的物发现瑕疵,如果及时告知出卖人,就有权请求出卖人:(1)调换相当品质的物品;(2)或免费修理;(3)或减少价金;(4)或解除契约并且赔偿所遭受的一切损失。但遇有个别情形,解除契约显然有失公平或造成出卖人的损失,买受人不能请求解除契约。

第廿七条　因为标的物有瑕疵而解除契约,买受人应将该物连同所有的收益返还出卖人。如果返还的标的物已经恶化,而此项恶化,买受人并非不能预防的,应该赔偿出卖人的损失。标的物因为有瑕疵而解除契约①,同时,出卖人对买受人除赔偿损失外,还应该赔偿买受人对于标的物所支付的和有益的费用。

第廿八条　买卖标的的数物中一物(全部之一部)发现瑕疵,买受人仅能就有瑕疵的物(部分)按第二十六条的规定向出卖人提出请求。如果有瑕疵的物(部分)和他物(其他部分)分开显然受到损失,买受人也可以按照第二十六条的规定提出请求。

(费用负担)

第廿九条　费用负担应该在契约中具体订明,如果没有订明,有关交付的费用由出卖人负担;有关受领的费用由买受人负担。

如果标的物按照买受人的要求运送到履行地以外的处所,则此项运送的费用由买受人负担。

另案:交付费用应该着重提到关于过秤、量尺及包装的费用。

(分期交付的买卖)

第三十条　分期交付的买卖,出卖人或买受人对于每一次或每一批的迟延或瑕疵,除一部分的违约和整个契约的本旨显然违背以外,仅能就违约部分提出请求。

(赊　销)

第三一条　赊买的标的物,买受人②没有取得出卖人的同意,不能将该物出卖、抵押或用其他方法交付第三人。在使用时,应该保护标的物,不使受到损坏。

如果买受人迟延交付的款项超过总价金三分之一,出卖人有权请求解除契约,返还标的物,并且请求对标的物使用的报酬和赔偿损失。

另案:第二款不要。

---

① 原件此处删去"标的物因为有瑕疵而解除契约"数字。
② 原件此处插入"在没有付清价金以前,"一句。

（货样买卖）

第三二条 按照货样买卖，出卖人应该担保交付的标的物完全符合货样的规格、质量。如果不相符合，出卖人应该负担瑕疵责任。

（试验买卖）

第三三条 试验买卖是双方当事人就标的物和价金已经取得协议，但须在买受人试验以后才开始履行的契约。

第三四条 试验买卖的标的物为出卖人所持有，买受人于约定期限内不履行契约，或没有约定期限，经出卖人催告后，买受人不立即履行契约，出卖人可以解除契约。

如果标的物已经交付给买受人而在约定期限内，买受人没有表示异议，或没有约定期限，经出卖人催告后，买受人不立即表示异议即认为买受人承认受领标的物。

（拍卖）

第三五条 按照法定程序强制公开拍卖的标的物①，出卖人不负担瑕疵责任，第三人也不能主张权利。

任意拍卖，出卖人不负担对出卖物的瑕疵责任。

另案：第二款改为"任意拍卖，出卖人仅对权利瑕疵负责"。

（债权及其他种类的买卖）

第三六条 债权及其他权利的买卖，如果契约没有其他约定，出卖人仅对权利的合法存在，负担责任。

另案：债权或其他权利的出卖人，负责担保他所出卖的债权或权利的合法存在。

债权的出卖人负责担保债务人有支付能力，但仅限于债权在出卖时候债务人的支付能力。

（预购）

第三七条 预购契约是由国家采购机关向农民预购农产品而订立的合同②。

第三八条 农民（出卖人）应该按照契约规定的品种、数量、质量和时间把农产品卖给国家；国家应该接受农产品，给付价金，并且在生产方面给予必要的帮助。

（房屋买卖）

第三九条 公民可以自由买卖房屋，但买卖房屋不能以营利为目的。

---

① 原件此处"公开拍卖的标的物"改作"出卖的财产"。
② 原件此处"合同"改作"契约"。

（不能为买卖行为的人）

第四十条 司法、检察、公安人员对于经办案件中的财产，以及公务人员对于依法或依职权由他管理、保管的财产和在职务上被授权由他出卖的财产，在出卖的时候都不能自己或委托别人参加作为买受人。

买卖（第二次草稿）

1956年4月14日

第一条 按照买卖契约，出卖人应该把财产（或写"物和权利"，下同）交付买受人所有，买受人应该接受，并且支付约定的价金。

国家机关、企业组织间的买卖，不转移所有权。

有人主张第二款不要。

第二条 一切在法律上不禁止流通的财产，都可以作为买卖契约的标的。对于禁止或限止流通的财产，只有根据法律的特别规定，才能作为买卖的标的。

第三条 财产的出卖权，除按照法定程序强制出卖的以外，属于财产所有人。财产非由所有人出卖的时候，买受人仅在财产所有人无权向他追索的情况下，才能取得所有权。

建议物权方面在规定保护善意第三人的时候，参考《苏俄民法典》第59条和第60条。

第四条 买卖契约中标的物的价格，应该遵照国家规定的价格，要是国家没有规定价格，可以由双方协商决定。

买卖契约中如果只是笼统约定按照国家规定的价格，则应视为标的物交付地和交付时国家规定的价格。

第五条 在书面订立的买卖契约中，如果不能订明价格，就应该订明作价的具体办法。

有人主张本条不要。

第六条 现货现款的买卖契约，可以用口头形式。

分期交付、赊销、预购、买卖房屋及其他由法律规定必须用书面形式的买卖契约都应该用书面形式。

另案1：现款现货的买卖契约，不论金额多少，都可以用口头形式。金额在一百元以上的非现款现货的买卖契约和房屋的买卖以及其他由法律规定必须用书面形式的买卖契约，都应该用书面形式。

另案2：现款现货的买卖契约，不论金额多少，都可以用口头形式。但由法律规定必须用书面形式的，按照法律规定。

另案3：现款现货的买卖契约，可以用书面方式，也可以用口头方式。不是现款现货的买卖契约在一百元以上的，必须用书面形式。

第七条　口头形式的买卖契约,在双方就标的物和价金取得协议的时候,即为成立;书面形式的买卖契约,双方签名盖章后即为成立。

凡是需要公证或登记的,在公证或登记后才能发生效力。

第八条　标的物的所有权,如果法律和契约(有人主张"和契约"三字删去)没有其他规定,自出卖人交付标的物的时候起,移转给买受人。

法律规定必须经过公证登记的,在公证登记后,所有权才能转移。

第九条　如果契约没有其他约定,应以下列规定为交付:

(一)现款现货的买卖,买受人付清价金,并且点收物品,即为交付。

(二)如果出卖的标的物有处分证件的(铁路运单、海运单、仓库仓单、通知单),自证件交与买受人,即为交付。

(三)权利的买卖,自权利证件交与买受人,即为交付。

(四)由法律规定要经过登记、过户手续,契约才生效的,不能由双方当事人自由约定变更,必须自登记过户手续办理完毕,视为交付。

另案1:将第四项改为"但上述规定,如果必须要经过登记、过户,契约才生效的,自登记、过户的手续办理完毕,即为交付"。

另案2:交付是指把出卖物移转给买受人。

买受人已占有出卖物的,买卖协议成立的时候就算交付。

买卖成立的时候,出卖物被第三人占有的,可由出卖人让买受人向第三人请求交出出卖物,以代交付。

出卖物需要运送的,除契约另有约定外,由出卖人把出卖物交给运送人的时候,视为交付。

种类物的买卖,如果没有其他约定或者把出卖物交给运送人的情况,在物品确定后,包装、捆扎等交付工作完毕的时候,就算交付。

房屋、土地的买卖,以登记决定交付。

第十条　买卖契约成立以后,标的物还没有交付以前,该物不论在卖方或买方,都应该积极地负责保管。否则,如果造成损失,疏于保管的一方应该负损害赔偿的责任。

有人主张本条不要。

第十一条　特定物的出卖人如果将一物先后出卖给数个买受人的时候,该物的所有权应该属于最先订立契约的买受人。

如果订立契约的先后顺序不能证明,该物属于最先付清价金的买受人;如果都没有付清价金,该物属于已经取得该物的买受人;如果出卖人还没有将该物交给任何人,则该物属于最先提起交付诉讼的买受人。

有人主张本条不要。

第十二条　共有人将他自己那部分的财产出卖的时候,其他共有人有优先购买权;出租的房屋出卖的时候,住户有优先购买权。

社会主义组织作为买受人的时候,对于其他人的优先购买权享有优先权。

第十三条　如果契约没有其他约定,标的物意外灭失或损坏的危险责任,以及该物所得的收入(有人主张删去"以及该物所得的收入"一句),自出卖人将标的物交付给买受人的时候起,移转给买受人。

由于出卖人或买受人的过失而使标的物遭到意外灭失或损坏的时候,有过失的一方应该负责。

第十四条　买受人如果请求将标的物运送到履行地点以外的处所,出卖人自将该物交付运送人的时候起,不再负意外灭失或损坏的危险责任。

有人主张本条不要。

第十五条　如果契约没有其他约定,标的物的交付和价金的支付应该同时履行。

第十六条　如果契约没有其他约定,标的物的所在地应该作为标的物和价金的交付地点。

有人主张本条列入债的通则内。

第十七条　出卖人如果违背契约,不将标的物交付买受人,或不按照契约约定的条件交付标的物的时候,买受人可以要求出卖人履行契约或迳自拒绝履行契约,并且向出卖人请求赔偿因不履行或不正确履行契约而造成的损失。

第十八条　买受人如果违背契约,不受领标的物,或不支付约定的价金,出卖人可以要求买受人履行契约,或迳自拒绝履行契约,并且向买受人请求赔偿因违约而造成的损失。

第十九条　出卖的财产,如果设有第三人的权利,出卖人必须在出卖的时候告知买受人。否则,买受人有权解除契约,并且可以请求赔偿损失。但出卖人已经告知买受人,买受人仍然订立买卖契约的,出卖人不再负责。

另案:出卖人将设有抵押、租赁等权利的财产出卖的时候,必须告知买受人,否则,买受人有权请求解除契约,并且可以请求赔偿损失。如果出卖人已经告知买受人,买受人仍然订立买卖契约的,出卖人不再负责。

第二十条　出卖的财产如果因为全部属于第三人而被追夺(有人主张将"而被追夺"改为"在解除契约")的时候,出卖人应该返还全部价金,并且付给买受人对出卖物支出的有益费用,其他损失的赔偿,按照违约的一般规定处理。

出卖的财产如果因为部分属于第三人而被追夺的时候,买受人有权要求出卖人返还该部分的价金和对该部分支付的有益费用,或解除契约,并且可以请求出卖人赔偿损失。

第二十一条　出卖人交付的标的物如果不符合契约上所约定的规格、质量,以致大量减少价值,不适于通常使用或约定使用(有人主张"以致大量减少价值,不适于通常使用或约定使用"不要)这种瑕疵责任应该由出卖人负担。如果出卖物的瑕疵在出卖的时候买受人已经知道,或显然容易发现而没有发现,出卖人不负责任。但出卖人在出卖的时候曾经明白否认出卖物有瑕疵存在的,作为例外。

第二十二条　买受人收到标的物后应该迅速进行检验,并将检验出来的瑕疵立即告知出卖人。否则，就丧失对瑕疵的请求权。

第二十三条　买受人对受领的财产，没有约定保险期间或保留瑕疵请求权的，事后不能主张瑕疵。但标的物的瑕疵用通常方法检验不易发现或出卖人故意隐瞒的作为例外，在这种情况下，买受人一经发现瑕疵，必须立即告知出卖人。

另案：将第二十条、第二十一条、第二十二条改写为：

1. 出卖人如果不按照契约所约定的规格、质量交付标的物，应该对买受人负责。

2. 买受人收到标的物后，应该迅速进行检验，发现瑕疵应该立即告知出卖人，否则，买受人就丧失对瑕疵的请求权。

3. 如果契约没有其他约定，标的物经过验收后，瑕疵责任即由买受人负担，但用通常方法检验不易发现的瑕疵或出卖人故意隐瞒的瑕疵，买受人虽在验收后发现，如果立即告知出卖人，则瑕疵责任仍由出卖人负担。

第二十四条　对瑕疵的请求，自买受人受领之日起，关于建筑物应该在一年内提出，关于其他标的物应该在六个月内提出。如果出卖人有欺骗情形，可以在三年内提出。至于契约约定有较长的请求期限的，按照契约的约定。

第二十五条　买受人对标的物的瑕疵，有请求权的时候，在规定期限内，可以向出卖人请求调换相当品质的物品；或免费修理；或减少价金；或解除契约并且可以请求赔偿一切损失。但解除契约显然有失公平，买受人不能擅自请求解除契约。

有人主张前三句改为：

1. "买卖的标的物有瑕疵，依照前四条的规定出卖人应负担保责任的时候，买受人……"；

2. "买受人对有权请求的瑕疵"。

第二十六条　因为标的物有瑕疵而解除契约，买受人应将该物连同所有的收益返还出卖人。如果（有人主张此处加"返还的"三字）标的物已经恶化，而此项恶化，买受人并非不能预防的，应该赔偿出卖人的损失。

第二十七条　经由特别约定免除或限制出卖对特别①权利或物的瑕疵担保责任的，如果出卖人故意隐瞒，特别约定无效。

第二十八条　费用负担应该在契约中具体订明，如果没有订明，有关交付的费用由出卖人负担；有关受领的费用由买受人负担。

如果标的物按照买受人的要求运送到履行地以外的处所，则此项运送的费用由买受人负担。

有人主张交付费用应该着重提到关于过秤、量尺及包装的费用。

第二十九条　预购契约是由社会主义的采购组织按照国家收购计划在农业播种或者牧业的收获以前，向农、牧业生产合作社或互助组或农、牧民预购产品的契约。

第三十条　预购契约的买受人可以随时向出卖人了解预购产品的生产经营情

---

① 原件此处删去"特别"二字。

况，出卖人也有义务把预售产品的生产经营情况告知买受人。

第三十一条　预购契约的买受人，应该按照国家规定预付定金；出卖人应该把定金用在预售产品的生产上。

买受人应该对出卖人给予生产上必要的帮助。

第三十二条　预购契约的出卖人，应该按照约定的品种、数量、质量、时间交付产品；买受人应该按照预购数量全部收购。如有增产，也保证收购。

买受人应该按照国家规定的价格分等分级给价。

第三十三条　分期交付的买卖，出卖人仅对每批标的物的交付负迟延或瑕疵责任；买受人仅对每批标的物的受领或价金的支付负迟延责任；在这种情况下，如果局部的违约和订立整个契约的本旨相违背的时候，受损害的一方可以向对方请求解除契约并赔偿损失。

第三十四条　赊买的物品，买受人在清付价金以前，没有取得出卖人的同意，不能将该物出卖、抵押或用其他方法交付第三人。否则，出卖人有权请求买受人立即清付全部价金，或者返还原物，并且请求给付使用的报酬。如果原物受到损害，买受人应该负责赔偿。（有人主张"或者返还原物……负责赔偿"一段不要）

如果买受人迟延交付的款项超过总价金三分之一，出卖人有权请求解除契约，返还标的物，并且可以请求给付使用的报酬和赔偿损失。

有人主张第二款不要。

第三十五条　按照货样买卖，出卖人应该担保出卖物完全符合货样的规格、质量。如果不完全符合，出卖人应该负担瑕疵责任。

第三十六条　试验买卖是双方当事人就标的物和价金已经取得协议，但须在买受人试验以后才开始履行的契约。

有人主张本条不要。

第三十七条　试验买卖的标的物仍为出卖人所持有，买受人于约定期限内不履行契约，或虽然没有约定期限，经出卖人催告后，买受人不立即履行契约，出卖人可以解除契约。

如果标的物已为买受人所持有而在约定期限内，买受人并未表示异议，或虽然没有约定期限，经出卖人催告后，买受人不立即表示异议，即认为买受人承认受领标的物。

有人主张本条不要。

第三十八条　按照法定程序强制出卖的财产，出卖人不负担瑕疵责任，第三人也不能主张权利。

第三十九条　债权或其他权利的出卖人，应该负责担保所出卖的债权或权利的合法存在。

债权的出卖人应该负责担保债务人有支付能力，但仅限于债权在出卖时候债务人的支付能力。

另案:权利的出卖人仅对出卖的权利合法存在负担责任。

权利出卖的时候应将一切从属权利移转给买受人。

有人主张第二款不要。

第四十条 公民可以自由买卖房屋,但买卖房屋不能以营利为目的。否则,营利部分按照不当得利的规定处理。

有人主张本条不要。

第四十一条 司法、检察、公安人员对于经办案件的财产,以及公务人员对于依法或依职权由他管理、保管的财产在出卖的时候,都不能自己或委托别人参加作为买受人。

职务上被授权出卖财产的人,在出卖财产的时候,不得利用自己的地位攫取通常人在购买中得不到的利益。

有人主张第二款不要。

买卖(第三次草稿)

1956 年 4 月 25 日①

第一条 按照买卖契约,出卖人应该把财产(或写"物和权利",下同)交付买受人所有,买受人应该接受,并且支付约定的价金。

国家机关、企业组织间的买卖,不移转所有权。

有人主张第二款不要。

第二条 一切在法律上不禁止流通的财产,都可以作为买卖契约的标的。对于禁止或限止流通的财产,只有根据法律的特别规定,才能作为买卖契约的标的。

第三条 财产的出卖权,除按照法定程序强制出卖的以外,属于财产所有人。财产非由所有人出卖的时候,买受人仅在财产所有人无权向他追索的情况下,才能取得所有权。

建议物权方面在规定保护善意第三人的时候,参考《苏俄民法典》第 59 条和第 60 条。

第四条 买卖契约中的标的物的价格,应该遵照国家规定的价格,国家没有规定价格的,可以由双方协商决定。

买卖契约中如果只是(有人主张"只是"两字不要)笼统约定按照国家规定的价格,则应视为标的物交付地和交付时国家规定的价格。

第五条 用书面形式订立的买卖契约,如果不能订明价格,应该订明作价的具体办法。

有人主张本条不要。

第六条 现货现款的买卖契约,不论金额多少,都可以用口头形式。

分期交付、赊销、预购、买卖房屋及其他由法律规定必须用书面形式的买卖契约都应该用书面形式。

有人主张非现款现货的买卖,要在一定金额以上才用书面形式。

第七条 口头形式的买卖契约,在双方就标的物和价金取得协议的时候,即为成立;书面形式的买卖契约,双方签名盖章后即为成立。(有人主张这里的"成立"意味着发生效力,必须加以说明,才能与第二款取得一致)

---

① 此日期系由手写注明。

凡是需要登记、过户的,在登记、过户后才能发生效力。

第八条 标的物的所有权,如果法律或契约没有其他规定或约定,自出卖人交付标的物的时候起,移转给买受人。

有人主张"或契约"和"或约定"六字不要。

第九条 如果契约没有其他约定,完成下列手续即为交付:

(一)出卖人将出卖的财产移转给买受人,买受人点收以后,即为交付。

(二)如果出卖的财产需要运送的,买受人收到运送证件(运输单、通知单等),即为交付。

出卖人没有运送义务的,或者由于买受人的要求将标的物运送到履行地点以外处所的,自标的物交给运送人的时候起,即为交付。

(三)买受人已占有出卖物的,买卖协议成立的时候即为交付。

(四)权利的买卖,自权利证件交给买受人的时候,即为交付。

第十条 法律规定需要经过登记、过户手续契约才能发生效力的,须待登记、过户手续办理完毕后才算交付。

另案:①交付是指把出卖物移转给买受人。

买受人已占有出卖物的,买卖协议成立的时候即为交付。

买卖成立的时候,出卖物被第三人占有的,可由出卖人授权买受人向第三人请求交出出卖物,以代交付。

出卖物需要运送的,除契约另有约定外,在出卖人把出卖物交给运送人的时候,即为交付。

种类物的买卖,如果契约没有其他约定,在物品确定后,包装、捆扎等交付工作完毕的时候,即为交付。

房屋、土地的买卖,以登记决定交付。

第十一条 共有人将他自己那部分财产出卖的时候,其他共有人有优先购买权;出租的房屋出卖的时候,住户有优先购买权。

社会主义组织作为买受人的时候,对于其他人的优先购买权享有优先权。

第十二条 如果契约没有其他约定,标的物意外灭失或损坏的危险责任,以及该物收益的取得权(有人主张删去"以及该物收益的取得权"一句),自出卖人将标的物交给买受人的时候起,移转给买受人。

由于出卖人或买受人的过失而使标的物遭到意外灭失或损坏的时候,有过失的一方应该负责。

第十三条 如果契约没有其他约定,标的物的交付和价金的支付应该同时履行。

第十四条 如果契约没有其他约定,标的物的所在地应该作为标的物和价金的交付地点。

---

① 原件此处有手写旁注"第九、十条合并"。

有人主张本条不要。

第十五条　出卖人如果违背契约,不将标的物交付买受人,或不按照契约约定的条件交付标的物的时候,买受人可以要求出卖人履行契约或迳自拒绝履行契约或解除契约,并且可以请求出卖人赔偿因违约而造成的买方损失。

第十六条　买受人如果违背契约,不受领标的物,或不支付约定的价金,出卖人可以要求买受人履行契约,或迳自拒绝履行契约或解除契约,并且可以请求买受人赔偿因违约而造成的卖方损失。

第十七条　出卖的财产,如果设有抵押、租赁等权利,出卖人必须在出卖的时候告知买受人。否则,买受人有权解除契约,并且可以请求赔偿损失。但出卖人已经告知买受人,买受人仍然订立买卖契约的,出卖人不再负责。

第十八条　出卖的财产如果因为全部属于第三人而被追夺(有人主张将"而被追夺"改为"而解除契约")的时候,出卖人应该返还全部价金,并且付给买受人对出卖物支出的有益费用,其他损失的赔偿,按照违约的一般规定处理。

出卖的财产如果因为部分属于第三人而被追夺(有人主张"而被追夺"改为"而变更契约")的时候,买受人有权要求出卖人返还该部分的价金和对该部分支付的有益费用,或解除契约,并且可以请求出卖人赔偿损失。

第十九条　出卖人交付的标的物如果不符合契约上所约定的规格、质量,以致大量减少价值,不适于通常使用或约定使用(有人主张"以致大量减少价值,不适于通常使用或约定使用"不要)这种瑕疵责任应该由出卖人负担。如果出卖物的瑕疵在出卖的时候买受人已经知道,或显然容易发现而没有发现,出卖人不负责任。但出卖人在出卖的时候曾经明白否认出卖物有瑕疵存在的,例外。

第二十条　买受人收到标的物后应该迅速进行检验,并将检验出来的瑕疵即时告知出卖人。否则,就丧失对瑕疵的请求权。

第二十一条　买受人对受领的财产,没有约定保险期间或保留瑕疵请求权的,事后不能主张瑕疵。但标的物的瑕疵用通常方法检验不易发现或出卖人故意隐瞒的,例外,在这种情况下,买受人一经发现瑕疵,必须即时告知出卖人。

另案:将二十条、二十一条、二十二条改写为:

1. 出卖人如果不按照契约所约定的规格、质量交付标的物,应该对买受人负责。

2. 买受人收到标的物后,应该迅速进行检验,发现瑕疵应该立即告知出卖人,否则,买受人就丧失对瑕疵的请求权。

3. 如果契约没有其他约定,标的物经过验收后,瑕疵责任即由买受人负担,但在通常情况下不易发现的瑕疵或出卖人故意隐瞒的瑕疵,买受人虽在验收后发现,如果即时告知出卖人,瑕疵责任仍由出卖人负担。

第二十二条　出卖人对标的物瑕疵,应负担保责任的时候,买受人可以向出卖人请求调换相当品质的物品;或免费修理;或减少价金;或解除契约并且可以请求赔偿损失。但解除契约显然有失公平的,买受人不能请求解除契约。

第二十三条 对瑕疵的请求,自买受人受领之日起,关于建筑物应该在一年内提出,关于其他标的物应该在六个月内提出。如果出卖人有欺骗情形,可以在三年内提出。

第二十四条 因为标的物有瑕疵而解除契约,买受人应将该物连同所有的收益返还出卖人。如果标的物已经恶化,而此项恶化,买受人并非不能预防的,应该赔偿出卖人的损失。

第二十五条 以特别约定免除或限制出卖人对标的物的瑕疵担保责任的,如果出卖人故意隐瞒,特别约定无效。

第二十六条 按照法定程序强制出卖的财产,出卖人不负担瑕疵责任,第三人也不能主张权利。

第二十七条 费用负担应该在契约中具体订明,如果没有订明,有关交付的费用由出卖人负担;有关受领的费用由买受人负担。

第二十八条 出卖人按照买受人的要求将标的物运送到履行地以外的处所,运送费用如果超过原来约定,超过部分由买受人负担。

第二十九条 预购契约是由社会主义的采购组织按照国家收购计划在农业播种或者牧业收获以前,向农、牧业生产合作社或互助组或农、牧民预购产品的契约。

第三十条 预购契约的买受人可以随时向出卖人了解预购产品的生产经营情况,出卖人也有义务把预售产品的生产经营情况告知买受人。

第三十一条 预购契约的买受人,应该按照国家规定预付定金;出卖人应该把定金用在预售产品的生产上。

第三十二条 预购契约的出卖人,应该按照约定的品种、数量、质量、时间交付产品;买受人应该按照预购数量全部收购。如有增产,也保证收购。

买受人应该按照国家规定的价格分等分级给价。

第三十三条 分期交付的买卖,出卖人仅对每批标的物的交付负迟延或瑕疵责任;买受人仅对每批标的物的受领或价金的支付负迟延责任。

如果部分的违约和订立整个契约的本旨相违背的时候,受损害的一方,可以向对方请求解除契约和赔偿损失。

第三十四条 赊买的物品,买受人在清付价金以前,没有取得出卖人的同意,不能将该物出卖、抵押或用其他方法移转给第三人。否则,出卖人可以请求买受人立即清付全部价金,或者返还原物,并且请求给付使用的报酬。如果原物受到损害,买受人应该负责赔偿。

如果买受人连续二次支付迟延,迟付款项又超过总价三分之一,出卖人可以请求解除契约;买受人除返还标的物外,并且应该给付使用的报酬和赔偿损失。

有人主张将第二款改为"买受人如果不按期付款,出卖人可以解除契约,根据买受人对标的物使用耗损情况,按质计价收回出卖物"。

第三十五条 按照货样买卖,出卖人应该担保出卖物符合货样的规格、质量。如果不相符合，出卖人应该负担瑕疵责任。

第三十六条　试验买卖是买受人对标的物的认可设有条件而订立的契约。

另案1：试验买卖是以买受人的认可标的物为停止条件而订立的契约。

另案2：试验买卖是双方当事人就标的物和价金已经取得协议，但须在买受人经过试验以后才开始履行的契约。

第三十七条　试验买卖的标的物仍为出卖人所持有，买受人于约定期限内没有加以认可，或虽然没有约定期限，经出卖人催告后，买受人不即时认可，出卖人可以解除契约。如果标的物已为买受人所持有而在约定期限内，买受人并未表示异议，或虽然没有约定期限，经出卖人催告后，买受人不即时表示异议，即认为买受人承认受领标的物。

关于试验买卖在保加利亚、德国和旧中国均有规定，但我们目前缺少这方面的材料，要不要加以规定还待研究。

第三十八条　债权或其他权利的出卖人，应该负责担保所出卖的债权或权利的合法存在。

债权的出卖人应该负责担保债务人有支付能力，但仅限于债权在出卖时候债务人的支付能力。

有人主张第二款不要。

另案：权利的出卖人仅对出卖的权利合法存在负担责任。

权利出卖的时候应将一切从属权利移转给买受人。

第三十九条　司法、检察、公安人员对于经办案件的财产，以及公务人员对于依法或依职权由他管理、保管的财产在出卖的时候，都不能自己或委托别人参加作为买受人。

职务上被授权出卖财产的人，在出卖财产的时候，不得利用自己的地位攫取通常人在购买中得不到的利益。

有人主张第二款不要。

买卖(第四次草稿)

1956年6月18日①

第一条 按照买卖契约,出卖人(或"卖方",下同)应该把财产交付买受人(或"买方",下同)所有,买受人应该接受,并且支付约定的价金。

国家机关、企业组织间的买卖,不转移所有权。(有人主张本款不要)

另案:买卖是出卖人把财产交付买受人所有,买受人应该支付约定价金的契约。

第二条 一切在法律上不禁止买卖的财产,都可以买卖。禁止或限止买卖的财产,只有根据法律的特别规定,才能买卖。

第三条 出卖财产的人,必须是财产的所有人。

财产不是由所有人出卖的时候,买受人仅在财产所有人无权向他追索的情况下,才能取得所有权。

第四条 买卖财产应该遵照国家规定的价格,国家没有规定价格的,可以由双方参照当地市场价格协商决定。

买卖契约中如果没有订明按照何时何地国家规定的价格,则视为交付地和交付时国家规定的价格。

第五条 现货现款的买卖契约,不论金额多少,都可以用口头形式。

不是现货现款的买卖,如果金额在五十元以上应该用书面形式。

房屋买卖及其他由法律规定必须用书面形式的,都应该用书面形式。

第六条 口头形式的买卖契约,双方对出卖的财产和价金取得协议的时候,即为成立;书面形式的买卖契约,双方签名盖章后即为成立。

凡是需要登记、过户的,自登记、过户后成立。

第七条 出卖财产的所有权,如果没有其他约定,自出卖人交付财产的时候起,移转给买受人。(有人主张此条应该是强制规定,因此"如果没有其他约定"一句不要)

另案:出卖财产的所有权,对于特定物自签订契约的时候起,移转给买受人;对于种类物自交付的时候起,移转给买受人。

注:如果采用另案的条文时,应该再加一条占先原则的规定:"特定物的出卖人如果将

---

① 原件此处日期系由手写注明。

该物先后出卖给数个买受人的时候,该物的所有权应该属于最先订立契约的买受人。

"如果订立契约的先后顺序不能证明,该物属于最先付清价金的买受人;如果都没有付清价金,该物属于已经取得该物的买受人;如果出卖人还没有将该物交给任何人,则该物属于最先提起交付诉讼的买受人。"

第八条 如果契约没有其他约定,完成下列手续即为交付:(有人主张应该强制规定,因此"如果契约没有其他约定"一句不要)

(一)出卖人将出卖的财产移交给买受人,买受人点收以后,即为交付。

(二)如果出卖的财产需要运送的,买受人收到运送保管证件(运输单、通知单等),即为交付。[有人主张:自承运人将运送的货物交付给收货人(买受人)的时候起即为交付]

出卖人按照买受人的要求将出卖的财产运送到履行地点以外处所的,自该项财产交给运送人的时候起,即为交付。

(三)如果买受人已经占有出卖的财产,自买卖契约成立的时候起,即为交付。

(四)权利的买卖,自权利证件移交给买受人的时候起,即为交付。

第九条 法律规定需要经过登记、过户手续才能成立的,自登记、过户手续办理完毕后,即为交付。

另案:第八、九条合并:

交付是指把出卖物移转给买受人。

买受人已占有出卖物的,买卖协议成立的时候即为交付。

买卖成立的时候,出卖物被第三人占有的,可由出卖人授权买受人向第三人请求交出出卖物,以代交付。

出卖物需要运送的,除契约另有约定外,在出卖人把出卖物交给运送人的时候,即为交付。

种类物的买卖,如果契约没有其他约定,在物品确定后,包装、捆扎等交付工作完毕的时候,即为交付。

房屋、土地的买卖,以登记决定交付。

第十条 共有人将他自己那部分财产出卖的时候,其他共有人有优先购买权。

出租的房屋出卖的时候,承租人有优先购买权。但是,房屋共有人优先于承租人的优先权。

第十一条 如果契约没有其他约定,出卖财产的意外灭失或损坏的危险责任,自出卖人将该项财产交付的时候起,移转给买受人。(有人主张:应该强制规定,因此,"如果契约没有其他约定"一句不要)

由于出卖人或买受人的过失而使出卖的财产遭到意外灭失或损坏的时候,由有过失的一方负责。(有人主张:此款在债的通则中已有规定,可以不要)

第十二条 如果契约没有其他约定,出卖人交付出卖的财产和买受人支付价金,应该同时履行。

第十三条 出卖人如果违背契约,不交付出卖的财产,或不按照契约约定的条件交付出卖财产的时候,买受人可以要求出卖人履行契约或自己拒绝履行契约或解除契约,并且可以请求出卖人赔偿因违约而造成的损失。

第十四条　买受人如果违背契约,不受领出卖的财产,或不支付约定的价金,出卖人可以要求买受人履行契约,或自己拒绝履行契约或解除契约,并且可以请求买受人赔偿因违约而造成的损失。

第十五条　出卖的财产,如果设有抵押、租赁等权利,出卖人必须在出卖的时候告知买受人。否则,买受人有权解除契约,并且可以请求赔偿损失。但出卖人已经告知买受人,买受人仍然订立买卖契约的,出卖人不再负责。

第十六条　出卖的财产,因为全部不是属于出卖人所有而被原所有人追回的时候,出卖人应该返还买受人全部价金及对出卖物支出的有益费用,并且可以请求出卖人赔偿损失。

出卖的财产,因为部分不是属于出卖人所有而被原所有人追回的时候,买受人有权要求出卖人返还该部分的价金及对该部分支出的有益费用,或解除契约,并且可以请求出卖人赔偿损失。

第十七条　出卖人如果不按照契约所约定的规格、质量交付出卖的财产,应该对买受人负责。

第十八条　买受人受领财产的时候,应该迅速进行检验。如果对容易发现的瑕疵而没有发现或者发现后没有即时告知出卖人,买受人就丧失对瑕疵的请求权。(有人主张:"应该迅速进行检验"一句不要)

第十九条　如果契约没有其他约定,买受人对受领的财产在验收后又发现瑕疵由买受人负担,但在通常情况下不易发现的瑕疵或者出卖人故意隐瞒的瑕疵,买受人虽在验收后发现,如果即时告知出卖人,瑕疵责任仍由出卖人负担。

第二十条　出卖人对出卖的财产应负瑕疵责任的时候,买受人可以向出卖人请求调换相当品质的物品;或免费修理;或减少价金;或解除契约。买受人如果因为财产的瑕疵而遭受损失,可以请求出卖人赔偿。

如果解除契约显然有失公平的,买受人不能请求解除契约。(有人主张:最后一句改为"出卖人可以拒绝解除契约")

第二十一条　买受人对财产瑕疵有请求权的,应该自受领财产之日起,建筑物在一年内提出,其他财产在六个月内提出。如果出卖人有欺骗情形,可以在三年内提出。

契约约定有较长的请求期限,按照契约的约定。

第二十二条　因为出卖的财产有瑕疵而解除契约,买受人应该将该项财产连同已得的收益返还出卖人。如果财产已经恶化,而此项恶化,买受人并非不能预防的,应该赔偿出卖人的损失。同时,出卖人除返还价金外,还应该赔偿买受人对于财产所支付的有益费用和其他损失。

第二十三条　出卖人如果隐瞒出卖财产的瑕疵,故意与买受人约定免除或限制对出卖财产的瑕疵担保责任,约定无效。

第二十四条 人民法院按照法定程序强制出卖的财产不负瑕疵责任;任何人不能向买受人提出争议。

第二十五条 费用负担应该在契约中具体订明,如果没有订明,有关交付的费用特别是包装、过秤、量尺、运输由出卖人负担;有关受领的费用由买受人负担。

出卖人按照买受人的要求将标的物运送到履行地以外的处所,运送费用如果超过原来约定,超过部分由买受人负担。

第二十六条 预购契约是由社会主义的采购组织按照国家收购计划在农业播种或者牧业收获以前,向农、牧业生产合作社或互助组或农、牧民预购产品的契约。

第二十七条 预购契约的买受人可以随时向出卖人了解预购产品的生产经营情况,出卖人也有义务把预售产品的生产经营情况告知买受人。

第二十八条 预购契约的买受人,应该按照国家规定预付定金;出卖人应该把定金用在有利于预售产品的生产上。

第二十九条 预购契约的出卖人,应该按照约定的品种、数量、质量、时间交付产品;买受人应该按照预购数量全部收购。如有增产,也保证收购。(有人主张:"如有增产,也保证收购"一句不要)

买受人应该按照国家规定的价格分等分级给价。

第三十条 出卖人仅对每期交付的财产负迟延或瑕疵责任;买受人仅对每期财产的受领或价金的支付负迟延责任。

如果部分的违约和订立整个契约的目的相违背的时候,受损害的一方,可以向对方请求解除契约和赔偿损失。(有人主张"部分"改为"每期")

第三十一条 赊买的物品,如果买受人在清付价金以前,将该项物品以现款转卖给第三人,出卖人可以要求买受人一次付清所欠部分的全部价金。

买受人如果利用赊买的有利条件,转让赊买的物品谋取利益,其得到的利益部分,应该没收缴回国库,如果情节严重,还要受刑事处分。

赊买的房屋,买受人在清付价金以前不能转让或抵押。

第三十二条 试验买卖是双方当事人对出卖的财产和价金已经取得协议,但需要买受人对出卖的财产进行试验以后才承认而订立的契约。

第三十三条 试验买卖的财产仍在出卖人手中,买受人在约定期限内没有加以认可,或虽然没有约定期限,经出卖人催告后,买受人不即时认可出卖人可以解除契约。如果出卖的财产已在买受人手中,买受人在约定期限内,并未表示异议,或虽然没有约定期限,经出卖人催告后,买受人不即时表示异议,即认为买受人承认受领标的物。

另案:将三十二、三十三条改写为:

1.试验买卖是双方当事人对出卖的财产和价金已经取得协议,但须经买受人试验以后,认为符合约定的用途才开始履行的契约。

2. 试验买卖的出卖人,在约定的试验期间内,无权再出卖所试验的财产。如果买受人经过试验后符合约定的用途,任何一方均无权拒绝履行契约。

第三十四条 债权或其他权利的出卖人,应该负责担保所出卖的债权或权利的合法存在。

第三十五条 司法、检察、公安人员对于经办案件的财产,以及公务人员对于依法或依职权由他管理、保管的财产在出卖的时候,都不能自己或委托别人参加作为买受人。

职务上被授权出卖财产的人,在出卖财产的时候,不得利用自己的地位攫取通常人在购买中得不到的利益。

买卖(第五次草稿)

1956年7月24日[①]

第一条 按照买卖契约,出卖人应该把财产交付买受人所有,买受人应该接受,并且支付约定的价金。

另案:买卖是出卖人把财产交付给买受人所有,买受人应该支付约定价金的契约。

注:有的同志主张将"出卖人"改为"卖方""卖出人""卖主""出卖者","买受人"改为"买方""买入人""买主""购买者",将"财产"改为"财物",下同。

第二条 一切在法律上不禁止买卖的财产,都可以买卖。禁止或限止买卖的财产,只有根据法律的特别规定,才能买卖。

第三条 财产的出卖权,除了按照法定程序强制出卖的情况以外,属于财产所有人。

财产不是由所有人出卖的时候,买受人仅在民法典所有权篇(草案)第三十九条规定(见注)的财产所有人无权向他追索的情况下,才能取得所有权。

注:民法典所有权篇(草案)第三十九条说:"善意占有人不是向所有人直接取得的财产,除了此项财产是遗失的或被盗窃以外,原所有人不得请求返还,善意占有人即取得所有权。

"货币和无记名的有价证券,不论是遗失的或被盗窃的,也不论是属于国家的或合作社组织的,原所有人都不能向善意取得人请求返还。"

第四条 买卖财产应该遵照国家规定的价格,国家没有规定价格的,可以由双方参照当地市场价格协商决定。

如果买卖契约中仅约定按照国家规定的价格,而没有具体指明按照何时何地国家规定的价格,应该以交付地和交付时国家规定的价格为标准。

注:有的同志主张:本条内"参照当地市场价格"八个字不要。

第五条 现货现款的买卖契约,不论金额多少,都可以用口头形式。

不是现货现款的买卖,金额在五十元以上的,应该用书面形式。

房屋买卖和其他由法律规定必须用书面形式的买卖契约,都应该用书面形式。

[①] 原件日期系由手写注明。

注：有的同志主张：本条内"五十元"的规定太死，最好不规定金额。

第六条 口头形式的买卖契约，双方对出卖的财产和价金取得协议的时候，即为成立；书面形式的买卖契约，双方签名盖章后即为成立。

凡是需要登记、过户的买卖契约，自登记、过户的手续办理完毕以后才算成立。

另案：第二款不要。

注：有的同志主张：本条内第二款中的"成立"改为"生效"。

第七条 如果①没有其他约定，财产的所有权自出卖人交付财产的时候起，移转给买受人。

另案1：本条应该是强制规定的，因此"如果契约没有其他约定"十个字不要。

另案2：财产的所有权，对于特定物自签订买卖契约的时候起，移转给买受人；对于种类物自交付出卖物的时候起，移转给买受人。

注：如果采用另案1的条文时，应该再加一条关于占先原则的规定："特定物的出卖人如果将该物先后出卖给数个买受人的时候，该物的所有权应该属于最先订立契约的买受人。

"如果订立契约的先后顺序不能证明，该物属于最先付清价金的买受人；如果都没有付清价金，该物属于已经取得该物的买受人；如果出卖人还没有将该物交给任何人，则该物属于最先提起交付诉讼的买受人。"

第八条 如果契约没有其他约定，完成下列手续即为交付：

（一）出卖人将出卖的财产移交给买受人，买受人点收以后，即为交付。

（二）如果出卖的财产需要运送的，买受人收到运送保管证件（运输单、通知单等），即为交付。[有的同志主张：自承运人将运送的货物交付给收货人（买受人）的时候起即为交付]

出卖人按照买受人的要求将出卖的财产运送到履行地点以外处所的，自该项财产交给运送人的时候起，即为交付。

（三）如果买受人已经占有出卖的财产，自买卖契约成立的时候起，即为交付。

（四）权利的买卖，自权利证件移交给买受人的时候起，即为交付。

另案：本条应该是强制规定，因此"如果契约没有其他约定"十个字不要。

第九条 法律规定需要经过登记、过户手续才算成立的买卖契约，自登记、过户手续办理完毕以后，即为交付。

注：有的同志主张：本条内"成立"二字改为"生效"。

另案：第八、九条合并：

交付是指把出卖物移转给买受人。

买受人已经占有出卖物，买卖协议成立的时候，即为交付。

买卖成立的时候，出卖物被第三人占有的，可由出卖人授权买受人向第三人请求交出出卖物，以代交付。

---

① 原件此处手写插入"契约"二字。

出卖物需要运送的,除契约另有约定外,在出卖人把出卖物交给运送人的时候,即为交付。

种类物的买卖,如果契约没有其他约定,在物品确定后交付工作完毕,即为交付。

房屋、土地的买卖,以登记决定交付。

第十条 如果契约没有其他约定,出卖财产的意外灭失或意外损坏的危险责任,自出卖人将该项财产交付的时候起,移转给买受人。

由于出卖人或买受人的过失而使出卖的财产遭到意外灭失或①损坏的时候,由有过失的一方负责。

另案1:有的同志主张:本条内第一款应该是强制规定,因此"如果契约没有其他约定"十个字不要。

另案2:有的同志主张:本条第二款在债权篇的通则中如有规定,就可以不要。

第十一条 共有人将他自己那部分财产出卖的时候,其他共有人有优先购买权。

出租房屋在出卖的时候,除了房屋的共有人有权优先购买以外,承租人有优先购买权。

另案:本条第二款改为"房屋所有人将出租的房屋出卖的时候,承租人有优先购买权。但是,房屋共有人的优先权优先于承租人的优先权。"

第十二条 如果契约没有其他约定,出卖人交付出卖的财产和买受人支付价金,应该同时履行。

另案:本条不要。

第十三条 出卖人如果违背契约,不交付出卖的财产,买受人可以要求出卖人履行契约或自己停止履行契约或解除契约,并且可以请求出卖人赔偿因不履行契约而造成的损失。

第十四条 买受人如果违背契约,不接受出卖的财产,或不支付约定的价金,出卖人可以要求买受人履行契约,或自己停止履行契约或解除契约,并且可以请求买受人赔偿因不履行契约而造成的损失。

第十五条 出卖的财产,如果设有抵押、租赁等权利,出卖人必须在出卖的时候告知买受人。否则,买受人有权解除契约,并且可以请求赔偿损失。但出卖人已经告知买受人,买受人仍然订立买卖契约的,出卖人不再负责。

第十六条 由于出卖的财产不属于出卖人而被原所有人追回的时候,买受人有权请求出卖人返还价金和补偿对该项财产支出的有益费用,并且可以请求出卖人赔偿损失。

由于出卖的财产有一部分不属于出卖人而被原所有人追回的时候,买受人有权要求出卖人返还该部分的价金和补偿对该部分财产支出的有益费用,或者解除契约,并且可以请求出卖人赔偿损失。

---

① 原件此处手写插入"意外"二字。

第十七条 出卖人如果不按照契约所约定的规格、质量交付出卖的财产,应该对买受人负责。

第十八条 买受人接受财产的时候,应该迅速进行检验。如果对容易发现的瑕疵而没有发现或者发现后没有即时告知出卖人,买受人就丧失对瑕疵的请求权。

注:有的同志主张:本条内"应该迅速进行检验"八个字不要。

第十九条 如果契约没有其他约定,凡是在通常情况下不易发现的瑕疵或者出卖人故意隐瞒的瑕疵,买受人虽在验收后一经发现并立即告知出卖人后,瑕疵责任仍由出卖人负担。

另案:买受人对受领的财产,没有约定保用期间或保留瑕疵请求权的,事后不能主张瑕疵。但用通常检验方法不易发现或出卖人故意隐瞒的瑕疵,作为例外。在这种情况下,买受人一经发现瑕疵,必须即时告知出卖人。

第二十条 出卖人对出卖的财产应该负瑕疵责任的时候,买受人可以向出卖人请求调换相当品质的物品;或免费修理;或减少价金;或解除契约。买受人因为财产的瑕疵而遭受损失,可以请求出卖人赔偿。

如果解除契约显然有失公平的,买受人不能请求解除契约。

注:有的同志主张:本条第二款后段改为"出卖人可以拒绝解除契约"。

第二十一条 买受人对财产瑕疵有请求权的,应该自接受财产之日起,建筑物在一年内提出,其他财产在六个月内提出。如果出卖人有欺骗情形,可以在三年内提出。

契约约定有较长的请求期限,按照契约的约定。

另案:有的同志主张:诉讼时效应该在民法典总则中规定,本条可以不要。但是,也有同志主张可以要,只是年限太长,应将一年改为六个月;六个月改为三个月;三年改为一年。

第二十二条 因为出卖的财产有瑕疵而解除契约,买受人应该将该项财产连同已得的收益返还出卖人。如果财产已经恶化,而这种恶化本来可以预防的,买受人应该赔偿出卖人的损失。同时,出卖人应该返还价金,并赔偿买受人对于财产所支付的有益费用和其他损失。

另案:有的同志主张:本条内"同时……其他损失。"不要。

第二十三条 如果在买卖契约中,预先约定免除或减轻出卖人对出卖财产负瑕疵担保责任的条款,仅在出卖人故意隐瞒的时候,预先约定的条款无效。

另案:出卖人如果为了隐瞒出卖财产的瑕疵,故意与买受人约定免除或减轻对出卖财产的瑕疵担保责任,这种约定认为无效。

第二十四条 关于出卖人对出卖财产负瑕疵担保责任的各项规定,不适用于人民法院按照法定程序强制出卖的财产。

另案:人民法院对于按照法定程序强制出卖的财产,不负瑕疵责任。同时,这种买卖成立后,任何人不能向买受人提出争议。

第二十五条 费用负担应该在契约中具体订明,如果没有订明,有关出卖财产的交付费用,特别是包装、过秤、量尺、运输的费用由出卖人负担;有关接受的费用由买受人负担。

出卖人按照买受人的要求将出卖的财产运送到原约定以外的处所,运送费用如果超过原来的约定,超过部分由买受人负担。

注:有的同志主张:本条内将"费用负担"改为"价金以外的费用负担";或者改为"除了价金以外的其他费用负担"。

第二十六条 预购契约是由社会主义的采购组织按照国家收购计划在农业播种或者牧业收获以前,向农、牧业生产合作社或互助组或农、牧民预购产品的契约。

第二十七条 预购契约的买受人可以随时向出卖人了解预购产品的生产经营情况,出卖人也有义务把预售产品的生产经营情况告知买受人。

第二十八条 预购契约的买受人,应该按照国家规定预付定金;出卖人应该把定金用在有利于预售产品的生产上。

注:有的同志主张:预付定金的用途规定得太死,应该灵活一些。

第二十九条 预购契约的出卖人,应该按照约定的品种、数量、质量、时间交付产品;买受人应该按照预购数量在约定时间内全部收购。如有增产,也保证收购。

买受人应该按照国家规定的价格分等分级给价。

注:有的同志主张:本条第一款内"如有增产,也保证收购"一句不要。

另案:第二十六到二十九条预购契约的内容需要作更加详细的规定,可从买卖中划出来,单独作为民法典债权篇中的一章。

第三十条 分期交付的买卖,出卖人仅对每期交付的财产负迟延或瑕疵责任;买受人仅对每期财产的接受或价金的支付负迟延责任。

如果部分的违约和订立整个契约的目的相违背的时候,受损害的一方,可以向对方请求解除契约和赔偿损失。

注:有的同志主张:本条第二款内"部分"改为"每期"。

第三十一条 赊买的物品,如果买受人在清付价金以前,将该项物品以现款转卖给第三人,出卖人可以要求买受人一次付清所欠部分的全部价金。

买受人如果利用赊买的有利条件,转让赊买的物品谋取利益,其得到的利益部分,应该没收缴归国库。

赊买的房屋,买受人在清付价金以前不能转让或抵押。

另案:赊买的物品,买受人在没有付清价金以前,禁止将该项财产出卖、抵押或者用其他方法移转给第三人。否则,出卖人可以请求买受人立即清偿所欠的价金或者追还原物并且请求给付使用的报酬。

注:有的同志主张:将本条内"赊买"改"赊卖""赊欠""赊销""赊购"。

第三十二条 试验买卖是双方当事人对出卖的财产和价金已经取得协议,但需要买受人对出卖的财产进行试验以后才承认而订立的契约。

第三十三条 试验买卖的财产仍在出卖人手中,买受人在约定期限内没有加以认可,或虽然没有约定期限,经出卖人催告后,买受人不即时认可,出卖人可以解除契约。如果出卖的财产已在买受人手中，买受人在约定期限内，并未表示异议，或虽然没有约定期限，经出卖人催告后，买受人不即时表示异议，即认为买受人承认受领标的物。

另案1：将三十二、三十三条改写为：

（1）试验买卖是双方当事人对出卖的财产和价金已经取得协议，但需要经过买受人试验以后认为符合约定的用途才开始履行的契约。

（2）试验买卖的出卖人，在约定的试验期间内，无权再出卖所试验的财产。如果买受人经过试验后认为符合约定的用途，任何一方均无权拒绝履行契约。

另案2：有的同志主张：第三十二、三十三条均不要。

第三十四条 债权或其他权利的出卖人，应该负责担保所出卖的债权或权利是合法存在的。

第三十五条 司法、检察、公安人员对于经办案件的财产，以及公务人员对于依法或依职权由他管理、保管的财产在出卖的时候，都不能自己或委托别人参加作为买受人。

职务上被授权出卖财产的人，在出卖财产的时候，不得利用自己的地位攫取通常人在购买中得不到的利益。

另案：国家的工作人员在作为买卖契约的买受人的时候，不能用自己的地位，攫取通常人在购买中得不到的利益。

买卖契约（合同）（第六次草稿）

1957 年 4 月 1 日

第一条 依照买卖契约，出卖人应当把财产交给购买人所有，购买人应当支付价金（或写为：约定的价金）。

第二条 现货现款的买卖契约，不论金额多少，都可以用口头形式。

不是现货现款的买卖契约，应当用书面形式。但是，零星、小额的非现货现款的买卖契约，可以不用书面形式。

其他法律规定用书面形式的买卖契约，必须用书面形式。

另案：将第二款改写为："不是现货现款的买卖契约，金额在五十元以上的，应当用书面形式。"

注：有的同志主张，如果采用另案，则应再加一款："不遵守本条第二、三款书面形式的规定而发生争议的时候，当事人即丧失用口头证明契约成立的权利。"

第三条 口头形式的买卖契约，双方对出卖的财产和价金取得协议的时候，发生效力；书面形式的买卖契约，双方在契约上签名或盖章后，发生效力。

法律规定需要办理公证、登记、过户手续的买卖契约，自公证、登记、过户的手续办理完毕后，才算发生效力。

第四条 买卖契约中应当约定价格，如果没有约定或者约定不明的时候，应当按照交付时、交付地的市场价格计算。

第五条 财产的所有权自出卖人交付财产的时候起，移转给购买人。如果契约另有约定的，依其约定。

另案 1：本条应采取强制规定，因此，"如果契约……依其约定"一句不要。

另案 2：财产的所有权，对于特定物自买卖契约成立的时候起，移转给购买人；对于种类物自交付出卖物的时候起，移转给购买人。

注：如果采用另案 2 的条文时，应该再加一条关于占先原则的规定："特定物的出卖人如果将该物先后出卖给数个购买人的时候，该物的所有权应该属于最先订立契约的购买人。

"如果订立契约的先后顺序不能证明，该物属于最先付清价金的购买人；如果都没有付清价金，该物属于已经取得该物的购买人；如果出卖人还没有将该物交给任何人，则该物属于最先提起诉讼的购买人。"

第六条 如果契约没有其他约定,完成下列手续视为交付:

(一)出卖人将出卖的财产交给购买人点收后,即为交付。

(二)出卖的财产由出卖人代运的,自出卖人将运送证件寄出的时候起,视为交付。

(三)出卖的财产已经为购买人占有的,自买卖契约生效的时候起,视为交付。

(四)出卖的财产需要办理登记、过户手续的,自登记、过户手续办理完毕后,视为交付。

另案1:第四款不要。

另案2:另加一款"买卖的财产如果有证件的,出卖人应将证件连同出卖的财产一并交付"。

注:

1. 第二项改为:自购买人收到运送证件的时候,视为交付。

或改为:自购买人收到运送财产的时候,即为交付。

2. 本条不应采取任意规定,因此"如果契约没有其他规定"一句不要。

第七条 如果契约没有其他约定,出卖财产的意外灭失或意外损坏的危险责任,由该项财产的所有人负担。

由于出卖人迟延交付或购买人迟延受领而使出卖的财产遭到意外灭失或意外损坏的时候,由迟延一方负责。

注:第二款的内容在债的通则中已有规定,这里可以不要。

第八条 共有人将他自己那部分财产出卖的时候,其他共有人有优先购买权。

房屋所有人将出租的房屋出卖的时候,承租人有优先购买权。但是,房屋共有人的优先权优先于承租人的优先购买权。

注:可否考虑将房屋租赁关系的优先权扩大到其他租赁关系中去。

第九条 出卖人违背契约,不将出卖财产交给购买人;购买人违背契约对购买的财产拒绝领取或者不支付价金,一方可以请求违约方履行契约或者解除契约,并且可以请求赔偿因不履行契约而造成的损失。

第十条 如果出卖的财产上设有抵押、租赁权利(或"将权利改为关系")的,出卖人必须在出卖的时候告知购买人。否则,购买人有权解除契约,并且可以请求赔偿损失。

注:

1. 最后一句改为:"否则,购买人有权请求除去该项权利,在除去该项权利不可能时,购买人有权解除契约,并且可以请求赔偿损失"。

2. 设有租赁权利的财产出卖的时候,不会产生购买人不知道的情况,因此,"租赁"二字不要。

第十一条 出卖的财产不属于出卖人所有而被原所有人追回的时候,购买人有权请求出卖人返还价金,补偿对该项财产支出的有益费用,并且可以请求出卖人赔偿损失。

第十二条　出卖人应当按照约定的规格、质量交付出卖的财产,否则,应当负瑕疵责任。

第十三条　购买人接受财产的时候,应该即时进行检验。对于国家没有规定或者双方没有约定保用期间的,检验以后,出卖人不负瑕疵责任。但是用通常检验方法不易发现或者出卖人故意隐瞒的瑕疵,购买人虽在检验后,一经发现并即时告知出卖人的,瑕疵责任仍由出卖人负担。

第十四条　购买人对财产瑕疵有请求权的,自接受财产之日起六个月内提出;建筑物及①出卖人对财产瑕疵有欺骗情形的,可以在一年内提出。

国家规定或者契约约定有较长的瑕疵请求期限,按照规定或者约定。

另案:将第十三、十四条合并为一条:

"购买人接受财产的时候,应当及时进行检验。

"购买人对接受财产的瑕疵请求权,对于国家有规定或者双方有约定保用期限的,可以在国家规定或者双方约定的保用期限内提出请求;对于国家没有规定或者双方没有约定保用期限的,经购买人接受财产后,即丧失瑕疵请求权。但购买人接受财产后一年内,发现财产的瑕疵是由出卖人故意隐瞒或者在接受时不能及时发现的,在发现后立即通知出卖人时,购买人仍有瑕疵请求权。"

第十五条　出卖人对出卖的财产应当负瑕疵责任的时候,购买人可以向出卖人请求调换相当品质的物品,或免费修理,或减少价金,或解除契约。如果解除契约有失公平,购买人不能请求解除契约。

购买人因为财产的瑕疵而遭受损失,可以请求出卖人赔偿。

第十六条　因为出卖的财产有瑕疵而解除契约,购买人应当将该项财产连同已得的收益返还给出卖人;出卖人应当返还购买人给付的价金和对该项财产所支付的有益费用。

如果返还的财产因为购买人的故意或过失而引起恶化,购买人应当赔偿出卖人的损失。

注:第一款"有益费用"后再加"和其他损失"。

第十七条　人民法院对于按照法定程序强制出卖的财产,不负瑕疵责任。同时,这种买卖成立后,任何人不能向购买人提出争议。

注:有的同志主张:"同时"以下的句子删去。理由是第三条已有规定,不必重复。②

第十八条　费用负担应该在契约中具体订明,如果没有订明,交付前的费用由出卖人负担,交付后的费用由购买人负担。

出卖人按照购买人的要求将出卖的财产运送到原约定以外的处所,运送费用如果超过原来的约定,超过部分由购买人负担。

另案:第一款改为:"费用负担应该在契约中具体订明,如果没有订明,有关出卖财产

---

① 原件此处"及"字手写改作"或"字。
② 原件此处删去"理由是……重复"一句。

的交付费用,特别是包装、过秤、量尺、运输的费用由出卖人负担;有关接受的费用由购买人负担。"

第十九条 分期交货或分期付款的买卖,出卖人仅对每期交付的财产负迟延或瑕疵责任;购买人仅对每期财产的接受或价金的支付负迟延责任。

如果部分违约和订立整个契约的目的相违背,受损害的一方,可以向对方请求解除契约和赔偿损失。

注:有的同志主张:"出卖人仅对每期交付的财产负迟延或瑕疵责任"以后还要加"不履行"的责任。

第二十条 赊买的财产,如果购买人在付清价金以前,将该项物品以现款转卖给第三人,出卖人可以要求购买人一次付清所欠部分的全部价金。如果契约有约定的,依其约定。

第二十一条 国家的工作人员在作为买卖契约的购买人的时候,不能用自己的职位,攫取通常人在购买中得不到的利益。

有的同志主张:

1. 在第一条之后增加两条:(1)"法律不禁止买卖的财产,都可以买卖。法律禁止或限制买卖的财产,只有根据法律的特别规定,才能买卖。"

(2)"除了法律另有规定外,财产出卖权应当属于所有人。"

2. 在第十六条后增加一条:"出卖人故意隐瞒出卖财产的瑕疵而与购买人约定免除或减轻对出卖财产的瑕疵担保责任的,这项约定无效。"

（二）承　揽

说　明[①]

1958年3月27日

（一）承揽契约自1956年4月开始起草，中经四次修改，现有五次草稿。起草时，打算适用于加工、定作、一般修建工程和日常生活服务中的承揽关系。

（二）在起草过程中，曾反复向有关单位调查材料和征求意见。第四次稿收到57个单位的意见，第五次稿收到[②]　个单位的意见，分别整理成意见汇辑（第五次稿意见汇辑未打印，见　　字第　　号）。1957年4—6月，曾去武汉、广州、上海、郑州、邯郸等地进行调查研究（综合材料未打印，见　　字第　　号）。各有关单位对第五次稿提出的意见，1957年去各地调查来的材料，未及利用对条文作进一步修改。

（三）这里收集的是承揽契约的五次稿和打印出来的资料，装订一册。调查提纲和争论问题也包括在内。

---

① 此说明为全国人大常委会办公厅研究室1958年4月编定"研究室关于承揽契约的综合资料"卷宗的说明。原件为手写稿。

② 原件阙文未填，本件下同。

承揽(第一次草稿)

1956年5月30日

第一条 依照承揽契约,承揽人应该完成定作人所交给的工作,定作人对完成的工作应该给付报酬。

有的同志主张:承揽人担负危险和定作人接收定作物的内容可以考虑补充规定在这条中。

第二条 契约没有其他规定的时候,承揽人应该用自己的费用完成工作。

第三条 承揽人应该自己完成定作人所交给的工作,不能转包或分包给第三人。

有的同志主张:在定作人同意和没有剥削的条件下,也可以转包或分包给第三人。

第四条 定作人迟延供给材料或者迟延指示的时候,承揽人可以顺延交付定作物的期限,请求赔偿因停工待料所受到的损失。但定作人迟延供给材料和指示是因不可抗力造成的时候,不负赔偿责任。

有的同志主张:迟延协助也可以考虑规定在这条内。

第五条 定作人供给的材料不合约定的规格质量,承揽人必须在使用材料以前通知定作人更换材料,如果定作人迟延更换材料,承揽人可以顺延交付定作物的期限;定作人不更换材料,承揽人应该拒绝使用原材料。承揽人因此受到的损失有权要求赔偿。

有的同志主张:定作人不更换材料,不仅应该拒绝使用原材料,还可以解除契约。

另案:定作人供给的材料不合约定的规格质量,承揽人必须在使用材料以前通知定作人更换材料,或者不负造成定作物不合规格质量的责任。

第六条 定作人指示不当,承揽人应该及时通知定作人作必要的修改,如果不修改,造成定作物不合规格质量的时候,由定作人负责。

第七条 在不妨碍承揽人进行工作的条件下,定作人有权对交给承揽人完成的工作按照契约进行检查和监督。

第八条 承揽人对于定作人供给的材料,因使用或者保管不当造成浪费、毁损、灭失的时候,应该负赔偿责任。但因不可抗力造成材料的毁损、灭失,由供给材料的一方负责。

第九条 承揽人对于已经完成的定作物,在交给定作人以前,由于保管不当造成毁损、灭失的时候,应该负赔偿责任。

如果因不可抗力造成定作物的毁损、灭失,由供给材料的一方负责;定作物的报酬,承揽人无权请求。

另案:承揽人对于已经完成的定作物,应该注意保管,在交付前因不可抗力造成定作物灭失或者不能完成的时候,承揽人无权请求报酬。

有的同志主张:将第八、九两条内容合并改写为:

承揽人必须妥善保管定作人的材料和定作物,因保管不善造成损坏、灭失或者对材料使用不当造成浪费的时候,应该负赔偿责任。

定作人的材料或者定作物,在承揽人保管期间因不可抗力造成损坏、灭失的时候,承揽人无权请求给付报酬,材料的损失由供给材料一方负责。但是不可抗力的损失如果发生在误期交付或者误期验收期间,应该由误期一方担负全部损失责任。

第十条 承揽人交付定作物的规格质量应该按照契约的约定,契约没有约定的,必须合于通常使用的标准。

如果承揽人违反前款规定,定作人有权请求适当修理定作物或减少报酬。定作物不能修理的时候,定作人可以请求赔偿损失和解除契约。

有的同志主张:第一款中应加上按照政府统一规定的内容。

第十一条 定作人应该按照契约规定的办法和期限给付报酬。误期付款的时候,承揽人可以按照约定,请求给付违约金或赔偿损失。

另案:除契约另有规定外,依据定作物的性质,报酬的给付,可以预先给付,分期给付,或者定作物全部完成后给付。

给付报酬的期限可以在定作物交付后当面给付,最迟不得超过三天。

如果违反前款规定,承揽人有权请求给付违约金,赔偿因迟付报酬所受到的损失。

第十二条 误期交付定作物,是由于承揽人所造成的,定作人有权按照契约规定请求承揽人给付违约金或者赔偿损失。

误期交付定作物不是由于承揽人本身所造成的,承揽人不负误期责任。

有的同志主张:取消第二款。

第十三条 定作人迟延验收定作物,除依照约定处罚违约金外,定作人应该赔偿承揽人所受到的损失。

第十四条 除契约另有规定外,定作物由定作人供给材料的,承揽人应该将余料和副产品全部交还定作人。

第十五条 承揽人在改进工作方法,提高技术,保证规格质量的条件下,节约原料、超过定额的时候,定作人应该按照节约原料、超过定额全部市价总值给予30%以上的奖金(或者写为:适当的奖金),并给付多做定作物的应得报酬。

第十六条 除契约另有规定外,属于领退材料和定作物的运输、包装、保险、验收,及其他必需开支的杂费,由定作人负担。

另案:承揽人为完成和交付定作物所必需开支的其他费用,在契约没有规定的时候,由定作人负担。

第十七条　承揽人保管定作物超过约定交付日期六个月的,在无法交付和通知定作人的时候,应该将定作物交公证机关或法院拍卖,所得的价款,除给付承揽人应得报酬外,余款交银行保存。

第十八条　定作物必须要定作人协助才能完成的时候,定作人接到承揽人通知后,应该在通知期限内给予协助,如果不予协助,承揽人可以解除契约或者请求赔偿损失。

第十九条　在工作没有完成以前,定作人如果有正当理由,可以变更或者解除契约。但应该偿付承揽人已经完成工作的报酬和受到的损失。

第二十条　定作人对定作物缺陷的请求权,从接收定作物的时候起六个月内提出;承揽人对定作物的缺陷有欺骗行为的在二年内提出;建筑物的缺陷在三年内提出。

有的同志主张:请求权的期限,应该是从发现缺陷之日起计算。

座谈提纲[1]

1955年5月10日

一、包工合同和工业中订货合同的区别

1. 这两种合同有哪些不同的特点?
2. 区分这两种合同的标准是什么? 应从哪几个方面来确定?

二、公民间日常生活定货(所谓自料加工)和国营企业、合作社系统的包工(自料加工)有何区别?

1. 它们的共同点是:(1)自料加工;(2)两者的标的都是一定的劳动成果,是否可以根据这两点,就把国营企业、合作社系统的包工列入我们所认为的一般包工范围?
2. 家庭手工业者、工艺劳动者的包工(自料加工和来料加工)与国营企业合作社系[2]包工的区别?

三、包工合同和供应合同的区别? 它和买卖合同又有哪些不同?

1. 从标的上来看,它们有哪些区别?
2. 从当事人双方所承担的责任来看,它们有哪些不同?
3. 供应合同与包工[合同]中的加工订货有何区别?
4. 商业部门的供应订货与包工合同的订货有什么区别?

四、其他(下列题目仅供参考)

1. 定作人除支付报酬、验收工作、把缺点及时通知承包人外,定作人还应按时试样式等义务问题。
2. 不准许定作人以实物交付报酬问题。
3. 验收、交工的程序问题。
4. 预付款的支付程序问题。
5. 因定作人的疏忽,没有及时发现隐匿的缺点。

---

① 本件原件为手写稿。
② 原件如此,或为"合作社系统"之误。

关于加工订货合同的问题（民法问题座谈会记录之五）

全国人民代表大会常务委员会办公厅研究室　1955年5月

一、发展情况

加工订货合同，从性质上讲不是买卖合同，而是实现对私人资本主义工商业进行社会主义改造的一种工具。目前凡属有加工订货任务的企业，都是通过合同的规定而履行其任务的。从发展情况上看，在监督合同完成上，初期主要系依靠保人负责的方法"三五反运动"后，除保人责任外，进一步发展到通过工会发动工人来监督资方对合同的履行；以后各地加工订货条例中，又发展为合同必须送一份给工商行政管理局，以便统一审查、统一掌握政策，并在发生问题时进行协商、仲裁等；总路线宣布后，合同开始经由法院公证。

二、合同内容

1. 原料定额。如棉纺业规定在一定时间内规定一定的定额（半年或一年调整一次），没有超过定额的节余作为资本家所得。如此，对于鼓励资本家的生产积极性与节约原料有很大作用。

2. 成品规格。仍以棉纺业为例，一般包括产品的重量、含水分，产品色泽等。至于规格不合的原因，除大部分是由于资本家的过失外，有的也由于我们调配的原料质量不好，以致影响产品质量。按规定，原料不合规格，可报告交订货单位修改合同。另在检验成品规格的标准上，虽经商品检验局，但由于缺乏统一的标准，而各地、各厂的生产条件、技术设备情况又各不相同，故检验时难于掌握。

3. 工缴费。工缴费包括工资、机物料、包装费、运输、保险、辅助材料费、水电费、利润，等等，由于各地、各厂生产条件、情况的不同，难于统一。因此目前在合同上都用"暂定工缴"字样，此种"暂定工缴"往往高于资本家的生产中实际支出而需退一部分给国家。

验收要求：合同中虽有明确规定，但在执行中困难很多，在掌握上既不能过紧而影响资本家生产的积极性，也不能过松而使国家受到损失，同时由于订货数量庞大，对有些品种验收时只能抽验，这是一个空隙，极容易被资本家钻空子。

三、违约情况

资本家与国家企业签订合同后而不切实履行的，在加工订货中极为普遍，其中大多数又是属于故意不履行。如有的资本家以偷工减料、以次货顶好货、高估工价、虚报成本、专款不专用等而破坏合同;有的则乘我干部不熟习业务,缺乏守法观点,因此在签订合同时或则不依法定程序,或则内容订得不具体,或则歪曲内容,回避责任(如天津某厂与志愿军某部代表订约时,合同中第一条:"产品质量由甲方派工程师来厂指导"),而不切实履行合同;也有的是由于资本家不顾生产能力,盲目承揽,追求利润而订约,因而不能按期履行合同;此外还有些资本家利用转包的方法,从中获取利润而不履行合同的,如山西新建铁工厂将单价2 400元工缴费的加工任务转包给另一企业,只付了1 200元工缴费。

另一方面公家与私商或公家与公家之间签订的合同,也有不履行的,其原因:有的是不按期给原料(主要是有的部门计划性还不够,统一安排生产任务上也有些问题);有的是不按期交付款项;有的是中途改变合同内容,以致使生产任务不能按期完成、违反合同,等等。

四、罚款问题

因各地及各种生产任务要求不同,故罚款数量没有统一规定。如有的地方规定罚款数目最多不超过他方可能获得的全部利润,有的地方则根本没有规定。就实际情况看来,罚得过轻,自然不起作用,但罚得过重,往往影响资本家经营的积极性。事实证明:罚款太多,资本家拿不出,结果还是公家损失。据八办同志反映:订有罚款者,往往愈欠愈多,虽违约一方破产也缴不清;而追违约罚款使企业破产,政策上是不允许的。违约罚款一般都在合同上规定,但有些合同也不作规定。由于处理时违约罚款上不统一,因之法院裁判也感到困难。同时有的法院在处理资本家违约案件时,也有些干部政策界线不明确,对违约性认识不清,如江西萍乡县的同志讲:下面把破坏合同与破坏经济建设的案件作为一般民事案件处理。至于公家违约而使他方遭受损失时,下面干部有的认为,没有原料是客观原因,因而有的主张应给赔偿,有的主张不给。另商业部同志提出:加工订货合同私方不拟履行时往往退还原料,对于一方拖延时间不如期履行合同者,按合同规定及时间长短作不同处理,一般是"时间较长者双方协商处理,短者按银行利息给付罚款"。

五、合同公证问题

据人民银行的同志反映:对私营工业贷款契约的公证问题不大,因加工订货的原料都是国家的。另据花纱布公司同志反映:实行公证之初资本家颇为紧张,推动生产效果显著,现在则有些疲塌现象。甘肃酒泉分院同志则反映:法院对契约实行公证,只能就合同的文字上审查,具体内容还是不能掌握;他们不明确的是经公证后的合同是否作为法律来执行,要求在法律上有所规定,否则国家会受损失。

六、各单位座谈提出的问题及意见

1. 问题

(1)目前有许多小商贩向国家银行借少量款项,如银行要押品,就只能将其全部或大部商品作流动质押,这是否仍需设抵押权?这样的贷款合同是否应经公证?(人民银行提)

(2)包工合同是否可转包?转包合同是否为原合同的一部分?(北京市院提)

(3)机关派干部来法院起诉应诉,其职权、效力如何?(北京市院提)

(4)正常拖欠、过期不交、意外事故等标准如何划分?(商业部提)

(5)加工订货合同中,验收发生什么效力?验收时间多久、手续怎样?(北京市院提)

(6)订金与预付款有无区别?订约中管理费、违约金的标准如何确定?损害赔偿的标准、范围如何确定?(北京市院提)

(7)违约罚款与违约金二者关系如何?(在北京市院总结中,他们认为损失少于违约金时,违约金是有违约罚款性质的)(北京市院提)

(8)公私合同,公方所给原料不合规格是否算违约?(八办提)

(9)公私之间订立合同,公方变更规格,影响到私营企业生产设备,私方要求将修改机器费及试制品列入成本内,是否准许?公方因一时工作忙,不能按期收货,而私方提出过期损失,应如何处理?(八办提)

2.意见

(1)法律应规定签订合同的原则,及合同内应规定些什么,以便各单位遵守执行。(最高人民法院提)

(2)合同的形式、缔结程序、合同的内容、合同的效力等应由法律规定。(北京市法院提)

(3)有许多合同规定,对生产品规格要有鉴定,但发生问题来法院时,法院找不到机关鉴定,影响审判工作,建议今后在法律上可指定一定的机关鉴定。(北京市法院提)

(4)今后不论机关、部队的加工订货,应统一安排并受统一的管理,以免在订约后发生毛病。(八办提)

(5)在全国产品规格没有统一规定前,法律上可规定由订约双方约定一定的规格,以便共同遵守。(八办提)

(6)规定合同问题,应包括"委托合同"、"经销代销"等商业改造方面的合同。(八办提)

(7)加工订货合同的保证人,目前都是私营企业,但私营企业大多借有国家款项,或大多对国家负有加工等任务。因此保证作用不大,以后可用同行同业共同保证及工人监督等办法来代替保证人的担保方法。(八办提)

(8)国家企业间的合同责任,应适当地在法律上、行政上、经济上加强。(八办提)

(9)法律上应规定违约后的处理原则及处理办法。(八办提)

(10)过去法院处理私方违约较严,处理公方违约较宽,今后应在法律上规定平等执行契约。(八办提)

(11)违约后,提到法院处理的主要是善后问题,对生产任务保证完成作用不大,因此今后主要应加强审查私营企业的生产能力,并规定加工订货合同必须进行公证。(最高人民法院提)

北京市有关业务部门座谈加工订货问题摘要

承揽小组整理 1956年5月17日

说 明

这份资料,主要是将我们向北京市掌握和执行加工订货合同九个单位所了解到的一些情况、问题和意见汇集而成的。其中内容未经原发言人看过,可能有些地方我们整理得不确切。

目 录

一、北京市第一工业局谈加工合同中的几个问题
二、北京市第一商业局谈加工合同中的几个问题
三、北京市第三工业局、第二商业局谈加工订货合同中的一些情况和问题
四、北京市百货公司进货批发站谈加工订货合同中的几个问题
五、北京市皮毛皮革联社谈加工合同中的几个问题
六、北京文化用品公司谈加工订货合同中的几个问题
七、北京市鞋帽生产合作联社谈加工合同中的几个问题
八、北京市呢绒生产联社谈加工衣服合同中的一些情况
附:承制大批订货中的投机行为

一、北京市第一工业局谈加工合同中的几个问题

(一)加工合同简况

工业与商业部门加工订货采合同制,有加工合同,订货合同,包销合同,以时间分,有月合同,季度合同。

合同内容包括花色、品种、规格、质量、价格、交货日期、违约、罚则等。误期交货或误期付款均罚千分之一至千分之五。工业部门负责按期交货、质量、品种、花色,安排生产有一个复杂过程,责任大些;商业部门只要按期付款就行了。

(二)执行合同问题

工业部门执行合同严格些,无条件执行,商业部门掌握了钱,罚时一扣就行。商业部

门执行合同不够严肃,有时罚工业部门不合理,因不认罚就不能取得货款,资金拖不起,只好认罚。要罚商业部门需要找他们要罚款,不给就没有办法。

例一:某印刷厂给文化用品公司印扑克牌,公司供给的纸张放在厂库内,保管合乎正常要求,厂里制版花去2 000余元,排印时公司的纸发霉了不能用,找公司,公司这时说不印了。厂认为公司的纸的质量有问题要公司赔制版费,公司对厂库对纸的保管无可指责,但认为纸在厂库发了霉不要厂赔就算好事,不愿付制版费。合同原是经过法院公证的,但法院也不给解决,推说国营对国营是内部问题,至今悬而未解决。

例二:北京市针织厂同百货公司订合同,因当时工业局和商业局正在商讨价格,规定价格没有定出来,于是先签订协议价格(照百货公司牌价打95扣,约定待价格规定出来多退少补。后来照两个局规定的价格公司应该补钱给针织厂,但扯皮不给,理由是这批货如公司补给厂里钱,公司就要赔本,现在还未解决)。

例三:文化用品公司向绿宝厂定做不锈钢套金笔,先作了样品送去,言明国产塑胶杆子有小白点,公司同意,把样品贴上封条,照样验收,签订合同生产300余打。交货时(当天就是交货日期)仓库因见有小白点不收,找进货科批了收,仓库认为是厂到上面告他们,故意不收,往返跑两三次,下班了。这样已拖了三天才收了。到会计科结算,要罚三天误期罚款,厂不同意,就拿不到钱,结果罚了40多元。照理是公司负迟延责任,应该罚公司。

例四:地毯联营组是新合营的一些厂,给畜产公司加工,合同规定五天交一次货。有一次交货恰碰上星期六,把货车去,公司人员学习,不验收,不收货,只好拉回去,第二天是星期日,第三天又拉去把货交了。但结算时仍照过两天罚款,扣去100多元,资本家不服,告到市人代会,市里也找畜产公司去谈过,至今悬而未决。

畜产公司对工缴费规定不合理,技工赚钱反而较普通工少,地毯联营组一百余人,停工待料严重,不合营原料无问题,合营了原料反而发生问题,工人情绪受影响。

(三)签订和变更合同问题

工、商衔接计划应该提数量、品种、花色、规格,互相衔接。商业部门只提数量计划,不提品种计划,提了也只"仅供参考",如第二季度品种计划至今未提出来。工厂生产不能等,只好[凭]主观生产,商业部门不定哪天把品种计划提出来,这样就造成提出来的任务不能满足,或者产品大量积压。提出来的任务要是不满足的话,商业部门就不订合同,这就是报纸上批评的一方面脱销一方面积压的现象。

另一方面,原料如颜料也是商业部门化工公司的,如果不按期作物资供应计划,到时停工待料化工公司不能负责。

在衔接计划中必须提出具体品种计划,这问题虽已在商业部和地方工业部联合通知中解决了,估计商业部门执行起来仍有些问题,例如情况掌握不了,提不了,市场不摸底。

花纱布公司变更合同很突出,要变都有堂皇的理由,如"生产是为了人民需要","市场一变千里"等等,工业部门为了满足市场需要只能同意变更,但在安排生产上有困难,现有的原材料积压起来,需要的原材料要不到,解决不了。

花纱布公司合同一变更,必然引起工业部门与供应化工原料的那个商业部门合同的变更。在这合同变更中,从法律上说,工业部门对化工公司是无话可说的。

(四)验收问题

1. 有科学仪器测验的好办,没有科学仪器测验只凭经验的出入很大,验收无固定标准。两个验收员,可以他验了行,另一人验又不行;也可以同一人验收,今天不行,明天验又行了。

2. 商业验收人员有"听我的"的权威思想。

北京乐器厂,不论哪方验收,厂对质量负责到底,以前由厂自己验收,贴一合格证,文化用品公司不验收,出问题由乙方负责。现在有了验收员,验收员不承认厂的验收标准,他说照国际标准,要他把国际标准拿出来又拿不出,只凭听,说他耳朵一听就知道够不够国际标准,厂里感到困难很大。

3. 畜产公司对国营厂、老合营厂可以到厂验收,对新合营厂要送去验收,车来车去,浪费车费。

4. 验收标准必须规定,而且迫切需要。验收地点、时间也是需要规定的。

(五)副次品问题

过去商业部门不收副次品,强调国营商业不能卖副次品。因为工业部门不可能另设商业专售副次品,现在规定副次品率在百分之几以内收,按某定价,超过规定的副次品率价钱再降低。不可能没有副次品,按某定价是合理的,可刺激工业改进质量。但副品杂色包装问题仍未解决。如袜子每打6色,副品也是一样,不是按规定比数包装的就不要。

(六)杂色包装问题

毛线有好多种颜色,按规定比数杂色包装。颜料是进口,有无不定,突然某种颜色少了,工厂是连续生产,不能单为缺的那一点单独生产,于是颜色配不齐不收,一方面积压,一方面脱销。清河制呢厂与百货公司毛线问题扯皮,1955年打了一年官司未解决。

(根据北京市第一地方工业局供销科安科长、吴文桢同志1956年4月25日的谈话整理)

二、北京市第一商业局谈加工合同中的几个问题

(一)加工的简况和趋势

1. 商业部门与工业部门业务关系,有加工、订货、包销、收购四个形式。私营工业未全行业合营前加工是主要的,如1950年北京市加工是6 510万,订货是7 880万;1955年加工增为26 983万,收购增为23 069万,与1950年相比,加工增414%,收购增292%。目前,采取订货方式是主要的,加工逐步改变为收购,1956年加工的比重已在逐步下降。

2. 加工转为收购的原因是:

(1)可以促进工业部门主动改进花色品种和质量。

(2)可以促进节约原材料。订货比加工,100匹布可多裁20余件衣服。

(3)商业部门供应原料和计算原料都有困难,改订货可减少原料处理环节。

(4)加工是按工缴费计算利润,利润表现较低。在私营工业存在时,加工对私营工业控制有利;全行业合营后,加工因利润低对工业刺激性不大。

3. 改订货也有缺点,就是成本要加大。第一,按总产值计算利润,工业利润要加多;第二,税负增加,收购要出厂税,按总产值计税,较加工按工缴费计税和不要出厂税,税费要大。

4. 改为"选购"也要发生几个问题:

(1)产生商品分布不平衡。尤其是畅销商品,价格如何叫合理无标准,商业部门对畅销商品收不起来。

(2)对次要商品掌握起来发生困难,产生地区间手工业的竞争。

(3)工业部门须增加自产自销的商业人员,加大成本。

(二)合同存在的问题

1. 商品的规格标准尚未制定出来,表现在合同方面有纠纷。

例如球鞋磨耗率,一方说1.7%就行,一方说1.9%,无统一规定的标准。验收时许多是凭肉眼看、手摸、鼻嗅、耳听的不科学方法,因无统一规定标准,照原样子验收。有的合同订立时附两张样张,后来又发现两张样品也不一样,验收以哪张为准又起纠纷。质量标准是合同中纠纷较多的问题。

2. 商品的价格问题,工业要高些,商业要低些,常起纠纷。

3. 工、商部门经常对商品保证期限看法不一致,商业要求工业部门负责到底。

4. 验收的方式方法,抽查还是普查也扯皮,商业要抽查,工业要普查。

5. 包装发运问题。如袜子,商业要求每包六色,工业说有困难。商业希望对方多保管一下,工业要对方就拿走。国营是实行工厂交货,地方国营是实行送货,现在地方国营要向国营看齐。

6. 违约处理。罚则是千分之一到千分之三,太低,对工业财务影响不大,有时宁愿违约误期认罚而不赶任务交货。

(三)合同执行情况

较过去有改进,一般说来,工商双方都不够严肃,对合同就是法律认识不足,其表现形式如下:

1. 因双方都有缺点,互相原谅而不罚。

2. 罚款不大,认罚。生产合作社表现最明显。

3. 商业部门保守和计划不周,变更合同多。

(四)合同的签订和监督

1. 包销合同由商业局直接掌握,其他合同由公司签订报局备案,价格由局核定。

2. 合同过去经法院公证不能说无作用,但作用不大,发生问题法院不好解决,说公对公是内部问题,由双方领导部门解决。

(五)对合同问题的意见

1. 希望国家制定一定时期的商品规格标准。

2. 希望中央有关部制定合同基本条件,合同必须在此基本条件之上签订,违反了基本条件则合同无效。苏联是由部长会议制定了这种合同的基本条件的法令的。基本条件包括:(1)商品规格质量标准;(2)交货期间和地点;(3)验收日期、地点、方法、标准;(4)商品保证责任;(5)违约处理等等。

3. 部与部之间签订总协议有好处。

4. 制定一个合同管理办法,以促进合同和计划的严肃执行。

(根据北京市第一商业局加工科李希青同志1956年4月24日谈话整理)

三、北京市第三工业局、第二商业局谈加工订货合同中的一些情况和问题

加工订货合同,过去几年中曾广泛采用,主要是国家对私营企业的生产纳入国家计划经济转轨和进行社会主义改造。方式就是国家控制原料委托私营工厂加工制成品或向私营工厂订货,产品由国家掌握,属国家资本主义形式之一。过去在国营商业部门与国营(公私合营)工业生产部门也常采用加工订货合同,但从今后趋势来看,加工形式仍有,不过改变为订货、收购的形式会要更多些。

加工订货合同的签订,一般都先由商业部门在每年度前两个月作出商品生产计划,经主管机关审核批准后,送给生产部门各单位征求意见,经双方协商研究(如对计划有变更或增减可修改)和同意后,即订立合同。商业部门再根据原料和市场的实际情况和对方的生产、设备、条件制定出半年计划或季度计划交给对方生产,多数是订季度计划,因为半年时间较长不易估计和掌握,在季度计划中主要是标明生产商品的具体品种、规格、数量,这也是经过双方协商同意而签订的。有的零星加工订货,多属临时任务,只好临时与生产部门签订一批或数批加工订货合同。这些合同主要是经双方协商在两利平等的基础上而订立的。过去对合作社和私营都经法院公证;国营间有的经过双方主管机关监证,有的经双方在合同上盖章作凭,也有的经法院公证。

加工订货合同的主要内容:(1)品种、规格、数量;(2)对原料和交货的日期地点和办法;(3)加工费、成本费、工缴费;(4)损耗率、余料处理;(5)验收方法、付款和费用负担;(6)双方违约的处理办法;(7)其他具体和特殊问题的规定。

加工订货合同的一些具体规定和执行中的一些问题:

1. 产品的规格质量在合同中都有订明的,但有的合同订得不够具体,不够明确。例如1955年上半年市五金公司与私营某工厂订制一批照明灯,理应规格质量应写明尺寸大小,用料玻璃多厚,铁皮多厚要细漆几次。但合同上只写照"原样",结果所制的货品被厂方偷工减料制造一批不合规格的照明灯。在验收时也没有发觉,放在仓库中不久发现该批灯玻璃破裂,水银发黑,油漆剥落生锈,公司要求退换。但对方认为已照原样制造,这不良后果是仓库保管不善,置在潮湿地面产生的。结果责任无法分清。

2. 误期问题合同中规定:(1)商业部门不能按期供给原料,不能按期收验或付款都负误期的责任;(2)生产部门不能按期交货,所交货不合格退回重修过期,都算误期。在执行合同中常发生纠纷是原料供应脱节或未能按约定给生产部门发生误期,生产部门发生误期主要是加工订货的数量定额较高不能按期完工或因发生工厂生产事故影响生产,至于生产不合规格质量、迟延付款、迟延验收,在履行合同中也常有这些情况,任何一方误期都算为违约应罚违约金。

3. 供给材料好劣的责任。商业部门对所交的材料好劣自负责任,但如果合同上有约定所交材料的质量和产品的质量,如所交的原料不合约定,加工方因负责通知退换或拒绝接收;如果材料是加工方提供的,所生产物品质量恶劣的责任,就完全归加工方。

4. 验收在合同中有不同的规定,大致:有的规定以科学仪器来验测;有的东西只凭经验或相比较来判定;有的商品是全部验查;有的商品只能抽验。在验收中最常发生的纠纷是:产品规格质量缺乏标准依据,往往甲方认为不合格,乙方认为合格;或第一次验收认为不合格,第二次仍原货验收却合格。

5. 报酬的给付。有的预先付一部分;有的约定分期交货、分期付给;有的约定全部完工交货后一次付给。一般都在分期交货后当天或三到五天付报酬,小额的才在全部交货后给付报酬。

6. 瑕疵的责任。工业产品根据中央指示要保证质量负责到底,所以生产部门对产品负一切责任,即使在验收时没有发觉瑕疵,在商业部门要负一定责任,但以后发觉是生产的瑕疵仍可要求生产部门修理或退换。物品的保证责任一般为六个月至一年,特殊情况也有延长。

7. 罚款。凡任何一方违反合同的约定或不履行合同都算违约,违约的一方除要负赔偿损失外,还有罚款。例如误期交货,误期付款等罚额,一般合同订为按未履行合同的总额或未交部分的总值千分之一或千分之三的罚金,有的还约定累进罚金。但执行罚金不太严肃,经常因双方都有违约就互相抵消或互相不罚。

8. 赔偿损失,一般有:(1)商业部门延期交原料使生产部门发生停工造成损失;(2)原料或产品由生产部门过失发生毁损、减少;(3)所制的东西不合规格质量无法修理;(4)浪费原料;(5)商业部门计划变更解约,生产部门已做好必要的准备。都可以要求赔偿。

9. 人力不可抗的事故。如因客观的原因,非人力所能防及造成拨料,交货误期或产品原料的灭失,能提出有力证据,经双方协商研究,可以减免赔偿的责任。例如原向国外定的进口原料,因客观条件买不到,或原料用飞机运送因天气恶劣不能运来,这都是人力不可抗。但还要从具体情况来分析是客观情况还是主观做得不够所造成的客观因素来决定人力不可抗不负责或负部分责任。

10. 余料处理。合同中都有规定剩余原料应退还并负责保管运输的费用。因为生产部门已取得价格利润或加工费。有的规定节约原料或改进技术,提高生产,减低成本有一定的奖励。但实际上履行和发给奖励的很少。

11. 解除契约的条件,在合同执行中有下列情况之一可以解约:(1)误期交货达一个月以上;(2)因有正当理由变更计划,但因事先通知或赔偿损失;(3)因故或拖延拨料发生停工;(4)所生产的商品屡次不合规格或质量很次或按现有生产技术条件无法达到约定的质量。

12. 合同纠纷处理。缺乏仲裁机关来解决公与公间的纠纷,过去解决办法主要靠双方行政领导部门协商处理,如协议不成则申请市计委或市人民委员会解决。实际中双方协商和行政领导部门处理不容易得到圆满解决,因此有的问题都拖得很久。

存在的问题和意见:

1. 影响合同的订立。有的生产单位管理条件不同,因此同一商品的加工费或工缴费有高低，公私合营后因各种情况有些变更，加工费要比过去私营时高，但现在商品的售价仍原价，这就影响到合同的订立。还有工缴费利润的算法不合理，例如今年拟与北京机械厂加工一批大车，由商业部门供原料，但该厂将供给的原料也列入产值计划利润，并要求余料不退回，这就无法使合同能订立。

2. 随意降低加工费。商业部门对原定的加工费，因生产部门生产效率提高，或认为原计算的费用太高，就随意减低加工费，生产部门认为这是明赚暗亏或所提高生产好处全给商业部门拿去，商业利润和工业利润应该有适当的比例，这样才能鼓励生产积极性。

3. 验收常发生因产品部分不合格而将全部都退回，或借口因发生事故要先解决纠纷，便不付款、不拨料、不验收，使生产部门无款无料，发生停工，影响生产。最好应将合格的部分产品验收，并解决问题，不影响生产的原则下进行。

4. 定作人的指示责任问题：例如河北省工业厅向市五金公司定制一批电石灯，五金公司原采用铁铜合剂制造灯座，但工业厅为减低成本，指示全用铁制，先制出样品认为合格，陆续制了两批，但后来该灯在矿山使用发生破裂，原因是生铁与熟铁不能相结，必须用铁与铜合剂，但工业厅认为五金公司应该知道生铁与熟铁的性质而盲目制造，要负赔偿责任。但公司认为原先提议用铁铜合剂，因定作人指示才改制，同时加工厂是小型厂，也不知生铁与熟铁的性质，所以不负责任。像这类的责任究竟归谁？

5. 产品制造过程中验查和监督。根据现在公私合营的工厂还有偷工减料、换料或将毁坏的产品充好货等情况，过去商业部门对私营企业在生产过程中有检验和监督权，现在没有了，是否在立法中可考虑写一条关于生产部门制造产品过程中，商业部门有检验和监督权。这样能保证产品合乎规格质量。

（1956 年 4 月整理）

四、北京市百货公司进货批发站谈加工订货合同中的几个问题

（一）简况和趋势

1. 北京生产条件差，外埠货价廉物美，本市货价贵品次，外埠货脱销，本市货常积压。

2. 产值和销路有矛盾。工业局认为北京产品成本高质量次，应照顾，商业局认为老是要消费者照顾你生产落后不合乎经济规律，应该贯彻按值论价，价格问题确定不下来，老是扯皮，闹到市里，采取一半一半的调解办法不合理，牵涉到整个北京市上缴利润，计委也不好解决。例如固本皂每箱18.26元，北京产肥皂也是每箱18.26元，但是人人乐用固本皂。毛巾每打价格比上海产高20%~40%，还不如上海的漂亮好用。袜子也是如此。毛线中线每斤价格，北京12.87元，天津12.80元，上海12.67元；细绒线北京22.38元，天津19元，上海18.36元；高级绒线北京17.9元，上海15.04元；花色质量还是外埠的好。目前肥皂、牙刷等货，本市产品积压很多。

3. 花色品种，应该以销定产还是以产定销，这原则确定不下来，例如袜子、毛巾、式样、长短、颜色，因为北京是手工，或者设备旧，产品不合消费者需要，又改不过来。

4. 合作化以后，因为管理费用、纳税增加，工时缩短，大部分手工业产品要涨价。原来就比外埠贵，再涨没有人要，不涨又不行。有一私营制刀厂，改国营后小刀要涨40%，还要

百货公司去取货,跟地方工业局、厂长协商同意不涨价,就是会计科长不同意就行不通,问题到现在未解决。究竟谁说了算?亟须有一个仲裁机关。

5. 加工准备在第三季度改为订货。

(二)签订合同问题

1. 商业部门品种数量计划提不出,厂子只好照老的经验生产,待商业部门订合同时提出花色品种时厂子不愿意,因此合同订不成。

2. 衔接计划达成协议,生产任务有变更,不能签订年度合同、季度合同,只能按月扯皮后达成协议。例如清河制呢厂,去年11、12月份就开始协商签订今年全年合同,在品种衔接计划上达成了协议,订货70万公斤毛线,分季度交。毛线北京市只销20余万斤,其余外调,3月2日开了供应会议,市公司已根据此计划与外埠签订合同。但是厂子后来加大了出口和军需任务,数量、品种都推翻了,这样就使得和其他公司所订合同都发生问题。第一、二季度,少交绒线5万公斤。如果按照原订毛线衔接计划生产,厂子的呢绒生产计划就完不成。厂领导人说:第一出口,第二军需,第三才是市百货公司,别的任务一来就把市百任务挤下了,因此厂子觉得生产什么,市百就要收什么,不愿订合同,只愿按协议交货。市百准备用你不订合同我就不收购使你产品积压的办法迫使厂子同意签订全年和季度合同。

3. 季节性商品,生产和销售不相适应,双方意见不一,影响合同签订。例如毛线应该第一、二季度储备,第三季度是旺销,三、四季度应该少生产,可是现在厂子多在第四季度交货,使产品积压。

4. 因价格协商不一致,不能签订合同。清河制呢厂绒线第一季度合同在数量协商接近了,但因价格不能一致,不能签订第一季度合同。北京小百货是畅销货,因价格不能取得一致意见,国营公司订不成合同,交合作社自销,涨了价。

5. 工厂只愿订计划(计划常叫大),因不愿受罚,不愿订合同。从第一季度看,加工订货关系的主要工厂都未完成任务。

6. 限于设备,由于厂方不能同意杂色包装,合同不能签订。例如上海可以按花色、号次比例包装无问题,这合乎市场需要,但北京只有两个槽,同时染多种颜色不行,要染要浪费染料。

(三)交货与验收问题

1. 从验收,到收货,到取款,要经过三天时间,不合理。

2. 副、次品全国无统一标准,合同规定不明确(条文过分具体工厂害怕不愿订),根据抽验和外埠退回的退货,扯皮最多的是花色品种最多的商品如袜子、毛线等,第一季度袜子退货率达30%。商品如全国有一统一标准就不吵了。

3. 清河制呢厂本身有检验机构,因此百货公司未设驻厂员和不经过公司验收,但厂子检验不够严格,没有达到国家规格标准就出厂,有的重量不足,颜色不齐,引起外埠对公司的不好反映。

4. 进出口货是由国家检验机构用科学仪器检验的,这就不致发生纠纷。

（四）商品保证期限问题

1. 在交货后一定期间，商品发生问题，如果属于质量问题由厂负责，如果属于保管问题由公司负责，这是原则，在实际执行中有时究竟是品质还是保管问题扯不清。

2. 保证期厂子一般只保证半年，厂子用两年我也负责的说法不愿签订更长保证期。但真的发生问题就不负责了。

（五）瑕疵责任问题

商品发生品质瑕疵，供货方故意以次充好，究应赔偿对方哪些损失也有纠纷。例如清河制呢厂一批绒线，本来是库存清货，应该列入次品交货，但染出来厂里看颜色很漂亮就当好货交了。百货公司把这批绒线交给针织联社加工织毛衣，联社织时肉眼非内行看不出毛病，织好后内行就能看出色花了。起先，和针织联社发生纠纷，误认为是他们弄坏的，后来证明是品质瑕疵，是厂里的清底货。百货公司要退货，要厂赔偿工缴费和这批货的全部占压资金的损失，工厂只同意按次品降价，打 95 折。（按：这种色花粗看是看不出来的。）

（六）罚款问题

1. 罚款对生产有作用，一罚款厂里就要检查责任。一般情况，国营厂违约时承认错误不愿受罚。

2. 厂里不得不受罚时，也拖。例如清河制呢厂去年有一笔罚款，因为花色不对罚 1 000 余元，第二季度提出罚款，第四季度才解决。所以不罚不行，因为由此连带公司对外埠违约，公司受了罚。

3. 有时厂因客观原因违约误期，公司也罚了。

（七）商标问题

加工是百货公司商标，订货是工厂商标。

（根据北京市百货公司进货批发站刘、薛经理、李凤英同志 1956 年 5 月 3 日谈话整理）

五、北京市皮毛皮革联社谈加工合同中的几个问题

（一）签订加工合同问题

1. "一面合同"。北京市畜产公司掌握原料，必须按照公司所提出的各项条件，才能订立契约，特别是皮毛业，完全依靠加工，在有活胜于无活的情况下接受加工，因此，形成"一面合同"。

2. 合同中有活字眼，如公司拨料误期，合同规定"可酌情赔偿乙方实际停工期间工资与伙食费"，"双方协商解决"等活动条文，执行起来形成照公司意见办的"一面合同"，希望订得死。

3. 加工合同，畜产公司不愿公证，应该公证。

（二）罚则和赔偿损失问题

1. 误期交货或误期付款，10 日以内 3%，10 日以上 8%。

2. 公司拨料误期,契约规定"可酌情赔偿乙方实际停工期间工资与伙食费",加工方其他损失公司并不负担,这本身已不合理,加上有"可酌情赔偿"的活动规定,1953年加工以来,公司屡次拨料误期,但是一次也没有罚过公司。第一,加工方怕搞坏关系不敢要[求]罚;第二,甲方有词可循,硬说加工方并未交货,说不上窝工、停工;第三,不但罚不到公司,引起交货误期,到会计科结合同,加工方还必须写检讨书、申请书,说明误期交货理由,经过科长批准,才能结合同。

3. 公司罚加工方容易,在付款时扣除就行,不仅属于加工方误期责任的受罚,即使不是乙方责任的不合理受罚,由于不认罚就不能结合同领加工费也只好认罚,不仅受罚,还要检讨,一次、二次、七次、八次检讨。因此,条文看起来合理,执行起来也是"一面合同"。例如14社加工皮褥子850条,契约规定在今年1月24日领料,3月15日交货,但公司零星发料,到4月17日才陆续发完料子。料子整领做起来省工,零领就废工窝工。交货时当然误期,合同结不了,会计科要社里写申请书,找加工科证明,这样一来,理在公司,合作社窝工不算,不仅公司不受罚,还因不承认合作社因零料窝工时间从这里面罚合作社。

4. 定额不科学,还要超过定额无代价交公司,不足定额由合作社照出口价赔偿。例如"拔针",每件皮子有针多少不一,针的大小、长短不一,公司规定了"拔针"定额,定额本身就不是科学的,每一批拔的结果是不一致的,超过定额的部分无偿交公司,不够定额的部分就要合作社赔偿,由公司按出口价开发票算是卖给加工的合作社,可是合作社事实上没有得到这个本来就不存在的"针"。第一季度,多拔200多斤交公司,同时各社都受罚了40元至50元。第一次过去多交600余针,却赔了200多元。

5. 验收不合规格的算误期交货要受罚,不合规格既无科学标准,赔偿浪费材料也无科学标准。例如1955年10月21日签订合同,第三社加工香狸皮领子5 000条,交货时驻厂员和验收员确定浪费9条领子,开给证明。交货了结合同,碰上加工科长不高兴,硬说浪费500条领子,不是浪费9条,认赔吧,全部加工费赔掉还不够,问题至今未解决,合同结不了,加工费拿不到。

6. 应有残品率而无残品率,达不到定额也要赔偿,熟制业经过多道化学工序,好多凭经验看色闻味,要求产品达到百分之百而没有残品是不可能的。畜产公司不给残品率,达不到百分之百就赔,去年各社因此赔去24余元。

7. 人力不可抗拒的损失契约规定"协商处理",解释不一致也要罚款。例如熟制业,下雨天就不能晒皮子,就要窝工等晴天,因而导致误期交货,公司对这一条作"因雨例外"的解释,照样罚款。

(三)验收问题

验收无科学标准,凭看、摸、嗅等经验,同一产品,甲乙二人验收可以产生不同结果,同一人验收,今天和明天可以产生不同验收结果,易产生高兴就是合格标准,合作社已摸到高兴收不高兴不收的规律。

例一,第三社加工200多件皮货,交货时验收员魏某只看了两件,说不行,叫拉回去重做。因无毛病,无法修理,第二天凑魏高兴时把原货全部再送去验收,全部收了。

例二,第一社加工皮大衣25件,交货时验收员一看就说不行,拉回去重作。合作社一看慌了,既无法重作,赔又赔不起,找加工科长讲道理。科长第一句就说你们合作社不虚心,拉回去重作。于是合作社说他们指出毛病,以便回去修改,他们说:你们做的,什么毛病还不清楚吗?提不出毛病来。只能拉回去,过年后又原货送去,不但全部收了无问题,反而受到好评。这才晓得年前因为公司忙不愿收故意找了岔子。

(四)加工监督问题

1.有定额标准,加工过程中驻厂员与加工方意见不一,照谁意见办。皮革过去给畜产公司加工,驻厂员在加工过程中指手画脚,必须怎样怎样,照他的意见办了,产品达不到标准,还是加工人受罚,这不合理。现在改给天津出口公司加工改过来了,产品由加工方负责,工作意见加工方可不听驻厂员的。

2.补料、换料必须驻厂员证明,但驻厂员一人管好多地方,行无定踪,不易找到,造成窝工。

(五)余料、副产品问题

1.归公司无问题。但要加工费①负责保管运输费用不合理。

2.连地土都要,未免过苛。过去资本家时代,地土归扫地的学徒,资本家不要。(按:皮毛加工,毛有掉地上的,扫地时,尘土中夹杂有毛,可卖给农民肥田。)

3.这条合作社原不同意这么办,但无办法。

(六)合作社同志提出:工缴费是否要等清合同后才给付的问题

(七)定额问题

皮毛业14个社替畜产公司加工,公司在口头上也讲平均先进定额,实际上是照最高月、最高日、最高人的所达到的定额作为定额,这在今年第一季度最突出,每个社都赔700元到800元,有一社成立时有资金8 000余元,现已吃掉6 000余元,第十社去年一年节余400余元,第一季赔光就垮了,共赔7 200元。技工工资月得17元左右,副工工资只6元多一个月,最少的一天只拿到1角1分2厘的工资。北京皮毛业历史长久,技术较外地为高,出口货外地做了不合规格还拿到北京来返工修理。可是皮毛业的工资,比剪纸花、挖河民工、装订本子的工资还低。剪纸花一般日得1.2元,手艺好的可以日得2.4元。挖河民工日得1.35元,装订也可日得0.8元。因此,皮毛业工人有的已在转业。公司用以提高定额降低工缴费方法综合如下:

1.提高劳动生产率,节约原材料,毫无奖励,并且马上根据这个提高定额,如产量和工人收入均以1952年为100作基数,1954年产量是120%,工人收入是85%;1955年产量是150%,工人收入更降到74%。

2.降低工资。如做皮手套,1955年是整皮做,每双7角。今年是碎皮,要拼凑,难做费工些,一天做不到一副,公司只定4角一双。

3.降低利润。合作社利润,裁制和熟制1954年是11.5%;1955年公司把裁制利润降低到5.5%,熟制利润降低到6%。

---

① 原件如此,或为"加工方"之误。

4. 皮货有淡旺季,公司为减少工缴费部分的资金积压,淡季不愿加工。例如公司现有皮大衣 5 000 件可以加工,为了淡季,公司有意提高定额和不愿现在就加工,使工人无活可做。公司说,公司有小工活(翻晒皮货),愿来者可以,这是照顾。这样,四、五、六三个社就有 50 余个技工在这种照顾下去当小工。

5. 公司迟迟不订成本,加工方等活做,等确定成本才能拿工缴费,这样一来,迫使加工方最后不得不同意公司所订成本。今年熟制、裁制成本,公司现在尚未定下来。

6. 验收比定额更苛。定额规定每英寸缝 18 针,交货时缝了 22、23、24 针还交不了货,甚至达 27 针。拔皮毛,按定额一天可拿 9 角工资,除了星期日,每月照理可得工资约 26 元,实际上怎样呢? 以第八社为例,拔得最快的月得 9.9 元,一般得 6.5 元,最少的一天只拿到 0.112 元,还不是按社规定的 9 小时工作制,而是做了 11 或 12 小时。

畜产公司在加工中的以上做法,已经引起该业工人的不满,造成恶劣的政治影响。工人们说:合作社是好,就是畜产公司还不如侍候资本家好,资本家还管吃。皮毛皮革联社苏同志说:全联社不给公司加工的都无问题,就是给畜产公司加工的皮毛业最困难,我们 3 000 多人的生命操在畜产公司手里啊。

(根据北京市皮毛皮革联社苏造春同志、北京市手工业生产合作总社供销科吴金章同志等在 1956 年 4 月 26 日座谈会上的发言整理)

六、北京文化用品公司谈加工订货合同中的几个问题

(一)订货和加工

1. 订货除原料是厂里自备以外,大体和加工相同。
2. 加工将逐步减少,订货将逐步扩大,公司本身掌握原料的才加工。

(二)现在国营公司组织进货有问题,许多合同订不下来

1. 私营已改为公私合营了,公司合同条文文字仍未改变,过去是私营受点委屈不敢说,现在各有各的条文方案,不统一,合同不能订。
2. 工厂因原料不能保证正常供应,怕违约受罚,不愿订合同。特别是五金公司和橡胶厂,厂里没有把握。
3. 公司罚金额高,是 3‰,地方工业是 1‰。
4. 因为自己也能销,就是把罚金降低为 1‰,也不愿订合同。

(三)执行合同态度和公证问题

1. 执行合同不严肃,按条文应罚,客观上罚有困难,有时相互不罚,小问题马虎过去了,大问题常争执不下。
2. 法院公证合同和变更合同登记纳费,自 5 月 15 日起按合同金额收 1‰费用。这将加大成本,引起销售困难。

(四)验收和副品问题

1. 验收无标准是工业和商业扯皮最多的问题。
2. 副号品特别多,验收人员凭经验,凭评比确定的。

3. 副号品价格,公司提二级品打 85 折,厂里要打 95 折,协商结果打 9 折。二级品厂子就无利润,二级品以下就要赔钱。

(五)商品保证期和商品瑕疵问题

1. 保证期一般是半年。

2. 在保证期内,发现毛病,品质问题归厂方负责,保管问题归公司负责。有时究竟是谁的责任难划分。例如去年向合作社订一批球拍,保证期半年,仓库验收与保管有些外行,收下后不入变质,原料品质有问题——木材湿,存放也有问题——不该堆叠放,因此,仓库说是质量问题,工厂说是保管问题,相持不下。

(六)变更合同问题

修改合同情况常有,公司提出的是增加产量多,工厂提出的是因原料问题或有任务过大而减少数量。

(七)奖励问题

1. 商品质量达到或超过定额,无奖励。

2. 节约原料有奖,公司也发过几次奖。

(八)税收影响交货问题

秒表是仪表,天津不上税,北京要上税,天津只 50 余元一只,北京就要 80 余元一只,因为上税问题未解决,工业部门延不交货。

(九)罚款问题

1. 误期交货罚,验收不合规格退货返修,重做要罚,次品顶好品发现要罚。

2. 第一季度罚款比较多,如第二毛革合作社第一季合同,全季交货 6 次,违约 15 次,7 次免罚(有验收迟应罚甲方的),8 次罚款,全部是罚乙方。

3. 厂方自己验收,验得严格自己拉下,因而部分误期也罚。便如公私合营声华乐器厂承制风琴,工厂是请歌唱团专家到厂检验,中途发现不合格,厂求注销合同,公司不同意,厂子做了,到时一部分做好一部分误期,公司要罚,工业部门说自己验得严格反倒要罚(只两个音不大合乎标准),现未解决。公司谈话同志认为还是应该罚。

4. 过去有些确是原料也罚了。例如公司承做胡琴的二亨子,是旧紫檀木桌子做的,一个桌子通常能裁 20 余个,有一次买上当了,只裁了 4 个,因此交货不足也被罚了。公司认为你上当那只是你不注意和不细心问题,与我无干。承揽者反映:原料上吃了亏,又挨罚,两边赔。

5. 公司过去验收迟了有罚的,但因罚几毛线,来回跑不合算,合作社不要罚,认免了。

(根据北京市文化用品公司进货科缪连才同志 1956 年 5 月 3 日谈话整理)

七、北京市鞋帽生产合作联社谈加工合同中的几个问题

鞋帽联社承揽的业务主要是市百货公司鞋帽加工订货。加工方面由公司供给材料或附属原料,联社根据公司要求承制的规格、质量、数量和交货的日期,按期制成成品交货。但副料,例鞋的铁铜小孔,箱子的铁铜锁等由联社自己预备。公司在验收后按合同约定的

报酬付款。

加工合同公司早已印好,其中规定的内容也是由公司片面提出的,所以往往应有的条款也没有或有了也不公允。在订立合同时是经过双方签字盖章并经北京市法院公证的。

在合同中的几个主要问题:

(一)条文订得不够详细,不够明显

1. 例第二条规定由乙方自备副料,但其规格质量往往没有规定清楚,因此在交货验收时就发生争执。

2. 第五条对商品负责保证责任六个月,这样笼统的规定,究竟负哪些范围的责任,却含糊不明,因此不管商品发生损坏瑕疵原因怎样,都要由联社来负责,这是不合理的,同时双方争执也是常扯不清的。

(二)条文片面和不公平

1. 例第三条,关于按期拨料原是公司的责任,迟延供料,公司照理要负误期拨料的责任,但却规定公司有迟延拨原料。加工方就要事先写申请书告知公司没有按期收到料,如果没有写申请书,将来加工方迟延交货就当做误期论。

2. 交货时还要先领公司交货的通知单按指定的仓库交货。如一天内分别送几个仓库,如果来不及送,还要加工方写申请书申述理由,否则也照误期要罚违约金。

3. 剩余的原料规定所有的都要交还公司,但余料的保管费、运送费等却也要加工厂负担。

4. 鞋帽附属材料如铁料加工方是从市百货公司购买来,但这些铁料加工在鞋帽上,往往要生锈,公司对六个月内生锈的商品却要全部退回换修。但公司对售出的铁料发生铁锈又不准退回换新,使加工方遭受损失。

(三)罚金问题

1. 合同中罚金范围太广。例如第八条规定:误期交货十日可解除契约外,每天罚7‰或10‰,有的要累进罚款,还要对甲方所给原料副料价值都要偿付银行利息。

2. 合同中规定甲方不付给原料误期只罚5‰,对加工方影响停工损失,甲方却只赔偿工人工资或赔偿膳费的费用,其他管理费等都不负责,使加工方损失大。

(四)验收问题

1. 验收没有标准,只凭验收员经验和眼光去决定。

2. 有的验收员品质恶劣,往往刁难或不乐意就将合格的商品任意退回,使加工方损失往返运费。

3. 抽验办法往往只验了一两件,恰好抽出不好的,就把全部商品当做不合格退回。

4. 手工业品产品要全部一样很困难,但验收时不分等级,只将合格的收下,较次的都退回。应该是分列等级,作不同价格收下较妥当。

5. 迟延验收,公司应负责,但却要加工方写申请书说明迟延验收经过,否则加工方要负误期的责任。

（五）其他问题和意见

1. 成本问题。很多合同订立后，成本加工费没有解决，公司对成本计算总向低价，因此经常闹纠纷。例如前一时期订制一批女式凉鞋早已做好，但公司所准的成本要使加工方亏折，协商很久不得解决，一直到做好鞋后两三个月才勉强达成协议，影响了生产。

2. 加工费问题。公司所定的加工费经常只以加工单位中管理条件最好，生产率较高，加工费低廉作定额标准，因此条件低的加工厂往往无法接受低廉的加工费，使生产有影响。

3. 公司往往借掌握资金压制加工单位，有的加工费不合公司的要求，就不验收、不付款。由于加工单位资金较少，在这时只好同意接受公司的加工费，这样就影响很多加工单位不愿与公司订立加工合同。

4. 合同中条文规定变更品种、减少供料等很灵活，这样经常造成轻易变改，使加工方无法作较长的生产计划。

5. 合同中规定节约原料应退公司有奖励，在实际加工中已节约了不少的原料，但从来没有得到公司的物质奖励。如果浪费了原料却要赔偿。

6. 公司供给原料按期付给，经常不足，加工方去领料时，却以其他料暂替。例原领黄牛皮2000张，但仓库只有黄牛皮1000张，加工方为待料开工，却不许暂领大1000张，必须向仓库领其他皮1000张凑数，然后待公司黄牛皮到时，再用其他皮去换，但这项来回的运费杂费都要加工方负担。

7. 保证责任，合同中规定半年，实际上过了很久，还要加工方修换，这使加工方长期负责，不合理。

(1956年4月整理)

八、北京市呢绒生产联社谈加工衣服合同中的一些情况

呢绒联社加工衣服的范围有两方面：

（一）加工北京市百货公司的呢绒衣服，主要是由公司供给衣料，由联社按照约定日期完工交货，所订立的合同是公司预先印现成的，经双方同意而签订。所订立的合同都经过法院公证的。合同的执行没有发生什么重大纠纷，一般都能履行也没有罚款。执行合同中曾发生误期交货，但主要是公司发料迟延，经常交货期已到，公司发料还没有交齐，因此影响联社交货的日期，这主要责任是公司，原应罚公司的违约，但为了搞好关系，一般就不罚，在验收方面公司要求过苛，所制的衣服不好或有瑕疵，联社负责翻改。

（二）日常对公民间衣服承揽，这是联社与北京市百货公司订立长期合同，由联社在百货大楼设立一衣服承做部，承做公民向公司买布料交制的衣服，这种承揽没有书面契约，由顾客交来衣料，按顾客的意图和指示承制衣服的式样，量尺寸大小，由联社给顾客定衣单据，单据中写明式样、数量、交货日期、酬金额，顾客持此单取衣服，联社负责依样、依期交衣服。

在日常承做衣服中，联社应负的责任如下：

1. 由于联社技术员技术不好，或所制的衣服非顾客所指定的式样，应负赔偿的责任。

2. 向公司买来的衣料承做前发现衣料有瑕疵,可代顾客向公司换衣料,若已裁剪而发现有瑕疵,联社要负赔偿的责任。

3. 承做好的衣服,交货时,顾客对所制的衣服尺寸大小不合适,样式不满意,联社负责免费翻修。

4. 承做衣服的样式,原按顾客的指示去做,如顾客要改变式样(例中山装改为西装),联社一般也负责修改,主要是以达到顾客满意为止。

过去顾客对原挑选的衣料,颜色不满意也可以向公司重新挑换别一颜色衣料,现在这办法已取消掉。

(注:因该社所制的衣服大多是高级呢绒,对象主要是国际友人)

5. 顾客取去衣服后在1个月内,若发现不满意的地方,社中仍负责免费翻修。

6. 如承制的衣服有瑕疵,顾客随时发现都可拿来交社负责修理。

7. [对]顾客交来的衣料负保管责任,所制成的衣服,顾客未取之前也负保管的责任。过去曾规定对所制好的衣服负责保管六个月,逾期不负责任,但实际行不通,现在有的顾客逾期未取走的有一两年之久,联社仍应妥善保管,因保管不善发生损毁污灭均负赔偿的责任。

(1956年4月整理)

附:承制大批订货中的投机行为(张碨)

武汉市的某些手工业生产合作社,为了赚钱,浮报成本,漫天要价,甚至经手转包赚取中间费用;有的生意清淡的生产合作社,还以互相杀价的办法来抢夺生意;有的则不顾产品质量,粗制滥造,以坏品充好品。这些情况,在木器、白铁、电器、缝纫等行业的生产合作社中更为严重。

今年二、三月份,武汉钢铁公司通过市手工业生产合作社联社供销经理部,委托45个木器生产合作社制作办公桌、棕床、床板、凳子等29 000多件。合同规定家具一律采用每立方公尺价值130元的好木材,但是,大部分社所采用木料,最好的每立方公尺价值只100元,最低的45元。武汉市第七木器生产合作社承做100张方桌,承制板凳、乒乓球台等,因用坏料充好料,多赚1 360元。武汉市第二、第四、第五等棕床生产合作社因为全部以坏料充好料,可赚取利润将近1倍。因为材料不好,做出来的家具很多都是有裂缝、虫眼的,有的已经腐朽了。有的家具在有虫眼的地方,只要用指头轻轻挖一挖,就是一个大洞。有的社做的桌子的裂缝太大,便用泥巴糊一糊,再涂上油漆,企图在验收时混过去。

有的社做铺板只刨光一面(合同规定要刨两面),凳脚大小不一样。有的把椅子腿的榫头(用来接合椅面的部分)做短了,就从椅面上往眼洞里钉木钉子补上一截。验收的同志用手一撤椅腿,椅腿就和椅面分了家。

为什么他们这样不重视产品质量呢?因为他们认为大批订货的利润不大,需要想别的办法来增加收入。同时,他们还有一种投机取巧的想法,以为这种大批订货,产品坏些也可以混过去,况且活又是供销经理部交下来的,自己不跟主顾见面,活做得好坏,主顾也不知道是哪个社做的,不会影响本社的信誉。

全部实行了合作化的手工业,如果不迅速改变这种资本主义的经营作风,不仅无法完成支援国家基本建设和支援农业生产的任务,而且手工业生产合作社本身也将会信誉扫地而走向垮台。最近,武汉市手工业管理局和市手工业生产合作社联社正准备领导全市的手工业生产合作社进行整社工作,希望他们在改变这些生产合作社的资本主义经营作风方面作出成绩来。

(原载 1956 年 5 月 15 日《人民日报》)

承揽（第二次草稿）

1956年6月6日

第一条 依照承揽契约,承揽人应该完成定作人所交给的工作,定作人对完成的工作应该给付报酬。

注:有的同志主张在"承揽人应该"后增加"担负危险"四字。

第二条 承揽人可以用定作人的材料或者自己的材料完成工作。如果承揽人用自己的材料完成工作,可以请求定作人预付一部分材料的垫款。

第三条 承揽人应该自己完成定作人所交给的工作,但在定作人同意和没有从中营利的条件下,也可以将部分工作分给第三人承揽（或写为:也可以分包给第三人）。

另案:承揽人应该自己完成定作人所交给的工作,不能转包或者分给第三人。

第四条 定作人迟延供给材料,承揽人可以顺延交付定作物的期限和请求赔偿因停工待料所受到的损失。但因意外事故造成迟延供给材料的时候,定作人不负赔偿责任。

第五条 定作人供给的材料不合约定的规格质量,承揽人必须在使用材料以前通知定作人更换材料。定作人迟延更换材料,承揽人可以顺延交付定作物的期限。定作人认为必须使用供给的材料,如果足以严重影响定作物的质量,承揽人可以解除契约。由于以上原因所受到的损失,承揽人有权请求赔偿。

第六条 定作人没有按照约定时间供给定作物规格式样的时候,承揽人可以顺延交付定作物的期限和请求因停工所受到的损失。

承揽人发现约定的规格质量有错误的时候,应该及时通知定作人作必要的修改,如果在通知规定的期限内不修改,影响了定作物的使用价值,承揽人不负赔偿责任。

第七条 承揽人按照约定需要定作人协助才能完成定作物的时候,定作人应该在约定的期限内给予协助,如果不予协助,承揽人可以解除契约或者请求赔偿损失。

第八条 定作人对交给承揽人完成的工作,有权按照契约规定的条件进行检查和监督,但不能妨碍承揽人进行工作。

第九条 承揽人必须妥善保管定作物和定作人供给的材料,因保管不善造成损坏、灭失或者对材料使用不当造成浪费的时候,应该负赔偿责任。

定作物或者定作人供给的材料,在承揽人加工制造和保管期限间由于人力不可抗拒的原因造成损坏、灭失的时候,承揽人无权请求定作人给付报酬,材料的损失由供给材料一方负责。但人力不可抗拒的损失发生在承揽人误期交付期间或者定作人误期验收期间,应该由误期一方担负全部损失责任。

注:有的同志主张分成两条。

第十条 承揽人应该按照约定期限交付定作物。由于承揽人的责任没有按期交付定作物,定作人有权请求赔偿损失,或者按照约定请求给付违约金。

另案:由于承揽人的责任误期交付定作物,定作人有权请求赔偿损失,或者按照约定请求给付违约金。

第十一条 承揽人应该按照约定的规格质量交付定作物,没有约定的时候,必须把合于通常使用标准的定作物交给定作人。

如果承揽人违反前款规定,定作人有权请求适当修理定作物或者减少报酬。定作物不能修理的时候,定作人可以请求赔偿损失和解除契约。

第十二条 定作人应该按照约定的时间、地点验收定作物,没有按照约定时间、地点验收的时候,承揽人可以请求赔偿损失,或者按照约定请求给付违约金。

第十三条 定作人应该按照约定的办法和期限给付报酬,没有按期付款的时候,承揽人可以请求赔偿损失,或者按照约定请求给付违约金。

部分定作物不合约定规格质量的时候,定作人仍然应该照付合格部分定作物的报酬。

第十四条 承揽人为完成和交付定作物所必需开支的其他费用,在契约没有规定的时候,由定作人负担。

另案:属于定作物的包装、运输、保险、验收、领运材料及其他必需开支的杂费,在契约没有规定的时候,由定作人负担。

第十五条 定作物的材料是由定作人供给的时候,除另有约定外,承揽人应该将余料和副产品全部交还定作人。

第十六条 承揽人在保证规格质量和达到约定定额的条件下节约的材料和增产的定作物,定作人应该提给承揽人适当数额的奖金。

第十七条 承揽人保管定作物超过约定交付日期限六个月,仍然无法交付和通知定作人的时候,应该将定作物交公证机关或者法院拍卖,所得的价款,除给付承揽人应得报酬外,余款交银行保存。

第十八条 在定作物没有完成以前,定作人如果有正当理由必须变更或者解除契约的时候,应该偿付承揽人已经完成工作的报酬和受到的损失。

第十九条 承揽人保证定作物质量的期限,自定作人接收定作物的时候起,明显的缺陷在半年内负责,隐蔽的缺陷在一年内负责;如果经过逐件验收,承揽人对定作物的明显缺陷不负责任。

附注:有的同志主张将"承揽"改为"包做"契约或者"加工"契约。

承揽（或写为：包工合同）（第三次草稿）

1956年7月16日

第一条 依照承揽契约，承揽人应该完成定作人所交给的工作（或写为：任务），并担负工作中可能发生的经济上的损失；定作人对完成的工作（或写为：任务）应该给付报酬。

另案："并担负工作中可能发生的经济上的损失"可以不规定。

第二条 承揽人可以用定作人的材料或者自己的材料完成工作（或写为：任务）。承揽人在接受工作（或写为：任务）的时候，可以请求定作人给付一定数额的预付款。但国营企业的承揽，规定不给预付款的除外。

另案："预付款"可以不规定。

注：有的同志主张：将"给付一定数额的预付款"改为"给付一部或者全部的预付款"。

第三条 承揽人应该自己完成定作人所交给的工作。但在定作人同意和没有从中营利的条件下，也可以将部分工作（或写为：任务）分给第三人（或写为：其他人）去完成，承揽人仍向定作人负责。

注：有的同志主张：将"部分工作"改为"部件"或者"某项工序"。

第四条 定作人迟延供给材料造成承揽人不能按期交付定作物的时候，应该由双方协商，适当延长交付定作物的期限。承揽人因停工待料所受到的损失，可以请求赔偿。

定作人迟延供给材料，影响到生产计划不能完成的时候，承揽人可以请求解除契约。

注：有的同志主张：将"第一款"改为"定作人迟延供给材料造成承揽人不能按照约定期限交付定作物的时候，承揽人不负迟延责任。并可以请求赔偿因停工待料所受到的损失。"

第五条 定作人供给的材料不合约定的规格质量，承揽人必须在使用材料以前通知定作人更换材料；定作人迟延更换材料造成承揽人不能按期交付定作物的时候，应该由双方协商，适当延长交付定作物的期限；定作人一定要使用不合约定规格质量的材料，足以严重影响定作物的质量，承揽人可以解除契约。由于迟延更换材料或者因解除契约所受到的损失，承揽人有权请求赔偿。

注：有的同志主张：

1.将"承揽人必须在使用材料以前通知定作人更换材料"改为"承揽人必须在接收材料的当时或者　　天内通知定作人更换材料"。

2.将"定作人迟延更换材料……适当延长交付定作物的期限"改为"定作人迟延更换材料造成承揽人不能按照约定期限交付定作物的时候,承揽人不负责任"。

第六条　定作人没有按照约定时间把定作物的规格式样供给承揽人的时候,应该由双方协商,适当延长交付定作物的期限,承揽人因停工所受到的损失,可以请求赔偿。

承揽人发现约定的规格质量或者图样有错误的时候,应该及时通知定作人作必要的修改,如果定作人在通知规定的期限内不作修改的表示,承揽人可以请求解除契约,并请求赔偿因此所受到的损失。

注:有的同志主张:

1.将第一款中"规格式样"改为"图样"。

2.将第一款中"应该由双方协商……可以请求赔偿"改为"承揽人可以顺延交付定作物的期限和请求赔偿因停工所受到的损失"。

第七条　承揽人按照约定需要定作人协助才能完成定作物的时候,定作人应该在约定的期限内给予协助;如果不予协助,影响到生产和停工,承揽人可以请求赔偿损失,必要的时候也可以解除契约。

第八条　定作人对交给承揽人完成的工作,有权按照约定的条件进行检查和监督,但不能妨碍承揽人进行工作。

第九条　承揽人必须妥善保管定作物和定作人供给的材料,因保管不善造成损坏、灭失或者不按约定使用材料造成浪费的时候,应该负赔偿责任。

定作物或者定作人供给的材料,在承揽人加工制造和保管期间由于人力不可抗拒的原因造成损坏、灭失的时候,承揽人无权请求定作人给付报酬,材料的损失由供给材料一方负责。但人力不可抗拒的损失发生在承揽人误期交付期间或者定作人误期验收期间,应该由误期一方担负全部损失责任。

注:有的同志主张:将"损坏、灭失"改为"损失"。

第十条　承揽人应该按照约定期限交付定作物。由于承揽人的责任没有按期交付定作物,定作人可以按照约定请求给付违约金。

另案:在"请求给付违约金"后加上"或者请求赔偿损失"。

第十一条　承揽人应该按照约定的规格质量交付定作物;没有约定的时候,必须把合于承揽人所在地通常使用标准的定作物交给定作人。

承揽人违反前款规定,除按照约定给付违约金外,定作人有权请求修理定作物或者适当减少报酬;定作物无法修理的时候,定作人可以请求赔偿损失和解除契约。

另案:将第一款中"没有约定的时候,必须把合于承揽人所在地通常使用标准的定作物交给定作人。"两句删去。因为这样规定反而不好解决问题。

第十二条　定作人应该按照约定的时间、地点验收定作物;没有按照约定时间、地点验收和提运的时候,承揽人可以按照约定请求给付违约金,并可以请求赔偿损失和偿付必需费用。

第十三条　定作人应该按照约定的办法和期限给付报酬;如果没有约定,定作人应该在承揽人交付定作物的时候付清报酬。定作人违反前款规定,承揽人可以按照约定请求给付违约金或者请求赔偿损失。

承揽人交付定作物如果有一部分不合约定的规格质量,定作人对验收合格部分仍然应该给付报酬。

第十四条　承揽人为完成和交付定作物所必需开支的其他费用,在契约没有规定的时候,由定作人负担。

另案:承揽人领运定作人供给材料的费用,定作物的包装、运输、保险、验收和其他必需开支的杂费,在契约没有规定的时候,由定作人负担。

注:有的同志主张:取消此条。

第十五条　定作物的材料是由定作人供给的时候,除另有约定外,承揽人应该将余料和副产品全部交还定作人。

第十六条　承揽人在保证规格质量和达到约定定额条件下节约的材料和增产的定作物,归承揽人所有。

另案:承揽人在保证约定规格质量,采用代用品节约的原料和增产的定作物,归定作人所有。但定作人应该提给承揽人适当数额的奖金。

注:有的同志主张:将"适当数额"改为"30%以上"。

第十七条　承揽人保管定作物超过约定交付日期六个月,仍然无法交付和通知定作人的时候,应该将定作物交公证机关或者法院拍卖,所得的价款,除给付承揽人应得报酬外,余款交银行保存。

注:有的同志主张:将"六个月"改为"三个月"。

第十八条　在定作物没有完成以前,定作人如果有正当理由必须变更或者解除契约的时候,应该偿付承揽人已经完成工作(或写为:任务)的报酬和受到的损失。

另案:将"承揽人不能如期开工或者进行工作缓慢,显然不能如期完工的时候,定作人有权解除契约"这一内容增加在此条中。

第十九条　承揽人保证定作物质量的期限,自定作人接收定作物的时候起,明显的缺陷在半年内负责;隐蔽的缺陷在一年内负责。如果经过逐件验收,承揽人对定作物的明显缺陷不负责任。

另案:承揽人保证定作物质量的期限,自定作人接收定作物的时候起,在半年内负责。如果定作物经过逐件验收,承揽人对定作物的明显缺陷不负责任。

附注:

1. 标题采用"包工合同"时,则条文中的"承揽人"可以考虑改为"承包人";"定作人"可以考虑改为"要作人或者委托人"。

2. 条文中的"请求"可以考虑改为"要求"。

承揽(或写为：包工合同)(第四次稿)

1956年7月28日

第一条 依照承揽契约，承揽人应该完成定作人所交给的工作，并担负工作中所(或写为:可能)发生的经济上的损失和其他危险；定作人对完成的工作应该给付报酬。

另案1：依照承揽契约，承揽人应该独立负责完成定作人所交给的工作；定作人对完成的工作应该给付报酬。

另案2：依照承揽契约，承揽人应该担负危险完成定作人所交给的工作；定作人对完成的工作应该给付报酬。

另案3：条文中"并担负工作中所(或写为:可能)发生的经济上的损失和其他危险"这一段不要。

注：有的同志主张，将"工作"改为"任务"、"事物"、"定作物"、"东西"，以下同。

第二条 承揽人可以用定作人的材料或者自己的材料完成工作。

承揽人在接受工作的时候，可以请求定作人给付一定数额的预付款；但国营企业间的承揽，规定不给预付款的除外。

另案1：关于本条第二款"预付款"的规定，可以不要。

另案2：将第二款改为"承揽人在接受工作的时候，可以请求定作人给付一定数额的预付款。国营企业间的承揽，一般不给预付款，但另有规定的除外。"

第三条 承揽人应该自己完成定作人所交给的工作。如经定作人同意和没有从中营利的条件下，可以将一部分工作分给第三人(或写为:其他人)去完成(做)，但承揽人仍应向定作人负责。

第四条 定作人迟延供给材料造成承揽人不能按照约定期限交付定作物的时候，承揽人不负迟延责任，并可以向定作人请求赔偿因停工待料所受到的损失。

定作人迟延供给材料，影响到承揽人生产计划不能完成的时候，承揽人可以请求解除契约。

另案1：定作人迟延供给材料造成承揽人不能按照约定期限交付定作物的时候，由双方协商，适当延长交付定作物的期限。

定作人迟延供给材料造成承揽人因停工待料受到损失，定作人应该负赔偿责任；如果影响到承揽人生产计划不能完成的时候，承揽人可以解除契约。

另案2：定作人迟延供给材料造成承揽人不能按期交付定作物的时候，承揽人可以顺延交付定作物的期限。

定作人迟延供给材料造成承揽人停工待料的损失，定作人应该负赔偿责任；如果影响到承揽人生产计划不能完成的时候，承揽人可以解除契约。

另案3：承揽人因定作人迟延供给材料，不能按期交付定作物的时候，不负迟延责任。

承揽人因定作人迟延供给材料造成停工待料，并影响到生产计划不能完成的时候，可以请求赔偿损失或者解除契约。

第五条 定作人供给的材料不合约定的规格质量，承揽人必须在使用材料以前通知定作人更换材料；定作人迟延更换材料造成承揽人不能按期交付定作物的时候，承揽人不负迟延责任；定作人坚持（一定要）使用不合约定规格质量的材料，足以严重影响定作物的质量，承揽人可以解除契约。由于迟延更换材料或者因解除契约所受到的损失，承揽人有权请求赔偿。

注：有的同志主张：

1. 将"承揽人必须在使用材料以前通知定作人更换材料"改为"承揽人必须在接收材料的当时或者×天内通知定作人更换材料"。

2. 将"定作人迟延更换材料造成承揽人不能按期交付定作物的时候，承揽人不负迟延责任"改为"定作人迟延更换材料造成承揽人不能按期交付定作物的时候，由双方协商，适当延长交付定作物的期限"。

3. 将"定作人迟延更换材料造成承揽人不能按期交付定作物的时候，承揽人不负迟延责任"改为"定作人迟延更换材料造成承揽人不能按期交付定作物的时候，承揽人可以顺延交付定作物的期限"。

第六条 定作人没有按照约定时间把定作物的规格、图样供给承揽人的时候，承揽人不负迟延交付定作物的责任，并可以请求赔偿因停工所受到的损失。

注：有的同志主张：

1. 将"……承揽人不负迟延交付定作物的责任，并可以请求赔偿因停工所受到的损失"改为"……由双方协商，适当延长交付定作物的期限，承揽人因停工所受到的损失，可以请求赔偿"。

2. 将"……承揽人不负迟延交付定作物的责任，并可以请求赔偿因停工所受到的损失"改为"……承揽人可以顺延交付定作物的期限和请求赔偿因停工所受到的损失"。

第七条 承揽人发现定作人供给的图样或者约定的规格质量有错误的时候，应该及时通知定作人作必要的修改，如果定作人在通知规定的期限内不作修改的表示，承揽人可以请求解除契约，并请求赔偿因此所受到的损失。

第八条 承揽人按照约定需要定作人协助才能完成定作物的时候，定作人应该在约定的期限内给予协助；如果不予协助，承揽人可以解除契约，并请求赔偿损失。

另案：承揽人按照约定需要定作人协助才能完成定作物时候，定作人应该在约定的期限内给予协助；如果不予协助，影响到生产或者造成停工，承揽人可以请求赔偿损失，必要的时候也可以解除契约。

第九条 定作人对交给承揽人的工作,有权按照契约的规定进行检查和监督,但不应该妨碍承揽人进行工作。

第十条 承揽人必须妥善保管定作物和定作人供给的材料,因保管不善或者不按约定使用材料造成损失的时候,应该负赔偿责任。

定作物或者定作人供给的材料,在承揽人加工制造和保管期间由于人力不可抗拒的原因造成损坏、灭失的时候,承揽人无权请求定作人给付工作报酬,定作人给付的预付款,可以不退还;材料的损失由供给材料一方负责。但人力不可抗拒的损坏、灭失发生在承揽人迟延交付期间或者定作人迟延验收期间,应该由迟延一方担负全部损失责任。

注:有的同志主张:
1. 第二款中"定作人给付的预付款,可以不退还"不必规定。
2. 第二款中"损坏、灭失"改为"损失"。

第十一条 承揽人应该按照约定期限交付定作物。由于承揽人的责任没有按期交付定作物,定作人可以按照约定请求给付违约金。

另案:在"请求给付违约金"后加上"或者请求赔偿损失"。

第十二条 承揽人应该按照约定的规格质量交付定作物;没有约定的时候,必须把合于承揽人所在地通常使用标准的定作物交给定作人。

承揽人违反前款规定,除按照约定给付违约金外,定作人有权请求修理定作物或者适当减少报酬;定作物无法修理的时候,定作人可以解除契约,并请求赔偿损失。

另案:将第一款中"没有约定的时候,必须把合于承揽人所在地通常使用标准的定作物交给定作人。"两句删去。因为这样规定反而不好解决问题。

第十三条 定作人应该按照约定的时间、地点验收定作物;没有按照约定时间、地点进行验收和提运,承揽人可以按照约定请求给付违约金,并可以请求赔偿损失和偿付必需费用。

第十四条 定作人应该按照约定的办法和期限给付报酬;如果没有约定,定作人应该在承揽人交付定作物的时候付清报酬。

定作人违反前款规定,承揽人可以按照约定请求给付违约金或者请求赔偿损失。

定作人对承揽人所交付的定作物,经过验收合格的部分(定作物),应该及时给付报酬。

另案:本条第二款可改写"定作人对承揽人所交付的定作物,如果经过验收,发现其中有一部分不合约定的规格质量,除按本法第十二条处理外,定作人对验收合格部分仍应该及时给付报酬。"

注:有的同志主张,在第一款"……办法和期限给付"后加上"承揽人"。

第十五条 承揽人领取定作人供给材料的运费,定作物的包装、运输、保险、验收和其他必需开支的杂费,在契约没有规定的时候,由定作人负担。

另案:承揽人除工作报酬和材料费用外,为完成和交付定作物所必需开支的其他费用,在契约没有规定的时候,由定作人负担。

注:有的同志主张取消此条。

第十六条 定作物的材料是由定作人供给的时候,承揽人应该将余料和副产品全部交还定作人;另有规定的除外。

第十七条 承揽人在保证达到约定的规格质量和定额的条件下,节约的材料和增产的定作物,归承揽人所有。

另案:承揽人在保证达到约定的规格质量和定额的条件下,或者经定作人同意采用代用品节约了原料,归定作人所有。但定作人应该提给承揽人适当数额的奖金。

注:有的同志主张将"适当数额"改为"30%~50%以上"。

第十八条 承揽人保管定作物超过约定交付日期六个月,仍然无法交付和通知定作人的时候,可以将定作物交公证机关或者法院拍卖,所得的价款,除给付承揽人应得报酬外,余款交银行保存。

注:有的同志主张将"六个月"改为"三个月"。

第十九条 在定作物没有完成以前,定作人如果有正当理由必须变更或者解除契约的时候,应该给付承揽人已经完成部分的工作报酬,并赔偿承揽人因解除契约所受的损失。

另案:将"承揽人不能如期开工或者进行工作缓慢,显然(或写为:确实)不能如期完工的时候,定作人有权解除契约"这一内容增加在此条中。

第二十条 承揽人对定作物质量的保证期限,自定作人接收定作物的时候开始,明显缺陷的负责期限为半年;隐蔽缺陷的负责期限为一年。如果定作物经过逐件验收,承揽人对定作物的明显缺陷不负责任。

另案:承揽人对定作物质量的保证期限,自定作人接收定作物的时候开始,负责期限为半年,如果定作物经过逐件验收,承揽人对定作物的明显缺陷不负责任。

附注:

1. 标题采用"包工合同"时,则条文中的"承揽人"可以考虑改为"承包人";"定作人"可以考虑改为"要作人或者委托人"。

2. 条文中的"请求"可以考虑改为"要求"。

关于承揽契约的一些主要问题

承揽小组 1956年12月

一、承揽契约的适用范围，即与供应、买卖的划分问题，有几种不同意见：

甲．主张包括加工订货、日常服务，基本建设以外的修建，目前条文就是根据这一精神起草的，这里主要争论点是加工订货问题。持这一主张的同志理由是：

1. 加工与订货的主要不同点是加工是来料，订货是自料，这并不是划分承揽和其他契约的标志，因为承揽可以是自料也可以是来料。

2. 目前的实际情况是把加工订货连在一起的，两种契约实际上是属于同一类型的。都是完成工作和给付报酬。

乙．主张订货划归买卖调整，因为订货在性质上是预购。将"承揽"改为加工或包工合同。

丙．主张以计划和是否特定物为划分标准。加工订货列入国民经济计划的都划归供应；未列入计划的，特定物的加工订货归承揽，非特定物归买卖。

丁．主张以是否自料为划分标准，属于定作人材料的加工或服务为承揽，属于承揽人材料的为买卖。理由是这样划分比较简单明确。

戊．干脆不划分调整与适用范围，谁可以调整就归谁调整。但是业务单位要求明确适用范围，以便有所遵循。

己．"八大"后工商关系正在变动，加工订货改变了，只有棉纱、棉布、煤炭、食糖等继续实行统购包销。如果这些统购包销不归承揽调整，承揽调整加工订货的主要作用似已丧失。有的单位建议俟工商关系确定下来再行起草承揽条文。

二、关于承揽的定义中的担负危险问题，有几种不同意见：

甲．有的主张要规定承揽人"并担负工作中所（或：可能）发生的经济上的损失和其他危险"。有的主张就是简单地提"担负危险"就可以了，有的认为"危险"不好懂，提"独立负责"也就包括了担负危险的意思。主张这些写法的理由是：这是承揽契约的特点，因为承揽人不能完成工作就不能向定作人要报酬。

乙．有的主张承揽契约并不需要规定"担负危险"，"独立负责"。理由是：

1. 本分则第十条对意外危险已作专条的详细规定，发生意外危险的时候，承揽人只是不能要报酬，材料的损失由供给材料一方负责，承揽人并不担负全部危险责任。规定了看起来与第十条矛盾,不规定,原条文也已体现完成工作才能要报酬的精神。如果规定"独立负责",与本分则第三条可以分包原则有抵触。

2. 如果危险是由承揽人所造成的,条文中也已规定责任。

3. 加工订货中对人力不可抗拒的原因造成的损失是根据承揽人有无责任由双方协商确定应否负责,负责大小或不负责任。

三、定作人供给的材料不合约定的规格质量,承揽人必须在怎样的时限以内通知定作人更换材料,有两种不同意见:

甲. 主张"承揽人必须在使用材料以前通知定作人更换材料",理由是:

1. 按照约定的规格质量供给材料和更换供给的不合约定规格质量的材料都是定作人的当然责任,只要承揽人未将材料破坏,就是在使用材料以前通知定作人更换,对定作人并无损失;

2. 在大批加工订货中,许多定作物是(而且只能)采取抽验办法接收的,如果要求承揽人在接收材料的当时或者几天以内将不合规格质量的材料通知定作人更换,对双方的权利义务不平等,对许多材料行不通,或者增加承揽人的验收费用,而这种费用的增加是不必要的;

3. 像定作物的规格质量应该从严要求承揽人一样,定作人供给材料的规格质量也应该从严要求定作人;

4. 如果限在几天以内通知,天数难确定。

乙. 主张"承揽人必须在接收材料的当时或者×天内通知定作人更换材料",理由是:

1. 接收材料的当时或者×天以内检查材料是承揽人的责任;如果不这样规定,承揽人在接收材料时就不会严格检查,因为在使用时发现不合规格质量还可以换;

2. 到使用时才通知定作人更换材料,这使得定作人更换材料在时间上可能会发生困难,如果发生困难就会影响生产。

四、承揽人对定作物质量的保证期限应该规定多长时间,明显缺陷和隐蔽缺陷的保证期限有无差别,有几种不同意见:

甲. 主张"明显缺陷的负责期限为半年,隐蔽缺陷的负责期限为一年"的认为:

1. 隐蔽缺陷比较难发现,应规定比明显缺陷较长的保证期限;

2. 对隐蔽缺陷规定较长的保证期限,有利于防止投机取巧和保证产品的质量;

3. 有些定作物要经过一易寒暑才能证明质量,一律半年不解决问题。

乙. 主张不分明显缺陷和隐蔽缺陷"负责期限为半年"的认为:

1. 目前实际中并不区分明显缺陷和隐蔽缺陷,一般保证期限一律是半年;

2. 既然经过逐件验收的定作物条文规定承揽人对定作物的明显缺陷不负责任,采取抽验接收的定作物还要分明显缺陷和隐蔽缺陷似无必要;

3. 定作物的保证期限不宜过长,过长了徒增纠纷。日常生活品的定作物,如果把质量保证期限拖到一年行不通。

丙. 主张不论采取上述两种意见的哪一种,都应该加上"另有约定的除外"。因为定作物的各式各样的性质决定了不能规定统一的保证期限,原则上应由双方约定载明在契约中。

丁. 主张参照《苏俄民法典》第229条,将建筑物和欺骗行为延长为三年(有的主张十年)。有的主张负责到底。

五、在加工订货中,往往在契约中虽已规定规格质量,但在实际验收中因无科学检验仪器对定作物是否合乎规格质量双方意见不一,形成"扯皮"现象。有些业务单位要求规定仲裁人,我们认为确有这种需要。

六、承揽人在保证达到约定的规格质量和定额的条件下,节约的材料和增产的定作物,经定作人同意采用代用品节约了原料,如何处理的问题,有以下几种不同的意见:

甲. 主张不提代用品,"节约的材料和增产的定作物,归承揽人所有",理由是:

1. 归承揽人所有可以鼓励承揽人改进技术,提高劳动生产率,节约原材料。
2. 在实际加工中,承揽人浪费了材料和达不到产品定额都要负责赔偿。节约的材料和增产的定作物不归承揽人所有就使双方权利义务不平等。
3. 采用代用品是另外一个问题,以不鼓励大量采用代用品为宜,故不需规定。

乙. 主张"节约的材料和增产的定作物以及经定作人同意采用代用品节约了原料,归定作人所有,但定作人应该提给承揽人适当数额的奖金",理由是:

1. 目前加工中实际采用归定作人所有而发奖励金办法,这也足以鼓励承揽人改进技术,而有些物资不宜归承揽人所有;
2. 采用代用品既规定必须经定作人同意,而且实际上存在这种问题,应该加以反映。
3. 有的认为"适当数额"漫无标准,实际上就是规定定作人随意决定,怎样决定都可被他说成适当,不足以鼓励承揽人,应该规定一定百分比的价值作为奖金。在奖金的百分数上,因为现行实际办法不一样,有的主张30%至50%,有的主张30%以上,有的主张50%以上。

丙. 有的单位主张"如承揽人在保证达到约定的规格质量和定额的条件下,或者经定作人同意采用代用品,所节约和增加的价值,归承揽人所有"。

丁. 有的单位主张由于改进技术所节约的材料和增产的定作物,归承揽人所有;但增列一款:"经定作人同意采用代用品而节约之原料,定作人可提出30%~50%奖金给承揽人。"

戊. 有的单位认为这条易影响产品质量,害多利少,不必加以规定。

七、关于违约金,赔偿损失和解除契约问题:

甲. 违约金:根据现行加工订货合同的一般通例,只有在定作人迟延付款和迟延验收、承揽人在迟延交货情况下,对方可以按照约定请求给付违约金。

乙. 在下列情况下,承揽人有权解除契约,请求赔偿损失:

1. 定作人迟延供给材料,承揽人可以请求赔偿因停工待料所受到的损失。如果迟延供给材料影响到承揽人生产计划不能完成的时候,承揽人可以解除契约。(有的主张可以请求赔偿损失或者解除契约。因为定作人迟延供给材料,只要愿意赔偿承揽人的损失,似可不必一定要解除契约。)

2. 定作人坚持要使用不合约定规格质量的材料足以严重影响定作物的质量,承揽人可以解除契约。由于迟延更换材料或者解除契约所受到的损失,承揽人有权请求赔偿。

3. 定作人迟延供给定作物的规格或图样,承揽人可以请求赔偿因停工所受到的损失。

4. 承揽人发现定作人供给的图样或者约定的规格质量有错误及时通知定作人作必要修改,如定作人在通知规定的期限内不作修改的表示,承揽人可以请求解除契约,并请求赔偿因此所受到的损失。

5. 承揽人按照约定需要定作人协助才能完成定作物的时候,定作人如果在约定的期限内不予协助,承揽人可以解除契约,并请求赔偿损失。(有的主张:影响到生产或者造成停工,承揽人可以请求赔偿损失,必要的时候也可以解除契约。)

6. 定作人没有按照约定时间、地点对定作物进行验收和提运,承揽人除了可以按照约定请求给付违约金外,并可以请求赔偿损失和偿付必需费用。目前误期验收仅按误期付款处理罚违约金,考虑到定作人未验收实际上会使承揽人造成损失和支出保管费用,这样规定对保全产品有好处。

7. 定作人误期付款,承揽人可以按照约定请求给付违约金或者请求赔偿损失。目前实际中只是罚违约金,考虑到如未约定违约金或者违约金不足抵偿损失,承揽人对误期付款有请求赔偿损失的权利,所以这样规定。

8. 在定作物没有完成以前,定作人如果有正当理由必须变更或者解除契约的时候,除了给付承揽人已经完成部分的工作报酬以外,并应赔偿承揽人因解除(或变更)契约所受到的损失。

丙. 在下列情况下,定作人有权解除契约,请求赔偿损失:

1. 承揽人误期交付定作物,目前实际中只罚违约金。有的同志主张加上"或者请求赔偿损失",认为这样可以和迟延付款的处罚相对称,如果没有约定违约金也可以请求赔偿损失。有的同志和单位认为在迟延交货的情况下赔偿损失是没有底的,以不规定为宜。

2. 承揽人交付的定作物不合规格质量,除按约定给付违约金外,定作人有权请求修理定作物或者适当减少报酬;定作物无法修理的时候,定作人可以解除契约,并请求赔偿损失。

3. 有的同志和单位主张在承揽人不能如期开工或者进行工作缓慢,显然不能如期完工的时候,定作人有权解除契约。理由是在承揽中实际上有这种情况,如不规定,对定作人的权利无保障。有的同志和单位认为既然误期交货要受罚,承揽人开工时间和进行工作慢对定作人并无意义,而且"显然不能如期完工"无标准,容易增加纠纷,给定作人任意解除契约制造借口。

有的单位认为对定作人偏严对承揽人偏宽,认为与加工订货中的实际情况不相符。迟延供给材料就可以解约,要求赔偿损失,等等,在实际上行不通。

我们着重在定作人供给材料和承揽人保证如期交货及合乎规格质量上要求双方,对过去定作人不按约定供给材料而责任轻的情况有所改变,这对生产是有好处的。

中华人民共和国民法典（草案）债篇
承揽第四次稿意见汇辑

全国人民代表大会常务委员会办公厅研究室　1956年12月15日

说　明

承揽第四次稿意见大部分是在 1956 年 9 月下旬收到的，是根据下列 57 个单位所提的意见汇集起来的：

第一机械工业部，第二机械工业部，中央手工业管理局，北京市第二地方工业局，北京市第三地方工业局，北京市手工业管理局，天津市第一轻工业局，上海市第一重工业局，上海市第二重工业局，上海市第二轻工业局，上海市手工业管理局，江苏省工业厅，辽宁省手工业管理局，沈阳市第一工业局，西安市地方工业局，西安市手工业管理局，天津市手工业生产合作总社，重庆市手工业生产合作总社。

商业部，北京市第一商业局，北京市第二商业局，北京市第三商业局，天津市第一商业局，天津市第二商业局，上海市第三商业局，浙江省商业厅，辽宁省商业厅，沈阳市第一商业局，重庆市第一商业局，重庆市第二商业局，中国百货公司，中国百货公司北京市公司，中国百货公司天津市公司，中国百货公司江苏省公司，中国百货公司浙江省公司，中国百货公司沈阳市公司，北京市公私合营建筑公司。

最高人民法院民庭、顾问室、陈瑾昆，法制局，北京市高级人民法院，天津市高级人民法院，上海市高级人民法院，江苏省高级人民法院，浙江省高级人民法院，辽宁省高级人民法院，沈阳市中级人民法院，沈阳市司法局，重庆市中级人民法院，西安市中级人民法院，西安市司法局，中央政法干部学校，中南政法干部学校，中央政法干部学校西北分校，北京大学法律系，东北人民大学法律系，武汉大学法律系，西北大学法律系。

承揽(或写为:包工合同)(第四次稿)

1956年7月28日

第一部分　总的意见

一、关于基本原则方面的意见

(一)对承揽范围的意见

(1)公民间、公私间日常承揽契约的调整,条文基本上是适当的,公公间待工商关系大体确定后再着手制定较妥。(法制局)。

(2)承揽的范围(定义)应明确,如供应劳务、承制产品、包销产品、培训人员,等等。不能仅指定作物,也可能是劳务或任务。(第一机械工业部)

(3)承揽是否指营造、建筑、装配工程等承包业务,建议在条文前增加承揽的含义、范围等内容说明。(上海手工业局)

(4)建筑、机器制造、日用品等承揽可否分别制定。如不能应将其不同特点分别具体规定。(辽宁省高院)

(5)与基本建设包工合同大部类同,考虑可否合并。如不能合并,应将不同处突出写出来,加工与订货应明确分开。(高院民庭)

(6)应包括基本建设包工在内。(高院陈瑾昆)

(二)对立法精神的意见

(1)全篇不像双务契约样子,对定作人偏严,对承包人偏宽,这与《苏俄民法典》承揽一章规定的精神和我国承揽的目前情况都不符合。(高院民庭)

(2)定作人不按期交付材料,交付不合规格材料,不按约定时间交定作物的规格、图样或图样规格有错误的时候,或者要定作人协助而不协助的时候,其结果,都是承揽人可以解除契约,在现阶段实际上是办不通的,建议只规定为定作人的义务,对承揽人的解除权暂不规定。因为解除权的行使,在两个不同的经济成分之间可以用,一般对国家工厂之间不适用,尤其是在计划前提之下不适用。解除权因素可用不可用,主要从偏重计划性或偏重自由原则来考虑。(北大法律系)

二、关于内容方面的意见

(一)修改的意见

(1)第四、五条按照原稿提法,均牵涉到定作人对承揽人必须承担制作材料的责任问题。现在私营工业全行业公私合营以后,百货公司均统一向工业专业公司组织订货,在制作材料上亦由工业公司自行负责,因此这两条所说的定作人对承揽人所应负的制作材料的责任问题,是应该与一般的定作、承揽关系分别加以说明的。(中国百货公司)

(2)赔偿损失范围不明确,无限额,应加修改。(高院民庭)

(3)违约金和赔偿损失,各条不一,应统一起来,主张二者可以兼得。(政法干校西北分校)

(二)增加条文的意见

(1)承揽人与定作人对定作物质量的合格与否不能一致时,由双方提请负责质量鉴定部门根据合同规定进行裁定,关于质量鉴定的费用负担,若定作物经质量部门鉴定符合合同规定时由定作人负责,否则由承揽人负责。(北京第一商业局)

(2)是否应具体规定:承揽人必须有承揽能力,定作物价值超过承揽人的资金应如何解决;承揽人必须有保证人及保证人的责任;在契约执行中要双方协商可以修改契约的问题;商业部门居间承揽的形式及对其具体要求;有的承揽费用是估价,制成后的实际价格与估价相差悬殊应如何解决的问题。(辽宁省高院)

(3)试制新产品合同是否应另列条文?成套机器、电器供应中,主副机件分开交货,是否以主机为准?加工订货中供给配件(如订购机器供给马达),配件是否作为"材料"?(上海手工业局)

(4)承揽应包括一般承揽与加工承揽,在条文上应适当补充,如加工费的计算、计划性问题,定作物标准与定额问题。(北大法律系)

(5)必须明确成立承揽契约的法定程序,即哪种承揽契约才算是合法的,如承揽契约应包括的内容,合法订约人,应照贴印花税票等。(一机部)

(6)承制非标准产品,可能在契约中不规定价格,俟完工后按实际成本加一定利润开具账单,往往由于实际成本的计算有偏差,使双方发生纠纷,应该规定有仲裁人。(一机部)

(7)在生产过程中遇雨不能工作时工人工资应如何解决?根据天津市建筑公司规定,因雨不能工作,工人工资由甲方负责,不能使工人在收入和生活上受到威胁和损失。(天津手工业生产合作总社)

(8)关于承揽的份数和在法律上的有效期限,请也在条文中规定下来。(江苏工业厅)

(9)在第二条之前,应规定契约形式。(高院陈瑾昆)

(10)法院受理有关包工合同的案件,问题最多的是对合同内容的争执,由于合同内容不具体或者词意含混,处理中颇多困难。建议增加一条:

第×条 包工合同的内容应该包括:

1. 定作人与承包人;
2. 定作物的名称、数量、质量、规格;
3. 定作物交付的地点、方法、期限与运费的负担;
4. 工作报酬,给付的地点、方法、期限;
5. 材料的供给;
6. 违约金的规定;
7. 其他约定事项;
8. 定作人与承包人签字。

(11) 为对本条例没有规定的某些契约内容,也可有处理原则,是否可考虑在本条例加上补充款:"如经双方同意订立的契约内容,有与本条例不同之处或为本条例没有明文规定的,则从契约内容按本条例精神处理之。"(浙江省高院)

三、对结构的意见

(1) 将第二条第二款并入第十四条。(武大法律系)
(2) 第二条取消预付款的规定,与第三条合并。(北京第一商业局)
(3) 将第六条与第四条合并写。(浙江省高院、辽宁省高院)
(4) 多数同志主张将第十九条另案部分作为第九条第二款,个别同志主张将十九条全部并入第九条。(浙江省高院)
(5) 将第十条第一、二款分为两条。(武大法律系)
(6) 将第十一、十二条移到第四条之前,第十九条列为第十一条第二款。(武大法律系)
(7) 第十一、十二条合并规定。(西北大学法律系)
(8) 第十六、十七条可以合并。(北大法律系、武大法律系、西北大学法律系)

四、对几个名词的意见

(一) 讨论中意见

1. 标题采用"包工合同"时,则条文中的"承揽人"可以考虑改为"承包人";"定作人"可以考虑改为"要作人或者委托人"。
2. 条文中的"请求"可以考虑改为"要求"。
3. 有的同志主张:将"工作"改为"任务","事务","定作物","东西"。

(二) 各单位书面意见

1. 对标题的意见:

(1) 仍用"承揽"为宜,这个名词较习惯,若改为"包工合同"易与包工包料的包工相混。(西安工业局,北京第一、二商业局,天津第一商业局,东北人大法律系,北京市高院,高院陈瑾昆)

(2) 同意将"承揽"改为"包工合同",有关名词作相应修改。因为实际上很少用"承揽"。法律条文必须通俗易懂,才易使群众了解其精神实质并贯彻执行。(二机部,上海第一重工业局,上海第三商业局,北京、天津、江苏百货公司,重庆第一商业局)

(3) 改为"加工承揽"。(北大法律系)
(4) 改为"承揽契约"。(武大法律系)

2. 有些单位认为"工作"能概括,主张仍用"工作";有些单位主张将"工作"改为"定作物""任务""定活""事务"等。

3. 有些单位认为"定作人"已是通俗确切,主张仍用"定作人";有的主张改为"发包人""委托人"。

4. 许多单位主张将承揽人改为"承包人""受托人""包工人"等。

5. 不少单位主张用"要求",有的单位主张用"请求",个别单位主张对法院用"请求",

对当事人用"要求"。

第二部分　对条文的意见

第一条　依照承揽契约,承揽人应该完成定作人所交给的工作,并担负工作中所(或写为:可能)发生的经济上的损失和其他危险;定作人对完成的工作应该给付报酬。

另案1:依照承揽契约,承揽人应该独立负责完成定作人所交给的工作;定作人对完成的工作应该给付报酬。

另案2:依照承揽契约,承揽人应该担负危险完成定作人所交给的工作;定作人对完成的工作应该给付报酬。

另案3:条文中"并担负工作中所(或写为:可能)发生的经济上的损失和其他危险"这一段不要。

意见:

1. 同意原案。(北京第二工业局、天津第一轻工业局、北京第三商业局、天津第一商业局、沈阳第一商业局、浙江省商业厅、辽宁省商业厅、沈阳市百货公司、天津市高院、沈阳市司法局、西北大学法律系)

2. 将"承揽人应该完成……"改为"承揽人应该负责完成……","并担负工作"改为"并担负本身工作"。(重庆第一商业局)

3. "所"最好不要写为"可能",因为最后仍按照实际损失负责。如写"可能",承揽人的责任更大了。(重庆市中院——包括各基层法院、司法局、法律顾问处、公证处、西南政法学院,以下同,北京市高院)

4. 甲.将括号内"可能"二字删去,因承揽人只能对确实发生的经济上的损失和其他危险负责。乙.将最后一句改为"定作人对完成的工作应该按照约定给付报酬"。如不强调按照约定给付报酬,在实际给付时会因无标准而发生纠纷。(商业部)

5. 原案明确,较为完善,建议采用,并将"所"字改为"可能",以表明这些危险仅是"可能"发生的,并非必然发生的。(江苏省高院、上海第二轻工业局、天津市百货公司、辽宁省高院)

6. 同意原案,但"其他危险"不够具体明确,应在有关条文具体规定。(北大法律系)

7. 基本同意原案。多数同志主张在"其他危险"后加"(人力不可抗拒的灾害除外)",否则有些不合情理。(西安市中院、司法局)

8. 将最后一句改为:"定作人对完成的工作应该按照契约规定给付报酬。"(中国百货公司)

9. 甲.改为:"依照承揽契约,承揽人应该自己担负危险,完成定作人所交给的工作,并交给定作人;定作人应该接受而支付报酬。"乙.可加第二款:"人力不可抗拒及其他不可归责于承揽人的事由者,承揽人不负责任。"丙.第八条用"定作物",本条中以及其他各条也须统一用"定作物"。(上海市高院召集复旦大学法律系、第一、二中级人民法院、第一、三公证处座谈的意见,以下简称上海市高院)

10. 同意另案1。(上海手工业局、北京第二商业局、天津第二商业局、高院民庭)

11. 同意另案1，概括清楚。（东北人大法律系）

12. 同意另案2，并将"担负危险"改为"担负危险责任"。（政法干校西北分校）

13. 同意另案3。（上海第二重工业局、沈阳第一工业局、重庆手工业生产合作总社、西安工业局、江苏工业厅、辽宁手工业局、北京第一商业局、上海第三商业局、江苏省百货公司、高院陈瑾昆、高院顾问室、武大法律系、中央政法干校、中南政法干校、北京第三工业局）

14. 同意另案3。另案1是不妥当的，现在有些工艺作业不可能完全独立完成。（上海第一重工业局）

15. 多数同志同意另案3，唯将"定作人对完成的工作应该给付报酬"改为"定作人对承揽人所完成的工作应该给付报酬"。理由是：甲.危险问题已在其他条中规定，这里不必重复，否则将来适用时会混淆不清。乙.加"承揽人所"后更合语法与更通顺。个别同志同意原案。理由是危险问题虽另有规定，但总包括不全面，在特殊情况时就可用这条。（浙江省高院）

16. 承揽契约内订明双方的权利和义务后第一条就不需要了。因为第一条太笼统，尤其是"并担负工作中所发生的经济上的损失和其他危险"一句非常含混。另案中"独立负责完成定作人所交给的工作"与分包的办法亦有抵触。（一机部）

第二条 承揽人可以用定作人的材料或者自己的材料完成工作。

承揽人在接受工作的时候，可以请求定作人给付一定数额的预付款；但国营企业间的承揽，规定不给预付款的除外。

另案1：关于本条第二款"预付款"的规定，可以不要。

另案2：将"第二款"改为"承揽人在接受工作的时候，可以请求定作人给付一定数额的预付款。国营企业间的承揽，一般不给预付款，但另有规定的除外"。

意见：

1. 同意原案。（北京手工业局、天津第一轻工业局、商业部、浙江商业厅、高院民庭、天津市高院、西安市中院、浙江省高院、辽宁省高院、政法干校西北分校）

2. 同意原案。另案1不要预付款是不合适的，有的特殊性工作需要承揽人员采购定额储备以外的材料，虽然有银行借款可以解决，但对定作人提出预付款的请求是可以的。（沈阳第一工业局）

3. 保留原案第一款，将另案2移作第二款。（二机部）

4. 同意原案第一款，并参酌《苏俄民法典》第221条对第二款作文字修改。（高院顾问室）

5. 在第一款前加"依照承揽契约"，以明确用谁的材料须遵照约定。（重庆市中院）

6. 同意另案1。（上海第二轻工业局、上海手工业局、北京第三商业局、北京市百货公司、浙江商业厅）

7. 同意另案1，因为预付款国务院规定取消。（上海第一重工业局、重庆第一商业局）

8. 同意另案1意见不规定预付款，如事实需有预付款，可由双方根据各该领导部门有关规定进行协商，在合同中规定。（天津第一商业局）

9. 同意另案1，并取消此条。（西安工业局）

10. 甲.同意另案1。乙.另案2中"一般不给预付款"可能会引起争执，执行中会发生

困难,预付款最好加上25％的限额。丙.将"自己的材料"改为"自己的费用",这样范围较广。(上海市高院)

11. 同意另案2。(北京第二工业局、上海第三商业局、天津第二商业局、沈阳第一商业局、天津市百货公司、江苏省百货公司、辽宁省商业厅、北京市高院、北大法律系、东北人大法律系、北京第三工业局、西北大学法律系)

12. 同意另案2,但原料由定作人负责供给的,不应给予预付款。(北京第二商业局)

13. 同意另案2,但在"……给付一定数额的预付款"之后增加"数额多少由承揽人与定作人协商"一句。(重庆手工业生产合作总社)

14. 另案2较明确,可采用。有的同志主张将后一段改为"……但国营企业间的包工合同除契约另有规定者外,不给预付款"较具体,语法上也顺当些。有些同志主张不必修改。(江苏省高院)

15. 根据承揽关系主要是发生在国营企业间的实际情况,可否将第二款改为:"承揽人在接受任务时候除约定者外,不给预付款。"(重庆市中院)

16. 国营企业间的承揽,应按原案规定不付给预付款,不能像另案2中样①提"一般不给预付款"。否则商业信用在国营间的存在就成为不可避免。(重庆第二商业局)

17. 将"可以请求定作人给付一定数额的预付款"改为"定作人应付给一定数额的预付款"。因为"请求"二字很含混,如果对方不同意请求,便会造成纠纷。(北京市公私合营建筑公司)

18. 不规定预付款的理由是:甲.承揽人应该有一定流动资金,如资金不足应通过银行信用解决,几年来公公、公私之间预付款均在缩小,已渐习惯;乙.不付预付款对承揽人及时完成工作有促进作用;丙.规定了预付款,在成立契约时易发生预付款付多少的扯皮。但承揽情况很复杂,如果不规定可以请求预付款,有必要发生预付款时就无法律依据,因此仍应作明文规定。(浙江省商业厅)

19. 将第二款挤入第十四条,把第一款单独作一条,并修改为:
"材料得约定由委托人供给,亦得约定由承包人供给。
材料如约定由委托人供给,委托人应按约定的期限、规格、质量将材料交给承包人。"(武大法律系)

20. 同意另案2,或与第三条合并,取消预付款的规定,即:"承揽人可以用定作人的材料或者自己的材料完成工作;承揽人对定作人所交给的工作,应该自己完成或经定作人同意和没有从中营利的条件下,可以将一部分工作分给其他人去做,但承揽人仍应向定作人负担全部工作的责任。"(北京第一商业局)

第三条 承揽人应该自己完成定作人所交给的工作。如经定作人同意和没有从中营利的条件下,可以将一部分工作分给第三人(或写为:其他人)去完成(做),但承揽人仍应向定作人负责。

---

① 原件如此,或为"那样"之误。

意见：

1. 同意原案。（北京第二工业局、北京手工业局、上海手工业局、重庆手工业生产合作总社、西安工业局、商业部、北京第三商业局、上海第三商业局、天津第二商业局、沈阳第一商业局、天津市百货公司、高院顾问室、天津市高院、江苏省高院、西北大学法律系）

2. 同意原案，并将最后改为"仍应向定作人独立负责"以明确责任关系。（浙江省高院）

3. 将"承揽人应该自己完成定作人所交给的工作"改为"承揽人应该由本单位自己完成定作人所交给的工作"。（天津第一轻工业局）

4. 承揽人应该自己完成定作人交给的定作物，除非遇有特殊情况，不能分给他人去做。因为分给别人去做，就多纳一道税，加大成本。此外，既不准他营利，又要他负责，是不合理的。（北京市公私合营建筑公司）

5. 取消"和没有从中营利"一句，理由是：有些工作由承揽人总包再分包出去往往比定作人直接分别委托几个承揽人为便利，承揽人酌取手续费或组织费一类的报酬，似可允许，不必加以限制。（浙江商业厅）

6. 仍用"第三人"去"完成"。（江苏省百货公司、北京市高院、沈阳市中院）

7. 有三种意见：甲. 如第一条按照所提的甲意见修改，已包括本条在内，此条不要。乙. 本条无强制性，可有可无。丙. 明确可以转包，并规定责任后果，还是需要。（上海市高院）

8. 修改为："承揽人应完成定作人所交给的工作。在没有从中营利的条件下，可以将一部分工作分给有一定资金、技术并有政府登记许可承揽的其他人去做，但承揽人仍应向定作人负责。"（辽宁省高院）

9. 承揽人既对定作人就承揽工作负完全责任，分包是否必须取得定作人同意似可研究。因承揽人对分包工作负责，即不能不进行各项监督管理工作，对分包工作似须收取一定费用，这是否亦在"从中营利"范围内，似可考虑。（一机部）

10. 关于从中营利的条件应视不同情况而定，如承揽人应负供应第三人材料及技术质量的责任时，理应考虑从中取利润的办法。（北京第三工业局）

第四条 定作人迟延供给材料造成承揽人不能按照约定期限交付定作物的时候，承揽人不负迟延责任，并可以向定作人请求赔偿因停工待料所受到的损失。

定作人迟延供给材料，影响到承揽人生产计划不能完成的时候，承揽人可以请求解除契约。

另案1：定作人迟延供给材料造成承揽人不能按照约定期限交付定作物的时候，由双方协商，适当延长交付定作物的期限。

定作人迟延供给材料造成承揽人因停工待料受到损失，定作人应该负赔偿责任；如果影响到承揽人生产计划不能完成的时候，承揽人可以解除契约。

另案2：定作人迟延供给材料造成承揽人不能按期交付定作物的时候，承揽人可以顺延交付定作物的期限。

定作人迟延供给材料造成承揽人停工待料的损失，定作人应该负赔偿责任；如果影响到承揽人生产计划不能完成的时候，承揽人可以解除契约。

另案3：承揽人因定作人迟延供给材料，不能按期交付定作物的时候，不负迟延责任。

承揽人因定作人迟延供给材料造成停工待料,并影响到生产计划不能完成的时候,可以请求赔偿损失或者解除契约。

意见:
1. 同意原案。(西安市中院、司法局,西北大学法律系)
2. 同意原案,并在第二款中加"可以适当延长交付定作物的期限"。(重庆市中院)
3. 同意原案,再加一款:"经双方协商可以延长定作物的交付期限。"(北大法律系)
4. 同意原案。另案1"……双方协商,适当延长……如果影响"等句是不肯定的,无须增添。另案2"可以顺延交付定作物的期限"不如原案"承揽人不负迟延责任"全面简赅。(沈阳第一工业局)
5. 同意原案,但将"并可以向定作人请求赔偿因停工待料所受到的损失"改为"造成承揽人停工待料受到损失,定作人应该负赔偿责任"。(重庆手工业生产合作总社)
6. 原案较好,另案不太全面,将原案中的"并可以向定作人请求赔偿"改为"并可以请求赔偿"。(西安工业局)
7. 在原案后增加"或立新契约"一句。(辽宁省商业厅)
8. 同意原案,并加上"由双方协商适当延长交付定作物的期限"。(高院民庭)
9. 在原案"并"字后加"按照约定",以避免因无书面根据而相互推卸责任。(沈阳市中院)
10. 同意另案1。(二机部、辽宁手工业局、北京第二商业局、北京第三商业局、上海第三商业局、天津第一商业局、重庆第一商业局、北京市百货公司、高院顾问室、北京第三工业局)
11. 同意另案1,因交货期顺延欠明确,应经过协商另定交货期。(上海第一重工业局)
12. 按另案1较好,因为现在计划性尚不强,可通过双方协商来解决。(重庆第二商业局)
13. 同意另案1。原案"承揽人不负迟延责任"恐对继续完成定作物起消极作用;如果照另案2"可以顺延交付定作物的期限",在具体进行中,承揽人不一定能在"顺延"的期限内完成,也有可能在"顺延"期限内完成,因此"顺延"不恰当。(浙江省商业厅)
14. 同意另案1,但将"承揽人可以解除契约"改为"承揽人可以请求解除契约"。(上海第二轻工业局)
15. 同意另案1,但其中"定作人应该负赔偿责任,"是否改为"承揽人可以请求定作人赔偿损失"。(北京第一商业局)
16. 同意另案1。在最后一句加"并要求赔偿损失"。因为影响完成生产计划,一定会有损失,只解除契约,不负赔偿责任,显失公平。(商业部)
17. 建议采用另案1第一款,另案3第二款。理由是:定作人迟延供给材料的结果,必然造成承包人不能如期完成并交付定作物,但考虑到在目前的社会主义大建设中,基本建设任务重,物资调拨紧张,解除契约和顺延交付期并不是解决问题的最好办法,故应当强调协作解决,在处理时也有机动余地。(江苏省高院)。
18. 第二款修改为:"委托人迟延供给材料,如承包人完成工作有困难,承包人可以解

除契约,承包人因解除契约所受到的损失,并可以向委托人请求赔偿。"(武大法律系)

19. 同意另案2。(北京第二工业局、上海手工业局、天津第一轻工业局、西安手工业局、北京市公私合营建筑公司、江苏省百货公司、天津市高院、东北人大法律系)

20. 同意另案2。但定作人因原料迟延事先向承揽人提出解除契约,如何处理请考虑。(沈阳第一商业局)

21. 同意另案2第一款和另案3第二案①。(天津市百货公司)

22. 同意另案3。(天津第二商业局、辽宁省高院)

23. "可以解除契约"一句值得商榷,宜删除。因为有这规定,双方就会缺乏对问题的和解精神。事实上像建筑等工程上所用的国家统配物资,国家有时是不能按计划供应的,如果遇到这种情况,双方应该本着对基本建设有利的精神,协商处理。(江苏工业厅)

24. 同意另案,如用原案,则将"承揽人可以请求解除契约"改为"定货单位(或人)应负责赔偿损失,并予以解除契约"。(北京手工业局)

25. 甲. 将原案"承揽人不负迟延责任"改为"承揽人不负因此引起的迟延责任",更明确些。乙. "因停工待料"五字删去,因为尚有其他损失。丙. 第二款加"并可请求赔偿由此所造成的损失"。丁. 同意另案3,文字简明,意思全面。(上海市高院)

26. 同意另案3,但第一款后应加上:"但可由双方协商,适当延长交付定作物的期限。"(北京市高院)

27. 将第六条与此条合并,改写为:"定作人迟延供给材料或没有按照约定时间把定作物的规格、图样供给承揽人造成承揽人不能按照约定期限交付定作物的时候,承揽人不负迟延责任并可以向定作人请求赔偿因停工待料所受到的损失。"第二款改为:"若上款情形影响到承揽人生产计划不能完成的时候,承揽人可以请求解除契约。"理由是:(1)第四、六条内容基本相同,仅供给的"物"不同,故可合并。(2)"不负迟延责任"较"顺延"为妥,因为定作人迟延供给材料等的时间不一定就是承揽人推迟交付定作物的时间。(3)第四条另案3第二款的写法,就一定要在造成停工待料并影响到生产计划不能完成的时候,才可以请求赔偿损失或者解除契约,二者只居其一时就不能适用。不如原案写得齐全与完整。(浙江省高院)

第五条 定作人供给的材料不合约定的规格质量,承揽人必须在使用材料以前通知定作人更换材料;定作人迟延更换材料造成承揽人不能按期交付定作物的时候,承揽人不负迟延责任;定作人坚持(一定要)使用不合约定规格质量的材料,足以严重影响定作物的质量,承揽人可以解除契约。由于迟延更换材料或者因解除契约所受到的损失,承揽人有权请求赔偿。

注:有的同志主张:

1. 将"承揽人必须在使用材料以前通知定作人更换材料"改为"承揽人必须在接收材料的当时或者×天内通知定作人更换材料"。

2. 将"定作人迟延更换材料造成承揽人不能按期交付定作物的时候,承揽人不负迟延

---

① 原件如此,或为"第二款"之误。

责任"改为"定作人迟延更换材料造成承揽人不能按期交付定作物的时候,由双方协商,适当延长交付定作物的期限"。

3. 将"定作人迟延更换材料造成承揽人不能按期交付定作物的时候,承揽人不负迟延责任"改为"定作人迟延更换材料造成承揽人不能按期交付定作物的时候,承揽人可以顺延交付定作物的期限"。

意见:

1. 同意原案。(北京第二工业局、上海手工业局、西安工业局、西安市中院、西安市司法局、辽宁省高院)

2. 基本同意原案。但材料不合质量只能解除契约这一点不够周严,降低定作物质量规格也是可用的。因此,建议增加"可变更契约条件"一句。(东北人大法律系)

3. 原案中"定作人坚持……"一段,改为"定作人坚持使用不合约定规格质量的材料足以影响定作物质量时,承揽人不负责任;如因此而给承揽人完成任务增加困难时,承揽人可要求解除契约并赔偿损失"。(政法干校西北分校)

4. 同意原案,但在"承揽人不负迟延责任"后加"但由双方协商适当延长交付定作物的期限"。(北京市高院)

5. 同意注1。(上海第二重工业局、天津第一轻工业局、天津第二商业局、沈阳第一商业局、北京市公私合营建筑公司、江苏省百货公司)

6. 同意注1,并将"承揽人有权请求赔偿"改为"定作单位(或人)负责赔偿"。(北京手工业局)

7. 同意注1在接收材料的"当时"通知定作人更换材料,这样做比"在使用前通知"及时一些,能使定作人很快地更换材料。(沈阳第一工业局)

8. 同意注1,并将"承揽人可以解除契约"改为"承揽人可以提出要求解除契约"。(上海第三商业局)

9. 同意注2。(上海第二轻工业局、重庆手工业生产合作总社)

10. 同意注2,理由与第四条同。(江苏省高院)

11. 同意注2,并将"承揽人必须在使用材料以前通知定作人更换材料"改为"承揽人必须立即通知定作人更换材料",将"承揽人可以解除契约"改为"承揽人有权要求对原材料加工改制修订契约或解除契约"。(重庆第一商业局)

12. 同意注1、2。(重庆第二商业局、北京市百货公司、二机部、上海第一重工业局、北京第二商业局、北京第三商业局、天津市百货公司、北京第三工业局、西北大学法律系)

13. 同意注1,因为承揽人应该及时验收材料。如果照原案"在使用材料以前"始通知定作人更换,在定作人不能立即更换时,即有可能影响定作物的完成。关于定作人迟延更换材料同意注2意见。(浙江省商业厅)

14. 同意用注1和注2精神修改原条文。并可与第四条合并。(高院民庭)同意民庭意见前半段,但不必与第四条合并。(高院顾问室)

15. 甲. 同意注1。乙. 将"承揽人可以解除契约"改为"承揽人应拒绝接受并可以解除契约"。丙. 应该在接受材料当时就通知,否则责任难分,并应加上"如知道而不通知,因此

影响定作物质量,应由承揽人负责"。(上海市高院)

16. 同意注1、3。(天津市高院)

17. 从实际工作中体验,解决这类纠纷不易查清责任。因此规定为"承揽人在约定时间内通知定作人更换材料"较好。(沈阳市中院)

18. 将第一段改为:"定作人供给的材料不合约定的规格质量,承揽人必须根据契约在使用材料以前的约定时间内通知定作人更换材料,定作人更换材料或迟延更换材料可能造成承揽人不能按期交付定作物的时候,双方应该重行协商规定交付定作物的时间,否则承揽人不负迟延责任……理由是:(1)通知更换材料的时间最好能予约定,执行起来方便。(2)为减少事后纠纷,最好双方能在事前重行协商交付日期,法律明文规定后,可以减少以后工作中的被动。(浙江省高院)

19. 将"承揽人可以解除契约"改为"承揽人可以拒绝使用",并应规定在材料进入现场时即提出意见,以便定作人来得及设法更换。(江苏工业厅)

20. 为避免扯皮,将"承揽人必须在使用材料以前通知定作人更换材料"改为:"承包人必须在接收材料时起四十八小时内通知发包人更换材料"。(辽宁手工业局)

21. 将"承揽人必须在使用材料以前通知定作人更换材料"改为"承揽人必须在接收材料的当时通知定作人更换材料"。并照注2修正。(商业局)

22. 甲. 在最后增加:"承揽人和定作人对材料质量认识不一致或经过化验双方结果也不相同时,应找负责质量部门裁定。乙. 将"承揽人必须在使用材料以前通知定作人更换材料"改为:"承揽人必须在接收材料的当时或者经双方同意的日期内通知定作人更换材料"。(北京第一商业局)

23. 有些商品需用进口原料,不能保证规格质量,因此也应由双方协商,条文改为:"定作人供给的材料不合约定的规格质量,承揽人必须在接收材料的当时通知定作人更换,定作人迟延更换材料时应比照本法第四条规定处理;定作人坚持(一定要)使用不合约定规格质量的材料,足以严重影响定作物的质量,承揽人可以解除契约。"(天津第一商业局)

24. 希望在条文中明确:甲. 承包人的检查义务;乙. 因委托人所供给的材料不好,影响到定作物的质量,在承包人未检查,虽检查但未发现,经通知,委托人不更换的情形,承包人是否有第十二条的责任。(武大法律系)

第六条 定作人没有按照约定时间把定作物的规格、图样供给承揽人的时候,承揽人不负迟延交付定作物的责任,并可以请求赔偿因停工所受到的损失。

注:有的同志主张:

1. 将"……承揽人不负迟延交付定作物的责任,并可以请求赔偿因停工所受到的损失"改为"……由双方协商,适当延长交付定作物的期限,承揽人因停工所受到的损失,可以请求赔偿"。

2. 将"……承揽人不负迟延交付定作物的责任,并可以请求赔偿因停工所受到的损失"改为"……承揽人可以顺延交付定作物的期限和请求赔偿因停工所受到的损失"。

意见:

1. 同意原案。(北京第二工业局,天津第一商业局,沈阳第一商业局,北京市公私合营

建筑公司,西安市中院、司法局、东北人大法律系)

2.建议将第一句改为:"定作人没有按照约定时间把定作物的品名、数量、规格、图样、质量标准给承揽人的时候……"因为这样不仅更会便利承揽人进行工作,也便于定作人收货时核收工作(最近工商二部决定今后验收由工商负责)。(中国百货公司)

3.同意原案,但将"承揽人不负迟延交付定作物的责任"改为"承揽人不负因此而迟延交付定作物的责任"。(上海手工业局)

4.将原案"并可以请求赔偿因停工所受到的损失"改为"由双方协商适当延长交付定作物的期限,承揽人因停工所受到的损失,承揽人有权请求赔偿"。(重庆手工业生产合作总社)

5.基本上同意原案,但应加上:"如果因停工待图影响承揽人完工计划时,承揽人可以请求解除契约"。(西安工业局)

6.甲."因停工"使赔偿损失的范围太小了,这三字不要。乙.要这三字较明确。(上海市高院)

7.同意注1。(二机部、上海第一重工业局、上海第二轻工业局、天津第一轻工业局、江苏手工业局、北京第一商业局、上海第三商业局、天津第二商业局、重庆第二商业局、北京市百货公司、浙江省商业厅、江苏省百货公司、高院顾问室、西北大学法律系、北京第三工业局)

8.同意注1,并将第一句改为:"定作人没有按照约定时间把定作物的名称、数量、规格、图样、质量标准给承揽人的时候"。(商业部)

9.同意注1,但最后"可以请求赔偿"应改为"定作人应负责赔偿"。同时所有赔偿损失,应明确改为"直接损失"。(北京第二商业局)

10.同意注1,并将"可以请求赔偿"改为"定作人应负责赔偿"。(重庆第一商业局)

11.同意注1,理由与第四条同。并应给予承包人请求解除契约的权利以保障生产计划。建议最后增加:如果严重影响到承包人的生产计划时,可以请求解除契约。(浙江省高院)

12.同意注2,(北京第三商业局、天津市百货公司、天津市高院、政法干校西北分校)

13.同意注2,并将"可以请求赔偿因停工所受到的损失"改为"或解除契约,定作单位(或人)负责赔偿损失"。(北京手工业局)

14.全部取消,改为:"在签订合同时,必须把工作物的规格、图案当时交给承揽人。"(沈阳市百货公司)

15.改为:"定作人应当将约定的定作工作的规格、图样及时或依照约定期限交付承揽人,定作人违反义务的时候,应当赔偿承揽人因此受到的损害,承揽人并且可以解除契约,承揽人因此不能如期完成工作的时候,可以不负没有如期完成工作的责任。"(高院陈瑾昆)

16.改为:"定作人没有按照约定时期把定作物的规格、图样供给承揽人,造成承揽人不能按期交付定作物的时候,承揽人不负迟延责任,但可由双方协商适当延长交付定作物的期限,承揽人因停工所受到的损失,可以请求赔偿。"(北京市高院)

17.可以与第四条合并。(辽宁省高院)

第七条 承揽人发现定作人供给的图样或者约定的规格质量有错误的时候,应该及时通知定作人作必要的修改,如果定作人在通知规定的期限内不作修改的表示,承揽人可以请求解除契约,并请求赔偿因此所受到的损失。

意见:

1. 同意原案。(北京第二工业局、上海手工业局、重庆手工业合作总社、商业部、北京第三商业局、上海第三商业局、天津第二商业局、沈阳第一商业局、北京市公私合营建筑公司、天津市百货公司、天津市高院、北京第三工业局、西北大学法律系)

2. "的表示"三字不要。(上海市高院)

3. 将"承揽人可以请求解除契约,并请求赔偿因此所受到的损失"改为"承揽单位(或人)有权解除契约,定货单位(或人)负责赔偿因此所受到的损失"。(北京手工业局)

4. 关于图纸错误的问题,定作人本身不会设计,修改图样的期限,应与原设计部门协商确定。(天津第一轻工业局)

5. 将"承揽人可以请求解除契约"删去。(江苏工业厅)

6. 最后一句"并请求赔偿因此所受到的损失"应改为"定作人应负责赔偿因此所受到的损失"。(北京第二商业局)

7. 在"解除契约"前加"修订契约或"五字。(重庆第一商业局)

8. 同意原案,并加:"承揽人明知不合硬做者亦应负责"。(高院民庭及顾问室)

9. 同意原案并加一款:"如承揽人为定作人修改或迟延修改定作物的规格与图样而可能造成承揽人不能按期交付定作物的时候,双方应该重行协商规定定作物的交付日期,否则承揽人不负迟延责任。"理由同第五条。(浙江省高院)

10. 条文中"可以解除契约"是否意味着不解除也可以? 不解除,承揽人可否照错的做? 做了,如工作不能完成,或质量不能保证时,责任由谁负? 承包人如未发现错误,上述责任又由谁负? 如果使第三人发生损害,承包人责任怎样? 因此,第五条和第七条"可解除契约"值得考虑。(武大法律系)

第八条 承揽人按照约定需要定作人协助才能完成定作物的时候,定作人应该在约定的期限内给予协助;如果不予协助,承揽人可以解除契约,并请求赔偿损失。

另案:承揽人按照约定需要定作人协助才能完成定作物的时候,定作人应该在约定的期限内给予协助;如果不予协助,影响到生产或者造成停工,承揽人可以请求赔偿损失,必要的时候也可以解除契约。

意见:

1. 同意原案。(北京第二工业局、西安地方工业局、北京第一商业局、天津第二商业局、沈阳第一商业局、高院民庭、高院顾问室、上海高院、沈阳市中院、浙江省高院、东北人大法律系、政法干校西北分校)

2. 将"承揽人可以解除契约"删去。(江苏工业厅、北京第三商业局)

3. "按照"改"依照","定作人……"句以下改为:"定作人应当及时或在约定限期内给予协助,定作人违反义务的时候,应当赔偿承揽人因此受到的损害,承揽人并且可以解除

契约,承揽人因此不能如期完成工作的时候,可以不负没有如期完成工作的责任。"(高院陈瑾昆)

4. 同意另案。(第二机械工业部、上海第一重工业局、上海手工业局、天津第一轻工业局、重庆手工业生产合作总社、商业部、北京第二商业局、上海第三商业局、重庆第一商业局、北京市公私合营建筑公司、天津市百货公司、江苏省百货公司、辽宁省商业厅、天津高院、江苏省高院、上海第二轻工业局)

5. 同意另案。原案的后果,可能偏于解除契约,对于定作物的完成有消极作用。(浙江省商业厅)

6. 同意另案。因为另案除文字上较原案通俗易懂外,法律后果规定的较具体,并有灵活、伸缩的余地,可使审判人员根据具体情况更好地处理具体问题。(西安市中院、司法局)

7. 同意另案,但将"承揽人可以请求赔偿损失,必要的时候也可以解除契约"改为"承揽单位(或人)有权解除契约,定货单位(或人)负责赔偿因此所受到的损失"。(北京手工业局)

8. 有两种意见:

甲.同意另案。原案好像强调了消极因素,不使承揽人从积极方面设法解决。

乙.同意原案。已有"需要定作人协助才能完成定作物的时候"这一前提,原案规定较明确。(上海市高院)

9. 定作人如果真正困难不能协助的时候,如何处理?应灵活一点,不能规定太死。(北京法律系)①

第九条 定作人对交给承揽人的工作,有权按照契约的规定进行检查和监督,但不应该妨碍承揽人进行工作。

意见:

1. 同意原案。(北京第二工业局、北京手工业局、上海手工业局、北京第三商业局、上海第三商业局、天津第二商业局、沈阳第一商业局、天津市百货公司、高院顾问室、天津市高院、沈阳市中院、北京第三工业局、西北大学法律系)

2. 取消"和监督"三字。(重庆手工业生产合作总社)

3. 将"不应该妨碍承揽人进行工作"删去,因为它会妨碍检查和监督的进行。(江苏工业厅)

4. 建议增加一款:"定作人如果在检查中发现承揽人所履行的工作有瑕疵时,定作人可以指定承揽人在规定期限内修正已发现的瑕疵。"(商业部)

5. "但不应该妨碍承揽人进行工作"容易给承揽方作为拒绝监督检查的借口,故将这十三字取消。(天津第一商业局)

6. 在后面增加:"如在检查过程中需改变定作物,经协商同意,可重行协议执行,但因改变定作物所遭受的损失,可以要求定作人赔偿。"(江苏省百货公司)

---

① 原件如此,应为"北大法律系"或"北京大学法律系"。

7. 一般承揽人应自己负责完成工作,定作人不得检查监督。(高院陈瑾昆)

8. 有两种意见:

甲. 这条可以不要,因为在交付时可检查。

乙. 有此条也无坏处,只规定了定作人的权利,不是义务。(上海市高院)

9. 有两种意见。多数同志同意原案,并将第十九条另案部分充入此条第二款,即"如定作人在检查、监督按约交给承揽人的工作时,发现承揽人显然不能如期完成约定工作的时候,定作人可以不等契约到期,就请求解除契约,并赔偿损失。"因原案对检查,监督后发现的问题应如何处理未规定,加上较全面。个别同志主张将第十九条全部(包括另案)并入第九条,即成为:

"定作人对交给承揽人的工作,有权按照契约的规定进行检查和监督,但不应妨碍承揽人进行工作。

在定作物没有全部完成以前,定作人如果有正当理由必须变更或者解除契约的时候,应该给付承揽人已经完成部分的工作报酬,并赔偿承揽人因变更或者解除契约所受的损失。

但如定作人在检查、监督按约交给承揽人的工作时,发现承揽人不能如期开工或者进行工作缓慢,显然不能如期完成约定工作的时候,定作人有权请求承揽人赔偿因误期所受的损失。"(浙江省高院)

10. 最后一句改为"但不能妨碍承揽人业务活动"。(中央政法干校、中南政法干校)

第十条 承揽人必须妥善保管定作物和定作人供给的材料,因保管不善或者不按约定使用材料造成损失的时候,应该负赔偿责任。

定作物或者定作人供给的材料,在承揽人加工制造和保管期间由于人力不可抗拒的原因造成损坏、灭失的时候,承揽人无权请求定作人给付工作报酬,定作人给付的预付款,可以不退还;材料的损失由供给材料一方负责。但人力不可抗拒的损坏、灭失发生在承揽人迟延交付期间或者定作人迟延验收期间,应该由迟延一方担负全部损失责任。

注:有的同志主张:

1. 第二款中"定作人给付的预付款,可以不退还"不必规定。

2. 第二款中"损坏、灭失"改为"损失"。

意见:

1. 同意原案。(北京第二工业局、北京手工业局、上海手工业局、重庆手工业生产合作总社、天津第二商业局、江苏省百货局、北京市高院、天津市高院、江苏省高院、浙江省高院、北大法律系、北京第三工业局、西北大学法律系)

2. 在"可以不退还"句下加"定作物损失由定作人负责"一句。(高院顾问室)

3. 同意原案,但"承揽人无权请求定作人给付工作报酬"可考虑改为:"其损失部分承揽人无权要求定作人给付工作报酬"。(西安工业局)

4. 同意原案精神,并加"是否尽到预防责任"。"定作物或者定作人供给的材料"一句不明确。(高院民庭)

5. 基本同意原案精神。但承揽人既无权请求给付报酬,而又允许不退还预付款是有些矛盾的。预付款中可能有报酬一部分,应当退还。如果先得到预付款而尚未进行多少工作时,照此条还可使承揽人得到利益。加上条文内容不肯定,遇有纠纷也不易解决。(东北人大法律系)

6. 将"由供给材料一方负责"中"负责"改"承担"。同时,仍用"损坏、灭失"较好,因为"损失"并不完全等于"损坏、灭失",例如物质自然损耗也是损失。(商业部)

7. 同意注1。(重庆第一商业局、沈阳市中院)

8. 原案与第一条承揽人负担危险有矛盾,同意注1。(浙江省商业厅)

9. 同意注1。并应规定由承揽人或定作人投保保险为宜。(天津市百货公司)

10. 同意注1、2。(北京第三商业局,上海第三商业局,上海第二轻工业局,辽宁省商业厅,西安市中院、司法局,沈阳市司法局)

11. 同意注1、2。因为定金与损失是两回事。(上海第一重工业局)

12. 同意注1、2。"……预付款可以不退还"不规定较灵活,使预付款在未用完的情况下定作人也可收回。(二机部、北京第一商业局)

13. 将第二款中"定作人给付的预付款,可以不退还"删去,"材料损失"改为"材料实际损失部分"。"灭失"一词颇少见,建议用别的词代替。(江苏工业厅)

14. "损坏"和"灭失"实际都是损失,仅程度大小不同,改为"损失"比较通俗简明。(沈阳第一工业局、重庆手工业合作总社、辽宁手工业局、北京第二商业局、北京市高院、江苏省高院)

15. 同意注2,并增加:"承揽人所得的保险费应交付给定作人"。(沈阳第一商业局)

16. 承揽人加工遭受人力不可抗拒的损失,由于现在均有保险,定作人付给的预付款,应规定归还。(重庆第二商业局)

17. "由于人力不可抗拒的原因……"不明确,应加以明确,以防遇有工程较大损失时甲乙双方互不负责而不好解决。(天津手工业合作总社)

18. 关于人力不可抗拒的问题,应进一步说明。如台风袭击、洪水淹没而造成的损失系自然事故,可照草案执行。失火就是责任事故,承揽人应负全部损失责任。(沈阳市百货公司)

19. 定作物可以不设规定,因承揽人当然应负责保管。预付款退还问题可不规定。(高院陈瑾昆)

20. 定作物的损失和材料的损失,其责任应分别订定。(上海市高院)

21. 同意注2,并增加一款:"定作人先期运到材料,除得承揽人同意外,应由定作人自行保管。"(辽宁省高院)

22. 建议将两款分为两条。第一款改为:"承包人必须妥善保管委托人供给的材料;因保管不善或使用不当造成材料损失,承揽人应负赔偿责任。"第二款将由于人力不可抗拒的原因,工作不能完成的情形都包括进去,并将"定作人给付的预付款可以不退还"改为"除另有约定外,承包人并应将预付款退还"。(武大法律系)

23. 如材料由定作人供给,预付款应退回,否则不退。这样较公平合理,不致将全部损失推在一人身上。(政法干校西北分校)

第十一条 承揽人应该按照约定期限交付定作物。由于承揽人的责任没有按期交付定作物,定作人可以按照约定请求给付违约金。

另案:在"请求给付违约金"后加上"或者请求赔偿损失"。

意见:

1. 同意原案。(北京手工业局、重庆手工业生产合作总社、天津第二商业局、沈阳第一商业局、北京市公私合营建筑公司、天津市百货公司、浙江商业厅、西安市中院、司法局、北京第三工业局)

2. 不同意另案。因为没有按期交货受到违约罚金就可以了,还未使定作人遭受其他的损失,不能请求以外的赔偿。(沈阳第一工业局)

3. 将"定作人可以按照约定请求给付违约金"改为"承揽人应按照约定给付违约金"。(重庆第一商业局)

4. 同意原案,并加上:"如有损失,可请求承揽人赔偿"。(天津市高院、商业部)

5. 同意原案。因为依照契约给付违约金已经够了,实际中一般定作人的损失很难计算。(江苏省高院)

6. 同意另案。(二机部、北京第二工业局、上海第二轻工业局、上海手工业局、中国百货公司、北京第一商业局、上海第三商业局、北京市百货公司、高院民庭、北京市高院、沈阳市中院、北大法律系、武大法律系、沈阳市司法局)

7. 同意另案。因为可以灵活执行,并可加强承揽人的责任心。(浙江省高院)

8. 同意另案,并在"期限"后加"地点"。(上海市高院)

9. "定作人可以按照约定请求给付违约金"应改为"定作人可以按照约定请求给付违约金或赔偿实际损失,必要时也可以请求解除契约"。只有这样改才是合理的,才能使双方在法律上平等,即甲乙双方均有合法权利。(西安工业局)

10. "定作人可以按照约定请求给付违约金"应改为:"承揽人应按照约定付给定作人违约金,并负责赔偿损失"。(北京第二商业局)

11. 将"定作人可以按照约定请求给付违约金"改为"承揽人应负责损失赔偿责任"。(北京第三商业局)

12. 由于本法规定有关定作人的责任而造成承揽人的损失承揽人可以请求赔偿,这条也应该规定为:"……定作人可以按照约定请求给付违约金,并可请求赔偿损失。"(天津第一商业局)

13. 将"没有按期"改为"迟延","定作物"下加"时候"二字,并在最后增加:如没有违约金的约定,也可以请求赔偿损失。(高院顾问室)

14. 违约金须另有约定,不必规定。(高院陈瑾昆)

15. 部分人同意原案,认为违约金已包括了损害赔偿,事实上也很少有罚违约金以外还要求赔偿。部分人同意另案,因为违约金与赔偿损失是两回事。(东北人大法律系)

16. 将这条移到第十四条之前,将第十九条列为第十一条第二款。(武大法律系)

17. 与第十二条合并规定。(西北大学法律系)

第十二条 承揽人应该按照约定的规格质量交付定作物;没有约定的时候,必须把合于承揽人所在地通常使用标准的定作物交给定作人。

承揽人违反前款规定,除按照约定给付违约金外,定作人有权请求修理定作物或者适当减少报酬;定作物无法修理的时候,定作人可以解除契约,并请求赔偿损失。

另案:将第一款中"没有约定的时候,必须把合于承揽人所在地通常使用标准的定作物交给定作人。"两句删去。因为这样规定反而不好解决问题。

意见:

1.同意原案。(重庆手工业生产合作总社,沈阳市中院,西安市中院、司法局,北大法律系)

2.同意原案。因为过去很多合同内容很笼统,执行中易生纠纷,予以补救是十分必要的。(江苏省高院)

3.不同意另案。因为定作人有时提不出一定的规格质量,并不等于没有规格质量,照原案规定是明确的。(沈阳第一工业局)

4.不同意另案。因为删去两句也反而不好解决问题。(东北人大法律系)

5.同意原案。有的同志认为没有约定的时候,承揽人必须按照所在地通常使用标准与定作人协商同意后制造交付定作人。(北京市高院)

6.同意原案精神,不同意另案,并应把保证质量突出写出来,要加上:"因而妨害了定作人的生产计划等负责赔偿"。(高院民庭)

7.同意另案。(二机部,北京第二工业局,上海第一、第二重工业局,上海第二轻工业局,上海手工业局,天津第一轻工业局,西安工业局,江苏工业厅,北京第一商业局,北京第三商业局,上海第三商业局,天津第一商业局,天津第二商业局,沈阳第一商业局,北京市百货公司,北京市公私合营建筑公司,天津市百货公司,浙江商业厅,江苏省百货公司,高院顾问室,上海高院,辽宁省高院,中央政法干校,中南政法干校,北京第三工业局,沈阳市司法局)

8.同意另案。因为原案规定的当地通常使用标准太笼统,不易判断,易引起纠纷。(辽宁手工业局)

9.同意另案,但将第二款"定作人有权请求修理……"改为"……请求无偿修理……"。(商业部)

10.同意另案。因为规格质量应该强调事先明确确定,如果事先不确定,的确不好解决问题。(中国百货公司)

11.同意另案,末尾一句"并请求赔偿损失",应改为"承揽人并负责赔偿损失"。(北京第二商业局)

12.同意另案,并将第二款中"定作物无法修理的时候"删去,"定作人可以……"改为"定作人也可……"。(天津市高院)

13.同意另案。但第二款"除按照约定给付违约金外"一句是否需规定?因不合规格质量的定作物,定作人可以拒收,不合格是一部或小部是否给违约金不明确。(浙江省高院)

14.在第一款"规格质量"后增加"数量、图样、模型"。将第二款"除按照约定给付违约金外"以下,改为"并负责包修、包退、包换或赔偿部分或全部损失"。(重庆第一商业局)

15. 将这条移到第四条之前。(武大法律系)

第十三条 定作人应该按照约定的时间、地点验收定作物;没有按照约定时间、地点进行验收和提运,承揽人可以按照约定请求给付违约金,并可以请求赔偿损失和偿付必需费用。

意见:

1. 同意原案。(北京第二工业局、北京手工业局、上海手工业局、重庆手工业生产合作总社、商业部、北京第三商业局、上海第三商业局、天津第二商业局、沈阳第一商业局、天津市百货公司、天津市高院、浙江省高院、北京第三工业局、西北大学法律系)

2. 在"定作人应该按照约定的时间、地点验收定作物"后增加"有规定质量完全由承揽人负责定作人不再验收的,服从规定"。(北京第一商业局)

3. 将"承揽人可以按照约定请求给付违约金,并可以请求赔偿损失和偿付必需费用"改为:"定作人按照约定给付违约金,并赔偿损失"。(重庆第一商业局)

4. 将"……验收和提运"以后的后半段改为:"即作为验收合格论,承揽人并可以按照约定请求给付违约金和偿付必需费用"。(浙江省商业厅)

5. 关于提运、验收地点,应进一步说明在厂地或在定作人指定地点两个情况,分别负责。(沈阳市百货公司)

6. 同意原案精神,并应从承包方面违约部分说一说。(高院民庭)

7. 增加一款:"工作物如一部分检验合格,一部分检验不合格,委托人应先将合格部分验收和提运;但委托人有正当理由可以全部拒绝验收的情形除外"。(武大法律系)

8. "偿付必需费用"概念很含糊,双方主观上很容易标准不一样,易引起纠纷。应改为"和偿付已经用去的费用",比较明确肯定。(中央政法干校、中南政法干校)

9. "偿付必需费用"一句可不要,因赔偿损失中已包括。(辽宁省高院)

10. 拟改为:"定作人按照约定时间、地点验收定作物,由于定作人的责任,迟延验收定作物的时候,承揽人可以按照约定,请求给付违约金,并可以请求偿付必要费用。"(高院顾问室)

11. 改为:"定作人应该按照约定的时间、地点验收和提运的时候,定作人违反该项约定时,承揽人可以按照约定请求赔偿损失或偿付必需费用。"(北京市高院)

12. 应与十一条同样规定,权利与义务是相对的。(上海市高院)

第十四条 定作人应该按照约定的办法和期限给付报酬;如果没有约定,定作人应该在承揽人交付定作物的时候付清报酬。

定作人违反前款规定,承揽人可以按照约定请求给付违约金或者请求赔偿损失。

定作人对承揽人所交付的定作物,经过验收合格的部分(定作物),应该及时给付报酬。

另案:本条二款可写成"定作人对承揽人所交付的定作物,如果经过验收,发现其中有一部分不合约定的规格质量,除按本法第十二条处理外,定作人对验收合格部分仍应该及时给付报酬"。

注:有的同志主张,在第一款"……办法和期限给付"后加上"承揽人"。

意见:

1. 同意原案。(北京第二工业局,北京手工业局,上海手工业局,重庆手工业合作总社,商业部,天津第二商业局,沈阳第一商业局,天津市百货公司,西安市中院、司法局,辽宁省高院,东北人大法律系)

2. 不同意另案。因另案规定与原案意义悖谬,原案提的是给付报酬的办法,而另案却是定作物的质量问题。(沈阳第一工业局)

3. 同意原案。另案较繁琐,且有些问题在第十二条内已解决,不必重复。同意"承揽人"。(西安工业局)

4. 同意原文精神,并应加"验收合格"字样。(高院民庭)

5. 同意原案,并在最后加:"经过验收不合格的部分按照本条例第十二条第二款处理"。(浙江省高院)

6. 同意另案。(北京第一商业局、北京第三商业局、重庆第一商业局、北京市公私合营建筑公司、天津百货公司、浙江省商业厅、北京市高院、沈阳市中院、江苏省高院、北京第三工业局、西北大学法律系)

7. 同意另案,并将"定作人应该在承揽人交付定作物的时候付清报酬"改为:"定作人对定作物应及时验收并付给报酬"。(北京第三商业局)

8. 同意另案,但"仍"字可取消。(上海第一重工业局)

9. 同意另案并应增加:"合同规定按一定比重进行验收,在规定比重范围内有不合约定规格质量,应按第十二条规定处理。"(天津第一商业局)

10. 同意另案,并取消"或者请求赔偿损失"一句。(江苏省百货公司)

11. 同意另案,并加上:"定作人也可拒收或解除部分契约,并请求赔偿损失",以促使承揽人依照规定规格按期交货。(天津高院)

12. 同意按另案和注的意见。(二机部)

13. 同意另案和注的补充,"如果没有约定,定作人应该在承揽人交付定作物的时候付清报酬"两句可考虑取消。(上海第三商业局)

14. 将第三款并入第一款,即:"定作人对承揽人所交付的定作物,经过验收合格部分,即应该按照约定办法给付报酬;如果没有约定,定作人应该在承揽人交付定作物的时候付清报酬。"(中国百货公司)

15. 可增加:承揽人对承揽的定作物规格、质量应负全部责任,定作人不再负规格、质量验收责任,但定作物在销售过程中发现质量残损、规格不符等现象时,承揽人应负责保退、修①、保换的责任。(辽宁省商业厅)

16. 第一款"交付定作物"下加"并经验收合格"。第二款"承揽人可以"下加"在应得的报酬外"。第三款拟删去,理由是:在定作物有部分不合格的时候,涉及该定作物是否可以分割问题,如不可分割,则先对合格部分付报酬不够公平合理。(高院顾问室)

---

① 原件如此,或为"保修"。

17. 此条可写为:"定作人应该将验收合格的定作物,按照约定的办法和期限给付承揽人应付报酬;定作人违反前款规定,承揽人可以按照约定请求给付违约金或者请求赔偿损失。"(天津第一轻工业局)

18. "给付报酬的期限和办法得由双方当事人自由约定,但法律如有禁止的规定,预付款的约定无效。

委托人应按约定的期限和办法给付承包人报酬;如果没有约定,委托人应于定作物验收合格的时候付清全部报酬或付清已验收合格部分的报酬。

委托人违反前款规定,承包人可以按照约定请求给付违约金或者请求赔偿损失。"(武大法律系)

第十五条 承揽人领取定作人供给材料的运费,定作物的包装、运输、保险、验收和其他必需开支的杂费,在契约没有规定的时候,由定作人负担。

另案:承揽人除工作报酬和材料费用外,为完成和交付定作物所必需开支的其他费用,在契约没有规定的时候,由定作人负担。

注:有的同志主张取消此条。

意见:

1. 同意原案。(二机部、北京手工业局、上海第一重工业局、上海手工业局、重庆手工业合作总社、北京第三商业局、天津第二商业局、天津市百货公司、江苏省百货公司、天津市高院、沈阳市中院、辽宁省高院、东北人大法律系)

2. 不同意另案。原案是很明确的,另案与原案意思混淆不清。(沈阳第一工业局)

3. 原案所列举的几种费用归定作人负担是适宜的,可以采用;另案提法太笼统,不宜用。(北京市公私合营建筑公司)

4. 将原案改为:"承揽人领取发包人供给材料的运费和交付定作物的包装、运输、保险、验收费及其他必需开支的费用,在契约没有规定的时候,由发包人负担。"(辽宁手工业局)

5. 加出厂税。(北京市公私合营建筑公司)

6. 同意原案。但"杂费"最好改"费用"较通俗。(浙江省高院)

7. 在签订具体合同时关于原料的运费,定作物的包装、运输、保险、验收等杂项开支必须明确具体规定,同时这些开支一般应由定作人负担。因此,同意原案,并将末两句改为:"在契约上应明确规定由谁负担,如没有规定的时候,由定作人负担。"(北京市第二商业局)

8. 同意原案。有的同志主张本条不要,这些费用应规定在契约中,约定由谁负担。(北京市高院)

9. 同意另案。(上海第二重工业局、上海第二轻工业局、沈阳第一商业局、天津市百货公司、上海市高院、北京第三工业局、西北大学法律系)

10. 基本上同意另案,但拟删去"完成和"三字,因那部分费用应包括在报酬总额内。(高院顾问室)

11. 承揽人领取定作人供给材料的运费,无论契约有无规定,均应由承揽人负担。另外,"其他必需开支的杂费"最好明确应根据性质确定由谁负担。(北京市百货公司)

12. 应该双方平均负责。(高院民庭)

13. 此条不要。(北京第二工业局、天津第一轻工业局、西安工业局、商业部、中国百货公司、北京第一商业局、上海第三商业局、重庆第一商业局、天津市百货公司、沈阳市百货公司、高院陈瑾昆)

14. 取消此条,如果在契约中不提到这些费用问题是不可理解的。(西安市中院、司法局)

15. 关于费用负担问题,法典不可能规定太详细具体,且这样规定也不好掌握,应由双方合同规定,在法典中不作规定。(天津第一商业局)

第十六条 定作物的材料是由定作人供给的时候,承揽人应该将余料和副产品全部交还定作人;另有规定的除外。

意见:

1. 同意原案。(北京第二工业局、北京手工业局、上海手工业局、重庆手工业合作总社、商业部、北京第三商业局、上海第三商业局、天津第二商业局、沈阳第一商业局、天津市百货公司、高院顾问室、天津市高院、浙江省高院、北京第三工业局)

2. 如果没有约定定额,余料和副产品应全部交还定作人,材料不足由定作人补给。(浙江省商业厅)

3. 第十六、十七条可以合并,并可加一句:"把节约的材料和增产的定作物,归承揽人所有。"(北大法律系)

4. 近似供给制,如因浪费造成供料不足,未规定由承揽人负责。副产品全部交还定作人也似有问题,因为有些副产品可能是要加工的。(一机部)

5. 可以不要此条。(高院陈瑾昆)

第十七条 承揽人在保证达到约定的规格质量和定额的条件下,节约的材料和增产的定作物,归承揽人所有。

另案:承揽人在保证达到约定的规格质量和定额的条件下,或者经定作人同意采用代用品节约了原料,归定作人所有。但定作人应该提给承揽人适当数额的奖金。

注:有的同志主张将"适当数额"改为"30%～50%以上"。

意见:

1. 同意原案。(北京第二工业局、重庆手工业生产合作总社、北京第三工业局)

2. 不同意另案。原案规定是正确的,因为在工作中受到损失浪费既由承揽人负责,由于改进技术节约利废而产生的节约额和多产的定作物,就应归承揽人所有。(沈阳第一工业局)

3. 有些实物,承揽人是无权保留的。修改为:"如承揽人在保证达到约定的规格质量和定额的条件下,或者经定作人同意采用代用品而节约和增加的价值,归承揽人所有。"(二机部)

4. 同意原案,并增列一款:"经定作人同意采用代用品而节约之原料,定作人可提出30%～50%奖给承揽人。"(西安工业局)

5. 在原案的"节约……"前增加"在约定的一定时期内"一句。(上海第二重工业局)

6. 在原案后增加:"材料不足亦由承揽人负责补充"。(浙江省商业厅)

7. 同意原案。因为可更发挥承揽人积极性,对国家增产节约也有好处。为求全面,可将另案某些内容吸收增加一款:"承揽人经定作人同意采用代用品所节约的原料,归定作人所有,但定作人应在所节约的原料中提给承揽人30%～50%奖金。"(浙江省高院)

8. 同意另案。(上海手工业局、北京第一商业局、沈阳第一商业局、北京市公私合营建筑公司、北京第三商业局、天津市百货公司、辽宁省商业厅、高院民庭、高院顾问室、北京市高院、天津市高院、沈阳市中院、沈阳市司法局)

9. 同意另案。奖励可规定最低的百分比,最高的可不必限制。(上海第一重工业局)。

10. 同意另案。规定30%～50%的奖金。(西安市中院、司法局)

11. 同意另案和注。(北京手工业局、上海第二轻工业局、江苏工业厅、江苏省百货公司)

12. 同意另案,奖金不得超过30%～50%,另规定瑕疵责任。(上海高院)

13. 同意另案,并将适当数定为40%～60%。(上海第三商业局)

14. 条文改为:"承揽人在保证达到约定的规格质量和定额的条件下,节约的原料和增产的定作物,归承揽人所有;经定作人同意采用代用品节约了原材料可归定作人所有,但定作人应该提给承揽人以50%的奖金。"(西安手工业局)

15. 同意另案和注,并应规定奖金最低为50%。(天津第一轻工业局、天津第二商业局)

16. 我系统各专业公司采购供应站委托加工商品,有时是统购统销商品,如棉布增产的定作物不应规定为承揽人所有。但为了鼓奖增产,可以规定较高一些数额(如50%以上)的奖金。(天津第一商业局)

17. 多数同志认为另案比原案好。因为节约和增产的有的是极贵重的或国家必须控制的或管制的物资,硬性规定归承揽人所有不妥当。(重庆市中院)

18. 有一些增产的定作物和节约的原材料,如军事机关定作的军用品和属于国拨的原材料,归承包人所有不易处理也不合国家规定,但不予适当奖励也不妥。所以改为:"承包人在保证达到约定的规格、质量和定额的条件下,节约的原材料和增产的定作物,归发包人所有,但发包人应提给承揽人相当于节约的原材料和增产的定作物总值50%～100%的奖金。"(辽宁手工业局)

19. 同意另案,奖金数额规定为70%～100%。(政法干校西北分校)

20. 同意另案精神,并将"奖金"改为"报酬"。因为在个人间提奖金不大好。(东北人大法律系)

21. 同意另案,但将"但定作人应该提给承揽人适当数额的奖金"改为:"如果契约有规定者,定作人应按规定提给承揽人定额的奖金"。(北京市百货公司)

22. 由于有些原料可能是统购统销或计划供应的物资不能由承揽人自由处理,因此我们同意另案。但奖金比率由于节约原材料,使用代用品等有时系由定作人研究提出的,有时系由承揽人研究改进的,有的是创造性发明,有的是推广先进经验等,因此在奖金的比率上应有明显的区分,最好不作具体规定。(北京第二商业局)

23. 如归承包人所有,则易滋生片面追求增产节约,忽视质量,甚至"偷工减料"等不良行为。同时,由于生产方面潜力很大,找到一个窍门,所节约、增产的效果往往非常惊人,如全部归承包人所有也不合理,提奖办法同样能达到鼓励增产节约的效果。建议采用另案,不必规定百分比。(江苏省高院)

24. 同意另案,并修改为:"承揽人在保证达到约定的规格质量和定额的条件下,或者经定作人同意采用代用品节约了原料,其节约原料及增产品均归定作人所有,但定作人应该提给承揽人适当数额的奖金(具体幅度,在契约上按不同的定作物订立不同的提奖幅度,不要在条文上规定死幅度)。"(中国百货公司)

25. 建议改为:"定作物的材料如果由定作人供给的,承揽人在保证达到约定的规格、质量和定额的条件下,或者经定作人同意采用代用品节约了原材料和增产的定作物,归定作人所有,但定作人应提给承揽人适当数额的奖金;或者归承揽人所有,作为奖金。"(商业部)

26. 将"归承揽人所有"改为"由定作人按原价或加工缴费收回"。(重庆第一商业局)

27. 同意另案,并与第十六条合并。(武汉法律系①、西北大学法律系)

28. 可以不要,如要同意另案和注的意见。(高院陈瑾昆)

29. 可不要。因为这条弊多利少,容易影响质量。(辽宁省高院)

第十八条 承揽人保管定作物超过约定交付日期六个月,仍然无法交付和通知定作人的时候,可以将定作物交公证机关或者法院拍卖,所得的价款,除给付承揽人应得报酬外,余款交银行保存。

注:有的同志主张将"六个月"改为"三个月"。

意见:

1. 同意原案。(北京第二工业局、北京手工业局、上海第一重工业局、上海手工业局、北京第一商业局、北京第三商业局、天津第一商业局、天津第二商业局、沈阳第一商业局、天津市百货公司、高院民庭、重庆市中院、江苏省高院、辽宁省高院、北大法律系、北京第三工业局)

2. 同意原案,但有一疑问:如果是国营企业的订货,或其订货属于国家控制物资,能否拍卖?(二机部)

3. 将"除给付承揽人应得报酬外"一句改为"除给付承揽人应得报酬和超过交付日期的保管及一切费用外"。(西安手工业局)

4. 同意原案,并将"除给付承揽人应得报酬外"改为"除给付承揽人应得报酬和扣除定作人应负担费用外"。(天津市高院)

5. 将"除给付承揽人应得报酬外"一句改为"除给付承揽人应得报酬并依本篇第十三条规定的违约金、损失赔偿和必需费用外"。(中央手工业局)

6. 基本同意原案,将"可以将定作物交公证机关或者法院拍卖"改为"可以经过公证程序将定作物交付拍卖"。(高院顾问室)

7. 原案最后是否需补充超过若干时间后应如何处理的问题。(商业部)

8. 同意三个月。(重庆手工业合作总社,西安工业局,商业部,上海第三商业局,浙江省商业厅,江苏省百货公司,沈阳市百货公司,高院陈瑾昆,西安市中院、司法局、西北大学法律系)

---

① 原件如此,应为"武大法律系"或"武汉大学法律系"。

9. 为了避免保管中的损失和督促发包人按时取货,"六个月"时间过长,改为"三个月"。(辽宁手工业局)

10. 同意注的意见。因为社会主义建设,一切进展很快,规定时间过长,对国家对双方都不利。为照顾特殊,可增加:"但双方对超过约定交付定作物的日期另有规定时,仍从约定。"(浙江省高院)

11. 可改为:"承揽人保管定作物超过约定交付日期三个月仍然无法交付和通知定作人的时候,应登报声明,超过约定交付日期六个月后,可将定作物交公证机关或者法院组织拍卖,所得价款除付给承揽人应得报酬外,余款交银行保存。"(辽宁省商业厅)

12. 修改为:"承揽人保管定作物超过约定交付日期六个月,仍然无法交付和通知定作人的时候,经公证机关证明,将拍卖所得价款,除付给承揽人应得报酬外,余款由公证机关保管或者提存,或者按无主财产证明归国家所有。"因为这是非讼事件,余款不应由银行保管而应由公证机关保管。如果以后找不到定作人,则成了无主财产,由公证机关证明后归国家所有。(上海市高院)

13. 修改为:"……可以将定作物交信托机关拍卖,所得价款除缴纳税款,支付处理费用及承揽人应得报酬外,余款交银行保存。"有的同志认为"六个月"可改为"三个月",余款可由办理机关依法保存。(北京市高院)

14. 甲.同意注的意见。乙."和"改为"或"。丙."外"字前加"和其他费用"。(东北人大法律系)

第十九条 在定作物没有完成以前,定作人如果有正当理由必须变更或者解除契约的时候,应该给付承揽人已经完成部分的工作报酬,并赔偿承揽人因解除契约所受的损失。

另案:将"承揽人不能如期开工或者进行工作缓慢,显然(或写为:确实)不能如期完工的时候,定作人有权解除契约"这一内容增加在此条中。

意见:

1. 同意原案。(天津第一轻工业局、天津第二商业局、北京市高院、沈阳市中院、辽宁省高院、东北人大法律系)

2. 同意原案。另案可能引起定作人借口干预承揽人生产安排。(上海第一重工业局)

3. 不同意另案。因案与原案本意不符,又与第十一条重复。(沈阳第一工业局)

4. 同意原案。不能如期交付定作物的问题在第十一条已规定,这里无须再附加规定。(江苏省高院)

5. 同意原案,并增加第二款:"承揽人不能如期开工或者进行工作缓慢,不能如期完成定作物的时候,按本法第十一条处理,或者定作人有权解除契约。"(重庆手工业生产合作总社)

6. 将原案最后一句改为"双方协商改变生产计划,使之不受损失,但经研究仍有损失时,应赔偿承揽人因解除契约所受的损失"。(沈阳市百货公司)

7. 将"并赔偿承揽人因解除契约所受的损失"改为"并赔偿承揽人因变更或者解除契约所受的损失"。因为在变更契约的时候承揽人也会有损失,仅给付已经完成部分的报酬

不合理。(中央手工业局、西安工业局)

8. 同意原案,唯在后面增加:"但本条第二款①所规定之情况除外",以避免纠纷,堵塞漏洞。(浙江省高院)

9. 同意另案。(二机部,北京第二工业局,上海手工业局,北京第二商业局,北京第三商业局,上海第三商业局,天津第一工业局,天津市百货公司,浙江省商业厅,沈阳第一商业局,高院民庭、陈瑾昆,沈阳市中院,西北大学法律系,西安市司法局)

10. 同意另案,并在最后增加:"并可以请求赔偿因解除契约所受到的损失。"(高院顾问室、辽宁省商业厅、重庆第一商业局、北京第一商业局、上海第二轻工业局)

11. 同意另案,并在最后增加:"承揽单位(或人)应负责赔偿定作单位(或人)因解除契约所受到的损失。"(北京手工业局)

12. 同意另案,并补充:"不能如期完工的时候,定作人有权解除契约,必要时并得请求赔偿损失"。(商业部)

13. 同意另案,并在最后增加:"定作人可以要求少付报酬"。(江苏省百货公司)

14. 甲.原案最后一句改为:"承揽人可以请求赔偿因解除契约所受的损失。"乙.另案另列一条。(上海市高院)

15. 前提事实不明确,既有正当理由解除契约,赔偿承揽人损失的理由怎能存在呢?解除契约往往是由对方过失造成,本条内容是指"因具体情况有必要中途停止契约的时候"。"解除契约"四字在这里不能用。(北大法律系)

第二十条 承揽人对定作物质量的保证期限,自定作人接收定作物的时候开始,明显缺陷的负责期限为半年;隐蔽缺陷的负责期限为一年。如果定作物经过逐件验收,承揽人对定作物的明显缺陷不负责任。

另案:承揽人对定作物质量的保证期限,自定作人接收定作物的时候开始,负责期限为半年,如果定作物经过逐件验收,承揽人对定作物的明显缺陷不负责任。

意见:

1. 同意原案。(二机部、北京手工业局、北京第三商业局、天津第二商业局、沈阳第一商业局、天津市百货公司、江苏省百货公司、辽宁省商业厅、北京市高院、沈阳市中院、辽宁省高院)

2. 不同意另案。因为明显缺陷和隐蔽缺陷,不能一概而论,一律规定为半年。(沈阳第一工业局)

3. 建议作如下修改:"承揽人对定作物的质量应负责一定时期的保证期限,并按照契约规定履行责任。易于察辨的明显缺陷,其保证期一般不得低于半年,隐蔽的物理变化,其保证期一般不得低于一年。其计算日期均以定作人接受之日起计算。属于保证期限以内的质量责任事故,承揽人应按照约定负责退换修理,或赔偿定作人的物质损失。"(中国百货公司)

---

① 原件如此,或系将本条另案内容误为本条第二款。

4. 同意原案,并增加第二款:"定作物的质量如有规定由承揽人完全负责的,保证期限例外。"另外,承揽人对定作物的负责期限,是否因商品性质不同,不作硬性规定,由双方协商决定,订入合同,如毛巾、袜子只负责一年就太短了。(北京第一商业局)

5. 在原案中应增加"另有规定者除外"。因某些产品使用期较长,不是一年即可发现缺陷的。也应规定:"因定作人接受定作物后保管或使用不当,承揽人可不负责任。"(上海第二重工业局)

6. 将原案"如果……"以下一段取消。(浙江省百货公司、高院民庭)

7. 如承揽不包括公民间的建筑工程契约在内,原案可同意。否则,建筑工程的质量保证期限就不能如此短,请参考《苏俄民法典》第229条。(高院顾问室)

8. 同意另案。(上海手工业局、重庆手工业合作总社、西安工业局、上海第三商业局、沈阳市百货公司、天津市高院、东北人大法律系、西北大学法律系)

9. 同意另案。时间长短方面似应由双方事前协商决定并载明于契约上;半年期限对机器、电器产品尚适当。(上海第一重工业局)

10. 同意另案。建筑物的负责期限是否需要规定,请研究。(商业部)

11. 像房屋等使用期限较长的定作物,其隐蔽缺陷一年内不可能完全看出来,这种责任期限应该规定为三年,或者再长一些。(江苏工业厅)

12. 同意另案。因为原案中"隐蔽缺陷"在事实上不易分辨,如果规定在条文中,反而易引起纠纷。(西安市中院、司法局)

13. 在"承揽人对定作物质量的保证期限"之后增加"如果契约内没有规定"一句。因为定作物性质各不相同,不宜规定一律的保证期限,一般应由双方在订约时议定。(上海第二轻工业局)

14. 承揽人对定作物质量的保证期限,如果契约规定了较长的期限,可以按约定办事。(北京市百货公司)

15. 负责期限问题,不宜固定,因为品种繁多,耐用年限不同,如陶瓷制品、玻璃制品,一碰就破,还有铁活加工就不易碎,应按约定办理。(北京市公私合营建筑公司)

16. 质量保证期限应根据不同定作物在合同中具体规定,法典中可以不作具体规定。(天津第一商业局)

17. 这条质量保证期限和验收情况难以概括:(1)明显缺陷和隐蔽缺陷难以截然划分;(2)定作物质量保证期限有长达数十年,如钢骨水泥建筑,有短仅六个月,如手电池,难以切当规定;(3)同意定作物保证期限自定作人接收定作物时开始,负责期限应视定作物性质决定。(重庆第一商业局)

18. 部分同志建议加上"有约定的从其约定"。(重庆市中院)

19. 关于定作物的质量问题,我们意见一般对"有效期"的定作物如药品等应根据有效期规定承揽人的负责期限,没有有效期的除由于定作人保管运输不善而造成的变质和损坏等应由定作人负责外,承揽人应对定作物的质量负责到底,不具体规定负责期限,以加强承揽人的责任心。(北京第二商业局)

20. 通知瑕疵期限与瑕疵赔偿请求期限应分开来,发现瑕疵时起即作为主张权利的起算时间,以一年为限。(上海市高院)

21. 甲.在"……隐蔽缺陷的负责期限为一年"后加"建筑物的隐蔽缺陷的保证期限为三年。其他有契约规定的除外"。乙.有些同志主张在最后一句增加:"根据约定必须逐件验收的定作物,定作人应当进行逐件验收",以免定作人在验收工作中怠惰,造成不必要的纠纷。但另一些同志不同意增加这句话。因为定作物各种性质不同,本不能全部逐件验收,规定了保证期限正足以增加承包者的生产责任心。如增加这句话,对提高产品质量起反作用。(江苏省高院)

22. 这条规定不够全面不够妥当,因为有些定作物如建筑物、工程设施等隐蔽缺陷一时不能发现。因此应按不同情况予以不同规定,请参考《苏俄民法典》第229条。(浙江省高院)

23. 因工作物不同,应按具体情况规定。(北京第三工业局)

24. 甲.保证期限太长,不利于工商业的发展。乙."逐件验收"不合实际,一般做不到,定作人往往也不愿做。丙.保证质量期限恐是"保固期"之误,也不能同瑕疵赔偿请求权的消灭时效相混,这条把三者混淆起来了。(北大法律系)

附:高院顾问陈瑾昆同志对于承揽契约和基本建设工程包工合同合并的意见

此稿(按指基本建设工程包工第四次草稿,以下同)应如苏俄民法和其他国家民法,规定"承揽",以便就任何承揽均有适用,基本建设工程包工,也适用此规定,此稿内规定,一般仍是一般承揽规定,不过用语不同,其他规定,有近于细节的,尽可在具体合同内规定,有些必须规定的,也可以在承揽内作为特殊规定,所以我先就本稿提意见,另于后面拟定包括原稿的承揽条文。(对基本建设工程包工第四次草稿条文的修改意见已另整理于该草稿意见汇辑中,从略)

如前所述,本案应当就一般承揽规定,同时将基本建设工程包工特别需要的条文在适当地方加入,兹试拟条文如下:

第一条 依照承揽契约,承揽人应当完成定作人委托的工作,定作人应当对完成的工作给付报酬。

第二条 承揽契约,可以用书面订立,也可以用口头订立,但是国家基本建设工程包工契约或者其他重大承揽契约,应当用书面订立,国家基本建设工程包工契约,并且应当根据国家主管机关批准的基本建设计划和必要文件订立。

第三条 承揽人不得将一部分工作分给他人承揽,但是可以有特别约定;约定一部分工作分给他人承揽的时候,承揽人仍应当对定作人负全部工作责任。

第四条 承揽人应当以自己的费用实施并完成工作,但是可以特别约定由定作人在开工前或者施工中预付一部分费用。国家基本建设工程包工,发包人应当依照拨款程序,付给承包人一定数额的预付款,发包人违反义务的时候,应当付给承包人逾期罚金,并且赔偿承包人因此受到的损害,承揽人因此不能如期完成工作的时候,承包人可以不负如期完成工程的责任。

第五条 约定由定作人供给施工材料的时候,定作人应及时交付,定作人违反义务的时候,应当赔偿承揽人因此受到的损害,承揽人并且可以解除契约,承揽人因此不能如期完成工作的时候,可以不负没有如期完成工作的责任。

国家基本建设工程的包工,发包人在施工以前,应当依照施工需要做好由他负责的准备工作,并且把有关文件及时交给承揽人,发包人不履行义务的时候,适用前款的规定。

第六条　承揽人对于定作人供给的材料,应当以相当注意妥善保管,没有履行义务而致毁损灭失的时候,应当以自己费用补偿,并且赔偿定作人因此受到的损害。

第七条　因为定作人供给的材料品质恶劣或者其他不能归责承揽人事由而致影响约定工作质量的时候,承揽人应当及时通知定作人,没有履行义务的时候,承揽人仍应当负没有如约交工的责任。

第八条　除别有约定外,承揽人用自身材料施工的时候,应当用优良品质的材料。

第九条　承揽人应当依照契约约定和定作人指示进行施工。

国家基本建设工程包工,承包人应当依照发包人提交的施工技术文件和施工验收技术规范约定的标准进行施工,以保证工程质量。

第十条　承揽人没有如期开工或者工作缓慢,显将不能如期完成工作的时候,定作人可以解除契约并且请求承揽人赔偿因此受到的损害。

国家基本建设工程包工,发包人可以随时检查承包人准备的建筑材料和工程质量,对不合规格部分可以请求发包人返工并更换材料,但是不得干涉承包人的现场业务活动。

第十一条　工作进行中,工作有瑕疵,显见工作不能如约完成的时候,定作人可以限定相当期限,请求承揽人除去瑕疵,承揽人不于期限内除去的时候,定作人可以解除契约,或者使第三人继续或者改善工作而由承揽人负担费用。

第十二条　承揽人应当依照约定期限完成和交付工作,并且应当具备约定品质,不得有不合于约定使用或者通常使用的瑕疵;承揽人没有按期交工,或者没有具备约定品质或者有瑕疵的时候,应当赔偿定作人因此受到的损害,有瑕疵的时候,定作人并且可以限定相当期限请求承揽人修补,或者请求适当减少报酬。

承揽人没有依照前款履行义务而是由于第七条所规定情形并且承揽人曾经履行第七条所规定的义务的时候,定作人不得主张前款所规定的权利。

第十三条　定作人应当依照契约接收承揽人完成的工作,发现瑕疵,应当立即通知承揽人。

第十四条　定作人接收工作后,应当依照契约,给付承揽人报酬。违反义务的时候,应当赔偿承揽人的损害。

第十五条　因客观条件变更,施工需要的费用超过原定概算甚巨的时候,承揽人可以在施工中请求赔偿承揽人因此受到的损害而解除契约。承揽人应当将费用超过的情形及时通知定作人,不通知而完成工作,不得请求超过的费用。

第十六条　前一项工程的竣工将被后一项工程隐蔽的时候,承包人应在前项工程被隐蔽前通知发包人到场检验,经检验合格后,由双方签注检查记录,作为工程竣工验收的依据。

承包人对隐蔽工程没有通知发包人检验就自行隐蔽,以后发包人认为须作检查的时候,不论检查结果如何,全部费用由承包人负担。

发包人不依通知的时间到场检验,承包人可以自行检验并作记录,以后发包人再要检验此项工程的时候,如果合格,全部费用由发包人负担,不合格,返工费用由承包人负担。

第十七条 在合同签订后,发包人因增减工程量、变更原来设计必须修订合同或者因特殊情况撤销合同的时候,应当赔偿承包人所受到的损失。

第十八条 合同签订后,发包人如有特殊原因,要求承包人提前完成全部或一部工程的时候,发包人应负担承包人因加紧施工所必需的费用。

第十九条 在施工过程中,除另有约定,承包人使用发包人的建筑物或其他设备的时候,应当依照合同约定的标准付给发包人使用费或租金。承包人对他承建的工程在没有交工验收前,可以无偿使用。

第二十条 承包人对尚未建成或已建成还没有交工验收的工程,以及发包人所供给的设备、材料,应当负责保管,并负毁损灭失的责任;但人力不可抗拒的毁损灭失,承包人不负责任。

第二十一条 在施工过程中发现基础土壤、地下水位与设计资料不符或者发现地下文物、古墓和其他特殊情况必须增减工程量,应当根据设计修改后的价值计算工程费用;如果造成停工的损害,由发包人赔偿。

第二十二条 承包人应当在约定的期限内完成所承包的建设工程;如果承包人不能如期完成,应该付给发包人逾期罚金,发包人并且在以外,请求赔偿因此受到的损害。由于人力不能抗拒的原因所引起的不能按期交工,承包人不负责任。

第二十三条 承包人在工程竣工后,应向发包人提出竣工验收通知单,并例送必备文件,发包人应在规定的时间内进行验收;如果承包人不能按时提出验收通知单和必备文件,或者发包人没有按时验收,应该给付对方逾期罚金,并且在以外,可以请求他方赔偿自己受到的损害。

第二十四条 发包人在工程验收中发现部分工程与规定标准不符,承包人应在限定期限内修竣,但是发包人不得因此拒绝对其他竣工工程部分的验收;如果返工部分足以影响全部工程验收的时候,应该在返工修竣后再行验收。

第二十五条 在工程没有交工验收前,除另有约定外,发包人对已建成的工程无权动用。

第二十六条 在全部工程交工验收后,发包人应当依照结算程序付给承包人全部工程价款。如果由于发包人的责任,造成不能如期结算的时候,应当付给承包人逾期罚金,承包人并且在以外请求赔偿因此受到的损害。

第二十七条 承包人在施工技术文件的基础上,改善施工操作方法,就地取材,或者由于承包人合理化的建议,经发包人同意更改设计和采取代用材料而又未降低工程质量与使用效率,其节约额归承包人。

第二十八条 关于一般承揽契约所生的请求权,一年不行使而消灭,建筑物承揽或者其他重要承揽契约所生的请求权,三年不行使而消灭。

有关加工订货的一些新情况

承揽小组 1957年2月7日

一、北京第一商业局加工科李希春同志谈

（一）去年7月30日，商业部、纺织工业部、食品工业部、轻工业部、中央手工业管理局，联合发了一个关于目前加工订货工作中几个问题的通知（按：载《国务院公报》1956年第31号），恢复各厂商标，凡有检验机构或联合检验机构的生产企业，商业不再检验，产品质量由生产企业负责。生产单位出厂的产品，附说明书，说明产品的性能、生产时间、有效时间、运输和保管过程中应当注意事项。产品出售后，如发现质量不好，由生产单位包退包换，一切费用由工业部门负责（由于运输、保管过程中损坏或者是过期失效的，由商业或其他有关部门负责）。自去年11月起在陆续执行。厂无检验机构者，商业部门仍检验。

商业部门免验，减少了环节，有的由厂直接寄发外地，对国家节约有利，工商之间的纠纷减少了，在商品畅销时期消费者因质量不好退货者究竟少，但是也有少数产品由于商业免验而质量下降了。商业验收人员水平虽低（验收产品种类多），但比消费者水平高。从道理上说，工商都是对国家消费者负责，抽验并不解决问题，加强工业的责任感，商业免验是可以的。但也有一些问题尚未得到解决：

（1）产品种类不一，哪种产品的质量保证期限究竟应多长，商业[部门]尚在研究。

（2）运输、保管中发生残损由运输商业部门负责，实际上责任难以分清究竟是商业运输还是生产单位的责任。

（3）质量标准究竟应包括哪些项目和因素，中国经济学家尚无定论。去年商业部门定了铅笔的全国质量标准，因我国幅员大，气候不一，行不通。生产单位的检验人员慑于车间主任、工人、甚至厂长对他有意见，不敢大胆检验。在去年商业部的一次会议上，我们曾提出检验人员不属于生产企业，作为独立于工商之外的第三者出现，可以解决问题。

（二）由于公证并不解决问题，目前规定公证是自愿的。现在公公间合同不公证，对合营企业有些还在公证。承揽合同考虑：合同公证后发生纠纷如何处理，未经过公证又怎样。

（三）国务院已经通知今年购销关系不改变。将来如改变，加工大部改为订货，但须有条件。我们曾经就药片算过一笔账。药片改加工为订货，商业一年少交利润180万元或190万元，工业只多交几十万，100万元没有了，对国家财政是个问题，而且商业利润不像工业要到年底才能上缴那样慢。

在供不应求的条件下(这情况不是短期的)，因为什么商品都有人要，实行选购会使价格上涨，产品质量下降。

按质论价，质是什么，应包括哪些因素，看法不一。去年上半年我们搞按质论价，四部一局联合通知把这种办法取消了。几个工业部向商业部提出意见，甚至提到妨碍生产发展的高度。按质论价，是按平均先进水平，中等水平，还是优等水平，尚无定论。

二、北京市第一地方工业局供销科吴文桢同志谈

(一)"八大"以后，纺织公司曾开过几次会研究将加工改为订货问题，后来纺织工业部开会也提到这问题，大家反映了许多困难：

(1)地方工业不能和国营厂比，落后好多，按质论价问题大；

(2)如要改，必须解决四个困难：①资金要增加；②盖大仓库；③增加管理人员；④价格要放宽。

由于过去商业部门偏严偏紧，订货和包销的生产单位愿意自销和选购，新合营厂一直有摆脱订货、包销的情绪。工业自销盲目性大，在目前供不应求条件下，由商业统一调配商品，对调剂供求有利。购销关系有改变趋势，但基本未变。只有地毯业转为自销了。由于过去工缴费低，地毯业亏损，工人曾到国务院请愿。农产品采购局同意让出利润仍不能弥补亏损，最后市里批准由加工改为自销，减去农产品采购局这一环节的费用和利润(合为产品价的12%)，工业就有利润了。

统购和统一收购物资不可能自销。只有小百货可以改为自销或选购。选购也不简单，需要成立选购公司、交易所，才能进行选择。

(二)四部一局的联合通知，部分有条件厂已在执行，尚无问题。工业局尚未将该通知下达，准备组织学习后才正式下达，以免产品质量下降。今后，在验收上将会同时有免验、抽验、逐件验收的形式存在。

三、北京市手工业生产合作总社供销科李克同志等谈

(一)1956年高潮以后，手工业产品出现供不应求现象，工商关系好转了。由于合作社争取，1956年下半年大部转为自产自销(收购或订货)。玉器、象牙、皮毛(80%)、呢绒(80%)、绒线背心(50%)还是加工。棉布一部分加工，一部分以布易纱(交换合同)。

商业公司要加工，不愿合作社自产自销。例如绒线背心，去年加工与自销多50%，今年公司原提出加工60%，自销40%，合作社已同意，后来国务院通知今年购销关系不变，公司又提出全部加工，合作社认为不合指示在原有购销关系基础上不变的精神，不同意。呢绒20%自销影响百货公司门市(门市部也有加工)业务，不给平衡原料。找公司买原料不卖，一定要加工。但在加工中，对用料控制过严，试制新产品，改装设备，公司不给工缴费，反而压等级验收，提等级出售。劳动生产率提高了，得不到鼓励，反而提高交换率，降低工缴费，使工资减少，很不合理。加工后，无新产品出现。合作社并不愿自产自销，但逼使不得不自销。合作社不敢签订货合同，因为原料在质量上、价格上、时间上都无保障。

(二)去年曾酝酿合同公证，后来商业部门看到要交1%公证金，数目大，怕罚，不敢公

证。目前在合同上虽订有罚款,但互相原谅,实际上罚款很少。

（三）百货联社的产品,已实行商业不验收,在装箱单上注明出厂日期,在×月内如发现质量不合,包退包换。起先基层社验收员不敢大胆验收,严重影响社员收入,有的验收员因此得不到提级。针织联社将基层社验收员组成验收小组,直属联社领导,巡回轮换验收,这样促进了产品质量的提高。供销科打算推广这一经验。

中华人民共和国民法典(草案)债篇
承揽契约(第五次草稿)

全国人民代表大会常务委员会办公厅研究室　1957年3月7日

说　明[①]

(1) 本章适用于加工、定做和日常生活中的承揽关系。

(2) 标注[②]中的"分解"是指:《各国民法分资料汇编》第三辑债权部分(三)。

(3) 条文草稿主要根据各地加工订货合同等有关资料写出来的。因材料未集中打印,故未标注。

承揽契约(第五次稿)

1957年3月7日

第一条[③]　依照承揽契约,承做人应该完成定做人所交给的工作,定做人对承做人所完成的工作应该给付报酬。

另案:依照承揽契约,承做人应该完成定做人所交给的工作,并担负工作中所发生的经济上的损失和其他危险,定做人对承做人所完成的工作应该给付报酬。

第二条　承做人在接受工作的时候,可以请求给付一定数额的预付款,但法律或契约另有规定的除外。

第三条　承做人在取得定做人的同意和不从中营利的情况下,可以将一部分工作分给第三人去完成,但承做人仍应向定做人负责。

注:有的同志主张不需经定做人同意,并将"一部分工作"改为"部件"。

第四条　承做人因定做人迟延供给材料或规格图样,不能按期完成工作的时候,

[①] 本说明原件为手写稿。
[②] 此处所谓"标注"是指本件打印稿原件的手写旁注。
[③] 原件本条有如下手写标注:"苏、捷、保、法、德,国民党有规定(《分解》25、26页)"。

不负迟延责任,并由双方协商适当延长完成工作的期限。

承做人因定做人迟延供给材料或规格图样造成停工待料,可以请求赔偿损失,如果影响到生产计划不能完成的时候,也可以请求解除契约。

第五条①　承做人发现定做人供给的材料不合约定的规格质量,必须在约定的时间内或者在使用材料以前通知定做人更换材料;如定做人坚持使用不合约定规格质量的材料,承做人可以请求修改契约,并请求赔偿因此所受的损失。

第六条②　承做人发现定做人供给的图样或者约定的规格质量有错误的时候,应及时通知定做人作必要的修改,如果定做人在约定期限内不作修改,承做人应当解除契约,并可请求赔偿因此所受到的损失。

第七条③　承做人按照约定需要定做人协作才能完成工作的时候,定做人应该在约定的期限内进行协作;如果不予协作,影响到生产或者造成停工,承做人可以请求赔偿损失,必要的时候也可以请求解除契约。

第八条　有关解除契约的规定在国营企业之间,必须经双方同意,一方不得单独解除契约。④

第九条⑤　定做人对交给承做人的工作,有权按照约定进行检查和监督,但不应妨碍承做人进行工作。

定做人如果发现承做人所进行的工作不合规格质量时,可以指定承做人加以修正。⑥

第十条⑦　承做人对定做人供给的材料,必须妥善保管,按照约定合理使用;由于承做人的责任造成材料损失的时候,应该负赔偿责任。

第十一条⑧　工作物或定做人供给的材料,在承做人加工制造和保管期间,由于人力不可抗拒的原因造成损失的时候,其损失部分,承做人无权请求给付报酬,材料的损失由供给材料一方负责。

在承做人迟延交付期间或定做人迟延验收期间,工作物如果发生人力不可抗拒的损失,由迟延一方担负全部损失责任。

第十二条⑨　承做人如果违反约定期限交付工作物,定做人可以按照约定请求给付违约金或者请求赔偿直接损失。

---

① 原件本条有如下手写标注:"苏、捷、国民党有规定(《分解》35、36 页)"。
② 原件本条有如下手写标注:"捷、国民党有规定(《分解》35、36 页),保(40、41 页)"。
③ 原件本条有如下手写标注:"捷(《分解》40 页)、德(《分解》39 页)、国民党有规定(《分解》42 页)有规定"。
④ 原件此处有手写批注:"此条与实际情况不合"。
⑤ 原件本条有如下手写标注:"保有规定(《分解》39 页)"。
⑥ 原件此处有手写批注:"此条情况有改变,需要修改"。
⑦ 原件本条有如下手写标注:"苏联有规定(《分解》37 页)"。
⑧ 原件本条有如下手写标注:"苏、保、法、德、国民党有规定(《分解》37、38 页)、捷(《分解》44 页)"。
⑨ 原件本条有如下手写标注:"国民党有规定(《分解》39 页)"。

第十三条① 承做人如果违反约定规格质量交付工作物,除按约定给付违约金外,定做人可以请求修理,或者适当减少价金或报酬,或者请求赔偿损失。

第十四条 定做人应该按照约定时间、地点验收工作物。由于定做人的责任迟延验收的时候,承做人可以按照约定请求给付违约金,并可以请求赔偿损失。

第十五条② 定做人对承做人所交付的工作物,经过验收合格部分,即应按照约定办法给付报酬;如果没有约定,定做人应该在承做人交付工作物的时候付清报酬。

定做人违反前款规定,承做人可以按照约定请求给付违约金,或者请求赔偿损失。

第十六条 工作物的材料是由定做人供给的时候,承做人应该将余料和副产品全部归还定做人;法律或契约另有规定的除外。

注:有的同志主张此条不要。

第十七条 工作物的材料是由定做人供给的时候,承做人在保证达到约定的规格质量和定额的条件下,节约的材料和增产的工作物,或者经定做人同意采用代用品节约了原料,其价金由双方平均分配,契约另有规定的除外。

第十八条 承做人保管工作物超过约定交付日期三个月,仍然无法交付和无法通知定做人的时候,可以将工作物交公证机关或者法院按法律规定程序处理,在工作物价金以内支付承做人应得的一切费用。

第十九条③ 在工作没有完成以前,定做人如果有正当理由必须变更或者解除契约的时候,应该给付承做人已经完成部分工作报酬,并赔偿承做人因变更或解除契约所受的损失。

第二十条 承做人对工作物质量的保证期限,自定做人接受工作物的时候开始计算;保证期限的长短,由定做人和承做人根据工作物的性质在契约中加以规定。

注:
1. 有的同志主张除约定外应有法定的保证期限。
2. 有的同志主张在契约没有规定时即无保证期限。

---

① 原件本条有如下手写标注:"苏、捷、保、德、国民党有规定(《分解》27—30页)"。
② 原件本条有如下手写标注:"苏(《分解》43页)、保(《分解》45页)、德(《分解》46页)、国民党(《分解》46页)有规定"。
③ 原件本条有如下手写标注:"苏、保、法、德、国民党有规定(《分解》40—42页)"。

承揽契约的几个问题

1957年3月25日

一、定货与包销有何异同？除了定货关系生产单位可以自销一部分、包销关系完全不能自销以外，定货契约与包销契约还有哪些区别？这两种契约是买卖关系，还是承揽关系，还是又有买卖关系又有承揽关系？定货与定做有何区别？

二、国营企业间、国营企业与合作社间的加工定货，是否一律禁止给付预付款？有无给付预付款的例外情况？建筑公司承揽的一般修建（基建工程以外的），要给付多少限额以内的预付款？

三、在加工定货中，承做人可否将一部分工作分包给第三人去完成？如可分包，有哪些条件限制？承做人如将某些部件、零件、工序分包给第三人去完成，是否也要得到定做人的同意？

☆四、定做人迟延供给材料或规格图样，造成承做人停工待料要负哪些责任？如果影响到承做人不能按期交货，目前有几种处理办法，各种处理办法和理由何在，各有何利弊？

五、在加工中定做人供给的材料，承做人有哪几种验收办法？对不合约定的规格质量的材料，在怎样的时限以内调换，目前有几种办法，各有何利弊？定做人坚持使用不合约定的规格质量的材料，足以严重影响产品质量，目前是怎样处理的，应如何处理？

六、在加工定货中，承做人在工作过程中发现定做人的图样和规格质量有错误，通知定做人修改，定做人坚持不改或拖延不改，或者不予理睬，目前是怎样处理的？如果定做人的图样和规格质量有错误，承做人限于技术水平又未发现，而使产品未做好或造成损失，又是怎样处理的，应如何处理？

七、国营企业间、国营企业与合作社间的加工定货，定做人是否都享有监督权？监督权包括哪些内容，究竟有多大？监督权在实行中有哪些利弊？

八、在加工定货中，承做人交货、定做人验收的方法，现有哪几种，将来趋势怎样？按件验收、抽验、免验（由工厂保退、保修、保换）三种办法，将来是否仍会并存？

☆九、迟延交货，迟延付款（包括迟延验收造成了迟延付款），除按约定给付违约金外，是否也有还要赔偿对方损失的？违约金最高和最低多少？迟延供给材料是否也罚违约金，如果不罚，其故何在？

☆十、承做人所交的货，如不合约定的规格质量，除罚违约金外，定做人对不合规格质量的产品有采取哪些处理办法的权利？加工定货中有无不约定规格质量的？

☆十一、加工中，承做人在保证达到约定规格质量和定额条件下，增产的产品或节约的材料,经定做人同意采用代用品节约了原料,这些增产或节约的东西,目前采取哪几种处理办法,各有何利弊? 采取提奖办法的,奖励金最高和最低标准是多少? 如果采取平均分配有何利弊?

十二、加工中,副产品和余料有哪几种处理办法? 余料同承做人在达到定额条件下节约的材料是否分得清?

十三、在加工定货中,材料或产品发生人力不可抗拒的损失,定做人和承做人怎样负担? 预付款又怎样处理? 人力不可抗拒的原因指哪些? 人力不可抗拒的原因造成迟延供给材料或不能供给材料,致使承做人停工待料,定做人要否赔偿损失?

☆十四、加工定货的产品,是否都有质量保证期限? 质量保证期限是否都要在契约中规定,如未规定,是否还有保证期限? 按件验收的产品是否还有保证期限? 验收不论是按件或抽查,如果都有质量保证期限,验收发生什么效力? 质量保证期限最长多少,最短多少,明显的缺陷或隐蔽的缺陷是否一样?

☆十五、在哪些情况下,加工定货中的一方可以要求对方赔偿损失,可以要求解除契约,或者又解除契约又赔偿损失?

十六、在加工定货中,定做人在哪些条件下可以变更契约,要负哪些责任?

☆十七、国营企业间、国营企业与合作社间的加工定货,在契约的签订、变更、解除方面有无特殊规定的手续?

十八、在加工定货中,某项材料价格由于国家提升或降低承做人按原约定工缴费或货价有亏损或额外收益,目前是怎样处理的?

十九、加工中,承做人除了由于自己的责任使材料或产品发生损失要赔偿以外,还要担负经济上可能发生的哪些损失或其他危险责任?

二十、定做人迟延验收或提货,除了引起付款迟延罚违约金外,还要负哪些责任? 如果定做人长期不取货,承做人又无法通知对方,怎样处理? 这种保管时限最长多少时间,最短多少时间?

注:有☆者是重点调查题。

主要访问单位:工业厅(局)及其所属单位,商业厅(局)及其所属单位,手工业管理局或手工业生产合作总社,供销合作社联合社,城市服务厅(局),粮食厅(局),人民法院,承揽一般民用修建的建筑公司,建筑材料公司,食品公司,政法院校。

承揽契约的几个问题

1957年5月15日

一、定做人迟延供给材料或图样,是顺延交货还是由双方协商适当延长交货期限？采取哪一种办法为好？

二、定做人供给的材料,如果承做人在未动工前发现不合约定的规格质量,有几种处理办法？如果承做人未发现,使用了不合规格质量的材料以致造成产品不合约定的规格质量,又怎样处理？

定做人确定的规格质量或供给的图样,承做人如发现有错误通知定做人,定做人不修改,怎样处理？如果承做人未发现,制成产品不合用或达不到约定规格质量,又是怎样处理的？

三、在加工定货、民用修建工程中,定做人有无监督权？如果有,监督哪些事项？这种权利,加工与定货有无不同？承做人是国营企业或合作社,有无不同？实行"三包"后,是否还需要监督权？

四、承做人在加工中设法节约了材料或增产了产品,有几种处理办法？哪一种处理办法对鼓励正当的增产节约最有利？

五、加工定货中的材料和产品,如果发生人力不可抗拒的损失,没有保险或者是保险事故以外的其他人力不可抗拒的事故,损失由谁负担？对预付款又怎样处理？

六、在质量保证期限内,如果发现产品不合约定的规格质量或发生质量事故,承做人要负担哪些责任？加工产品和定货产品,在质量保证上有无不同？哪些产品承做人对质量保证到底(无限期)？哪些产品,交货后承做人即对产品不负责任？

七、在加工、定货、民用修建工程合同签订后,如果材料价格发生涨落(包括牌价和自由市场价格的变动),目前在哪些情况下可以重新调整工缴费或货价？需要经过何种手续？

八、定做人迟延供给材料或图样,迟延付款,承做人迟延交货,要负哪些责任？人力不可抗拒的原因造成的迟延又怎样处理？人力不可抗拒的原因指哪些？因原料供应困难、运输中耽搁、机器发生故障等原因,在一定时限前通知对方即不算迟延,在实践中有无流弊？

九、定做人迟延提货,要负哪些责任？

十、定做人或承做人一方,在哪些条件下可以提出变更或解除契约？变更和解除的手续怎样？提出的一方要承担哪些经济责任？

附

承揽契约历次调查材料单位[1]

（一）北京：商业部、食品工业部、城市服务部、中华全国供销合作总社、中央手工业管理局。

北京市第一、二商业局、第一工业局、百货公司、文化用品公司、手工业生产合作总社、公私合营建筑公司、福利事业局、中级法院。

（二）武汉：第一商业局、纺织工业局、手工业管理局、皮毛商店、贸易公司江汉区商店、大新代办号、生活服务公司、公证处。

湖北省工业厅、商业厅、城市服务厅、手工业管理局、供销合作社联合社、粮食厅。

（三）广州：广东省工业厅、商业厅、手工业管理局、广州市机电工业局、五金建材工业局、手工业管理局、物资供销局、公证处、第一商业局、建筑工程局、搭棚公司。

（四）上海：第二商业局、纺织工业局、机电工业局、轻工业局、手工业管理局、司法局、公证处、高级人民法院、建筑工程局、对外贸易局、上海铁路管理局、交通部上海打捞工程局。

（五）郑州：河南省工业厅、商业厅、手工业管理局、供销合作社、高级人民法院、郑州市手工业局[2]。

（六）邯郸：邯郸市工业局、手工业局、商业局。

（七）西安：西安市工业局、手工业局、商业局加工订货管理处。

以上合计63个单位，参加座谈的厂、社、公司未计在内。

承揽草稿曾征求意见的单位[3]

一、第四次稿征求意见范围

1. 第一机械工业部、第二机械工业部、商业部、最高人民法院、法制局、中央手工业管理局

2. 北京、天津、上海、沈阳、重庆、西安等市各工业局、商业局、手工业局、人民法院、百货公司

---

[1] 本件原件为手写稿。
[2] 原件此处删去"商业局"三字。
[3] 本件原件为手写稿。

3. 辽宁、浙江、江苏等省工、商业厅、手工业管理局、人民法院、百货公司

4. 中央政法干校、中南政法干校、中央政法干校西北分校、人民大学、北京大学、东北人民大学、复旦大学、武汉大学、北京政法学院、华东政法学院、中南政法学院、西南政法学院的法律系室

5. 北京、上海、天津市的公私合营建筑公司

以上共计84个单位。提出意见的有57个单位（见第四次稿意见汇辑）

二、第五次稿征求意见范围

1. 城市服务部、纺织工业部、食品工业部、化学工业部、建筑材料工业部、粮食部、外贸部、冶金工业部、全国供销合作总社

2. 除西藏、辽宁、浙江、江苏以外的21个省（自治区）的工业厅、商业厅、手工业管理局、高级人民法院

3. 鞍山、石家庄、青岛、无锡、福州、杭州等6个市的工业局、商业局、手工业生产合作社

4. 江苏泰兴县、河北定县、山东泰安县、潍坊市、株洲市人民委员会

以上共计106个单位。对条文草稿提出意见的有81个单位（见第五次稿意见汇辑）①

---

① 第五次稿意见汇辑未曾打印，亦未见手写整理稿。

关于加工、订货参考资料索引(一)

债权组 1955年11月4日

说 明

一、为了便于收集、研究加工订货资料,特将《中央工商行政通报》、《上海工商》、《工商界》、《新华月报》、《人民日报》、《大公报》等所刊载有关加工订货问题,选编成索引。

二、这个索引分(一)(二)(三)三部分:(一)是反映全国性的政策、情况和问题;(二)是反映省、市的政策、情况和问题;(三)是暂行管理办法。

(一)

商业部曾山部长关于加工订货的发言(《工商行政通报》一九五五年第四一期二页)

私营工业企业接受加工、订货、包销的新情况(《工商界》一九五四年第五号)

国家资本主义现有的几种形式(《新华月报》一九五五年第二号一〇一页)

推动资本主义工业企业为公私合营创造条件(《新华月报》一九五五年第六号一一六页)

加强爱国守法教育,克服加工订货中违约违法现象[《什么是国家资本主义》(千家驹著)三四页]

关于对资本主义工业的社会主义改造[《对资本主义工商业的社会主义改造》(廖盖隆著)四九页]

私营工商业投机违法简况(中央工商行政管理局一九五三年十二月)

加强爱国守法教育,克服加工订货中违约违法现象(《上海工商》一九五四年第二六期四二页)

第一个五年计划中有关改造资本主义工业的几个问题(《工商行政通报》一九五五年第五三期十八页)

采用各种督导形式推动接受加工订货的私营工业改造(《大公报》一九五五年三月二十六日)

认真贯彻关于加工订货工厂申报成本的规定(《上海工商》一九五四年第三三期四七页)

对私营工厂加工订货核算成本与工料的初步意见(天津市高级人民法院一九五五年十月二十日)

国务院关于公私合营企业加工订货预付工缴费及定金的几项规定(《工商行政通报》

一九五五年第四六期十三页)

工缴货物报告(中国百货公司物价处)

公证暂行条例中与加工订货工作有关的几项规定(中央工商行政管理局一九五五年三月八日)

上海、天津、北京等地公私合同经人民法院公证后加工厂违约现象和不合规格产品减少(《大公报》一九五五年一月三十一日)

对私加工订货情况和存在问题(中国百货公司第一业务处一九五五年六月十三日)

中国百货公司天津采购供应站加工合同

订货制在重工业经济计划中的作用(《人民日报》一九五〇年九月八日)

国营、地方国营、公私合营企业签订合同不需具保(《工商行政通报》一九五五年第五五期十四页)

对私营工厂加工订货是否取消店保(《工商行政通报》一九五五年第五二期十页)

加工订货营业税的计算公式(《工商行政通报》一九五五年第四七期十一页)

怎样报交加工收益的营业税(《上海工商》一九五四年第十九期四三页)

关于委托加工供给原料及加工厂供给或代办包装用品的课税问题(《上海工商》一九五四年第四期五十页)

(二)

四年来上海私营工业的改造(《新华月报》一九五四年第四期一三八页)

上海市私营工业中加工订货业务的发展(《解放日报》一九五三年十二月十二日)

五年来天津市国家资本主义发展的情况(《新华月报》一九五四年第四期一四〇页)

广州市的加工订货和收购(《南方日报》一九五〇年九月九日)

河北省开展加工合同中存在的问题与改进意见[《河北日报》(保定)一九五〇年七月二十四日]

河北省私营企业加工问题的研究[《河北日报》(保定)一九五〇年十二月十三日]

大连市私营工业在为公营企业加工中的一些情况和问题[《旅大人民日报》(大连)一九五〇年九月十二日]

加工订货问题的研究和意见[《辽西日报》(锦州)一九五〇年十月二十八日]

济南市加工订货中存在的问题和改进的意见[《大众日报》(济南)一九五〇年十二月十一日]

中南纺织加工中存在的几个问题(《人民日报》一九五〇年八月十九日)

成都市加工、订货、收购中的几个问题[《川西日报》(成都)一九五一年一月六日]

关于订货加工中的问题[《新黔日报》(贵阳)一九五〇年十月十八日]

上海私营工厂接受加工订货后的新气象(《大公报》一九五三年十月二十五日)

上海市百货采购供应站改进加工订货工作的成就(《大公报》一九五五年二月四日)

上海市工商行政管理局第三季度工作要点(《工商行政通报》一九五五年第五三期十一页)

天津市关于加工订货合同管理工作的总结(《工商行政通报》一九五五年第五二期

六页)

哈尔滨市组织职工审查、讨论加工订货合同(《工商行政通报》一九五五年第四三期十五页)

武汉市对加工订货工缴货价的检查和调整工作(《工商行政通报》一九五五年第五四期十五页)

上海市进行加工订货检查工作作法与体会(《工商行政通报》一九五五年第四五期十二页)

关于公私关系案件的检查报告(天津市人民法院一九五〇年十一月二十五日)

关于契约合同方面的点滴记录(天津市高级人民法院一九五五年十月二十四日)

天津公证处加工合同、协议

北京市公证工作总结

天津市信托公司现行合同样本、变更合同协议书及违反合同处理意见

承揽案件处理情况(天津市高级人民法院)

违反加工、订货合同案审判经验总结(北京市人民法院一九五四年十二月)

天津市高级人民法院经保庭关于契约合同案件判决书

天津市高级人民法院民一组关于契约合同案件的判决书

(三)

上海市加工订货管理暂行办法(《中央工商行政管理局加工订货管理暂行办法汇编》)

重庆市加工订货管理办法,重庆市公私间加工订货合同订立办法及重庆市加工订货争议评议委员会组织简则(同前)

西安市加工订货管理暂行办法(同前)

武汉市加工订货管理暂行办法(同前)

广州市加工订货管理办法暨公私营企业关于加工订货合同暂行办法(同前)

沈阳市公私间加工订货暂行实施规程(同前)

东北区公私间加工订货管理暂行办法(同前)

旅大市人民政府工商管理局关于公私间加工订货统一分配试行办法(《中央工商行政管理局加工订货管理暂行办法汇编》)

天津市人民政府加工订货管理暂行办法(草案)(同前)

北京市加工订货管理暂行办法(草案)(同前)

川南区加工订货管理暂行办法[《民法资料汇编》(第一册)四九四页(人民大学出版)]

宁夏市加工订货管理暂行办法(《宁夏日报》一九五一年一月十三日)

贵阳市公私间订立订货加工收购合同暂行办法(《新黔日报》一九五〇年十一月二十日)

（三）租 赁

说 明[①]

1958年4月5日

一、租赁草稿从1956年3月至1957年3月共有六次草稿，在起草前，关于租赁情况的了解，首先在北京市法院、房地产管理局、影片公司、福利公司等有关单位进行调查研究。1955年底曾到上海市与有关部门进行了座谈，即在此基础上进行了起草工作，历时一年多，修改了六次。在每次修改前，都到有关部门进行调查研究和邀请有关部门座谈交换意见，其中特别是将第五次草稿，于1956年7月发至各地法院、政法院校、房管局等35个有关业务部门进行了一次较普遍大范围的征求意见，根据各地的意见，又进行了修改即现在的第六次草稿。1957年4月又到武汉、广州、上海进行了两个月的调查。这次调查的范围比较广泛，包括房屋租赁和一般财产租赁，对于租赁草稿所存在的问题，有了进一步的了解。在调查期间同时又将第六次草稿，发至各地中小城市和县人委等41个单位征求意见。现已将武汉、广州、上海调查的资料和各地意见的汇集整理好，但尚未根据这次调查和征求意见的资料再作一次修改。

二、租赁草稿所调整的财产范围主要包括公私房屋租赁和一般的财产租赁如影片、乐器、家具、交通用具、运动器材、小型生产工具、牲畜、土地、仓库、堆栈和其他生活用品等，范围较广。在条文中对房屋租赁和一般财产租赁带有共同性的问题，即合并写成一条，不能合并的又是条文中必须反映的则分别加以规定。

三、今天在私房改造的"大跃进"中，房屋所有权以及租赁关系已经发生了根本的变化，出租人基本上是社会主义的法人，随着所有制的改变，租赁中的法律关系和特点，也随着发生变化。这一方面的情况尚未进一步的了解，以使租赁条文符合客观的实际情况。

---

① 本说明系全国人大常委会办公厅研究室1958年4月编定"租赁"卷宗所作的说明。原件为手写稿。

中华人民共和国民法债权篇租赁（第一次草稿）[①]

全国人民代表大会常务委员会办公厅研究室民法租赁小组
1956年3月24日

（一）概　念

第一条　租赁是按照租赁契约，由出租人将租赁物交给承租人□□期或者□□□□的使用，承租人应该向出租人交付一定的租金。[②][③]

（二）租赁的标的物

第二条　租赁物必须是特定物，但是国家禁止出租的特定物，不得作为租赁物。[④]

注：
1. 本条提案人认为：如物权篇无特定物与种类物的规定，而对禁止流通物有特别规定时，本条可不予规定。
2. 多数同志认为本条不用规定。

（三）租赁契约的形式和期限

第三条（一）　房屋租赁契约和期限在一年以上的其他租赁契约[⑤]，应用书面订立。
违反前款规定，在发生争议时，不准用证人证明契约。[⑥]

---

① 本件原件实系"租赁（第二次草稿）"的工作底稿，上有大量的手写涂改，致使部分字句无法复原。对于无法复原的字，以□表示。
② 原件本句修改后为："租赁是依照租赁契约，由出租人将租赁物交给承租人临时使用，承租人应该向出租人交付一定的租金。"
③ 原件此处手写标注"有的同志意见把头一句'租赁是'三字不要"。
④ 原件此处手写标注："不要"。
⑤ 原件本句修改为："房屋租赁契约和期限在六个月以上的其他租赁契约"。
⑥ 原件本句修改为："当事人丧失用证人证明契约的权利。"

注：多数同志意见。

第三条(二)　租赁契约可以用书面或者口头订立。

房屋租赁契约和期限在一年以上的其他租赁契约，应该用书面订立。

违反前款规定的，发生争议时，不得用证人证明租赁关系的权利和义务。

注：两位同志的意见。

第四条　租赁契约可以定期，也可以不定期。

第五条(一)　除法律另有规定外，定期租赁契约的期限不得超过三年。如果超过三年时，应当以三年为有效期间。①

注：一位同志主张将三年改为十年。

第五条(二)　定期租赁的期限由当事人双方自行约定，但是最长的不得超过十五年。约定期限届满时，可以另订新约。

前款规定的最长租赁期限，如因国家另有规定的，当事人双方应当服从国家规定。

第六条(一)②　对不定期的房屋租赁契约非有本法第×条规定的条件不能随时终止契约。③

注：多数同志同意这个意见。

第六条(二)　不定期租赁可以按照双方约定的通知期限，由一方预先通知他方终止契约。但房屋租赁非有第×条规定的条件，不得随时终止契约。

注：一位同志的意见。

(四)出租人交付租赁物

第七条　出租人应将合于约定的租赁物④，无约定时，应将合于通常使用的租赁物及时(到时)⑤交给承租人。

出租人违反前款义务时，承租人可以请求交付租赁物或者解除契约，并得请求出租人赔偿因不履行这项交付义务所生的损害。

出租人所交付的租赁物，不合于约定或者通常使用时，承租人如不拒绝接受，可以请求修理，或者适当减少租金。⑥

注：有一同志认为"适当"二字可去掉。

---

① 原件本句修改为："……定期租赁期限不得超过三年。如果超过三年，应以三年为有效期限。"
② 原件此处增加一款："不定期租赁契约，当事人一方可以随时解除契约，但应先期一个月用书面通知。"
③ 原件本句前增加一字，为："对不定期……"
④ 原件此处增加一句："及时交给承租人"。
⑤ 原件此处删去"(到时)"二字。
⑥ 原件此处手写标注："这一款可不要。"

(五)出租人的其他义务

第八条 订立租赁契约时,出租人除约定交付租赁物外,还负担有其他义务的,应依约履行其他义务。

出租人违反前款规定时,承租人有权依照出租人应履行义务的性质,根据本法有关的债权规定主张自己的权利。①

(六)租赁物的瑕疵责任

第九条 租赁物的瑕疵,在订立契约时为承租人已经或者应该知道的,出租人不负责任。

但是租赁物的瑕疵影响到承租人及其同居人的安全,或其他严重损害时,不在此限。

注:
1. 有三人主张不要。
2. 有的同志主张应将出租人对租赁物隐蔽瑕疵和隐瞒瑕疵责任加以规定。

(七)承租人使用租赁物的义务

第十条(一) 承租人应爱护租赁物,契约没有规定使用方法时,承租人应按租赁物的性质和用途使用租赁物。②

承租人违反前款义务时,出租人得解除契约,并请求因此所生之③损害。

注:四个人同意这个方案。

第十条(二) 承租人有保护租赁物的义务,并且应该按照约定用途和方法,如无约定时应该按照租赁物的性质和用途使用租赁物。

承租人违反这一义务时,出租人有权解除契约,并且有权请求承租人赔偿因此所造成的损害。

(八)租　金

(1)承租人交纳租金的义务

第十一条 承租人应该交纳租金,和负担与使用租赁物有关的费用。

---

① 原件此处手写标注:"出租人的义务已在修缮交付租赁物中规定了,所以这条可以不要。"
② 原件本句修改为:"承租人应按约定使用租赁物;如无约定时,应依照租赁物的性质和用途使用租赁物。"
③ 原件本句"因此所生之"五字改为"赔偿"。

注:少数同志意见。

(2)租金标准

第十二条(一)　租赁物的租金标准不得超过省、自治区、市地方人民委员会所规定的租金标准。①

没有规定租金标准的地区,或没有规定租金标准的租赁物,可以由双方当事人自行约定。

注:多数同志意见。

第十二条(二)　租金数额由当事人双方自行约定,但是有公定租金标准的租赁物,当事人必须遵照公定租金标准。约定租金高过于公定租金标准的,无效。

(九)租金的计算和给付

第十三条　租金应该②用人民币计算和给付。

(十)给付租金的期限

第十四条　租金应当按约定日期给付。但房屋租金应当按月给付,如果不满一个月的,按实住日数给付。③

(十一)迟延交付租金的责任

第十五条(一)　如无法律规定或其他约定,承租人故意连续三期不给付租金,出租人有权解除契约。④

第十五条(二)　房屋租赁的承租人故意拖欠租金三个月时,出租人有权解除契约。

其他财产租赁承租人没有按照约定日期交付租金的,出租人应当提出催告,如果在催告期内承租人仍然不交付租金时,出租人有权解除契约。

前款催告期限不得少于七日。

(十二)增减租金

第十六条(一)　租赁物的损毁不归承租人负责的原因,承租人有权请求减少

---

① 原件此处手写标注:"第一句内'标准'二字可去掉。"
② 原件此处删去"该"字。
③ 原件此处手写标注:"?"。
④ 原件此处手写标注:"这条暂不要。"

租金。

出租人对于租赁物增加使用价值时,出租人可提出增加租金。但因对租赁物的修缮而提高房屋使用价值时,不在此限。

第十六条(二) 出租人对租赁物进行改善提高使用效率的,可以适当增加租金。①

租赁物的使用效率不由于承租人的责任而减少时,承租人有权向出租人请求酌量减少租金。②

(十三)修　缮

第十七条 如法律或契约无其他规定时,租赁物的重要修缮由出租人负责,普通修缮由承租人负责。

租赁物为房屋时,除室内裱糊、粉刷和水、电、卫生等设备的零件由承租人修缮外,其他概由出租人负责。

第十八条 应由出租人负责的修缮,如出租人不修缮时,承租人可以自行修缮或解除契约,并得请求赔偿因此所生的损害。

承租人自行修缮的费用可以请求出租人偿还,或由租金内扣除。③

第十九条 应由承租人负责的修缮,因承租人不修缮而造成租赁物的损害时,出租人有权请求赔偿。

(十四)增设和改善

第二十条 承租人非取得出租人的同意,不准对租赁物进行增设和改装。

承租人违反前款规定时,出租人可以解除契约,请求赔偿因此所生的④损害,或无偿将增设和改装的部分收归出租人所有⑤。

注:有同志认为:"将增设和改装的部分收归出租人所有"应不包括公公之间的租赁关系。

第二十一条 承租人取得出租人同意后,可以对租赁物进行增设和改装。⑥

除契约另有规定外,在租赁关系终止时,出租人应该就增设和改装部分对原租赁物增加的现存价值,偿还承租人。

---

① 原件本款修改为:"……改善,显著提高使用价值时,可以请求增加租金。"
② 原件本款"使用效率"改作"使用价值",并删去"酌量"二字。
③ 原件本条两处"自行修缮"均改作"代为修缮"。
④ 原件此处删去"因此所生的"五字。
⑤ 原件此处增加"或管理"三字。
⑥ 原件本款修改为:"承租人经出租人同意,对租赁物进行的增设和改装,承租人有权向出租人请求相当补偿。"

出租人不愿偿还时,承租人在不□□租赁物□□的□□下①,可以将增设或改装部分拆除,但应该恢复租赁物的原状。

(十五)转租、分租、转让

第二十二条(一) 除法律或契约另有规定外,承租人得将租赁物全部或一部在租赁关系存续中转租、分租与第三人。但租金应照原租金额或比例分摊。②

第二十二条(二) 承租人经出租人同意,可以将租赁物全部或一部转租与他人,租金应按原租金额比例分摊。但是租赁物是房屋的时候,承租人仅得将原为自用的房屋的一部分分租与他人,且已取得出租人的书面同意为限。

承租人违反前款规定,将租赁物转租于他人时,出租人可以解除契约。

第二十二条(三) 一般财产租赁的承租人不得将租赁物转租或分租给第三人。

但租赁物是房屋时,除法律或契约另有规定外,承租人如得到出租人的同意,可以将自己不用的一部分房屋分租给他人。分租的租金应该按照原租金额比例分摊,并不得有任何剥削。

第二十三条 承租人依前条规定,将租赁物转租与他人时,承租人仍应依□对出租人负责。

转租的租金不得高于原租金额或者按比例分摊。

注:此条系第二十三条(二)的附款。

第二十四条 承租人将租赁契约中一切权利义务约定③全部转让给第三人,而自己退出租赁关系时,其约定无效。

注:有同志认为:此条不可用规定。

(十六)中间剥削与非法索取

第二十五条(一) 出租人除收取公定或约定租金外,不得以任何名义索取其他非法费用。如违反此项规定(有的同志认为还应加上"契约无效"),出租人的非法所得归国家所有。④

房屋以外的其他租赁物,当事人双方如约定有押金的不在此限。

第二十五条(二) 依租赁契约,出租人除按期收取公定或约定的租金及法律所准许的押金外,不得再收取其他任何费用。

出租人违反前款规定时,其不法收入应归国家所有。

---

① 原件本句修改为:"承租人在不损害租赁物的情况下"。
② 原件本条增加一款:"承租人擅自转租、分租时,出租人可以解除契约。"
③ 原件此处删去"约定"二字。
④ 原件本款删去"(有的同志认为……)"等十四字,并将"非法所得"改为"非法收入"。

承租人进行转租或分租时亦同。①

(十七)排除使用租赁物的妨碍

第二十六条(一) 在租赁关系存续中②,承租人有权占有和使用租赁物,任何人(包括出租人在内)不得侵犯。

如果遇到侵犯时,承租人可以请求法院保护,并得请求侵犯人赔偿因此所造成的损害。

注:有同志建议将"当第三人对租赁物主张权利或对租赁物进行危害时,承租人有责任保护租赁物,并应及时通知出租人"加以规定。

第二十六条(二) 承租人可以请求法院排除一切妨碍其对于租赁物占有、使用的侵害。③

(十八)租赁物的所有权转移时对原租赁契约的效力

第二十七条 租赁关系存续中,租赁物所有权转移于第三人时,租赁契约对新所有人仍继续有效。④

(十九)承租人的优先承租权

第二十八条 出租人因拆除改建等原因收回租赁物,在完工后仍继续出租时,原承租人有优先承租权。

注:有的同志建议在本条文中增加一款:次承租人在原承租人向出租人解除契约时,次承租人有优先承租权。

第二十九条 出租人出卖租赁物时,承租人在同样条件下,有优先承买权。
承租人在接到出卖通知后十日内,不作承买的表示,视为放弃优先承买权。

(二十)契约的更新

第三十条 如承租人一向依照契约完善的履行了义务,在租赁契约期满时,原承租人有订立新契约的优先权。⑤

---

① 原件删去本款。
② 原件本句修改为:"在租赁契约有效期间"。
③ 原件删去本条。
④ 原件本条"租赁关系存续中"改作"在租赁关系有效期间",末句删去"仍"字。
⑤ 原件本款首句"如承租人一向……"改作"承租人如一向……",末句删去"原承租人"四字。

但是租赁物因社会主义组织的需要,或者出租人收回自用时,承租人即无此项权利。

第三十一条 租赁契约期满后,承租人仍继续使用租赁物,出租人□不表示反对时,原契约视为不定期限而继续有效。

如承租人没有订立新契约的优先权,经出租人表示反对后,仍继续占用租赁物时,出租人有权要求返还租赁物,并赔偿因此所生之损害。①

(二十一)出租人解除契约

第三十二条 租赁契约期限届满前非有下列情形之一,出租人不得解除:
(一)因行政命令;
(二)因房屋拆除改建;
(三)承租人故意拖欠租金三期;
(四)承租人不按法律或约定使用租赁物;
(五)承租人破坏租赁物;
(六)承租人擅自将租赁物转租或分租与他人;
(七)承租人无特殊原因闲置租赁物半年以上;
(八)有修缮责任的承租人在规定期限内不履行修缮责任。

(二十二)承租人解除契约

第三十三条 有下列情况之一的,承租人有权解除契约:
(一)出租人不及时交付租赁物的;
(二)出租人交付租赁物不合于约定或通常使用状态的;
(三)出租人没有排除使用租赁物的障碍的;
(四)出租人不履行修缮责任使租赁物恶化的。
注:有的同志建议在本条文前应加上"期满前"。②

第三十四条 租赁契约期满前,承租人由于特殊原因不需要继续使用租赁物时,如契约无其他约定,应在一个月前通知出租人,解除契约。

(二十三)租赁物的毁损责任

第三十五条 承租人或同居人因滥用租赁物而造成损毁或灭失时,应负赔偿

---

① 原件本款前半段修改为:"如无权订立新契约的承租人,不顾出租人的反对,仍继续……"本款"出租人有权要求返还租赁物"一句删去"租赁物"三字。
② 原件此处手写批注:"这条不要"。

责任。

（二十四）承租人返还租赁物

第三十六条 租赁契约终止时,承租人应将租赁物按照完整的状态返还出租人。

注:有的同志建议将"完整的状态"改为"原有的完整的状态"。

租赁（第二次草稿）

1956年4月6日

第一条 （一）[①]依照租赁契约，由出租人将租赁物交给承租人（临时）使用，承租人应向出租人交付一定的租金。

（二）依照租赁契约，出租人应将租赁物交给承租人（临时）使用，承租人应向出租人交付一定的租金。

第二条 （一）房屋租赁契约和期限在六个月以上的其他租赁契约，应用书面订立。

违反前款规定，在发生争议时，当事人丧失用证人证明契约的权利。

注：有的同志主张，本条第二款不要规定。

（二）房屋租赁契约和期限在六个月以上的其他租赁契约，为避免发生第×条所规定的后果，应用书面订立。

第三条 除法律另有规定外，定期租赁的期限不得超过三年（五年、十年），如超过×年，应以×年为有效期限。

第四条 （一）不定期的租赁，当事人的一方可以随时解除租约；但应先期一个月用书面通知，房屋的出租人应先期三个月用书面通知。

（二）缔订租赁契约时没有订明期限，应视为是不定期的租赁，任何一方都可以随时通知他方解除契约；但应先期一个月用书面通知。房屋租赁的出租人应先期三个月用书面通知。

第五条 （一）出租人应将合于约定的租赁物，及时交给承租人；无约定时，应将合于通常使用的租赁物及时交给承租人。

（二）出租人应将合于约定和合于出租财产用途的租赁物，及时交给承租人使用。

（一）、（二）的第二款是：

出租人所交付的租赁物，违反前款规定时，承租人可以请求修理、减少租金，或解除契约，并得请求赔偿损害。

第六条 租赁物的瑕疵，在订立契约时，为承租人已知道，或依通常的注意所能

[①] 原件此处手写添加"租赁是，"三字。

看出的,出租人不负责任。

但是租赁物的瑕疵影响到承租人及其同居人的安全,或其他严重损害时,不在此限(除外)。

注:有的同志主张不要规定此条。

第七条 承租人应依照约定使用租赁物,如无约定时,应依照租赁物的性质和用途使用租赁物。

承租人违反前款规定时,出租人得解除契约,并请求赔偿损害。

第八条 承租人无正当理由连续不使用租赁物,满六个月时,出租人可以解除契约。

第九条 承租人或其同居人损坏租赁物或放任其恶化,承租人应负担损害赔偿的责任,损害严重的,出租人可以解除契约。

第十条 如契约无其他规定,因使用租赁物所支付的费用,由承租人负担。

第十一条 (一)租金应依照公定标准订定,没有公定标准时,由当事人双方自行约定。

(二)房屋的租金,不得超过公定标准,其他租赁物的租金,有公定标准时,也不得超过公定标准,没有公定标准时,由双方当事人自行约定。

第十二条 租金应用人民币计算和给付。

第十三条 租金应按约定日期给付,无约定时,应在租赁期满时给付。如租金系分期给付,应于每期届满时给付。

第十四条 出租人对租赁物进行改善,显著提高使用价值时,出租人可以请求增加租金。

第十五条 因不归承租人负责的事由,致租赁物的使用价值显著减少时,承租人可以请求减少租金。

第十六条 如法律或契约无其他规定时,租赁物的重要修缮由出租人负责,普通修缮由承租人负责。

租赁物为房屋时,除室内裱糊、粉刷和水、电、卫生等设备的零件由承租人修缮外,其他概由出租人负责。

第十七条 出租人不履行修缮的义务时,承租人可代为修缮或解除契约,并得请求赔偿损害。

承租人代为修缮的费用可以请求出租人偿还,或由租金内扣除。

第十八条 应由承租人负责的修缮,因承租人不修缮而造成租赁物的损害时,出租人有权请求赔偿。

第十九条 承租人非取得出租人的同意,不准对租赁物进行增设和改装。

承租人违反前款规定时,出租人可以解除契约,请求赔偿损害,或无偿将增设和改装的部分收归出租人所有或管理。

第二十条 承租人经出租人同意对租赁物进行增设和改装。除契约另有规定外,在租赁关系终止时,承租人有权请求适当(相当)的补偿;或在不妨碍租赁物的条件下,可以将增设或改装部分拆除,但应恢复租赁物的原状。

第二十一条 (一)除法律或契约另有规定外,承租人可以依照原租约的条件,在租约有效期间内,转租、分租与第三人;但租金应照原租金额或比例分摊。

承租人擅自转租、分租时,出租人可以解除契约。

(二)承租人经出租人同意,可以将租赁物全部转租或分租与他人,但租赁物为房屋时,承租人经出租人同意,只能将原为自己使用的房屋的一部分分租与他人。

承租人将租赁物转租、分租后,仍依约对出租人负责。

转租、分租的租金不得超过原租金额或按原租金的比例分摊额。

承租人违反前款规定时,出租人可以解除契约。

(三)在租赁契约有效期间,承租人不得将租赁物转租于他人,但经出租人同意,可以将租赁物分租与他人,租金应按原租金额的比例分摊。

承租人违反前款规定,将租赁物转租、分租与他人时,出租人可以解除契约。

第二十二条 承租人依前条[第二十一条(一)]规定将租赁物转租、分租与第三人时,仍应对出租人负责。

第二十三条 承租人将租赁契约中一切权利义务,全部转让给第三人,而自己退出租赁关系时,其约定无效,因承租人转让,出租人可以解除契约。

注:有同志认为此条不要。

第二十四条 出租人除收取租金外,不得以任何名义索取其他非法费用,如违反此项规定,其(出租人的)非法收入归国家所有。

房屋以外的其他租赁物,当事人双方如约定有押金时,不在此限(除外)。

第二十五条 承租人的租赁权,被侵犯(害)时,承租人可以请求法院保护。

注:有同志认为此条不要。

第二十六条 租赁关系有效期间,租赁物所有权转移给第三人时,租赁契约对新所有人仍继续有效。

第二十七条 承租人如一向依照契约完善的履行了义务,在租赁契约期满时,有订立新契约的优先权,但租赁物因社会主义组织的需要,或出租人收回自用时,承租人即无此项权利。

第二十八条 租赁契约期满后,承租人仍继续使用租赁物,出租人不表示反对时,原契约视为不定期继续有效。

第二十九条 租赁契约期满后,承租人无权订立新契约,经出租人通知返还租赁物,承租人仍继续占用,出租人可以请求返还租赁物并请求赔偿损害。

注:另有意见:"出租人可以……害"改为"承租人则应负停止租赁契约后的一切损害赔偿",有同志认为此条不要。

第三十条 出租人因房屋必须拆除、改建,可以解除契约,但在完工后仍继续出租时,原承租人有优先承租权。

第三十一条 出租人出卖租赁物时,承租人在同样条件下,有优先承买权。
承租人在接到出卖通知十日内,不作承买的表示,视为放弃优先承买权。

第三十二条 租赁契约期满前,承租人因正当理由,不需要继续使用租赁物时,应在一个月前通知出租人。但因特殊原因不能先期通知,可以随时解除契约。

第三十三条 租赁契约终止时,承租人将租赁物及一切附属物,按照完整的状态返还出租人。

第三十四条 因租赁关系所生的损害赔偿请求权和承租人因垫付的修缮费用请求权,其诉讼期间定为六个月。

注:有的同志认为适用总则的时效,不要另规定。

租赁（第三次草稿）

1956年4月14日

第一条 租赁是出租人将租赁物交给承租人使用，承租人向出租人支付一定租金的契约。

另案：租赁是依租赁契约，由出租人将租赁物交给承租人临时使用，承租人应向出租人支付一定的租金。

第二条 房屋租赁契约和在六（三）个月以上的其他租赁契约应用书面订立。

另案：租赁契约应用书面订立；但在三（一）个月以下的租赁契约，可以采用口头形式。

第三条 除法律（法规）另有规定外，定期租赁的期限不得超过三年（二年、五年、十年），如超过×年，应以×年为有效期限。

注："除法律另有规定"，如在债通则有统一规定，这里就不要写。

第四条 不定期的租赁，当事人的一方可以随时解除契约，但应先期一个月用书面通知，房屋的出租人应先期三个月用书面通知。

另案：缔订租赁契约时，没有订明期限，应视为是不定期的租赁，任何一方都可以随时通知他方解除契约；但应先期一个月用书面通知，房屋租赁的出租人应先期三个月用书面通知。

第五条 出租人应将合于约定的租赁物，及时交给承租人，无约定时，应将合于通常使用的租赁物及时交给承租人。

出租人所交付的租赁物，如不合于前款规定（约定或通常使用）时，承租人可以请求修理、减少租金或解除契约，并得请求赔偿损害。

第六条 租赁物的瑕疵，在订立契约时，为承租人已知道，或依通常的注意所能看出的，出租人不负责任。

但是租赁物的瑕疵影响到承租人及其同居人的安全，或其他严重损害时，不在此限（除外）。

注：有的同志认为这条不要。

第七条 承租人应依照约定使用租赁物，无约定时，应依照租赁物的性质和用途使用租赁物。

承租人违反前款规定时，出租人可以解除契约。

第八条 承租人或其同居人对租赁物造成损坏或放任损坏，承租人应负赔偿责任。

对租赁物造成严重损害以致减少使用效能时,出租人可以解除契约。

第九条 承租人无正当理由连续不使用租赁物,满六个月时,出租人可以解除契约。

第十条 租赁物的租金应依照县市以上(当地)人民委员会或主管机关所规定的租金标准订立;没有规定租金标准的(时),可由当事人双方自行约定。

另案:租赁物的租金不得超过当地人民委员会或主管机关所规定的标准,房屋以外的其他租赁物租金没有规定标准时,可以由当事人双方自行约定。

第十一条 租金应用人民币计算和给付。

注:有同志认为这条不要。

第十二条 租金应按约定日期支付,无约定时按月支付;不满一个月的,在租赁期满时支付。

第十三条 出租人对租赁物进行改善,显著提高使用价值时,出租人可以请求增加租金。

注:有同志认为这条不要。

第十四条 因不归承租人负责的事由,致租赁物部分不能使用或使用效能显著减少时,承租人可以请求减少租金。

注:有同志认为这条不要。

另有意见:第十三、十四条两条合并为一条两款。

第十五条 除法律另有规定外,因使用租赁物所支付的费用,由承租人负担。

注:有同志认为这条不要。

第十六条 如法律或契约无其他规定时,租赁物的重要修缮由出租人负责,普通修缮由承租人负责。

租赁物为房屋时,除室内裱糊、粉刷和水、电、卫生等设备的零件由承租人修缮外,其他概由出租人负责。

注:有同志认为第二款不要。

第十七条 出租人不履行修缮的义务时,承租人可代为修缮或解除契约,如有损害并可请求赔偿。

承租人代为修缮的费用,可以由租金内扣除或请求出租人偿还。

第十八条 应由承租人负责的修缮,因承租人不修缮而造成租赁物的损害时,出租人有权请求赔偿。

注:有同志认为可并入第八条规定。

第十九条 承租人非经出租人同意,不准对租赁物进行增设或改装,经出租人同意,对租赁物所进行增设或改装,除契约另有规定外,在租赁关系终止时,承租人有权请求适当的补偿,或将增设或改装部分拆除,但应恢复租赁物的原状。

承租人擅自增设或改装,出租人可以请求恢复原状,或将增设或改装部分,无偿归为出租人自己所有。

第二十条　承租人不得将租赁物转让、转租、分租与他人,但租赁物是房屋时,承租人经出租人的同意,可将一部分分租给他人,分租租金应按原租金额比例分摊;分租后,承租人仍应依约对出租人负责。

承租人违反前款规定,出租人可以解除契约。

另案:除法律或契约另有规定外,承租人可以依照原租约的条件,将租赁物全部或一部转租与第三人,但租金应照原租金额或比例分摊。

承租人擅自转租时,出租人可以解除契约。

第二十一条　承租人依前条(第二十条另案)规定将租赁物转租与第三人时,仍应对出租人负责。

第二十二条　承租人将租赁契约中一切权利义务,全部转让给第三人,而自己退出租赁关系时,其约定无效;因承租人转让,出租人可以解除契约。

注:有同志认为这条不要。

第二十三条　出租人除收取租金外,不得以任何名义索取其他非法费用,如违反此项规定,其(出租人的)非法收入归国家所有。房屋以外的其他租赁物,当事人双方如约定有押金时,不在此限(除外)。

注:有同志认为这条不要。

第二十四条　租赁关系有效期间,租赁物所有权转移给第三人时,租赁契约对新所有人仍继续有效。

另案:租赁关系有效期间,租赁物所有权转移给第三人时,新所有人按照原租约条件与承租人订立新约。

第二十五条　承租人如一向依照契约完善的履行了义务,在租赁契约期满时,有订立新契约的优先权;但出租人必需收回自用时,承租人即无此项权利。

第二十六条　出租人因房屋必须拆除重建,可以解除契约,但在完工后仍继续出租时,原承租人有优先承租权。

第二十七条　出租人出卖租赁物时,承租人在同样条件下,有优先承买权。

承租人在接到出卖通知十日内,不作承买的表示,视为放弃优先承买权。

第二十八条　租赁契约期满后,承租人仍继续使用租赁物,出租人不表示反对时,原契约视为不定期继续有效。

第二十九条　租赁契约期满后,承租人如无订立新契约的优先权,经出租人通知返还租赁物,而仍继续占用,承租人则应负停止租赁契约后的一切损害赔偿。

注:有同志认为这条不要,因在债通则有规定。

第三十条　租赁契约期满前,出租人确需收回自用时,可以在三个月前通知承租人解除契约。

租赁契约期满前,承租人有正当理由,不需要使用租赁物时,可以在一个月前通知出租人解除契约;但因特殊原因不能先期通知,可以随时解除契约。

另有意见:将本条第二款改为"租赁……时,可以预先通知出租人解除契约"。

第三十一条 租赁契约终止时,承租人将原租赁物及一切附属物,按照完整的状态返还出租人。

另案:租赁契约终止时,承租人应将原租赁物返还出租人。

第三十二条 因租赁关系所生的损害赔偿请求权和承租人因垫付的修缮费用请求权,其诉讼期间(起诉时效)定为六个月。

注:有同志认为适用总则的时效,不要另规定。

中华人民共和国民法典租赁篇（第四次草稿）

全国人民代表大会常务委员会办公厅研究室　1956年5月26日

第一条　依照租赁契约，出租人将租赁物交给承租人使用，承租人应向出租人支付一定的租金。

另案：依照租赁契约，出租人将租赁物交给承租人使用，承租人应向出租人支付一定的租金，租赁关系终止后应将原租赁物返还给出租人。

第二条　租赁契约应当用书面订立，也可以采用口头形式。但房屋租赁契约和在三个月以上的其他租赁契约，必须用书面订立。

注：有的同志主张第二句改为："租赁物的价值在五百元以上的必须用书面订立。"

第三条　除法律另有规定外，定期的租赁契约的期限不得超过三年，如果超过三年，应当以三年为有效期限。

另案：除法律另有规定外，定期租赁契约的期限不得超过三年，租赁届满以后可以另订新约。

第四条　不定期的租赁契约，当事人的一方可以随时解除，但是房屋的出租人应当在三个月以前用书面通知，其他租赁物的出租人应当在一个月以前用书面通知。

另案：不定期的租赁契约，当事人的一方可以随时解除，但是应当在一个月前用书面通知。房屋租赁契约的出租人如果确需自用房屋的时候，应当在三个月以前用书面通知。

注：有的同志主张将第三条和第四条合并为一条两款。

第五条　出租人应当将合于契约所约定的租赁物及时交给承租人使用。

如果出租人交的租赁物不合于约定的时候，承租人可以请求修理、减少租金或者解除契约，并且可以请求赔偿损失。

注：

1. 有的同志提议：本条第一款应改为："出租人应当将合于契约规定的租赁物及时交给承租人使用。如契约没有规定租赁物的规格、质量的时候，应当将合于通常使用的租赁物及时交给承租人使用。"

2. 有的同志主张本条第二款应作单独一条写。

第六条　承租人应当按照约定的方法使用租赁物，如果没有约定使用方法的时候，应当按照租赁物的性质和用途使用租赁物。

第七条　承租人或者他的同居人对租赁物造成损坏或者放任损坏的时候，承租人应当负责赔偿;如果损害严重,出租人可以解除契约。

另案:承租人对租赁物造成损害的时候,应当负责赔偿。如果对租赁物造成严重损害的时候,出租人可以解除契约。

第八条　承租人没有正当的理由连续不使用租赁物满三个月,出租人可以解除契约。

第九条　租赁物的租金数额,应当依照当地人民委员会或者主管机关所规定的租金标准订立,没有规定租金标准的时候,可以由当事人双方自行约定。

第十条　租金应当用人民币计算和给付。

注:有的同志主张不要这条。

第十一条　一般租赁物的租金可以按约定的日期给付,城市房屋的租金必须按月给付,乡村房屋的租金可以按季节给付。

第十二条　由于不能归承租人负责的原因,使租赁物部分不能使用或者使用效能显著减低,承租人可以请求减少租金。

注:

1. 有的同志建议这条应当放在第八条的后面。
2. 有的同志主张这条可以不要。

第十三条　除法律另有规定外,因使用租赁物所支付的费用,由承租人承担。

另案:租赁物与所有权相联系的费用由出租人负担,使用租赁物所支付的费用由承租人负担。

注:有的同志主张这条不要。

第十四条　如果法律或者契约没有其他规定的时候,租赁物的重要修缮由出租人负担,普通修缮由承租人负担。

租赁物是房屋的时候,如果契约没有其他的约定,室内裱糊、粉刷以及水电、卫生等设备的零件由承租人修缮,其他概由出租人修缮。

第十五条　应当由出租人负责修缮的租赁物,在需要修缮的时候,承租人应当通知出租人进行修缮。如果出租人不履行修缮的义务,承租人可以代为修缮,或者解除契约。但是承租人因此受到的损害,可以请求赔偿。

承租人代为修缮的费用,可以从租金内扣除,或者请求出租人偿还。

第十六条　应当由承租人负责的修缮,如果承租人没有修缮而使租赁物受到损害,出租人可以请求赔偿。

注:有的同志主张这条不要,或者并入第八条。

第十七条　承租人不得到出租人的同意,不准对租赁物进行增设或者改装。得到出租人同意后对租赁物进行的增设或者改装,除契约另有规定外,在租赁关系终止的时候,承租人可以请求适当的补偿,或者将增设、改装部分拆除,但应恢复租赁物的原状。

承租人对租赁物擅自增设或者改装,出租人可以请求恢复原状,或者将增设、改装部分无偿归出租人所有。

第十八条 承租人不得将租赁物转让、转租、分租给第三人。但当租赁物是房屋的时候,承租人在征得出租人的同意后,可以依照原租约的条件将房屋的一部分分租给第三人,分租租金应按原租金的数额比例分摊。分租后,承租人仍应依照契约对出租人负责。

承租人如果违反前款规定,出租人可以解除契约。

另案1:除法律或者契约另有规定外,承租人可以依照原租约的条件将租赁物的全部或者一部转租给第三人,但是租金应按原租金的数额或者比例分摊。

承租人没有得到出租人的同意,擅自将租赁物转租给第三人,出租人可以解除契约。

承租人将租赁物转租给第三人的时候,仍要对出租人负责。(注:如果这一案能被采用,则最后一款可作为单独一条。)

承租人将租赁契约中的一切权利义务全部转让给第三人,而自己退出租赁关系的时候,他们的约定无效。(注:如果这一案能被采用,则这款可作为单独一条。)

另案2:承租人不得将租赁物转让、转租、分租给他人。但是当租赁物是房屋的时候,承租人可以将空余部分介绍他人与出租人直接订立租赁契约。

注:

1. 有的同志主张本条应当改写为:"除法律规定可以将租赁物转租、分租外,承租人不得将租赁物转租、分租给第三人。"

2. 有的同志认为"转让、转租、分租"的区别应在条文上作适当的说明。

第十九条 出租人除收取租金外,不得用任何名义向承租人索取其他的费用。但是房屋以外的其他租赁物,当事人双方如果约定有押金的时候,不在此限。

注:有的同志主张这条不要。

第二十条 在租赁关系有效期间,租赁物的所有权由出租人转移给第三人的时候,新的所有人可以按照原租约的条件与承租人订立新约。

另案:在租赁关系有效期间,租赁物的所有权由出租人转移给第三人的时候,租赁契约对于新的所有人继续有效。

第二十一条 承租人(一向很好地)履行契约上所规定的义务,在租赁契约期满以后,如果出租人仍将租赁物出租的时候,承租人有优先承租权。

第二十二条 在房屋租赁契约有效期间,由于房屋必须修理、拆除或重建,出租人可以在租期未满以前解除契约。但是完工以后仍要继续出租的时候,原承租人有优先承租权。

注:有的同志认为"继续"两字不要。

第二十三条 出租人出卖租赁物的时候,承租人在同样的购买条件下,有优先购买权。

承租人接到出租人出卖租赁物的书面通知以后,在十天期限内不作承买的表示,应当认为放弃优先承买权。

第二十四条 租赁契约期满以后,承租人仍要继续使用租赁物,而出租人又没有表示反对的时候,原契约应当认为不定期继续有效。

第二十五条 租赁契约终止的时候,承租人应当将租赁物返还给出租人。

注:有的同志主张这条并在第一条内。

第二十六条 由于租赁关系所产生的损害赔偿的请求权和承租人代垫的修缮费用的请求权,其起诉时效一律规定为六个月。

注:有的同志建议:除以上条文外还应补充下面一条:

出租人对于承租人在订立契约的时候已经知道或者以通常的注意所能看出的租赁物的缺陷,不负责任。但是租赁物的缺陷影响到承租人和他的同居人的安全,或者造成其他严重损害的时候,不在此限。

另案:出租人不得将有缺陷的租赁物出租,如果出租后租赁物的缺陷危害到人身的安全,或者给承租人造成其他严重损害的时候,出租人应当负担责任。

注:有的同志主张这条可以不用规定。

租赁（第五次草稿）

1956年7月11日

第一条 依照租赁契约，出租人应将租赁物交给承租人使用，承租人应向出租人支付一定的租金，租赁关系终止后应将原租赁物返还给出租人。

另案：依照租赁契约，出租人应将租赁物交给承租人使用，承租人应向出租人支付一定的租金。

租赁契约终止的时候，承租人应当将租赁物在完整的状态下返还给出租人。

注：有的同志主张：另案第二款可作为单独一条写。

第二条 房屋租赁契约以及期限在三个月以上或者租赁物的价值在一百元（五百元）以上的其他租赁契约，必须用书面订立。

另案：房屋租赁契约以及期限在三个月以上的其他租赁契约，必须用书面订立。

注：有的同志认为：租赁物的价值在债的通则中应有规定，这里可以不用考虑。

第三条 除法律另有规定外，定期租赁契约的期限最长不得超过三年；如果超过三年，应当缩短为三年。

另案：定期租赁契约的期限最长不得超过三年；如果超过三年应当缩短为三年。

第四条 不定期的租赁契约，当事人的一方可以随时通知他方解除，但是房屋的出租人应当在三个月以前通知承租人。

第五条 出租人应当将合于约定的租赁物及时交给承租人使用；如果没有约定租赁物标准的时候，应当将合于通常使用的租赁物及时交给承租人使用。

出租人交给的租赁物不合于前款规定的时候，承租人可以请求修理、减少租金或者解除契约，如果因此受到损失，可以请求赔偿。

第六条 承租人有保护租赁物的义务，并且应当按照约定的方法使用租赁物；如果没有约定的使用方法，应当按照租赁物的性质和用途使用。

承租人违反前款规定的时候，出租人可以解除契约，如因此受到损失，可以请求赔偿。

第七条 承租人或者他的同居人对租赁物造成损坏，承租人应当负责赔偿；如果损坏严重，出租人可以解除契约。

第八条 承租人没有正当理由，连续不使用租赁物满三个月，出租人可以解除契约。

第九条　租赁物的租金数额,应当依照当地人民委员会或者主管机关所规定的租金标准订定;如果没有规定租金标准,由当事人双方根据公平合理的原则自行约定。

第十条　租金应当用人民币计算和给付。

注:有的同志认为这条可以不要。

第十一条　一般租赁物的租金应当按约定的日期给付;房屋的租金应当按月给付。

另案:一般租赁物的租金应当按约定的日期给付;房屋的租金除另有约定外,应当按月给付。

第十二条　承租人故意连续三次不给付租金,出租人有权解除契约,并且可以请求追缴欠租。

第十三条　由于不能归承租人负责的原因,使租赁物部分不能使用或者使用效能显著减低的时候,承租人可以请求减少租金或者解除契约。

注:有的同志认为这条可以不要。

第十四条　因使用租赁物所支付的费用,除法律或者契约另有规定外,由承租人负担。

第十五条　除法律或者契约另有规定外,租赁物的重要修缮由出租人负担,零星细小的修缮由承租人负担。

第十六条　应当由出租人负责修缮的租赁物,出租人必须定期进行检查。在租赁物需要修缮的时候,承租人应当通知出租人进行修缮,如果出租人不履行修缮的义务,承租人可以代为修缮,或者解除契约,如果因此受到损失,可以请求赔偿。

承租人代为修缮的费用,可以从租金内扣除,或者请求出租人偿还。

第十七条　应当由承租人负责的修缮,如果承租人没有修缮而使租赁物受到损害,出租人可以请求赔偿。

注:

1.有的同志认为这条可以不要。

2.有的同志认为这条应该并入第十五条。

第十八条　承租人没有得到出租人的同意,不准对租赁物进行增设或者改装。

承租人得到出租人同意后对租赁物进行的增设或者改装,除契约另有规定外,在租赁关系终止的时候,承租人可以请求适当的补偿,如果出租人不愿补偿,承租人可以将增设、改装部分拆除,拆除的时候,应当恢复租赁物的原状。

承租人没有征得出租人的同意,对租赁物私自增设或者改装,出租人可以请求恢复原状,或者将增设、改装部分无偿归出租人所有。

第十九条　承租人不得将租赁物的全部或者一部分(分租)转租给第三人。但是当租赁物是房屋的时候,承租人在征得出租人的同意后,可以依照原租赁契约的条件将房屋的一部分转租(分租)给第三人。部分转租(分租)的租金应当依照原租金的数额比例分摊。

部分转租(分租)后,承租人仍应依照原租约对出租人负责。

另案:除法律或者契约另有规定外,承租人在征得出租人的同意后,可以依照原租赁契约的条件将租赁物的全部或者一部转租给第三人,但是租金应当依照原租金的数额或者比例分摊。

承租人没有得到出租人的同意,私自将租赁物的全部或者一部转租给第三人的时候,出租人可以解除契约。

承租人将租赁物的全部或者一部转租给第三人的时候,仍应按照原租赁契约对出租人负责。

承租人将租赁契约中的一切权利义务全部转让给第三人,而自己退出租赁关系的时候,他们的契约无效。

注:有的同志主张:

1. 另案第三款可以作为单独一条写。

2. 另案第四款可以作为单独一条写。

第二十条 出租人只能收取租金,不得用任何名义向承租人索取其他(额外)的费用。但是房屋以外的其他租赁物,当事人双方如果约定有押金的,可以除外。

另案:出租人可以按照约定向承租人收取一定数额的保证金。但是当租赁物是房屋的时候,出租人除收取租金外,不得用任何名义向承租人索取保证金或者增加其他的费用。

第二十一条 在租赁关系有效期间,租赁物的所有权由出租人转移给第三人的时候,原租赁契约对于新所有人继续有效,新所有人应当按照原租赁契约的条件另订新约。

另案:

1. 在租赁关系有效期间,租赁物的所有权由出租人转移给第三人的时候,原租赁契约对于新所有人继续有效。

2. 在租赁关系有效期间,租赁物的所有权由出租人转移给第三人的时候,新所有人可以按照原租赁契约的条件与承租人订立新约。

第二十二条 承租人能够(一向)按照契约履行义务,在租赁契约期满后,出租人仍将租赁物出租的时候,承租人有优先承租权。

注:有的同志主张本条改为:在租赁契约期满后,出租人仍将租赁物出租的时候,原承租人如一向能够按照契约很好地履行义务,有优先承租权。

第二十三条 在房屋租赁契约有效期间,由于房屋(必须)拆除重建,出租人可以解除契约;但是在完工后仍要出租的时候,在同样租赁条件下,原承租人有优先承租权。

第二十四条 出租人出卖租赁物的时候,承租人在同样的购买条件下,有优先购买权。

承租人在通知规定的期限内不作购买的表示,应当认为放弃优先购买权。

这条第二款的另案:承租人接到出租人出卖租赁物的书面通知后,在十天期限内不作购买的表示,应当认为放弃优先购买权。

注:有的同志认为:这条的精神在债篇(买卖)章中也有规定,究竟在哪里规定合适,应该统一考虑。

第二十五条 租赁契约期满后,承租人仍继续使用租赁物,而出租人又没有表示反对的时候,原租赁契约应当认为继续有效。

注:

1. 有的同志认为:原租赁契约应当认为不定期契约。
2. 有的同志认为这条可以不要。

第二十六条 由租赁关系所产生的损害赔偿的请求权和承租人代垫的修缮费用的请求权,其起诉时效一律规定为六个月。

注:

1. 有的同志认为:这条应该原则规定,不要太具体。
2. 有的同志认为:如果民法典总则有规定的时候,这条可以不用规定。

中华人民共和国民法典(草案)债篇
租赁(第五次草稿)意见汇辑

全国人民代表大会常务委员会办公厅研究室　1957年1月14日

说　明

这份材料的意见,大部分是在1956年9月下旬收到的,是根据下列35个单位所提的意见整理的:

最高人民法院顾问室、最高人民法院民庭、最高人民法院陈瑾昆同志、司法部法令编纂司、法制局吴传颐同志、北京市高级人民法院、天津市高级人民法院、上海市高级人民法院、山东省高级人民法院、沈阳市中级人民法院、沈阳市公证处、广州市中级人民法院、长沙市中级人民法院、西安市中级人民法院及司法局。

内务部、交通部、全国总工会。

中央政法干部学校、中央政法干部学校西北分校、武汉大学法律系、东北人民大学法律系、西南政法学院。

北京市房地产管理局、天津市房地产管理局、上海市房地产管理局、长沙市房地产管理局、武汉市房地产管理局、西安市房地产管理局、济南市房地产管理局、衡阳市房地产管理局、沈阳市房地产管理局。

中国电影发行公司北京市公司、中国电影发行公司天津市公司。

北京市公共汽车公司、天津公共汽车公司。

第一部分　总的意见

一、对立法精神的意见

(一)租赁草稿的立法原则是采取我国现有实际事例,并参酌某些省、市颁行的房屋管理条例或租赁章程而制定的,我们同意本草案的立法精神。(司法部)

(二)按照租赁关系,从主体来说,大体可分三类:社会主义经济组织间的租赁、社会主义经济组织和公民间相互的租赁和公民间相互的租赁。从租赁物来说,有生产资料的租赁,有生活资料的租赁,租赁关系是错综复杂的,所以租赁草稿的修改可以对各种具体租赁关系分别进行处理。如果房屋租赁确系急待解决的问题,可单起一《房屋租赁条例》。这样面较窄,问题较具体,容易掌握,不致被动,其他较普遍的租赁关系,例如电影片租赁,如果需要,可学习苏联用示范契约的办法,或者将租赁草稿写得更一般些,更抽象些,例如出租人出卖租赁物、转租、承租人对租赁物进行增设、改装类似的规定删去,使租赁条例成为一个一般性的条例,至于具体问题,可由有关规定或示范契约来处理。(法制局吴传颐)

(三)住宅租赁,它直接关系着广大人民的切身利益,但草稿中,对于租赁的特点似乎反映得不够,特别是保护承租人的权利方面。(总工会)

(四)租赁法条文应考虑中国人"安土重迁"的习惯,减少不必要的迁累,对发展生产、增强人民团结都是有利的。本规定十二条以后几条的条文反映了这个精神,而第三条以后的几条的条文,多从保护业主出发,对这种社会意志照顾少些。(广州市法院)

二、增加条文内容的意见

(一)租赁法应指明调整哪些范围,在条文中应有说明。(总工会)

(二)有关保护承租人权利方面

1.在租赁关系有效期间,承租人有权将其被扶养人迁入自己的住宅居住,在主承租人死亡或外出时,主承租人的家属及其被扶养人可继续使用该住宅。(总工会)

2.住宅承租人有权同其他住宅承租人迁换住宅。(总工会)

3.承租人如果暂时他往,其住宅使用权应予保留。(总工会)

4.像《武汉市公共房屋管理暂行办法》第三条规定的精神及各地交换住宅的经验可吸收为条文。(武大)

5.对于积极维护租赁物的承租人,在立法上,应比一般承租人多保护一些。(广州市法院)

6.限期租赁,如因特殊情况,在期限未满,即不能继续住时(如调动工作)如何处理,应有条文明确规定。(北京汽车公司)

7.为保证承租人的租用权,应订出防止出租人借词自由撵承租人的条文。(北京汽车公司)

(三)有关保护出租人权利方面

1.出租人确实收回租赁物自用的,应予准许以保护其权利;但其他非此原因的,则不应过于侧重保护出租人,使其过多使用解除租赁契约的权利。(广州市法院)

2.租赁期满,承租人如不搬时,应如何处理,应有条文规定。(北京汽车公司)

(四)有关租赁其他问题

1.关于租地建屋,年限期满无偿归还土地业主的约定,是否继续有效的问题及房屋典当问题,应在债权篇内规定。(武汉市房地产管理局)

2.有的地区曾规定,凡机关、团体、国营企业及公私合营企业租赁私人房屋应由当地房屋管理委员会核批,有的地区设有房地产交易所,接受私人委托,办理租赁业务,并予监证,由出、承租人双方自行洽商成立租赁关系也要经房地产交易所监证方为合法,这些情况可否在租赁法中反映?(天津市房地产管理局)

三、对结构排列的意见

(一)第一条另案的第二款单列一条放在第二十一条后面。(交通部)

(二)第二条与第五条对调。(沈阳房地局)

(三)第三条与第二十五条合并。(沈阳市法院)

（四）第六条与第七条合并。（高院民庭、顾问室）

（五）第七条修改并入第六条作第三款。（武大）

（六）第七条与第六条合并。（高院民庭、顾问室，武汉市房地产管理局，天津市房地产管理局）

（七）第十条并为第九条作第二款。（天津市法院）

（八）第十五、十六、十七条合并为两条。（北京市房地产管理局）

（九）第十五、十六、十七条移到第五条和第六条之间。（高院陈瑾昆）

（十）第十六条与第十七条合并。（高院民庭）

（十一）第二十五条移到第五条后面。（长沙市房地产管理局）

（十二）第二十六条改为第二十七条，并将第一条另案第二款单列作为第二十六条。（高院顾问室、陈瑾昆）

四、对一些用语的意见

（一）条文内有些用语不一致，应当统一，例有称"应"（见第一条），有称"应当"（见第三条），有称"必须"（见第二条），应该统称"应当"（从宪法用语）；有称"修理"（见第五条），有称"修缮"（见第十五至十七条），应该统称"修理"；又如有称"依照"（见第一条），有称"按照"（见第六条），应该统称"依照"；又如有称"损失"（见第五条），有称"损害"（见第二十六条），应该统称"损害"。（高院陈瑾昆）

（二）条文中"解除"与"终止"，与"有权"与"可以"，用语应当统一。（高院顾问室、上海市法院）

第二部分　对条文修改的意见

第一条　依照租赁契约，出租人应将租赁物交给承租人使用，承租人应向出租人支付一定的租金，租赁关系终止后应将原租赁物返还给出租人。

另案：依照租赁契约，出租人应将租赁物交给承租人使用，承租人应向出租人支付一定的租金。

租赁契约终止的时候，承租人应当将租赁物在完整的状态下返还给出租人。

注：有的同志主张：另案第二款可作为单独一条写。

一、同意原案。（西安市法院、司法局、长沙市法院、沈阳市法院、上海市法院、济南市房地产管理局、沈阳市房地产管理局、西安市房地产管理局、天津市房地产管理局、长沙市房地产管理局、内务部、北京市房地产管理局）

二、对原案修改和补充：

1. 原案"租赁关系终止后"的"后"字改为"时"字，因为"后"字很抽象，如一月一年也是"后"的意思，改为"时"字较具体明确，对出租人合法权益更方便。（西安市法院、司法局，天津市法院，长沙市房地产管理局）

2. 原案"租赁关系终止后应将原租赁物返还给出租人"改为"租赁关系终止后，应将租赁物在完整状态下返还给出租人"。（西北政法干校）

3. 原案"承租人应向出租人支付一定的租金"中的"一定"二字删去，在这里可考虑另

加上"金额由双方协商规定"一句。(内务部)

三、同意另案。(高院民庭、顾问室、山东省法院、北京市法院、天津汽车公司、天津影片公司、北京影片公司、衡阳市房地产管理局、天津市法院)

理由：(1)另案说明了完整状态返还较恰当。(天津影片公司)

(2)另案两款写在引用上较方便。(天津市法院)

四、对另案修改和补充：

1. 另案第二款改为"租赁契约终止时,承租人应将租赁物返还给出租人。"(天津市法院)

2. 另案第二款改为"承租人应当将租赁物在完整的(自然损耗除外)状态下返还出租人。"(武汉市房地产管理局)

3. 将原案"租赁关系终止后应将原租赁物返还给出租人。"作为另案第二款,含义更明确。(上海市法院)

五、不同意另案。(总工会、西安市法院、司法局、广州市法院、天津房地局、长沙市法院)

理由：另案第二款规定将租赁物"在完整的状态下"返还给出租人,但"完整"含义笼统,不好掌握,不及原案规定将原租赁物返还给出租人比较明确。同时租赁物出租后,承租人进行使用,租赁物本身必然会有损耗,交还即不能完整,而租金也就包括有损耗的补偿部分,如果承租人有意损坏,关于赔偿第七条已有规定。(长沙市法院、天津市法院)

六、对注的意见：

1. 同意注的意见,将另案第二款作为单独一条,列在第二十一条之后。(交通部)

2. 不同意注的意见。(北京市法院、天津影片公司)

七、条文改为：

本条改为"依照租赁契约,出租人应当将约定租赁物给付承租人使用,承租人应当给付出租人约定租金。"理由：此条系规定租赁契约的概念,即租赁依其性质应有的内容——当事人依租赁应为的给付,至于租赁关系终止后,应当将租赁物返还给出租人,是契约消灭后的义务。应当在以后另设一案规定,苏俄和其他各国民法均如此。又条文中所谓"交给"和"支付"都是给付,不如依照债通则和契约通则都称"给付",同时租金如不仅限于金钱——货币,"支付"不能概括。(高院陈瑾昆)

第二条 房屋租赁契约以及期限在三个月以上或者租赁物的价值在一百元(五百元)以上的其他租赁契约,必须用书面订立。

另案：房屋租赁契约以及期限在三个月以上的其他租赁契约,必须用书面订立。

注：有的同志认为：租赁物的价值在债的通则中应有规定,这里可以不用考虑。

一、同意原案。(上海市法院、东北人大、天津汽车公司、衡阳市房地产管理局、沈阳市房地产管理局、天津市法院)

理由：租赁物的价值应该规定,如租赁物价很高,没有书面契约,就不妥当,一并规定较为全面。(天津市法院)

二、对原案修改补充：

1. 同意原案,并将"必须"改为"应当","一百元"改为"五百元"。本条可加上一但书

"但是没有用书面订立的,如果有其他方法证明,也可以认为成立。"理由:所定的各种契约固宜为要式,但不必如苏俄等太硬性,以便事实上口头订立的契约或者当事人都已合意已经实行,也可以承认有效,于当事人双方都为便利(目前书面租赁契约还不宜太严格)。(高院陈瑾昆)

2. 同意原案,但应将(五百元)取消。因为所处理的租赁纠纷,多发生在群众中,标的价值又多在一百元以上,故价值规定在一百元以上较为合适。(沈阳市法院、广州市法院、沈阳市房地产管理局)

3. 租赁物价值可规定五百元以上,必须订立书面契约。(天津汽车公司)

4. 本条还须规定,如果不用书面订立的租赁契约,所引起的法律后果。(上海市法院)

5. 租赁物价值可以规定高一些。(上海市法院)

三、同意另案。(高院民庭、顾问室、内务部、西安市法院、司法局、山东省法院、北京市法院、长沙市法院、西北政法干校、天津影片公司、北京房地产管理局、武汉房地产管理局、济南房地产管理局、西安房地产管理局、天津房地产管理局、上海市法院)

四、对另案修改和补充:

1. 另案的期限规定为"三个月以上",时间太长,可缩短为"一个月以上"。(西安市法院、司法局)

2. 另案的期限三个月以上,可适当缩短规定。(山东省法院)

3. 租赁期限应稍长些。(广州市法院)

五、基本同意另案的意见,但房屋租赁契约不分定期和不定期一律须用书面订立恐结合目前我国各地情况还有困难。(交通部)

六、在本条最好加上经公证机关公证以使契约合理订立,也有同志认为私人间的契约有效的不需要公证。(长沙市法院)

七、同意注的意见。(高院顾问室、山东省法院、西北政法干校、西安市房地产管理局)

八、将本条与第五条排列对调一下。(沈阳市房地产管理局)

第三条 除法律另有规定外,定期租赁契约的期限最长不得超过三年;如果超过三年,应当缩短为三年。

另案:定期租赁契约的期限最长不得超过三年;如果超过三年应当缩短为三年。

一、同意原案。(高院民庭、顾问室、陈瑾昆、交通部、沈阳市法院、山东省法院、天津市法院、北京市法院、东北大人、天津汽车公司、天津影片公司、衡阳市房地产管理局、武汉市房地产管理局、西安市房地产管理局、沈阳房地产管理局、天津房地产管理局)

二、对原案修改和补充:

1. "除法律另有规定外"改为"但法律另有规定的除外",放在本条最后。(北京市法院)

2. "定期租赁契约的期限"改为"租赁契约的期限"。(高院陈瑾昆)

3. 三年期限太短。(交通部、司法部、广州市法院)

4. 本条的规定期限三年只适合一般的租赁,而不适合住宅的租赁,在苏联住宅租期不得超过五年,在我国职工住宅更为缺乏的情况下,租期应该多于五年而不应少于五年。(总工会)

5. 定期租赁期限硬性规定三年,太死板,应该灵活些,因为有些承租人为了生产上的需要,增设了很多设备,使用时间应长一些,若不分租赁使用性质,一律固定为三年,将会为此而引起浪费及不必要的纠纷。(长沙市法院)

6. 在本条后面加上"如三年期满双方另议"。(沈阳市法院)

三、同意另案。(内务部、上海市法院)

四、本条与第二十五条合并。(沈阳市法院)

第四条 不定期的租赁契约,当事人的一方可以随时通知他方解除,但是房屋的出租人应当在三个月以前通知承租人。

一、同意原条文。(高院顾问室、西安房地产管理局)

二、对原案修改和补充:

1. "解除"改为"终止",以与第一条用语取得一致。(高院顾问室)

2. "但是房屋的……承租人",改为"但是房屋的出租人根据情况三个月至半年通知承租人。"(天津汽车公司)

3. "但是……承租人"改为"但是房屋的出租人一般应在三个月以前通知承租人,特殊情况(如建设需要或房屋急需拆除)不在此限"。(衡阳市房地产管理局)

4. 在条文后加上"其他租赁物出租人应在一月前通知"。

理由:不应只规定房屋通知解除契约的时间,其他租赁物也应规定一下通知时间。(长沙市法院)

5. 在本条后面应加上"承租人在一月以前通知出租人",因为承租人解除契约不通知出租人,也会使出租人造成损失,为避免双方损失应加以规定。(沈阳市法院、沈阳房地产管理局)

6. 不定期(定期)的房屋租赁解除契约,在目前房荒情况下,出租人收房必须要"有正当的理由"加以限制。(上海市房地产管理局、武大、武汉市房地产管理局、长沙市房地产管理局)

7. 本条房主于三个月以前通知承租人搬家,应补充"确系合理自用",免得房主随便和借故撵房客搬家。(济南市房地产管理局、北京汽车公司)

8. 三个月通知承租人,目前房荒严重,承租人不一定能在三个月以内找到房屋。请修改条文时应加以考虑。(上海市房地产管理局)

9. 关于不定期租赁当事人的一方可以随时通知他方解除契约的规定,在目前房屋缺乏的情况下,容易引起房主随便撵房客搬家,造成房客住房的困难,可考虑准地方政府根据当地具体情况规定临时性的行政措施,或本条加以修改。(广州市法院、北京市房地产管理局、内务部、司法部)

10. 不定期租赁契约应改为定期租赁契约,因原文规定不定期租赁可以随时解约,如果一方有实际的困难和需要,不能随时解除契约,就会发生争执易起纠纷。(高院民庭)

11. 当国家需要紧急使用房屋或特殊情况,往往不能在三个月以前预为通知,这应加以考虑。(上海市房地产管理局)

12. 为保障市民居住安定,我们同意原条文规定的精神,但在执行工作当中,有的暂准租用公房,约定有需要随时收回,这与条文中规定三个月以前通知承租人的规定有抵触,可否按特殊情况约定。(天津市房地产管理局)

三、条文改写:

1. 本条改为"租赁契约没有定期的,当事人的一方可以预先通知他方随时终止契约,房屋租赁契约的出租人应当在三个月以前通知承租人;房屋租赁契约的承租人或者其他租赁契约的当事人一方应当在半个月以前通知他方。"理由:解除是要有法定原因,(解除等于自初未立契约)且效果不同,此处应用"终止",苏俄民法也如此。另外通知都要有期限才好,这使他方好有准备。(高院陈瑾昆)

2. 本条改为"不定期的租赁契约,当事人的一方可以随时通知他方解除。定期租赁契约,在期限届满后,如当事人一方不提出终止契约的表示时,应视为不定期的租赁契约,继续有效,房屋租赁契约的解除,出租人应当在租期届满前三个月通知承租人。"(天津市法院)

第五条 出租人应当将合于约定的租赁物及时交给承租人使用;如果没有约定租赁物标准的时候,应当将合于通常使用的租赁物及时交给承租人使用。

出租人交给的租赁物不合于前款规定的时候,承租人可以请求修理,减少租金或者解除契约,如果因此受到损失,可以请求赔偿。

一、同意原条文。(天津影片公司、沈阳市房地产管理局、西安市房地产管理局、衡阳市房地产管理局、天津市房地产管理局)

二、对原案修改和补充:

1. 将第一款"如果没有……使用"删去。可将"租赁物的标准"在条文中正面提出。(高院民庭、顾问室)

2. 在"合于约定的租赁物"后面加上"按约定期限内及时交付承租人"。(沈阳市法院)

3. 第一款改为"出租人应当将合于约定的租赁物及时交给承租人使用;如果租赁物的标准没有约定,应当将合于通常使用的租赁物交给承租人。"(天津市法院)

4. 第一款"及时"两字删去。因为在法律上不易解释,多生纠纷。(上海市法院)

5. 在第一款"出租人应当将合于约定"后面加上"标准"二字。(上海市法院)

6. 第一款改为"出租人应将租赁物依照约定日期交给承租人使用;如果没有约定的日期,应当及时交给承租人。"(交通部)

7. 第一款"如果没有约定租赁物标准的时候"改为"如果未约定租赁物标准"。(西安市法院、司法局)

8. 第一款可以不要,因在第一条已有规定。(长沙市法院)

9. 第二款可以用,但"前款"改为"契约"。(长沙市法院)

10. 第二款"可以请求赔偿"改为"可以请求出租人赔偿"较为明确。(西安市法院、司法局)

11. 第二款"……请求修理"后面加上"请求退换"四字。(沈阳市司法局)

12. 本条涵义不够明确,看起来似仅适用于一定种类的租赁物,可考虑适当修改。(内务部)

三、条文改写:

本条改为"出租人应当将合于约定租赁物及时交付承租人使用；如果租赁物是不特定物，应当将合于约定使用目的租赁物交给承租人使用。

出租人不履行前款义务的时候，承租人可以向出租人请求交付租赁物或者解除租赁契约，且可以请求赔偿因不履行所受到的损害。

出租人对于承租人在订购的时候已经知悉或者用相当注意应当知悉的租赁物瑕疵不负责任。如果租赁物瑕疵，应当由出租人负责，承租人可以请求修理或者减少租金。"

理由：租赁物一般是约定的，如未约定的不特定物，应将合于约定使用目的租赁物交付，原案意义如此，但意义不明了，又此时应用"交付"为宜与物权用语一致，瑕疵就是修理问题，不能一概都由出租人负责。（高院陈瑾昆）

第六条 承租人有保护租赁物的义务，并且应当按照约定的方法使用租赁物；如果没有约定的使用方法，应当按照租赁物的性质和用途使用。

承租人违反前款规定的时候，出租人可以解除契约，如因此受到损失，可以请求赔偿。

一、同意原案。（内务部、天津市法院、天津影片公司、西安市房地产管理局、衡阳市房地产管理局、天津市房地产管理局、长沙市法院）

二、对原案修改和补充：

1. 有同志主张本条第一款改为"承租人有保护租赁物的义务。在使用租赁物时，应按照租赁物的性能防止不必要的损坏"。第二款"如因此受到损失，可以请求赔偿"改为"如承租人不按租赁物性能使用致造成损失时，出租人可以请求赔偿"。（内务部）

2. 第一款"并且应当"改为"并应"。（西安市法院、司法局）

3. 第一款第一句改为"承租人和他的同居人均有保护租赁物的义务"。（武大）

4. 第一款仅规定"承租人有保护租赁物的义务"是不够全面的，应加上"损坏应当负责赔偿"为妥。（高院民庭、顾问室）

5. 第二款第一句改为"承租人或者他的同居人违反前款规定的时候"。（武大）

6. 第二款"可以请求赔偿"改为"可以请求承租人赔偿"。（西安市法院、司法局，上海市法院）

7. 第二款规定得太广泛，因为有些契约的内容，对本条一款的内容有违反的时候，应做如何处理，要有规定。（上海市法院）

8. 第二款"承租人违反前款规定的时候"改为"承租人违反前项规定或作违法使用时，出租人可以解除契约"。（沈阳市房地产管理局）

"解除"改为"终止"。（高院顾问室）

9. 本条第一款修改分两款：

（1）"承租人应当依照约定的目的和方法使用租赁物；如果没有约定，应当依照租赁物用途使用。

承租人应当以相当注意，妥善保管租赁物。"

（2）第二款"违反前款"改为"违反前二款"。"损失"改为"损害"。

理由：承租人如何使用租赁物[是]依契约固有内容应负的义务，应当首先明确。（高院陈瑾昆）

三、第一款第一句"承租人有保护租赁物的义务",可移作第七条第一句。(长沙市房地产管理局)

四、本条与第七条合并,可以节约文字。(高院民庭、顾问室)

第七条 承租人或者他的同居人对租赁物造成损坏,承租人应当负责赔偿;如果损坏严重,出租人可以解除契约。

一、同意原条文。(天津市法院、天津影片公司、西安市房地产管理局、衡阳市房地产管理局、长沙市法院)

二、对原案修改和补充:

1. "同居人"改为"第三人"。(中央政法干校)

2. "或者他的同居人"改为"或者共同使用人",因为非房屋的租赁物有共同使用的情况。(天津汽车公司)

3. "或者他的同居人"几字可以取消,因承租人的同居人对租赁物造成损坏承租人负责赔偿是理所当然,不会因此引起纠纷,在法律条文上不要规定。(西安市法院、司法局,上海市法院、沈阳市司法局、天津房地产管理局)

4. 有个别同志主张把"同居人"改为"第三人",但多数同志认为"第三人"包括的范围太广,如果因任何人对租赁物造成损失,都要承租人负责赔偿,不合乎情理。(西安市法院、司法局)

5. "解除契约"改为"终止契约"。(高院顾问室)

6. "如果……解除契约"改为"如果损坏严重,出租人可以请求赔偿并可解除契约"。(沈阳市房地产管理局、天津市房地产管理局)

7. 本条最后一句"出租人可以解除契约"改为"除赔偿外出租人可以根据情况解除契约"。(济南房地产管理局)

8. 在本条后面加上"如果损坏严重,除赔偿损失以外,出租人可以解除契约。"因为造成损坏,只解除契约,出租人要吃亏的。(中央政法干校)

三、条文改写:

1. 本条改为"承租人对租赁物造成损失,应负责赔偿,必要时,出租人可以解除契约"。(内务部)

2. 本条改为"承租人的同居人损坏租赁物的时候,出租人亦有与前款同样的权利。"并入第六条作第三款。(武大)

3. 本条改为"承租人对于其同居人、服务人、转租人对租赁物造成的损害,应当负赔偿责任,如果损失重大,出租人可以解除契约"。

理由:承租人违反保护义务,应负责任,前条已有规定,本条只要规定这些人加以损坏时,应负责任。(高院陈瑾昆)

4. 本条改为"承租人对租赁物造成损坏,承租人应当负责赔偿;如果损坏严重,出租人可以解除契约"。

理由:如果承租人的朋友将租赁物损坏了,一般的其朋友不能直接与出租人发生法权关系,所以应该由承租人赔偿,这样确切合理。(沈阳司法局)

四、本条与第六条合并。（高院民庭、顾问室，武汉市房地产管理局，天津市房地产管理局）

五、本条不要。（北京市法院）

第八条 承租人没有正当理由，连续不使用租赁物满三个月，出租人可以解除契约。

一、同意原条文。（高院顾问室、天津市法院、天津影片公司、西安市房地产管理局、衡阳市房地产管理局、沈阳市房地产管理局、天津市房地产管理局、长沙市法院）

二、对原案修改和补充：

1. "三个月"改为"二个月"。（长沙市房地产管理局、沈阳市房地产管理局）

2. 三个月的时间太短，可适当规定得长一些。（上海市法院）

3. 时间可以缩短些以发挥房屋的使用率。（高院民庭、武汉市房地产管理局）

4. 在本条后面加上"并有权向承租人追缴租金"。（山东省法院）

第九条 租赁物的租金数额，应当依照当地人民委员会或者主管机关所规定的租金标准订定；如果没有规定租金标准，由当事人双方根据公平合理的原则自行约定。

一、同意原条文。（高院民庭、顾问室，天津市法院，天津影片公司，西安市房地产管理局，衡阳市房地产管理局，天津市房地产管理局）

二、对原案修改和补充：

本条中"人民委员会或者"几字删去，有了"主管机关"即可概括了。（上海市法院）

三、本条规定是符合当地实际情况的，但本市有租金标准曾规定租金高于标准的应该降低，但低于标准的不准提高，这与宪法规定"保护公民合法收入"有无抵触，我们的意见低于标准的应该提到标准。（长沙市法院）

四、有同志主张删去本条，有同志主张保留。（内务部）

第十条 租金应当用人民币计算和给付。

注：有的同志认为这条可以不要。

一、本案要。（北京汽车公司、北京影片公司、天津影片公司、西安市房地产管理局、长沙市法院、天津房地产管理局）

二、同意注的意见。（高院民庭、顾问室，山东省法院，广州市法院，北京市法院，东北人大，北京市房地产管理局，衡阳市房地产管理局，上海市法院）

三、本条不要，可在第九条加上一款"租赁契约租金的给付可以约定下列各种：1. 货币；2. 实物；3. 劳务；4. 三项的混合。"

理由：租金只限于金钱货币，于实用不便，宜放宽。（高院陈瑾昆）

四、立法是否对于一切财产租赁物都绝对禁止以实物计租。（武大）

五、将本条列为第九条第二款。（天津市法院）

第十一条 一般租赁物的租金应当按约定的日期给付；房屋的租金应当按月给付。

另案：一般租赁物的租金应当按约定的日期给付；房屋的租金除另有约定外，应当按月给付。

一、同意原案。(上海市法院、沈阳市法院、西安市法院、司法局、北京市法院、东北人大、长沙市房地产管理局、济南市房地产管理局、天津市房地产管理局)

二、对原案修改和补充：

1. 在原案后面加上"短期居住的房屋除外"一句。(武大)

2. 原案最后一句改为"房屋的租金应当按月先付后住"。(西北政法干校)

3. 原案改为"房屋的租金应当按月给付，除房屋以外的其他租赁物的租金应当按约定的日期给付"，因为"一般"二字很容易误解为"特殊"的对应。(西南政法学院)

三、不同意原案，因房租只规定按月给付，这与中国农村实际情况不符合。(中央政法干校)

四、同意另案。(内务部、交通部、广州市法院、长沙市法院、高院陈瑾昆、天津影片公司、武汉房地产管理局、西安房地产管理局、天津汽车公司)

理由：(1)另案提法比较完善灵活。(高院民庭、顾问室、山东省法院)

(2)另案"除另有约定外，应当按月给付"是适合中国目前实际情况，因而也是切实可行的。(中央政法干校)

五、对另案修改和补充：

另案最后一段"房屋的租金除……付"改为"房屋的租金应当按月给付，如双方同意，可以按季给付"，因为"除另有约定外"不具体，解释面较广。(天津市法院)

六、不同意另案的规定，因"除另有约定外"容易被出租人钻空子，多收租金或形成收押租的现象。(东北人大、济南市房地产管理局、西北政法干校、沈阳市法院、天津市房地产管理局)

七、苏联规定房屋每月的租金不得迟于下月10日交付，我国人民生活水平较低，硬性规定按月给付应考虑，可改"房屋每月的租金不迟于下月15日交付"。(总工会)

八、现在私房有的房主经济困难，与房客协商预付半年或几个月租金，是属特殊情况不应视一般租金的给付，应当不适用本条规定。(天津市房地产管理局)

第十二条 承租人故意连续三次不给付租金，出租人有权解除契约，并且可以请求追缴欠租。

一、同意原条文。(衡阳市房地产管理局、西安市房地产管理局、天津影片公司、天津市法院)

二、对原案修改和补充：

1. "故意"改为"无正当理由"。(东北人大、内务部)

2. "故意"二字不要。(内务部)

3. 房屋承租人欠租的情形主要有以下四种：(1)承租人无任何理由有钱而不交租；(2)承租人没有钱交租；(3)承租人要求出租人减租，出租人不肯，承租人以欠租对抗；(4)因为出租人不肯修缮。本条中"故意"恐系指第一种情形，但第二到第四种情况也是故意，是否出租人也有权解除契约这值得考虑。(武大)

4. 本条改为"承租人连续三次不给付租金应由承租人按合同(规约)交纳滞纳金,出租人有权解除契约,并且可以请求返缴欠租"。因"故意"两字含义模糊。(北京影片公司)

5. "连续"二字不要。(广州市法院、天津市房地产管理局)

理由:"连续"二字,会使房客有意识地不使形成连续积欠三个月,但而使之间断欠租达三个月以上就无法限制,据以处理。(天津市房地产管理局)

6. "连续三次"改为"连续三期",以便当发生纠纷处理时认定。(高院民庭、顾问室)

7. "三次"二字可不要,因为条文中已有"故意",如有"故意"不付租,即一次也不应当,硬性规定不持不会起推动交租作用,反会起负作用。(长沙市法院)

8. "有权"改为"可以"。(高院陈瑾昆、上海市法院)

9. "追缴"改为"补付"。(北京市法院)

10. "并且可以"改为"并可"。(西安市法院、司法局)

11. 在"承租人"前面加上"有力交租的"五个字。(沈阳市房地产管理局)

12. 在本条后面加上"和赔偿因欠租受到的损害"。(高院陈瑾昆)

三、条文改写:

本条改为"承租人故意不给租金,经追缴仍不给付者,出租人有权请求解除契约,并追缴欠租"。(长沙市法院)

四、如果租金数目大的,承租人故意拖欠,三个月以上不付租,造成出租人的损失,出租人亦有权请求赔偿,一般的不付租可不作硬性规定。(上海市法院)

五、对长期无力缴纳租金者应有规定。(沈阳市法院)

第十三条 由于不能归承租人负责的原因,使租赁物部分不能使用或者使用效能显著减低的时候,承租人可以请求减少租金或者解除契约。

注:有的同志认为这条可以不要。

一、同意原条文。(高院顾问室、交通部、北京市法院、内务部、天津市法院、沈阳市法院、广州市法院、东北人大、天津市房地产管理局、西安市房地产管理局、武汉市房地产管理局、衡阳市房地产管理局、天津影片公司)

二、对原案修改和补充:

1. "解除"改为"终止"。(高院顾问室)

2. 在原条文上应加上经有关部门鉴定后,确认不能由承租人负责的前提下,才可以减少租金或解除契约。(高院民庭)

3. 本条应补充"如房屋由于出租人修建或增加设施而使用效能提高时,出租人可以请求增加租金"。理由:本市房屋租赁条例(1951年3月6日公布)第二十三条有此精神规定。(天津市房地产管理局)

4. 应将不能归承租人负责的原因具体说明。

三、对注的意见:

1. 同意注的意见(少数同志意见)。(天津市法院、内务部)

2. 不同意注的意见。(高院民庭、高院陈瑾昆、上海市法院)

理由:在实际工作中,有这情况发生。(上海市法院)

第十四条 因使用租赁物所支付的费用,除法律或者契约另有规定外,由承租人负担。

一、同意原条文。(高院民庭、顾问室,上海市法院,天津市法院,西安市房地产管理局,衡阳市房地产管理局,天津影片公司,天津房地产管理局,长沙市法院)

二、本条内容应进一步明确,对所支付的费用可列举说明或括弧注解。(东北人大、沈阳市法院)

三、税费是否属于支付的费用的范围?(东北人大)

四、本条可删去。(内务部)

第十五条 除法律或者契约另有规定外,租赁物的重要修缮由出租人负担,零星细小的修缮由承租人负担。

一、同意原条文。(高院民庭、顾问室,衡阳市房地产管理局,西安市房地产管理局,天津市法院,天津影片公司,武汉市房地产管理局,天津市房地产管理局)

二、对原案修改和补充:

1. "修缮"改为"修理",这样通俗又能包括房屋以外的租赁物。(高院顾问室)

2. "重要修缮"改为"必要修缮",因出租人出租租赁物应负责可以使用,如不能使用应由出租人负责修缮。(上海市法院)

3. "修缮"应明确规定是指自然腐蚀而"修缮"。(高院民庭)

4. "重要修缮""零星细小的修缮"如何区别应明确。(北京房地产管理局、北京汽车公司)

5. "重要修缮""零星细小的修缮"太抽象,应改之。(内务部)

6. 对承租人负责修理零星的损坏,应改为"零星修理可由承租人征出租人同意得为代修理并在租金中扣除[修理费用]",按照原条文的写法比较消极,会影响房屋的保养,因为承租人对小修如得过且过将使小修变为大修工程。(武汉市房地产管理局)

三、条文改写:

1. 本条改为"除法律或者契约另有规定外,租赁物的修缮由出租人负担。"因本条第一句已规定"除法律或者契约另有规定外",那么关于双方修缮的问题应在订立契约上已明确。(长沙市法院)

2. 本条改为"租赁契约在契约关系存续中需要修理的时候,除法律或者契约另有规定外,重大的修理费用由出租人负担,微小的修理费用归承租人负担。"(高院陈瑾昆)

3. 本条改为"对房屋租赁中的修缮方面,除承租人为了美观和需要加以零星修理部分如油漆、门窗、粉刷、墙壁外,其余无论大修小修均应归房屋出租人负责修理(包括勾抹上顶、泥外墙皮在内)。"(济南市房地产管理局)

4. 本条规定太笼统,具体到住宅租赁会发生纠纷,从实际出发规定修理,出发点主要在法律中贯穿承租人爱护所承租的财物,本条改为:

"凡是由承租人人为损坏的修理或为了美观需要修饰的修理,均由承租人负责;凡是自然损坏的修理都应该由出租人负责。"(总工会)

四、本条的规定在具体执行中很难区分什么是"重要修缮",什么是"细小修缮",例如瓦房漏雨,按说漏雨是重要修缮,但从租赁物的损坏程度说,仅系几片瓦,究应由谁负责,因而主张本条不要(有少数同志认为本条可以要)。(西安市法院、司法局)

五、第十五、十六、十七条合并为两条。(北京市房地产管理局)

六、将本条移到第五条下面,因第五条是出租人的义务,本条与出租人应保持租赁物可以使用状态是相连。(高院陈瑾昆)

第十六条 应当由出租人负责修缮的租赁物,出租人必须定期进行检查。在租赁物需要修缮的时候,承租人应当通知出租人进行修缮,如果出租人不履行修缮的义务,承租人可以代为修缮,或者解除契约,如果因此受到损失,可以请求赔偿。

承租人代为修缮的费用,可以从租金内扣除,或者请求出租人偿还。

一、同意原条文。(高院顾问室、陈瑾昆、衡阳市房地产管理局、西安市房地产管理局、天津影片公司、武汉市房地产管理局、天津市房地产管理局、长沙市法院)

二、对原案修改和补充:

1. "修缮"改为"修理"。(高院顾问室、陈瑾昆)

2. 第一款"如果出租人不履行修缮的义务"改为"如果如期不履行修缮的义务",(有同志不同意这修改)。(上海市法院)

3. 第一款"承租人应当"改为"承租人可以",如果用"应当"就是承租人的义务,那么不履行这义务,就应当规定法律上的后果(有同志认为还是"应当"好)。(上海市法院)

4. "可以请求赔偿"改为"可以请求出租人赔偿",这样比较明确。(上海市法院)

5. "损失"改为"损害"。(高院陈瑾昆)

6. 第一款"承租人可以代为修缮"后面可加上"修缮费在租金内扣除"一句。(内务部)

7. 第一款"出租人必须定期进行检查"一句不要,因为意义不大。(东北人大)

8. 第一款"如果出租人不履行修缮的义务"的后面改为"承租人在取得出租人同意后可以代为修缮,或者解除契约,如果出租人因坚持不修理而受到损失,可以请求赔偿"。(武汉市房地产管理局)

9. 第二款"承租人代为修缮的费用"的后面可改为"请求出租人偿还或者从租金内扣除,如从租金扣还时,在扣还期间,租金按八折交付"。因少付租金等于垫修投资利息。(沈阳市房地产管理局)

10. 上海房屋建筑陈旧失修的较多,漏水现象是较普遍的,几年来公共房屋和新合营房屋,虽经修理和养护,但小漏小损还是常有发生,如漏雨致住户的家具衣服受潮受损也要出租人赔偿是不适当的,因此第十六条中"如果因此受到损失可以请求赔偿"一句可删去。并把第二款并入第一款。(上海市房地产管理局)

三、有的同志意见:将出租人的赔偿责任,限制在因房屋倒塌使承租人受到损失的范围内。(上海市房地产管理局)

四、本条与第七条合并,因都是修缮问题。(高院民庭)

五、将本条移到第五条下面,因第五条是出租人的义务,本条与出租人应保持租赁物可以使用状态是相连的。(高院陈瑾昆)

第十七条 应当由承租人负责的修缮,如果承租人没有修缮而使租赁物受到损害,出租人可以请求赔偿。

注:

1. 有的同志认为这条可以不要。

2. 有的同志认为这条应该并入第十五条。

一、同意原案。(高院陈瑾昆、东北人大、内务部、西安市房地产管理局、衡阳市房地产管理局、天津影片公司、天津市法院、沈阳市法院、天津市房地产管理局)

理由:单列一条引用便当,这规定对承租人有所限制,免使租赁物受到损坏。(天津市法院)

二、对原案修改和补充:

1. "如果承租人没有修缮而使租赁物受到损害"其中"受到损害"改为"受到重大损害",否则出租人就很容易借口要承租人赔偿。(上海市法院)

2. "出租人可以请求赔偿"改为"出租人可以请求承租人赔偿"较明确。(上海市法院)

3. 在条文前加上"按法律和契约规定"一句。(长沙市法院)

三、有同志认为第十六、十七条的赔偿范围应明确一下(有的同志认为不必)。(上海市法院)

四、在本条规定以外的租赁物、房屋的修缮应是房主的责任,也要在条文中明确一下。(北京市房地产管理局)

五、如果法律或契约规定,重要的修缮是承租人责任但承租人没有履行,是否承认出租人可以有解除契约的权利,这要明确一下。(武大)

六、本条与第十五、十六条放在第五条后面。(高院陈瑾昆)

七、对注的意见:

1. 同意注1的意见,本条不要。(长沙市法院、武汉市房地产管理局、上海市房地产管理局、沈阳市房地产管理局)

2. 同意注2的意见,本条并入第十五条。(武汉市房地产管理局、北京市法院、山东省法院、西北政法干校、济南市房地产管理局、沈阳市房地产管理局)

第十八条 承租人没有得到出租人的同意,不准对租赁物进行增设或者改装。

承租人得到出租人同意后对租赁物进行的增设或者改装,除契约另有规定外,在租赁关系终止的时候,承租人可以请求适当的补偿,如果出租人不愿补偿,承租人可以将增设、改装部分拆除,拆除的时候,应当恢复租赁物的原状。

承租人没有征得出租人的同意,对租赁物私自增设或者改装,出租人可以请求恢复原状,或者将增设、改装部分无偿归出租人所有。

一、同意原条文。(天津市法院、西安市房地产管理局、天津汽车公司、天津影片公司、衡阳市房地产管理局、天津市房地产管理局)

二、对原案修改和补充:

1. 第一款改为"承租人对租赁物进行增设或者改装须得到出租人的同意,没有正当理

由,出租人不得拒绝"。(长沙市法院)

2. 第二款"应当恢复租赁物的原状",其中"原状"解释容易发生争执,因原状是指不变原来状态,事实上不太可能,故可改为"……应当在不影响原租赁物的情况下",此外还要规定拆除后,对原租赁物有损坏时,应负责任。(上海市法院)

3. 第二款后段"如果出租人……应当恢复租赁物的原状"可删去。(内务部、长沙市法院、沈阳市法院、西安市法院)

理由:(1)这段删去后改为"或自行拆走"。(长沙市法院)

(2)因为出租人既已同意不能因不愿补偿而令承租人拆除恢复原状,这就与出租人同意不同意没有区别。同时拆除和恢复都对社会财富不利,应考虑。(高院民庭,西安市法院、司法局,内务部、沈阳市法院)

4. 第二款后段"如果出租人……租赁物的原状",有同志主张保留,因情况复杂,法律条文有一定的灵活、伸缩的余地,能把公民间的合法权益调整的更好。(西安市法院、司法局)

5. 第二款、第三款可合并为"承租人没有得到出租人的同意,不得对租赁物进行增设或者改装;如对租赁物私自增设或者改装,出租人可以请求恢复原状,或者将增设、改装部分无偿归出租人所有"。(西安市法院、司法局)

6. 第二款后半段,应分别情况对待,不应规定得过死,如出租人既已事先同意而后来不愿补偿承租人拆除增设物已负担一部分损失时,不一定仍须将租赁物恢复原状。(广州市法院)

7. 第二款应加上"但在动工前双方应按协定签订契约"。(沈阳房地产管理局)

8. 第三款最后一句"或者将……所有"改为"如果出租人因此受到损失,承租人应负赔偿责任"。(沈阳市公证处)

9. 第三款应加上"如增设改装部分,对租赁物确有好处,承租人可以请求适当补偿"。(广州市法院)

10. 第三款应加上"如果租赁物因此受到损失,出租人可以请求赔偿"。(交通部)

11. 在本条可加上一款"租赁物是房屋时,承租人根据住用上的需要可以请求出租人将租赁物进行增设或者改装,经出租人增设或者改装后的租赁物,可以适当调整租金"。(北京市法院)

三、把《北京市私有房屋租赁条例》第十二条后半段的规定吸取来修改本条。(武大)

四、承租人私自改装的情形按第六条的精神,出租人可以解除契约,这里不要重复。(武大)

五、为避免以后纠纷最好须规定在租赁关系终止时协商处理办法。(西安市房地产管理局)

六、对承租人增建部分应当规定由出租人适当补偿,不要让承租人任意拆除。(济南市房地局)

第十九条 承租人不得将租赁物的全部或者一部分(分租)转租给第三人。但是当租赁物是房屋的时候,承租人在征得出租人的同意后,可以依照原租赁契约的条件将房屋的一部分转租(分租)给第三人。部分转租(分租)的租金应当依照原租金的数额比例分摊。

部分转租(分租)后,承租人仍应依照原租约对出租人负责。

另案:除法律或者契约另有规定外,承租人在征得出租人的同意后,可以依照原租赁契约的条件将租赁物的全部或者一部转租给第三人,但是租金应当依照原租金的数额或者比例分摊。

承租人没有得到出租人的同意,私自将租赁物的全部或者一部转租给第三人的时候,出租人可以解除契约。

承租人将租赁物的全部或者一部转租给第三人的时候,仍应按照原租赁契约对出租人负责。

承租人将租赁契约中的一切权利义务全部转让给第三人,而自己退出租赁关系的时候,他们的契约无效。

注:有的同志主张:
1. 另案第三款可以作为单独一条写。
2. 另案第四款可以作为单独一条写。

一、同意原案。(长沙市法院、济南房地产管理局、内务部、山东省法院、东北人大、上海房地产管理局)

二、对原案修改和补充:

1. 将另案的第二款移为原案第二款即更完备。(长沙房地局、天津市法院、济南房地产管理局)

2. 本条只要规定原案第一款第一段"承租人不得将租赁物的全部或者一部分(分租)转租给第三人"。(武汉市房地产管理局、天津房地产管理局)

理由:如规定允许房屋部分转租会造成二房东剥削,现在大城市均已取缔了二房东,现在规定转租虽无剥削,但有流弊,给承租人有投机的机会,也会造成主客关系不正常。(西安市房地产管理局、沈阳市房地产管理局)

3. 本条应规定禁止转租,如果承租人有多余房屋不用,应将余房退还原出租人,故原案第一款、第二款改为"如承租人不用或欲退租一部租赁物时,应将不用部分退还出租人,由出租人另行出租。原承租人与出租人可修订契约。"其余全部删掉。(沈阳市房地产管理局)

理由:不要转租,取消二房东,以防止发生纠纷,可让第三人(房客)直接与房主建立租赁关系,因审判实践中发现不少二房东从中捣乱,引起诉讼。(高院民庭)

4. 原案第一款"部分转租(分租)的租金应当依照原租金的数额比例分摊",这样规定得太死,因为转租的租金只要不是剥削,稍加报酬还是可以的,因此可改为"部分转租(分租)的租金一般应当依照原租金的数额比例分摊"。(上海市法院)

5. 有同志主张"比例分摊"改为"按照公平合理的原则分摊"较好。(上海市法院)

三、同意另案。(西安市法院、司法局、广州市法院,交通部、西北政法干校、天津汽车公司,衡阳市房地产管理局、北京市法院、沈阳市法院)

四、对另案修改和补充:

1. 另案第一款"或者比例分摊"改为"或按比例分摊"。(西安市法院、司法局)

2. 本条另案第四款可单列一条，因让租不比"转租"应当禁止的，借以防止出顶恶习，本款文字尚不够明确应修订一条。（司法部、上海市法院）

3. 另案第三款可以取消。（西安市法院、司法局）

4. 另案第三、四款不要单列一条。（天津影片公司）

5. 另案第四款"他们的契约无效"将其中"无效"改为"失效"较妥。（上海市法院）

6. 另案第四款应删去，本款目的似在防止房屋租赁的顶替行为，但脱离了契约的顶替，根本是非法的。（交通部）

五、条文改写：

1. 过去转租流弊很多，故将条文修改为"承租人不得将租赁物的全部转租或者部分分租给第三人，但是当租赁物是房屋的时候，承租人在征得出租人的同意后，可以依照原租赁契约的条件将房屋的一部分分租给第三人，部分分租的租金应当依照原租金的数额比例分摊，部分分租后，原承租人仍应依照原租约对出租人负责。

承租人将租赁契约中的一切权利义务全部转让给第三人，而自己退出租赁关系的时候，除追究其应负责任外，他们的契约无效。"（上海市房地产管理局）

2. 本条改为四条：

（1）承租人将租赁的一切权利义务全部转让给第三人而自己退出租赁关系的契约无效。

（2）除租赁物为房屋外，承租人不得将租赁物的全部或一部分转租或分租给第三人。房屋的转租或分租必须承租人确有此必要，并必须事先征得出租人的同意。

违反以上二款规定，出租人可以解除契约。

（3）房屋的转租分租契约不得违反原租赁契约的条件，房屋转租的租金不得超过原租金的数额。房屋分租的租金应按原租金比例分摊，不得超过。

如违反前款规定，契约违反部分无效。

（4）房屋转租分租后，承租人仍应依照原租赁契约对出租人负责。（武大）

3. 房屋以外的租赁物得到出租人同意后，也可以转租，故本条修改为"除法律或者契约另有规定外，承租人得到出租人同意后，可以在原契约所定条件范围内，将租赁物全部或者一部转租给第三人，但是房屋只许转租一部，转租后，承租人仍依照原契约对出租人负责。

承租人没有得到出租人同意，将租赁物转租的时候，出租人可以解除契约。"（高院陈瑾昆）

六、本条应增加"如承租人与他人交换使用时，出租人不得借故阻挠"。（北京市房地产管理局）

七、目前不许转租的办法，在全国行得通否，有无暂准转租的必要，应从多方面了解考虑。（高院顾问室）

第二十条 出租人只能收取租金，不得用任何名义向承租人索取其他（额外）的费用。但是房屋以外的其他租赁物，当事人双方如果约定有押金的，可以除外。

另案：出租人可以按照约定向承租人收取一定数额的保证金。但是当租赁物是房屋的时候，出租人除收取租金外，不得用任何名义向承租人索取保证金或者增加其他的费用。

一、同意原案。（内务部、天津影片公司、广州市法院、长沙市房地产管理局、天津汽车公司、东北人大、天津市法院、长沙市法院、沈阳市房地产管理局、高院民庭）

二、对原案修改和补充：

1. 原案"额外"二字可以保留。（内务部）
2. 原案的括弧"额外"不要。（天津汽车公司）
3. 原案"可以除外"的"可以"二字删去。（内务部）
4. 原案的"押金"改为"保证金"。（长沙市法院）

三、同意另案。（济南市房地产管理局、高院顾问室、陈瑾昆、北京市法院、武汉市房地产管理局、上海市房地产管理局、上海市法院、西安市法院、司法局、交通部、衡阳市房地产管理局、北京市房地产管理局、西安市房地产管理局、天津市房地产管理局、沈阳市法院）

四、对另案修改和补充：

1. 另案"其他的费用"改为"额外的费用"，因目前本市公房、机关干部宿舍有电梯锅炉设备，设有服务员，这些工资和费用都由住户负担，这是租金以外的其他费用。（天津市房地产管理局）
2. 另案"但是当租赁物是房屋的时候"改为"但租赁物是房屋时"。（西安市法院、司法局）
3. 另案"出租人除收取租金外"改为"出租人除按月收取租金外"。（上海市房地产管理局）
4. 另案"一定数额的保证金"的提法不够具体，应有相当限制。（高院顾问室）
5. 另案中应加上"但房屋的租赁可预收不超过一个月的租金"。（北京市房地产管理局）

第二十一条 在租赁关系有效期间，租赁物的所有权由出租人转移给第三人的时候，原租赁契约对于新所有人继续有效，新所有人应当按照原租赁契约的条件另订新约。

另案：

1. 在租赁关系有效期间，租赁物的所有权由出租人转移给第三人的时候，原租赁契约对于新所有人继续有效。
2. 在租赁关系有效期间，租赁物的所有权由出租人转移给第三人的时候，新所有人可以按照原租赁契约的条件与承租人订立新约。

一、同意原案。（天津影片公司、沈阳市法院、长沙房地产管理局、东北人大、天津市法院、内务部、长沙市法院、济南市房地产管理局、交通部、衡阳房地产管理局、天津市房地产管理局）

二、对原案修改和补充：

1. 在原案最后一句的"另订新约"前面加上"与承租人"四字。（北京市房地产管理局）
2. 原案"应当"改为"可以"。（交通部）

三、同意另案1。（西北政法干校、高院顾问室、陈瑾昆）

理由：因为所有权的转移，原所有人对标的物设定的一切权利义务均应由新所有人全部承担,应当将原契约残留期限执行完后再另订新约或解除契约,所以不要在条文中[规定]另订新约。

四、对另案1修改和补充:

在另案1应补充"如果双方同意可以另订新约"。(高院顾问室)

五、同意另案2。(北京市法院、上海市法院)

六、对另案2修改和补充:

1. 另案2"可以"改为"应当"。(北京市法院、上海市法院)

2. 另案2"新所有人"改为"第三人"。(北京市法院)

3. 另案2最后一句的"新所有人"与"承租人"的位置对调,比较合乎情理。(上海市法院)

七、不同意另案2。(总工会、北京汽车公司)

理由:如果新所有人不同意承租人按原租赁契约条件订新约将使承租人就没有权利住房了,这规定不恰当。(北京市汽车公司)

八、本条应补充一款:"在租赁关系有效期间,租赁物的所有权由出租人转租(移)给第三人的时候,如果新所有人确实为了自用,可以要求解除原租赁契约。"(广州市法院)

九、"在租赁关系有效期间,租赁物的所有权由出租人转移给第三人的时候,新所有人应当与原承租人另订新的租赁契约。如条件协议不成,应按照原租赁契约的条件,新的租赁契约未订立之前,原租赁契约对于新所有人仍继续有效。"(武大)

第二十二条 承租人能够(一向)按照契约履行义务,在租赁契约期满后,出租人仍将租赁物出租的时候,承租人有优先承租权。

注:有的同志主张本条改为:在租赁契约期满后,出租人仍将租赁物出租的时候,原承租人如一向能够按照契约很好地履行义务,有优先承租权。

一、同意原案。(上海市法院,交通部,沈阳市房地产管理局,上海市房地产管理局,西安市法院、司法局,西安市房地产管理局,长沙市法院,长沙市房地产管理局,沈阳市法院)

二、对原案修改和补充:

原案的括号"一向"二字可取消。(长沙市法院、西安市法院、司法局,上海市房地产管理局,交通部)

三、同意注的条文。(高院民庭、陈瑾昆,内务部,北京市法院,武汉市房地产管理局,北京市房地产管理局,天津市房地产管理局,衡阳市房地产管理局,天津汽车公司,天津影片公司)

四、对注的条文修改:

1. 注的条文中"一向能够"文字可斟酌。(内务部)

2. 注的条文中"很好地"三字可删去。(内务部、北京市法院)

3. 注的条文中"能够"二字删去。(北京市法院)

五、在本条文后可以加上一款或一节"但是必须于期满前××日向出租人预先提出征求出租人同意"。(北京影片公司)

六、条文改写:

本条改为"在租赁契约期满后,出租人仍将租赁物出租的时候,承租人在同样条件下,有优先承租权"。这样规定可以兼顾到出租人的利益,至于承租人不按约履行义务在第六、七、八、十二、十七、十九等条已解决。(天津市法院)

七、本条应当考虑租赁物的使用方法,为了国家的市政建设与需要等原因,如果承租人虽很好履行义务,是否也应保留承租人有优先承租权呢?(高院民庭)

第二十三条 在房屋租赁契约有效期间,由于房屋(必须)拆除重建,出租人可以解除契约;但是在完工后仍要出租的时候,在同样租赁条件下,原承租人有优先承租权。

一、同意原条文。(天津市法院、北京市法院、天津影片公司、衡阳市房地产管理局、天津市房地产管理局、长沙市法院、西安市房地产管理局、高院民庭、顾问室、陈瑾昆)

二、对原案修改和补充:

1. "必须"二字可以保留。(内务部)
2. "必须"二字去掉。(高院陈瑾昆,西安市法院、司法局,北京市法院,天津市法院)
3. "在同样租赁条件下"其中"租赁"二字去掉。(天津市法院)
4. 在"由于房屋(必须)拆除重建"后面加上"或大修理"四个字。(武汉市房地产管理局)
5. "在同样租赁条件下"一句改为"在新的公平合理的租赁条件下"较明确,否则同样条件是指过去的条件,还是指现在的条件,含义容易含糊。(上海市法院)
6. "在同样租赁条件下"一句不要,因为重建后才能在质量上较原租赁物发生好或次的变化。租金一项,应再行协商予以增减。(长沙市法院、西安市法院)

理由:原承租人的优先承租权,必然"在同样租赁条件下"才有实际意义,否则,谈不到优先承租,故这一句应取消。(西安市法院、司法局)

三、在拆除重建时对原租房改建后又拨调国家需要时,对原租户须另调配其他房屋安置,这一情况在修改时应考虑。(天津市房地产管理局)

第二十四条 出租人出卖租赁物的时候,承租人在同样的购买条件下,有优先购买权。

承租人在通知规定的期限内不作购买的表示,应当认为放弃优先购买权。

这条第二款的另案:承租人接到出租人出卖租赁物的书面通知后,在十天期限内不作购买的表示,应当认为放弃优先购买权。

注:有的同志认为:这条的精神在债篇(买卖)章中也有规定,究竟在哪里规定合适,应该统一考虑。

一、同意原案。(上海市法院、天津影片公司、天津房地产管理局、西安房地产管理局)

二、同意原案第一款和第二款的另案。(西北政法干校、天津汽车公司、北京市法院、沈阳市法院、北京市房地产管理局、长沙市房地产管理局、济南市房地产管理局、衡阳市房地产管理局、长沙市法院、高院陈瑾昆)

理由:文字明确,手续俱备。优先买受权应在租赁内规定与买卖不抵触。(高院陈瑾昆)

三、对原案和第二款另案的修改:

1. 第一款的"同样的购买条件"其中"购买"二字可省略免重复。(东北人大、天津市

法院)

2. 第一款"同样的购买"改为"同样的买卖"。其他"购买"改为"买受"。(高院陈瑾昆)

3. 有原案第一款,可以把第二款去掉。(天津市法院)

第二款的另案"十天"改为"十五天"。(东北人大)

四、对注的意见:

1. 同意注的意见,若买卖章已规定,这里不要重复。(天津市法院、沈阳市房地产管理局,交通部,高院民庭、顾问室,山东省法院,西安市房地产管理局)

2. 不同意注的意见,因原租赁事项应在这里规定。(北京汽车公司)

五、条文改写:

1. 本条原案和另案合并改为"承租人在接到出租人出卖租赁物的通知后,十天期限内不作购买的表示,应视为放弃优先购买权"。(西安市法院、司法局)

2. 本条改为"出租人出卖租赁物,承租人在同样购买条件下,有优先承买权,但是承租人得到出租人的通知后,五日内不作承买的表示就认为放弃优先承买权"。(内务部)

六、出租的房屋,在买卖上是否需要限制?(武汉市房地产管理局)

七、本条规定承租人得到出租人出卖租赁物的书面通知后,在十天内作表示,但条文中没规定成交的期限,如果"表示"包括了成交的期限,这期限就太短些。(北京汽车公司)

第二十五条 租赁契约期满后,承租人仍继续使用租赁物,而出租人又没有表示反对的时候,原租赁契约应当认为继续有效。

注:

1. 有的同志认为:原租赁契约应当认为不定期契约。

2. 有的同志认为这条可以不要。

一、同意原条文。(北京市法院、交通部、沈阳市房地产管理局、北京市房地产管理局、天津影片公司、北京影片公司、天津市房地产管理局、衡阳市房地产管理局)

二、对原案修改和补充:

1. 在本条"租赁契约期满后"加上"三个月内"四个字。(沈阳市公证处)

2. 本条最后一句"原租赁契约应当认为继续有效"改为"在未定新约前原租赁契约继续有效"。(高院顾问室)

3. 在条文前加上"租赁关系因期满而终止。但是……"(武大)

三、对注的意见:

1. 同意注1的意见,应当认为不定期契约。(天津汽车公司、西安市房地产管理局、西北政法干校、长沙市法院、上海市法院、内务部、沈阳司法局)

理由:(1)如认为不定期契约将来处理有根据,不含糊。(西北政法干校)

(2)本条最后一句可改为"原租赁契约应当认为不定期契约继续存在"。(高院陈瑾昆)

2. 同意注2的意见,本条不要。(武汉市房地产管理局、北京市房地产管理局、西安市法院、法制局、天津市法院)

理由:因在我们修改的第四条已可解决。(天津市法院)

四、本条最后一句"原租赁契约应当认为继续有效"其中"继续有效"是属定期还是不

定期,如果是属不定期的契约,那么以第四条的规定,对于承租人的权利的保护是否周到,应考虑。(广州市法院)

五、我们认为租赁期满后,承租人仍继续使用租赁物而出租人又没有表示反对的时候,双方应重新订立新约,以免发生纠纷。(济南市房地产管理局)

六、本条可放在第五条下面。(长沙市房地产管理局)

第二十六条 由租赁关系所产生的损害赔偿的请求权和承租人代垫的修缮费用的请求权,其起诉时效一律规定为六个月。

注:

1. 有的同志认为:这条应该原则规定,不要太具体。
2. 有的同志认为:如果民法典总则有规定的时候,这条可以不用规定。

一、同意原条文。(武汉市房地产管理局,天津汽车公司,天津电影公司,衡阳市房地产管理局,西安市法院、司法局)

二、同意注2的意见。(内务部,上海市法院,武汉市房地产管理局,北京市房地产管理局,天津市法院,高院民庭,西安市房地产管理局,交通部,沈阳市法院,山东省法院,沈阳市……法院,西安市法院、司法局)①

三、原条文起诉时效一律定为6个月太短,可改为……(西安市法院、司法局)

四、对起诉时效定为6个月,以何时作为起始……发现破坏情况时起始,我们没有意见。(……)

五、把第一条后段"租赁契约终止的时候……整的状态下返还给出租人"移到此为第……(高院顾问室、陈瑾昆)

---

① 原件本页至此以下已残破,部分字句残缺不全且无法统计缺漏字数。缺漏部分以"……"表示。

中华人民共和国民法典(草案)债篇
租赁(第六次草稿)[①]

全国人民代表大会常务委员会研究室　1957年3月23日

第一条[②]　依照租赁契约,出租人应当将(约定)租赁物交给承租人使用,承租人应当给付出租人(约定)租金。

租赁关系终止时,承租人应当将原租赁物返还给出租人。

另案:依照租赁契约,出租人应当将租赁物交给承租人临时使用,承租人应当给付出租人租金。

注:同意另案的同志主张另写一条"租赁关系终止时,承租人应当将租赁物在完整的状态下返还给出租人",列在第二十四条后面。

第二条[③]　房屋租赁契约和期限在一(三)个月以上的其他租赁契约,必须用书面订立。

另案:租赁契约期限在一个月以上的,必须用书面订立。

注:有的同志主张将另案改为"租赁契约价值在五百(一百)元以上,或者期限在一个月以上的,必须用书面订立"。

第三条[④]　除法律另有规定外,定期租赁契约的期限最长不得超过五年;如果超过五年,应当缩短为五年。

注:有的同志主张将"五年"改为"三年"。

第四条[⑤]　不定期的租赁契约,当事人的一方可以预先通知他方随时解除契约;但是房屋的出租人应当在三个月以前通知承租人。[⑥]

另案:不定期(限)的房屋租赁,当事人的一方可以预先通知他方随时解除契约;但是

[①] 本件原件次页正文部分有如下手写眉批:"各国民法参考资料见《民法分解资料汇编》(第三辑)债权部分(二)第1至64页,以下简称(×页)。"

[②] 原件本条手写旁注:"苏、捷、保、法、德、国民党有规定(《分解》1、2页)。"

[③] 原件本条手写旁注:"苏、法有规定(《分解》3、4页);上海市有规定(条例第4页)。"

[④] 原件本条手写旁注:"苏、保、法、德、国民党有规定(《分解》16—21、22页);上海、长春、天津等有规定(条例12页)。"

[⑤] 原件本条手写旁注:"苏(《分解》18页)、保(52页)、国民党(50、53页);武汉等市有规定(条例4页)。"

[⑥] 原件此处手写标注"(定期)"二字。

不定期(限)的房屋租赁,出租人如需要收回自用时,应当在三个月以前通知承租人,承租人如要解除契约,应当在一个月以前通知出租人。

第五条① 出租人应当将合于约定条件(标准)的租赁物及时交给承租人使用;没有约定条件(标准)的,应当将合于通常使用的租赁物及时交给承租人使用。

出租人交给的租赁物不合于前款规定的时候,承租人可以请求修理、减少租金或者解除契约,如果因此受到损失,可以请求赔偿。

第六条② 承租人应当按照约定方法使用租赁物;没有约定使用方法的,应当按照租赁物的性质和用途使用。

承租人违反前款规定的时候,出租人可以解除契约,如因此受到损失,可以请求赔偿。

第七条③ 承租人有保护租赁物的义务;如果对租赁物造成损坏时,应当负赔偿责任;损坏严重的,出租人并有权解除契约。

另案:承租人及其共同使用人对租赁物造成损坏时,承租人应当负责赔偿;如果损坏严重的,除赔偿损失以外,出租人并可以解除契约。

第八条④ 承租人没有正当理由,连续不使用租赁物满三个月,出租人可以解除契约。

第九条⑤ 租赁物的租金数额,应当依照当地主管机关所规定的租金标准订定;没有规定租金标准的,由当事人双方根据公平合理的原则自行约(订)定。

第十条⑥ 租赁物的租金应当按约定的日期给付;但是房屋的租金除另有约定外,应当按月给付。

注:有的同志主张将"房屋的租金除另有约定外,应当按月给付"改为"房屋的租金应当按月给付,如双方同意,可以按季给付"。

第十一条⑦ 承租人迟延给付租金,经出租人催告后仍不给付时,出租人可以解除契约。

租赁物为房屋,承租人没有正当理由积欠租金达三(期)个月以上的,出租人可以解除契约。

第十二条⑧ 由于自然损耗或者由于不归责于承租人的其他原因,使租赁物部分不能使用或者使用效能显著减低时,承租人可以请求减少租金或者解除契约。

---

① 原件本条手写旁注:"苏、捷、保、法、德、国民党有规定(《分解》4—6 页)。"
② 原件本条手写旁注:"苏、捷、保、法、德、国民党有规定(《分解》7、8 页);长春市有规定(条例 4 页)。"
③ 原件本条手写旁注:"苏、捷、保、法、国民党有规定(《分解》30—32 页);北京、广州等市有规定(条例 25、26 页)。"
④ 原件本条手写旁注:"长春、武汉、上海等市有规定(条例 14、15 页)。"
⑤ 原件本条手写旁注:"苏联有规定(《分解》13 页);上海、重庆、天津等市有规定(条例 5、6 页)。"
⑥ 原件本条手写旁注:"捷、法、德、国民党有规定(《分解》14 页);北京、西安等市有规定(条例 8 页)。"
⑦ 原件本条手写旁注:"德、国民党有规定(《分解》15 页);北京、西安等市有规定(条例 12—15 页)。"
⑧ 原件本条手写旁注:"苏、捷、法、国民党有规定(《分解》16、17 页);北京、天津有规定(条例 10、11 页)。"

出租人对租赁物进行增建或者改善,使租赁物的使用价值显著提高时,可以请求承租人增加租金。

另案:由于不能归承租人负责的原因,使租赁物部分不能使用或者使用效能显著减低的时候,承租人可以请求减少租金或者解除契约。

注:有的同志主张原案第二款可以不要。

第十三条① 因使用租赁物所支付的费用,除法律或者契约另有规定外,由承租人负担。

注:有的同志主张本条可以不要。

第十四条② 除法律或者契约另有规定外,租赁物的重大修理由出租人负责(担),有关通常使用的零星修理,由承租人负责(担)。

另案:除另有约定外,租赁物的修理由出租人负责;但是租赁物为房屋时,室内修饰和有关通常使用发生损坏的零星修理由承租人负责。

第十五条③ 应当由出租人负责修理的租赁物,在租赁物(它)需要修理时,承租人应当通知出租人进行修理。如果出租人不履行修理的义务,承租人可以解除契约,或者通过当地基层组织鉴证,自行修理。承租人代为修理的费用可以从租金内扣除,或者请求出租人偿还。

另案:应当由出租人负责修理的租赁物,当租赁物需要修理的时候,承租人应当通知出租人进行修理。如果出租人不履行修理的义务,承租人可以解除契约,或者通过当地人民委员会鉴证,自行修理。其费用可以从租金内扣除,或者请求出租人偿还。

出租人不履行修理租赁物的义务,如果因此造成承租人受到损害的时候,应当负责赔偿。

第十六条 应当由承租人负责的修理,如果承租人没有修理而使租赁物受到损害,出租人可以请求赔偿。

第十七条④ 承租人没有得到出租人同意,不准对租赁物进行增设或者改装。

承租人得到出租人的同意后对租赁物进行的增设或者改装,除契约另有规定外,在租赁关系终止的时候,承租人可以请求适当的补偿;或者在不影响(损坏)原租赁物的情况下,将增设、改装部分自行拆除。

承租人没有征得出租人的同意,对租赁物私自增设或者改装,出租人可以请求恢复原状,或者将增设、改装部分无偿归出租人所有。⑤

注:有的同志认为第一款、第三款的规定太生硬。

---

① 原件本条手写旁注:"苏、德、国民党有规定(《分解》27、28页)。"
② 原件本条手写旁注:"苏、捷、保、法、国民党有规定(《分解》23—25页);重庆、长春、天津等市有规定(条例21页);上海(24页)。"
③ 原件本条手写旁注:"上海、广州等城市有规定(条例22、23页)。"
④ 原件本条手写旁注:"苏、德、国民党有规定(《分解》26、27页);上海、武汉、西安等市有规定(条例23、24页)。"
⑤ 原件此处标注"降低价值要补偿"七字。

第十八条① 　承租人不得将租赁物的全部或者一部分(分租)转租给第三人。但是当租赁物是房屋的时候,承租人在征得出租人的同意后,可以依照原租赁契约的条件将房屋的一部分转租(分租)给第三人。部分转租(分租)的租金应当依照原租金的数额比例分摊。部分转租(分租)后,承租人仍应依照原租约对出租人负责。

　　承租人没有得到出租人的同意,私自将租赁物的全部或者一部分转租给第三人的时候,出租人可以解除契约。

　　另案:

　　1. 除法律或者契约另有规定外,承租人在征得出租人的同意后,可以依照原租赁契约的条件将租赁物的全部或者一部分转租给第三人,但是租金应当依照原租金的数额或者比例分摊。

　　承租人没有得到出租人的同意,私自将租赁物的全部或者一部转租给第三人的时候,出租人可以解除契约。

　　承租人将租赁物的全部或者一部转租给第三人的时候,仍应依照原租赁契约对出租人负责。

　　承租人将租赁契约中的一切权利义务全部转让给第三人,而自己退出租赁关系的时候,他们的契约无效。(如果这一案成立,则这款可单独作一条写)

　　2. 承租人不得将租赁物的全部或者一部分(分租)转租给第三人。但法律另有规定的除外。

　　3. 除法律或者契约另有规定外,承租人得到出租人同意后,可以在原契约所定的条件范围内将租赁物的全部或者一部转租给第三人,但是房屋只许转租一部。转租后,承租人仍依照原契约对出租人负责。

　　承租人没有得到出租人同意,将租赁物转租的时候,出租人可以解除契约。

　　4. 承租人不得将租赁物的全部或者一部转租给第三人。当租赁物是房屋时,承租人征得出租人同意后,可以依照原租赁契约的条件,全部或者一部转租,但租金应当依照原租金的数额或者比例分摊。转租后,承租人仍依照原租赁契约对出租人负责。

　　承租人私自将租赁物的全部或者一部转租给第三人时出租人可以解除契约。

　　第十九条② 　出租人可以按照约定向承租人收取一定数额的保证金。但是房屋租赁,出租人除收取租金外,不得用任何名义向承租人索取保证金或者额外的费用。

　　注:有的同志主张本条可以不要。

　　第二十条③ 　在租赁关系有效期间,租赁物的所有权由出租人转移给第三人的时候,原租赁契约对于新所有人继续有效,新所有人可以按照原租赁契约的条件与承租人另订新约。

　　另案:在租赁关系有效期间,租赁物的所有权由出租人转移给第三人的时候,原租赁

---

① 原件本条手写旁注:"苏、捷、保、法、德、国民党有规定(《分解》28、29、30页);武汉、广州、天津等市有规定(条例27、28页)。"
② 原件本条手写旁注:"北京、广州、西安等市有规定(条例29、30页)。"
③ 原件本条手写旁注:"苏、捷、保、法、德、国民党有规定(《分解》36—42页);天津等市有规定(条例5页)。"

契约对于新所有人继续有效。

第二十一条① 房屋租赁契约期满后,出租人仍将房屋出租的时候,原承租人如一向按照契约(很好地)履行义务,在同样(租赁)条件下,有优先承租权。

另案:租赁契约期满后,出租人仍将租赁物出租的时候,原承租人在同样(租赁)条件下,有优先承租权。

第二十二条② 在房屋租赁契约有效期间,由于房屋(必须)拆除重建,出租人可以解除契约;但是在完工后仍要出租的时候,原承租人与他人在同样租赁条件下,原承租人有优先承租权。③

第二十三条④ 出租人出卖租赁物的时候,承租人在同样的购买条件下,有优先购买权。⑤

承租人接到出租人出卖租赁物的书面通知后,在十天期限内不作购买的表示,应当认为放弃优先购买权。

注:

1. 有的同志主张将第二款改为:"承租人在通知规定的期限内不作购买的表示,应当认为放弃优先购买权。"

2. 有的同志主张优先购买权应以房屋为限,一般租赁物出卖时,不必赋予承租人优先购买权。

第二十四条⑥ 租赁契约期满后,承租人仍继续使用租赁物,而出租人又没有表示反对的时候,应当认为不定期限的租赁契约继续有效。

另案:本条"应当认为不定期限的租赁契约继续有效"改为"应当认为以原来的租赁契约的条件更新有效"。

第二十五条⑦ 由租赁关系所产生的损害赔偿请求权和承租人代垫的修理费用请求权一律规定为六个月。请求权的时效自租赁关系终止时起算。

注:有的同志主张时效应适用总则中规定,不要另规定一条。

附录:

1. 租赁契约期满前,出租人确需收回自用时,可以在三个月前通知承租人解除契约。

租赁契约期满前,承租人有正当理由,不需要使用租赁物时,可以在一个月前通知出租人解除契约;但因特殊原因不能先期通知,可以随时解除契约。

2. 租金应用人民币计算和给付。

对附录1、2两条,有的同志主张列为条文,有的同志主张不要。

---

① 原件本条手写旁注:"捷克有规定(《分解》54页);武汉、广州、长春等市有规定(条例31、32页)。"
② 原件本条手写旁注:"天津市有规定(条例31页)。"
③ 原件此处手写标注"此条可以考虑取消"八字。
④ 原件本条手写旁注:"武汉等市有规定(32页)。"
⑤ 原件此处手写标注"此条可以考虑转到买卖章"十一字。
⑥ 原件本条手写旁注:"捷、保、法、德、国民党有规定(《分解》53—55页)。"
⑦ 原件本条手写旁注:"德、国民党有规定(《分解》35、36页)。"

附

租赁契约历次调查材料的单位

一、北京：最高人民法院、国务院法制局、中央政法干校、城市服务部（现改为第二商业局）、邮电部、粮食部。
北京市高级、中级、区级人民法院、铁路管理局、影片公司、三轮车工会、房地产管理局。
二、武汉市中级人民法院、房地产管理局、长江航运管理局、公用事业局、城市服务所。
三、广州市中级人民法院、房地产管理局、影片公司、珠江航运管理局、汽车公司、竹建公司。
四、上海市高级、中级、区级人民法院、长江管理局上海分局、铁路管理局、福利公司、港务公司、竹建公司、商品仓储公司、上海银行分行、大新公司。
五、河南省服务所、郑州市房地产管理局。
六、长沙市、衡阳市人民法院、房地产管理局。
七、抚顺市房地产管理局。

租赁草稿曾征求意见的单位

一、第五次草稿征求意见的范围

此稿在1956年9月发至下列35个单位：
最高人民法院顾问室、最高人民法院民庭、最高人民法院陈瑾昆、司法部法令编纂司、法制局、北京市高级人民法院、天津市高级人民法院、上海市高级人民法院、山东省高级人民法院、沈阳市中级人民法院、沈阳市公证处、广州市中级人民法院、长沙市中级人民法院、西安市中级人民法院及司法局。
内务部、交通部、全国总工会。
中央政法干部学校、中央政法干部学校西北分校、武汉大学法律系、东北人民大学法律系、西南政法学院。
北京市房地产管理局、天津市房地产管理局、上海市房地产管理局、长沙市房地产管理局、武汉市房地管理局、西安市房地管理局、济南市房地产管理局、衡阳市房地产管理局、沈阳市房地产管理局。
中国影片公司北京市公司、中国影片公司天津市公司。
北京市公共汽车公司、天津市公共汽车公司。

二、第六次草稿征求意见的范围

在 1957 年 3 月将此草稿发至以下 38 个单位：

城市服务部、铁道部、邮电部。

内蒙古自治区、新疆维吾尔自治区、四川、青海、河北、吉林、山西、安徽、河南、陕西、广西、浙江、黑龙江、云南、江苏等省的高级人民法院，青岛、成都市的中级人民法院。

南京、汕头、杭州、石家庄、兰州、乌鲁木齐、昆明、太原等市人民委员会，泰安县、杭县人民委员会。

青岛、哈尔滨、长春等市的司法局。

成都市地政局，武汉市南区介绍所、中区人民法院、委员房建科①、江汉区房地产公司。

---

① 原件如此。

（四）借　贷

说　明[①]

1957年4月4日

一、借贷合同小组是从1956年2月开始工作的，在这以前，1955年，全室曾一度试图搞借贷单行法，在北京、天津、上海、武汉、长沙、衡阳、广州、合肥等地进行了调查工作。经调查研究后确定把借贷作为债的一章进行起草的准备工作，小组就在这个基础上开始工作。目前已有四次草稿条文。起草时，打算适用除借用（即使用借贷）以外的各个方面的借贷关系。

二、1956年春，曾向人民银行总行、中国银行、中国农业银行、人民银行北京市分行、海淀区办事处、西单区法院等单位调查材料。

1957年夏，曾向人民银行湖北省分行、武汉市分行、鄂城县支行、广东省分行、广州市分行、上海市分行、邯郸市支行、黑龙江省阿城县支行、湖北省农业银行、广东省农业银行、武汉市中级法院、广州市中级法院、上海市高级法院等单位调查材料。

人民银行总行的法规研究室和有关专业局是联系较多的。

三、借贷第四次草稿曾发往下列单位征求意见：

1. 国务院五办、七办、法制局、最高人民法院、司法部、人民银行总行、中国农民银行、中国银行。

2. 北京、天津、上海、武汉、广州、重庆等市人民银行分行，高中级法院，吉林、安徽、福建、陕西、山西、山东、贵州等省的高级人民法院、人民银行省分行、农业银行省分行。

3. 人民大学、武汉大学、北京大学、西北大学、复旦大学、东北人民大学的法律系，中央政法干校、东北分校、西北分校，北京、华东、中南、西南政法学院的民法教研室。

4. 北京、上海、天津、广州等市的律师协会。

以上共计61个单位。对第四次稿提出意见的有45个单位。

[①] 本说明为全国人大常委会办公厅研究室1957年4月编定"借贷综合资料"卷宗所作的说明。原件为手写稿。

四、1957年夏季调查材料,各单位对第四次稿提出的意见,均未及利用对条文作进一步修改。

五、先后参加借贷合同小组工作的同志是:司徒毅生、卓萍(中央政法干校)、史济才(华东政法学院)、王新三、王杪荣、鲁全子。

六、这里收集的借贷的历次草稿(第一稿已无法找到),已经打印出来的参考资料,分装三册。1957年夏季调查的综合资料"借贷合同的几个问题"已打印出来(见借贷资料调字第6号)。

借贷（第二次草稿）

1955 年 9 月 3 日

第一节 通 则

第一条 为了巩固和发展社会主义信贷制度（"关系"），保护正当（"合法"）借贷，取缔非法借贷，保证合理地组织和使用国家和社会的资金，以促进社会主义建设和社会主义改造事业的顺利进行（另案：从"保证……进行"删去），特制定本法。

另案：为了保护正当借贷，取缔非法借贷，巩固与发展社会主义的信贷制度，保证合理组织和使用国家和社会的资金，以促进社会主义建设和社会主义改造事业的顺利进行，特制定本法。

第二条 按照借贷契约，贷与人（债权人）把货币或实物贷给借用人（债务人）归其所有，借用人应返还数额相等的货币或种类、数量、质量相同的实物。

借贷可以约定有利息或无利息。①

第三条 借贷契约的订立和履行，须服从国民经济计划，遵守诚实信用、有借有还（另案：此外加"团结互助"四字）的原则。

另案：借贷契约的订立与履行，应遵守国家法律、法令和国民经济计划的规定和诚实信用、有借有还的原则。

另案：借贷契约订立和履行，在有利于社会主义建设和社会主义改造的前提下，应服从国民经济计划并遵守诚实信用、有借有还的原则。

第四条 下列（另案：此处加"借贷为"三字）非法借贷，一律禁止（另案：将"一律禁止"改为"不予保护"），情节严重的，依法惩处：

（一）高利贷及一切变相的高利剥削；

（二）外币、金银、银元及法律禁止流通的物的借贷；

（三）其他一切违反法律、法令和国家机关规定的借贷。

另案：下列借贷为非法借贷：（一）、（二）、（三）相同。

非法借贷，其契约无效，情节严重的，应负法律的责任（"依法惩处"）。

二款另案□□同原稿。

---

① 此款为手写补入。

第五条 借贷契约应以书面为主,如双方自愿,也可以订立口头契约。

另案:借贷契约可以用书面或者口头的形式订立。

借贷在人民币五〇元(限额可考虑)以上者,应订立书面的契约。

第二节 利 息

第六条 借贷利息应以银行或信用合作组织的放款利率为标准,但最高不得超过当地信用合作组织的放款利率的百分之二十。

另案:银行的利息由国务院规定,信用合作组织的利息由当地银行规定,私人间借贷的利息不得超过银行或当地信用合作组织的放款利率。

第七条 利息应按原本计算(或"按本计算"),不许利上滚利。

第八条 利息应按约定的期间给付,没有约定期间的,可按月给付或随本给付。(另案:"按月给付或"五字删去)

第九条 本条不要。

另案:契约没有约定利息的,贷与人不得请求利息;借用人已自愿给付的利息,不得请求返还。

第三节 清 偿

第十条 借贷债务,应由借用人依照契约进行清偿。

借贷债务因清偿而消灭。贷与人接受其他给付以代原定给付作为清偿的,借贷债务同样消灭。

第十一条 本条不要。

另案:如果法律或契约没有另外规定或约定,贷与人有权拒绝受领部分给付。

另案:如果契约没有另外规定,贷与人无权拒绝受领部分给付。

第十二条 借贷定有期限的,借用人应按期清偿,借贷未定期限,借用人可以随时清偿,贷与人也可以随时请求清偿;贷与人要求清偿时,借用人应自提出请求之日起一个月内清偿。

另案:借贷定有期限的,借用人应按期清偿。借贷未定期限的,贷与人可以随时要求清偿;贷与人要求清偿时,借用人应自提出请求之日起一个月内清偿。

借用人经济情况恶化,有陷于无力偿还的危险时,无论契约是定期的或者不定期的,贷与人都有权请求立即清偿。

第十三条 如不违反契约的精神,借用人可以在借贷到期前清偿。有利息的借贷,借用人于两个月("或一个月")以前已向贷与人预告提前清偿的,可以扣除全部残余期间的利息,如未作预告,可征得贷与人同意,扣除残余期间利息的全部或一部。

第十四条 借贷到期,经证明借用人确实无能力清偿,或全部清偿会使其生产、生活陷于无法维持的境况时,法院可斟酌实际情况,准许分次清偿或缓期清偿。

另案1:主张该条并入第十二条为二款:

借贷到期,经证明借用人确实无能力清偿,(或加"而保证人也无力代偿"),或全部清偿会使其生产、生活陷于无法维持的境况时,法院可斟酌实际情况,准许分次清偿或缓期清偿。

另案2:主张并入第十二条为三款;

借贷到期,借用人确实无力清偿,或令其全部清偿会使其生产、生活陷于无法维持的境况时,法院可斟酌实际情况,许其分次清偿或缓期清偿。

另案3:主张并入第十一条二款;

但借用人如全部清偿会使其生产、生活陷于无法维持的境况时,法院可斟酌实际情况,许其分次清偿或缓期清偿。

另案4:本条不要。

第十五条 本条不要。

另案:贷与人要求清偿,应向借用人或其代理人或向保证人提出。

第十六条 本条不要。

另案:同一债务人对同一债权人负数宗的债务,如其提出的给付不足清偿全部债务时,可以按债务到期先后进行抵偿,如到期相同,可按债务设立先后抵偿,如成立或到期相同,可先抵偿无担保或担保较少的债务;如担保相等,可依债务的数额比例抵偿。

另案:同一借用人对同一贷与人负有数宗债务,而提出的给付不足清偿其全部债务时,应根据当时的清偿情况确定其应清偿的何宗债务。

如依当时情况不能确定所应清偿的何宗债务,应按比例抵偿。

第十七条 借贷到期没有清偿的,借用人负迟延责任,贷与人可以请求迟延利息,贷与人迟延受领时,借用人不负迟延责任,可以将其给付的款项或实物提存于当地人民法院或人民银行以为清偿。

另案:借贷到期没有清偿的,借用人负迟延责任,贷与人迟延受领时,借用人可将款或实物提存于当地人民法院或人民银行以为清偿。

第十八条 一宗债务有两个以上的债务人,如无其他约定,债务人负连带责任;债权人得向连带债务人中的一人或数人或全体,同时或先后,请求全部或一部的清偿。

债务人清偿连带债务,有权向其余各连带债务人请求偿还其平均负担部分,连带债务人中的一人不能偿还的部分,由其余债务人平均负担。

另案:本条不要。

第四节 保证(抵押)

第十九条 借贷契约设有保证人的,保证人应负监督和保证债务人履行债务的责任。

如契约无其他规定,债务人确系无力清偿时,保证人应代为清偿。

第二十条 数人共同担保一宗债务,如契约无其他约定时,保证人之间负连带责任。

第二十一条 借贷契约设有抵押品的,借用人到期不清偿时,贷与人有权就抵押品的变价优先于其他债权人受偿,如尚不足,由借用人补足;如有剩余,退还借用人。

第二十二条　一个财产设有两个以上的抵押权时,其受偿权利的先后,应依抵押权设立的先后为准。

债务人将已设有抵押权的财产另行抵押时,应将已有抵押权的事实告知债权人。

银行为债权人时,不受上款抵押权设立先后的限制。

第二十三条　借贷契约设有保证人和抵押品的,贷与人应先就抵押品受偿。

如契约无其他约定,抵押品的存在与否不影响保证人应负的责任,保证人仍应就全部借贷负担保的责任。但抵押品如因贷与人的过失而贬值或灭失时,保证人可对因贷与人过失所造成的损失部分免除责任。

第二十四条　借用人经济情况恶化,有陷于无力清偿的危险时,保证人得催告贷与人向借用人要求清偿,贷与人如不立即向借用人要求清偿,以致不能受偿时,保证人免除责任。

另案:不要。

另一意见:十二条二款若保留,此条也保留。

第二十五条　债务人的变更,应征得保证人的同意,否则保证人有权拒绝担保责任。债权人的变更,可不征求保证人同意,但应通知保证人。

债务内容的变更,应征得保证人的同意,否则保证人不负责任。

第二十六条　借贷定有期限的,到期前没有得到贷与人的同意,保证人不得退保;借贷未定期限的,保证人可以向贷与人声明退保。

保证人歇业、停业时,可以申请退保。

保证人宣告破产时,保证责任消灭。

第二十七条　保证责任,自声明退保之日起满三个月而消灭。

第二十八条　保证人代债务人清偿后,对于债务人即立于债权人的地位。

债权人受领保证人的清偿后,应将债权的一切权利及证件移交给保证人。

第二十九条　债务定有期限的,债权人自债务到期之日起,于六个月内未向保证人起诉时,保证责任消灭。债务未定期限的,如无其他约定,保证责任自保证契约订立之日起经过二年而消灭。

第五节　破产还债

第三十条　破产债务按下列顺序清偿:工人工资;有抵押的银行贷款;国家税款;无抵押的银行或信用合作组织贷款;有抵押的公私债权;无抵押的公私债权。

在同一顺序中有两个以上的债权时,按比例受偿。

第三十一条　破产还债,对生活确实困难的小额债权人,应予适当照顾。

第三十二条　破产还债以原本为限。利息、违约金、税款滞纳金、银行贷款过期罚金、工程保固费(或加"解雇金")等不参加分配。

另案:本条不要。

第三十三条 因破产需要执行债务人的个人财产时,对破产人及其家属可酌留适当的生活费。

第六节 时 效

第三十四条 借贷债务的请求权,如法律没有特别规定,定期借贷自债务到期之日起一年内,不定期借贷自债务发生之日起三年内,因不起诉而消灭(另一意见:可以请求而不请求即消灭)。

第三十五条 借贷关系成立在一九三七年七月七日以前的,一律丧失起诉权。

借贷关系成立在一九三七年七月八日以后到当地解放以前的,在本法公布之日起一年内有起诉权。人民法院应根据实际情况,妥善处理。

解放后成立的一切借贷关系均继续有效。

本条二款的规定如在本法公布之日起一年内因不提起诉讼,丧失起诉权。

本法公布前,各地已清理的债务关系,一律不再变动。①

另案:解放前的借贷,发生在一九三七年七月七日以前的,一律丧失起诉权;发生在一九三七年七月八日以后到当地解放前的,人民法院认为可以提起诉讼,其借贷关系发生在农村的,应参照前中央人民政府政务院一九五〇年十月二十日公布的《新区农村债务纠纷处理办法》的(二)、(五)、(六)条处理;其发生在城市的,应参照前中央人民政府政务院一九五三年二月二十日公布的《关于解放前银钱业未清偿存款给付办法》的附表甲和附表乙折算处理。

解放后至本法公布前成立的一切借贷,仍依双方约定处理。如果解放前的借贷,在解放后改立新约的,仍以解放前的债务处理。

第七节 附 则

第三十六条 在少数民族地区,关于借贷关系的调整,可由当地县以上自治机关,根据当地少数民族借贷习惯和具体情况,对本法作某些变通的或补充的规定,提请国务院批准施行。

第三十七条 本法自公布之日起施行。

---

① 原件此处"本条二款的规定……"与"本法公布前……"两款手写调整至本条另案结尾。

借贷（第二次稿）

1956 年 3 月 27 日

第一条 按照借贷契约，出借人把货币或者实物贷给借用人，满足借用人生产上生活上的需要；借用人应该把数额相等的货币或者种类、数量、质量相同的实物归还出借人。

第二条 国家银行是国家的信贷中心，按照国家批准的信贷计划和规章办理存款、贷款业务。

信用合作社（部）是劳动人民自愿组织起来实行资金互助的合作组织，是国家银行的信贷助手，在国家银行领导下办理存款、贷款业务。

公民相互之间，可以进行互通有无的借贷。

其他一切机关、企业、团体之间，禁止相互借贷。

第三条 金、银和外国货币，除国家银行可以接受存款外，禁止借贷。

第四条 借贷契约应该采用书面形式。但①公民相互间的借贷契约，如果双方自愿，也可以采用口头形式。

第五条 国家银行对于自己贷出的贷款享有监督使用权。如果借用人违反契约规定使用的时候，国家银行可以提前收回贷款。②

第六条 向国家银行借款的企业单位，应该根据国家银行的规定填送财务报表和提供物资保证。

第七条 国家银行为了适应城市公民生活上的临时需要可以举办小额抵押贷款。如果借用人过期不还贷款的时候，国家银行有权处理抵押品，收回贷款和利息。③

第八条 借贷可以附加利息，也可以不附加利息。④ 只有约定有利息的借贷，出借人才能要求借用人给付利息。

第九条 国家银行存款、贷款的利率，由中国人民银行⑤统一规定。

---

① 原件此处删去"但"字。

② 原件本条涂改为"国家银行对于自己贷出贷款的使用享有监督权。借用人违反约定使用贷款的时候，国家银行有权提前收回贷款。"

③ 原件此处手写批注"移十四条后"五字。

④ 原件此句涂改为："借贷可以有利息，也可以无利息。"

⑤ 原件此处"中国人民银行"改为"国务院"。

信用合作社(部)存款、贷款的利率①,由社员大会或者社员代表大会通过,国家银行批准。

公民相互间的货币借贷和实物借贷,如果约定有利息的时候,利率不得超过国家银行存款或者信用合作社(部)存款的最高利率。

第十条 有利息的借贷,应该按照实际借用数额和实际借用时间计算利息,禁止复利。但企业单位借用国家银行贷款,到期不能归还申请转期的时候,国家银行可以把没有给付的利息加入本金作为新贷款。

第十一条 借用人应该按照约定期间给付利息。没有约定给付期间的,可以按月给付,或者在还本的时候一起给付,禁止②先扣利息。③

第十二条 约定归还期限的借贷,借用人应该按照约定归还。如果借用人提前归还的时候,只要不少于借贷数额的四分之一,出借人应该接受。

没有约定归还期限的借贷,借用人可以随时归还,出借人也可以随时要求归还;出借人要求归还的时候,借用人应该在一个月内归还。

第十三条 借实物约定归还实物的借贷,如果借用人不能归还种类、质量、数量相同的实物,应该按照归还时当地市场出售价格折合人民币归还,或者折合出借人同意接受的其他实物归还。

借实物约定归还人民币的借贷,出借时已把实物折成人民币的,应该按照原折算数额归还人民币;如果出借时没有折成人民币的,可以按照归还时当地市场出售价格折合人民币归还。

第十四条 借用人在国家银行设有结算户的,国家银行有权从结算户存款中收回到期的贷款和利息。

第十五条 到期没有归还也没有转期的借贷,按照下列规定计算迟延期间的利息:

(一)国家银行贷款,可以照原利率增加百分之十计算;

(二)信用合作社(部)贷款和公民相互间有利息的借贷,仍照原利率计算;

(三)公民相互间没有利息的借贷,出借人可以要求借用人按照合法利率给付④利息。

---

① 原件此处手写增加一句:"应该比照银行存款、贷款的利率"。
② 原件此处增加"出借人"三字。
③ 原件本条将"禁止先扣利息"提至"借用人应该按照约定期间给付利息"之后,并标注"后段考虑另写"字样。
④ 原件此处添加"迟延期间的"五字。

借贷（第三次稿）

1956年4月20日

第一条 按照借贷契约，出借人把货币或者实物贷给借用人，借用人应该把数额相等的货币或者种类、质量、数量相同的实物归还给出借人。

另案1：按照借贷契约，出借人把货币贷给借用人，借用人应该把数额相等的货币归还出借人；或者出借人把实物贷给借用人，借用人应该把种类、质量、数量相同的实物归还给出借人。

另案2：按照借贷契约，出借人把货币贷给借用人，借用人把数额相等的货币归还给出借人。如果出借人把实物贷给借用人，借用人应该把种类、质量、数量相同的实物归还出借人。

另案3："出借人"改为"贷出人"。

第二条 国家银行是国家的信贷中心。国家银行和它领导下的其他银行，按照国家批准的信贷计划和规章办理存款、放款业务。

信用合作社（部）是劳动人民自愿组织起来实行资金互助的合作组织，是国家银行的信贷助手，在国家银行领导下办理存款、放款业务。

公民相互之间，可以进行互通有无的借贷。

其他一切机关、企业、团体之间，除国务院另有规定外，禁止相互借贷。

第三条 国家银行可以接受金、银和外国货币的存款。

特许使用金、银货币的少数民族地区，金、银可以借贷。

除上列两款情形外，禁止金、银和外国货币的借贷。

第四条 借贷契约应该采用书面形式。公民相互间的借贷契约，如果双方自愿，也可以采用口头形式。

第五条 国家银行对于自己放出的款项的使用有监督权。借用人违反约定使用借款的时候，国家银行有权提前收回放款。

另案：国家银行和信用合作社（部）对于自己放出的款项的使用有监督权。借用人违反约定使用借款的时候，国家银行或者信用合作社（部）有权提前收回放款。

第六条 向国家银行借款的企业单位，应该根据国家银行的规定提供物资保证，接受监督检查。

另案：本条不要。

第七条 借贷可以有利息，也可以无利息。只有约定有利息的借贷，出借人才能要求借用人给付利息。

第八条 银行存款、放款的利率，由国务院统一规定。

信用合作社（部）存款、放款的利率，应该比照银行存款、放款的利率，由社员大会或者社员代表大会通过，国家银行批准。

公民相互间的货币借贷和实物借贷，约定有利息的时候，利率不得超过银行存款或者信用合作社（部）存款的最高利率。

第三款另案：
1. 利率应比银行利率稍高。
2. 公民相互间的借贷，利率由双方约定。

第九条 有利息的借贷，应该按照实际借用数额和实际借用时间计算利息，禁止复利。

第十条 有利息的借贷，借用人应该按照约定期间给付利息。没有约定给付期间的，可以按月给付，或者在还本的时候一起给付，禁止出借人先扣利息。

第十一条 约定归还期限的借贷，借用人应该按期归还。如果双方同意，借用人也可以提前归还全部或者一部分。

没有约定归还期限的借贷，借用人可以随时归还，出借人也可以随时要求归还；出借人要求归还的时候，借用人应该在一个月内归还。

第十二条 借实物应该归还实物，不能归还实物的时候可以按照当地市场出售牌价折合人民币归还。

借实物约定归还人民币借贷，出借时已把实物折成人民币的，应该按照原折算数额归还人民币；如果出借时没有折成人民币的，可以按照归还时当地市场出售牌价折合人民币归还。

另案：把"当地市场出售牌价"改为"国家规定的价格"，另外再加一款说明如果国家没有规定价格的，应该比照市场价格，由双方协商解决。

第十三条 国家银行对公民的放款，可以收受抵押品。借用人过期不归还借款的时候，国家银行有权处理抵押品。

另案：本条不要。

第十四条 企业单位借用国家银行的放款，国家银行有权从借用人结算户存款中收回到期的放款和利息，不能收回的时候，可以计算迟延期间的利息。如果双方协议转期归还，国家银行可以把没有给付的利息加入本金作为新放款。

第十五条 借贷到期没有归还的，按照下列规定计算迟延期间的利息：

（一）国家银行放款，可以照原利率增加百分之十计算；

（二）信用合作社（部）放款和公民相互间有利息的借贷，仍照原利率计算；

（三）公民相互间没有利息的借贷，出借人可以要求借用人按照合法利率给付迟延期间的利息。

另案:信用合作社和公民相互间有利息的借贷也应比原利率高一些,以示处分。

第十六条 因为天灾人祸造成借贷到期不能归还的时候,双方应该协商,另订归还期限,适当减免本利。

注:条文中"放款"是否可以改为"贷款"请考虑。

借贷(第四次稿)

1956 年 7 月 23 日

第一条 按照借贷契约,出借人把货币或者实物贷给借用人,借用人应该把数额相等的货币或者种类、质量、数量相同的实物归还给出借人。

另案1:按照借贷契约,出借人把货币贷给借用人,借用人应该把数额相等的货币归还出借人;或者出借人把实物贷给借用人,借用人应该把种类、质量、数量相同的实物归还给出借人。

另案2:按照借贷契约,出借人把货币贷给借用人,借用人把数额相等的货币归还给出借人。如果出借人把实物贷给借用人,借用人应该把种类、质量、数量相同的实物归还出借人。

注:另有同志主张把所有条文中的"出借人"改为"贷出人"。

第二条 国家银行是国家的信贷中心。国家银行和它领导下的其他银行,按照国家批准的信贷计划和规章办理存款、放款业务。

信用合作社(部)是劳动人民自愿组织起来实行资金互助的合作组织,是国家银行的信贷助手,在国家银行领导下办理存款、放款业务。

公民相互之间,可以进行互通有无的借贷。

其他一切机关、企业、团体之间,除国务院另有规定外,禁止相互借贷。

注:另有同志主张把所有条文中的"放款"改为"贷款"。

第三条 国家银行可以接受金、银和外国货币的存款。

特许使用金、银货币的少数民族地区,金、银可以借贷。

除上列两款情形外,禁止金、银和外国货币的借贷。

第四条 借贷契约应该采用书面形式。公民相互间的借贷契约,如果双方自愿,也可以采用口头形式。

第五条 国家银行对于自己放出的款项的使用有监督权。借用人违反约定使用借款的时候,国家银行有权提前收回放款。

另案:国家银行和信用合作社(部)对于自己放出的款项的使用有监督权。借用人违反约定使用借款的时候,国家银行或者信用合作社(部)有权提前收回放款。

第六条 向国家银行借款的企业单位,应该根据国家银行的规定提供物资保证,接受监督检查。

另案:本条不要。

第七条 借贷可以有利息,也可以无利息。只有约定有利息的借贷,出借人才能要求借用人给付利息。

第八条 银行存款、放款的利率,由国务院统一规定。

信用合作社(部)存款、放款的利率,应该比照银行存款、放款的利率,由社员大会或者社员代表大会通过,国家银行批准。

公民相互间的货币借贷和实物借贷,约定有利息的时候,利率不得超过银行存款或者信用合作社(部)存款的最高利率。

第三款另案:

1. 这一款公民相互间的借贷利率应规定比银行利率稍高。
2. 这一款应改为:"公民相互间的借贷,利率由双方约定。"
3. 这一款中最后一段改为:"利率不得超过银行放款或者信用合作社(部)放款的最高利率。"

第九条 有利息的借贷,应该按照实际借用数额和实际借用时间计算利息,禁止复利。

第十条 有利息的借贷,借用人应该按照约定期间给付利息。没有约定给付期间的,可以按月给付,或者在还本的时候一起给付,禁止出借人先扣利息。

第十一条 约定归还期限的借贷,借用人应该按期归还。如果双方同意,借用人也可以提前归还全部或者一部分。

没有约定归还期限的借贷,借用人可以随时归还,出借人也可以随时要求归还,出借人要求归还的时候,借用人最迟应该在一个月内归还。

第十二条 借实物应该归还实物,不能归还实物的时候可以按照当地市场出售牌价折合人民币归还。

借实物约定归还人民币的借贷,出借时已把实物折成人民币的,应该按照原折算数额归还人民币,如果出借时没有折成人民币的,可以按照归还时当地市场出售牌价折合人民币归还。

另案:把"当地市场出售牌价"改为"国家规定的价格",另外再加一款说明如果国家没有规定价格的,应该比照市场价格,由双方协商解决。

第十三条 国家银行对公民的放款,可以收受抵押品。借用人过期不归还借款的时候,国家银行有权处理抵押品。

另案:本条不要。

第十四条 企业单位借用国家银行的放款,国家银行有权从借用人结算户存款中收回到期的放款和利息,不能收回的时候,可以计算迟延期间的利息。如果双方协议转期归还,国家银行可以把没有给付的利息加入本金作为新放款。

第十五条 借贷到期没有归还的,按照下列规定计算迟延期间的利息:

(一)国家银行放款,根据银行贷款办法的规定计算;

(二)信用合作社(部)放款和公民相互间有利息的借贷,仍照原利率计算;

(三)公民相互间没有利息的借贷,出借人可以要求借用人按照合法利率给付。

第十六条 因为意外灾害造成借贷到期不能归还的时候,双方经过协商,可以另订归还期限和适当减免利息。

注:另有同志主张把"适当减免利息"改为"适当减免本利"。

中华人民共和国民法典(草案)债篇
借贷(第四次稿)意见汇辑

全国人民代表大会常务委员会办公厅研究室 1957年1月9日

说 明

借贷第四次稿意见汇辑是根据下列49个单位所提的意见汇集起来的：

一、国务院第五办公室财金组，人民银行北京市分行，人民银行天津市分行，人民银行上海市分行，人民银行安徽省分行，人民银行吉林省分行，人民银行山东省分行，人民银行陕西省分行，人民银行福建省分行，人民银行贵州省分行，人民银行广州市分行，人民银行武汉市分行，人民银行重庆市分行，农业银行安徽省分行，农业银行山东省分行，农业银行福建省分行，农业银行山西省分行，农业银行吉林省分行，农业银行贵州省分行，交通银行沈阳市分行。

二、最高人民法院民庭、顾问室、陈瑾昆，司法部法令编纂司，国务院法制局，北京市高级人民法院，天津市高级人民法院，上海市高级人民法院，安徽省高级人民法院，山东省高级人民法院，山西省高级人民法院，陕西省高级人民法院，吉林省高级人民法院，福建省高级人民法院，武汉市中级人民法院，广州市中级人民法院，重庆市中级人民法院，沈阳市中级人民法院，沈阳市司法局，上海市律师协会筹备委员会。

三、中国人民大学法律系，中央政法干部学校民法教研室，中南政法干部学校民法教研室，中央政法干部学校西北分校，中央政法干部学校东北分校，北京大学法律系，复旦大学法律系，东北人民大学法律系，西南政法学院，武汉大学法律系，西北大学法律系。

借贷(第四次稿)

1956年7月23日

第一部分 总的意见

1. 苏联民法上的借贷仅仅适用于公民间的借贷。银行贷款主要由财政法调整，因为与一般公民间的借贷有某些性质上的差别。我国几年来银行贷款基本上按照苏联经验进行，一般说来是行之有效的。本草稿对银行贷款只作了一般的规定，并不排斥银行作较具体详细的规定,既然这样,银行贷款法未始不可从借贷中划出,让一般借贷只适用于公民相互间一定款项和某些生活资料的融通,并防止利用借贷发生剥削关系,似乎较合适些。(法制局)

2. 民法典借贷章把银行存放款关系规定到什么程度为宜值得考虑。草稿中有些提到,有些没有提到,如现金中心,物资保证不足可以提前收回一部分贷款,银行有权处理企业提供的抵押品没有规定。这是否合适?不如把银行存放款的一切具体问题统让给银行的规章去规定如何?(武大法律系)

3. 机关、企业、工厂内部和居民间的互助会借贷,是否属于借贷关系,条文内未予明确,请研究。(人民银行武汉市分行)

4. 外汇管理、非现金结算和金融行政管理等是否也编入法典之内。(人民银行福建省分行、农业银行福建省分行)

5. 结算与借贷有密切联系,多数同志认为可另列一章放在借贷之后,个别同志主张在借贷中规定不必另列一章。(北大法律系)

6. 企业单位是否指向银行借贷的所有单位。应在条文内明确起来。(人民银行山东省分行)

7. 对某些被剥夺公民权的人,借贷怎样处理?由于没有书面的借贷契约为证据,如发生纠纷如何解决,请考虑。(人民银行福建省分行、农业银行福建省分行)

8. 国家银行贷款应增加"按信贷计划和既定用途放款,对国家企业、合作社的短期商品储备情况应定期向国家银行提供计划,会计报表"。(人民银行山东省分行)

9. 加一条:借用人不得将借用之物转借他人或抵押,如有须经借出人同意。(武汉市中级法院有的同志)

10. 对有意赖债户如何处理,建议加以规定。(人民银行广州市分行)

11. 对本法令公布以前的债务(包括旧债)应如何处理,是否也适用本法?(吉林省高级法院、安徽省高级法院)

12. 对结构的意见:

(1)甲. 最好一开始就把如何构成借贷行为和借贷契约的形成划出个界限,作为进一步解释借贷行为和借贷契约的基础。乙. 最好把借贷行为的一般内容,如实物借贷与货币借贷,利息可有可无,形式可书面可口头,等等,写在前面,然后再写借贷机关,借贷双方的权利和义务,其他有关规定。(国务院五办财金组)

(2)第六条移作第五条第二款。(人民银行北京市分行)

(3)第十三条与第六条同是借款的物资保证问题,性质相同,可并入一条。(上海市律师协会、山西省高级法院)

第二部分 对条文的意见

第一条 按照借贷契约,出借人把货币或者实物贷给借用人,借用人应该把数额相等的货币或者种类、质量、数量相同的实物归还给出借人。

另案1:按照借贷契约,出借人把货币贷给借用人,借用人应该把数额相等的货币归还出借人;或者出借人把实物贷给借用人,借用人应该把种类、质量、数量相同的实物归还给出借人。

另案2:按照借贷契约,出借人把货币贷给借用人,借用人把数额相等的货币归还给出借人。如果出借人把实物贷给借用人,借用人应该把种类、质量、数量相同的实物归还出借人。

注:另有同志主张把所有条文中的"出借人"改为"贷出人"。

意见:

1. 同意原案。(农业银行安徽省分行、人民银行吉林省分行、农业银行吉林省分行、人民银行上海市分行、农业银行山西省分行、最高法院、司法部法令编纂司、上海市高级法院、山东省高级法院)

2. 应将"出借人将货币或实物交付借用人所有"规定进去,因为这是借贷在法律上的根本特点。文字安排同意原案。(复旦大学法律系)

3. 同意原案。另案1、2不如原案好。(天津市高级法院)

4. 原案比另案简要明确。(上海市律师协会、安徽省高级法院多数人、武汉市中级法院、东北人大)

5. 原案提法虽似乎不如另案1、2明确,但不致在解释上发生困难,故同意原案。(贵州省高级法院)

6. 同意原案(已很明确);另案1、2文字繁琐,不同意。(人民银行陕西省分行)

7. 同意原案。"贷给"不通俗,可改为"交给"、"借给","归还"可改为"还给"。(北京市高级法院)

8. 在第一条内应包括借贷的定义和受这一篇法律约制的行为范围,并规定借贷的基本原则。文字可照原案,但删去"按照借贷契约",因为借贷行为是第一性,借贷契约是第二性。(人民银行广州市分行)

9. 同意原案,但将"货币"改为"人民币"。(陕西省高级法院)

10. 原案组织紧密,用字恰当,为了更加完整,还是将第七条"借贷可以有利息,也可以无利息"移到本条后面。(吉林省高级法院)

11. 大多数同志认为原案规定很明确,在内容方面没有意见。但讨论中对条文有四种不同意见:

(1)将"应该"的"该"字删除,以求简练。

(2)大多数人认为"出借人"通俗易懂,人人皆知,"贷出人"名词尚不通俗。从理论上研究民法典上适用"贷出人"是恰当和广泛的。"贷"字在农村也不陌生,如"农贷"和"贷款"。

(3)货币借贷和实物借贷应有主次之分,以先后两款制定,较为妥当。

(4)有的同志对实物借贷感到规定还不够明确,有些种类物系属特定物(被禁止相互转让),市场上流转发生困难,民法典对那些特定物应有明确限制规定,在法院处理时即有准绳,且符合实际情况。(福建高级法院,曾邀人民银行、农业银行、建设银行、人民检察院、司法厅、福州市中级法院、鼓楼区基层法院参加讨论)

12. 改为:"依借贷契约,出借人把货币或实物贷给借用人,而借用人应返还相等的货币或种类、质量、数量相同的实物。"这样较通顺。(西北大学法律系)

13. 同意另案1,因文意较明确。(人民银行北京市分行、武汉市分行、贵州省分行、农业银行贵州省分行、交通银行沈阳市分行、人民银行天津市分行、上海市高级人民法院有的同志)

14. 另案1较好,但将"把数额相等的货币"改为"用等量货币","把种类、质量、数量相同的实物"改为"把与所借实物种类、数量、质量相同的实物",否则不明确。另,用"出借人"较明白。(国务院五办财金组)

15. 同意另案1。理由是:货币与实物的界限明确,同时以货币为主,实物为辅,是信贷发展方向。(农业银行山东省分行)

16. 同意另案1。但将"按照借贷契约"改为"借贷契约是"。(山西省高级法院)

17. 同意另案1,因为将借货币还货币,借实物还实物分开写,显得清楚,防止对条文解释可能发生的分歧。(安徽省高级法院少数人)

18. 可考虑采用另案1。其中"借用人应该把种类、数量、质量相同的实物归还给出借人"一句应考虑借贷的归还客体与方式,是否规定允许以对销、转让、判账等方式代替实物归还,减少因归还实物而引起的物质浪费。(广州市中级法院)

19. 同意另案2。(人民银行福建省分行、农业银行福建省分行)

20. 另案2较为明确。(人民银行安徽省分行、安徽省高级法院少数人)

21. 这条定义中没有"归借用人所有",就使定义不确切,不知到底是指借贷还是使用借贷。另第七条划归这条,使用权定义所表示的特征更加明确,即这种契约可有偿可无偿。用"附加利息或不附加利息"。(人大法律系)

22. 应规定"约定利息或不约定利息",可以体现较完整的概念。(北大法律系)

23. 在第一条后加"附加利息或不附加利息",就可将第七条取消。(政法干校西北分校)

24. "按照借贷契约"改为"借贷合同是"。(中央政法干校、中南政法干校)

25. 对"出借人"改为"贷出人"问题,多数单位认为出借人通俗易懂,贷款虽懂,但"贷出人"就不通俗了,仍用"出借人"为宜,有的主张用"借出人"。少数单位认为"贷出人"符合实际,并不难懂,主张用"贷出人"。

第二条 国家银行是国家的信贷中心。国家银行和它领导下的其他银行,按照国家批准的信贷计划和规章办理存款、放款业务。

信用合作社(部)是劳动人民自愿组织起来实行资金互助的合作组织,是国家银行的信贷助手,在国家银行领导下办理存款、放款业务。

公民相互之间,可以进行互通有无的借贷。

其他一切机关、企业、团体之间,除国务院另有规定外,禁止相互借贷。

注:另有同志主张把所有条文中的"放款"改为"贷款"。

意见:

1. 同意条文。(最高法院、司法部法令编纂司、陕西省高级法院、天津市高级法院、吉林省高级法院、东北人大法律系、西北大学法律系)

2. 同意条文。"其他银行"的范围不够明确,应具体列出。(山西省高级法院)

3. 第二行加"国家银行的",第四行加"农村中的",第五行加"在农村中的",第六行加"一部分农村中的",第八行加"者"。用"放款"较明白。(国务院五办财金组)

4. 一部分同志主张将"信贷中心"改为"信用中心",一部分同志主张不改。第四款第一句前加:"除国家银行及其领导下的其他银行和信用合作社以外"。"放款"一律改为"贷款"。(农业银行安徽省分行)

5. "信贷计划"改为"综合信贷计划",才能包括存款与放款。(人民银行陕西省分行)

6. 目前建设银行、交通银行不属于国家银行领导。(人民银行天津市分行)

7. 甲.将"和它领导下的其他银行"改为"和其他专业银行",因为有些专业银行并不属它领导。乙.第二款删去"是国家银行的信贷助手",因为是赘文,且费解释。(人民银行武汉市分行)

8. 甲.国家银行如包括建设银行,就不适用信贷中心的提法;如果把建设银行包括在其他银行内,又不是受它领导的。乙.如结算无专章,在"业务"之前加"结算"。丙."除国务院另有规定外"可删去,因为这种借贷是不合法的,不能有例外。丁.这条全文的实质是确定借贷的合法性,因此"国家银行的信贷助手"是繁文,可删去。试作修改如下:

"中国人民银行是国家的信贷中心,按照国家批准的信贷计划和规章,办理存款、放款、结算业务。

国家专业银行和其他银行,按照国家规定的业务范围和批准的计划,办理存款、放款、结算业务。

信用合作社(部)是劳动人民自愿组织起来实行资金互助的合作组织,按照规章办理存款、放款业务。

公民互相之间,可以进行互通有无的借贷。

机关、企业、团体之间,禁止互相借贷。"(人民银行贵州省分行、农业银行贵州省分行)

9. 第二款可改为:"信用合作社依据国家金融政策办理存款、放款业务。"(农业银行山西省分行)

10. 甲.第一款中可统称为国家银行。乙.第二款"领导"改"指导",因为信用社是群众组织,作为领导关系不合适。丙.农业社社员向社里投资有期限,利率是社章规定的,与本条规定精神有矛盾。(农业银行山西省分行)

11. "其他银行"如指交通、建设两行的话,与现行体制规定不符,可删去"和它领导下的其他银行"一句。(人民银行山东省分行)

12. 第四款加"合作组织"。(人民银行北京市分行)

13. 目前手工业联社对所属生产社除拨款外也发生借贷关系,将来对生产社的长期基建贷款可能由联社办理。建议在修改时加以考虑。(人民银行广州市分行)

14. 拟在原案末的"禁止相互借贷"后加"(包括实物借贷)"。(人民银行上海市分行)

15. 甲."信贷中心"和"信贷计划"改为"信用中心"和"信用计划"。乙."国家银行"和"其他银行"范围都不明确。照我们体会,国家银行是指有"发行"的银行,不能从业务上来分。丙.第二款中删去"是国家银行的信贷助手"一句。(人民银行福建省分行,农业银行福建省分行)

16. 甲."除国务院另有规定外",可改为"除法律另有规定外";乙.本条提"国家银行和

它领导下的其他银行",以后各条都未提到其他银行,前后用语不一致。(上海市高级法院)

17. 凡"国务院另有规定",似可改为"法律、法令另有规定"。(司法部法令编纂司)

18. 甲.信用社条款可精简为:"信用合作社(部)在国家银行领导下办理存款及放款业务";乙.团体间是否也要禁止互相借贷,值得考虑。(北大法律系)

19. 甲.第四款"禁止相互借贷"加"金钱"二字,否则连实物借贷也包括在内。乙.增加一款关于其他机关、企业、团体与公民间的借贷。(武大法律系)

20. 机关、企业、团体之间,为了生产方便,互相帮助,在不影响生产情况下,可互借物品。原文规定太严。(武汉市中级法院)

21. 将一、二、四款归并为一条,因为这都是机关团体间的借贷,特别是金钱借贷问题,公民相互借贷,不但主体不同,而且包括实物,应另订一条,或者既无限制规定,干脆不要。(复旦大学)

22. 大多数同志主张"信贷"改为"信用"较全面,较广泛。信贷仅指放款,而无承担存款之业务责任,是狭隘的。信用含义包括了存、放、结算。

大多数同志认为"贷款"为妥。从银行业务说,不仅放款,还要负收回放款责任。"贷"包括了"放"与"还"两方面意义。

第一款有三种意见:(1)"其他银行"包括农业银行和建设银行,但这两银行直属财政部领导,并不属人民银行领导,应将"和它领导下的"几字删除。(2)对银行的性质要以所有制来区分。国家银行是全民所有制,其他银行指私人银行,当然能领导。同意原案。(3)将"和它领导下的其他银行"改为"国家银行和专业银行"较适当。第二款应将"是国家银行的信贷助手"一句删去,在第一款中已体现国家银行和信用社的关系和作用。

第四款的规定不明确。多数同志认为:企业与公民借贷关系是否列入被禁止相互借贷之内。在目前过渡时期私有制未彻底消灭,企业与公民之间仍有借贷关系存在,如无明确规定,将来会遇到处理的困难。而且感到"团体"包括范围甚广,最好亦应加以说明。(福建省高级法院)

23. 全条删去。(1)因为本章是规定借贷双方间的权利义务关系,并非规定国家银行与信用社的业务范围;(2)公民间"互通有无"的借贷一语好像公民间对禁止流通之物也可借贷,易发生弊端;(3)禁止机关、企业、团体之间的相互借贷,应在刑法典或行政法令上规定。(北京市高级法院)

24. 国家银行及信用社的地位、职权、任务不必在这里规定,行政法、财政法已解决这个问题了。本条所包含的内容也为其他法规解决了。"互通有无"字样不必要,因为只要不是高利贷,借贷当然是"有""无"互通的。(人大法律系)

25. 人民银行"放款",主张用"放款";农业银行用"贷款",主张用"贷款";其他单位有的主张用"放款",多数主张用"贷款"。

第三条 国家银行可以接受金、银和外国货币的存款。
特许使用金、银货币的少数民族地区,金、银可以借贷。
除上列两款情形外,禁止金、银和外国货币的借贷。

意见:

1. 同意条文。（人民银行福建省分行、农业银行福建省分行、最高法院民庭、顾问室、司法部法令编纂司、山西省高级法院、武汉市中级法院、西北大学法律系）

2. 应规定以人民币计息。（陕西省高级法院）

3. 存款人提取存款时，国家银行究应折合人民币支付，还是仍然给金、银和外币，有明确规定的必要。（上海市律师协会、上海市高院、陕西省高院、贵州省高院、复旦大学）

4. 第二、三款可合并"……除特许使用金、银……可以借贷外，禁止金、银和外国货币的借贷"。（上海市高级法院）

5. 禁止金银借贷的含义不够具体，是否包括金银首饰等物。有的同志主张在后面加上"金银实物借贷不在此限"。（吉林省高级法院）

6. 金银是否专指金条、银块、金币、银币？金银首饰是否包括在内？目前农村尚有借贷金银首饰的事实，是否亦属违法？（西南政法学院）

7. 是否包括金银制造的装饰品在内，不够明显。对金银饰品应明文禁止作为实物借贷，以免有漏洞而产生金银变相流通的现象。（安徽省高级法院）

8. 对条文无意见，但考虑：国家收存金银存款，金银能否周转，对国家有何好处，付不付利息，利息如何算？不明确。（天津市高级法院）

9. 应去掉"金、银和"三字，因国家银行并不办理金银存款。关于金银和外币的借贷问题，应用"货币借贷一般是指人民币"并为一条，并放在本分则前面。（国务院五办财金组）

10. 天津市外币存款系在中国银行账上，"国家银行可以接受金、银和'外国货币的存款'"和津地情形不一致，请参考。（人民银行天津市分行）

11. 目前国家银行并不办理金银外币的实物存款，应按规定兑换牌价折合人民币存款，请考虑修改。（人民银行安徽省分行）

12. 现在银行是将金、银折成人民币存款的，条文中应加以解决，否则借贷契约的定义会与实际生活矛盾。（复旦大学法律系）

13. 有的同志认为国家银行不能接受金银和外币的存款，持有者可向国家银行兑换成人民币，再存入银行。也有同志同意原案。（农业银行安徽省分行）

14. 关于限制物的流转的规定，可放在物的规定中解决。本条规定就重复，并且也不全面。（人大法律系）

第四条 借贷契约应该采用书面形式。公民相互间的借贷契约，如果双方自愿，也可以采用口头形式。

意见：

1. 同意条文。（高院顾问室、司法部法令编纂司、安徽省高级法院多数人、西北大学法律系）

2. "借贷契约应当用书面订立，公民相互间的借贷契约，也可以用口头订立。"（最高法院陈瑾昆）

3. "口头形式"改为"口头约定"。（人民银行吉林省分行、农业银行吉林省分行、人民银行福建省分行、农业银行福建省分行）

4. 在条文前加"借贷应订立契约"。（人民银行广州市分行）

5. 改为:"借贷契约应采用书面,公民相互的借贷,如双方自愿,得以口头约定。"同志们对口头形式有三种不同意见:(1)应有数额之规定。苏联尚有五十卢布以上应书面为之的规定。我国目前公民还缺乏共产主义道德,民法典明文规定是必要的,要社会上,处理上都有好处。(2)口头形式借贷,目前全不适合。因为公民损人利己的资产阶级思想在相当程度上还普遍存在,往往发生纠纷时双方各执己词,又无旁证,法院只好根据借用人承认的数额判决,这种口说无凭,对出借人是无保护的。(3)口头借贷形式并无不当。从社会发展看,每个公民通过社会主义道德的教育,政治觉悟逐渐提高,不会增加社会上的麻烦。数额大,一般双方自会采书面形式契约,少量的借贷订立契约是不必要的。如城市干部,亲戚关系就不需书面契约。目前讼争,多系高利贷问题,故同意原案。(福建高级法院)

6. 应有数额的限制,现在遇到这类案件,就很难处理。(上海市高级法院、陕西省高级法院)

7. 从几年来各地法院所受理的借贷案件中,有不少双方自愿口头契约,后一方反悔发生纠纷,使法院很难查证,最好口头契约还是有一定数额限制或者要有中介人或证人。(山东省高级法院、安徽省高级法院少数人)

8. 这样规定,在总则中已解决了。如果规定就要有一定数额限制,才有作用。(人大法律系、中央政法干校、中南政法干校)

9. 公民间采用口头形式,应有数额的规定,数额过大,不宜采用口头形式,以免引起纠纷。(北大法律系)

10. 第二句建议改为:"但是公民间的小额借贷可以不用书面"。(武汉大学法律系)

11. 口头形式的契约,应限于少数的借贷,否则发生纠纷没有凭据不好解决。(最高法院民庭)

12. "也可以"下加"凭证"二字。(山西省高级法院)

13. 有同志主张超过十元以上应有借据。(武汉市中级法院)

14. 应限定数额,加"在五十元以下者"为宜。(吉林省高级法院)

15. 甲.企业间或农业合作社之间的实物借贷,如果仅是口头契约,在法律上效果如何值得研究。乙.口头借贷契约应有一定限制,以避免无谓争执,有纠纷也便于调查,限额主张一百元以下或五十元以下。(上海市律师协会)

16. 没有规定不采用书面形式的后果,欠妥当,既对当事人没有督促作用,在发生纠纷时,司法机关在处理上也是困难的。(政法干校东北分校)

17. 有的同志主张公民相互间的借贷契约不宜采用口头形式。因为口头契约如发生纠纷,就不易查清。(沈阳市中级法院)

第五条 国家银行对于自己放出的款项的使用有监督权。借用人违反约定使用借款的时候,国家银行有权提前收回放款。

另案:国家银行和信用合作社(部)对于自己放出的款项的使用有监督权。借用人违反约定使用借款的时候,国家银行或者信用合作社(部)有权提前收回放款。

意见:

1. 同意原案。(最高法院顾问室、上海律师协会少数人、山西省高级法院、东北人大法

律系)

2. 同意原案。因为信用社贷款的对象是农民,当然不能按照国家银行那样行使同一的监督权。(中央政法干校、中南政法干校)

3. 同意原案。信用社不需要有监督权。(人民银行吉林省分行、农业银行吉林省分行)

4. 同意原案。因为信用社放款数额不大,一般为了生活消费,无监督价值。(天津市高级法院少数人)

5. 同意原案。因为信用社对于自己放出的款项的使用,不能与国家银行同样行使监督权。(人民银行武汉市分行)

6. 同意原案,并在"监督权"后增加"检查权"。(人民银行福建省分行、农业银行福建省分行)

7. 同意原案,因为信用社是群众性的自愿组织,如果手续过繁,限制过严,则会使合作社的资金来源受到一定限制。(吉林省高级法院少数人)

8. 同意原案。信用社放款数额不大,即使违反约定用途,也不致扰乱社会经济秩序。(贵州省高级法院)

9. 将"使用借款"改为"使用贷款"较妥当,在讨论中有两种意见:甲.有些同志认为原案规定是妥当的。信用社是群众互助合作经济的性质,资金乃由群众自款积累起来,绝大部分贷款用于生产,利率参照国务院之规定,通过全体社员讨论决定,具体做法有社章规定,与国家银行有所不同。如予监督权和提前收回放款,对农民不利,且影响生产,对个体和整体皆无好处。乙.给信用社一定监督权限,可防止浪费,也促进了生产,并有现实意义。此外,有的同志感到其他银行对贷款的使用,最好也要明确规定有监督权。(福建省高级法院)

10. 同意另案。(人民银行安徽省分行、陕西省分行、北京市分行、上海市分行、天津市分行,农业银行山西省分行、山东省分行,最高法院陈瑾昆,上海律师协会多数人,上海市高级法院,陕西省高级法院,天津市高级法院多数人,山西省高级法院,安徽省高级法院,重庆市中级法院多数同志,武汉市中级法院,广州市中级法院,北大法律系,沈阳市中级法院,西北大学法律系)

11. 同意另案。"或"应改为"和"。(国务院五办财金组)

12. 同意另案,并在"国家银行"下加"和它领导下的其他银行"。(农业银行安徽省分行)

13. 同意另案。信用社既是国家银行的信贷助手,贷款的发放必须体现国家政策,因此给予贷款使用监督权是必要的。(人民银行重庆市分行)

14. 同意另案,理由是:信用社是社会主义性质和群众性的金融组织,不同于公民相互间的借贷行为,为了保证放款资金的安全和维护社员利益,对自己放款的使用,应有监督权。而信用社是有领导、有计划、有制度的组织,具有监督能力。如无监督权,就可能破坏信用社资金的计划性和放款的目的性。(人民银行贵州省分行、农业银行贵州省分行)

15. 基本上同意另案。但信用社对自己放款使用的监督权,应限于必要时和大宗贷款;一般的小额放款不必限制过严。(最高法院民庭)

16. 有国家银行和信用社,其他银行未提到。(山西省高级法院有的同志)

17. 为了防止个别投机分子和促使合作社的发展,应该用另案。(吉林省高级法院多

18. 同意另案,"有权"改为"可以"。(北京市高级法院)

19. 同意另案。因为可以杜绝被贷出款项发生浪费或用于非正当用途。(山东省高级法院)

20. 同意另案。因为信用社业务已逐渐扩大,数额渐大,为了保证确实支援农业生产,同意另案的提法。(贵州省高级法院)

21. 如果信用社对贷款也有监督权,同意另案的规定。(政法干校东北分校)

22. 希与财政部门研究一番,在全行业公私合营后,如果全面施行通过银行结算办法,这条已无多大意义,只不过适用于手工业或合作商店而已。(司法部法令编纂司)

23. 目前银行对私人放款很少,即使将来增加,若要银行监督有困难。银行对企业的放款也用不到银行进行监督。本条规定较笼统,不太明确。(上海市高级法院)

24. 这条的规定是银行以国家管理机关的资格出现的法律后果,是行政法或财政法的规范,不应在民法典中规定。(复旦大学法律系)

第六条 向国家银行借款的企业单位,应该根据国家银行的规定提供物资保证,接受监督检查。

另案:本条不要。

意见:

1. 应该保留。(国务院五办财金组、人民银行吉林省分行、农业银行吉林省分行、人民银行上海市分行、天津市分行、陕西省高级法院、天津市高级法院、山西省高级法院、北大法律系、西北大学法律系)

2. 可以要本条。(农业银行山西省分行、上海市高级法院有的同志)

3. 这条是贯彻社会主义信贷原则在法律上的依据,对巩固货币流通和稳定金融物价有好处,我们认为是必要的。(人民银行贵州省分行、农业银行贵州省分行)

4. 这一条的规定是必要的,对保护国家财产只有好处没有坏处。(吉林省高级法院)

5. 拟改为:"向国家银行借款的企业单位,应根据国家银行的规定提供与借款有关的物资保证的证明文件或报表,并接受监督检查。"(人民银行安徽省分行)

6. 须保留,这是社会主义信贷原则。但目前对工业、农业贷款中,有时无法提供物资保证。建议改为"国家银行有权要求提供物资保证"较灵活些。(人民银行广州市分行)

7. 在"物资保证"后加"和有关资料"。因为企业单位如包括手工业和一般小型工业,目前一律要提供物资保证是有困难的。(人民银行重庆市分行)

8. 同意原案。因为贷款要有物资作保证,可以促进企业加强经营管理和经济核算。(农业银行山东省分行)

9. 要本条。现实意义虽不大,但对借款企业单位监督、检查,还有作用。(贵州省高级法院)

10. 本条仍要,但末尾一句改为"应接受监督检查"。(中央政法干校、中南政法干校)

11. 改为"借用人应根据国家银行的规定提供物资作保证",移作第五条第二款。(人民银行北京市分行)

12. 应将"提供物资保证"六个字删去。因为它含义不清,易被广泛的理解而失去它的目的。同时,私营企业与合营企业已逐步过渡到社会主义企业,可以说都有了物资保证,何必再要死板规定呢?(交通银行沈阳市分行)

13. 本条不要。(人民银行陕西省分行、福建省分行,农业银行福建省分行,最高法院顾问室,陕西省高级法院个别同志,山西省高级法院,山东省高级法院,武汉市中级法院部分同志,东北人大)

14. 本条不要。因第二条一款已规定按国家批准的信贷计划和规章办理。(上海市高级法院)

15. 本条不要,理由是:根据目前信贷计划水平及实际工作情况,虽逐渐实行各种新信贷办法,但还有部分企业实行体现不出物资保证的一揽子放款办法。(人民银行武汉市分行)

16. 本条不要。因为精神已包括在第五条中。担保物权在物权篇有规定。(最高法院民庭、陈瑾昆)

17. 企业单位是否有提供物资保证的必要,由国家银行根据具体情况自行决定,不必作硬性规定;另一种意见认为根据我国形势的发展,不需要有本条规定。(上海市律师协会)

18. 如合营企业也将全面施行通过银行结算办法,本条已无多大意义,只不过适用于手工业或合作商店而已。(司法部法令编纂司)

19. 同意本条不要。在全行业合营后,企业单位以国家物资作保证既不合理,还不了款时事实上也能处分保证物资。有第五条监督权的规定,以保证实际履行契约还款就可以了。(北京市高级法院)

20. 有人同意本条不要,理由是:向国家借款,需否提供物资保证,银行章程中有具体规定。如果规定必须提供物资保证,有时未免影响物资流转。监督权已在第五条中规定,不必重复。(安徽省高级法院有的同志)

21. 这条不要,因为现实意义不大。(贵州省高级法院)

22. 随着社会经济性质的变化,本条可以不要。规定了,不能获得实效,反而容易积压物资。(广州中级法院)

23. 本条不要。因为向国家银行借款的单位,均在银行立有账户,到期不还可由银行在其账户中扣还,何必要提供物资保证作抵押呢?(政法干校西北分校)

24. 是行政法的范围,同时物资保证也不是民法意义上的担保。(复旦大学)

25. 本条不要。因为本条内容在第二条一、四款及第五条中都已作了具体明确的规定,而且国务院也有专文规定。如必要时可在保证部分规定,归类分章更加有系统和明确。(福建省高级法院)

第七条 借贷可以有利息,也可以无利息。只有约定有利息的借贷,出借人才能要求借用人给付利息。

意见:

1. 同意条文。(人民银行福建省分行、农业银行福建省分行、最高法院民庭、司法部法令编纂司、陕西省高级法院、山西省高级法院、武汉市中级法院、西北大学法律系)

2. 前两句是赘文,拟删去。(最高法院顾问室)

3. 改为:"借贷契约,可以约定利息,也可以不约定利息。只有约定利息的,出借人才可以请求给付利息。"(最高法院陈瑾昆)

第八条 银行存款、放款的利率,由国务院统一规定。

信用合作社(部)存款、放款的利率,应该比照银行存款、放款的利率,由社员大会或者社员代表大会通过,国家银行批准。

公民相互间的货币借贷和实物借贷,约定有利息的时候,利率不得超过银行存款或者信用合作社(部)存款的最高利率。

第三款另案:

1. 这一款公民相互间的借贷利率应规定比银行利率稍高。
2. 这一款应改为:"公民相互间的借贷,利率由双方约定。"
3. 这一款中最后一段改为:"利率不得超过银行放款或者信用合作社(部)放款的最高利率。"

意见:

1. 同意原案。(人民银行广州市分行、上海市分行,上海市律师协会,司法部法令编纂司,陕西省高级法院个别同志,中央政法干校,中南政法干校,西北大学法律系)
2. 赞成原案,惟"国务院"加上"中华人民共和国"。(最高法院陈瑾昆)
3. 同意原案。理由是:甲.如果许私人借贷超过存款利率,对于国家吸收资金积累建设资金不利。乙.要解决个人急需用款,应从扩大银行贷款业务,鼓励私人储蓄和向信用社投资着手。丙.实物借贷的利息如何算法,用什么给付,最高利率多少,原条文似不能包括,应加补充规定。(安徽省高级法院)
4. 甲.原案中"实物借贷"可以不要,以减少债务纠纷,杜绝以实物借贷作为投机的弊端。乙.如系照顾农村习惯,改为"及农村的实物借贷"。(人民银行重庆市分行)
5. 有的同志同意原案。因为人民生活水平日益提高,收入增加,利息过高不好。(武汉市中级法院)
6. 第三款如从严掌握照原案,从宽掌握照另案3,但删去"信用合作社(部)"。(人民银行北京市分行)
7. 同意三款规定,并增加规定:如超过放款的最高利率,其超过部分一律无效。这样可防止高利贷的发生。(上海市高级法院)
8. 约定有利息的公民间的借贷,利率由双方约定,但至多不得超过银行存款或信用社存款的最高利率。因为农民觉悟提高,道德提高,食利者趋于消灭。(复旦大学)
9. 同意原案,建议将第二款改为:"利率得稍高于银行存款或者信用社(部)存款的最高利率。"(东北人大)
10. 同意另案1。可防止出借人因利小不借,以解决国家银行不能满足市民贷款的不足。(天津市高级法院少数人)
11. 第三款建议改为:"公民相互间的借贷利率由双方自由约定;但不得过高。"(武大法律系)
12. 将另案2、3合并。(山西省高级法院有的同志)

13. 将第三款另案2、3合并,改为:"公民相互间的借贷利率由双方约定,但不得超过银行放款或者信用合作社(部)放款的最高利率。"(山东省高级法院)

14. 同意另案3。(国务院五办财金组,人民银行安徽省分行、吉林省分行、天津市分行,农业银行山西省分行、福建省分行,人民银行福建省分行,最高法院民庭,上海市律师协会,陕西省高级法院,天津市高级法院,山西省高级法院,武汉市中级人民法院有的同志,人大法律系,沈阳市中级法院,交通银行沈阳市分行)

15. 同意另案3,并加上"当地"二字。(农业银行安徽省分行)

16. 同意另案3,因为这可以活跃农村的自由借贷。(人民银行陕西省分行)

17. 第三款的利率,原案规定偏低了,不能倡导公民相互间进行互通有无的借贷。另案1的规定不明确。另案2有流于高利可能。另案3的规定恰当。(人民银行武汉市分行、政法干校西北分校)

18. 同意另案3。因为银行和信用社放款利率是合法的利率,另"比照"改为"参照"较富于弹性。(人民银行贵州省分行、农业银行贵州省分行)

19. 同意另案3。因为对劳动人民之间的小额临时周转,活跃农村金融有好处,事实上银行和信用社也完全代替不了。(农业银行山东省分行)

20. 第三款修改为:"公民相互间的借贷利率,由双方约定,但不得超过银行放款或者信用合作社(部)放款的最高利率。"(最高法院顾问室)

21. 同意另案3,利率稍高,可以鼓励公民互通有无。(北京市高级法院)

22. 另案3的提法好。理由是:这样对借用人既无不利,对出借人来说有利,容易鼓励公民间互相调剂,以解决困难。(贵州省高级法院)

23. 将另案3增加:"由双方约定,但"。(广州市中级法院)

24. 同意另案3。这样可以鼓励公民向银行存款。(北大法律系)

25. 同意另案3。因为可以刺激有积蓄的人愿意出借,以满足公民间的临时急需,也可促使需用人向银行或信用社去借款。(政法干校东北分校)

26. 甲.多数同志认为另案1"稍高"不具体,稍高会影响信用社的发展。少数同志认为为了活跃农村经济,有利于生产,应要这一条,但要具体规定比银行利率稍高百分之几。乙.不能让私人自由约定利息,国家应加以干涉,另案2不合适。丙.案3合乎当前的社会情况,为了发展信用社,促进私人互通有无,活跃市场有利于生产之发展,比较有积极的作用和意义。(吉林省高级法院)

27. 同意条文的规定,但对公民间借贷利率问题有两种不同意见:甲.公民间一般的借贷系用于生产和生活,农村的借贷数额并不很多,但能解决某些公民的实际困难,按银行或信用社存款的最高利率的确较低,应按国家银行的贷款利率计算较合情理。乙.本条规定的作用是鼓励群众存款,是积极的一面表现,同时也是国家积累建设资金的方法之一,符合于社会主义革命利益。如私人借贷利率高于银行存款[利率],显然与保证逐步消灭剥削制度相违背,也是没有阶级性的立法原则。原案比照银行存款或信用社存款利率是妥当的。(福建省高级法院)

28. 有两种意见:甲.不同意另案1、2、3的意见,理由是:如果采用另案1、2、3既易发生高利贷,也不符国家今后发展趋势。乙.同意另案2,理由是:公民相互间借贷利率由双方约定适合于小额借贷,既周转灵活,又能使国家和信用社集中业务。同时,从社会发展看,由于人民觉悟逐步提高,高利贷是不会发生的,即使利率比银行稍高,也不是绝对不许的,但不能超过太悬殊成为变相的高利贷。(沈阳市司法局)

第九条 有利息的借贷,应该按照实际借用数额和实际借用时间计算利息,禁止复利。

意见:

1. 同意条文。(人民银行福建省分行、农业银行福建省分行、最高法院顾问室、司法部法令编纂司、陕西省高级法院、山西省高级法院、武汉市中级法院、人大法律系、西北大学法律系)

2. 改为:"利息应当依照借用数额和借用时间计算。禁止复利。"(最高法院陈瑾昆)

3. "禁止复利"可改为"复利不予保护"。(上海市高级法院)

4. 复利是否高利贷? 如果是的话,银行在何情况下可以收复利呢? 在一个法令内准银行收复利,不准别的收复利,似乎不好解释吧。(最高法院民庭)

5. 同意条文,但后面应加上一个例外的规定:"依照法律设立的贷款机构除外。"因为银行在贷款业务中是把过期利息转入本金重新计息的。(复旦大学法律系)

6. 为使条文简洁起见,可将"有利息的借贷,应该……"改为"有息借贷,应……"(福建省高级法院)

第十条 有利息的借贷,借用人应该按照约定期间给付利息。没有约定给付期间的,可以按月给付,或者在还本的时候一起给付,禁止出借人先扣利息。

意见:

1. 同意条文。(司法部法令编纂司、陕西省高级法院、山西省高级法院、武汉市中级法院、人大法律系、西北大学法律系)

2. 最后一句可改为"不准出借人先扣利息"。(上海市高级法院)

3. 将"禁止出借人先扣利息"改为"禁止出借人先扣利息或预收利息"。(人民银行重庆市分行)

4. 既然是按月给付利息,似乎事先已有约定,将"可以按月给付"一句删去。(人民银行福建省分行、农业银行福建省分行)

5. 在"可以按月给付"后加"可以分期给付"一句。(最高法院顾问室、民庭)

6. 改为:"利息定有期限的,出借人不得在期限前请求给付,没有定期限的,应当和原本一起给付。禁止先扣利息。"理由是:本条应当注重保护借用人,所以未定期限的,不定按月给付,与当事人意思相适合。(最高法院陈瑾昆)

7. 大多数同志主张将"……可以按月给付"一句删去。因为既无约定,此规定似呆板,法院实际审理案件时难以处理,而且当事人不是按月发放工资,明文规定则难灵活掌握。一部分同志主张改为"分期给付"为妥,法院可根据双方实际情况决定判决。有的同志认为"禁止出借人先扣利息"与本条规定内容主要系给付问题,偶然提出利息,显然混淆不清。利息问题应并入第七条制定较为妥当。(福建省高级法院)

第十一条 约定归还期限的借贷,借用人应该按期归还。如果双方同意,借用人也可以提前归还全部或者一部分。

没有约定归还期限的借贷,借用人可以随时归还,出借人也可以随时要求归还,出借人要求归还的时候,借用人最迟应该在一个月内归还。

意见:

1. 同意条文。(人民银行福建省分行、农业银行福建省分行、最高法院顾问室、陕西省高级法院、山西省高级法院、贵州省高级法院、武汉市中级法院、人大法律系、西北大学法律系)

2. 第二款改为:"……自出借人要求归还的时候起……"(西南政法学校)

3. 第二款加一句:"自出借人提出要求归还之日起。"(重庆市中级法院)

4. 提前归还借款,不应再经出借人同意,可将"如果双方同意"一句取消。(人民银行天津市分行)

5. 第一款中"双方同意"不适用于目前国家银行办理的农贷和信用社的放款。因为只要借款人自愿提前归还,银行和信用社都应照收。因此,在第一款后增加:"银行农贷和信用合作社(部)放款的提前归还不适用此项规定。"(人民银行重庆市分行)

6. 修改为:"约定有归还期限的借贷,借用人应当按期归还,但是可以提前归还。没有约定归还期限的借贷,借用人可以随时归还,出借人也可以随时请求归还,但至少要在一个月以前预先通知借用人。"(武大法律系)

7. 将"最迟"改为"一般"。这样法院能灵活处理,遇借用人确实困难,就不至受到限制。部分同志认为原规定合乎道理。因为如判令归还而不定期间,出借人就受了损失。规定定期归还,执法者如遇借用人确实困难,也可酌情引用其他条文处理。(福建省高级法院)

8. 将"最迟应该在一个月内归还"改为"归还期限由双方协商决定"。这样对债务人保护更周到。(贵州省高级法院)

9. 将"借用人最迟应该在一个月内归还"改为:"应与借用人洽定归还的期限,借用人应该在洽定的期限内归还"。因为既未定期,要还时即应洽定,不应硬性限在一个月内归还。(人民银行武汉市分行)

10. 优惠期的规定,应考虑出借人与借用人两方面的利益,时间过长,会给出借人的急需造成困难,可考虑缩短为半个月。(复旦大学法律系)

11. "一个月内归还"是否可改为"一至三个月"。(人民银行吉林省分行、农业银行吉林省分行)

12. 一个月是否太短了,可改为三个月。(上海市高级法院、安徽省高级法院部分人)

13. 将"提前归还"改为"提前或缓期归还"。(人民银行广州市分行、贵州省高级法院、安徽省高级法院部分人、沈阳市司法局)

14. 最好将不定期借贷今后规定全改为定期的,到期可由双方协议更改或延期,以免发生纠纷。如果可以随时要,借方不能随时还如何办?势必造成纠纷。如强制执行,恐又得破产还债,或者是耽误一方的生产建设。(最高法院民庭)

15. 参照《苏俄民法典》第215、216条,一般性的(主要是公民间)借贷契约,着重保护债务人,这条仍是普通规定,看不出特点。(司法部法令编纂司)

16. 对出借人要求归还的通知期限,有利息时对利息如何办,都应规定一下。(北大法律系)

17. 修改为:"借贷契约约定返还期限,没有约定利息的,出借人不得先期请求返还,借用人可以先期返还,约定利息的,借用人可以先付一个月利息或者三个月前预告出借人先期返还。

借贷契约没有约定返还期限的,借用人可以随时返还,出借人也可以随时请求返还,借用人不能立时返还的时候,至迟应当在一个月内返还。"

理由是:无利息的返还期限,完全是为债务人利益的期限。有利息的期限,才是同时为债权人利益。(最高法院陈瑾昆)

第十二条 借实物应该归还实物,不能归还实物的时候可以按照当地市场出售牌价折合人民币归还。

借实物约定归还人民币的借贷,出借时已把实物折成人民币的,应该按照原折算数额归还人民币,如果出借时没有折成人民币的,可以按照归还时当地市场出售牌价折合人民币归还。

另案:把"当地市场出售牌价"改为"国家规定的价格",另外再加一款说明如果国家没有规定价格的,应该比照市场价格,由双方协商解决。

意见:

1. 同意原案。(最高法院陈瑾昆、司部法法令编纂司、山西省高级法院、北京市高级法院、武汉市中级法院、人大法律系、东北人大法律系)

2. 第一款也应加"归还时",以与第二款一致。(重庆市中级法院)

3. 同意原案,但将第二款"如果"前的","改为";"或"。"。(人民银行福建省分行、农业银行福建省分行)

4. 同意原案。因按当时市场出售牌价折合人民币,对双方都无不利,否则一方吃亏。(贵州省高级法院)

5. 同意原案。因市场出售牌价也是国定价格。有物无价是很少的。如由双方协商解决,易引起纠纷。(安徽省高级法院)

6. 另案不要。因当地市场出售牌价也是国定牌价。不过"当地"应改为"出借人所在的当地"要比较确切些。(吉林省高级法院)

7. 同意原案。如照另案,有些问题未解决:甲.国定价格包括出售和收购价格;乙.有些物资国家未规定价格。(山东省高级法院)

8. 将末句改为"按当时当地牌价折合人民币归还"。(北大法律系)

9. 同意原案,惟应明确按给付当地的零售牌价。(天津市高级法院)

10. 同意原案,惟"出售牌价"系批发价格抑零售价格应加以明确。(人民银行天津市分行)

11. 第二款"出售牌价"改为"零售价格",以明确折合价格,免得争执。另,借贷币可否

还实物,亦应在条文内明确。(人民银行北京市分行)

12. 在原案第一款中加"经借贷双方协商同意"一句。(农业银行安徽省分行)

13. 绝大多数同志同意原案。因国定价格往往低于当地市场价格,如不因地制宜,出借人吃亏太多。(福建省高级法院)

14. 同意原案,并在最后增加:"如当地没有规定市场牌价,应比照市场价格由双方协商解决。"(人民银行广州市分行、农业银行山东省分行、陕西省高级法院)

15. 同意另案意见。(人民银行北京市分行,农业银行吉林省分行,人民银行吉林省分行,人民银行贵州省分行,农业银行贵州省分行,最高法院民庭、顾问室,山东省高级法院有的同志,贵州省高级法院,人大法律系,中央政法干校,中南政法干校,沈阳市中级法院)

16. 同意另案。第一行应加"在征得债权人同意后",否则等于允许一方在尚未和对方达成协议时,可以不执行借贷契约。(国务院五办财金组)

17. 另案的规定较全面,能适应农村情况。(人民银行重庆市分行)

18. 另案比较全面,但究应按批发价格,还是零售价格,需要明确。(上海市律师协会)

19. 甲. 第一句可改为"实物借贷",文字较简洁。乙. 有些实物在市场上无价格或买不到,实物损失了就无法赔偿,这纠纷很多,是否也考虑适当规定。丙. 同意另案。因各地物价不一,仅依国定价格欠公平合理。(上海市高级法院)

20. 改为:"借实物应当归还实物,但是可以约定归还人民币。借实物约定归还人民币的借贷,如出借时已把实物折成人民币,不得超过交付时交付地的合法价格。

应当归还实物的借贷,如不能归还实物,或约定归还人民币的借贷,如出借时未经折成人民币,应依公平合理的价格归还人民币。"增加第二款的理由是为防止折价过高的暴利行为。(武大法律系)

21. 如果借用人与出借人不在一地,"当地"指何地不明确。应结合债篇通则中的清偿地点来考虑。我们意见以债的发生地点牌价为准。(复旦大学法律系)

22. 应当把"当地市场出售牌价"改为:"有国家牌价者按国家牌价,无国家牌价者按市场价格,无市场价格者,由双方协商解决。"

第三条对金银的流通区域已作了特殊规定,本条"折合人民币归还"改为"折合当地流通货币归还"较为合适。(沈阳市司法局)

23. 改为:"借贷如为实物应返还实物,不能归还实物时,可以按照国家规定的价格折合人民币归还,如果国家没有规定价格的,应该比照市场价格,由双方协商解决。"这样较通俗,也较明确,使人民容易理解。(西北大学法律系)

第十三条 国家银行对公民的放款,可以收受抵押品。借用人过期不归还借款的时候,国家银行有权处理抵押品。

另案:本条不要。

意见:

1. 要保留。(人民银行广州市分行、天津市分行,最高法院民庭,司法部法令编纂司,陕西省高级法院,吉林省高级法院有的同志)

2. 同意原案条文。因为目前还有意义。(东北人大法律系)

3. 应该保留,这是很重要的一条。(国务院五办财金组)

4. 保留原案。可以保证国家财产的安全。(人民银行吉林省分行、农业银行吉林省分行、武汉市中级法院)

5. 目前国家银行办理市民小额质押放款,适用本条的规定,应保留。(人民银行武汉市分行)

6. 同意保留。因为银行可依此作为订立具体规章的法律根据。(安徽省高级法院部分人)

7. "抵押品"与第六条"物资保证"是否含义一样,否则用字不统一。(上海市高级法院)

8. 应缓期半个月再行处理抵押品,并应明确处理抵押品之价款按贷款数字多退少补。(天津市高级法院)

9. 可与第六条合并规定。(西北大学法律系)

10. 本条不要。(农业银行山西省分行、山东省分行、福建省分行,人民银行福建省分行,最高法院陈瑾昆,上海市律师协会,上海市高级法院有的同志,山西省高级法院,安徽省高级法院部分同志)

11. 似可不要。(人民银行安徽省分行、农业银行安徽省分行、吉林省高级法院、广州市中级法院)

12. 不要本条。因为规定的内容在通则的担保中已经解决了。(复旦大学法律系)

13. 可不要。在抵押权规定中已解决了,并可以在执行程序中解决。(人大法律系)

14. 抵押放款不适用于农村。城市居民虽有抵押放款,但随着小商小贩的社会主义改造逐步实现,就业范围日益扩大。因此建议此条不要。(人民银行重庆市分行)

15. 民法分则内应有一章规定有关质权或抵押权,因此这条可不要。否则仅此一条也不能解决问题。(最高法院顾问室)

16. 甲、改为"国家银行、信用合作社对公民的放款,公民相互间的借贷,都可以收受抵押品"。因为实际生活中都可以收受抵押品。乙、本条不要,在物权篇内加上"抵押权"一章。(北京市高级法院)

17. "国家银行对公民的放款,可以收受抵押品",规定得太严,势必限制了真正困难需要贷款的,因交不出抵押品而得不到国家的帮助和扶持。同时,银行放款,一般都是经过乡村基层政权组织,它们对公民向银行贷款也起到一定的监督作用。(山东省高级法院)

18. 大多数同志同意本条不要。因为小额质押贷款,在进行改造中,一定时期内会被消灭,这条没有现实意义。如需要,可在物权部分规定。个别同志认为苏联还有抵押银行的贷款存在,收受抵押品是手续问题,不是对公民不信任,也不是存在剥削制度思想。(福建省高级法院)

第十四条 企业单位借用国家银行的放款,国家银行有权从借用人结算户存款中收回到期的放款和利息,不能收回的时候,可以计算迟延期间的利息。如果双方协议转期归还,国家银行可以把没有给付的利息加入本金作为新放款。

意见:

1. 同意条文。(人民银行福建省分行、农业银行福建省分行、司法部法令编纂司、陕西

省高级法院、武汉市中级法院、西北大学法律系)

2. 把"国家银行可以……"改为"国家银行应该……"。(北大法律系)

3. 增加一款:"信用社对到期放款,如果转期归还,可以把利息加入本金作为新放款。"因为信用社对到期的存款,必须付息或者转本,因此放款应作相应的规定。(人民银行贵州省分行、农业银行贵州省分行)

4. 迟延期间的利息没有提到罚息,实际上是计算罚息的,可加规定。(上海市高级法院)

5. 第一行加上"如果到期不还,也没有成立延期或转期协议"。因国家银行不可无条件地从借款人账户中扣款。(国务院五办财金组)

6. "不能收回的时候,可以计算迟延期间的利息"可不要,因第十五条已有规定。(农业银行安徽省分行、上海市高级法院)

7. 建议删去"如果双方协议转期归还,国家银行可以把没有给付的利息加入本金作为新放",因为这样做与第九条禁止复利的精神不符。(人民银行广州市分行)

8. 与第九条禁止复利的规定有无矛盾请再考虑。(最高法院顾问室、山西省高级法院)

9. 本条不要。(人大法律系)

10. 本条不要,理由是:所规定的内容已包括在第二条第一款和第十五条第一款规定之内。(人民银行武汉市分行)

11. 因为第二条规定了银行可以制定"规章"办理存款、放款业务,本条可不要。(上海市律师协会有些同志)

第十五条 借贷到期没有归还的,按照下列规定计算迟延期间的利息:

(一)国家银行放款,根据银行贷款办法的规定计算;

(二)信用合作社(部)放款和公民相互间有利息的借贷,仍照原利率计算;

(三)公民相互间没有利息的借贷,出借人可以要求借用人按照合法利率给付。

意见:

1. 同意条文。(人民银行福建省分行,农业银行福建省分行,最高法院顾问室、民庭,司法部法令编纂司,山西省高级法院,武汉市中级法院,西北大学法律系)

2. 拟将第一项"根据银行贷款办法的规定计算"改为"根据银行规章计算"。(人民银行北京市分行)

3. 第二项中增加规定:"其利息低于最高利率者,可以要求给付最高利率"。用以制裁不履行契约者。(人大法律系)

4. 第三项中究系要求借用人从开始借用日期起付给利息,还是迟延期间的利息,不十分明确。(农业银行安徽省分行、安徽省高级法院)

5. 第三项应明确,利率最高不得超过国家银行放款利率。(天津市高级法院)

6. 合法利率是指银行存款利率还是放款利率应加明确。可否改为"出借人可以要求借用人不超过银行最高放款利率给付利息"。(上海市高级法院)

7. 甲.第一项第一句应改为"国家银行和它领导下的其他银行放款"。乙.第一、二项和第三项意义有所不同,第三项是依法的合法补偿。可将第一、二项并为一项,第三项单独作一款,并在最后加"补偿"二字。(陕西省高级法院)

8. 二、三项也应给付迟延利息。（北大法律系）

9. 迟延利率应比原利率稍高一些，才会起督促作用。（复旦大学法律系）

第十六条 因为意外灾害造成借贷到期不能归还的时候，双方经过协商，可以另订归还期限和适当减免利息。

注：另有同志主张把"适当减免利息"改为"适当减免本利"。

意见：

1. 同意条文。（人民银行福建省分行、农业银行福建省分行、最高法院陈瑾昆、上海市律师协会少数人、司法部法令编纂司、山西省高级法院、北京市高级法院、武汉市中级法院、西北大学法律系）

2. 同意原案。"适当减免本利"不太适合公民间的借贷情况。（中央政法干校、中南政法干校）

3. 同意原案。因为规定减免本利，会增加出借人的顾虑，影响社会借贷的开展。（农业银行山东省分行）

4. 同意原案。因为这并不妨害当事人一方的主动免除。（东北人大法律系）

5. 同意原案。从维护债权人与债务人的双方利益出发，原案规定是恰当的。（人民银行吉林省分行、农业银行吉林省分行）

6. 同意原案。假如借用人愿减免本利，可听其愿意，无须加以规定。（贵州省高级法院）

7. 不同意注的意见。第八条规定公民间相互借贷利率不得超过银行和信用社存款最高利率，本条又规定发生意外灾害再适当减免本利，这样恐怕谁也不愿意贷款给私人了。利率既不高于银行，又得担负意外灾害而折本的危险，国家对私人借贷究竟采鼓励还是取缔政策呢？（政法干校西北分校）

8. 全部同志不同意改为"适当减免本利"，认为原案规定是好的。本利一起减免，缺乏从实际出发，没有考虑到公民相互间的借贷问题，势必影响公民间互相帮助发展经济的精神。（福建省高级法院）

9. 同意原条文，但补充规定：因意外灾害造成借贷到期不能归还的时候，人民法院也可以判决延迟归还期限和适当减免利息。这样人民法院就可根据法律条文和实际情况来处理了。（安徽省高级法院）

10. 修改为："因为意外事故造成借用人无力支付利息的时候，借用人得请求适当减免。"理由是：缓期和分期给付问题总则中应有规定；借用人受意外灾害无力偿付全部利息时，纵令出借人不同意减免，借用人应该可以向法院请求。（武大法律系）

11. 同意"适当减免本利"。（人民银行广州市分行、上海市分行、武汉市分行，上海市律师协会多数人，上海市高级法院，山西省高级法院有的同志，山东省高级法院，贵州省高级法院，广州市中级法院，北大法律系，沈阳市中级法院，沈阳市司法局）

12. 同意改为"适当减免本利"，以符实际。（人民银行天津市分行）

13. 采用"适当减免本息"较好。（国务院五办财金组）

14. 拟改为：因为意外灾害造成借贷到期不能归还的时候，双方经过协商，可以另订归还期限，如果因为意外灾害影响借用人的偿还能力时，经过规定的领导机关批准，或者法

院判决,或者双方协商同意可以适当减免本利。(人民银行安徽省分行)

15. 应规定:在延期到一定时期如仍无力归还时,应酌情免其本息的一部或全部。(陕西省高级法院)

16. 增加第二款:"在灾害特别严重的情况下,也可以酌免本金全部或一部。"(最高法院顾问室、民庭)

17. 应分别情况说明:

国家银行和信用社的可以缓期归还或适当减免本利。

公民相互间的借贷,双方协商另订归还期限。(农业银行山西省分行)

18. 有的同志主张加:"或因生活确实困难,经双方协商可以减还或免还本息,如协商不成,法院可判决终止利息,俟经济好转后再偿还本金。"(武汉市中级法院)

19. "和适当减免利息"不要。(农业银行安徽省分行)

20. "和适当减免利息"七字不要。因国家银行遇有此类情况,可根据政策减免,不必经双方协商。(人民银行重庆市分行)

21. "意外灾害"改为"不可归责于贷款人的灾害"。(上海市高级法院)(注:"贷"可能是"借"字之误)

22. 本条不要。对银行来说,能否减免本利,那是行政法的范围。对公民来说,借用人的自然灾害不能叫贷出人负担。(人大法律系)

关于借贷契约的几个主要问题

借贷小组　1957年1月9日

一、在公民的借贷利率的标准上有不同意见

1. 主张略高于银行或信用社放款的最高利率,理由是:(1)私人借贷有必要而且允许存在,因此应在利率上给以鼓励;(2)如同银行或信用社利率一样,由于私人借贷无保障,实际上等于消灭私人借贷,而这就加重了银行或信用社放出资金的负担。

2. 主张不得高于银行或信用社放款的最高利率,理由是:(1)在信用社已经普及的条件下,我国公民之间的借贷只能是互通有无的借贷性质,高利剥削是不应容许存在的,如果较银行或信用社放款利率为高,对于消灭高利贷不利;(2)如果公民间借贷利率高于银行或信用社利率,就打击了银行或信用社吸收存款,影响了国家集中社会上的闲散资金;(3)因为私人借贷还有补充银行或信用社办理存放业务之不足的作用,照放款利率已比存入银行或信用社利率较高,可以有些鼓励作用,又不致放纵高利贷。

3. 主张不得高于银行或信用社存款的最高利率,理由是:(1)照放款利率仍然不利于国家银行或信用社吸收存款,集中闲散资金。(2)较银行或信用社放款利率为低,既有利于国家银行和信用社吸收存款,也有利于借债人,并且鼓励了私人去向私人借贷,恰恰节约了放出国家资金。(3)调查证明,互通有无的借贷之所以成立,非亲即故,贷出人并不害怕有无保障,为了感情和互通有无,因此也并不计较利息。只有高利贷者才不是出于非亲即故的关系,而是着眼于利息才放债的,这种情况也是最没有保障的。由于互通有无的借贷数额小,产生于非亲即故的关系,利息也微乎其微,所以在私人借贷中一般是无利息,要有就是很高的利率,对于借债人来说,如果他是十分关心和考虑利率的,私人借贷的利率低些,就鼓励了去找亲友借贷。我们的政策,应该鼓励互通有无的借贷,打击和消灭高利贷。(4)不高于银行或信用社存款利率,对贷出人来说,如果他要利息,他可得到和存入银行或信用社一样的利息,对贷出人在利息上毫无损失。(5)从贷出人来说,利息上无好处,当然影响了他借给私人的积极性,增加了向私人借债的困难,但分析一下,对于互通有无的借贷并无什么影响,对于着眼于利息的借贷确有影响,这并无不利,在广大农村中,正当的生产或生活费用,信用社可以解决,不予解决的,只是非正当的开支。

二、信用社对于自己放款的使用是否有监督权,有两种意见

1. 主张不给信用社对其放款有监督权,理由是:(1)信用社放款经过群众审查,有群众

监督,不需信用社监督;(2)信用社干部有限,给他监督权也无法使用,徒具形式;(3)农民借款与社会主义组织借款根本不一样,如果也要专款专用,很难划分,发生问题也不好解决,因为你要收回他已用掉了,信用社又不能像银行对企业那样可在企业账户中提前收回;(4)应该只有国家银行对自己放款有监督权,保持监督权的严肃性;(5)给信用社监督权弊多利少。

2. 主张给信用社对其放款有监督权,理由是:(1)现在信用社就是已享有这个权,这可节约信用社放出资金的使用,并保证用于最迫切的重要需要上;(2)信用社干部少并不影响他享有监督权,能否有能力监督和如何监督那只是监督权的实际运用问题。如果信用社不保留这个权,借款人不照原定用途使用就毫无办法。

三、第九条确立了禁止复利的原则,第十四条规定企业单位借用国家银行的放款,如果双方协议转期归还,国家银行可以把没有给付的利息加入本金作为新放款,是否矛盾,有不同意见

1. 银行同志主张禁止复利,但认为转期时银行将利息加入本金,是新契约,不算复利。
2. 有的同志主张转期时将利息转入本金就是复利,应一律禁止。不论对私人放款或对企业放款,都不允许计算复利,转期时不还本金,要求借用人先付利息是可以办到的,银行现行办法要改变。不然,一方面禁止复利,一方面国家银行又要复利,政治影响不好。
3. 有的同志主张国家银行对企业放款可以将到期利息在转期时转入本金作为新放款,银行对公民放款一律不得计算复利。这样照顾了政治影响,也使银行在主要放款方面不受禁止复利的约束。

关于借贷的一些情况

借贷小组　1957年2月16日

一、中国人民银行法规研究室黄元彬同志谈

（一）借贷契约16条，每一条都涉及与银行有关的方针政策，银行各司局提出了许多意见，法规研究室加以整理综合后，对信贷第四次稿每一条都提出重大原则的修改。由于银行目前正在进行信贷改革，各种方针政策须待3月1日至15日召开的分行行长会议讨论决定后，行长才能对借贷契约一些问题作出决定，估计对借贷契约提出意见最快要到3月底，希望将对条文的修改时间往后拖一拖。

（二）外币存款已决定，外币存款章程已在报端公布。金、银存款目前只有新疆、西藏有，是一种过渡办法。银行对金银存款采取结束政策，金银只兑换，不存款。

（三）对私人借贷利率，讨论中也有三种意见（如草稿），最后初步确定照信用社放款利率（存款最高月息6厘6，放款最高月息7厘2，相差万分之六）。高利贷目前还有，不过很少，并且一天天减少。提高到放款利率，农业银行认为没有复活高利贷可能。

（四）中国银行只办理存款。建设银行只有调拨，没有存放款业务。交通银行、建设银行不受人民银行领导，直属财政部（国内是建设银行，国外是交通银行）。

（五）银行对放款的监督权问题，因为是行政关系，大多主张不要写入民法。专款专用，对农村强调些，如水利放款就不能移作别用。对企业的贷款，发现了不专款专用提意见是常事，收回贷款实际上似未执行。监督权，照说是根据放款监督，实际上无所不监，究竟应怎样，发现不按约定使用如何制裁，要发生一系列问题，民法无法解决，可用行政法去解决。

（六）不是所有放款都有物资保证，物资保证也不产生处理保证物资问题，实际上是结算户保证，银行自动从结算户收回到期的或超过商品储存额的放款，结算户无余额时暂时转入过期放款，待结算户有款时又收回了。放款分两大类。商品放款的放款余额同企业的商品储存余额相等，使银行放出货币量与增加商品储备相适应，监督资金的合理使用，加速资金流转。特种放款，如大修理放款，预付定金放款等，并无商品保证。对公私合营企业也有放款，这种放款不但不增加商品储备量，反而使商品储存减少。在两大类放款中，商品保证是主要的。

（七）小额抵押放款，属于银行自办的，现在武汉、重庆、天津三地都有。属于当铺改造造成的，上海、江苏、浙江、福建、广东五地共有100余家。北京市现在也正在请求办理小额抵押放款。

（八）银行对企业放款，在转期时，可将利息加入本金作为新贷款，实际上有复利。银行对私人存款不计算复利。

二、中国农业银行信用处丁蕴山同志谈

（一）信用社发展情况：截至1956年11月底，信用社已有104 000余个，股金2.7418亿元，存款余额9.7亿元，放款余额11.6亿元。入社农户9 310万户，占总农户的78.8%。由于信用社也对非社员办理存放款，实际业务大于这个面。除了边远地区、少数民族地区，基本上已达到乡乡有社，即使有地方无社，信用社的业务也达到了。

信用社贷款的对象主要是社员，解决农民的生活困难、小农具、个人经营副业资金等问题。有的乡范围几十里，信用社干部只两三人，资金也不能充分满足。虽然信用社存款较1955年增加60%，放款增加286%，并不等于农民的困难都解决得很好，工作还是有缺点，照顾还是有不周到的地方。

（二）高利贷，从基本上看已经消灭了，在某些地区还有，还没有彻底消灭。

公开的私人借贷，一般无利息；隐蔽的借贷，越隐蔽越高利。

有些地方出现变相的高利贷，非常隐蔽，采取"私房钱"、"姑娘钱"、"卖娘钱"、"卖工分"等形式。去年下乡，发现河南新乡专区丰邱县孙庄，前中连村有用低价收买劳动工分现象，剥削严重，利息达22分。

前中连村113户，买劳动日的7户，占6.1%。这7户中有6户是余粮户，5户即余2 571斤，他们用58.85元，买入74.5个劳动日，单麦季一季得74.5元，估计全年最低能得149元。7人中有两个团员，一户富农。

卖劳动日的39户，占全村总户数的37.6%。因为灾村，底子空。卖工分的原因是缺口粮、买牲口、追悼母亲、缺零用钱等，12户是麦季青黄不接时缺口粮。卖工分的形式，有的是转让工票，有的记工分记在自己名下，分红时被别人拿走了。

造成上述卖工现象，与乡干、社干不了解社员生活情况有关，有的发现了也未引起重视。其他地区，也曾陆续发生过卖工分现象，未发展到严重阶段就纠正了。

卖青苗、高利贷，过去是城郊、城镇较农村为多。粮食统购统销后，卖青苗没有了。城郊和农村生活作风不一样，农村农民欠一些债就感到负担重。去年北京郊区生活放款较多，积欠一两百元的是平常贷款户，有些积欠数百元、上千元。京郊未发现高利贷，但也难说就是没有了。

（三）南京有典当（小额质押放款），郊区农民自己进城或托亲朋拿东西抵押得到小额抵押放款。有的是真困难，有的是怕露富以此遮掩。一度曾严重。在处理上不能取缔和强制，只有扩大信用社业务，解决真正困难户的困难。

在农村，尚未发现互相典当。

（四）信用社利率过去和银行完全一样，活期存款2厘4，定期最高6厘6，存款人感到在利息上好处不大，影响了吸收存款。放款最高7厘2。存放利差3厘（放款都是定期，存款一般存活期）。利差缩小，社干待遇提高。80%社亏损。1956年国家贴补4 000万元。

过去利息降得过猛,强调银行与信用社一致,城乡一致。不久前,信用社扩大会议决定准备适当提高,对利率的提法是:有利于发展生产,有利于开展业务,根据各地情况,照顾社内开支,由社员自由议定(只要社员通过,不须银行批准了)。已报中央,待中央批准后实行。

至于自由借贷利率,农行讨论时有按信用社存款利率和放款利率两种意见。主张按存款利率的认为如高于信用社存款息会影响信用社业务开展。个人认为存信用社随用随取,有保障,只要信用社工作做得好,照放款息是不会影响信用社业务的。最后将两种意见统送给你们考虑(按:农业银行提的意见未收到,可能送去人民银行)决定。

农业合作化以后,自由借贷不普遍。群众一般缺少零用钱。有钱的因去年有农业社投资等怕露富。卖了东西被群众公开知道有钱的,□了怕人借,赶快存入信用社。总的说,自由借贷较过去减少。

(五)信用社放款监督权,过去不强调,而是强调事前的了解情况。监督农民用款不好办,强调监督,问题很多。

关于"借贷契约"的几个问题

1957年3月22日

一、目前私人借贷的情况和特点,借贷利息(注意高利贷和复杂情况)的情况和发展趋势。

二、信用合作社的业务情况,存款放款的手续和利率的情况,存放款中存在的问题。

三、金银外币存款的情况及利息的计算和本息的支付办法。

四、国家企业之间是否容许互相借贷。

五、国家企业单位向银行借贷所提供的物资保证的性质,银行对保证物资享有的权利。

六、借款的归还期限和利息的给付,迟延利息的计算(注意银行存款是否存在复利情况)。

七、小额质押贷款业务的情况、手续、期限、利息和押品的收受及处理的问题。

附

天津市关于借贷问题的座谈记录

一、关于借贷的单行法是否需要的问题

有的同志认为公公、公私和私私之间的借贷各有特点，范围又广，因此，条文看起来就有些简单，对公公之间规定得较少，法院也是不好处理。对汇兑银行和对外贸易机关所发生有关借贷问题是否适用？也有的同志认为国营企业间的问题不好规定，因为新的贷款办法实行的时间有限，还没有提供我们立法的经验，同时国营企业间取消商业信用之后，公公、公私之间的借贷关系就会少了，而银行的借贷且有专门章则，这也是法律，因此认为借贷的单行法只调整私私之间的借贷关系比较适当，目的为了打击高利贷。同时认为中国情况复杂，城市、农村有很大不同，如搞一共同的规则，可能发生适合农村而不适合城市，是否分成农村、城市两部分，这样容易切合实际。

有的同志认为作为调整借贷关系的规范，应该包括公公、公私和私私之间的关系，同时要注意到法制统一原则，农村、城市尽管有些不同，但基本上还是可以统一的。因此，认为把借贷法规分为农村和城市两部分不妥当，否则城市与农村之间发生借贷纠纷如何解决，似已同意我们的意见。

有的同志认为我们有关借贷的初步意见是由城市出发多，由农村出发少。

在讨论过程中，大多数同志认为高利贷、破产和时效应先公布，因为实际工作中迫切需要。对调整借贷的法规也认为有必要。

二、对借贷一般原则的意见

（一）对非法借贷的意见：绝大多数同志同意第一种意见，认为应采取"一律禁止""按情节轻重，依法惩处"，认为对高利贷"不予保护"不妥当，好似还可以存在，只是不保护而已。并且主张对高利贷应有专章规定。但也有同志认为"一律禁止"在实际执行上有困难，因此，同意宣布其为非法，依法惩处。

（二）对借贷契约的形式，有的同志认为应规定数额在若干元以上应以书面形式，给口头契约有一个限制，否则法律上不予保护。这对于打击高利贷有一定作用，因为一般小额的借贷是互通有无的，而较大的借贷就是想得高利，银行在处理高利贷中经常发现双方没有契约或者是假契约。因此对大数规定必须订书面契约，小数可以变通，这样规定较好。但也有部分同志同意我们的意见。

此外对于抵押贷款和有保证人的借贷，有的同志提出是否需公证。请考虑。

（三）关于时效的意见：

1. 有的同志认为对时效期间的长短不应由契约定期、不定期分开规定,认为我们将定期规定一年,不定期规定三年,看起来好似鼓励了不定期打击了定期的。绝大多数同志认为规定时效是必要的,但过了时效期间之后,消灭的是什么东西(请求权?起诉?)不明确。经过讨论,大家主张过时效期间之后,可规定"法院不再保护"而不写"请求权消灭"。

2. 对于"不请求"还是"不起诉"消灭请求权问题,认为应该把不请求包括哪些明确起来,如果也包括讨要,那么甲说要过,乙说没有要过也难以判断,如果规定"不起诉",比较明确,但打官司对老百姓来说却是件大事,事实上鼓励了打官司,因此同意用"不请求",但还应加上些条件,如有证明"讨要过"的人。

3. 对于时效的中断或延长也应有明确规定,如法院认为有"正当理由"。到底是什么理由才是正当的,可以"延长",到底能延长多少时间,明确规定好办事,避免适用上的不一致。

4. 对后补契约的时效由何时起计算。

5. 有个别同意认为规定时效的精神是好的,但在人情上有些说不过去。一般感情好,不讨债,法律上反而不保护了,对那些经常讨要的,却保护。

(四)其他:

有的同志认为在借贷的一般原则中是否把债务的惩罚手段规定在内,如借用人不能履行借贷债务,贷与人可以请求国家机关强制实现其请求权等。

三、关于利息部分的意见

(一)对利息标准的意见:

有个别同志不同意我们关于利息标准的意见,认为过去国家对私人放款已作了适当的放宽,今后信用合作社普遍建立,基本上可以解决农村资金不足的问题,如果利息定得过高会影响信用合作社的发展,特别在城市里目前资本家的闲散资金均存入银行,如果规定私人借贷成为合法,利息又高,这就会影响了银行的存款,同时也发展了资本主义,因此主张按银行或信用社的存款利率为准,最高也不得超过放款利率。并且主张利息标准不公布,内部掌握。

但大多数同志同意我们意见,认为借贷利息规定得过高不对,但也不能过低。我国借贷利息三分,已成为历史性的东西,今天规定按银行或信用社放款利息加百分之二十比较妥当,使私人之间互通有无不会受到影响,同时也不会对银行和信用社有什么大的影响,因为借用人如果能在银行或信用社贷到款,他就不会去借私人的,由债权人方面看,存入银行是有保障的,不会有放出去收不回来的危险。随着人民社会主义觉悟的不断提高,利息规定的稍高是不会影响到银行和信用社的业务。如果定得过低,就会影响私人之间的互通有无。目前国家银行和信用社的贷款主要是刺激生产,对人民生活上如生、老、婚、丧等问题还不能满足,所以过去曾为了劳动人民的利益,降低过利息,结果起了相反的作用。因此,私人借贷关系的顺利进行,也可以节省银行放出不必要的贷款,集中力量服务于生产,所以认为这是一个原则问题,即对私人之间的借贷关系是鼓励呢?还是限制呢?

有的同志认为按银行存款利息太低,实际上行不通,如在天津市八区,一九五〇年派出所即宣布标会组织不应该有,法院正在审理这类案件中也采取了打击的态度,结果由明转暗,现在还有。此外也认为利息标准规定之后,应该公布,这是关系到合法与非法的界线问题,规定之后也便于群众守法,对于打击高利贷也有好处。

(二)对于禁止复利的意见:

在银行业务中有"到期转账",在转账时利息也计入本金之内。因此认为银行还有复利。但有些同志认为这种情况不能认为是复利。有的同志主张"不准利上滚利",还应加上在定期借贷中不允许,不定期转账不叫复利。但也有同志认为,这样会给一些人钻空子,把契约定期一个月,月月转账,实际上也成了复利。因此,什么是复利还应有明确规定。

四、借贷债务履行的意见

(一)对"债务人经济情况恶化……"认为不必规定,这规定是照顾债权人多,对债务人照顾少,如果都这样追起来,债务人不垮也要垮了,而且经济情况恶化更需要贷款,同时目前我国淡旺季的现象仍然存在,在淡季经济情况不好到旺季就有变化,所以经济情况恶化也不好确定。规定了还会被私债权人钻空子。但也有的同志认为如果在这种情况下发现债务人有转移财产的情况时,债权人可以请求立即清偿。

(二)对"同一债权人与同一债务人……"的规定认为不必要,实际工作中很少遇到这种情况,而且条文规定的也不明确。可以考虑一个债务人对多数债权人之间的问题,这倒是经常碰到的情况。

(三)关于迟延利息的标准问题,大家认为应该高于一般利息,以督促债务的履行,可规定一个幅度。目前国家银行对于过期不偿还的贷款利息也高于原来的利息。

(四)关于提存的意见,大多数人认为目前我国公证组织还未普遍建立,因此主张现金提存银行,实物提存公证机关或法院,但有的同志认为银行不是办案机关,提存银行多一层手续,没有必要,主张提存公证机关或法院。

对于提存应规定一定的手续和程序,如经公证处或法院证明提存等,不然债务人自己提存后还可以自己取回来使用。同时也应该规定提存期限(如提存几年)和过期债权人未领取的处理办法(如收归国有还是让债务人取回?)。目前公证机关和法院在处理提存案件中,是采取以挂号信(或平信)或公告通知债权人提存的事实,并限期来领,过期债权人未领也未声明时,即依发信或公告的单据作为过期收归国有的依据。

(五)关于连带责任问题,有同志表示同意契约上没有规定就负连带责任。认为一般借贷中均未事先规定负什么责任,如果不这样规定,发生问题就不好处理。对连带债务人中一人不能还债,同意由其他债务人平均负担。

五、有关保证和抵押的意见

(一)对保证人问题,有的同志反映,法院在五四年到五五年审理有关保证的案件,其中许多保证人均不起作用。所以请我们考虑保证人制度是否需要。

(二)对抵押品处理的权限和期限应有所规定,在实际工作中常常遇到抵押品长期不能处理,以致发生变质、贬值的事情,也有债权人处理之后,债务人不同意,所以,抵押品应该由谁来处理,应有明确的规定。有的同志认为,应该由银行处理,不必经过法院,但是,目前银行在处理抵押品时,是委托债务人变价偿还。故一般抵押品的处理,是比较及时的,而不能及时处理的,往往也是不好处理的东西。所以,有的同志认为,应由债务人处理,由国家进行监督。

(三)对银行优先受偿问题:多数同志同意取消。认为债务人设立第二个抵押权时,要征得原抵押权人的同意,并通知后一抵押权人,这就保证了抵押权人的权利。同时,在破产中也保护了银行的债权,因此,应按抵押权设立的先后受偿。如果这样规定,反而会造成银行设立抵押贷款时,不认真审查抵押品的情况。

(四)对一物数抵的问题:认为一物数抵可能发生欺诈的问题,故认为抵押不能超过财产的实际价值,超过价值则是非法的。为此,债务人另行抵押,征得原抵押权人的同意,不能认为与其所有权有什么抵触,双方同意,才能防止欺诈行为。也有的同志认为,一物不能数抵,因为抵押后,产权证券交给抵押权人,一物数抵,其抵押物品的产权证券交给谁,也会发生问题。也有同志认为,从银行角度来看,抵押品是以私营企业的流动资产为限,而且银行也有规定,一物不能数抵,所以这些问题好似不存在,如果规定了,可能成为空架子。

(五)对"抵押品存在与否……"规定得不够明确。大多数同志认为如果将抵押品抵偿工资,保证人在此部分可免除责任。

(六)对保证人在债务人经济情况恶化……可以催告债权人请求清债问题,认为是由消极的方面来规定,还会使保人钻空子借机逃避责任,应该由保证人积极帮助债务人还债这方面考虑。

(七)关于退保问题:有同志认为保人与债务人之间关系密切,退保一般是怕债务人破产连累自己或者互相勾结,保人退保,三个月内不能解决问题保人就不负责任,不妥当。所以主张不管定期不定期的退保均应征得债权人同意,这样可以由债权人依实际情况考虑是否允许其退保。但也有同志认为规定均由债权人同意才能退保,实际上是不允许保人退保。

有的同志认为"停业、歇业可以退保"不要规定。因为它包括不了公民之间的问题。并主张把第十点并入第九点较明确。

(八)保证时效问题:有同志认为保证时效期间应与一般时效期大体上一致,均规定三年好。因为保证契约和借贷契约大体上是一致的。对于保证时效有无延长等规定也应明确起来。

有同志认为,由我们意见第一部分的第五点、第三部分的第八点和第四部分的第十一点的规定看来,好似鼓励马上要钱,不要就吃亏了。事实上国家银行有专门机构可以即时要,专门靠放债吃饭的也会即时要。而农村中亲戚朋友借贷多是不要以表示好感,我们规定在一定期限不要就不保护,好似有些说不过去,因此时效期限不应规定得太短,更不要规定必须起诉才中断,因为老百姓之间打官司是一件大事,今天虽有改变,但还要慎重,考虑团结。也有的同志反映,天津市银行放出的房屋贷款就有一万户至三万户,规定在六个月内请求(有保证人的),就是向每户口头表示讨要也要不过来,所以期限应放长些。也有的同志提出,保证人不在或无法表示请求时如何办?

六、破产清偿问题

(一)对破产债务清偿顺序,有同志认为过去中财委规定是清偿三个月到六个月的工资,看到我们的意见中没有规定偿还几个月的工资,认为对工资不加限制是好的,这是对劳动所得特加保护,同意这样规定。但是对经常为该破产企业服务的三轮车夫和搬运工人欠资还有做小本生意的临时欠款应放入哪一顺序,可否列在第一顺序也应明确。农民的劳动所得也不易,为了巩固工农联盟,在破产时牵涉到农民的债权应如何照顾。如天津郊区有一生产合作社,把瓜菜卖给私商,结果私商破产,这种债务应列入哪一顺序?

也有的同志认为,目前银行明知其资不抵债,但还要贷款,这种贷款的目的是为了挽救它,为了发工资,所以明知资不抵债时的贷款应优先于工资受偿(也有同志不同意这种看法)。

(二)对小额债权人的照顾问题,大家反映,过去先给付工资之后,小额债权人落空,想照顾照顾不到。由原条文看还看不出如何保护,因此条文还应明确。

(三)有同志认为利息与违约金不同,应参加破产分配,但可以减少一些。同时还有这种情况,昨天进货,今天宣布破产,这些财产应否列入被分配财产之内。

(四)"……执行股东身后财产……"有些同志主张可以不写"执行股东身后财产"。因为小企业往往家店不分,很难确定哪些是企业财产,哪些是股东身后财产。

(五)几个补充意见:

1. 破产时,对财产分割有问题,动产不动产以及财产的好坏,收进来的现款和未收进来的债权,住人的房屋与空房均有很大不同,好的争执,不好的谁也不要,因此有同志认为现金应清偿工资,其他财产分配也应该有所规定。

2. 破产企业的财产拍卖时常常价格很低,因此如何拍卖应有所规定。

3. 破产的确定是否经法院或公证处,因此,对宣告破产的程序也应该规定。

4. 破产情况不断增多,希望破产部分的规范早日公布。

七、关于旧债的问题

有同志认为解放前的债务一律不加保护,解放后成立的契约,在本法公布之日起:(1)已期满者,一年内请求;(2)未期满者,继续有效,按本办法处理(有的同志对上述意见表示同意,但提出各地解放不一致,处理地区间的纠纷不好办,应按中华人民共和国成立之日起算)。其理由是:解放前的债务时间很长,最短也有十来年,中间经过许多币制的变更,折合起来很困难,法院过去也想按解放前银钱业未清偿债务处理办法折算,但双方争执很大,认为债权人既非银行也非钱庄。而且因时间很长,证据也不完全,难以判断。同时也考虑到解放已有六七年,这样长的时期内没有讨要,不保护对债权人的生活也不会发生什么影响。过去债权人多为有钱的人,今天情况有了变化,不愿劳动,想讨旧债吃饭。如果要把过去的账都准要,可能有些人就会变成资本家(如一九三七年有一人出借几万元)。所以认为解放前的债务一律不加保护是正确的。

但也有的同志认为抗战前的债务不保护可以,解放前到抗战时的债务还应考虑。理由是解放之后对于有钱人出借的债务已有处理,今天剩下的就是劳动人民之间的问题。另外也不同意以中华人民共和国成立之日作为保护与不保护的分界,这样规定,使许多老区人民之间的债务也变成无效了。对于"解放后成立的债务继续有效"还应补充:"当事人应依本法精神加以修改",如高利的必须降低等。同时也认为解放后的债务到本法公布后一年内请求,期限太短。

有关借贷债务研究的初步意见

为了保护正当的合法借贷,取缔非法剥削与高利贷,巩固与发展社会主义的信贷制度,保证合理组织和使用国家和社会的资金,以促进社会主义建设和社会主义改造事业的顺利进行,我们曾搜集了有关借贷方面的资料和判决书等,准备起草借贷的单行法规,作为调整公公、公私和私私之间所发生的借贷关系。但因我们所搜集的资料有限,对实际情况缺乏了解,因此特将我们在讨论这一问题中的一些问题与初步意见提出,务请予以批评指正。

一、关于借贷债务的一般原则的初步意见

(一)按照借贷契约,贷与人(债权人)把货币或实物贷给借用人(债务人)归其所有,借用人应返还数额相等的货币或者种类、数量、质量相同的实物。

借贷可以约定有利息或者无利息。

(二)借贷契约的订立和履行,应服从国家法律、法令和国民经济计划,并遵守诚实信用、有借有还和团结互助的原则。

(三)下列借贷为非法借贷,一律禁止(有的同志认为"一律禁止"的意见实际上执行有困难,主张改成"不予保护"),情节严重的,依法惩处:

1. 高利贷及一切变相的高利剥削;
2. 外币、金、银、银元及法律禁止流通的物的借贷;
3. 其他一切违反法律、法令和国家机关规定的借贷。

另外有一种意见是:

下列借贷为非法借贷:

1、2、3。(略)

非法借贷,其契约无效,情节严重的,应负法律责任。

(四)借贷契约以书面订立,如果双方自愿,也可以口头订立。

(五)借贷债务的请求权,如果法律没有特别规定,定期借贷自到期之日起一年内,未定期借贷自契约订立之日起三年内,因不请求而消灭。

有的同志认为借贷债务的请求权,如果法律没有特别规定,定期借贷自到期之日起,未定期借贷自契约成立之日起,于三年内不起诉而消灭。

但贷与人确有正当理由,上述时效期间可以由人民法院延长。

二、关于借贷利息的初步意见

（一）借贷利息应以人民银行和信用合作组织的放款利率为标准，但不得超过当地人民银行和信用合作组织的放款最高利率的百分之二十。

（二）利息应按照原本计算，禁止利上滚利。

（三）利息应按照约定期间给付，没有约定期间的，可以按月给付或者随本给付。

（四）借贷没有约定利息的，贷与人不得请求利息；借用人已自愿给付的利息，也不得请求返还。

三、关于借贷债务清偿的初步意见

（一）借贷债务，应由借用人按照契约进行清偿。

借贷债务因清偿而消灭。贷与人接受其他给付以代替原定给付作为清偿的，借贷债务同样消灭。

（二）如果法律或契约没有另外规定，贷与人有权拒绝受领部分给付。

（三）借贷定有期限的，借用人应按期清偿。借贷未定期限的，借用人可以随时清偿，贷与人也可以随时请求清偿；贷与人请求清偿的时候，借用人应自提出请求之日起一个月内清偿。借用人经济情况恶化，有陷于无力偿还危险的时候，无论借贷是定期的或者未定期的，贷与人都有权请求立即清偿（也有些同志认为：这种意见的出发点虽为保护国家银行债权，但可能被私债权人钻空子）。

（四）借贷到期，经证明借用人确实无能力清偿或者全部清偿使其生产、生活陷于无法维持的时候，人民法院可以斟酌实际情况，准许分次清偿或者缓期清偿。

（五）如果不违反契约的精神，借用人可以在借贷到期前清偿。有利息的借贷，借用人于一个月以前向贷与人预告提前清偿的，可以扣除全部残余期间的利息，如果没有预告的，可以征得贷与人同意，扣除残余期间利息的全部或一部。

（六）贷与人要求清偿，应向借用人或者其代理人提出。

借用人应向贷与人或贷与人所指定的第三人清偿。

（七）同一借用人对同一贷与人负有数宗债务，如果提出的给付不足清偿全部债务而又不能确定清偿何宗债务的，应按照债务到期先后进行抵偿；如果到期相同，应按照债务设立先后进行抵偿；如果设立的时间相同，应按照债务的数额比例抵偿。

（八）借贷到期没有清偿的，贷与人可以请求自迟延之日起的迟延利息，贷与人迟延受领的时候，借用人不负迟延责任，可以将其给付的款项或实物提存于当地人民法院或人民银行以为清偿。

关于迟延利息的标准，有些同志认为：不能超过借贷利息的限额（参考关于借贷利息的初步意见二）；但也有的同志认为：迟延利息应高于借贷利息的限额，才能对借贷债务的履行起督促作用，至于高多少，还待研究。

（九）一宗债务有两个以上的债务人，如果契约没有其他约定，债务人应负连带责任；（有的同志认为：法律或契约规定负连带责任的时候，债务人才负连带责任）债权人得向连带债务人中的一人或数人或全体,同时或先后,请求全部或一部的清偿。

债务人清偿连带债务,有权向其余各连带债务人请求偿还其应负担的部分;连带债务人中的一人不能偿还的部分,由其余债务人平均(有的同志认为应按比例负担)负担。

四、关于借贷债务担保的初步意见

(一)借贷契约设有保证人的,保证人应负监督和担保借用人履行债务的责任。

如果契约没有其他约定,借用人确实无力清偿,保证人应代为清偿。

(二)保证人已代替借用人清偿债务的,对于借用人即立于债权人的地位。

贷与人受领保证人清偿的时候,应将债权的一切权利和证件移交给保证人。

(三)数人共同担保一宗债务,如果契约没有其他约定,对贷与人负连带责任。

(四)借贷契约设有抵押品的,借用人到期不清偿,贷与人有权就抵押品的变价优先于其他债权人受偿,如果不足,由借用人补足;如果有余,退还借用人。

(五)一个财产设有两个以上的抵押权,其受偿权利的先后,应依抵押权设立的先后为准。但银行为抵押权人的,应优先受偿(有的同志认为,银行为抵押权人,应优先受偿还值得考虑)。

债务人如果将已设有抵押权的财产另行抵押,应征得原抵押权人和保证人的同意,并应将已设有抵押的事实告知债权人和其他利害关系人(有的同志认为:债务人将已设有抵押权的财产另行抵押时,应征得原抵押权人和保证人的同意,似与所有权的原则有些抵触,因此认为将征得同意改成通知即可)。

(六)借贷契约设有保证人和抵押品的,贷与人应先就抵押品受偿。

如果契约没有其他约定,抵押品的存在与否不影响保证人担保全部债务履行的责任。但抵押品因贷与人的过失而贬值或者灭失的时候,保证人对于贷与人过失所造成的损失部分免除责任。

(七)借用人经济情况恶化,有陷于无力清偿的危险的时候,保证人得催告贷与人向借用人请求清偿,如果贷与人不立即向借用人请求清偿以致不能受偿,保证人免除责任(有的同志不同意这种意见)。

(八)借用人的变更,应征得保证人同意,否则保证人有权拒绝担保。贷与人的变更,可不征求保证人同意,但应通知保证人。

债务内容的变更,应征得保证人同意,否则保证人不负责任。

(九)借贷定有期限的,没有征得贷与同意,保证人不得退保;借贷未定期限的,保证人可以向贷与人声明退保。

保证人歇业、停业时,可以声明退保。

(十)保证人自声明退保之日起满三个月保证责任消灭。

保证人宣告破产的时候,保证人责任消灭。

(十一)借贷定有期限的,贷与人自到期之日起六个月(一年)内没有向保证人请求(有的同志认为没有起诉),保证责任消灭。借贷未定期限的,贷与人自保证契约订立之日起二年(三年)内没有向保证人请求(有的同志认为没有起诉),保证责任消灭。

五、关于借用人破产时,债务清偿的初步意见

(一)破产还债按照下列顺序清偿:工人工资;有抵押的银行贷款;国家税款;无抵押的银行或信用合作社组织贷款;有抵押的公私债权;无抵押的公私债权。

在同一顺序中有两个以上债权的时候,按照债务的数额比例受偿。

(二)破产还债,对生活确实困难的小额债权人,应予适当照顾。

(三)破产还债以原本为限。利息、违约金、税款滞纳金、银行贷款过期罚金、工程保固费(解雇金)等都不得参加分配。

(四)因借用人破产需要执行其个人财产的时候,对借用人及其家属可以酌留适当的生活费。

六、关于处理解放前借贷债务的初步意见

借贷契约成立在一九三七年七月七日以前的,一律丧失请求(起诉)权。

借贷契约成立在一九三七年七月八日以后到当地解放以前的,在本法公布之日起一年内不请求(起诉),一律丧失请求(起诉)权。

解放后成立的一切借贷契约继续有效。

关于借贷的参考问题

（一）借贷的单行法拟包括下列内容：通则（立法目的、定义、原则、合法与非法的界限、契约的形式等）、利息、担保、清偿和破产还债、旧债的处理等，是否适当？

（二）是否可以规定，一定数额以上的借贷必须订立书面契约？而一定数额究竟规定多少人民币为好？

（三）关于利息及高利贷问题：

（1）借贷利息，应参照当地银行或信用合作组织的放款利率，如超过上述放款最高利率的百分之多少，就算做高利贷？

（2）禁止高利贷及一切变相的高利剥削。高利贷应按照具体情况作不同的处理，情节严重的依法惩处。

（四）关于担保的问题：

（1）数人同时担保一个债务，如契约无其他规定时，保证人应负连带责任还是比例责任？

（2）借贷契约同时设有保证人和抵押品者，如契约无其他规定时，保证人应对全部债务负责，还是仅就押品金额范围以外的部分负责。

（3）保证人是否可以中途退保（如保证人停业、歇业或公私合营等）？

（4）对保证的时效可否作如下的规定：

债权人自债务到期之日起，于半年内不向保证人请求时，保证即行消灭。债务未定履行期限者，如契约无其他规定，保证人的责任自保证契约订定之日起经过二年而消灭。

（5）保证人破产后，保证责任是否消灭？

（五）关于清偿和破产还债问题：

（1）债务人经济情况恶化，有陷于无力偿还的情况，或债务人没有将借款依约定用途使用者，债权人是否有权期前要求清偿？

（2）同一债务人对同一债权人负两宗债务，一无担保，一有担保，债务人在提出部分给付后就无力再偿，而已给付的部分又不能判明是还的哪一宗时，是否可按照先还前欠后还后欠，先还无担保的债务后还有担保的债务的原则处理？

（六）关于处理旧债的问题，可否作为单行法的附则作如下规定：

（1）解放前的借贷，发生在一九三七年七月七日以前的一律丧失起诉权，发生在一九三七年七月八日以后到当地解放以前的，如人民法院认为可以提起诉讼的（如因债务人依仗权势或因战争等不可抗力而无法请求者），则借贷关系发生在农村的，参照前中央人民政府政务院一九五〇年十月二十日通过的《新区农村债务纠纷处理办法》处理,发生于城市的,参照前中央人民政府政务院一九五三年二月二十日公布的《关于解放前银钱业未清偿存款给付办法》处理。

（2）上述情形如在本法颁布之日起一年内不提出诉讼的,视为丧失起诉权。

（七）解放后的新债应否规定时效？如规定以几年为适当？

借贷资料调查提纲

1. 为了区别高利贷与正常借贷,是否需要在利息上划一条杠子?如果要划的话怎样划才合适?不划行不行?划了有什么好处和坏处?
2. 目前高利贷活动情况如何?应采取什么对策?
3. 债务关系中,采用保证人担保债务的办法有什么好处?它能否起一定的作用?如果仍需保证,那么保证人负什么责任?(连带责任或补充责任)
4. 标会的情况如何?对标会应该采取什么政策?
5. 当铺的情况如何?对当铺应该采取什么政策?
6. 借贷契约设有保证人和抵押品的,如果债务人破产,原抵押品也足以抵偿借款,但是根据中财委破产还债顺序,抵押品应首先作为偿还工资,因而影响债务的偿还时,保证人应不应负责任?
7. 破产清偿的顺序,今后应如何规定才合适?
8. 目前旧债在民事收案中占的比重如何?是怎样处理的?对旧债是否需要规定一定的诉讼时效?如何规定才合适?

关于私人借贷问题的资料

法制委员会民法第二小组　1953年12月

关于私人借贷问题的资料目录

第一部分　关于农村私人借贷问题的资料
一、目前农村私人借贷存在的情况和问题
(甲)私人借贷普遍存在
(1)从总的借贷情况来看
(2)从借贷双方的关系及借贷方式来看
(3)从借贷的种类用途来看
(乙)高利剥削日趋滋长
(1)从一般借贷的利率来看
(2)从高利盘剥的类型来看
(3)从高利盘剥的危害来看
二、我们对于农村私人借贷的几点初步意见
第二部分　关于城市私人借贷问题的资料
一、关于工商业中的"私拆"问题
(甲)目前工商业中"私拆"的一般情况
(乙)"私拆"对私营工商业的社会主义改造所起的危害
(丙)我们对于"私拆"的几点初步意见
二、标会问题
(甲)目前标会的一般情况
(乙)我们对于标会的几点初步意见
三、高利贷的处理问题
(甲)怎么叫做高利贷
(乙)怎样处理高利贷

关于私人借贷问题的资料

关于私人借贷问题资料的搜集与研究,不但是民法起草准备工作的一部分,同时又是当前学习研究国家过渡时期总路线、总任务资料的一部分。我们总共所搜集到的书面材料有46件，其中法令、指示、决议等26件，各地总结与专题报告15件，其他材料5件；为了能进一步了解些当前农村及城市中私人借贷的实际情况，我们曾请中国人民银行总行、中国人民银行北京市银行及最高[法院]华北分院向我们作了有关当前借贷问题的情况介绍，这对我们的帮助是很大的。现在根据所搜集到的材料，经过分工研究，集体讨论，写出初步总结，以供参考。

第一部分 关于农村私人借贷问题的资料

一、目前农村私人借贷存在的情况和问题

（甲）私人借贷普遍存在

根据我们所搜集到的材料，可以从下列几方面来说明私人借贷普遍存在的一般情况：

（1）从总的借贷情况来看

根据1953年3月金华等10个县24个典型村的调查：总调查户数为3 124户，借贷户有1 398户，占总户数的44.7%，借入总额为12 185万元，平均每户借入118 186元；据金华乾东乡83户的调查，在1952年共计借入732万元，其中国家银行与合作社贷款占16.4%，私人借贷占85.6%；瑞安县仙降区中州村全村共155户，其中出借16户，借入109户，两共占总数的80.64%；据内蒙古1953年哲盟开鲁最近调查，全县8个区，共有人口5 797户，发生借贷关系的有3 918户，占全县户数的67%，其中借入户2 410户，借粮折币共441 527 740元，从这些统计数字中可以看出：农村中的信用关系与农民间的资金调节已在自发地开展，而国行的农贷与合作社的预购尚不足以满足农村金融的要求。

（2）从借贷双方的关系及借贷方式来看

根据金华等县24个村的调查，借贷关系以亲邻为主，在1 170户借贷关系中，亲戚关系占372户，邻居关系占536户，合计占77.5%，其中口约的占92%，立有笔据的占8%，据金华乾东乡129笔债务的统计，亲友关系的占70笔，乡谊关系的占37笔，其他关系占22笔。一般订约，秘密多于公开，据诸暨县的调查，秘密借贷的占70%以上；有的地区的群众认为：要具备三个好条件才能借到钱：①感情好；②来往好；③机密好。有的还提出"三不借"："白天不借、点灯不借、天亮不借"，要借晚上来，有的甚至还要"保上加保，不准传出消息"。这一方面说明了高利贷的暗中活动，又一方面也说明了群众对正当的借贷有顾虑、怕露富，不明了政府的借贷政策。

（3）从借贷的种类、用途来看

根据金华等县24个村的调查，实物借贷占68%，货币借贷占32%；内蒙古开鲁四区的调查：实物借贷约占90%，货币借贷约占10%；湖南湘乡县花亭乡的调查，实物借贷占80%；安徽铜陵县两个乡的调查，货币借贷仅占6.1%。由此可见：农村借贷是以实物为主，本利的折算方法是相当复杂的，例如借米1石还小麦200斤就不易立刻看出利率多大，因此它给了高利贷者以隐蔽暴利的机会。关于借贷的用途，一般用于生活的多，用于生产的少。根据湖北浠水县南岳乡的调查：用于口粮的占43.14%，用于婚丧的占42.8%，用于生产资料的占7.31%,用于造房修屋的占3.99%,用于治病的占2.76%;又根据湖北10个乡476户的调查:贫农用于生产的占16.1%,用于生活的占44.8%,用于婚丧的占21.78%,用于治病的占5.79%,用于造房修屋的占8.75%,用于其他的占2.78%;中农用于生产的占25.25%,用于生活的占33.19%,用于婚丧的占16.4%,用于治病的占7%,用于造房修屋的占4.09%,用于其他的占7.89%。由此可见:私人借贷对于农民的生活、生产等需要上是能起一定作用的。

(乙)高利剥削日趋滋长

根据我们所看的材料,农村间私人借贷虽普遍存在,但由于领导不够,宣传教育不够,已自发地向高利贷的道路发展,它的情况是相当严重的,现在从下述三方面来介绍这问题:

(1)从一般借贷的利率来看

根据金华乾东乡1951、1952年123笔债务的统计:无利息的计有10笔,利率10%的2笔,利率11%至20%的20笔,利率21%至30%的66笔,利率31%至40%的14笔,利率40%以上的11笔(按:是月利抑年利,报告上不详);温州市县等16个村、镇的调查:实物借贷如合月息,低的是5分到1角,一般是1角5分到2角5分,最高达月息3角3分;货币借贷一般为月息1角至2角,高的达月息3角。按安徽最近调查:私人借贷月息为10%至30%;据河北定县的调查,月息都在3分以上。各地利息高低的一般规律是:老区利低,新区利高;明借利低,暗借利高;本村利低,隔村利高;明算利低,暗算利高;平时利低,荒年利高;直接利低,间接利高;所有这些情况都说明了一般借贷中利率的不平衡性、投机性及其向高利贷发展的严重性与隐秘性。

(2)从高利盘剥的类型来看

根据我们所看的材料,除一般借贷外,各地明的、暗的高利盘剥的类型是相当复杂而残酷的,主要的有下面几种活动方式:

①借实还实例如,苏南溧水、宜兴、常熟等地,有春借小麦100斤,秋还白米150斤,约合月息28分;苏北淮阴专区新安镇在春荒时有放麦1斗至麦收时还麦3斗5升,约合月息80分;苏北高邮有在压秧时放6斤半油,秋后收稻150斤,约合月息30分;福建莆田有在春耕时借出稻100斤至早稻收成时要还150斤,约合月息16分;安徽贵池有在春荒时借出250斤南瓜,秋收后还1石稻子;南京八区吉庆村有借小麦1石两个月后还大米1石,约合月息40分;山东南皮二区姚喜凤借1000斤小麦,每月每百斤付7斤半利息,约合月息7分半;金华区普遍的借番茹丝100斤,秋收后归还食米80-100斤,云和崇头村借"土铁"300斤(合米140斤)3个月后还米240斤;内蒙古哲盟开鲁四区秉礼村李顺,今春向外村借入小麦2斗,5个月还回本利4斗,同村高宪章本年6月借入高粱25斤,11月还小麦30斤,超过借一还三的超额剥削。北京大甸区阿云生借出玉米6斗,100天还玉米8斗,月利在10分以上,北京郊区还有春借玉米1担,秋还麦子1担的,月息亦在10分以上。

②借现还实(即买青苗)例如:苏南句容、溧水、江宁等有春借现款25000元到40000元,秋后折还稻子100斤,计合月息12分半到30分;山东邵县三区清上村有在麦前借15000元,麦后还100斤小麦,约合月息80分;温州区普遍流行的是夏荒时借人民币35000—40000元,收获后归还稻谷1石,合月息17.8%;丹徒农民卖青稻每100斤价

36 000 元,两个月后秋收,每担稻值 63 000 元,约合月息 37 分;嘉定农民有以 4 斗米的代价出卖青苗小麦 1 亩的,而实际收获可值米 8 斗;安徽贵池买青苗 50 000 元 1 亩,只须一个多月时间,1 亩可收 1 石多米;据阜阳县大英区烟陈、肖官等 6 个乡的今年调查,共放大麦青达 1 260 石,其中外来船民占 70%,月息合 63%;内蒙古阿荣旗那吉屯格尼区太平庄卖青的有五六户,春天放款 10 000 元,秋收后还黄豆 1 斗,超过借一还四的高利剥削;四川南充、营山、江津卖青的现象很普遍,单只南充李渡区白家乡二村与羊口乡三村 454 户的调查,就有卖青的 83 户,其中羊口三村最多,该村 224 户中就有卖青的 48 户。湖南邵阳县一般的乡卖青的都在一二百石左右,有的乡达到三百石以上;湖南桃源县 4 个区的 47 个乡有 34 637 户,卖青苗的有 1 329 户,共卖出青谷 2 112 石;辽西开原县卖出青谷 1 100 石,其中 70% 是贫农卖出的;北京南苑区槐房乡全乡 156 户稻农中,今年有 104 户卖了青,共卖米青 870 多石。

③借现还现例如:苏南宜兴浦东乡有退伍军人翁锡生放给 17 户农民共 92 万元,月息 30 分;山东日照小海村渔民有在 2 月借 24 万元到 5 月要还 50 万元,合月息 28 分;苏北监城专区借贷利率一般合到月息 50 分;福建的新店、建新两地暗息在月息 10 分左右;南京西善桥乡陈开福放债的利息竟达月息 90 分,永嘉马岙村农民向瞿溪镇土纸商人借了 10 万元,5 个月后复利计算本息共 28 万元;内蒙古莫力达瓦旗太平努图克曾有"借 10 万元,实付 9 万元,以后每月付利 1 万元,10 个月到期还 10 万元",此外还有"半年本利兑"、本利两个月"一打滚"的高利贷;据金华浦口等地调查,目前仍有按季 50% 的高利存在,安徽阜阳口孜集王其昌,群众称之为"四大银行"之一,积有高利贷资金 1 600 万元,利息在月利 30%~40%。

④借实还现或借实折实还现例如:平阳的"对货作价"、"放保值"就是这种性质的高利贷。前者是:借时订明按到期时价折还人民币,带有投机性;后者如:在麦收时借谷 100 斤,订明到秋收后按同量麦价还货币,当时两者比值是谷每担 67 000 元,麦每担 70 000 元,秋收后小麦价高至每担 150 000 元,谷价下降至每担 60 000 元,借谷 100 斤,实际上要还 240 斤,合月利为 35%。

⑤折还土地、以土地出抵或分割稻谷例如:苏南嘉定有军属张陆氏借给黄桥乡中农朱明元 50 万元,结进了 3 亩田;内蒙古开鲁礼村中农陈景和,在 1951 年借给金喜魁高粱 7 石,秋天还不起,除把 14 亩 7 分地押给他自种,本金还要按每年借 1 石还 1 石 5 斗的方式付息;平阳碧溪乡例,6 月份典出山田半亩,当时稻已插下,田中已化了犁田工资谷 10 斤,插田工资谷 5 斤,谷种 2 斤半,共得典价 5 万元,到秋收时可分稻谷 150 斤。

⑥赊购盘剥例如:呼盟兴安区盛行赊马,春赊马 1 匹值 150 万元,秋还付价 250 万元,多付 100 万元,秋初赊秋后还则多还 50 万元。

莫力达瓦旗绘图莫尔丁屯,赊购农、副业工具、车马,一般 7 月底借,8 月底还,合到月息 32 分;安徽贵池乌沙区大龙乡高利贷放小鸭,每放 25 只至 30 只,历时 3 月,还稻 1 担,利息超过本金两倍多,类似这种赊购的在徽州专区较为普遍。

⑦其他严重剥削例如:苏南嘉定有在春季用定工的方式每工付米 2 斤至 8 斤,和需要借款的农民约定到农忙季节做工,那时的工价每工至少 10 斤米;山东日照涛雒区沙岑村渔民有借款 40 万元,债主强制借户要将捕来的鱼按 30% 分给债主,直至捕鱼完毕为止,这

样债主就等于入了 30% 的股;内蒙古地方农民有养牛出租,春租秋还,大牛收租大豆 2 000 斤,小牛 1 700 斤,租金足够另购牛 1 头。

此外,农村高利贷活动的方式,尚有采取标会的形式的,内容复杂,详细情形可参看城市私人借贷关系的说明。

(3) 从高利盘剥的危害来看

根据我们所看的材料,高利贷在农村的发展,导致了农村生产的破坏,引诱了农民向资本主义的道路前进,加速了阶级分化,阻碍了农业的社会主义改造,并在一定程度上影响了国家社会主义工业化的迅速完成。下面就是几个显明的例证:

①还不清的债,例如北京南苑槐房乡农民刘长世,在解放前欠人 2 石玉米,解放后已陆续还了 8 石大米,4 石玉米,到现在结算还欠人 4 石大米。

②新的"大鱼吃小鱼",例如乐清大荆区樟树下村有 4 户中农和 1 户雇农因放高利贷变为富农,有 3 户佃中农因借高利贷降为贫农,1 户贫农降为雇农;永嘉马奥村贫农吴周四,卖去了田 2 分偿债,贫农黄阿高、中农徐步龙有 1 亩 7 分待卖。

③卖产充"本钱",由于农村高利放债息高,因此有卖了田产牲畜掌握大批资金专放高利贷从中剥削的,例如:苏北涟水南集区张洪桂曾集资 4 亿元专作高利贷放,亦有零星出卖生产资料移作充借贷,例如瑞安新桥头村有卖了耕牛充贷放资金的。

④干部也放债,个别贫农成分的乡村干部积极分子也进行高利贷放,如宜兴杨巷区溪北乡乡长钱金才,在秋收前 2 个月,放给农民 10 万元,约定秋后还稻 3 百斤,约合月息 55 分,瑞安新桥村青年团员章锡如,蒋里乡乡长林朝宽亦皆进行高利贷放。

二、我们对于农村私人借贷的几点初步意见

根据上面所述的材料,我们认为:

(1) 一般农村私人借贷,对农民的生产上、生活上都还有它一定的积极作用,因此在一定范围内,一定程度上,目前还是应该加以领导、限制与利用的。但对于破坏生产的高利贷则须迅速设法予以禁止。

(2) 禁止高利贷的办法,除了扩大办理农贷,实行预购,开展储蓄,照顾农民生产上、生活上的需要外,根本的道路是组织农村信用合作社,吸收游资、进行贷放。例如:根据山东、福建及南京的经验,在组织信用合作社的地区,私人借贷利息就逐渐下降,并趋向正规发展;北京郊区 66 个信用合作社,从今年 1 月到 10 月止,就吸收了存款 152 亿元,放出 60 多亿元,等于国行同期贷款的 68%,充分发挥了国家银行助手的作用。

(3) 在信用合作社尚没有普遍发展前,对于农村贷款利率有一个最高度的限制,在目前来说是必要的。虽然,这样也许会发生一些负作用,在一定时期内、一定程度上对私人借贷会引起或增加些顾虑,但它对于高利贷的打击是有效的。可以说"利多于害"。

(4) 由于各地经济的发展不平衡,统一的最高利率的制定是否适当? 是否授权于各地方人民政府去制定较为妥当? 援用东北办法"借粮春借 1 斗,秋还斗半,借钱利息,最高不得超过月息 3%"是否合适? 超过法定利率标准的各种类型的高利贷如何区别对待? 农民间的旧债是否亦适用此最高利率? 某些专放高利贷的集团、组织或个人如何处置? 所有这些问题都值得慎重考虑予以决定的。

（5）由于部分农民及政府干部对于当前农村借贷政策还没有正确掌握，因此发生秘密借贷，不敢借贷或纵容高利贷的或"左"或右的倾向，从而结合对高利贷的禁止与国家总路线的学习对农民及有关工作干部说明我们正确的借贷政策是必要的。

第二部分　关于城市私人借贷问题的资料

根据我们所搜集的材料,关于城市私人借贷问题可分为工商业"私拆"问题、标会问题及高利贷的处理问题三方面来研究,至于有关城市市民间的一般相互借贷情况,因掌握材料不够,暂不作专项介绍。

一、关于工商业中的"私拆"问题

（甲）目前工商业中"私拆"的一般情况

工商业中的"私拆"，一般是指工商业者向私人借贷而言。它的形式有用存款方式的，有用垫款方式的，也有用普通借款方式的。根据北京市最近的典型调查，我们可以初步看出：

（1）"私拆"数额的增大是与工商业利润的上升密切相系的。北京市在1950年时，由于工商业尚未好转，"私拆"几乎绝迹，但至1952年时，"私拆"总额已达2 000亿元，今年又有显著增加。这在一方面说明了由于工商业的基本好转，市场上需要流动资金，另一方面亦说明了由于工商业的有利可图，投机私商又在暗中活动。

（2）"私拆"数额的大小，在工商业中是不平衡发展的，一般的规律是商业多于工业。据调查：101户工业中，"私拆"总额为43.57亿元，但116户商业中，"私拆"总额则达到54.45亿元，较工业多10.88亿元。这说明了由于商业资金运转快、易投机、得利大，因而"私拆"的数额亦特别多。

（3）"私拆"的利率都高于银行利率，一般在银行存款利率的3倍以上，且亦有高达10分的。这说明了"私拆"就银行对金融的控制上与工商业的发展上都是不利的，它是助长私商投机倒把的一个重要因素。

（4）"私拆"的来源是非常复杂的。就它的种类来说：有私人存款、职工存款、股东存款、同业相互借贷及货栈业垫款等多种，就私人存款的成分来说，包括有工人、农民、干部、职员、家庭妇女、资产阶级、摊贩、逃亡地主、伪官僚、反动军官、流氓地痞等在内。其中反动军官、逃亡地主、伪官僚等的存款，约占总额的一半左右。所有这些情况，都给"私拆"问题的处理在一定程度上增加了它的复杂性。

（乙）"私拆"对私营工商业的社会主义改造所起的危害

根据我们所搜集的材料可以看出：由于私营工商业者不须经过国家银行就可以自由地从私人获得大量信用贷款，因此就增加了它不安于取得合法利润、不接受人民政府管理和不服从国营经济领导的"本钱"，助长了它盲目发展与追求高额利润的自发性与投机性，从而阻碍了私营工商业社会主义改造的顺利进行。主要的表现在下面几个方面：

（1）挖掘银行私人存款，例如瑞蚨祥皮货庄、王府百货公司，都因所进之货与国计民生无利，人民银行没有批准它们的贷款，可是它们都从"私拆"中吸入大量资金，仍把货物办来,而"私拆"的来源,又是通过股东、亲戚等关系从银行私人存户中利诱出来的,严重地破坏了银行的吸收私人游资、支援生产建设的政策。

(2)拒绝加工订货,例如新光电气厂,因自己掌握大量"私拆",感到自产自销获利大,因而拒绝了国家对它的加工、订货。

(3)实行投机倒把,例如新昌百货店资本800万元,"私拆"则有6 000万元,新中商店资本900万元,"私拆"亦有6 000万元;迁泰商号资本1亿元,其中固定资产8 000万元,"私拆"2.1亿元。不少这些私商,都是运用别人的存款,谋取自己的暴利,一遇空子,即做投机倒把,抬高物价的勾当。

(4)减少生产投资,例如华北电机厂的股东,存在厂里的存款有4亿多元,他们都不愿投入生产。理由是:"既可得利息,又可得盈余。"

(5)促使厂店倒闭,例如大生酱园资本1.5亿元,"私拆"8 200万元,利率有到6分时,每月须负担300万元利息,以致无法支持。

(丙)我们对于"私拆"的几点初步意见

根据上面所述的材料,我们认为:

(1)"私拆"在当前工商业中,它的危害性是不小的,从而必须加强管理,严格控制。但关于具体管理的办法,是否由全国统一来规定,抑由各地因地制宜来规定亦是值得考虑的。

(2)高利"私拆"必须禁止;介绍"私拆"从中图利,必须取缔;利用"私拆"投机倒把,亦应严加处罚,同时为了便于管理,举办"私拆"登记在目前是必要的。

(3)在"私拆"问题的处理中,关于利率、数额、时间等应如何限制以及工业与商业、股东存款、职工存款与私人存款是否须区别待遇,以及如何区别待遇均须慎重考虑予以决定。

二、标会问题

(甲)目前标会的一般情况

根据我们所看的材料,在全国范围内的城市和农村中,标会都在广泛地流行着。特别是在广东和广西两省,已成了私人借贷的主要方式,标会的性质是很复杂的,一般的可以分为下列三种类型:

(1)第一种是由专人组织用以剥削群众的变相地下钱庄及高利贷者。这种标会在很多地区都有发现,在某些地方,更是公开流行。例如:桂林市8个清真寺中,就有6个是专门组织这种性质的标会从中剥削的;

(2)第二种是由中、小工商业者所组织用以周转资金为目的的;

(3)第三种是属由一般私人间互助性质的。

第一、二种标会,通常会员间都互不相识,由会首从中组织,会首每次抽取会费总额的1/30或1/25的"利钱",例如:桂林市某清真寺所组织的标会,在1日内,每一会员出一定资金,当天投标,通常以30人为一会,每人每日出1万元,每天投标1次,以谁出的利息最多,谁就得标,可把这30万元借去使用。但事实上借到手的则没有30万元。假定是以1 000元利息得标,会员就先扣息1 000元,实交9 000元,清真寺又抽利1/30即1万元,标得者只实得26万元。

标会的利息，除出部分互助会，有的无利，有的利息很低外，一般都很高，例如：安徽、重庆两地的平均月息为20分；桂林市的平均月息为16分到30分；在广东某些县中更高的利害：潮安县每1万元10天利息3 000元至6 700元，约合月息90分至189分，兴宁县每5万元10天利息2万元，月息120分；澄海、思平两县的月息是25分至40分。

由于不少标会利息高，剥削重，替社会上增加了许多紊乱和纠纷，例如在安徽某地甚至有因高利逼死了人命的；因此对于标会应如何加以处理的问题，当前已有明确决定的必要了。

（乙）我们对于标会的几点初步意见

从上述这些材料来看，我们认为：

（1）对于标会的处理态度应该分别具体情况区别待遇：第一种类型的标会应严加取缔，不容许其存在；由于目前国家对社会救济贷款等问题，还不可能做到彻底解决，因此允许第三种标会存在，对解决私人生活上一时的急迫需要是能起一定作用的。至于第二种性质的标会，因情况复杂，材料不够，是否允许其活动，尚不能加以肯定。

（2）承认第三种标会的存在，虽然有它一定的作用，也应该加以领导和控制，贯彻"取缔会首，限制利率"的办法，以防止其向高利贷剥削和影响社会秩序的方向发展。至于标会利息的最高限制是否以银行放款利率为标准以及对标会是否需要订立一定的管理办法，是值得考虑的。

三、高利贷的处理问题

根据我们所看的材料，可以看出法院一般是怎样对待高利贷的：

（甲）什么叫做高利贷

从天津市法院的判决来看，关于什么叫做高利贷，观念上是不甚明确的：例如：

（1）有的判决似乎把超过银行利率的借贷便认为是高利贷。天津市法院1952年甲五字第1152号判决谓："原告要放利息，应该把钱存在银行或钱庄，获取合法利息，方为正当……"就有这种意味。

（2）有的判决以按一般私人借贷的利率为标准。天津市法院1952年丙二民4371号判决书认为：借布两疋，一年后还布4疋，利息仍嫌过高（合月息8分3），"按本市一般私人借贷的利率，年利在百分之五十左右（合月息四分一厘六强），兹命安维勋给付原告利息五福布一疋，连同原本二疋共偿还五福布三疋（即按月息四分一厘六计算）"。

（3）不少判决，认为原定利息高，改按人民银行利息计算，但并未具体讲明究应以何种利率作为衡量高利贷的标准。

根据1953年5月中财委给中南的一件批复中说："目前私人借贷的利率，即使超过银行牌价，只要双方自愿，又无非法行为，暂不干涉。"

我们认为：以超过银行挂牌的利率，即作为高利贷，是不妥当的，但只要双方"自愿"，并无最高限制，亦是值得考虑的。由于各地经济发展的不平衡，机械地统一规定一个最高利率，事实上是有困难的，同时公布了最高利率的限制后，在私人借贷上有时亦会起一定的副作用，但是因地制宜地，不让私人借贷向高利贷自发地发展，而在法令上加以适当的限制,在当前亦是必要的,个别省份而且已经颁布有特别法令,可供我们研究上的参考。

(乙)怎样处理高利贷

从法院的判决书中可以看出法院对于高利贷是禁止的。例如天津市法院乙四民字第 3952 号及法六(一)判字第 13196 号判决均谓:"放高利贷是非法行为,被告使用高利贷亦是不应该的,均应保证令后不能再犯。""放高利贷是违法行为,应予重惩,被告明知是高利贷,即应停止使用,先行告发,明知违法而故意违犯亦应给以严重批评。"至于具体处理的实例,则有下列几种:

(1)绝大多数判决是仅判还本金,例如:邢张氏借给管文藻 100 万元,月息 12 分 5 厘,借了 11 个月,已交利息 38.2 万元,天津市法院判决谓:"扣除原告所得利息 38.2 万元外,应由被告给付原告 61.8 万元。"又如王张氏借给董宝田五福布 2 疋,每疋布月息白布 2 丈 4 尺(约合月息 11 分),借了 9 个月,曾交利息白布 7 丈 2 尺,天津市法院乙五民字第 292 号判决谓"董宝田已付王张氏利息白布 7 丈 2 尺,应抵作已还原本,下欠原本白布 1 疋又 3 丈 6 尺,应如数清偿"。

(2)有些判决为了照顾放高利贷者生活仍判令支付利息但改按人民银行利率或一般私人借贷利率计算,例如李东桥小商贩借给三兴义记百货店 200 万元,月息 10 分,9 个月中曾收息 40 万元,天津市法院乙二民字第 4944 号判决谓:"……利率未免过高,当然不能准许,但原告也是小本生意,被告借款已达 9 个月,原告受有损失,兹按人民银行定期半年存款之利率计算(1 分 7 厘)",从已收利息 40 万元中按 9 个月折抵,多余部分扣抵本金。又如前引天津市法院 1952 年丙二民 4371 号判决,就是按一般私人借贷利率改判的。

(3)有些判决就已付利息不再变更,仅就以后利息改变利率的,例如高静如有两个小孩,离婚后将男方给付的生活补助费 4 000 多万元存入温泉澡堂,月息 13 分,已收到 280 万元,天津市法院乙五民字第 6635 号判决只判令向税务局交纳所得税,并自判决后起,每月改按月息 1 分计算支付利息。

(4)对情节严重的高利贷者并处以刑罚,例如王文奎,累犯放高利贷,第一次教育释放,第二次判劳役 3 个月,第三次判劳改半年(天津市法院 1951 年 8 月字三刑字 6067 号判决);又如帽铺经理李辅,因营业不振,实行低利吸收存款,高利放出,以维持门面,计吸收亲戚存款 2 198 万元,日息每千元二三元,贷与朋友日息每千元 5 元(折合月息 15 分),得利 198 万元,法院判处罚金 200 万元(天津市法院 1951 年字一刑字 3224 号判决);又如天津某工厂厂主及经理为图暴利抽出资本放高利贷,日息 5 分,得利 200 余万元,又收受空头支票,扰乱金融,法院判徒刑 2 年(天津市法院 1952 年黄三刑 1258 号判决)。

根据上面的材料,我们认为:对于高利贷的根本解决办法,是发展银行与合作社的储蓄及信贷业务,但目前法院对高利贷的案件,根据双方成分及经济地位等具体情况,就已付、未付、原本、利息,分别予以区别对待,并就情节特别严重的,予以一定的刑事处分,亦是合乎客观需要的。但个别判决,只从利率高低出发,而不考虑双方经济地位及其他关系是值得考虑的,例如天津市法院民一(五)字第 4827 号判决,就大同木行以发展营业为名,高利吸收职工存款(月息 12 分),并已用了数月的案件,仍判令无息偿还,对职工似欠缺保障,以判令降低利率支付利息较为妥当。

（五）借　用

借用契约（第一次稿）

1956年7月16日

第一条 按照借用契约，出借人把特定物无偿借给借用人临时使用，借用人使用后应当把原物归还出借人。

第二条 借用人应该像对自己的财物一样爱护的态度使用和保养借用物，负担借用期间的一切使用和保养费用。如果借用物在借用期间发生损坏、病伤、丢失、死亡都归借用人负责。

第三条 借用人在没有得到出借人同意之前，不能将借用物转借给第三人使用。

另案：借用人无权把借用物转借给第三人使用。

第四条 借用人对于借用物支出的特别费用，如果没有事先征得出借人同意，出借人可以拒绝负担。

第五条 借用的牲畜在借用期间生产的小畜，如果没有其他约定，应该归出借人所有。

第六条 借用人应该按照约定期限归还借用物，也可以提前归还借用物，如果没有约定期限的，借用人应该在使用后尽快归还，出借人也可以随时要求归还。

第七条 出借人在出借借用物或者借用人在归还借用物的时候，故意隐瞒借用物的瑕疵，并造成对方损害，受害的一方有权要求赔偿。

第八条 几个人共同借用一物的时候，对于出借人负连带责任。

第九条 借用人不能扣留借用物用以抵销出借人对自己所负的债务。

第十条 因借用契约所发生的请求权，经过六个月不行使即行消灭。

借用契约的几个主要问题

借用小组 1957年2月4日

一、借用契约的名称问题

借用契约是出借人无偿地以特定物给予他方临时使用,他方在使用后即行归还的契约。这种契约的名称,各个国家的称呼是不一样的。苏联、保加利亚、法国、德国和国民党政府就称"使用借贷契约",而捷克斯洛伐克则称"借贷契约"(以种类物或金钱有偿出借的称"消费借贷契约")。我国过去一般的习惯是称"使用借贷契约"的,因此有一部分同志主张仍旧用"使用借贷契约"这名称。但是另外有一部分同志认为"使用借贷契约"这名称并不十分恰切,认为改用"借用契约"比较好,也很通俗易懂,同时最近有些翻译的书籍上,也把这种契约译为"借用契约",所以主张使用"借用契约"这名称。

二、借用契约的安排问题

借用契约的安排,除苏联各加盟共和国民法典中没有作为独立的契约加以规定之外,根据现有的材料,在立法上有两种先例。一种是保加利亚、捷克斯洛伐克和德国的民法。它们在各种契约中把使用借贷(借用)和消费借贷各自单独列为一章(节);另一种是法国和国民党政府的民法。它们在各种契约中规定借贷契约一章(节),在这一章(节)里再分为消费借贷、使用借贷节(款)。我们在讨论中,初步意见是借用契约的安排不应该和(消费)借贷契约合在一起,应该各自独立成为一章,因为它毕竟是一种独立的契约,有它自己的法律特征。但是还有一些同志认为消费借贷和使用借贷(借用)同样是借贷契约,因此还主张在"借贷"这一章之下分为消费借贷和使用借贷(借用)两部分。

关于借用契约的草案意见[1]

上海复旦大学法律系民法教研组　1956 年 11 月

第一条　拟修改为：借用契约是出借人把出借物无偿借给借用人使用，借用人于使用后把借用物归还出借人的契约。

第二条　修改为：借用人应该用管理公家财产的那样负责态度使用和保养借用物；并负担借用期间为使用和保养借用物上所必要的费用。如果借用物在借用期间发生损坏、病伤、丢失或死亡都由借用人负责赔偿。

第三条　同意原案。理由：a.另案的意义已可包括在原条文内；b.在日常生活中群众还有转借的习惯，并且这种习惯对我们社会还是有利的。如果转借的手续符合于原条文的规定，还是有好处的。如果像另案规定一律禁止转借，事实上施行起来有困难。

第四条　查本条草案的"对于借用物支出的特别费用"，不明白其所指的是何种费用。若谓是借用人在保养和使用物所需要的费用如动物饲养费等和对借用物添装工作物等费用已在第二条有规定，并且是由借用人负担的。

又按借用契约通常是借用人借用出借人的现有物，如果约定出借人于修缮出借物完竣后出借，或允许借用人于借到借用物后自行修缮使用，也是有的。但这些均不是本条草案所指的出借人于出借后应负担的费用。如果事前征得出借人同意，即应由出借人负担的话，那是另一种契约，非借用契约本质上常有的事情，认为本条草案可以不要。

第六条　拟修改为：借用人应该于约定的借用期限届满时归还借用物，但可以提前归还借用物的，如果没有约定借用期限的话，应该依照借用的目的使用完毕时尽快归还。但经过相当时期依照借用物可推定借用人已使用完毕的时候，出借人也可请求归还。

第七条　①拟修改为：出借人在出借物的时候，故意隐瞒出借物的瑕疵，致使借用人受到损害的话，出借人应负赔偿责任。

②同意原条文：因为借用人也可能有隐瞒借用物的瑕疵的情形，对此也有规定的必要。

第九条　原案条文"抵销"二字拟修改为"抵偿"二字。

第十条　修改为：出借人的第二条的损害赔偿请求权、借用人的第七条的损害赔偿请求权，因经过六个月不行使而消灭。

前项期间对于出借人自□受借用物归还时起算，对于借用人自从借用关系终止时起算。

---

[1]　本件原件为手写稿。

附

使用借贷的材料①

借贷小组　1956年3月31日

　　最近我们曾派到本市各基层法院借阅有关使用借贷的案件，计在西单区人民法院检出两件，在东单区人民法院检出两件（自55件债务案中翻出），在海淀区人民法院检出1件（自134件债务案中翻出），在前门区人民法院检出两件（自400余件债务案中翻出）。共计7件，现将各案情况和处理介绍如下：

　　1. 解放前，被告向原告借收音机，言明系借来在开设店铺时开张之日用一用。借去后用了不久，因时局关系被告要到东北去，竟将收音机也带去而没有还给原告，带到东北以后，被告还将收音机转借他人。解放后原告探出被告地址起诉法院。法院判决在两个月内归还原告，判决之当时因未估计收音机的损坏，直至被告交还时发觉外壳及一个灯泡已坏，又告到法院要求赔偿，因拖延时间较久，原告最后自愿吃点亏，不再追究损坏部分的赔偿费了。（西单法院）

　　2. 被告借用原告之水缸、竹帘子、煤□子、煤油桶等，经原告催还而被告不还，后起诉法院，到法院票传被告后，被告才自动将所借之物归还原告，原告收回各物后，申请撤销原诉。（西单法院）

　　3. 兄将死之前的病中，弟去探视兄病，并借兄之手表，当时兄并未表示将表送给弟弟，也未嘱咐弟弟必须归还，后兄病死，嫂向弟弟要求归还其夫之手表，弟不肯归还，后法院调解归还原表给其嫂。（东单法院）

　　4. 甲借用乙之钱和衣服，乙借用甲之坏收音机，甲不还乙之钱和衣服，乙即将收音机作为抵押。甲之兄向法院起诉，向乙索回收音机。法院调解：甲将钱及衣服返还乙，并负担衣服损坏之修理费（皮衣）。乙将收音机归还给甲，收音机之修理费甲、乙共同负担，如果甲不同意负担修理费，则新装零件□由乙拆下后，按单样交还给甲。（东单法院）

　　5. 刘某于18年前借给郭某檩条6根又窗户一个，因系妻兄弟的关系，故未约定归还期限。6年前郭某死了，郭妻与其子分家，分家时将该6根檩条和一扇窗户所搭盖起来的房子分给郭之子住用，当时说明房子倒塌时应该将檩条及窗户送还刘某。去年郭子住房倒塌，刘某向郭子要还檩条和窗户，郭子不允，理由是分家单上未注明有还该物之责，后经教育，同意返还4根檩条及窗户，另外两条由其母负担。（海淀法院）

　　6. 原告大东油漆局借给被告大光明油漆局喷漆空气压缩机一台，以完成承造儿童医

---

①　本件原件为手写稿。

院铁床的喷漆工程用,工程完工后机器坏了,由被告送修理厂修理,修好之后又另拿到新的工程中使用。原告屡催不还起诉法院,被告以原告欠其款子及物资为延交理由,但原告亦提出被告过□在欠款子及物资以反驳。原告提出要求是:①返还机器;②因被告经久不还机器已另租他人机器使用,花了140多元,这140多元应由被告负责;③被告应负担折旧费100元。法院经了解原、被告双方感情过去很好。款子、物资时常互相往来,因此调解如下:①被告应该将原机器返还原告;②老账互相不再过问。(前门法院)

7. 原、被告是岳母、女婿关系,岳母回老家后,住房由女婿及女儿居住,存下之家具亦由女婿家使用(有保管性质)。后女婿将家具之一大部分卖掉,因被告夫妇感情不好闹离婚,故原告回来发觉家具被卖掉大部分后,即起诉法院,被告答应返还未出卖部分和赔偿已卖部分价金120元。法院根据双方对此并无意见,即按此判决被告返还并分期付清款子。(前门法院)

西四区人民法院使用借贷案件的情况[1]

借贷小组　1956年3月12日

我们曾到西四区人民法院了解有关使用借贷的案件情况，据该院武庭长谈和看了他们在案卷中检出来的卷宗3件，这3件案情和处理结果如下：

（一）甲将钢笔一支借给乙使用，乙因不慎将笔杆弄坏了，甲要求赔偿，乙不答应，甲告到法院，经调解由乙负责买一枝化学笔杆给甲，因没有零卖笔杆，双方协议由乙赔偿人民币1元5角给甲。

（二）甲是农民，养有一只奶羊，乙是开草铺的。因小孩要吃奶，极想买一只奶羊，曾托甲寻访奶羊，因为甲、乙双方熟识，甲自愿将奶羊一只借给乙取奶。言明：奶羊由乙饲养，由乙取奶，但在借期中所生之小羊应归甲所有。借期以乙之小孩不吸奶为止。双方约好，但甲之奶羊未交乙饲养之前，乙为表达对甲借奶羊之感情，曾送给甲一头未满月之小牛，羊借出以后，甲曾向乙借过12元人民币。羊借了1年多以后，生过3次小羊，均由甲取去，后甲以合作化入社为由，要向乙取回奶羊，乙以奶羊行将生小羊，正是快有很多奶水收取的时候，不答应甲将奶羊取回，引起纠纷，起诉到法院，甲要求收回奶羊，乙要求清算账目，因为花了不少劳动力饲养，而羊奶所得不多。以后经过调解，协议如下：乙将奶羊送还给甲，甲将乙送给他的小牛还乙，甲欠乙12元人民币由甲还乙。

（三）某工人甲与某店掌柜的乙相熟，一日，甲到乙店中，将自行车放置在店前车架子上，乙店中工人丙因事要去找乙店中工人丁，因没有自行车，由乙主意叫丙骑甲的自行车去找丁。当时甲不知道，丙将甲自行车骑去找到丁之后，又由丁将甲自行车骑去，因不慎与另一人相撞将车碰坏，当即由丁负责修好，归还给甲，当时甲无其他意见，过了3天，甲以该车没有修好，并已另行修理花去9元6角，持修车铺9元6角发票要丁、丙负责归还。丁、丙以车已修好，且已还甲使用了3天，现在又说没修好而由甲自行修理，没有通知丁、丙，因此不肯认账。甲告到法院，要丁、丙继续负责这第二次的修理费9元6角，经法院了解车子是原□的，甲自己去换了一些零件没有通知丁、丙，因为丁损坏自行车也是事实，因此调解9元6角修理费由丁负担4元8角，由甲负担2元8角，由丙负担2元。

---

[1] 本件原件为手写稿。

（六）承揽运送

说　明[①]

1958年4月4日

一、承揽运送契约小组是从1956年5月开始工作的,现有五次草稿。

二、历次调查材料的单位：

北京市托运货栈,北京铁路营业所

天津市储运公司、铁路营业所、国营商业托运公司、天津市商业局、河北省航运局

武汉市储运公司、全国供销社武汉运输站、铁路营业所

广州市储运公司、铁路营业所、华侨投资公司

上海市储运公司、铁路营业所、国营商业托运营业部、公私合营商业托运营业部

三、第四次稿曾发出征求意见,有43个单位提了意见(见意见汇辑)。

四、先后参加承揽运送小组工作的同志有：树海、王新五、史济才(华东政法学院)、卓萍(中央政法干校)、厉田(西北大学)、司徒毅生、李志敏(人民大学)、王柯荣。

五、这里收集的是历次的承揽运送契约草稿和打印出来的资料。1957年夏季调查的综合资料"关于承揽运送的几个问题"未打印,□未及利用来修改条文(见承揽运送□□总字第2号)。承揽运送的调查材料是编入运送材料内打印的。

[①]　本件为全国人大常委会办公厅研究室1958年4月编定"承揽运送综合资料"卷宗的说明,原件为手写稿。

承揽运送契约(第一次草稿)

1956年6月4日

第一条 按照承揽运送契约,承揽运送人以自己的名义,由托运人负担费用,负责办理运输上的手续,将货物交付运送,或领取和送达领到货物,并取得托运人的报酬。

第二条 托运人应向承揽运送人交付"货物托运委托书"以及有关货物的单据。

第三条 如契约没有特别规定,承揽运送人得转托其他承揽运送人办理托运,承揽运送人对其他承揽运送人的行为向托运人负责。

另案:如契约没有特别规定,承揽运送人得转托其他承揽运送人办理托运,承揽运送人就其对其他承揽运送人的选择上有过失时对顾客负责。

第四条 承揽运送人对于接受办理托运或送达领取的货物应负责照管,如因自己的过失造成货物的灭失、毁损或短少,应负赔偿责任。

第五条 由于托运人的过错,货物本身的变质或自然灾害造成货物的灭失、毁损或短少时,承揽运送人不负责任;如果托运人认为不是上述原因造成时应举证证明。

另案:承揽运送人如能证明货物的灭失、毁损或短少,是由于托运人的过错,货物本身的变质或自然灾害造成时,不负赔偿责任。

第六条 承揽运送人应执行托运人关于运送的途径、方向、方法及其他的指示,如违反此种指示造成货物损失时,承揽运送人应负责任。

如果发生特殊情况,不在此限。

第七条 承揽运送人迟延托运或迟延送达领取的货物应负迟延责任。如因托运人的过错或不能预防和抵抗的原因造成时,承揽运送人不负责任。

第八条 损害赔偿数额的确定,适用运送契约第十二条的规定。

第九条 对于办理托运的货物,除法律规定必须保险者外,只有根据托运人的特别指示,承揽运送人才应办理保险。

第十条 如托运货物有遭受灭失或毁损的危险,而且未能取得托运人的指示,或经通知后未及时指示,为了避免托运人遭受更大的损失,承揽运送人得对货物作适当的处理。

第十一条 承揽运送人有权按照契约的规定向托运人请求给付报酬,如果契约没有规定报酬,则按法律规定的定价表取得报酬。

另案：托运人应向承揽运送人给付法定的报酬，如果法律没有规定时，按双方约定取得报酬。

第十二条 承揽运送人为了使自己的报酬及垫付的费用得到清偿，对于保存在他手中领取送达的货物有留置权。如果托运人不履行依契约所生的义务，承揽运送人对留置的货物可以依照法定程序处理。

第十三条 托运人对承揽运送人的请求，应先向承揽运送人提出，只有当请求被拒绝，不能满足或在规定期限内未获得答复时，托运人才能向法院提起诉讼。

有的同志主张这条不要。

第十四条 因承揽运送契约所生的请求权，经过一年不行使即行消灭。

承揽运送契约(第二次草稿)

1956 年 6 月 22 日

第一条 按照承揽运送契约,承揽运送人以自己或以托运人的名义,由托运人负担费用,负责办理运输上的手续,将货物交付运送,或领取送达运到的货物,并取得托运人的报酬。(有的同志认为与行纪契约的概念混淆不清)

第二条 托运人应向承揽运送人交付委托书及有关货物的单据和证件。

第三条 如契约没有特别规定,承揽运送人可以转托其他承揽运送人办理托运,承揽运送人对其他承揽运送人的行为向托运人负责。

另案:如契约没有特别规定,承揽运送人可以转托其他承揽运送人办理托运,承揽运送人就其对其他承揽运送人的选择上有过错时向托运人负责。

第四条 承揽运送人对于办理接送期间的货物应负责照管,如因自己的过错,造成货物的灭失、毁损或短少,应负责赔偿。

承揽运送人如能证明货物的灭失、毁损或短少,是由于托运人的过错,货物本身的变质或自然灾害造成时,不负赔偿责任。

货物的损害事故发生在运输过程中而责任属于运送人的,承揽运送人应负责向运送人追偿托运人受到的损失。

第五条 承揽运送人应执行托运人关于运送的途径、方向、方法及其他指示,如违反此种指示造成损害时,承揽运送人应负责任。

如果发生特殊情况,又不能及时取得托运人新的指示,不在此限。

第六条 承揽运送人因自己的过错造成迟延接送货物,应负迟延责任。

第七条 损害赔偿数额的确定,适用运送契约第十四条的规定。

第八条 对于办理托运的货物,除法律规定必须保险外,只有根据托运人的特别指示,承揽运送人才应办理保险。

有的同志主张托运的货物改为"接送"的货物。

第九条 如托运货物有遭受灭失或毁损的危险,应该通知托运人,如来不及通知或经通知后托运人未给新的指示或指示不及时,为了避免托运人遭受更大的损失,承揽运送人得对货物作适当的处理。

第十条 托运人应按定价表向承揽运送人给付报酬,如果定价表没有规定时,由双方协议给付报酬。

第十一条 承揽运送人为了使自己报酬及垫付的费用得到清偿,对于托运的货物有留置权。如果托运人不履行依契约所生的义务,承揽运送人对留置的货物可以按照法定程序处理。

注:

1. 有的同志认为货物留置以后要经过一定期限,承揽运送人才可以按照法定程序处理。

2. 有的同志认为托运的货物在留置后托运人仍不给付报酬及垫付的费用时,承揽运送人才可按法定程序处理。

第十二条 因承揽运送契约所生的请求权,经过一年不行使即行消灭。

承揽运送契约(第三次草稿)

1956年8月1日

第一条 按照承揽运送契约,承揽运送人以自己或以托运人的名义,由托运人负担费用,负责办理运输上的手续,将货物交付运送,或领取已经运达到指定地点的货物,并取得托运人的报酬。

有的同志主张:"负责办理运输上的手续"一句不要。

另案1:按照承揽运送契约,承揽运送人以自己的名义或以托运人的名义,负责办理托运货物的接取、送达及运输上的手续。托运人担负费用,并给付承揽运送人报酬。

另案2:按照承揽运送契约,承揽运送人以自己或以托运人的名义,由托运人负担费用,负责办理运输上所约定的事项,托运人为此给付报酬。

注:有的同志主张把"承揽运送"改为"代理托运",另有同志主张把"承揽运送人"改为"承运人"。

第二条 托运人应根据承揽运送人的要求交付委托书及运输上需要的有关货物的单据和证件,口头约定的免交委托书。

有的同志主张第二款①不要。

第三条 如果契约没有特别规定,承揽运送人可以转托其他承揽运送人办理托运,承揽运送人对其他承揽运送人的行为对托运人负责。

第四条 承揽运送人对于办理接送期间的货物应负责照管,如因自己的过错,造成货物的灭失、毁损或短少,应负责赔偿。

承揽运送人如能证明货物的灭失、毁损或短少,是由于托运人的过错或者由于货物本身的变质或自然灾害造成时,不负赔偿责任。

货物的损害事故发生在运输过程中而责任属于运送人的,承揽运送人应负责向运送人追偿托运人受到的损失。

第五条 承揽运送人应执行托运人关于运送的途径、方向、方法及其他指示,如违反此种指示造成损失,承揽运送人应负责任。

如果发生特殊情况,又不能及时取得托运人新的指示,不在此限。

---

① 原件如此。"第二款"或指本条后半句。

另案：承揽运送人应执行托运人关于运送的途径、方向、方法及其他指示，如果发生特殊情况，只有在为托运人的利益所必要，且不能及时取得托运人同意的时候，才可以不执行托运人的指示；否则，因违反指示而使托运人遭受损害时，承揽运送人应负赔偿责任。

第六条　承揽运送人因自己的过错造成迟延接送货物，应担负因迟延造成直接损害的赔偿责任。

第七条　损害赔偿数额的确定，适用运送契约第十二条的规定。

第八条　对于办理托运的货物，除法律规定必须保险外，只有根据托运人的特别指示，承揽运送人才应办理保险。

第九条　如托运的货物有遭受灭失或毁损的危险，承揽运送人应该通知托运人，如果来不及通知或经通知后托运人未给新的指示或指示不及时，为了避免托运人遭受更大的损失，承揽运送人可以对货物作适当的处理，但应将必须处理的理由和结果向托运人提出报告，并附具证明文件。

第十条　托运人应按定价表向承揽运送人给付报酬，如果定价表没有规定时，由双方协议给付报酬。

第十一条　承揽运送人为了使自己的垫付的费用和应得的报酬得到清偿，对于保存在自己手中的托运货物有留置权。留置的货物只能相当其应得的垫款和报酬的数额。

货物自留置后满一个月，如果托运人仍不履行依契约所生的义务时，承揽运送人对留置的货物可以处理。

处理所得的价款在偿付上述垫款和报酬以后，如有剩余，应退交给托运人，如有不足，仍可向托运人追偿。

第十二条　因承揽运送契约所生的请求权，经过六个月不行使即行消灭。

运送(第四次草稿)

1956年8月10日

第一条 按照运送契约,运送人将托运人的货物或将旅客及其行李运到一定地点,托运人或旅客应向运送人支付报酬。

第二条 托运人托运货物,应填具托运凭证,运送人应发给承运凭证,如果双方同意,也可以口头约定。

另案:托运人托运货物,应根据运送人的要求填具托运凭证;运送人应根据托运人的要求发给承运凭证。

第三条 托运人必须按照托运凭证的内容和要求逐项据实填写托运凭证,如果是口头约定,应将运送货物必须注意的事项据实说明。因填写或说明不确实遭受损害,运送人不负责任,如果给运送人或第三人造成损害,托运人应负赔偿责任。

另案1:托运人必须按照托运凭证的内容和要求逐项据实填写,因填写不实遭受损害,运送人不负责任,如果因此造成运送人或第三人的损害,托运人应负赔偿责任。

另案2:托运人必须按照托运凭证的内容和要求逐项据实填写,如果是口头约定,必须按照有关运输章程说明清楚。因填写或说明不实遭受损害,运送人不负责任,如果因此造成运送人或第三人的损害,托运人应负赔偿责任。

第四条 托运人或收件人对托运后的货物,可以申请变更到达地点,在货物交付前可以申请变更收件人;托运人也可以在起运前申请取消运送。但法律或契约另有规定的除外。

因申请上列事项所需的费用和有关责任,由申请人负担。

第五条 托运货物的运费及其他费用,由托运人在托运时给付,如果双方同意,也可以在货物运到后由收件人给付。托运时不能预先计算的其他费用,由收件人给付。

第六条 如果没有相反的约定,运送人可以把一部或全部货物转交第三人运送,运送人对第三人的行为,直至货物交付时为止,应向托运人负责。

注:有的同志主张:在"行为"两字前面加上"运送"两字。

另案:运送人可以把一部或全部货物转交第三人运送,但另有相反约定的除外。

运送人把货物转交第三人运送的时候,对第三人的行为,直到货物交付时为止,向托运人负责。

第七条　办理联运的运送人,对托运人、收件人负连带责任。

另案:办理联运的运送人,应根据联运规章,对托运人、收件人负责。

第八条　货物在承运期间发生灭失、毁损或短少,运送人应负赔偿责任;如果由于自然灾害、货物本身的性质、托运人或收件人的过错及其他不属于托运人的过错所造成的灭失、毁损或短少,运送人不负赔偿责任。

第九条　货物运到后,运送人应该在规定期间通知收件人,收件人应该在规定期间提取。

注:有的同志主张,在最后加上一句:"逾期应负迟延提取的责任"。

第十条　运送人应该按照规定期限将货物运到,超过运送期限应负迟延责任;如果能证明迟延不是运送人的过错,运送人不负责任。

由于运送人的过错使易腐货物不能在规定期限运到,或使一般货物超过应该运到期限达三十天以上还没有运到,收件人或托运人可以认为货物已经灭失,要求运送人赔偿,并声明保留这项货物发现后退回赔款领取原物的权利。

第十一条　货物损害赔偿的价款,按照运到地点实行赔偿那一天的市价确定;如果实行赔偿那一天运到地点没有市价,应当按照实行赔偿那一天起运地点的市价加上运费及其他费用确定。

货物部分灭失、毁损或短少,按照实际损害计算赔偿数额。

声明价格的货物,按照声明价格赔偿,如果声明价格超过实际价格,应按照实际价格赔偿。

注:有的同志主张,把第三款中"如果声明价格……赔偿"一段删去。

第十二条　收件人地址不明或者收件人拒绝领取的货物,运送人应当妥为保管,并立即通知托运人。

保管的货物,自发出通知后两个月内托运人没有提出处理办法,或者由于货物的性质不宜长期保管的时候,运送人可以根据法律规定的程序处理。

第十三条　运送人根据前条处理货物所得到的价款,除支付处理货物的费用、运费及其他费用外,如果不足,可以向托运人追收,如果有剩余,应当通知托运人领取;如果托运人地址不明,应该留待他领取。

从处理日起满六个月还不来领取,处理所得的价款收归国库。

注:

1.有的同志认为,可能会有缴纳国税问题发生,应把缴纳税款摆在第一位,支付处理货物的费用排在第二位,运费及其他费用排在第三位。

2.有的同志认为,托运人、收件人都有领取剩余部分之权,应把第一款末尾"托运人"后面加上"收件人"三字。

3.有的同志主张,这一条和第十二条合并为一条。

第十四条　收件人自收到承运凭证开始,取得托运人因运送契约所发生的权利和义务。但法律或契约另有规定的除外。

另案:这条不要。

第十五条 运送人为了保障运费及其他费用的清偿,对承运的货物有留置权。

第十六条 运送人运送旅客,应该使旅客得到便利并保障旅客的安全。如果在运送过程中使旅客遭受损害的事故不是由于人力不能抵抗或由旅客本人的过错所造成,运送人应该负赔偿责任。

注:有的同志主张,由第三人造成旅客损害的责任如何,应该加以明确。

第十七条 旅客有权依照运送规章所定的限额免费携带行李,超过免费限额的行李,应该付费托运。

旅客随身携带的行李,由旅客自己负责照管,如果发生灭失、毁损或短少,只有能够证明是由于运送人的过错造成的时候运送人才负赔偿责任。

由运送人负责照管的行李,如果发生灭失、毁损或短少,适用第八条的规定。

注:有的同志主张这条和第十六条合并为一条。

第十八条 行李迟延运到,运送人按照第十条的规定负责。只有在超过应该运到期限十五天以上还没有运到的时候,旅客才能认为已经灭失并要求运送人赔偿。

第十九条 行李的损害赔偿,按照运输部门的规章办理。

另案:把十八条和十九条合并写,条文为:运送人对行李超过运送期限运到的责任和运送人对行李的损害赔偿,按照运输部门的规章办理。

第二十条 旅客不在规定期限领取的行李,适用第十三条和第十四条的规定。

第二十一条 因运送契约所发生的请求权,经过六个月(一年)不行使即行消灭。

关于结构问题,另有同志主张把货物运送和旅客、行李运送分为两节,安排如下:原第一条不动,原第二十一条改为第二条;第二条后面为第一节"货物运送",把原第二条至第十五条依次改为第三条至第十六条;第十六条后面为第二节"旅客、行李运送",把原第十六条至第二十条依次改为第十七条至第二十一条。

承揽运送契约(第四次草稿)

1956 年 8 月 21 日

第一条 按照承揽运送契约,承揽运送人以自己或以托运人的名义,由托运人负担费用,负责办理运输上的事务,托运人应向承揽运送人给付报酬。

另案1:按照承揽运送契约,承揽运送人以自己或以托运人的名义,负责为托运人办理运输上的事务。

另案2:按照承揽运送契约,承揽运送人以自己的名义或以托运人的名义,负责办理托运货物的接收、送达及运输上的手续。托运人担负费用,并给付承揽运送人报酬。

注:有的同志主张把"承揽运送"改为"代理托运",另有同志主张把"承揽运送人"改为"承运人"。

第二条 托运人应根据承揽运送人的要求,交付为办理运输事务所需要的委托书、有关货物的单据和证件。(有的同志主张这条不要。)

第三条 承揽运送人对于办理托运期间的货物应负责照管,如因自己的过错,造成货物的灭失、毁损或短少,应负责赔偿。

货物的灭失、毁损或短少,是由于托运人的过错或者由于货物本身的变质或自然灾害造成时,承揽运送人不负赔偿责任。

货物的损害事故发生在运输过程中而责任属于运送人的,承揽运送人应负责向运送人追偿托运人受到的损失。

第四条 承揽运送人应执行托运人关于运送的途径、方向、方法及其他指示。

如果发生特殊情况,只有在为托运人的利益所必要,且不能及时取得托运人同意的时候,才可以不执行托运人的指示。

因违反上述规定而使托运人遭受损害时,承揽运送人应负赔偿责任。

第五条 承揽运送人由于自己的过错造成接送货物的迟延,因迟延使托运人遭受直接损害的应负赔偿责任。

第六条 损害赔偿数额的确定,适用运送契约第十一条的规定。

第七条 对于办理托运的货物,除法律规定必须保险外,只有根据托运人的特别指示,承揽运送人才能办理保险。

第八条 托运的货物如有遭受灭失或毁损的危险,承揽运送人应该通知托运人,如果来不及通知或经通知后托运人未给新的指示或指示不及时,为了避免托运人遭受更大的损失，承揽运送人可以对货物作适当的处理，但应将必须处理的理由和结果向托运人报告，并附具证明文件。

第九条 承揽运送人可以转托其他承揽运送人办理托运，契约另有规定的除外。承揽运送人对其他承揽运送人的行为向托运人负责。

第十条 托运人应按定价表向承揽运送人给付报酬，如果定价表没有规定时，由双方协议给付报酬。

第十一条 承揽运送人为了使自己垫付的费用和应得的报酬得到清偿，对于保存在自己手中的托运货物有留置权。留置的货物只能相当其应得的垫款和报酬的数额。

货物自留置后满一个月，如果托运人仍不履行依契约所生的义务时，承揽运送人对留置的货物可以处理。

处理所得的价款在偿付上述垫款和报酬以后，如有剩余，应退交给托运人，如有不足，仍可向托运人追偿。

第十二条 因承揽运送契约所生的请求权，经过六个月不行使即行消灭。

中华人民共和国民法典（草案）债权篇
承揽运送契约（第四次草稿）意见汇报

全国人民代表大会常务委员会研究室　1957年2月22日

这份材料是根据43个单位的意见汇集成的。

铁道部、交通部、民航局、交通部海运总局、内河航运总局、公路总局、北京、上海、郑州、哈尔滨、重庆铁路管理局、大连区、天津区港务局、黑龙江、长江航运管理局、上海区海运管理局、上海港务局、青海、浙江、福建、广西、吉林、江苏省交通厅、内蒙古自治区、山东省商业厅、广州市第二商业局、重庆市第一商业局、武汉市第一商业局、北京市仓储公司托运货栈、天津市国营商业储运公司、最高人民法院、天津市、上海市、河北省、四川省、辽宁省高级人民法院、上海市第一、二中级人民法院、广州市中级人民法院、复旦大学、东北人民大学、中南政法学院、陈瑾昆。

送去征求意见未见答复的有以下27个单位：

国务院六办、法制局、司法部、兰州铁路局、广州港务局、北京市中级法院、广东省、陕西省高级法院、沈阳、太原、兰州、旅大市商业局、吉林、广西、浙江省商业厅，11个政法院校。①

对本章总的意见

一、主张在民法典债篇中不规定"承揽运送契约"一章

1. 近年来承揽运送业务在我国航运方面，基本上已不存在，随着社会主义事业的发展，交通部门正在厉行计划运输，过去中间经纪人性质的承揽运送业务，在我国不可能再有发展，因此，我们建议在我国民法典里面不必再列承揽运送契约一章。（交通部内河航运管理总局、交通部海运管理总局）

2. 因为草稿第一条规定："按照承揽运送契约，承揽运送人以自己或以托运人的名义，由托运人负担费用，负责办理运输上的事务，托运人应向承揽运送人给付报酬。"依照这条来分析，那么，承揽运送人以自己的名义代托运人办理运输上事务的时候，应当适用民法"行纪"的规定，"参照《苏俄民法典》第275条承揽运送人以托运人名义代托运人办理运输上事务的时候，应当适用民法'委任'的规定。"（交通部）

---

① 原件本段文字系由手写添加。

3. 本契约与1938年2月26日苏联人民委员会议批准的标准承揽契约——总契约及年度契约之类的性质相同可以标明"契约"二字,但如列入国家民法典作为成文法规的条文,似有不妥。(上海市第二中级人民法院)

4. 作为某人(自然人或法人)的代理人而代办一些服务性的工作,不仅托运一事,是否对于每一种服务工作都有相应的法律来规定它们的关系,我们不了解;如果并非对每种服务规定一项法律,则似不须为托运一事特设本"承揽运送契约"。(中国民用航空局)

二、"承揽运送契约"是否需要应考虑

承揽运送人,顾名思义是属于承、托运两者之间的中间人,把托运者货物揽交承运人承运,而取得一定的报酬。自社会主义改造胜利以后此种承揽运送行业,在目前社会上即使存在,亦为数很少,(我省并无此种承揽运送行业)今后社会发展趋势,承、托运直接见面,直接发生关系,更为有利,因此承揽运送人今后是否需要或在某一地区尚有存在价值,提请考虑。(福建省交通厅)

三、对下列问题,本章应否予以规定?

我们的意见是否可以在本稿中增加以下几点:

1. 对于押运人的问题是否应该规定在内?如规定有押运人,承揽运送人因发生特殊情况不能执行托运人关于运送途径、方向、方法及其他指示时应取得押运人的同意一点是否也应予以规定。

2. 对于易腐烂、易生锈、易损坏、易漏、易燃等物品的特殊包装问题,运输工具的特殊装备问题应如何解决,是否也应加以规定。

3. 对于危险品是否应单独一条规定?

4. 托运物到达目的地后,保管期限的问题,是否应加以规定。(辽宁省高院)

在运输过程中,因运输工具不同,地区环境不同,以及运送的货物不同,因此承、托双方对运输上的具体要求不能相同,所以需要在运输时签订具体的运输合同或协议,我们认为"契约草稿"只能作签订运输合同的依据,而不能代替运输合同(因为它是原则的规定),所以建议增加一条,其大意为"运输过程中的当事人得根据本契约结合具体情况签订具体的运输合同或协议"。(广西省交通厅)

我们认为:由于托运人的过失,造成代理托运人的损失,托运人应负责赔偿,似乎应在本契约内容中适当规定。(郑州铁路管理局)

代理运送人对办理托运期间的货物,如自己的过错,造成货物的灭失、毁损或短少,应按起运地牌价负责赔偿,运费仍应退还托运人。

对于托运货物部分毁损或短少,应将其未毁损或尚存的部分,交付收货人,其毁损部分按其毁损情况双方协商处理;短少部分按起运地牌价赔偿,运费照此退还托运人。(江苏省交通厅)

四、建议在本章中明确下列几个问题

从整个条文的精神,经我们座谈认为:对因托运人的过错,因而造成的责任后果,由托

运人所应负的责任范围,不够明确,以及托运人与承揽运送人的相互责任关系,尚不太明确,仅第三条规定有:"……货物的灭失、毁损或短少"仅是托运人所负责任的一部分,在运送过程中往往因托运人的过错会发生很多责任损失。如:

(1)由于托运人的过错对托运货物逾交、短交或未交运,因而遭受运送人的运送罚款。

(2)承揽运送人按照托运人的指示办理托运后,而由于托运人的责任提出变更运送方向、方法因而遭受运送人之变更运送罚款。

(3)由于托运人交付承揽运送人的货物单据和证件,因申报不实或隐匿漏报,因而遭受运送人的罚款或因此所引起运送人的其他损失,而遭受运送人偿付上述损失时。

(4)由于托运人货物标志不清,货票不符,在运送过程中造成货物混乱,因而产生挑选费用以致因货票不符,使运送人无法转运造成货物积压等损失。

因上述原因造成的费用或损失等,均属于托运人之过错,并非属于承揽运送人的过错,鉴于上述情况应明确:"承揽运送人托运之货物,在托运与运送当中,属于托运人的过错,遭受运送人的罚款或损失的责任后果,承揽运送人不负责任。"为此除第三条规定外,尚应将上述因素包括进去。其次,如因承揽运送人的过错遭受运送人的罚款或损失时,其责任后果应由承揽运送人担负。(大连区港务管理局)

该稿是否陆运、海运、空运完全适用一点不够明确。我们觉得,条文中大部分是适用于陆运的,海运特别是空运是否适用,是值得研究的。(辽宁省高级人民法院)

承揽运送契约(第四次草稿)

1956年8月21日

注:有的同志主张把"承揽运送"改为"代理托运",另有同志主张把"承揽运送人"改为"承运人"。①

一、对"承揽运送契约"标题的意见

1.总的意见:

"承揽运送"的"承揽"字眼,我们认为不能表达社会主义组织之间和人与人之间的关系。"代理托运"因不能包括代领货物的业务,所以也不够确切。希望另考虑适当的名称。(铁道部)

"承揽运送人"与"运送人"(即实际承运人)的性质涵义首先应予明确,因为草案第一条规定承揽运送人以自己或以托运人的名义,负责办理运输上的事务,性质仿佛是托运人与运送人之间的中间人,既非实际货主,亦不是货物承运人。(天津区港务管理局)

2.同意原来的标题。(吉林省交通厅、重庆市第一商业局、天津市国营商业储运公司部分同志的意见、复旦大学、哈尔滨铁路管理局)

---

① 本条注文在承揽运送契约第四次草稿打印件中位于第一条最后。

理由：

（1）"承揽运送"在行业的划分上较"代理托运"的意义明确。（重庆市第一商业局）

（2）因为在这种契约中，有时承揽运送人是以自己的名义交付运送的，而"代理托运"就不能包括这个内容。

（3）对标题的修改意见：

①主张改为"运送契约"。

对"承揽运送"四字有两种意见：一种认为以运送东西为职业，当然是替人运东西，所以"承揽"二字可以省略，改为"运送契约"；又一种意见认为"承揽运送"不够通俗，可改为"承揽托运"。（上海市第二中级人民法院）

②主张改为"代理托运"。（福建省交通厅、江苏省交通厅、天津市国营商业储运公司多数意见、交通部、郑州铁路管理局、黑龙江航运管理局、武汉市第一商业局）

理由："承揽"的字义比较深奥，文化低的人不易了解，"代理托运"字义浅明通俗易懂，且运输行纯属代客性质，自己并无运输工具，"代理托运"名副其实。（天津市国营商业储运公司）

③主张改为"代理运送契约"：

为使文字内容切合实际，涵义益加明确，使人看后易于明了起见，建议将草稿内的"承揽运送契约"改为"代理运送契约"。（上海市铁路管理局）

根据上海港的情况，承揽和运送一般系两个不同性质的单位（承揽业务是属于运输报关业的，运送业务是属于运输公司的），同时我们认为"承揽"的意思似乎是代表承运人招揽货源，是运输部门的代理人，但另一方面它又代表托运人向承运人办理托运手续，并向托运人收取代理费用，因此对第一条中"承揽运送"拟改为"代理运送"，不同意该条中之"注"中改为"代理托运"和"承运人"等用语。（上海区海运管理局、上海港务局）

所用"承揽运送"的名词，词意不能明确地表达其服务性质，不如改称"代理运送"为恰当。此意见如何采纳，原稿各条内凡关于"承揽运送"字样，均请改为"代理运送"。（交通部公路总局）

④主张改为"代办运输"。（长江航运管理局）

二、对"承揽运送人"一词的意见

1. 同意原案。（哈尔滨铁路管理局、黑龙江航运管理局、北京市仓储公司托运货栈、重庆市第一商业局）

理由："承运人"在运输上一般指以自己的运输工具直接承办货物运输的组织与运输服务业的"承揽运送人"有原则区别。（重庆市第二商业局）

不适合改为"承运人"，因为易与运输部门混淆。（北京市仓储公司托运货栈）

2. 主张改为"承运人"。（最高人民法院、辽宁省高院、浙江省交通厅）

3. 主张改为"代理托运人"。（天津市国营商业储运公司）

把"承揽运送人"改为"承运人"不够妥当，因一般在习惯上"承运人"系指直接承运的人（即掌握运输工具并负责运输货物的人）而言，因此不如代理托运人明显易懂，否则容易

混淆。(内蒙古自治区商业厅)

4. 主张改为"代理运送人"。(上海铁路管理局)

第一条 按照承揽运送契约,承揽运送人以自己或以托运人的名义,由托运人负担费用,负责办理运输上的事务,托运人应向承揽运送人给付报酬。

另案1:按照承揽运送契约,承揽运送人以自己或以托运人的名义,负责为托运人办理运输上的事务。

另案2:按照承揽运送契约,承揽运送人以自己的名义或以托运人的名义,负责办理托运货物的接取、送达及运输上的手续。托运人担负费用,并给付承揽运送人报酬。

注:有的同志主张把"承揽运送"改为"代理托运",另有同志主张把"承揽运送人"改为"承运人"。

1. 总的意见:

条文中所说的承揽运送人为托运人的代理人,对承运人(条文中称为运送人)而言,如果他以自己名义托运货物并与承运人订立运送契约,承运人即认为他是托运人,由他与承运人发生运送契约规定的权利和义务关系。至于他受何人委托,以及货主为何人,则与承运人无关。整个条文系为了代理人提供服务工作而确定他与雇主的法律关系,与运输一事实际上没有关系。(中国民用航空局)

2. 对原条文的意见:

(1)同意原条文。(大连区港务管理局、东北人民大学、北京铁路管理局、上海铁路管理局、复旦大学)

理由:

①原文的文字简练,内容较全面、关系明确。(大连区港务管理局)

②从法律观点来看:应明确双方的权利和义务,所以应该提出,托运人向承揽运送人给付报酬。

在另案2明确提出,"负责办理托运货物的接取、送达及运输上的手续",而在铁路实际办理运送中,有的并非需要承揽运送人办理,自己可以作(如铁路上的整车运送,或专用线的运输等),而这样具体规定却又相反的限制其范围(如有的还需要由承揽运送人代替包装货物等),因此我们认为原案提法"负责办理运输上的事务"这样规定范围较广,又有其一定的伸缩性,较为适当。(北京铁路管理局)

③因为"另案1"没有反映出托运人应向承揽运送人给付报酬这一承揽运送契约的特点。而"另案2"把接取、送达及运输上的手续加以列举是可能有所遗漏的。(复旦大学)

(2)对原条文的修改意见:

最后一句"托运人应向承揽运送人给付报酬"可以不要。理由是:"承揽运送"这一名称含义比较全面,不必改为"代理托运"或者将"承揽运送人"改为"承运人"。因为货主可以将货物委托给发货单位(如工厂、批发站、兄弟公司)代为办理运输上的事务,那就不能把这些单位叫做承运人;也可以将货物委托给联运公司、信托公司,以及备有运输工具的运输单位送送,那就不能把这些单位叫"代理托运人",所以承揽运送这一名称较为合适。有的同志认为既然是代理业务,应该用"代理承揽运送"这一名称。(广西省

交通厅)

"……承揽运送人以自己或以托运人的名义……"一句,可能被认为承揽运送人与托运人都与承运人(条文中称为送运人)有契约关系,发生纠纷时责任不明。不论用何名义,托运人或代理人均只为运送契约的一方,不须分开说。(中国民用航空局)

3. 对另案 1 的意见:
(1)同意另案 1。(江苏省交通厅、陕西省高级法院、广州市中级法院)
(2)对另案 1 的补充意见:
同意另案 1 的条文,并加上另案 2 条文的末两句。即:按照承揽运送契约,承揽运送人以自己或以托运人的名义,负责为托运人办理运输上的事务。托运人负担费用,并给付承揽运送人报酬。(天津市高院)

4. 对另案 2 的意见:
(1)同意另案 2。(浙江省交通厅、武汉市第一商业局、哈尔滨铁路管理局、重庆市第一商业局、广州市第二商业局、北京市仓储公司托运货栈、天津市国营商业储运公司多数同志的意见、铁道部)

理由:
①因为明确了承揽运送人的职责范围,容易判明托运人与承揽运送人的责任界限。(哈尔滨铁路管理局)
②另案 2 全文中"负责办理托运货物的接取、送达及运输上的手续"较第一条本文"负责办理运输上的事务"为明确。(重庆市第一商业局)
③另案 2 的条文,对于托运货物的接取、送达及运输各项,均有明确的规定,比较周详。(天津市国营商业储运公司)
④建立承揽运送契约,不仅是办理运输上的事务,同时也要代替托运人办理一些具体工作,因此我们意见认为"另案 2"的规定比较合适。(铁道部)

(2)对另案 2 修改补充的意见:
应把"……负责办理托运货物的接取、送达"改为"负责办理货物的托运送达、到达接取"。(黑龙江航运管理局)

原文提得模糊一些,"另案 1"又提得不够完整,因此,认为第一条还是采用"另案 2"较为适宜。在办理托运手续时,不宜用"托运人"的名义代替。(山东省商业厅)

5. 本条改为:
我们意见拟改为"按照代理运送契约,代理运送人以自己的名义或以托运人的名义负责办理托运货物的接取、中转、送达及运输上的有关手续,由托运人负担各项费用,并付给代理运送人报酬"。

理由:
"代理运送"系以代货主办理运输事务为工作对象的一种服务性行业。此类行业大都没有自置的运输工具,只是受货主的委托,代为办理托运、提取、送达、中转、整理包装、存储、保险等手续,以此向委托人收取一定的服务费用。

建议作如下修改:"按照承揽运送契约,承揽运送人以自己或以托运人的名义,为托运人承办运输上的事务,托运人应给付报酬和运输费用。"因为本案是对契约意义的规定,故

只需说明双方的权利义务。(四川省高院)

可改为"按照承揽运送契约,承运人以自己或以托运人的名义负责办理运送上事务,托运人除负担运输费用外,并给付承运人应得的报酬"。(最高人民法院)

为了通俗易懂可简改为"按照承揽运送契约,运送人负责办理受委托的运输事务,托运人应给付承运人费用和报酬"。(上海市第二中级法院)

改为"依照承揽运送契约,承揽运送人应当以自己或者以托运人名义,办理运输事务,托运人应向承揽人给付报酬"。理由:运输费用,不必概由托运人负担,可以不作硬性规定,由双方自行规定,其余是依照前文例。(陈瑾昆)

建议采用本条的"另案2"为第一条正式条文,其条文则为:"按照代理运送契约,代理运送人以自己的名义或托运人的名义,负责办理托运货物的接取、送达及运输上的手续。托运人担负费用,并给付代理运送人报酬。"

同时建议将以下条文中有关"承揽运送"的用语,均改为"代理运送"。(上海区海运管理局、上海港务局)

第二条 托运人应根据承揽运送人的要求,交付为办理运输事务所需要的委托书、有关货物的单据和证件。(有的同志主张这条不要)

1. 同意原案。(武汉市第一商业局、黑龙江航运管理局、重庆市第一商业局、福建省交通厅、交通部公路总局、北京仓储公司托运货栈、内蒙古自治区商业厅、山东省商业厅、北京铁路管理局、郑州铁路管理局、铁道部、大连区港务管理局、上海区海运管理局、上海港务局)

理由:

(1)按照运输部门规章的规定,承揽代办运送人以托运人名义办理托运或依收货人的委托接取货物时,是应填具委托书的。因此,本条有必要订立,并且不是根据承揽运送人的要求而是在此种情况下必须填付。(黑龙江航运管理局)

(2)我们认为代理运送人的服务内容被确定为上述各项,就有必要由托运人办理委托手续,并交付代理运送人为代办各项手续所需的证件和单据,因此,我们主张保存。(交通部公路总局)

(3)所述手续为承揽运送工作的基本根据。(北京市仓储公司托运货栈)

(4)因办理托运手续,一般不论是托运人直接办理或者委托代理托运人办理,都要一定的货物证件,如发货票、磅码单、包装明细单、活畜或肉食检疫证以及税务证件等,这样才能够被运输部门受理,或有关部门放行。(内蒙古自治区商业厅)

(5)从铁路角度看,常遇到这些问题。(郑州铁路管理局、北京铁路管理局)

(6)不同意第二条括弧内所注的意见,因为这条内容可以更明确地划分运送人与托运人之间的责任。(上海区海运管理局、上海港务局)

(7)为了明确责任有据可查,仍拟采用此条。(武汉市第一商业局)

(8)因为某些物品在托运时有"托运人"的委托证明文件是有一定的作用的。(山东省商业厅)

2. 本条改为:有的认为防止承运中的货物来源之非法,有助于社会治安,可把第二条全部变为下列的条文——承运人在承运前应验视货物的单据和证件,托运人不应拒绝,承运人如发现货物来源不正当时,可以拒绝承运,并得向有关部门检举。(上海市第二中级人民法院部分意见)

托运人与承揽运送人办理运输事务时,根据双方的同意,应将货物和单据、证件及运送到达日期等均应详细填明,互执一份以明确双方要求。(吉林省交通厅)

3. 本条部分修改:

惟"应"改"应当",以下同。(陈瑾昆)

"事务"两字拟改为"手续"。理由"承揽运送人"所需要的各项单证,均为办理运输手续之用。(天津市国营商业储运公司)

托运人交付承揽运送人必要的货物单据和证件,系必然应办的手续和程序,可考虑取消"要求"字样。(天津区港务管理局)

4. 取消本条。(最高人民法院、重庆市第一商业局、上海市第二中级人民法院部分意见)

理由:

(1)这条主要规定托运人在委托行为中应办事项。(重庆市第一商业局)

(2)因双方既有契约规定,委托书就没有意义了。(上海市第二中级人民法院部分同志意见)

第三条 承揽运送人对于办理托运期间的货物应负责照管,如因自己的过错,造成货物的灭失、毁损或短少,应负责赔偿。

货物的灭失、毁损或短少,是由于托运人的过错或者由于货物本身的变质或自然灾害造成时,承揽运送人不负赔偿责任。

货物的损害事故发生在运输过程中而责任属于运送人的,承揽运送人应负责向运送人追偿托运人受到的损失。

1. 总的意见:

我们认为货物的自然损耗(不是人为的),承揽运送人不应负赔偿责任。此外运输过程中造成人为损失的行为也应适当的具体负责,但承揽运送人方面的赔偿责任应区别故意、过失负担不同的责任,负责范围应考虑运价多少,如非重大过失,应考虑减免赔偿责任,此外如因托运人方面的过失造成承运人方面的损失,(无论发生事故或装卸迟延)也应负责赔偿。(广州市中级人民法院)

同意原条文订立,但承运人将商品进入仓库储存等待装运期间,万一发生损害,其物资保险问题,拟请考虑订进去。(武汉市第一商业局)

第三条规定货物的损害由承揽运送人向运送人追偿。铁路运输营业所对铁路责任造成的损害,并不代为追偿而仍由托运人自己提出,这一点是否须另外作规定,请研究。(郑州铁路管理局)

货物损害责任属于"运送人"的,其赔偿分为起始地赔偿和到达地赔偿两种。起始地赔偿者可由承揽运送人负责追偿,到达地赔偿者,应由收货单位赔偿之。(北京市仓储公司托运货栈)

目前各地所组织的运输营业所及转运行以及运输代办机构未附设有代打包装或自有

汽车、马车等搬运业务。如果此项业务由承揽运送人转托代办时，那么，我们意见，承揽运送人对所转托的搬运人及包装人的行为应负责任。而损害赔偿亦应由承揽运送人向托运人负。因此，本条"如因自己的过错"的字句则应考虑。（黑龙江航运管理局）

2. 本条改为：

拟修正为"承揽运送人在办理托运期间，对于自己交托的货物应负责照管，或代觅货栈、仓库保存。如因自己的过错，造成货物的灭失、毁损或短少，应负责赔偿。货物本身的变质或自然灾害造成时，承揽运送人不负赔偿责任"。

托运货物的损害事故发生在运输过程中而责任属于运送人或其他代办人的，承揽运送人应负责向责任方追偿托运人受到的损失。（重庆市第一商业局）

可改为："承运人对于办理托运期间的货物应负责照管，如因自己的过错，造成货物的灭失、短少或毁损，应负赔偿责任。如货物灭失、毁损是由于托运人的过错或者由于货物本身的变质或自然灾害造成时，承运人不负赔偿责任"。

第二款同意原条文。（最高人民法院）

3. 对第一款的意见：

（1）同意原案。但：承运人将商品进入仓库储存等待装运期间，万一发生损害，其物资保险问题，拟请考虑进去。（武汉市第一商业局）

（2）应补充或修改：

本条第一款"承揽运送人"下边应增加"'自接收货物后'对于办理托运期间的货物……"（铁道部）

第三条第二款末句"……自然灾害"应当改为"……不可抗力……"。因为自然灾害可以包括在不可抗力之中，而不能全面地网罗各种灾害。（交通部）

原文"承揽运送人对于办理运送期间的货物应负责照管……"一句，经座谈认为应改为："承揽运送人在办理托运期间，对于已交付予承揽运送人的货物应负责照管……"

原因是：承揽运送人受托运人之委托在办理托运期间而托运人之货物可能尚未交付予承揽运送人，在未交付货物之前，该货物仍在托运人处保管，而承揽运送人只能在托运人将货物交付予承揽运送人之后，才能负责照管，因此加以明确比较恰当。（大连区港务管理局）

可改为：承揽人对于办理托运期间的货物"应负责照管"可删除，因已列入本稿第一条。（上海市第二中级人民法院）

4. 对第二款修改补充的意见：

"货物的灭失、毁损或短少，是由于托运人的过错或者由于货物本身的变质"后加"挥发"二字；"或自然灾害"后加"自然减用量"。（江苏省交通厅）

"过错"改"过失"，以下同。（陈瑾昆）

第四行"变质"两字，应改为"性质"，因为在运送中有许多非货物变质而系货物本身性质，引起爆炸、崩裂或燃烧造成货物损失，所以改为"性质"比较妥当。

在同一行，"……自然灾害"后，加"并不属于承揽运送人过错所造成时"15个字，这样更明确双方的责任关系。（北京铁路管理局）

第三条中间一段"……货物的灭失、毁损或短少，是由于托运人的过错或者由于货物本身的变质或自然灾害造成时，承揽运送人不负赔偿责任……"不够完善。应补充"遭受自然灾害时，承揽运送人应设法抢救，如果没有尽到应尽的责任时，仍应负一部分责任"。（广州市第二商业局）

改为"……由于货物本身变质或发生人力不可抗拒的自然灾害而造成损失时，承揽运送人不负赔偿责任"。（吉林省交通厅）

5. 对第三款的补充和修改意见：

本条第七行，"承揽运送人"之后，加"以自己的名义办理运输上的事务时"以便与所订运送契约双方当事人的名义关系一致，否则按本条原规定，将不能吻合，甚至有相抵触的情况。另本条应明确规定：如由于托运人的过错，造成运送人或第三者损害时，应由承揽运送人负责向托运人追偿，以免运送人及第三者的损失无人负责。同时即令如此规定时，如上项亦应照顾原第一条"以承揽运送人自己的名义"或"非自己名义"两种情况与之相适应。（北京铁路管理局）

第三项拟在原条文后加添"但货物发送外地后如发生问题由货主自行负责"。理由：货物运送外地后，在运输过程中发生损害事故，应由货主向运送人追偿损失，切合目前实际情况。（天津市国营商业储运公司、大连区港务管理局）

第三条第三款应分别情形规定。在承揽运送人对于运送人的责任有过失时，须负责任；对选任运送人没有过失可以依照原文。（中南政法学院）

第三条最末一段："货物的损害事故发生在运输过程中而责任属于运送人的，承揽运送人应负责向运送人追偿托运人受到的损失"亦足说明承揽运送人并非承运人，但同条规定，"承揽运送人对于办理托运期间的货物应负责照管……"又类似承运人的责任范围，因此我们意见，是先应肯定承揽运送契约的精神及其作用，亦即先须肯定承揽运送人与运送人（承运人）是否有区别？（天津区港务管理局）

根据第三条的末项，由于第一条内已规定代理运送人也能用托运人的名义办理运输上的事务，这样在运送契约上既系托运人的名义，则代理运送人在法律上就无权直接向运送人进行交涉，因而也就没有责任须向运送人追偿托运人所受到的损失。同时有很多代理运送人系受发货人的委托，仅办理发货地区的托运手续，而在货物到达地区并未设立分支机构，这样如代替托运人去向货物到达地点的运输机构进行交涉，事实也有困难，因此，建议将第三条末项全文改为："货物的损害事故发生在运输过程中而责任属于运送人的，应由契约所列的法定人向运送人追偿损失。"（上海铁路管理局）

承揽运送人以托运人名义办理托运或提取货物时，仅应对托运人负办理手续正确以及所保管货物完整责任。至于由运送人所造成的损失按运送契约应由运送人向托运人负责。因此，在此种情况下，承揽运送人负责向运送人追偿损失是不恰当的。而且，运送人按运送契约亦不能承认其赔偿要求。因为托运人仅委托承揽运送人以办理托运手续的权利，并未委托其他权利。运送人只能向货物所有人或其代表负责，而不能向代理人负责。所以追偿损失应由托运人或其代表人直接与运送人办理，不应再加于代理人。因此本条中"货物的损害事故发生在运输过程中……"不要，或将"……应负责"改为"应代理托运人"。当然，托运以承揽运送人的名义办理的除外。（黑龙江航运管理局）

第四条 承揽运送人应执行托运人关于运送的途径、方向、方法及其他指示。

如果发生特殊情况,只有在为托运人的利益所必要,且不能及时取得托运人同意的时候,才可以不执行托运人的指示。

因违反上述规定而使托运人遭受损害时,承揽运送人应负赔偿责任。

1. 总的意见:

本条的原意我们同意,但认为应将文字加以修改,将条文中的"指定"改为"双方约定"。同时,是否应当规定:如承揽运送人确实为了托运人的利益而改变了双方原先约定的运送途径、方向、方法并因此而多用了劳动力或多消耗了其他物质时,托运人应按实际情况给承揽运送人适当补偿。(陕西省高院)

似应把托运人的要求也提出包括进去,如不按计划交货、不按时提货致影响运力和仓库等都应负责。如果只强调承运人的责任不够恰当。(长江航运管理局)

对在运送期间,因托运人已预见到由于承揽人未遵守托运人的指示而可能引起物资损失,为了防止货物受损,托运人是否有权利请求中途解除契约一点没有说明,似应补充。(上海市第二中级人民法院)

我们认为:托运人如果中途变更指示,承揽运送人执行有困难或在执行中承揽运送人有所损失时,如何处理似应明确规定。(福建省交通厅)

我们认为承运人与托运人在契约约定范围内应平等的服从契约;只有在超过契约范围外足以损害托运人的利益时,承运人方须请求托运人,以免额外增加承运人的累赘。此外在有承运契约的规定中,应该注意保护托运人方面的利益,也应该注意保护承运人方面的利益。(广州市中级人民法院)

将第二款与第三款颠倒,只要求代理运送人负第一款规定的责任。(交通部公路总局、最高人民法院)

2. 对第一款修改补充的意见:

其中有"指示"和"执行"字样,我们认为托运人和代理托运人只是委托与被委托的业务关系,不是上下级间的领导或指导关系,因此我们的意见上述字可加以修改。初步意见是:"指示"可分别改为"要求"、"意见"或"意图"等。另外"执行"字样也作适当修改。其他条文有些字样者亦同。(内蒙古自治区商业厅)

拟将第一款改为"代理运送人应根据契约执行……"

理由:根据契约执行,较为明确,可免事后争执。(交通部公路总局)

承揽运送人应执行托运人关于货物运达地点、运送方法以及其他特约事项的意见,但对运送途径、方向,似应依照具体运输情况由承运人方面来掌握。如轻船运输,一般船舶,常有航驶数个口岸的情形。(天津区港务管理局)

建议把本条文中的"犯"字改为"反"字。① (四川省高院)

末句"其他指示"之前填上"运送上"三字。(黑龙江航运管理局)

原文:"承揽运送人应执行运送人关于运送的途径、方向、方法及其他指示"一句,经我

---

① 本条意见不可解,或下发的稿子打印有误。

们座谈改为：" 承揽运送人执行与托运人洽商同意的，关于运送的途径、方向、方法及其他指示"。（大连港务管理局）

3. 对第二款的修改意见：

本条中段"如果发生特殊情况……才可以不执行托运人的指示"，取灭，代理托运人的行分比较简单①，在发生特殊情况应该争取托运人的处理意见，如已付交运送人则由运送人按运输契约规定处理，并且对"只有在为托运人的利益所必要，且不能及时取得托运人同意的时候"的条件不易证明，在时间的限度上很难确定"及时"与否，所以建议取消。（郑州铁路管理局）

4. 对第三款的补充意见：

第六行，"……托运人遭受"后，加"直接的物质"五个字，以明确承揽运送人应负赔偿责任的范围，否则即会使责任无限扩大，造成处理上的困难。（北京铁路管理局）

5. 主张不要这条：

我们的意见可以取消。因为每一个运输部门都有它一定的运送法规，这些法规的规定，也都是从国家利益出发，建立在保证货物安全完整而又经济的运输基础上，这就是说运送部门要以完成国家运输任务作为自己工作的首要职责，不可能完全按照每一个托运人的意见和要求去进行工作，因此在条文中提出"执行托运人的指示"字样我们认为十分不妥，这样不仅要打乱运输计划造成运输上的混乱，还会引起托运人和承揽部门不必要的纠纷。（铁道部）

第五条 承揽运送人由于自己的过错造成接送货物的迟延，因迟延使托运人遭受直接损害的应负赔偿责任。

1. 总的意见：

使托运人遭受直接损害的应负赔偿责任，我们认为赔偿的范围应明确规定。因为运送人如造成货物迟延已有交货迟延费罚款规定，赔偿范围明确，如承揽运送人造成货物迟延的赔偿范围不予明确规定，必然造成纠纷。

应明确"直接"和"间接"损害范围。（长江航运管理局）

2. 部分修改意见：

这条末句中"直接损害"的意见较广，在发生赔偿时容易发生意见分歧。建议将本条末句改为因迟延使托运人的货物遭受到直接损害应负赔偿责任。（哈尔滨铁路管理局）

"因迟延使托运人遭受直接损害"词意不够妥当，因延迟送达实际上不会使货物受到直接的损害，因此，使本条更明确起见，可改为——承揽人由于自己的过错造成接送货物的迟延，因而使托运人不能及时供给生产上的需要而受到损失时，承揽人应负责赔偿。（上海市第二中级人民法院）

"因迟延……责任"改"使托运人受到损害，应当赔偿"。（陈瑾昆）

---

① 原件如此。"取灭"或为"取消"，"行分"或为"行为"。

第二行:"……遭受直接损害的"七字,应改为"……遭受直接的物质损害",这样更明确,以免误解为对间接损害也要负责。(北京铁路管理局)

3. 补充意见:

根据第五条,如因托运人的计划不周或货源变化等原因,造成代理运送人的接送工具空驶往返,此项损失应由托运人负担,较为合理,故建议在本条后补充一句:"如由于托运人的过错,造成代理运送人的接送工具空驶时,其空驶费用应由托运人赔偿责任"。(上海市铁路管理局)

第六条 损害赔偿数额的确定,适用运送契约第十一条的规定。

1. 总的意见:

"损害赔偿数额的确定,适用运送契约第十一条的规定"是指承运人赔偿给托运人以及具体数额,而第十一条系指托运人给付承揽运送费,相互之间似有矛盾,不能引用契约第十一条的规定。(上海市第二中级人民法院)

本条损害赔偿数额之确定,我们认为不能适用运送契约第十一条的规定,而应另行制定,必须订明赔偿数额确定的原则及赔偿期限。(广州市第二商业局)

"损害赔偿数额的确定,适用运送契约第十一条的规定",按该条的内容,对于"承揽运送人"收回垫付的费用和报酬作了留置和处理货物的规定,似与第六条不相联系,拟请加以修改。(天津市国营商业储运公司)

损害赔偿数额,可参照"运送"中之规定,把计算货物价格也规定出来,以免纠纷。(长江航运管理局)

2. 基本上同意原条文,少数同志主张可将该条并入第五条。(陕西省高级人民法院)

3. 修改意见:

建议把本条文中的"数额"两字改为"价款"两字。这样才能与运送契约第十一条的规定一致。(四川省高院)

4. 本条不要:

第六条及第十一条,代理托运人在受理托运人的委托时,已经将各项付款或垫款手续洽商议妥,并取得保证,不须再留置货物,拟建议去掉。(武汉市第一商业局)

第七条 对于办理托运的货物,除法律规定必须保险外,只有根据托运人的特别指示,承揽运送人才能办理保险。

1. 总的意见:

我们认为托运货物属于应保险而托运人未予保险或不愿保险而遭受损害,如何办理,似应予以规定。同时何种货物受法律规定必须保险者,应请明确规定。(福建省交通厅)

2. 主张把"指示"两字改为"要求"、"同意下"、"意见"。(陕西省高级法院、铁道部、内蒙古自治区商业厅、上海市高级法院)

理由:因为托运部门和运输部门仅是工作上的联系协作关系,有事应当互相协商,而不是指示某一方的问题,比较恰当。(铁道部)

3. "特别指示"的"特别"两字不要。(黑龙江航运管理局)

第八条 托运的货物如有遭受灭失或毁损的危险,承揽运送人应该通知托运人,如果来不及通知或经通知后托运人未给新的指示或指示不及时,为了避免托运人遭受更大的损失,承揽运送人可以对货物作适当的处理,但应将必须处理的理由和结果向托运人报告,并附具证明文件。

1. 总的意见:

本条文未说明在特殊情况下无法具备证明文件时,应如何处理,似应补充。(上海市第二中级人民法院)

"……承揽运送人可以对货物作适当的处理",对此,我们的意见,可否规定一个处理的幅度,例如:处理后的损失应低于货物灭失或毁损价值的 $X\% \sim Y\%$ 的一般幅度,以防止承揽运送人的任意处理,从而减少托运人或国家的财产损失。(内蒙古自治区商业厅)

在这条里应明确:"承揽运送人因处理货物所发生之费用与损失由托运人负责。"对这条精神如归纳在第八条原文最后较为恰当。(大连区港务管理局)

应添"处理的一切费用由托运人负担"。(北京市仓储公司托运货栈)

2. 修改意见:

拟改为"对货物作适当的处理,所需费用由托运人负担,但应将必须处理的理由……"(交通部公路总局)

"报告"似可改为"告知","指示"似可改为"答复"。(上海市高院)

同意原条文。但认为应将"指示"、"报告"两个词句更换一下,因为实际上双方是协商的意思,并不含有"请示"与"报告"的上下级的关系。(陕西省高院)

在"……为了避免托运人遭受更大的损失,承揽运送人可以对货物作适当的处理……"的"……可以……"二字后面加"而且应该"四字,以加重其爱护国家财产的责任感,在最后一句"并附具证明文件"后加"紧急措施费用由托运人负责"。(长江航运管理局)

"应该"改为"应当","应"改为"应当"。(陈瑾昆)

建议将"为了避免托运人遭受更大的损失"一句改为"为了避免托运人遭受损失或更大的损失"。这样规定就不仅限于货物遭受部分损失以后制止其扩大,同时使承揽运送人可以在物资将必然遭受损失的情况下,事前采取积极的办法以避免托运的物资遭受损失。(四川省高院)

该条"托运的货物如有遭受灭失或毁损的危险",建议将该句改为"托运的货物如发现有遭受灭失或毁损的危险"。该条末句"附具证明文件"是否指第三者的证明文件方为有效不够明确,在执行当中容易发生分歧意见。建议明确规定:"附具第三者证明文件"。(哈尔滨铁路管理局)

3. 可与第四条合并。(上海市高院)

第九条 承揽运送人可以转托其他承揽运送人办理托运,契约另有规定的除外。

承揽运送人对其他承揽运送人的行为向托运人负责。

1. 总的意见:

可以明确:货物损害责任属于其他承揽运送人的,由承揽运送人负追偿责任。(北京

市仓储公司托运货栈)

2. 修改意见:
原条文"承揽运送人对其他承揽运送人的行为向托运人负责",如在"行为"前面加上"承揽运送"四字,较为妥当。(大连区港务管理局)

在"契约另有规定"之前加一"但"字。(黑龙江航运管理局、上海市高院)

"契约……除外"一句改在"承揽运送人"下"除别有约定外"。(陈瑾昆)

二款"其他承揽运送人""其他"二字,似可改用"转托","向托运人"之前似可加一"应"字。(上海市高院)

第十条 托运人应按定价表向承揽运送人给付报酬,如果定价表没有规定时,由双方协议给付报酬。

主张删去本条。

本条应当删去。因为第一条已经规定托运人应当给付承揽运送人以报酬,这就说明了承揽运送是一种有偿契约,至于如何给付报酬那是方法问题,可以不必规定。(交通部)

第十一条 承揽运送人为了使自己垫付的费用和应得的报酬得到清偿,对于保存在自己手中的托运货物有留置权。留置的货物只能相当其应得的垫款和报酬的数额。

货物自留置后满一个月,如果托运人仍不履行依契约所生的义务时,承揽运送人对留置的货物可以处理。

处理所得的价款在偿付上述垫款和报酬以后,如有剩余,应退交给托运人,如有不足,仍可向托运人追偿。

1. 总的意见:
"承揽运送人为了使自己垫付的费用和应得的报酬得到清偿,对于保存在他手中的托运货物有留置权……如有不足仍可向托运人追偿。"对这一条规定我们在讨论中都认为不够妥当。我们的意见,对承揽运送人的代垫款和应得报酬为得到清偿可采用:(1)由银行监督并限制代扣;(2)规定适当的清偿期限,过期加收滞纳金。至于留置货物的问题,应根据具体情况,否则对所有的货物都实行留置就会影响托运人的利益。条文中亦规定有"如有不足,仍可向托运人追偿",我们认为不足部分既能追偿,全部代垫款和应得报酬当然也能索取。(内蒙古自治区商业厅)

货物留置权的行使,牵涉到货物质量变化、自然耗损以及影响生产需求等方面,承揽运送人能否贯彻执行,应予考虑。(天津区港务管理局)

必须补充关于垫付费用及报酬的结算方式及时间的规定。(广州市第二商业局)

是否应明确留置权只可以将货物运到后提取时执行。(河北省高院)

留置权时效问题,最好在总则中规定。(上海市高院)

2. 建议在条文中增加为:
拟增添"运输货物不分市内外,运输费用和报酬应行预收"。理由:目前托运人拖欠运费和报酬的现象甚为严重,影响业务资金周转,如实行预收运费办法,则留置和处理货物

等情事亦可避免。（天津市国营商业储运公司）

3. 对第一款的意见：

我们意见不应过分强调"留置权"，主要应从正面提"托运人应及时清偿承揽运送人的费用和运输费用"，同时以留置权作为补助条件，因此我们建议在本条前加"托运人应及时清偿承揽人的费用和运输费用"一句。（铁道部）

我们认为对托运货物的留置，是会影响社会主义的建设的，因此应把"留置权"限制在最低限度内。故建议在本条文的后面加上："但有争议时，托运人得提存相当保证金额领回货物。"个别同志建议将第二款第一句改为"二月"，因留置期限太短可能在某些特殊情况下产生对建设不利的影响。（四川省高院）

4. 对第二、三款的修改补充意见：

原文"……货物自留置后满一个月，如果托运人仍不履行依契约所生的义务时，承揽运送人对留置的货物可以处理"。

经座谈认为：对某些季节性货物（如鲜鱼、水果，等等）留置时间不宜过长，按其货物性质必须及时处理的货物，承揽运送人则有权对上述货物不等留置期满可以处理，为免货物遭受损失，不应受留置时间限制。

其次按第十一条原文"……处理所得的价款在偿付上述垫款和报酬以后，如有剩余，应退交给托运人……"

经座谈认为：在处理货物时，因处理货物有时也会发生费用，此项费用亦须包括在内，故改为"处理所得价款在偿付上述垫款和报酬以及因处理货物所发生之费用以后，如有剩余应退交给托运人……"（大连区港务管理局）

第三款不要。（上海市高级法院）

5. 主张不要这条：

代理托运人在受理托运人的委托时，已经将各项付款或垫款手续洽商议妥并取得保证，不须再留置货物，拟建议去掉。（武汉市第一商业局）

该条的留置权，从铁路运输营业所接送货物来看，托运货物以前，托运人先与铁路运输营业所签订合同，并按时交清费用。为了加速货物的周转，我们意见对承揽运送人无必要规定留置权，建议取消该条文。（哈尔滨铁路管理局）

第十二条 因承揽运送契约所生的请求权，经过六个月不行使即行消灭。

1. 对请求时效的起算的意见：

同意原条文。但认为应在该条文中明确规定，六个月时间的起算，应自纠纷发生之日起计算。

"经过六个月不行使即行消灭"一句，由何时起计算，不够明确。建议由接收、交付和留置的货物从处理日起经过六个月不行使即行消灭，是否合适请研究规定。（哈尔滨铁路管理局）

请求权的时效，从什么时候起算应有明文规定。（中南政法学院）

2. 修改意见：

似应说明在正常情况下请求权经过六个月不行使，即行消灭，但特殊情况应予除外，

所以可改为——因承揽运送契约所生之请求权,在通常情况下如经过六个月不行使即行消灭。(上海市第二中级人民法院)

建议将"六个月"改为"一年"。(四川省高院)

3. 本条不要。

第十二条应当删去。因为消灭时效的规定,可以在民法总则中规定。(交通部)

承揽运送契约(第四次草稿)几个问题

1957 年 3 月 5 日

一、承揽运送契约在民法典债篇中是否有必要单独立一章？可否与信托(行纪)契约合并？

有三种意见：

(一)在民法典债篇中应该规定。理由：

1. 便利客户，代办了运输部门不予办理的托运业务(如代为包装、保管、投保、垫付费用及代办偏僻地区的运输等)；

2. 加速商品流转，促进城乡物资交流，保证及时供给城乡人民的物质需要；

3. 协助运输部门组织零星货源，便于加强计划运输；

4. 随着工农业生产的飞跃发展，自由市场的开放，自由采购业务的增长，城乡物资交流的频繁，在交通运输工具供不应求的情况下，这个行业的服务面在一定范围内一定程度上将要有所扩大和发展；

5. 信托主要是代客买卖，承揽运送主要是代办托运，两者不宜合并。

(二)在民法典债篇中不必规定。理由：

1. 随着社会主义事业的发展，托运人可以直接与运输部门办理计划运输，这种中间经纪人性质的业务(即承揽运送业务)在我国不可能有发展；

2. 承揽运送业务是代理一些服务性的工作，不仅托运一事，是否对于每一种服务工作都有相应的法律来规定他们的关系，如果并非对每种服务性工作规定一项法律，则不须为托运一事特设"承揽运送契约"一章；

3. "承揽运送人"实是承运人(运送人)的代理人，他在接受客、货时即是承运人的代表，民法中"运送"部分已包括在内。

(三)主张与信托契约合并写一章。理由：

1. 承揽运送契约与信托契约在主要的法律关系上(如名义、费用、责任、报酬及契约的当事人等)都是相同的。所不同的仅是一些具体的经营方法、范围问题(如承揽运送业主要办理托运、包装，并兼营保管、代客买卖或投保等，信托主要是代客买卖，但也有兼营托运、保管等活动)。

虽然承揽运送在实践中也有用托运人名义的(如军用物资)，但为数不多，这并不会影响承揽运送的法律关系。

2.合并后同样确定当事人的权利和义务,一旦发生损害赔偿或其他纠纷,仍然可以调整两种业务的法律关系,解决他们的争议。

二、承揽运送人代替托运人办理货物托运或中转的责任问题

(一)承揽运送人以托运人的名义办理托运或提取货物的责任问题,有两种意见:

1.货物的损害事故发生在运输过程中,而责任属于运送人的,承揽运送人应负责向运送人追偿托运人所受到的损失;

2.仅对托运人负办理手续正确以及所保管货物完整责任。至于货物在运送过程中由运送人所造成的损失按运送契约应由运送人向托运人负责。因为,托运人仅委托承揽运送人以办理托运手续的权利,并未委托其他权利。因此,在此种情况下,承揽运送人负责向运送人追偿损失是不恰当的,而且,运送人按运送契约亦不能承认其赔偿要求,因为契约关系的当事人是托运人和运送人,运送人只能向货物所有人或其代表人负责,而不能向代理人负责。所以追偿损失应由托运人或其代表人直接与运送人办理,不应再加于代理人。

(二)承揽运送人在代替托运人办理货物中转的时候,承揽运送人、托运人、中转人(即接受中转的次承揽运送人)之间的相互关系、权利义务及其相互责任怎样?

承揽运送合同中的中转手续和责任问题,目前我国还没有明文的法律规定。实践中承揽运送人自接受货物到交付时止向托运人负责到底。今后应如何处理,有三种意见:

1.中转人应向托运人直接担负责任。这样能加强中转人的责任感,有利于货物的完好,否则,承揽运送人责任太大。但为了分清责任,避免纠纷,在办理中转时,承揽运送人应将受委托的事务、注意事项及货物的有关单据、证件告知并移交中转人,如果没有按此手续办理,在中转人没有过错的情况下,承揽运送人对中转后的货物应担负责任。

2.承揽运送人向托运人负责到底,中转人对承揽运送人负责,即层层负责。这样更便利了托运人的货物运送,而且,可以加强承揽运送人在选择中转人时的责任感,假如发生了损害赔偿纠纷时,关系人不多,便于处理。

3.用谁的名义办理中转的,即由谁担负责任。

三、容易生锈、腐烂、损坏、易漏及危险物品等特殊包装问题,在本章中应否规定?

运送（第五次草稿）

1957 年 3 月 20 日

第一条 依照运送契约，运送人应将托运人的货物或将旅客和行李运到约定地点，托运人或旅客应向运送人给付运费。

注：另有意见主张用"承运人"代替"运送人"，用"物品"代替"货物"，以下各条均同。

第二条 托运人托运货物，应填具托运凭证，运送人应发给承运凭证；如果双方同意，也可以口头约定。

另案1：运送契约的订立和形式，依特别法令规定。

另案2：托运人托运货物，应根据运送人的要求，据实填写托运凭证。因填写不实遭受损失，运送人不负责任；如果因此造成运送人或第三人的损害，托运人应负赔偿责任。对需要检查的货物，运送人在托运时有检查的权利。

第三条 托运人或收件人在货物托运后，依照有关运送章程的规定，可以申请取消运送、变更到达地点和变更收件人。

因申请上列事项所需的费用和引起的有关责任，由申请人负担。

另案1：托运人未将提取凭证交给收件人之前，对尚未运达约定地点的货物，可以向运送人申请变更到达地点和收件人，也可以在起运前申请撤销契约。但是托运人已将提取凭证交给收件人以后，这些权利只能由收件人行使。

因申请上列事项所需的费用和引起的有关责任，由申请人负担。

另案2：本条不要。

第四条 托运货物的运费和其他费用，由托运人在托运时给付。如果双方另有约定，按照约定办理。

第五条 运送人可以把一部或全部货物转交第三人运送，但另有约定的除外。

运送人把货物转交第三人运送的时候，对第三人的运送行为，直到货物交付完毕为止，向托运人负责。

另案：第一款改为"如果没有相反的约定，运送在不影响货物安全的原则下，可以把一部或全部货物转交第三人运送"。

第六条 办理联运的运送人，应根据联运规章，对托运人、收件人负责。

另案：办理联运的运送人，对托运人、收件人负连带责任。

第七条 货物在承运期间发生灭失、毁损或短少，运送人应负赔偿责任；如果由于不可抗力、货物本身的性质、托运人或收件人的过错和其他不属于运送人的过错所造成的灭失、毁损或短少,运送人不负赔偿责任。

第八条　运送人应该按照规定期限将货物运到约定地点,超过运送期限应负迟延责任;如果能够证明迟延不是运送人的过错,运送人不负责任。

由于运送人的过错使易腐货物不能在规定期限运到约定地点,或使一般货物超过应该运到期限达三十天以上还没有运到约定地点,收件人或托运人可以认为货物已经灭失,要求运送人赔偿,并声明保留这项货物发现后退回赔款领取原物的权利。

另案:本条第二款不要。

第九条　货物损害赔偿的价款,按照运到地点实行赔偿那一天的市价确定;如果实行赔偿那一天运到地点没有市价,应当按照实行赔偿那一天起运地点的市价加上运费和其他费用确定。

货物部分灭失、毁损或短少,按照实际损害计算赔偿数额。

声明价格的货物,按照声明价格赔偿。

注:有的同志主张:(1)首先应按照起运地点的市价确定,只有起运地点没有市价才按照运到地点市价确定。(2)"市价"应该明确是"批发市价"或"零售市价"。

第十条　货物运到约定地点后,运送人应该在规定期间交付收件人受领或通知收件人提取,收件人应该在规定期间受领或提取;运送人逾期交付或通知提取,收件人逾期受领或提取,都应该向对方负迟延责任。

第十一条　收件人地址不明无法通知领取或者收件人拒绝领取的货物,运送人应当妥为保管,并立即通知托运人。

保管的货物,自发出通知后托运人没有在规定期间提出处理办法,或者由于货物的性质不宜长期保管的时候,运送人可以根据法律规定的程序处理。

第十二条　运送人根据前条处理货物所得到的价款,如果不足支付处理货物的费用、运费和其他费用,可以向托运人追收;如果有剩余,应当通知托运人领取;如果托运人地址不明,应该留待他领取。

前项价款从处理日起满六个月还不来领取,缴归国库。

另案:本条不要。

第十三条　运送人运送旅客,应该使旅客得到便利,并保障旅客的安全,如果在运送过程中发生伤亡事故,除人力不能抗拒或因旅客本人的过错所造成的以外,运送人应当负赔偿责任。

第十四条　旅客有权免费携带一定限额的行李。超过限额的行李,应当付费托运。

付费托运的行李,如果发生灭失、毁损或短少,其责任适用第七条的规定。

第十五条　运送人超过运送期限才运到行李的责任和托运行李应负损害赔偿责任,按照运输部门的规章或双方当事人的约定办理。

另案:本条不要。

第十六条　因运送契约所发生的请求权,除运输规章另有规定外,经过六个月(一年)不行使即归消灭。

承揽运送契约(第五次草稿)

1957年3月20日

第一条 依照承揽运送契约,承揽运送人应以自己或托运人的名义,由托运人负担费用,负责办理货物的接取、送达及运送上的手续;托运人应向承揽运送人给付报酬。

注:

1. 有的同志主张将"由托运人负担费用"一句放在"托运人应向承揽运送人给付报酬"一句前面。

2. 有的同志认为"以托运人名义负责办理货物的接取、送达及运送上的手续"应归委任契约调整,本条不必规定。

第二条 托运人应当根据承揽运送人的要求,将办理货物的接取、送达及运送手续上所需要的委托书、有关货物的单据和证件交给运送人。

注:有的同志主张将"货物的接取、送达及"几个字删掉。

第三条 承揽运送人由于自己的过错,造成货物的灭失、毁损或短少,应负责赔偿。

货物的灭失、毁损或短少,是由于托运人的过错、货物本身的性质,或者不可抗力所造成的,承揽运送人不负赔偿责任。

注:有的同志主张将"不可抗力"改为"人力不可抵抗"。

第四条 货物的损害事故发生在运送过程中而责任属于运送人的,承揽运送人应负责向运送人追偿托运人所受的损失。

注:有的同志认为,第一条注2成立的话,这样规定是恰当的,如果不成立,则规定应该是用谁的名义(即用承揽运送人名义,还是用托运人名义),即由谁负责向运送人追偿损失。

第五条 承揽运送人应按照托运人关于运送的途径、方向、方法及其他指示办理承揽运送事务。

如果发生特殊情况,只有在为托运人的利益所必要,且不能及时取得托运人的同意时,才可以变更托运人的指示。

因违反上述规定而使托运人遭受损害,承揽运送人应负赔偿责任。

注:有的同志主张将"指示"改为"约定"、"决定"、"意见"、"要求"。

第六条 承揽运送人由于自己的过错迟延接送货物,使托运人遭受损害,应负赔偿责任。

注:有的同志主张本条不要。

第七条 由于托运人的过错,造成承揽运送人或第三人的损害,托运人应负赔偿责任。

注:有的同志主张"或第三人"四字不要。

第八条 货物损害赔偿价款的确定,适用运送契约第九条规定。

第九条 对于办理托运的货物,除法律规定必须保险外,承揽运送人只有根据托运人的指示才能办理保险。

第十条 托运货物如有遭受灭失或毁损的危险,承揽运送人应该立即通知托运人,如果来不及通知或通知后托运人未及时答复,为了避免或减轻托运人的损失,承揽运送人应对货物作适当的处理,并将处理的理由和结果告知托运人。因处理所需的费用由托运人负担。

第十一条 承揽运送人必须亲自负责办理货物的接送或运输上的手续。如果需要中转的货物,承揽运送人可以转托其他承揽运送人办理,并对受托人的承揽运送行为向托运人负责。如果受托的承揽运送人是由托运人指定或由承揽运送人介绍经托运人同意的,承揽运送人不负责任。

另案:承揽运送人可以转托其他承揽运送人办理托运,但契约另有规定的除外。

承揽运送人对受托的承揽运送人的承揽运送行为向托运人负责。

第十二条 因承揽运送契约所生的请求权,经过六个月不行使即行消灭。

注:有的同志主张本条应该放在总则部分规定。

关于"承揽运送契约"的几个问题

1957年3月23日

一、一般情况

承揽运送的性质、特点是什么？它的业务范围、经营情况和它在社会主义经济的商品流通中的作用如何？

承揽运送契约是否要在民法典债篇中规定？它与信托(即行纪)契约、运送契约有什么不同？是否可与信托契约或者与运送契约合并为一章？

二、双方当事人的权利义务问题

1. 双方当事人各有哪些具体的权利和义务？
2. 承揽运送人和托运人的权利义务从何时开始？到何时终止？

三、责任条件问题

1. 双方在契约中有哪些负责条件和免责条件？
2. 托运的货物，如果有遭到灭失或毁损的危险时，为了避免或减轻托运人遭受损害，承揽运送人对货物作了适当的处理，因处理而造成自己或第三人的损害时，应由承揽运送人负责还是由托运人负责？实际情况怎样？负责或免责的根据是什么？

四、损害赔偿问题

1. 办理货物托运中发生损害事故的一般情况和主要原因。
2. 如何处理损害事故？
3. 货物在运输过程中发生损害时，承揽运送人应该负什么责任？(负赔偿责任，还是负追偿责任)

五、货运转托及中转后的法律关系和责任问题

1. 承揽运送人是否可以转托其他承揽运送人办理托运？是否有限制条件？
2. 承揽运送人在办理货物中转时有何交接手续？货物中转后托运人、承揽运送人、中转人(即次承揽运送人)相互间的责任关系如何？权利义务如何？

六、承揽运送契约适用的范围问题

1. 适用的范围应根据业务来确定,还是根据契约关系来确定?

2. 承揽运送人以托运人名义办理货物的接送或运输上的手续的,应由承揽运送契约来调整,还是由委任契约来调整? 如果由前者调整,则与委任契约的区别何在?

七、承揽运送人或托运人是否可以变更或解除契约? 有哪些限制条件? 手续如何? 因变更或解除契约所受到的损害由谁负担?

注:"承揽运送"是一法律名词,据了解,实践中称"运输行",它包括代客托运、中转、报关、货栈等业务活动,也有兼营代客买卖的。

关于"承揽运送契约"的几个问题

1957年5月20日

一、一般情况

承揽运送的性质、特点是什么？它的业务范围、经营情况和它在社会主义经济的商品流通中的作用如何？

承揽运送契约是否要在民法典债篇中规定？它与信托（即行纪）契约，有什么不同？两者是否可以合并为一章？

二、双方当事人的权利义务问题

1. 双方当事人各有哪些具体的权利和义务？
2. 承揽运送人和托运人的权利义务从何时开始？到何时终止？

三、责任条件问题

1. 双方在契约中有哪些负责条件和免责条件？负责或免责的根据是什么？
2. 托运的货物，如果有遭到灭失或毁损的危险时，为了避免或减轻托运人遭受损害，承揽运送人对货物作了适当的处理，因处理而造成自己或第三人的损害时，应由承揽运送人负责还是由托运人负责？实际情况怎样？

四、损害赔偿问题

1. 办理货物托运中发生损害事故的一般情况和主要原因。
2. 如何处理损害事故？
3. 货物在运输过程中发生损害时，承揽运送人应该负什么责任？（负赔偿责任，还是负追偿责任）

五、货物转托及中转后的法律关系和责任问题

1. 承揽运送人是否可以转托其他承揽运送人办理托运？是否有限制条件？
2. 什么叫货物中转？你处是否办理这种业务？在什么情况下办理？什么情况下不办理？试例举说明？
3. 承揽运送人在办理货物中转时有何交接手续？

4.货物中转后托货主、承揽运送人、中转人(即次承揽运送人)各享有哪些权利和负担什么义务？其相互间的责任如何？

六、承揽运送人是否可以变更或解除契约？在什么情况下可以？什么情况下不可以？变更或解除的手续如何？因变更或解除契约所受到的损害由谁负担？

注："承揽运送"是一个法律名词,据了解,实践中称"运输行",它包括代客托运、中转、报关、货栈等业务活动,也有兼营代客买卖的。

（七）委　任

委任契约（第一次草稿）[①]

1956年8月9日

第一条　按照委任契约，受托人应以委托人的名义和费用，处理委托人委托的事务。如果有关规章或契约规定有报酬的时候，委托人才向受托人给付报酬。[②]

另案1：按照受托契约，受托人应当以委托人的费用，处理委托人委托的事务。

另案2：按照委任契约，受托人应当以委托人的名义或自己的名义，由委托人负担费用，处理委托人委托的事务。

第二条　委任契约应当用书面订立；如果双方认为没有必要，也可以用口头订立。[③]

第三条　委托人可以就部分事务进行委托，也可以就全部事务进行委托。

只有在委托人特别授权的情况下，受托人才有权办理出卖、出质、赠予财产；接受继承或抛弃继承；起诉、和解。

第四条　受托人处理委托事务，应依照委托人的指示。如果有必要变更指示，必须取得委托人的同意；只有在不能及时取得委托人的同意而又为委托人的利益所必要的时候，才可以无需委托人的指示。并应将变更指示的情况及时通知委托人。

第五条　受托人应亲自处理委托事务，如果委托人已经授权或为委托人的利益所必要，可以将委托事务转托他人处理。

受托人进行转托时，应立即通知委托人。

受托人是具有转托权利而将委托事务转托他人处理的时候，只就自己在对他人选择上的过错负责；受托人没有转托权利而将委托事务转托他人处理时，对他人的行为，应看做自己的行为同样负责。

第六条　受托人应根据委托人的要求向委托人报告委托事务的处理情况及处理

[①] 本件原件为手写稿。页眉有如下批语："请打印五十份，请于本星期六（十一日）下午四时前打好。孙立明八、九、"

[②] 原件本条后一句涂改为："只有在法定或约定有报酬的时候，委托人才向受托人给付报酬"。

[③] 原件本条涂改为："委任契约应当用书面订立；如果双方认为不必用书面，也可以用口头订立"。

结果;并应将处理委托事务得到的一切收入交给委托人;如果由于自己的过错使委托人遭受损害,应负赔偿责任。

第七条 委托人应向受托人偿付处理委托事务所支付的必要费用。

如果有关规章或契约规定处理委托事务的报酬,委托人应向受托人给付报酬。(第一条不采用另案1或2,此款删去)

委托人由于自己的过错使受托人遭受损害,应负赔偿责任。在无偿委托的情形下,委托人对于受托人意外遭受的损害,也应作适当赔偿。

有人认为:委托人向受托人偿付必要费用时,是否同时附加利息,值得考虑;再者受托人意外遭受损害的赔偿可以不要。

第八条 委托人有权撤销委托,受托人有权辞卸委托。

委托人撤销委托时,应立即通知受托人。受托人辞卸委托时,应立即通知委托人。

受托人如果不是在迫不得已的情况下辞卸委托,并因此使委托人遭受损害的时候,应负赔偿责任。

有人认为:受托人因辞卸委托造成损害的赔偿责任,在有偿的委托与无偿的委托上应加以区别。

第九条 数人共同进行委托,或数人共同接受委托,连带享有因委任契约所生的权利,连带担负因委任契约所生的义务。

第十条 委托契约由于委托人撤销委托或不应由受托人负责的情况而终止的时候,委托人仍应偿付受托人为处理委托事务所支出的必要费用,如果是有偿委托,委托人并应依照受托人已履行的义务给付适当报酬。

第十一条 受托人在未接到委托人撤销委托通知的时候,为处理委托事务所作的行为,委托人仍应承担法律后果。①

受托人虽未接到上项通知,但已得知委托人确已撤销委托而继续处理委托事务的时候,由自己承担法律后果。②

第十二条 委托契约在因当事人一方死亡、丧失行为能力,或因法人资格消灭而终止的时候,应由继承人、监护人或法人的清算组织立即通知对方,并采取必要的办法保护对方的利益。

---

① 原件本款改作:"受托人在接到撤销委任通知前为委托事务所作的行为,仍应对委托人发生效力。"
② 原件删去本款。

委任契约（第二次草稿）[1]

1956 年 8 月 24 日

第一条 按照委任契约，受任人应以委任人的名义和费用，处理委任人委任的事务。只有在法定或约定有报酬的时候，委任人才向受任人给付报酬。

另案1：按照委任契约，受任人应当以委任人的费用，处理委任人委任的事务。

另案2：按照委任契约，受任人应当以委任人的名义或自己的名义，由委任人负担费用，处理委任人委任的事务。

另案3：按照委任契约，受委任人应处理委任人委任的事务。

第二条 委任契约可以用口头订立，也可用书面订立。

另案1：委任契约可以用口头订立，也可用书面订立。如法律要求委任他人办理的事务应经公证证明委任契约，应在当地公证机关取得证明，如果当地没有公证机关，就在当地政府或法院取得证明。

另案2：委任他人管理或转让财产、参加诉讼，应用书面形式订立委任契约，并应向当地公证机关办理公证手续，如果当地没有公证机关，就取得当地政府或法院的证明。

除上述规定或法律另有规定外，委任契约的形式由当事人约定。

注：有的同志主张将此条删去。

第三条 委任人可以就部分事务进行委任，也可以就全部事务进行委任。

只有在委任人特别授权的情况下，受任人才有权办理出卖、出租、赠予、交换财产；接受继承或抛弃继承；起诉、撤回诉讼、上诉、和解。

注：有的同志主张不要这一款，有的同志主张可将这一款与第二条合并。

第四条 受任人处理委任事务，应依照委任人的指示；如果有必要变更指示，必须取得委任人的同意；只有在不能及时取得委任人的同意而又为委任人的利益所必要的时候，才可以变更委任人的指示，并应将变更指示的情况及时通知委任人。

第五条 受任人应亲自处理委任事务，如果委任人已经授权或为委任人的利益所必要，可以将委任事务转委他人处理。

受任人在转委前，应将处理转委事务的人的姓名、住址及转委事务通知委任人，如不能在转委前通知，在转委后应立即通知。

---

[1] 本件原件为手写稿，原件页眉有如下批语："打印75份，怀璧，24/8。"

享有转委权的受任人将委任事务转委他人处理的时候,只对他人选择上的过错负责;没有转委权的受任人将委任事务转委他人处理的时候,对他人的行为,应看做自己的行为同样负责。

第六条　受任人应根据委任人的要求向委任人报告委任事务的处理情况及处理结果;应将处理委任事务得到的一切收入交给委任人;如果由于自己的过错使委任人遭受损害,应负赔偿责任。

第七条　委任人应向受任人偿付为处理委任事务所支出的必要费用。

如果有关规章或契约规定处理委任事务的报酬,委任人应向受任人给付报酬。(第一条不采用另案1或2或3,此款删去)

委任人由于自己的过错使受任人遭受损害,应负赔偿责任。在无偿委任的情形下,委任人对于受任人因处理委任事务所遭受的意外损害,也应作适当赔偿。

注:有的同志认为,委任人向受任人偿付必要费用时,是否同时附加利息,值得考虑;再者受任人意外遭受损害的赔偿可以不要。

第八条　委任人有权撤销委任,受任人有权辞卸委任。

委任人撤销委任时,应立即通知受任人。受任人辞卸委任时,应立即通知委任人。

受任人如果不是在迫不得已的情况下辞卸委任,致使委任人遭受损害,应负赔偿责任。

注:有的同志认为:受任人因辞卸委任造成损害的赔偿责任,在有偿的委任与无偿的委任上应加以区别。

第九条　数人共同进行委任,或数人共同接受委任,连带享有因委任契约所生的权利,连带担负因委任契约所生的义务。

第十条　委任契约由于委任人撤销委任或不应由受任人负责的情况而终止的时候,委任人仍应偿付受任人为处理委任事务所支出的必要费用;如果是有偿委任,委任人并应依照受任人已履行的义务给付适当报酬。

第十一条　受任人在接到撤销委任通知前为处理委任事务所作的行为,仍对委任人发生效力。

受任人虽未接到上项通知,但已得知委任人确已撤销委任,应即终止处理委任事务,如继续处理委任事务,由自己承担法律后果。

第十二条　委任契约因受任人死亡、失踪、丧失行为能力或法人资格消灭而终止的时候,受任人的继承人、监护人、保佐人或清算组织应立即通知对方,并采取必要的办法保护委任人的利益。

第十三条　委任契约的有效期限不得超过三年,但契约另有规定的除外。①

注:有的同志认为,这一条不必规定。

---

① 原件本条被圈去。

委任契约的几个问题(委任契约资料之一)

全国人民代表大会常务委员会研究室委任小组整理 1956年8月

一、委托的原因
二、委任契约的当事人
三、授权的内容和范围
四、转委
五、委托书的有效期与有效地点

这篇资料是根据北京市公证处1950年至1956年所公证的100件委托书整理出来的。由于公证工作正处在发展和不断完善的阶段,公证处对委托书的要求前后有不同的地方,委托书的内容有简有繁,同时由于委托书不等于委任契约,所以,整理出来的问题有些是不够全面的,也是不够详细的。

一、委托的原因

100件委托书表明,个人或组织因为某种需要,将自己的事务委托给他人处理。进行委托的人叫委托人(即委任人),接受委托的叫被委托人(即受任人或叫受托人)。受托人代理委托人行使权利或履行义务。委托人所以需要受托人代理他处理事务,有各种各样的原因。

首先,因为委托人正在工作或学习,没有空暇亲身办理自己的事务,而委托给别人办的。例如:北京市百货公司职员王文兰因不能离开工作委托王文华代办出卖房屋的一切手续。

其次,委托人不在办理事务所在地,也是委托的一个原因。例如,王燕堂在保定有房产,因为自己不在房产所在地,无法亲自料理,所以,委托住在保定的霍在刚代为保管或出租房屋。

再次,委托人因为有病,或者因为年老体弱,需要委托他人代办事务。从委托书看来,委托人在把疾病作为委托原因的时候,大多是将疾病同自己的年龄连在一起,例如"年老多病"。

委托的原因还不限于这些。例如,华侨郑玉霞,从印度尼西亚回国学习,不能到当地接受遗产,因此委托郑永珊等代为办理。类似这种情况,公证处叫做"涉外事件"。此外,有些委托书未写明委托原因,或者把委托内容误写作委托原因。

从委托书可以看出，上面所说的委托原因有的同时存在也有牵连到另外的原因。同时又因为路途太远，往返旅费太多，才需要他人代为办理。

现在，就100件委托书反映出来的上述原因作一统计如下：除了13件"涉外"委托书以外，因为正在工作的占47件，因为不在委托事务所在地的占18件，因为有病或年老体弱的占10件，因为正在学校学习的占9件，其他原因（未指明原因或写错原因的）占3件（有几件委托书载明了委托有多种原因，这种情况，我们根据委托人最先陈述的原因，已分别归并在有关的原因里了）。

这些委托原因说明了在我国目前情况下委任契约的作用：首先，委任契约使委托人通过委托即可实现自己的权利或履行自己的义务，同时能促进财产流转；再者，它有利于委托人的工作、学习甚至健康，而且节省委托人的金钱费用；最后，它能加强人们之间的互助合作精神，促使亲属关系更加亲密，新型的家庭关系更加巩固（这一点，在下面第二个问题上有明显的表现），因此，归根结底，委任契约有助于社会主义建设事业和社会主义改造事业的发展，它是便利人民的、为广大人民服务的不可缺少的法律形式。

二、委任契约的当事人

根据100件委托书，在这个问题上可以分下列三点来说明：

第一，委托书表明了委任契约的适用范围。在机关、企业以及其他组织相互间，组织与公民间，公民相互间，都可能订立委任契约，其中尤以公民之间订立的委任契约为最多。在100件委托书中，公民之间的委托有96件，组织与公民间的委托有3件，组织相互间的委托有1件，很明显，后两种情况非常稀少，而且根据我们所看到的，这还多是"涉外"委托（例如东方汇理商业银行北京分行委托公私合营银行北京分行代为保管该行原有未付给客户的活期存款的余额）。但是，我们所说的情况只是要求公证的委托，因此，这100件委托书还不能说明委任契约适用范围的整个面貌，不过可以肯定，公公间、公私间的委托是存在的。

第二，从委托书看出，通常，委任契约的一方是一人，另一方也是一人，但一方也可能是多数人，或者双方都可能是多数人。有数人委托一人的，例如，孙毓川和孙越骥共同委托章田氏代为管理、出租、出卖房屋。另外，也有一人委托数人的。至于多数人委托多数人的，例如，委托人金琳、邵静怡、邵玉芳共同委托邵先仁、邵先觉出租或出卖房屋。

当委任契约一方或双方为多数人的时候，各委托人或受托人就应通过一定形式共同向对方负责。如委托人薛觉先委托香港律师陈应鸿和山顶道代向香港最高法院声请接受他妻子的遗产，他在委托书中指明，两位律师（受托人）应向委托人负连带责任。但这只是一个例子，而且是个"涉外"事件，所以，多数委托人或受托人之间的责任的性质，还不能以此为准。

第三，100件委托书反映出：在订立契约之前，双方当事人就有一定的关系，如亲属（最多），夫妻，亲戚，朋友，邻居或其他关系，至少说，彼此已经相当了解。例如，有一个委托人委托他的朋友保管房产时说：他所以委托受托人，"因为他在该房子住的年限较长，熟习情况"。

当事人一方如为多数,在他们之间也有一定关系,例如共同处分共有财产,共同接受遗产,等等。

可见,上述情况是委任契约的一个特点。

三、授权的内容和范围

委托人授权受托人办理什么事情,办理多少事情,是委托书内容的主要组成部分,因此,在100件委托书中,每一个委托书对此都有相当明确的规定。

从100件委托书看来,授权的内容所涉及的事情大致上可以分为两类:第一类,委托事务直接关联到委托人财产,包括委托出卖、出租、出质、赠予、交换和管理财产,委托代为纳税,代办产权登记、退股、取款等手续,委托请求或拒绝清偿债务、向他人清偿债务、委托接受或抛弃继承财产,等等。这100件委托书表明,委托人委托他人处理的事务绝大多数是出卖或出租财产(占委托收总数60%还多),如就委任契约标的来看,尤以房屋问题为最多(占委托书总数70%以上)。第二类,委托事务和委托人的财产没有直接关联,包括委托参加诉讼、代刻图章、代为签署、代收信件以及更正印鉴,等等。

显而易见,委托人授权他人办理的事务,主要是与第三人订立契约,换句话说,[首先是]作双方法律行为,其次是作单方法律行为,最后甚至是作其他具有法律后果的行为。

受托人能够办理多少事务,和他能够办理什么事务一样,由委托人的授权所决定。就100件委托书来看,在授权的范围上也有两种情况:委托人可以委托他人办理部分事务,也可以委托他人办理全部事务。

大多数情况是委托办理部分事务,例如,委托接受遗产,委托管理或出租房屋等。委托办理全部事务的比较少些,例如,委托接受遗产,接受以后代为管理、换契、登记、出租、出卖、起诉、和解,等等,总之,凡是有关遗产的一切行为,都由受托人办理。再如,委托办理房屋的换照、纳税、出租或出卖等有关该房屋的一切行为。

可见,在全部事务的委托中,可能是就不同的标的物办理与此有关的各种行为(如上述第二例,遗产的内容可能是多种标的);可能是就同一标的物办理一切行为(如上述第一例,标的只是房屋);但是,全部事务的委托还不止于此,有些委托书事务可能与物无关,例如,沈阳春荣工厂副经理杜俊亭因事不能到厂"整理厂务",委托他的儿子"杜效武代办一切",这里所谓一切,就不一定涉及物。所有上述情况,在实际生活中都叫做"全权代理",可是,有些委托书把受托办理部分事务也叫做"全权代理",例如"全权代理出卖房屋"。因此,有全部事务的全权代理,有部分事务的全权代理;全部事务的委托和全权代理并不是一回事情。(在立法上能不能把部分事务的委托也看做受托人"全权代理",还需要研究。)

委托人授权办理部分事务还是全部事务,对契约双方都有重要意义。在这个问题上,委托人尤其注意。例如,有一件委托书上说,受托人"有纳税、换契、补契、收租、招租、修房、雇工的权限",同时又特别指出,受托"没有出卖的权限"。还有一件委托书这样指明,受托人"负责出租、典当、出卖等事,如出卖时,须通知本人(即委托人)"。这些例子表明,委托人不仅注意到授权的范围,而且对处分财产的事务最为关心,所以这样因为这种事务决定着委托人财产的归属问题。

100件委托书表明：无论授权的内容，无论授权的范围，都应该清楚、具体、确定不疑；这样，既便于执行，又能保证没有差错地实现委托人的权利。公证工作对这一点十分重视。举例来说，刘寿国在给刘赵氏的委托书中写道："委托事由：代理继承或弃权"。这样的委托当然是非常模糊的，受托人无法执行，或者可能在执行中发生错误，甚至滥用代理权，有了问题，双方会纠缠不清。因此，公证员在进行公证的时候，要求刘寿国具体指明对哪些财产继承，对哪些财产弃权，以便全面保护双方的权益。

所以，委托书写得愈具体愈好。通常，委托书也正是这样写的。委托书大多都载明了授权的范围、授权的内容以及授权内容的各个方面。例如委托出卖房屋，这是部分事务的委托，内容就是出卖房屋，内容的有关方面如房屋的所在地、间数多少、面积大小，等等。但是，正如上面所指出的，也有别个委托书写得不够具体。再举一个例子，有一件委托书上说：受托人"享有订立租约、代收租金、收缴房产税等权限"。这里这个"等"字，就很难确定。虽然如此，但从委托书还可以明显看出，并不是在任何情况下都可能具体载明授权内容的一切细节。有的委托人在进行委托的时候，还不清楚自己已有或应得财产的具体情况。例如，谢俊源等委托他人代办遗产继承，但他们并不知道遗产究竟有多少，可见，在委托书中（在授权中），授权的范围、内容以及内容的各个方面应该是清楚的，不容置疑的，但在内容的各个方面上不可能是详尽无遗的。

四、转委

受托人在接受委托以后，由于某种缘故自己不能亲自处理受托的事务，于是又将该项事务转托他人代办，这种情况就叫做转委。受托人有没有转委权，在1956年的委托书中几乎全有说明。为了保护委托人的利益，只有当委托书载明受托人有转委权的时候，受托人才能转委。但是，在1956年以前的委托书中，有的根本没有谈到受托人的转委权，在这种情况下，受托人是否可以转委，是个问题，因为：如果只有在委托书直接指明的时候才有权转委，未必能全面照顾委托人的利益。

接受转委的人享有多大权限，有些委托书写得比较具体，有一件委托书是这样写的：受托人"代为随时委任和任意解除代理人的任何复代理人，这些复代理人在被委托时有本委托书所定赋予上开代理人（指原受托人）的一切权利……"，从这件委托书以及其他委托书可以清楚看到，接受转委的人的权限——他能做什么事务，做哪些事务，都不能超过原委托书的规定。

接受转委的人，可能再转委他人，也就是说，接受转委的人也可能享有转委权。

根据某些委托书的反映，转委和两个或数个互相关联的委托行为是不同的。举例说，有谢家姊妹四人，共同继承遗产，其中一人受其余三人的委托为全权代理人，可是代理人因为自己的工作很忙，又将她接受的委托事务连同他本人的事务，一并交给他人办理。在这个例子中，她委托他人代办她接受的委托事务，这是转委；但她委托他人代办她自己的事务显然是自己的委托行为，不是转委，不过和其余三人的委托行为有关罢了。因为她用不着自己代理自己，再去转委别人。

五、委托书的有效期限与有效地点

委托书有规定有效期限的,也有不规定有效期限的。1956年以前的委托书,很多没有指明有效期限,1956年的委托书大多数都已指明委托书有效的起止期限。

委托书的有效期限,是用各种方式来表现的,除了刚才说过的具体指明起止日期的以外,有的指明为一定期间,如一年、半年,有的以办理委托事务的结果来决定有效期限的长短。例如,郑桂山在给葛恩淑的委托书中指出:"房屋出卖……直到办完买卖手续为止。"此外,委托书有效期限的长短也可能是由委托人的某种条件决定的。例如,有的委托书规定,办理委托事务"直到委托人返回财产所在地时为止"。(至于没有规定有效期限的,是否永远发生效力,值得研究。)

委托书有效与否,还与地点有关,有的委托书直接规定,受托人处理委托事务只限于某地。

委任契约(第三次草稿)

1956年9月15日

第一条 委任契约就是受任人应以委任人的名义和费用,处理委任人委任的事务。在法定或约定有报酬的时候,委任人才向受任人给付报酬。

另案1:委任契约就是受任人应当以委任人的费用,处理委任人委任的事务。

另案2:委任契约就是受任人应处理委任人的事务。

第二条 委任契约可以用口头订立,也可用书面订立。

如法律规定要求委任他人处理的事务应经公证证明,委任契约应当在当地公证机关取得证明,如果当地没有公证机关,应在当地法院或政府取得证明。

另案:委任他人管理或转让财产,应用书面形式订立委任契约,并应向当地公证机关办理公证手续,如果当地没有公证机关,应取得当地政府或法院的证明。

除上述规定或法律另有规定外,委任契约的形式由当事人约定。

注:有的同志主张将此条删去。

第三条 委任人可以就部分事务进行委任,也可以就全部事务进行委任。

只有在委任人特别授权的情况下,受任人才有权办理出卖、出质、赠予、交换财产;接受继承或抛弃继承;起诉、撤回诉讼、上诉、和解。

注:有的同志主张不要这一款,有的同志主张可将这一款与第二条合并。

第四条 受任人处理委任事务,应依照委托人的指示;如果有必要变更指示,必须取得委任人的同意;只有在不能及时取得委任人的同意而又为委任人的利益所必要的时候,才可以变更委任人的指示,并应将变更指示的情况及时通知委任人。

第五条 受任人应亲自处理委任事务,如果委任人已经授权或为委任人的利益所必要,可以将委任事务转委他人处理。

受任人在转委前,应将处理转委事务的人的姓名、住址及转委事务通知委任人,如不能在转委前通知,在转委后应立即通知。

享有转委权的受任人将委任事务转委他人处理的时候,只对选择他人上的过错负责;没有转委权的受任人将委任事务转委他人处理的时候,对他人的行为,应看做自己的行为同样负责。

注:

1.有的同志认为受任人在转委前应通知委任人,这就等于又一次取得委任人的授权,因此,事前通知可以不要。

2. 有的同志认为第三款中"他人"两字意思不够明确,主张改为"复代理人"。

第六条 受任人应根据委任人的要求向委任人报告委任事务的处理情况及处理结果。

第七条 受任人应将处理委任事务得到的一切收入交给委任人。

第八条 受任人由于自己的过错使委任人遭受损害,应负赔偿责任。

第九条 委任人应向受任人偿付为处理委任事务所支付的必要费用。

第十条 如果有关规章或契约规定处理委任事务的有报酬时,委任人应向受任人给付报酬。(如对第一条中的另案1、2不采用时此条即可删去)

第十一条 委任人由于自己的过错使受任人遭受损害,应负赔偿责任。在无偿委任的情形下,委任人对受任人因处理委任事务所遭受的意外损害,也应作适当赔偿。

注:有的同志认为,委任人向受任人偿付为处理委任事务所支出的必要费用时,是否同时附加利息,值得研究;再者受任人意外遭受损害的赔偿可以不要。

第十二条 委任人有权撤销委任,受任人有权辞卸委任。

委任人撤销委任时,应立即通知受任人。受任人辞卸委任时,应立即通知委任人。

受任人如果不是在迫不得已的情况下辞卸委任,致委任人遭受损害,应负赔偿责任。

另案:受任人辞卸委任,应尽可能防止委任人遭受损失,如果因受任人未尽到责任而造成委任人损害时,应负赔偿责任。

注:有的同志认为:受任人因辞卸委任造成损害的赔偿责任,在有偿的委任与无偿的委任上应加以区别。

第十三条 委任契约由于委任人撤销委任或不应由受任人负责的情况而终止的时候,委任人仍应偿付受任人为处理委任事务所支出的必要费用;如果是有偿委任,委任人并应依照受任人已履行的义务给付适当报酬。

第十四条 受任人在接到撤销委任通知前为处理委任事务所作的行为,仍对委任人发生效力。

受任人虽未接到上项通知,但已得知委任人确已撤销委任,应即终止处理委任事务,如继续处理委任事务,由自己承担法律后果。

第十五条 数人共同进行委任,或数人共同接受委任,连带享有因委任契约所生的权利,连带担负因委任契约所生的义务。

第十六条 委任契约因受任人死亡、失踪、丧失行为能力或法人资格消灭而终止的时候,受任人的继承人、监护人、保佐人或清算组织应立即通知委任人,并采取必要的办法保护委任人的利益。

委任契约（第四次稿）（草稿）[①]

1957年2月22日

第一条 委任契约就是受任人应以委任人的名义和费用，处理委任人委任的事务。委任人在约定有报酬的时候，应向受任人给付报酬。[②]

另案：依照委任契约，受任人应当以委任人的计算，处理委任人委任的事务，委任人在约定或法定有报酬的时候，应当向受任人给付报酬。

注：
1. 有的同志主张把"计算"改为"费用"。
2. 有的同志主张把"委任"改为"委托"。[③]

第二条 委任契约可以用口头订立，也可用书面订立。[④]

如法律规定要求委任他人处理的事务应经公证证明，委任契约应当在当地公证机关取得证明。如果当地没有公证机关，应在当地法院或政府取得证明。[⑤]

注：有的同志主张书面形式放在前面，口头形式放在后边。

另案1：委任契约的形式除法律规定须用书面订立外，可由当事人自由约定。凡涉及财产权、诉讼权的委任契约，应经公证机关证明，在没有公证机关的地区，应经当地法院或人民委员会取得证明。

另案2：委任契约可以用口头订立，也可以用书面订立。但管理或转让财产的委任契约应以书面订立。并应向当地公证机关办理公证证明。如果当地没有公证机关，应取得当地人民委员会或法院的证明。

注：有的同志主张此条放在总则中规定。

第三条 委任人可以将事务的全部委任处理，也可以将事务的一部委任处理。

[①] 本件原件为手写稿，并有大量改动。标题"委任契约"改作"委托契约"，正文部分同。另，正文中"委任人"、"受任人"相应也改作"委托人"、"受托人"。不再注明。
[②] 原件本条第二句改作："在法定或约定有报酬的时候，委任人应当付给受任人报酬。"
[③] 原件本条注2被删去。
[④] 原件本款改作："委托契约用口头订立，还是用书面订立，由受托与委托双方当事人，根据委托事务的性质，自行决定。"
[⑤] 原件本款改作："如法律规定委任事务必须经过公证时，委托契约在经过公证后才能生效。"另，"如果……取得证明。"一句改为第三款。

但未特别表明只委任一部的时候,受任人就有全部处理的权限。①

第四条 受任人处理委任事务,应依照委任人的指示。如果为委任人的利益有变更指示的必要,应当取得委任人的同意。只有在不能及时取得委任人的同意的时候,才可以先行变更,并应将变更指示的情况及时通知委任人及原证明机关。②

注:有的同志主张删去"及原证明机关"几个字。

第五条 受任人应亲自处理委任事务。如果委任人已经授权或为委任人的利益所必要,可以将委任事务转委他人处理。

未享有转委权的受任人,在转委前应该通知委任人,如果事前不可能通知时,事后应该立即通知。享有转委权的受任人将事务转委他人后,应该立即通知委任人。

注:有的同志主张享有转委权的受任人,也应该在事前通知委任人。

委任人有权拒绝受任人选定的第三人的权利。

注:有的同志主张不要这句。

享有转委权的受任人将委任事务转委他人处理的时候,只对选择他人有重大过失负补充责任。没有转委权的受任人将委任事务转委他人处理的时候,对他人的行为,应看做自己的行为同样负责。

另案:受任人应亲自处理委任事务。如果委任人已经授权或为委任人的利益所必要,可以将委任事务转委他人处理。在此情况下,受任人只对选择转委他人有过失时负责。

受任人在转委前应该通知委任人,如果事前不可能通知时,事后应该立即通知。③

第六条 受任人应根据委任人的要求及时向委任人报告委任事务的处理情况及处理结果。

第七条 受任人应将处理委任事务得到的一切收入和权益交给委任人。

第八条 受任人处理委任人的事务时,由于自己的故意或过失,使委任人的财产和利益遭受损害,应负赔偿责任。

第九条 受任人有权向委任人请求偿付为处理委任事务所支付的必要费用及相当利息。

---

① 原件本条改作:"委任人可以将事务的全部或一部委托受托人处理。但契约未特别表明只委托一部的时候,受托人就有全部处理的权限。"

② 原件本条改作:"受托人为委任人的利益计算,在特殊情况下,需要变更委托人的指示时,应事先取得委托人的同意。如不可能及时取得委托人同意时,可以先行变更,并应将变更指示的原因及时通知委托人。"

③ 原件本条正文及另案均被删去,另写作:

"受任人在一般情况下,不得把委任的事务转委他人处理。

"只有委任契约规定受任人有转委权的条件下,受任人才能把委任的事务转委他人处理。

"没有转委权的受任人,如为了委任人的利益必须转委时,应事先取得委任人的同意;如在紧急情况下来不及通知委任人时,也可以把委任的事务转委他人处理。但事后必须立即通知受任人。

"享有转委权的受任人,在转委前曾把转委人的情况通知了委任人,并得到受任人的同意时,受任人对转委人的行为,不负直接责任。没有转委权的受任人,在把事务转委他人处理后,受任人仍对委任人直接负责。"

注：有的同志主张不要这条。①

第十条 委任人由于自己的过错使受任人遭受损害,应负赔偿责任。在无报酬委任的情况下,委任人对受任人因处理委任事务所遭受的意外损害,也应作适当赔偿。②

另案：委托人由于自己的过错,使受任人处理委任事务遭受损害,应负赔偿责任。受任人处理委任事务因非出于自己过错而遭受损失者,可以向委任人请求赔偿。

注：有的同志主张在无报酬委任的情况下,受任人遭受到意外损害不负赔偿责任。

第十一条 委任人有权撤销委任,受任人有权辞退委任。

委任人撤销委任时,应立即通知受任人。受任人辞退委任时,应立即通知委任人。

受任人如果不是在迫不得已的情况下辞退委任,致委任人遭受损害时,应负赔偿责任。委任人撤销委任如果使受任人遭受损害,亦应负赔偿责任。③

第十二条 委任契约由于委任人撤销委任或不应由受任人负责的情况而终止的时候,委任人应仍偿付受任人为处理委任事务所支出的必要费用,如果是有偿委任,委任人并应依照受任人已履行的部分义务给付适当报酬。

注：有的同志主张这条不要。④

第十三条 受任人在接到撤销委任通知前为处理委任事务所作的行为,仍对委任人发生效力。

受任人接到撤销通知后,应即终止,如继续处理委任事务,由自己承担法律后果。⑤

注：有的同志主张删去第一款。

第十四条 除法律或契约另有规定外,数人共同进行委任,连带享有因委任契约所生的权利；数人共同接受委任,连带担负因委任契约所生的义务。⑥

第十五条 委任契约的期限除法律另有规定外,可由双方自愿约定。但最长期限不能超过五年。

注：有的同志主张最长期限不能超过三年。

---

① 原件本条正文及注均被删去。
② 原件将本条"在无报酬委任……适当赔偿。"一句改作本条第二款。本条文字未有变动。
③ 原件本条改作：
"委任契约成立后,如委任人因认为有必要撤销委任时,应事先通知受任人,并支付受任人在完成委任事务中应得的报酬。如因撤销委任使受任人受到损失,也应予以补偿。
"受任人在必要的情况下辞退委任时,应事先通知委任人。如因辞退委任致委任人遭受损害时,应负赔偿责任。"
④ 原件本条正文及注均被删去。
⑤ 原件本条第一款被删去后又被恢复；第二款字句调整为："受任人接到撤销通知后,应终止处理委任事务,如继续处理,由自己承担法律后果。"
⑥ 原件本条前半句"……所生的权利"后增加"并连带负担义务"七字；本条后半句"……所生的义务"后增加"并连带享受权利"七字。

如果没有约定,从契约订立之日起,有效期限为三年。

注:有的同志主张有效期限为一年。①

第十六条 委任契约因委任人或受任人因死亡、失踪、丧失行为能力或法人资格消灭而终止的时候,委任人或受任人的继承人、监护人或清算组织应立即通知委任人或受任人。

注:有的同志主张在总则中规定。②

---

① 原件本条自第一款"……双方自愿约定"以下全部删去。

② 原件本条改为:"委任人或受任人的一方因死亡、失踪、丧失行为能力或法人资格消灭而终止的时候,委任人或受任人的继承人、监护人或有关组织立即通知他方。"另,注中"……在总则中规定"改为"……在通则中规定"。

委任契约(第四次草稿)

1957年3月14日

第一条 依照委任契约,受任人应以委任人的名义和费用,处理委任人委任的事务。在法定或约定有报酬的时候,委任人应当给付受任人报酬。

另案1:依照委任契约,受任人应当以委任人的计算,处理委任人委任的事务,委任人在法定或约定有报酬的时候,应当向受任人给付报酬。

注:

1.有的同志主张把"计算"改为费用。

2.有的同志主张把"委任"改为委托。

第二条 委任契约用口头订立还是用书面订立,由受任人委任人双方根据委任事务的性质自行决定。

法律规定必须经过公证的委任契约,就要经过公证后才能生效。如果当地没有公证机关,应在当地法院或政府取得证明。

注:有的同志主张书面形式放在前面,口头形式放在后面。

另案1:委任契约的形式除法律规定必须用书面订立的以外,可由当事人自由约定。凡涉及财产权、诉讼权的委任契约,应经公证机关证明;在没有公证机关的地区,应在当地法院或人民委员会证明。

另案2:委任契约可以用口头订立,也可以用书面订立。但管理或转让财产的委任契约,应用书面订立,并应向当地公证机关办理公证证明;如果当地没有公证机关,应取得当地人民委员会或法院的证明。

注:有的同志主张此条放在总则中规定。

第三条 委任人可以将事务的全部或一部委托受任人处理,但契约未特别表明只委任一部分事务的时候,可以认定受任人有全部处理权。

第四条 受任人为委任人的利益起见,需要变更委任人的指示而又来不及事先取得委任人的同意时,应在变更后将变更的原因及时通知委任人。

第五条 受任人在一般情况下,不得把委任事务转委他人处理。

只有委任契约规定受任人有转委权,受任人才能把委任事务转委他人处理。

没有转委权的受任人,为了委任人的利益必须转委时,应事先取得委任人的同意。如在因紧急情况来不及通知委任人时,事后必须立即通知委任人。

第六条 有转委权的受任人，在转委前已把转委人的情况通知了委任人，并得到委任人的同意时，受任人对转委人的行为不负直接责任。

没有转委权的受任人，在把事务转委他人处理后，仍对委任人负责。

第七条 受任人应根据委任人的要求及时向委任人报告委任事务的处理情况。

第八条 受任人应将处理委任事务得到的一切收入和权益交给委任人。

第九条 受任人处理委任事务时，由于自己的过错，使委任人的财产和利益遭受损害，应负赔偿责任。

第十条 委任人由于自己的过错，使受任人遭受损害，应负赔偿责任。无报酬的委任契约，受任人因处理委任事务所遭受的损害，委任人应该给予适当的赔偿。

另案：委任人由于自己的过错，使受任人处理委任事务，遭到损害，应负赔偿责任。受任人处理委任事务，因非出于自己过错而遭受损失，可以向委任人请求赔偿。

注：有的同志主张在无报酬委任的情况下，受任人遭到意外损害不负赔偿责任。

第十一条 委任契约成立后，委任人如有必要撤销委任，应事先通知受任人，并支付受任人在完成委任事务中应得的报酬。如因撤销委任使受任人受到损失，并应予以补偿。

受任人在必要的情况下辞退委任时，应事先通知委任人。如因辞退委任致使委任人遭受损害，应负赔偿责任。

第十二条 受任人在接到撤销委任通知前，为处理委任事务所作的行为，仍对委任人发生效力。

受任人接到撤销通知后，应即终止处理委任事务；如仍继续处理由自己承担法律后果。

注：有的同志主张不要第一款。

第十三条 除法律或契约另有规定外，数人共同进行委任，连带享有因委任契约所生的权利并连带负担义务。

数人共同接受委任，连带担负因委任契约所生的义务并连带享受权利。

第十四条 委任契约的期限，除法律另有规定外，可由双方自愿约定。

第十五条 委任人或受任人的一方因死亡、失踪、丧失行为能力或法人资格消灭而终止契约的时候，委任人或受任人的继承人、监护人或有关组织，应立即通知对方。

注：有的同志主张此条应在通则中规定。

（八）信 托

说 明[①]

所有权、信托、保险、结算起草小组　1958年3月21日

这里是"信托契约"四次草稿，三份资料汇编和两份讨论题。

"信托契约"是1956年8月开始起草，至1957年3月止，共有四次草稿。

起草中，首先我们学习有关这方面的理论，学习苏俄民法典和保加利亚债与契约法有关条文，并适当翻阅一些资本主义国家有关文件并国民党民法。

其次，我们从目前存在信托关系的外贸方面、一般商业的代购代销方面和旧货委托商行方面的调查入手。由于外贸方面的信托关系有其特殊一面，所以在草拟中主要参考后两者。

其三，我们是采取学习、调查研究、草拟条文交叉并进的方法进行工作的。在学习和初步调查的基础上草拟条文，然后用条文对证事实和征求意见，从而进行修改，其中并穿插着不断搜集有关科学论文研读。就这样，周而复始，不断修改。

我们调查访问的单位有：

1. 北京方面——邮电部、外贸部、供销总社、新华书店总店、国际书店、中国集邮公司、国际旅行社、北京信托公司、合营安利委托行、东四人民市场合营旧货商店、供销社北京广外农民服务所、供销社北京副食品经营处、荣昌祥广告公司办事处等。

2. 天津方面——天津市高级人民法院、中级人民法院、天津市外贸局、工商局、水产局、供销社华北合作货栈、供销社天津日用杂品批发站、天津福利公司所属拍卖行委托行旧货行、天津信托公司、天津菜蔬公司等。

3. 通县方面——供销社通州专区办事处、牲畜市场、蔬菜市场等。

4. 武汉方面——武汉食品公司、水产公司、干鲜果公司、贸易公司、蔬菜公司、生活服务公司、拍卖行、木材行、药材公司、湖北省供销社等。

5. 广州方面——第一商业局、干鲜果经理部、食品公司、第二商业局、省供销社土

[①] 本件原件系全国人大常委会办公厅研究室于1958年3月编定"信托草案及相关材料"卷宗所附的说明。原件为手写稿。

产经理部、华侨服务社、药材行、信托公司、服务局等。

6. 上海方面——第一商业局、蛋品公司、进口公司、悦来代理批发店、土产信托部、华北鸡行、蔬菜公司、果品公司、天达交易所、市贸易信托公司等。

7. 我们邀请座谈单位有：北京市第二商业局、第三商业局、工商局、北京市供销合作社、北京信托公司等。

此外，有55个单位就第三次草搞提了意见。

在四次草稿中，第一次稿较多采用苏、保条文内容和参考国民党民法条文，并参照旧货商店章程而写成的。第二次稿经过北京市有关单位的座谈和天津、通县的调查而改写。改写过程中对客体范围问题、主体问题、如何平衡双方的权义问题、如何反映受托委托的过程问题争论较多。第三次稿在深入调查北京各单位的基础上，对二稿的第四、六、七、八、十、十五、十六各条修改较多。第四次稿是根据全国各地55个单位对三稿所提意见，和"八大"后自由市场开放和委托行业大大发达情况下加以修改的。

在四稿以后，曾去武汉、广州和上海等地搜集材料，没有据以改写五稿。在目前全国形势飞跃前进的情况下，由于基层供销社并为农业社的供销部，它主要是为国营企业代购代销，这样，信托关系的领域更见扩大，其中权义的规定亦又有发展。所以四稿条文中需修改增减者又会很多，其中特别应重视从委托人信托人都是社会主义法人这一点来重新研究条文。希望以后搞这方面的同志注意这些特点。①

---

① 原件此处删去"希望以后……"一句。

信托契约(第一次草稿)

1956年8月①

第一条 信托契约就是信托人接受委托人的委托和领取委托人的报酬,以自己的名义用委托人的费用,办理商品买卖的契约。②

另案:依照信托契约,信托人应该接受委托人的委托,以自己的名义,用委托人的费用,办理商品买卖;委托人应该付给信托人约定的报酬。③

第二条 信托契约应当用书面订立。

注:有的同志主张订立书面契约应该附加一定的条件。④

第三条 信托人为了完成信托契约的约定事项⑤,和第三人所订立的契约,直接对第三人取得权利,并负担义务。

第四条 信托人和第三人订立契约后,应当把契约的内容和履行情况,及时通知委托人。

信托人完成委托事务以后,应当把所得的一切权益⑥移转给委托人。

第五条 信托人对委托人所委托的事务,必须妥善处理。

信托人应该依照委托人的指示履行信托契约。但信托人为了委托人的利益,对于容易变色、变质、腐坏的商品和依照委托人指定价格无法卖出的商品,在不能及时取得委托人指示的时候,为免使委托人受到较大的损失,信托人可以作必要的处置。

第六条 信托人为委托人买进或者卖出的商品,它的价格高于或者低于委托人所指定价格的,在委托人接受信托通知×天内不声明拒绝的时候,就认为已经同意。通知期限另有约定的,依照约定办理。

第七条 信托人处理委托事务,如果违反委托人的指示,委托人可以拒绝承认,

---

① 原件日期系由手写添加。

② 本条原件改为:"信托契约,就是信托人接受委托人的委托和报酬,为委托人的利益,用委托人的费用,以自己的名义办理商品买卖或其他委托事务的契约。"

③ 原件增加"公民和法人都可以做委托人;只有和它业务有关的社会主义法人才可以做信托人。"一句作为另案的第二款。

④ 原件本条注文被删去。

⑤ 原件此处"信托契约的约定事项"改作"委托事务"。

⑥ 原件此处"权益"二字改作"收益和权利"。

并可以请求赔偿因此所受到的损失。但有第五条情形或者信托人已向委托人声明自愿负担差价的时候,不在此限。

第八条　信托人所占有委托人托卖的商品和为委托人买进的商品,都属于委托人所有。

第九条　信托人对在他占有下的委托商品的保管责任,适用保管契约的规定。

如果委托商品遭受第三人损坏的时候,信托人应当立即通知委托人,并搜集证据要求第三人赔偿。

第十条　信托人在接受委托商品的时候,应当即时检查;如果发现委托商品的规格、质量、数量有出入的,必须立即通知委托人,并保全必要的证据。

第十一条　信托人没有得到委托人的许可,不许预支货款给第三人或者把商品赊卖给第三人。

如果违反上款的规定,应当依照委托人的要求,由信托人负责归还。

注:由于考虑到信托人多属社会主义法人,它必须接受国家金融管理,免于助长商业信用,所以本条可以不规定。

第十二条　信托人可以从他经手收入委托人的现款中扣除该得报酬和垫付费用。

如果信托人那里没有委托人的现款可以扣除的时候,信托人对所占有的委托商品,享有优先受偿的权利。

第十三条　委托人对信托人代为买进的商品,依法不得拒绝领受,如果拒绝领受,经信托人一定期限的催告后,仍不来领受,信托人可以拍卖委托商品,并从卖得的价款中扣除应得报酬和垫付费用,余款提存银行。提存银行的余款经过三年,委托人还不来领取,由信托人上缴国库。

第十四条　委托人撤销委托或者信托人辞退委托,经过×个月后,委托人不取回委托商品的,信托人可以依照前条规定处理。

第十五条　本章没有规定的,适用于委任契约有关的规定。

有关行纪问题座谈记录

行纪小组　1956年8月6日

8月1日上午,北京市第二商业局邀请了北京市有关单位:工商管理局、第三商业局、供销合作社、信托公司座谈行纪问题,现按发言先后次序整理如下:

一、信托公司杨树垚同志的发言

我们公司1950年到1956年主要业务是代购、代销。代销是各地厂矿或者商业部把商品运到北京后,委托我们代销,代销的商品,在初期只是生活资料,如粮食、麻、烟叶、水果;后来又发展到代销建筑器材——钢筋、火砖、瓷砖、水管等生产资料。到土产物资划归专业经营后,我们就偏重在代销工业建筑器材,但自五金器材公司扩大,这方面的代销量又逐渐缩小。私营工商业实行全行业公私合营后,我们的代销业务也就更少了,代购是由于有代销引起,有工商局、学校、部队买东西委托我们去买,1954年市加工订货办法也规定,私商有些商品的买进必须经过信托公司,信托公司不仅起到成交、公证、鉴定物资、评定价格的作用,同时也是代政府执行政策,并带有管理市场的作用。从信托公司业务的实践过程中,我们体会行纪行为的特点:

1. 本身不是买卖关系,是通过介绍转移所有权;
2. 收取佣金10%;
3. 批发性质;
4. 以信托公司名义开发票,也有以货主名义开发票。

代销与经销。代销是以信托公司名义开发票。经销是以货主名义开发票,只收佣金1%,其他费用由委托方负责。这样区分主要是从会计角度来看。

信托公司代购、代销、经销三项业务都起了监督合同履行和调解纠纷的作用,纠纷发生在加工订货方面多,主要是由于加工方不按时、按质、按量交货,根据实际情况对纠纷的处理步骤是:先双方协商,协商不成由信托公司调解,调解不了,再请工商局解决,解决不当,最后到法院申请审判。但一般还是信托公司调解的多。

今年信托公司还残存一部分代购代销业务,就是代购、代销那些没有归口的东西,如瓷砖、隔音板等,由于国家计划性逐渐加强,信托公司的业务活动范围就要相应缩小,将来的趋势是经营旧货,零售占主要,生产资料部分将完全为生活资料所代替。代销旧货的手续费目前为7%,但旧货的保险、保管费由信托公司负责,税可以免上。华侨带回的货物,不属于生活资料的,价值20元以下有派出所证明可以免税。

信托公司代购代销货物都有合同,合同的形式有口头和书面两种,代销合同的委托期限为两个月,到期代销不了,信托公司就通知委托方取回货物或减低货价,在通知期限内不来取回,可收20%的保管费;过6个月后委托方仍不来取回,信托公司可以照市价拍卖。(拍卖的价款如何处理,目前还没有碰到这类事件)

从上述北京市信托公司的业务活动情况来看,它的成立和发展,主要是贯彻党和政府对私商进行社会主义改造的政策,即管理市场,限制私商的投机取巧和违法乱纪,同时也是为了便利使用人。与过去反动统治时期所谓信托、居间、行纪行为是有本质的区别,它们是大地主和资本家的帮凶,只要有利可谋,就可不择手段帮助一方打倒另一方。就是今天信托公司中行纪行为和旧社会行纪行为的区别所在。

另外,北京行纪情况较简单,上海、天津、广州较复杂,可以向他们了解。北京方面要更具体、深入地了解这方面的情况,最好到安利、东四人民市场去看看。

二、工商管理局程举远同志的发言

行纪,我们局过去管了些,现在没有管了。从过去材料来看,菜果、豆、粮食、猪、牛、马等都有它的交易所,像菜行交易员收的手续费是6%~10%。从初级市场进行整顿、改革后,强调一条鞭,连货源带管理的方针,有些商品成交的中间行为就取消了。像粮食、布便是如此。但交易员还是有。交易员都拿工资,算国家干部,收的手续费全部上缴。郊区(广安门、朝阳门外等)还有八九个交易员,农业合作化高潮到来后,就名存实亡了。郊区的牲畜交易站可以去了解一下,内容很丰富。其他材料,让我回去收集、整理下再送给你们。

三、第三商业局郑全通同志的发言

副食品行业内有行纪行为,过去蔬菜的买卖都要通过成交员,对农民剥削很厉害,从1954年7月取消黑市交易后稍好,全行业公私合营高潮到来就完全没有揩农民的事。因为把老、弱、病、残的成交员都吸收到组织内来进行改造,并按行业的性质进行归口。永定门外的水果行就归到全国供销总社办事处去管了;小猪的成交市场也交给北京市供销合作社经管了。现在只有广安门有一家鸡鸭店是私营,共有职工四人,有些公私合营、私商和农民到他那里去成交,一般能维持,由于业主在管制,所以还不能进行公私合营。

四、供销合作社周森年同志的发言

过去农民的副产品有委托合作货栈代销的,现在农业合作社的副产品是委托农民服务所代销,都收手续费。广安、朝阳门外都设有农民服务所。郊区大部分没有行纪,可是残存的牙行倒有,像卢沟桥的牛羊站,站内开支全依靠收取手续费去维持,当然性质与过去的牙行并不一样,最近已公私合营。德胜门外的牲畜市场,是从税收中抽取17%作开销,交易时由双方(买、卖)直接接头,交易员评价,市场里有个车,买方可以套车试验牲口好坏,每用一次要缴套车费0.15元,作为车的折旧费。原来郊区还有两家香稞交易店,现在一户改为经销店,另一户并归合作社。

城里有小猪交易店四户,一户已转业,现在有三户,还没对它进行社会主义改造。每次成交后,20斤以下的小猪,买方要给他手续费1角,卖方也要给他手续费2角;20斤以上的猪,他要收买方手续费2角,卖方手续费4角。据说还有恶霸、勒索的行为。

代销方面有合作商店、代销员,都订有合同,要交押金给合作社。代销定额100—300元,给他们的手续费是3%~8%,多的也有10%,还可以根据具体情况再变动。代销商品,每月进行结算一次。此外还有间接代销,即互助组的组员替小组代销。代销不了的商品可以退还,如果有损耗则由代销员负责。这类情况,海淀、东郊多。

信托契约(第二次草稿)

1956年8月30日

第一条 信托契约,就是信托人接受委托人的委托和报酬,为委托人的利益,用委托人的费用,以自己的名义,办理商品买卖和其他委托事务的契约。

公民和法人都可以做委托人;只有和它业务有关的社会主义法人才可以做信托人。

第二条 信托契约应当用书面订立。

第三条 信托人为了完成委托事务,和第三人所订立的契约,直接对第三人取得权利,并负担义务。

第四条 信托人和第三人订立契约后,应当把契约的内容和履行情况,及时通知委托人。

信托人在第三人违反契约的时候,应当及时通知委托人,并依照约定向第三人要求履行、赔偿和其他权利。但信托人负保证责任的,应当自负履行责任。

信托人完成委托事务后,应当把所得的一切收益和权利移转给委托人。

第五条 信托人所占有委托人托卖的商品和为委托人买进的商品都属于委托人所有。

第六条 信托人对委托人所委托的事务,应当以对委托人最有利的条件妥善处理。

信托人为了免使委托人受到较大的损失,对所占有的容易变色、变质、腐坏的商品和经过证明依照委托人指定价格无法卖出的商品,在不能及时取得委托人指示的时候,信托人可以依照市价出售或者作必要的处置。

第七条 信托人为委托人卖出商品的价格或者买进商品的价格、规格、质量不符合委托人指示的时候,委托人接到信托人通知后,于约定期限内不声明拒绝的,就认为已经同意。

注:有的同志主张,在"就认为已经同意"后加上"如果没有约定期限的,委托人在接到信托人通知后,应当即时答复"。

第八条 信托人处理委托事务,如果违反委托人的指示,委托人可以拒绝承认,并可以请求赔偿因此所受到的损失。但有第六条情形(或者信托人已向委托人声明自愿负担差价)的时候,不在此限。

第九条　信托人所占有委托商品的保管责任,适用保管契约的规定。

如果委托商品被第三人损坏的时候,信托人应当立即通知委托人,并搜集证据要求第三人赔偿。

第十条　信托人在接受托卖商品,或者为委托人买进商品的时候,应当及时检查;如果发现商品的规格、质量、数量有出入的,必须立即通知委托人,并负责保全必要的证据,向第三人交涉依约履行。

第十一条　信托人没有得到委托人的许可,不许预支货款给第三人或者把商品赊卖给第三人。

如果违反上款的规定,应当依照委托人的要求,由信托人负责归还。

第十二条　信托人应得的报酬,应当按照委托商品成交金额的一定成数计算。

第十三条　信托人可以从(经手收入)委托人的现款中,扣除应得报酬、垫付费用和附加利息。

如果信托人没有委托人的现款可以扣除的时候,信托人对所占有的委托商品,享有留置权和优先受偿权。

第十四条　信托人对委托人托卖的商品,满(三)个月后,按照委托人指定的价格不能卖出的时候,应当通知委托人重新议价或者解除契约。另有约定的依照约定办理。

第十五条　委托人对信托人按照约定代为买进的商品,不得拒绝领受。如果经过信托人催告,满六个月仍不来领取,信托人可以把委托商品拍卖,并从卖得的价款中扣除应得报酬、垫付费用和附加利息,有余款的,专户提存银行。

提存银行的余款经过三年后,委托人还不来领取,由信托人上缴国库。

第十六条　委托人撤销委托或者信托人辞退委托后,委托人不取回委托商品的,信托人可以依照前条规定处理。

第十七条　对信托人和委托人之间的关系,本章没有规定的,适用委任契约的有关规定。

信托契约(第三次稿)

1956年9月20日

第一条 信托契约,就是信托人接受委托人的委托和报酬,以自己的名义,为委托人的利益,用委托人的费用,办理商品买卖和其他委托业务(信托业务)的契约。

公民和法人都可以做委托人;只有社会主义法人才可以做信托人。

第二条 信托契约应当用书面订立。

另一意见:有的同志主张取消此条,因为事实上目前还存在着口头契约。

第三条 信托人为了完成委托人所委托的事务,可以和第三人订立契约,直接对第三人取得权利并负担义务。

第四条 信托人和第三人订立契约后,应当把契约的内容和履行情况,及时通知委托人。

信托人在第三人违反契约的时候,应当及时通知委托人,并依照约定向第三人要求履行契约或者要求赔偿损失和其他权利。如果委托人要求信托人把对第三人的请求权转给自己的时候,信托人不能拒绝。

信托人完成委托人所委托的事务后,应当把所得的一切收益和权利移转给委托人。

第五条 信托人所占有委托人托卖的商品和为委托人买进的商品,都属于委托人所有。

第六条 信托人对委托人所委托的事务,应当以对委托人最有利的条件妥善处理。如果由于信托人的过失,使委托人遭受了损失,信托人应负赔偿责任。

如果委托商品被第三人损坏的时候,信托人应当立即通知委托人,并搜集证据要求第三人赔偿。

第七条 信托人处理委托人所委托的事务,如果违反委托人的指示,委托人可以拒绝承认,并可以请求赔偿因此所受到的损失。但委托人接到信托人通知后,不声明拒绝的,就认为已经同意。

第八条 信托人为了委托人的利益,避免受到较大的损失,对所占有的容易变色、变质、腐坏的商品和依照委托人指定价格无法卖出的商品,在不能及时取得委托人指示的时候,信托人应当依照对委托人最有利的价格出售或者作其他必要的处置。

第九条　委托人托卖商品的时候,应当把商品的质量特征告知信托人,不得隐瞒缺陷。信托人在接受托卖商品的时候,应当及时检查;如果发现托卖商品和委托人所告知情况有出入的,必须立即通知委托人,并负责保全必要的证据。

第十条　委托人对于信托人代为买进的商品,应当及时检查,如果发现与约定不符,必须立即通知信托人。但在过了约定期限不通知的,就认为已经同意。

第十一条　信托人对所占有委托人的商品,在委托人已经指示或者依照法律的规定必须保险而没有代为保险的时候,才对它的后果负担责任。

第十二条　信托人没有得到委托人的许可,不许预支货款给第三人或者把商品赊卖给第三人。

如果违反上款的规定,应当依照委托人的要求,由信托人负责归还。

另一意见:由于考虑到信托人都是社会主义法人,必须接受货币管理,所以实际上不存在这一情况,故主张取消此条。

第十三条　信托人应得的报酬,按照委托商品成交金额的一定成数计算。

第十四条　信托人可以从经手收入委托人的现款中,扣除应得报酬、垫付费用和附加利息。

如果信托人没有委托人的现款可以扣除的时候,信托人对所占有的委托商品,享有留置权和优先受偿权。

第十五条　信托人对委托人托卖的商品,超过了约定期限不能按照委托人所指定的价格卖出的时候,应当通知委托人重新议价或者解除契约。

第十六条　委托人对信托人按照约定代为买进的商品,应当及时领取;如果超过了约定期限不来领取的,信托人可以收取保管费用。如果经过信托人一再催告,满六个月还不来领取的,信托人可以把委托的商品拍卖,并从卖得的价款中扣除应得报酬、垫付费用和附加利息,有余款的,专户提存银行。

提存银行的余款,委托人经过三年还不来领取的,由信托人上缴国库。

第十七条　信托契约解除以后,委托人不取回委托商品的,信托人可以依照第十六条规定处理。

第十八条　除了另有约定的以外,委托人可以随时撤销委托;信托人也可以随时辞退委托。但信托契约解除以前,信托人依照委托人的指示办理的事务应仍有效。

委托人中途撤销委托,应当给付信托人因履行契约所垫付的费用。

信托人中途辞退委托,如果没有正当理由,应当赔偿委托人因此遭受的损失。

第十九条　委托人死亡、被宣告失踪或者被宣告无行为能力的时候,信托人在没有得到委托人的权利承受人或者代理人指示以前,应当按照原订契约继续执行委托事务。

注:

1. 信托契约,有的同志主张仍沿用过去"行纪"契约的名称。
2. 信托人,有的同志意见改为"受托人"。

有关"信托契约"的分解参考资料

全国人民代表大会常务委员会办公厅研究室　1957年1月14日

说　明

这份资料,是根据1956年9月"八大"以前在北京、天津和通县三地的调查资料,参加北京市第二商业局和对外贸易部召开有关信托问题座谈会的记录,以及访问邮电部、对外贸易部、供销合作总社、新华书店总社、国际书店、中国集邮公司、国际旅行社、北京信托公司、合营安利委托行、合营东四人民市场旧货商店、供销社北京广安门外农民服务所、供销社北京市副食品经营处、天津市中级人民法院、供销社天津日用杂品批发站、天津市外贸局等单位所得到的材料,加以分解汇编而成的。这些主要是属于代理买卖关系方面的材料,没有涉及其他信托业务。全文共分十一部分:(一)信托关系中的当事人;(二)信托关系中的合同形式;(三)信托关系中的信托报酬;(四)信托关系中价格的规定;(五)信托关系中的费用负担;(六)信托关系中的商品保管责任;(七)信托关系中的资金;(八)信托商品的损坏和损耗;(九)信托关系中的合同变更;(十)信托关系中的违约责任;(十一)信托人对委托人的一般义务。

一、信托关系中的当事人

(一)信托人是国营企业,委托人是国营企业、机关、团体、学校等

信托人	委托人
北京信托公司	宣化信托公司、石家庄信托公司等
国际旅行社	民航局、铁道部、交通部
外贸部各进口公司	各订货国营企业或国家机关等
国际书店	各企业、机关、团体、学校等
各地邮局、海港俱乐部	中国集邮公司、部分报社和杂志社
新华书店	国际书店、部分出版社
交通系统部分火车、轮船;文化系统部分影剧院	邮电部

(二)信托人是国营企业,委托人是合作社或公民个人

信托人	委托人
外贸部各进口公司	供销社
国际书店	供销社或公民个人
国营菜蔬公司、国营食品公司	农业生产合作社
国营上海房地产经租公司	公民个人

(三)信托人是合作社,委托人是国营企业、国家机关等

信托人	委托人
供销社	农产品采购部、冶金工业部等
	对外贸易部、粮食部

(四)信托人是合作社,委托人是合作社或公民个人

信托人	委托人
供销总社天津日用杂品批发站	各供销社、各农业社
供销社北京农民服务所	各农业社或农民个人

(五)信托人是公私合营企业,委托人是国营企业、机关等

信托人	委托人
公私合营集邮社	国营中国集邮公司
天津公司合营联合进出口公司	国营中国进出口公司天津分公司
公私合营书店	新华书店
公私合营旧货商店	国营信托公司(上海、北京等地)

(六)信托人是公私合营企业,委托人是合作社或公民个人

信托人	委托人
公私合营旧货商店	公民个人或合作社

(七)信托人是私人

据北京市第三商业局同志在1956年8月1日座谈会上反映:在高潮以后,北京还有小猪店三家、鸡鸭店一家有行纪行为。截至当时为止,这四家还没有公私合营。

二、信托关系中的合同形式

(一)由双方签字的书面形式

这类形式较多。如冶金工业部委托供销社代收杂铜合同、上海粮食局委托上海供销社收粮合同、中国集邮公司和公私合营集邮社的代售邮票合同、上海房地产经租公司经租

房屋合同、新华书店委托公私合营书店代售书籍合同,等等。又如委托外贸机构进口都必须由双方签订书面合同。

(二)由委托人签发通知单、请领单、订购委托单或来信委托等形式

如各地邮局办理代销集邮公司的集邮品,每次需要时用请领单。

据供销总社天津日用杂品批发站代营业务管理章则(草案)第八条、第十四条的规定,各社代购代销时,先向该站办理登记,或用函件通知,在通知或登记时应注明采购价格,以便据此进行信托业务。

国际书店规定:读者须订阅书刊时,填写一式六份的"订购委托单"。

天津文记号货栈代客销售"三角铁"时,以来信委托。

(三)由信托人出具信托商品的收据的形式

如北京各旧货商店对委托人来信委托商品,议定价格后,由旧货商店出具寄售物品收据。

(四)口头形式

据北京市菜蔬公司同志在9月13日座谈会反映:信托关系中可以订立口头形式的契约。例如,外埠采购时间性很强的场合,农民自产地所产小量蔬菜出售的场合,信用关系比较固定的客户,都可以用口头形式。又据天津市菜蔬公司谈:该公司代农业社出售菜蔬时订有总合同,但超过原约定供销数量时,即临时口头委托公司代销。

三、信托关系中的信托报酬

(一)信托报酬的方式

1. 一般都是按照委托商品成交金额的一定成数计算。(信托人具体名称见"信托报酬的大小"表列各户)

2. 外贸部所属各进口公司,由于对一般订货(不包括成套设备、特殊订货)执行调拨价格办法,手续费已包括在调拨价格中,所以没有明显地表示出来。(在此以前,也是采用按原成交金额外加的方式)

3. 国际书店对信托报酬的收取,把手续费包括在折算的汇率方面。例如:国家规定美汇价为2.55元人民币合美金1元,而该店包括手续费在内的折算率为3.6元人民币合美金1元。

(二)信托报酬的大小

(1)低于1%的

供销总社天津日用杂货批发站:

  代购国营公司商品 0.3%

  代销国营公司商品 0.5%

  代销各供销社工业品 0.6%

  代销一般商品3万元以上者 0.5%

  代销一般商品50万元以上者 0.8%

(2) 1%~3%

供销总社天津日用杂货批发站：
  代购非国营公司商品 1%
  代销供销社一般商品在 3 万元以下者 1%
  代销技术复杂、不易保管商品 1.5%

供销社北京广外农民服务所：
  代销农业社、农民的农副产品 1%

供销社北京副食品经营处：
  代销干鲜菜 3%

供销社上海社：
  代上海粮食局购粮 3%（1954 年）
        2.79%（1955 年）

供销社甘肃社：
  代冶金工业部供应局 3%

外贸部各进口公司：
  进口货 3%（调拨价格实行前）

供销社河北省大兴县社：
  供销农业社及农民农产品 1%

供销社：
  代采购部买棉花等 2.5%~3%

北京德胜鸡鸭店：
  代售鸡鸭 3%

(3) 3%~10%

国际旅行社	代售车票、船票、飞机票	5%
北京公私合营集邮社	代售邮票（现行邮票）	5%
北京信托公司和各公私合营旧货商	代售一般生活用品	7%
供销社浙江省余姚县阳明镇社	代销农产品	5%
供销社辽宁省岫岩县城关镇社	代销农产品	3%~6%
供销社北京市郊区社	代销农产品	4%~6%
天津蔬菜公司	代销蔬菜	5%
供销社河北省社	代中国丝绸公司天津分公司收购土丝	3.5%
部分海港俱乐部	代售邮票	5%

| 天津公私合营拍卖行 | 代客拍卖 | 8% |

(4)10%以上

国际书店	代购国外图书期刊等	35%(期刊) 30%(图书) 15%(阅读器)
北京公私合营集邮社	代集邮公司销停售邮票和集邮用品	15%(停售邮票) 10%(集邮用品)
各地邮局	代集邮公司销售集邮邮票和用品	20%
新华书店	国际书店进口的多余书刊寄售	20%~30%
火车、轮船等交通系统	代邮电部出售报纸	15%
国营上海房地产经租公司	代经租房屋	10%
公私合营书店	代售新华书店托售书籍	15%~17%
新华书店	代部分出版社出售增印书籍	30%

(三)信托报酬的来源

1.一般向委托人拿。(上述表列各户基本都是向委托人拿的)

2.也有既向委托人拿,同时又向第三者拿。如供销社北京副食品经营处代销干鲜果时,向委托人和第三人各拿3%手续费。又如北京德胜鸡鸭店亦系向双方各取3%。

3.有的第三人出了手续费,就不向委托人拿。如供销社天津日用杂货批发站代购商品,如第三者出了手续费,便不向委托人收取了。

(四)信托报酬中包括的费用项目

1.根据上海市供销社与上海市粮食局所订代购合同。3%的手续费中,包括押运领款的旅费、联系用之邮电费、车费以及因收购所用的办公费。另外,还包括7%的收益税。

2.根据供销社北京副食品经营处谈:向委托人所取3%的手续费中,包括保管费、卸车费等在内。

(五)信托报酬支付的时间

根据中国矿产公司天津分公司的委托代理出口合同规定:"……俟该货出口手续完毕结汇后,甲方即将该项佣金按……结汇牌价折合人民币一次付与乙方。"

四、信托关系中价格的规定

(一)有国营公司牌价者依牌价(外贸进口物资照国家调拨价格)

"代购代销商品之价格,服从国营牌价。"(《供销社天津日用杂品批发站代营业务管理章则草案》)

外贸进口的物资,均按国家经济委员会所定之调拨价格为准。

供销社北京副食品经营处对信托商品的议价,以牌价为准。

代售邮票以集邮公司价格为准。代售书籍以新华书店规定价格为准。代售报刊以其定价为准。

(二)无牌价者依市场价格,由信托人和委托人协商决定

"无牌价者结合当地情况及有关部门之价格或双方协商。"(《供销社天津日用杂品批发站代营业务管理章则草案》)

"价格按北京市场一般批发价格。"(供销社北京副食品经营处)

在旧货商店,据北京公私合营安利委托行1956年8月7日谈:价格确定:(1)参照新货牌价;(2)凭信托人的经验说出一个价格来;(3)价格不使上涨。如果委托人对价格要求过高,可以不接受。根据天津公私合营森木司拍卖行和上海通茂拍卖行等商店的情况,价格由委托人决定,由信托人同意。北京东四人民市场旧货商店则由信托人鉴定,委托人同意。

(三)依照信托人向第三人买卖商品时的原价

国际书店代客订购国外图书时,对资本主义国家的书刊即按照原价来确定。

(四)信托人在代销中的保价

根据中国菜蔬公司天津市公司与郊区农业生产合作社所订"蔬菜(热菜)产销结合协议书"第二条指出:"公司给合作社代销之各种蔬菜,按协议附表品种、质量、数量、时间、价格(系协议不可分割部分),如低于所保的最低价格时,由公司补给合作社;高于最低价时,归合作社所得。"

五、信托关系中的费用负担

(一)信托商品的运杂费等全由委托人负担

供销社北京副食品经营处的定式合同指出:"装卸、搬运、码头等一切花费由委托人负担,信托人凭原始单据向委托人报销。"

供销社上海社与上海市粮食局1955年合同指出:在代购粮食中,一切代购费用包括运费、下力集中费、打包费、包装运送费等由委托人负担。

供销社北京广外农民服务所,代农民销售农副产品中,所有运送信托商品的运费,由委托人自己负担。(或由委托人自己运送)

供销社河北社代中国丝绸公司天津分公司收购土丝合同中规定:绳索、打包工资、保险、仓租、运输、搬运、利息、税款、长途电话等费用,由供销社向公司实报实销。

上海通茂公证拍卖行、上海大华拍卖行规定:信托商品搬运到拍卖场所的费用,由委托人负担。

中国茶业公司委托永兴洋行出口茶业运费、报验报关手续费,向海关申请许可出口签证费由委托人负担。

中国丝绸公司天津分公司委托供销社河北省社代购土丝合同中规定,信托商品的保

险费用可由信托人向委托人报销。

（二）信托商品的运杂费等不全由委托人负担

在进口商品统一调拨价格下，"国外进口货物在交接前发生的风险、责任和费用，由对外贸易公司负担；在交接后发生的风险、责任和费用由订货部门负担"。[外贸部拟："进口订货暂行办法"（草案）第20条]

据北京公私合营安利委托商行、公私合营东四人民市场旧货商店谈：顾客委托寄售商品除手续费外，不再缴其他费用，而由信托人自己保险，而保险时是整个支付保费的。

北京信托公司、天津公私合营森木司拍卖行、上海通茂公证拍卖行、上海大华拍卖行对信托商品的保险费，都规定由信托人负担。

六、信托关系中的商品保管责任

（一）在信托商品保管中双方所负的责任

"在保管期间，如因管理不当而造成损失由合作社负责。如保管日久有变质等情难于继续保管，合作社应当立即通知粮食局。如粮食局不及时处理而发生之损失，由粮食局负责。"（1955年上海供销社、上海粮食局委托收购粮食协议）

"代管期间如发生人力不可抗拒的损失时，由合作社取得当地财委批准后，报由冶金部供应局处理。"（甘肃供销社、冶金工业部供应局西安办事处1956年收购杂铜协议）

"如果保管不善，推销不及时变质或被盗窃行为，由信托人负责；因人力不可抗拒情况阻碍推销引起变质腐烂受到损失，由委托人负责。"（供销社北京副食品经营处试式合同）

"如遇水、火、风、雨、地震等自然灾害或自然的减产变质等一切人力不可抗拒之灾害，因而发生之一切损失，本站概不负责。"（《供销社天津日用杂品批发站代营业务管理章则草案》）

代售集邮邮票的信托人，如因不慎有撕破污损情形不能出售时，应由信托人自行负担其责任。因不可抗力损坏消灭时由委托人负担其损失。

上海经租公司对房屋的修理保养负责任，花费由租金扣除。

代销书店代新华书店销售的书籍，或者新华书店代出版社销售的书籍，如因保管不善有污损破旧、丢失等情况，其损失由信托人负责。

北京信托公司、安利委托行、东四人民市场旧货商店、上海大华拍卖行、上海通贸拍卖行等，对信托商品，除原来瑕疵外，如在委托行保管期间损坏、发生缺少、被窃和破碎等，均由信托人负责。而天津公私合营森木司拍卖行规定，如属于信托物品自行变色、变质、腐蚀或是失掉原有效能者，由委托人负责。

天津菜蔬公司代农业社卖菜，在约定的数量内，因卖不出而发生的损失由公司负担。

（二）保管中的费用负担

1. 信托人保管信托商品不收仓库租金

"合作社代购之粮的库存，视同粮食局之外栈仓库，在未运交粮食局前，由合作社保管，不取栈租。"（1955年上海供销社、上海粮食局委托收购粮食协议）

北京旧货商店都不收保管费。供销社北京副食品经营处也不收保管费。

2.信托人保管信托商品要收仓库租金

根据甘肃供销社和冶金部供应局西安办事处所订代收杂铜协议指出:供销社代收杂铜负责初步加工、包装并代管。代管应分类保管,期限最长不得超过3个月,仓租由冶金部负担。

"凡托购托销之商品自存入本站仓库日起,至出库日止,按期按本站规定之租率交纳栈租。"(《供销社天津日用杂品批发站代营业务管理章则草案》)

(三)信托商品久存不取

"凡托购托销商品存入仓库后,过半年未纳租者,本站有权将所存商品一部或全部折价变卖补偿所欠栈租,其变卖价值超过栈租额者,其多余部分由本站代存银行候领。"(《天津日用杂品批发站代营业务管理章则草案》)

北京信托公司规定,在终止信托契约后,信托人通知取货,而委托人不提走,按月收2%保管费,过12个月仍不提回,公司有权处理,货款结算后,专户代存银行。

北京安利委托行于终止信托契约后,有久存不取的,无法处理。

(四)保管中的信托商品的所有权属于委托人

代集邮公司销售的邮票,售不出时归中国集邮公司。

代报刊杂志社寄售的报刊杂志,售不出时由报刊杂志社负责。

邮电部门委托书店、交通系统、文化机构、零售报贩代售报刊剩下由邮电部门负责。

公私合营书店代销书,卖不出由新华书店负担。

天津联友商店将委托人寄售大衣,抵了他人债款。经委托人追讨,由法院判令交还。

七、信托关系中的资金

(一)委托人自备资金

"各级供销社托购、托销商品时,均需自备资金支付货款和费用,本站概不垫款。"(《供销社天津日用杂品批发站代营业务管理章则草案》)

在外贸部门中,"对货款及一切费用由订货单位拨款,外贸公司概不代垫"。(根据外贸材料)

邮电部委托国际书店代购苏、新国家报刊,资金由邮电部付出。

(二)信托人代垫资金

铁路运输到达时,"货款到达后之费用,一般由本站代垫,3日内由托运单位补交,不计利息"。"如超过3天,托运单位除按银行利率付息外,并须追加积压垫付资金全部金额1%的罚款。"(《供销社天津日用杂品批发站代营业务管理章则草案》)

供销社北京广外农民服务所在委托人的信托商品未出售前,或者虽已出售但还没有收到款项前,如委托人需款,信托人可以垫付。

公私合营集邮社代售集邮公司邮票,由公司先拨给一部分邮票,但集邮社应交40%保证金。

(三)由信托人向银行信贷资金而由委托人负担利息

"……实行由合作社向银行贷款办法代替原杂铜铺底资金。事实证明,以贷款解决杂铜收购铺底资金的办法,对节约资金,促进杂铜收购和改进交接结算上是起着积极作用的……对贴补利息的周转期,双方应根据实际情况,实事求是的规定。"(供销总社、重工业部收购1956年杂铜工作联合通知)

"……收购资金由供销社向银行贷款解决,由重工业部供应局负责贴补定额利息。"(供销总社、重工业部1956年收购杂铜协议书)

"收购资金及直接费用,由供销社所属机构根据代购合同分配数字,由供销社收购单位根据采购农产品放款暂行办法,向当地银行提前贷款。利息及贷款契据的印花税由公司负担,以不影响收购为原则,避免国家资金积压或浪费。"(中国丝绸公司天津分公司、供销社河北省社代购土丝合同)

(四)结合社会主义改造信托人的资金须按照委托人规定办法处理

公私合营书店代销新华书店书籍,应将所有流动资金,存入新华书店指定银行,作为担保。

八、信托商品的损坏和损耗

(一)信托商品由信托人损坏

据公私合营北京安利委托行谈:信托商品在委托行坏了,要由委托行(信托人)负责赔偿损失。

(二)信托商品存在瑕疵

据公私合营北京安利委托行谈:信托商品在委托出售时如有瑕疵,委托人应事先说明,并在"寄售物品收据"上批明。

(三)信托商品的损耗

中国丝绸公司天津分公司与河北供销社土产废品管理处的代购土丝合同规定:收进至验收损耗在1%以内,向甲方报销。如超过1%者,应说明原因取得当地行政部门证明后向甲方报销。

九、信托关系中的合同变更

(一)委托人要求变更

1. 信托人已与第三人的法律行为完成后的合同修改

据《供销社天津日用杂货批发站代营业务管理章则草案》规定,"商品代购成交后,概不退货,如因特殊情况,迳与售方研究解决,一切损失由购方(委托人)负责,退货后手续费不再退回"。

2. 信托人在完成与第三人的法律行为前的合同变更

据《供销社天津日用杂货批发站代营业务管理章则草案》规定,"各社托购时……计划如有变更,应声明更正原登记"。

据公私合营安利旧货商店"寄售物品收据"的注意事项三:"委托品改订价目,须带本据来行办理,凡售出以后,不负涨落之责。"

3. 信托关系中合同的解除

据北京公私合营安利委托行谈:信托商品价格由双方协商决定后,这个标价在"寄售物品收据"上写明,这时契约即已成立。事后,委托人如认为需要改订价格时,可以随时提出,但假使提出的标价过高,信托人可以不接受,于是解除契约。

上海房地产经租公司规定,如委托人要终止委托,应于事先书面提出,经双方协议后解除之。

新华书店委托公私合营书店代销合同期满,如双方不同意延长合同,即为解除契约。

北京信托公司代售商店,如1个月未售出,得依委托人所订最低价格自行调整。如按委托人最低价格调整后两个月仍未售出,即终止契约。

上海市贸易信托公司旧货商店等信托契约为3个月,在此期内信托人如不遵守契约,委托人得随时终止契约。并保留追偿一切损失。

天津公私合营森木司拍卖行门市部:信托商品在3个月内不能卖出时,应另行议价或取回。

(二)信托人提出变更

"国外贸易公司提出延期交货、变更规格时,委托人应在接获信托人通知后,对延期交货须于七日内(个别遥远地区十五日内)、变更规格须于十日内(个别遥远地区二十日内)答复。逾期不答复,亦不申诉理由,即作为同意。信托人亦需与国外商定后,七日内通知委托人。"(中国五金电工进口公司委托代购进口协议书)

十、信托关系中的违约责任

(一)一般情况下的违约

中国矿产公司天津分公司委托代理出口合同规定:"如因信托人不履行合同之一部或全部注销时引起委托人发生包装运费、许可证费、合同印花、检验衡量费用及仓栈租利息、保险费损耗以及货物变质或市场跌价等损失均由信托人负责。""如委托人不履行合同交货致使乙方遭受电报费、信用状利息、银行手续费、佣金轮船部分租用费以及国外买方补购之差额损失等均由委托人负责。"

中国茶叶公司上海分公司委托永兴洋行出口茶叶,约定如有一方违约,应赔偿对方一切损失。

天津文记号货栈未经委托人同意,把信托商品三角铁赊卖给新成车具工厂。后因新成厂不能还货,经天津市人民法院判决文记号赔偿。

天津德太成号代委托人张金城卖手表,业已卖给第三人王昌洱,协议价格为440元。王已先付定金50元继付货款190元,两共240元。后王声明解约。德太成号并未征得委托人同意即退给王140元(因为100元已交给委托人)。后王起诉,经法院判决准予解约。但定金50元作为赔偿给委托人的损失。王并应赔给德太成号手续费20元。此款应作为未得委托人同意擅为退款致委托人受损失的补偿,给予委托人。

"为避免国外订货的差错,信托人接获国外寄回之进口合同后,应照原提订货卡片……等仔细核对……并应于接获国外合同半月内向委托人进行交代。委托人亦应仔细核对,如有异议应于15日内通知信托人查对,因信托人订购错误,而委托人确实不能使用者(须有技术专家证明),得由信托人负责处理。但委托人经审核发现错误后,逾期不通知委托人①亦不申诉理由时,即付无异议论。"(中国五金电工进口公司"委托代购订货协议书")

(二)人力不可抗拒下的违约

"由于一般公认的人力不可抗拒原因而致不能交货或装船迟延,信托人不负责任。但第三人须在事故发生后应立即以电报通知信托人、委托人。并应在发电后半月内提供不可抗力事故发生地点之有关政府机关或当地商会所发证件证实,并经委托人审核同意后,信托人始可减免责任。……"(中国进出口公司天津分公司"委托订购合同"#21)

(三)信托关系中的违约金

供销社河北社代中国丝绸公司天津分公司收购土丝合同中,规定:任何一方不按合同规定条款履行者,根据违约部分处以0.3%违约金。如遇人力不可抗拒之事情而发生影响合同履行时,不以违约认处。

"……除因船位不足,无船可租,货不足载,及人力不可抗拒情况外,因信托人工作延误而不能按以上规定时间到货者,对延期交货部分,应按货价向委托人交付累进罚款。计第一周至第四周千分之三;五周至八周千分之六;九周以上千分之十。"(中国五金电工进口公司"委托代购订货协议书")

(四)违约后的索赔

1. 索赔原因

"货到目的地口岸后,经商检局检验,如发现品质数量与合同不符时。双方同意以商检局检验结果为依据,其不符情况除属于委托人和船行应负责任外,委托人向信托人提出索赔,所有委托人因此而遭受之一切损失,应由信托人向国外发货人交涉取偿。"(中国进出口公司天津分公司"委托订购合同"#19)。

2. 索赔项目

"包括银行手续费、电报费、码头费、仓库费、工力费、修配费、商检费、货物差价损失等。"(同上)

3. 索赔限度

在外贸中,对资本主义国家进口物资300元以下的,社会主义国家500元以下的,都不索赔。(外贸部座谈会报告)

4. 索赔中的责任

在外贸系统中,有两个不同意见:运输局意见,外贸公司应当负责赔偿;进口局和各进口专业公司意见,如进口货不合格,外贸公司可以负责向国外交涉,国外赔则外贸公司也

---

① 原件如此。"委托人"当为"信托人"之误。

赔,国外不赔则外贸公司在国内也不赔。(外贸部座谈会报告)

十一、信托人对委托人的一般义务

(一)报告的义务

公私合营书店代新华书店销售书籍,应每日进行结算,编造日报表送新华书店。

北京市信托公司卖出托卖的商品后,即通知委托人取款。

北京安利委托行,对委托人报告形式同上。

(二)一切利益移归委托人的义务

北京安利委托行,有一次与委托人协商决定的价格低后改价多卖了,利益仍全给委托人。

天津市菜蔬公司代天津郊区农业生产合作社卖菜蔬时,如质量优,高于约定的最高价时,利益归委托人。

(三)信托人不得拍买的义务

天津公私合营森木司拍卖行规定,拍卖行及其工作人员不得以任何方式拍买委托人商品。

上海大华拍卖行,也在契约里规定不得以任何方式拍买。

上海通茂拍卖行,不得自行拍买情形同前。

中华人民共和国民法典(草案)债篇信托契约 (第三次草稿)意见汇辑

全国人民代表大会常务委员会办公厅研究室　1957年1月14日

说　明

这份汇辑，是根据已经收到的下列55个单位所提的意见整理的。(其中大部分是在1956年9月"八大"以前收到的)

国务院第五办公室、最高人民法院民二组、最高人民法院陈瑾昆同志、对外贸易部、司法部编纂司、中华全国供销合作总社、中央工商行政管理局、江苏、广西、陕西、吉林、江西、山西、山东、四川、浙江、内蒙古自治区、云南、北京市、福建、辽宁、黑龙江、新疆维吾尔自治区、广东、甘肃、湖北等19个省市高级人民法院，成都市、沈阳市、西安市中院、西安市第一、第二法律顾问处，昆明市、广州市、南京市、济南市、杭州市中院、杭州市法律顾问处、杭州市公证处、武汉市人民检察院研究室及陶德明、舒鸿思两同志、东北人民大学、上海复旦大学民法教研室、上海市人民委员会、天津市人民委员会、重庆市人民委员会、武汉市人民委员会参事室、沈阳市人民委员会办公厅、上海市第一商业局、北京市信托公司、北京市第一商业局、北京市房地产管理局、中国百货公司北京市采购供应站、中华全国供销总社北京市副食品供应处、政治协商会议武汉市委员会、武汉市第二商业局、人民银行武汉市分行。

信托契约

对本章有关结构内容的意见

(一)信托、委任、承揽、运送等几个契约，有些条文的精神和内容是相类似的，是否可以把这几个契约整理合并在一起，除规定总的原则之外，其他条文则按各类契约的具体情况分别明确规定在总的原则之后。(广州市中级法院)

(二)在私营工商业全行业合营后，"经销代销"办法，还要存在一个时期，这种契约有一定的特点，恐不能包括在委托或信托契约以内，似有另行规定的必要，希作考虑。(司法部法令编纂司)

注：
1. 信托契约,有的同志主张仍沿用过去"行纪"契约的名称。
2. 信托人,有的同志意见改为"受托人"。①

对本条②总的意见

一、对本条名称的意见

1. 同意原案用"信托契约"名称。(国务院五办商业组；辽宁高院,云南高院,广西高院,东北人民大学,天津市人民委员会,昆明、杭州中级法院,杭州法律顾问处、公证处,西安市中级法院,西安市司法局,政协武汉市委会,武汉市第二商业局,人民银行武汉分行)

理由：

(1)"行纪"一语是旧名词,是体现旧社会剥削事业的名称,如果沿用这个名词,会与旧有概念相混淆,不若"信托契约"新颖,在含义上也比较确切易懂。而且解放几年来"信托"这一名称已沿用较广,为广大群众所熟悉；更为避免把"行纪契约"误解为行栈经纪,应采用"信托契约"。(江苏、山东、福建、广东、江西、甘肃、新疆高级法院,上海市高院,成都法院,北京信托公司的意见综合)

(2)"信托契约"比"行纪契约"更接近这个契约的本意。(复旦大学)

(3)信托事业与一般委托在性质上是不同的,同意用"信托契约"。(济南中级法院)

2. 建议把"信托契约"改为"受托契约"。

建议把"信托契约"改为"受托契约",并相应把"信托人"[改为"受托人",]一个委托,一个受托是很有意思的。(武汉市检察院陶德明、舒鸿思同志)③

3. 建议把"信托契约"改为"商品买卖信托契约"。

鉴于本章条文内容几乎全为关于商品的信托业务,某些条文涉及"其他信托业务",而范畴又不明确,故主张把本章改名为"商品买卖信托契约"而除去第一条中"和其他委托业务"的规定。(政协武汉市委会)

二、对"信托人"名词的意见

同意原章用"信托人"的名词。(山东高院、广西高院多数同志意见、云南高院、内蒙古高院、四川高院、江西高院部分同志意见、西安中级法院、西安司法局、杭州中级法院、杭州法律顾问处、公证处)

理由：

(1)如果信托人改为"受托人",则"信托公司"将改为"委托公司"也不妥。(广东高院)

(2)用"信托人"比"受托人"好,因为它表现出信托契约的特点。(四川高院)

(3)"信托人"是适当的,它与"信托契约"相适应,也较为通俗。(江苏高院)

---

① 这两条注文原列"信托契约"第三次草稿最后。
② "本条"系指注文而言,非指草案法条正文。
③ 本条原件如此,似有重复、错漏。

三、赞成用"受托人"

同意将"信托人"改为"受托人"。(辽宁高院、江西高院部分同志、广西高院小部分同志、内蒙古高院部分同志、成都中级法院、沈阳市人民委员会、武汉市房地产管理局、武汉市第二商业局)

理由:

由"信托人"改为"委托人"①较为确切。因为信托行为是由委托和受托两种行为构成的,"信托人"实际上是"受托人";而且这种习惯上的用语,更为大众化些。(国务院五办商业组,司法部编纂司,新疆、浙江、上海市高级法院,天津市、上海市、重庆市人民委员会,沈阳中级法院,武汉市检院研究科,北京市副食品经营处,武汉市协商委员会,人民银行武汉市分行,百货公司北京采购站的意见综合)

四、建议变更本条文排列的次序或增加一些内容

1. 对第三条至第六条的意见:

为求得这几个条文衔接紧凑,意义更加明显起见,在条文的排列和组织上酌为修改如下:

(1)第五条列为第三条,并将占有改为"持有"。

(2)第六条第一款,单独为一条,列为第四条。

(3)第三条,第四条一、二两款及第六条第二款,合并成为一条,列为第五条。

(4)第四条第三款,单独成为一条,列为第六条。(人民银行武汉分行)

2. (1)多数人意见将第四条第三款独立作为一条。因为该条第一、第二两款都是规定信托人与第三人的关系,而第三款却是规定信托人与委托人的关系。可以独自作一条。

(2)有一个意见认为划出后归并第三条作第三条的第二款。

(3)有人认为划出后作为第五条第二款。(广西高院)

3. 第四条第三款可以列为第五条第二款,因为"把所得的一切收益和权利移转给委托人"的问题是与商品所有权属谁的问题有关。(上海市高院)

4. 关于第四条和第六条的意见:

(1)认为第四条第一、二两款以及第六条第二款的内容,都是关于与"第三人"(有人主张改为"第三者")的关系,可与第三条合并。合并后的条文应列为第六条,原第四条(保留第三款)、第五条、第六条(保留第一款),顺序提前改为第三、四、五条。

(2)关于原第四条第一款"……及时通知委托人"的规定,有人认为受托人与第三人订立契约,要按照信托契约向原委托人承担责任,因而这一规定是不必要的。另一意见以为原委托人可能对第三者有所反对而提出不赞成与第三者订立契约的意见,因而这一规定可保留。

(3)关于原第四条第二款,有人提出把"并依照约定向第三人要求……"改为"并依照

---

① 原件如此。"委托人"应为"受托人"之误。

约定有向第三人要求……"

(4) 关于原第六条第二款，一致认为应加上"如果第三者不肯或不能赔偿，应由委托人负责赔偿"的规定，以保障委托人利益。又有人建议"委托商品"改为"委托买卖的商品"。

(5) 有主张原第四条第三款并入第五条列为第二款的，但另一意见认为这两个条款的性质不同，不宜合并，主张仍保留作为一条。（政协武汉市委会）

5. 大家认为第十条可并在第九条另立一款。

理由是：九、十两条的规定虽然是商品卖出和买进的区别，但其实质是买卖内容，是互有联系的，可以不作另一条规定。（福建省高院）

6. 拟把第十一条列在第五条后面，以便衔接。（武汉市人民委员会参事室）

7. 少数意见：十一条是否可以与第六条合并，作为第六条的第三款写入。因为同属于信托人过失使委托人遭受损失的损害赔偿的规定。（成都中级法院）

8. 第六条和第十一条可否成为衔接的两条文。（对外贸易部）

9. 应把十一条提前列为第八条，原第八条后移列为十一条。（政协武汉市委会）

10. 第十三条是否和第一条合并，即把第十三条接在第一条后面，并把第十三条改成"信托人的报酬按照委托商品成交金额的约定成数计算"。同时第一条的原文的"和报酬"可以不要。这样订约双方相对的权利、义务关系可以更加明显一些。（对外贸易部）

11. 十七条不要，在十五条后面加上这条内容即可。（湖南高院）

12. 十五条与十七条可以合并为一条，将十五条列为第一款，十七条列为第二款。（武汉市人民委员会参事室）

13. 按照原稿第一条规定的业务范围，除了办理商品买卖之外，还有其他信托业务。但条文内容，则侧重于商品买卖。为使内容完整起见，是否可考虑将原稿条文重新组织，分为下列三部分：

(1) 适用于各种信托业务的列入总则部分；

(2) 商品买卖部分；

(3) 其他信托业务部分。（上海市人民委员会）

14. 希望在文字的表述上做到既要确切又要通俗易懂。

请考虑是否需要增加以下两点内容：(1) 设立信托事业的理由；(2) 信托的范围。（国务院第五办公室商业组）

15. 本契约草稿应适当增加有关办理其他信托业务的条文。因为在第一条内有办理其他信托业务的规定，但本契约草稿各项条文的规定，是完全属于办理商品买卖的信托业务的，因此，应在本契约草稿内适当的增加几条有关办理其他信托业务的规定。（人民银行武汉市分行）

五、建议将本章中所用的"指示"二字，改为其他适当的文字

1. 全章中委托人"指示"二字，似不适合于我国习惯，不如改为"委托人意见"，或根据契约规定的要求好些。（最高法院民二组）

2. 各条中所用"指示"二字，可以改为"意志"或"意思表示"，这样在概念上清楚些。

3."委托人的指示",有两种意见,少数同志认为:"指示"这一名词只限于上下级之间才能用,委托人与信托人是平行关系,不应用指示应改为"托付";"指示"是表明信托人一定要按照委托人的意思办理,比较确切易懂,故同意仍用"指示"。

4.对第七条中"指示",有的提出"值得考虑",有的建议改用"意见"、"意思表示",或"意旨",或"嘱托",有的建议"违反委托人的指示"改为"违背信托契约的规定"。但部分人认为指示是肯定词,用"指示"较好。(供销总社、上海市、江苏、湖南高级法院,上海市人民委员会,天津人民委员会的意见综合)

5.对第八条中"指示"建议改用"意见""同意"。(江苏高院,杭州市中级法院、公证处、法律顾问处)

6.对第十一条中"指示",建议改用"通知""确定""嘱托"。(杭州市中级法院、公证处、法律顾问处,江苏高院,天津人民委员会)

7.对第十九条中"指示",建议改为"改变委托意见"。(江苏高院)

六、建议把"应当"改为"必须"

我们建议在草案中凡是可以用"必须"的地方,都用"必须",尽可能避免使用"应当"字样,以免发生不必要的误解。(对外贸易部)

七、建议将草案中"商品"二字改为"物品"二字

对各条中"商品"二字意见:认为不如"物品"二字,使其他非商品标的物也可适用。(四川高院)

第一条 信托契约,就是信托人接受委托人的委托和报酬,以自己的名义,为委托人的利益,用委托人的费用,办理商品买卖和其他委托业务(信托业务)的契约。

公民和法人都可以做委托人;只有社会主义法人才可以做信托人。

(一)对本条第一款的意见

1.第一条第一款改为:"依照信托契约,信托人应当以自己的名义,为委托人的计算,办理物品买卖和其他委托事务,委托人应当给付报酬。"

理由:应当与以前文例一律。"为委托人的利益"改为"为委托人计算"为好。这才能表明是为委托人办理委托业务。用委托人的费用不必特别标出,即可包括在"为委托人的计算"之内。又买卖不必均为"商品","业务"应改"事务",并与后文一律。(陈瑾昆)

2.原条文应修改为:"信托契约是信托人接受委托人的委托,以自己的名义,为委托人的计算,办理商品买卖和其他信托业务而受报酬的契约"。(复旦大学)

3.本条第一款后一句,办理商品买卖和其他委托业务(信托业务)的契约,改为"办理商品买卖和其他信托业务的契约"。

理由:信托业务就是委托业务,若以信托业务注释委托业务,反易误解,故作上述的修改。(人民银行武汉市分行)

4.一致主张把"……办理商品买卖和其他委托业务的契约"改为"……办理商品买卖

和其他信托业务的契约"。

又有人提出"以自己名义"一语的权利义务关系不明确,建议改为"以受托人的名义",但多数同意原文。(政协武汉市委会)

5. 本条内"……以自己名义……"应改为"以自己名义或委托人的名义……"。因保险公司所有受托人均以委托人名义接洽业务,对外发给单据或保险凭证也均由公司发给。(上海市人民委员会)

6. 原第一条对信托契约的标的,以"商品买卖和其他委托业务"来说明,更明确,因为全部条文中只对买卖委托业务有比较具体规定,但对"其他委托业务"所指内容不明确,应举例说明并应有相当条文规定。(江西、云南、四川高级法院)

7. 又本条关于信托契约的定义似应再明确一些。(国务院五办商业组)

8. 条文中所指的"费用",如不包括托卖的物品,可在费用后边加上"或物品"三字。(内蒙古自治区高级法院)

(二)对第一条第二款的意见

1. 建议将第一条第二款独立成一条。(东北人民大学)

2. 什么叫社会主义法人,如果在民法典总则中没有规定,则此处应规定出来。

社会主义法人的含义较广,不仅限于国营和公私合营企业,因此,本条只有社会主义法人才可以做信托人,用语不够确切,不如修改为只有特定的社会主义法人才可以做信托人。(成都市中级法院)

3. 我们认为:"社会主义法人"包括国家机关与国营企业在内,但信托业务只能由社会主义性质企业经营,故建议把"社会主义法人"改为"社会主义企业"。

另一意见:把第二款第一句删去。因为委托人既不受限制无须规定。(四川高院)

4. 本条第二款改为:"只有社会主义法人才可以经营前项信托业务。信托契约应当用书面订立。"

另一种意见为"只有社会主义法人才可以做信托人的规定从发展情况看,为了避免中间剥削,这是好的,但目前我们存在着一些公私合营的寄卖行等。为了适应目前情况,照顾将来,同时不要规定过死",所以第二款改为:"公民和法人都可以做委托人;只有社会主义法人及法律规定的其他人才可以做信托人。"(复旦大学)

5. 第二款是否可修改为:"公民和各种法人都可以做委托人。但只有社会主义法人,才可以做信托人。"(西安市第二法律顾问处)

6. 第二款末句,"只有社会主义法人才可以做信托人",有的同志认为:这样规定就应对公私合营的信托组织的地位加以必要的补充说明。但有的同志认为:现在的公私合营就是社会主义的性质。(最高法院民二组)

7. 第二款可改为"公民和法人都可以做委托人和受托人"。(江西省高级法院)

8. "只有社会主义法人才可以做信托人",这样规定是否适合?比方目前国内公私合营的旧货商店受托代卖物品,以及我们委托资本主义国家商人代理买卖货物,契约是在我国订立的,这两个例子在法律上是怎样的看法。(对外贸易部)

9. "只有社会主义法人才可以作信托人",是完全正确的。但是目前福建某些城市和农村还存在着流动的小贩信托人。委托人为了减少付出报酬及能迅速按照其所指定的价格卖出物件,双方以相互信托,把物件交付给未经政府批准背着布包的信托人,到处找人成交。这种信托人目前为数不少,同时靠此来维持生活。按本条文之规定,非法人就不能为信托人,那么这种实际情况的存在如何解决,如果一律取缔,对其生活必受影响,对社会也没有好处。因而有的同志主张,原则是要规定只有社会主义法人才能为信托人,但对流动小贩的信托人,在本文中建议也加以规定。(福建高院)

10. 公私合营的旧货商店是否也可称为"社会主义法人"? 因为实质是国家资本主义。(中国百货公司北京采购供应站)

11. 对"只有社会主义法人才可以做信托人",大家认为与现存实际情况有矛盾。因为现在有公私合营企业做信托业务的,如进出口公司、寄卖行等,它们并非完全社会主义的法人,农村的供销合作社还委托小商贩收购土特产。因此建议把"只有社会主义法人……"改为"只有社会主义性质的法人……"。但也有人认为公私合营企业等是暂时性的存在,立法则从长期着眼或认为"只有社会主义法人……"可以概括已纳入社会主义轨道的公私合营企业等,而主张原条文不动。另一意见是在原文后加一特殊情况例外意思的但书。(政协武汉市委会)

12. 只有社会主义法人才可以做信托人是很好的,但在一些城镇还有部分买卖古董的小摊贩,虽参加合作社组织,事实形成小额的个人之间的信托关系,像这类问题算什么性质的法律行为。如果说算信托性质,那个人之间的信托行为,不能成为社会主义法人。(新疆维吾尔自治区高级法院)

13. 依二款规定,只有社会主义法人才可以做信托人。目前对于公私合营拍卖行是否准许他们经营信托业务,公私合营信托企业是否可称为社会主义法人,希望在条文内加以解释说明。(武汉市房地产管理局)

14. "社会主义法人"是否只限于社会主义经济,如果是这样,则现有的公私合营的代理行业,均将不能接受委托,但目前还存在着这类企业很多,而且也具有一定的作用,为此我们意见,仍应允许这类企业接受委托业务。(武汉市第二商业局)

15. 公民与公民间个别信托契约关系,也有信托人,所以原拟只有社会主义法人,才可以做信托人,反不合乎实际。(广西高院)

16. 第二款社会主义法人才可以做信托人是否限制太严,事实也不如此。(上海市高院)

17. 本条第二款应作适当修改。
理由:目前是允许国家资本主义商业接受委托办理商品买卖的,小商小贩则接受国营商业和供销合作社的委托代购代销。国家资本主义商业和小商小贩不是社会主义法人。(人民银行武汉市分行)

18. 从"只有社会主义法人才可以做信托人"这句话来看,好像是指所有社会主义法人都可以做信托人,如果这样规定,信托人就多了,将会造成混乱。我们认为做信托人要有两个条件:(1)社会主义法人;(2)由国家委托或指定的。(国务院五办商业组)

19. 关于信托人的范围问题,我们认为应当包括农村集市的交易员在内。(北京市信托公司)

20. 人民保险公司上海市分公司提出,如"信托契约"所指信托行,包括保险业务的代理制度,由于目前保险公司各种保险业务上的信托行分为代理处、代理性质单位和个别代理人员三类,这些代理处(员)中,有社会主义法人,也有公私合营运输报关行,更有因人身险等分散业务需要发展的代理员。如规定只有社会主义法人可以做信托人,则保险公司委托公私合营运输报关行或个别公民代理保险业务,即无法律根据。建议将此条适当的补充或修正。(上海市人民委员会)

(三)建议增加一款

关于外国人未经取得中华人民共和国国籍是否可以作为委托人?根据实际情况可能是有的,故建议在第一条中另加一款,把外国人可以做委托人的问题写进去。(杭州市中级法院、杭州市公证处、法律顾问处)

第二条 信托契约应当用书面订立。

另一意见:有的同志主张取消此条,因为事实上目前还存在着口头契约。

(一)同意原案

1. 同意信托契约应当用书面订立。(辽宁高院、中国百货北京采购站、广州中级法院)

理由:

因为目前虽尚有少数口头的信托契约存在,但从发展的方面来看,仍应该强调书面契约,有了书面契约不但执行方便,而且也可以减少纠纷,事实上目前存在的委托出售物时,附注条款的收据、凭条、委托等都具备书面委托的意义。(江苏高院、吉林省高级法院)

2. 虽然目前事实上还存着口头契约,但口头契约利少弊多,为了订立契约慎重,有证据可查,便于解决纠纷起见,还是规定一律用书面订立为好。(成都、昆明中级法院、浙江、云南、湖南高院)

3. 信托契约必须一概以书面订立,现在实际上还存在的口头订立的情况不应迁就。(最高法院民二组)

4. 信托契约应用书面订立为妥。把约定的权利义务等具体问题,用文字肯定下来,不仅能起到证据效力的作用,同时还可以防止不必要纠纷的产生。目前虽然存在口头契约,但从事实情况看来,由于少数公民缺乏法纪观念,而产生出尔反尔现象。因此同意第二条原文。(杭州市中级法院、法律顾问处、杭州公证处)

5. 从信托事业的性质来说,应有严格的要求。用书面订立,就能划清责任,防止漏洞,避免可能产生的欺骗行为。(重庆市、上海市人民委员会,济南、西安中级人民法院,西安司法局,甘肃、福建高院)

6. 一部分人认为口头契约,与前条"只有社会主义法人才可以做信托人"的规定相矛盾。(政协武汉市委会)

7. 信托契约应当用书面订立对指导信托契约这种法律行为有好的作用。(广西省高级法院)

8. 不必迁就不够合适的现存事实。(东北大学①)

---

① 原件如此。应为"东北人民大学"或"东北人大"。

9. 因为信托人只限于社会主义法人,订约用书面为妥。(陈瑾昆、黑龙江高院)

10. 因为订立契约时牵涉到商品规格、质量等许多具体问题。有了这条规定,既可成为法律根据,也可作为能解释双方纠纷的依据。(沈阳市人民委员会)

11. 因为在委托人定约时的指定价格如何,以后是否低价出售,如何计算一定成数的报酬等都需要书面为要件。(四川省高级法院)

12. 信托契约应当用书面订立,这可巩固流转。不过可以把第二条并入第一条。(上海复旦大学民法教研室)

13. 因口头契约对复杂的法律关系不易订得清楚。(上海市高院)

(二)不同意原案

1. 同意取消第二条。(国务院五办商业组、广东高院、江西高院、武汉市第二商业局、武汉市人民委员会参事室)

2. 不同意只准用书面订立信托契约,并提出理由:

(1)"在干鲜果市场代理业务,除少数合约外,大部是口头契约,特别是三季北鲜往往一进市场,就开始出售,来不及订立书面契约。"(北京副食品经营处)

(2)一般的用书面订立简单的可用口头订立。(内蒙古自治区高级法院)

(3)目前实际上,特别在广大农村里,广泛地存在口头契约,如果这样形式不予生效,恐怕有困难,尤其是口头契约便利于农村市集的牲畜、粮食、小土产等交易,为顾及目前存在着的口头契约的事实,不要订得太死,建议本条改为:"信托契约原则上应当用书面订立,但是如果双方自愿,也可以采用口头形式。"(人民银行武汉市分行、福建高院、上海人民委员会、中央工商管理局、北京信托公司)

(4)信托契约应当用书面订立基本上是同意的,但可否补充:"口头契约,也应认为有效",请予考虑。(天津市人民委员会)

(5)"信托契约"第二条可改为"信托契约可以用书面订立,也可以用口头订立",因为口头订立简单的"信托契约",目前还是很流行的。(司法部法令编纂司)

(6)原条文规定信托契约应当用书面订立,但在事实上小额的口头信托契约很多,群众也习惯于口头契约,可否规定依金额多少为限的口头与书面契约。(新疆维吾尔自治区高级法院)

(7)原则上同意信托契约应当用书面订立,因为信托契约不仅直接涉及双方的权利义务,而且往往也影响到第三人的权益。但对一些简单的商品买卖或其他简单的信托业务,是否一律必须用书面?为了照顾目前还存在着的口头约定的实际情况,我们认为原条文可以修改为"信托契约应当用书面订立",但对办理简单的委托业务也可以用口头契约。(上海市高级法院)

(8)一部分人认为口头契约既是存在的事实,不能不考虑法规和事实的矛盾。建议原则上应用书面订立,但在双方自愿的情况下,也可采用口头契约方式。(政协武汉市委会)

(9)我们认为信托契约应当用书面订立,但为了适合目前的实际情况,可以规定一定金额上的限制,在限制金额以下的可以允许采用口头形式,这样既会避免在较大金额信托业务中发生纠纷不易处理,又不妨碍对于某些金额少而且简单的信托事项采取简便的口

头形式。另有意见:取消此条。(山东省高级法院)

3. 建议信托契约并要经过公证。

信托契约是要经过公证机关认证的。但在条文中没有提到,应补充进去。(新疆维吾尔自治区高级法院)

信托契约应经公证机关公证,免得订得不合理,发生纠纷。(黑龙江省高级法院)

第三条 信托人为了完成委托人所委托的事务,可以和第三人订立契约,直接对第三人取得权利并负担义务。

(一)同意原案(成都中级法院)

(二)在同意原案基础上的修改

1. 条文应当修改为"信托人为委托人的计算,办理信托事务和第三人订立契约的时候,直接对第三人取得权利并负担义务。"(复旦大学民法教研室)

2. 第三条改为:"信托人因执行委托事务与第三人订立的契约,由自己直接对第三人取得权利和负担义务。"理由:这条是规定法律上当然如此,不只是"可以"的问题。(最高法院陈瑾昆)

3. 第三条文内"可以"两字可以删去。因为可以订立契约已在第一条内订明了。(四川省高级法院)

4. 建议在本条之末补充:"但应事先征得委托人同意"一句。以切实保障委托人利益。(上海市人民委员会)

5. "建议在信托人为了完成委托人所委托的事务"后面加上"取得委托人同意后"字样。

(三)对原案提出的意见

1. 这样规定恐怕越扯越远。(昆明中级法院)

2. 第三条中的"第三人"同委托人和信托人之间的关系,似应说清楚。(国务院五办商业组)

3. 信托人和第三人订立契约问题,在报酬费上应有规定,根据过去一些订购合同(信托性质的)案件来看,往往发生信托的层次多,其报酬费最后庞大,并发生商品的抬价或压价的现象,使卖者和买者受一定的影响。(新疆高院)

4. 第三条规定:信托人可以和第三人订立契约,直接对第三人取得权利并负担义务,第四条又规定"信托人和第三人订立契约后,应当把契约的内容和履行情况,及时通知委托人。"这样信托人和第三人订立契约后,既然直接发生权利和义务关系为什么又规定:信托人应当把契约的内容和履行情况及时通知委托人呢?通知与不通知是否还要发生什么权利和义务关系?通知委托人后如果委托人不同意会不会影响信托人与第三人间所订的契约?如果不影响信托人与第三人间所订契约的效力,那么通知与否是不是可有可无的问题。(西安市第二法律顾问处)

5. 原条文"……可以和第三人订立契约,直接对第三人取得权利并负担义务"。这样规定第三人是否叫委托人多纳手续费，信托人如何取得手续费，如果把原定的手续费全给第三人，信托人即得不到报酬，如给第三人一部分，信托人从中是否有剥削行为？（中国百货公司北京采购供应站）

第四条 信托人和第三人订立契约后，应当把契约的内容和履行情况，及时通知委托人。

信托人在第三人违反契约的时候，应当及时通知委托人，并依照约定向第三人要求履行契约或者要求赔偿损失和其他权利。如果委托人要求信托人把对第三人的请求权转给自己的时候，信托人不能拒绝。

信托人完成委托人所委托的事务后，应当把所得的一切收益和权利移转给委托人。

（一）主张取消第一款

第一款可以不要，因为信托人和第三人订立契约的内容和履行情况等均是信托人根据委托人事前的指示而办的，那么事后就不必多此一举，再通知委托人，以免增加社会主义法人很多不必要的工作。（上海市高级法院）

（二）在同意第一款基础上的修改

1. 对本条第一款"及时通知委托人"，有两种意见：多数同志认为："及时"语意不够明确，也无标准可循，如果日后发生纠纷，也难以判明信托人的责任，不如改写为"按约定期限通知委托人"，少数同志意见：关于什么时候通知委托人才算及时，可以根据具体情况判定，因此，同意原来条文的写法。（成都中级法院、四川高院）

2. 建议在第一款后加上"委托人接到通知在×日不提出意见，认为其契约和履行情况已经生效"。免得委托人事后提了不同意见不好处理。（新疆高院）

3. 少数同志认为本条文规定"信托人……订立契约后"改为"信托人……订立契约前"更加恰当。

理由：信托人和第三者订立契约后，把契约内容和履行情况通知委托人，那么第三者死亡或者其他事故时，责任为谁负担，难能解决。如果信托人能在开始与第三者订立契约之前，即将所拟订立的契约的内容和履行的情况通知委托人，经委托人同意与第三者订立契约，这样如果第三者发生任何事故时，其责任则由共同负担，亦不致引起不必要的争讼。（福建省高级法院）

（三）同意第二款基础上提出补充意见

1. 本案第二款，"应当及时通知委托人"一句不够明确，应规定期限。（山西省高级法院）

2. 建议在本条第二款最后加一句："第三人亦不得拒绝。"（上海市人民委员会）

（四）同意第二、三款而略作修改并建议第二、三款互换

第三款应与第二款互换，原第二款"要求"应改"请求"，"损失"应改"损害"，"和其他权利"改"和行使其他权利"，又"如果委托人……不得拒绝"改为"并且在委托人请求将对第三人的权利移转的时候，应当立时移转，并且通知第三人"。原第二、三款"……应当……委托

人"改为:"应当将所得一切权利和利益移转给委托人"。(最高法院陈瑾昆)

(五)不同意第二款原案主张信托人对第三人的违约应直接负责

1. 第二款应修改为:"信托人在第三人违反契约不履行债务的时候,对委托人负直接履行契约的责任。"

理由:因为按照第三条规定信托人为办理委托事务和第三人订立契约,既是直接取得权利负担义务,所以在本项第三人不履行契约的时候,只规定他对委托人自负履行契约责任义务就可以了。至于他对第三人违反契约问题应当如何去解决,可以不必在这里规定。又依本法的规定,信托人是社会主义法人,对第三人行使契约权利,在实际上远较委托人公民个人方便得多。也正因为有此种方便,所以设立信托制度,所以不必规定对信托人的债权由委托人去行使代位权。(复旦大学)

2. 对第二款意见:认为信托人请求权移转于委托人后,信托人是否还有责任,如有,又应负何种责任,最好能有明确规定。(四川高院)

3. 多数同志认为本条的规定,从目前某些地区的旧习惯来看,将会产生脱离现实。因此,第三者是不负第一者的责任,信托人和委托人只是层层负责关系,按本条文规定为第三者要和第一者[负]直接关系,显然对委托人本身加重责任和麻烦,而第二者的责任减轻。因此,从本条文中来研究不够符合情理。即是比照苏联民法典也没有规定第一者与第三者的关系。所以多数同志认为,信托人与委托人关系应层层负责为妥当。(福建高院)

4. 考虑第三条的基本精神是强调信托人直接与第三人发生法律关系,但第四条内容又有些否定这一点,如要求信托人把契约履行的情况等及时通知给委托人,看起来两条的立法意义又是不同的,我们同意第三条精神,对第四条的规定认为值得研究。(东北人民大学)

(六)在同意第三款基础上的修改补充

1. 对第三款意见:原文"移转给委托人"前,应加"及时"二字,因为迟延移转,可能使委托人遭受不应有的损失。(四川省高级法院)

2. 有的同志认为可把三款中"一切"二字改为"全部"二字。(内蒙古自治区高级法院)

3. 第三款"信托人完成委托人所委托的事务后,应当把所得的一切收益和权利移转给委托人"的规定,应当修改为"信托人办完委托人所委托的事务后,应当把办理信托事务所得的一切利益和权利移转给委托人",同时把这一条移至第十二条。(复旦大学)

(七)建议增加第四款

第四条应增加一款:"受托人和第三人订立契约后或在第三人违反契约时,如果不及时通知委托人,则受托人应对委托人负责第三人履行契约的责任"。这样可以兼顾保护委托人的利益,也适合我国社会实际情况。(司法部法令编纂司)

第五条 信托人所占有委托人托卖的商品和为委托人买进的商品,都属于委托人所有。

(一)建议取消此条

1. 认为这一条规定是多余的,根据信托契约本身的要求,商品所有权肯定是委托人

的，故此条可以取消。(成都中级法院)

2. 多数意见：认为社会主义法人的信托人，不会有将属于委托人所有物品，列为信托人所有，主张不要此条。(四川高院)

3. 有人以为这一条文没有必要，因为委托人的所有权，应已见于信托契约。(政协武汉市委会)

(二)同意原案

因为信托人虽是以自己名义对第三人做买卖行为，收受委托人的物品，也不是买卖，委托人仍对托售的物品有直接处理权，这样规定，对委托人是有利的。(四川高院)

(三)在同意原案基础上的修改补充

1. "信托人所占有委托人托卖的商品……"，在文字上似可改为"委托人委托信托人卖出的商品和信托人为委托人买进的商品，都属于委托人所有"，较为通俗易懂。(天津市人民委员会)

2. 第五条是否再加上"及其所有权的凭证，都属于委托人所有"。(对外贸易部)

3. 为了确保委托人出售或买进的商品不受侵犯，在第五条后面应增加"信托人不得任意处分"。(西安市第二法律顾问处)

4. 第五条"商品"改为"物品"。(陈瑾昆)

5. 建议将本条"占有"二字改为"持有"。(第八、十一、十四条中"占有"二字亦应作同样的修改)(上海市人民委员会、政协武汉市委会)

第六条 信托人对委托人所委托的事务，应当以对委托人最有利的条件妥善处理。如果由于信托人的过失，使委托人遭受了损失，信托人应负赔偿责任。

如果委托商品被第三人损坏的时候，信托人应当立即通知委托人，并搜集证据要求第三人赔偿。

(一)同意原案(成都市中级法院)

(二)在同意原案基础上的修改、补充

1. 一款可改为："受托人对委托人所委托的事务，应当以对委托人最有利的条件处理。除发生人力不可抗拒的灾害外，如果由于受托人的过失，使委托人遭受了损失，受托人应负赔偿责任。"(重庆市人民委员会)

2. "以对委托人最有利的条件"一句可不要，因为委托人所委托信托人办理的事务，在所订的契约里，都已载明，信托人按照契约办理就可以了；况且以对委托人最有利的条件处理，在具体工作里也不便执行，因而不如改为："信托人对委托人所委托的事务，应当妥当处理。"这样，能够促使信托人对委托人所委托的事务，认真负责地办理，就可以了。(天津市人民委员会)

3. "应当以对委托人最有利的条件妥善处理"一语，拟改为"应当在国家法律政策的许可范围内对委托人以最有利的条件妥善处理"。(武汉市第二商业局)

4. 对这条有两种意见：一种主张把最有利条件改为较有利条件。因为处理一项事务，同时有多种情况和方法,信托人在这些复杂的情况中,不一定完全能达到最有利于委托人的程度。法律规定为最有利的条件,容易引起委托人不合实际的要求和法院解释上的困难。同时与下段"……信托人的过失"的规定,更能吻合。另一种意见认为:规定"最有利的条件"可以加强信托人的责任心,提高委托人对信托人的信任,对发展信托事业有好处。(甘肃高院)

5. 本条第一款应加上,由于天灾使委托商品遭受损失不由信托人负责。(武汉市检察院舒鸿思)

6. 第二款的含义似不够明确,如果委托商品被第三人损坏的时候,究竟是受托人要第三人赔偿还是委托人直接要第三人赔偿?建议将"信托人应当立即通知委托人,并搜集证据要求第三人赔偿。"改为:"受托人应当搜集证据,要求第三人赔偿,并将情况立即通知委托人。"(上海市人民委员会)

7. 本条的"最"字可以取消。(江西高院)

8. "处理"改"办理",以与第一条一致。又"损失"改"损害","要求"改"请求"。(陈瑾昆)

(三)对第二款提出修改的建议

1. 考虑委托商品被第三人损坏,是否要信托人直接向委托人负责。(广东高院)

2. 大多数同志同意本条文规定,但个别同志认为本条第二款规定欠妥。其赔偿责任应由信托人先负赔偿之责,后来再由信托人自己向第三者要求赔偿才对,否则根据本条文规定只是第二者负协助责任,而不负赔偿责任,这显然对委托人的利益是保护不够的。(福建高院)

3. 后段可考虑改为:"如果委托商品被第三人损坏的时候,受托人应当立即通知委托人,并搜集证据,要求第三人赔偿,第三人无法赔偿时,由受托人赔偿,如受托人在和第三人订立契约后,已将订立契约的情况通知委托人同意的,其损失应由双方共同负担。"

理由:委托商品被第三人损失时,当然应该由第三人赔偿,如因本人能力有限,负担不了,受托人还是应负一定的责任才对。(重庆人民委员会)

第七条 信托人处理委托人所委托的事务,如果违反委托人的指示,委托人可以拒绝承认,并可以请求赔偿因此所受到的损失。但委托人接到信托人通知后,不声明拒绝的,就认为已经同意。

对通知期间的意见:

(甲)在同意原案基础上的补充

对"接到信托人通知后,不声明拒绝的,就认为已经同意"一句话,建议规定上"在一定时间内"不声明拒绝的……(广西高院、江西高院、杭州市中级法院、法律顾问处、公证处、内蒙古高院、成都市中级法院)

(乙)建议对通知期间加以补充,并提出理由

1. 条文规定委托人接到信托人通知后,不声明拒绝的就认为同意,我们认为为避免发生争执,应规定一定期限,否则没有时间约束限制,遇有特殊情况,在具体执行时不易分清

责任,容易发生纠纷与困难。(山东、新疆、浙江高院,重庆市人民委员会,全国供销总社)

2. 对委托人接到信托人通知后,不声明拒绝的时候,其时效问题,需具体明确规定,否则遇到实际问题发生争执时,不声明拒绝就必然认为已经表示同意。(福建高院)

3. "委托人接到信托人通知后,不声明拒绝的,就认为同意。"我们认为应具体规定委托人接到通知后×月×日,不声明拒绝就认为同意,较为合适。因为委托人接到通知后是否拒绝或同意,应有一定考虑和准备时间。(沈阳市中级法院)

(丙)对于通知期间提出具体的天数

1. "但委托人接到信托人通知后,不声明拒绝的,就认为已经同意"一句,应改为"但委托人接到信托人书面通知后,三天内不以书面声明拒绝的,就认为已经同意"。因为要求用书面通知和通知要以三天为限,可以防止长期拖延不决,在一旦发生纠纷的时候,也有据可查,容易辨明是非。(吉林、云南高院)

2. "委托人接到信托人通知后……"一段规定得不够明确,接到通知后究竟几天内不声明拒绝的就认为已经同意。因此我们意见应在"通知后"加上"五天内"或"七天内"字样。(上海高院)

(丁)对通知期间,建议由契约约定

1. 声明拒绝期限不好规定,因为契约内容有繁简不同,委托人与信托人住址距离远近不同,因此规定声明拒绝的期限是有困难的。可改写为:委托人接到信托人通知后,"在约定期限内,不声明拒绝的就认为已经同意"。(成都中级法院、四川高院、上海人民委员会)

2. 在"不声明拒绝的"一语前,拟加上"在约定的回复时限内"九字。(武汉市第二商业局)

(戊)对通知期间建议改为"不及时声明拒绝"

1. 我们认为第七条"但委托人接到信托人的通知后,不声明拒绝的……"应改为"……不及时声明拒绝的……"

2. "损失"改"损害","不声明拒绝的"改"不及时声明拒绝"。(陈瑾昆)

第八条 信托人为了委托人的利益,避免受到较大的损失,对所占有的容易变色、变质、腐坏的商品和依照委托人指定价格无法卖出的商品,在不能及时取得委托人指示的时候,信托人应当依照对委托人最有利的价格出售或者作其他必要的处置。

(一)对依委托人指定价格无法卖出的商品部分提出修改

1. 该条中"腐坏的商品和依照委托人指定价格无法卖出的商品"的一段,应改为"……腐坏而且依照委托人指定价格无法卖出的商品",因为按原文字样来看,是把容易腐坏商品和依照委托人指定价格无法卖出的商品,给分成了两个类型的商品,实际应为一类,就是容易腐坏而且不能按照委托人指定价格卖出的商品,才可以按该条规定处理。因此我们认为应作上述修改。至于"依照委托人指定价格无法卖出的商品"应包括第十五条规定中。(吉林省高院)

2. 本条文"对所占有的容易变色、变质、腐坏的商品和依照委托人指定价格无法卖出的商品"一句,修改为:"对所持有的容易变质①、腐坏的商品而依照委托人指定价格无法卖出"。

理由:本条关于容易变色、变质、腐坏的商品,以及最有利的价格的解释,在受托人和委托人之间,容易引起争论和纠纷;而对所占有的容易变色、变质、腐坏的商品和依照委托人指定价格无法卖出的商品,是两种情形,在前一种情形下受托人出卖或作其他处置是必要的,而在后一种情形下,受托人的出售或其他处置,那就不能说是完全必要的了。(人民银行武汉市分行)

3. 对本条有三点意见。

(1)"对所占有的",似可改为"对所委托的";

(2)"容易"二字改为"即将"比较妥当;

(3)按照这条条款推敲,"容易变色、变质、腐坏的商品和依照委托人指定价格无法卖出的商品"一句话,如果是两种情况,那么,后者似可不要,因为依照委托人指定价格无法卖出的商品,如果不是容易变色、变质、腐坏的商品,就是放的时间虽长,也没有关系,自可取得委托人指示以后,再行出售也可以的,如果是一种情况,那么,在文字方面似可改为"对所委托的即将变色、变质、腐坏不能依照委托人指定价格售卖的商品"。(云南省高级法院)

4. 一种意见:将本条"和依照委托人指定价格无法卖出的商品"一句删去。因为应早出卖,而低价无法出售的商品,与容易变坏的商品,是不能同等看待的,如果需要给予信托人处理权,可以约定,未约定的,只能照十五条处理。无须给予法定处理权。(四川省高级法院)

5. 本条"依照委托人指定价格无法卖出的商品"一句,似与第十五条规定有冲突。我们意见此句可取消,这样使第八条专指易腐败变质等商品而言,第十五条专指约定期限未能依指示价格出售而言。(最高法院民二组)

6. 大家认为这样规定受托上权限过大,建议:①把"对所占有容易变色、变质、腐坏的商品和依照委托人指定价格无法卖出的商品",改为"对所持有容易变色、变质、腐坏的商品而依照委托人指定价格无法卖出",或剔除原句中间"的商品和"四字;②在全文之后,加一"(但应尽可能取得证明)"之类的限制规定。(政协武汉市委会)

(二)在同意本条基础上的补充修改

1. 此条最后应补充一句:"并保有处置的证据"。因为如果不要求信托人提出处置的证据,则可能遇信托人不负责任或别有企图时,随意处置委托人的商品,使委托人的利益受到损害。(成都中级法院)

2. 另一种意见:保持原文外,并加:"并保持处理的证据",以免争执。(四川省高级法院)

3. 可在文中加上"如委托人与信托人另有约定的除外"一句。(内蒙古高院)

4. 本条为了说明信托人所占有的确系容易变色、变质、腐坏的商品,应在原文中之末,加

---

① 原件如此,据上下文,应为"容易变色、变质……"。

上"并负责保全必要的证据"一句。(云南高院)

5. 本条的规定是必要的,主要是为委托人的利益,但按目前实际情况不都是社会主义法人做信托人,为防止剥削行为的产生,对易于变色、变质、变坏的商品和依照委托人指定价格无法出卖的商品,最好要经过公证机关或其他证人为证较为妥当。(福建高院)

6. 有人提出:为防止信托人和委托人之间发生纠纷,在第八条的"在不能及时取得委托人指示的时候"的后面改为信托人应首先进行检查或鉴定取得证明然后依照对委托人有利的价格出售或者作其他必要的处置。(江西高院)

7. 信托人在委托事务的处理,在不能及时取得委托人指示的时候,应当加上在取得有关单位的证明,然后信托人再处理为宜。(新疆高院)

8. 在第八条中应当考虑防止委托人在信托人因不能与其取得联系指示时而代信托人① 处理商品后,委托人不承认造成纠纷。(北京市信托公司)

(三)在同意原案的基础上对文字的修改

1. 原文"……对所占有的容易变色、变质、腐坏的商品和依照委托人指定价格无法卖出的商品……"其中"和"字是否改为"或"字。(中国百货公司北京采购供应站)
2. 条文中腐坏二字应当改为"败坏",并于"败坏"之前添一"或"字。(复旦大学)
3. 本条"最"字可以取消。(江西高院)
4. "损失"改"损害","商品"改"物品"。(陈瑾昆)

(四)建议取消本条

1. 本条可以不要,因为依照委托人指定价格无法卖出的商品,多是规定价格偏高而无法卖出,如属于这种情况,可按照十五条规定,"超过了约定期限不能按照委托人所指定的价格卖出的时候,应当通知委托人重新议价或者解除契约"的规定办理。假若允许信托人在不能及时取得委托人指示的时候有权变更原来契约的规定出售或作其他必要的处置,会产生纵然信托人的处置是对委托人最有利,而委托人也不同意的纠纷。(山东高院)

2. 取消本条,有关本条内容可订在契约内。(上海市人民委员会)

3. 本条可以不要。因为这样的事不会多,并且在"最有利的价格出售"这句上容易发生纠纷。

第九条 委托人托卖商品的时候,应当把商品的质量特征告知信托人,不得隐瞒缺陷。信托人在接受托卖商品的时候,应当及时检查;如果发现托卖商品和委托人所告知情况有出入的,必须立即通知委托人,并负责保全必要的证据。

(一)同意原案(成都中级法院)

(二)在同意原案基础上的修改和补充

1. 信托人在接受托卖商品的时候,"应当及时检查"一句应改为"当面检查"。(山西省高院)

---

① 原件如此,"信托人"似应为"委托人"。

2. 大家对整个条文的规定是同意的,但为了便于处理实际问题,最好在条文中规定需双方面当面详细检查,同时亦要具体对时效规定为要。如果仅以"及时"二字表达,稍嫌笼统不具体。(福建高院)

3. 在本条末段,请加上"通过信托人代卖的商品委托人也可以与第三人直接办理交割手续,直接交割的商品,信托①不负检查的责任"。因为目前还存在着这种情况,而且这种直接交割的办法,也可减少商品流转环节。(武汉市第二商业局)

4. 条文中不得隐蔽"缺陷"二字,应改为"瑕疵"二字,较为恰当。(上海复旦大学民法教研室)

5. "商品"改"物品","必须"改"应当","并负责……"改"并且负责……"(陈瑾昆)

(三)建议增加"物品原有瑕疵应由委托人负责。"的内容

1. 本条对有些当时无法鉴别的商品(如胶卷、罐头、医药等)而事后发现确有变质,应由委托人负责。(北京市信托公司)

2. 本契约对委托人有意隐瞒托卖商品的缺陷,而信托人也未及时检查发现及委托人过失隐瞒托卖商品的缺陷,而信托人未能及时发现的情况,委托人与信托人责任的划分不够明确,是否有必要具体订明请考虑。(浙江高院)

第十条 委托人对于信托人代为买进的商品,应当及时检查,如果发现与约定不符,必须立即通知信托人。但在过了约定期限不通知的,就认为已经同意。

(一)同意原案(成都中级法院)

(二)在同意原案基础上的修改补充

1. "必须立即通知"改为"应当及时或者在约定期限内通知"。"但过了约定期限不通知"改为"如果不及时或者不在约定期限内通知,就认为已经同意"。(陈瑾昆)

2. 本条应加上"无正当理由不通知者就认为已经同意"。因为检查人员即使是专门人才,但当时按条件的确无法发现问题,而是在工地上或工作中才发现问题。其次领回后,如即发现有问题,但又确因交通不便或所寄之函件已在途中。(武汉市检察院)

3. 个别同志提出补充意见,"但在过了约定期限不通知的,"之后加上"委托人已保全必要证据证明当时确系信托人有意隐瞒所造成,信托人应负赔偿责任。"因为由于信托人有意隐瞒,当然应负赔偿责任,否则不分情况,一概以过了约定期限不通知就认为已经同意的做法,显有庇护信托人之感。(浙江高院)

4. "立即"字样,可改为"在发货后××日内"字样。"但在过了约定期限"可相应的简化为过期二字。(供销合作总社)

(三)建议不要本条

本条规定意义不大,可要可不要,因前述信托人责任义务,已可包括。(最高法院民二组)

---

① 原件如此。"信托"或为"信托人"之误。

第十一条 信托人对所占有委托人的商品,在委托人已经指示或者依照法律的规定必须保险而没有代为保险的时候,才对它的后果负担责任。

在同意原案基础上的修改:

1. 第十一条文字可能被理解为"除此外,一切后果概不负责",与第六条的精神不甚符合。因此最后一句"……才对它的后果负担责任"中的"才"字,改为"应"字,即改为:"……应对它的后果负担责任。"(中央工商行政管理局、人民银行武汉市分行)

2. "商品"二字改为"物品"。(陈瑾昆)

3. 本条"信托人对所占有委托人的商品,在委托人已经指示……"可改为"委托人委托信托人出卖的商品,在委托人已经告知……"(天津市人民委员会)

4. 同意原条文,但应将第一句话改为"信托人对委托人所委托的商品"。

5. 对第十一条最后一句话,应改为"才对它的后果负担赔偿责任"。以示明确。(广西省高院)

6. 中国保险公司上海市分公司认为本条中"依照法律规定必须保险"一语可以去掉。因为财产强制保险方法,将自1958年起废止;且已有"有了委托人指示"一语,可以说明问题。(上海市人民委员会)

第十二条 信托人没有得到委托人的许可,不许预支货款给第三人或者把商品赊卖给第三人。

如果违反上款的规定,应当依照委托人的要求,由信托人负责归还。

另一意见:由于考虑到信托人都是社会主义法人,必须接受货币管理,所以实际上不存在这一情况,故主张取消此条。

(一)同意原案(江西高院、西安市中级法院、陕西西安市司法局、内蒙古高院、陕西省西安市第一法律顾问处、第二法律顾问处、辽宁高院、广州市中级法院、新疆高院、甘肃高院、湖南高院、供销合作总社部分同志)

(二)同意原案并提出理由

1. 根据目前实际情况订购商品等往往要预支部分定金,如硬性规定不许预支在实践上可能有些困难。原条文规定"没有得到委托人的许可,不许预支……"从它的反面解释就是"得到委托人的许可,可以预支",这样确定还是比较灵活的。(上海市高院)

2. 按社会主义信贷原则是不应存在商业信用的,但是我国对商业信用是逐步取消,并不是接受了货币管理之后就不能发生商业信用了。为了保障委托人的利益,此条是应该保留的。(人民银行武汉分行)

3. 因为这样能够弥补目前在货币管理和掌握中不严的缺陷。(北京市信托公司)

4. 因考虑目前即使是社会主义的国营企业,但仍有赊销的实际情况,故认为有保留该条文的必要。(广西省高院)

5. 我们认为事实上有些委托出卖物品,价值太贵,不能一次付清价款,或因其他原因必须采取赊卖方式为宜。同时在国营企业中目前存在着赊销业务,因此信托人只要得到委托

人同意,当然可以把委托人出卖的物品赊卖出去,故本条仍有规定的必要。(江苏高院)

6. 虽然信托人都是社会主义法人,必须接受货币管理,但如果没有原文这一条款的规定,对发生了不服管理的问题,是不好解决的。故认为原第一条①规定有意义。(吉林高院)

7. 因为另案规定是不大符合实际情况,目前信托人不都是社会主义法人,对货币管理也会可能存在漏洞,故认为另一意见不应采用。(福建省高院)

8. 因为某些个别社会主义法人,法制观念还不够强,在我们实际工作中就遇着有不执行法院判决的法人。(昆明市中级法院)

9. 因为目前经营信托业务的机构并非全部都是实行货币管理的,因而预支、赊买的情况也可能发生的。(复旦大学)

10. 应该明确委托人与信托人的权利义务,不能因信托人是社会主义法人,必须接受货币管理而废消此条。(浙江高院)

11. 有此一条规定,可以防止信托人预支付货款给第三人。(北京市副食品经营处)

12. 因为信托人肯负责,那么为了灵活一点活跃市场,有这条为宜。(广东省高院)

13. 因为保险公司业务上的委托人并不尽是社会主义法人。(上海市人民委员会)

14. 因为现在实际上有商业信用存在。(政协武汉市委会)

15. 虽然信托人都是社会主义法人,这种情况也是可能的。(黑龙江高院)

(三)在同意原案基础上的修改

1. 原文中第二款"……应当依照委托人的要求"我们意见可以删去。因为强调依照委托人要求是不够妥当的,也可能产生一种无理要求。如要求归还原来的商品等而引起不必要的争执。另外不同意另一意见,因为社会主义法人也可能同第三人订立契约,同时从实际情况来看预支货款和商品赊卖尚还存在。(杭州市中级法院、法律顾问处、公证处)

2. 第一款"不许"二字拟改为"不得","商品"拟改为"物品"。第二款拟改为"信托人违反上款规定,应对委托人负担责任"。

理由:这责任不只"归还",而且只定明应负责已足,委托人行使请求权与否,当然自己决定。(陈瑾昆)

3. 在本条第二款中"由信托人负责归还",归还二字意义不明确,可以理解为原物归还,也可以理解为照价归还。如果信托人把商品赊卖给第三人,第三人已经使用了一段时间,原物归还,委托人可能受到一些损失。因此第二款可修改为:如果违反上款的规定,委托人请求退还时,应由信托人照价归还。(云南高院)

(四)同意另案(沈阳市人民委员会、东北大学、武汉市人民委员会参事室、国务院五办商业组、山东高院、复旦大学、供销合作总社部分同志)

(五)同意取消本条并提出理由

1. 理由是与第三者发生任何关系,均归受托人按信托契约,对委托人负责。如第三者有赊欠倒账等事情,受托人负责。(政协武汉市委会)

---

① 原件如此,或为"原第十二条"。

2. 因为信托人凭它对三人①的了解,赊销预支是可以的,事实上赊销预支还存在。当事人不同意,事前可以约定,事后也可以拒绝承认。(四川高院)

3. 因为这条不但有如另一意见提出的理由,而且这条还与第六条内最有利的条件妥善处理的精神有些冲突,同时今后对商业信用是否允许存在的问题,也还待进一步的研究。(武汉市第二商业局)

第十三条 信托人应得的报酬,按照委托商品成交金额的一定成数计算。

(一)同意原案(最高法院民二组)

1. 本条后一句"按照委托商品成交金额的一定成数计算"改为"按照信托契约上的规定就实际成交金额的一定成数计算"。

理由:删去商品二字,则本条的规定可以适用于其他信托业务。(人民银行武汉市分行)

2. 一致主张改为"按照信托契约规定的成交金额的一定成数计算"。因为原文中"委托商品"不能包括其他信托业务。(政协武汉市委会)

3. 应当再加上"或者按成交件数计算"。(北京市信托公司)

4. 信托人计算报酬时,除参考全额计算外,似也应根据商品之体积及质量去计算。正如火车、邮局所寄的包裹一样。(武汉检察院)

5. 改为"除有特别订定或者规定外,信托人于办理委托事务完毕后,才得请求报酬。报酬数额,如果没有特别订定或者规定,应当按照物品成交价格适当成数计算"。理由:给付报酬时期应当讲明,又报酬一般总有约定或者规定,如果没有,应当按适当成数计算。(最高法院陈瑾昆)

6. 本条应改为"信托人应得的报酬,应由信托契约的双方在不违反法律的原则下自行拟定"。因为原条文对委托买卖商品以前的信托契约的报酬办法不能概括。而且原拟条文文字上说按一定成数计算本身也是不确定的,也是需由信托契约双方当事人协议确定的。(广西高院)

(二)建议取消此条

本条仅适用买卖委托业务,范围狭窄而且内容空洞,因此,我们认为此条可以取消。(江西省高级法院)

第十四条 信托人可以从经手收入委托人的现款中,扣除应得报酬、垫付费用和附加利息。

如果信托人没有委托人的现款可以扣除的时候,信托人对所占有的委托商品,享有留置权和优先受偿权。

(一)同意原案(四川高院)

(二)在同意原案的基础上应修改

1. 个别同志主张在"扣除"前加"请求予以"数字。因为"扣除"不能误认为"抵销"。

---

① 原件如此,或为"第三人"。

如有优先受偿的债权,不受"扣除"的"拘束"。(四川高院)

2. 在"经手收入委托人的现款中"的后面加上"根据契约或信托规章,扣除……"。(供销合作总社)

3. 第二款"信托人对占有的委托商品"可改为"信托人对委托人所委托的商品"。(天津市人民委员会)

4. 第十四条"商品"改为"物品"。(陈瑾昆)

(三)对于垫付费用的利息计算提出的问题

人民银行上海分行认为这条涉及利息计算问题。如垫付费用系属受托人自有或受托人向外借贷而来,其计算利率是否有高低,在条文中不明确。(上海市人民委员会)

第十五条　信托人对委托人托卖的商品,超过了约定期限不能按照委托人所指定的价格卖出的时候,应当通知委托人重新议价或者解除契约。

在同意本条基础上的修改补充

1. 超过了期限不能卖出,应注明非由于信托人的过错。(广东高院)

2. 提议将本条改为:受托人为委托人买卖的商品,超过了约定期限不能按照委托人所指定的条件进行买卖时,应当通知委托人重订新约或者解除契约。(上海市人民委员会)

3. 本条"商品"改为"物品"。"超过……时候"改为"不能在约定期限内按照委托人指定的价格卖出的时候","应当通知……"改为"可以通知"。

理由:此时不应作为义务,应作为权利,尤其解除契约。(陈瑾昆)

4. 应补充一款"如另有约定者则从约定"。因在目前有些信托事务中,如寄售商行等,信托人还收委托人委托商品的一定数量保管费,因此加上补充款后,可更全面些。(浙江高院)

5. 在最后加上"解除契约者,应付保管整理费"。(供销合作社部分同志)

第十六条　委托人对信托人按照约定代为买进的商品,应当及时领取;如果超过了约定期限不来领取的,信托人可以收取保管费用。如果经过信托人一再催告,满六个月还不来领取,信托人可以把委托的商品拍卖,并从卖得的价款中扣除应得报酬、垫付费用和附加利息,有余款的,专户提存银行。

提存银行的余款,委托人经过三年还不来领取的,由信托人上缴国库。

(一)对本条的修改

原条文规定的办法我们认为不妥当:第一,在满六个月不来领取,原条文规定可以由信托人自己拍卖受偿。这种不经过司法机关或其他机关就由当事人一方直接处分对方财产的行为显然不够妥当,何况是在一方不到场的情况下,更难免有失公允,易生弊端。因此,我们意见在满六个月不来领取时应由信托人报请当地法院裁定或当地公证机关证明后才能受偿是比较妥当的。第二,原条文规定"有余款的,专户提存银行",查目前银行并无提存业务,只有储蓄业务,这两种业务在性质上完全不同,提存业务是属于公证机关的业务范围。因此我们认为第十六条原文可以修改为:"委托人对信托人按照约定代为买进的商品,应当及时领取;如果经过了约定期限,不来领取的,信托人可以收取保管费用。如果经过信托人一再催告,满六个月还不来领取时应由信托人提出有关证明和应受偿的报酬垫付费用及附加利息等证件,申请当地法院裁定或公证机关证明,经受偿后有余款的提存于公证机关,如当地无公证机关的,可以专户提存于银行,凡提存于公证机关或银行的余款,委托人经三年还不来领取的,即上缴国库。"(上海高院)

(二)同意原案基础上对本条的修改

1. 对本条拟改为:"委托人对信托人按照约定代为买进的商品,应当及时领取,如果超过了约定或章则规定的期限不来领取的话,信托人可以收取保管费用。

于前项约定或原则规定领取期限届满后起(满六个月),经过信托人定期催告,催告期限届满后,还不来领取的话,信托人可以把委托人的商品拍卖,并从卖得的价款中扣除应得报酬、垫付费用和其利息。如有剩余应为开立专户,提存银行。

提存银行的余款,委托人经过三年不来领取的话,由信托人上缴国库。"(复旦大学)

2. 第十六条"商品"改"物品",又第二款宜并于"专户提存银行"句下改为:"通知委托人提取,经过三年不来领取,由信托人上缴国库。"(陈瑾昆)

3. 又所谓"六个月"和"三年",不知从哪一天算起,规定似欠明确。(政协武汉市委会)

(三)对第一款的修改补充

1. 似应分别不同商品规定不同的领取限期,例如对于变质腐烂的商品,就需要缩短领取限期。(国务院五办商业组)

2. 应在第十六条中注明:"鲜干果蔬菜类商品,可根据变质情况,在不使商品遭受损失,对委托人有利的精神,由信托人进行拍卖"。(北京副食品经营处)

3. 多数认为应在该条第一款最后一句"并从卖得的价款中扣除应得报酬、垫付费用和附加利息"之内再加上"保管费用"。有的意见认为无须加进"保管费用"四字,因前半段已有规定。(广西省高级法院)

4. 本条"应当及时领取"之后,是否应加上"或指示处置方法"。(对外贸易部)

(四)对第二款的修改意见

1. 认为"委托人经过三年还不来领取的……"这三年期限太长了,会增加信托部门的麻烦。(武汉市检察院)

2. 我们认为二款所限三年时间太长,因为这样会促使委托人对执行国家经济计划的不够严格,故主张适当缩短为一年或二年。(西安市第二法律顾问处)

3. 委托人经过三年还不来领取的方可上缴国库的时间规定得过长,可以改短一些。(广州市中级法院)

4. 委托人如果是死亡了,但其亲戚在三年外才知道,申请继承此笔财产,按此条规定已上缴国库,那么委托人亲属之继承请求如何办?因此主张:三年上缴国库不能不管客观原因,最好留有伸缩性。(昆明市中级法院)

(五)建议增加一款

即"如果卖得商品的价款中,不够抵偿应得报酬、垫付费用和附加利息,委托人应负责

偿还"。(全国供销合作总社)

(六)建议不要此款理由

1. 国家银行办理储蓄存款,没有规定存款人提存销户的限期。本条第二款规定,"提存银行的余款,委托人经过三年还不来领取的,由受托人上缴国库",这就不足以保障委托人的权益,故应取消此项,或者把上缴国库期限放长一些。(人民银行武汉分行)

2. 因为现在在银行存款并无过期上缴国库的规定,有的还说,就是在过去旧社会也没有这样办的。并且"提存银行的余款",国家可以利用,并未冻结。(政协武汉市委员会)

第十七条 信托契约解除以后,委托人不取回委托商品的,信托人可以依照第十六条规定处理。

对本条的修改:

1. 本条改为"依第十六条解除契约以后,委托人不取回托卖物品,信托人可以依照前条规定处理。"(陈瑾昆)

2. 有人认为本条最后一句可以改为:"信托人应当通知委托人重新议价即可"。(湖南高院)

3. 建议把本条改为:"信托契约解除以后,委托人不取回委托商品的,受托人应予催告或者依照第八条规定办理。"(上海市人民委员会)

第十八条 除了另有约定的以外,委托人可以随时撤销委托;信托人也可以随时辞退委托。但信托契约解除以前,信托人依照委托人的指示办理的事务应仍有效。

委托人中途撤销委托,应当给付信托人因履行契约所垫付的费用。

信托人中途辞退委托,如果没有正当理由,应当赔偿委托人因此遭受的损失。

(一)同意原案基础上的修改

1. 本条改为"除了别有订定①外,委托人、信托人都可以随时终止契约,终止契约前,信托人办理的信托事务,仍有效力,并且得请求偿付垫付费用和应得的适当报酬。办理信托事务的结果,应当交付委托人,如果没有正当理由终止契约,致委托人受到损害,应当赔偿。"理由:这应当是终止,不是解除,且可以不分款。(陈瑾昆)

2. 同意条文第一款,对第二、三款拟改为:

"委托人中途撤销委托,应当给付信托人因履行契约所垫付的费用,并按履行契约的程度给予适当的报酬。"

"信托人中途辞退委托,委托人应该给付信托人在前履行契约所垫付的费用及适当的报酬,如果没有正当理由,造成委托人的损失应当赔偿委托人所受的损失。"(广州市中级法院)

(二)在同意第一款原案基础上的修改

本案第一句"除了另有约定的以外",语意不确切,容易使人误解为在本契约之外,另

---

① 原件如此,或为"约定"。

有其他约定,为了明白起见,可改为"除在契约内已有明文规定的以外"。(云南高院)

(三)对第一款的修改

1. 建议把第一款中"可以随时撤销委托"和"可以随时辞退委托"改为"可以随时提出撤销委托"和"可以随时提出辞退委托"。这样使得信托契约的解除不致片面的决定,而避免对方遭受损失。(政协武汉市委会)

2. 个别同志认为撤销或辞退委托,双方必须取得同意,不能单独一方撤销或辞退委托,理由是如未经双方同意,则被撤销和被辞退的一方将要受到损失,这与爱护国家财产和实行计划经济是不符合的。(湖南高院)

(四)对第二款的补充

1. 第二款应改为"委托人中途撤销委托,应当给付信托人因履行契约所用的费用及适当的报酬"。因为考虑到信托人因履行契约已做了很多工作,而委托人中途撤销委托的情况下,给予信托人适当报酬是有必要的。(广西高院)

2. 第二款仅规定委托人中途撤销委托应当给付信托人因履行契约所垫付的费用,如委托人撤销委托时,信托人已完成的事务是否应给付报酬呢?我们认为,对已经完成事务的部分的报酬也应给付,因此,第二款可以修改为:"委托人中途撤销委托,应当给付信托人因履行契约所垫付的费用及已经完成的事务的报酬。"(上海市高院)

3. 本条二款后增加两句"如果没有正当理由撤销委托时,并应付给受托人适当的报酬"。因为这样才可以限制委托人任意撤销契约,而保障受托人的权利。(人民银行武汉市分行)

4. 第二款委托人中途撤销委托,这时信托人已花费一部分劳力,信托企业经费是要靠报酬来支,因而应考虑到除应当给信托人因履行契约所垫付的费用外,还应当给付适当的报酬。(新疆维吾尔自治区高级法院)

5. 第二款之后,还应加上手续费用。(江西高院)

6. 第二款和第三款规定的权利义务欠公允,即受托人按第三款要赔偿损失,按第二款仅仅得到垫付的费用,而中途撤销委托,对受托人也会造成业务和信誉上的损失。因此,也应取得一定的补偿,如由委托人给与一定的手续费,或在第二款中明确规定其垫付费用,应适用上款但书的情况。

另一意见,认为中途撤销委托,在垫付费用外,受托人并无若何损失,如规定取得补偿反会影响信托业务。(政协武汉市委会)

(五)对第三款的修改补充

1. 第三款中的"正当理由"是否"正当"也容易发生争执。建议:联系到受托人与第三者订立契约,经过委托人同意者,因中途撤销委托而从第三者关系上产生的损失不予赔偿。但未经委托人同意者,仍应赔偿。(政协武汉市委会)

2. 为了使条文更加完整全面,当委托人委托信托人买卖货物,其中已卖出部分物件,但还有一部分未卖出并已有买进的物件,如果信托人没有正当理由中途辞退委托,使委托人遭受损失,信托人给委托人赔偿的处理办法,应在本条内加以明确规定。(福建高院)

3. 对信托人中途辞退委托的正当理由按一般原则来说,应确定:(1)无货源;(2)对所寄卖的商品,虽已多次延期,的确卖不出去。(武汉市检察院)

(六)建议增加一款

我们意见:另外增加一款,信托人和委托人任何一方提出变更契约时,经他方同意可以变更原订约定。(杭州市中级法院、法律顾问处、公证处)

第十九条 委托人死亡、被宣告失踪或者被宣告无行为能力的时候,信托人在没有得到委托人的权利承受人或者代理人指示以前,应当按照原订契约继续执行委托事务。

(一)同意原条文(上海市高院)

(二)建议将法人可能发生情况列入

1. 同意原条文,但如果委托人是法人,则情况有些不同,应该考虑一条关于法人的规定。

2. 一致认为"死亡"适用于自然人,对于"法人"还应加上"改组"、"合并"、"停业"、"撤销"等情况的规定。(政协武汉市委会)

3. 本条应加一项"委托人如为法人,因改组或停业而不能继续履行信托契约时,受托人在没有得到委托人的指示以前,应当按照原订契约继续执行委托事务"。(人民银行武汉市分行)

(三)在同意原案基础上的补充意见

本条的规定是需要的。但对委托人死亡后,无权利承受人和代理人的情况下,商品已卖出的价款和买进的商品,其处理办法手续也要在本条文中加以补充规定。(福建高院)

关于信托契约中应讨论的几个问题

1957年2月8日

一、信托业务的范围应如何确定？根据是什么？信托人是否只限于社会主义法人？信托契约是否必须用书面订立？还是也可以用口头订立？

参考材料：

（一）关于信托范围：(1)布拉都西著民法教科书（下册）116页。(2)坚金著民法讲义（第三册）166页。(3)克里依诺娃著民法讲义（下册）117页。

（二）关于信托人：(1)布拉都西著民法教科书（下册）120页。(2)坚金著民法讲义（第三册）166页。(3)克里依诺娃著民法讲义（下册）117—118页。

（三）关于契约形式：(1)《苏俄民法典》第275条2。(2)坚金著民法讲义166页。(3)克里依诺娃著民法讲义（下册）117页。

二、因第三人违约致信托人不能对委托人履行义务和在信托人占有委托人的货物情况下而被第三人毁损或窃盗，这两种不同情况的法律后果，信托人对委托人应如何负责？货已卖给第三人后，发现原有货物的隐蔽瑕疵，委托人是否仍应负责？

参考材料：

（一）关于第三人违约或毁损的责任问题：(1)《苏俄民法典》第275条5第1、2两款，《保加利亚债与契约法》第295条、国民党民法第579条。(2)布拉都西民法教科书118页。(3)坚金讲义167页。(4)克里依诺娃著民法讲义（下册）116—117页。

（二）关于隐蔽瑕疵问题：(1)《苏俄民法典》第195—198条、国民党民法第354—356条。

三、信托人对寄卖的货物可否自买，寄卖货物信托人应否负担代为保险责任，如不代为保险遭到不可抗力毁损或灭失时，信托人是否负赔偿责任？

参考材料：

（一）关于可否自买问题：(1)《苏俄民法典》第275条5第4款、《保加利亚债与契约法》第303条、国民党民法第583—588条。(2)我国习惯拍卖行不许自行拍卖，委托行可以自买，但是以买卖关系的身份出现，而且不收取报酬。

（二）关于代为保险问题：(1)《苏俄民法典》第275条9第2款、国民党民法第583条第2款。(2)坚金讲义（三分册）170页。

四、信托契约的信托人和委任契约受任人及初级市场上的交易员在法律地位上有何不同？经销代销业务和信托业务又有何不同？

参考材料：

（一）关于法律地位问题：(1)《苏俄民法典》第275条和第251条、国民党民法第565条、《南京市房地产交易所及交易员设置办法》第6条。[见《民法资料汇编》(第二册)上]

（二）关于经销代销问题：(1)关于党在过渡时期总路线的学习和宣传提纲中对资本主义工商业的社会主义改造部分。(2)李维汉关于学习总路线的报告。(3)国民党民法第558条。

关于"信托契约"的几个问题

1957年3月21日

一、信托业务,现有几种?在买卖关系中有哪些业务是经信托人代为处理的?

二、在信托业务中,因第三人违约致信托人不能对委托人履行义务,这时,信托人对委托人实际上负什么责任?

三、信托人所保管的委托人物品,如果遗失、被窃或被他人损坏的时候,信托人在什么情况下才担负责任?

如果信托人没有过失是否担负赔偿责任?

四、信托人对委托代卖的商品,是否可以自买?有没有暗中自买而又收手续费的?

五、信托人为使委托人避免较大的损失,对于依照委托人指定价格无法出售的商品,在不能及时取得委托人同意的时候,信托人是否可以自行减价出售?

六、信托人在委托人没有偿还其报酬、垫款和附加利息的时候,对委托人的物品是否可以留置?

七、委托人托买的物品,有没有经过一再催告,不来领取的?在解除信托契约后,委托人有没有不取回其托卖物品的?如有上列情况,信托人都是如何处理的?

八、信托契约关系,是否可以随时解除?如可以,因解除契约,致对方受到损失,以往都是如何处理的?

九、私人是否可以做信托人,它的业务有哪些,我们对这方面的政策怎样?

十、"居间"业务有哪些?"居间人"和买卖双方关系如何?居间和信托在法律关系上有何不同?

信托契约(第四次稿)[①]

1957 年 3 月 21 日

第一条 依照信托契约,信托人应当为委托人的利益,以自己的名义,办理商品买卖和其他信托业务;委托人应当给付约定的报酬。[②]

第二条 信托人为了完成委托人所委托的事务同第三人订立的契约,直接对第三人取得权利并负担义务。[③]

第三条 信托人在第三人违反契约的时候,应当及时通知委托人并负责向第三人要求履行契约或者赔偿损失。如果第三人不能履行契约或者赔偿损失,信托人只有在负保证责任时,才负责赔偿。[④]

第四条 信托人完成委托人所委托的事务后应当把所得的一切收益和权利移转给委托人。[⑤]

第五条 信托人对委托人所委托的事务,应当妥善处理。如果由于信托人的过失,使委托人遭受了损失,信托人应负赔偿责任。[⑥]

第六条 信托人保管的委托商品被盗窃或被他人损坏的时候,信托人应当立即通知委托人,并负责向加害人要求赔偿。必须是加害人不能赔偿才由信托人负责赔偿。[⑦]

另一意见:本条可以不要,信托人如有过失,用第五条解决,如果信托人没有过失按照第三条精神处理。

第七条 信托人处理委托人所委托的事务,如果违反了约定的条件,委托人可以拒绝承认,并请求赔偿因此所受到的损失。但委托人接到信托人通知后在约定期间内,不声明拒绝的,就认为已经同意。[⑧]

---

① 本件原件有如下手写眉批:"'苏'为苏俄民法典的简称;'国'为国民党民法的简称。"
② 原件本条手写旁注:"苏 275 之一;国 576。"
③ 原件本条手写旁注:"苏 275 之三;国 578。"
④ 原件本条手写旁注:"苏 275 之五;国 579。"
⑤ 原件本条手写旁注:"苏 275 之七;国 581。"
⑥ 原件本条手写旁注:"苏 275 之六;国 584。"
⑦ 原件本条手写旁注:"苏 275 之九。"
⑧ 原件本条手写旁注:"苏 275 之十一、275 之十二。"

另一意见：信托人只有在得到委托人同意后，才能免除责任。

第八条　信托人对委托人委托买卖的商品，超过了约定期限不能按照委托人所指定的价格卖出或者买进的时候，应当通知委托人重新议价或者解除契约。

第九条　信托人为了委托人的利益，避免受到较大的损失，对容易变色、变质、腐坏的(有的主张加上"商品和"三字)，依照委托人指定价格无法卖出的委托商品，在不能及时取得委托人同意的时候，信托人可以减价出售或者作其他必要的处置，但应保存有关证据。①

第十条　受托人托卖商品的时候，应当把商品的质量、特征告知信托人，不得隐瞒瑕疵。如果发现托卖商品和委托人所告知的情况不符，应由委托人负责，但信托人必须保存必要的证据。

第十一条　信托人可以从经手收入委托人的现款中，扣除应得报酬、垫付费用和附加利息。如果没有现款扣除委托人也没有偿付的时候，信托人对所占有的委托商品，享有留置权。②

第十二条　委托人对信托人按照约定代为买进的商品，应当及时领取；如果超过了约定期限不来领取的，信托人可以收取保管费用。如果经过信托人一再催告，从最后催告之日起，满六个月还不来领取，信托人可以申请法院裁定或公证机关证明把委托人的商品拍卖，并从卖得的价款中扣除应得报酬、垫付费用和附加利息，有余款的，专户提存银行。提存银行的余款，委托人经过三年还不来领取的，由信托人上交国库。

信托契约解除以后，委托人不取回委托商品的，信托人可以依照前款规定处理。③

第十三条　信托契约的任何一方都可以随时解除契约，如果没有正当理由解除契约，致使对方遭受损失的，应负赔偿责任。

信托契约解除以前，信托人按照约定办理的事务，仍应有效。④

第十四条　信托人对委托人的托卖商品，在经委托人同意后，可以自行买受，但不得请求报酬。⑤

注：

1. 有的同志主张本条可加上一款："信托人自行买受托卖商品后原来在信托关系中支出的费用和附加利息，仍应由委托人偿还。"

2. 有的同志主张本条可以不要，因为这是买受关系，可由买卖契约予以调整。

---

① 原件本条手写旁注："苏275之十；国584。"
② 原件本条手写旁注："苏275之十七。"
③ 原件本条手写旁注："国585。"
④ 原件本条手写旁注："苏275之十四。"
⑤ 原件本条手写旁注："苏275之五；国588。"

（九）赠 与

说 明[1]

1958年4月4日

一、赠与是由王新三、刘思敬、史济才（华东政法学院）共同搞的。只有一次草稿。

二、调查材料的单位：

文化部文物管理处、北京市文化局、广州市文化局、越秀山博物馆、北京市公证处、上海市文化局、广州市公证处、武汉市公证处。

---

[1] 本说明系全国人大常委会办公厅研究室1958年4月编定"赠与全卷"卷宗所作的说明。原件为手写稿。

赠与（契约）（初稿）[①]

1956 年 11 月 17 日

第一条 赠与人将自己的某种财物无偿的赠送给受赠人，在受赠人同意接受的情况下所签订的契约叫做赠与契约。

赠与契约，可能是无条件的，也可以是有条件的，这决定在赠与人与受赠人双方的意志。[②]

第二条 赠与契约从赠与财产交付时生效。

赠与契约可用书面形式或口头形式订立，赠与财产价值大的必须用书面形式，书面形式的契约必须经公证机关公证，没有公证机关的地方，可以由当地人民法院证明。

赠与财产价值不大的，可以采用口头形式。

公民将财产赠送给国家不在此限。（有同志主张本条此款不要）

另案：赠与契约从赠与财产交付时生效。[③]

第三条 赠与财产，不能损害他人的利益，损害他人利益的赠与契约无效，如果造成损害，赠与人负责赔偿。[④]

另案：赠与契约有下列情形之一均属无效：

[①] 本件原件有两份，一份为打印稿，一份为手写稿。本件系以打印稿（即手写稿的最后改订稿）为底本，手写稿初稿以脚注注明。

[②] 本条手写稿初稿写作："赠与人将自己的某种财产（财物）无偿的赠送给受赠人，并经受赠人接受，叫做赠与契约。""注：有同志主张在'赠与人……无偿'后面加上'或者有条件'五个字。"

[③] 本条手写稿初稿写作："赠与契约从赠与财产交付时生效。

"赠与财产的价值在100(50)元以上的，应当用书面形式订立，并经公证机关公证，没有公证机关的地方，可以由当地人民法院证明。

"另案1：赠与契约从赠与财产交付时生效。

"赠与契约应当用书面形式订立，并经公证机关公证，没有公证机关的地方，可以由当地人民法院证明。

"赠与财产价值不大的，经（当事人）双方同意也可以采用口头形式。

"公民将财产赠送给国家不在此限。

"注：有同志主张本案第四款不要。

"另案2：赠与契约从赠与财产交付时生效。"

[④] 本条手写稿初稿写作："损害他人利益的赠与契约无效，如果已造成损害，应当由赠与人负责赔偿。"另案同。

（一）违反国家法律、侵犯公共财产、侵害他人的利益行为者；
（二）受赠人拒绝受赠者；
（三）赠与人生前赠与，死后履行之赠与契约；
（四）凡以将来的财产为赠与者。

第四条 附有条件的赠与，受赠人在接受财产后，应当按照约定的条件履行，如果(受赠人)不履行约定的条件，赠与人可以撤销赠与契约并请求返还赠与财产。

赠与契约经过公证的，在撤销时，应当向公证机关或者当地人民法院声明。①②

---

① 本条手写稿初稿第一款写作："赠与契约经双方同意可以撤销。"打印稿第一款、第二款相应为第二款、第三款。另，打印稿删去手写稿本条注文。原文如下："注：
  1.有同志主张本条第一款不要。
  "2.有同志主张本条第二款'应当……履行'不要。"
② 打印稿删去手写稿第五条，该条写作："撤销赠与契约，受赠人应当将原赠与人财产返还赠与人，如果受赠人已将赠与财产转让第三人时，应当按照财产的实际价值返还给赠与人。"

附

沈阳市公证处答复[1]

1956 年 9 月 29 日

全国人民代表大会常务委员会办公厅研究室：

本月十五来函所要有关合伙、赠予[2]、互易三方面的实际材料，我们公证处从今年二月间开始办理私人事件公证业务以来，有关合伙、赠予、互易事件受理很少，仅受理赠予事件十一件、交换事件二件，因此，经验不多，发现的问题也不多，现在仅就我们所受理的这十几件赠予、交换事件中的情况介绍如下：

（一）所受理的十一件赠予事件，其中亲戚、亲属以小量住房相互赠予的九件，如公民史建业自有住房六间，因感其岳母无房屋居住，便自愿赠予一间，其岳母亦乐于接受等。朋友相互赠送住房一件，回教徒赠送清真寺房产事件一件，如回教徒米万田，自有房屋二十九间，自愿将其中二十间分别赠送沈阳市清真东寺、清真南寺各十间。在所受理的这十一件中，除有一件是因为赠予人已于 1954 年死亡仅受赠人前来请求公证已给予驳回未给公证和有一件因为受赠人不愿接受赠予已允许其撤销申请也未给公证外，其余九件，均给予了公证证明。

（二）所受理的交换事件两件，都是因为居住地点有所变动或原有房屋较小住不下而另一方因房大住不了才进行交换的。差价有的当时给付，有的相互约定分期给付，我们也均给予了公证证明。

以上两类事件，都是首先经房地产管理部门调查登记后而来我处请求公证的。

此致

敬礼

沈阳市公证处
1956 年 9 月 29 日

---

① 原件无标题，系编者所拟。
② 本件"赠与"均写作"增予"，不改。

赠与契约资料

(根据北京市公证处公证的十五件赠与契约所作的总结)

全国人民代表大会常务委员会研究室　1956年9月30日

根据北京市公证处1951—1956年以来所公证过的十五件有关赠与契约的材料,我们初步的加以分析、研究、归纳了下列几个问题,但是,由于掌握和根据的材料太少,故提出的问题必然很不全面,仅作研究赠与契约时参考。

一、赠与契约的概念
二、赠与契约缔结的原因
三、赠与契约缔结的程序
四、赠与契约的标的
五、赠与契约的当事人

一、赠与契约的概念

根据对十五件赠与契约材料的分析,我们对赠与契约的认识是依照这种契约,一方(即赠与人)将自己的财产无偿地转移给他方(即受赠人)所有。所以,赠与契约是一种转移财产所有权的契约,这点和买卖契约相同。

但是赠与契约转移财产时是无偿的。这是赠与契约基本的特征,因此构成赠与契约的独特形式,这种转移财产的无偿性质,在十五件赠与契约中都有所体现。无偿性不仅意味着赠与人不能从受赠人处取得任何代价,而且也意味着赠与人不能借赠与契约而使受赠人产生任何财产上的义务。因此一般说来,赠与契约不能附带任何条件。但是,在我们所收集的十五件赠与契约中虽然绝大多数是无条件的,但也有两件是附带条件的赠与契约。这两件赠与契约虽然经公证处认定为"赠与契约",但它是否是赠与契约,还值得研究。

这种赠与契约具有赠与契约的某些法律特征,如赠与人将一定财产交给受赠人所有,但它又与赠与契约不同。赠与契约是单务契约,即一方享受权利,另一方负担义务,但是这种赠与契约却使享受权利的一方同时又负担了某些义务,使负担义务的一方又享受了某些权利。发生这种赠与契约,通常基于下列情况:

1. 赠与人年老无靠,虽有财产,但自己无力经营管理;
2. 赠与人的财产多为不动产;

3. 赠与人与受赠人共同生活较久,有的受赠人实际上已经负担了赠与人的生活费用。

例如王刘珍年老无靠,二十多年来,由其内侄刘国玺朝夕服侍、供养,而王刘珍虽有房屋一所,但无力经营,故将房屋赠给刘国玺,日后王刘珍的生养死葬的一切费用皆由刘国玺负担。

苏维埃民法学者主张,把这种赠与契约形成一个独立的新型的契约,名之为扶养契约。

另外,还有一种赠与契约,虽然契约也规定了受赠人的扶养义务,但是赠与人与受赠人不是普通的朋友关系,而是父子关系,父女关系等,依照婚姻法的规定,受赠人有义务扶养赠与人,既然如此,规定在赠与契约内的扶养义务是否能算做赠与契约的内容?在这种情况下,我们认为这是一般的赠与契约,不同的是在赠与契约中又重新明确了赠与人与受赠人间的扶养关系,这种扶养关系不是基于赠与行为而产生,而是基于赠与人与受赠人的人身关系而产生,所以,这种赠与契约不是扶养契约。例如老汉于子久因年老无靠,将房屋赠给其女于维茹所有,于维茹负担于子久的生活费用。

其次,赠与契约是双方的法律行为,它和遗赠是不同的。赠与契约所以称之为契约,这就意味着契约双方当事人的协议,这就与单方的法律行为的遗赠不同,遗赠并不须要经过受赠人的同意,只要赠与人有了遗赠的意思表示,债即已成立,受赠人即已有了权利,如不愿意接受,则必须通过一定的法定程序声明放弃权利。而且遗赠的关系必须是发生在赠与人死亡以后。

由此可见,赠与契约是一种无偿地转移财产所有权的契约,它发生在公民相互间,有时也发生在公民与社会主义组织间,例如有一老农民将财产赠给合作社所有。赠与契约在我国目前社会情况下具有很重要的意义,它不仅是公民间相互帮助、团结的表现形式之一,而且也是剥削阶级放弃剥削、自力更生的形式之一。

二、赠与契约缔结的原因

第一,由于亲友关系而赠与

在十五件赠与契约中,因赠与人与受赠人的亲友关系而赠与的有六件,其中父子关系的两件,朋友关系的一件,嫂叔关系的一件,由于这种原因而发生的赠与契约通常赠与人是国家干部,或是经济能力较强而受赠人则是经济能力较弱,并大多数是老年人,家庭妇女等。例如赠与人刘郅,乃国家干部,在民族事务委员会担任处长职务,因其父刘价人及其舅父于世兴年老,无以为生,故自愿将瓦房五栋赠给其父及其舅父所有。

第二,由于赠与人工作、学习等关系,不能亲自管理财产而赠与

在十五件赠与契约中,这一类赠与契约有三件。这种契约的赠与人有的是不会管理财产,例如家庭妇女王包慧智等母女,因为不会经营商业,故将所继承的股权赠给其子(兄)王志基所有。有的是国家干部,没有时间亲自管理财产,也有的是赠与人远离财产所在地,无法管理,例如赠与人王久珍、王国忱均为高等学校学生,在北京上学,财产在沈阳,故将财产赠给其母郭俊英所有。

第三，因赠与人思想进步，不愿做房主而赠与

例如女干部魏馥姐妹，因参加革命组织，不愿再作房主，所以将房产赠送给其父魏恩甲所有。这类契约虽然在十五件中只占一件，但是根据社会主义改造事业的发展，随着剥削阶级家庭子弟思想觉悟的提高，这种赠与契约会逐步增加，在实际生活中，这种赠与契约并不少，但往往在契约的形式上不很完备，所以，到公证处公证的不多。

第四，由于受赠人向赠与人提出请求而赠与

这种赠与契约具有一种特殊性，表现在赠与契约并不是出于赠与人的自愿，而是由受赠人提出要求以后得到赠与人的同意而成立，通常这种赠与契约带有补助的性质，而且往往赠与人与受赠人间是亲属关系，一方经济力量强，另一方经济力量弱，而另一方经常向一方要求补助，经济力量强的一方为了日后与对方割断经济上的牵连，故一次赠与对方较大财产。例如刘俊卿与刘永清是亲兄弟，由于刘永清之子刘国昌生活困难，刘永清前后曾请求刘俊卿给予补助二千三百万元(旧币)及房屋一所，但因刘国昌经营不善，现仍感生活困难，故又请求刘俊卿给予补助，刘俊卿同意补助三百元，但日后各自独立，不再补助。也有的是为了和受赠人脱离亲友关系，故而一次赠与。

第五，为了使受赠人承担某种义务而赠与

这种赠与契约前面已经提到过，它是否是赠与，还是一个值得研究的问题，但在十五件赠与契约中，有两件是这种赠与契约。

第六，因赠与人被押，为转移财产所有权而赠与

这种赠与契约在民法上来分析是属于虚假的法律行为，这种虚伪的法律行为是无效的。例如反革命分子何耀汉被捕后，即通过其妻何安义的名义，将房屋赠与其女何美丽，并谎称，此乃数年前赠与，因未过户，故再请求公证部门确认，以便过户，经调查，所谓数年前所缔结的契约是不真实的，同时根据何耀汉的犯罪行为，是否应没收财产尚未判定，故确认该赠与契约无效。

三、赠与契约缔结的程序

根据所公证过的十五件赠与契约，在契约缔结的程序上是比较完备的。

首先，在缔结契约之前，双方当事人都有过意思表示，也就是说赠与契约事先是通过双方自愿而成立的。虽然在十五件赠与契约中并未发现受赠人不愿接受赠与的情况，但是，每一件赠与契约中受赠人都有过自愿的表示，如果受赠人不同意，则赠与契约不能成立。

其次，赠与契约多是书面形式。在十五件赠与契约中，均由赠与人提出赠与申请书，然后经受赠人同意后，即填写公证处已经印好的赠与契约，契约内包括赠与人与受赠人的姓名、性别、年龄、籍贯、职业、住址、赠与内容、标的价值等。

再次，书面赠与契约一般均有见证人。同时，也都由公证处加以公证。

如果，赠与的标的是不动产，则必须根据国家法令规定的程序办理，如房屋就必须要经过登记，过户换契才行。

四、赠与契约的标的

赠与契约的标的可以是物,也可以是某种权利,以物作为标的时,可能是可流通物,也可能是不可流通物(如金银等),但法律明文规定不允许私人占有的物是不能作为赠与契约的标的。例如手枪等武器。

从十五件赠与契约的标的来看,为数最多的是房屋,其次是股票、货币以及日用家具等。赠与房屋的有十二件,赠与股票及附带日用家具的两件,赠与货币的一件。

赠与的标的价值不受任何限制。房屋的价值通常是在五百元到二千元之间,只有个别的数目较大,价值在万元以上。以股票为标的通常数目也是大的,如前面提到的王包慧智母女将三店股票完全赠给其子(兄)所有,价值就在一亿元以上(旧币)。

五、赠与契约的当事人

赠与契约的赠与人与受赠人通常均为一人,但也有的是二人以上,例如王包慧智、王定基、王鸾真、王怀钧等四人将财产赠给王懿敬所有。

赠与人与受赠人间均为亲属或朋友关系,而且一般说来,赠与人经济力量较受赠人强。

从阶级成分来分析,赠与人可分两大类,第一类是资产阶级,这些人拥有很多的财产,第二类是资产阶级的子弟,这些人由于有工作,生活安定,思想上不愿再作房主、资本家等,故而将财产赠别人,因此赠与人如属第一类,则通常是某某企业的经理,如属第二类,则又是国家的干部、学生等。

受赠人一般的是无职业的人,如老年人、家庭妇女等。

以上是我们对赠与契约的初步认识,根据十五件赠与契约缔结的日期,可见赠与契约是逐步发展起来的,仅就北京市公证过的赠与契约来看,1951年有三件,1952年、1953年、1954年各一件,1955年的有四件,1956年的就有五件。所以对赠与契约在民法中加以规定,是必要的。

赠与契约的参考资料

(根据文化部文物局文物捐献档案整理)

全国人民代表大会常务委员会研究室　1957年2月11日

这个资料是根据文化部文物局1950—1955年的文物捐献档案整理出来的。它的特点,是涉及面小,赠与的物品仅限于历史文物,而受赠人为国家,文化部是其代理人。在赠与上也发生些特殊问题,按照赠与契约受赠人只有权利而他却担负了多种形式的义务。赠与的物其价值之大是难估量的,赠与人毫无代价的捐献,受赠人不受任何限制,享受国家法律的保护。现将其具体情况分述如下:

赠与契约的当事人

赠与契约的主体,一般的发生于公民与公民之间,但也发生于公民与国家之间。公民对国家的赠与统称捐献。从文化部文物捐献档案来看有以下几种类型。

赠与的主体在大多数情况下为公民个人。如云南省副主席周保中自有的钱维城栖霞山全图山水画一幅捐献故宫博物院保存。又如天津市副市长周叔弢将自藏的善本书籍七百一十五种捐献国家。

赠与的主体除公民个人外,还有公民数人共捐献一物者。如潘张润、潘惠容、潘世琪、潘世琛、潘瑞容、潘世理、潘世璱、潘玉珍等人,以共有的宝礼堂所藏宋元版善本书籍共一百一十五种一千零五十册捐献政府。

赠与的主体在实际中发生的还有以群众组织的名义,如川南内江□平乡农民协会,将保藏的土地革命时的银币赠送给毛主席。

赠与的主体也有以企业名义办理的,如上海市五一文教用品社赠送给毛主席五一地球仪器一件,上海晨光出版公司编辑部赠送鲁迅纪念馆铜版纸本三册、报纸本六册。

赠与契约中的赠与人为物之所有人

赠与的客体为物和可转让的权利,它的所有权为赠与人所有,失去这一前提赠与就失去效用。赠与人所有赠与物时情况多为自己劳动所得,但也有用其他方式取得的。

一、赠与的客体为赠与人自己劳动所得。如河南叶县任店乡妇女孙玉兰等七人,在防旱打井时掘出战国时的古剑一个,经他们共同议定赠与毛主席。又如北京董绍明函文化部长称:自修十余年印藏宗教哲学,曾创作数勘藏文《瑜伽师地论》一百卷,因自己参加革命工作,热爱祖国悠久历史文化不忍置之不理,愿将个人藏之珍贵稿件赠给国家作参考文献。

二、赠与的客体为赠与人继承的遗产。如山海关居民白润之将祖传之小文玩五种献于政府,潘燮柔将丈夫遗物明清两朝尺牍古物三箱全部献给政府,为作研究历史的参考资料。

三、赠与的客体为赠与人自己购买而得的。如人民大学孙敬之在邯郸购得出土古箭簇一个,为了保存历史文物,不取任何代价的捐赠政府。又如琉璃厂古董商人黄静涵将所收藏商周秦汉铜器,其中有十余件有名的珍贵重器,自愿化私为公捐献故宫博物院。

受赠人的权利

赠与是一种契约关系,赠与人与受赠人关于设定变更废止民事法权关系的协议,只有赠与人一方的意思表示,并不能认为赠与已经成立,必须受赠人同意接受赠品时才能成立,赠与是双方的法律行为。

受赠人所表示的意思是有条件的接受赠与人的赠品,按照对于本身有用的他可以考虑接受,对于本身无用的他可以不接受。如天津市市民孙润生自愿将其存有古物秦代石像一尊及古代漆器一具捐献国家,经文化部鉴定无什文物价值不予接受。

受赠人接受赠品时,还要了解赠与人是否善意。怀有恶意企图借赠与加害受赠人的赠品,受赠人也是不接受的。如天津市民赵世贤上书周总理拟将所藏书画献给国有,经了解赵为黑律师,曾充当大军阀法律顾问,剥削金钱收买一批书画。其捐献的真实目的为掩饰过去的臭名,借以取得政府的信任,提高个人声望;利用政府的经费满足个人要求,因此文化部未加考虑。

受赠人接受赠品时不受赠与人的限制,这就是对赠与人在捐献时的要求,可以不办。如哈尔滨大学学生张荣昌称其叔张毓卿有方志一批,(与少数民族地区有关的文物)拟捐献政府并要求为其叔介绍工作。已鉴定该物没有用处。因此对于捐赠的文物和要求介绍工作之事,文化部都未履行。

受赠人接受赠品时的几种方式

赠与契约属于单务契约,赠与人只有义务,而受赠人只是取得权利,这是赠与契约的基本特征。但赠与人除履行自己的义务外有的还提出某些条件,受赠人除取得权利外按照本身的能力还担负某些义务。受赠人所负的义务,不是由赠与契约而产生的,也不是赠与人的权利,它是出自于受赠人的意愿而发生的,超出赠与契约调整范围以外不受它的限制。从文化部文物捐献档案中来看,文化部接受赠品时已经履行的义务有以下几种:

一、受赠人接受赠品时给赠与人以荣誉奖。荣誉奖是根据赠与人捐献物的价值和给人民贡献的大小分别处理。如河北大兴冯公庆先生之遗族,将珍藏的古玉金文砚石屏一百四十七件捐献给政府,文化部给以奖状,并发布新闻褒扬。

二、受赠人接受赠品后给赠与人以物质上的和其他待遇。如刘肃曾将其极为珍贵的古物虢盘献交政府,以其保存有功送给大米五千斤,设宴招待,赠送拓本,并加以表扬。

三、受赠人接受赠品后一般的均向赠与人回信表示谢意和赞扬。

四、受赠人对于接受赠品的处理,一般的均按照赠与人的意见办理,如冯秉纶捐献赠品时要求拨交故宫博物院陈列,文化部受赠后给以照办。

受赠人在受赠前征求赠与人处理的意见,如文化部对赵世还捐献之铜币征求本人的同意拨交革命文物馆。

五、捐赠的文物在受赠时一切有关费用,保管费、运费及其他都由受赠人自己担负。

六、受赠人接受赠品后,按其数量开一清单交与赠与人,同时还将对赠品处理的情况告诉赠与人。

赠与中的几个特殊问题

一、赠与人与受赠人为了避免纠纷在受赠时双方协商设定赠与契约。如重庆卫聚贤藏有古物及民俗物四十七箱,原拟办理古今文物馆,迄今未实现,愿将所藏文物全部捐献政府,经西南军政委员会受赠并与赠与人订立书面契约。

二、赠与人与受赠人相互赠与,既是受赠人又是赠与人,如亚洲太平洋区域和平联合委员会新西兰委员路易艾黎赠送文化部文物局有历史艺术价值的参考画。文物局受赠后又赠与路易艾黎故宫出版的宋人画册五张。

三、赠品的所有人委托代理人办理赠与,如北京医学院教授王志均代友人保管的碑帖,征得原主的同意由王志均全权做主全部捐献给国家。

赠与契约的几个类别[①]

上海市文化局档案摘要　1957年6月1日

代理赠与

业主李国超(李鸿章的后代,现住香港)部分财产,一九五五年经上海第二中级人民法院封存,一九五六年启封发还。代理人李泳□欲出清房屋将部分书籍捐献政府。

中华书局将保存之革命历史文献少年中国学会改组委员会调查表毛泽东主席与恽代英烈士所填表各一份。该物陈列上海革命历史纪念馆。文局复函致谢。

外侨赠与的(1956年)

沪广东路瑞和拍卖行外侨亚伯拉罕(犹太人)函称:我乐意于将这古玩一百零三件免费赠送给中华人民共和国人民政府。

赠与的经过:外侨亚伯拉罕(犹太人)拍卖的文物一百零三件,其中绝大部分为瓷器宋代青瓷、一小件铜、非卖品的画,文局派人前往鉴定,原拟出价收购,该人自愿捐献,据公安局了解,亚伯拉罕在沪财产甚多,平时热心慈善事业,尚无其他问题,经与外侨商讨同意予以接受。

数人赠与一物等(1953年)

袁支人、吴志进、吴志莲、吴志迪、吴志遂四弟兄,函称先夫先父吴蕴初,生前热心公益,其所遗留古董、古画、古书,拟继承承遗志全部捐献政府。

赠与人冯伯铮函称:在庆祝党的生日,将所保存的有关工人运动斗争史料,作为对党的献礼。文局回函,所捐赠的工人运动史料多件,对这种热烈爱护革命文献的精神甚为敬佩,特此函谢。

代存反革命分子的财产是否发生赠与

周兆年函称:内侄王新衡,解放前存我处的物品有商代铜提梁□木,象牙雕刻螃蟹(日本制)一件等物,拿出来献交国家。王新衡,伪立法委员,伪国大代表,国防部调查处长,军统或中统。处理办法,经与公安局联系商定:可以接受,在手续上按公民呈缴反革命财物发给收据。

---

① 本件原件为手写稿。

赠与中的纠纷案情[①]

摘自上海市文化局档案 1957年6月1日

案由：明代科学家徐光启墓祠文物于1956年由他的后代徐海林等献给政府，政府接受后登报表扬。

发生的问题：徐海林的同族徐宗岱等三人写信给《解放日报》称：捐献墓祠完全正确，但主办人的手续不够完善，族产本是公有，而徐族后代都不知道，像这样封建族长的专制遗风，缺乏民主作风是不对的……要登报声明。

处理办法：《解放日报》转文化局，责徐海林与徐宗岱面谈，并公告族人，徐宗岱等称：对捐献并无意见，只是捐献前未得通知，故有意见。

案由：捐献人俞五道：称五五年四月八日，我把一生收集的文物捐献你局，当时并未鉴定真伪，未给我正式收据，仅给一份清册上批真伪尚待鉴定，事隔一年有余仍无答复，我很痛心，请把真品给以正式收据，把有批语的那份不可示人的清册奉还，对伪品之处理估价拍卖迳送□区。

处理办法：俞五道捐献的文物，伪品居多，因照顾他的热情全部接受交文物仓库，给清单一份代收据，后将捐献文物重新确定伪品，另□目录，交北京历史馆的八件亦说明，本人表示无意见。

案由：赠与人查杨太基未得到受赠人的收据产生疑虑。

处理办法：文局回函称：五一年收到你送来古剑一柄，当时未给收据，又没有留下你的地址，故未将收据寄上，致使你产生疑虑，此剑制造精美，为日本维新前之古物，现已保管，将收据寄奉并表谢意。

---

① 本件原件为手写稿。

广州市公证处公证赠与卷宗[1]

广州市公证处公证赠与卷 0063 号

赠与人与受赠人关系——姨甥女关系

赠与人赵兰,女,72岁;受赠人吕妹,女,49岁

赠与内容:

我有继承先夫遗下坐落广州市西村长宁五巷×号单偶平房一间。因我年老多病,又无亲生子女及兄弟姐妹,唯一最亲的只有姨甥女吕妹一人。现我的生活多靠吕妹供养,为了表示我对她的谢意,特将上述房屋赠与给吕妹全权处理,这是我本人出于自愿的,任何人不得干涉,但我要求吕妹接受上述房屋后,要负我生养死葬的责任。

广州市公证处公证赠与卷 0026 号

赠与人与受赠人关系——乡亲关系

赠与人梁润,女,69岁,职业梳头;受赠人李颜,女,50岁,工人

赠与内容:

自有坐落豪贤路留嘉港12号房屋一间,前在广州沦陷期间,该屋上□被坏人拆除,光复后,当时自己无法筹资重建,便得同乡李颜替我出资重建该屋上□,并商妥由我和李颜共同居住使用,但今自己年老,如自己已身故,恐日后李颜不便享有居住使用权利。故愿将上述房屋的½所有权赠与给李颜所有。特立本赠与书为据。

广州市公证处公证赠与卷 0060 号

赠与人与受赠人关系——姨甥关系

赠与人黄卿,女,68岁;受赠人黄钊,男33岁

赠与内容:

我已年老,丈夫早年去世,仅有一养女已出嫁十多年,一向住在顺德,无能力照顾我,现我有坐落广州市中山路——旷地一□,自愿赠与给我姨甥黄钊盖房居住。但待我年老身故后,黄钊要负责办理我的丧事,恐口无凭,特立本赠与书为据。

---

[1] 本件原件为手写稿。

广州市公证处公证赠与卷 0057 号

赠与人与受赠人关系——亲侄女关系

赠与人罗焯卿,女,57 岁;受赠人彭活,女,27 岁,家务

赠与内容:

我有亲侄女彭活,她自小无父母,即由我当亲生女儿抚养成,今见她儿女众多,生活不大富裕,故我自愿将坐落广州市西村路中振里×号房屋赠与给亲侄女彭活所有。

武汉市公证处卷宗（第47号）[①]

1957年4月2日

赠与证明书

当事人之间关系——兄妹关系

赠与人：计子春；受赠人：计子惠

赠与的原因和事实：

计的父亲56年逝世，留下两座楼房，在他的父亲生前，计子惠（女）对父生活照顾不周，态度不好，当她父亲在死前把房屋所有权全部让子继承（并有书面的手续），认为女儿出嫁没有权继承遗产。父死之后，计子惠向哥计子春要求共同分配遗产。这里房屋所有权证明都在计子春手里，这时，计子春同意妹妹计子惠的要求，以赠与的方式把一座楼房无偿赠与计子惠。（房产都在武汉市）

赠与的说明：

赠与人愿将个人所有一座楼房（三层全是钢筋水泥）赠给计子惠。

受赠人愿自赠与之日起，即自行向政府办理登记手续，赠与人对受赠人不得提出任何权利。

赠与人对房屋并没有出卖、抵押与任何人，也没有法律上瑕疵。

[①] 本件原件为手写稿。

广州市中级及区人民法[院]座谈会：关于赠与问题记录[1]

1957年5月13日

有的华侨在国外死了，写了遗嘱，全部财产赠与大儿子。妻子，二、三儿子都不给，但大儿子在外国被谋杀，大儿媳有两个孙子，老头为了使儿媳安心抚养孙子。所以把五栋房屋每月收入一千多元全赠给了大儿子。但谋杀问题，老头认为是二儿子□法□手谋杀的，二儿子认为是大儿子情妇的丈夫谋杀的。财产问题，妻，二、三儿子都不同意。

中级法院处理时，认为赠与契约是肯定的，但从人道主义出发，可以抽一栋房屋给妻和二、三儿子，目的为了照顾他们的生活。可是大媳妇不服上诉到高级法院，在复查时亦有两种认识：

1. 认为确定赠与契约，不应当给妻，二、三儿子房屋。
2. 认为从实际出发，解决实际问题。

---

[1] 本件原件为手写稿。

河北省高级人民法院报送有关"合伙、赠与、互易"的案件材料

诉讼案由	继承遗产(涉及赠与)	诉讼时间	1953年11月24日
当事人	王锡郊	住址	秦皇岛市大薄荷寨
	闵瑞英、闵仕达、闵志达		秦皇岛市费石庄
处理机关	秦皇岛市人民法院(一审)、河北省高级人民法院(二审)		
主要案情	王锡郊是张缘普的外孙。张缘普于1953年7月18日死亡,在临死时之遗嘱将其夫闵香武的所有遗产赠与王锡郊兄弟,事被闵香武的女儿闵瑞英、儿子闵仕达、闵志达发觉,遂向法院提起继承其父遗产之诉。		
判处结果	1. 秦皇岛市法院于1953年10月28日判决:闵香武死后遗产,闵香武的三女人徐元化,和闵香武之子女(原告等)及已故之张缘普均有继承权,张缘普生前无权将共同财产赠与别人……遗嘱不合理应予废弃。 2. 河北省人民法院于1954年4月26日发还重审。 3. 秦皇岛市法院于1955年2月24日判决:王锡郊及其弟妹代位继承(其母已死)北戴河区平水桥29号市房12间(连地基)。 4. 河北省高级人民法院于1956年6月1日和解:(1)闵瑞英等自愿按原审判决执行,将北戴河区平水桥29号市房12间归王锡郊弟弟、妹妹所有。(2)王锡郊自愿退给闵仕达黄色衣橱一个。		
备注			

诉讼案由	继承遗产(涉及赠与)	诉讼时间	1955年3月
当事人	张书兰、张绍臣 张文兰	住址	唐山市胜利路4号 唐山市胜利路大成里1号
处理机关	唐山市中级人民法院(一审)、河北省高级人民法院(二审)		
主要案情	张书兰是张文兰的胞姐,张绍臣是张母的养孙女。张母于1954年10月逝世,其所遗产物归三人继承,均无意见,惟张书兰、张绍臣提出唐山市胜利路大成里1号房屋系其母遗产,要求继承。经查明此房系张文兰于1948年所建,张文兰除花去历年教书积蓄外,借了张书兰丈夫大布10疋,金子一两,伪法币1200万元,还用了其母50包玉米。据张文兰等表兄郭绍安证明张母生前说过要给张文兰一部分财产,在1948年卖掉铺房后又说给了张文兰一部分钱。此外,张文兰始终与其母同居,尽了生养死葬责任。		
判处结果	1. 唐山市人民法院1955年3月判决:讼争房与被继承人遗留的衣服均归三人继承;张文兰所借张书兰丈夫的10疋布、一两金子和1200万元,除已偿还的10万元(旧币)和4疋半布外,下欠部分按牌价和折实单位折成人民币,由其母遗产中先行偿还。 2. 河北省人民法院于1955年7月15日发还重审。 3. 唐山市中级人民法院1955年12月29日判决:(1)讼争房属于张文兰所有。(2)张文兰之母生前所用药费及死后埋葬费由遗产中偿付。(3)张文兰之母遗留之财物分配给三人。(4)张文兰现欠张书兰的5疋半布、一两金子和1200万元伪法币,除已还10万元(旧币)外,折实偿还。 4. 河北省高级人民法院1956年4月4日判决维持原判第(1)、(3)、(4)条,发还重审。		
备注	第二条①		

---

① 原件如此,未知所指。

诉讼案由	赠与存款讨要	诉讼时间	1953年7月
当事人	刘雨竹 万宝堂代理人□李际寿	住址	天津市三区福安街教益里3号 保定市西大街
处理机关	保定市人民法院、河北省人民法院		
主要案情	刘雨竹在民国廿四年[1935年]由其外祖母赠与银元一千元,为将来结婚时之费用,当时存在其母家有股份的万宝堂药铺(没有利),到一九五三年才要,万宝堂之股东陈秀璋提出少给,因此款出放陈家,现时陈家不如过去了,所以要求少给,刘则要求按物价折合,因此纠纷。		
判处结果	一审判决按银行银元牌价折还。 二审维持一审判决。		
备考			

诉讼案由	账目纠纷	诉讼时间	1953年
当事人	王素珍 女 42 戎子云 女 39	住址	保定市西大街57号 保定市双井胡同30号
处理机关	保定市人民法院、河北省人民法院		
主要案情	靳瓒如(已故,王素珍之夫)与阎振凯(戎子云之夫)合伙做买卖,凯欠靳小米一百四十九石三斗及家具一部。经于一九五一年二月经中人刘锡海、任荣章调解,阎只还靳五十石小米,其余九十多石小米及家具靳情愿赠与戎子云母子作为其生活教育费用,并立有字据证明赠与。但因阎没有如期交付,并另起诉讼到法院,故王遂以阎没有按调解执行,而推翻原调解赠与部分,要求如数偿还并负迟延的利息,致起纠纷到法院。		
判处结果	一审裁定维持原和解,已赠送给戎子云了,即不应再追要亦不负赔偿推延付款的利息。 二审裁定维持一审裁定,驳回王之抗告。		
备考			

诉讼案由	房屋所有权纠纷	诉讼时间	1953年5月
当事人	郎文生、郎文兴、刘老奎	住址	石家庄市任栗村北后街5号
	魏有才		石家庄任栗村南街5号
处理机关	石家庄市人民法院(一审)、河北省人民法院(二审)		
主要案情	郎文生等于1947年将房屋13间、棚子2间、土地八分委托魏有才代管,全部房地收益归魏有才,由魏有才负担捐税和修房责任。魏有才借口给郎文生等做工两年多,没有给工资,郎文生等已将讼争房地赠与他了,拒绝交还房地,但据魏有才自称:不是整天给他们做工,有时给他们干点活,主要是做我自己的活。没人介绍,也没说工资多少。此非雇工关系,也就不发生工资问题。其次,魏有才所说赠与房地,既无证人,又无字据,只是空口一说。		
判处结果	1. 石家庄市人民法院1953年5月21日判决:房子13间、棚子2间产权,土地八分之使用权归郎文生、郎文兴、刘老奎所有。 2. 河北省人民法院1953年8月判决维持原判加判郎文生等付给魏有才搬家损失费30元。		
备考			

（十）基本建设工程包工

简要说明[①]

基本建设承揽和一般承揽在《苏俄民法典》里是放在一起的，我们起初也曾有同样的考虑，后经起草小组一再研究，认为基本建设承揽和一般承揽各有各的特点，共同性的地方很少，因此决定分开起草。参加起草的除本室两个同志（周础、李修业）外，还有武汉大学（黄礼骥）和建筑工程部（黄源）各一个同志，共计为四个人。

起草的准备工作是从1956年4月20日开始的，方法是首先与各有关单位联系、了解具体情况、搜集资料，同时学习中央有关政策法令和苏、新国家先进经验，在这个基础上提出起草提纲和找出存在问题，再经过加工到五月下旬初步完成了第一次草稿，到1957年3月6日完成了修改第五次草稿。

从本章的起草准备开始到完成第五次草稿止，总计不足一年的时间。在这个时间内我们除参加人代大会工作和招待外宾工作外，主要是向有关单位了解情况和搜集资料、组织有关单位座谈、有重点地向各地有关单位征求意见并有重点的进行调查（1957年4月10日到6月7日起草小组曾到沈阳、抚顺、鞍山、旅大、长春、哈尔滨等市进行调查）。在这个时期内和我们接触的有：国家建委和中央各工业部、最高人民法院和省市法院、省市人民委员会和省市计（建）委、建筑工程局和建筑工程公司，以及大专院校等一百多个单位（主要部门附后）。

我们接触的单位有如下各部门：

（一）国家建设委员会、铁道部、重工业部、建筑工程部、城市建设部、第一机械工业部、第二机械工业部、化学工业部、冶金工业部、森林工业部、建筑材料工业部。

（二）最高人民检察院、司法部、法制局、最高人民法院顾问室、民庭、北京市高级人民法院、天津市高级人民法院、上海市高级人民法院。

（三）西南工程管理总局、西北工程管理总局、华东工程管理总局、华北工程管理总局、东北工程管理总局、大连市建筑工程局、青岛市建筑工程局、济南市建筑工程局、太原市建筑工程局、石家庄市建筑工程局、抚顺市城市建设局、哈尔滨市建筑工程

[①] 本说明系全国人大常委会办公厅研究室编定"基本建设承揽"卷宗的说明。原件为手写稿。

局、鞍山市城市建设局、辽宁省建工局。

（四）天津市人民委员会、武汉市人民委员会、沈阳市人民委员会、成都市人民委员会、大同市人民委员会、包头市人民委员会、西安市人民委员会、黑龙江省阿城县计委。

天津市计委、上海市计委、西安市计委、太原市计委、包头市计委、哈尔滨市计委、兰州市计委、成都市计委、抚顺市计委、辽宁省计委。

陕西省城市建设局、工业厅，福建省建设厅、工业厅，河北省建设厅、工业厅，河南省建设厅、工业厅，四川省建设厅、工业厅，甘肃省建设厅、工业厅，内蒙古建设厅、工业厅，江西省建设厅、工业厅，湖南省建设厅、工业厅。

（五）建筑工程部直属工程公司、兰州工程公司、东北第二工程公司、东北第三工程公司、冶金部电气安装总公司第二工程公司、鞍山冶金建筑总公司、冶金部筑炉总公司第二工程公司、沈阳重型机器厂、长春第一汽车厂、抚顺矿务局基建局矿井工程处、铁道工程处、安装工程处、鞍山钢铁公司基建处、大连机车厂、大连化学厂、大连工学院、哈尔滨量具刀具厂、哈尔滨亚麻厂。

（六）中央政法干校、中央政法干校西北分校、中央政法干校东北分校、中国人民大学、复旦大学、西北大学、武汉大学、中南政法学院、华东政法学院、北京大学。

基本建设承揽(第一次草稿)[①]

第一条 依照基本建设合同,承包人以自己的力量和全部或一部材料,完成发包人所委托的由国家机关批准的基本建设工程,发包人在规定的期限内验收,并根据拨款程序支付给承包人全部工程价款。[②]

第二条 委托另一单位进行基本建设的单位称为发包人,接受委托去完成基本建设的单位称为承包人。承包人如以自己承包的个别专业工程转包给其他单位去完成的称为总承包人,以自己的力量去完成某一专业工程的单位称为分包人,总承包人对发包人负责。分包人对总承包人负责。

另案:发包人将全部建设工程交由一个施工单位负责总承包,总承包人可将承包的某些工程分包给专业施工单位。分包人对承包的工程向总承包人负责,总承包人对承包的全部工程向发包人负责。[③]

第三条 基本建设合同的签订,必须根据批准的必要文件和采用书面形式。[④]

另案:基本建设合同必须采取书面形式。

基本建设合同的签订要根据批准的必要文件,经双方签字后生效。

第四条 基本建设工程必须在签订合同后才能施工,如因特殊任务急需施工的工程,虽未具备签订合同的条件,但经双方主管机关批准后,可以签订协议书先行施工,并限期补订合同。

第五条 在合同签订后,发包人如要增减工程量、变更原来设计以及因特殊原因必须修订或撤销合同时,要经原来批准的机关批准,并负责赔偿给对方所造成的

[①] 本件原件多有修改,另行注明。标题改作"基本建设工程包工(第一次草稿)"。

[②] 本条原件修改后为:"依照基本建设工程包工合同,承包人用自己全部或者一部分材料,按期完成发包人所委托的经国家主管机关批准的基本建设工程,发包人在规定的期限内验收,并按照拨款程序付给承包人工程价款。"

[③] 原件本条"以自己的力量去完成某一专业工程的单位……"一句中"某一"二字被删去。
另案改作:"承包人可以作为总承包人将他承包的工程分别包给一个或者几个分包人,分包人对承包的工程向总承包人负责,总承包人对承包的全部工程向发包人负责。"

[④] 原件本条改作:"基本建设工程包工合同的签订,必须根据批准的必要文件并采用书面形式,经双方签字后生效。"

损失。①

第六条　合同或协议书签订后,发包人应按拨款程序付给承包人一定数额的预付款。如果因为发包人没有按期付给而影响开工日期或者使工程不能如期完工,承包人不负责任,发包人应赔偿承包人因此所受到的损失。②

第七条　发包人在施工前,要负责将现场障碍物清除,以及做好电源、水源、运输干道和临时工地的准备工作,并将有关文件交给承包人。如果因为发包人没有按期履行上述义务而影响竣工期限,承包人不负责任,发包人应赔偿承包人因此所受到的损失。以上事项已经委托给承包人办理的时候,发包人不负责任。③

第八条　合同规定由发包人供应的设备和材料以及施工图纸,要按时供应,如果因发包人不能按期供应材料、图纸致造成延工,由发包人负责,并赔偿承包人所遭受的损失。

承包人如发现发包人供应的材料,不符合规定的规格、质量,承包人可以拒绝使用,发包人认为必须使用时,应取得原批准设计单位的同意。④

第九条　承包人应按发包人提交的设计图纸和技术规范所规定的标准进行施工,并保证工程质量。

承包人如发现施工图纸有错误必须修改时,应及时通知发包人,发包人接到通知后五天内没有答复,承包人有权停止该项工程的施工,因此所造成的损失,由发包人负责。⑤

第十条　发包人有权随时对工程质量和建筑材料规格进行检查,对不合格部分可以要求承包人返工,但不得干涉承包人的业务活动。承包人在施工过程中,由于自己的过失所造成的工程事故,其返工及修补费用,由自己负担。⑥

第十一条　前一项工程竣工后,将被后一项工程掩盖时,承包人应在工程隐蔽

---

①　原件本条改作:"在合同签订后,发包人如要增减工程量、变更原来设计必须修订合同或者因特殊原因撤销合同的时候,应当经原来批准的机关批准,并负责赔偿承包人所受到的损失。"

②　原件本条"如果因为……不能如期完工"一句改作:"发包人没有按期付款,造成开工日期或者竣工日期的迟延"。

③　原件本条改作:"发包人在施工前,要负责清除现场障碍物,做好电源、水源、运输干道及其他的准备工作,并将有关文件交给承包人。如果发包人没有按期履行上述义务影响了竣工日期,承包人不负责任,发包人应赔偿承包人因此所受到的损失。以上事项已经委托承包人办理的,发包人不负责任。"

④　原件本条第一款改作:"合同规定由发包人供应的设备、材料和施工图纸,应按约定时间地点供应,如果发包人没有按照约定的时间地点供应造成完工日期的迟延,由发包人负责,并赔偿承包人所受到的损失。"

第二款"承包人如发现发包人……"一句删去"如"字。

⑤　原件本条第一款"设计图纸和技术规范"改作"设计图纸和施工验收技术规范"。

第二款单列一条,并将"承包人如发现施工图纸有错误必须修改时"一句改作"承包人发现设计图纸有错误必须修改时"。

⑥　原件本条第一款改作:"发包人有权随时检查承包人准备的建筑材料和工程质量,对不合格部分可以要求承包人返工或者更换材料,但不得妨碍承包人的业务活动。"

第二款被圈去,并有"(有的意见不要)"字样的旁注。

前,通知发包人到场检验,经检验合格后,由双方签检验合格证,作为工程竣工验收的依据。

承包人对隐蔽工程没有通知发包人检验就自行掩盖,以后发包人认为须作检查时,不论检验结果如何,全部费用均由承包人负担。

发包人如果不按通知的时间到场检验,承包人可以自行检验并作记录,以后发包人再要检验此项工程时,如果合格,全部费用由发包人负担,不合格,返工费用由承包人负担。①

第十二条 发包人如有特殊原因,要求承包人提前完成全部或一部工程时,发包人应负担承包人因加紧施工所必需的费用。

第十三条 在施工过程中,承包人使用发包人永久性的或者临时性的建筑物、水、电等设备时,要付给发包人使用费和租金,但不得超过预算规定的标准。

承包人对承建的施工对象在没有交工验收前,可以无偿使用。②

第十四条 承包人对发包人所供给的设备、材料,要负责保管,并负意外灭失的责任。

承包人对尚未建成和已建成还没有交工验收的建筑物,要负保管责任。承包人如认为以上工程需要保险时,在征得发包人同意后,办理保险手续,保险费用由发包人负担。③

注:有的同志认为保险问题已在保险部分规定了,在这里就不再规定。

第十五条 在施工过程中,如发现地下文物、古墓或由于基础土壤及地下水位与设计资料不符时,必需增加工程量及因此所造成的停工损失,由发包人负担。④

第十六条 承包人应在约定的期限内,完成所承包的建设工程;如不能按期完成时,应依照未完成的单位工程预算价值,每逾期一天付给发包人(千分之一至千分之五)的罚款;如果因国家调拨的材料不能按时供应所引起的不能如期交工,承包人不负责任。

如全部工程能按期交工,则对中间交工逾期的工程可以不罚或退回已罚款项。

---

① 原件本条第一款"将被后一项工程掩盖时"改作"将被后一项工程掩盖的时候","由双方签检验合格证"改作"由双方签注检验记录"。

第二款"须作检查时"改作"须作检查的时候","全部费用均由……"一句删去"均"字。

第三款"发包人如果……"一句删去"如果"二字,"再要检验此项工程时"改作"再要检验此项工程的时候"。

② 原件本条第一款改作:"在施工过程中,承包人使用发包人永久性的或者临时性的建筑物、水、电等设备,要按照合同规定的标准付给发包人使用费和租金。"

第二款中"承建的施工对象"改作"承建的工程"。

③ 原件本条第一款改作:"承包人对发包人所供给的设备、材料,应当负责保管,并负毁损灭失的责任。但对人力不可抗拒的除外。"

第二款"要负保管责任"一句改作"应当负保管责任"。

④ 原件本条改作:"在施工过程中,如发现基础土壤、地下水位、地下文物、古墓和其他情况与设计资料不符,必需增加工程量或者造成停工的损失,由发包人负担。"

第十七条　承包人在竣工验收前,要负责清扫建筑物内和建筑物外二公尺以内的场地,并要排除因施工所造成现场区域内的障碍。①

第十八条　承包人在工程竣工后,应向发包人提出竣工验收通知单,发包人如不能按照通知规定的时间内验收,要负担承包人因迟延验收期间的保管费和其他费用。②

第十九条　承包人在竣工验收时要退还发包人所交付的施工文件和验收必备文件,在工程验收后,建筑物的保管由发包人负责。③

第二十条　发包人在工程验收中如发现部分工程与规定标准不符时④,由承包人在限定期间内修竣,但不得影响其他部分的验收;如果返工部分足以影响全部工程验收时,应在返工修竣后再行验收。

第二十一条　工程验收费,除另有规定外,均由发包人负担;如果工程质量不合规定标准不能验收时,验收费由承包人负担。⑤

第二十二条　在工程没有验收前,或未经过上级机关批准和承包人的同意,发包人对已建成的工程无权动用。⑥

第二十三条　在全部工程验收后,发包人应当按照结算程序付清全部造价。工程提前竣工时,应该提前验收和结算。如果因发包人的责任,造成不能如期结算,应根据结算账单的数额,每逾期一天付给承包人千分之一至千分之五的罚款。

第二十四条　承包人在建设预算和设计预算定额范围内,改善施工操作方法,就地取材,或者由于承包人合理化的建议,经发包人及设计单位同意更改设计和采取代用材料而又未降低工程质量与使用效率,其节约额,除另有约定外,归承包人。⑦

第二十五条　基本建设合同在全部工程交工验收和结算后失效。

---

① 原件本条"清扫建筑物内"一句改作"清扫建筑物内部","区域内的障碍"改作"区域内的障碍物"。
② 原件本条"按照通知规定的时间内验收"改作"在通知规定的时间验收","承包人因迟延"改作"承包人在迟延"。
③ 原件本条改作:
"承包人在竣工验收时应提出验收必备文件,在工程验收后,要退还发包人所交付的施工文件。
"承包人对已经验收的建筑物不负保管责任。"
④ 原件本句删去"如"字,并将"时"改作"的时候"。
⑤ 原件本条改作:"工程竣工经检验合格接收后,验收费由发包人负担;在验收过程中出现工程质量不合规定标准不能验收的时候,验收费由承包人负担。"
⑥ 原件本条调整为:"在工程没有验收前,发包人未经过上级机关批准和承包人的同意,对已建成的工程无权动用。"
⑦ 原件本条"和设计预算定额范围内"改作"和设计图纸范围内",并删去"除另有约定外"一句。

准备起草基本建设承揽条文中的主要问题

一、按照中央和地方国家机关基本建设计划拨款所进行的各项工程称为基本建设。以本单位的自己力量和材料的一部或全部,通过合同关系去完成另一单位所委托的基本建设工程,称为基本建设承揽。

二、委托另一组织进行的基本建设单位称为发包人。接受委托去完成基本建设的单位称为承包人。承包人如以个别专业工程转包给其他单位完成的,称为总承包人。以本单位自己的力量去完成这一专业工程的叫分包人。

分包人对总承包人负责,总承包人对发包人负责,发包人有权检查他们的材料供应和工程质量以及工程进度。

三、基本建设合同的签订,首先由发包人提供给承包人业经批准的必要条件,再由承包人提出合同草案,以发包人审核同意后签订。合同自双方签字盖章后生效,如果在程序上必须经上级机关批准的,自批准之日生效。

四、基本建设工程一般必须在合同签订后才能施工,对急需赶时进行的基本建设,在不具备签订合同的条件下,经双方有权批准机关核准,可以先行签订协议书进行各项准备工作或者开始施工,在条件具备后再补订合同,如不再补订合同时,则协议书有同等法律效力。

五、在基本建设合同签订后,一方如果有特殊原因,必须要撤销已签订的合同时,要赔偿对方所引起的损失。

六、在基本建设合同签订以后,发包人应按照基本建设拨款程序预付给承包人一定数额的用款,以便进行施工前准备工作。

七、在施工前发包人要负责清除施工现场的障碍物,还要准备好电源、水源、运输干道和临时工地,并交付给承包人有关文件,发包人对以上事项没有能按时准备好,致影响开工、竣工时限的,承包人不负责任,发包人要赔偿承包人因延迟施工所遭受的损失;如果有的工作委托承包人代办而延迟的,则发包人不负责任。

八、承包人要按照发包人所交给的施工图纸和技术规范所规定的标准施工,并保证质量,承包人如果发现设计图纸有错误时,应及时通知发包人,在通知时间内发包人没有提出修正意见,工程继续进行所造成的损失由发包人负责。

九、合同规定由发包人供应的设备和材料,要按时供应,如果因发包人不能按时供应材料致造成延工,由发包人负责,并赔偿承包人所遭受的损失。承包人发现发包人所供应的设备和材料不合乎原定规格时,有权拒绝使用,如必须使用时,要经原设计单位同意。

十、在施工中发包人要增减建筑工程量或者要变更原来设计时,在经原批准机关批准和征得承包人同意后,增订补充合同或者修改原合同,并补偿所引起的承包人损失。

十一、发包人如果因特殊原因要求承包人提前完成全部或一部承建的工程时,则发包人要负担承包人因加快施工所必要费用。

十二、某一分项工程竣工后,将被后一工程掩盖的掩蔽工程,承包人在这一工程竣工后,要通知发包人到现场检查,合格时要签注检查合格记录,作为验收依据,如果承包人不通知发包人检查继续进行下一工程,而发包人又要检查时,不论工程是否合格,所有费用和损失由承包人负担;如果发包人不按通知时间进行验查,则承包人自己做检查记录并进行下一工程,若发包人在工程被另一工程掩盖后还要进行检查时,检查合乎标准,所有费用和损失由发包人负责,不合乎标准则全部费用和损失由承包人负责。

十三、在施工过程中承包人使用发包人的临时建筑物和水电等设备时,要付给发包人一定的使用费用和租金,但不得超过预算标准。承包人承建的施工对象在没有交工验收前,可以暂时无偿地使用。

十四、承包人对发包人所供给的材料要负责保管并负意外灭失的责任。对已建成还没有验收和尚未建成的工程对象要负责保管,如果需要保险时,由承包人办理保险手续,发包人付给保险费用。

十五、发包人认为对进行的基本建设工程有保密必要的时候有权要求承包人按照保密规定进行保密。

十六、承包人要按约定时间完成承揽的基本建设对象,如承包人不能按约定时间完成时,要按照不能完成部分和迟延日期付给发包人千分之×的罚款。部分工程误期,但总的工程能按约定时间完成,对部分工程可以不罚款或退回已罚的款项。

十七、承包人在每项工程竣工验前,要负责清扫建筑物内和建筑物外二公尺以内的场地,并要排除因施工所引起的施工现场区域内的障碍。

十八、承包人在分部分项工程或总的工程竣工后,向发包人提出竣工验收通知单,发包人如不能按照通知规定时间内验收时,要负担承包人因延期验收期间的保管费用。

十九、验收工作由专门组织的验收委员会进行,在验收中承包人要退还发包人所交付的施工文件和验收必备文件,在工程验收后对建筑物的保管由发包人负责。

二十、工程验收中如发现部分工程不合乎约定标准时,由承包人在限定期间内修竣,但不影响其他部分验收,如果返工部分足以影响全部工程验收时,则等返工修竣后再行验收。

二十一、工程验收费除约定由承包人负责外均由发包人负责;如果因工程质量不合乎标准而不能验收时,则验收费用由承包人负责。

二十二、在工程没有验收前或者没有经过上级批准和承包人的同意,发包人对虽已建好的建筑物亦无权动用。

二十三、在总工程或者分部分项工程验收后,发包人应当按照合同规定价款和结算程序付清全部造价。工程提前竣工,应当提前验收和提前结算,如果因发包人的责任,而造成不能如期结算时,应补偿承包人千分之×的罚款。

二十四、在规定的各项施工定额中,如果承包人因改善施工组织、积极进行节约,或者由于合理化的建议,经设计单位同意采用较廉价品,代替原来材料,而又未降低工程质量的收益,归承包人。

二十五、基本建设承揽合同自合同本身规定的工程全部竣工、验收和全部结算后失效。

基本建设包工合同起草提纲

1956 年 5 月 13 日

一、基本建设的范围和内容

凡列入国家基本建设计划的建筑、安装工程(包括新建、扩建、改建及与之连带的工作),例如:工矿、交通、农林、水利、财政、贸易、文化、教育、卫生、城市建设和省以上政府机关等部门所属单位的事业建设、住宅建设、文化建设、科学试验研究建设、卫生建设及公共事业建设等。

二、合同的体系和合同的签订

(一)合同的体系

基本建设合同分:

(1)总合同——依全部建设工程量签订的合同。全部建筑、安装工程的施工期超过一年以上时,必须签订总合同。

(2)年度合同——依年度工程量签订的合同。全部建筑、安装工程的施工期不超过一年时,应签订年度合同。

(3)单独合同——为施工进行准备工作而敷设的工程(如铁路专用线、建筑采石场、附属企业、仓库、工人住宅等),应根据批准的初步设计签订单独合同。

(4)补充合同——如在合同中未加规定,而在施工中发现需要增加的工程,双方应签订补充合同。

(5)协议书——遇有复杂的建筑、安装工程,如已有技术设计(没有预算),而任务又很紧急,必须及早开工的工程,经双方主管部门批准后,可签订协议书,但以后应补订合同。

(二)合同的签订

(1)建设合同必须依据批准的国家基本建设计划、技术文件和预算(概算)、工程项目一览表签订。

(2)发包人应将已批准的全部建筑、安装工程交由一个施工组织负责总承包。总承包人对某些专业工程可以分包给其他的专业组织,但必须签订分包合同。分承包人对所分包的全部工程向总承包人负责,而分包工程仍由总承包人向发包人负责。

在个别情况下,专业工程也可由发包人直接与专业施工单位签订合同,这时,专业施工单位应直接向发包人负责。

(3) 承包单位接到发包人交给的工程项目一览表、设计文件和预算(概算)后于一定时期内提出建设包工合同,经发包单位同意后于一定时期内签订。如签订合同时涉及分包部分,应吸收分包人参加。在建设包工合同中应规定:

①工程范围、工程名称、工程地点;
②主要工程项目的起讫日期,中间交工工程的起讫日期;
③施工图纸的供应日期;
④承包方式;
⑤工程竣工后的验收期限和结算方式。

(4) 未经批准机关许可分批报送技术设计和预算文件时,不得分批签订合同。

(三) 合同的法律效力

(1) 合同经双方签字后即发生法律效力(不须经上级机关批准)。
(2) 全部工程竣工、经验收合格、并结清工程款项后,合同即无效。

(四) 合同的变更和补充

(1) 合同签订后,发包人与承包人均无权变更竣工日期,如必须变更时,须报请上级机关批准。
(2) 在合同有效期间内,如需增加工程项目时,应有依规定程序批准的文件,由双方协议签订补充合同,作为年度合同的附件。
(3) 在不变更原定设计原则下,经双方协商同意,可对合同作补充条款。

三、施工前的准备工作

(一) 归发包人负责的

(1) 将工程开工有关的各种许可证及时提交给承包人,以保证工程按时开工。
(2) 保证设计、概算(预算)、工程项目一览表和基建财务计划等文件及时获得批准,同时应向银行提交包工合同和其他为进行拨款所规定的各种文件。
(3) 配合各设计阶段施工准备工作的要求,负责完成建筑、安装工程区域内的移民工作、地上地下障碍物的迁移工作。
(4) 配合各个施工阶段保证及时供应由他负责采购的一切建筑材料。
(5) 对施工图进行审查,并按规定的供应日期交给承包人。
(6) 成立驻工地代表机构,以便和承包人经常联系,及时解决工程进行中所发生的困难,并对工程的质量进行监督。

(二) 归承包人负责的

(1) 根据发包人提供的施工任务和施工组织总设计确定施工组织。
(2) 订好分包合同。编制施工图阶段的施工组织设计、材料申请计划、施工操作规程及保安措施。
(3) 根据施工需要进行现场布置和机械的调配工作。
(4) 储备材料和组织劳动力。

(5)建立附属生产企业及辅助生产单位。

四、施工

(一)承包人应依据批准的设计和施工图纸及说明书进行施工,在施工过程中不得更改施工图及说明书。但:

(1)如发现技术设计、施工详图或施工说明书有错误或某项结构必须加以变更时,须通知发包人。发包人收到通知后,应于一定日期内提出处理意见,否则承包人有权停止该项工程的施工,而因此所造成的损失,由发包人负担。

(2)如果对技术设计、施工详图或施工说明书有小的变更或修改,在不变更原定设计原则及不影响构件或建筑物的固定性条件下,由承包人提出意见,经发包人同意,签订工程更改证书后执行。

(二)发包人在施工过程中不得擅自变更施工详图与说明书。

(1)如必须变更时,应先取得原核准技术设计机构的批准,并征得承包人同意,签订补充合同。

(2)关于小的变更或修改,经原设计机构同意后,由发包人将增减部分签署工程更改证书,交承包人执行。如因发包人的变更或修改而造成承包人的损失时,应负责赔偿。

(三)进行改建或恢复工程时,发包人应提供旧有图纸及有关的施工技术资料。如缺乏该项资料而在施工过程中发现设计与实际情况不符,以致造成承包人的损失,由发包人负责赔偿。

(四)在施工过程中,发包人不按合同规定的期限供应技术设计和预算、总平面图、技术设计阶段的施工组织设计(两段设计的初步设计,概算、初步设计阶段的施工组织设计)、施工详图,因而造成承包人不能按时申请材料,发生停工、窝工、材料倒运和机械停滞等损失时,发包人应负责赔偿。

(五)因发包人在施工过程中变更计划、设计、图纸,或合同规定由发包人供应的材料和设备不按时供应,以致造成承包人停工、窝工、返工及其他损失,发包人应负责赔偿。

(六)承包人对发包人供给的材料应负责保管,并担负意外灭失的责任。如供给的材料不合规格、质量时,承包人有权拒绝接受,若确实必须使用,应经主管机关批准。

五、交工和验收

(一)承包人应按规定的完工日期交工。

(二)隐蔽工程——即某一分项工程竣工后,将被后一项工程掩盖的工程。

(1)隐蔽工程在隐蔽前×日,承包人必须通知发包人驻工地代表到场验收,经验收合格后,双方应在工程验收记录单上签字,作为工程竣工验收的依据。

(2)如承包人对隐蔽工程未通知发包人即自行隐蔽,以后发包人认为须作检查时,不论检查结果是否符合设计要求,全部费用均由承包人负担。

(3)发包人如不按时验收,承包人可自行隐蔽,以后发包人要求验收此项工程时,如系合格,即全部费用由发包人负担,如系不合格,则返工费用全由承包人负担。

（三）全部工程竣工后，承包人应于工程竣工×日前向发包人提出竣工通知，发包人应在工程竣工前将验收日期通知承包人及其他有关单位。

（1）验收工作应在竣工后×日内开始进行并按期验收完毕。如确因特殊情况在规定日期内不能开始验收时，须事先将延期验收的期限通知承包人，经同意后方可延期验收。

（2）工程验收合格后，双方应正式签订交工验收书。

（四）全部工程竣工后，必须严格进行技术试验，因试验所需的费用，除合同中订明由承包人负责外，其他均由发包人自行负责。在未进行技术验收以前，发包人应负保护原工程完整的责任，承包人应负以后试验交工的责任。

（1）在试验过程中发生故障时，如果是由于安装不良造成的，由承包人负责。

（2）如果故障是由于设备本身或试车操作所造成的，由发包人负责。

（五）工程验收的质量标准，应按技术设计、施工详图、施工说明书及国家颁发的有关验收技术法规进行。如验收技术法规与施工图说不符时，以施工图说的要求为准。

（六）在验收过程中，如发现不合格而须返工或补做的部分工程，双方应再行约定期限完成。如果不合规格的工程系属局部的，则不免除发包人对其他工程进行验收的义务，但是，如果不合规格的部分足以妨碍整个工程的验收时，应在返工工程竣工后再行验收。

（七）未竣工的建筑物及构筑物，以及虽已竣工但还未办理交工验收手续的建筑物、构筑物和已安装好的机械设备，发包人不得动用。

（八）工程验收完毕后，承包人应退还发包人所交与的施工文件和其他有关资料。

（九）对建筑工程的技术设计、施工详图、施工说明书、工程预算及各种工程报表等资料，双方均应严格保密。

（十）工程竣工后，承包人应将场地清扫。

（1）室内障碍物的清除；

（2）室外只限于建筑物或构筑物二公尺以内堆积与挖掘的障碍物，及二公尺以外因承包人施工所造成的障碍物。

六、结算

（一）结算应按下列方式进行：

（1）分部分项验收结算；

（2）扩大分部结算；

（3）最后总的结算。

（二）期中结算应按照施工详图完成的工程量和已批准的预算单价表所计算出的造价，凭建筑、安装企业提出的并经建设单位承认支付的工程账单进行结算。

（三）最后总结算应在全部工程验收后×日内，由发包人根据批准的预算单价表和已修正的工程量，在总预算的范围内综合以前所支付的一切款项进行结算。

（四）发包人接到付款账单后×日内，如未提出反对意见时，则认为同意按账单付款。如双方对付款账单有不同意见时，发包人应在×日内按账单中无意见的部分付款，总承包人也应按同样手续对分包人付款。其争论部分应提交有关部门解决。

（五）发包人应按年度合同中规定的工程造价的一定比例拨给承包人作预付款。

（1）预付款的数额、拨款期限和偿还程序应按规定的手续办理。

（2）如年度工程造价有所增减时，预付款数额亦应作相应的调整。

（六）承包人如按合同规定的日期提前完成计划，发包人应提前付款，如拨款限额不足时，应提交有关部门解决。

七、奖励与罚则

（一）奖励

（1）凡承包人采取合理化措施更改设计、变更结构，经发包人及设计单位同意，因而减低工程造价，同时并未降低建筑物的工程质量，其节约额的×%归承包人，其余的×%上缴国家。

（2）凡承包人改变施工的技术操作方法或采取其他技术措施（如就地取材，经发包人同意利用旧料代替新料等）经试验能利用于工程上，且质量符合设计要求，其节约额全部归承包人。

（二）罚则

如有下列情形之一者，应向对方交付一定罚款：

（1）承包人没有按照合同规定的竣工日期完工（包括年度合同中的中间交工及双方协议提前交工的工程）；

（2）承包人或发包人未按规定的日期进行验收；

（3）发包人不按期付款，或因拖延办理工程变更签证手续影响了付款。

双方罚款不能相互抵销。

关于基本建设包工合同的几个问题

一、基本建设包工中,承包人除了以自己的设备来完成发包人所委托的工程外,是否还应该对发包人担负危险的责任?

1. 有的同志认为:一般承揽和基本建设工程包工,其基本特点都是承包人自己负担危险来完成发包人的工作,应当将这一精神反映到条文中去。

2. 有的同志认为:基本建设工程包工和一般承揽不同,如果在基本建设包工中也规定承包人必须担负危险责任,一方面承包人担任不起这个责任(基建工程价值大),另一方面也达不到预期的效果。

二、发包人没有按期依照拨款程序付给承包人预付款的时候,除偿付承包人逾期罚金外,是否还应该赔偿承包人因此所受到的损失?

1. 有的同志认为:如果发包人已偿付了逾期罚金,就不应当再担负承包人因此所受到的损失。

2. 有的同志认为:发包人应当及时付给承包人预付款,如果没有按期或者推迟支付的时候,除必须偿付承包人逾期罚金外,还应当赔偿承包人因此所受到的损失。

三、承包人对于自己在施工过程中所造成的工程质量事故,在交工以后是否还应当担负修理的责任?(即在"基本建设包工"中是否要规定"保修"问题)

1. 有的同志认为:工程交付使用后,如果发现工程质量事故,承包人应当在一定期限内负责修理或者拆除重建;如果因此造成发包人的损失,还应当负责赔偿。

2. 有的同志认为:在历史上,我国建筑业有过"保修"制度,但后来受批判了,说是资本主义的经营方式,所以从1954年起便取消了"保修"制度。取消"保修"制度的原因:我国目前承包单位(建筑工程公司)的流动性很大,如果规定"保修"制度,就势必产生一系列的问题,如由谁来负责修理(原来的组织已经解散了)?这就很难解决。但是自从取消"保修"制度以后,工程质量显著下降,常发生地基下沉。

四、承包人在施工过程中采用"合理化建设",或者经发包人同意更改设计和采取代用材料,其节约额归承包人还是发包人?

1. 有的同志认为:法律上规定"节约额归承包人"是合理的,这不但使承包人在合理运用建筑材料上能够节约,同时也鼓励承包人的主动创造精神。至于是否因此就降低建筑工程的质量？不会的，因为承包人采用以上措施时必须遵守技术规范的规定，"不降低工程质量和使用效率"。

2. 有的同志认为：法律上规定"节约额归承包人"是会产生副作用，可能降低工程质量，并影响发包人对节约的积极性。强制地将"节约额"全部归承包人所有，是不妥当的。

3. 有的同志认为：承包人因采用"合理化建议"所得的"节约额"应按发明技术改进合理化建议的"奖励"来处理，其"节约额"应归国家所有。

4. 有的同志认为："节约额"应由双方进行合理分摊，以便使承包人的合理化建议能够得到发包人的全力支持，不致产生阻力。

5. 有的同志认为：关于合理化建议和代用材料的节约问题，在民法中不用规定，应由"基本建设建筑工程包工条例"或"特殊条款"来解决。

基本建设工程承揽（基本建设工程包工）（第二次草稿）[①]

第一条 按照基本建设工程包工合同，承包人用自己的全部或者一部分材料，按期完成发包人所委托的经国家主管机关批准的基本建设工程，发包人应该在规定的期限内验收，并且根据（按照）拨款的程序付给承包人全部工程价款。[②]

第二条 承包人可以作为总承包人将自己承包的部分工程，分别地分包给一个或几个分包人。[③] 分包人对总承包人负责。总承包人对发包人负责。

第三条 基本建设工程包工合同的签订，必须根据国家主管机关批准的必要文件采用书面形式，经双方同意签字后生效。[④]

另案：基本建设工程包工合同必须采用书面形式。

基本建设工程包工合同的签订要根据批准的必要文件，经双方签字后生效。

第四条 基本建设工程必须在签订合同后才能施工。

另案：基本建设工程必须在签订合同后才能施工。在施工前可以签订施工准备协议书进行施工准备工作。[⑤]

第五条 合同或者施工准备协议书签订后，发包人应该按照拨款程序付给承包人一定数额的预付款。发包人没有按期付款，造成开工日期或者竣工日期迟延，承包人不负责任，发包人应该赔偿承包人因此所受到的损失。

注：

1. 有的同志建议：迟延通知交工应该具体规定。

---

① 本件原件多有修改，另行注明。

② 原件本条改作："按照基本建设工程包工合同，承包人应按期完成发包人所委托的基本建设工程，发包人应该在规定的期限内验收，并且根据拨款程序付给承包人全部工程价款。"

③ 原件本条第一句改作："承包人可以作为总承包人。总承包人将自己承包的全部工程中的部分专业工程，分别地……"

④ 原件本条"……批准的必要文件采用书面形式"一句改作"……批准的建设计划和必要文件，并采书面形式"。

⑤ 原件删去本条另案。

2. 有的同志主张,因发包人迟延给预付款,承包人不能顺延竣工日期。①

第六条 发包人在开始施工以前,应该负责清除现场的障碍物,作好电源、水源、运输干道和其他的准备工作,并且将有关文件及时交给承包人。如果发包人没有按期履行上述义务,影响了工程的竣工日期,承包人不负责任,发包人应该赔偿承包人因此所受到的损失。以上事项如契约规定为承包人负责办理的时候,发包人不负责任。②

第七条 合同规定由发包人供应的设备、材料和施工图纸,应该按照约定的时间、地点及时供应。发包人没有按照约定的时间、地点及时供应的时候,造成竣工日期的迟延,由发包人负责,并赔偿承包人所受到的损失。③

另案:合同规定由发包人供应的设备、材料和施工图纸,应该按照约定的时间、地点及时供应。

发包人违反前款规定的时候,应该担负迟延的责任,并且赔偿承包人因此所受到的损失。

第八条 承包人发现施工设计图纸有错误必须修改的时候,应该及时通知发包人。发包人接到通知后五天内没有答复,承包人有权停止该项工程的施工,因此所造成的损失,由发包人负责赔偿。

注:有的同志认为:承包人发现施工设计图纸有错误通知发包人,双方争执不下时应如何解决。④

第九条 承包人应按发包人提交的设计图纸和施工验收技术规范所规定的标准进行施工,保证工程质量。如果因为施工造成的工程质量事故,承包人应在一定期限内,负责修理。⑤

第十条 发包人有权随时检查承包人准备的建筑材料和工程质量,对不合格部分可以要求承包人返工或更换材料,但不得妨碍承包人的业务活动。

承包人在施工过程中,因自己的过失所造成的工程事故,其返工及修补费用由自己负担。⑥

第十一条 前一项工程竣工后,将被后一项工程掩盖的时候,承包人应在工程隐蔽前,通知发包人到场检验,经检验合格后,由双方签注检查记录,作为工程竣工验收的依据。

---

① 原件本条改作:"合同签订后,发包人应该按照拨款程序付给承包人一定数额的预付款。发包人没有按期付款的时候,造成竣工日期迟延,承包人不负责任,发包人应该付给承包人逾期罚金并赔偿承包人因此所受到的损失。"本条附注亦删去。

② 原件本条"应该负责清除……准备工作"一句改作"应该负责按照施工需要作好一切准备工作",删去"以上事项……发包人不负责任"一句。

③ 原件本条改作:"合同规定由发包人供应的设备、材料和施工技术文件,应该按照规定及时供应。如果发包人没有按照规定供应,造成竣工日期的迟延,由发包人负责,并赔偿承包人所受到的损失。"

④ 原件本条"接到通知后五天内"改作"接到通知后×天内",并删去本条附注。

⑤ 原件本条"设计图纸"改作"施工技术文件",另有旁注"尚在研究"四字。

⑥ 原件本条第一款"不得妨碍"改作"不得干涉",删去第二款。

承包人对隐蔽工程没有通知发包人检验就自行掩盖,以后发包人认为须作检查的时候,不论检查结果如何,全部费用由承包人负担。

发包人不按通知的时间到场检验,承包人可以自行检验并作记录,以后发包人再要检验此项工程的时候,如果合格,全部费用由发包人负担,不合格,返工费用由承包人负担。

第十二条　在合同签订后,发包人因增减工程量、变更原来设计必须修订合同或者因特殊情况撤销合同的时候,应当经原来批准的机关批准,并负责赔偿承包人所受到的损失。

但是小的变更和修改,而不改变设计原则,也不影响构件或建筑物的坚固性能,由发包人将增减改变部分签署工程更改证书,经承包人同意,可不再报请原批准机关批准。①

第十三条　发包人如有特殊原因,要求承包人提前完成全部或一部工程的时候,发包人应负担承包人因加紧施工所必需的费用。

第十四条　在施工过程中,承包人使用发包人永久性的或临时性的建筑物,水、电等设备时,要按照合同规定的标准付给发包人使用费和租金。承包人对承建工程在没有交工验收前,可以无偿使用。②

第十五条　承包人对发包人所供给的设备、材料,应当负责保管,并负毁损灭失的责任,但人力不可抗拒的灭失,承包人不负责任。

承包人对尚未建成和已建成还没有交工验收的建筑物,要负保管责任。③

第十六条　在施工过程中,如果发现基础、土壤、地下水位、地下文物、古墓和其他特殊情况与设计资料不符,必需增加工程费用或者造成停工的损失,由发包人负担。④

第十七条　承包人应该在约定的期限内完成所承包的建设工程。如果因承包人的责任不能按期完成,应该依照未完成的单位工程预算价值,付给发包人逾期罚款,如果因国家调拨的材料不能按期供应所引起的不能如期交工,承包人不负责任。⑤

注:有的同志主张:

1. 在罚款数额上应具体规定:"应该依照未完成的单位工程预算价值,"的后面应加上"每逾期一天,付给发包人逾期罚款"万分之一到万分之五。

2. 本条应加上如全部工程能按期交工,则对中间逾期交工的工程,可以不罚或退回已

---

① 原件本条第一款删去"经原来批准的机关批准,并"数字,并删去第二款。
② 原件本条"……建筑物,水、电等设备时"一句改作"……建筑物和其他设备的时候","使用费和租金"改作"使用费或租金"。
③ 原件本条将第一、二款合并,改作:"承包人对发包人所供给的设备、材料以及尚未建成和已建成还没有交工验收的工程,应当负责保管,并负毁损灭失的责任,但人力不可抗拒的毁损灭失,承包人不负责任。"
④ 原件本条改作:"在施工过程中发现基础土壤、地下水位、地下文物、古墓和其他特殊情况与设计资料不符,必需增减工程量,应当根据设计修改后的价值计算工程费用;如果造成停工的损失,应由发包人负担。"
⑤ 原件本条"应该依照未完成的单位工程……承包人不负责任"一段改作"应该付给发包人逾期罚金;由于人力不可抗拒的原因引起的不能如期交工,承包人不负责任。"

罚款项。

3. 不可抗力的情况在这里应加以规定。

4. 关于国家没有按期调拨材料而影响到不能如期交工,在这里不要规定。

第十八条 承包人在竣工验收前,应该负责清除建筑物内部和建筑物外二公尺以内的场地,并要排除因施工所造成现场区域内的障碍。①

第十九条 承包人在工程竣工后,应向发包人提出竣工验收通知单,发包人如果不能按照通知规定的时间验收,应该负担承包人在迟延验收期间的保管费和其他有关费用。②

注:有的同志主张:发包人不按期验收或承包人不按期提交验收文件,每逾期一天,罚款一百元。

第廿条 承包人在竣工验收时,要提出验收必备文件;在工程验收后应退还发包人所交付的施工文件;承包人对已经验收的工程,不再负保管责任。③

第廿一条 发包人在工程验收中发现部分工程与规定标准不符时,由承包人在限定期限内修竣,但不得影响其他部分的验收;如果返工部分足以影响全部工程验收时,应该在返工修竣后再行验收。

第廿二条 工程验收费,由发包人负担,但是对在验收过程中发现工程质量不合规定标准不能验收的时候,验收费由承包人负担。④

第廿三条 在工程没有验收前,发包人未经过上级机关批准和承包人的同意,对已建成的工程无权动用。

第廿四条 在全部工程验收后,发包人应当按照结算程序,付给承包人全部工程造价。如果因为发包人的责任,造成不能如期结算,应该根据结算账单的数额,付给承包人逾期罚款。

注:有的同志主张,在罚款数额上应具体规定,如万分之一到万分之五。⑤

第廿五条 承包人在建设预算和设计图纸范围内,改善施工操作方法,就地取材,或者由于承包人合理化的建议,经发包人及设计单位同意更改设计和采取代用材料而又未降低工程质量与使用效率,其节约额归承包人。⑥

第廿六条 基本建设合同在全部工程交工验收和结算后失效。

注:有的同志主张把"竣工"改为"完工"。⑦

---

① 原件删去本条。
② 原件本条"竣工验收通知单"后增加"并附送验收必备文件"九字,"规定的时间验收"改作"规定的期间验收"。
③ 原件删去本条。
④ 原件删去本条。
⑤ 原件本条改作:"在全部工程交工验收后,发包人应当按照结算程序,付给承包人全部工程价款。如果因为发包人的责任,造成不能如期结算,应付给承包人逾期罚款。"并删去本条附注。
⑥ 原件本条"在建设预算和设计图纸范围内"改作"在施工技术文件的基础上",删去"及设计单位"五字。
⑦ 原件删去本条附注。

基本建设工程包工(第二次草稿)座谈意见

全国人民代表大会常务委员会办公厅研究室　1956年7月8日

参加座谈单位:建筑工程部、建设委员会、城市建设部、冶金工业部、第一机械工业部、第二机械工业部、中国人民大学。

第一条　按照基本建设工程包工合同,承包人用自己的全部或者一部分材料,按期完成发包人所委托的经国家主管机关批准的基本建设工程,发包人应该在规定的期限内验收,并且根据(按照)拨款的程序付给承包人全部工程价款。

意见:

(1)承揽或者是基本建设工程包工,其基本特点是承包人自己负担危险来完成发包人的工作。这条主要是阐明基本建设工程包工的概念,因此,最好把这一特点也补充进去。

(2)承包人用自己的"全部或者一部分材料"问题,意义不明显,在实践当中,承包人完全不包料而只是施工的情况,目前还存在着,不过只限于民用建筑的小规模工程。但是,这种形式在实际执行中具有很大的缺点,易扯皮,常引起争执。现在有许多材料市场上也可买得到,在这种情况下应该完全由承包人包料,只有特殊材料和国外材料才由发包人负责供应。对这个问题,各部的意见还不一致。并且认为全部由承包人包下来感到困难,但是,承包人完全不包料而只是限于施工的形式,是应该否定的。

(3)"按期完成发包人所委托的经国家主管机关批准的基本建设工程"中"经国家主管机关批准"几个字应该删去,因为需要国家主管机关批准的不仅是基本建设工程,而且材料以及其他的问题也需要经国家主管机关的批准。

(4)在名词用语上应该取得统一,建委的"包工办法"是用"建筑安装工程包工合同",而这里是用"基本建设工程包工合同",究竟应该采用哪一个?希望加以肯定。采用"基本建设工程包工合同"当然也可以,但是应该考虑到:"基本建设工程包工"所包括的范围比"建筑安装工程包工"广泛得多,并且"建筑安装工程包工"是包括在"基本建设工程包工"之中,是它的构成部分之一。所以改为"建筑安装工程及与之相连带的工程"较为妥当。

第二条　承包人可以作为总承包人将自己承包的部分工程,分别地分包给一个或几个分包人。分包人对总承包人负责。总承包人对发包人负责。

意见:

这条的文字有毛病,如"承包人可以作为总承包人将自己承包的部分工程,分别地分包给一个或几个分包人"，这样规定就好像总承包人"将自己承包的部分工程，分别地分包给"分包人之后，他就脱手了。事实上，总承包人将承包的工程分包给分包人之后，仍然就全部工程向发包人负责。因此，这句应该改为："承包人可以作为总承包人。总承包人可以将自己承包的全部工程的一部分工程（或单位工程），分别地分包给一个或几个分包人"。

第三条 基本建设工程包工合同的签订，必须根据国家主管机关批准的必要文件采用书面形式，经双方同意签字后生效。

另案：基本建设工程包工合同必须采用书面形式。

基本建设工程包工合同的签订要根据批准的必要文件，经双方签字后生效。

意见：

1. 这条主要是说明合同的生效和合同应该采用什么形式的问题，这些问题将来在民法典债的通则中都有规定，因此这条可以取消。

2. 这条还是有保留的必要，但在文字上应作适当的修改：

（1）"必须根据国家主管机关批准的必要文件"一句中"必要文件"是否包括国家基本建设计划？如果不能包括的话，这句就应该改为"必须根据必要文件和批准的国家基本建设计划"。

（2）另案较好，但是重复，第二款"基本建设工程包工合同的签订要根据批准的必要文件"中的"基本建设工程包工合同"几个字可以删去。

（3）关于合同的生效问题，最近两年来，在实践中已经逐渐趋向于不经主管机关的批准，只要双方同意签字后，合同即认为生效。但是有的工程，如军事部门的特殊工程以及限额以上和限额以下必须经主管机关批准的工程，在双方同意签字后，还需呈请有关主管部门批准才能生效。因此，这条应该考虑补充一点，就是："需要经有关主管机关批准的工程，只有经有关主管机关的批准之后，合同才能生效。"

（4）在建筑工程部的实践中，没有必须经过批准之后才能生效的合同。一般来说，只要双方同意签字后，合同即认为生效，因为合同是双方面的关系。就是从经验来看，也不用经有关主管机关的批准，如国家基本建设计划、工程进度、设计文件等，事先已经过有关机关的批准，而在签订合同的时候，如果还规定必须经有关机关的批准合同才能生效，就等于多一道程序，浪费时间，这是不合理的。苏联专家的意见认为：合同不用经有关机关的批准，否则签字就完全流于形式，成为完全不必要的手续了。至于军事部门的特殊工程和其他限额以上或限额以下的工程，是由有关的专门法规来规定，不是我们民法的调整范围。

第四条 基本建设工程必须在签订合同后才能施工。

另案：基本建设工程必须在签订合同后才能施工。在施工前可以签订施工准备协议书进行施工准备工作。

意见：

（1）从法律角度来看，应该强调"只有签订合同之后才能施工"，如果不签订合同就可以施工,往往会产生纠纷。根据建筑工程部的经验,原条文的规定不但行得通,而且还有好处。

(2)另案可以取消,理由:"在施工前可以签订施工准备协议书进行施工准备工作"一句中,"施工准备协议书"不明确,究竟是指哪一个工程阶段的?在什么情况下的施工准备协议书?条文上都没有指出,这就很容易造成工作中的扯皮。

(3)另案还有保留的必要,因为施工不单纯是根据合同和施工文件,而且还根据每个工程阶段的"施工准备协议书",如果法律上对"协议书"不给予适当的地位,那么当合同上没有规定(有遗漏)而实际工作中又发生纠纷时,裁判就没有根据。所以,"协议书"不但有保留的必要,而且民法典上还应该规定:"在施工前或施工过程中签订的协议书和合同有同等的法律效力。"

第五条 合同或者施工准备协议书签订后,发包人应该按照拨款程序付给承包人一定数额的预付款。发包人没有按期付款,造成开工日期或者竣工日期迟延,承包人不负责任,发包人应该赔偿承包人因此所受到的损失。

注:

1. 有的同志建议:迟延通知交工应该具体规定。

2. 有的同志主张,因发包人迟延给预付款,承包人不能顺延竣工日期。

意见:

(1)这条规定的法律后果"发包人没有按期付款,造成开工日期或者竣工日期迟延,承包人不负责任"是值得考虑的。在发包人没有按期付款的情况下,承包人可以向银行贷款,而不应该强调"发包人没有按期付款"就容许承包人擅自顺延竣工日期,这对实际工作是没有积极作用的。所以,这条应该改为:"发包人没有按期付款,应该付给承包人逾期罚金。"

(2)原条文规定的精神比较合理,应该保留,不然的话:①就容许发包人可以付款,也可不付款,这是不合理的;②如果只规定承包人必须按期履行完工的义务,而对发包人却容许可以按期履行付款的义务,也可以迟延履行付款的义务,也是不公平的。

(3)这条的附注1取消,在"包工办法"中可以解决。

第六条 发包人在开始施工以前,应该负责清除现场的障碍物,作好电源、水源、运输干道和其他的准备工作,并且将有关文件及时交给承包人。如果发包人没有按期履行上述义务,影响了工程的竣工日期,承包人不负责任,发包人应该赔偿承包人因此所受到的损失。以上事项如契约规定为承包人负责办理的时候,发包人不负责任。

意见:

(1)"作好电源、水源、运输干道和其他的准备工作"一句中,"电源、水源"与承包人不发生直接的联系,这些工作总的由发包人负责,而在具体的做法上,是由发包人委托承包人(订立合同)来完成,因为发包人本身没有这些专业力量,所以双方的责任应该明确。但是这个问题比较复杂,在民法上可以不用考虑,将来在"包工办法"中是会解决的。

(2)第四条的另案"在施工前可以签订施工准备协议书进行施工准备工作",应该放到这一条来规定,并和这条合并为一条。

第七条 合同规定由发包人供应的设备、材料和施工图纸,应该按照约定的时间、地点及时供应。发包人没有按照约定的时间、地点及时供应的时候,造成竣工日期的迟延,由发包人负责,并赔偿承包人所受到的损失。

另案:合同规定由发包人供应的设备、材料和施工图纸,应该按照约定的时间、地点及时供应。

发包人违反前款规定的时候,应该担负迟延的责任,并且赔偿承包人因此所受到的损失。

意见:

(1)原条文规定"发包人没有按照约定的时间、地点及时供应的时候,造成竣工日期的迟延,由发包人负责",这只是说明问题的一个方面,我们不能否定它的积极意义,如提前供应时可以提前施工,所以这条虽然订得比较详细,但是有些问题并没有包括进去,就免不了有些片面,这样规定是有问题的。另外,最末一句"并赔偿承包人所受到的损失"也必须考虑到,当发包人没有按照约定及时供应设备、材料和施工图纸,并不是对承包人都有损失,如果在没有损失的情况下,发包人就不能担负赔偿损失的责任。因此,这条应该分别规定,不能一概而论。

(2)另案较明确,但是应该补充"因发包人没有按时供应设备、材料和施工图纸,承包人有顺延工期的权利"。

(3)关于顺延工期的问题,目前各部的意见都不一致,有的部主张可以顺延工期,理由是:由于发包人的原因所造成的设备、材料和施工图纸不能按时供应,以致使工程的竣工期限不能如期完成①,这个责任应该由发包人来承担,而承包人就有权顺延工程竣工的日期,这样规定,主要是对发包人的违约行为给予法律制裁。有的部主张不能顺延工期,理由是:基本建设是国家规定的计划任务,它具有法律的性质,不但双方要确切遵守,而且还应该积极争取完成,因此,如果发包人没有按时供应设备、材料和施工图纸时,对承包人来说,当然会造成一定的困难,但是必须设法补救,保证按期完成任务,而发包人就应该担负因不按时供应的迟延责任,并给付承包人逾期罚金,如果对承包人有造成损失,还应该负责赔偿。

(4)这条只规定"赔偿损失"就够了,至于详细具体的问题,在民法上可以不用规定,例如"迟误工期",将来在"包工办法"中会有规定。

第八条 承包人发现施工设计图纸有错误必须修改的时候,应该及时通知发包人。发包人接到通知后五天内没有答复,承包人有权停止该项工程的施工,因此所造成的损失,由发包人负责赔偿。

注:有的同志认为:承包人发现施工设计图纸有错误通知发包人,双方争执不下时应如何解决。

---

① 原件本句句式凌乱,或可表述为"以致工程不能在竣工期限内完成"或"致使工程不能如期完成"。

意见：

(1)这条第二段"发包人接到通知后五天内没有答复，承包人有权停止该项工程的施工"，关于五天时间的问题，可以不用规定，应该由"包工办法"来解决，所以这段应该改为："发包人接到通知后没有在规定的期限内答复，承包人有权停止该项工程的施工"。

(2)这条附注可以不用考虑，如果因施工设计图纸有错误而争执不下时，可以通过技术鉴定来解决。

第九条 承包人应按发包人提交的设计图纸和施工验收技术规范所规定的标准进行施工，保证工程质量。如果因为施工造成的工程质量事故，承包人应在一定期限内，负责修理。

意见：

(1)这条最末一句"如果因为施工造成的工程质量事故，承包人应在一定期限内，负责修理"的"保修"问题，是指在施工过程中发生的还是指在工程竣工后发生的？如果是指在施工过程中发生的，问题就比较简单，也很容易解决；如果是指在工程竣工后发生的，则问题就比较复杂，也不好处理。在历史上，我国建筑业曾经有过"保修"制度，但后来受批判了，说这是资本主义的经营方式，所以从1954年起便取消了"保修"制度，因此目前的实践中，就没有保修期限的规定。我们之所以取消"保修"制度，所持的理由是：①我国和苏联不同，苏联的承包单位对在施工过程中所发生的一切问题自己都可以作主，不用再去请示发包人，但是在我们国家，承包单位对这些问题自己却不能作主，凡遇到一点问题都要去请示发包人，征求他的同意，所以工程竣工后，如果发生什么问题，当然应由发包人负责。②我国目前承包单位(建筑工程公司)的流动性很大，往往在每一建设工程竣工之后，就分散到全国各地，支援其他的建设事业去了，因此，如果规定保修制度，就势必产生一系列的问题：由谁来负责修理？况且原来的施工组织已经解散了，到哪里去找它？即使万一找到了，如果相隔很近，问题还比较好办，但是如果相隔很远，而且它本身又有另外的任务，这就很难解决。以上这些情况，在目前国家基本建设任务繁重的情况下，一时是克服不了的。③现在，凡是比较大的厂、矿、企业都有自己的修理机构，所以一般的修补问题，可以由这些机构来解决。至于重大的工程质量事故问题，多数是属于技术设计责任方面，这些承包单位是不能负责的。但是，自从取消"保修"制度以后，工程质量就有问题，如常发生地基下沉，室内漏雨，等等。目前建委正在研究这个问题，所以这一条暂时可以不用规定，等将来有新的决定以后再来考虑。

(2)这条的前半段"承包人应按发包人提交的设计图纸和施工验收技术规范所规定的标准进行施工"规定得不全面，在实际当中，除"技术规范"外，还有"技术规程"，但这些都是比较具体，在民法上可以不用规定，可由"包工条例"来解决。

第十条 发包人有权随时检查承包人准备的建筑材料和工程质量，对不合格部分可以要求承包人返工或更换材料，但不得妨碍承包人的业务活动。

承包人在施工过程中，因自己的过失所造成的工程事故，其返工及修补费用由自己负担。

意见:

这条应该只规定发包人对承包人的检查权利,至于检查后发现工程质量不合格的问题,可以放到第十一条以后来规定。

第十一条 前一项工程竣工后,将被后一项工程掩盖的时候,承包人应在工程隐蔽前,通知发包人到场检验,经检验合格后,由双方签注检查记录,作为工程竣工验收的依据。

承包人对隐蔽工程没有通知发包人检验就自行掩盖,以后发包人认为须作检查的时候,不论检查结果如何,全部费用由承包人负担。

发包人不按通知的时间到场检验,承包人可以自行检验并作记录,以后发包人再要检验此项工程的时候,如果合格,全部费用由发包人负担,不合格,返工费用由承包人负担。

意见:

(1)这一条的前一句"前一项工程竣工后",应该改为"前一项工程完工后"。

(2)这一条的第二款最末一句"全部费用由承包人负担",应该明确规定为"全部检验费用由承包人负担"。

(3)在名词用语上应该和包工办法一致,苏联对隐蔽工程的验收才称为"验收",而对全部工程竣工后的验收则称为"交工验收"。

第十二条 在合同签订后,发包人因增减工程量、变更原来设计必须修订合同或者因特殊情况撤销合同的时候,应当经原来批准的机关批准,并负责赔偿承包人所受到的损失。

但是小的变更和修改,而不改变设计原则,也不影响构件或建筑物的坚固性能,由发包人将增减改变部分签署工程更改证书,经承包人同意,可不再报请原批准机关批准。

意见:

(1)"因特殊情况撤销合同"应作单独一条写,因为这是一个涉及国家基本建设计划的重要问题,因此,应该肯定:①当事人双方不得因协议或者一方提出他方同意而撤销合同;②撤销合同时,必须根据国家的基本建设计划,并且要经一定的批准程序;③撤销合同后,应该赔偿对方因此受到的损失。

(2)这一条第二款应作单独一条写,至于"小的变更和修改",多数是属于工程量上的增减,所以,由于计划上的变更而引起工程量的增减,也应该予以规定。

(3)施工图制作出来后,因预算有变而需要修改的问题,在实际中现在还没有解决,如果不好好解决,势必增加将来结算上的混乱,因此,在民法上应予以规定。

第十三条 发包人如有特殊原因,要求承包人提前完成全部或一部工程的时候,发包人应负担承包人因加紧施工所必需的费用。

意见:

(1)"要求承包人提前完成全部或一部工程"应该改为:"要求承包人按合同规定的期

限完成全部或一部工程"。

(2)"如有特殊原因,要求承包人提前完成全部或一部工程……"的情况,只能发生在合同签订以后,合同签订以前是不成问题的,因为双方在分派任务的时候可以提出条件,所以这条规定得不够明确。应该改为:"在合同签订以后,发包人如有特殊原因,要求承包人提前完成全部或一部工程……"

第十四条 在施工过程中,承包人使用发包人永久性的或临时性的建筑物、水、电等设备时,要按照合同规定的标准付给发包人使用费和租金。承包人对承建工程在没有交工验收前,可以无偿使用。

意见:

(1)关于"承包人使用发包人永久性的或临时性的建筑物、水、电等设备"的问题,在将来预算完全移交给承包单位的时候,那么"临时性的设施"即不存在。

(2)关于承包人使用发包人的水、电等设备要"按照合同规定的标准付给发包人使用费和租金"的问题,应该考虑到,这些租金费用都已打入水、电单价中去,所以这里提到的水、电等租金,实际上已不存在。但是,将来是否所有的预算费用都移交给承包单位?这个问题现在还没有完全肯定。因此建议:①可以暂时保留原文规定的精神;②如果将来所有的预算费用都移交承包单位的时候,则有关水、电等设备的"租金"就应该取消。

第十五条 承包人对发包人所供给的设备、材料,应当负责保管,并负毁损灭失的责任,但人力不可抗拒的灭失,承包人不负责任。

承包人对尚未建成和已建成还没有交工验收的建筑物,要负保管责任。

意见:

(1)这条第一款"承包人对发包人所供给的设备、材料,应当负责保管",在民用建设中问题不大,但是在工业建筑工程中就比较复杂,是按单位工程保管还是按每个工程项目保管?这个问题现在也没有很好地解决。

(2)这条第二款"尚未建成和已建成还没有交工验收的建筑物"中的"建筑物"含义狭小,应该改为"建设工程"。

(3)这条第二款"承包人对尚未建成和已建成还没有交工验收的建筑物,要负保管责任"应该和第二十条后一段"承包人对已经验收的工程,不再负保管责任"合并作为单独一条,因为这两项都是属于保管责任范围内的问题。

(4)这条第一款"损毁灭失和不可抗拒的灭失的责任"在债的通则中有规定,第二款的"保管责任"也与"承揽"所规定的基本上相同,所以这条可以不用规定。

(5)关于材料和建筑物的保险问题,以前是规定强制保险,所以比较简单,但是现在取消了,问题就很复杂,如保险费应由谁负担?现在还没有解决,因此这条应该给予规定,并加以明确。

第十六条 在施工过程中,如果发现基础、土壤、地下水位、地下文物、古墓和其他特殊情况与设计资料不符,必需增加工程费用或者造成停工的损失,由发包人负担。

意见:

(1)这条规定"如果发现基础、土壤、地下水位、地下文物、古墓和其他特殊情况与设计资料不符",恐怕不大合适,因为地下文物、古墓在地质勘察的时候是可以发现的,因此这一句应该改为:"如果发现基础、土壤、地下水位与设计资料不符,或者发现地下文物、古墓和其他特殊情况必需增加工程量……"

(2)关于发现土壤、地下水位与设计资料不符而"必需增加工程费用"的问题,必须考虑到修改设计后的两种情况:①如果设计得坏就费工,当然必须增加工程费用;②如果设计得好,或者改进施工操作方法,不但不用增加工程费用,而且还节省。所以是否"必须增加工程费用"就要看具体情况,不能一概而论。因此,这一句应该改为:"设计修改后的价值计算工程费用"。

第十七条 承包人应该在约定的期限内完成所承包的建设工程。如果因承包人的责任不能按期完成,应该依照未完成的单位工程预算价值,付给发包人逾期罚款,如果因国家调拨的材料不能按期供应所引起的不能如期交工,承包人不负责任。

注:有的同志主张:

1.在罚款数额上应具体规定:"应该依照未完成的单位工程预算价值,"的后面应加上"每逾期一天,付给发包人逾期罚款"万分之一到万分之五。

2.本条应加上如全部工程能按期交工,则对中间逾期交工的工程,可以不罚或退回已罚款项。

3.不可抗力的情况在这里应加以规定。

4.关于国家没有按期调拨材料而影响到不能如期交工,在这里不要规定。

意见:

(1)这条第二句"如果因承包人的责任不能按期完成,应该依照未完成的单位工程预算价值,付给发包人逾期罚款"中的"依照未完成的单位工程预算价值"几个字应该删去,理由:在实践中没有规定单位工程的竣工日期,合同上一般也没有订定,如果规定"依照未完成的单位工程预算价值"来罚款的话,就无法则,也行不通。

(2)因"国家调拨的材料不能按期供应所引起的不能如期交工"问题,在民法上可以不用规定,或者将"国家调拨的材料不能按时供应"几个字改为"不可抗力",理由:①国家调拨材料不能按时供应的情况,是有关国家统一分配物资的重大问题,不但当事人双方解决不了,就是目前国家也解决不了;②在我们的工作中也有问题,如各个部、各个单位之间对"材料"相互流通得不够,还有对"材料"的了解和掌握上也有问题。

(3)这条的附注1应该取消,因为"万分之一至万分这五"的具体罚款数额在民法上可以不用规定,在"包工办法"中是会解决这个问题的,如果在这里硬性规定,反而不切合实际。

(4)这条的附注2也应该取消,因为在我国目前的实践中只规定总的竣工日期,而没有规定中间交工的期限。

第十八条 承包人在竣工验收前,应该负责清除建筑物内部和建筑物外二公尺以内的场地,并要排除因施工所造成现场区域内的障碍。"

意见:
大家认为,这条在民法上不用规定,应该由"包工办法"来解决。

第十九条 承包人在工程竣工后,应向发包人提出竣工验收通知单,发包人如果不能按照通知规定的时间验收,应该负担承包人在迟延验收期间的保管费和其他有关费用。

注:有的同志主张:发包人不按期验收或承包人不按期提交验收文件,每逾期一天,罚款一百元。

意见:
(1)这条有两个问题是值得考虑的:①如发包人必须"按照通知规定的时间验收",这就好像"竣工验收日期"是由承包人单方规定的,如果是这样,那么当发包人有特殊原因不能在承包人"规定的时间内验收",也得"负担承包人在迟延验收期间的保管费和其他有关费用"了,这样规定是否切合实际?②这条只规定发包人不按照"通知规定的时间"验收的责任,而没有规定承包人不按时提出竣工验收通知单的责任,这样是不公平的。③承包人迟延提出竣工验收通知单或发包人迟延验收所负的责任应该是"迟延责任",而"迟延责任"只能承担罚金。因此,这条应该改为:"承包人在工程竣工后,应向发包人提出竣工验收通知单;如果承包人不能按时提出,或者发包人没有按时验收,应该给付对方逾期罚金。"
(2)这条附注应该取消,因为这些具体问题可以由"包工办法"来规定。

第二十条 承包人在竣工验收时,要提出验收必备文件;在工程验收后应退还发包人所交付的施工文件;承包人对已经验收的工程,不再负保管责任。

意见:
这条的精神在民法上不用规定,可以由"包工办法"来规定。

第二十一条 发包人在工程验收中发现部分工程与规定标准不符时,由承包人在限定期限内修竣,但不得影响其他部分的验收;如果返工部分足以影响全部工程验收时,应该在返工修竣后再行验收。

意见:
(1)这个问题过去没有明确,有的规定完成50%后即可以验收,这主要是看工程的竣工程度,是否符合设计和生产使用上的要求,至于小的修理(如墙洞没有堵好或局部的质量问题)虽然还没有完结,但不能因这些而拒绝验收其他已完结的部分。
(2)据西安民用建筑工程的承包单位反映:工程已全部竣工,剩下的只是小修理问题,这时如不进行验收,拨款问题就无法解决。
(3)这条暂时不用规定,等新的"包工办法"肯定下来后再来解决。

第二十二条 工程验收费,由发包人负担,但是对在验收过程中发现工程质量不合规定标准不能验收的时候,验收费由承包人负担。

意见：

这条可以不用规定，理由：(1)工程验收费问题不大，目前实践中也不发生这个问题，若在条文上规定，反而引起纠纷；(2)这笔费用已列入发包人的预算中，就是不规定也会解决的。

第二十三条 在工程没有验收前，发包人未经过上级机关批准和承包人的同意，对已建成的工程无权动用。

意见：

(1)"未经过上级机关批准和承包人的同意"几个字应该删去，理由：①如果规定只要上级机关批准和承包人的同意，即使工程没有进行交工验收，发包人也有权动用已竣工的工程，就会引起无穷的纠纷，对国家是不利的；②即使上级机关批准动用已完工的工程，但是如果承包人不同意，结果也不能动用，这就增加了扯皮的内容。因此，这句应该改为："发包人对还没有验收的工程无权动用。"

(2)同意原条文精神，但应加上"中间验收"与"完工验收"。

第二十四条 在全部工程验收后，发包人应当按照结算程序，付给承包人全部工程造价。如果因为发包人的责任，造成不能如期结算，应该根据结算账单的数额，付给承包人逾期罚款。

注：有的同志主张，在罚款数额上应具体规定，如万分之一到万分之五。

意见：

(1)"付给承包人全部工程造价"应该改为"付给承包人全部工程价款"。
(2)这条附注取消，由"包工办法"来规定。

第二十五条 承包人在建设预算和设计图纸范围内，改善施工操作方法，就地取材，或者由于承包人合理化的建议，经发包人及设计单位同意更改设计和采取代用材料而又未降低工程质量与使用效率，其节约额归承包人。

意见：

(1)"在建设预算和设计图纸范围内"应该改为"在设计文件的基础上"，因为"建设预算"与"设计图纸范围"对不起来。
(2)"经发包人及设计单位同意"中"设计单位"几个字应该删去，"经发包人同意"就可以了。

第二十六条 基本建设合同在全部工程交工验收和结算后失效。

注：有的同志主张把"竣工"改为"完工"。

意见：

大家同意原条文。

基本建设工程包工(第三次草稿)

1956 年 6 月 26 日

第一条 按照基本建设工程包工合同,承包人应按期完成发包人所委托的基本建设工程;发包人应该在规定的期限内验收,并且根据拨款的程序付给承包人全部工程价款。

第二条 承包人可以作为总承包人。总承包人可以将自己承包的全部工程中的部分专业工程,分别地分包给一个或几个分包人。分包人对总承包人负责。总承包人对发包人负责。

第三条 基本建设工程包工合同的签订,必须根据国家主管机关批准的建设计划和必要文件,并采取书面形式,经双方同意签字后生效。

第四条 基本建设工程必须在签订合同后才能施工。

第五条 合同签订后,发包人应该按照拨款程序付给承包人一定数额的预付款。发包人没有按期付款的时候,应该付给承包人逾期罚金,并且赔偿承包人因此所受到的损失。

第六条 发包人在开始施工以前,应该按照施工需要负责作好一切准备工作,并且把有关文件及时交给承包人,如果发包人没有按期履行上述义务,影响了工程的竣工日期,承包人不负责任,发包人应该赔偿承包人因此所受到的损失。

第七条 合同规定由发包人供应的设备、材料和施工技术文件,应该按照规定及时供应。如果发包人没有按照规定及时供应,造成竣工日期的迟延,由发包人负责,并赔偿承包人因此所受到的损失。

另案:合同规定由发包人供应的设备、材料和施工技术文件,应该按照约定的时间、地点及时供应。

发包人违反前款规定的时候,应该担负迟延的责任,并且赔偿承包人因此所受到的损失。

第八条 承包人发现施工设计图纸有错误必须修改的时候,应该及时通知发包人。发包人接到通知后五天内没有答复,承包人有权停止该项工程的施工,因此所造成的损失,由发包人负责赔偿。

第九条 承包人应按发包人提交的设计图纸和施工验收技术规范所规定的标准进行施工,并保证工程质量。如果因为施工造成工程质量事故,承包人应在交工验收后一定期限内负责修理。

注：有的同志认为"因施工造成的工程质量事故，承包人应在一定期限内负责修理"问题，有关部门现在尚未肯定，应作进一步的研究。

第十条　发包人有权随时检查承包人准备的建筑材料和工程质量，对不合格部分可以要求承包人返工或更换材料，但是不得干涉承包人的业务活动。

第十一条　前一项工程竣工后将被后一项工程掩盖的时候，承包人应在工程隐蔽前通知发包人到场检验，经检验合格后，由双方签注检查记录，作为工程竣工验收的依据。

承包人对隐蔽工程没有通知发包人检验就自行掩盖，以后发包人认为须作检查的时候，不论检查结果如何，全部费用由承包人负责。

发包人不按通知的时间到场检验，承包人可以自行检验并作记录，以后发包人再要检验此项工程的时候，如果合格，全部费用由发包人负担，不合格，返工费用由承包人负担。

第十二条　在合同签订后，发包人因增减工程量、变更原来设计必须修订合同或者因特殊情况撤销合同的时候，应当负责赔偿承包人所受到的损失。

第十三条　合同签订后，发包人如有特殊原因，要求承包人提前完成全部或一部工程的时候，发包人应负担承包人因加紧施工所必需的费用。

第十四条　在施工过程中，承包人使用发包人永久性或其他设备的时候，应按照合同规定的标准付给发包人使用费或租金。承包人对承建的工程在没有交工验收前，可以无偿使用。

第十五条　承包人对尚未建成和已建成还没有交工验收的工程以及发包人所供给的设备、材料，应当负责保管，并负毁损灭失的责任，但人力不可抗拒的毁损灭失，承包人不负责任。

第十六条　在施工过程中发现基础土壤、地下水位与设计资料不符或者发现地下文物、古墓和其他特殊情况必须增减工程量，应当根据设计修改后的价值计算工程费用；如果造成停工的损失，由发包人负责。

第十七条　承包人应该在约定的期限内完成所承包的建设工程。如果因承包人的责任不能按期完成，应该付给发包人逾期罚金。由于人力不能抗拒的原因所引起的不能按期交工，承包人不负责任。

第十八条　承包人在工程竣工后，应向发包人提出竣工验收通知单，并附送必备文件；如果承包人不能按时提出，或者发包人没有按时验收，应该给付对方逾期罚金。

第十九条　发包人在工程验收中发现部分工程与规定标准不符，由承包人在限定期限内修竣，但是发包人不得因此拒绝对其他部分的验收；如果返工部分足以影响全部工程验收的时候，应该在返工修竣后再行验收。

第二十条　在工程没有验收前，发包人对已建成的工程无权动用。

第二十一条　在全部工程交工验收后，发包人应当按照结算程序付给承包人全部工程价款。如果由于发包人的责任,造成不能如期结算的时候,应该付给承包人逾期罚金。

第二十二条 承包人在施工技术文件的基础上,改善施工操作方法,就地取材,或者由于承包人合理化的建议,经发包人同意更改设计和采取代用材料而又未降低工程质量与使用效率,其节约额归承包人。

第二十三条 基本建设工程包工合同在全部工程交工验收和结算后失效。

基本建设工程包工（第四次草稿）

1956年7月23日

第一条 按照基本建设工程包工合同，承包人应按期完成发包人所委托的基本建设工程；发包人应该在规定的期限内验收，并且根据拨款的程序付清承包人全部工程价款。

第二条 承包人可以作为总承包人。总承包人可以将自己承包的全部工程中的部分专业工程，分别地分包给一个或几个分包人。分包人对总承包人负责。总承包人对发包人负责。

第三条 基本建设工程包工合同的签订，必须根据国家主管机关批准的基本建设计划和必要文件，并采取书面形式，经双方同意签字后生效。

第四条 基本建设工程必须在签订合同后才能施工。

第五条 合同签订后，发包人应该按照拨款程序付给承包人一定数额的预付款。发包人没有按期付给预付款的时候，应该付给承包人逾期罚金，并且赔偿承包人因此所受到的损失。

注：

1. 有的同志主张：有关施工过程中的预支款问题，也应该在这条中加以规定。

2. 有的同志主张：关于施工过程中的预支款问题，在拨款程序中已有规定，这条可以不用考虑。

第六条 发包人在施工以前，应该按照施工需要作好由他负责的准备工作，并且把有关文件及时交给承包人。如果发包人没有按期履行上述义务，影响了工程的竣工日期，承包人不负责任，发包人应该赔偿承包人因此所受到的损失。

第七条 合同规定由发包人供应的设备、材料和施工技术文件，应该按照规定及时供应。如果发包人没有按照规定及时供应，造成工程不能如期完成，由发包人负责，并赔偿承包人因此所受到的损失。

第八条 承包人发现施工设计图纸有错误必须修改的时候，应该及时通知发包人。发包人接到通知后五天内没有答复，承包人有权停止该项工程的施工，因此所造成的损失，由发包人负责赔偿。

注：这条的通知期限暂定为"五天"，将来与有关单位研究后，再作最后确定。

第九条 承包人应按发包人提交的施工技术文件和施工验收技术规范所规定的

标准进行施工,并(或改为以)保证工程质量。

另案:承包人应按发包人提交的施工技术文件和施工验收技术规范所规定的标准进行施工,并保证工程质量。如果因为施工造成的工程质量事故,承包人应在一定期限内负责修理。

注:"因施工造成的工程质量事故,承包人应在一定期限内负责修理"的问题,有关部门现在尚未肯定,应作进一步的研究。

第十条 发包人有权随时检查承包人准备的建筑材料和工程质量,对不合规格部分可以要求承包人返工或更换材料,但是不得干涉承包人的现场业务活动。

注:有的同志主张:这条所规定的发包人的权利,应该改为发包人的义务,即:"发包人必须随时检查承包人准备的建筑材料和工程质量……"。

第十一条 前一项工程竣工(后)将被后一项工程掩盖的时候,承包人应在前项工程被隐蔽前通知发包人到场检验,经检验合格后,由双方签注检查记录,作为工程竣工验收的依据。

承包人对隐蔽工程没有通知发包人检验就自行掩盖,以后发包人认为须作检查的时候,不论检查结果如何,全部费用由承包人负担。

发包人不按通知的时间到场检验,承包人可以自行检验并作记录,以后发包人再要检验此项工程的时候,如果合格,全部费用由发包人负担,不合格,返工费用由承包人负担。

注:多数同志的意见,用"掩盖"或用"隐蔽"要一致起来。

第十二条 在合同签订后,发包人因增减工程量、变更原来设计必须修订合同或者因特殊情况撤销合同的时候,应当负责赔偿承包人所受到的损失。

第十三条 合同签订后,发包人如有特殊原因,要求承包人提前完成全部或一部工程的时候,发包人应负担承包人因加紧施工所必需的费用。

第十四条 在施工过程中,承包人使用发包人的建筑物或其他设备的时候,应按照合同规定的标准付给发包人使用费或租金。承包人对他承建的工程在没有交工验收前,可以无偿使用。

第十五条 承包人对尚未建成或已建成还没有交工验收的工程,以及发包人所供给的设备、材料,应当负责保管,并负毁损灭失的责任;但人力不可抗拒的毁损灭失,承包人不负责任。

第十六条 在施工过程中发现基础土壤、地下水位与设计资料不符或者发现地下文物、古墓和其他特殊情况必须增减工程量,应当根据设计修改后的价值计算工程费用;如果造成停工的损失,由发包人负担。

第十七条 承包人应该在约定的期限内完成所承包的建设工程;如果承包人不能按期完成,应该付给发包人逾期罚金。由于人力不能抗拒的原因所引起的不能按期交工,承包人不负责任。

另案:承包人应该在约定的期限内完成所承包的建设工程;如果承包人不能按期完

成,应该付给发包人逾期罚金。但是在全部工程能按期交工的时候,则中间逾期交工的工程可以免罚,或者退回已罚的款项。

注:有的同志主张:原案的最后一句"由于人力不能抗拒的原因……"可以取消。

第十八条 承包人在工程竣工后,应向发包人提出竣工验收通知单,并附送必备文件,发包人应在规定的时间内进行验收;如果承包人不能按时提出验收通知单和必备文件,或者发包人没有按时验收,应该给付对方逾期罚金。

注:

1. 有的同志主张:这条应分作两条写。

2. 有的同志主张:"发包人不按期验收",不应该"给付对方逾期罚金",可以改为"给付对方保管费,并赔偿损失"。

第十九条 发包人在工程验收中发现部分工程与规定标准不符,承包人应在限定期限内修竣(修理完竣),但是发包人不得因此拒绝对其他竣工工程部分的验收;如果返工部分足以影响全部工程验收的时候,应该在返工修竣(修理完竣)后再行验收。

第二十条 在工程没有交工验收前,发包人对已建成的工程无权动用。

第二十一条 在全部工程交工验收后,发包人应当按照结算程序付给承包人全部工程价款。如果由于发包人的责任,造成不能如期结算的时候,应该付给承包人逾期罚金。

第二十二条 承包人在施工技术文件的基础上,改善施工操作方法,就地取材,或者由于承包人合理化的建议,经发包人同意更改设计和采取代用材料而又未降低工程质量与使用效率,其节约额归承包人。

第二十三条 基本建设工程包工合同在全部工程交工验收和付清全部工程价款后失效。

注:这条的精神如果在通则中有规定,这里就不再规定。

"基本建设工程包工"讨论意见[1]

第一条

1. 本条后段可省掉,因为第五条中已有规定。

2. 也有同志认为本条是对"基建包工"下定义,必要完整,故不应将后段删去。

3. 本条对"基建包工"的概念写得不明确和不完整,没有把"基建包工"的特点(这种合同的签订一方,一般均是国家机关、企业,故拨款也是根据国家的财政预算,绝不是一般的拨款程序)显示出,否则和承揽的概念就有些混同,故本条应重新修订。

第二条

1. 据有的同志向基建包工工程作了实地的了解,发现基建包工的情况和本条中所订的情况有不同,他们没有总包和分包的关系,而是发包人将各项工程分别包给几个承包人,如果有总包和分包的情况,那么他们之间,也应当有明确的法律关系和他们之间应该具备哪些法律手续,以便在发生纠纷后,明确法律责任。

2. 从苏联的总包和分包的法律关系来看,他们之间也是包工关系,本条可以加以明确规定。

3. 跨年度的包工情况,也应加以订明。

第三条

1. 有的同志认为"基建包工"合同的签订,不但要采取书面形式,经双方同意签字后生效,而且还需要经过公证机关公证。

2. 也有同志认为:不要公证,理由是这种合同虽然重大,但它有特点,它是经过国家管理机关批准的,它和国家的计划有关联,在《苏俄民法典》第三十条中有规定的,再因这合同既和国家的计划有关联,就必须随着国家计划的变更而有所改动的,故不须公证。

3. 最后一句可不要。

第四条

1. 本条可不要,因为施工一定要是拨款,而拨款一定是经过银行,银行又必须是根据合同才能拨款的,故只要加强对拨款的监督,不必要用法律条文来订立。再因在苏联的文件上看到施工是在合同订立后,即可做准备工作,所以,准备工作是否即是施工,我们对这个问题是不明确的,是否在订合同前的准备工作也不能做呢?

2. 也有同志认为:本条是需要的,因为实际上是有施工在先订约在后的情况的,而这样的后果往往是不太好,故本条是针对这情况订立的。

---

[1] 本件原件未署日期,经与五次草稿核对,本件应为第四次稿的讨论意见。

第五条

1. 法院在处理罚金时，往往遇到罚金超过本金好多倍，在执行时就感到困难了，是否可规定得灵活些，今后这种情况也是不会很多的。

2. 目前基建包工工程的违约现象很严重，可以有罚金的规定。

3. 本条可加添规定"承包人不能完成所包工程时，发包人可另找承包人"，这样可以避免影响工程的进行。

4. 本条的预付款可规定一个最高额的百分比，如果不规定会产生变相的商业信贷。

5. 同意注2的主张。

6. 本条可和二十一条合并规定。

第六、七条

1. 如果因发包人的过失而造成承包人作为延期完工的理由的，这就直接影响了国家计划的如期完成，在苏联就基建对国家的重要性来讲，是以较重的罚金来作为惩罚的，使他们能够很好地来履行义务，督促工程的如期完成。根据我国目前的情况也可以有条件来作这样规定的，因为各私营企业都已合营了，劳动力由国家统一调配，我们就可以从组织工作上加强监督，来做到国家计划的如期完成。

2. 罚金不能作硬性规定，如果有特殊情况，实际有不可能时，可以例外，不能单从承包人方面来考虑，应从双方面来考虑。

3. 罚款是罚发包人的，但承包人不能作为延期完工的理由，承包人有能力来完成工程的，就应完成，不能单纯强调合同而作为延期完工的借口，故也应另作规定。

4. 有的同志认为：如果从发展的眼光来看，可以作这样的规定，但从实际的情况来看，中国和苏联还不完全一样，故这样规定似乎也有缺陷。

第八条

1. 明知施工设计图纸有错误，而继续施工，所造成的损失，应由谁人负责，也应作明确规定。

2. 有的同志认为：施工设计图纸有错误，这是很明显的，承包单位也有工程师，即可发现的，在发现后，应即通知发包人，在一定期间内如果对方没有答复，即可认为默认，承包人可以加以修改，继续施工，这样不会影响工程的进行。

3. 实际上是承包人故意借口错误，而其目的是欲达到延期完工的企图，这也应在条文中明确规定。

4. 有的同志认为上面这个问题是处理上的掌握问题，不必在条文上规定，否则情况是太多了，不胜其规定的，这恐怕在总则里会有规定的。

第九条

1. 同意另案，再加上"并赔偿因此所造成的损失"。有的同志认为这句应改为"并减价"。

2. "在一定期限内负责修理"不明确，应作具体规定。

3. 在验收前后，工程质量发生问题，责任应由谁来负，应明确规定的。

4. 本条应订明"保固"期间，苏联对建筑物的保固期间一般好像是十五年。有的同志认为：法律可加规定的。

5. 有的同志认为："保固"和"工程验收"是两回事，不应一并规定。

6. 本条可以不要,因为在含义上不明确,反而会产生错误的理解,何况下面对验收问题还有规定。

7. 本条和十条倒过来比较好。

8. 本条可和十条合并成为一条。

第十条

见上面意见。

第十一条

同意注。

第十二条

1. "撤销"改为"解除",因为这是双方面的行为。

2. 也有同志认为:基建合同有它的特殊性和一般普通合同不同,例如:国家的计划有变更时,即须变更原来合同,故可用"撤销"二字。

3. 如因国家的计划变更而撤销的合同,应规定双方都不负责任。

第十三条

没意见。

第十四条

1. 本条不能概括全面,可不必规定,一般的在施工过程中是不会使用的,若使用的话,必然会引起损坏,再有如作这样规定,承包人就有可能来从经济上打算,引起商业信贷行为。

2. 也有同志认为:一般的习惯,承包人在施工过程中是可以使用的,不作这样规定与习惯不合。

3. 最后两句不要,就比较妥当。

第十五条

本条规定得含糊不清,因为危险责任的转移,是在交付以后,没有交付即是所有权没有转移,故不能称为"保管"。

第十六条

没意见。

第十七条

1. 罚金的幅度应规定,承包人不能把工程完成时,发包人可另找承包人。

2. 在苏联是可由发包人选择的,我们也可规定选择。

3. 也有同志反对上面意见,认为:基建工程的包工,不能由发包人选择。

4. 同意另案,最后一句可改为"则中间逾期交工的工程可以减免"。因为免罚须在全部完工后才知道。

第十八条

1. 同意注2。

2. 也有同志认为原条文中的罚金好,可以加重双方的责任,避免发包人以其他原因延期验收,对国家的生产计划产生影响。如果规定"损失"又很难计算。

第十九条

后面可加一条"保固"规定,或另加一款。

第二十条

1. 本条订得太死。

2. 国家验收是很严格的,若要动用必须有手续,要由国家机关批准,故本条不规定也可。

第二十一条

逾期罚金可作总的规定,不必在每一条文中规定,故可将所有应该有罚金的一并规定。罚金的幅度也可订明。

第二十二条

1. 本条后段的规定是否会影响工程的质量,可改为"提成奖励"较妥。

2. 本条原意很好,是否会产生副作用,否则还是不作规定好。

第二十三条

不要。

另外还有一个意见即是基本建设的范围,现在还成问题,是否可明确一下。

复旦大学的同志对本篇总的有意见,认为:

基本建设工程包工是一个重大复杂的问题,影响到整个国家的建设,本篇所包括的内容太少了,没有能把所有的问题都包括,是不够完整的,故可参照苏联的有关材料,重新修订。

其次在条文的组织系统上也很混乱,从第五条、第二十一条中即可看出,应首先把基本建设工程包工下一个较完整的定义,然后再把每一问题依次排列,从合同签订、付款、收款等等的一系列问题,规定法律上对这些问题所发生的法律行为所要求的法律手续,订出法则。

中华人民共和国民法典(草案)债篇基本建设工程包工合同(第四次草稿)意见汇集

全国人民代表大会常务委员会办公厅研究室　1957年1月20日

说　明

这份材料是根据48个单位所提意见(这些意见大部分在1956年9月下旬收到)整理的,48个单位如下:

国家建设委员会、铁道部、重工业部、建筑工程部、城市建设部、第一机械工业部、第二机械工业部、化学工业部。

最高人民法院顾问室、最高人民法院民庭、最高人民法院陈瑾昆同志、最高人民检察院、司法部法令编纂司、法制局吴传颐同志。北京市高级人民法院、天津市高级人民法院、上海市高级人民法院。

西南工程管理总局、华北工程管理总局、华东工程管理总局、东北工程管理总局、西北工程管理总局、建筑工程部直属工程公司、兰州工程总公司。

天津市人民委员会、武汉市人民委员会、沈阳市人民委员会、成都市人民委员会、大同市人民委员会、包头市人民委员会、西安市人民委员会。

天津市计划委员会、上海市计划委员会、西安市计划委员会、太原市计划委员会、包头市计划委员会、哈尔滨市计划委员会、兰州市计划委员会、成都市计划委员会。

中央政法干部学校、中央政法干部学校西北分校、中央政法干部学校东北分校、中国人民大学、东北人民大学、复旦大学、西北大学、武汉大学、中南政法学院。

基本建设工程包工(第四次草稿)

第一部分　总的意见

一、立法精神和原则的意见

1."基建包工"是一复杂的问题,影响到整个国家的建设,本法包括的内容太少,没把所有的问题都包括,可参照苏联的有关材料,重新修订。(复旦)

2."基建包工"的立法精神,应贯彻百年大计、质量第一和节约资金的原则,因此法律

对保证工程质量的问题,应周密些。(中南政法学院、高院民庭)

3."基本建设包工"和一般承揽性质上皆属于承揽契约,可以把两者合并一章分节规定。(高检、高院陈瑾昆)

4.本草稿对发包人扣得比较紧,对承包人扣得比较松。(高院民庭)

5.本草稿的规定有的过于细节,这些有的可以在双方具体合同内规定。(高院陈瑾昆)

6.多数单位提到目前在"基建"中还存在一些客观困难,确实妨碍正常施工,如材料不能按时、按规格要求计划供应,水利工程要赶在枯水位季节施工……等,希望在条文中考虑到这些因素。(武汉市人民委员会)

二、条文写得不够具体

1.本草稿较"建委"颁发的"1955年建筑安装工程包工暂行办法"简要,但条文中的"必要文件"和"逾期罚款"等内容均未详细规定,应参照建筑工程部的"建筑安装工程包工合同基本特殊条款"的内容,另行拟订"基本建设工程包工实施细则"以便在执行时不会因对条文精神体会不一致而发生争执。(西南工程局)

2.如"包工暂行办法"仍保留和存在,本法可以制订得原则些,并将有关条文归纳为几点,如合同签订前后的双方责任问题、罚款问题、验收交工问题、结算问题等。(武汉市人民委员会)

3.建筑工程部颁发的"包工合同基本特殊条款"所作规定能解决甲乙双方很多具体问题,建议吸取作为本法令的一部分。(兰州工程公司)

4.有些单位感觉草稿所订的内容不够具体。(东北工程局)

5.多数单位感到条文不够具体,如果废止目前使用的"包工暂行办法"则具体执行掌握有困难。(大同市人民委员会、武汉市人民委员会)

6.制订本法之外,尚需订比较详尽具体的单行条例和办法,例"建筑安装工程包工暂行办法",以便各部门在实际工程包工中有所遵循。(化工部、太原市计委、包头市人民委员会、大同市人民委员会)

三、关于条文中"罚金"和"赔偿损失"的意见

1.本草稿"逾期罚金"可作总的规定,不必在每一条文中规定。(上海市法院)

本草稿条文的各项罚金,应规定统一的罚金率和限额。(化工部、上海市法院、成都市人民委员会、西南工程局、哈市计委、成都市计委、武汉市人民委员会、高检)

2.建议有关建设工程的罚则,可由承包人在签订工程合同时经双方协议具体订明,民法典中只要规定保证履行合同中规定的罚则事项,不必逐项逐条具体订明。(上海市计委、太原市计委)

3.本草稿共二十三条,而规定罚款和赔偿损失达八条,是不相宜的,不问具体情况都要发包人赔偿损失;是否做得通,结果如何? 都值得研究。(法制局吴传颐)

4.逾期交工可只规定"赔偿损失",不要"罚款"。(成都市人民委员会)

5.逾期交工可只规定"罚款",不要"赔偿损失"。(武汉市人民委员会)

6.逾期工程如规定罚款,就不要再规定负"赔偿损失",如规定赔偿损失,可不要再规定"罚款"。(包头市计委)

7.本草案有若干条文规定"逾期罚金",这是违约金性质,不是刑事范围的处罚,希在

用语上宜加斟酌,免得刑、民观念相混。(司法部)

四、增加和补充条文的意见

1. "基本建设"的范围应该明确一下。(上海市法院)

2. 本草稿缺少总包与分包之间甲、乙方关系的有关问题,希望补充总分包篇。(重工业部)

3. 施工企业承包工程是否按包工包料方式,请在条文中明确。(武汉市人民委员会)

4. 在草稿内对"包工方式和材料供应范围"没有规定,这问题是甲乙双方扯皮的主要问题之一,拟增加一条"包工方式、材料供应范围和技术资料供应日期,应由甲乙双方协商,在包工合同内具体规定执行"的条文。(东北工程局)

5. 对遭受自然灾害而引起的损失和经济责任的处理原则,例如由于洪水而冲散材料和窝工,以及工程没有加入火灾保险而发生火灾的处理办法,应在条文中作原则规定。(东北工程局)

6. 开工建设期间和完成建筑期间(竣工期限)尚未规定,开工建设期间可定为自订立契约之日起,限定半年,而完成建筑期间,自开工之日起,不得逾四年。(高检)

7. 发承包人双方发生争执和纠纷时,除报双方主管部门外,当地的仲裁机关和仲裁程序并在条文中规定。(成都市计委)

8. 第三、六、十八条等所指"必要文件"、"准备工作"、"必备文件"的范围,应在条文后加上附注、说明或在有关文件中具体规定。(天津市计委)

9. 第八、十二、十六、十七、十八、二十一条等条所指"损失"和"罚金"的计算方法,应在条文后附注、说明或在有关文件中具体规定。(天津市计委)

10. 在条文中应增加对现场保卫及消防工程应由承包人负责。(太原市计委)

11. 应增加一条:规定工程总包价款,并附表具体列出各分项工程、工作量、工程量、开、竣工日期,以作为甲乙双方共同遵守的依据。(太原市计委)

12. 工程竣工验收后,应由承包人负责一定期限的保修保固的问题应规定,据大多数单位无意见,但仍未最终肯定。(国家建委、哈市计委)

13. 某些预算大于投资额,因此拖延不能结算,这种情况在签订合同时应作如何防止?应作规定以明确。(包头市人民委员会)

14. 关于建设银行监督责任的范围应作明确规定。理由:建设银行监督的范围应在拨款方面,不应干预承建单位的业务和技术问题。(建设部)

15. 设计预算经双方同意后,除增减工程项目外,一律不得变动。(建设部)

16. 应增加赔偿损害请求权的短期消灭时效。(高院陈瑾昆)

五、条文结构和排列的意见

1. 关于条文的结构方面:

(1)条文的组织系统很混乱,从第二十一条中可看出,应首先把基建包工下一个较完整的定义,然后再把每一问题依次排列,从合同签订、付款收款等的一系列问题,规定法律上对这些问题所发生的法律行为所要求的法律手续,订出法则。(复旦)

(2)排列头绪有些乱,可以将一类的问题放在一起或相连在一起,例如罚金问题分散在各条文中,可以放在相连的条文,使看起来方便。(高院民庭)

(3)应将合同的成立、履行(包括变更)、检查、监督(包括公证)、验收(包括结算)等顺序排列。(高院民庭)

2.关于条文的排列方面:

(1)第一条与第三条合并写。(成都市人民委员会)

(2)第五条与第二十一条合并。(上海市法院)

(3)第六条与第五条合并。(高院民庭)

(4)第六条与第七条合并。(二机部、武汉大学、中国人民大学、包头市人民委员会、成都市人民委员会、大同市人民委员会)

(5)第八条与十六条合并。(武汉大学)

(6)第九条与第十条合并。(上海市法院)

(7)第九条与第十条倒过来,或第九条与第十条合并。(上海市法院)

(8)第十二条与第十三条合并。(中国人民大学)

(9)第十四条与二十条合并。(太原市计委)

(10)第十七条与第一条、第六条放在一起,分列写出。(高院民庭)

(11)第二十条与第十四条合并。(太原市计委)

六、条文中用语的意见

1."包工"改为"承揽"。(中南政法学院)

2."合同"改为"契约"。(北京市法院、中南政法学院)

3."发包人"改为"定作人"。(高院顾问室、中南政法学院)

4."发包人"改为"出包人"。(北京市法院、天津市法院)

5."拨款程序"改为"拨款规定"。(成都市计委)

6."应该"改为"应当","按照规定"改为"依照约定"。(高院陈瑾昆)

七、有关"基本建设包工"其他方面的意见

1.国家应另制定"工期定额"及统一设计预算定额和工程量计算规程费用标准。(太原市计委)

2.建议对"基本建设拨款暂行条例草案"予以重新审定,以期切合实际,并配合生产需要,因该草案的拨款规定,在解释上常引起不正常现象。(西南工程局)

3.对"工业、民用建设设计和预算编制暂行办法和细则"亦应重新审订,不要使设计落后于施工,预算落后于设计的现象。(西南工程局)

注:这些问题不属于民法典规定的范围,列上仅作研究参考。

第二部分 条文修改意见

第一条 按照基本建设工程包工合同,承包人应按期完成发包人所委托的基本建设工程;发包人应该在规定的期限内验收,并且根据拨款的程序付清承包人全部工程价款。

一、原条文说明总的精神,双方的权利义务是妥当的。(成都市人民委员会)

二、对原案修改和补充:

1."包工"改为"承揽"较好。(中南政法学院)

2. "合同"改为"契约",以下条文照此。(北京市法院、中南政法学院)

3. "发包人"改为"定作人",以下条文照此。(高院顾问室、中南政法学院)

4. "发包人"改为"出包人",以下条文照此。(北京市法院、天津市法院)

5. "发包人应该……价款"改为"发包人应在规定期限内,办理验收,验收合格后,根据拨款的程序付清承包人全部工程价款"。(包头市人民委员会)

6. "付清"改为"付给"。(复旦)

7. "……在规定的……"改为"……在契约规定的……"。(北京市法院)

8. "……在规定……"改为"……按合同规定……"。(兰州工程公司)

9. "发包人应该……价款"改为"发包人应付他方完成符合约定的工作全部报酬"。因包工合同具有一种服务性的合同,发包人所付给承包人工作酬劳不是商品交易关系,称"价款"不妥当。(中国人民大学)

10. 条文中只强调"应按期……","在规定期限内"显得不够全面,期限问题可单独规定(在第十七条已有反映),因为如只是按期完成了工作,但不符合约定的质量规格,又当如何?所以可改为"应按约定",可概括其意。(中国人民大学)

11. 在"承包人应按期"后面加上"依照设计文件"几字以表明"基建"特点。(沈阳市人民委员会、西北大学)

12. "并且根据……价款"可删掉,因在第五条已有规定。(上海市法院)

13. 本条中"并且根据拨款的程序付清承包人全部工程价款"在第二十一条已有规定,不要重复,同时这内容应放在有关拨款的条文内。(高院民庭)

14. 在本条应增加"基本建设工程包工合同的签订应按照国家建委'55年建筑安装工程包工暂行办法'为根据"的内容。(太原市计委)

三、条文改写:

本条改写为"依照基本建设工程包工合同,承包人应当依照约定的期限完成发包人所委托的基本建设工作,发包人应当在约定期限内验收,并且付清承包人全部工程的价款"。

理由:

这样可与其他债篇分则的草稿文例一致。(高院陈瑾昆)

四、本条对"基本建设工程包工"的概念写得不明确、不完整,没有把"基建包工"的特点显示出,应重新修订。(上海市法院)

五、少数人意见第一条应与第三条合并起来写,因为第三条是如何订"基建工程包工合同"也是总的精神的一部分。(成都市人民委员会)

六、关于军事系统的拨款程序是否也按照财政部颁发拨款办法执行?(太原市计委)

第二条 承包人可以作为总承包人。总承包人可以将自己承包的全部工程中的部分专业工程,分别地分包给一个或几个分包人。分包人对总承包人负责。总承包人对发包人负责。

一、同意原条文。(高院顾问室、天津市法院、大同市人民委员会)

二、对原案修改和补充:

1. 同意原条文规定,这样可以防止转包图利的行为发生。但总承包人将自己承包的全部工程中的部分专业工程,分别地分包给一个或几个分包人时,价格应与原总承包时规定的一致,以免总承包人在分包时从中取利,影响工程质量。(太原市计委、成都市人民委员会)

2."分别地分包给一个或几个分包人"改为"分给一个或几个分包人承包"。(高院民庭)

3.对"承包人可以作为总承包人"的修改意见:

(1)"承包人可以作为总承包人"一句删去,把"总承包人"都改为"发包人","分包人"改为"承包人"。(北京市法院)

(2)"承包人可以作为总承包人"改为"承包人应作总承包人",因为基建工程中各种专业工程作业必须统一现场管理才能很好的配合协作,所以民法典中必须肯定总承包制以适合建筑工业今后的发展。(二机部、武汉市人民委员会、哈市计委)

(3)"总承包人对发包人负责"改为"总承包人对发包人负完全责任"。(天津市人民委员会)

(4)根据目前情况,总承包制还处在过渡阶段,总包在某些专业分包工程的技术力量上尚嫌不足,管理上也有困难,故在本条文后面再加上"根据具体条件,总承包人的技术力量或管理上有困难时,总承包人征得发包人和分包人的同意可委托由分包人直接对发包人负责"。(兰州工程公司)

(5)"承包人可以作为总承包人"一句,意见不够肯定。好像承包人可以作为总承包人,但亦可以不作为总承包人,这与"建委"颁发的"建筑安装工程包工暂行办法"第四条的精神不一致,故第二条改为"发包人应将已批准的全部建筑、安装工程交由一个施工组织担任总承包人。总承包人可以将自己承包的全部工程中的部分专业工程,分别地分给一个或几个分包人,分包人应对总承包人负责,总承包人应对发包人负责"。(华东工程局)

(6)"承包人可以作为总承包人"的含义不够明确,可参照建委的"建筑包工暂行办法"第四条作具体规定。

如果这句含有承包人也可以不作总承包人的意义时,同意原条文。(东北工程局)

(7)有关承包范围在民法典内可作原则性的规定,因为有些专业工程建筑工程公司干部不懂技术,没有经验很难总承包。(东北工程局)

(8)在本条中应补充"总承包人将签订之分包合同交总发包人收执,对分包人施工项目,发包人有义务进行工程质量的监督与检查,但不等于减轻总承包人的责任"。(太原市计委)

(9)条文中"承包人可以作为总承包人"未指明承包人为土建企业或专业企业,根据几年来情况,均系土建企业作总承包人以利组织专业施工,可在本条文中予以明确。(西南工程局)

(10)不作"总承包人、分承包人"的区分,只要说明承包人可将部分工程分包,对分包的工程仍应对发包人负责,这样条文可简化些。(中国人民大学)

4.在条文中可加上"部分专业工程如承包人确实找不到分包人可不承包"。(太原市计委)

5.在条文中可加上"部分工程"可以分包他人。(中央政法干校)

三、条文改写:

本条改为"承包人除别有约定外,可以将工程中的一部分包给他人,承包人仍全部对发包人负责,分包人对分包部分向承包人负责,虽然没有特别约定禁止分包,但发包人认为分包不适当时,仍可以阻止承包人分包,没有正当的理由仍然分包时,发包人可以解除契约"。

理由:

本条不应当规定承包人当然有分包的权利。(高院陈瑾昆)

四、从条文中精神来看所谓"分包"纯粹指"专业工程",但在实际生活中,总承包人也可以将自己承包的一般性的同样工程给分包人去做,这叫不叫分包?(中央政法干校)

五、全部工程中的部分专业工程,总包分包出去,在此过程中要有些开支,应如何开支请予明确。(大同市人民委员会)

六、有的同志认为基本建设包工的实际情况没有总包和分包的关系,而是发包人将各项工程分别包给几个承包人,如果有总包和分包的情况,他们之间也应当有明确的法律关系,以及他们之间应该具备哪些法律手续,以便在发生纠纷后明确法律责任。(上海市法院)

七、跨年度的包工情况,也应加以订明。(上海市法院)

第三条 基本建设工程包工合同的签订,必须根据国家主管机关批准的基本建设计划和必要文件,并采取书面形式,经双方同意签字后生效。

一、同意原条文。(高院顾问室、天津市法院)

二、对原案的修改和补充:

1. "基本建设工程包工合同的签订"改为"订立基本建设工程包工契约"。(北京市法院)

2. 有人主张"经双方同意签字后生效"可删掉。(上海市法院)

3. "经双方同意签字后生效"改为"经双方签字后即生法律上的效力",这样写法语句比较突出,可加强合同的严肃性。(重工业部)

4. 本条后面应加上:主管机关审批计划或双方协商工期时应以"工期定额"为依据。(太原市计委)

5. 对"国家主管机关"和"必要文件"修改意见:

(1)"国家主管机关"是指哪些部门,是否包括有监督部门和公证机关?大些的基建工程,应由谁批准才能生效?(高院民庭)

(2)条文中"国家主管机关"和"必要文件"含意太原则,在这里应明确"国家主管机关"是哪一级机关?"必要文件"指几种?应具体规定。(华东工程局、西南工程局、兰州工程公司、天津市人民委员会、大同市人民委员会)

(3)"必要文件"改为"建设预算"或"设计预算"。(太原市计委、成都市计委)

(4)"必要文件"应明确,可改为"……必须根据国家主管机关批准的技术设计和预算(按两段设计的依初步设计和概算)[和]建筑执照……"。(包头市人委会)

(5)"必要文件"最好规定几种主要文件,如施工组织设计、预算单价表等。(直属工程公司)

(6)多数施工单位主张"必要文件"应具体指为技术文件和预算文件。(武汉市人民委员会)

(7)"基本……必须根据国家……必要文件"改为"基本……必须根据主管机关批准的技术文件或基本建设计划……"。(二机部)

(8)"必要文件"不明确是指哪些？可改为"基本……合同的签订，依特别法规的规定"。(中国人民大学)

三、条文改写：

本条改为"基本建设工程包工合同，应当书面订立，并且应当根据国家主管机关批准的基本建设计划和必要文件"。(高院陈瑾昆)

四、基本建设包工合同的签订，不但要采取书面形式，经双方同意签字后生效而且还需要经公证机关公证(也有人认为不要公证)。(上海市法院、成都市人民委员会)

五、采取书面形式，经双方同意签字后生效，这在债通则已有规定，本条不要。(中国人民大学)

第四条 基本建设工程必须在签订合同后才能施工。

一、同意原条文。(高院民庭、顾问室，天津市法院)

二、对原条文修改和补充：

1. "必须"改为"应当"。(高院陈瑾昆)

2. "基本建设工程必须在签订合同后……工"改为"基本建设工程必须在契约成立后……工"。(北京市法院)

3. "必须在签订合同后……"改为"必须在签订合同(或协议书后)……"(华东工程局、太原市计委)

4. 多数施工单位主张本条改为"基本……必须在具备技术文件、预算文件以及在签订合同后才能施工"。(武汉市人民委员会)

5. 在本条后面可加上"临时发生急要的工程，经国家主管机关的批准，可按签订的施工协议进行施工，并从速补签订合同"。(上海市计委、天津市计委)

6. 在本条后面可加上"但是，由于任务紧急，经发包承包单位报请其上级主管部门批准者，可签订开工协议书先行开工，随后再补订合同"。(西安市人民委员会、包头市人民委员会、大同市人民委员会)

7. 根据目前情况是多凭施工协议书施工，强调这条文将对工程进度有很大阻力，可规定灵活些，特别对急要的工程有好处。(天津市人民委员会)

三、本条所说的"工程"指哪一种工程，"合同"指何种合同不明确，在解释上容易分歧，例如签订了总合同没有签订年度合同能不能施工？(法制局吴传颐)

四、本条规定太生硬，如果还不具备签订合同的条件，但任务很紧急，是必须等合同签订才能生产，还是为了生产可以草率先签订合同。(法制局吴传颐)

五、本条不要。

理由：

属于基建工作程序应列入行政法规定。(上海市法院、二机部、中国人民大学)

第五条 合同签订后，发包人应该按照拨款程序付给承包人一定数额的预付款。发包人没有按期付给预付款的时候,应该付给承包人逾期罚金,并且赔偿承包人因此所受到的损失。

注:

1. 有的同志主张:有关施工过程中的预支款问题,也应该在这条中加以规定。
2. 有的同志主张:关于施工过程中的预支款问题,在拨款程序中已有规定,这条可以不用考虑。

一、同意原条文。(建工部、东北人大、北京市法院、天津市法院、西安市计委、兰州市计委、化工部)

二、对原案修改和补充:

1. 第一句"合同签订后"改为"合同或协议书签订后"。(太原市计委)
2. 在"合同签订后"后面加上"及在施工过程中",这样可以把注的意见解决。(西北大学)
3. "发包人……付款"改为"发包人应该按照拨款程序并根据合同规定的拨款金额与期限付给承包人预付款"。(兰州工程公司)
4. "发包人……一定数额"改为"发包人……合同内签订"。(太原市计委)
5. 在本条后面加上"承包人不能完成所包工程时,发包人可另找承包人"。(上海市法院)
6. 原条文"……受到的损失。"改为"……受到的损失与拖期的责任"。(重工业部)
7. 本条可补充"发包人接到承包人提供的结算凭证后三天内未承付或拒付,应该付给承包人逾期罚金","承包人旬末预支可规定为三天,月末预支为五天,季末结算为七天,如逾期发包人有权停止承包人的预支和结算","发包人负责给承包人所备器材,可以抵预付款"等内容。(太原市计委)

三、条文改写:

1. 本条改为"合同签订后,除别有约定外……应该依照……的损失。如因没有付款而不能开工或者必需停工的时候,承包人可以不负没有如期完成工程责任"。(高院陈瑾昆)
2. 本条改为:"发包人应该按照合同及国家颁发或批准备案的有关规定,及时付给承包人预付款,以及施工过程中应付的预支款。发包人没有按期或推迟付给预付款或预支款的时候,应该按照国家颁发或批准备案的有关规定付给承包人逾期罚金,并赔偿承包人因此所受到的损失。"(华东工程局)
3. 本条有了赔偿,可取消罚金的规定,改为"发包人没有按合同规定期限付给预付款的时候,应赔偿承包人因此所受到的损失"。(天津市人民委员会、包头市人民委员会)

四、"发包人不能按期付给承包人的预付款要罚金"的原因,不明确?(高院顾问室)

五、关于预支款、预付款在这里不必提,只要总的提"按拨款程序办理"就可以包括了。(西北工程局)

六、拨款程序变化较大,所以可简单规定"依特别法规的规定"即可。(中国人民大学)

七、如付了逾期罚金,发包人可不再承担赔偿责任。(国家建委、建工部、二机部)

八、关于施工进度款,甲方不能如期拨付是否也应规定。(兰州市计委、华东工程局)

九、预付款和罚金额要定出百分率以免扯皮。(西南工程局、兰州工程公司)

十、合同签订后送银行审查,拨给预付款,如银行认为合同有问题而未按期拨给预付款应如何解决?(天津市人民委员会)

十一、对注的意见:

1. 同意注 1 的意见。(西北政法干校、东北工程局、华北工程局、直属工程公司、大同市人民委员会、成都市计委、包头市计委)

2. 同意注 1 的意见,在原条文"预付款"前加上"预支款"即可。(西南工程局、东北工程局)

3. 同意注 2 的意见。(高院民庭、上海市法院、天津市法院、建设部、一机部、铁道部、包头市人民委员会、大同市人民委员会、成都市人民委员会、包头市计委、太原市计委)

十二、本条可与第二十一条合并规定。(上海市法院)

第六条 发包人在施工以前,应该按照施工需要作好由他负责的准备工作,并且把有关文件及时交给承包人。如果发包人没有按期履行上述义务,影响了工程的竣工日期,承包人不负责任,发包人应该赔偿承包人因此所受到的损失。

一、同意原条文。(天津市法院、高院顾问室)

二、对原案修改和补充:

1. "应该……准备工作"改为"应该按照国家(合同)规定作好由他负责的施工准备工作"。(华北工程局、国家建委)

2. "应该……准备工作"改为"应按照施工需要合同(协议)规定,做好由他负责的准备工作"。(建工部)

3. 将本条前段改为"发包人在施工前应作好划拨土地、拆除障碍物、大型临时建筑等准备工作"。(武汉市人民委员会)

4. "施工需要"改为"施工计划"。(成都市人民委员会)

5. "及时"改为"按约定日期"。(沈阳市人民委员会)

6. "承包人不负……损失"改为"承包人不应负责,发包人并应赔偿承包人因此所受到的损失"。(成都市人民委员会)

7. "因此所受到的损失"改为"因此所受到的经济损失"。(华北工程局)

8. "有关文件及时"改为"有关文件全部及时"。(成都市计委、太原市计委)

9. "作好"改为"做好"。(北京市法院)

10. "所受到的"改为"所受的"。(北京市法院)

11. "义务"改为"责任"。(太原市计委)

12. "竣工日期"改为"开、竣工日期"。(铁道部、武汉市人民委员会、太原市计委)

13. "影响了工程的竣工日期"改为"影响了施工日期"。(高院顾问室)

14. "影响了工程的竣工日期"改为"造成延误完工日期的后果时"。(北京市法院)

15. 本条中所指"有关文件"应注明确或在细则中列举。(中国人民大学、包头市人民委员会、西南工程局)

16. "有关文件"应注明为设计图纸、设计预算、地皮批件、施工详图、钻探资料等。(沈阳市人民委员会)

17. 本条中所指做好"准备工作"不够明确。（西南工程局、兰州工程公司）

18. 本条应补充说明："发包人应按包工合同基本特殊条款中对发包人负责准备工作的规定执行"。（建设部）

19. 发包人没有按期履行义务，如果承包人有能力完成不能借口延期，应在条文上规定，这才有利于生产。（上海市法院）

20. 为了不发生扯皮，在设计方面以及有关部门（材料供应）应有一定规则加以约束来保证本条的规定实现，另有同志主张如在客观条件限制下，双方可以协商顺延工期。（大同市人民委员会）

21. 在本条后面可补充"由于发包人不负责任所造成损失，承包人以书面通知发包人，如发包人在三日内不答复即为生效"。（大同市人民委员会）

22. 本条改为"发包人应该按照包工合同或协议书的规定，在施工以前做好由他负责的施工准备工作，并且把有关文件……"（华东工程局）

三、条文改写：

1. 本条改为："发包人在施工以前，应当依照施工需要做好由他负责的准备工作，并且把有关文件及时交给承包人，如果发包人不履行义务的时候，应当赔偿承包人因此受到的损害，如果因此不能开工或者必须停工的时候，承包人可以不负如期完成工程的责任。"（高院陈瑾昆）

2. 本条与第七条合并改为："发包人应按合同规定把设计文件或负责供应的设备、材料及时供给承包人，并做好在施工前应由发包人负责的准备工作，承包人应做好由他负责的施工准备工作保证在建设期限内移入。如果发包人没有按期履行合同义务影响施工，发包人应赔偿承包人所受到的损失，如果承包人没有做好施工准备所造成的后果由承包人自己负责，并赔偿发包人所受到的损失。"（二机部）

四、发包人供给承包人的材料和设备的内容可在条文规定明确。（太原市计委）

五、条文合并：

1. 本条与第五条合并。（高院民庭）

2. 本条与第七条合并。（中国人民大学、二机部、包头市人民委员会）

第七条 合同规定由发包人供应的设备、材料和施工技术文件，应该按照规定及时供应。如果发包人没有按照规定及时供应，造成工程不能如期完成，由发包人负责，并赔偿承包人因此所受到的损失。

一、同意原条文。（高院顾问室、民庭，北京市法院，天津市法院）

二、对原案修改和补充

1. "施工技术文件"一句可删去，因在第六条已有规定。（成都市计委）

2. "造成……完成"，改为"造成不能如期开工及如期完工"。（直属工程公司）

3. "……造成工程不能如期完成"改为"……造成工程不能如期竣工"。（复旦）

4. "如果……供应"后面加上，"未开工的不得盲目开工，已开工的应该停工的必须停工"。（华北工程局）

5. 本条中应增加"包工包料者，发包人应于一定时间内提出有关文件及资料，否则造

成材料缺乏、积压等应由发包人负责"。(包头市计委)

6. 本条应补充下列三点内容:

(1) 承包人有责任保证发包人年、季度投资计划的完成,因此承包人未按进度施工、拖延日期,造成发包人材料和设备损失应由承包人负责。

(2) 甲乙双方签订合同后,甲方供应材料,乙方有权检查。如因材料低劣造成工程质量事故或不能如期完成的损失应由甲方负责。

(3) 应明确设计单位不能如期交出设计图纸的责任及设计本身错误,甲乙双方未审查出来,以致造成返工的责任。(太原市计委)

三、条文改写:

本条改为"合同订定由发包人供应的设备、材料……文件,应依照约定及时供应,发包人不履行义务的时候,应当赔偿承包人因此受到的损害,如果因此不能开工或者必须停工的时候,承包人可以不负如期完成工程的责任。"(高院陈瑾昆)

四、如果国外设计,因客观条件不能按期供应发生损失归谁负责?(包头市人民委员会、大同市计委)

五、现在"基建"的供应都是由国家调拨的,如不能及时供应,而要求发包人赔偿损失是否做得通?是否合理?我们认为这情况应作另案处理。(法制局吴传颐、天津市计委)

六、本条与第六条合并写。(成都市人民委员会、大同市人民委员会、武大)

第八条 承包人发现施工设计图纸有错误必须修改的时候,应该及时通知发包人。发包人接到通知后五天内没有答复,承包人有权停止该项工程的施工,因此所造成的损失,由发包人负责赔偿。注:这条的通知期限暂定为"五天",将来与有关单位研究后,再作最后确定。

一、同意原条文。(天津市法院、成都市人民委员会、高院民庭、顾问室)

二、对原案修改和补充:

1. "有权"改为"可以",下同。(北京市法院)

2. "有权"改为"必须"。(成都市人民委员会)

3. "应该"改为"应当"。(高院陈瑾昆)

4. "图纸"改为"图样"。(高院陈瑾昆)

5. "施工设计图纸"改为"施工资料"。(太原市计委)

6. "通知"改为"书面通知"。(天津市人民委员会)

7. "没有答复"改为"没有具体解决意见"。(天津市计委)

8. "承包人有权停止该项工程的施工"改为"承包人可以停止,并且可以请求发包人赔偿因此受到的损害"。(高院陈瑾昆)

9. "承包人有权停止该项工程的施工"改为"承包人必须停止该项工程的施工"。

理由:

权利可以不行使,如果承包人不行使这项权利则工程将造成损失,如规定为"必须"则承包人应非停止不可了,这样对保护国家财产有积极意义。(成都市人民委员会)

10. 应把承包人提出的合理化建议和国家颁发的节约措施包括在条文内,本条前段可改为"承包人提出切实可行的合理化建议和节约措施,以及发现施工设计图纸有错误的时候,应该及时通知发包人。发包人接到通知后×天内没有答复,承包人有权停止……"(华东工程局)

11.在"承包人发现……有错误"后面加上"或由于客观条件施工有困难"一句。

理由:

"客观条件施工有困难",系指如调材不合设计规格必须来用其他规格代替或拼接等情况。(华北工程局)

12.本条应补充:"承包人如未事先发现施工设计图纸有错误而在施工中发生一切质量事故的损失由发包人负责。发包人对工程质量无明文规定,又无施工说明及技术规范时,承包人有权按照图纸及一般类似的工程施工,在施工中发包人有了特殊规定的技术要求而已施工的工程,不合此特殊规定的技术要求所发生的返工应由发包人负责。"(包头市人民委员会)

13.本条后面加上"原规定竣工日期依照停止日期延长"。(复旦)

14.施工单位因等待修改和变更而发生停工、窝工的损失应由发包人负责。所以在本条后面加上"在五天内造成不可避免的损失,也应由发包人负责赔偿"。(东北工程局、兰州工程公司、直属工程公司)

15.对"通知后五天内"修改的意见:

(1)"五天"改为"三天"。(西南工程局、兰州市计委)

(2)"五天"的日期太长,可缩短些。(重工业部、武汉市人民委员会、包头市计委、哈市计委)

(3)变更主要结构通知可定"五天",一般修改的通知可定"二天"。(直属工程公司)

(4)本条文的天数,不要在这里作具体规定。(铁道部、二机部、太原市计委、成都市计委、大同市人民委员会)

(5)通知的期限,应把工程根据不同情况分为几项,来规定不同的期限才能切合实际。(成都市计委)

三、条文改写:

本条改为"承包人……的时候,承包人有权停止该项工程的施工,如果施工设计图纸根本影响工程的使用时,承包人必须停止继续施工,因此所造成损失,由发包人负责赔偿。"

理由:加强承包人的责任,不能对国家财产的损失袖手旁观。(沈阳市人民委员会)

四、本条中设计图纸有错,发包人应于接到承包人通知以后五天内答复的问题,如果发现错误,当时即不能进行施工,承包人在五天以内所受到的损失也应该由发包人负责赔偿,应加以规定。(兰州工程公司)

五、本条有三点意见应考虑:

(1)如在施工中发现有错误,似乎应该一方面立即通知发包人,一方先停止施工,不是等到五天之后没有答复才停止施工。

(2)停止施工似乎不是承包人的权利,更应该是承包人对于国家的义务。

(3)为国家的长远利益而必须修改,但发包人答复不改怎样办?(武大)

六、承包人明知设计图纸有错误而继续施工造成的损失,由谁负责,应在条文中规定。(上海市法院)

七、承包人未发现图纸错误,造成损失由谁负责,应明确。(大同市人民委员会)

八、在施工中发现图纸设计有错误如需要改变设计,必须经有关单位更改方为合格,甲乙双方无权随便更改。(包头市人民委员会)

九、本条中所提"有权停止该项工程的施工"不知是按分部、分项工程计算,还是按单位工程计算?(一机部、东北工程局)

十、本条中提到"及时"二字,这及时有无幅度。(武汉市人民委员会)

十一、本条与第十六条合并。(武大)

十二、本条情况复杂,很多是属掌握的问题,可以不要。(上海市法院)

第九条 承包人应按发包人提交的施工技术文件和施工验收技术规范所规定的标准进行施工,并(**或改为以**)保证工程质量。

另案:承包人应按发包人提交的施工技术文件和施工验收技术规范所规定的标准进行施工,并保证工程质量。如果因为施工造成的工程质量事故,承包人应在一定期限内负责修理。

注:"因施工造成的工程质量事故,承包人应在一定期限内负责修理"的问题,有关部门现在尚未肯定,应作进一步的研究。

一、同意原条文。(高院顾问室、天津市法院、建设部、沈阳市人民委员会、西安市人民委员会、成都市计委、西北政法干校、中南政法学院)

二、对原案修改和补充:

1. 在"承包人应按……技术文件"后面加上"国家颁发(规定)的",因承包人只能在国家规定技术规范范围内保证质量,而不能在规范以外,另保证质量。(重工业部、华北工程局、武汉市人民委员会、太原市计委)

2. "应按"改为"应当依照","规定"改为"约定"。(高院陈瑾昆)

3. "并"改为"以"。(高院陈瑾昆、北京市法院、天津市法院、西北工程局、太原市计委)

4. "并"比"以"明确而有力,可加强承包人的责任心。(西安市人民委员会、成都市计委)

5. "承包人应按……进行施工"改为"承包人应按发包人提交经过批准的施工技术文件(施工详图、施工组织、总设计等)和国家规定的施工验收技术规范所规定的标准进行施工"。(建工部)

6. "承包人应按……所规定……"改为"承包人应按发包人提交的施工详图、施工说明书及国家建委颁发的施工验收技术规范所规定……"(兰州工程公司)

7. 在原案后面加上"经过验收,发包人占用后,应由发包人负责"。(太原市计委)

8. 在原案后段加上"工程交付使用后,如果因为施工造成的工程质量事故,承包人应在一定期限负责修理或拆除重做"。这从经济责任上加强承包人对工程质量的责任感,应该在法典上肯定下来。(二机部)

三、同意另案。(高院民庭、上海市法院、沈阳市人民委员会、成都市人民委员会、包头市人民委员会、上海市计委、哈市计委、西安市计委、天津市计委、包头市计委、兰州市计

委、中南政法学院、东北人大、化工部）

理由：

1. 目前承包人对施工造成质量事故，往往不重视修理，应加以规定负责修理。（上海市计委）

2. 工程质量在一定期间内，如因承包人的故意造成事故，应负责任，对承包人的过失造成同样后果时，也可考虑使其担负责任，有同志主张根据这种合同特点，承包人可不负责。（中国人民大学）

四、对另案修改和补充：

1. 同意另案，但应以"必须以验收前和验收时所发现为限"。（兰州市计委）

2. 在另案应补充"承包人不仅应当修理，改修（重建）并对造成发包人的损失也应负责赔偿"。（高院陈瑾昆）

3. 另案后面加上"并赔偿因此所造成的损失"。（上海市法院、成都市人民委员会、中南政法学院）

另案加一款"如果因工程质量事故而引起其他损失，由承包人负责"。（沈阳市人民委员会）

4. 在另案"如果因……质量事故"后面加上"验收后在一定时间内如有发现"。（西北政法干校）

5. 另案"在一定期限内负责修理"这一句不明确，应具体规定。（上海市法院）

6. 另案"承包人在一定期限……修理"应明确规定具体负责修理时间，至于返工费用开支亦应明确规定。（大同市人民委员会）

7. 另案"如果因为施工造成的工程质量事故，承包人应在一定期限内负责修理"可删去。

理由：

竣工工程交工后发生质量事故，有的是施工，也有的是设计的问题，同时发包人、设计人在施工过程中对工程质量应有监督的责任，如在交工和竣工验收过程中能认真负责，应返工的立即返工，这在交工后适当使用和保护不会再发生质量事故。另外，建筑业流动性较大，完工他去，如为了小修理，文电往返与检查研究要拖很久不能解决，所以保固保修问题已经协商取消了，这里就不要再规定了。（西南工程局）

8. 本条的另案可以认为是承包单位对他所承建工程的一种责任感，在一定期间内发生的质量事故，应该负责修理。但下列情况应该充分考虑：

（1）地方企业执行规定当无问题；

（2）大的承包企业势必随着新工地而转移，执行此规定较为困难的，因此可作一补充规定，解决其矛盾，执行当无问题。（直属工程公司）

9. 另案后段改为"……如果因施工责任造成的工程质量事故，发包人应在交工验收以前或交工验收后三天内提出，经承包人研究后在一定期限内负责修理"。（华东工程局）

10. 另案改为"承包人应按发包人提交的施工设计图纸、施工技术文件和……施工，如果因未按上述资料规定的标准进行施工所造成的工程质量事故，承包人应在一定期限内负责修理"。这样可以使工程质量事故的成因，究属设计者责任或是施工者责任，加以划

分。(天津市计委)

五、本条应订明保修和保固。(上海市法院、一机部)

六、同意注的意见。(铁道部、高院顾问室)

七、本条不要:因含义不明确,反而会产生错误的理解。(上海市法院)

八、本条和第十条倒过来,或与第十条合并为一条。(上海市法院)

第十条 发包人有权随时检查承包人准备的建筑材料和工程质量,对不合规格部分可以要求承包人返工或更换材料,但是不得干涉承包人的现场业务活动。

注:有的同志主张:这条所规定的发包人的权利,应该改为发包人的义务,即:"发包人必须随时检查承包人准备的建筑材料和工程质量……"

一、同意原条文。(高院顾问室、民庭,北京市法院,天津市法院,中央政法干校,中国人民大学,复旦,东北人大,西北政法干校,包头市计委,哈市计委,西安市人民委员会,一机部,建工部)

二、对原案修改和补充:

1."有权"改为"可以"。(高院陈瑾昆、华东工程局)

2."要求"改为"请求","或"改为"并"。(高院陈瑾昆)

3."返工或更换材料"改为"更换材料或返工"。(复旦)

4.本条"不得干涉承包人的现场业务活动"应订灵活些。(武汉市人民委员会)

5.对于"发包人有权随时检查承包人准备的建筑材料",有的同志提出应该在材料进入现场的时候检查。(大同市人民委员会)

6.承包人必须向发包人提供有关工程完成量等有关资料,便于甲方掌握工程实际完成情况,及对承包人施工工程实行监督检查。(太原市计委)

三、条文改写:

1.本条改为"发包人必须随时对工程质量和现场建筑材料进行检查,对不合格的工程可要求返工,但不得干涉承包人的业务活动。"(西南工程局)

2.本条改为"发包人有权随时检查承包人准备的建筑材料质量和工程质量,对不合规格部分可以要求承包人返工或更换材料,但承包人受国家分配物资限制必须更换材料在符合设计部门结构荷重计算或生产要求的情况下,发包人应同意更换。发包人无权指挥承包人的职工,或干涉每一工程项目的具体进度。"(华北工程局)

3.本条改为"发包人有权随时检查承包人准备的建筑安装材料和工程质量与进度,对不合规格部分可以要求承包人返工或更换材料,但不得干涉承包人的现场业务活动。承包人应向发包人提供施工情况的资料。"(二机部)

4.本条改为"发包人有责任在未施工前事先检查承包人准备的建筑材料和施工过程中的工程质量,对不合规格的材料可以要求更换,对不合第九条所规定的工程质量可以要求返工补做,但是不得干涉承包人的现场业务活动。"(兰州工程公司)

四、对注的意见:

1.同意注的意见。(兰州市计委、包头市计委、西安市计委、西北工程局、东北工程局、直属工程公司、沈阳市人民委员会、成都市人民委员会、大同市人民委员会、西北大学、天

津市法院、司法部、建设部、重工业部)

理由:

这样规定可以加强发包人的责任心。(大同市人民委员会、西北工程局)

2. 同意注的意见,并修改为"发包人必须随时检查承包人的施工准备、工程进度和工程质量,检查时,承包人有义务提供有关检查所需的文件和资料,对不合……活动。"(成都市计委)

3. 同意注的意见,并应加上"发包人供应的材料,承包人必须检查或双方均有义务检查对方所供应的材料"。(太原市计委)

4. 同意注的意见,并把"但是不得干涉承包人的现场活动。"取消。(包头市人民委员会)

5. 同意注的意见,至材料检查问题,应事先检查,以免工程返工、材料损失。(天津市计委)

6. 同意注,将"注"的原文修改"发包人必须随时检查承包人准备的材料、预制品和工程质量……"(化工部)

7. 不同意注的意见。(铁道部、沈阳市人民委员会、西安市人民委员会、东北人大、大同市人民委员会)

理由:

(1)承包和发包关系,发包人检查承包人的工程质量是合情合理的。(西安市人民委员会、东北人大、大同市人民委员会)

(2)从合同关系,发包人检查工程应是权利,不应该为义务。(中国人民大学)

第十一条 前一项工程竣工(后)将被后一项工程掩盖的时候,承包人应在前项工程被隐蔽前通知发包人到场检验,经检验合格后,由双方签注检查记录,作为工程竣工验收的依据。

承包人对隐蔽工程没有通知发包人检验就自行掩盖,以后发包人认为须作检查的时候,不论检查结果如何,全部费用由承包人负担。

发包人不按通知的时间到场检验,承包人可以自行检验并作记录,以后发包人再要检验此项工程的时候,如果合格,全部费用由发包人负担,不合格,返工费用由承包人负担。

注:多数同志的意见,用"掩盖"或用"隐蔽"要一致起来。

一、同意原条文。(北京市法院、天津市法院、东北工程局、重工业部、成都市人委会、高院民庭、顾问室)

二、对原案修改和补充:

1. 同意原条文精神。但应简化些,隐蔽工程不需要解释。(中国人民大学)

2. 第一款"前一项……的时候"改为"前一阶段的工程将被后一阶段工程掩盖的时候"。(高院顾问室)

3. 第一款"承包人应……隐蔽前……"改为"承包人应在前一阶段的工程被掩盖前……"。(高院陈瑾昆)

4. 第一款"前一项……到场检验"改为"前一项工程竣工(后)将被后一项工程掩盖的时候称为隐蔽工程,承包人应在前项工程被隐蔽前,通知发包人按通知所指定的时间内到

场检验"。(兰州工程公司)

5. 第一款"通知发包人到场检验……"中,应规定通知的日期,或是前两天或前三天通知发包人。(天津市人民委员会、大同市人民委员会、上海市计委、哈市计委)

6. 本条"前一项工程"下加"的"字,把"后"去掉。(高院陈瑾昆)

7. "竣工"都改为"完工",下同。(北京市法院)

8. 第一款"……承包人应在前项工程被掩盖前通知……"中的"隐蔽"改为"掩盖",其他隐蔽与掩盖可以不要修改,因为"掩盖"用作动词,"隐蔽"作名词用的。(化工部、东北工程局)

9. 第一款最后一句"作为工程……依据"改为"作为前一项工程已经被验过的依据"。(武大)

10. 第三款"承包人可以自行……"改为"则由承包人自行……"。(一机部)

11. 第三款改为"发包人……的时候,如果合格,全部费用由包工人①负担,并赔偿承包人因返工所受到的损失;不合格,返工费用由承包人负担,并赔偿发包人因返工而引起的竣工日期的耽误所受到的损失"。(复旦)

12. 将本条第三款"不合格,返工费……负担"改为"若不合格全部费用由承包人负担"。(二机部)

13. 第三款"发包人……记录"后面加上"继续施工"四字。(哈市计委)

14. "通知"前面加上"书面"二字。(天津市计委)

15. "全部费用"和"返工费用"包括什么内容,应予明确。(重工业部)

16. 发包人不按通知时间到场检验,使承包人影响施工造成损失,发包人是否要负赔偿责任,应在条文中明确。(武汉市人民委员会)

三、对注的意见:

1. 同意注的意见,"掩盖"或"隐蔽"要统一起来。(建设部、二机部、直属工程公司、沈阳市人民委员会、上海市法院)

2. "掩盖"改为"掩蔽"。(华东工程局)

3. "掩盖"改为"隐蔽"。(华东工程局、铁道部、包头市计委、上海市计委、大同市人民委员会、高院陈瑾昆)

4. "隐蔽"都改为"掩盖"。(北京市法院、天津市法院、上海市法院、成都市人民委员会、沈阳市人民委员会、西安市人民委员会、西北政法干校)

第十二条 在合同签订后,发包人因增减工程量、变更原来设计必须修订合同或者因特殊情况撤销合同的时候,应当负责赔偿承包人所受到的损失。

一、同意原条文。(高院顾问室、北京市法院、天津市法院、上海市法院、建设部、铁道部、化工部、直属工程公司、西北工程局、东北工程局、西南工程局、成都市人民委员会)

二、对原案修改和补充:

---

① 原件如此,"包工人"或为"发包人"之误。

1. 本条文"负责"两字可去掉,"所"字可去掉。(高院陈瑾昆)
2. 将"撤销"改为"解除",因为这是双方面的行为。(上海市法院)
3. 在"……因增减工程量"后面增加"及工作量"四字。(华北工程局)
4. "……发包人……工程量"改为"……发包人要求增减工程项目"。(二机部)
5. "必须修订合同"改为必须修改合同或签订补充合同。(太原市计委)
6. "应当……的损失"改为"应当负责承包人因此所受到的损失"。(复旦)
7. 因修订合同发生的工程量的增减或施工的延长或缩短,可能引起发包人与承包人的一定争执,应在本条给以明确,免得以后纠纷。(西安市计委)
8. 本条中"特殊情况"的范围不明确?(中央政法干校、中国人民大学)
9. 至于本条中关于特殊情况撤销合同,应增加规定"所有增减变更情况,应由发包人事前取得主管有权单位及设计单位和拨款银行的许可,并向承包人以书面提出完整的增减变更图纸、预算及其他资料,即可按更改后的资料继续施工,随后修订合同,以免影响工程进度"的意思。(太原市计委)

三、条文改写:

1. 本条改为"在合同签订后,发包人因增减工程量、变更原来设计,应事先商得承包人之同意,并办妥手续以及因特殊情况撤销合同的时候,均应当负责赔偿承包人所受到的损失。"(兰州工程公司)
2. 合同签订后,发包人不能单方面撤销合同,所以条文内容应改为"在合同签订后,发包人因增减工程量变更原来设计,必须修改合同或者因特殊情况撤销合同的时候,应征得承包人同意并负责赔偿承包人所受到的损失。"(大同市人民委员会)

四、在工程施工中,发包人临时提出工程变更和设计修改,除经国家主管机关的批准文件外,因此造成承包人的损失,应由发包人偿付。(成都市计委、武汉市人民委员会)

五、如由国家的决定而产生条文中所述的情况,其责任如何?我们认为所发生的原因,如完全与发包人无关,不能适用本条的规定来负赔偿的责任。(中国人民大学、武大、天津市计委、上海市法院)

第十三条 合同签订后,发包人如有特殊原因,要求承包人提前完成全部或一部工程的时候,发包人应负担承包人因加紧施工所必需的费用。

一、同意原条文。(高院顾问室、民庭、北京市法院,天津市法院,上海市法院,中央政法干校,西北政法干校、东北政法干校、铁道部、化工部、成都市人民委员会)

二、对原案修改和补充:

1. "……工程的时候"后面加上"并取得了承包人的同意"一句。(沈阳市人民委员会)
2. "合同……工程的时候"后面加上"在取得承包人同意后"一句。(华北工程局、包头市计委)
3. "……要求承包人提前完成全部或一部工程的时候"后面加上"承包人必须积极采取措施"一句。(重工业部)
4. 在条文后面加上"但承包人未能按发包人要求的期限完成的时候,这种费用应由承包人赔偿"。(二机部)

5. 本条"特殊原因",不明确?(中国人民大学)

三、条文改写:

1. 本条改为"不论在合同签订前或签订后,发包人如有特殊原因需要承包人采取日夜连续施工或其他赶工措施以提前完成全部或一部分的工程要求,必须经过承包人的同意,由此所必需增加的一切费用概由发包人负担。"(华东工程局)

2. 本条改为"合同签订后,发包人如有特殊原因须承包人提前完成全部或一部工程的时候应商得承包人之同意并按承包人提出的赶工增加费用预算审核负担赶工费用。"(兰州工程公司)

四、条文中应明确承包人的责任,如果不能按发包人的要求提前完工应怎样办?(武汉市人民委员会)

五、变更合同发生工程量的增减或施工期的延长或缩短,应明确规定以免双方发生无谓争执。(西安市计委)

六、本条与第十二条合并为一条。(中国人民大学)

第十四条 在施工过程中,承包人使用发包人的建筑物或其他设备的时候,应按照合同规定的标准付给发包人使用费或租金。承包人对他承建的工程在没有交工验收前,可以无偿使用。

一、同意原条文。(天津市法院、上海市法院、高院顾问室)

二、对原案修改和补充:

1. "……建筑物……"改为"……原有建筑物……"。(天津市计委)

2. "承包人使用……或其他设备"后面加上"水电照明铁路专用线等"使之更明确,有的同志认为不要,因实际已包括在"其他设备"内了。(包头市计委)

3. "应按照合同规定"改为"应当按照合同约定"。

理由:

这里不要强行规定。(高院陈瑾昆)

4. "承包人对他……无偿使用"改为"承包人因工作需要,对他承建的工程,在没有交工验收前可以无偿使用"。(中央政法干校)

5. "承包人对他……无偿使用"这句不要。(二机部、上海市法院)

6. 本条后段规定承包人对承建的工程没有交工验收前可以无偿使用,这样规定会发生不应有的纠纷。(高院民庭)

7. 本条最后一段规定没有交工验收前,承包人可以无偿使用,我们认为应规定使用期限,应在工程竣工后一定的时间内移交发包单位使用,或者在合同中明确规定,分项验收,则移交发包单位使用。根据我市目前有不少承包单位,对已竣工的建筑物无限期的无偿使用,不移交,引起扯皮。(大同市人民委员会)

8. 承包人使用发包人的建筑物或其他设备,除应付使用费或租金,如果有损坏承包人还要赔偿损失。(高院顾问室)

9. 本条文交工期限要明确规定,因为有些已完工的工程,发包人要用,但承包人不交。(武汉市人民委员会)

10. 对非建筑部门包干的工程,其大型临时设施的投资问题,可在本法中规定,我们的意见,大型临时设施的投资应该由发包人负担,承包人则根据使用期限的长短负担租金,今年国家建委对大型临时设施已规定按三年摊销,所以能在第十三条与第十四条之间加上一条说明:

"承包人为进行建筑、安装工程所必需的临时房屋与构筑物由发包人投资,承包人应按照合同的规定付给发包人使用费或租金。"(华东工程局)

11. 在第十四条后增加一条内容如下:

"凡属施工过程中承包人需用之土地由发包人负责解决,购置或租用土地以及临建工程的折旧费由发包人负担。"(太原市计委)

三、本条与第二十条合并一起。(太原市计委)

四、本条不要。(上海市法院、中国人民大学)

理由:

(1)因为不能概括全面,一般的在施工过程中不会使用的。(上海市法院)

(2)本条是否需要,前半段当事人双方可约定,后一句的规定可能使工程质量在验收时有所减低。(中国人民大学)

第十五条 承包人对尚未建成或已建成还没有交工验收的工程,以及发包人所供给的设备、材料,应当负责保管,并负毁损灭失的责任;但人力不可抗拒的毁损灭失,承包人不负责任。

一、同意原条文。(天津市法院、成都市人民委员会)

二、对原案修改和补充:

1. "发包人所供给的设备材料"改为"发包人所供给并进行点交的设备材料"。(天津市计委)

2. 在"毁损灭失"后面增加"及自然损耗"五字。(沈阳市人民委员会)

3. 本条后段"但人力……毁损灭失"应加上是否做到应有的预防的责任,如果做到了应有的预防的责任,承包人可以不负责任等。(高院民庭)

4. 在"并负毁损灭失的责任"的"并负"后面加上"防止"二字以免误解。(高院顾问室)

5. 本条应补充"为减少人力不可抗拒的毁损灭失,对发包人应该强调对建筑和材料保险",过去政务院曾有规定,但发包人未执行。(西南工程局、武汉市人民委员会)

6. 承包人有代办工程保险的义务和保险费由发包人负担的办法,这在通则亦有规定,所以将本条改为"承包人对尚未建成还没有交工验收的工程,以及发包人所供给的设备、材料,应当负责保管和代发包人办理保险与代垫保险费的义务,但人力不可抗拒的毁损灭失,承包人不负责任。"(华东工程局、太原市计委)

7. 本条后段"但人力……不负责任"可以取消,这规定容易作为推卸责任的借口没有积极作用。(一机部、二机部)

8. 本条最后一句"但人力……不负责任"可简化一些。(中国人民大学)

9. 对"人力不可抗拒"应列举和说明。(武大、武汉市人民委员会)

三、本条对基建包工的危险负担问题规定得不够明白,我们认为基建包工的承包人原

则上还是应该负担危险责任,只是预付款可以不退还。(武大)

四、本条规定含糊不清,因为危险责任的转移,是在交付以后,没有交付即是所有权没有转移,故不能称为"保管"。(上海市法院)

五、如因承包人已知道但未做好准备,造成损失,这种情况不应列为人力不可抗拒,应明确划分。(太原市计委)

六、第一条与第十八条中规定"发包人应在规定的期限进行验收",这"期限"在本条文中应予明确。(西南工程局)

第十六条 在施工过程中发现基础土壤、地下水位与设计资料不符或者发现地下文物、古墓和其他特殊情况必须增减工程量,应当根据设计修改后的价值计算工程费用;如果造成停工的损失,由发包人负担。

一、同意原条文。(高院顾问室、天津市法院、上海市法院、成都市人民委员会)

二、对原案修改和补充:

1."……古墓……发包人负担"改为"……古墓其他特殊情况必须作变更设计或加固处理时应由发包人提交变更设计或加固处理的图说预算交承包人依据施工,其中引起的停工返工等损失,由发包人负担。"(兰州工程公司)

2."损失"改"损害"。(高院陈瑾昆)

3."负担"改"赔偿"。(高院陈瑾昆)

4.本条中"其他特殊情况"它的范围应指明。同时人力不可抗拒的自然灾害算不算特殊情况?(中央政法干校)

5.本条中"停工损失"有人认为不能由发包人负担,如责任属于设计勘探部门,停工损失由设计勘探部门负担。(武汉市人民委员会)

6.发现地下文物、古墓这工程费用应由国家负担不应由发包人负担。(高院民庭)

三、本条内容属于修改设计的范畴已包括在十二条之内,可以取消。(二机部)

第十七条 承包人应该在约定的期限内完成所承包的建设工程;如果承包人不能按期完成,应该付给发包人逾期罚金。由于人力不能抗拒的原因所引起的不能按期交工,承包人不负责任。

另案:承包人应该在约定的期限内完成所承包的建设工程;如果承包人不能按期完成,应该付给发包人逾期罚金。但是在全部工程能按期交工的时候,则中间逾期交工的工程可以免罚,或者退回已罚的款项。

注:有的同志主张:原案的最后一句"由于人力不能抗拒的原因……"可以取消。

一、同意原条文。(高院民庭、北京市法院、天津市法院、西北政法干校、建工部、包头市计委、兰州市计委、成都市计委、太原市计委、天津市计委、东北人大)

二、对原案修改和补充:

1.原案"承包人……工程"改为"承包人应该按合同规定的期限完成所承包的建设工程"。(兰州工程公司)

2.原案"约定的期限"改为"合同规定的期限"。(天津市计委、太原市计委、华北工程局)

3. 原案"约定"改为"规定"。(包头市人民委员会)

4. "应该"改为"应当"。(高院陈瑾昆)

5. 在"应该……罚金"后面加上"发包人并且可以在以外请求赔偿因此受到的损害"。(高院陈瑾昆)

6. "按期"改为"如期"以与前面一律。(高院陈瑾昆)

7. 原案最后一句"承包人不负责任"改为"可顺延工期,但所受损失,承包人不负责任"。(太原市计委)

8. 条文中所用"完成"两字含义是指工程竣工后交工验收,应予明确。(第一条同此)(天津市计委)

9. 工程不能按期完成时可能因双方的原因,所以在本条应补充:"其不能按期完成时,应由造成原因的一方赔偿另一方的逾期罚款。"(太原市计委)

10. 本条中应明确逾期处罚是对一个建设单位,还是对一个工程项目,我们认为应该是整个建设单位,否则应在条文中增加"如发包人不能按合同或国家规定的时间交出技术文件包括图纸或预算,应付给承包人逾期罚金并赔偿损失"。(华北工程局)

11. 关于施工中变更工程等所引起的增减工期不应该包括在原订合同工期内,故原条文内容应增列说明"施工中的变更工程按变更工程证明书所规定的增减工作天数提前或顺延合同工期"。(兰州工程公司)

12. 本条"人力不能抗拒的原因"应列举出来免得双方对条文解释不一致。(西南工程局、大同市人民委员会)

13. 本条规定由于人力不能抗拒的原因所引起的不能按期交工,承包人不负责任,所谓人力不能抗拒的原因包括哪些因素,如果一般风、雨停工都可以顺延工期,是不妥当的。(国家建委)

14. 如因材料供应不能按时施工或服从国家需要,将已备妥之材料临时调拨支援他处,以致承包人不能按期完工时,是否可作为"人力不能抗拒的原因"免去承包人的责任。(武汉市人民委员会)

三、同意另案。(西北工程局、兰州市计委、西安市计委、包头市计委、高院顾问室、中国人民大学、中南政法学院、大同市人民委员会、成都市人民委员会、上海市法院、沈阳市人民委员会)

理由:

(1)另案较原案规定得更确切。(中南政法学院)

(2)因为不影响全部工程竣工日期也就是没有影响投入生产期限,故不应征逾期罚金。(大同市人民委员会)

四、对另案修改和补充:

1. 同意另案,但应考虑某些大工程有部分投入生产的情况,应明确划分规定。(太原市计委)

2. "罚金"二字宜避去,可将条文中"应该付给发包人逾期罚金"改为"应该按照约定对发包人给付违约金或者赔偿迟延的损失"。(高院顾问室)

3. 另案的"全部工程"可改为"独立工程项目"。(包头市计委)

4. "则中间……款项"改为"则中间逾期交工的工程可以减免",因为免罚须在全部完工后才知道。(上海市法院)

5. "则中间……可以免罚"改为"则中间逾期交工而不影响生产能力或固定资产并能及时利用的工程可以免罚"。(西安市计委)

6. "……可以免罚,或者退回已罚的款项。"改为"……可以免除迟延责任。"(高院顾问室)

7. 另案比较全面,因在一般的建筑工程中往往因前阶段施工准备关系而中间有部分工程延期竣工,而总的任务都是提前,如此情况而受罚是太不近人情,但为了说明有些原因非承包人能力所及,故可将原条文中"由于人力不能抗拒的原因所引起的不能按期交工,承包人不负责任"应补充在另案后面。(建设部、直属工程公司、沈阳市人民委员会)

8. 同意另案的原则,并与第十八条中逾期提出竣工文件罚款问题合并起来为一条修改为"承包人应该在合同规定的期限内完成所承包的建设工程,并向发包人提出竣工验收通知单和必备文件。如果承包人不能按期完工和提出竣工验收通知单和必备文件则应付给发包人逾期罚金。但在全部工程能按期交工时,则中间逾期交工的工程可以免罚。如因部分工程拖期而影响全部工程不能按期交工和验收动用时,则承包人应按全部工程价值计算付给发包人逾期罚金。"(化工部)

9. 另案末一段条文可以考虑。(天津市法院)

五、不同意另案的意见:

1. 不同意另案,中间逾期的工程也应交逾期罚金,这样可以加强承包人的责任心,否则是在鼓励前松后紧的赶工作,将要影响工程进度、质量和及时运用。(西北政法干校)

2. 不同意另案,因另案的内容从一方面看是合理的,但从另一方面看,容易造成工程的质量不好,如赶工现象。(东北人大)

3. 不同意另案退还已罚的款项主张。(铁道部)

六、对"罚款"的意见:

1. 本条逾期罚金的口径问题,(比例额)应规定。(高检、上海市法院、兰州工程公司)

2. 本条中"罚金"的计算方法应在条文后加以附注说明。(天津市计委、包头市人委会、大同市人民委员会)

3. 对承包人逾期交工的罚金问题可以不规定,只要承包人能赔偿逾期交工的损失就可。(成都市人民委员会)

4. 关于逾期罚款问题,工程完成时间和合同规定时间只差很短(三五天)是否也作为逾期要罚款?(武汉市人民委员会)

5. 条文中逾期罚金是按未完工程价值计算?还是按全部工程价值计算应明确。(兰州市计委)

6. 目前我国在执行逾期罚款中是按全部工程竣工或个别中间交工的工程计算的,不是以每一单项工程计算,退还罚款的问题不存在。(国家建委)

七、条文改写:

1. 本条改为"承包人应该在合同规定的期限内,完成所承包的建设工程,如果承包人不能按期完成,应该付给发包人逾期罚金。但中间交工的工程可以免罚,由于人力不能抗

拒的原因所引起的不能按期交工,承包人不负责任。"(重工业部)

2. 将原条文与另案合并一条分二款写,又因今年国拨材料、地方材料均供不应求,这些情况又非承包人权限所能解决,所以本条改写为"承包人应该在约定的期限内完成所承包的建设工程,如果承包人不能按期完成,应该付给发包人逾期罚金。但是在全部工程能按期交工的时候,则中间逾期交工的工程可以免罚,或者退回已罚的款项,但由于非承包人的权限所解决的特殊原因,因而引起不能按期交工,承包人不负责任。"(华东工程局、西北大学)

八、承包人不能完成工程时,发包人可另找承包人,但有人反对认为"基建包工"不能由发包人另找。(上海市法院)

九、承、发包人的权利义务应是相等的,因发包人的责任引起损失应该赔偿承包人,如果承包人不能按期完成,发包人也要受损失,所以应规定承包人要赔偿对方损失。(二机部)

十、同意注的意见。(华北工程局、成都市人民委员会、铁道部、二机部、中国人民大学)

十一、本条应与第一条、第六条等放在一起,分别写出。(高院民庭)

第十八条 承包人在工程竣工后,应向发包人提出竣工验收通知单,并附送必备文件,发包人应在规定的时间内进行验收;如果承包人不能按时提出验收通知单和必备文件,或者发包人没有按时验收,应该给付对方逾期罚金。

注:

1. 有的同志主张:这条应分作两条写。

2. 有的同志主张:"发包人不按期验收",不应该"给付对方逾期罚金",可以改为"给付对方保管费,并赔偿损失"。

一、同意原条文。(东北人大、建工部、铁道部、重工业部、华东工程局、东北工程局、兰州市计委、成都市人委会、直属工程公司)

理由:

发包人不按期验收,没有尽责使承包人在施工管理上造成一定的影响和损失要给罚金是妥当的,如果用保管费和损失很难计算。(东北工程局、直属工程公司)

二、对原案修改和补充:

1. 同意原条文,但"逾期罚金"可由双方协商解决。(天津市人民委员会)
2. "承包人在工程竣工后"改为"承包人在工程完成后"。(高院顾问室)
3. 第一句改为"承包人在每一工程竣工前"。(华北工程局)
4. "竣工验收通知单"改为"完工验收通知单"。(高院顾问室)
5. "竣工通知单"改为"交工通知单"。(二机部)
6. "规定"改为"约定"。(高院陈瑾昆、包头市人民委员会)
7. 本条文中竣工后应向发包人提出"验收通知单"和附送"必备文件"可简化些,可改为"工程竣工后承包人应通知对方"就可以了。

"如果承包人……或者……验收"可简化改为"如任何一方不能完成所规定(或上述)的义务"。(中国人民大学)

8. "如果……罚金"改为"如果承包人不能按时提出验收通知单和必备文件影响验收

使用时,承包人应付给对方逾期罚金,如发包人没有按时验收,须承包人继续保管时,发包人应付给对方保管费"。(建设部)

9. "或者……罚金"改为"应该给付发包人逾期罚金,如发包人没有按时验收应付给承包人保管费并赔偿损失"。(天津市法院)

10. "……提出竣工验收通知单,并附送必备文件"中要送"必备文件",但一般在竣工后七天进行验收工作的同时,整理文件,故可改为"在验收工作的同时提出必备文件"或者加上"竣工后一定时间则应提出竣工验收通知单,并附送必备文件"。(大同市人民委员会)

11. "承包人不能按时提出竣工验收通知单"一语可删去,因其内容已包括在第十七条。(兰州工程公司)

12. "应该给付对方逾期罚金"改为"应按照约定对承包人给付违约金,或者赔偿迟延的损失"。(高院顾问室)

13. "发包人没有按时验收,应该给付对方逾期罚金"或注2的意见改为"发包人不按时验收者,视同验收合格"。(西北政法干校、天津市计委)

14. 本条文可补充"未经验收前发包人已占用者,应视为合格,不再做验收,发包人应无条件在验收证上签章。"①(太原市计委)

15. 在条文后增加"并且可以在此外,请求他方赔偿自己受到的损害"。(高院陈瑾昆)

16. 本条文可补充"如承包人不能提出验收的必备条件,发包人有权拒绝验收,由此造成拖延工期或损失由承包人负担"。(太原市计委)

17. 在原条文后面增加注2的意见。(东北工程局)

三、条文改写:

1. 本条改为"承包人在工程竣工后应向发包人提出竣工验收通知单,并在具体进行验收前备妥各项验收文件,发包人应在合同规定的时间内进行验收,如果承包人不能按时具备各项验收文件因而影响验收工作不能进行,或者发包人没有按时验收,应该给付对方逾期罚金。"(兰州工程公司)

2. 条文改为"发包人在接到承包人提出竣工验收通知单后,应在规定时间内进行验收,如未能按期验收,则发包人应付给承包人保管费。"(化工部)

四、对注的意见:

1. 同意注1、2的意见。(天津市计委、太原市计委)

2. 同意注2的意见。(高院民庭、北京市法院、上海市法院、华东工程局、一机部、成都市人民委员会、成都市计委、包头市人民委员会、包头市计委、西安市人委会、西安市计委、大同市人民委员会、西北大学)

3. 不同意注2的意见,这里应用逾期罚金。(中国人民大学)

4. 有同志认为原条中规定"罚金"好,这可以加重双方的责任,避免发包人以其他原因延期验收,对国家的生产计划有好处,注2规定"损失"很难计算。(上海市法院)

五、发包人不按期验收的罚金率应比承包人的罚金率高,因不按期验收将增加了施工

---

① 原件如此。

单位的开支,并且过去发包人都不重视验收及时工作,借以扭转。(兰州工程公司)

六、本条中双方的罚金标准和承包人应具备的各项验收文件应详细明确地规定。(兰州工程公司、包头市人民委员会、武汉市人民委员会)

七、竣工验收的通知时间应在本条文中规定。(哈市计委)

八、有人主张本条分写三条,把原条文后面分写为两条。(包头市计委)

第十九条 发包人在工程验收中发现部分工程与规定标准不符,承包人应在限定期限内修竣(修理完竣),但是发包人不得因此拒绝对其他竣工工程部分的验收;如果返工部分足以影响全部工程验收的时候,应该在返工修竣(修理完竣)后再行验收。

一、同意原条文。(高院民庭、顾问室)

二、对原案修改和补充:

1. "修竣"改为"修理完竣",因后者含义明确。(西安市人民委员会)

2. "修竣"改为"修理完毕"。(高院顾问室、北京市法院)

3. "竣工"改为"完工"。(高院顾问室)

4. 条文中统一用"修竣"。(高院陈瑾昆、成都市人民委员会)

5. "承包人应在限定期限内修竣"改为"承包人应在双方协商的期限内修竣"。(兰州工程公司)

6. "但是……的验收"后面加上"以及结算"。(华北工程局)

7. 本条后面加上"因此所引起的竣工日期的耽误,承包人必须负担逾期罚金"。(复旦)

8. 本条后面可加一条"保固"规定(或一款)。(上海市法院)

9. 在本条文中应规定部分工程不合标准需返工修理,不作逾期交工论也不予罚金。(大同市人民委员会)

10. 在本条中修理问题,修理费的开支应明确规定。(大同市人民委员会)

11. 在工程竣工验收时,发包人发现部分工程质量的问题,须由承包人修理,在未修竣前工程能否作为全部竣工,建议这问题在条文中加以明确。(上海市计委)

12. 验收范围按单位工程为单位,如部分不合格不予验收,但不涉及其他单位工程验收,如经验收与规定标准不符,承包人不得进行下一工序施工,如因返工修理逾期交工,其责任由承包人负担。(太原市计委)

第二十条 在工程没有交工验收前,发包人对已建成的工程无权动用。

一、同意原条文。(高院民庭、成都市人民委员会)

二、对原案修改和补充:

1. 在"在工程没有交工验收前"后面加上"除另有约定外"。(高院陈瑾昆)

2. 在本条后面加上"如发包人动用,即视为验收"。(包头市计委、太原市计委、哈市计委、沈阳市人民委员会)

3. 应将工程价款的中间结算内容列入本条文内。(成都市计委)

三、本条规定订定太死,应用任意规范规定较好。(中央政法干校、上海市法院)

四、本条不要,因目前验收很严格,若要动用,要经国家批准的。(上海市法院)

五、本条可并入第十四条。(太原市计委)

第二十一条 在全部工程交工验收后,发包人应当按照结算程序付给承包人全部工程价款。如果由于发包人的责任,造成不能如期结算的时候,应该付给承包人逾期罚金。

一、同意原条文。(天津市法院)
二、对原案修改和补充:
1."按照"改为"依照"。(高院陈瑾昆)
2."应该"改为"应当"。(高院陈瑾昆)
3."结算程序"改为"拨款程序"。(上海市计委)
4.本条中的"结算程序"与第一条、第五条中的"拨款程序"如果是指"基建拨款暂行条例草案"的规定,建议都改为"……按照包工合同的规定付给承包人……",过去因拨款结算有很大扯皮和争执,按照包工合同的规定进行拨款和结算较为适合。(东北工程局)
5.目前情况不能结算是多方面的原因,不能只强调发包人的责任,所以条文"如果由……逾期罚金"可改为"如果由于发包人或承包人拖延造成不能如期结算的时候,责任之一方应付给对方逾期罚金"。(二机部)
6.在全部工程交工验收后,个别发包人对交工验收证明书常有故意扣压不给,目的因有些拟将某些小工程增加或改变但时间还没决定,想压百分之五的尾款来延长承包人的责任,所以"在全部……结算……"可改为"在……发包人应当及时送还交工验收证明书并按照结算……"(华东工程局)
7."应该付……罚金"改为"应该按照约定对承包人加付违约金或者赔偿迟延的损失"。(高院顾问室)
8.本条最后一句改为"……付给承包人未结算款项的逾期罚金"。(化工部)
9.本条改为"……后,承包人应在几天内提出竣工结算账单,发包人应于接到竣工结算账单后五日内预审毕并付给承包人工程尾款,得就无意见部分先行拨款的时候,应该付给承包人逾期罚金,按未付工程尾款之百分之几或千分之几计算。"(兰州工程公司)
10."在……验收后"后面加上"承包人应按定期限[①]提出结算"。(上海市计委)
11.在条文后面加上"承包人并且可以在以外请求赔偿因此受到的损害"。(高院陈瑾昆)
12.在条文后加上"并赔偿损失"。(华北工程局)
13.应加上"如果承包人有超支的款也应结算"。(高院民庭)
14.在本条补充上"承包人提出全部结算后,并在工程已验收的一定时间内(应明确规定)发包人即应将款交清,过期即应按日罚款"。(太原市计委)
15.关于结算尾款,应作如下补充规定:
(1)工程完工验收合格后于×日内结清尾款;
(2)工程验收后发现有不合格部分,应在结付尾款时,扣除不合格部分,其余部分应一

[①] 原件如此,或为"规定期限"或"约定期限"。

次给付,不合格部分在该部分修补后付给;

(3)工程验收后发包人没有提出充分理由说明建设工程的不合格部分或有不合格部分而不是乙方责任,甲方拒付尾款时,承包人有权持有关证件直接向主管银行结付,银行不能拒绝。(建设部)

16. 在本条应规定工程价款结算的依据,因为几年来对结算的依据,建设单位、施工单位和建设银行的意见互相不一致,致影响了工程竣工后按时进行结算。(华北工程局)

17. 应在条文中规定在全部工程交工验收后,应当在几天内进行结算。

18. 对不合质量的工程价款应扣除,俟修补后再付清。(大同市人民委员会)

三、对罚金的意见:

1. 逾期罚金按未结算部分百分之五计算,这样可更明确些。(武汉市人民委员会)

2. 罚金的幅度可订明。(上海市法院、成都市人民委员会)

3. 逾期罚金可作总的规定,不必在每一条文中规定。(上海市法院)

四、本条应在债总则中"迟延给付"节内规定。(高检、中国人民大学)

五、本条的结算可按"特别法"规定。(中国人民大学)

第二十二条 承包人在施工技术文件的基础上,改善施工操作方法,就地取材,或者由于承包人合理化的建议,经发包人同意更改设计和采取代用材料而又未降低工程质量与使用效率,其节约额归承包人。

一、同意原条文。(成都市人民委员会)

二、对原案修改和补充:

1. "……改善……承包人"改为"……改善施工操作方法,及就地取材者,不通过发包人,合理化建议需修改设计或采取代用材料而不降低工程质量者通过发包人"。(包头市计委)

2. "……经发包人同意更改设计和采取代用材料……"改为"……经发包人和原设计机构的同意更改设计和采取……"(天津市计委)

3. "合理化的"其中"的"字不要。(中央政法干校)

4. "又未"改为"又不"。(复旦)

5. "……节约额"其中"额"字改为"部分"。(中央政法干校)

6. "……节约额"后面加上"全部"二字。(华北工程局)

7. "其节约额归承包人"前增加"对原项目单价和预算不予变更"以免影响结算。(西南工程局)

8. "与使用效率"五字可删去,因条文中"未降低工程质量"数字已包括了。(兰州工程公司)

9. 在本条后面加上"发包人在设计基础上提合理化建议,承包人同意后,其节约额归发包人"。(太原市计委)

10. 在本条后段加上"但属于发包人提出者,属于修改设计部分应作修改设计处理"。(二机部)

三、对条文中"节约额归承包人"的意见:

1."节约额归承包人"的规定,是否会发生负作用,以及如何才能强调关于质量与效用的保证,都要加以考虑。(高院顾问室、上海市法院)

2.本条后段的规定是否会影响工程的质量,可改为"提成奖励"较妥。(上海市法院)

3.承包人合理化建议应按"发明、技术改进合理化建议的奖励"来处理,"节约额"即应归国家所有。(中国人民大学)

4.法律不考虑发包人对"节约额"的占有、使用、处分的权能以及发包人的意志,而强制地将"节约额归承包人所有"是不妥当的。(东北政法干校)

5.同意原条文精神,但应明确在保证工程质量前提下采用代用材料。(高院民庭)

6.本条中更改设计和采用代用材料是否与第三条的精神有矛盾?(高院顾问室)

7.因设计的材料一时不能买到,以其他材料代替,这节约款如何办?(大同市人民委员会)

8.今年节约材料的技术措施,在"八部"联合指示中已有具体规定,但在执行过程中,发包人仍不同意,本条是否可规定"凡经甲、乙双方主管部门明确了的关于节约材料的技术措施,可不必征求甲方同意"。(西南工程局)

9.另一意见,承包人对国家负责,如确能保证工程质量条件下所采取的措施是否可不须再通过发包人同意或只要通知发包人就可以。因为通过发包人同意在具体执行中很困难。(这意见可能是片面的,但也是事实)(兰州工程公司)

四、条文改写:

本条改为"承包人在施工技术文件的基础上,在不降低工程质量与使用效率的条件下,有权改善施工操作方法,就地取材,并取得其全部节约额,发包人不得阻挠干涉。承包人提出合理化建议,经发包人同意改变设计时,其节约额按同样办法处理。如发包人当时不接受承包人的建议,但事后又以发包人的资格采取同样办法修改设计要求承包人执行时,仍视为承包人的建议"。(沈阳市人民委员会)

第二十三条 基本建设工程包工合同在全部工程交工验收和付清全部工程价款后失效。

注:这条的精神如果在通则中有规定,这里就不再规定。

一、同意原条文。(成都市人民委员会)

二、同意保留。(铁道部、大同市人民委员会)

三、本条没有规定保修期与第九条规定有些矛盾,因为从条文上看起来,似乎原订的合同已全部失效。(天津市人民委员会)

四、按本条的精神似乎承包人交工和收清款后,对所交的工程质量方面就不负任何保固的责任是否妥当?(高院顾问室、华北工程局)

五、本条不要,同意注的意见。(高院民庭、陈瑾昆,北京市法院,上海市法院,东北政法干校,高检,中国人民大学)

中华人民共和国民法典(草案)债篇
基本建设工程包工合同(第五次草稿)[①]

全国人大常委会办公厅研究室　1957年3月6日

第一条　按照基本建设工程包工合同,承包人应当按期完成发包人所委托的基本建设工程;发包人必须在规定的期限内验收,并且依据拨款程序付清承包人全部工程价款。

另案:基本建设包工合同,是社会主义组织之间根据国家基本建设计划签订的合同。按照基本建设工程包工合同,承包人应当按期完成发包人所委托的基本建设工程;发包人必须在规定的期限内验收,并且依据拨款程序付清承包人全部工程价款。

注:有的同志主张:另案"承包人应当按期完成发包人所委托的基本建设工程"一句,应改为"承包人应当按质按量如期完成发包人所委托的基本建设工程"。

第二条[②]　承包人可以作为总承包人。总承包人可以将自己承包的全部工程中的部分专业工程,分给一个或几个分承包人承包。分承包人对总承包人负责;总承包人对发包人负责。

总承包人与分承包人的权利和义务,适用本章的规定。

第三条[③]　基本建设工程包工合同的签订,必须按照国家主管机关批准的基本建设计划和必要文件,并且采用书面形式。

另案:基本建设工程包工合同的签订,必须采用书面形式。

第四条　基本建设工程必须在签订合同后才能施工;如果任务紧急,经双方上级主管机关,可以签订施工协议书先行施工,但是以后必须补订合同。

注:有的同志主张本条可以不要。

第五条[④]　合同签订后,发包人应当按照拨款程序付给承包人一定数额的预付

---

① 本件原件正文首页有如下手写眉批:"说明
"(1)本章适用于国家基本建设工程的包工关系。
"(2)在各国民法典中没有这一章的规定。
"(3)条文草稿主要是参考建筑安装工程包工办法和其他资料写出来的。办法就是指这一包工办法。"
② 原件本条有如下手写旁注:"办法第5条。"
③ 原件本条有如下手写旁注:"办法第2、3、4条。"
④ 原件本条有如下手写旁注:"办法第20条。"

款;发包人没有在规定期限内付给预付款的时候,应当付给承包人逾期罚金。

注:有的同志主张后半段改为:"发包人没有在规定期限内付给预付款的时候,除付给承包人逾期罚金外,并且应当赔偿承包人因此所受到的损失"。

第六条① 发包人应当作好由他负责的施工前的准备工作。

合同规定由发包人供应的设备、材料和施工文件,应当按期供应。

发包人没有按期履行上述两款义务,造成工程不能按期完工的时候,承包人不负责任。因此造成承包人的损失,由发包人负责赔偿。

注:有的同志主张,"因此造成承包人的损失,由发包人负责赔偿",改为"发包人应付给承包人违约逾期罚金"。

第七条② 承包人发现施工设计图纸有错误必须修改的时候,应当及时通知发包人协商解决;在协商期间所造成的停工损失,由发包人负责赔偿。

注:有的同志认为:"承包人没有及时通知发包人协商解决"的法律后果,也应当在本条加以规定。

第八条③ 承包人应当按照发包人提交的施工文件和国家规定的施工验收技术标准进行施工,并且保证工程质量;因施工造成的工程质量事故,承包人应当在规定的期限内负责修理。

注:有的同志认为:本条最后一句"因施工造成的工程质量事故,承包人应当在规定的期限内负责修理",可以不要。

第九条④ 发包人有权检查承包人准备的建筑材料和施工中的工程质量,对不合规格部分,可以要求承包人更换材料或返工修理。但是不得干涉承包人的现场业务活动。

第十条⑤ 承包人在隐蔽工程隐蔽前,应当通知发包人到场检验;如果承包人没有通知发包人检验就自行掩盖,以后发包人认为需作检验的时候,不论检验结果如何,全部费用由承包人负担。

发包人不按通知期限到场检验,承包人可以自行检验并作记录,以后发包人再要检验此项工程的时候,如果合格,全部费用由发包人负担,不合格,返工费用由承包人负担。

注:有的同志主张本条不要。

第十一条 在合同签订后,由于计划的变更或其他原因而必须修订合同或者解除合同的时候,发包人应当赔偿承包人因此所受到的损失。

第十二条 发包人如有特殊原因需要提前完成全部或一部工程的时候,应当征

---

① 原件本条有如下手写旁注:"办法第6条。"
② 原件本条有如下手写旁注:"办法第15条。"
③ 原件本条有如下手写旁注:"办法第7、19条。"
④ 原件本条有如下手写旁注:"办法第6条。"
⑤ 原件本条有如下手写旁注:"办法第16条。"

得承包人的同意;但因加紧施工所必须的费用,由发包人负担。

第十三条① 承包人在工程交工验收前,对他承建的工程可以无偿使用。

发包人在工程交工验收前,没有征得承包人的同意,对已建成的工程无权动用。

第十四条 承包人对尚未建成或已建成还没有交工验收的工程,以及发包人所供给的设备、材料,应当负责保管(保护),并承担损毁灭失的责任;但人力不可抗拒的损毁灭失,承包人不负责任。

另案:承包人对发包人所供给的设备和材料,应当负责保管,并承担损毁灭失的责任;但损毁灭失是由于人力不可抗拒的原因造成的,除外。

注:有的同志主张"但损毁……除外"一句可删去。因为在通则中已有规定。

第十五条② 承包人应当在规定的期限内完成所承包的工程;如果由于承包人的责任使工程不能按期完工,应当付给发包人逾期罚金。

另案:承包人应当在规定的期限内完成所承包的工程;如果由于承包人的责任使工程不能按期完工,应当付给发包人逾期罚金。但承包人在全部工程能按期交工的时候,则中间逾期交工工程的罚款应当退回。

第十六条③ 承包人在工程完工后,应向发包人提出完工验收通知单和必备文件;发包人应当在规定的期限内进行验收。如果承包人不按时提出验收通知单和必备文件,或者发包人没有按时验收,应当付给对方逾期罚金。

另案:有的同志主张本条应与第十五条合并作为一条写,条文如下:

承包人应当在约定的期限内完成所承包的建设工程,并向发包人提出竣工通知单附送必备文件。如果由于承包人的责任不能按期完成上述义务,应当付给发包人逾期罚金。

发包人在接到承包人验收通知单后,应当在规定的期限内进行验收。如果发包人没有按期验收,应当付给承包人逾期罚金。

注:

1. 有的同志认为:本条最后一句"发包人没有按时验收,应当付给对方逾期罚金",应改为"付给对方保管费,并赔偿因此所造成的损失"。

2. 有的同志认为:本条应当分作两款写。

第十七条④ 发包人在工程验收中发现部分工程与规定标准不符,有权请求承包人在规定的期限内修好,但不得因此拒绝对其他完工工程部分的验收;如果返工部分足以影响全部工程验收的时候,应当在返工修好后再行验收。

注:有的同志认为:如果承包人在限期内没有修理好,应当付给发包人部分逾期罚金,这一法律后果也应在本条予以规定。但有的同志认为:在这种情况下,不能作逾期论。

第十八条⑤ 发包人在全部工程验收后,应当按照结算程序付给承包人全部工程

---

① 原件本条有如下手写旁注:"办法第13、18条。"
② 原件本条有如下手写旁注:"办法第7、22条。"
③ 原件本条有如下手写旁注:"办法第17条。"
④ 原件本条有如下手写旁注:"办法第19条。"
⑤ 原件本条有如下手写旁注:"办法第20条。"

价款。如果由于发包人的责任造成不能按期结算的时候,应当付给承包人逾期罚金。

第十九条①　承包人在施工技术文件的基础上改善施工操作方法,就地取材,或者由于承包人的合理化建议,经发包人同意更改设计和采取代用材料而又未降低工程质量与使用效率的,其节约额归承包人。

注:有的同志认为:本条可以不要。

---

① 原件本条有如下手写旁注:"办法第21条。"

附

国家建委基建局林丛同志谈基本建设情况记录整理

1957年1月

一、总的情况

1. 内包外包问题：这两种只是形式上不一样，实际上并没有什么分别，主要的分别点，是内包解决问题比较便当一些。内包外包的划分，内包是在一个部的系统内，外包是部与部之间。内外包的比例大致是相等的。自下设有内包建筑安装力量的有冶金、化工、铁道、交通、煤炭、石油、纺织、邮电、电力工业、森林工业、城市建设、建筑材料等部。承包部只有建筑工程部(苏联有七个承包部)，省(市)设有工程局。

2. 中央与地方体制问题：现正在研究。冶金部基建局下设若干公司，另外还有一些自营建筑公司，但比例很小，只占百分之二十左右。自营建筑公司根据中国实际情况，现在还是需要的。如：水产部要在沿海岛屿修建一个灯塔，有的工厂要扩大等。但是自营建筑公司要多大比例，还没有很好地研究过，所以说自营公司现在取消还不妥当。

3. 苏联现在都是外包，是否发生问题，我们不了解。但有些根本问题没解决。为了解决甲、乙双方存在的问题，需要通过一些措施。建委现正考虑以下几种办法，究竟采用哪种，尚未最后确定。

（1）按概算包干——小的改变归乙方，不包括另外增加项目。如果要增加项目，由甲方负责申请追加投资。概算只能按年度计划拨付。这样可能产生超支或不足的情况，如超出就是资金积压，不足时乙方不能代垫，而建筑的项目也不能减少，因此还要国家支出，这样就加重了国家的负担。

（2）按年度工作量包干——这种办法也存在着以上缺点，致使甲方无法调剂，建筑安装、设备、购置、工具、仪器和其他基本建设等这五笔费用，另一方面还会使资金闲置起来。

（3）基本上按现状办事，仅在几个环节上有些改变——如现在在价格调整问题、拨款结算上常常扯皮。这里须先解决财务结算问题。又如现在在调整价格时要经甲方同意，否则甲方有否定权，如甲方不在二号表上签字，乙方就拿不到钱。今后准备按施工图纸编制预算，编好以后全部交给乙方，以后不再结算。

以上三种方法已经和有关方面研究过，准备经建委会的主任批准送由各部部长选择。

（4）包料问题：内包部是全部包，外包部乙方不同意全部包，特殊材料归甲方。哪些是特殊材料，哪些是一般材料界限很难划分。甲方还要配备采购人员，因此形成很多浪费，他们感觉内包好。要解决包料问题，乙方的意见，首先要解决财务问题，现在甲方已同意取消否定权，但还要求对工程有监督权。

(5) 建筑部门的组织问题。目前主要是系统太多,在一个地方有几个部门领导的建筑单位,以致本来有些问题可以统一解决也不易解决,同时,有些建筑单位还可以在一个地方保持相当年的稳定性(如包头)。现在建筑工人的流动性很大,这也造成浪费。今后可以考虑建筑业按地区统一起来归地方或由中央一个部或者两个部统一领导。不过条件差的地区(如西南)就不能交给地方领导,就是交给他们也未必敢接收。东北地区就有条件,因为他们有基础,交给他们就能领导。但也有一些企业不能交下去,中央可成立两个部分别领导。冶金工业、化学工业基本建设划归一个部领导;机械工业的基本建设划归一个部领导。这样地区的建筑计划可以长期规划,发生问题可以直接解决,有些专业可以抽调专业干部加强领导。但有些专业可以保留,如土建、交通业可以长期保留下去。铁道部门就不发生这样的问题。要改变目前的组织形式,必须从点着手,要马上实现还有困难。

(6) 预算拨款问题:以后技术设计不再作预算,技术设计不变更初步设计,不变更概算,如技术修改,可以修改初步预算。施工图、预算可以分批作出。因此结算根据概算,年度计划也根据年度概算。

拨款:凡是经过主管部门批准的计划草案,银行也可以作为拨款的依据。

(7) 保修问题:对保修甲、乙方一直有分歧意见,甲方要求保修,乙方不同意。但目前这个问题大体上已经解决,因为最近承包部门已经勉强同意保修了。中国对保修问题还有传统习惯,苏联现还有这样的规定,我们也规定了一条,估计在执行中一定还会发生问题。另外,对保修的范围界限也很难划分,如地板裂缝是否属于保修范围?再加修建工人调动频繁,因此在执行中可能发生问题。保修也有好的一面,对乙方起了刺激保质的作用。

二、对包工办法的几点修改意见

我们将 1955 年的包工办法作了一些修改,已经批准,准备今年 3 月开始试行。这个包工办法是在原有的基础上作了如下的修改:

1. 合同方面,将草稿中规定的协议书取消了,因为协议书与合同的作用分不清。有些单位因为签订协议书,以后就不补签订合同了,实际上协议书代替了合同,结果失去了合同的严肃性。现在只规定总合同、年度合同、单独合同三种形式。

2. 根据过去的情况来看,总包负责制,作用很小,现在规定可以由发包人与承包人直接分批签订合同。

3. 施工与交付的期限都有了具体的规定。

4. 包料问题:与原草稿一样仍分:全包、包一部分、只包个别材料。部与部之间用第二种形式。但总的还是采用第三种形式的多。

关于双方协助问题与原草稿一样。

5. 在施工过程中如发现设计错误或某项结构有错误的提出时间,原草稿规定是"五天",现在改为"七天"。

验收日期与原草稿一样,仍是"七天",如果"七天"内不来验收,就按规定罚款。

6. 保修问题,规定了这条,保修时间是"六个月"—"一年"。

7. 拨款、预付款、结算按照国务院颁发的《基本建设拨款暂行条例》的规定办理；将原草稿规定拨款一章去掉。

8. 奖励问题：原草稿规定乙方改变施工操作方法，将节余额中抽百分之五十奖励乙方，现在规定将节余额全部归乙方。关于罚款问题，只原则规定了一下。最后注明各地区可根据当地情况补充规定。

乙方提出改变设计应得到甲方的同意，甲方应将这点推广到其他方面。

9. 罚款赔偿：甲方不按时供应设计图纸、材料，乙方不按时交工等，罚款万分之一。甲方不按期验收，每逾期一天罚款五十元，不按期付款罚万分之一。

(十一) 保 管

简要说明[①]

保管这章的起草准备工作是从1956年7月上旬开始的,同年8月7日初步完成了第一次草稿,到1957年3月6日完成了修改第四次草稿。

保管适用的范围:小组当时研究认为主要是仓库保管;其次是社会服务性的保管和公民之间的一般保管。因此我们在起草的方法上,就以北京市仓储公司为重点,深入地了解具体情况和存在的问题;另向商业部储运局了解全国仓储保管中的一般情况和存在的主要问题;同时对社会服务性的保管也进行了一些了解(主要是存车、存衣、车站小件行李和旅馆保管)。在这个基础上我们先提出问题与北京市仓储公司研究,然后才动手写条文。

从第一次草稿到第四次草稿共花费了七个月的时间,在这个时间内,我们将草稿举行了两次座谈:第一次有商业部和北京市仓储、百货、医药、五金、化工业公司参加;第二次是在天津举行的,由天津市商业局主持,有仓储、百货、医药、机械、五金、化工业公司参加。此外我们还将第三次和第四次草稿分期有重点地发给各地有关单位征求意见。第三次草稿征求意见的有45个单位,提出意见的有31个单位(详见债篇保管第三次草稿意见汇集)。第四次草稿发给征求意见的计有:中央商业部、中国百货公司、中国五金机械公司、中国医药公司、中国交通电工器材公司、中国化工原料公司。省市计有:江苏省商业厅、浙江省商业厅、广东省商业厅、湖北省商业厅、陕西省商业厅、四川省商业厅、辽宁省商业厅、河北省商业厅、山东省商业厅、青岛市商业局、济南市商业局、大连市商业局、太原市商业局和石家庄市商业局,另外还有以上省市商业厅(局)所领导的仓储、医药、百货、化工业公司共有70多个单位,到目前为止送回来意见的单位还是少数,可能因为去年整风运动的关系。还有在1957年4月至6月我们结合了基本建设包工合同的调查,对保管问题也在东北沈阳、大连和哈尔滨市等市有重点地进行了调查。

---

① 本说明系全国人大常委会办公厅研究室编定"民债保管资料"卷宗的说明。原件为手写稿,未注明日期。

保管(第一次草稿)

1956年8月9日

第一条 依照保管合同,寄托人将寄托物交给保管人,保管人接受寄托物后,有承担保管和返还寄托物的义务。

另案:依照保管合同,寄托人将寄托物交给保管人保管,保管人应当在合同规定的期限内或者根据寄托人的请求将原寄托物完整地返还给寄托人。

第二条 一般的保管合同从保管人接受寄托物的时候起生效。按照计划保管签订的保管合同,从合同签订的时候起生效。

第三条 保管合同,规定有报酬的,寄托人应当按照约定付给报酬;没有规定付给报酬的,保管人不得请求寄托人付给报酬。

第四条 寄托人在交付寄托物的时候,应当将寄托物的特点和缺陷告知保管人;保管人在接受寄托物的时候,应当负责检查寄托物的数量、规格以及有无残损,对于有封贴包装的寄托物以原有的封贴包装为准。

第五条 保管人在接受、清点寄托物的时候,发现不符合约定的数量、规格和有残损,应当及时通知寄托人,并当面会同交付寄托物的人作出记录。保管人只对记录记载的寄托物负责。

第六条 寄托人在交付寄托物的时候,不得将合同规定以外的其他物混杂在寄托物内交付,如果将其他物混杂在内并因此引起寄托物在保管期间变质、损坏或者造成危险事故,均由寄托人负责。

另案:寄托人应当按照合同规定交付寄托物,如果将非约定的其他物混杂在寄托物内,因此造成了物的变质、损坏,保管人不负责任;如果引起其他损害,寄托人应负赔偿责任。

第七条 根据计划保管签订的保管合同,寄托人和保管人应当按照约定的时间、数量,交付和接受寄托物,如果有一方违约,应按规定付给对方违约金。

第八条 保管人对寄托物应当妥善保管,如果由于保管人的责任,使寄托物受到损毁、灭失,保管人应当负责赔偿。

第九条 保管人在保管期间发现寄托物将要变质或者将要损坏的时候,应当及时通知寄托人,如果保管人没有及时通知,因此造成(引起)寄托物损坏,应负赔偿责任。寄托人在接到通知后没有及时处理,使寄托物受到损坏,保管人不负责任。

第十条　有危险性和需要技术设备保管的寄托物,保管人要用专门仓库保管,如果没有将以上的寄托物用专门仓库保管,因此造成危险事故和损失,由保管人负责。

注:有的同志主张,将"将以上的……仓库"改为"这样"。

第十一条　保管合同规定保管寄托物需要寄托人给予协助的,寄托人应当按照约定给予协助。如果不给予协助影响到保管人进行保管工作的时候,保管人可以解除合同并要求赔偿因此造成的损失。

注:有的同志主张本条不要。

第十二条　保管人没有经过寄托人同意不准使用保管的寄托物。没有征得寄托人的同意使用了寄托物,要付给寄托人相当的报酬;如有损害,应负赔偿责任。

注:有的同志主张本条加上一款:"经寄托人同意使用保管的寄托物,保管人应当负责完整地返还寄托物;如有损坏,应负赔偿责任。"

第十三条　保管人在接收和返还寄托物的时候,由于自己的责任将寄托物错收或者错发,所造成的损失,归保管人负责。

注:有的同志主张本条不要。

第十四条　定期的保管和不定期的保管,寄托人都有权随时请求保管人返还寄托物。

第十五条　定期的保管,寄托人应当在合同规定的期限内提取寄托物,如果寄托人在期满后三个月内不来提取,保管人可以请求法院处理寄托物。

定期的保管,保管人没有特殊原因,不能在期限未满前请求寄托人取回寄托物。

第十六条　不定期的保管,自保管开始时起,经过六个月后,保管人可以随时通知寄托人领回寄托物,寄托人在接到通知后一个月(三十天)内不来领回寄托物或者无法通知寄托人的时候,保管人可以请求法院处理。

第十七条　保管人应当按照寄托人事先通知的时间、数量返还寄托物,如果保管人迟延或者没有按照数量返还寄托物,因此给寄托人造成损失,保管人应负赔偿责任。

注:有的同志主张本条不要。

第十八条　保管人返还寄托物应当按照接受时候的数量、规格完整地交给寄托人。

合同中规定有返还寄托物地点的,保管人应当按照规定的地点返还。如果合同中没有规定返还的地点,保管人在保管地点返还寄托物。

第十九条　保管合同规定必须根据凭证才能提取寄托物,寄托人应当凭凭证提取寄托物。如果寄托人将凭证遗失,应当及时向保管人挂失;在挂失前寄托物已经被他人冒领,保管人不负责任。

第二十条　保管人在保管期间因保管寄托物所支出的必要费用,除另有约定外,由寄托人负担,如果所支出的必要费用已经包括在保管费内,寄托人不另负担。

保管（第二次草稿）

1956年8月22日

第一条 依照保管合同，寄托人将寄托物交给保管人，保管人接受寄托物后，有承担保管和返还寄托物的义务。

另案：依照保管合同，寄托人将寄托物交给保管人保管，保管人应当在合同规定的期限内或者根据寄托人的请求将原寄托物完整地返还给寄托人。

第二条 一般的保管合同从保管人接受寄托物的时候起生效。按照计划保管签订的保管合同，从合同签订的时候起生效。

第三条 保管合同规定有保管费（报酬）的，寄托人应当按照约定给付保管费（报酬）；没有规定给付保管费（报酬）的，保管人不得请求寄托人给付保管费（报酬）。

第四条 保管人在保管期间因保管寄托物所支出的必要费用，除另有约定外，由寄托人负担，如果所支出的必要费用已经包括在保管费内，寄托人不另负担。

第五条 寄托人在交付寄托物的时候，应当将寄托物的特点和缺陷告诉保管人；如果寄托人不将寄托物的特点和缺陷告诉保管人，或者告诉不实，因此造成的一切损失，由寄托人负责。

第六条 保管人在接受寄托物的时候，应当清点和检查寄托物，如果发现寄托物不符合约定的数量或者有残损和变质的现象，应当会同交付寄托物的人作出记录，并及时通知寄托人。保管人应对清点、检查寄托物的数量、质量负责。

第七条 寄托人在交付寄托物的时候，不得将合同规定以外的其他物混杂在寄托物内，如果将其他物混杂在寄托物内交付，因此引起寄托物的变质、损坏或者造成其他损害，均由寄托人负责。

另案：寄托人应当按照合同规定的寄托物交付给保管人，如果将非约定的其他物混杂在寄托物内，因此造成了物的变质、损坏，保管人不负责任；如果引起其他损害，寄托人应负赔偿责任。

第八条 根据计划保管签订的保管合同，寄托人和保管人应当按照约定的时间、数量，交付和接受寄托物，如果有一方违约，应按规定付给对方违约金。

注：有的同志主张将"如果有一方违约，应……金。"改写为"如果由于一方的责任不能履行合同，应……金。"

第九条 保管人对寄托物应当妥善保管，如果由于保管人的责任，使寄托物变质、损毁和灭失,保管人应当负责赔偿。

第十条 保管人在保管期间应当经常检查寄托物,发现寄托物将要变质或者将要损坏的时候,应当及时通知寄托人,如果保管人没有及时通知,因此造成(引起)寄托物损坏,应负赔偿责任。寄托人在接到通知后没有及时处理,使寄托物受到损坏,保管人不负责任。

寄托人无法通知的时候,保管人可以申请当地主管机关处理寄托物。

注:有的同志主张将第二款"寄托人无法通知的时候"改写为"寄托人住所不明,无法通知的时候"。

第十一条 保管人对有危险性的寄托物,应当用专门安全设备或专门仓库保管,如果没有将危险性的寄托物进行专门保管,因此造成危险事故和损失,由保管人负责。

第十二条 对特殊技术性寄托物的保管,合同约定需要寄托人给予技术协助的,寄托人应当按照约定给予协助;如果不给予协助影响到保管人进行保管工作的时候,保管人可以解除合同并要求赔偿因此造成的损失。

注:
1. 有的同志主张"特殊"两字不要。
2. 有的同志主张本条不要。

第十三条 保管人没有经过寄托人同意不准使用保管的寄托物。经寄托人同意使用保管的寄托物,保管人应当负责完整地返还寄托物;如有损坏,应负赔偿责任。如因紧急需用来不及征得寄托人的同意必须动用寄托物时,使用后应付给报酬。如有损害应负责赔偿。

注:有的同志主张本条不要。

第十四条 保管人没有征得寄托人的同意,不得将寄托物交给其他人保管或者转移保管地点;如果保管人违反以上的规定,造成寄托人的损失,保管人应负赔偿责任。

第十五条 定期的保管和不定期的保管,寄托人都有权随时请求保管人返还寄托物。

第十六条 定期的保管,寄托人应当在合同规定的期限提取寄托物;在期满后寄托物需要继续保管的时候,寄托人征得保管人同意可以另订新合同。如果寄托人在期满后三个月内不来提取寄托物又不签订新的合同,保管人可以请求法院处理寄托物。

定期的保管,保管人没有特殊原因,不能在期限未满前请求寄托人取回寄托物。

第十七条 不定期的保管,自保管开始时起,经过六个月后,保管人可以随时通知寄托人领回寄托物,寄托人在接到通知后一个月(三十天)内不来领回寄托物或者无法通知寄托人的时候,保管人可以请求法院处理。

注:有的同志主张本条不要。

第十八条 保管人在接收和返还寄托物的时候,由于自己的责任将寄托物错收或者错发,所造成的损失,归保管人负责。

第十九条 保管人应当按照寄托人事先通知的时间、数量返还寄托物,如果保管人迟延或者没有按照数量返还寄托物,因此给寄托人造成损失,保管人应负赔偿责任。

第二十条 保管人返还寄托物应当按照接受时候的数量、质量交给寄托人;但是不由保管人负责的自然损耗或者变质的寄托物,保管人不负责任。

合同中规定有返还寄托物地点的,保管人应当按照规定的地点返还。如果合同中没有规定返还的地点,保管人在保管地点返还寄托物。

注:有的同志主张本条第二款不要。

第二十一条 保管合同规定必须根据凭证才能提取寄托物,寄托人应当凭凭证提取寄托物。如果寄托人将凭证遗失,应当及时向保管人挂失;在挂失前寄托物已经被他人冒领,保管人不负责任。

保管(第三次草稿)

1956 年 9 月 6 日

第一条 依照保管合同,寄托人将寄托物交给保管人,保管人接受寄托物后,有承担保管和返还寄托物的义务。

另案1:依照保管合同,寄托人将寄托物交给保管人保管,保管人应当在合同规定的期限内或者根据寄托人的请求将原寄托物完整地返还给寄托人。

另案2:依照保管合同,寄托人将寄托物交给保管人,保管人接受寄托物后,有承担保管、维护物品的完整和返还寄托物的责任。

注:有的同志主张将另案2的"维护物品的完整"改为"保护物品的完好"。

第二条 一般的保管合同从保管人接受寄托物的时候起生效。按照计划保管签订的保管合同,从合同签订的时候起生效。

另案1:保管合同根据双方协议,可以从接受寄托物的时候起生效;也可以从签订合同的时候起生效。

另案2:保管合同从保管人接受寄托物的时候起生效;或者依照双方的约定,从合同签订的时候起生效。

第三条 保管合同规定有保管费的,寄托人应当按照约定给付保管费;没有规定给付保管费的,保管人不得请求寄托人给付保管费。

第四条 保管人在保管期间因保管寄托物所支出的必要费用,除另有约定外,由寄托人负担;如果所支出的必要费用已经包括在保管费内,寄托人不另负担。

另案1:保管人在保管期间因保管寄托物所支出的必要费用,除另有约定外,由保管人负担。

另案2:寄托人应当按照合同规定负担保管人因保管寄托物代为支出的必要费用;如果所支出的必要费用已经包括在保管费内,寄托人不另负担。

第五条 保管人在接受寄托物的时候,应当清点和检查寄托物,如果发现寄托物不符合约定的数量或者有残损和变质的现象,应当会同交付寄托物的人作出记录,并及时通知寄托人。保管人应对当时接收、检查(的)寄托物的数量、质量负责。

另案:保管人在接受寄托物的时候,应当按照合同规定或者按照寄托人的要求,清点和检查寄托物,并对清点、检查的寄托物的数量、质量负责。保管人在清点、检查寄托物时,如果发现寄托物不符合约定的数量或者有残损和变质的现象,应当会同交付寄托物的人作出记录,并及时通知寄托人。

第六条 寄托人在交付寄托物的时候,应当将有特殊性能和有缺陷的寄托物以及注意事项告知保管人;如果寄托人没有告知,或者告知不实,因此造成的损失,由寄托人负责。

第七条 寄托人在交付寄托物的时候,不得将合同规定以外的其他物混杂在寄托物内,如果将其他物混杂在寄托物内交付,因此引起寄托物的变质、损坏或者造成其他损害,由寄托人负责。但是经保管人同意接受的,由保管人负责。

另案:寄托人应当按照合同规定的寄托物交付给保管人,如果将非约定的其他物混杂在寄托物内,因此造成了物的变质、损坏,保管人不负责任;如果引起其他损害,寄托人应负赔偿责任。但是经保管人同意接受的,由保管人负责。

第八条 根据计划保管签订的保管合同,寄托人和保管人应当按照约定的时间、数量,交付和接受寄托物,如果有一方违约,应按规定付给对方违约金。

注:

1. 有的同志主张:"如果有一方违约,应……金。"改写为"如果由于一方的责任不能履行合同,应……金。"

2. 有的同志主张:"计划保管"四个字不要。

第九条 保管人对寄托物应当妥善保管,如果由于保管人的责任,使寄托物变质、损毁和灭失,保管人应当负责赔偿。

另案:有的同志主张:本条加上另款:"但是因人力不可抗拒的原因,使寄托物变质、损毁和灭失,保管人不负赔偿责任。"

第十条 保管人在保管期间应当经常检查寄托物,发现寄托物将要变质或者损坏的时候,应当及时通知寄托人,如果保管人没有及时通知,因此造成(引起)寄托物损坏,应负赔偿责任。寄托人在接到通知后没有及时处理,使寄托物受到损坏,保管人不负责任。但是在寄托人没有处理以前,保管人还有维护寄托物的义务。

寄托人在无法通知的时候,保管人可以申请当地主管机关处理寄托物。

第十一条 保管人保管危险性的寄托物,应当有安全设备或者用专门仓库,如果没有将危险性的寄托物进行专门保管,因此造成危险事故和损失,由保管人负责。

另案:保管人在保管寄托物的时候,应当将不同性能的危险品、一般性的物品分开保管;如果将以上的寄托物混合保管,因此造成危险事故和损失,由保管人负责。

第十二条 对特殊技术性寄托物的保管,合同约定需要寄托人给予技术协助的,寄托人应当按照约定给予协助;如果不给予协助影响到保管人进行保管工作的时候,保管人可以解除合同并要求赔偿因此造成的损失。

另案1:对特殊技术性的寄托物的保管,合同约定需要寄托人给予技术协助的,寄托人应当按照约定给予协助;如果不予协助,使保管人无法进行保管,因此造成寄托物的损坏,保管人不负责任。

另案2:本条不要。

另注:有的同志主张:"特殊技术性"几个字不要。

第十三条 保管人没有征得寄托人的同意不准使用保管的寄托物。经寄托人同意后使用保管的寄托物的时候,保管人应当负责完整地返还寄托物;如有损坏,应负赔偿责任。

注:有的同志主张在本条加上另款:"如因紧急需用来不及征得寄托人的同意必须动用寄托物时,使用后应付给报酬;如有损害应负责赔偿。"

另案:本案不要。

第十四条 保管人没有征得寄托人的同意,不得将寄托物交给其他人保管或者转移保管地点;如果保管人违反以上的规定,造成寄托人的损失,保管人应负赔偿责任。

第十五条 定期的保管和不定期的保管,寄托人都有权随时请求保管人返还寄托物。

第十六条 定期的保管,寄托人应当在合同规定的期限提取寄托物;在期满后寄托物需要继续保管的时候,寄托人征得保管人同意,可以另订新合同。如果寄托人在期满后三个月内不来提取寄托物又不签订新的合同,保管人可以请求法院处理寄托物。

定期的保管,保管人没有特殊原因,不能在期限未满前请求寄托人取回寄托物。

另案1:定期的保管,在期满后寄托物需要继续保管的时候,寄托人征得保管人同意可以另订新合同。

定期的保管,在期满后,寄托人不来提取寄托物的时候,保管人应当通知寄托人提取;如果无法通知或者在通知后满三个月还不提取,保管人可以请求法院处理寄托物。

定期的保管,保管人没有特殊原因,不能在期限未满前请求寄托人取回寄托物。

另案2:把本条分成两条:

(1)定期的保管,寄托人应当在合同规定的期限提取寄托物,在期满后需要继续保管的时候,寄托人征得保管人同意可以另订新合同。

(2)定期的保管,在期满后,寄托人不来提取寄托物的时候,保管人应当通知寄托人提取;如果无法通知或者通知后满三个月,还不提取,保管人可以请求法院处理寄托物。

定期的保管,保管人没有特殊原因,不能在期限未满前请求寄托人取回寄托物。

注:有的同志主张另案1的第一款不要。

第十七条 不定期的保管,自保管开始时起,经过六个月后,保管人可以随时通知寄托人领回寄托物,寄托人在接到通知后一个月(三十天)内不来领回寄托物或者无法通知寄托人的时候,保管人可以请求法院处理。

另案1:将本条加上一款:"不定期的保管,经过六个月后,寄托人需将寄托物继续保管的时候,征得保管人同意可以另订新合同。"

另案2:本条不要。

第十八条 保管人应当按照寄托人事先通知的时间、数量返还寄托物,如果保管人迟延或者没有按照数量返还寄托物,因此给寄托人造成损失,保管人应负赔偿责任。

另案:本条与第八条合并为一条。

第十九条 保管人返还寄托物应当按照接受时候的数量、质量交给寄托人;但是不由保管人负责的自然损耗或者变质的寄托物,保管人不负责任。

合同中规定有返还寄托物地点的,保管人应当按照规定的地点返还。如果合同中没有规定返还的地点,保管人在保管地点返还寄托物。

另案:本条第二款不要。

第二十条 保管人在接收和返还寄托物的时候,由于自己的责任将寄托物错收或者错发,所造成的损失,归保管人负责。

第二十一条 保管合同规定必须根据凭证才能提取寄托物,寄托人应当凭凭证提取寄托物。如果寄托人将凭证遗失,应当及时向保管人挂失;在挂失前寄托物已经被他人冒领,保管人不负责任。

另案:本条不要。

中华人民共和国民法典(草案)债篇
保管章(第三次草稿)意见汇集

全国人民代表大会常务委员会研究室　1957年1月20日

说　明

这份材料是根据已收到的下列31个单位所提意见整理的：

一、商业部办公厅、粮食部办公厅、铁道部办公厅、交通部办公厅、第二机械工业部。

二、最高人民法院民三组、最高人民法院陈瑾昆同志、北京市高级人民法院、上海市高级人民法院、天津市高级人民法院。

三、中央政法干部学校东北分校、中央政法干部学校西北分校、中国人民大学法律系、东北人民大学法律系、西北大学法律系、复旦大学法律系、中南政法学院。

四、沈阳市人民委员会、天津市第一商业局、重庆市第一商业局、沈阳市第一商业局、北京市第三商业局、上海市第三商业局、西安市商业局。

五、天津市国营商业储运公司、上海市国营商业仓储公司、陕西省国营商业仓储公司、武汉市国营商业仓储公司、沈阳市国营商业仓储公司、广州市国营商业仓储公司、重庆市国营商业仓储公司。

保管(第三次草稿)条文修改意见

第一条　依照保管合同，寄托人将寄托物交给保管人，保管人接受寄托物后，有承担保管和返还寄托物的义务。

另案1：依照保管合同，寄托人将寄托物交给保管人保管，保管人应当在合同规定的期限内或者根据寄托人的请求将原寄托物完整地返还给寄托人。

另案2：依照保管合同，寄托人将寄托物交给保管人，保管人接受寄托物后，有承担保管、维护物品的完整和返还寄托物的责任。

注：有的同志主张将另案2的"维护物品的完整"改为"保护物品的完好"。

一、同意原案。(天津市储运公司、天津市法院、上海市第三商业局、高院、复旦大学、粮食部、北京市法院、中国人民大学)

二、对原案修改和补充：

1. 原案中"寄托人将寄托物交给保管人"后面应加上"保管"两个字。（上海市法院）

2. 原案中"依照保管合同"改为"依照保管契约"。"有承担保管和返还寄托物的义务"改为"有承担保管和将原寄托物完整的返还给寄托人的义务"。（商业部）

3. 原案中"有承担保管和返还寄托物的义务"改为"应当在合同规定的期限内，有承担保管、保护物品的完整和返还寄托物的责任"。（西安市商业局）

4. 原案中"承担"应改为"责任"。这样较通俗易懂。（中南政法学院）

5. 将原案改为"保管契约是寄托人将寄托物交给保管人，保管人接收寄托物后，承担保管寄托物和保管后返还寄托物的义务的契约。"（复旦大学）

三、同意用另案1。（东北人民大学、东北政法干校、沈阳市第一商业局）

将原案及另案1合并修改为"依照保管合同，寄托人将寄托物交给保管人保管，保管人在接收寄托物后，有承担保管、维护物品完好的责任，并应在合同规定的期限内或者根据寄托人的请求，将原寄托物返还寄托人。"（重庆市第一商业局）

四、同意用另案2。（北京市第三商业局、陕西省仓储公司）

1. 在另案2中"依照保管合同"后面加上"或章程规定"几个字。（陕西省仓储公司）

2. 将另案2中"维护物品的完整"改为"保护物品的完好"。（广州市仓储公司、北京市第三商业局、重庆市仓储公司、重庆市第一商业局、天津市第一商业局、上海市仓储公司、复旦大学、上海市法院）

五、条文改写：

本案改为"依照寄托契约，寄托人将寄托物交付受寄人接受后，受寄人应当保管和返还"。

理由：

合同是专指书面契约，寄托也有口头订立契约的，因而一般仍称"契约"。（高院陈瑾昆）

六、债权篇有的用"契约"，也有的用"合同"，应当统一起来。（交通部）

七、保管合同，可以用书面形式，亦可用口头形式。在日常生活中存在有口头形式请考虑。（商业部）

第二条 一般的保管合同从保管人接受寄托物的时候起生效。按照计划保管签订的保管合同，从合同签订的时候起生效。

另案1：保管合同根据双方协议，可以从接受寄托物的时候起生效；也可以从签订合同的时候起生效。

另案2：保管合同从保管人接受寄托物的时候起生效；或者依照双方的约定，从合同签订的时候起生效。

一、同意原案。（上海市第三商业局、天津市第一商业局、天津市储运公司）

二、对原案修改和补充：

1. 在原案的"一般的保管合同"后面加上"如无其他约定"几个字。（二机部）

2. 原案中"生效"改为"成立"。（复旦大学）

3. 原案规定"按照计划保管"一点，性质不明确，可删去。（交通部、北京市法院）

三、同意另案1。（广州市仓储公司、重庆市第一商业局、西安市商业局、上海市法院、

东北人民大学、高院陈瑾昆、沈阳市人民委员会）

理由：这样规定，既易于订约双方磋商，也不违背法律的有关规定。（沈阳市人民委员会）

四、对另案修改和补充：

另案1规定合同生效的时间必须有双方的协议不可，那么，如果没有协议则应如何处理呢？这样规定很不明确。（中国人民大学）

五、同意用另案2。（沈阳市第一商业局、重庆市第一商业局、重庆市仓储公司、天津市法院、北京市第三商业局、陕西省仓储公司、商业部、粮食部、铁道部、上海市仓储公司、上海市法院、交通部）

六、对另案2修改和补充：

另案2"或者依照双方的约定，从合同签订的时候起生效"改为"如当事人另有约定的话，依从其约定"。（复旦大学）

七、原案与另案2合并写。（中国人民大学）

八、条文改写：

本条改为"寄托契约，从保管人将寄托物交付受寄人接收的时候生效，但是可以特别约定在订立契约的时候生效"。（高院陈瑾昆）

第三条 保管合同规定有保管费的，寄托人应当按照约定给付保管费；没有规定给付保管费的，保管人不得请求寄托人给付保管费。

一、同意原案。（天津市第一商业局、天津市储运公司、广州市仓储公司、重庆市仓储公司、重庆市第一商业局、沈阳市第一商业局、上海市仓储公司、北京市法院、商业部、粮食部、高院）

二、对原案修改和补充：

1. 本条"寄托人应当按照约定给付保管费"后面加上"不得以其他类项抵偿或扣留"一句。（沈阳市仓储公司）

2. 本条第一句"保管合同……保管费的，寄托人……给付保管费"，改为"保管合同或章程规定有保管费的，寄托人应当按照约定或规定的费率和时间给付保管费……"。（陕西省仓储公司）

三、条文改写：

本条改为："寄托契约，没有特别约定，寄托人不给付报酬。"（高院陈瑾昆）

四、本条文字可简化点。（中国人民大学）

第四条 保管人在保管期间因保管寄托物所支出的必要费用，除另有约定外，由寄托人负担；如果所支出的必要费用已经包括在保管费内，寄托人不另负担。

另案1：保管人在保管期间因保管寄托物所支出的必要费用，除另有约定外，由保管人负担。

另案2：寄托人应当按照合同规定负担保管人因保管寄托物代为支出的必要费用；如果所支出的必要费用已经包括在保管费内，寄托人不另负担。

一、同意原案。（天津第一商业局、天津市储运公司、天津市法院、北京市第三商业局、上海市法院、复旦大学、广州市仓储公司、重庆市第一商业局、商业部、交通部、粮食部、二机部）

理由：这样规定能加强寄托人对寄托物的责任心，对保护国家财产有积极作用。（天津市法院）

二、对原案修改和补充：

原案"如果所……负担"可以删去。（东北人民大学）

三、同意另案1。（天津市法院、上海市法院、北京市法院、沈阳市人民委员会、西安市商业局、东北人民大学、复旦大学、西北政法干校、铁道部、高院）

四、同意另案2。（上海市法院、上海市仓储公司、重庆市仓储公司、西北大学、沈阳市第一商业局、复旦大学、高院）

五、对另案2修改和补充：

1. 另案2"寄托人应当按照合同"后面加上"或章程"三个字。（陕西省仓储公司）

2. 在另案2的最后补充"在合同规定而又不包括在保管费以内而超支的保管费用，应由造成超支的一方负责"。（沈阳市第一商业局）

六、条文改写：

本条改为"保管寄托物所需的费用，除有特别约定外，由寄托人负担。"（高院陈瑾昆）

第五条 保管人在接受寄托物的时候，应当清点和检查寄托物，如果发现寄托物不符合约定的数量或者有残损和变质的现象，应当会同交付寄托物的人作出记录，并及时通知寄托人。保管人应对当时接收、检查（的）寄托物的数量、质量负责。

另案：保管人在接受寄托物的时候，应当按照合同规定或者按照寄托人的要求，清点和检查寄托物，并对清点、检查的寄托物的数量、质量负责。保管人在清点、检查寄托物时，如果发现寄托物不符合约定的数量或者有残损和变质的现象，应当会同交付寄托物的人作出记录，并及时通知寄托人。

一、同意原案。（天津市法院、广州市仓储公司、北京市法院、沈阳市第一商业局、复旦大学、交通部、铁道部）

二、对原案修改和补充：

1. 原案改为"保管员所接收的寄托物，按照约定未清点和检查部分，应由寄托人负责。"

理由：有些物品不须全部检查，如果全部清点可能造成损失和浪费。（沈阳市仓储公司）

2. 原案"……如果发现寄托物不符合约定的数量"后面加上"及规格质量"几个字。将"或者有残损和变质的现象"几个字删去。最后一句"数量"后面应加上"规格"两个字。（二机部）

3. 原案"保管人在接受……应当清点和检查寄托物"可将后面"寄托物"三个字删去。原案最后一句"保管人应对当时接受……"改为"保管人在接收寄托物后，即应对寄托物的数量、质量负保管责任"。

本案"残损"改为"损坏"。(上海市法院)

4、原案改为"保管人在接收寄托物的时候,如寄托物情况复杂,应会同寄托人或其使用人当面清点和检查寄托物的质量和数量,并共同作出书面记录,保管人就检点记录上的寄托物质量、数量负责。"(复旦大学)

三、同意另案。(天津市第一商业局、天津市储运公司、上海市仓储公司、北京市第三商业局、西北人民大学、商业部、高院)

另案最后加上"保管人应对当时接收、检查(的)寄托物的数量、质量负责"一句。(重庆市第一商业局)

四、对另案修改和补充:

1、"或者按照寄托人的要求"几个字删去。(陕西省仓储公司)

2、"……应当会同交付寄托物的人作出记录,并及时通知寄托人"改为"应详细作出记录,并及时通知寄托人"。

理由:在发现寄托物有问题时,如果寄托人不在场,保管人为了使商品停止变质和损耗,可以自行清理,并作出详细记录,及时通知寄托人。(重庆市仓储公司)

3、改为:"保管人在接收寄托物的时候,应当清点和检查寄托物,并对清点、检查寄托物的数量、质量负责,保管人在清点、检查寄托物时,如果发现寄托物不符合约定的数量或者有残损和变质的现象,应当会同交付寄托物的人作出记录,并及时通知寄托人。"(粮食部)

4、将"并对清点、检查的寄托物的数量、质量负责"一句删去。(商业部)

五、条文改写:

本条改为"受寄人在接收寄托物的时候,应当清点和检查,如果发现不符约定数量,或者有残损和变质现象或者危险,应当面同寄托人或其交付人作出记录。"后面再加一款:

"在订立的时候就生效的寄托契约,寄托人应当立时或者在约定时期交付寄托物。"(高院陈瑾昆)

六、有些大宗商品,不易全数清点,采取抽查的办法,如抽查不到而发生的残损、变质又不能用包装来充分证明的,应由谁负责?请考虑。(沈阳市第一商业局)

七、本条只规定了保管人应负责检查寄托物的责任,但如果保管人不检查所造成的后果如何处理并没规定。(中国人民大学)

第六条 寄托人在交付寄托物的时候,应当将有特殊性能和有缺陷的寄托物以及注意事项告知保管人;如果寄托人没有告知,或者告知不实,因此造成的损失,由寄托人负责。

一、同意原案。(上海市仓储公司、沈阳市第一商业局、西安市商业局、北京市法院、商业部、高院)

二、对原案修改和补充:

1、"……及注意事项告知保管人"在"告知"前面加上"以书面"三个字。

理由:以免发生事故扯不清。(商业部、天津市法院)

2、"……及注意事项告知保管人"后面加上"根据保管人的要求或一方认为必要时,寄

托人应以书面形式出具说明"。(二机部)

3.本条改为"寄托人在交付寄托物前,应当将有特殊性能和有缺陷的寄托物以及注意事项,详告保管人……"(重庆市仓储公司)

4.本条"注意事项"后面"告知保管人;如果……或者告知不实"这几个字不要,改为"在合同中订明,如果没有订明,因此……负责"。

又"性能"改为"特性"。(上海市法院)

5.将"因此造成……负责"改为"因此所生的损害,受寄人不负责任"。(高院陈瑾昆)

"……因此造成的损失……"改为"因此造成之一切损失"。(广州市仓储公司)

6.本条将"和有缺陷"四个字删去。(重庆市第一商业局)

本条应加一款"但是寄托人非因过失而不知的,或者保管人所已知的除外。"(交通部)

7.本条"告知"改为"通知"。(天津市第一商业局、天津市储运公司)

8.本条应将寄托人的负责范围、性质,补充规定。(粮食部)

9.特殊性和有缺陷的寄托物,都有哪些类型要明确点儿。(北京市第三商业局)

10.只将在保管的范围应注意的事项告知保管人即可,与保管无关的可不必告知保管人。(中国人民大学)

第七条 寄托人在交付寄托物的时候,不得将合同规定以外的其他物混杂在寄托物内,如果将其他物混杂在寄托物内交付,因此引起寄托物的变质、损坏或者造成其他损害,由寄托人负责。但是经保管人同意接受的,由保管人负责。

另案:寄托人应当按照合同规定的寄托物交付给保管人,如果将非约定的其他物混杂在寄托物内,因此造成了物的变质、损坏,保管人不负责任;如果引起其他损害,寄托人应负赔偿责任。但是经保管人同意接受的,由保管人负责。

一、同意原案。(天津市储运公司、天津市法院、天津市第一商业局、复旦大学、上海市法院、北京市法院、交通部)

二、同意另案。(重庆市第一商业局、重庆市仓储公司、广州市仓储公司、上海市法院、上海市仓储公司、沈阳市第一商业局、沈阳市人民委员会、北京市第三商业局、东北人民大学、复旦大学、商业部、高院)

理由:另案措词更加严密些。先从正面强调按照合同规定寄托物交给保管人,这样规定寄托人的义务是适当的。(复旦大学)

三、对另案修改和补充:

1.另案"……合同……"后面加上"或章程"三个字。(陕西省仓储公司)

2."……按照合同规定的"改为"将约定的"。(高院陈瑾昆)

3.将"但是经保管人同意接受的,由保管人负责"一句删去。

理由:这样可以杜绝漏洞,加强合同的严肃性。(上海市法院)

4.本案最后一句有些突兀而勉强。(粮食部)

5.这条的主要精神是明确寄托人与保管人双方应当严格履行合同,如果在合同以外的货物须要寄存时,应当另订立新约,加应规定。原条最后一句可删去。(铁道部)

6."其他物"加上和"危险物"几个字。(商业部)

四、本条不要。

理由：因为由于寄托人的罪过给保管人造成损失，寄托人当然应该负责。（中国人民大学）

第八条 根据计划保管签订的保管合同，寄托人和保管人应当按照约定的时间、数量，交付和接受寄托物，如果有一方违约，应按规定付给对方违约金。

注：

1. 有的同志主张："如果有一方违约，应……金。"改写为"如果由于一方的责任不能履行合同，应……金。"

2. 有的同志主张："计划保管"四个字不要。

一、同意原案。（天津市第一商业局、天津市储运公司、上海市法院、重庆市第一商业局、沈阳市第一商业局、高院陈瑾昆）

二、对原案修改和补充：

将"如果有一方违约，应按规定付给对方违约金"去掉。

理由：在实践中不按规定的时间数量交付和接收寄托物，不一定都给付违约金，这样规定是否能行得通。（复旦大学）

三、对注1的修改：

同意原案及注1的意见，但注1应改为"……如果由于一方的责任不按计划或合同执行，所造成的一切损失，由违约方负责赔偿。"

理由：如果一方不按计划或合同执行，可能造成对方损失，此项损失应由责任方负责。为了加强工作的计划性，"计划保管"四字完全必要。（重庆市仓储公司）

四、同意注2的意见：

"计划保管"四字不要。（北京市第三商业局、天津市法院、东北人民大学、西北大学、上海市法院、上海市仓储公司、西安市商业局、复旦大学、二机部、交通部）

理由：一般保管合同违约者亦应受罚，不同意注1的意见。（天津市法院）

五、不同意注2的意见：

"计划保管"四个字应当保留。

理由：

1. 这样才能与第二条相适应。（复旦大学）

2. 保管契约是实践契约，交付保管物时才成立，无所谓交付和接收，只有根据计划保管所订的契约才可这样，因此须要保留。（中南政法学院）

3. 仓库物资的储存方法和经营上的有关材料、编制完全依靠计划，同时，签订合同"计划"是主要依据。（沈阳市仓储公司）

"计划保管"四个字不要。

1. 在"……保管合同"后面加上"或章程规定"五个字。（陕西省仓储公司）

2. 在"如果有一方违约"后面加上"而造成物资的损失时，除由违约人负责外"，后面加上"并应按规定付给对方违约金"。增加上这一句，可将十八条取消。（铁道部）

3. 应将"提取寄托物"加上去。（粮食部）

六、除同意注1、2外,可在"时间"后面加上"品种"二字。(商业部)

七、条文改写:

1."根据寄托人与保管人所签订的保管合同双方应当按照约定的时间、数量,交付和接收寄托物,如果有一方不履行合同,应按规定付给对方违约金。"(广州市仓储公司)

2."根据签订的保管合同,寄托人和保管人应当按照约定时间、数量交付和接收寄托物,如果一方违约,应按规定给付对方违约金。"(高院)

八、1.第八条可与第二条合并起来考虑。(中国人民大学)

2.本文不要。(商业部)

第九条 保管人对寄托物应当妥善保管,如果由于保管人的责任,使寄托物变质、损毁和灭失,保管人应当负责赔偿。

另案:有的同志主张:本条加上另款"但是因人力不可抗拒的原因,使寄托物变质、损毁和灭失,保管人不负赔偿责任。"

一、同意原案。(上海市仓储公司、重庆市第一商业局、北京市法院、复旦大学、粮食部、天津市法院)

理由:"由于保管人的责任"已经表明了不负自然灾害的责任。另案较累赘。(天津市法院)

二、对原案修改和补充:

1.将"如果由于保管人的责任"改为"如果由于保管人应负责的事由"。(交通部)

2.将"负责"二字删去。(高院陈瑾昆)

三、同意另案。(天津市第一商业局、天津市储运公司、天津市法院、沈阳市第一商业局、沈阳市仓储公司、重庆市仓储公司、上海市法院、广州市仓储公司、陕西省仓储公司、西北人民大学、西安市商业局、铁道部、商业部)

本文应将另案作为第二款。(沈阳市人民委员会)

四、对另案修改和补充:

1.另案第二款"但是因人力不可抗拒的原因……损毁和消灭"后面加上"经当地政府证明属实"一句。(北京市仓储公司)

2.另案改为"寄托人对人力不可抗拒的事故损失,如有怀疑应在事故发生后三个月内提出证据,向法院申请保管人赔偿。"(粮食部)

五、不同意另案。

理由:因不可抗拒的原因保管人不负责任,应当在通则里规定。另案中所规定的人力不可抗拒的原因,保管人当然不负责任。另外,由于不可抗拒的原因所发生的损害赔偿责任,在第十条中已经很完善的加以规定了,在这里不须再加规定。(复旦大学)

六、本条保管人对寄托物要"妥善保管",不明确,达到什么样的程度即算"妥善"呢?另外,关于专业性质的寄托物与一般寄托物的保管程度应有不同,所以对"妥善"应详细的规定。(中国人民大学)

七、人力不可抗拒应该将范围明确一下,如:鼠咬、虫蚀、电线走火等不能说是人力不可抗拒。(北京市第三商业局)

八、条文改写：

本条改为"保管人对寄托物应当妥善保管，除系人力不可抗拒的原因外，如果由于保管人的责任，使寄托物变质、损毁和灭失，保管人应当负责赔偿。"（高院）

第十条 保管人在保管期间应当经常检查寄托物，发现寄托物将要变质或者损坏的时候，应当及时通知寄托人，如果保管人没有及时通知，因此造成（引起）寄托物损坏，应负赔偿责任。寄托人在接到通知后没有及时处理，使寄托物受到损坏，保管人不负责任。但是在寄托人没有处理以前，保管人还有维护寄托物的义务。

寄托人在无法通知的时候，保管人可以申请当地主管机关处理寄托物。

一、同意原案。（天津市储运公司、重庆市仓储公司、武汉市仓储公司、北京市法院）

二、对原案修改和补充：

1. "……寄托物损坏"改为"寄托物变质或者损坏"。（高院陈瑾昆）

2. "因此造成寄托物的损坏"和"使寄托物受到损坏"两句中的"损坏"改为"损失"。（中南政法学院）

原案第二款"寄托人在无法通知的时候"，改为"在无法通知寄托人的时候"。（上海市仓储公司、重庆市第一商业局、沈阳市第一商业局、粮食部、铁道部、交通部）

3. "维护"改为"保护"较好。（上海市法院、商业部）

4. "当地主管机关"改为"当地法院"。（商业部）

5. 第一句"保管人……检查寄托物"可删去。（高院）

6. 本条应加上"保管人代为处理之寄托物所付出之费用应由寄托人负责"。（广州市仓储公司）

7. 本条应再加一款"如果在合同中约定，当寄托物将要变质或损坏如不立即处理即遭受重大损失时，或在其他约定条件下，寄托人授权保管人进行处理者，保管人应按约定条件及时进行处理。处理中的损失及必要费用，由寄托人负责。"（二机部）

8. 对本条有两点意见：

(1) 对专业性质的寄托物，保管人不仅应该通知，而且有设法补救的责任。原条文的规定对专业性质的保管人的责任嫌轻了，对一般保管人来说又稍过重了。

(2) 保管人为了寄托人的利益在来不及向当地机关申请的情况下，应准许保管人对物资进行处理。（中国人民大学）

9. 对本条有两点意见：

(1) 第一款最后"义务"二字改为"责任"。

(2) 当地主管机关不明确，应指明什么机关。（交通部）

10. 本条规定"应负赔偿责任"有点笼统，究竟负修理费的责任呢？还是负损失部分的责任，应明确规定。（天津市第一商业局）

11. 将"或者损坏"四个字去掉，加上"而保管人无法挽救的时候，除应积极维护外，并应及时通知寄托人"。（商业部）

三、对本条改写：

本条改为"保管人在保管期间应当经常检查寄托物，发现寄托物将要变质或者损坏的时候,应当及时通知寄托人迅速处理。寄托人在接到通知后没有及时处理,使寄托物受到损坏,保管人不负责任,但是在寄托人没有处理以前,保管人还有维护寄托物的义务。

在保管人无法通知寄托人的时候,保管人可以申请当地主管机关处理寄托物。"(陕西省仓储公司)

第十一条 保管人保管危险性的寄托物,应当有安全设备或者用专门仓库,如果没有将危险性的寄托物进行专门保管,因此造成危险事故和损失,由保管人负责。

另案:保管人在保管寄托物的时候,应当将不同性能的危险品、一般性的物品分开保管;如果将以上的寄托物混合保管,因此造成危险事故和损失,由保管人负责。

一、同意原案。(天津市第一商业局、天津市储运公司、天津市法院、上海市仓储公司、上海市法院、北京市法院、商业部、高院、高院陈瑾昆、复旦大学、二机部、交通部)

理由:对危险品只要有安全设备进行专门保管就可以了,不须强调分开保管。(复旦大学)

二、对原案修改和补充:

本条应增加一款"危险品虽按约定条件保管,但如发现有发生严重危险之征兆者时,保管人有权及时处理"。(二机部)

三、同意另案。(北京市第三商业局、武汉市仓储公司、重庆市仓储公司、重庆市第一商业局、粮食部、复旦大学、上海市法院)

理由:目前限于客观条件,有很多地方设专门仓库办不到,一般只能分开保管。(重庆市第一商业局)

四、对另案修改和补充:

另案前段改为:"保管人在保管寄托物的时候,应当有安全设备并将危险品与非危险品以及不同性能的危险品分开保管……"(商业部)

五、条文改写:

本条改为"保管人保管危险性物品应当有安全设备,或者用专门仓库,并应将不同性能而互相有反应的物品严格分开,如果将以上物品混合保管,又无安全或特殊设备而造成危险事故和损失,应由保管人负责。"(广州市仓储公司)

六、原案与另案合并写或分为两条写。

第十二条 对特殊技术性寄托物的保管,合同约定需要寄托人给予技术协助的,寄托人应当按照约定给予协助;如果不给予协助影响到保管人进行保管工作的时候,保管人可以解除合同并要求赔偿因此造成的损失。

另案1:对特殊技术性的寄托物的保管,合同约定需要寄托人给予技术协助的,寄托人应当按照约定给予协助;如果不予协助,使保管人无法进行保管,因此造成寄托物的损坏,保管人不负责任。

另案2:本条不要。

另注:有的同志主张:"特殊技术性"几个字不要。

一、同意原案。(天津市储运公司、天津市第一商业局、上海市仓储公司、沈阳市仓储

公司、铁道部)

二、对原案修改和补充:

1. 将"特殊技术性寄托物"改为"特殊的寄托物"。(复旦大学)

2. "合同"改为"契约","……并要求赔偿因此造成的损失"改为"并请求赔偿因此所生的损害"。(高院陈瑾昆)

3. 原条文中"特殊"二字删去。(陕西省仓储公司)

4. 将"特殊技术性"五字删去。(上海市法院、北京市法院、天津市法院)

三、同意另案1。(上海市第三商业局、天津市第一商业局、粮食部、商业部、广州市仓储公司、重庆市第一商业局)

四、对另案1修改和补充:

1. 另案1最后一句"因此造成寄托物的损坏,保管人不负责任。"放到原案最后去。(沈阳市第一商业局)

2. 将另案1"特殊"二字删去。(重庆市仓储公司)

3. 将另案1"特殊技术性的"六字删去。(天津市法院、武汉市仓储公司、铁道部、北京市法院)

五、同意另案2。(交通部、重庆市第一商业局、复旦大学、北京市第三商业局、高院、中国人民大学)

理由:

1. 关于本条解约事由的性质和一般契约相同,不必另外规定。(交通部)

2. 寄托人应予协助乃是合同的条件之一,否则即违反合同产生合同不履行的后果。(东北人民大学)

第十三条 保管人没有征得寄托人的同意不准使用保管的寄托物。经寄托人同意后使用保管的寄托物的时候,保管人应当负责完整地返还寄托物;如有损坏,应负赔偿责任。

注:有的同志主张在本条加上另款:"如因紧急需用来不及征得寄托人的同意必须动用寄托物时,使用后应付给报酬;如有损害应负责赔偿。"

另案:本案不要。

一、同意原案。(上海市第三商业局、上海市法院、天津市第一商业局、北京市第三商业局、北京市法院、重庆市仓储公司、西安市商业局、复旦大学、商业部)

二、对原案修改和补充:

1. 第一句中"不准"改为"不得"。(铁道部)

2. "保管人应当负责……应负赔偿责任"改为"保管人应负责按约定时间完整的返还寄托物;如有损坏或不能如期返还,应负赔偿损失责任"。(二机部)

三、同意另案。(上海市法院、上海市仓储公司、天津市法院、重庆市第一商业局、广州市仓储公司、陕西省仓储公司、交通部、粮食部、高院、复旦大学)

四、本条可将原案和注合并写。(天津市储运公司、武汉市仓储公司、沈阳市商业局、沈阳市人民委员会、复旦大学)

五、对注的意见:

1. 关于"注"中的"如因紧急需用"这句话应规定个范围和界限,应规定,在为了挽救财产和公共利益遭受重大损失时方可动用。(二机部)

2. 注中"如因紧急需用"字样太笼统。另外,可能损害寄托人的计划。(西北大学)

六、条文改写:

本条改为"受寄人没有寄托人的同意,不得使用寄托物,经同意使用寄托物,因而发生损害的时候,应当负赔偿责任,未经同意使用寄托物,除了赔偿因此所生的损害外,还应当给付相当报酬。"(高院陈瑾昆)

第十四条 保管人没有征得寄托人的同意,不得将寄托物交给其他人保管或者转移保管地点;如果保管人违以上的规定,造成寄托人的损失,保管人应负赔偿责任。

一、同意原案。(天津市第一商业局、天津市储运公司、北京市法院、重庆市仓储公司、广州市仓储公司、沈阳市第一商业局、武汉市仓储公司、商业部、高院)

二、对原案修改和补充:

1. "不得将寄托物交给其他人保管或者转移保管地点"改为"不得将寄托物交给其他人保管"。(重庆市仓储公司)

2. 本条应加"但在紧急情况下保管人有义务不经寄托人的同意,可以转移保管地点,转移地点过程中如有损失,保管人不负赔偿的责任"。(粮食部)

3. 本条加一款:"保管人在人力不可抗拒的情况下,为了避免该项财产遭受损失而需作转移时,有权转移,所需费用应由寄托人负担。"(二机部)

4. 将"保管人"三字删去。(上海市法院)

三、条文改写:

本条改为"受寄人没有寄托人的同意,不得将寄托物交他人保管或者变更保管地点,如果违反规定致使寄托人受损害的时候,应当负赔偿责任。"(高院陈瑾昆)

四、本条规定对保管人限制过严,因为保管人要负责返还寄托物,造成损害时,应负赔偿责任,因此不论保管人将寄托物放存何处,只要他能完整地返还寄托物就达到保管的目的了。过于严格限制保管人,有时在紧急情况下必须挪移寄托物存放地点,这样规定就限制了保管人抢救寄托物的责任。(中国人民大学)

五、本条不要。(上海市仓储公司、复旦大学、铁道部)

六、移转保管地点,如果从甲库移到乙库应该同意。(商业部)

第十五条 定期的保管和不定期的保管,寄托人都有权随时请求保管人返还寄托物。

一、同意原案。(天津市储运公司、天津市第一商业局、武汉市仓储公司、上海市仓储公司、沈阳市第一商业局、商业部、重庆市第一商业局、重庆市仓储公司、广州市仓储公司、粮食部、北京市法院、高院)

二、对原案的修改和补充:

1. 本条最后加上"但必须交付全部保管费"一句。(天津市法院)

2. 本条可将保管费用负担另外规定一款。又本条第二句内"有权"改为"可以"。(北京市法院、沈阳市第一商业局)

3. 本条"保管"改为"寄托","有权"改为"可以"。(高院陈瑾昆)

4. 本条文要将下列三点内容考虑加入:

(1)定期保管在到期提取或不定期保管的提取都应当事先通知保管人,以便保管人做准备。

(2)定期保管提前提取,如增加费用应由寄托人负担。

(3)定期保管提前提取,如系有偿保管,对残存期间的保管费,寄托人是否给付。(中国人民大学)

第十六条 定期的保管,寄托人应当在合同规定的期限提取寄托物;在期满后寄托物需要继续保管的时候,寄托人征得保管人同意,可以另订新合同。如果寄托人在期满后三个月内不来提取寄托物又不签订新的合同,保管人可以请求法院处理寄托物。

定期的保管,保管人没有特殊原因,不能在期限未满前请求寄托人取回寄托物。

另案1:定期的保管,在期满后寄托物需要继续保管的时候,寄托人征得保管人同意可以另订新合同。

定期的保管,在期满后,寄托人不来提取寄托物的时候,保管人应当通知寄托人提取;如果无法通知或者在通知后满三个月还不提取,保管人可以请求法院处理寄托物。

定期的保管,保管人没有特殊原因,不能在期限未满前请求寄托人取回寄托物。

另案2:把本条分成两条:

(1)定期的保管,寄托人应当在合同规定的期限提取寄托物,在期满后需要继续保管的时候,寄托人征得保管人同意可以另订新合同。

(2)定期的保管,在期满后,寄托人不来提取寄托物的时候,保管人应当通知寄托人提取;如果无法通知或者通知后满三个月,还不提取,保管人可以请求法院处理寄托物。

定期的保管,保管人没有特殊原因,不能在期限未满前请求寄托人取回寄托物。

注:有的同志主张另案1的第一款不要。

一、同意原案。(天津市第一商业局、广州市仓储公司、复旦大学、二机部、铁道部)

理由:合同既定有期限,另案的期后通知就无必要。(复旦大学)

二、对原案修改和补充:

1. 原案"合同规定"改为"约定",又"提取"改为"取回","在期满后…另订新合同"改为"如果寄托物需要受寄人继续寄托,应当与受寄人另订新寄托契约","……不来提取……合同"改为"……不取回又未能订成新寄托契约的"。(高院陈瑾昆)

2. 原案规定"三个月"改为"一个月"为好。

理由:这样和不定期保管的规定是相适应的,也可避免商品在保管中因积压而形成的损失。

另外,本条应增加"包括长期保管物资,仍按实际日期征收保管费"。(沈阳市仓储公司)

三、同意另案1。(天津市储运公司、上海市法院、上海市仓储公司、沈阳市第一商业局、重庆市仓储公司、天津市法院、高院、交通部、西北政法干校)

四、对另案1修改和补充:

1. 另案1"寄托人不来提取寄托物的时候,保管人应当通知寄托人提取"后面加上"如果寄托人不来提取,保管人有权转移寄托物的地点,其所需的费用由寄托人负担"。(武汉市仓储公司)

2. 另案1的第一款可以删去。
理由:保管期满保管人同意当然可以另订新约。(中国人民大学、复旦大学、交通部)

3. 将另案1第三款删去。(粮食部)

五、同意另案2。(商业部、复旦大学、北京市法院、重庆市第一商业局、沈阳市中级法院、上海市法院)

六、对另案2修改和补充:

1. 本条规定可以申请法院处理,该项财产是否作无主财产处理,如果是作无主财产处理,应加上"公证机关"。

2. 定期保管,如已付清保管费的,虽未到期,可以取回寄托物,本条规定一定要到期后才能取回不妥当。

3. 规定经过通知提取的手续比不通知迳行处理合理。(上海市法院)

七、本条"……请求法院处理寄托物"后面应将请求保管费和损失费的内容加上去。(中南政法学院)

八、第十条第二款内规定,申请主管机关处理寄托物,本条规定请求法院处理。前后用词不一样。(中南政法学院)

九、本条"寄托人应当……提取寄托物"一句与第十五条规定有抵触;保管合同不一定全是书面的,条文中用"签订"不恰当。(交通部)

十、本条分为两条写更明确。(复旦大学)

十一、本条规定寄托人在"三个月"内不提取寄托物,保管人就可申请法院处理,"三个月"的时间太短了,同时规定的过死并不好。(复旦大学)

第十七条 不定期的保管,自保管开始时起,经过六个月后,保管人可以随时通知寄托人领取寄托物,寄托人在接到通知后一个月(三十天)内不来领回寄托物或者无法通知寄托人的时候,保管人可以请求法院处理。

另案1:将本条加上一款:"不定期的保管,经过六个月后,寄托人需要将寄托物继续保管的时候,征得保管人同意可以另订新合同。"

另案2:本条不要。

一、同意原案。(天津市第一商业局、广州市仓储公司、复旦大学、高院)

二、对原案修改和补充:

1. 原案"领取"改为"提取"。(天津市仓储公司)

2. 原案后面加上"但寄托人需要将寄托物继续保管的时候,征得保管人同意可以另订新合同"。(北京市法院)

3. 本条在"……无法通知寄托人的时候"后面应加上"经过公告一个月"这样比较合理。(上海市法院)

4. 将"经过六个月后"改为"经过三个月后",又"……一个月内不来领取寄托物"后面

增加"亦未另订新约"六个字。(二机部)

5. 将"……经过六个月后"改为"经过一个月后"。将"……在接到通知后一个月"改为"在接到通知三个月"。(重庆市第一商业局)

6. 条文中规定的"六个月"改为"九个月"。

理由:为了照顾在季节变换时,入库的商品可能要到第二年度季节开始时才能调出。(重庆市仓储公司)

三、本条规定不定期的保管非要六个月后才准保管人通知寄托人领取寄托物,这样对保管人过严了。(中国人民大学)

四、"不定期保管"这个名词的概念不能理解为限期六个月以内,请考虑。(铁道部)

五、可将原案与另案1合并写。(天津市第一商业局、西安市商业局、武汉市仓储公司、复旦大学、重庆市仓储公司)

六、本条可将另案1调上来作第一款,原条文作第二款。另外,本条规定的期限为"一个月",可改为"三个月"较好。(商业局)

七、条文改写:

1. 本条改为:

(1)"不定期的保管,寄托人逾期交付保管费而又不提取寄托物的时候,保管人可以随时通知寄托人领回寄托物,寄托人在取回寄托物时应补交所欠全部保管费,但寄托人在接到通知后三个月(九十天)内不来领取寄托物或者无法通知寄托人的时候,保管人可以请求法院处理。"

(2)"不定期的保管,在寄托人下落不明或者无法通知的时候,保管人即可请求法院处理。"

理由:如果寄托人在外地或有某种情况不能领取,所以不应限制得太严。(天津市法院)

2. 本条改为"不定期的保管,保管人可以随时请求寄托人领回寄托物,寄托人在接到通知后一个月内不来领回寄托物,亦不作适当表示或无法通知寄托人的时候,保管人可以请求法院处理"。(东北政法干校)

3. 本条改为"不定期的寄托,受寄人可以随时通知寄托人二十天内取回寄托物,寄托人不在二十天内取回,或者无法通知的时候,受寄人可以请求法院处理"。(高院陈瑾昆)

4. 本条改为"不定期限的保管,经过六个月后不缴纳保管费,找不到寄托人时,可请求法院处理"。(沈阳市第一商业局)

八、本条不要。(北京市第三商业局、上海市仓储公司、粮食部、商业部、复旦大学、重庆市第一商业局、上海市法院)

理由:既称不定期的保管,保管人自可随时返还寄托物,条文中规定"经过六个月"没有必要。(交通部)

第十八条 保管人应当按照寄托人事先通知的时间、数量返还寄托物,如果保管人迟延或者没有按照数量返还寄托物,因此给寄托人造成损失,保管人应负赔偿责任。

另案:本条与第八条合并为一条。

一、同意原案。(上海市法院、沈阳市第一商业局、重庆市仓储公司、武汉市仓储公司、交通部、商业部、复旦大学、重庆市第一商业局、北京市法院、高院)

二、对原案修改和补充:

1. 在原案后面加上"但如果寄托人未按事先通知的时间,向(要)保管人进行返还寄托物,并因而造成损失,寄托人应完全负责"。(天津市储运公司)

2. 将"寄托人事先通知"改为"双方约定"。(商业部)

三、同意另案。(天津市第一商业局、天津市法院、粮食部、上海市法院、上海市仓储公司、广州市仓储公司、复旦大学、中国人民大学、西北大学)

四、本条不要。(复旦大学、高院陈瑾昆)

理由:迟延履行或者不完全履行应负赔偿损害责任,在通则应当有规定,所以不要重复规定。(高院陈瑾昆)

第十九条 保管人返还寄托物应当按照接受时候的数量、质量交给寄托人;但是不由保管人负责的自然损耗或者变质的寄托物,保管人不负责任。

合同中规定有返还寄托物地点的,保管人应当按照规定的地点返还。如果合同中没有规定返还的地点,保管人在保管地点返还寄托物。

另案:本条第二款不要。

一、同意原案。(天津市第一商业局、天津市储运公司、天津市法院、沈阳市第一商业局、武汉市仓储公司、重庆市第一商业局、高院、高院陈瑾昆、东北人民大学、复旦大学)

二、对原案修改和补充:

1. 第一款"……自然损耗或者"后面加上"不是保管人的责任的变质的寄托物"。(粮食部)

2. 第一款后面加上"自然损耗率,国家有规定的按国家规定,没有规定的双方协商确定"。(二机部)

3. 第一款"但是不由……不负责任"文字与上面不够贯穿,语义也生硬。(上海市法院)

4. 第一款已在第一条和第九条内都有类似的规定,所以这里即不要再规定了。第二款有必要规定。(复旦大学)

5. 第二款的第二段改为"如无其他约定,保管人在保管地点返还寄托物"。(东北人民大学)

6. 第二款改为"如果合同没有规定,保管人应该在保管地返还寄托物"。(西北政法干校)

7. 第二款最后一句改为"如果合同中没有规定返还的地点,保管人在保管地点向寄托人当面清点返还寄托物"。

理由:保管人在将寄托物返还寄托人时,保管责任应在返还地点划清,否则日后发生残、变、破、损,不易分清保管与运输的责任。(重庆市仓储公司)

8. 将条文中的"保管人"改为"受寄人","自然"二字可删去。又"合同"改为"契约"。

"合同中没有规定"改为"契约没有规定","按照规定"改为"依照订定"。(高院陈瑾昆)

三、同意另案。(西安市商业局、上海市仓储公司、上海市法院、广州市仓储公司、北京市法院、铁道部、商业部、粮食部)

理由:第二款涉及运输的问题,应该在运输契约中规定,不应在这里规定。(北京市法院)

第二十条 保管人在接收和返还寄托物的时候,由于自己的责任将寄托物错收或者错发,所造成的损失,归保管人负责。

一、同意原案。(天津市第一商业局、天津市储运公司、西安市商业局、上海市仓储公司、广州市仓储公司、重庆市商业局、重庆市第一商业局、武汉市仓储公司、粮食部、商业部、复旦大学、北京市法院、二机部、沈阳市第一商业局)

二、对原案修改和补充:

1. 本条"归"字改为"由"字。(铁道部)
2. 本条可将"由于自己的责任"一句删去。(交通部)

三、本条并入第八条内规定。(上海市法院)

四、本条不要。(复旦大学、中国人民大学)

理由:因为保管人由于自己的责任,以致将寄托物收错、发错而不能返还寄托物,当然要负责任,这点在第一条中已经概括了,所以没有再规定的必要。(中国人民大学)

第二十一条 保管合同规定必须根据凭证才能提取寄托物,寄托人应当凭凭证提取寄托物。如果寄托人将凭证遗失,应当及时向保管人挂失;在挂失前寄托物已经被他人冒领,保管人不负责任。

另案:本条不要。

一、同意原案。(上海市法院、天津市第一商业局、天津市储运公司、西安市商业局、上海市仓储公司、沈阳市第一商业局、广州市仓储公司、重庆市第一商业局、重庆市仓储公司、武汉市仓储公司、商业部、复旦大学、北京市法院、二机部)

二、对原案修改和补充:

1. 第一句"保管合同规定……"改为"如果保管合同规定……"。(铁道部)
2. "保管合同规定"改为"寄托契约订定","及时向保管人挂失"改为"及时通知受寄人并且挂失","在挂失前"改为"在通知和挂失前"。(高院陈瑾昆)
3. 第一句改为"保管合同规定必须根据凭证提取的寄托物,寄托人应当凭凭证提取"。(交通部)
4. 第二句改为"寄托人如果将凭证遗失……"。(铁道部)
5. 本条应加上"共同追查分析情况决定应负责任"。(上海市第三商业局)
6. 本条后面应加上"挂失时,寄托物尚未被人冒领,以后因保管人疏忽寄托物被人冒领了,应由保管人负责"。(北京市第三商业局)

三、条文改写:

1. 本条改为"保管合同规定寄托人必须根据凭证才能提取寄托物,如果寄托人将凭证

遗失,应当及时向保管人挂失,在挂失前寄托物已经被人冒领,保管人不负责任"。(高院)

2.本条改为"寄托人应当根据合同规定凭凭证提取寄托物。如果寄托人将凭证遗失,应当及时保管人挂失;在挂失前寄托物已经被人冒领,保管人不负责任"。(粮食部)

四、本条不要。(东北人民大学、天津市法院、上海市法院、复旦大学、北京市法院、中国人民大学、上海市第三商业局)

中华人民共和国民法典（草案）
债篇保管（第四次草稿）

全国人民代表大会常务委员会办公厅研究室　1957年3月26日

第一条 依照保管合同，寄托人将寄托物交给保管人，保管人接受寄托物后，有妥善保管和返还寄托物的义务。

另案：依照保管合同，寄托人将寄托物交给保管人，保管人接受寄托物后，有承担保管和维护物品完好（整）的责任；并应在合同规定的期限内，或者根据寄托人的请求将原寄托物返还给寄托人。

注：有的同志主张另案中"有承担保管和维护物品完好的责任"改为"要妥善保管"。

第二条 保管合同从保管人接受寄托物的时候起生效，或者依照双方的约定，从合同签订的时候起生效。

另案：保管合同从保管人接受寄托物的时候起生效；如果双方约定从合同签订的时候起生效，依其约定。

第三条 保管合同约定有保管费的，寄托人应当按照约定给付保管费；没有约定保管费的，保管人不得请求寄托人给付保管费。

另案：保管合同，没有约定保管费的，保管人不得请求寄托人给付保管费。

第四条 保管人在保管期间因保管寄托物所支出的必要费用，除另有约定外，由寄托人负担；如果所支出的必要费用已经包括在保管费内，寄托人不另负担。

注：有的同志主张将"如果所……负担"可以删去。

第五条 保管人在接受寄托物的时候，应当按照合同规定或者按照寄托人的要求，清点和检查寄托物，并对清点、检查的寄托物的数量、质量负责。保管人在清点、检查寄托物时，如果发现寄托物不符合约定的数量或者有残损和变质的现象，应当会同交付寄托物的人作出记录，并及时通知寄托人。

第六条 寄托人在交付寄托物的时候，应当将有特殊性能和有缺陷的寄托物以及注意事项告知保管人；如果寄托人没有告知，或者告知不实，因此造成的损失，由寄托人负责。

第七条 寄托人应当按照约定的寄托物交付给保管人，如果将非约定的其他物混杂在寄托物内，因此造成了物的变质、损坏，保管人不负责任；如果引起其他损害，寄托人应负赔偿责任。

注:有的同志主张将"寄托人应当按照(将)约定的寄托物交付给保管人"改为"寄托人在交付寄托物的时候,不得将约定以外的其他物混杂在寄托物内"。

第八条 保管人对寄托物应当妥善保管,如果由于保管人的责任,使寄托物变质、损毁和灭失,保管人应当负责赔偿。

注:有的同志主张将"保管人对寄托物应当妥善保管,如果"几个字删去。

第九条 保管人在保管期间应当经常检查寄托物,发现寄托物将要变质或者损坏的时候,应当及时通知寄托人。如果保管人没有及时通知,因此造成寄托人的损失,应负赔偿责任。寄托人在接到通知后没有及时处理,使寄托物受到损坏,保管人不负责任。在无法通知寄托人的时候,保管人可以申请当地主管机关或人民法院处理。但是在没有处理以前,保管人还有维护寄托物的义务。

第十条 保管人对危险性的寄托物应当按照不同性能,用有安全设备的仓库或者专门仓库分别保管,如果没有按上述的规定进行保管,因此造成危险事故和损失,由保管人负责。

另案:保管人在保管寄托物的时候,应当将不同性能的危险品、一般性的物品分开保管;如果将以上的寄托物混合保管,因此造成危险事故和损失,由保管人负责。

注:有的同志主张本条可以不要。

第十一条 对寄托物的保管,合同约定需要寄托人给予协助的,寄托人应当给予协助;如果不予协助,使保管人无法进行保管,保管人可以解除合同;因此造成的损失,由寄托人负责。

注:有的同志主张本条不要。

第十二条 保管人没有征得寄托人的同意不得使用寄托物。保管人没有征得寄托人的同意,不得将寄托物交给其他人保管。

另案:保管人没有征得寄托人的同意,不得使用寄托物或者将寄托物交给其他人保管;保管人违反以上的规定,造成寄托人的损失,应负赔偿责任。

注:有的同志主张在原案第一款"保管人没有征得寄托人的同意不得使用寄托物"后面加上"如因紧急需用来不及征得寄托人的同意必须动用寄托物时,使用后应付给报酬,如有损害应负责赔偿。"

第十三条 定期的保管和不定期的保管,寄托人都可以随时请求保管人返还寄托物。

定期的保管,保管人没有特殊原因,不能在期限未满前请求寄托人取回寄托物。

注:有的同志主张在本条第一款后面加上"定期的保管在期满前提回,保管费应按照实际保管天数计算"。

第十四条 定期的保管,在期满后,寄托人不来提取寄托物的时候,保管人应当通知寄托人提取;如果无法通知或者在通知后满三个月还不提取,保管人可以请求当地主管机关或人民法院处理寄托物。

第十五条 不定期的保管,保管人可以随时通知寄托人领回寄托物,寄托人在接到通知后一个月(三个月)内不来领回寄托物或者无法通知寄托人的时候,保管人可以请求当地主管机关或人民法院处理。

注:十四、十五两条中有关时间的规定是否适当,需要作进一步的研究。

第十六条 保管人应当按照寄托人事先通知的时间、数量返还寄托物,如果保管人迟延或者没有按照数量返还寄托物,因此给寄托人造成损失,保管人应负赔偿责任。

寄托人没有按事先通知的时间提取寄托物,因此造成保管人的损失,应负赔偿责任。

注:有的同志主张本条不要。

第十七条 保管人返还寄托物应当按照接受时候的数量、质量交给寄托人;但是不由保管人负责的自然损耗或者变质,保管人不负责任。

合同中规定有返还寄托物地点的,保管人应当按照规定的地点返还。如果合同中没有规定返还的地点,保管人在保管地点返还寄托物。

注:有的同志主张将"但是不由……不负责任"删去。

第十八条 保管人在接收和返还寄托物的时候,由于自己的责任将寄托物错收或者错发,所造成的损失,归保管人负责。

注:有的同志主张,本条可以不要。

第十九条 保管合同规定寄托人必须根据凭证才能提取寄托物的,寄托人应当凭凭证提取。如果寄托人将凭证遗失,应当及时向保管人挂失;在挂失前寄托物已经被他人冒领,保管人不负责任。

注:有的同志主张,本条可以不要。

附

北京市仓储公司资料

全国人民代表大会常务委员会办公厅研究室

一、关于仓租合同订立。"合同的订立"经双方协议同意后订立合同,合同的内容,主要的是双方的业务责任,计算费用的方式,及租期的规定。其期限分为定期的半年、一年、几个月的,还有临时协议的等几种方式,各业务单位除了合同以外,还有储存计划、上月要交下月的储存计划。临时计划每十五号还可以变更计划。

二、计算仓租的根据和办法。根据主要是各种商品价格政策,商品价值,保管难易等条件分等计租。计算仓租的起征点,一般应以吨为单位,即按每日入库同类商品吨数;或当日出库后实际库存商品之余额吨数,作为计算根据,其尾数不足1吨,得按1吨计算,包库及零星商品按面积及货架计算。

三、仓库的仓租,一般分为九等,以六等商品为基价。五等增加10%,四等增加20%,三等增加30%,二等增加40%,一等增加50%,七等降低10%,八等降低20%,九等降低30%。(未批准)

危险品仓库共分为五等,以四等商品为基价(仓租基价另订立)。三等增加10%,二等增加20%,一等增加30%,五等降低10%等计算办法。

现在执行的等级分为五等按面积计算,每1平方米,以四等为基数,每月是0.87元(即为四等数),三等比四等增加10%,二等增加20%,一等增加30%,五等比四等降低20%。

定商品的等级办法,主要的是根据商品来定,一火车货约占38平方米。每吨货平均占1.2平方公尺。

四、仓租计算,危险物品,每平方米2.8元是三个租率,使用率占60%是2.75元,55%是3.7元,70%是2.36元,每月计算看能达到多少,有些商品100斤是按0.1吨来计算。500斤不足者是按1/10计算,1954年是按车计算,每30吨为1车,因幅度太大,以后又按吨计算。实际计算没有一个科学的标准,东北是按价值,华北等地是按面积来计算。

五、仓储公司有下列情形之一者负责赔偿:

(1) 因仓库操作不良,发生差错或其他损失者。

(2) 因仓库防范不周致使商品遭受盗窃诈骗者。

(3) 因仓库未及时办理提存运送手续致造成各罚款者。

(4) 因仓库保管不当致使商品造成各项罚款者。

(5) 因仓库漏雨,倒塌致使商品受损失者。

(6) 因仓库误收错发,记账错误,及有货找不到和未被按期报损失者。

有下列情形之一者不负责赔偿:
(1)天灾及其他人力所不能抵抗经当地政府证明属实者。
(2)在保险范围以内及检疫防疫而造成损失者。
(3)非因仓库责任商品自燃、自爆而造成损失者。
(4)商品自然变质不易验时,或包装完整内部残短外部无法识别及商品自然超耗和人力所不能防止的超耗。

六、本公司受理货物有下列情形之一者而造成损失者由存货部门负责。
(1)因存货部门意见进行商品改装、倒垛、搬运因而造成损失者。
(2)入库商品标记不明、规格混乱,及包装不善因而造成损失者。
(3)因存货部门责任退货换货而造成商品损失者。
(4)危险品入库未注明商品性质和保管注意事项致使商品遭受损失或加大费用者。

七、曾经发生过的纠纷。
(1)仓储公司和搬运公司发生的纠纷,搬运工人说仓储公司是:占天不占地。而工人为了节省精力是想占地不占天。因为存货没有一定的规格而发生争吵。
(2)仓库公司和交电公司发生了纠纷。每辆车的距离,每列汽车宽的距离是50公分,长列前后的距离是25公分,因仓库公司没有地方,所以把汽车放的距离近些。交电公司提出要退租,要按实际占有面积交租而仓库公司不同意,因此发生了纠纷。花纱布公司等单位,因拉货后,占用面积缩小,要求退租。发生了纠纷。

八、仓库公司对于存货经营原则:"不赔不赚"。

关于财产租赁的基本情况

粮食部租赁仓库基本情况

1. 租仓金额：货仓 7 亿多元，粮食仓库 126 亿元，合计：133 亿元。
2. 租用对象及方式和租金：

（1）租用铁道部的地皮建筑仓库，主要的在铁道沿线各站 30 米至 50 米以内建设仓库，铁道部收地皮租，每平方米收 0.48 元。粮食部目前不愿交付此地皮租，双方发生争执，拟请国务院解决。

（2）租用交通部港务局的仓库，存放公粮，据说租价较高，他的仓库分前方，仓库堆存日数每日每吨费率 0.05 元，四日 0.43 元，每超过四日增加 0.20 元，后方仓库较低些。一日即为 0.02 元。

（3）租用群众的仓库，一是学校，原来学校的房子被租做仓库，现在粮食部门又建筑了些房子，现在学校又要回房子，双方很扯皮。另外一种是租用农村群众的房子做仓库。租金是从粮食中提出 3‰~5‰。修理费用超过 5‰，就不给他提成了。

保管合同中的问题[①]

保管范围

仓库保管、日常生活中服务性保管、公民之间的寄托保管。

保管合同的概念

依照保管合同,寄托人将保管物交给保管人保管。

保管人有承担保管和返还保管物的义务。

另案:依照保管合同,寄托人将保管物交给保管人保管,保管人在合同规定的期限内或按照寄托人的请求将原保管物完整的归回。

保管合同可以有偿的,也可以无偿的。

保管合同的期限,可以定期的或不定期的。

保管合同以寄托人交付寄托物生效,但以储存计划的签订合同后开始担负权利义务。

保管物的交付和验收的规定

保管合同有约定交付和验收保管物的办法,应按约定办法交接,没有约定交接的办法,寄托人应当面把寄托物交付给保管人。

寄托人在交付寄托物时,应将寄托物的性质、特点和缺陷告诉保管人,保管人接受寄托物应检查物的数量、质量,对有封贴包装的,以原来的封贴包装为标准,没有封贴包装的,以交接时清点数量、质量为标准。

寄托人所交付的寄托物的数量、质量不符合合同规定的,保管人应及时通知寄托人更换和补交,如寄托人不更换补交,保管人不负责任。

寄托人不得把非约定的其他物混杂在寄托物内交付保管,如因寄托物中混杂非约定的其他物,使寄托物发生变质、腐坏,保管人不负赔偿责任;如寄托物内混杂其他物造成别的危险,寄托人应负赔偿责任。

按照储存计划的合同,寄托人应按照约定时间、数量储存寄托物,保管人应按照约定时间供给储存的地方,如当事人一方有违反约定,可以请求解除契约并请求赔偿损失(或违约金)。

[①] 本件原件为手写稿。

由于保管人的责任在交接寄托物时发生错收错发,保管人应负赔偿的责任。

寄托人应妥善保存领取寄托物品的凭证或仓单,若遗失应及时向保管人挂失,在挂失前寄托物被他人冒领,保管人不负责任。

寄托物约定给付保管费的,寄托人应该按照约定的时间给付保管费。

保管人对寄托物保管的责任

保管人对寄托物应妥善的保管,如保管不善使寄托物发生损坏、灭失,保管人应负赔偿的责任。

保管人对危险性的保管物应单独保管,对需要特殊设备的保管物应放置在特殊设备的专门仓库保管,否则保管物发生危险、损坏,保管人应负赔偿责任。

保管人对贮藏的保管物发现将要变质或腐坏,应及时通知寄托人处理,如寄托人不来处理,保管物发生变质、损坏的时候,保管人不负责任。

定期的保管合同,寄托人应按期限提取寄托物或重新缔订新合同,否则保管人可请求赔偿损失或违约金。

保管期限未满前,保管人无权请求寄托人提领寄托物。

保管合同期满终止,寄托人仍未将寄托物提取,保管人得在通知后相当的期限内,将寄托物请求公证机关或者法院拍卖,除扣除保管费、拍卖费外,余款交给应得人,找不到寄托人的,可以交法院处理。

定期或不定期的保管合同,寄托人可以随时向保管人提取寄托物,对未满期的,保管费应全部偿付或多付一期保管费或赔偿保管人的损失。

未定期的保管合同,自保管时起,经过六个月,保管人可以随时请求寄托人领取保管物,但应于一个月前通知,经通知后,寄托人拒绝或不来领取,保管人可以将保管物交给法院处理。

寄托物除保管费以外的其他费用,除另有约定外,由寄托人负担。

寄托人应按照保管合同或寄托人的请求以约定的时间、数量提给寄托物,若未履行造成寄托人损失,应负赔偿的责任。

保管人返还保管物应以原来的数量、质量为标准,但属于物的自然耗损,保管方免除责任。

保管人不得使用保管物,但公民间的寄托保管,征得寄托人同意可以使用,但应保持保管物的完整。

法律禁止流转的客体,不得作为寄托①保管,如必需保管的,应交有权机关批准的证明文件始能接受保管,保管人违反此规定则应负法律上连带的责任。

---

① 原件如此,或为"寄托物"之误。

保管合同讨论的问题

一、关于保管合同适用的范围问题

第一种意见:认为不适用于商业部门领导的国营仓储(运)公司。

理由是:国营商业仓储公司,主要是为商业部系统内部商品储存服务的;公司征收租金,以不赚不赔为原则,它没有上缴利润的任务;修建较大仓库用款,也是主要由商业部向仓储公司投放;仓储公司与专业公司发生纠纷,当地商业部门可以随时处理,作为内部问题解决。

第二种意见:认为商业部领导的国营仓储公司,应当属于保管合同调整的范围。

理由是:国营仓储公司它是一个企业公司,是一个经济核算单位;仓储公司与专业公司所发生的关系,是在平等的原则下,采取合同形式的民事权利义务关系;它还储存商业部系统以外的商业部门的物资,这已不单纯是商业部本身的关系问题。

二、对寄托物的清点和检验

第一种意见:保管人对寄托物,只能从表面上检查寄托物有无损坏或残缺,清点应保管数量,属于生产上技术性的问题,保管人不能负责。

第二种意见:保管人对寄托物验收,对产品的质量应做技术性检验,不然有些寄托物变质或损坏就很难分清是生产单位的责任还是保管人的责任;这样做能促使保管人对保管物尽力保管。

三、对特殊技术性的寄托物约定寄托人给以协助的问题

第一种意见:仓库保管人员很难对所有的寄托物都能了解它的性能,尤其对特殊性能的寄托物更缺乏保管技术上知识,如果没有寄托人给以技术上协助,就无法进行保管,因此在条文中应当规定。

第二种意见:认为如果规定这条,则保管人依赖性很大,影响他对保管技术的研究,同时他也会以此借口经常来找寄托人的麻烦,则不胜其烦。

四、对不定期保管的保管期限问题

第一种意见:在仓库保管中不定期的保管视为无期限保管。过去公与公的保管有时过期一两年没有处理的也有,这样规定行不通。

第二种意见:不定期的保管,不能认为是无期限的保管,保管人在一定时限以后,应当有权要求寄托人将寄托物取回,寄托人不取回,应交人民法院处理,这对促进物资流转减少纠纷都是有利的。

(十二) 结　算

说　明[①]

所有权、信托、保险、结算起草小组　1958年3月21日

这里是结算的三次草稿（最初稿、草稿、二稿），和各方对二稿的意见汇集。另外还有银行工作同志对结算情况的介绍材料。

在准备起草"结算"章时，我们估计了这一章的若干特点。

1. 结算制度是社会主义经济制度的一环，是随着社会主义经济的发展而发展的，所以在资本主义国家的民法中是绝无任何资料可供参考的。

2. 苏、捷、保等社会主义国家的民法中，它没有结算的规定，因为它们都是以单行法规定的。

3. 由于结算必须通过银行进行，所以银行历年来所发布的非现金结算办法以及其他有关规定，将是民事立法中的重要参考资料。

根据上述特点，我们在进行工作之初，即采取了"依靠银行"的工作方法。这就是请其提供业务学习材料和参考资料，请其介绍有关情况和进行初步起草工作。在这点上，银行法规室负责联系的个别同志是不够积极的，而计划司结算科则给予了支持。

在起草中有如下一些较大的争论：

1. 对结算关系是否是民事法律关系有不同看法，最初银行较多同志不同意结算关系是民法关系，但后来就同意了。

2. 结算关系即使是民事法律关系，但是否需在民法规定也有不同意见，人民大学民法教研室个别同志持不必民法规定的意见，但多数同志包括银行同志在内则认为还是规定为好。

3. 关于结算制度适用的范围方面，除了适用于机关、企业、团体、部队和供销社间外，是否适用于其他合作社或公民之间，有不同意见。银行结算科认为：结算制度

[①] 本说明为全国人大常委会办公厅研究室1958年3月编定"结算"卷宗所作的说明。原件为手写稿。

不适用除供销社以外的其他合作社和公民之间。

由于结算制度在中国实行为时甚短,几年来其办法曾一再修改。不论在权义方面的确定上(如要不要收费等问题),和办理手续等程序上,随着各方面工作的大跃进,它必将进一步的修改和完善。在此之前,过早地在民法上作出规定是不合适的,因为在这方面的经验还是很不成熟的。

结算（草案）[最初稿][1]

1956年8月28日

第一条 国家银行（以下简称银行）是结算的中心。凡依照特别法令的规定，须在银行开立存款账户的机关、企业、团体，其相互间的债权债务和资金往来，除数额较小依照规定可以使用现金自行结算外，都应当通过银行，进行非现金结算。

另案："机关、企业、团体必须按照特别法令规定在银行开立存款账户，把它们的现款存入在银行开立的存款账户中。除了法律所规定的小额付款外，都应当通过银行进行非现金结算。"

不受特别法令规定约束的企业、团体，如果它们在银行开立了存款账户，也可以申请参加银行非现金结算。

另案："不受特别法令规定约束的企业、团体和公民，如果它们在银行开立了存款账户或储蓄户，也可以申请参加银行非现金结算。"（理由是：今后储蓄方面加强对储户的服务，代储户收付转账的业务日增，公民在银行开立储款户后，也可以委托银行办理非现金结算。）

第二条 结算办法由中国人民银行另行规定。

第三条 开户人有处分其存款账户所存金额的权利。银行对于开户人存款账户上的存款，非经开户人的同意，不能转动。但如果有法院、国家公断机关或政府命令须执行扣款的时候，或者银行账务记载错误，须自行更正的时候，不受此限制。

第四条 开户人通过银行办理结算的时候，必须遵守国家法令与银行的结算办法和有关规定。

第五条 银行在办理结算的时候，对于开户人的经济活动及其动用存款账户资金的合法性，可以根据特别法令和经济建设计划的规定，进行监督。

第六条 结算的凭证分为付款凭证、收款凭证、汇款凭证三种。付款凭证是付款人签发的、通知银行从其存款账户中付出一定款项给指定收款人的凭证。

收款凭证是收款人签发的、委托银行向指定付款人收取款项的凭证。

汇款凭证是银行根据付款人的付款凭证和请求，将付款人存款账户内的款项划拨到异地银行，转付给异地的指定收款人的凭证。

---

[1] 原件此处手写批注"最初稿"三字。

另案:"汇款凭证是付款人签发的,委托银行从其存款账户中付出一定的款项给异地收款人的凭证。"

邮政局办理汇兑所开发的汇票是一种特许不经过银行的结算的汇款凭证。

另案:本款不列。

第七条 结算凭证一律为记名式,不能流通转让。

第八条 各种结算凭证应该记载的事项,依照银行结算办法的规定办理。

第九条 签发人对凭证记载事项的正确性应负责任。如果因为记载错误,发生损失,应由签发人负责。

委托他人签发的凭证,委托人和代签发人应负连带责任。

第十条 签发人对结算凭证上记载的事项可以在更正处签章证明,予以更正;但凭证上记载的签名和金额不能改变。

第十一条 付款人签发的付款凭证超过其在银行存款账户的存款余额的时候,或者收款人所签发的收款凭证和所提供的证件有伪造和不真实的记载的时候,均应处以罚金。

第十二条 付款凭证和已按结算办法规定承认付款的收款凭证,遇到付款人在银行存款账户的存款余额不足支付的时候,银行应等待付款人存款账户有存款余额的时候,陆续进行扣付,并代收款人征收延期支付的滞纳金,滞纳金的征收率依银行结算办法的规定办理。

第十三条 银行在办理结算的过程中,如果因工作疏忽或过失而发生差错,致使结算当事人遭受损失,应负责赔偿;赔偿数额按照国家银行放款的利率计算。

另案:"……赔偿办法由国务院另行规定。"

第十四条 付款人对收款人签发的收款凭证不同意付款的时候,可以在银行结算办法规定的期限内向银行提出理由,拒绝支付。

银行对于付款人所提出的拒付理由和有关文件,应进行审查,作出决定,分别通知收付款双方当事人。

另案:"银行根据付款人引证的合同条款和它提供有关证明文件,进行审查;拒绝支付的理由成立时,银行可以对这一张收款凭证的全部或部分款项不予支付;拒绝支付的理由不成立时,银行对这张收款凭证应代收款人扣收。"

第十五条 因付款人拒绝支付或者因付款后发现收款人有违反合同情事而发生纠纷的时候,收款人或付款人均有权通过法院或公断机关向对方提出追索或赔偿的要求。

第十六条 收款人对汇款长期不领取,银行或邮局又因汇款人账户撤销或住址迁移,无法退回款项的时候,银行和邮局可以自汇款凭证签发日起经过十八个月后,把该项汇款解缴国库。

另案:"收款人对汇款长期不领取,银行又因付款人账户撤销,无法退回款项的时候,银行自汇款凭证签发日起经过十八个月后,可以把该项汇款缴给国库。"

关于结算凭证(票据)的几个问题

——中国人民银行总行陈同志谈

1956年7月31日

一、总则

（一）结算凭证是企业、机关、部队、团体各单位委托银行办理交易往来或资金调拨等划拨清算时而签发的凭证。

（二）结算凭证分付款凭证、委托银行收款凭证、汇兑凭证三类。

（三）凭证一律为记名式，不能流通转让，要注明签发日期，并加盖签发单位的预留银行印鉴。

（四）以付款凭证转账，视为支付。

（五）凭证上记载金额的文字与阿拉伯数字不符时，以文字为准。

（六）凭证各栏余白不敷记载时，得粘单延长之，粘单后之第一记载应写在骑缝上，并盖印章。

（七）凭证上有违反本法和结算办法规定的记载事项者不生效力。

（八）本法未规定事项，按结算办法规定执行之。

二、付款凭证

（一）付款凭证是付款单位签发的，要求银行从其在银行存款账户付出一定的款项给收款单位或收款人的凭证。

（二）付款凭证应记载下列事项：

1. 表明其为基于某种结算方式签发的付款凭证。
2. 付款单位名称、地址、账户号码，以及它的开户银行名称。
3. 收款单位名称、地址、账户号码，以及它的开户银行名称或收款人姓名住址。
4. 金额。
5. 用途。

（三）付款单位对凭证记载事项的正确性，应负法律责任。因记载错误而发生的损失由付款单位负担。

（四）付款单位必须在其开户银行存款户上有足够支付的款项，如果收款单位或收款人向银行提出凭证时其存款余额不够支付时，对签发单位应科以罚金。

（五）付款单位在凭证上签注商品已收到者，遇其账户存款不够支付时，银行应将该凭证保留，俟其账户有款时陆续扣收，并代收款单位征收延期付款滞纳金。

（六）付款凭证的有效期为五天，到期日遇例假日时可顺延。

（七）付款凭证由付款单位或交由收款单位（收款人）提交付款单位开户银行办理清算。

（八）收款单位将付款凭证提交收款单位开户银行办理托收进账时，应俟从付款单位开户银行收妥该项款项并给它进账后，才能支用。

（九）付款凭证不获付款时，收款单位或收款人对付款单位有追索权。

（十）对付款凭证有涂改伪造情形意图行骗者，应受刑事处分。

（十一）执票人遗失付款凭证时，应即向银行和关系人为挂失止付的通知，在挂失止付前发生的一切责任和损失均由遗失单位负责。

三、委托银行收款凭证

（一）委托银行收款凭证是收款单位签发的委托银行向付款单位代收款项的凭证。

（二）凭证应记载下列事项：

1. 表明其为基于某种结算方式的委托收款凭证。
2. 收款单位名称、地址、账户和它的开户银行。
3. 付款单位名称、地址、账户和它的开户银行。
4. 委托收款的金额。
5. 委托收款的根据。

属于商品交易者应记载交易合同号码、商品种类、运单或提货收据号码、发货日期、发货票号数和开发日期。

（三）银行有权就其记载事项要求签发凭证单位提供证件。

属于商品交易者应将发货票副本作为附件提交银行，发货票应具备购销双方的单位名称、地址、银行结算户账号、发货所根据的合同号码、发货日期、发货程序、商品说明、价格、支付金额等。

（四）收款单位对凭证记载事项的真实性和正确性应负法律责任，如有虚假伪造记载情形应处以罚金，如因记载错误发生损失由收款单位负担。

（五）凭证必须经付款单位承付，银行才能从其账户支付款项。

承付方式和承付期限按结算办法的规定。

承付期内付款单位未向银行提出拒付或其拒付理由未成立者，在承付期满时视同同意承付。

收付双方事先用契约规定，不必办理承付手续者，视同同意承付。

（六）银行对付款单位已承付的凭证，按结算办法规定从付款单位账户将该项款项划转收款单位。银行划转款项时如果付款单位无款支付银行应将该项凭证保留俟其有存款时扣收，并代销货单位征收滞纳金。

（七）付款单位对委托收款凭证不同意付款时，必须在承付期内向银行提出拒付理由。

银行对付款单位提出的拒付理由应根据其所引证的合同条款和提供的拒付有关证明文件进行审查。

银行对收款单位违反合同规定的托收款项或因合同不具体、不明确,以及无合同、无运单的托收款项在付款单位拒付时,均予受理,不按六条规定划款。

(八)付款单位承付款项后,发现收款单位有违反合同规定情形时,有向法院或公断机关提出对收款单位要求赔偿的权利。

(九)收款单位可以委托住在异地的另一单位代它签发委托银行收款凭证。凭证上注明收款单位名称、住址、账号及其开户银行名称,签盖代理签发单位的印鉴。收到的款项划给收款单位账户。

四、汇兑凭证

(一)汇兑凭证是汇出的原单位签发的,委托银行从它的账户付出一定款项划给异地收汇单位的凭证。

(二)凭证应记载下列事项:

1. 表明其为基于某种汇兑方式的凭证。
2. 汇出单位名称、住址、账号和它的开户银行名称。
3. 收汇单位名称、住址、账号和它的开户银行名称。
4. 金额。
5. 用途。

(三)汇出单位对凭证记载事项的正确性应负法律责任,如因记载错误发生损失由汇出单位负担。

(四)汇兑款项长期无人认领而银行又无法转回汇出单位时,经过一定期间应缴国库。

关于银行结算问题座谈记录

——中国人民银行总行马专员谈

1956年7月31日

银行结算办法分为异地结算和同城结算两大类。异地结算办法有异地托收承付、信用证、特种账户及汇兑四种。同城结算办法有同城托收承付、付款委托书、计划结算、支票及限额支票五种。今年6月30日,陈云副总理在人大第三次会议上作了关于商业工作发言后,我们根据陈副总理发言中所指出精简结算办法的精神,对现有的九种结算办法进行了研究,拟取消六种,保留三种,即异地结算办法中保留异地托收承付和汇兑两种,同城结算办法中保留支票一种。现在分别介绍如下:

一、异地结算办法

(1) 托收承付,是目前企业间货物买卖的主要结算办法,即95%以上企业都是用它来结算货款。在形式上它与过去银行出口押汇相似;在实质上它与过去银行出口押汇又不一样,因质押作用已不存在了。

甲. 托收。卖货方发出货物后,填托收凭证(五联单)、发货单及运单等送交银行,表明卖出的货物已发运,并证明发的什么东西,发了多少,这样做的作用,是保证货币流通与商品流通相结合,使买货方买到货物。从而巩固商业信用,保障货币正常流动。

乙. 承付。托付凭证和发货清单到达买货方银行后,当天银行就通知买货方在三天内核对货物的规格、质量、数量,如果核对没有错,便不向银行表示意见,银行即视同默认。这叫"否定承付"。现在平均每天全国有240万张凭证,数量很大,为了简化手续,所以这样规定。承付期三天后,即第四天就按发货票额,从买货人存款账下拨付。如果核对结果有错误,买货方就应立即通知银行。三天的计算方法是从买货方收到银行通知第二天算起,遇例假可以顺延。过去采用的是"肯定承付",核对货单同意后也要给银行通知,一般不同意的只有10%左右,同意的占90%以上,都要通知银行就太麻烦了,因此,去年9月后便改为"否定承付"。在承付中,买货人存款不足时,可以从他的以后收入中扣付。扣付期中的延付有罚款,延付罚款合同有规定的按其规定;合同中没有规定的一般是罚滞纳金千分之一或者万分之五。我们曾拟过一个全国统一延付滞纳金的办法,但无法可据,只好照合同规定办事,我们希望民法典中对延付滞纳金有个原则规定。

丙. 拒付。卖货方发来货物,不符合合同规定,买货方可以根据货物不合格的程度,全部或者部分拒付货款。拒付的手续,须写一拒付理由书送银行审查,即看看发货清单和合同是否相符。由于银行不懂货物的规格、质量,以及检验技术,加以合同变动多,所以经常发生争吵,特别是土特产方面。例如,某单位买蘑菇,合同中订"个大、肉厚、无虫、无土",事实上蘑菇完全没有土是很难做到的。因此,蘑菇送达买方,便提出蘑菇有土,不换货就要拒付货款。又如沈阳水管厂发了一批水管给北京某军事部门,当水管和货单送达后,某军事部门提出他要的水管是钢的,而不是铅的,因此,拒付货款。但合同中又没有说明。银行已成了这些矛盾的焦点,为了解决矛盾,减少纠纷,现在我们采用了下列办法:买货方拒付货款,经买货单位负责人签署拒付理由后,银行再提意见。如买货方拒付,又经单位负责人签署了拒付理由,银行只把意见连同有关文件送发货单位,让他们到法院去解决,这样,银行就跳出了扣款纠纷的圈子。苏联是扣付,但发货人有起诉和追偿的权利。我国法院受理交易案件不多,公断处没有成立,今后发生拒付和商品的保管由谁负责,希望研究后明确规定在民法中。

托收承付主要就是这三个部分,它的作用是:①资金周转快;②减少商业信用;③能促进企业间的合同制度和改进银行的业务。总之,能加强国家的金融管理,因此我们把它保留下来。

(2)汇兑。汇兑范围在逐渐缩小,现在是只管汇,不管如何汇和汇去干什么。现在买卖双方因汇兑相互占用,积压资金很大,全国常有几十万,助长了商业信用,国家也很难检查。因此买卖货物都不准用汇兑,汇兑只限于上、下级资金的调拨。

汇兑分信汇、电汇两种。信汇,汇出单位委托银行办理信汇时应填制四联信汇委托书,并在第一联信汇委托书上签盖预留银行印鉴,持向其开户银行办理,银行审查其账户内有足够的款项后,将第一联信汇委托书留存,第二、三两联信汇委托书邮寄汇入银行,并在第四联信汇委托书上盖章退回汇出单位,表示受理。信汇每次汇款的金额没有起点限制。电汇,汇出单位委托银行办理电汇时应填制四联①电汇委托书(少了第二联),在第一联电汇委托书上签盖预留银行印鉴后,持向其开户银行办理。银行审查其账户内有足够的款项后,将第一联电汇委托书留存,第三联作为收费凭证,同时拍发电报给汇入银行。并在第四联电汇委托书上盖章退还汇出单位表示受理。电汇每次汇款的金额起点为五百元。汇入银行接到信汇委托书或电汇电报时,应按指定的汇入单位账号主动收入该单位账户。并将收款通知邮寄汇入单位,或洽由汇入单位来银行领取。过去汇兑中还有票汇,由于票据常被人涂改骗取汇押,发生毛病不少,因此,就取消了。

二、同城结算办法

同城结算现在只用支票,支票分为现金支票和转账支票两种,均由付款单位签发,签发支票时,支票所列各栏必需详细填写清楚。国营企业、供销合作社、公私合营企业、国家机关、团体须盖公章及单位的负责人与会计主管人印章,私营企业须盖商号图章及有权支付人的印章。支票一律用记名式,不准流通转让。如果支票准许转让,就要增加货币流通,并助长商业信用。因此,发现转让的支票便认为作废。

---

① 原件如此,据上下文,应为"三联"。

三、几点意见

此外,还有几点意见,提供研究"结算"时作参考。

(1)结算是国家管理金融的一个重要关键,企业间的商品流通后,必然增加经济联系,管理不好,不仅影响合同制度,产生互相拖欠和占用资金的情况,而且会破坏计划。因此,结算问题的处理在法律上应该给它一个根据。究竟哪一些应该规定在民法内,有待进一步去研究。

(2)合同或者契约中,最好能把结算的主要内容规定上去。如用什么办法结算,延期付款等违约的处理原则。

(3)空头支票问题。理论上不应该有,事实上却仍然存在,现在对开空头支票单位的处理办法是:批评或者要它检讨,最多是通报了事。大企业开的少,小企业还不少。北京市供销合作社弄得更糟糕,曾有过先写检讨,后送空头支票给银行的事。过去处理办法是退票,也有银行留下凭证,等他有了存款就扣的。但光扣只会增加空头支票,所以我们认为今后最好是加重罚金或按托收承付罚滞纳金,罚金或滞纳金是交给销货方,银行只为代收。这样用经济办法解决空头支票问题,要比批评、检讨更实际。

(4)扣收问题,即承认付款账上又无钱,等有钱就扣收。扣收办法很复杂,影响到发工资、交税款、还银行账款等,究竟应该先扣哪一个,就值得考虑。过去中财委曾经有个扣款顺序,希望根据这个顺序的精神和现在发展的情况,在法律上把它肯定下来,以作依据。现在是先扣工资,再扣税收、货款、银行到期贷款,再扣其他贷款。

(5)延付后的滞纳金问题。滞纳金如何定?全国统一规定一个幅度好,还是按照不同地区的具体情况,分别在合同中规定好,就值得研究。我们意见最好能定个全国性的统一标准,由国务院或银行来定都可以,但需有个法律根据。

(6)托收凭证造假问题。造假情况有二:①以假的托收凭证向银行骗取货款;②卖货方未发货前,即将发运日期、号码填在运单上,向银行结算,先占用结算货款。这两种情况如何处理,希望法律上有所规定。

(7)有些汇款是公家的,汇出后找不到取款人,一摆就几年,有的金额很大,全国有几千户。甚有的退回来也没有人认领。我们过去曾经提出过,超过几年的就交财政部,收归国有,因为大部分是公款。在民法上是否可定个期限,过期就算做国家财政收入。

(8)支票汇兑和结算汇单涂改问题。私人弄的多,过去按贪污处理。从民事立法上如何处理,也应明确。

(9)承付期三天,即三天内不拒付即视为同意承付,这样规定从法律观点来看是否合法?请明确。

(10)结算纠纷和交易纠纷的比重是3%~4%,发生纠纷后没有专门机构来处理,希望国家设立公断处。

(11)结算过程中,银行传送凭证发生错误,损及双方利益时。苏联是谁弄错了,谁就要负责赔偿。我们处理这类差错问题有一部分是学苏联,由经办人负责,但有的差错金额很大。全国一年有三四亿之多,由经办人完全负责,有时又不可能,只好机关负责一部分。

(12)拒付银行扣款问题,是扣好,还是不扣好。希望你们也考虑一下。

(13)结算是否收手续费问题。过去是"存不付息,结不收费"。有毛病。有的可以几批并在一起来结算,由于结算不收手续费,有的企业单位便一天结算几次,几十元也来银行结算一次,这样就加重了银行结算任务,增加了工作人员和国家开支。现在全国银行办结算工作的就有16万多人,开支费用很大。苏联结算是不收手续费,但根据我国具体情况,我们认为结算还是收手续费好,这样一方面可以节省国家开支;另一方面也可以促使企业单位几批合并结算,简化银行结算手续。

行纪小组整理
1956年8月9日

关于信用合作社办理非现金结算的参考材料

信托小组　1956 年 8 月 28 日

到 1956 年 5 月底为止,全国共有信用合作社十一万六千多个,分布在全国 97.5% 的乡镇中。信用合作社不仅在目前需要,而且在相当长的时期内还有存在的必要。

在信用社的任务中,它应当在自愿基础上,接受农业生产合作社的委任,推行非现金结算。但目前只适宜于试办,在取得经验以后再普遍推行,绝对不容许强迫命令。对农民个人,一律不实行非现金结算。(以上摘自 1956 年 8 月 21 日《大公报》社论)

辽宁省海城县在收购 1955 年秋粮工作中,曾对农业生产合作社进行了采用非现金结算办法的试点。它的具体做法有二:一种是自上而下的结算,即农业社售出粮食后,自愿将粮款一部或全部委托粮食部门转存到该农业社开户的银行或信用社存款账户内,粮食部门根据委托向银行提出付款委托书结算凭证,银行收款后,即将这一笔款存入农业社的存款账户内,或通知信用社存入该农业社的存款账户内。另一种是自上而下的结算,即农业社售出粮食后,自愿将售粮款的一部或全部,由粮食部门签发"付款委托书结算凭证",农业社凭证到它开户的银行或信用社收账,如果农业社是在信用社开户的,则信用社再凭证到它开户的银行收账。前者适用于粮食部门与信用社在同一银行或同一地区的两个银行开户的;后者除适用上述情况外,并适用于粮食部门与信用社在两个地区的银行开户者,故较前者为好。(摘自《粮食工作》1956 年第 11 期第 14 页)

结算契约(草稿)

1956年10月20日

第一条 结算契约,就是中国人民银行或受银行委托的机构,接受开户人的存款,为它开立结算账户,并代它向第三人进行结算的契约。

另一意见:本条改写为:

结算契约,就是中国人民银行接受开户人的存款,为它开立结算账户,并代它向第三人进行结算的契约。

中国人民银行根据它的业务需要,可以委托受它领导的其他机构代为办理结算业务。

注:委托机构是指中国人民建设银行和信用合作社等。

第二条 依照结算契约,凡需参加现金管理的开户人,应当把它的现款存入中国人民银行或它的委托机构所开立的结算账户中,除了依法律准许的现金付款外,开户人的款项收支,都应当通过银行进行非现金结算。银行必须履行开户人的委托,办理开户人的收款、付款和其他结算的一切事务。

第三条 凡在银行开立存款账户不受现金管理的社会主义组织和公民,只有在自愿委托的范围以内并经过银行同意的时候,才可以由银行代为办理结算。

另外意见:

1. 对公民能否参加结算,初步讨论中有不同意见,因此有少数人认为"公民"两字可以去掉。

2. 本条分为两款:

凡在银行开立存款账户的,不受现金管理办法约束的社会主义组织,只有在自愿委托的范围内和经过银行的同意,才可以由银行代为办理结算。

凡在银行开立储蓄存款账户的公民,只有在自然委托的范围内并经过银行同意的时候,才可以由银行代为办理结算。

第四条 银行或它的委托机构在办理结算的时候,可以接受报酬,也可以不接受报酬。

第五条 开户人有处分(或:支配)它在结算账户中所存金额的权利。银行对于开户人结算账户上的存款,非经开户人同意,不得动支。但如有法院的判决、公断机关的公断必须执行扣款的时候,不在此限。

第六条 银行在办理结算的时候,对于必须接受现金管理的开户人动用结算账户资金的合法性应当根据国家现金管理办法的规定,进行监督。

另一意见:本条属财政法范围,有的主张可以不要。

第七条 开户人委托银行办理结算的时候,必须签发结算凭证。
结算凭证的种类和应该记载事项,依照银行结算办法的规定。

第八条 结算凭证一律为记名式,不许流通转让。

第九条 开户人所签发的付款结算凭证,不得超过它在银行账户中的存款余额;如果超过的时候,应负法律责任。

第十条 开户人签发结算凭证的时候,如果因为记载错误,发生损失,应由开户人负责。
开户人委托他人签发结算凭证的时候,如果因为记载错误而发生损失,开户人和代签发人应负连带责任。

第二款另一意见:开户人委托他人代为签发结算凭证,如果因为记载错误而发生损失,应由开户人负责。

第十一条 银行在办理结算过程中,如果因过失发生差错而使结算当事人受到损失的时候,应负赔偿责任。

第十二条 承付的开户人对银行转来的托收结算凭证不同意付款的时候,必须在银行结算办法规定的期限内,向银行提出理由,拒绝支付。
银行在接到承付开户人的拒付通知后,应当根据承付开户人所提出的拒付理由和有关证件,进行审查。如果认为拒付理由成立,应当分别通知托收和承付的双方开户人;如果认为拒付理由不成立,银行应当向承付的开户人提出应支付的意见,在承付的开户人仍拒绝支付的时候,应及时通知托收的开户人。

第十三条 因承付的开户人拒绝支付或者因付款后发现托收的开户人有违反契约的行为而不能解决的时候,托收和承付的开户人可以通过公断机关或法院向对方提出请求追索或赔偿。

第十四条 结算账户开户人在银行开户后长期没有款项收付的时候,或委托银行汇出款项,领款人长期不来领取,同时开户人的账户已经撤销无法退回的时候,银行可自结算账户最后一次收付款项的当日和自汇款凭证签发的当日起经过(十八个月)后,应当把它作为无人认领的款项上缴国家。

另一意见:此条可以不要。

结算(账户)契约(二稿)

1956年11月6日

第一条 结算(账户)契约,就是中国人民银行、专业银行或信用合作社,接受开户人的委托,为它开立存款(存款、拨款或贷款)账户,代它向第三人进行结算的契约。

第二条 凡依法必须参加现金管理的开户人,应当把它的货币资金存入中国人民银行或专业银行所开立的结算账户中,除了依法准许的现金付款外,开户人的款项收支,都应当通过银行进行非现金结算。银行必须履行开户人的委托,办理开户人的收款、付款和其他结算的一切事务。

另一意见:一、二两条可以合并。

第三条 凡在银行或信用合作社开立存款账户而不参加现金管理的社会主义组织、团体和公民,只有在开户人自愿委托和银行或信用合作社同意的时候,才可以在约定范围内办理非现金结算。

第四条 银行或信用合作社在办理结算的时候,可以收取手续费,也可以不收取手续费。

另一意见:本条可以不要。

第五条 开户人对于存在结算账户中的金额有处分(或支配)的权利。银行对于开户人结算账户中的存款,非经开户人同意,不得动支。但根据国务院的行政措施、决议、命令、法院的判决和公断机关的公断必须执行扣款的时候,不在此限。

第六条 银行在办理结算的时候,对于依法必须参加现金管理的开户人动用账户资金的合法性应当根据国务院的指示、决议、命令,进行监督。

另一意见:本条可以不要。

第七条 银行或信用合作社办理结算的时候,必须根据开户人签发的结算凭证。结算凭证的种类和应该记载事项,依照银行或信用合作社结算办法的规定。

第八条 结算凭证一律为记名式,不许流通转让。

第九条 开户人签发付款结算凭证的时候,不得超过在银行账户中的存款余额或贷款和拨款限额;如果超过,应负法律责任。

第十条 开户人签发结算凭证的时候,如果因为记载错误,发生损失,应由开户人负责。

开户人委托他人签发结算凭证的时候,如果因为记载错误而发生损失,开户人和代签发人应负连带责任。

第十一条 银行或信用合作社在办理结算过程中,如果因过失发生差错而使结算当事人受到损失的时候,应负赔偿责任。

第十二条 承付的开户人对银行转来的结算凭证不同意付款的时候,必须在银行结算办法规定的期限内,向银行提出理由,拒绝支付。

银行在接到承付开户人的拒付通知后,应当根据承付开户人所提出的拒付理由和有关证件,进行审查。如果认为拒付理由成立,应当分别通知托收和承付的双方开户人;如果认为拒付理由不成立,银行应当向承付的开户人提出应支付的意见,在承付的开户人仍拒绝支付的时候,应及时通知托收的开户人。

第十三条 因承付的开户人拒绝支付或者因付款后发现托收的开户人有违反结算当事人间所订立的契约而不能解决的时候,托收或承付的开户人可以通过公断机关、法院向对方提出请求追索或赔偿。

第十四条 依法必须参加现金管理的开户人在银行开户后长期没有款项收付而账户还有余额的时候,或委托银行汇出款项,领款人长期不来领取,同时开户人的账户已经撤销无法退回的时候,银行可自开户人最后一次收付款项的当日或自汇款凭证签发的当日起满一年后,应当把它作为无人认领的款项提缴国库。

附注:

在初步讨论中,关于必须参加现金管理的开户人通过银行办理结算,是不是契约的问题,有两种不同看法。

一种意见认为不是契约。因为:(1)参加结算的购销双方的关系,才是契约关系,而银行代开户人办理结算,并没有订立契约。(2)开户人之所以必须通过银行进行结算,只是由于行政法的规定,并不是基于契约而产生。(3)在结算关系中,银行与开户人之间的关系虽是民事关系,但已有行政法去调整它,一如强制保险是由财政法所直接调整一样,如民法也来调整它,就是多此一举。

另一种意见认为是契约关系。理由是:(1)依法参加现金管理的开户人通过银行进行结算,虽系根据行政法的规定,但开户人与银行之间的关系不是服从的关系,而是平等的、互有权利义务的民事关系,应由民法调整。(2)契约的成立,不能仅从形式上来看问题,因为契约的形式可因实际情况的不同而有繁简之别。从开户人在银行开立账户的过程中看,开户人以货币资金和送款凭证送进银行,而银行收受了开户人的货币资金和凭证,这就是承诺,从而成立了契约关系。

以上两种意见,在初步讨论中没有趋于一致。我们认为,对这个问题的明确,非但对进一步修改这个草稿有好处,更重要的是与确定民法债篇中是否需要结算契约这一章有莫大关系。因此,希望在进一步的研究讨论中,本着百家争鸣的精神,在更多地掌握材料的基础上,能够更深入地展开争论,以期彻底弄清这个问题。

中华人民共和国民法典(草案)债权篇
结算(账户)契约(第二次草稿)意见汇辑

全国人民代表大会常务委员会办公厅研究室　1957年2月18日

说　明

这份汇辑材料系根据已经收到的下列51个单位所提意见汇编的,在起草和意见征集中,银行方面给了我们很大的帮助。

银行方面:(25个单位)

中国农业银行总行、公私合营银行总行、中国人民建设银行总行、中国人民建设银行辽宁分行、公私合营银行武汉分行、公私合营银行西安分行、中国人民银行上海分行、公私合营银行天津分行、中国人民建设银行山西分行、中国人民银行陕西分行、中国人民银行天津分行、中国人民银行广东分行、中国银行广州分行、中国人民银行辽宁分行、中国人民银行山西分行、中国人民建设银行天津分行、中国人民银行总行、中国人民银行北京分行、中国人民建设银行上海分行、公私合营银行上海分行、中国人民银行甘肃分行、中国人民银行湖北分行、中国人民建设银行四川分行、中国人民建设银行甘肃分行、公私合营银行重庆分行。

经济部门方面:(13个单位)

建筑工程部、财政部、交通部、化学工业部、国家建设委员会、国家计划委员会、农业部、纺织工业部、铁道部、第二机械工业部、国家经济委员会、商业部、煤炭工业部。

法院方面:(6个单位)

北京市高级人民法院、辽宁省高级人民法院、天津市高级人民法院、陕西省高级人民法院、广东省高级人民法院、四川省高级人民法院。

院校方面:(7个单位)

中国人民大学、中央财政干部学校、上海财经学院、东北财经学院、上海复旦大学、北京政法学院、东北人民大学。

对结算(账户)契约总的意见

一、对名称的意见

(一)改为:"账户结算契约"。(交通部)

(二)改为:"结算"或"结算法",因为银行与货管单位之间的结算关系并不是契约关

系。(中国人大)

(三)改为:"银行办理结算(账户)和开户人的权责"。(人民建设银行山西分行)

(四)改为:"结算规定",因为本章是规定银行与开户人间的关系。虽不叫契约名义,实际上规定了双方应履行的义务,但如订上"契约"二字既不通俗,又易与买卖双方的契约关系相混淆。(人民银行天津分行)

(五)改为:"结算存款法",含意是:不论国家企业、机关、部队、社团、合作社等法人以及个人(自然人)在金融机关因法令规定或个人意愿而留存的货币存款,在权利义务上即民事关系中均受本法的约束。(东北财经学院)

二、对本章内容方面的意见

(一)"结算(账户)契约"是民法的组成部分,其内容似只应规定银行与开户人在结算中的基本权利义务关系,不需规定结算的具体手续或者由基本权利义务所产生的一些从属的权利义务。假如法律规定得太细,变动不易反而会造成实际工作中的困难。(人民建设银行总行)

(二)结算在民法典中规定一两项原则即可,不必另立一章。(铁道部)

(三)关于延期付款征收滞纳金问题,草稿中未提出,该内容系属行政法?抑属民法?建议考虑。(人民银行陕西分行)

(四)本章文字有些不通俗。(人民银行山西分行)

(五)本章各条有写"存款账户",有写"结算账户",应统一写成"存款账户"。(人民银行甘肃分行)

(六)本章可否与"信贷法"合并,还请考虑。我们认为合并是可以的,因为我国信贷主体(指国家银行、专业银行、合营银行、信用社)也就是结算存款的同一主体,为了便利,就可以把结算存款法和信贷法合并规定。(东北财经学院)

(七)本章应以制定民事关系中的执行问题为主,因此,关于行政法中所涉及的行政程序可以从略,但对于债权债务执行中的监督制裁应明确规定。如制裁的依据,执行和责任等问题,都应规定,这些问题在行政法中不可能作过多的规定。(东北财经学院)

(八)自第八条以后各条的规定太繁琐,可以不作这样细致具体的规定。(公私合营银行重庆分行)

三、关于结算是否契约问题的意见

(一)主张结算是契约关系。(公私合营银行总行、农业银行、北京高院部分同志、公私合营银行西安分行、人民建设银行辽宁分行部分同志、化学工业部、人民银行上海分行、国家计委会、铁道部部分同志、人民银行陕西分行、人民银行广东分行、四川高院部分同志、人民银行总行、人民银行北京分行、人民银行甘肃分行、国家经委会、复旦大学、人民建设银行四川分行、北京政法学院部分同志、煤炭工业部)

理由:

1. 我们认为是契约关系,应属于民法范围以内,理由是:

(1)开户人必须通过银行办理结算,如单纯从规定来看,是属于行政法范围的,但从结算事务开始起,就发生了债权债务关系,这种关系不是属于行政法规定的,而是属于民法范围内的民事关系。

(2) 不论结算方式如何,在办理结算的时候都要由开户人出具一种委托凭证,这种凭证是具有法律效用的,也是属于民法范围以内的。

(3) 结算办法是根据双方共同遵守的结算条例来规定的,说明是契约关系。(农业银行)

2. 不参加现金管理的社会主义组织、团体、公民自愿委托银行办理结算时,就十分明显是契约,需要用民法调整,同时,即使双方成立契约是根据行政法,但委托与承诺还是契约关系;有了差错(十、十一条)用行政法调整就不合适。(北京高院部分同志)

3. 开户单位与经办行虽然形式上没有签订结算契约,而事实上双方则以契约关系相联系。这个关系可能因为行政法而受到调整,但这种关系仍然存在。(建工部)

4. 契约的概念,是指当事人一方或双方所为的意思表示而能发生设定、变更或消灭民事权利义务的法律行为。至于契约当事人订立契约所为的意思表示,是否由于法令的规定,实与契约形成无关。例如强制引水是根据法令的规定,但是船长与引水人间仍然有契约关系的存在。因此,必须参加现金管理的开户人,不能因他们与银行订立账户结算是由于法令的规定而否定他们之间不是契约关系。(交通部)

5. 人民银行、专业银行或信用合作社,在接受开户人的委托,为它开立账户(存款、拨款、贷款)代它向第三人进行结算,这种关系我们认为是契约关系,因为银行接受开立账户后,发给开户人各种凭证(如支票、送款簿等),而开户人就能凭以办理存取款项,这就等于正式成立了契约,否则银行是不会代它办理一切结算事务的。(公私合营银行西安分行)

6. 部分人认为,开户人在银行存、支款项,都互相签具收执,这就构成契约关系,假如银行由于发生某种差错,对开户人已签具回执的收款事项,事后不予承认,开户人与银行交涉不成,可持回执,提报公断机关公断,银行应负法律责任,并给予赔偿,同时对有关开户人必须经过专业银行办理结算及有关责任之划分,均已有国家的法令规定。(人民建设银行辽宁分行部分同志意见)

7. 认为结算是一种契约关系,除同意第二种意见外,并补充两点看法:

(1) 银行结算户中,有依法参加的开户人,亦有只有经济关系的开户人,因此仅有行政法的规定,不能包括;

(2) 银行与开户人接触中,具体问题不少,特别在进行结算过程中所发生的纠纷问题,就需要民法予以调整。(人民银行上海分行)

8. 同意第二种意见,补充的主要理由是:行政法的规定只是提供了银行办理结算的基本条件,开户人与银行的关系实际上已成为业务往来关系,互有权利义务,这种关系已超过了行政法的范畴,所以由民法调整较为适宜。(人民银行陕西分行)

9. 开户人愿意按照银行规定办法,将货币资金和送款凭证送进银行,银行接受委托,表示承诺,就成立了契约关系。(人民银行广东分行)

10. 从几年来的实际经验中研究,认为契约关系对于促进结算工作、提高质量比认为行政关系更为有利一些。(人民银行总行)

11. 结算是受民法调整的合同关系。理由如下:

(1) 结算这一经济关系的特征是双方当事人都以所有人的地位出现。办理结算,实质上必须一方自愿委托,它方予以同意,这充分表现了以双方所有人地位为基础的当事人间的平等地位,这一特征标志着受民法调整的一切社会关系。

(2)开户人委托银行为它开立存款账户,办理结算,这就是要约;而银行接受委托这就是承诺,这样,双方意思表示的一致,就成立了互有权利义务的民事关系。

(3)结算关系虽然包括一些行政法的因素,但这些因素在结算关系中只居次要地位,如果把行政法规定的"强制建立结算"和结算关系本身混为一谈,是毫无根据的,如民法中很多经济合同都是根据行政法令或计划法令而订立的,但它本身仍然是合同关系。

(4)肯定银行和开户人间存在着结算的合同关系,其所以不采用书面形式,是因为事实上没有必要。它不像供应合同,必须把计划所规定的详细内容订明。

(5)有人以"强制保险系受财政法调整"作为反对意见的理由,这是不能同意的,因为强制保险也是属于民法调整的。(复旦大学)

12. 结算是契约关系,理由是:

(1)结算不同于强制保险,结算是在企业、机关到银行开户(即订立契约)之后,才在双方之间产生权利义务的。

(2)在苏联,结算被认为是契约关系的,由民法调整,我们有什么新的事实和理由推翻它呢?(北京政法学院部分同志)

(二)主张结算不是契约关系。(北京高院部分同志、上海财经学院龚浩成、人民建设银行辽宁分行部分同志、辽宁省高院、纺织工业部个别同志、人民建设银行山西分行、铁道部部分同志、中国银行广州分行、四川省高院部分同志、人民银行辽宁分行、人民银行湖北分行、北京政法学院部分同志、公私合营银行重庆分行)

理由:

1. 有人认为这一章可以不要,理由是:这种委托与接受委托都是根据行政法来的,不这么办就是违法,因此不能认为是契约;如果作为委托契约可以并入委托契约章;就北京市而论还没有碰到过这种案件,制定了也未必有用。(北京高院部分同志意见)

2. 结算契约的主要内容,在货币管理法令中,差不多都已有规定,现如再由民法来调整它,就是多此一举。某些同志可能说,开户人和银行之间的关系是互有权利义务的民事关系,从而,也应由民法调整,但是,我认为:甲.中国人民银行办理企业间的非现金结算,并非单纯的契约关系,而是政府授权它办理结算,并从中进行监督,倘若单纯地理解为契约关系,有可能削弱银行的监督作用。乙.在行政法中,主要内容既已作规定,若在民法中重复一下,实嫌累赘。(上海财经学院龚浩成)

3. 结算是否叫"契约",尚希考虑。(人民建设银行辽宁分行部分同志)

4. 结算不是契约关系,应该由财政法调整,因为:

(1)受现金管理的开户人必须通过银行进行结算,是由于行政法令的规定,不是基于契约而产生。银行与开户人间,虽不是服从关系,也不是互有权利义务的民事关系,也不能将银行接受委托理解为"承诺",这主要是国家银行是根据行政法的规定而成为统一的结算中心。因而,开户人存在银行结算账户中的款项,只有在法令计划等规定范围内才有支配权利,对财政机关以命令追索所欠税款、利润等,银行追索逾期贷款,开户人承认的拖欠货款等,银行均可通过非争议追索程序,实行扣押,这都说明银行与开户人间的业务关系,不是建立在契约上的,而是建议在国家法令、计划、制度等基础上的,否则将会影响国家银行职能的发挥,影响银行任务的完成。

(2)应该从当前国家银行在办理结算业务当中的具体情况与存在的主要问题来加以分析,目前存在的主要问题是:①个别经济组织还有违反支付纪律、结算纪律的现象;②购销双方经常由于各种原因发生交易纠纷,影响结算正常地进行。根据上述两个问题,我们的意见是:第一,国家应以行政法赋予国家银行执行结算中心的职能与权利,明确银行在办理结算事务中的法律地位与应负的职责范围。第二,结算双方在交易中的纠纷问题,应由民法加以调整。第三,银行在办理结算过程中所发生的工作上的错误,是银行工作的失职问题,不必通过民法程序诉诸法院判决。(人民银行辽宁分行)

(三)其他意见:

1. 本稿内除个别条文外,都是民事上的债的关系,因此有必要规定在民法典的债篇中。至于银行与开户人在成立户头方面通过契约或不是通过契约与这个问题无关,因为结算本身在法律上即表现为债的关系。(中国人大)

2. 本章如在行政法规上规定即可解决问题,我们同意所附的第一意见,不列入民法内。如果不能解决问题,或不能全部解决而需要列入时,我们认为:本章立法体例,把行政法规作为民法的法源,似乎本末颠倒;本章只应规定开户人的结算契约关系(平等关系),不应把行政法规范内的细节、手续定在基本大法中。因此,我们对草案提出一些修正意见,只体现银行和开户人关于结算的权利义务和应负的责任,作为结算契约的准则。也就是凡向银行开户的人,不管它是指定的或自愿的,都应当以本章规定作为准则。其余一切细则和手续可用行政上的决议、命令另行规定。(财政部)

3. 储蓄存款业务中,除单位伙食户①,我们亦认为是结算契约的关系外,其他职工个人存款,我们认为不属于结算契约范围,由于职工个人的存款是自愿,而且一般的不向第三人进行结算。但第三条中:"凡在银行或信用合作社开立存款账户而不参加现金管理的社会主义组织、团体和公民……"以及第五条中:"开户人对于存在结算账户中的余额有处分(或支配)的权利,银行对于开户人结算账户中的存款,非经开户人同意不得动支"好像是属于结算范围似的,应加明确。(公私合营银行西安分行)

4. 为了银行与开户人明确责任(权利与义务),便于工作,国家用法律形式固定下来是完全必要的。(人民建设银行辽宁分行部分同志、人民建设银行山西分行、人民建设银行上海分行)

5. 结算关系是基于行政法令的规定而产生的,即使有时和双方的自由意思并无出入,也不能认为是契约行为,应该是代理关系中的法定代理关系,因代理行为所产生的权利和义务关系,必须由民法来统一调整。(四川省高院部分同志)

6. 不受现金管理的集体组织(包括农业社、手工业合作社等)、公私合营企业等开户人与银行或信用合作社的结算关系应由民法调整。(人民银行辽宁分行)

7. 我们认为民法中对银行付款凭证(票据)如有专载,则对结算篇就没有必要(其属于行政法部分,可由行政法调整),否则"结算"仍应成立专篇。至强制保险,只是规定社会主

---

① 原件如此。

义企业的财产必须保险。但保险内容与一般保险并无什么分别。惟非现金结算与银行一般收付显有差别,二者情况并不相同。(公私合营银行总行)

四、主张增加下列内容

(一)增加一条:在银行或信用合作社建立往来账户的开户人,如果委托银行或信用合作社办理非现金结算时,准用本章的规定。(财政部)

(二)以下两点,似应列入,请考虑:

1. 银行对开户人存款情况应负保密之责;

2. 邮局有汇款业务,如何在条文中明确。

(人民银行上海分行)

(三)请考虑增加下列内容:

1. 在取消商业信用的原则上,可否考虑增加:公对公、公对私,不能以货币互相存款借贷,只能在国家指定的金融机关存储开户。

2. 对于个人借贷——特别是在农村中,本章中是否要照顾到限制高利贷的问题。

3. 结算存款的强制执行问题应作具体规定。即在什么情况下可以强制执行,强制执行的成立与撤销,强制执行的支付顺序等问题均宜明文规定。

4. 存款(包括借款)的利率有没有条件应作出决定,当然此处利率的决定,也只能提出最高限度,如果最高不超过年(月)利3%,如果有条件,还是明文规定出来为好。

5. 在第二、三条后,补充一款:"开户人账户内的资金余额,支付时,不论采用现金结算方式或非现金结算方式,应按照金融机关的结算办法办理之,但对于个人的存款支取,即对支现或转账应尊重取款人的意愿。"(东北财经学院)

(四)应加一条:"结算的具体手续按银行规定办理。"(国家经济委员会)

(五)本章增加一条:"承付人于银行通知承付后,在结算办法规定的承付期限内,既未表示拒付,也未表示承付,银行得视同默认承付。"

不论书面或默认承付,承付单位须按照结算办法的规定按时付款,如承付人账户款项不足,银行得从承付人账户中按下列支付顺序执行扣收:

1. 工资;

2. 上缴财政款项(税金、利润、折旧等);

3. 银行逾期贷款;

4. 到期货款。

此外,在扣收期间,银行对承付人尚应予以支付必须的周转金。至于周转金及支付顺序中工资、上缴财政款项的保留标准和办法,由行政法令公布施行。

对已承付未按时付款的结算当事人,银行得按其欠额以每日万分之五罚金,直接从其账户中扣收并转交收款人,以补偿其损失。至于购销双方自行规定的各种罚则,银行不予执行,由双方自行处理。

理由:当前某些单位拖欠货款的现象仍有发生,而甲单位的拖欠,就会影响到乙单位对丙单位的拖欠,因此,为了保证国家流动资金顺利周转和维护收款人的利益,发生拖欠授权银行按照支付顺序和按照欠额课以万分之五的罚金是完全必要的,也是可行的。(人民银行辽宁分行)

第一条 结算(账户)契约,就是中国人民银行、专业银行或信用合作社,接受开户人的委托,为它开立存款(存款、拨款或贷款)账户,代它向第三人进行结算的契约。

一、同意原案。(人民建设银行总行、财政部、人民建设银行山西分行)

二、对条文的修改和补充:

1. 第一条规定银行为开户人开立存款或贷款账户,未提及拨款账户,建议增加。(中国人民建设银行总行)

2. 第一条改为:"结算契约,就是中国人民银行、专业银行或信用合作社,接受开户人的委托,为它开立结算账户,代它向第三人进行结算的契约。"(财政部)

3. 建议将"存款账户"改为"结算(存款、拨款或贷款)账户",或将存款账户内容加入"结算",主要是对"存款"含意不够明确,同时文内多有结算账户,可以一致。(化学工业部)

4. 第一条改为:"中国人民银行、专业银行或信用合作社按照规定接受开户人的委托,为它开立存款(存款、拨款)账户,即成立契约关系。"

原条文括号内"贷款"可略去,因贷款内容属于债篇范围,而进行结算,存款账户已可概括。(人民银行上海分行)

5. "……为它开立存款……"的"存款"二字,因括号内已有了,可以取消,或以"结算"二字代替。首尾将"契约"字样删去后,最后一句可改为:"代它向第三人进行收付款项"。(人民建设银行山西分行)

6. 在"就是中国人民银行、专业银行"后增加"(以下简称银行)"字样,俾使与以后条文语气衔接。(人民建设银行天津分行、北京政法学院)

7. "……为它开立存款(存款、拨款或贷款)账户"改为:"为它开立结算(存款、拨款、贷款)账户"。(人民建设银行上海分行)

8. 本条改为:"凡国家企业、合营企业、机关、部队、社会团体、合作社以及个人在国家金融机关——中国人民银行、专业银行、合营银行、信用合作社的各级机构,因法令规定或个人意愿开立结算账户而形成的存款,不论存入款项的来源如何,其民事债权关系,依本法办理之。"(东北财经学院)

9. 本条改为:"国营企业、合营企业(全行业公私合营前的大型合营企业)、供销合作社、国家和地方预算拨款单位之间的相互结算,必须通过国家银行——中国人民银行、各专业银行按非现金结算办法办理结算,除依法准许的现金支付及非现金结算办法规定的金额起点以下的结算外,一律不得以现金自行结算。其货币资金必须存入在银行开立的结算账户或往来账户中。"(人民银行辽宁分行)

10. "接受开户人的委托"一句,已意味着在银行里立有账户,因此"为它开立存款账户"一句可删去,这样对结算契约的定义来说,更为明确。(商业部)

11. "……为它开立存款(存款、拨款或贷款)账户……"改为"……为它开立账户(包括存款、拨款或贷款)"。(人民建设银行四川分行)

12. 信用社是否是人民银行的委托机构? 如是的话,不如恢复原来的写法:"银行及其委托机构"。"接受开户人的委托,为它开立存款(存款、拨款或贷款)账户"可改为:"接受开户人的存款",因为开立账户是契约订立的结果和形式,不是权利义务内容。(北京政法学院)

13."代它向第三人进行结算"的提法不确切,应在该句前加"并根据提交的一定结算凭证"几字。(公私合营银行重庆分行)

三、主张删去本条。(中国人大)

第二条 凡依法必须参加现金管理的开户人,应当把它的货币资金存入中国人民银行或专业银行所开立的结算账户中,除了依法准许的现金付款外,开户人的款项收支,都应当通过银行进行非现金结算。银行必须履行开户人的委托,办理开户人的收款、付款和其他结算的一切事务。

另一意见:一、二两条可以合并。

一、同意原案。(人民建设银行总行、人民建设银行山西分行、商业部)

二、对条文的修改和补充:

1. 第二条规定开户人应当把货币资金存在结算账户,所谓结算账户的范围是否包括存款户和拨款户?建议予以明确。(人民建设银行总行)

2. 第二条改为:"凡在银行或信用合作社建立结算账户的开户人,在付款的时候,除在规定范围内可以现金支付外,应当通过银行或信用合作社进行非现金结算。银行或信用合作社必须履行开户人的委托,办理开户人的收款、付款和其他结算的一切事务。"(财政部)

3. 第二条"……开立的结算账户中",应将"结算"二字删掉,因开户人在银行所开账户很多,如专业银行所存款项有存款、预算拨款、抵拨资金、预收款项等,所开账户名称不一,把"结算"二字删去更明确适用。(人民建设银行辽宁分行、复旦大学)

4. 对第二条有两点意见:

(1)在"应当把它的货币资金存入中国人民银行……"之前,加上"除依法准许的库存限额外"一句,使与现金管理的规定相一致并易明确;

(2)为使开户人的委托有范围,对"银行必须履行开户人的委托"一点,拟修改为"银行必须依照双方约定履行开户人的委托"。(人民银行上海分行)

5. 所列其他结算应明文说明包括哪些,以资明确。(纺织工业部)

6."银行必须履行开户人的委托……结算的一切事务"一句,请再明确,以免执行中纠缠不清。(人民银行陕西分行)

7. 第二条需规定银行对参加现金管理的开户人核定现金库存,因此本条可改为:"……应当把货币资金除准予保留限额外,均需存入……"(人民银行天津分行)

8."银行必须履行开户人的委托"一句改为:"银行必须履行开户人按照银行结算办法规定所提出的委托"。(人民银行广东分行)

9."除了依法准许的现金付款外"一句,在付款前加一"收"字较为明确。(中国银行广州分行)

10."凡依法必须参加现金管理的开户人"一句中的"开户人"改为"社会主义组织与团体"字样,俾使与第三条"不参加现金管理的社会主义组织、团体和公民"的语气一致;并将"中国人民银行或专业银行"改为"银行"二字。(人民建设银行天津分行)

11. 第二条改为:"凡依法必须参加现金管理的开户人,依法委托办理的结算,双方权利义务,也准用本章各条的规定。"(四川省高院部分同志)

12. 本条改为：" 银行应履行开户人的委托，办理开户人的结算事务。"（人民银行总行）

13. 本条是否可规定得灵活一些，可改为："……开户人委托经银行同意……"，或者说明在银行工作可能范围内予以办理。（人民银行北京分行）

14. 本条改为："开户人有遵守金融机关为结算存款而制定的业务规章的义务"，并补充："金融机关对于开户人的款项收支，应按开户人的委托，根据适当结算方式，代为办理收款、付款和其他结算事务。

金融机关对于开户人的存款是否给予利息，对于开户人代办结算是否收取手续费，应按金融机关的业务规章办理。但如有特殊约定者，从其约定。"（东北财经学院）

15. 本条改为："国家银行为国营企业、合营企业、供销合作社及从事企业经营的单位开立结算账户。开立结算账户的单位必须是实行经济核算制的，具有流动资金和资产负债表的经济组织。开立结算账户时必须向国家银行提出下列证件：

(1) 上级单位证明其为经济核算制单位的文件；

(2) 企业公章、主管（或财会主管）等支配资金权的印鉴。

国家银行为机关、团体、部队等仅有经费开支的单位，开立往来账户。

各单位在银行开立的结算账户或往来账户，以一个单位开立一个户为原则。"（人民银行辽宁分行）

16. 最后一句改为："银行必须办理开户人的收付款结算及其有关事务"。另外有几个问题，提请考虑：

(1) 开户人的现金除存入结算账户外，不知是否还可存入别的账户？如往来账户等？如有，则文字应修改。

(2) 开户人对一定限额以下或特定项目的结算，是否也可以通过银行现金结算？如发放工资。如有，则"都应通过银行进行非现金结算"的提法就不妥了。（北京政法学院）

三、对第二条"另一意见"的意见：

1. 不同意"另一意见"。（公私合营银行、农业银行、建工部、交通部、北京市高级人民法院、上海财经学院龚浩民、人民建设银行辽宁分行部分同志、化学工业部、国家计划委员会、人民建设银行山西分行、人民银行陕西分行、人民银行天津分行、第二机械工业部、人民银行总行、人民银行北京分行、复旦大学、人民建设银行四川分行、北京政法学院）

理由：

(1) 第一条是说明结算契约，第二条是说明结算事务，分别两条，比较清楚。（公私合营银行）

(2) 第一条与第二条合并问题，因为第二条与第三条应该并列，第二条是说参加现金管理的开户人必须通过银行办理非现金结算；第三条是说没有参加现金管理的开户人，在自愿经银行同意才可以办，所以第二条不宜与第一条合并。（农业银行）

(3) 第一、二条不必合并，因为第一条是规定契约的意义，第二条是规定依法必须参加现金管理的开户人与银行的关系，内容不同，所以仍应分别规定。（交通部、北京高级人民法院）

2. 同意"另一意见"。（公私合营银行西安分行、人民建设银行辽宁分行部分同志、陕西省高院、四川省高院部分同志、国家经济委员会）

四、主张删除本条。(中国人大、四川省高院部分同志)

理由:第二条规定的基本内容是国家对现金管理的财政方面的问题,规定在民法典里不适当。(中国人大)

第三条 凡在银行或信用合作社开立存款账户而不参加现金管理的社会主义组织、团体和公民,只有在开户人自愿委托和银行或信用合作社同意的时候,才可以在约定范围内办理非现金结算。

一、同意原案。(陕西省高院)

二、对条文的修改和补充:

1. 将此条挪到最后一条,便于分别参加现金管理的应如何办理,不参加者应如何办理,条文集中。(人民建设银行辽宁分行部分同志)

2. "……团体和公民……"一句中,"和"字可改为"以及"两字,以示公民与团体有所区别。(人民银行上海分行)

3. "只有在……办理非现金结算"一段可改为:"只有在开户人依照银行或信用合作社结算办法的规定,自愿委托的时候,才可以在约定范围内办理非现金结算"。(公私合营银行天津分行)

4. 本条改为:"自愿委任的结算契约,应该以书面订立。"(四川省高院部分同志)

5. 本条改为:"金融机关对开户人账户内的资金周转情况,除国家检察机关、法院等特许者外,有为开户人保守秘密的义务,不得任意向第三人宣泄,否则以泄露机密论。"并补充:"开户银行对开户人账户内的结存余额,应维护开户人的利益、应保证绝对安全。非经开户人承认付款者不得动支,但经法院判决或公断决议者,例外。

支款应凭开户人开支款凭证才能支付,但经开户人与金融机关另有约定者,从其约定。"(东北财经学院)

6. 本条改为:"农业生产合作社、手工业生产合作社、公私合营企业、合作商店、小商贩,可以在国家银行或信用合作社开立存款账户,只有在开户人自愿并经银行或信用社的同意,才可在约定范围内办理非现金结算。"(人民银行辽宁分行)

三、主张删去本条。(财政部、四川省高院部分同志、复旦大学)

第四条 银行或信用合作社在办理结算的时候,可以收取手续费,也可以不收取手续费。

另一意见:本条可以不要。

一、同意原案。(财政干校、中国人民建设银行总行、北京市高级人民法院部分同志、化学工业部、人民银行总行、人民银行北京分行、人民银行湖北分行、人民建设银行四川分行)

理由:

1. 如保留十一条,则本条应同样予以保留。(人民建设银行总行)

2. 本条可保留,因为规定"可以收取手续费"并不是一定收,具体收否可在开户人立约时加以规定。(化学工业部)

二、对条文的修改和补充:

1. 就规定收手续费的范围。条文本身不能含糊灵活。有些人的意见收取手续费应依国务院的命令执行,此处不作规定。(人民建设银行辽宁分行)

2. 结算手续费问题应规定具体条件。(国家计委会、纺织工业部、财政干校)

3. 改为:"根据结算办法之规定办理"。(人民银行陕西分行)

4. "……也可以不收取手续费"一句,可以不要。(人民建设银行上海分行、人民银行辽宁分行)

5. 本条与第二条合并。(东北财经学院)

6. 本条改为:"银行或信用合作社在办理结算的时候,应该依照法律规定收取手续费,如果法律没有规定的时候,就依照约定办理。"(复旦大学部分同志)

三、同意"另一意见"。(公私合营银行、建工部、北京市高级人民法院部分同志、财政部、交通部、农业银行、公私合营银行西安分行、上海财经学院龚浩义、公私合营银行天津分行、辽宁省高院、人民建设银行山西分行、陕西省高院、人民银行天津分行、人民银行广东分行、第二机械工业部、中国银行广州分行、人民建设银行天津分行、四川省高院部分同志、人民银行甘肃分行、国家经济委员会、复旦大学部分同志、商业部、北京政法学院、公私合营银行重庆分行)

理由:

1. 本条不要。因为法律条文是说明权利和义务,至于服务工作的手续费,可在银行结算办法中规定。(公私合营银行总行)

2. 银行在办理非现金结算时,最好不收取手续费,而且通过银行办理结算的最低额度来加以限制。(上海财经学院龚浩义)

3. 本条没有明定什么情况才必需收费,作用不大,所以可以删去。(四川省高院部分同志)

第五条 开户人对于存在结算账户中的金额有处分(或支配)的权利。银行对于开户人结算账户中的存款,非经开户人同意,不得动支。但根据国务院的行政措施、决议、命令、法院的判决和公断机关的公断必须执行扣款的时候,不在此限。

一、同意原案。(财政部、陕西省高院)

二、对条文的修改和补充:

1. 括弧内(或支配)三字去掉,"根据国务院的行政措施、决议、命令"改为"根据法令的规定"。(财政部)

2. 删去"或支配"三字。(北京市高级人民法院)

3. "处分的权利"的字眼儿应予考虑。(人民建设银行辽宁分行)

4. "不在此限"范围内加入"按照双方合同规定条件的扣款",例如依照合同规定,由银行在结算存款账户中扣收开户人应付的款项。(化学工业部)

5. 但根据国务院的行政措施……不在此限"一节中,为更符合各地、各部以及银行贷款到期扣款的实际情况起见,可改为:"但根据政府和开户人的主管部门的行政措施、决议……和公断机关的公断以及到期放款和利息等必须执行扣款的时候,不在此限。"(人民银行上海分行)

6. 将本条括号内的"或支配"三字删去,并将"但根据国务院……公断机关的……"一句改为:"但根据国务院的行政决议、命令、法院的判决(和解)和公断机关的……"。(辽宁省高院)

7. "处分"两字改为"使用"或"支配"较妥。(纺织工业部、人民银行山西分行)

8. "处分"字意不通俗,可改为"处理",括号内"或支配"三字也可不要。(人民建设银行山西分行)

9. "银行对开户人……不得动支"这一段肯定办理结算应经过开户人的同意这一原则是对的,但有些结算是可以根据开户人事先签订的合同来由银行主动进行结算的,如托收无承付,扣收延付滞纳金等,这种虽然也可解释为开户人事先同意,但在条文上的解释是不够明确的,请作补充修正。(人民银行陕西分行)

10. "处分"改为"处理"。扣款范围增加"……以及对银行的逾期放款本息……",同时把扣款的支付顺序订入。(人民银行天津分行)

11. "……处分(或支配)……"改为"有支配……"。(第二机械工业部)

12. "……开户人动用账户资金的合法性……"①改为"开户人动用结算账户存款的合法性"。(人民建设银行上海分行)

13. 本条与第三条合并。(东北财经学院)

14. 本条改为:"开户人对存在结算账户中的款项有处分(或支配)的权利,银行对开户人的存款,非经开户人同意不得动支。但开户人具有下列情形之一者,银行可不经开户人同意从结算账户进行支付:

(1)根据有关财政机关的命令追索财政上缴款(税款、利润等);

(2)根据法院判决或公断机关公断追索的欠款和赔款;

(3)银行追索逾期贷款(包括利息)。

开户人违反法律使用资金时,银行可不予支付。"(人民银行辽宁分行)

15. "处分"改为"处理"或"支配"。(人民银行总行、人民银行湖北分行)

16. 在"……公断机关的公断……"后加"或双方当事人的契约规定必须执行扣款的时候……"。(商业部)

第六条 银行在办理结算的时候,对于依法必须参加现金管理的开户人动用账户资金的合法性应当根据国务院的指示、决议、命令,进行监督。

另一意见:本条可以不要。

一、同意原案。(北京高院、建工部、公私合营银行、化工部、中国人民建设银行、人民建设银行辽宁分行、国家计委会、纺织工业部、人民建设银行山西分行、陕西省高院、人民银行天津分行、人民银行山西分行、人民建设银行天津分行、国家经济委员会、商业部、人民建设银行四川分行)

理由:

---

① 本句为第六条的内容。

1.第六条监督问题,仍应列入,因为监督工作是结算中的特点,所以有指出的必要。(公私合营银行)

2.关于银行办理结算中应对开户人动用款项的合法性进行监督的规定,建议加以保留,并与第五条开户人对存款有处分权的规定并为一条,以免将开户人有处分权误解为可以不受银行的监督。(中国人民建设银行)

3.本条保留,因为过去对有些公家单位非法动用资金(例如买私人房屋)缺乏足够监督。(北京高院)

4.本条应予保留。因专业银行的基本职能是对各开户单位是否合理使用资金而进行必要的监督,因之在此处明确规定较宜。(人民建设银行辽宁分行、山西分行)

二、对条文的修改和补充:

1.第六条只提出了银行的监督权,但未提出如何监督,这样好像民法可以授予银行以监督权似的,因此请考虑本条的规定,银行在结算方面(也就是在民事关系方面)如何实现由财政法规的①银行的货币监督权问题,如开户人不合法的动用账户资金时,则不予结算,等等。此条规定可参考《货币管理实施办法》第十五条处理。(中国人大)

2.本条规定对开户人"动用资金的合法性"进行监督,无论从法令和过去工作中,这一条都找不到根据,只有对动用现金,有法令规定,银行要进行监督。(人民银行总行)

3.本条应进一步明确监督的范围。(人民银行广州分行、人民银行北京分行)

4.对于银行进行监督的范围和权限,应作明确规定,如银行依法不同意在开户人账户内扣款时,银行有无停付、延付的权限? 又如银行依法在开户人账户内扣款时,对开户人上级机关的通知,银行是不是可以据以扣款?(人民建设银行上海分行)

5.本条改为:"金融机关对于开户人账户内的收支情况,有权利根据金融政策检查其合法性,必要时,亦可以向开户人或有关方面提出意见,以发挥一定的监督作用。"(东北财经学院)

6.本条如不要,应将内容写进其他条文中。(国家经济委员会)

三、同意另一意见。(农业银行、财政部、交通部、公私合营银行西安分行、辽宁省高院、人民银行陕西分行、第二机械工业部、四川省高院部分同志、人民银行甘肃分行、复旦大学部分同志、人民银行辽宁分行、人民银行湖北分行、北京政法学院)

理由:

1.第六条对参加现金管理开户人动用账户资金的监督问题,我们认为这是属于行政法范围以内的事情,只要国务院有了规定,银行可以进行监督。发现动用资金不合法时,银行只能阻止,或向有关部门反映情况,而不能直接使用法律,所以这一条可以不要。(农业银行)

2.第六条可不要,将其精神并入第五条内。(人民银行甘肃分行)

第七条 银行或信用合作社办理结算的时候,必须根据开户人签发的结算凭证。结算凭证的种类和应该记载事项,依照银行或信用合作社结算办法的规定。

---

① 原件如此,或为"财政法规定的"之误。

一、同意原案。(陕西省高院、人民银行辽宁分行)

二、对条文的修改和补充:

1. 第七条改写为:"银行或信用合作社办理结算的时候,必须根据开户人签发的合法结算凭证,如果根据不合法的结算凭证致开户人受到损失的时候,应当负赔偿责任。"(财政部)

2. 在"银行或信用合作社办理结算的时候"之后应加列"除第五条有关规定和托收承付凭证外"则含义比较完整。(人民银行上海分行)

3. 办理凭证的签发权不仅限于开户人,银行及对方根据合同规定所签发的凭证亦可作为结算的依据,请将此条作适当补充修正,并可考虑与第五条合并。(人民银行陕西分行)

4. "必须根据……结算凭证……"一句不够完全,应补充"……以及开户人同意付款的委托证明或经开户人订立同意付款的合同由收款人签发的结算凭证"。(人民银行天津分行)

5. 本条改为:"结算凭证的种类,和应该记载的事项以及传递制度等,由金融机关制定之,一经公布施行,开户人有执行的义务。"(东北财经学院)

三、主张删去本条。(人民建设银行总行)

第八条 结算凭证一律为记名式,不许流通转让。

一、同意原案。(财政部、陕西省高院、东北财经学院、人民银行辽宁分行)

二、对条文的修改和补充:

1. "结算凭证一律为记名式"一句中"记名式"可以不提,因有些凭证是可以不记名的。(人民银行上海分行)

2. 在"……不许流通转让"后面增加"并须在指定期限内在开户行办理结算"。(人民银行山西分行)

3. "不许流通转让"前加上"并且"二字。(东北财经学院)

4. 将本条列作第七条二款。(商业部)

5. 结算凭证是否包括支票? 支票依现行结算规则可以用不记名方式,也可以转让的。(北京政法学院)

三、主张删去本条。(人民建设银行总行)

第九条 开户人签发付款结算凭证的时候,不得超过在银行账户中的存款余额或贷款和拨款限额;如果超过,应负法律责任。

一、同意原案。(财政部、陕西省高院、东北财经学院)

二、对条文的修改和补充:

1. 在结算账户存款不足支付时,规定强制偿付的程序,以免混乱。(上海财经学院龚浩成)

2. "贷款"字样可以不列。(人民银行上海分行)

3. 将"……存款余额或贷款和拨款限额"改为"……存款余额、拨款限额、结余或贷款结余"字样,如此,既与原第一条括号内的次序一致,也在意义上更确切一些。(人民建设

银行天津分行）

4. 应负法律上的什么责任,请明确。（东北财经学院）

5. 本条改为:"开户人签发付款结算凭证时,不得超过在银行账户中的存款余额或贷款限额（指直接从贷款账户中支付贷款者）,如果超过,应按签发凭证金额处以1%罚金交纳国库。

开户人没有发货或没有提供劳务供应而签发空头委托收款凭证者,应按凭证金额处以2%的罚金交纳国库。

签发空头付款或收款凭证而使对方遭受损失时,应按民法债篇规定,由签发单位负赔偿责任。"

理由：

因为在实际中违反结算纪律的情况较多,特别是签发空头支票,沈阳在1月10日、11日两天中即发现了空头支票18笔,有的百货公司一天就发生空头支票4笔,内中一笔金额达34 350元。所以本条规定处以1%罚金,可以促使这种现象减少,保证收款人的利益,也便于银行顺利地进行结算。第二款规定的情况目前还不多,但这属于一种骗取性质,所以主张课以2%罚金。（苏联是5%）（人民银行辽宁分行）

三、主张删去本条。（交通部）

理由：

第九条应当删去,因为"付款结算凭证",如果是属于支票性质,则刑法典草案中已有处罚的规定;如果不属于支票性质,则在银行方面只能拒绝支付;设已支付,并有权追偿或请求损害赔偿;自可根据民法上的规定办理,开户人并不负刑事上的责任。（交通部）

第十条 开户人签发结算凭证的时候,如果因为记载错误,发生损失,应由开户人负责。

开户人委托他人签发结算凭证的时候,如果因为记载错误而发生损失,开户人和代签发人应负连带责任。

一、同意原案。（财政部、陕西省高院、人民银行陕西分行部分同志、东北财经学院、人民银行辽宁分行）

二、对条文的修改和补充：

1. 本条第二款不应由开户人与代签发人员负连带责任,应把两款合并改写："开户人本人或委托他人签发结算凭证的时候,如果因为记载错误而发生损失,应由开户人负责。"因为开户人委托他人签发可能是单纯委托关系,也可能是由于劳动契约关系,一概规定负连带责任不妥,而且这只是他们二人之间的问题,不应影响第三人。（北京市高院、复旦大学）

2. "如果因为记载错误"可以改为："如果因为结算凭证记载错误或开户人其他错误"（如发生货品质量不符遭到拒付）。（化学工业部）

第十一条 银行或信用合作社在办理结算过程中,如果因过失发生差错而使结算当事人受到损失的时候,应负赔偿责任。

一、同意原案。(财政部、陕西省高院、东北财经学院)

二、对条文的修改和补充:

1. 关于银行在结算过程中发生差错,我们同意应该赔偿,但为便于执行,建议在条文内补充规定"关于银行赔偿的范围和具体处理办法由银行规定"。(中国人民建设银行)

2. 此条应作适当明确,规定赔偿的范围,具体意见应该以利息计算较为恰当。(人民银行陕西分行部分同志)。

3. 将本案与第十条合并一条:"在办理结算过程中,如因开户人或其代理人之错误发生损失,应该由开户人负责或赔偿(代理人应负连带责任),如因银行或信用合作社的过失发生损失时,由银行或信用合作社负责赔偿。"理由是:这样可概括全面。(人民银行陕西分行)

4. 十一条改为:"……如果因过失发生差错而使结算当事人受到直接的财务损失,应负赔偿责任。"(人民银行天津分行)

5. 本条应明确规定银行只负赔偿存款或放款利息计算的损失。(人民银行山西分行)

6. 本条应规定一定的赔偿率。(人民银行北京分行)

7. 本条规定明确一些,或者将"赔偿责任"改为"经济责任或行政责任"。(人民建设银行上海分行)

8. 应加注:应按什么标准负赔偿责任。(东北财经学院)

9. 本条改为:"银行在办理结算过程中,因积压、划拨等差错而使结算当事人受到资金上的损失时,应负赔偿责任,赔偿标准应按结算当事人遭到资金损失的性质按放款或存款利息计算。"(人民银行辽宁分行)

第十二条 承付的开户人对银行转来的结算凭证不同意付款的时候,必须在银行结算办法规定的期限内,向银行提出理由,拒绝支付。

银行在接到承付开户人的拒付通知后,应当根据承付开户人所提出的拒付理由和有关证件,进行审查。如果认为拒付理由成立,应当分别通知托收和承付的双方开户人;如果认为拒付理由不成立,银行应当向承付的开户人提出应支付的意见,在承付的开户人仍拒绝支付的时候,应及时通知托收的开户人。

一、同意原案。(陕西省高院)

二、对条文的修改和补充:

1. "……必须在银行结算办法规定的期限内……"可以将"银行结算办法"六字去掉。(财政部)

2. 对承付的开户人拒付时可能发生部分账款可以承付,部分账款因数量质量问题拒付,应明确分别处理。(化学工业部)

3. 第十二条第二款末句后应加"在规定的期限未向银行提出拒付与否的意见时,银行视同同意承付、代制结算凭证代托收的开户人收款"一句。(人民建设银行山西分行)

4. "……如果认为拒付理由不成立……开户人"一句应改为:"如果认为拒付理由不成立,银行虽未取得承付开户人的完全同意,即可代承付开户人执行支付"。(二机部)

5. "……应及时通知托收的开户人",我们考虑应改成"通知托收人的开户银行转知托

收的开户人"。(人民银行山西分行)

6. "……理由成立……"改为"……理由能够成立……", "……理由不成立……"改为"……理由不能成立……", 这样词句较顺一些。(人民建设银行天津分行)

7. 本条第二款改为: "银行在接到承付开户人的拒付通知后, 应及时通知托收的开户人", 因为银行审查拒付理由, 提出理由并无强制支付之权, 增添麻烦, 并无作用。(四川省高院部分同志)

8. 本条增加, "托收或承付的任何一方如不同意银行意见时, 双方应自行解决"的内容。(人民银行甘肃分行)

9. 本条改为: "开户人对其账户内的资金有请求停止付款, 拒绝付款的权利, 金融机关对于停付、拒付的理由有依据银行业务规章的规定, 或收付款人的约定进行审查的权利, 并且在时效内对停付、拒付的请求有决定是否成立的权限。但超过货币结算的约定事项以外者, 金融机关不负仲裁的责任。

拒绝承付的商品或物资如已到达购买单位时, 为保护国家财产不受损失起见, 这些商品或物资应由购买单位代为保管。"(东北财经学院)

10. 本条改为: "承付的开户人对银行转来的结算凭证不同意付款时, 必须在银行结算办法规定的承付期限内向银行提出拒付理由书。银行接到承付开户人的拒付理由书后, 有权根据有关证件审查拒付理由能否成立。如认为拒付理由成立, 银行得向承付开户人提出应支付的意见, 如承付人仍坚持拒付, 必须由其经理或厂长签具意见并负全责, 银行方可受理并通知托收人, 托收人对承付人坚持拒付有意见时, 应由民法加以调整, 通过法院或公断机关解决。"(人民银行辽宁分行)

11. 本条第二款三句改为: "如果认为拒付理由不成立, 银行应当向承付的开户人提出应支付的意见, 在承付的开户人仍拒绝支付的时候, 银行可根据双方当事人的契约规定, 并应及时通知承付的开户人。"(商业部)

12. 为了保证托收人能及时取得款项, 如果认为拒付理由不成立, 银行应当向承付的开户人提出应支付的意见, 必要时银行可在承付的开户人账户办理扣款手续, 否则应由银行及时通知托收的开户人。

13. 对本条补充下列意见:
(1)承付开户人所提出的拒付理由是否成立的标准应该明确, 具体意见是:
①除合同或契约规定的拒付理由以外, 其他理由均不成立。
②除按照国家规定的理由可以提出拒付外, 其他理由均不成立。
③ 合同或契约内无规定, 国家也没单独规定时, 按银行有关结算办法中的规定办理。
(2)如果承付的开户人提出的拒付理由不成立时, 银行有权由承付开户人的存款内拨付给托收开户人。
(3)承付的开户人拒付后, 托收开户人已发运到达的货物, 承付开户人有保管其完整妥善的责任, 银行对承付开户人这项义务负有监督责任, 这才能保证托收开户人的权益。(煤炭工业部)

三、主张删去本条。(人民建设银行总行、人民银行总行、复旦大学)

1. 删去本条所规定的托收承付的具体手续。(中国人民建设银行)

2. 删去本条，因本条精神已在第五条中规定，而且本条仅限于托收承付结算办法，运用范围太小。（人民银行总行）

第十三条 因承付的开户人拒绝支付或者因付款后发现托收的开户人有违反结算当事人间所订立的契约而不能解决的时候，托收或承付的开户人可以通过公断机关、法院向对方提出请求追索或赔偿。

一、同意原案。（北京市高级人民法院部分同志、陕西省高院、人民银行辽宁分行）
理由：本条是指明处理方法，应该规定。（北京高院部分同志）
二、对条文的修改和补充：
1. 本条改写为：承付的开户人不在规定期限提出拒付理由，或银行、信用合作社不照规定期限通知托收或承付的开户人，以致托收的开户人受到损失的时候，都应当负赔偿责任。（财政部）
2. 本条改写为："结算当事人一方在办理结算中有违反结算当事人间所订立的契约而不能解决的时候，另一方可以通过公断机关、法院向对方提出追索或赔偿。"（人民银行总行）
3. 本条所规定的"公断机关"最好明确是哪些部门，因为目前存在的问题是甲地的仲裁机关不能解决本地与乙地有关的纠纷。（人民银行湖北分行）
4. 条文中"当事人间所订立的"八字可删去。（商业部）
三、主张删去本条。（中国人大、北京高院部分同志、人民银行天津分行、复旦大学）
1. 第十三条的规定似乎与结算无实质上的关系，只是普通的契约不履行问题，是否有必要在本章内加以规定？（中国人大）
2. 本条可以不要，因为在一般契约的规定中就应有这项。（北京市高院部分同志）
3. 本条内容是开户人之间的交易纠纷，并非开户人与银行之间的关系，可以删去。（人民银行天津分行）

第十四条 依法必须参加现金管理的开户人在银行开户后长期没有款项收付而账户还有余额的时候，或委托银行汇出款项，领款人长期不来领取，同时开户人的账户已经撤销无法退回的时候，银行可自开户人最后一次收付款项的当日或自汇款凭证签发的当日起满一年后，应当把它作为无人认领的款项提缴国库。

一、同意原案。（陕西省高院、东北财经学院、人民银行辽宁分行）
二、对条文的修改和补充：
1. 本条改写为：开户人如果系国家机关、企业、事业单位，在银行开户后有下列情况之一的时候，银行可自开户人最后一次收款付款的当日或自汇款凭证签发的当日起满一年后，把它作为无人认领的款项提缴国库：
（1）长期没有款项收付而账户还有余额的；
（2）委托银行汇出款项，领款人长期不来领取，同时开户人的账户已经撤销无法退回的。（财政部）
2. 本条文字意思不明确。"同时开户人的账户已经撤销无法退回的时候"是否尚指第二种情况而言,如是,那么在"或委托银行……"之前应该是用分号。因为据我们理解,在第一种情况下,如果账户撤销,则在撤销时就应该把款退回,而不发生不能退回的情况,不应归国库。如果是指两种情况,那么,我们认为第一种情况下,账户撤销,机关不一定不存在,也应退回原单位。(北京高院)

3. 在本条文中应进一步明确"无法找到授理人①(或单位)时"等字样较好。(人民建设银行辽宁分行)

4. 银行对开户人长期无收付款项,账有余款或汇出款项,领款人长期不来领取应由银行办理一定通知手续限期领取,而不领取或开户人住址变动无法通知者,逾期才提缴国库。(化学工业部)

5. 汇款长期不领取或因开户人账户已经撤销无法退回时,银行应进行查找,如确实无法查找时再提缴国库。(国家计委会、国家经济委员会)

6. 本条最后应加"在提缴国库后,一年内,若原存取款人,提出证明原因,申请领取款项时,经过一定机关批准,可以提取,逾期无效"。(中国银行广州分行)

7. 本条内容不易理解,在词句上应修改一下。(人民银行北京分行)

8. 对于个人储蓄,不应受此条约束。(东北财经学院)

9. 本条应规定银行要办理一定期限的招领手续。(商业部)

---

① 原件如此。

（十三）供　应

供应（第一次草稿）

概　念

第一条　供应合同是社会主义组织之间根据国家产品分配计划，并为执行这个计划，一方（供应方）在规定期限内，将一定数量的产品供应另一方（需要方），而需要方应该接受此项产品，并付给规定的价金。

有的同志主张：既根据国家产品分配计划，计划中对供应的期限和价金均有规定。因此，本条内不要"规定"二字。

适用范围

第二条　为了加强计划纪律，提高产品质量，改进品种和进一步巩固经济核算制，国家企业、国家机关、合作社组织以及国家企业或机关所拥有股份的企业（公私合营企业）都有订立供应合同的义务。但此项义务不适用于建筑、安装工程方面提供服务的社会主义企业（建筑工程的企业）以及国家法令特别允许不需要签订供应合同的社会主义企业。

有的同志主张：此条不要。

种类、主体

第三条　供应方和需要方应该按照下列规定，分别签订总体合同、具体合同和直接合同：

（一）总体合同由国务院批准的国家国民经济供应计划所列中央一级和省（市）一级的申请单位之间签订。

（二）具体合同由总体合同的供应方和需要方的下级组织签订。

（三）直接合同是在供、需之间只有一方是中央的组织，或者上级组织在签订总体合同中没有包括下级组织所需要产品的情况下签订。

合同形式

第四条　供应合同应该用书面形式订立。

合同内容

第五条 供应合同的主要内容应该订明：
总体合同：
（一）供应产品的分类品种、全年分季数量及质量标准；
（二）需要部门提出和指定产品订货文件的办法和时间；
（三）供应部门签发订货通知和文件的时间；
（四）确定双方所属的地方单位签订具体合同；
（五）不遵守合同的罚则。
具体合同和直接合同：
（一）分季分月供应产品的分类品种、数量和质量标准。必要时可以注明详细品种、规格和样本；
（二）履行合同的时间、地点和办法；
（三）产品的价格、总金额和结算办法；
（四）违反合同条款及不履行合同的罚则。

签订时间

第六条 总体合同应该在国务院批准国家国民经济供应计划后30天内签订；具体合同和直接合同应该在60天内签订。

程 序

第七条 总体合同的需要方应该在国家国民经济供应计划批准后7天内，直接合同应该在39天内提出签订合同条件。具体合同的需要方应该在总体合同签订后7天内提出签订合同条件。供应方收到签订合同条件后7天内拟出合同草案，一式两份送交需要方。

另案：需要方应该在规定签订合同期限届满前21天以前提出签订合同的条件送交供应方。供应方接到后7天内拟出合同草案一式两份送交需要方。

第八条 需要方收到合同草案后，应该在合同草案上签字，并在7天内送还供应方。

如果需要方不同意合同草案中的某些条件，也必须在合同草案上签字，但可以提出异议书，连同合同草案一起送还供应方。

供应方收到异议书以后，如果同意异议书的条件，应该在7天内通知需要方；如果不同意也应该通知需要方各报上级组织解决或者依照规定程序提交国家公断机关解决。

供应产品数量和品种的确定

第九条 供应产品的数量和品种应该根据国务院或人民委员会批准的产品分配

计划规定的数量、品种来确定。

分配计划中的产品不经过国务院或人民委员会批准的,可以由供、需双方协商确定。

第十条 确定产品分季分月的具体数量、品种可以由双方协商。但不得超过分配计划及总体合同规定的数量。

第十一条 需要方申请产品的数量和品种,如果超出分配计划,必须经过核准分配计划的机关批准。

供应原则

第十二条 合同中如无特殊规定,季度内的产品数量、品种,供应方应该按月平均供应;需要方应该按月平均提取。如果供应或提取不足,应在下月补交或提取,对于补交或提取部分应该负迟延责任。

产品的使用原则和多余产品的处理

第十三条 需要方应该按照规定的用途使用产品。

如果产品有多余,需要方有义务交给原供应方另行分配给其他单位使用。

质量标准

第十四条 供应产品的质量应该按照国家规定的标准和技术条件;国家没有规定,可以由双方协商确定。

价　格

第十五条 产品价格应该按照国家规定的调拨价格,违反国家规定价格的条款,无效。

如果国家没有规定价格的产品,在合同中应该订明作价办法,或者按照新产品作价现行程序来决定价格。

履行日期

第十六条 按季按月供应的产品,必须在合同中订明具体履行日期。如果没有约定,应该在季末或月末的5日前全部交付。

有的同志主张:"如果没有约定……全部交付"一段不要。

交货日期的计算

第十七条 交货日期的计算,如果是陆运或水运产品的,以运输部门受理运单的戳记日期为准。

如果去供应部门仓库提货或者由供应部门向本埠需要单位发货的,以需要单位提取产品收据的日期为准。

迟延供应

第十八条 如果合同没有其他约定,供应方不按期供应产品,需要方有权在通知供应方以后,拒绝接受过期交付的产品。但是,供应方在接到需要方通知以前已经发送的产品,需要方应该接受并支付价金。

提前供应

第十九条 供应方如果没有得到需要方的同意,提前发送产品的此种情况下,需要方也应该接受,但可以拒绝提前支付价金。对提前日期内产品的保管费由供应方负担。

产品的包装

第二十条 供应的产品应该由供应方按照国家规定的标准进行包装,并在包装物上标上标志。如果产品需要特殊包装,可以由双方协商确定。

第二十一条 如果合同中没有其他约定,交付产品时所需要的包装用品和容器,应该由供应方负责,但需要方用后应该及时返还供应方。如果需要方自备包装用品和容器,应该在约定期间内送交供应方,并保证合乎包装使用,供应方应该免费检验和保管。

供应方式

第二十二条 供应产品应该按照国家规定的直达供应限额(装满一车皮)进行直达供应;不足直达供应限额的零星订货,可用小额方式供应。如果合同没有其他约定,运送产品的费用,由需要方负担。

产品的瑕疵和处理

第二十三条 需要方接受产品的时候,应该进行检验,发现瑕疵,属于同城供应的产品,应该立即通知供应方;属于异地供应的产品,应该邀请非有关单位到场见证,作出产品瑕疵记录和意见书,并在10天内寄交供应方。

第二十四条 如果合同中没有其他约定,对于不易发现或者不能立即发现瑕疵的产品,需要方在使用过程中发现了瑕疵,应该按照第二十三条的规定通知供应方。但不能迟于领取产品以后六个月。

第二十五条 供应方接到需要方对产品瑕疵的通知和意见书后,应该在5天内派人前去检验或者通知需要方表示承认。否则,即认为供应方承认产品的瑕疵。

第二十六条 供应方会同检查所供应的产品确实没有瑕疵或者瑕疵是由于需要方保管不善或者使用不当所造成,需要方应该负担由于检验产品而产生的一切费用和迟延付款的责任。

第二十七条　如果产品的瑕疵应该由供应方负责的,需要方有权请求调换产品或者负责修理或者按质论价,并且可以请求赔偿因产品瑕疵所造成的直接损失。

另案:将第二十三至二十七条合并写一条:

双方如果没有其他约定,产品质量的瑕疵,如果在验收时不易发现,则自验收后六个月内,需要方有权向供应方请求调换合用产品,或者按质调价,或者免费修理。由此所引起的损失,都由供应方负责。

保管责任

第二十八条　对有瑕疵的产品,或者不是需要方订购的产品,需要方在供应方没有处理以前有责任代为保管。保管费由供应方负担。

需要方代为保管的产品不能动用,否则,供应方不负责任。但是该项产品容易腐坏、变质的,需要方为了保护国家财产,有义务作适当处理。

结算办法

第二十九条　供应方和需要方对产品进行结算的时候,只能采用划拨清算的办法,不能以现金进行结算。

供、需之间禁止赊欠或给付预付款或定金的办法来供应产品,必要的贷款只能通过银行借贷。

注:服务性的技术供应如加工是否要给定金,还待研究。

结算单位

第三十条　如果合同没有其他约定,供应产品的结算单位应该由发货单位与收货单位——付款单位之间直接进行结算。

直接合同或具体合同的需要方应该对他指定的收货单位——付款单位负连带责任。

拒付货款的规定

第三十一条　如果合同没有其他约定,需要方——付款单位无权拒付货款,但下列情况例外:

（一）发货单位所发的产品不是付款单位订货的产品,可以全部拒绝付款;

（二）付款单位已经付过货款,可以全部拒绝付款;

（三）发货单的计算有错误,对错误部分可以拒绝付款。

有的同志主张:本条不要。

第三十二条　付款单位对拒绝付款事项应该在承兑期内(3 天),将拒付理由及其他文件,签章并注明日期,送交开户银行转交发货单位。

结算时间

第三十三条 收货单位自收到发货单或者其他证件后,同城的以3天为承兑期;外埠的以7天为承兑期。如果收货单位在这期限内没有提出拒绝承兑,收货单位的当地银行有权在结算户内主动扣拨。

结算方式和迟延付款的处理

第三十四条 供应合同中应该订明按照国家银行规定的结算方式进行结算。当付款单位迟延付款超过15天,供应方有权改用信用证结算方式,通知付款单位签具信用证。如果付款单位仍不履行,供应方有权减发下月份的订货数额。但减发产品的价值,不能超过付款单位欠款的总额。

违约处理

第三十五条 供应合同应该订明对不履行或不适当履行合同的罚款。
受罚的一方不能因罚款而免除他履行合同和赔偿损失的义务。
另案:将第二款改为:
如果违约方支付的违约罚款不足弥补受害方直接受到的损失的,还应该负担赔偿损失。
违约支付罚款和赔偿损失并不免除履行契约的义务。

免除罚款的条件

第三十六条 如果不履行或者不适当履行合同的原因不应该由当事人负责,并且当事人已经立即将这些情况通知了他方当事人,可以免除罚款。

调整罚款数额的规定

第三十七条 公断机关有权对违约罚金按照供应的意义和性质以及履行的程度等情况,适当的增加或减少罚款的数额。

不签订合同的后果

第三十八条 签订供应合同是供、需双方的义务,如果一方不及时签订或者拒绝签订,应该对另一方负罚款责任。
罚款的数额由国家公断机关根据分配产品的品种、数量以及迟延时间的长短等情况决定。
有的同志主张:罚款的数额应在条文中规定,不由公断机关决定。

合同的变更

第三十九条 供应合同签订后,供需双方不能任意变更或者解除。如果必须要变更或者解除的,应该经过上级组织或者双方当事人的主管机关或者受他直接监督机关的同意,才能变更。如果所变更的部分不违反国家产品分配计划和签订合同的目的,可以由双方协商变更。

因变更或者解除合同所造成的直接损失,由要求变更或者解除合同的一方负责赔偿。但是,根据国家计划、命令、决议而变更或者解除合同的,供需双方不负赔偿责任。

有的同志主张:"或者受他直接监督机关"一句不要。

另案:供应合同可以因国家分配计划变更、国家急需或者不可抗力的情况下变更或者解除,供需双方也不负因变更或者解除合同所引起的财产责任。

供需双方只有在不影响完成国家分配计划的情况下对合同内容(数量、品种、规格、时间、地点等)可以协商变更,但必须报经上级核准。因变更而引起的财产责任由提出变更的一方负责。

公断机关的职责

第四十条 供需双方对有关变更、解除或者执行合同中的争议,可以申请国家公断机关解决。

国家公断机关根据职责可以决定与国民经济计划和政府的决议相抵触的合同变更或者无效,以及确定由合同变更或无效而造成对方损失所应赔偿的数额。

国家公断机关为了使供应合同内容符合国民经济整个利益和经济核算制的原则,可以修改合同中相互义务范围和决定履行合同方法。

国家公断机关对经济组织的负责人不履行所负担供应合同的义务,可以决定他负法律责任或者给予纪律罚款。

供应（第二次草稿）

第一条 供应合同是社会主义组织之间根据国家统配、部管以及省（市）的产品分配计划，并为执行这个计划，在规定期限内，供应方应将一定数量的产品供应需要方，而需要方应该接受此项产品，并付给规定的价金。

注：有的同志主张：

1. 统配、部管以及省（市）的产品分配计划都包括在国家产品分配计划之内。因此，只需要"国家"二字就能概括，不必列举。

2. 将"供应合同"改为"供需合同"。

第二条 签订供应合同是供、需双方的义务，如果不及时签订或者拒绝签订，应该负法律上的责任。

第三条 供应方和需要方应该按照下列规定，用书面形式分别签订总体合同、局部合同和直接合同：

（一）总体合同由产品分配计划中所列的中央一级的供、销组织以及省、市一级的组织之间签订。

（二）局部合同由总体合同的供、需双方下级组织之间签订。

（三）直接合同是在产品分配计划中所列的供、需单位只有一方有供销组织，或者上级组织在签订总体合同中没有包括下级组织所需要的产品的情况下签订。

第四条 各供应合同应该分别订明下列各项：

总体合同：

（一）供应产品的分类品种，全年分季数量及质量标准；

（二）需要方提出有关产品订货文件的时间；

（三）供应方签发订货通知的时间；

（四）确定双方所属的地方单位签订具体合同。

具体合同和直接合同：

（一）分季分月供应产品的分类品种、数量和质量标准，必要时可以注明详细品种、规格和样本；

（二）履行合同的时间、地点和办法；

（三）产品的价格、总金额和结算办法；

（四）违反合同条款及不履行合同的罚则。

另案：本条不要。

第五条　供需双方可以协商将计划分配的产品按季度或者年度订立供应合同。按季度签订供应合同的，应该在季度开始的三十天以前签订总体合同，季度开始前三十天以内签订局部合同或者直接合同。按年度签订供应合同的，应该在年度开始的三十天以前签订总体合同，年度开始前三十天以内签订局部合同或者直接合同。

如果属于临时供应产品的，需要方自接到分配机关批准文件之日起五天以内签订临时性的供应合同。

另案：本条只规定原则，不规定具体天数。

第六条　需要方应该在规定签订合同期限届满的二十五天以前提出签订合同的条件送交供应方，供应方接到后按照第五条规定的时间内组织需要方签订供应合同。

另案：本条不规定具体天数。

第七条　供应产品的数量和品种应该根据原分配机关批准的产品分配计划规定的数量、品种来确定。

分季分月供应的产品的具体数量、品种，可以由双方协商确定，但应符合分配计划及总体合同中总的规定。

第八条　需要方申请产品的数量和品种，如果和原来分配计划有增加或者减少，必须经过核准分配计划的机关批准。

另案：本条不要。

第九条　需要方应该按照专材专用的原则使用产品。如果产品有结余，应该按照法定的程序处理。

注：有的同志主张："如果产品有结余，应该按照法定的程序处理"一段不要。

第十条　供应产品的质量应该符合国家规定的标准和技术条件，或者符合经过主管部门批准的、由本企业所规定的标准。如果需要方有特殊需要的产品，它的质量可以由双方协商确定。

第十一条　供应方所供应的产品，应该按照国家规定的统一调拨价格计算，或者按照经过主管机关批准的价格计算。

如果在签订合同时不能规定产品价格，在合同中应该订明作价办法，或者按照新产品作价现行程序来决定价格。

第十二条　如果合同中没有其他约定，季度内的产品数量、品种，供应方应该按月均衡供应。当月不能供应的时候，应该在下月内补交。但是，本季度内供应的产品应该在当季度内全部交清。

供应方对于产品补交部分应该负迟延责任。

第十三条　按月供应的产品，应该在合同中订明具体履行日期，如果没有订明，应该在当月内全部交清。

另案1：如果合同中没有其他约定，按月供应的产品，应该在当月内全部交清。

另案2：将十二、十三条合并写为一条："按季、按月供应的产品，如果在合同中没有具体约定履行日期,应该在当季、当月内全部交清。"

第十四条 供应的产品,如果属于供应方向外埠发运的,以运输部门签发运单的戳记日期为交付日期,向本埠发送的产品以需要单位签发收据的日期为交付日期;属于需要方向供应方仓库提货的,产品以供应方所发的提货通知单内规定的日期为交付日期。

第十五条 如果合同没有其他约定,供应方不按期供应产品,需要方在通知供应方以后,有权拒绝接受过期交付的产品。但是,供应方在接到需要方通知以前已经发送的产品,需要方应该接受并支付价金。

另案:供应方不按期供应产品,需要方有权在通知供应方以后,拒绝接受过期的产品。但对于已送到需要方指定地点的过期交付的产品,需要方有义务负责代为保管,因保管所支出的费用由供应方负担。供应方在接到需要方通知以前已经发送的过期产品,需要方也可以拒绝接受,但是应该负担产品往返的费用。如果有保管费用由供应方负担。

第十六条 供应方提前发送产品必须通知需要方并取得同意。如果没有得到需要方的同意,需要方在接受产品后可以拒绝提前支付价金,对提前期限内产品的保管费用,应该由供应方负担。但是,容易腐坏、变质的产品供应方不能提前发送。

另案:供应方提前发送产品必须通知需要方并取得他的同意。如果供应方没有接到需要方同意以前,已发送了产品,需要方也应该接受,但是可以拒绝提前支付价金,对提前期限内产品的保管费,由供应方负担。

第十七条 供应方对供应的产品,应该按照国家规定的标准或主管部门规定的标准进行包装。如果需要方要求特殊包装或者作运输包装,可以由双方协商确定。超过原包装标准的费用,由需要方负担。

属于需要回收的包装用品和容器,应该按照主管部门的规定处理。如果没有规定,应该在合同中订明回收的具体办法。

注:有的同志主张:"如果需要方要求特殊包装或者作运输包装"一句改为"如果需要方需要不同的包装"。

第十八条 如果需要方自备包装用品和容器,应该在约定期间内送交供应方,并保证合乎包装使用,供应方应该免费检验和保管。如果包装用品和容器需要供应方进行加工或修理,费用由需要方负担。

第十九条 供应方对供应的产品,应该按照国家规定的直达供应限额进行直达供应;不足直达供应限额的零星订货,可由小额方式供应。

如果合同没有其他约定,运送产品的费用,由需要方负担。

第二十条 需要方接受产品的时候,应该进行检验,对于按照通常方法容易发现的瑕疵,属于同城供应的产品,应该当场提出;属于异地供应的产品,应该在货到十天内邀请非有关单位到场见证,作出产品瑕疵记录和意见书寄交供应方。

注:有的同志主张:"属于异地供应的产品……寄交供应方"一段改为"属于异地供应的产品,对于数量不足,应邀请非有关单位到场见证,作出记录和意见书,立即寄交供应方,质量方面的瑕疵,可以按照关于不易发现的瑕疵的规定办法处理。"

第二十一条　如果法律或者合同没有其他规定或者约定，对于不易发现或者不能立即发现瑕疵的产品，需要方在使用过程中发现了瑕疵，应该按照第二十条的规定通知供应方。但不能迟于领取产品以后六个月。

第二十二条　供应方接到需要方对产品瑕疵记录和意见书后，应该在十天内提出处理办法寄交需要方。否则，即认为供应方默认了记录和意见书中所列事项。

第二十三条　如果产品的瑕疵应该由供应方负责，需要方有权请求调换相当的产品或者负责修理或者按质论价；并且可以请求赔偿因产品瑕疵所造成的直接损失。

如果产品的瑕疵不应该由供应方负责，造成供应方的损失，需要方应该负责赔偿。

另案：将第十九至二十三条合并写一条：

产品质量的瑕疵如果是容易发现的，需要方必须立即提出，供应方始负责任。如果没有其他约定，产品质量的瑕疵，在验收时不易发现，则自验收后六个月内，需要方有权向供应方请求调换合用产品、按质论价或者免费修理。由此所引起的直接损失，都由供应方负责。

第二十四条　对有瑕疵的产品，需要方有代为保管的义务。如果供应方在二十二条规定的期限内没有处理完毕，以后为保管所支付的必要费用，由供应方负责。需要方对保管的产品，在双方对处理没有达成协议以前不能动用。否则，供应方不负责任。但是该项产品容易腐坏、变质的，需要方为了保护国家财产，有义务作适当处理。

供需双方对于错发错运的产品也按照本条的规定处理。

注：有的同志主张：

1. 本条另加一款："如果需要方对瑕疵产品需要动用，应该经过主管部门批准。"

2. "如果供应方在二十二条规定的期限内没有处理完毕，以后为保管所支付的必须费用，由供应方负责。"一段不要。

另案：对有瑕疵的产品，在双方没有取得处理协议以前，需要方应负责保管，保管期间不得动用。否则，供应方不负责任。保管费用由有责任一方负责。但该项产品容易腐坏、变质的，需要方为了保护国家财产有义务作适当处理。供、需双方对于错发错运的产品，处理亦同。

第二十五条　供应产品应该按照国家银行规定的结算方式进行结算。禁止供、需双方用赊欠或给付预付款或定金的办法来供应产品。

第二十六条　如果合同没有其他约定，供应产品的结算应该由发货单位与收货单位（付款单位）之间直接进行。

直接合同或具体合同的需要方应该对他指定的收货单位（付款单位）负连带责任。

另案：本条不要。

第二十七条　一方如果不履行合同或者不适当履行合同，应该对他方负罚款责任。罚款数额按照供应基本条例规定标准计算。如果供应基本条例没有规定，则按照双方约定标准计算。违约的一方不能因受罚款和赔偿损失而免除他们履行合同的义务。

另案1：本条改为："如果一方不履行或者不适当履行供应合同，应该对他方负罚款责任。

如果违约方支付的罚款不足弥补受害方直接受到的损失，还应该赔偿损失。

违约支付罚款和赔偿损失，并不免除履行供应合同的义务。"

另案2：将第一款改为："不履行或者不适当履行合同的罚率，如无其他法律、法令规定，应由双方约定。"

第二十八条 如果一方不履行或者不适当履行合同，是由于人力不可抗力所造成，并已经即时将这种情况通知了另一方，可以免除违约责任。

注：有的同志主张：人力不可抗力的情况还应增加"提出证明"的内容。

第二十九条 供、需双方对供应合同不能任意变更或者解除。如果必须变更或者解除，应该经过产品分配机关的同意。但是所变更的部分不影响国家产品分配计划和签订合同的目的，可以由双方协商变更。

因变更或者解除合同所造成的直接损失，由要求变更或者解除合同的一方负责赔偿。但是，根据国家计划、命令、决议而变更或者解除合同的时候，供、需双方不负违约罚款和赔偿损失责任。

注：有的同志主张："产品分配机关"改为"上级组织或者双方当事人的主管机关或者受他直接监督机关"。

第三十条 供、需双方对有关供应合同方面的争议，可以申请国家公断机关解决。

国家公断机关为了使供应合同内容符合国民经济整个利益和经济核算制的原则，对与国民经济计划和政府的决议相抵触的供应合同有权变更或者撤销；有权确定因合同变更或撤销而造成对方损失所应赔偿的数额；有权修改合同中相互义务范围和决定履行合同的方法。

国家公断机关对经济组织负责人不履行供应合同义务，有权决定他的法律责任或者给予纪律罚款。

注：有的同志主张：

1. 供应合同方面的争议，应该硬性规定由国家公断机关解决。因此，第一款改为："对供应合同的争议，由国家公断机关解决。"

2. 本条不要。

3. 第二、三款不要。

供应（第三次草稿）

1956年8月19日

第一条 按照供应合同，社会主义组织之间根据国家的产品分配计划，在规定期限内，供应方将一定数量的产品供应需要方；需要方接受此项产品，并付给规定的价金。

注：有的同志主张：

1. 将"国家的产品分配计划"改为"国家统配、部管以及省、自治区、直辖市的产品分配计划"。

2. 将"供应合同"改为"供需合同"。

第二条 签订供应合同是供、需双方的义务，任何一方不能拒绝签订，并且应该按时签订。

另案：签订供应合同是供、需双方的义务，如果不及时签订或者拒绝签订，应该负法律上的责任。

第三条 供、需双方应该按照下列规定，用书面形式分别签订总合同、分合同或者直接合同：

（一）总合同由产品分配计划中所列的中央一级的供、销组织以及省、自治区、直辖市一级的供、销组织之间签订。

（二）分合同由总合同的供、需双方下级组织之间签订。

（三）直接合同是在产品分配计划中所列的供、需双方的一方不是经济核算单位，或者没有供销组织，或者上级组织在签订总合同中没有包括下级组织所需要的产品的情况下签订。

另案：本条的（一）（二）（三）不要。

第四条 各供应合同中应该分别订明下列各主要事项：

总合同：

（一）全年分季供应产品的分类品种、数量及质量标准；

（二）需要方提出有关产品订货文件的时间；

（三）供应方签发订货通知的时间；

（四）确定双方所属的地方供、需组织签订分合同。

分合同和直接合同：

（一）分季分月供应产品的分类品种、数量和质量标准，必要时可以注明详细品种、规格和样本；

（二）履行合同的时间、地点和办法；

（三）产品的价格、总金额和结算办法；

（四）违反合同条款及不履行合同的罚则。

另案1：本条不要。

另案2：应该将三种合同的内容作概括的规定。

第五条 供、需双方可以协商将计划分配的产品按季度或者按年度订立供应合同。总合同应该在季度或者年度开始前的六十天以内签订。分合同或者直接合同至迟应该在季度或者年度开始前三十天以内签订。

如果属于临时供应产品的，需要方自接到分配机关批准文件之日起十天以内和供应方签订临时性的供应合同。

另案1：供、需双方可以协商将计划分配的产品按季度或者按年度签订供应合同。按季度或者按年度签订总合同，应该在季度或者年度开始的三十天以前签订完毕；分合同或者直接合同应该在季度或者年度开始的十天以前签订完毕。

如果属于临时供应产品的，需要方自接到分配机关批准文件之日起十天以内和供应方签订临时性的供应合同。

另案2：本条只规定原则，不规定具体天数。

第六条 需要方应该在规定签订合同期限届满的二十五天以前提出签订合同的条件送交供应方，供应方接到后应该按照第五条规定的时间内组织需要方签订供应合同。

另案1：本条不规定具体天数。

另案2：本条不要。

第七条 供应产品的数量和品种应该根据原分配机关批准的产品分配计划规定的数量、品种来确定。如有增加或者减少，必须经过核准分配计划的机关批准。

分季分月供应的产品的具体数量、品种，可以由双方协商确定。但是应该符合分配计划及总合同中总的规定。

第八条 需要方应该按照专材专用的原则使用产品。如果产品有结余，应该按照法定的程序处理。

注：有的同志主张："如果产品有结余，应该按照法定的程序处理"一段不要。

第九条 供应产品的质量应该符合国家规定的标准和技术条件，或者符合由本企业所规定的经过主管部门批准的标准。如果需要方有特殊需要的产品，它的质量可以由双方协商确定。

第十条 供应产品的价格，应该按照国家规定的统一调拨价格计算。如果国家没有规定价格，应该按照主管机关批准的价格计算。

签订合同时不能规定产品价格，在合同中应该订明作价办法，如果是新产品，可以按照新产品作价现行程序来决定价格。

第十一条 如果合同中没有其他约定,供应方对季度内供应的产品数量、品种,应该按月均衡供应。当月不能供应的时候,应该在下月内补交。但是,本季度内供应的产品应该在当季度内全部交清。

供应方对于产品补交部分应该负迟延责任。

注:有的同志认为:"按月均衡供应"对有些产品的供应不能适用,应该修正。

第十二条 按月供应的产品,应该在合同中订明具体履行日期,如果没有订明,应该在当月月底以前全部履行。

另案1:如果合同中没有其他约定,按月供应的产品,应该在当月月底以前全部履行。

另案2:将十二、十三条合并写为一条:"按季、按月供应的产品,如果在合同中没有具体约定履行日期,应该在当季、当月月底以前全部履行。"

另案3:本条不要。

第十三条 供应的产品,属于供应方向外埠发运的,以运输部门签发运单的戳记日期为交付日期;向本埠发送的产品,以需要方签收的日期为交付日期。需要方向供应方仓库提取产品的,以需要方提取日期为交付日期。但是,需要方应该按照供应方所发的提货通知单内规定的期限提取。

另案:供应的产品,如果是用陆运或者水运的,以运输部门签发运单的戳记日期为交付日期。如果是需要方向供应方仓库提货的或者是供应方向本埠需要方发货的,以需要方签收的日期为交付日期。

第十四条 如果合同没有其他约定,供应方不按期供应产品,需要方有权在通知供应方以后,拒绝接受过期交付的产品。但是,供应方在接到需要方通知以前已经发送的产品,需要方应该接受并支付价金。

注:有的同志主张:本条应加一款:"如果供应方接到了拒绝受领的通知,还是发送产品,需要方有权拒绝接受。但是,应该代为保管,保管费用,由供应方负担。"

另案:供应方不按期供应产品,需要方有权在通知供应方以后,拒绝接受过期的产品。但对于已送到需要方指定地点的过期交付的产品,需要方有义务负责代为保管。因保管所支出的费用,由供应方负担。供应方在接到需要方通知以前已经发送的过期产品,需要方也可以拒绝接受,但是应该负担产品往返的费用。如果有保管费用,由供应方负担。

第十五条 供应方提前发送产品必须通知需要方并取得他的同意。如果供应方没有取得需要方同意以前,已发送了产品,需要方应该接受,但是,可以拒绝提前支付价金。需要方在提前期限内对产品的保管所支付的费用,由供应方补偿。但是,容易腐坏、变质的产品,供应方不能提前发送。

另案:供应方没有得到需要方的同意而提前发送了产品,需要方可以拒绝接受,或者暂时代为保管,不提前支付价款,保管费用由供应方负担。

第十六条 供应方对供应的产品,应该按照国家规定的标准进行包装。如果需要方要求特殊包装,可以由双方协商确定。超过原包装标准的费用,由需要方负担。

属于需要回收的包装用品和容器,应该按照主管部门的规定处理,如果没有规定,应该在合同中订明回收的具体办法。

注：有的同志主张：
1."如果需要方要求特殊包装"后边加"或者作运输包装"。
2."特殊包装"改为"需要不同的包装"。

第十七条 由需要方自备的包装用品和容器，应该在约定期间内送交供应方，并保证合乎包装使用，供应方应该免费检验和保管。如果包装用品和容器需要供应方进行加工或者修理，费用由需要方负担。

注：有的同志主张：本条内"并保证合乎包装使用"九字不要。

第十八条 供应方对供应的产品，应该按照国家规定的直达供应限额进行直达供应；不足直达供应的限额的零星订货，可由小额方式供应。

另案：本条不要。

第十九条 如果法律法令或者合同没有其他规定或者约定，运送产品的费用，由需要方负担。

第二十条 需要方接受产品的时候，应该进行检验。对于用通常方法容易发现或者能够发现的瑕疵，属于同城供应的产品，应该在检验后立即提出；属于异地供应的产品，应该在货到十天内邀请非有关单位到场见证，作出产品瑕疵记录和意见书寄交供应方。

注：有的同志主张："属于异地供应的产品……寄交供应方"一段改为"属于异地供应的产品，对于数量不足，应邀请非有关单位到场见证，作出记录和意见书，立即寄交供应方，质量方面的瑕疵，可以按照关于不易发现的瑕疵的规定办法处理"。

第二十一条 如果法律、法令或者合同没有其他规定或者约定，对于用通常方法不容易发现或者不能立即发现的产品的瑕疵，需要方领取产品以后六个月内发现了瑕疵，应该立即通知供应方。

第二十二条 供应方接到需要方对产品瑕疵记录和意见书后，应该在十天内提出处理办法寄交需要方。否则，即认为供应方默认了记录和意见书中所列事项。

注：有的同志主张：将"十天内提出……"改为"规定时间内提出……"。

第二十三条 如果产品的瑕疵应该由供应方负责，需要方有权请求调换相当的产品或者负责修理或者按质调价；并且可以请求赔偿因产品瑕疵所造成的直接损失。

如果产品的瑕疵不应该由供应方负责，在检查过程中供应方受到的损失，需要方应该负责赔偿。

另案1：本条二款可以独列一条：认为有瑕疵的产品经过检查后，证明确实没有瑕疵或者瑕疵是由于需要方保管不善或者使用不当所造成，需要方应该负担由于检查而产生的一切费用和迟延付款的责任。

另案2：将第十九、二十三条合并写一条：

产品质量的瑕疵如果是容易发现的，需要方必须立即提出，供应方始负责任。如果没有其他约定，产品质量的瑕疵，在验收时不易发现，则自验收后六个月内，需要方有权向供应方请求调换合用产品、按质论价或者免费修理。由此所引起的直接损失，都由供应方负责。

第二十四条　对有瑕疵的产品,需要方有代为保管的义务。如果供应方在二十二条规定的期限内没有提出处理办法,以后为保管所支付的必要费用,由供应方负责。需要方对保管的产品,在双方对处理没有达成协议以前不能动用。否则,供应方不负责任。如果该项产品容易腐坏、变质的,需要方为了保护国家财产,应该在非有关单位见证下作适当处理。

对于错发错运的产品也按照本条的规定处理。

注:有的同志主张本条另加一款:"如果需要方对有瑕疵的产品需要动用,应该经过主管部门批准。"

另案:对有瑕疵的产品,在双方没有取得处理协议以前,需要方应负责保管,保管费用由有责任一方负责。需要方对保管的产品不得动用,否则,供应方不负责任。但是该项产品容易腐坏、变质的,需要方为了保护国家财产有义务作适当处理。

供、需双方对于错发错运的产品,处理亦同。

第二十五条　供应产品的结算,应该按照国家银行规定的结算方式进行。禁止供、需双方用赊欠或给付预付款或定金的办法来供应产品。

另案1:后一句不要。

另案2:本条不要。

第二十六条　如果合同没有其他约定,供应产品的结算应该由发货单位与收货单位(付款单位)之间直接进行。

直接合同或者分合同的需要方应该和他指定的收货单位(付款单位)共同对供应方负连带责任。

另案1:本条不要。

另案2:第一款不要。

第二十七条　一方如果不履行合同或者不适当履行合同,应该对对方负罚款和赔偿损失责任。在法律、法令没有规定的时候,罚款数额可以按照双方约定标准计算。

违约的一方不能因受罚款和赔偿损失而免除他履行合同的义务。

另案:本条改为:"如果一方不履行或者不适当履行供应合同,应该对对方负罚款责任。

如果违约方支付的罚款不足弥补受害方直接受到的损失,还应该赔偿损失。

违约支付罚款和赔偿损失,并不免除履行供应合同的义务。"

第二十八条　一方不履行或者不适当履行合同,是由于人力不可抗拒的原因所造成,应该即时将这种情况通知了对方,可以免除违约责任。

注:有的同志主张:"人力不可抗拒……"前应增加"证明"二字。

第二十九条　供、需双方对供应合同不能任意变更或者解除。如果必须变更或者解除,应该经过产品分配机关的同意。但是,所变更的部分不影响国家产品分配计划和签订合同的目的,可以由双方协商变更。

因变更或者解除合同所造成的直接损失,由要求变更或者解除合同的一方负责赔偿。但是，根据国家计划、命令、决议而变更或者解除合同的时候，供、需双方不负违约罚款和赔偿损失责任。

注：有的同志主张对本条第一款的：

1."产品分配机关"改为"上级组织或者双方当事人的主管机关或者受他直接监督的机关"。

2."但是，所变更的部分……可以由双方协商变更"一节不要。

第三十条 供、需双方对有关供应合同方面的争议，不能解决的时候，应该申请国家公断机关解决。

国家公断机关为了使供应合同内容符合国民经济整个利益和经济核算制的原则，对于国民经济计划和政府的决议相抵触的供应合同有权变更或者撤销；有权确定因合同变更或撤销而造成对方损失所应赔偿的数额；有权修改合同中相互义务范围和决定履行合同的方法。

国家公断机关对经济组织负责人不履行供应合同义务，有权决定他的法律责任或者给予纪律罚款。

注：有的同志主张：供应合同方面的争议，应该硬性规定由国家公断机关解决。因此，第一款改为"对供应合同的争议，在不能解决的时候，由国家公断机关解决。"

另案1：本条不要。

另案2：第二、三款不要。

中华人民共和国民法典(草案)债权篇
供应章(第三次草稿)意见汇集

全国人民代表大会常务委员会办公厅研究室 1956年12月24日

说 明

这份资料,是根据41个有关单位的意见整理的。这些单位是:

一、中央各部、局(共19个单位):铁道部、建筑材料工业部、第二机械工业部、交通部、食品工业部、建筑工程部、纺织工业部、石油工业部、化学工业部、煤炭工业部、冶金工业部、轻工业部、电机制造工业部、第一机械工业部、粮食部、商业部、监察部、国家经济委员会物资储备局、国家经济委员会物资分配综合计划局。

二、法院系统(共5个单位):最高人民法院(其中有陈瑾昆同志个人意见一份)、北京市高级人民法院、天津市高级人民法院、上海市高级人民法院、上海市第一中级人民法院。

三、计划委员会系统(共11个单位):北京市计划委员会、天津市计划委员会、上海市计划委员会、河北省计划委员会、湖北省计划委员会、黑龙江省计划委员会、山东省计划委员会、吉林省计划委员会、四川省计划委员会、云南省计划委员会、新疆维吾尔自治区计划委员会。

四、政法学院、校系统(共6个单位):中国人民大学法律系、北京大学法律系、东北人民大学法律系、复旦大学法律系、中南政法学院、西北大学法律系。

总的意见

一、供应属于行政法范围

按照本章第一条、第二条规定,供应合同是社会主义组织间根据国家产品分配计划签订的买卖合同,并且签订这项合同是供需双方义务,如果不及时签订或者拒绝签订应该负法律上的责任,这样显然地说明了,"供应合同"不同于民法中规定的契约(合同),可以由当事人间自由订定,从这个特点来看,"供应合同"应当属于行政法或财政法的范畴,所以1923年《苏俄民法典》也没有"供应"的规定,因此,"供应"一章不应当规定在民法典中。(交通部)

二、供应关系的范围

我们认为供应关系大体上应该包括国营企业、公私合营企业、合作社对生产资料和产

品的分配,同时也包括从轻工业部门到商业部门商品的分配。只有由商业部门到消费者这个环节,才是买卖。(北京大学)

供应合同的特征:第一是计划性;第二不移转所有权,但在某种场合下也可能移转所有权;第三是计划性合同,一般是长期的和大批的供应。如同意以上是供应契约的特征,那么在原草案有些条文也应当作适当的修改与补充。(北京大学)

"供应"章是否适用于出口产品,应当明确。(化工部)

三、优质优价的原则

第二十九条合同变更的处理应规定得更明确,第七条和第九条关于产品的规格、品种、质量的规定,必须贯彻"优质优价"的原则,因为关系到质量和成本。(轻工部)

四、建议修改补充的部分

1. 关于订货的时间问题,假如签订总合同采取集中订货方式,分合同采用分区的方式,那么规定签订整个合同的时间为六十天,可能是恰当的,但目前我们的实际情况由于条件不具备,一般的采用集中订货的方式,这种集中订货的方式是将总合同与分合同合二为一(只一部分产品采用两级合同制),因此民法典草案规定的要求与实际情况有些出入,请参考。(国家物资分配局)

2. 凡一个单位(部、省、市)或一类产品的合同条款应当统一并报国家公断机关批准或备案,这样不但便于双方执行,而且便于公断机关的处理。(化工部)

3. 凡属于供应方发货的产品,其运输计划及手续由供应方办理。(化工部)

4. 化工、医药等产品在运输保管期间,容易发生变质或变量,自然降低等情况,因此应注意规定:

(1)在发货时需封存试样,以备事后复验质量的产品,应按标准中规定的取样方法(无规定的由双方议定)由供需双方会同取样,分别保管,如需方在发货前未派员到供方会同取样时,即以供方保留的产品试样为准。

(2)在发货时有封存试样的产品,需方提出异议的期限,不得超过标准以及合同中所规定的试样保管期限。

(3)复验试样时应以国家指定的或双方同意的化验机关的化验结果为准。(化工部)

5. 从规定的条文来看,仅对统配、部管物资作了规定,其中不包括一般物资(非统配部管物资)。假使对一般物资没有另行规定,这个规定也包括一般物资,应该加以说明,以便遵照法律规定办事。

在民法典"供应"部分的最前面最好将物资供应工作的重要意义简单的加以说明。(纺织部)

6. 在签订具体合同时,在季度合同内供方对需方使用时间上、规格上应尽量给予照顾,以解决供需上不协调的现象,希望在条文中补充进去。(北京市计委)

7. 对分区或集中订货明细表的报送办法、程序及时间希在条文中予以明确规定,以免在签订总合同时再作商定的工作。(建材部)

8. 为了很好地贯彻民法典供应章的各项条款,应考虑到两个必要条件——公断机关与国家产品标准机构。

在民法典供应章中有很多地方涉及公断机关问题,如调解合同执行的纠纷,监察合同的执行等工作,必须应有一个专门的机构来解决,几年来的经验证明,成立这样的机构是非常必要的。

产品的国家标准也是目前急待解决的问题,如果产品没有国家标准,在合同执行中有好多问题不好解决,为此,在立法的同时,希望能够促进有关部门建立与健全上述组织与制度。(国家物资分配局)

9. 供需合同执行中,上级主管机关(部、局)应有权变更合同的执行者,供应[双方]应予承认,并对变更后的供需关系同样负合同责任。(化工部)

10. 建议增加一条,"供应方发出产品时应随附技术注明,否则需要方接收产品后作为代管,不作正式验收。需要方因急需而动用产品,所支出的化验费在价款内扣除"。(建筑工程部)

11. 对罚则的内容应考虑补充。例如对需要方无理由拒收产品、拒付货款、要求处罚,迟发、晚提等,均应作具体规定。(建材部)

12. "合同"一词应包括"协议"并建议修改。理由:

(1)《国务院公断委员会暂行条例》注中曾说明:合同包括契约和协议。

(2)目前在社会主义组织之间的经济来往有些用"协议"的,履行时非常混乱,使生产协作困难,一般习惯是"合同"必须遵守,"协议"可不执行,认为协议没有法律性和约束力,因此,应该将"协议"作为合同的一种形式,以便更好地履行。(二机部)

13. 总题为"供应",但在内容上涉及了订立合同的供需双方的义务约束和权利等,因之,建议总题可称"经济合同"。据看到一些书刊上载的,苏联也是将"业务合同"称"经济合同"的。(天津市计委)

14. 对供应人责任规定得太宽,为了加强我国经济的计划性,供应方不按期供应,应该加重他的责任。(中南政法学院)

五、对立法技术的意见

1. 供应合同在民法典中最好只规定若干原则性问题,使之对各种供应合同单行条例起草时起指导作用,使之对各种供应合同单行条例的遗漏问题起补充作用。(中国人民大学)

2. 总的感觉条文规定太死了,如具体时间不便统一规定,希考虑。(化工部)

3. 用语建议统一修改,如"价金""定金""罚款"等一律改用"……款"。(石油部)

六、结构安排意见

"供应"草稿条文的排列次序似可按内容性质归类如下:

(1)总则   第一至八条。
(2)产品质量   第九条。
(3)供应办法   第十一、十二条。

(4)发货办法　第十三、十四、十五、十八、十九各条。

(5)包装　第十六、十七条。

(6)质量检验　第二十一至二十四务。

(7)价格及结算　第十、二十五、二十六条。

(8)罚则　第二十七、二十八条。

(9)附则　第二十九条、三十条。(上海市计委)

条文的意见

第一条　按照供应合同,社会主义组织之间根据国家的产品分配计划,在规定期限内,供应方将一定数量的产品供应需要方;需要方接受此项产品,并付给规定的价金。

注:有的同志主张:

1.将"国家的产品分配计划"改为"国家统配、部管以及省、自治区、直辖市的产品分配计划"。

2.将"供应合同"改为"供需合同"。

意见:

(一)将该条改为:

一案:"社会主义组织之间,根据国家,各工业部以及各省、自治区、直辖市的产品分配计划,签订供应合同;按照供应合同供应方在规定期限内,将一定数量的产品供应需要方;需要方接受此项产品,并付给规定的价金。"(铁道部)

二案:"社会主义组织之间,根据国家的产品分配计划,在规定期限内签订供需合同,签订供需合同是供需双方的义务,任何一方不能拒绝签订,并应按时签订。"(纺织部)

三案:"根据国家确定的产品分配计划,在社会主义组织之间进行产品供应。为了保证产品分配计划的实现,供需双方应签订供应合同,据此供应方在一定期间内将一定数量的产品供应需要方,需要方接受此项产品后付给规定的价金。"理由:原条文中"按照供应合同"六个字放在前,使人理解成社会主义经济制度下的国家物资分配计划是根据供应合同而产生的,事实上供应合同是按照国家审批的物资分配计划签订的。(国家物资分配局)

四案:"国家机关、企业、合作社和事业机关之间,根据国家的物资分配计划签订供应合同。在合同有效期限内:供方将一定数量和质量的物资送交(或在仓库中拨交)需方;需方接受此项物资,并按规定的价格偿付货款。"理由:(1)将"按照供应合同"一语取消。因为合同是根据分配计划签订的,所以这一句不宜写在"根据国家的产品分配计划"的前面。(2)将"社会主义组织"一语改为"国家机关、企业、合作社和事业机关",这样较为明确一些。同时,中央各部对于直接领导的国家资本主义企业,在组织他们签订供应合同时,也勿须采取另一种办法,因此在过渡时期的国家资本主义企业也应包括在内。(3)将"产品"两字改为"物资"较为适当。因为在国家分配物资中,除了产品以外,尚包括进口的物资,各需用部门的多余材料,商业机构的商品和回收利用的旧品(如回收的旧钢轨和废金属,等等)。(4)"供应方、需要方、价金"这些用语,认为在实际工作中很少使用,应改为通常使用的名词较好。(冶金部)

五案:"社会主义组织之间根据国家产品分配计划签订供需合同。按照供需合同,在规定期限内,供应方将一定数量的产品供应需要方;需要方接受此项产品,并付给规定的价金。"(电机部)

六案:"社会主义组织之间,根据国家的产品分配计划,在规定期限内签订供需合同,签订供需合同是供需双方的义务,任何一方不能拒绝签订,并应按时签订。"

第二条改为:"按照供需合同供应方应将一定数量的产品供应需要方,需要方应接受此项产品,并付给规定的价款。"(纺织部)

七案:第一、二两条改为:

"第一条 社会主义组织之间根据国家统配、部管及省(市)、自治区的产品分配计划,签订经济合同是供、需双方的义务,任何一方不得拒绝签订,并应按时签订。"

"第二条 按照经济合同,在规定期限内,供应方将一定数量的产品供应需要方;需要方接受此项产品,并付给规定的价金。"(天津市计委)

八案:"社会主义组织之间,根据国家产品分配计划并应按照所订合同,在一定期间内由供方将一定的产品供与需方,按照供应合同所定价格支付价金。"理由:原条文不清楚。(北京市高法院)

九案:"按照供需合同,社会主义组织之间,根据国家统配部管以及各省、自治区、直辖市的产品分配计划,在规定期限内,按照签订供需合同由供应方将一定数量的产品供应需要方,需要方接受此项产品并付给规定的价金(或'价款')。"(云南省计委)

(二)对"国家的产品分配计划"有不同意见:

(1)同意将"国家的产品分配计划"改为"国家统配、部管以及省、自治区、直辖市的产品分配计划"。理由:比较更为详尽,更能照顾具体情况。(北京市计委、黑龙江省计委、湖北省计委、吉林省计委、山东省计委、河北省计委、天津市高法院、交通部、国家物资储备局、食品部、建筑工程部、复旦大学、四川省计委、上海市高法院)

(2)主张改为"国家及各级部门控制的产品分配计划"。理由:这样规定,意思和后边一致,而字数较少,作为一个名词不宜过长。(建材部)

(3)主张改为"国家统配、部管及地方的产品分配计划"。(湖北省计委)

(4)主张就用"国家的产品分配计划"的字样,认为含义比较广泛,并且列举式的未包括"局管物资"。(商业部)

(5)主张在"国家的产品分配计划"后边用括弧把列举式的括起来,并注明"下同"字样。(山东省计委、二机部也有认为还不够明确)如有些物资,既不是统配,也不是部管和省(市)所分配,而是贸易部门在市场计划供应的,应否列入在内?请考虑。(山东省计委)

认为如果不包括"自产自销的物资",就可以列举出来,或者另作明确的规定。(煤炭部、北京市计委)

(6)化工部主张在"国家的产品分配计划"的"国家"下边加"有关"二字。

(三)"按照供应合同"一语,接着又说根据产品分配计划,这样可能引起供需双方既要按照合同又要按照计划的争执。因此应将"根据国家的产品分配计划"一句移在最前面,指明供应合同是根据计划订立的,仍能显示双方履行义务原则是以合同为准。(上海市高、中法院)电机部和河北省计委主张将"按照供应合同"一句移到"在规定期限内"的前面。

（四）按条文原意，签订供应合同只限于社会主义组织之间，而合营企业、合作社是否可以订立则未提，我们认为也可以订立。（上海市高、中法院）二机部对"社会主义组织"是否包括高级农业社在内？认为不明确，因此，应将它的范围表达明确才好。

（五）同意将"供应合同"改为"供需合同"。（商业部、轻工业部、最高法院、上海市计委、复旦大学、山东省计委、吉林省计委、粮食部、建筑工程部、交通部、食品部、石油部、黑龙江省计委、二机部、湖北省计委、河北省计委、四川省计委、上海市高法院、北京市高法院）

但也有反对用"供需合同"而主张用"供应合同"，理由：（1）"供应"二字已足以解决与其他合同关系的区别，尤其是与买卖合同的区别。如仅以双方当事人为"供应方"与"需要方"而改为"供需合同"，并无必要，因为这样就特别强调了一方"供"，一方"需"，其实多数合同关系都是一方"供"，一方"需"，反倒易于混淆。（中国人民大学）（2）"供应合同"主要以供应方面为主，所以用"供应合同"为宜。（建材部）

（六）将"供应方"与"需要方"改为"供方"与"需方"。（山东省计委、上海市高法院）也有认为"需"是为了用，而将其改为"需用方"较明确。（吉林省计委）

将"按照"改为"依照"，"合同"改为"契约"，"一定"、"规定"改为"约定"，"供应方"下边和需要方下边加"应当"二字。理由：这与其他契约的各章条文一致。（陈瑾昆）

将"价金"改为"价款"。理由：通俗易懂。（吉林省计委）

（七）将"供应方将一定数量……需要方……价金。"一节，改为："供应方按分配计划供应需要方，需要方按分配计划向供应方订货。"（轻工部）

改为"在规定期限内，供方将规定数量的产品按数供应需方；需方接受产品后，付给规定的价金。"（山东省计委）

改为"供应方供应需要方一定品种、规格、数量的产品……"（河北省计委）

但一机部因为成立具体合同不仅是符合一定数量的问题，认为应该根据国家的产品分配计划，在品种、规格、质量及交货时间上，必须在协商的基础上签订具体合同。

（八）同意原条文。理由：原条文规定简明，且"国家的产品分配计划"已经能够包括"国家统配、部管以及省、自治区、直辖市的产品分配计划"的内容。（东北人大、中国人民大学、天津高法院、西北大学）

第二条 签订供应合同是供、需双方的义务，任何一方不能拒绝签订，并且应该按时签订。

另案：签订供应合同是供、需双方的义务，如果不及时签订或者拒绝签订，应该负法律上的责任。

意见：

（一）将该条改为：

一案："签订供需合同是供需双方的义务，任何一方不及时或拒绝签订而影响了国家经济利益时，应该负法律上的责任。"（轻工部）

二案："签订供应合同是供需双方的义务。如果不及时签订或拒绝签订，以及签订后未履行合同义务，应该负法律上的责任。

供应合同的条款由供方草拟，取得需方同意并签字后才能生效。"

为了简化签订合同工作和明确规定各类物资的供应办法,应由供应该类物资的主管部制定'供应基本条例',征求各主要需用部门的同意后颁布执行;而对某些重要物资的'供应基本条例'须经国务院批准后颁布执行。

'供应基本条例'具有法律效力,是供需双方签订和执行供应合同时必须遵守的准则,并作为合同的主要部分,附于签订的合同中。"

理由:在民法典中有了上述规定,则对供应方面的一些具体问题,特别是由于物资性质不同不便作统一规定的问题,都可责成各部在制定"供应基本条例"时解决,而在民法典中亦须对共同性的问题作出统一规定。(冶金部)

三案:"按照国家统配、部管以及省、自治区、直辖市的产品分配计划签订供应合同是供、需双方的义务,任何一方不能拒绝签订,并且应该按时签订。否则应负法律上的责任。"

理由:过去在签订合同时供应方往往不按照国家的产品分配计划签订,影响了需用方的需要,也往往为此拖延了订货时间。(吉林省计委)

四案:"签订供应合同是供、需双方共同对国家的义务,任何一方不能拒绝签订,并且应该按时签订。"(中国人民大学)

五案:"根据产品分配计划签订供需合同是供需双方的义务,任何一方不能拒绝或拖延签订,否则,应负法律上的责任。"(河北计委)

六案:"签订供应合同是供需双方的义务,任何一方都不能拖延或拒绝签订。"(西北大学)

(二)同意原条文。理由:它已包括另案意思。(东北人大)

不同意用另案,因为"应该负法律上的责任"一语含蓄,是法律上的民事责任哩,抑或刑事责任哩? 不清楚。(天津市高法院)

同意原条文的还有:二机部、电机部、石油部、食品部。但山东省计委主张将原条文之首冠"依据分配计划"的字样。

原条后加:"如不及时签订或拒绝签订,应该负不履行义务的法律责任。"(北京高法院)

原条文应加一前提"计划责任该签订供应合同的"。(北京大学)

(三)同意用另案。理由:这样规定可以进一步保证供需双方及时和正确地签订合同。(复旦大学)

同意该案的还有最高法院、山东省计委、粮食部、北京市计委、黑龙江省计委、化工部、交通部、四川省计委、上海市高法院。

(四)同意用另案,但:

1. 对"如果不及时签订或者拒绝签订"改为"任何一方不及时签订或者拒绝签订"。(国家物资分配局)

2. 对"应该负法律上的责任"改为"应负使对方遭受损失之责任"。(上海市高、中法院,铁道部)

3. "应负……责任"后边加"但遇有人力不可抗拒原因时应经公断机关批准"一句。(湖北省计委)

4. 应加"如分配产品与供需双方生产或使用不符,供需双方可以提出异议,在接分配

通知十日内缓签合同,而不属供需双方的责任范围"。(云南省计委)

(五)商业部意见:根据我部供应产品分配情况,实际分配的产品,无论在数量、品种和质量方面,多数不能符合原申请计划的要求,如果按照第二条的规定执行,实际上有很多困难,请考虑。

(六)将"应该"改为"应当",下同。(陈瑾昆)

第三条 供、需双方应该按照下列规定,用书面形式分别签订总合同、分合同或者直接合同:

(一)总合同由产品分配计划中所列的中央一级的供、销组织以及省、自治区、直辖市一级的供、销组织之间签订。

(二)分合同由总合同的供、需双方下级组织之间签订。

(三)直接合同是在产品分配计划中所列的供、需双方的一方不是经济核算单位,或者没有供销组织,或者上级组织在签订总合同中没有包括下级组织所需要的产品的情况下签订。

另案:本条的(一)(二)(三)不要。

意见:

(一)将该条改为:

一案:"供应合同分为总合同、分合同和直接合同,供需双方应按下列规定,用书面形式分别签订:

(一)总合同由产品分配计划中所列中央一级的供需组织以及省、自治区、直辖市一级的供需组织之间签订;

(二)分合同由签订总合同的供需双方下级组织之间,根据总合同签订;

(三)同原文(略)。"(铁道部)

二案:"供、需双方应该按照下列规定,用书面形式分别签订总合同、分合同或者直接合同:

(一)总合同由物资分配计划中所列的中央一级实行经济核算的销售和供应组织之间签订;

(二)直接合同是在不签订总合同的情况下,直接由基层的供应单位与具体需用单位之间签订。"

理由:我们认为总合同应是中央一级供销组织间签订的合同形式之一,并不包括地方供销组织在内。因为中央供销组织与省、市供销组织之间,由于距离过远采用"两级合同制",即先签总合同然后再签分合同是不方便的。同时,对省、市来说,分配给他们的物资一般都是由省、市物资局代表直接用户签订合同,因此没有必要采取"两级合同制"。

在什么情况下可以采用直接合同,要依各部门的具体情况来确定,在民法典中不宜作统一规定。(冶金部)

三案:"供需双方应该按照下列规定,用书面形式分别签订总合同和直接合同:

(一)总合同由产品分配计划中所列的中央一级的供销组织以及省、自治区、直辖市一级的供销组织之间签订。

(二)直接合同由总合同的供、需双方下级组织之间直接签订。"(黑龙江省计委)

四案:"国家统配和部管物资的分配,应由供需双方各级供销组织分别签订总合同、分合同和直接合同。"(北京大学)

(二)同意原案。理由:

(1)如果不要(一)(二)(三),可能发生某个需要组织究应与哪个供应组织订立合同的问题。

(2)合同不仅解决供需问题,而且涉及体制问题。

(3)比较具体。(上海高、中法院,东北人大,轻工部,山东省计委,天津市高法院,食品部,纺织部,物资储备局,西北大学,北京市高法院)

(三)同意原案但有不同意见:

(1)同意原案,但此条内应该规定出中央各部、各省、自治区、直辖市可以确定签订分合同、直接合同的单位。(河北省计委)

(2)同意原案,但第(三)项不明确应作修改。(建材部、二机部、交通部)

(3)将"分合同"改为"具体合同",因为比较容易理解。(化工部)

(4)这一条目前还不能做到,但如果法律规定各方面都能够努力争取执行,当然是很好的。若考虑到实际情况不能执行,还是规定原则些,因为法律是有约束力的,规定了就要遵守。如果采用原文的规定,可将省、市的"一级"二字去掉。因为签订总合同省、市的厅局不能参加,一般仅是省、市的供应单位——省、市物资供应局参加。(国家物资分配局)

(四)同意另案,即原条文的(一)(二)(三)不要。理由:法定下来将可能与实际情况有出入,还是原则规定较好。(吉林省计委、粮食部、中国人民大学、电机部、煤炭部、建筑工程部、石油部)

(五)同意另案,但有不同意见:

1.同意另案,但条文应改为"供需双方应该用书面形式分别签订总合同,分合同或直接合同。"

2.将本条中"下列"二字去掉。(湖北省计委)

或将本条改为"供需双方应该按照一定的规定用书面形式分别签订总合同,分合同或者直接合同。"(云南省计委)

3.将"总合同"改为"总协议"。因为过去用过,且用"总合同"需按合同之总值缴纳印花税,这就无形中增加了产品的成本。(吉林省计委)

第四条 各供应合同中应该分别订明下列各主要事项:

总合同:

(一)全年分季供应产品的分类品种、数量及质量标准;

(二)需要方提出有关产品订货文件的时间;

(三)供应方签发订货通知的时间;

(四)确定双方所属的地方供、需组织签订分合同。

分合同和直接合同:

(一)分季分月供应产品的分类品种、数量和质量标准,必要时可以注明详细品种、规

格和样本;

(二)履行合同的时间、地点和办法;

(三)产品的价格、总金额和结算办法;

(四)违反合同条款及不履行合同的罚则。

另案1:本条不要。

另案2:应该将三种合同的内容作概括的规定。

意见:

(一)将该条改为:

"各供应合同中应分别订明各主要事项:

总合同:

(一)全年分季或季度供应产品的分类品种、数量及质量标准;

(二)同原条文(略);

(三)签订分合同的双方下级组织;

(四)双方下级供需组织签订分合同的期间。

分合同和直接合同:

(一)分季分月供应产品的品种、规格、数量和质量标准,必要时应附样本或图纸;

(二)(三)(四)均同原条文。"(铁道部)

(二)同意原案条文。(最高法院、东北人大、商业部、交通部、食品部、石油部、上海市高法院)

(三)同意原案,但应修改或补充:

总合同内容方面:

(1)将总合同的(一)改为"全年分季供应产品的分类品种、数量,必要时可以注明质量标准。"因为这样比较灵活。(建材部)

本款应加"分地区的"四字。(二机部)

(2)将总合同(二)改为:"需方将有关产品订货文件提交供方的时间。"(山东省计委)

(3)在总合同内容加一项罚则:"违反合同条款及不履行合同的罚则。"理由:否则就失去签订合同的作用,(失去约束力)并且采取经济制裁的办法是贯彻合同制度的一种主要手段。(冶金部、电机部、化工部、二机部)

分合同和直接合同内容方面:

(1)将(一)项改为"分季分月供应产品的分类品种、规格、数量和质量标准,必要时应附产品样本。"(山东省计委)

或改为:"分季分月供应的产品应详细注明品种、规格、数量和质量标准,必要时可附样本。"(河北省计委)

(2)将(四)项"罚则"改"罚款"。(陈瑾昆)

(四)同意另案1的意见,即不要本条,但可以将其作为第三条的注解。(吉林省计委)

(五)同意另案2的意见,即将该条内三种合同的内容作概括的规定。因为规定太死了,会发生拘束性,难做到因地制宜,因时制宜。不同产品有不同的时间要求,可作概括规定说明交货时间、地点,以及物品数量、质量及违约罚款,即可。(上海高、中法院,粮食部,中国人民大学,电机部,天津高法院,纺织部,经委物资储备局和物资分配局,北京市计委,黑龙江省计委,北京大学,西北大学,北京市高法院,四川省计委,云南省计委)

同意另案2,但起草时要贯穿合同应注意双方互利原则。(湖北省计委)

第五条 供、需双方可以协商将计划分配的产品按季度或者按年度订立供应合同。总合同应该在季度或者年度开始前的六十天以内签订。分合同或者直接合同至迟应该在季度或者年度开始前三十天以内签订。

如果属于临时供应产品的,需要方自接到分配机关批准文件之日起十天以内和供应方签订临时性的供应合同。

另案1:供、需双方可以协商将计划分配的产品按季度或者按年度签订供应合同。按季度或者按年度签订总合同,应该在季度或者年度开始的三十天以前签订完毕;分合同或者直接合同应该在季度或者年度开始的十天以前签订完毕。

如果属于临时供应产品的,需要方自接到分配机关批准文件之日起十天以内和供应方签订临时性的供应合同。

另案2:本条只规定原则,不规定具体天数。

意见:

(一)将该条改为:

一案:"总合同应在季度或者年度开始前规定期限内签订。

如果属于临时供应产品的,需要方自接到分配机关批准文件之日起,在规定期限内和供应方签订临时的供应合同。"

理由:关于签订合同的期限,拟请计划委员会另行规定,可不必在民法典内具体规定。(铁道部)

二案:"供需双方可以协商将计划分配的产品按季度或者按年度物资分配计划后三十天以内签完,分合同和直接合同在六十天以内签完。

如根据逐季批准的物资分配计划签订季度供应合同,或根据年度物资分配计划草案进行一季预拨订货时,不迟于季度开始前十五天必须签完季度合同和结束预拨订货。

如属临时供应的物资,自供方接到分配机关批准的文件后,十天以内与需方签订临时性的供应合同。"

理由:因为合同是依据国家分配计划来签订,但国家正式批准的年度计划,在年度开始的六十天以前下达通常是没有把握的。因此,不规定国家下达分配计划的日期而规定在年度开始前六十天签完总合同也无法保证实现。

对于签订季度合同的期限,由于各类产品的生产准备期长短不同,规定统一的签订合同期限也有困难。因此,只好规定一个最晚的截止日期,允许各部在组织供货时,根据具体情况另确定较早的期限。(冶金部)

三案:"供需双方可以协商将计划分配的产品按季度或者按年度签订供应合同。总合同,应该由需要方在季度或者年度开始的六十天以前,提出签订合同的条件送交供应方,供应方在季度或者年度开始的五十天以前组织需要方签订合同完毕;分合同或者直接合同,应该由需要方在季度或者年度开始的四十天以前提出签订合同的条件送交供应方,供应方在季度或者年度开始的三十天以前组织需要方签订合同完毕。"(粮食部)

(二)同意原案条文。(煤炭部、复旦大学、石油部、北京大学、经委物资储备局、河北省计委、西北大学、北京市高法院)

理由:应规定天数,否则第二条按时签订合同并负法律责任,将失去以法律制裁的依据。(煤炭部)因为合同签订后还须照顾到在执行时与铁路要车计划提出日期的配合。(石油部)但统配部管物资分配指标需在年季度九十天前下达。(河北省计委)

(三)对原条文作某些修改和补充:

(1)将该条总合同的一段,改为"总合同应该在季度或者年度开始的六十天以前签订,分合同或者直接合同至迟应该在季度或者年度开始的三十天以前签订"。(轻工部、化工部、二机部)

理由:国家这样大,经济情况也复杂,供需合同的工作基础差,经验少,照原规定,根据目前供销工作情况是来不及的。(轻工部)时间太晚不好布置生产。(二机部)

(2)该条的"至迟"二字去掉。(最高法院)将"协商"二字去掉。(建材部)

(3)在"签订"后加上"完毕"二字。(建材部)

本条还应规定计划确定过晚的内容:"在物资分配计划尚未确定之前,可以进行预拨订货,待物资分配计划确定后,再作调整。"(二机部)

(4)将"六十天以内"改为"三十天以前","十天以内"改为"十天以前"。(天津高法院)

(5)将"临时性"三字去掉。(国家物资分配局)

(6)二款后加:"因路途遥远交通不便或其他原因,十天内来不及者,供需双方可协商推迟。"(建筑工程部)

(四)同意另案1的意见。(上海市高法院)但在时间上有不同意见:山东省计委主张总合同应该在四十天以前签完,分合同和直接合同应该在十五天以前签完,临时性合同自批准之日起十五天到二十天以内签完。而黑龙江省计委主张总合同三十五天,分合同和直接合同十五天,临时性合同十天。北京市计委认为应考虑转拨单位的具体情况,适当的提前合同签订日期。

将"十天"改为"十五天"。(云南省计委)

但也有不同意增加时间。认为原条文规定可以避免将签订合同日期拖长的现象,从而可以避免供需双方的损失。今年二季及下半年订货就是个证明,将订货日期拖长了月余,各方面均造成了不同程度的损失。(吉林省计委、东北人大)

(五)同意另案2的意见。(商业部、一机部、石油部、上海市计委、经委物资分配局、食品部、纺织部、电机部、上海市高法院)

理由:目前国家批准计划的时间很迟,如果按原条文规定,与实际情况相抵触。(一机部)作为法律规定,似不宜规定天数,具体天数由产品分配机关分别规定。(电机部、石油部)

(六)同意另案2的意见。如果要规定具体签订合同的日期,应该规定为供需双方收到分配机关分配通知后若干天进行签订合同,同时要照顾各个不同地区的交通情况。(四川省计委)

第六条 需要方应该在规定签订合同期限届满的二十五天以前提出签订合同的条件送交供应方,供应方接到后应该按照第五条规定的时间内组织需要方签订供应合同。

另案1:本条不规定具体天数。

另案2:本条不要。

意见:

(一)同意原条文。(山东省计委、东北人大、经委物资储备局、吉林省计委、云南省计委、北京市高法院)

理由:根据过去的情况需用方一般是在签订合同期限届满前二十至二十五天提出签订合同的条件,送交供应方,具体说二季度订货应于一月末日前送交供应方,签订合同日期一般是在二月二十日以后。(吉林省计委)

(二)同意原条文,但应作某些修改:

(1)二十五天的时间改为十五天。(黑龙江省和北京市计委)而最高法院主张改为三十天的时间。

(2)在条文后加注:"如果书信订货,送交的时间应以发出之邮戳为凭。"并将八条的"专材专用"移此。(河北省计委)

(三)同意另案1,即不规定具体天数。(上海市计委、上海市高法院、电机部)纺织部主张将"签订合同的条件"改为"订货的要求"。

(四)同意另案2,即不要本条。(一机部、轻工部、交通部、食品部、铁道部、石油部、二机部、冶金部、电机部、商业部、中国人民大学、建材部、湖北省计委、陈瑾昆、天津市高法院、复旦大学、建筑工程部、上海市高法院)

理由:(1)因为第五条已作规定。(一机、复旦、天津高法院、二机)(2)和第五条不相适应。(石油)(3)因为需方"提出签订合同的条件"一句,具体内容不明确。(冶金部、电机部)(4)需方提出签订合同的条件,应当规定几条原则,否则可以取消,不然容易扯皮。(化工部)

第七条 供应产品的数量和品种应该根据原分配机关批准的产品分配计划规定的数量、品种来确定。如有增加或者减少,必须经过核准分配计划的机关批准。

分季分月供应的产品的具体数量、品种,可以由双方协商确定。但是应该符合分配计划及总合同中总的规定。

意见:

(一)将该条与第二十九条合并改为:

"分配计划和总合同只能在国家修订年度生产计划时,才能把物资供应计划(修订)送分配机关考虑。否则不予修订(省市计划产品在省市修订年度计划时相同)。至于在生产中发生的临时增减由具体订约双方协商确定。"

理由:在生产过程中增减订货的事情经常发生,如果大部分都找分配机关批准则业务量增加很多。其次,本条应该规定得具体,即分别规定在什么情况下可以修改。不然,生产情况一遇变化,需方就提出变更分配计划和供应合同,有时供方有困难,但是需方坚持

要修改无法解决。(轻工部)

(二)同意原条文。(商业部、最高法院、天津市高法院、铁道部、交通部、食品部、纺织部、二机部、山东省计委、黑龙江省计委、湖北省计委、北京市计委、河北省计委、北京市高法院、云南省计委)

(三)将一款中的"核准分配计划的机关"改为"原分配计划的机关"。(化工部)

(四)将第二款改为"分季分月供应的产品的具体数量、品种、规格,可以由双方协商确定。但应该根据满足需要的原则和符合分配计划及总合同中的总的规定。"(建筑工程部)国家物资分配局认为分季供应的产品可由供需双方协商,实际上有些带有季节性的产品也是由国家计划确定的,原文的规定希再考虑。

(五)将"总的规定"的"总"字不要。(化工部)

(六)整个一条不够明确,如"原分配机关"和"核准分配计划的机关",二者是怎样的一个机关。如果"核准分配计划的机关"是"原分配机关"的上级机关,那么要在本条内明确写出来。即最后一句话改为"如有增加或减少,必须经过原分配机关的上级机关,核准分配计划的机关批准。"(上海市高法院)

第八条 需要方应该按照专材专用的原则使用产品。如果产品有结余,应该按照法定的程序处理。

注:有的同志主张:"如果产品有结余,应该按照法定的程序处理"一段不要。

意见:

(一)同意原条文。(商业部、复旦大学、东北人大、交通部、北京市计委、黑龙江省计委、纺织部、国家物资储备局、上海市高法院、北京市高法院)

(二)同意原条文,但有不同意见:

1. 对"专材专用"有不同意见:

(1)改为:"需要方应该按照节约的原则合理地使用产品。"理由:"专材专用"在实际工作中很难做到。比如为甲工程申请的材料,因甲工程图纸未拟不能使用,而乙工程急需使用此项材料。(建筑工程部)

(2)改为"需要方应该依计划用途使用产品。"因为目前我国计划物资不足,必须物尽其用,防止积压。(中国人民大学)

(3)专材专用有困难。(湖北省计委)

2. 对"如果产品有结余,应该按照法定的程度处理"有不同意见:

(1)改为"如果产品在当年(季、月)有结余,应该按照法定程序处理。"理由:这样规定,其含义对有结余产品的经济组织,必须即时呈报上一级机关或国家分配机关另行调拨使用。(轻工部)

(2)改为"结余的物资首先在本系统内进行调剂,调剂不了的,应报产品主管销售部门调拨,主管产品销售部门不予受理时,可以自己出售给系统以外的单位。"(一机部)电机部也主张各申请单位内部仍应允许自行调剂,因为现在计划水平不高。

(3)改为"应报主管部门处理"。(湖北省计委)

(4)应加一注解:即其权力应交与各部及省(市)之物资技术供应计划之管理部门,即省(市)人民委员会所属之计划委员会或经济委员会。理由:这样就能防止乱用物资现象,制止浪费,也能发挥物尽其用。(吉林省省委)

(三)同意"注"的意见,即"如果产品……"一段不要。(最高法院、山东省计委、石油部、西北大学、四川省计委、云南省计委)

(四)主张本条不要。(上海高、中法院和计委,铁道部,天津高法院,二机部,煤炭部,建材部)理由:(1)不属供应合同这一法律范畴,属于行政领导与监督的范畴。(上海市法院)(2)目前执行有困难。(3)系指使用产品的原则,纯为需要方本身的事情。(煤炭部)(4)无必要。(建材部)

(五)主张不要本条,但应将"专材专用"的原则合并第六条内,即:"……二十五天以前,按照专材专用的原则,提出签合同的条件……"(河北省计委)

第九条 供应产品的质量应该符合国家规定的标准和技术条件,或者符合由本企业所规定的经过主管部门批准的标准。如果需要方有特殊需要的产品,它的质量可以由双方协商确定。

意见:

(一)将本条改为:"供应产品的质量,应该符合国家规定的标准,如供应的产品不能符合此种标准,因而延迟订立合同,其责任由供应方负担。但供应方如果因某种条件的限制,产品不能达到此项标准时,则需要方亦不得拒绝签订合同。"(上海市高、中法院)

(二)同意原条文。(交通部、天津高法院、北京计委、湖北计委、河北计委、最高法院、商业部、上海市高法院)

(三)同意原条文,但应修改:

1.将"应该"改为"应当"。(陈瑾昆)而化工部、北京市高法院主张改为"必须",以下均同。

2."标准"是国家统一规定的,应该成为全国每一生产企业制造产品的准绳。因此,对个别企业规定的技术条件,不宜叫做"标准"。(冶金部)

3.将"如果……确定。"一句改为:

(1)"如需要方有特殊需要的产品,生产供应方应积极支援,此类产品质量由双方协商确定。"(建筑工程部)

(2)"需要方所需的特种产品,它的质量可以由双方协商确定。"(铁道部)

4.将"它的质量"改为"它的质量规格"。(上海市计委)

5.应将产品的"齐备性"补充进去,即"供应产品的质量和齐备性,应该符合……"(一机部)

6.但本条应对供需双方协商时间须有具体规定。(云南省计委)

第十条 供应产品的价格,应该按照国家规定的统一调拨价格计算。如果国家没有规定价格,应该按照主管机关批准的价格计算。

签订合同时不能规定产品价格,在合同中应该订明作价办法,如果是新产品,可以按照新产品作价现行程序来决定价格。

意见:

(一)同意原案。(交通部、天津高法院、北京市计委、湖北省计委、河北省计委、山东省计委、最高法院、商业部、铁道部、北京市高法院、上海市高法院、云南省计委)

(二)应修改:

1. 在第一款后加"或经主管机关授权企业自订的价格"一句。(二机部)

2. 对新产品的价格应该明确规定,不仅要经过主管机关的批准,而且还需要根据实际成本计算,实际成本仅应包括生产某项产品的正常成本,对历次试制报废的消耗,不应并计在内,否则将影响国家自制产品的广泛采用和经济核算制的实现。(石油部)

3. 本案规定供应产品的价格应按国家调拨价格,实际上不完全这样,比如公私合营企业,过去就不如此。再如手工业合作社所需产品是否均按国家调拨价格供应,现在还未最后确定。(国家物资分配局)

第十一条 如果合同中没有其他约定,供应方对季度内供应的产品数量、品种,应该按月均衡供应。当月不能供应的时候,应该在下月内补交。但是,本季度内供应的产品应该在当季度内全部交清。

供应方对于产品补交部分应该负延迟责任。

注:有的同志认为:"按月均衡供应"对有些产品的供应不能适用,应该修正。

意见:

(一)将本条改为:"按年按季的合同,应将每季每月供应的数量品种具体规定,未为具体规定的,视为逐季逐月平均供应,本季本月供应不足之数,应于下月补交,并应负延迟责任。"(上海市高、中法院)

(二)同意原条文。(二机部、煤炭部、纺织部、天津高法院、北京市计委、湖北省计委、山东省计委、四川省计委、上海市高法院)

(三)对本条作某些增加或修改:

1. 在"如果在合同中没有其他约定"的后面加上"并与合同性质不违背时"。(中国人民大学)

2. 将"供应方对季度内供应的产品数量、品种,应该按月均衡供应"一句改为"供应方对季度内供应生产需要的产品、品种、规格、数量应该按月均衡供应"。(河北省计委)

3. 对该条的"按月均衡供应"有不同的意见:

(1)如果合同中没有其他约定大宗产品,应实行按月分旬均衡供应的办法。(建筑工程部)

(2)原则上按月供应,数量较小者,可提前一次供应。(上海市计委)

(3)改为"按月供应",因为量是不在"均衡"而在"按月供应"。(北京大学)

(4)改为"应该尽可能按月均衡供应",但是本季度内供应产品下边"应该"二字可以改为"必须"二字。(最高法院)

(5)有些产品如机电设备和进口原料等,不可能按月均衡供应,是否要补充列为例外,请考虑。(商业部)

(6)"按月均衡供应"有些产品确有问题,特别是季节生产全年需要的物资,按月供应矛盾很大,同时进出口物资按月供应会有问题。建议把十一条和十二条合并为一条,条文参看十二条的意见。(轻工部、上海市高法院)

(7)合同交货日期应该尽量结合需要方要求,指定交货月份,避免仅规定交货季度,供应方可以在季度内灵活(如二季交货可在四月初也可在六月底交货),如无特殊理由,同意规定按月均衡供应,或按生产顺序分期供应。(石油部)

认为"按月均衡供应"在对一般直接消费的用户的供需合同方面应有这样的要求,但在生产单位与经销单位(如商业部专业公司)之间,尤其是经销单位是属于国家分配计划执行的单位性质(如中国石油公司的经营石油统配产品与我部之间的分配合同),这样要求与产销情况不一定适合,请考虑修改。(石油部)

(8)不要"按月均衡供应"。(电机部、云南省计委)

(四)将"当月不能供应的时候,应该在下月内补交"改为"当月不能供应的时候,如需要方同意在下月补交,必须在下月内补交"。(化工部)上海市高院主张不要这段。

拟在"当月不能供应的时候"后加"供应方应及时通知需要方,并应在下月内补交"字样。(建材部)

(五)本条不要。(铁道部)

第十二条 按月供应的产品,应该在合同中订明具体履行日期,如果没有订明,应该在当月月底以前全部履行。

另案1:如果合同中没有其他约定,按月供应的产品,应该在当月月底以前全部履行。

另案2:将十二、十三条合并写为一条:"按季、按月供应的产品,如果在合同中没有具体约定履行日期,应该在当季、当月月底以前全部履行。"

另案3:本条不要。

意见:

(一)同意原条文,不同意另案。(二机部、纺织部、天津市高法院、北京市计委、河北省计委、山东省计委、东北人大、陈瑾昆、西北大学、北京市高法院)

(二)同意原条文,但应将"如果没有……全部履行"一句不要。(湖北省计委)

(三)同意另案1的条文。(粮食部、复旦大学、最高法院、云南省计委)

(四)同意另案1的条文,但对季度供应产品,应规定于季末以前全部履行。(煤炭部)

(五)同意另案2的意见,即本条和十一条合并的写法。(电机部、冶金部、铁道部、一机部、北京大学、交通部、上海市高法院)

同意合并写:"如果合同中没有其他约定,供应方按季、月供应的产品,应该在当季、月底以前全部履行,如果当季当月因某种原因(实属客观)不能完全供应时,在下季、月内补交。"(轻工部)

(六)按月供应的产品,在条文中是否有必要规定"应该在合同中订明具体履行日期",请考虑。(商业部)

(七)"应该在当月月底以前全部交清"有许可陆续履行的意思,在某些情况下会对需要方不利,因此同意另案3将本条取消,以债的通则解决这类问题。(中国人民大学)

石油工业部主张不要,但也可并入十一条中。

第十三条 供应的产品,属于供应方向外埠发运的,以运输部门签发运单的戳记日期为交付日期;向本埠发送的产品,以需要方签收的日期为交付日期。需要方向供应方仓库提取产品的,以需要方提取日期为交付日期。但是,需要方应该按照供应方所发的提货通知单内规定的期限提取。

另案:供应的产品,如果是用陆运或者水运的,以运输部门签发运单的戳记日期为交付日期。如果是需要方向供应方仓库提货的或者是供应方向本埠需要方发货的,以需要方签收的日期为交付日期。

意见:

(一)同意原条文,不要另案。(二机部、纺织部、北京市计委、湖北省计委、河北省计委、冶金部、山东省计委、东北人大、铁道部、陈瑾昆)

(二)本条中所规定的"支付日期"目的是否便于计算履行迟延?但交付日期不是契约中有规定就是法令中有规定。因此,本条就可以只规定什么是交付,不必规定交付日期,否则就把应行交付的日期与实际交付的日期混起来了。(中国人民大学)

原文"……运单的戳记日期为交付日期",在机械产品的另担发运中很有困难,另担托运后,往往运输部门不能即时承运,如最近山东省青岛机械厂给大连、沈阳、广州等处发出的碎石机都是在托运后一月余才承运发出,有的时期更长,故若以运单戳记日期为交付期,则生产厂将会普遍的负延期交货的责任,所以我们认为:(1)如果规定"运单的戳记日期为交付日期",则在运输法令中须相应的规定在申请托运的多少期限内须有承运。(2)如果只有机械产品在另担发运中存在此问题,那么可允许在合同上另作以托运日期为交货日期。(铁道部)

(三)同意另案意见。(交通部、食品部、北京大学、电机部、复旦大学、商业部、北京市高法院、西北大学、云南省计委、上海市高法院)

(四)同意另案,但应修改和补充:

1. 在"以需要方签收的日期为交付日期"的后面应加上"但需要方应在货运到的当日即行验收"一句。(化工部)

2. "以需要方签收的日期为交付日期"这句话不够明确,因为有时供应方虽按时把货送到,但由于需要方验收未完的关系,不能开给签收字据,在这种情况下究应以何时为交货日期,应该加以明确。(天津高法院)

3. 在另案内加"空运"二字。并可考虑将该条放到十七条后面。(最高法院)

(五)本条不要。(上海市高法院)

第十四条 如果合同没有其他约定,供应方不按期供应产品,需要方有权在通知供应方以后,拒绝接受过期交付的产品。但是,供应方在接到需要方通知以前已经发送的产品,需要方应该接受并支付价金。

注:有的同志主张:本条应加一款:"如果供应方接到了拒绝受领的通知,还是发送产品,需要方有权拒绝接受。但是,应该代为保管,保管费用,由供应方负担。"

另案：供应方不按期供应产品，需要方有权在通知供应方以后，拒绝接受过期的产品。但对于已送到需要方指定地点的过期交付的产品，需要方有义务负责代为保管。因保管所支出的费用，由供应方负担。供应方在接到需要方通知以前已经发送的过期产品，需要方也可以拒绝接受，但是应该负担产品往返的费用。如果有保管费用，由供应方负担。

意见：

（一）将本条应改为：

一案："供应方如逾期交付产品，应事先征得需要方的同意（应限期）再行发货。如果需要方提出拒绝接收，供应方不得发货。但需要方在约定期内未提出异议，供应方即认为同意办理发货，需要方不得拒绝接受。"（煤炭部）

二案："如果合同没有其他约定，供应方不按期供应产品，在接到需要方拒绝受领的通知后，还发送的产品，需要方有权拒绝接受。如果供应方在接到需要方通知前，即已交送的产品，需要方亦有权拒绝接受，但应代为保管，保管搬运费用由供应方负担；如果需要方未给供应方发出免于发送产品的通知，而供应方按原合同发送的产品，需要方可以接受，倘若需要方确实不需要这种产品者，得负担往返费用。"（河北省计委）

三案："如果合同没有其他约定，过期的产品，供应方必须停止发送，但应该及时与需要方联系，在取得需要方许可发送的通知以前，仍不能发送，如果发送，一切费用与损失应由供应方负责。"（天津高法院）

四案："如果合同没有其他的约定，供应方不能按期供应产品时，应事先取得需要方同意后，再行发送产品。"因为需要方不知道供应方必定不能如期履行契约，从而无法及时发出拒绝接受过期交付产品的通知。（中国人民大学）

五案："供应方不按期供应产品，需要方有权在通知供应方以后拒绝接受。但在此以前已经发送的产品，仍应接受。"附"注"的内容似可不要。（上海高、中法院）

（二）同意原条文，不同意另案。（东北人大、陈瑾昆、最高法院、铁道部、上海市高法院）

（三）同意原条文，但有不同的修改意见：

1. 同意把"注"的意见补充到原条文里去。（建筑工程部、食品部、北京大学、建材部、轻工部、粮食部、西北大学、上海市高法院）

2. 同意加"注"的意见。但应把"注"内"保管费用"四字改为"因此而发生的一切费用"。（北京市计委）

3. 同意加"注"，但将"保管费用"改为"运杂保管费用"，"价金"改为"价款"。（纺织部）

4. 同意原案和注的意见，这样规定可以避免国家财产遭受损失。此外，在条文中可否规定"代为保管的期限，逾期不作处理，损失由供应方负责"，请考虑。（商业部）

5. 同意原案意见。唯在"拒绝接受过期交付的产品"一句之后，增列"该产品在供应方未处理前，需要方应妥为保管"一句，以下仍接原文。（山东省计委）

6. 同意原条文的意见，但是供、需双方都应当规定"不能供应或拒绝接受"的期限。（交通部）

7. 本案增加一款："供方对于延期提货和拖欠货款的需方提出警告后，而需方仍未履行其义务时，供方有权停止供应未提的物资和减少下期交货的数量。"（冶金部）

（四）同意另案的条文。（黑龙江计委、国家物资储备局、上海市计委、复旦大学、四川省计委、云南省计委、北京市高法院）

（五）同意另案的条文，但有某些修改：

1. 将"……供应方在接到需要方通知以前"后加上"以邮戳日期为凭"。（湖北省计委）

2. 将"需要方有权在通知供应方以后"改为"需要方有权在通知供应方三十天以后"。（电机部）

3. 对"供应方在接到需要方通知以前已经发送的过期产品……由供应方负担"一段改为"供应方如果不能按期交货，而要延期发送时，应事先征得需要方同意后方准发货，否则一切损失应由供应方负担"。因为不能按期交货，需要方为了不误生产，一定要进行采购，可能已购到适用的材料，如果这部分延期交货的产品运到后即会造成需要方的资金积压。（吉林省计委）

这一段可以不要。（电机部）

4. 用另案，但另加上"如无其他约定，供应方过期交付的产品，在接到需要方拒绝接受的通知以前，仍须发送"。（二机部）

第十五条 供应方提前发送产品必须通知需要方并取得他的同意。如果供应方没有取得需要方同意以前，已发送了产品，需要方应该接受，但是，可以拒绝提前支付价金。需要方在提前期限内对产品的保管所支付的费用，由供应方补偿。但是，容易腐坏、变质的产品，供应方不能提前发送。

另案：供应方没有得到需要方的同意而提前发送了产品，需要方可以拒绝接受，或者暂时代为保管，不提前支付价款，保管费用由供应方负担。

意见：

（一）将本条改为："供应方如果提前发送产品，必须先行取得需要方同意，否则需要方可以拒绝接受，但是对于供应方已经提前发送的产品，需要方应暂时负责保管，保管费用由供应方负担。对容易腐坏变质的产品，供应方不能提前发送。"（最高法院）

（二）同意原条文。（天津高法院、二机部、北京市计委、湖北省计委、国家物资储备局、北京大学、中国人民大学、山东省计委、复旦大学、陈瑾昆、商业部、西北大学）

（三）同意原条文，但有不同的修改：

1. 将"已发送了产品"改为"已发送的产品"。（铁道部）

2. 将"价金"改为"价款"。（纺织部）

3. 将"保管所支付的费用"改为"保管所增加的额外开支"。（冶金部）

4. 将"由供应方补偿"改为"由双方协商确定"。（建材部）

5. 将"但是，容易腐坏……"一句，改为"但是，容易腐坏、变质或受容器、运输工具限制的产品，供应方不能提前发运"。（化工部）

6. 将"不能提前发送"的"能"改为"得"字。（铁道部）

7. 将"需要方……所支付的费用，由供应方补偿。"一句不要。（上海市高法院）

8. 需要方提前要货也要规定。（上海市高法院）

9. 加"暂时堆存费及仓租、保险费应由供应方负担"一句。（云南省计委）

（四）同意另案的条文。（食品部、交通部、东北人大、国家物资分配局、上海高、中法院、北京高法院）

（五）同意另案，但将原案条文"但是，容易腐坏……"一句加在后边。（河北计委、电机部）

同意另案条文，但条文之首加原条文的"供应方提前发送……取得他的同意"一句。（上海市高法院）

第十六条 供应方对供应的产品，应该按照国家规定的标准进行包装。如果需要方要求特殊包装，可以由双方协商确定。超过原包装标准的费用，由需要方负担。

属于需要回收的包装用品和容器，应该按照主管部门的规定处理，如果没有规定，应该在合同中订明回收的具体办法。

注：有的同志主张：
1. "如果需要方要求特殊包装"后边加"或者作运输包装"。
2. "特殊包装"改为"需要不同的包装"。

意见：

（一）同意原案。（二机部、纺织部、交通部、天津市高法院、北京市计委、国家物资储备局、电机部、上海市计委、轻工部、陈瑾昆、最高法院、铁道部、西北大学、北京市高法院、上海市高法院）

（二）同意原案，但有不同意见：

1. 认为原案还不明确，例如原包装的包装费用，应由哪方负责看不出来。（石油部）
2. 将"如果需要……包装"的后面加"或者作运输包装"。（食品部、河北省计委）
3. 将"如果需……包装"改为"需要不同的包装"。（食品部、河北省计委、山东省计委、湖北省计委）
4. 在第一款后边加一句：原包装的费用有剩余时，由供方退回其差额部分。（山东省计委）
5. 将第二款改为："包装容器除契约或主管部门另有规定外，需要方可以不返还。"不同意"注"的意见，因为特殊包装已包括了。（中国人民大学）

或者改为："属于需要回收的包装用品和容器，应该在合同中订明回收的具体办法。"（上海市高、中法院）

6. 按实际情况各种产品的包装，国家还没有一套规定的运装标准，同时，一般产品也都不[可]能有一套规定的标准。因此，是否可改为"某种产品，必须按国家规定标准包装的，应按包装办理"。（商业部）

7. 同意加注的意见。（云南省计委）

第十七条 由需要方自备的包装用品和容器，应该在约定期间内送交供应方，并保证合乎包装使用，供应方应该免费检验和保管。如果包装用品和容器需要供应方进行加工或者修理，费用由需要方负担。

注：有的同志主张：本条内"并保证合乎包装使用"九字不要。

意见：

（一）同意原条文。（二机部、食品部、纺织部、交通部、铁道部、北京大学、陈瑾昆、天津市高法院、石油部、北京市高法院、云南省计委、四川省计委）

（二）同意原条文，但有不同修改意见：

1. 在本条的首应增加"在合同内规定的"几字。（粮食部）

2. 在"……送交供应方"后加"现场"二字。（化工部）

3. 同意将"并保证合乎包装使用"不要。（西北大学，黑龙江省计委，中国人民大学，山东省计委，东北人大，湖北省计委，上海高、中法院）理由：不要对原条文无损。（中国人民大学）天津市高法院少数人认为规定了供应方进行加工或修理，不会发生。北京市计委认为，供应方如能统一解决包装和容器更好。供应方代运木材所需的铅丝不能由需方负责。化工产品的容器，可以用收回的办法。如果收回的少，不足部分，应由供应方统一解决。

4. 将"供应方应该免费检验和保管"改为"应该进行检验"。（冶金部）

5. 对"如果包装用品……费用由需要方负担"一句，因为太笼统，易于扯皮，主张改为："如果需要方送到的包装用品和容器不符合包装使用，供方有条件时，可代为修正，其费用由需方负担。如供方无条件代为修正或不能修正者，以及需方未按时运到，供方有权代为包装（包装费用由需方照付）。如供方无力代备包装，因而造成缓期发货时，供方有权向需方按逾期提货收取罚金。"（化工部）

将这一句改为："如果包装用品和容器不合乎使用，需要方应该负责调换，或者由供应方进行修理，费用由需要方负担。"（商业部）

6. 在原条文之后加"如加工修理后，仍不能使用，供应方应通知需方并代为购置。"一句。（国家物资储备局）

7. 认为供应方免费检验和保管，供应方所用的钱可否打算在成本费里？也有认为这样规定欠公允，可以规定"由双方自己约定"。（上海市高法院）

（三）本条不要。（石油部）

第十八条 供应方对供应的产品，应该按照国家规定的直达供应限额进行直达供应；不足直达供应的限额的零星订货，可由小额方式供应。

另案：本条不要。

意见：

（一）将本条改为："供应方对所供应的产品，应该按照国家规定的直达供应限额，将产品[由]制造工厂直发给收货单位；不是直达供应限额的零星订货，应通过销售机构的仓库进行小额供应。"（冶金部）

（二）同意本案。（东北人大、电机部、商业部、轻工部、复旦大学、交通部、陈瑾昆、纺织部、食品部、国家物资储备局、北京市计委、湖北省计委、二机部、北京市高法院）

（三）同意原条文，但有不同意见：

1. 应补充一句"均应在合同内分别载明"。（铁道部）

2. 应在最后添上一句"但另在合同内有约定的应按照约定办理"。（河北省计委）

3. 应将"主管机关规定"补充进去，即"……应该按照国家及主管机关规定的直达供

应……"。因为有些部管或省(市)管理的产品,它们的直达供应限额可以由主管产品的工业部或省(市)来规定。(一机部)

(四)同意另案,即不要本条。(山东省计委,上海市高、中法院,天津市高法院,天津市计委,云南省计委,中国人民大学,最高法院,石油部)理由:(1)因为这只是运输的原则,也是经济工作者管理国家财产的一般性原则。(中国人民大学)(2)因为无意义。(天津市高法院)

第十九条 如果法律法令或者合同没有其他规定或者约定,运送产品的费用,由需要方负担。

意见:

(一)将本条改为:"如果法律法令没有其他规定,或者合同中没有其他约定的,运送产品的费用,由需要方负担。"(上海市高法院)

(二)同意原案。(山东省计委,商业部、铁道部、最高法院、天津高法院、交通部、食品部、国家物资储备局、北京市计委、二机部、湖北省计委、北京市高法院、云南省计委)

(三)同意原案,但在"……运送产品的费用"之后加"以及产品价格中未包括的费用,均……"数字。(冶金部)

第二十条 需要方接受产品的时候,应该进行检验。对于用通常方法容易发现或者能够发现的瑕疵,属于同城供应的产品,应该在检验后立即提出;属于异地供应的产品,应该在货到十天内邀请非有关单位到场见证,作出产品瑕疵记录和意见书寄交供应方。

注:有的同志主张:"属于异地供应的产品……寄交供应方"一段改为"属于异地供应的产品,对于数量不足,应邀请非有关单位到场见证,作出记录和意见书,立即寄交供应方,质量方面的瑕疵,可以按照关于不易发现的瑕疵的规定办法处理"。

意见:

(一)将该条改为:

一案:"需方接受物资的时候,应按合同规定的方法、期限和地点进行数量验收和质量检查。如发现数量不足或质量不符时,应按规定程序编制记录,作为要求赔偿的依据。"

理由:因为验收工作在执行合同中是一个最容易发生纠纷的过程,由于各种物资的性质不同,供应方式也不能强求统一。因此,验收的方法、时间和地点也不宜统一规定。这些问题应在各类物资的"供应基本条例"中具体地予以规定。(冶金部)

二案:第二十、二十一、二十二、二十三、二十四条应写为三条:

第二十条:需要方接受产品,应该进行检验。对于容易发现的瑕疵,属于同城供应的产品,应该立即提出,如果验收需要较长的时间至迟必须在货到十天以内提出;属于异地供应的产品,应在货到后十天内邀请公证单位或第三者到场见证,作出产品瑕疵记录和意见书寄交供应方;验收的时候,发现数量不足,同城供应的产品,也应该至迟在货到十天内提出,异地供应的产品,应该在货到十天内将有承运部门见证的记录寄交供应方。对于不易发现的瑕疵,如果没有其他约定,需要方可以在货到后六个月内向供应方提出。

供应方接到需要方的瑕疵记录和意见书,在十天内没有提出处理办法寄交需要方,需要方可以认为供应方默认了记录和意见书中所列事项。

第二十一条：产品的瑕疵，如果应该由供应方负责，需要方有权请求调换合用的产品，或者免费修理，或者按质论价，并且可以请求赔偿因产品瑕疵所造成的直接损失。

产品的瑕疵如果不应由供应方负责，需要方对供应方在检验过程中所受的损失应负责赔偿并负迟延付款的责任。

第二十二条同意用第二十四条原案，但二十四条第二行中的"二十二条"四字改为本案"二十条第二款"，而二十四条中第四、五行中"否则，供应方不负责任"一句不要，第二款中"错运"二字不要。（铁道部）

三案：第二十条、第二十二条可合并为一条：需要方接受产品的时候，应即进行检验，对于用通常方法能够发现的瑕疵，属于同城供应的产品，应该在检验后立即向供应方提出；属于异地供应的产品，应该在货到十日内邀请非有关单位到现场见证，作出产品瑕疵记录和意见书寄交供应方，供应方在接到需要方产品瑕疵记录和意见书十天内提出处理办法。（轻工部）

（二）二十一—二十三条合并为一条，但关于产品的检验问题建议国家专门设置检验机构，做到出厂检验，避免因在厂没有经过公证部门（即国家指定检查部门）的检查，即运往工地，如不合用浪费很大而且影响及时使用。同时如有些设备必须规定使用多少时间后，对产品质量提出意见，经公证机关断定如确系制造上存在问题仍应由供应方负责。（石油部）

（三）同意原案。（陈瑾昆、交通部、食品部、石油部、中国人民大学、四川省计委）

理由：因为容易发现的瑕疵与不容易发现的瑕疵应有所区别。（中国人民大学）

（四）同意原案，但应修改或补充：

1. 在第一行"对于"后加"数量、规格不符及"几字。（二机部）

2. 我们主张在"瑕疵"两字之后，以括弧注明"包括规格、数量、质量不合规定"等字样。（山东省计委、化工部）

凡有瑕疵的字样可改为"规格质量事故"。（建材部）

"瑕疵"二字改为缺陷较好。（铁道部、冶金部）

3. "容易发现"可不要，因容易发现或者能够发现是一样的。（上海市高、中法院）

对数量大而且不易发现的瑕疵之订货，尤其是质量方面当时无法确定是否符合，因此建议应加上"应根据在生产企业提供之产品技术证件和规定的有效保管期限内由供应单位负责"的内容。（国家物资储备局）

4. "属同城供应的产品……后立即……"中的"立即"有困难。（纺织部）

或改为："……容易发现或者能够发现的瑕疵，数量不够，属于同城……作出产品瑕疵、数量缺少的记录……"（天津市高法院）

将"同城供应"改为"同地供应"。（上海市高法院）

5. "十天"时间不够，需要长些。（建筑工程部）

有些产品在货到十日内可能就会因保管不善而发生瑕疵，因此属于异地供应的产品可规定为："在货到检验后，三日内邀请非有关单位到场见证，进行复验，复验完毕作出产品瑕疵记录和意见书寄交供应方。"（粮食部）

6. "非有关单位"的名称应作修改：

(1)因为这个名称的定义不明确,在苏联作为见证者主要是指无直接利害关系者而言,故本条中的"非有关单位"可考虑改为"第三者"。(一机部)

(2)"非有关单位"可改为"无利害关系的单位"。(上海市高、中法院)

最好明确什么机关。(纺织部)

(3)应改为"其他单位"。(北京市计委)

(4)"非有关单位"应改为"检验单位"。(北京大学)

(5)将"邀请非有关单位到场见证"字样取消。因事实上做不到。(北京市计委)

(五)同意"注"即本条修改的意见。(复旦大学、建筑工程部、建材部、化工部、湖北省计委、四川省计委、云南省计委、北京市高法院)

可以参酌"注"的意见,把供应产品数量不足问题提出来。(上海市高、中法院)

同意"注",另外数量不足的"足"字改为"对",下面再添上"规格不符者"五个字。即"数量不对,规格不符者"。(河北省计委)

第二十一条 如果法律、法令或者合同没有其他规定或者约定,对于用通常方法不容易发现或者不能立即发现的产品的瑕疵,需要方领取产品以后六个月内发现了瑕疵,应该立即通知供应方。

意见:

(一)将本条和第二十二条合并:"如果没有其他约定,用通常方法不易发现或者不能立即发现的产品瑕疵,则自验收后六个月内发现了瑕疵,并再度经过检查,证明确非由于需要方保管不善或使用不当所造成,需要方有权请求调换合用产品,按质论价或者免费修理。如瑕疵的产品经再度检查后,证明是需要方保管不善或使用不当所造成,需要方应担负由检查而产生的一切费用。"(轻工部)

(二)同意原条文。(山东省计委、天津市高法院、交通部、食品部、河北省计委、北京市计委、二机部、北京市高法院、云南省计委)

(三)同意原条文,但有修改或补充:

1. 对"六个月"时间的意见:

(1)"六个月"时间太长,如化学产品即不适合,应分别规定较妥。另外应规定"需要方过期提出即属无效"。(化工部)

(2)在"石油产品试验方法"中规定所采试样只保存两个月(向康藏等路途较远的地区发送石油产品时,试样保存四个月),现法典中规定在六个月内需要方有权提出质量问题,这对我们石油产品质量保证方面有困难,应规定"在各部规定的留样期间内发现瑕疵立即向供应单位提出"。因为各种油品的留样期是不同的。(石油部)

(3)"六个月"改为"根据不同情况在合同内具体规定对瑕疵发现后提出的时间"。(国家物资储备局)

(4)六个月以后发现瑕疵后加上"机电设备在一年内",因为机电必须在安装试车以后才能发现。(湖北省计委)

(5)建材部供应、销售两部门各有不同意见;供应部门认为原条文中"需要方领取产品后六个月内发现了瑕疵……"其中"六个月内"可改"于产品质量有效期限内";销售部门则认为:"六个月"时间过长或保管不善则其产品本身会发生自然变质,他们根据水泥留样的时间是三个月,因而主张条文中的"六个月"可改为"三个月"。认为对瑕疵发现时间过长,会使需要方放松检查工作,倘若发生于跨年度时,更会造成财务处理上的困难。

同意改为三个月。(上海市高法院)

2."应该立即通知供应方"只说明应该这样做,但法律规范还要求指明可以这样做。因此,改为:"仍可以通知供应方"。(上海市高、中法院)

(四)本条与二十二条合并。(国家物资分配局)

可以与二十三条合并为一条,用二十三条的另案。(上海市高法院)

第二十二条 供应方接到需要方对产品瑕疵记录和意见书后,应该在十天内提出处理办法寄交需要方。否则,即认为供应方默认了记录和意见书中所列事项。

注:有的同志主张:将"十天内提出……"改为"规定时间内提出……"。

意见:

(一)同意原条文。(山东省计委、陈瑾昆、二机部、天津高法院、食品部、湖北省计委、国家物资储备局、西北大学、云南省计委、北京市高法院)

(二)同意本条,但有不同意见:

1.在"供应方接到需要方对"的下面添上"数量不对,规格不符"八字。时间应以寄送之邮戳为凭。(河北省计委)

2.条文中"……应该在十天内提出处理办法寄交需要方……"的"处理办法"一句不明确,因为供应方接到需要方瑕疵记录或意见后,可能需要到现场进行复查,才能提出处理办法,故可修改为"……应该在十天内提出意见答复需要方"。(一机部)

"提出处理办法"似乎不够恰当,改为提出"答复意见"较好。(上海高、中法院)

3.同意"注",即改为"规定时间"。(上海市高、中法院,交通部,北京大学,纺织部,石油部)

第二十三条 如果产品的瑕疵应该由供应方负责,需要方有权请求调换相当的产品或者负责修理或者按质调价;并且可以请求赔偿因产品瑕疵所造成的直接损失。

如果产品的瑕疵不应该由供应方负责,在检查过程中供应方受到的损失,需要方应该负责赔偿。

另案1:本条二款可以独列一条:认为有瑕疵的产品经过检查后,证明确实没有瑕疵或者瑕疵是由于需要方保管不善或者使用不当所造成,需要方应该负担由于检查而产生的一切费用和迟延付款的责任。

另案2:将第十九、二十三条合并写一条:

产品质量的瑕疵如果是容易发现的,需要方必须立即提出,供应方始负责任。如果没有其他约定,产品质量的瑕疵,在验收时不易发现,则自验收后六个月内,需要方有权向供应方请求调换合用产品、按质论价或者免费修理。由此所引起的直接损失,都由供应方负责。

意见:

（一）将本条改为："产品的瑕疵，除别有约定外，应当由供应方负责，需要方可以请求调换相当的产品，或者限期修理或者按质论价，并且可以请求赔偿因产品瑕疵而生的损害。"

理由：瑕疵责任除约定不负外，当然由供应方负担，又第二款应当不要。（陈瑾昆）

（二）同意原条文。（东北人大、食品部、天津高法院、二机部、交通部）

（三）同意原案，但有不同意见：

1. 将"并且可以请求赔偿因产品瑕疵所造成的直接损失"删去。（电机部）

2. "直接损失"太广泛，容易扯皮，可改为"往返旅杂费及提出请求后的保管费"或者将"直接损失"规定一个范围。（化工部）

3. 原案中的第二款不必单列为一项，其文字应改为："如果产品证明确无瑕疵，或瑕疵不应由供应方负责时，在需要方检查过程中，供应方受到的损失，需要方应负责赔偿。"（建材部）

第二款中"如果产品的瑕疵不应该由供应方负责"一语的提法，不太容易体会。（上海中法院）

4. 同意原案，另外拟请考虑将运输单位应负的责任列入（即在运输过程中装卸磨损者应由运输部门负责）。（纺织部）

5. 应增加"如需要方对供应方所交的产品在时间上、质量上确实不能满足需要时，需要方可以向供应方退货"。（北京市计委）

（四）同意另案1，即原案二款单列一条。（山东省计委、上海市计委、河北省计委、湖北省计委、云南省计委、石油部、北京大学、北京市高法院）

（五）同意另案1，但认为"或者瑕疵是由于需要方保管不善或者使用不当所造成"似乎不属于瑕疵的范围了。（上海中法院）

（六）同意另案2。（电机部）

（七）同意另案2，但有不同的意见：

1. 应该补充"发现不易发现的主要瑕疵应立即通知"这一内容。（人民大学）

2. 同意十九、二十条合并为一条，但同意二十三条第二款独立列为一条。（复旦大学）

3. 应补充二十二条及二十三条第二款的内容。此外，凡数量庞大，一时无法全部检验的产品，在销货过程中，随时发现瑕疵，随时向供应方提出。妥否，请考虑。（商业部）

4. 其中"产品质量的瑕疵如果是容易发现的，需要方必须立即提出……"的规定不切实际，特别"立即"一词，易有不同的解释。（天津市计委）

5. 二十条到二十三条合并为一条。（最高法院、上海市高法院）

同意，但还应该明确仅适用于使用单位（储备的产品，应由生产企业保证质量）。（国家物资储备局）

第二十四条 对有瑕疵的产品，需要方有代为保管的义务。如果供应方在二十二条规定的期限内没有提出处理办法，以后为保管所支付的必要费用，由供应方负责。需要方对保管的产品，在双方对处理没有达成协议以前不能动用。否则，供应方不负责任。如果该项产品容易腐坏、变质的，需要方为了保护国家财产，应该在非有关单位见证下作适当处理。

对于错发错运的产品也按照本条的规定处理。

注:有的同志主张本条另加一款:"如果需要方对有瑕疵的产品需要动用,应该经过主管部门批准。"

另案:对有瑕疵的产品,在双方没有取得处理协议以前,需要方应负责保管,保管费用由有责任一方负责。需要方为保管的产品不得动用,否则,供应方不负责任。但是该项产品容易腐坏、变质的,需要方为了保护国家财产有义务作适当处理。

供、需双方对于错发错运的产品,处理亦同。

意见:

(一)同意原条文。(东北人大、中国人民大学、上海市高法院、吉林省计委、纺织部、食品部、国家物资储备局)

理由:因为更为清楚。(天津高法院)

(二)同意原案,但有不同意见:

1. 将"对有瑕疵的产品"一语改为:"对不能使用的缺陷物资"。并在本条后另加一款:"对于有缺陷的物资,需方已同意减价使用者,在编制记录后而双方对减价处理还未达成协议前,需方可以动用此项物资。"(冶金部)

2. 惟"需要方有代为保管的义务……"应改为"需要方应以相当注意,妥为保管,保管的费用,由供应方负担。"

理由:瑕疵应当由供应方负责,保管费用也应该由供应方负责。

3. 将"以后为保管所支付的必要费用"中的"以后"二字去掉。(湖北省计委)

4. "需要方保管的产品,在双方对处理没有达成协议以前不能动用。否则,供应方不负责任。"这样规定似乎过死,没有一点伸缩性,可能在实际中情况是复杂的:(1)可能有的产品虽有瑕疵,还可以用,而又很急需,如不动用会影响生产的进行(如有的机器设备,虽达不到规定要求,但还能用);(2)有的瑕疵是在使用过程中发现的;(3)有的产品虽不能全用,但可以选用其中的一部分。我们的具体意见是:(1)如果在急需和可能用的情况下,经第三者见证后,继续使用和选用该项产品,供应方仍应负责修理、调换或按质论价;(2)如果这种物资是很贵重和稀有的物资或在使用中将遭到更大损失时,在双方对处理未达成协议前不能动用。总之这条应规定得更加灵活一些,以免因长期拖延达不成协议,反而延误生产。另外,对错发错运的产品,应另列一条。(二机部)

5. 第二款对错发错运的产品是否能完全按照本条处理,尚有疑问,如二十二条只提到瑕疵记录和意见书,都未提到错运产品意见书。至于要求供应方提出处理办法,而不需与对方瑕疵提出的期限相同。(上海市高、中法院)

6. 同意"注"另加一款。(吉林省计委、河北省计委、粮食部)

7. 同意"注"另加一款,但应修改:

(1)注中"应该经过主管部门批准"应改为"应该经过需方主管部门批准"。(北京市计委)

(2)改为"如果需方对有瑕疵的产品需要动用,应该经过当地鉴证机关证明方可动

用。"(湖北省计委)

或改为:"如需要方对有瑕疵的产品需要动用,必须考虑国家经济利益,经主管部门批准,供应方免除责任。"(轻工部)

(三)同意另案。(电机部、四川省计委、最高法院、交通部、石油部、云南省计委、黑龙江省计委)

(四)同意另案,但有不同意见:

1. 应加原案"注"的内容。(复旦大学)

2. 在"需要方对保管的产品不得动用"一句之后,增加"如果需要方对有瑕疵的产品需要动用,应该经过省级以上主管部门的批准"。(山东省计委)

3. 补充下列内容:

(1)"容易腐坏变质的产品在处理时尽可能取得供应方的同意,并应在当地政府机关备案后,始可进行处理。"

(2)如果需要方对有瑕疵的产品,需要动用时,应取得当地检验机关证明和当地政府的批准。(商业部)

4. 在另案基础上修改:"对有瑕疵争议的产品,在双方未取得处理协议以前,需要方有代为保管的义务,保管费用由有责任的一方负责,需要方对保管的产品不得动用,否则供应方不负责任,但是该项产品容易腐坏变质的,需要方为了保护国家财产(有的同志主张这句可以不要)应该在非有关单位见证下作适当处理。供需双方对于错发错运的产品处理亦同。"(北京市高法院)

第二十五条 供应产品的结算,应该按照国家银行规定的结算方式进行。禁止供、需双方用赊欠或给付预付款或定金的办法来供应产品。

另案1:后一句不要。

另案2:本条不要。

意见:

(一)同意原条文。(石油部、纺织部、国家物资分配局、国家物资储备局、复旦大学、河北省计委、北京市计委、商业部、电机部、东北人大、陈瑾昆、四川省计委、云南省计委、北京市高法院)

因为它适合企业的经济核算与计划。(天津市法院)

(二)同意原案:但第二句改为:"供需双方不得用赊欠或给付预付额或定金的办法来进行交换",并单列为一款。(铁道部)

(三)同意另案1。(石油部、北京大学、湖北省计委、建材部、中国人民大学、上海市计委,上海市高、中法院)

理由:

(1)因为在生产合作社的组织中,预购、赊购的情况还是存在的。(天津市高法院)

(2)如果第一条的社会主义组织包括农业社时,国家在农产品收购等情况下,可能有时给预付款。(二机部)

(3)因赊欠、预付款或定金等不合国家经济核算制度,有行政主管部门的指示、决议,

不须规定在法律条文内,纵使规定进去,对解决民事法权争议亦没有什么帮助。(上海市高、中法院)

(四)同意另案2。(最高法院、粮食部、上海市高法院)

(五)二十五、二十六条合并写一条,即:"如果合同没有其他约定,供应产品的结算,应该按照国家银行规定的结算方式,由发货单位与收货单位(付款单位)之间直接进行。"(黑龙江省计委)

第二十六条 如果合同没有其他约定,供应产品的结算应该由发货单位与收货单位(付款单位)之间直接进行。

直接合同或者分合同的需要方应该和他指定的收货单位(付款单位)共同对供应方负连带责任。

另案1:本条不要。

另案2:第一款不要。

意见:

(一)同意原条文。(天津市高法院、山东计委、食品部、电机部、交通部、北京计委、东北人大、商业部、纺织部、国家物资储备局、上海市高法院、北京市高法院)

(二)同意原条文,但有不同意见:

1. 第一款应加"按上条规定"五字。(二机部)

2. 第一款可以不要。(最高法院、吉林省计委、中国人民大学)因为在合同中必须规定结算办法,不然无法执行合同。(冶金部)

3. 第一款规定有与第二十五条矛盾之处,第二十五条规定结算应按国家银行规定的结算方式进行,第二十六条却规定合同没有其他约定结算应由发货单位与收货单位直接进行。(复旦大学)

4. 将第二款改为"供方本身不是发货单位,或需方本身不是收货单位(付款单位)时,则供方指定的发货单位和需方指定的收货单位(付款单位)均应共同对合同的对方负连带责任。"(冶金部)

改为"但付款责任,仍由需方和指定的收货单位负连带责任"。(北京大学)

5. 将第二款中"共同对供应方负连带责任"改为"共同对供应方负责"。(铁道部)

6. 同意本条第一款不要。(云南省计委)

(三)同意另案1,即本条不要。(石油部、建筑工程部、上海市计委、上海市高法院)

本条可以不要,因为结算单位在签订合同时,即可注明了。但也有主张本条也可以要。(河北省计委)

第二十七条 一方如果不履行合同或者不适当履行合同,应该对对方负罚款和赔偿损失责任。在法律、法令没有规定的时候,罚款数额可以按照双方约定标准计算。

违约的一方不能因受罚款和赔偿损失而免除他履行合同的义务。

另案:本条改为:"如果一方不履行或者不适当履行供应合同,应该对对方负罚款责任。

如果违约方支付的罚款不足弥补受害方直接受到的损失,还应该赔偿损失。

违约支付罚款和赔偿损失,并不免除履行供应合同的义务。"

意见:

(一)同意原条文。(山东省计委、石油部、食品部、国家物资储备局、北京市计委、北京大学、二机部)

理由:

(1)因为违约金如果是赔偿性质的,就会将违约金的作用降低,但供应契约关系到国民经济计划,不应该降低违约金的保证作用。(中国人民大学)

(2)因另案的规定在执行中容易扯皮,故同意原案,不规定"不足弥补……还应该赔偿损失"。(电机部)

(二)同意原条文,但有不同意见:

1. 原条文的意思更为客观公正,我们同意,惟"不适当履行合同"字样,内容还不够明确。(湖北省计委)

2. 将"赔偿损失"删除。(电机部)

3. 将第一款改为"一方不履行合同,应该对对方负罚款和赔偿损失责任。如果法律、法令没有规定,罚款数额可以按照双方约定标准计算。"(铁道部)

或改为:"一方如果无正当理由,故意不履行合同或不适当履行合同,应该……"(北京市高法院)

(三)同意另案条文。(交通部、黑龙江省计委、复旦大学、最高法院、商业部、吉林省计委、东北人大、陈瑾昆)

理由:

(1)因为内容更清楚明确,词句更确切。(天津高法院)

(2)原案"在法律、法令没有规定的时候"一语,此种提法在这个法律公布之后,再这样说很不适当。(上海市高、中法院)

(四)同意另案,但另外在第二段末添上"其赔偿的价款,不超过物资总值的 %为宜"。(河北省计委)

(五)对延期交货,延期付款,以及保管费(百分之几)等一般性的罚款,应规定一下罚款率才好。(化工部)

建议在这一条中对各项主要罚则(如质量不好,数量不足,逾期交货和逾期付款,等等),应规定统一的罚款标准,或一定的限度、范围。其他罚款数额可由双方在合同中予以规定。(冶金部)

第二十八条　一方不履行或者不适当履行合同,是由于人力不可抗拒的原因所造成,应该即时将这种情况通知了对方,可以免除违约责任。

注:有的同志主张:"人力不可抗拒……"前应增加"证明"二字。

意见:

(一)将本条改为"一方不履行合同,经证明是由于人力不可抗拒的原因所造成,并将

这种情况通知对方后,可以免除违约责任。"(铁道部)

(二)同意原条文。(最高人民法院、陈瑾昆、北京市高法院、上海市高法院)

(三)同意原条文,但有不同的修改或补充:

1.对"人力不可抗拒的原因所造成"这一句,应加以解释或换用更恰当的语句,否则在实际使用这条时会发生各种不同的理解和解释。如甲方因乙方拖延供货而致不能履行对丙方所担负的义务,按道理甲方是仍须负责的,但这种情况也可被甲方解释成"人力不可抗拒的原因"。(二机部)

2.对"是由于人力不可抗拒的原因所造成"之首或之尾加"证明"有不同的意见:

(1)同意加"证明"的。(北京大学、天津高法院、东北人大、黑龙江省计委、二机部、云南省计委、国家物资储备局、河北省计委、交通部、商业部、粮食部、石油部、建材部、食品部、轻工部)

加"经证明与据查"字样。(山东省计委)

将"由于"改为"确属于"字样。"确属于"就是意味着有一定的旁证材料,比"由于"更确切些。(吉林省计委)

加"当地有关部门证明"。(四川省计委)

加"有关单位证明"。(纺织部)

应加"适当机关证明"一句。(上海市计委)

加"能证明"三字。(中南政法学院)

(2)在尾部加"经取得证明后"的字样。(北京市计委)

用括弧注明"应取得有关机关的证明"字样。(吉林省计委)

(3)不加"证明"并不等于不需要证明。(中国人民大学)

加"证明"字样属于提出根据与举证的范围,可以不要。(上海市高、中法院)

3.将"人力不可抗拒"改为"自然灾害"较好。(化工部)

4.将"应该即时将这种情况通知了对方"一句改为"应该经主管机关核准后,将这种情况通知对方……"。(建筑工程部)

改为"应该报上级机关备案,并即时通知对方,经查明属实后,可以免除违约责任"。(化工部)

将"了"字删去。(山东省计委)

在"……人力不可抗拒的原因……通知了对方"后加"须取得物资分配机关或当地政府证明"字样。(湖北省计委)

5.在原文后面加"在可能情况下,供应方应尽量完成所承担之任务"。(纺织部)

第二十九条 供、需双方对供应合同不能任意变更或者解除。如果必须变更或者解除,应该经过产品分配机关的同意。但是,所变更的部分不影响国家产品分配计划和签订合同的目的,可以由双方协商变更。

因变更或者解除合同所造成的直接损失,由要求变更或者解除合同的一方负责赔偿。但是,根据国家计划、命令、决议而变更或者解除合同的时候,供、需双方不负违约罚款和赔偿损失责任。

注：有的同志主张对本条第一款的：

1."产品分配机关"改为"上级组织或者双方当事人的主管机关或者受他直接监督的机关"。

2."但是，所变更的部分……可以由双方协商变更"一节不要。

意见：

（一）同意原条文。（石油部、交通部、商业部、食品部、国家物资储备局、北京市计委、北京市高法院、云南省计委）

（二）同意原条文，但有不同修改或补充：

1. 将第一款改为"供应合同除在不影响计划和不违反合同本意的情况下，可以由双方协议变更外，非经产品分配机关同意不能变更或解除。"（中国人民大学）

改为："供应合同订立后，任何一方不能任意变更或解除，否则应负赔偿损失责任，一方如要求变更或解除，须征得对方的同意。"因为行政部门计划变更即可以不负法律上违约责任的缺陷。（上海市高、中法院）

2."如果必须变更或者解除，应该经过产品分配机关的同意"，是统配物资，没有问题；如果是部管或地方管的物资，供货方要求变更或解除，产品分配机关（一般是供应方的上级机关）同意即可，就会有问题，因此，建议改为："如果必须变更或解除属于国家统配物资，由国家经济委员会批准；其他物资应由双方协商同意，双方意见不能一致时，申请国家公断机关解决。"（二机部）

3. 将"应该经过产品分配机关的同意"改为"应该经过产品分配机关和双方当事人的主管机关或者受他直接监督的机关同意"。或改为："应该经过双方当事人的主管机关或者直接受他监督的机关同意，并向产品分配机关备案"。（天津市高法院）

改为"应该经过上级机关的同意"。（电机部）

增加一个"原"字，即改为"应该经过原产品分配机关的同意"。（山东省计委）

4. 对"所变更……不影响国家分配计划和签订合同的"似不够明确，因之我们有主张这一节不要。（湖北省计委）

5. 应将第一段中的"和签订合同的目的"八个字删去。（河北省计委）

6. 第二款"根据国家计划、命令、决议而变更或者解除合同的时候，供、需双方不负违约罚款和赔偿损失责任"，这里所称国家计划、命令、决议指的是哪一级的国家计划、命令、决议呢？不明确，执行中就会发生问题。这里涉及中央各部之间的关系，中央各部与省市的关系，省市之间的关系，根据最近中央关于扩大地方权限的精神，地方的有些计划自己有变动和调整的余地，因此：(1)如果是根据国务院的命令、决议，变更或解除合同，当然不会发生问题。(2)如果中央直属组织与省市以及省市互相间的关系上，如省市一方在其权限范围内根据自己的命令、决议，变更或解除合同致对方遭受损失或影响其计划时，如何处理，是否一律不赔偿损失，或不罚款，问题就较复杂，在此条中应对此问题适当考虑。（二机部）

在实际执行中有困难，如一些专用或大型的产品根据合同已进行生产，需要方如按照国家计划变更或者解除合同，可以不履行罚款和赔偿损失，那么生产厂的成品，或半成品如何处理？如何核算财务成本呢？我们认为在这种情况下，应当由需要方仍按原合同负责赔偿损失，因为这是国家计划、命令或决议所批准的，所以可将这部分损失给需要方负担。（一机部）

命令、决议指哪一级机关，希望在条文中明确，以免供需双方因此发生争执。不同意注的意见。（纺织部）

7. 同意注1，即将"产品分配机关"加以修改。（建筑工程部、粮食部、最高法院、石油部、上海市高法院）

8. 同意注2，即将本条"但是，所变更的部分……可以由双方协商变更"一句删去。（石油部、最高法院、北京大学、山东省计委）

9. 直接损失的意见同二十三条。（化工部）

10. 在本条最后加上"（如需方特制的专用物资除外）"一语。（冶金部）

11. 末句"责任"前应加"直接"二字。（铁道部）

12. 惟"损失"改"损害"，"直接""负责"可去。（陈瑾昆）

第三十条　供、需双方对有关供应合同方面的争议，不能解决的时候，应该申请国家公断机关解决。

国家公断机关为了使供应合同内容符合国民经济整个利益和经济核算制的原则，对于国民经济计划和政府的决议相抵触的供应合同有权变更或者撤销；有权确定因合同变更或撤销而造成对方损失所应赔偿的数额；有权修改合同中相互义务范围和决定履行合同的方法。

国家公断机关对经济组织负责人不履行供应合同义务，有权决定他的法律责任或者给予纪律罚款。

注：有的同志主张：供应合同方面的争议，应该硬性规定由国家公断机关解决。因此，第一款改为"对供应合同的争议，在不能解决的时候，由国家公断机关解决。"

另案1：本条不要。

另案2：第二、三款不要。

意见：

（一）同意原条文。（食品部、北京市计委、复旦大学、东北人大、山东省计委、电机部、北京市高法院、云南省计委、上海市高法院）

（二）同意原条文，但有不同的修改和补充：

1. 不同意注的意见，公断机关哪一类性质，要求明确。（纺织部）

2. 将"申请国家公断机关解决"改为"由国家公断机关解决"。（湖北省计委）

3. 将第一款改为"供需双方签订和执行供应合同方面的争议（签订合同时未达成协议，执行合同中发生财产纠纷），在不能解决的时候，由国家公断机关解决。"在第二款"有权确定因合同变更或撤销"之后增加"以及因不履行或未切实履行合同"十四字。（冶金部）

（三）同意"注"对第一款修改的意见。（交通部、电机部、陈瑾昆、建筑工程部、粮食部）

（四）对本条第二、三款要否有不同的意见：

1. 同意当供应双方对有关供需合同争议，可直接申请国家公断机关裁定，国家公断机

关并有权确定法律责任。(石油部)

2. 同意另案2"第二、三款不要"的意见。(天津高法院、铁道部、最高法院)

因我国尚无公断处工作,公断处任务和职权的范围,尚须进一步研究,其次属于公断处任务和职权范围的问题,亦不须在本法条文内订明。(上海市高、中法院)

3. 第二段内容是否可在公断制度中规定请考虑。(商业部)

同意原条第一款意见。第二、三款属于公断机关的职权方面的问题,要不要均可。(河北省计委)

4. 对公断机关职权,将来另有法律规定,不必在本草案中规定,因此关于公断机关职权一节,可以不要。(北京大学)

5. "国家公断机关对经济组织负责人不履行供应合同义务,有权决定他的法律责任或者给予纪律罚款"一句,我们认为这样提法有欠妥当,因为法律责任多系指的刑事责任,公断机关如在工作中发现犯罪的情况,只有权建议司法机关处理,没有决定刑事案件权。(二机部)

(五)同意另案1,即本条不要。如果要的话,我们考虑就规定,如果一个企业不履行供应合同,国家公断机关可以对这个经济组织的负责人给予纪律罚款的处分,在目前我国的情况下,是否适宜希能再进一步考虑。(国家物资分配局)

本条内容应在国家公断条例反映。(中国人民大学)

本条不要,内容在程序法中考虑。(北京市高法院)

供应合同第三次稿的讨论题

1957年2月8日

一、供应关系应该属于行政法调整范围,还是属于民法调整范围?

讨论时意见:

(一)认为供应合同是社会主义组织间根据国家产品分配计划行政文件签订,签订合同也是他们之间的义务,这是强制性规定,不能自由。如果任何一方不及时签订或者拒绝签订,要负法律责任。因此,供应关系不属民法调整范围。

(二)认为供需双方虽然是根据国家产品分配计划文件签订合同,但这不是行政上服从关系,而是和行政关系联系的合同关系。他们彼此之间是作为权利平等的主体出现的,一方不履行,对他方不是负行政非财产责任,而是负违约罚款或者赔偿损失的民事财产责任。因此,供应关系应属民法调整范围。

二、供应合同有什么特征?它与买卖、加工订货、统购包销、选购等法律关系如何区别?它适用的范围多大?(参与的主体应该包括哪些法人?公私合营企业、供销社、手工合作社,可否作为主体?)

三、供应合同是根据国家产品分配计划签订,这计划指哪些?

讨论时意见:

(一)计划应包括:

(1)产品分配计划,其中有统配、部(局)管、省(市)管的物资分配计划;

(2)商业系统的商品流转计划(但不包括零售环节);

(3)外贸系统的进出口的商品供应计划。

(二)计划不应包括商业系统的商品流转计划,因为商品流转计划是为了市场供应,属于买卖合同。

对外贸易系统的进出口供应计划,不能都为供应关系。因为,在完成国家进出口任务方面,有相当一部分商品进出口,不是供应关系,而是委托、代理或者行纪关系,就是有某些供应关系,也不一定用民法来调整,行政法可以解决。因此,这两种计划都不应包括在内。

四、供、需双方不及时签订合同,或者拒绝签订合同,它的法律后果应负民事的财产责任,抑或负行政上非财产责任?

五、供应方提前供应产品,或者迟延供应产品,需要方应否有权拒绝接受或者拒绝付款。

六、供应产品的交付和质量瑕疵,应否和"买卖"章合并规定。还是分别规定,抑或在债篇通则中作统一规定?

七、变更或者解除供应合同的条件是哪些?而其中因计划法令变更引起合同变更或解除,这计划指哪些?

有关物资供应问题座谈记录

研究室供应小组整理　1957年2月19日

说　明

这份资料,是我们与中央和北京市十个业务单位座谈有关物资供应问题的记录,内容未经原发言人看过,有些地方可能不确切,仅供内部参考。

目　录

1. 第一机械工业部销售局座谈记录
2. 轻工业部供销局座谈记录
3. 冶金部销售局座谈记录
4. 商业部第二局座谈记录
5. 全国供销总社计划处、供应处座谈记录
6. 北京市计委座谈记录
7. 北京市物资供应局座谈记录
8. 北京市第三工业局座谈记录
9. 北京市第二工业局座谈记录
10. 北京市第二商业局座谈记录

一、关于物资供应问题座谈记录(1957年1月23日)

第一机械工业部销售局杨科长谈:

(一)订货会议

一机部每年召开三次物资供应会议:预拨会议;全年订货会议;补充订货会议。

物资供应的经过情况:供应方根据生产计划制订产品销售计划草案;需要方根据需要制订物资技术供应计划草案,均报经济委员会核准。经济委员会经过平衡后批准一个指标下达给供应方和需要方,需要方根据指标提出订货明细表,供应方根据各申请单位的订货明细表汇总平衡后回复产品分配表,供、需双方达成协议(即总合同)后,双方再下达到基层供、需单位签订分合同。供、需双方报请经委批准的数字是由基层需要单位提出汇总而成。分合同的签订过程是这样:例如冶金部作为需要方,其基层单位将所需产品填明在卡

片上一式三份送交冶金部汇总后转送一机部,一机部批准后将卡片自留一份,其余两份分发给签订分合同的基层供、需单位。然后由一机部组织订货会议,基层供、需单位凭卡片签订分合同。

(二) 卡片的审核

需要方(各部)对其基层需要单位填写的卡片过去没有很好审核全部转交我们。其原因是:1.基层需要单位太多,填写卡片多得要用汽车拉,因此无力审核;2.对基层需要单位生产的轻、重、缓、急情况不能全部掌握。这样我们一机部对审核卡片平衡需要的工作负担很重,不能很好地满足急切需要的单位。如在供不应求的情况下,仅对156项工业生产的所有需要全部重点分配,这样对非重点工业的急迫需要照顾不够,而156项也有不是急迫需要的产品。1957年开始,一机部不再与基层需要单位直接打交道了,改为将供应总指标交给需要方自己根据缓、急分配给基层需要单位,这样既简便也加强了需要方审核的责任,并能照顾到急迫需要的单位。

(三) 订货方式

1956年第二季度采用通讯订货后,我们曾召开各部讨论采用这办法的利弊,结果大家一致反对这个方式,因此又采取了集中订货,集中订货浪费人力、物力、财力且麻烦,但有话面谈易于解决问题。1957年的集中订货具体方式与以前的集中订货方式不同,是采用由需要方提交订货明细表的办法,经一机部平衡以后分发产品分配明细表,然后开订货会议,根据分配明细表签订合同。这样可为以后的通讯订货打下基础。

(四) 目前在供应中的困难问题有以下几个方面

1. 投资变动多,投资一动我们就要跟着动。

2. 人家要的我们供不了,我们供的人家不要。因此,有人说:"吃不了,吃不饱"。

3. 统配、部管、自销物资的矛盾很大。例如制造车库机器的原料,有统配物资,有自销物资,有进口物资,供应上不能协调,特别是进口物资,外汇不够就进不了口。由于有这些困难我们在订合同时附加很多条件,有人说我们这是"不平等条约",实际上是困难不好解决。

4. 需要方常有退货的,因计划变更,叫供应方不发货,供应方如果积压产品,财政有困难。

5. 今年资源不足,不能按计划指标供应产品,只好给需要方打欠条。如今年预拨订货会议有些物资就用打欠条的办法,暂欠着需要方的要货。像这样情况,法律上应如何解决?

6. 在计划生产上,也有将计划建立在不可靠的条件上而使计划不正确。例如有的生产厂假定扩大机构,增加人员而确定可以生产多少产品,实际上是不能生产这么多的。如果按这计划来制订销售计划,结果就一定不能供应。

7. 我国国民经济计划批准得很晚,给供应造成很大困难。1955年计划在该年11月才批准,1956年计划批准得也很晚,连控制数字也迟迟不下来。但生产、订货却不能不进行。需要方虽然不知道国家批准投资多少,因怕错过订货会议将来订不到货,只好在未批准计划前就签订合同,致使订货跑在计划前面。

(五) 货款和运杂费用

在结算上过去推行托收承付,今年不再强调了。原因是要铁路局将产品运出后需要方才汇款,而铁路局常常有特殊任务(如春节时除运年货外,其他货运均停止)或凑整车等不按时运送。最高有积压半年不运的,常使供应方在完成生产计划后,财务计划不能完成。

(六)造成罚款的主要原因
1. 试制产品失败后遭受罚款。
2. 生产误期。有的是紧急任务而使生产误期。
3. 铁路不能按时运送产品。

(七)在合同执行中存在的几个问题
1. 由于第三人的原因造成不按合同执行如何办?
2. 计划变更能否作为不执行合同的理由?计划又以哪种计划为重?
3. 没有原材料能否作为不执行合同的理由?
关于供应合同的纠纷,需要有个裁判机关来解决。

二、有关物资供应问题座谈记录(1957年2月5日)

轻工部供销局第一科王同志谈:
(一)关于加工订货的问题
我部以前对国营厂、合营厂、私营厂,都进行加工订货,对合营厂和私营厂在数量上和价格上(利润上)给以限制,这样做对于优先发展国营企业、改造资本主义企业起了一定的作用。现在我部已没有加工订货了。加工订货的物资在对外推销时与分配的物资是一样的。分配的物资由轻工部供销局负责分配,包括物资由商业部在市场上推销。分配物资和包销物资大约各占一半。

(二)选购的问题
现在没有做,因为现在东西少。

(三)分配物资的销售程序
分配物资的销售,是按照单一调拨制和分区订货的办法来进行的。
1. 单一调拨制就是由供销局单一对外,改变了过去多头对外的情况,这样费用减少了,人力集中了,产销分工了。单一调拨制是在轻工部内部关系中实行的制度。内部关系是这样的:供销局和生产局依计划订立调拨总合同,供销局的办事处以供销局的名义与生产厂订立具体调拨合同。供销局和生产厂之间是通过合同结成调拨关系而不是领导的关系。有合同可以加强双方的责任感,订明了双方的权利义务,不履行合同要负一定的责任。生产局领导生产厂,如果供销局对生产厂也是领导关系,那么就发生双重布置,即供销局对生产厂布置的销售指标与生产局对生产厂布置的生产任务发生矛盾。过去没有供销局,只在生产局内附设一个供销机构,所以往往发生销售指标和生产指标矛盾的问题:都是以一个局长签字,以生产局名义布置的任务,但销售指标和生产指标却有了矛盾,生产厂不知道应该执行哪个任务。为了克服上述矛盾现在把供销机构分出来,成立了个供销局,供销局和生产方面的联系是用合同的形式,所以总合同不能不要,没有总合同就会发生上边说的那种矛盾。具体合同不要也不行,供销局与生产局订立总合同后,供销局办事处必须与生产厂订立具体合同。如果没有生产厂的签字,总有点不放心,恐怕合同的履行不会太可靠。没有具体合同会使生产局发生包办代替的问题,也会使下边厂放松了自己的责任心。其次生产局是行政单位不是经济核算单位负不起合同的责任。所以具体调拨合同是少不了的。

2. 分区订货办法是在对外关系中实行的一种制度,是计委关于分配物资办法的具体化,供、需双方均要遵守。供销局和需要方的供销局订立总合同,供销局的办事处(不是以供销局的名义,而是以办事处的名义)和需要方的具体需要单位订具体合同,办事处签完具体合同之后,把合同就交给了生产厂,实际上是由生产厂和需要方直接发生关系,负责履行合同。为什么在上述内部关系中办事处和生产厂订具体合同时要以供销局的名义,而不是以办事处的名义?因为实际情况中这样好,如东北的纸要调到华北来,如果东北的办事处是以它自己的名义和东北的生产厂订了合同,那么把东北的纸调到华北来就还需要另来一个合同的手续。现在这样做,办事处在中间起个吞吐的作用。

供销局的办事处是个经济核算单位。所以在对外的合同中办事处有时候先向需要方负责后,然后再向生产厂追究责任。办事处的经济来源是:(1)推销中收取的手续费。(2)计划外(临时性的)订货的手续费,这种手续费比较高。(3)小额供应的手续费。另外办事处自己还掌握一部分物资,以调整积压和不足的情况。

对外供应的程序:由需要方填写订货卡片(明细表)送轻工业部供销局,供销局修改(就是另填个数字)后,一式三联分送需要方供销局和自己的办事处各一联自己留一联。需要方对我们修改过的卡片他们也可以提不同的意见,但是实际上最后是依了我们的意见了。需要方依据此卡片与办事处订合同。

部管物资和统配物资都是由经委平衡,只是批准的程序不同。统配物资由计委批准,部管物资由部批准,报经委备案。

分区组织订货办法比集中订货办法好,因为产品的情况,代用品的问题,哪些单位急需,哪些单位不急需,下边比部里了解的透,分区订货订下的合同比较好执行。但是现在实行分区组织订货办法的部门并不多。这是思想问题,对于分区组织订货总感觉着不放心。

如果需要方和供应方均有订货办法,一般的都是依照(供方)轻工部的办法了,而且需方一般的也不提不同的意见。我们在供给文化部纸的时候,发生文化部的价格与我们供应价格不一致的情况,因现在我们想把商业这个中间环节去掉,如皮革是由工业到商业,由商业再到工业,我们想去掉商业这一环节而由产销直接见面,因为现在私营企业都已经公私合营了,而且皮革这种货物市场(民用)需要的很少,所以可以去掉商业这一环节。

三、有关物资供应问题座谈记录(1957年2月6日)

冶金部销售局张泽先同志谈:
(一)加工订货中的供应关系
有的地方国营和公私合营的小厂,由于设备不全,由国家分配一定的任务,拨给原料进行加工。需要的原料向当地工业厅(局)申请,由工业厅(局)汇总报请省(市)人民委员会统一向国家申请分配;产品是"归口销售",由冶金部销售局统一销售,即在销售时,该生产厂根据冶金部销售局的通知单以厂的名义与需要单位签订供应合同。加工厂在行政上不属于冶金部领导,而由地方来领导,冶金部销售局与它没有合同关系。现在仅销售计划归口,生产计划不归口,这样有些矛盾,将来可能生产计划也要归口。

(二)供应合同签订情况

冶金部与需要部的供、需指标由计划联系,根据计划由冶金部销售局与需要部供应局通过会议形式协商后订立协议书,双方下达,由下面的供、需单位签订分合同。因此没有总合同的形式。总合同在我们看来作用不大,因为只是一些笼统的数字,在计划中已确定,双方对具体规格、品种可由基层供、需方签订分合同时协商确定。同时,冶金部销售局是行政机构,不能签订合同。

基层供、需单位根据总协议集中来北京订立分合同。集中订货形式目前还不能改变的原因是:供、需双方的销售局和供应局对下面的情况不能全面掌握,具体规格品种需要经过反复协商,必须基层供、需双方一起来才能解决。双方协商好后签订合同。

(三)关于供应基本条例的作用

过去冶金部所属的各个生产厂都自己搞一套合同条款,内容不一致,冶金部不管,遇有纠纷,冶金部也不管。现在冶金部制定了一个统一的供应基本条例。在制定过程中征求过需要方的意见,由国务院批准,供、需双方都要遵守这个条例。生产厂如果还有需要补充的,可以与需要方协议后,增加条款,但增加条款的内容不能与供应基本条例的原则、精神有抵触。

(四)合同的变更与解除

合同可以变更。如果生产计划、基建计划变更时合同都能变更。属于统配物资须报请国家经济委员会批准;部管物资由部批准后就可以变更。

解除合同的程序也与变更一样,但现在物资缺乏的情况下解除合同的事件简直没有,如果需要方有申请愿意解除合同的,经济委员会马上就会批准,这批物资就可以分配给其他需要单位。申请由国家批准变更、解除合同时,不负财产责任。

(五)价格问题

冶金部的产品过去有局订价格,现在只有国家批准的调拨价格一种。过去和现在的都没有厂订价格。

(六)其他

1. 产品的质量标准大都有部颁标准,没有部颁标准的,以技术条件为依据。质量责任由生产厂负责,负责期限自供应后三个月。

2. 跨年度供应有两种情况:(1)本年度已生产,仅在下年度初运出的产品,不叫跨年度供应,这种情况还是可以的;(2)本年度内来不及生产,要在下年度初生产的跨年度供应,须将这部分生产任务报国家批准,国家在平衡供、需计划时扣除供应方这部分的生产量,同时也扣除需要方的需要量。

3. 在解决供应合同纠纷方面,迫切需要要有个国家公断机构来仲裁。

四、有关物资供应问题座谈记录(1957年2月7日)

商业部第二局刘科长谈:

关于供应的问题,我们现在还没有一套完整的办法。

1. 关于由工业部门进货的问题：

甲．计划平衡的物资，我们仅和地方工业部搞了两部协作规定，我部的总公司和地工部的供销局依此协作规定签订总协议（总合同）。中央站和供应方的具体厂签订具体合同，二级站（当地没有一级站）、三级站（当地没有一、二级站）都可以和供应方的具体厂签订具体合同。省（市）根据自己地方的情况对总协议也可以加以补充，现在只有个别的省（市）这样做了。我们和轻工部也搞了个两部协作规定，现在还没有搞好哩。省（市）的补充不报上级批准，只报上级备案，两部协作规定，总协议、省（市）的补充、具体合同，这四个环节其实有两个环节就行了。因总协议和两部协作规定基本上是一样的，总协议只是把具体的数量数字、价格等数字填进去而已；没有总协议也可以，因为这些数字都是已经规定好了的。另外省（市）的补充这个环节现在还只有个别的。

没有两部协作规定的就对每一种产品搞个总协议，省（市）可以对总协议补充。一种产品订一个总协议这很麻烦。

商品分三类：（1）民用生产资料；（2）民用消费品；（3）副食品。最好是依据这三类产品拟定三个基本条例。

计划平衡的物资分中央计划平衡的物资（大多是生产资料）和地方计划平衡的物资，中央计划平衡的物资，有的要报经委平衡分配（这很少），有的不报经委，由商业部平衡（或总公司平衡）。

乙．分配物资：这里有统配物资和部管物资。对于这两种物资，由商业部门申请，工业部门的供销局平衡以后交给商业部门，双方下达签订合同。

分配物资和计划平衡的物资的不同点是：前者不参加流通范围，后者参加流通范围。

不能把计划平衡的物资归并到分配物资中去，一来分配，因为分配物资是由国家分配的或工业部门分配给的，决定权在于他们。而计划平衡物资商业部门根据市场的情况可以协商多要、少要或不要，可以对好的要，坏的不要，或少要。

丙．手工合作社不是申请单位，而是通过市场供应。原因有二：（1）手工业分散，合作社的基础不好，计划性不强，计划不能准确；（2）供销差额很大。如果合作社从工厂拿原料（作为分配的物资）是按出厂价（或调拨价）计算，而手工业产品销售时按市场价，那么利润就很大。这利润完全落到手工业合作社手里，到不了国库了，因而使国家受到损失。所以要通过市场来供应。

2. 商业部系统的内部供应是通过订货会议：

二级站以及没有二级站地方的相当于二级站的批发单位（省市公司），大型零售店与一般站在会上订合同。二级站再与三级站订合同。不要二级站这个中间环节好不好？按理论上来说是很好的，可以减少流通费用，节省人力、物力等，但是目前实际上不能不要。因为：（1）组织工作不好办，没有二级站，一级站联系的单位太多，发货程序无法安排，运送时间等都有问题。（2）包装搭配不好办，各种货物的搭配包装这个工作繁重的很。

一级站和二级站的合同，二级站和三级站的合同都是每年签四次，这样就与工业部门签订具体合同衔接起来了，因一级站与厂的具体合同每年也是四次，工商间的总合同是一年一次。

供销合作社的货物是否也由商业部门供应？以区的分工是这样的，商业部门搞工业品、合作社搞采购品,食品部搞副食品。

3. 按道理中央掌握的平衡物资应该减少,但实际上在中国有困难。因为:(1)我国经济发展的不平衡,商品生产分布在几个大都市里,而需要的地方遍布全国。所以对某些产品需要中央来进行调整。(2)目前我国的情况是供不应求,为了合理地分配,所以要由中央掌握。

4. 加工订货的问题和以前大致一样,不同的一点是要配合工厂的生产任务,应该尽量满足它的生产任务。

5. 选购的问题

现在只是内选、外不选。内选是这样做的:数量的指标是由上而下,但是下级可以减少给它的数量。花色、品种、规格由下而上。一定要改变派货的做法,但是各单位必须要完成一定的利润计划。一般来说下级对上边下达的数量指标都未减少,因供不应求。

现在我们考虑:(1)层层申请,平衡的环节要减少。(2)二级站只在本系统内进货和供货的情况要改变,对本系统内和系统外供货价格不同的情况也要改变。

以前的选购是先要满足了本系统后才允许选购,但经常是连本系统都满足不了。

五、有关物资供应问题座谈记录(1957年2月6日)

全国合作总社供应局计划处、供应处谈:

甲. 供应处同志谈:

合作社基层社商品进货情况:

县以下基层社商品的来源有四个方面:(1)从国营公司进货。(2)由上级社供给下级社。(3)向手工业合作社进货。如果是当地生产的产品,可以直接订货;外地生产的由县、省合作社批发来后分配给基层社。(4)直接从农业生产合作社进货。

向国营公司进货程序:首先由省联社分给县联社一个销售指标,县联社分给基层社一个销售指标,基层社根据上级社的指标提出该社的全年销售计划报请县联社批准。县联社汇总各基层社的需要与县国营公司互相衔接后订立书面协议。县的国营公司在每一季度前一个月如何召集基层社,签订供货合同。

基层社愿意订全年供货合同,但是县国营公司怕到时候供不了,不愿订立全年合同。按季订立合同,也往往不能保证供应,常要变更合同。黑龙江省有一条"季度计划,按月安排、取货修改"的经验较好。

基层社向国营公司进货的商品占商品总额的70%~80%,一般商品在县里都设有国营专业公司。如果某些商品县里没有设立国营专业公司机构的,其进货办法有二:(1)由没有设立县机构的公司委托国营百货公司代为批发。(2)基层社直接向中等城市国营公司进货,不由县联社经手以减少中间环节。但这种情况较少。

乙. 全国合作总社计划局:

合作社申请物资供应的程序:

统配部管物资由基层社按需要逐级经过县联社、省联社汇总审查上报到全国合作总社,总社审核后提请经委批准,经委经过物资平衡后下达,由专业局与供方签订总协议,下面(省联社)与供方根据总协议签订分合同。省联社以下的产品供应是由省联社根据县联社的需要,层层往下分配。

合作社也经营出口产品,其分配程序是:合作总社的专业局掌握物资后,召开各省、市联社会议(即专业会议)在会议上协商解决分配(即调拨)数字,但不解决具体供货时间、产品等级、规格、供货地点等问题。在会议确定数字后,再由批发机构(具体管理产品的批发站)根据调拨数字召集各省、市联社订立具体合同,确定供货的具体内容。

六、北京市物资供应情况座谈记录(1957年2月5日)

甲.市管物资供应情况(市计委杨春荣同志谈):

北京市对于几种主要建筑器材,如砖、瓦、灰、砂、石、铸铁锅炉、暖气片、污水铸铁管等,从1953年起便由市统一掌握分配。分配的手续是这样的:在年度开始前,由我们根据本市产销情况,作出产销计划,送国务院(国务院派人与市人民委员会共同组织三人小组管市政建设——注),国务院参考我们的产销计划批准各系统的建筑任务。国务院批准各系统的建筑任务后,一面下达给各申请系统,一面下达给我们。申请单位(用料单位)如果是自己施工的,便由用料单位自己来向我们申请材料;如果是由建筑公司承包的,便由建筑公司统一向我们申请。我们在接到他们的申请后,便审核他们有无国务院批准的建筑任务,市批准的建筑用地和施工图纸等。如果这三样都具备了,我们就根据材料多寡,掌握"保证重点,照顾一般"的原则,确定供给材料数字。我们确定具体数字(平衡)后,便填写"材料分配通知书"通知市物资分配局,由物资分配局根据"便利原则"指定生产厂和需要单位签订供应合同。产品规格质量等都在合同中有详细规定,在执行合同中若发生了问题,一般都由物资供应局解决,很少到法院去的。

凡经我们平衡供应的器材,在数量上都是比较大宗的。至于零星器材的供应,如砖在10万以下,瓦在1万以下,砂石在百万立米以下者都不经过我们平衡,由需用单位直接向市场购买。为了便利运转,避免浪费,凡由我们平衡供应的产品,需用单位,必须按照申请手续向我们申请使用(零星用料除外),不能随便到本市或本市以外地区市场上去买,外地不经我们同意也不能随便到本市来卖。本市生产不足需要向外地采购或本市有余需要向外地推销时,都由我们统一计划安排。

我们供应的对象很广,凡在本市的国营企业、地方国营企业、公私合营企业、机关团体、部队等都由我们负责供应。合同签订后,遇有特殊情况发生,如计划变更,任务有了增减,可以变更或解除合同,而在这种情况下变更或解除了合同双方都不负任何财产责任。

乙.统配和部管物资供应情况(市计委尉科长谈):

(一)申请程序:各用料单位根据"编制国民经济计划指示"制订生产计划和基建计划,再根据生产计划和基建计划编制物资技术(机器设备)供应计划,送市计委,由市计委汇总报送国家经委平衡,由国务院批准下达。当我们接到下达计划后,又根据所批准的数字和所属单位用料情况,进行平衡分配。各用料单位根据我们分配的数字,提出订货明细表(订货卡片),经我们审核(总的数字)后交市物资供应局或者中央各有关部联系签订合同。目前中央各部订货都是用集中订货方式进行的,很少用通讯方式来订货。集中订货在我国当前条件下虽有很多优点,但浪费太大;从发展方向看,集中订货应逐步改为通讯订货。我们和中央各有关部签订合同,是根据不同产品,用不同手续来签订的。对于品种比较复杂的产品,如钢材,由冶金部把我们提出的订货明细表分配到他们所属的各个生产单位去,由我们的需要单位和他的生产厂直接签订合同,市物资供应局只是做签订合同的联络和鉴证人。对于品种比较单纯的如石油,则由市物资供应局统一和石油工业部签订合同,把石油统一拿过来后,再由市物资供应局和所属需要单位签订合同。目前我们所签订的合同,有总合同、具体合同(供应合同)、直接合同(联系合同)三种。签订最多的是具体合同(供应合同),通过这种合同形式来供应产品,对工作最为便利,因此,它应成为今后发展的主要对象。

(二)执行合同中的问题:目前在执行合同中,纠纷最多的是规格、品种方面的问题。在交货日期上也常发生问题,有些厂因技术限制不能把产品按时生产出来。有时虽按时生产出来,但由于运输部门不能按时起运,因而也常造成一方不能按时交货。

七、有关物资供应问题座谈记录(1957年2月8日)

北京市物资供应局陈毅然科长等谈:

陈毅然科长谈:

(一)统配、部管物资供应合同的计划问题

统配、部管物资的供应是根据年度计划和季度计划来进行的。年度计划由市计委依照国家任务拟定,经市人民委员会报国家经委,经委平衡下达后,市计委则依照批准指标再作全市需要的年度平衡,然后交我局订季度计划,即分配季度平衡数字。接着各需用单位提出明细订货表,需要方就直接与我局签订供应合同,或我局代需要方与中央供应部门签订供应合同。合同签订后,供、需双方按合同完成任务。

(二)统配、部管物资供应合同在执行中存在的问题

发生问题最多的,主要表现在钢筋、木料、水泥的供应上。钢筋去年缺货,因此供应的品种、数量常变,供应的时间也跟着推迟,有时第一季度拖到第二季度、第二季度拖到第三季度、第三季度拖到第四季度才供应。木料的供应,当月供应不了,可在次月或下季度供应,但数量和质量常保证不了,质量瑕疵与检量提出的时间又规定得太短,要在货到5至10天内提出,实际是办不到的。水泥的供应,在质量方面发生的问题较多。本来水泥生产后,按质量鉴定的规定,须要停候28天时间,才能确定产品的等级。可是实际上产品出厂3天后,就被需方使用,结果影响了工程质量,由谁负责不好确定,即使确定由供方负责,也不能负全部责任,因为建筑工程造价的损失与水泥供应的实际价格相距很远。

这些东西的供应,在合同中虽有条文规定不得违反合同,但在实行中却有困难,所以只好开后门加一条:遇到人力不可抗拒或国家不能交给物资的例外。生产有紧有松,究竟什么是人力不可抗拒?各执一词,各叙己见,难以统一。其次误差问题。再次是政府换算问题。镑量不准,换算也不准,因此就影响数量,供方说:数量足;需方说不足。但双方又都有计量文件根据,真难办。又再次罚款问题,不能执行。原因是:货款中不能扣,银行里又不给划拨。最后验收问题更大。因为供应量多,技术差,劳动力不够,只有抽验或驻厂

验收,这样容易产生验收忽紧忽松,影响商品流转和供应。所以最好不要由生产部门或供、需双方来检验,应该由国家设立一个专门机构来搞检验工作。总之,上述问题在合同制度中是解决不了的,只有有了足够的库存和较好的技术设备才能解决。

张锡金科长谈:

合同签订后,应有法律效力,是严肃的。但去年的供应计划冒了些,没有原料,不能生产,造成供应计划脱离了现有物资基础,因此产销脱节。今年的情况有改变,是根据以料定产和以产定销的原则来拟订供应计划的,因生产与供应是一环扣一环的,只要一个环节不能完成任务,就影响整个环节的衔接和任务的完成。订货亦然如此。统配、部管物资的分配有两种方式:一种是由市物资供应局储备来供应;另一种是直接供应(即直接与生产厂签约供应)。

刘清沂科长谈:

(一)国家经委常常不能如期下达供应数字,而中央供货部门又要我们如期提出明细订货表,造成我们工作困难,希望今后要纠正。

(二)合同内容,希望由国家经委统一拟定,至少一个部里就应该尽可能统一,不要同一个部里的厂,也各搞各的。

(三)经委规定迟延供应的产品,不许跨年度供应,但对未及时供应的产品数量可列入下年度计划内,并按上年度签订的合同履行。我们不同意这样规定,因不宜调剂产品。

温草关科长谈:

(一)地方分配物资的范围和对象问题

今年本市地方国营、合作社营、公私合营[企业]所生产的砖、瓦、砂、河光石、石渣、级配砂石、钢铁锅炉、暖气片、污水铸铁管由我局统一分配。

各建设单位在本市范围内的基建工程所需上述材料,在限额(砖10万块、瓦5 000块、石灰30吨、粗细砂100立方米、河光石100立方米、石渣100立方米、级配砂石100立方米)以上的,由我局按季分月进行调配。限额以下的,由北京市贸易公司和供销合作社向我局提出计划,并由我局统一调配。

(二)地方分配物资的计划问题

1. 生产计划:各生产单位的生产计划及实际生产情况都抄送我局,以便统一调配。生产计划变更,是根据生产部门和我局签订的供销合同来办理。

2. 用料计划:

(1)申报系统:本市建筑工程局所属,各工程公司承包的工程用料由各公司汇总申请;其他各局承包的工程用料,由各局汇总申请。中央各部或相当于中央部级的机关、团体,及本市各局或相当于局级的市属机关、团体,汇总申请所属单位自行施工的工程用料。军事系统由总后勤部工程建筑部、北京库区后勤部工程建筑部、总后勤直属工程公司汇总申请其所属单位的用料。

(2)不按期报送月度用料计划的一般不予追加,列入下月调配。

(3)已批准的用料计划,一般不得变更。遇有特殊情况必须变更时,须由申报单位填报变更计划表给我局。

3.地方分配物资的退回问题。

(1)有下列情况之一的,需用单位可向我局办理退料:

①工程剩余材料没有提运的;

②工程削减或设计变更的;

③生产单位生产计划变更的;

④道路发生问题(如雨季翻浆),影响运输的;

⑤产品质量低劣不合乎工程要求的;

⑥超过提运限期的。

(2)需用单位办理退料手续要用书面说明原因,持有关生产、运输单位的证明,送交我局审核同意后,填发退料通知单,才能办理退料手续。

4.地方分配物资的管理制度问题:

(1)生产单位列入分配调拨的产品,由我局统一掌握,没有经过我局同意并报市计委批准,不得自行销售。

(2)需用单位所调配的地方建筑材料,不许自行转让出售;没有经过我局同意,更不许自行在本市或外地采购本市所规定的统一调配的物资。外地单位来京推销属于北京市地方分配物资时,要作出计划经我局同意后,统一分配,不许自行在本市销售。

其他:

(一)统配、部管物资的供应对象,今年本将公私合营[企业]、合作社划入,国家经委为了保证重点需要,结果又把它们划出去了。为了增加产品,改善人民物质生活,我们认为将来还是会把公私合营[企业]、合作社列入计划供应以内。

(二)在执行供应合同中发生了纠纷,都是供需双方先协商解决,解决不了的再由上级开会解决,没有进过法院。

八、有关物资供应问题座谈记录(1957年2月8日)

北京市第三工业局供销科池培谦科长谈:

(一)第三工业局的业务范围

第三局管机电局下有10个直属工厂;5个专业公司,即机械、电器、医疗、第一、二五金公司。生产:矿山机械、机电(电话、收音机、干电池)、农业机械、木工机械、挖木工具、翻砂机件、医疗机械等3 000多种。共3万多职工。

(二)用料供应问题

生产需用的统配、部管物资地方国营企业和老合营企业,由我局统一申请分配。申请前我们要拟定生产计划,根据生产计划再拟定要料计划(在我们来说是需要方,中央来说是供应方),两个计划一并报市计委,市计委综合平衡后申报国家经委转送国务院批准,再由经委下达市计委,市计委下达我局,我局提出要料卡片送市物资供应局转中央供应部门,中央供应部门召开供应会议时,我局派人协助市物资供应局,以市物资供应局的名义参加会议并与中央供应部门签订供应合同。

(三)产品供应问题

我局直属厂生产产品的品种,有的由国家决定,有的由市里决定,有的由局里决定,有的由厂子自己决定。国家决定生产的品种,先由生产单位制定产品卡片报我局汇总再送市物资供应局转报中央销货部门,中央销货部门召开订货会议时,我局派人协同生产厂代表参加订货会议。签订供应合同时由生产厂与需要方直接签订,我局只做个鉴证。市里决定生产的品种,需货单位根据市委所定的产品品种、规格、质量填写要货表报市计委,市计委综合平衡后,转报国家经委批准,经委批准下达后,市计委召开订货会议(注:物资供应局说:订货会是由他们组织,计委参加),供需方在会上签订供应合同。局里和厂里决定生产的品种,只是为了满足市场的需要,或出口用,不列入供应范围。

(四)供应产品作价问题

(1)统配部管的,由中央决定,主要是根据全国技术水平,按质论价的原则来决定的。

(2)市产市销的,是根据市场比较价格,由我局提出方案送市计委转报市人民委员会批准决定。

(五)供应产品瑕疵问题

供应产品发现瑕疵,即由生产部门更换或修补,没有时间限制。但由于保管、运送不善例外(总之现在我们在实践中,供应产品的瑕疵,由生产部门造成的,是负责到底的)。

(六)跨年度供应产品问题

由于近来原料供不应求,生产部门不能按期生产,是可以跨年度供应的,只要需方要,供方就可以供。

九、有关物资供应问题座谈记录(1957年2月9日)

北京市第二工业局供销科牟揆中科长谈:

(一)第二工业局的业务范围

第二局管的东西有化工品、化学试剂、医药、玻璃仪器、油漆、洋漆、造纸、搪瓷、橡胶、冰棍、汽水、糖果、酱油、酒等。直属单位18个,专业公司两个,厂子60多个。

(二)统配、部管物资的供应

地方国营和老合营企业所需原材料,须事先作出要料计划报我局汇总后,再送市物资供应局转向上级申请,申请程序与签订合同的过程与第三工业局同。新合营企业用料统一由商业部门一条线的申请,价格稍高。

(三)签订和执行供应合同中所存在的问题

协议与合同应有区别,协议是原则性的东西,合同是具体的东西;总的是协议,分的是合同;年度订协议,季度订合同;行政管理单位订协议,业务单位订合同。总之业务单位不应该订协议(协议中没有具体数量、规格、质量的规定,不执行也不负民事责任),否则就不能明确为生产服务的责任,而会造成能供应的就供应;有的就供应,没有的就不设法去供应。现在有的业务单位只订协议。如外贸虽有些客观困难,我认为还可以订合同,只要摸摸货物起运情况、到货日期是能够做得到的事,不至于像目前这样,有的货不到,就什么责任也不负。因为通过合同改善供需双方关系,对减少扯皮都有好处,希望在民法上加以认定。

其次签订供应合同的计划问题,现在是倒过来了,物资供应计划在前,生产计划在后,由于生产计划常变,物资供应计划也就不能不跟着变,供应合同更不能不随着变。因此商业部门反映:工业部门不能执行合同;工业部门又说:产品少了,不能执行合同;产品多了,又造成积压。所以希望这项计划程序能在法制上加以规定。重工业部是先安排生产计划,后制订物资供应申请计划(要料计划),这样就保证了供应合同的执行,可以不变至少是少变已签订的供应合同。在计划变,合同随着变的情况下,要严格执行合同,很困难。合同中虽有罚款规定,实践中,我们处理这个问题的态度,也只好一方坚持要罚的就罚,不坚持的就算了。

(四)供应物资的作价和检验问题

统配、部管供应物资的作价由中央决定。市管供应物资的价格,由我局每年拟定一个价格方案送市计委转市人民委员会批准,拟定的原则是:有利生产,照顾人民购买力的水平,同质同价,分等论价。具体的计算是:根据成本,合理利润;参考工商业分配利润、商业牌价、有关产品牌价、历史价格,以及当时的物价政策。统配、部管供应物资价格也有不能执行的,但可通过市人民委员会根据本市情况高低平衡后,报部批准再执行。

检验问题,除保管、运送不善所造成不合规格、质量的,是由生产厂负责到底。但希望有个期限的规定,否则纠纷难以解决。可是又不能硬性规定,因化工品方面,还要考试化学品的性能,即从物资的性质来分别规定较为好。

十、有关物资供应问题谈论记录(1957年2月8日)

北京市第二商业局①**春生同志谈:**

北京市第二商业局所属单位有五金、交电、化工、煤建、信托、贸易、石油、木材等8个公司。物资来说主要有以下三方面:

1. 统配和部管物资经供应会议由国家统一分配。(由各公司订计划报总公司经商业部申请)

2. 本地方生产的物资由各公司直接与工业部门签订合同。(地方管理物资由计委平衡,其他物资由公司和各工厂直接衔接平衡,解决不了时由工业局和商业局平衡)

3. 本地减少或不足的物资到外埠组织进货。

对上述物资,供货的对象包括国营、地方国营、公私合营、合作社营(主要是手工业生产合作社,对农业社仅供应少量的木材和小五金)。新合营的工厂所需的部管物资、统配物资由各公司报总公司经商业部申请。价格基本上有两种,对统配和部管物资是按国家规定的调拨价格,其他产品即按市场牌价,作价时应考虑到计划利润、利息、经营管理费、损耗等几方面,目前对批零价格的划分问题及对农业社的优待问题没有得到解决。

验收问题目前比合营前削弱些,原因是产品供不应求和设备的限制。验收方法由驻厂员在工厂验收或到货后进行抽验,我们的意见是对产品的检验主要应由工业部门自己

---

① 原件此处缺一字。

进行检验,进货后如非保管上的问题应由工业部门负责到底,或者成立专门的检验部门进行产品的检验,如对外贸易部就是专门的商品检验局。

不履行合同时的罚款,一般的是在一定期间内罚款1%,超过一定期间后,可解除契约,赔偿损害。

对本年度没有全部供应完的产品,可以跨年度供应。(因为产品供不应求,经双方协商可跨年度供应,但统配、部管物资没有跨年度供应的情况)

对买卖和供应的区别问题,我们认为没有区别的必要,否则将引起不良的副作用,使供应单位卸脱责任,不积极供应消费者的需要。

供需合同（第四次草稿）

1957 年 4 月 1 日

第一条 供需合同是社会主义组织之间根据国家有关物资分配计划签订的合同。依照供需合同，供应方将约定的物资供应需要方；需要方接受此项物资，并付给约定的价金。

另案：按照有关国家物资分配计划签订的供需合同，供应方将物资供应需要方；需要方接受此项物资，并付给价金。

第二条 签订供需合同是供、需双方的义务，如果不及时签订或者拒绝签订，应当负法律上（或将"法律上"改写为"罚款或者赔偿损失"）的责任。

另案：本条不要。

第三条 供需合同的签订，必须采用书面形式。

第四条 供应物资的品种、数量应当符合国家有关物资分配计划的规定。但对每期供应物资的具体品种、数量，可以由双方协商确定。

第五条 需要方应当依照专材专用（或将"专材专用"改写为"计划合理"）的原则使用物资。

注：有的同志主张：

1. 供应方有权监督需要方专材专用的内容，也应规定在本条内；

2. 本条不要。

第六条 供应物资的质量，应当符合国家主管部门规定的标准和技术条件，或者符合供应企业规定的标准。如果供、需双方有特殊约定的，依其约定。

注：有的同志主张：将"如果供、需双方……依其约定"改写为"如果需要双方对物资质量有特殊要求的，可以由双方协商确定"。

第七条 供应物资的价格，应当依照国家规定的统一调拨价格计算；国家没有规定统一调拨价格的，应当依照国家主管部门批准的或者经国家主管部门授权企业自订的价格计算。

签订合同时不能约定供应物资的价格，在合同中应当订明作价办法。如果供应物资是新产品，可以依照新产品作价现行程序来确定价格。

第八条 按年按季供应物资的合同，供、需双方应当在合同中具体约定物资供应的期限；没有具体约定的，供应方必须逐季逐月均衡供应。但是，不宜逐季逐月均衡供应的物资,除外。

逐季逐月均衡供应的物资,供应方必须在当季末当月底以前全部供应;如果供应方在当季末当月底以前没有均衡供应,应负迟延责任。

第九条 由供应方代运的物资,以运输部门签发运单戳记的日期为交付日期。由需要方向供应方仓库提取的物资,以需要方签收的日期为交付日期;但是,需要方应当在供应方通知提取物资单内所指定的期限提取。

第十条 合同中没有其他约定,供应方不按期供应物资,需要方有权在通知供应方以后,拒绝接受过期交付的物资。但是,供应方在接到需要方通知以前已经发送的物资,需要方应当接受并支付价金。

如果供应方接到了拒绝受领的通知,仍然发送物资,需要方有权拒绝接受。但是,需要方应当将已送到的物资,代为保管,因保管所支付的费用,由供应方偿还。

第十一条 供应方提前发送物资,应当通知需要方并取得需要方的同意。

供应方在没有取得需要方同意以前,已发送的物资,需要方应当接受,但是,可以拒绝提前支付价金。需要方在提前期限内对保管物资所支付的费用,由供应方偿还。

对于容易腐坏、变质和需要方接受有特殊困难的物资,供应方不得提前发送。

注:有的同志主张:第一款不要。

第十二条 供应物资的包装,应当符合国家主管部门规定的标准或者符合供应企业规定的标准。如果需要方要求特殊包装,可以由双方协商确定。

属于需要回收的包装的用品和容器,应当依照国家主管部门的规定处理;国家主管部门没有规定的,应当在合同中订明回收的具体办法。

第十三条 物资包装的用品和容器,由需要方自备的,需要方应当在约定期限内送交供应方,并保证合乎包装使用;供应方应当免费检验和保管。

需要方送交包装的用品和容器不符合包装使用,供应方应当代为修正,在不能修正或者需要方没有按期运到的时候,供应方应当代备包装。其代为修正和代备包装的费用,由需要方负担。如果供应方无力代备包装,因而造成迟延发送物资,需要方应负违约罚款责任。

第十四条 运送物资的费用,由需要方负担。但是,法律、法令另有规定或者合同中另有约定的,除外。

第十五条 需要方接受物资的时候,应当进行检验。

对于供应物资用通常检验方法容易发现或者能够发现的瑕疵,属于同城供应的物资,应当在检验后立即提出;属于异地供应的物资,应当在物资运到十天内邀请非有关单位到场见证,作出物资瑕疵记录和意见书寄交供应方。

对于供应物资用通常检验方法不容易发现或者不能立即发现的瑕疵,需要方在接受物资后六个月内发现了瑕疵,应当立即通知供应方。

另案:需要方接受物资的时候,应当依照约定的方法、期限和地点进行检验。如果发现供应物资数量不足或者有瑕疵,需要方应当依照规定的程序编制记录,并即时向供应方提出。

供应方对于只有在使用过程中才能发现的供应物资的隐蔽瑕疵,仍须负责。但是,需要方必须在领取物资后六个月内一经发现便立即通知供应方。如果法律、法令或者合同对供应物资的隐蔽瑕疵的提出时间另有规定或者约定的,依其规定或者约定。

第十六条 供应方接到需要方所提出的物资瑕疵记录和意见书后,应当在规定时间内作出处理意见答复需要方。否则,即认为供应方默认了需要方的记录和意见。

注:有的同志主张:将"规定时间内作出……"改为"十天内作出……"。

第十七条 供应物资的瑕疵应当由供应方负责的,需要方有权要求按质论价或者负责修理或者调换相当的物资,并且可以要求赔偿因物资瑕疵所造成的损失。

需要方认为供应物资有瑕疵,经过检查、证明确定没有瑕疵或者瑕疵不应由供应方负责的,需要方应当负担由于检查而支付的费用和迟延付款的责任。

第十八条 需要方对于已经送到的物资有瑕疵的,在供、需双方没有取得处理协议以前,应当负责保管,因保管所支付的费用,由供应方负担。需要方对保管物资已动用过的,不能要求调换。

第十九条 对于错发错运的供应物资,接受物资方不得动用,但是,应当负责保管,因保管所支付的费用,由错发错运方负担。如果保管物资是容易腐坏、变质的,接受物资方为了保护国家财产,应当在非有关单位见证下作适当处理。

第二十条 供应物资的结算,应当依照国家银行规定的结算方式进行。

另案:本条不要。

第二十一条 需要方指定的接受物资单位,不按期将约定价金付给供应方的时候,需要方应当负支付约定价金的责任。

第二十二条 一方不履行合同或者不适当履行合同,应当对对方负罚款和赔偿损失的责任。罚款数额,如果法律、法令没有规定,可以依照双方约定的标准计算。违约方不能因受罚款和赔偿损失而免除他履行合同的义务。

另案:本案不要,因在债的通则中已有规定。

注:有的同志主张:将"罚款数额……可以依照双方约定的标准计算。"一段删去。

第二十三条 一方不履行或者不适当履行合同,是由于人力不可抗拒的原因所造成,应当将这种情况连同证明文件及时通知对方,可以免负违约罚款责任。

另案1:一方不履行或者不适当履行合同,是由于人力不可抗拒的原因所造成,可以免负违约责任,但是,应当将这种情况连同证明文件及时通知对方。

另案2:本条不要,因在债的通则中已有规定。

第二十四条 供、需双方不能任意变更或者解除合同。如果必须变更或者解除,应当经过原物资分配机关的同意。但是,所变更的部分不影响国家有关物资分配计划和签订合同的目的,可以由双方协商变更。

供、需双方因变更或者解除合同所造成的直接损失,由要求变更或者解除合同的一方负责赔偿。但是,根据国家计划、命令、决议而变更或者解除合同的时候,供、需双方不负违约罚款和赔偿损失责任。

(十四)联营(合伙)

联营(合伙)契约(初稿)

1956 年 11 月 10 日

第一条 数人以上,按照约定投资,联合(共同)经营,为了达到共同的经济目的,叫作联营(合伙)。

另案:联营(合伙)是数人以上为了共同经济目的,按约投资,统一经营,共负盈亏的契约。

第二条 联营应拟定联营章程,经参加联营的人全体通过签名盖章并报请主管机关批准或许可方为成立。

注:多数同志主张本条不要。

第三条 联营(合伙)的投资可以用货币或其他财物,但经联营(合伙)人全体同意也可以用劳力参加联营(合伙)。

联营(合伙)所投资的财物或者联营(合伙)期间经营收入的财物为全体联营(合伙)人共有的财产。

同条第一款另案:联营(合伙)人的投资可以用货币、其他财物或者劳动力。

第四条 联营(合伙)重要事务的处理,除契约规定由联营(合伙)人多数决定外,应当由合伙(联营)人全体同意决定。

联营(合伙)一般事务,可以委托联营(合伙)人中一人或者数人负责处理。

另案:联营(合伙)事务的处理,除契约或者章程另有规定外,应当由合伙(联营)人全体一致通过。

联营(合伙)的通常事务,可以选出或者委派联营(合伙)人中一人或者数人负责处理。

第五条 受委托(派)的联营(合伙)人在处理联营(合伙)事务职权范围内所作的一切(法律)行为,由联营(合伙)人全体负责。

如果超出受委托(派)职权的范围,造成(合伙)损失,由他个人负责。

第六条 联营(合伙)人对被委托(派)人所处理的事务,有监督和检查的权利。

联营(合伙)人有正当理由并经联营(合伙)人多数通过,可以解除被委托(派)人的职权。

第七条 除联营(合伙)契约另有规定外,联营(合伙)人有权按照自己劳动取得报酬。

第八条 联营(合伙)人有正当理由和不损害其他联营(合伙)人的利益,可以请求退联营(伙),但必须在一月前提出,如果有特殊原因,可以随时退联营(伙)。

联营(合伙)人在要退联营(伙)后,除取回原投资额外,对于退联营(伙)前的盈亏部分,应当按照约定分配和承担。

第九条 联营(合伙)人的开除,必须具有重大理由,并经其他联营(合伙)人全体同意。

第十条 联营退(伙)或者被开除的联营(合伙)人,对于退联营(伙)前或者被开除前的盈亏部分,还应当按照约定分配和承担。

注:有同志主张第九条和本条中"被开除"不要,把本条并在第八条第二款。

第十一条 联营(合伙)的盈亏,应当按月、按季结算,如果没有按月、按季结算,必须在(每年)年终结算一次。

联营(合伙)的盈亏,如果契约(章程)没有规定分配和分担的日期,应当在每年年终分配和分担。

联营(合伙)的盈亏,如果契约(章程)没有规定分配和分担的办法,应当按照各联营(合伙)人投资额(包括劳动力投资)比例分配和分担。

注:有的同志主张第三款改为"联营(合伙)的盈亏,如果契约(章程)没有规定①和分担的办法时,应由全体联营(合伙)人统一计算共负盈亏。"

第十二条 联营(合伙)解散时,应当进行清理,清理由合伙(联营)人全体共同处理或者由联营(合伙)人推选专(数)人处理。

对不作投资的物品,如契约无其他约定,清理时,应当将原物返给原合伙(联营)人并不得请求使用的报酬。(有同志主张本款不要)

联营(合伙)共有的财产,清偿联营(合伙)债务后,有盈余部分,应当按照联营(合伙)人投资比例分配;如果联营(合伙)共有的财产,不足偿还联营(合伙)债务时,由联营(合伙)人按投资额比例分担。

注:有的同志主张在本条加上第一款:"联营(合伙)可因联营人的自愿"、联营(合伙)事业的完成、行政命令、法院判决而解散或变更。

---

① 原件如此,据上文,应为"没有规定分配……"。

关于合伙、联营问题调查纲要[①]

一、合伙

1. 目前私人间有没有合伙经营买卖或其他事业的情况？
2. 社会主义组织间（机关、企业、合作社、社会团体）有没有共同经营某种事业的情况？

二、联营

1. 联营的成立需要具备哪些条件？经过什么程序？
2. 联营的投资情况？（劳动力是否可以作为投资？）
3. 联营的组织机构及其权限？
4. 联营人有哪些权利和义务？
5. 联营的盈余怎样分配？如有亏损怎样分担？
6. 联营内的劳动报酬怎样分配？[②]
7. 联营的中途加入、退出及开除的条件？退出、开除和死亡后的财产处理？[③]
8. 联营有没有解散、变更的情况？解散、变更后，财产、债务是怎样处理的？

[①] 本件原件为手写稿，有涂改。上有眉批："打印五十份。孙立明，26/3。"原件标题改作"关于合伙、联营的几个问题"。

[②] 原件本句改作："联营内怎样确定劳动报酬？"

[③] 原件本句改作："联营的中途加入、退出及开除时，需要具备哪些条件？联营人退出、开除和死亡后的财产如何处理？"

债权篇联营(合伙)参考资料

全国人民代表大会常务委员会办公厅研究室　1957年1月21日

说　明

一、这份材料是根据北京市十二个联营章程整理出来的,仅作为草拟联营(合伙)条文的参考资料。

二、(　　)内引用的第一号章程、第二号章程……,是为了省便起见所用的代号。

第一号章程是:《北京市青菜业联购联销组章程(草案)》。

第二号章程是:《北京市饮食公司×××联合食堂章程(草案)》。

第三号章程是:《北京市青菜联购联销组章程(草案)》。

第四号章程是:《北京市西四区北沟沿市场菜蔬业西四一组、四组,广安八组组织"联购联销"章程(草案)》。

第五号章程是:《西四区文化用品摊商联营第×组章程》。

第六号章程是:《北京市西四区联营组章程(草案)》。

第七号章程是:《北京崇文区西草市合作旅店试行简则》。

第八号章程是:《西四区西安市场活鸡鸭业联营组章程(草案)》。

第九号章程是:《西四区棉布经销联营组章程》。

第十号章程是:《北京市西四区饮食业摊商第一合作食堂组织章程(草案)》。

第十一号章程是:《"西四区玩具批发联营组"组织章程(草案)》。

第十二号章程是:《北京市西四区菜蔬摊商第二十四组呈请联购联销章程》。

目　录

一、联营的性质

二、联营的目的、任务

三、联营的成立

四、联营的业务范围

五、联营的成员及其权利义务

六、联营的资金

七、联营的组织机构及其职权

八、联营内部的各项制度

九、联营人的劳动报酬

十、联营的盈余分配和亏损的处理

十一、联营人的退出、开除、死亡及新成员的加入

十二、职营的解散、变更及对其财产处理

一、联营的性质

在国家有关业务部门的领导下,小商、小贩、小手工业者,"……自愿组织起来,实行资金入股、共同劳动,统一经营、统一核算、共负盈亏的半社会主义性质的商业组织"。(第 1 号联营章程第 1 条、第 3 号章程第 2 条)

"……根据自愿原则,组织起来的集体经济组织。"(第 2 号联营章程第 1 条)

"……在自愿和互利的基础上,组织起来的集体合作组织。统一计算,共负盈亏。"(第 7 号联营章程第 1 条)

"本组在现有的基础上,实行集体经营,即统一计划,统一核算,统一收款,统一使用人力,所经营的商品,根据实际需要,适当调整工作服务。"(第 6 号章程第 4 条)

二、联营的目的、任务

联营的"目的和任务是:由个体走向集体,共同经营业务,合理组织劳动力,改进经营管理,提高服务质量,更好地为广大劳动人民服务,逐步的改善从业人员物质和文化生活水平,并加强政治业务和文化学习,以提高爱国主义和集体主义思想"。(第 10 号章程第 2 条与第 6 号章程第 3 条)

"在政府和国营经济的领导下,集中力量充分发扬互助合作的精神,而成立本联营组,以便进一步满足消费者的需要和努力为人民服务为目的。"(第 9 号章程第 1 条)

"为克服资本薄弱,经营分散及落后,浪费人力的情况下,愿服从政府管理,并在国营经济领导下,由分散及落后的经营方式,通过联营互助合作的形式组织起来,为更进一步接受社会主义改造创造条件,按照政府对资本主义工商业的改造政策,改善经营管理,保证市场供应,更好地为消费者服务……"(第 8 号章程第 1 条)

"在政府和国营经济的领导下,充分发扬互助合作,团结友爱的精神,集中力量为满足消费者的需要,和更进一步的为人民服务。"(第 5 号章程第 1 条)

"本组为响应政府号召,服从国营经济领导,接受群众监督,为满足市民生活需要,积极经营业务,改善经营管理,改变旧的商人作风,树立新的商业道德,提高服务水平,为逐步过渡到社会主义而努力。"(第 4 号章程第 2 条)

"组织本食堂的目的,在于引导为数众多的、个体分散经营的私人饮食业小商小贩,经过合作组织的形式,逐步过渡到社会主义性质的公共饮食业。"(第 2 号章程第 1 条)

三、联营的成立

联营的成立,根据我们到北京市工商管理局,及有关业务部门和具体联营组织的了解,都是经过酝酿讨论,订出章程,经全体联营人同意并签名盖章而后向有关主管部门申

请,经批准或同意后开始联营。

例如:北京市西四区饮食业摊商林燕明、杨春发等28人联合签名,申请组织联合食堂,申请书中写道:"筹备小组根据群众在会上提出的问题和意见,予以综合,拟出本食堂组织章程草案初稿,经全体人员反复讨论,于12月8日正式修改通过,并于12月9日由全体人员以提名投票方式选出管理委员和清产小组,正式着手有关组织各项筹备工作。"

"兹附呈组织章程草案1份,请准备案,并请早日批示,以便开业。"

四、联营的业务范围

(一)青菜业联营:"经营青菜商品,直接为消费者零售供应,不作同行业的批发或零售。业务流动区域为×区××街道办事处管界。"(第1、2号章程第4条)

(二)文化用品业联营:"……联营地址:护国寺会庙、白塔寺会庙和德内市场。经营业务:以文化用品公司商品为主营,以及其他属于文化纸张行业范围内者之各种商品,零售为业务。"(5号章程3、4两条)

(三)棉布业联营:"本联营组以给北京花纱布公司经销棉布零售业务。"(第9号章程第4条)

(有的联营业务范围,在章程中没有明确规定。如西四区西安市场活鸡鸭业联营章程、北京市饮食业联合食堂章程等)

五、联营的成员及其权利义务

(一)联营的成员

"凡合法的私营饮食业小商、小贩的从业人员(包括学徒)及经常参加主要劳动并有一定技术能力,本食堂需要的业主家属,除被剥夺政治权利和有严重政治问题者外,均可自愿申请加入本食堂,经过全体成员大会通过,并经市饮食公司批准,成为本食堂的成员。"(第2号章程第5条)

"凡领有北京市工商业管理局营业执照,本人参加业务的主要劳动者,以常年经营蔬菜为主要生活来源的摊商、摊贩并承认本章程者,均可申请入组,组员大会通过,为本组组员,并报主管部门备案。"(3号章程5条)

(二)成员的权利义务

1. 联营人的权利

"(1)参加组内劳动,取得应得报酬;

(2)参加组务活动,提出有关业务的建议和批评,对组务进行监督;

(3)有选举权、被选举权和表决权,担任组内的职务;

(4)享有组内所举办的各项公共事业和福利奖励的利益;"(第2号章程6条、第3号章程6条、第1号章程6条)

"(5)照章分配自己的股金及红利……"(第10号章程10条)

2. 联营人的义务

(1)遵守×××章程,执行全体人员大会和管理委员会的决议;

(2)遵守劳动纪律,做好分配给自己的工作;
(3)爱护(联营)的公共财产和私有公用财产;
(4)巩固全体人员的团结同一切破坏(联营)的活动作坚决的斗争。(第2号章程8条、1号章程7条及3号章程7条)

六、联营的资金

"凡参加本食堂的成员均应交纳股金,作为本食堂服务事业经营的资金。加入数额:业主应以全部流动与固定资金为准;职工应以部分工资或其他收入投入作为股金,但最低不得少于五元。"

固定资产的入股(包括器具设备等)应根据实值折合金额计算,并采取自报公议的方法进行评定,对于本食堂不需要的器具设备,经管理委员会同意,得由原业主自行处理。(第10号联营章程第3条)

"本食堂为了营业需要,得向成员筹集股金。股金包括流动资金(货币及原材料等)和固定资产(房屋、桌、椅、炉锅、食具、用具等)两部分。

原企业的流动资金全部作为业主的股金入股,职工可不入股。

原企业的固定资产除房屋给以适当租金外,其他设备用具应组织财产评价委员会进行评议,企业需要的按其现值入股,企业不需要的由其业主自行处理。"(2号章程第9条)

"本组所经营资金,以股金、公积金和营业收入构成。

组员原有全部自有流动资金作股入组,一次交齐,如确实不能一次交齐者,经组员大会同意,得分期交纳,但期限不能超过三个月。

组员原有经营商业之固定资产,根据本组需要和经济条件采取租用、自带自用、补偿折价、收入或折价入股等办法,其原则必须是公平合理。"(第1、3号章程14、15、16条)

"本组资金以组员所有之流动资金、固定资金全部作为投资之股金。"(第11号章程第3条)

七、联营的组织机构及其职权

(一)成员大会(有的叫组员大会)

"全体人员大会是本食堂的最高权力机关,每月开会一次,由管理委员会主任召开之,并行使以下职权:

(1)通过和修改章程(制定各项制度);(第1号11条)
(2)选举和罢免管理委员会的委员;
(3)审查和通过本食堂的业务计划、财务计划以及工资标准、工作定额;
(4)审查和通过管理委员会的月度、季度及年度报告;
(5)通过新成员加入组织;(2号章程14条)
(6)选举和罢免组长和副组长;(11号章程4条2款)
(7)通过盈余分配、损失弥补及各项积金的拨款;(11号章程4条4款)
(8)通过申请参加及退出组织等事项;(11号章程4条5款)
(9)决定组员的奖励和处分;(6号章程10条7项)

(10)决定与掌握本组有关业务扩大组织等一切事项;(8号章程2条1款4项)

(11)其他一切重要事项。"(6号章程10条8项)

(二)业务执行机关

1. 管理委员会(有的叫管理小组)

"管理委员会由三人至七人组成,为本组执行业务机关……"(1号章程12条)

"管理委员会为本食堂执行业务机关,由全体人员大会选举五人至七人组成,互推主任一人,副主任一人至二人任期一年,连选得连任。至少每隔半月召开一次,由主任召集之。管理委员会的职权如下:

(1)执行全体成员大会的决议及上级的指示,对全体成员大会和饮食业公司负责;

(2)依照全体人员大会通过的计划执行任务,在现有的基础上合理的组织劳动力,充分利用设备,改善经营管理,提高业务质量;

(3)依照上级的规定编制各种计划及财会表报和工作总结,经过全体人员大会批准报告上级;

(4)每月向工作人员作工作报告一次;

(5)保护……财产不受侵犯,厉行节约,杜绝贪污浪费,并严格执行经济纪律;

(6)关心全体人员的生活,尽可能的改善劳动条件,并改进安全卫生设备;

(7)完成上级及全体人员大会所给予的其他任务;(10号章程第6条)

(8)对外代表本组签订合同或契约。"(1号章程12条)

2. 民主管理小组

"本店为了实行民主管理,成立民主管理小组,由全体成员大会选出组长一人、副组长二人,业务会计等分工负责。管理小组的职权如下:

(1)执行组务会议及上级的指示;

(2)领导全体从业人员热情服务,合理组织劳动力,提高服务质量,改善经营管理,做好旅店服务工作;

(3)完成上级给予的其他任务。"(7号章程6条)

3. 管理组织

"管理组织上为本组执行机构,由全体组员大会选举正副组长二人,任期一年,连选时得连任之。

正副组长代行管理组织上的职权如下:

(1)执行全体组员大会的决议及上级的指示;

(2)对外代表全组;

(3)根据章程规定各项积金拨款;

(4)确定组内人员的分工及分配任务;

(5)每月五日前作出上月损益表和工作总结,交全组审查通过,并需上报有关机关;

(6)保护和管理公共财物,厉行节约,反对贪污浪费,并执行严格的经济纪律;

(7)贯彻经济核算,加速资金周转,增加本组的合理收益;

(8)关心全组的生活,在可能之下改进劳动条件,并改进安全卫生设备;

(9)全体组员大会所委托的其他事项。"(北京西四蛋品联营组章程草案第11和12条规定)

八、联营内部的各项制度

(一)各项制度的原则

1."……各项制度必须贯彻限制资本主义因素,发展社会主义因素的精神,以促进企业和成员的社会主义改造……"(2号章程3条)

2."……必须合理的组织劳动力,努力改善经营管理,提高服务质量,更好地为劳动人民服务,并在业务发展的基础上逐步改善成员的物质和文化生活水平。"(2号章程4条)

3."为了尊重少数民族成员的风俗习惯,除在业务经济上给予必要的照顾外,在领导人中也应占有适当的比例。"(2号章程6条)

(二)各项制度

1. 管理制度

"本食堂实行民主集中制并接受饮食业公司的领导。"(10号章程第4条)

2. 业务经营制度

"每月月终全组组员开大会一次,由主委负责报告组内本月进货、销货、开支情况,遇有重要问题时,主委有权决定召开临时组员大会。"(8号章程4条1项)

"组长每月定期汇报经营情况,并向组员宣布经营情况及布置下月工作,组员应服从组长进行工作。"(5号章程第13条)

"本食堂实行统一领导集中或分散经营,根据上级指示照顾当地人口分布情况,合理设置回民与汉民的营业点,实行统一核算、统一采购、统一调配人力,为照顾民族习惯,回民与汉民的营业点应严格划分。"(10号章程7条)

3. 财务制度

"本店实行财务统一管理,建立算账簿,拟定各种计划,并逐月结算上报同时向全体从业人员公布。

关于收支手续如下:

(1)收入方面:所有入户每日营业收入报会计统一记账,现金汇总存入银行。

(2)支出方面:除工资及补助费每月先期支付外,属于各户的预算开支经组长签字,由会计统一支付,属于临时或特殊的支出,经组务会议决定后支付之。"

4. 会计制度

"本组建立会计汇报制度……月底向上级汇报……"(7号章程7条)

"本组每年年终决算一次,每月月末结算一次,送报资产负债表和盈余分配方案,经主管部门批准后执行。"(1号章程17条)

"本食堂按月结算,编制损益计算表,报告市饮食公司,同时向全体人员公布……"(2号章程12条)

"会计员休息时,由组长负责保管,次日交与会计。"(5号章程3章5条)

"……每年6月末及12月末为结算期……"(5号章程2章6条)

5. 其他各种制度

其他还有很多制度。如：作息制度、运货制度、进货制度、销货制度、牌价制度、保管制度、请假销假制度、会议学习制度、奖励制度等各联营均根据其具体情况各有不同的规定或不规定。

九、联营人的劳动报酬

"本食堂对成员的劳动报酬，实行'按劳取酬，男女同工同酬'的原则，为鼓励成员的劳动积极性，实行奖励制度，工资的等级标准和奖金使用办法，由管理委员会拟订，经全体人员大会通过报请饮食公司批准执行。

为了更有效地发挥成员的劳动积极性，本食堂各种不同工作的定额，逐步的实行奖励工资制。"（第2号章程第4章）

"组员的劳动报酬，应根据'按劳取酬，多劳多得'的原则，经民主评定分配，实行男女同工同酬。报酬方式可根据不同情况分别采取下列办法：

(1)劳动分红；(2)基本工资；(3)储备工资制；(4)固定工资制。"（1号章程19条）

"工资根据按劳取酬的原则，对于组员决定暂借与必要之生活费，但系临时性质，试办三个月后根据营业情况评薪，多退少补(但有其他收入的扣除之)。"（11号章程7条）

"本店对成员的劳动报酬，系按原提成比例或固定工资为基础，重新民主评议，高的不予降低，低的给予适当调整，对家庭负担轻重生活有困难的分别不同情况，每月暂给予不同的补助费(但遇营业额降低不足开支时，补助费按比例适当降低，以符共负盈亏的原则)，拟经半年后另行评定工资，补助费亦随之予以增长，为贯彻多劳多得的精神，鼓励成员的生产积极性，实行奖金制度。"（第7号章程4条）

"组员的劳动分红，应以按劳取酬为原则，并适当结合家庭生活条件，评定出每个组员应得分数，经全体组员讨论定分制度，按劳动能力及家庭情况以甲、乙、丙三级给予。甲级15分、乙级14分、丙级13分，每组应得工分数如下：

傅俊桐乙级、杨金章乙级、杨金元丙级、姜俊德甲级、白锡宽乙级、张润德乙级、胡静征乙级、白恩荣丙级、关甲甫甲级、杨子原乙级。

以上共计一百四十分，做到死分活值，以促进组员积极经营。"（4号章程10条）

"本组实行工资制，每人每月总平均不得超过××元(包括伙食)，应根据业务经验、工作能力、劳动强度、对本组贡献的大小由民主评定之。"（8号章程第2条1项）

"根据按劳取酬原则实行薪金制。"（6号章程8条）

"工资：经营人在开业后三个月内每人每月支付35元。在开业三个月以后，按劳取酬由组员大会评定之。"（第9号章程16和17条）

"本食堂实行货币工资制，每月工资数初步拟定业主为38元，协助及职工为20元，经全体人员讨论通过，报请领导部门批准；执行三个月后在公司领导下进行民主评定，以达到按劳取酬。"（第10号章程第8条）

十、联营的盈余分配和亏损的处理

（一）联营的盈余分配及其用途

1.盈余分配

"……如有盈余时除缴纳所得税款后暂按下列比例分配。"(参看下表8栏)(2号章程12条)

"本组结算期内之盈余,除交国税和管理费用开支外,依下列分配。"(参看下表11栏)(1号章程18条)

"月终盈余除交纳一切国税及工资费用外,纯利按下列比例分配。"(参看下表5栏)(8号章程2条2项)

2. 用途

(1)公积金:扩大再生产发展企业用,不能任意处理或作其他开支。亏损时例外。

(2)劳动分红:劳动报酬用。

(3)公益金:用于成员救济生活和医药等困难的补助和举办其他福利事业。

(4)奖励金:为积极劳动完成任务有一定成绩或其他贡献者奖励之用。

(5)文教基金:用于购书、报刊及其他学习费用。

(6)福利奖励金:作为组员与有特别困难和因公致伤及遇有丧病灾补助之用;奖金,对好的成员奖励之用。

(7)劳动返还金:作为全体成员每季平均分配之用。(有的按劳动比例分配)

(8)股金分红:作为入股的业主按股分红之用。(按章分配业主)

(9)卫生福利金:作为卫生用品及全体人员的福利之用。

(10)修建基金:建筑房屋及改善设备条件之用。

(11)劳动红利金:按成员劳动成绩评定分配之。

(二)联营亏损的处理

"如因营业不善,致使营业亏损在50%以下者,可由资金比例抵补之,亏损在50%以上者,须由管理组织上查明原因,申请理由交全体组员大会解决之。"(6号章程17条)

"本组结算如遇有亏损时,以公积金依次弥补。"(1号章程20条)

"……如有亏损以公积金、公益金、奖励金、股金顺序递补……"(10号章程14条)

十一、联营人的退出、开除、死亡及新成员的加入

(一)联营人的退出

"本食堂人员因故退出,须于前一月向管理委员会提出申请,经管理委员会报请领导部门批准后方得退出(但具有特殊原因如参军或政府征调工作等不受此限)。批准退出者,除按月计发工资外,其所入股金应于该季度末结账后按照盈亏情况退给股金和红利,如食堂亏损较多,公积金等不能弥补时,得按比例照扣股金。"(第10号章程12条)

"组员有退组的自由,组员退组时可以带走他原来的营业工具,抽走他所交纳的股金;如果他的营业工具经组内修理价值提了,退组时应付给适当代价。

要求退组的人一般的要在月度终了以后才能退,以免妨碍组的营业并便于结算账目。组内如果发生亏损,退组人应当交付应摊的金额,组内所积累的公共财产,退组人不得要求平分和带走。"(第3号章程9条)

联营的盈余分配情况一览表

栏次	单位名称	公积金	劳动分红	股金分红	公益金	福利金	奖励金	红利金	劳动红利金	劳动返还金	修建基金	公益文教基金	卫生福利基金	福利奖励金	备考
1	北京市××区青菜业摊商联购联销组	5%~10%	70%~75%	5%	5%	5%									此是蔬菜公司示范章程的规定,而不是具体章程的规定,仅供参考
2	北京市西四区文化用品摊商联营组	20%				60%	10%	10%							纯益金
3	北京市西四区棉布经销联营组	30%				50%	0.5%								纯益金(除国税外)
4	北京市西四区蛋品联营组	20%		20%			0.5%	10%	20%	30%	10%	10%	0.5%		纯利
5	北京市西四区活鸡活鸭业联营组	35%		20%		20%	5%			20%		35%			税收、工资、费用除外
6	北京市西四区饮食业摊商第一合作食堂	40%		15%	30%		10%								
7	北京市西四区北沟沿市场菜蔬业联购联销组	10%	75%	10%								15%		5%	除交纳所得税外
8	北京市饮食公司××联合食堂	40%		10%			20%			15%		15%			此是饮食业中一般的规定,仅供各联营组参考
9	西四区玩具批发联营组	30%				60%	10%	10%							纯益金
10	北京市崇文区西草市合作旅店	30%		15%	30%		10%			15%					
11	北京市青菜业联购联销组	10%	70%~75%	5%		5%									

"……组员欲退出时,须在一个月以前声明,经全体组员大会通过决议后,申请政府批准方可退出。中途退出之组员不得享受福利金、奖励金、红利金等待遇;其所投之资金,由全体大会通过决议,分期付还。"(5号章程18条)

"组员退组时,须于月终的前十天向组织提出理由,经全组组员大会通过,报请批准后方能离组;如因业务亏损时,资金按比例扣留,如无亏损时全数退还;股金分红及劳动返还金可照章程退出时带走。但其余各项基金均不得带走,如因征用或参军时则不在此限。"(第8号章程4条3款)

"……组员退组时,须申诉理由,经全体组员通过后,呈请领导机关备案。股金分红可按股退出,公积金不退;应得分红在一百元以内者,按两期交付,每期规定一个月,如分红在百元以外,分三期付清。"(第4号章程3条)

"组员退组时需于年终前一个月,向组织管理上申请理由。如果业务亏损时,资产按比例扣留,如无亏损原数退出;资金分红、劳动返还金可照章带出,其他一切基金均不得带出。如因政府征用,或参军入伍时期不限,其余照章。"(第6号章程16条)

"成员有退出组织的自由,成员因故退出应于一月前提出申请,经管理委员会同意后,除按工作日比例计算发给该月工资外,其所交的股金全部发还。"(第2号章程7条)

(二)联营人的开除

"本食堂人员如违犯章程,不执行决议、违犯劳动纪律、贪污盗窃及破坏公共财产等行为,视其情节轻重由管理委员会依照章则并报给上级给予劝告、警告、记过、降薪直到开除等处分,并负责赔偿损失(一部或全部)或报请政府处理。"(10号章程11条)

"组员如违犯政策、法令、章程、决议、劳动纪律,徇私舞弊、侵吞公款、假公济私、欺骗顾客者,除追查经济责任外,得视情节轻重,经管委会讨论,组员大会通过,报请区人民委员会批准,分别给予批评、教育、处分,至开除出组,情节严重者得依法处理。"(3号章程9条)

"全体组员对不遵守章程、制度、纪律、决议,贪污盗窃,不爱护公共财物,破坏组织团结,根据其情节轻重,由组织管理上,依照有关章程给予批评、教育、记过直至开除的处分,并负其赔偿损失,必要时提请政府依法处理。"(6号章程15条)

"……对于被开除的人在本食堂的财产与退出组织的人同样处理。"(2号章程8条)

(三)联营人的死亡

"对组员本身,因故病亡者,应给予工资分,及股金分红,并给以福利金百分之五十;以上补助三个月为止,并将股金分红如数退出。"(第4号章程9条4项)

"倘如不幸本人中途死亡,家庭生活特殊困难者,需要补助时,通过组员大会决定之。"(11号章程15条)

(四)新成员的加入

"凡有愿意服从本组规则,申请入组者,由全体大会通过决议后,申请政府批准,方可加入。"(5号章程18条)

十二、联营的解散、变更及对其财产处理

"本食堂根据实际需要,经全体人员大会通过,及上级批准后,得与其他同经济性质的食堂进行合并。合并时由全体人员选代表,组织清理委员会,清理债务和债权,清算后如有亏损以公积金、公益金、奖励金、股金顺次递补;有盈余时除股金红利照章分配外,其余各种基金应并入新组织内不得分配。"(10号章程14条)

"如因亏损过多和其他原因致使业务不能继续经营,需解散时,经组织管理上提交全体组员大会选出清算小组,根据其具体情况,清理债务和债权,清算后如有亏损以公积金、股金抵偿;有盈余时公积金、公益文教基金均不得分配,应一律上缴。但股金、红利、劳动返还金应按章分给本组组员,并报有关部门批准后执行。"(第6号章程18条)

五、继　承

中华人民共和国继承法（草稿）

1958年3月

第一章　通　则

第一条　为了保护公民个人财产的继承权，巩固公民家庭的团结互助，发挥劳动积极性，根据中华人民共和国宪法第十二条的精神，制定本法。

第二条　中华人民共和国公民，在死亡以后，遗留下来的个人财产，应当依照本法的规定处理。

参考：《苏俄民法典》（以下简称"苏"）第416条，见人大常委会研究室编印的《各国民法分解资料汇编》（第四辑）继承部分（以下简称《分解》），第3页。

第三条　在继承开始的时候，只有活着的继承人，才有继承权；对尚未出生的胎儿，也要留给他应得的遗产。

参考：苏第418条，《分解》第2页。

第四条　继承遗产的权利和因继承遗产所产生的义务，是从被继承人死亡或者宣告死亡的时候开始。

参考：国民党反动政府的民法（以下简称"国"）第1147条，《分解》第2页。

第五条　被继承人在户口簿中登记的常住地方，就是继承的地点。如果被继承人的遗产不在他的常住地方，就以他的遗产所在地作为继承的地点。

注：苏法典内虽没有明文规定，但实际执行中，有类似情况。

第六条　继承开始的时候，在继承地点的继承人，应当告知其他继承人及遗赠受领人。如果继承人都不在继承地点，可由被继承人的亲属，或者有关单位代为通知，并负责保管遗产。

参考：苏第431—432条，《分解》第23—24页；国第1177—1179条，《分解》第26页。

第七条　继承人及遗赠受领人，在继承开始后六个月内，没有表示放弃继承权的，认为是接受继承。

参考：苏第 429 条,《分解》第 11 页；国第 1175 条,《分解》第 15 页。

第八条 分割遗产的时候,继承人及遗赠受领人不能亲自接受遗产的,可以委托代理人接受。

参考：苏第 430 条,《分解》第 11 页。

第九条 对于不宜分割或者不能分割的遗产,应当采用折价补偿、互相调换、共同所有等方法来处理。

参考：国第 1151 条,《分解》第 8 页。

第十条 继承人对被继承人生前有严重虐待、或者有谋夺财产行为已经构成刑事犯罪的,应当由当地人民法院剥夺他的继承权。

参考：国第 1145 条,《分解》第 20 页。

第十一条 因放弃或者被剥夺继承权所剩下的财产,由其他继承人继承；如果其他继承人不愿接受继承的时候,应当作为无人继承的财产处理。

参考：苏第 433 条,《分解》第 21 页；国第 1176 条,《分解》第 23 页。

第十二条 无人继承的财产,收归国有或者集体所有。

参考：苏第 433 条,《分解》第 27 页；国第 1185 条,《分解》第 29 页。

第十三条 根据遗赠可以变更法定继承人继承遗产的份额。

参考：苏第 419 条,《分解》第 48 页。

第二章　法定继承

第十四条 法定继承人是：

配偶；子女；父母；兄弟姊妹；祖父母。

参考：苏第 418 条,国第 1138、1142、1149 条,《分解》第 30—35 页。

第十五条 法定继承的顺序：

第一顺序：配偶、子女、父母。

第二顺序：兄弟姊妹。

第三顺序：祖父母。

上列顺序,依次进行继承。

参考：苏第 418 条,国第 1138、1142、1149 条,《分解》第 30—35 页。

第十六条 被继承人的孙子女、曾孙子女可以代位继承。

参考：苏第 418 条,《分解》第 36 页；国第 1140 条,《分解》第 37 页。

第十七条 在同一继承顺序中各人继承的份额,以平均分配为原则,但继承人相互间,也可以本着团结互助的精神,协商增减。

参考：苏第 420 条,《分解》第 39 页；国第 1141—1142 条,《分解》第 43 页。

第三章　遗嘱继承

第十八条 公民可以用遗嘱处理他个人的财产。可以将财产指定法定继承人继承;也可以赠给国家、合作社、公共团体或其他的人。

未成年人或者有精神病的人,不得作遗嘱。

参考:苏第422条,《分解》第75页;国1186、1223条,《分解》第50、81页。

第十九条 遗嘱必须是遗嘱人的真实意志,任何人不得强迫和伪造。

参考:国第1145条,《分解》第20页。

第二十条 遗嘱不得违反国家政策法令和公共利益。

第二十一条 遗嘱的形式,可以用书面,也可以口述。

无论书面遗嘱或口述遗嘱,都要取得证明。

参考:苏第425条,《分解》第51页;国第1189—1197条,《分解》第57—58页。

第二十二条 遗嘱人可以指定继承人、遗赠受领人在取得遗产价值范围内承担所指定的义务,也可以指定使用这些遗产的用途。

参考:苏第423条,《分解》第69页;国第1205条,《分解》第72页。

第二十三条 遗嘱人可以改变、撤销他的遗嘱。

参考:苏第426条,《分解》第81页;国第1219—1222条,《分解》第82页。

第四章 清偿债务

第二十四条 继承人对被继承人的个人债务,只能在遗产的实际价值限度内负责清偿。

各继承人根据继承遗产数额的多寡,按比例分担债务。

参考:苏第434条,《分解》第104页;国第1153—1154条,《分解》第108页。

第二十五条 根据遗嘱处理遗产,必须在清偿债务后,方能将遗赠财产交给受领人。

第二十六条 无人继承的财产,如果被继承人负有债务,由接受单位在财产实际价值限度内负责清偿。

参考:苏第434条,《分解》第104页。

第五章 附 则

第二十七条 在本法公布前已经处理的遗产,不再重新处理。

第二十八条 少数民族地区,可以由县以上自治机关根据本法精神参照当地习惯作补充规定,并报请全国人民代表大会批准后执行。

第二十九条 被继承人如果是"五保"户,他的遗产由农业生产合作社根据具体情况进行处理。

第三十条 本法自公布之日起实施。

关于继承问题向彭真同志的报告[①]

1956 年 9 月 27 日

张苏同志并转
彭真同志：

关于我国民法典的草拟工作，彭真同志曾指示："经过调查研究，从我国实际情况出发，参照苏联及新民主主义国家及其他各国的经验，先写出整个民法的草稿，然后再逐步扩大范围，征求意见，使其逐步达到切合实际情况，然后视其成熟与需要程度，逐章颁布，最后形成一部完整的民法典。"两年来，我们就是根据这个指示进行工作的。

经过我们初步研究，认为我国民法典应分总则、所有权、债权、继承四个部分。这四个部分的最初草稿，已写出五百余条，整个民法典的架子，已初步拟出，但是极不成熟，准备用一年半或两年的时间进行深入的调查研究和了解情况，并在一定范围内逐条讨论修改，争取在 1958 年能有一个较成熟的草稿出现。

这四部分中，其中继承法(草稿)是最初草拟的，也是经过了数次讨论，较广泛地征求过各方面的意见的，现将在讨论继承法中争论最多、比较重大的问题，向您报告，请予指示。

中华人民共和国继承法(草稿)是 1955 年 5 月间开始起草的，在起草的过程中，曾先后组织小组到河北、山东、山西、湖南、上海、天津、广州、武汉等省、市及个别重点县进行调查，拟出的初稿，在最高人民法院去年、今年召开的两次全国司法工作会议中，邀请出席会议的各省法院民庭同志进行了座谈。此外，并多次组织在京各有关单位如政法部门、政法院校等进行座谈。至目前为止，继承法(草稿)共删改了八次，虽然经过了以上的工作，但继承法的许多问题，还应进行慎重的研究。

在继承法(草稿)的草拟与讨论中，争论最多、问题最大的是如何确定继承人的范围和顺序的问题，也就是当被继承人死亡后哪些人有继承权和哪些人先进行继承的问题。关于这个问题，在各国继承法的规定中，有很大的不同，如资产阶级德国的民法典采取继承人范围无限制[②]的原则，它规定了五个顺序继承人，直到被继承人的高祖父母，高祖父母的直系尊亲属及直系卑亲属(见《德国民法典》第 1924 条至第 1929 条)。而苏俄民法则采取

---

① 本件原件为手写稿。上有眉批："速打印 5 份。怀璧。28/9。"原件有所涂改。
② 原件此处改作"继承人范围很大"。

范围较狭的原则,只有配偶、子女、父母、兄弟姐妹以及其他丧失劳动能力并且在被继承人生前依靠被继承人生活1年以上的人才有继承权(见《苏俄民法典》第418条)。在研究和确定继承人的范围的原则时,我们认为,根据中国的实际情况与历史传统,是不宜过宽和过狭的:过宽会使遗产过于分散,对遗产的使用不利,而且容易发生纠纷;过狭则又违反群众的习惯,影响家庭成员间的团结和互助。因而在我们草拟的继承法中,拟初步包括配偶、子女、父母、兄弟姐妹、祖父母等五个范围(见草稿第16条)。这个范围的确定,既可避免如《德国民法典》过宽的缺点,又可以补充《苏俄民法典》较狭的不足。因为在我国扶老育幼是中华民族的美德,祖父母与孙子女间的扶养关系有其深厚的历史原因,同时,也为一般人所公认,假如不把祖父母列入继承人的范围,则在孙子女死亡后而没有其他继承人时,易将遗产收归国有,这是容易引起群众的不满,而且实际上也是行不通的。在讨论中有些同志坚持按《苏俄民法典》的规定把继承人范围中的祖父母取消,我们没有这样做,只将不同意见保持下来,以待大家讨论。对《苏俄民法典》继承人范围中的"其他丧失劳动能力并且在被继承人生前依靠被继承人生活一年以上的人"是否也应列入我国继承法的继承人的范围中的问题,也有不同的意见。根据我国的群众习惯,对鳏寡孤独的扶养是固有的美德,因而在被继承人死后,给予其生前扶养的鳏寡孤独以一定的照顾是十分必要的,这不仅可以避免他们在被继承人死亡后的生活无着和流离失所,也可以减轻社会上的不必要的负担。但是假如将他们列入继承人的范围,则有不妥当的地方,因在列入继承人的范围后,当同一顺序没有其他继承人时,容易使他们单独地继承遗产。(如《苏俄民法典》是把他们列入第一顺序的,则在第一顺序中没有配偶、子女、无劳动能力的父母时,他们便可以全部继承了被继承的遗产)而其他顺序的有劳动能力的父母和兄弟姊妹便不能分得遗产。这种规定在我们的群众习惯上是很难行得通的,因之我们认为,对鳏寡孤独的照顾是应当的,也必须在我国的继承法中得到反映。但这些反映不宜列入继承人范围的方式解决,而应当用作为被继承人生前所扶养的人而加以照顾的方式解决。在我们初步草拟的草稿中,第20条和第24条便是解决这个问题,根据这些规定,在被继承人死亡后,他们可以从遗产中得到适当的照顾。

对配偶的继承问题,各国的民法中也有不同的规定。《苏俄民法典》把配偶规定在第一顺序内(第418条),即当第一顺序有其他继承人时应当与其他继承人平均继承;在没有其他继承人时由配偶单独进行继承,而《捷克斯洛伐克民法典》(第526条至第529条)和《保加利亚继承法》(第9条)则没有把配偶固定在一个顺序,即他在有第一顺序继承人时与第一顺序继承人共同继承;在没有第一顺序继承人时与第二顺序继承人共同继承;在没有第二顺序继承人时与第三顺序继承人共同继承;只有在没有任何顺序继承人时,他才能单独继承被继承人的遗产。配偶的继承份额方面,捷、保的民法也规定有一定的比例,如1/2、2/3、1/3,等等。我们认为,根据中国当前的实际情况,配偶应固定在一个顺序而且也只应规定在第一个顺序之内。因为配偶是被继承人家庭的重要成员,经济上的联系比其他人更为密切,假如不固定在一个顺序,易产生被继承人死亡后在没有子女、父母时,所遗留下来的财产便由配偶与被继承人经济联系不很密切的兄弟姊妹共同继承,虽则也可以规定彼此间继承份额的不同,但终究不能算是合理的。在旧中国的民法中,也曾规定了配偶的继承不在固定的顺序,所继承的份额,也分别为1/2、2/3等(见旧中国的民法第1144

条)。但旧中国民法这条规定的本质则是体现了维护封建夫权和限制寡妇改嫁的。因为在群众的习惯上,妻子死亡,其所遗财产娘家的父母、兄弟姐妹等绝少提出与她的丈夫共同分析遗产的,故实际上妻子死后所遗财产全部是由她的丈夫所继承。但在相反的情况下,丈夫死了,根据这样的规定,由于妻子的继承不是固定于一个顺位,因而在没有任何其他继承人时,她便不能单独继承遗产,也即她丈夫家的兄弟姊妹、祖父母等都有可能与她共同分析遗产。这样的规定实际上是限制妇女的继承权。在旧社会内,甚至为了限制寡妇的继承权和携产出嫁,家族中还有强迫过继的恶习,这些都是封建家庭、男系中心社会在继承法上的反映,这是我们的继承法中所坚决反对的。今后随着劳动就业面的扩大,由于经济上的各自独立,过去的大家庭制将日渐减少,而小家庭制的趋向会日益增加,配偶双方将是家庭中的主要成员,在共同劳动生活中所得的财产自当有相互继承的权利,只有在没有配偶、子女或父母时,才产生由较远的兄弟姊妹、祖父母继承。

以上仅是在草拟继承法中对继承人范围中的一些意见,其他问题已在继承法(草稿)的几点说明中简要地加以叙述。

目前,继承法(草稿)的第八次稿已印发各主要省、市有关部门征求意见,以便作进一步的修改。

以上是否有当,请予批示。

附:中华人民共和国继承法(草稿)
中华人民共和国继承法(草稿)的几点说明(草稿)
有关继承问题的参考资料
《各国民法分解资料汇编》(第四辑)继承部分
马列主义有关继承方面的理论

附 录

关于《中华人民共和国婚姻法》起草经过和起草理由的报告

1950年4月14日中央人民政府法制委员会向
中央人民政府委员会第七次会议所作　陈绍禹

主席、副主席、各位委员、各位同志：

我代表中央人民政府法制委员会，向中央人民政府委员会第七次会议报告《中华人民共和国婚姻法》的起草经过和起草理由。

一、中华人民共和国婚姻法的起草经过

现在提请中央人民政府委员会第七次会议通过公布的《中华人民共和国婚姻法（草案）》，是较长时间（中央人民政府成立前，中共中央妇女运动委员会和中共中央法律委员会于1948年冬，即着手准备婚姻法草案，至今约一年半左右）工作的结果。草案的各章各条，都经过反复的研究、讨论和修改。除少数条文外，多的曾修改三十至四十次以上，少的也修改十至二十次以上。这个草案，在法制委员会与全国民主妇女联合会及其他有关机关代表联席会议原则通过后，曾经过政务院政治法律委员会第四次委员会议修正通过；又经过政务院第二十二次会议讨论；并经过由毛主席亲身主持，有中央人民政府委员会副主席、委员、政务院总理、副总理和委员以及政协全国委员会常务委员等参加的联席座谈会讨论两次。现在这个草案的内容，即是各方面意见集中的结果。中央人民政府法制委员会在研究和草拟《中华人民共和国婚姻法（草案）》工作过程中，经常受到中央人民政府委员会主席毛主席的指示和帮助，经常得到政务院的领导和政务院政治法律委员会的指导。在研究和草拟这一婚姻法草案过程中，法制委员经常是与全国民主妇女联合会通力合作的，经常是与有关司法机关（最高人民法院、最高人民检察署、司法部等）合力工作的。同时，并曾向各主要有关方面（各民主党派人士、许多地方司法机关、内务部和一部分地方的民政机关、一部分妇女团体及其他群众团体，一部分少数民族代表等）比较广泛地征求了意见；对于反映中国新旧婚姻制度情况的一些实际材料（过去各解放区的婚姻条例、一部分有关的书、报、杂志，以及几十个人民法院的工作报告、专题总结、判决书、调解书、统计材料等)作了研究;并作了些有关婚姻问题的实地调查(如访问区人民政府和人民法院等)。

同时,在研究和草拟这一草案过程中,为使实际与理论联系,法制委员会曾对马克思、恩格斯、列宁、斯大林学说和毛泽东思想中有关妇女问题以及婚姻、家庭和社会发展问题的主要部分,加以学习。

此外,为学习苏联经验并参考东南欧和朝鲜人民民主国家的经验,曾将新版的《苏俄婚姻、家庭和监护法典》,加以译印;并将苏联出版的一部分有关苏联婚姻家庭问题的书籍、小册子和有关东南欧新民主主义国家的婚姻家庭法问题的论文,以及朝鲜民主主义人民共和国的男女平等法令及实施细则等,加以研究。为了解旧中国婚姻制度及其法律反映,曾将中国历史上有关婚姻制度的某些史料和国民党政府民法亲属编婚姻章等,加以参考和批判。而为了解某些专门性问题(如中表婚与遗传影响问题等),也曾作了一些调查研究。

从上述这一切看来,《中华人民共和国婚姻法(草案)》的拟定,正是群策群力的结果。以上就是关于《中华人民共和国婚姻法》起草经过的简单报告。

二、婚姻法的意义

婚姻制度是社会细胞的家庭制度的基础,是整个社会制度的一个组成部分。它随着社会的变化而变化,伴着社会整个经济基础和上层建筑的发展而发展。在它的基础上建立起来的作为社会经济单位和社会文化教育单位的家庭制度,在一定程度内也严重地影响到社会生产力的发展。中国人民解放战争和人民革命的伟大胜利,中华人民共和国的光荣诞生,《中国人民政治协商会议共同纲领》的实施,尤其是土地改革的实行,使中国社会发生了一个根本的变化——由半封建半殖民地社会发展为新民主主义社会的变化。这个呱呱坠地的新社会,迫切地要求用一切力量和一切方法去进行政治的、经济的和文化的建设工作,以便最后地完全地战胜中国革命的敌人,并使贫困的农业社会转成为富强的工业社会,进而向更高级更进步更繁荣的社会发展。作为半封建半殖民地的旧中国社会组成部分的旧婚姻制度,不但成了家庭痛苦的一种根源,而且成了社会生活的一条锁链;它不但把占人口半数的绝大多数的妇女投入奴隶生活的深渊,而且也使大多数男子遭受无穷的痛苦。它真正成了新生的社会肌体上已经衰败的细胞,阻碍着新社会健全有力地发展。为着新社会在政治上、经济上和文化上建设力量的增长,特别是为着解开一切束缚生产力发展的枷锁,随着全部社会制度的根本改革,必须把男男女女尤其是妇女从旧婚姻制度这条锁链下也解放出来,并建立一个崭新的合乎新社会发展的婚姻制度。

几千年前开始而至今在不少地方依然流行的中国旧婚姻制度,主要的是野蛮落后的封建主义婚姻制度。伴随着中国人民解放运动发展和新社会诞生过程而生长发展起来的新婚姻制度,则是进步的新民主主义婚姻制度。前者的衰败和死亡,后者的兴起和发展,正如同全部半封建半殖民地社会经过革命让位于新民主主义社会一样,是必然的。以教育和强制相结合的武器——法律,来加速旧的封建主义婚姻制度的没落和死亡,同时保护新的新民主主义婚姻制度的生长和发展,以利于建立新家庭和建设新社会事业的发展,特别是促进具有决定一切意义的社会生产力的发展。这就是《中华人民共和国婚姻法(草案)》的意义。

三、婚姻法的原则规定

第一章"原则"——是关于婚姻法基本原则的规定

第一条所规定的,一方面是中华人民共和国确定废除旧中国社会的旧婚姻制度,即:"废除包办强迫、男尊女卑、漠视子女利益的封建主义婚姻制度";另一方面是中华人民共和国确定实行新社会的新婚姻制度,即"实行男女婚姻自由、一夫一妻、男女权利平等、保护妇女和子女合法利益的新民主主义婚姻制度"。

第二条规定的是:"禁止重婚、纳妾。禁止童养媳。禁止干涉寡妇婚姻自由。禁止任何人借婚姻关系问题索取财物。"这些被确定禁止的行为,都是旧社会旧婚姻制度的副产物和补充品,是新社会新婚姻制度的障碍物和绊脚石。所以《中华人民共和国婚姻法》,都一律加以禁止。

《中华人民共和国婚姻法》作这类原则规定,是有其历史渊源和事实上、理论上、法律上的根据的。

早在1931年12月1日,中华苏维埃共和国中央执行委员会主席毛泽东便签署公布了有关婚姻问题的重大历史意义的文件,这就是《中华苏维埃共和国婚姻条例》以及《中华苏维埃共和国中央执行委员会第一次会议关于暂行婚姻条例的决议》。这些文件,是以毛主席为首的中国共产党将马克思、恩格斯、列宁、斯大林关于婚姻、家庭和社会发展问题的学说具体运用来解决中国婚姻制度问题的最初的法律文献。这些文献,奠定了废除封建主义婚姻制度和建立新民主主义婚姻制度的原则基础,标志着中国婚姻制度的大革命开端。历来各解放区公布施行的各种婚姻条例,在基本原则方面,都是以苏维埃时代这些文件的规定为依据的。《中华人民共和国婚姻法(草案)》,也正是在这些基本原则指导下和二十年来中国新婚姻制度发展经验的总结基础上规定出来的;同时,也是依据《中国人民政治协商会议共同纲领》第六条的规定(即:"中华人民共和国废除束缚妇女的封建制度。妇女在政治的、经济的、文化教育的、社会的生活各方面,均有与男子平等的权利。实行男女婚姻自由。")和第四十八条的精神(即注意保护母亲、婴儿和儿童)制定出来的。

旧的封建主义婚姻制度的产生根源何在呢?从毛主席1927年3月发表的《湖南农民运动考察报告》中可以找到事实上和理论上解答的根据。毛主席说:

"中国的男子,普通要受三种有系统的权力的支配,即:(一)由一国、一省、一县以至一乡的国家系统(政权);(二)由宗祠、支祠以至家长的家族系统(族权);(三)由阎罗天子、城隍庙王以至土地菩萨的阴间系统以及由玉皇上帝以至各种神怪的神仙系统——总称之为鬼神系统(神权)。至于女子,除受上述三种权力的支配外,还受男子的支配(夫权)。这四种权力——政权、族权、神权、夫权,代表了全部封建宗法的思想和制度,是束缚中国人民特别是农民的四条极大的绳索。"

建立在男性掌握封建财产权的经济基础上的,又受建立在同样经济基础上的四种权力支配下的婚姻制度,不能不是封建主义的婚姻制度。这种封建主义婚姻制度的第一个特点,不能不是包办强迫的婚姻。"父母之命,媒妁之言"是包办强迫婚姻的合法形式,实际上是封建政权和封建族权对男女婚姻关系的联合支配。"门当户对",即是财产多寡和门第高低,是包办强迫婚姻的实际内容,也即是使父母下"命"和媒妁发"言"的物质基础。算命卜卦以合八字吉凶等,则是包办强迫婚姻的宗教插曲,也就是封建神权对男女婚姻关系的野蛮干涉。这种由第三者包办强迫而不许婚姻当事人本人在婚前建立任何相互了解、相互友谊和互相爱情关系的不自由的婚姻结合,正如恩格斯所说的"……仅有的一点夫妻爱情,不是主观的情感,而是客观的义务;不是结婚的基础,而是结婚的附加"。这种封建主义婚姻制度的第二个特点,不能不是继奴隶社会传统而来的男尊女卑和公开的一夫多妻制(纳妾以及主要的是男方的重婚),补充以各种变相的一夫多妻或一妻多夫的野蛮行为(通奸、卖淫等)。在这种封建主义婚姻制度下的妇女,不能不变成掌握封建财产权和家长权等的男子的奴隶和玩物;不能不带上"三从四德""七出规条"等的封建枷锁。这种封建主义婚姻制度的第三个特点,不能不是漠视子女利益,在这种封建家庭制度下的子女,当然不能不成为封建家长任意践踏的对象。"父叫子死,子不能不死!""天下无不是的父母",等等训条,实际上把所谓"父子之亲"的家庭,变成了所谓"君臣之义"的国家的缩影。

童养媳、干涉寡妇婚姻自由、借婚姻关系问题索取财物等野蛮现象,是这种封建主义婚姻制度的必然副产物和补充品。

由此可见:包办强迫、男尊女卑及由其产生的重婚纳妾、漠视子女利益,是封建主义婚姻制度的三个有机组成部分。废除封建主义婚姻制度就是要将它的三个组成部分全部废除,并将这种婚姻制度的各种副产物和补充品全部禁止。

这种婚姻制度,是封建社会的派生物,是由封建阶级所实行和由封建国家所提倡保护的婚姻制度。在封建统治下,处于被剥削被压迫地位,同时其中多数又是处于小私有者地位和生活痛苦、精神绝望地位的农民以及其他劳动人民,在婚姻关系上,虽然许多人内心上并不同情封建主义婚姻制度的许多办法,但除一夫多妻无力实行及在各方面办法上有某些程度上的不同外,大体上不能不照在社会中占统治地位的封建阶级的道德风俗和法律原则来办事的。"上行下效,相习成风",因而这种包括各种封建恶习的婚姻制度,在旧中国延续了两三千年之久,不知多少万万的男女——尤其是妇女在这种婚姻制度下葬送了自己幸福和生命;同时,在一定程度上,也不知妨碍和阻止了多少社会生产力的发展。

新的新民主主义婚姻制度的产生根源何在呢?从毛主席在上述同一报告中,也可以找到理论原则上解答的基础。他说:"地主政权,是一切权力的基干。地主政权既被打翻,族权、神权、夫权便一概跟着动摇起来";"要是地主的政治权力被破坏完了的地方,农民对家族、神道、男女关系这三点便开始进攻了";"家族主义、迷信观念与不正确的男女关系之破坏,乃是政治斗争和经济斗争胜利以后自然而然的结果"。这是毛主席根据当时湖南某些地方农民运动起来以后的事实所得出的结论。现在,情况更加不同了。现在,中国社会已经进入新民主主义时代了。在这个社会里,帝国主义、封建阶级和买办官僚资产阶级的政治统治被推翻,保护旧婚姻制度的基干权力死亡了。土地改革在许多地方已经实行并在许多地方正在实行或将要实行,产生旧婚姻制度的经济基础崩溃了。由于解放战争、民主运动、土地改革、生产运动及新民主主义文化教育的影响,人民觉悟程度大大地提高了,其中妇女觉悟程度也同样大大地提高了;男女群众在解放运动和建设工作各方面表现出惊人的努力，妇女也走上了生产和战争的前线；这样一来，广大男女劳动人民群众便迫切地勇敢地起来要求打碎封建主义在各方面所遗留下来的枷锁——封建主义婚姻制度，正是这种枷锁之一；因而作为旧婚姻制度支柱的族权、神权、夫权，不能不一起动摇衰败了。斯大林在《一九二五年国际妇女节》一文说得对："人类历史上被压迫者的任何一次伟大运动，都非有劳动妇女的参加不可，劳动妇女是一切被压迫者当中最受压迫的。她们从不是也不能是留在解放运动的大道边的旁观者。"在中国人民的历次民族解放和社会解放的伟大革命运动中，最受压迫的妇女群众常与男子并肩地起来英勇地向敌人作战；而在近代的新民主主义革命中，妇女参加各方面革命斗争的人数和规模，更是空前的扩大和涌现出许许多多的英雄模范人物。她们之所以参加革命运动，不仅与男子一样要求从帝国主义、封建主义和官僚资本主义统治枷锁之下解放出来，而且要求从旧社会各种压迫束缚妇女的传统制度中解放出来，因而反对使妇女最受压迫最受痛苦的封建主义婚姻制度，便成了广大妇女群众的最迫切要求之一了。

在封建政权被推翻、封建财权被否定和族权、神权、夫权都一起动摇衰败的新社会里，在以工人阶级为领导工农联盟为基础的新社会里，不能不产生新民主主义的婚姻制度。这种新婚姻制度不能不显现出与旧婚姻制度完全相反的特点。第一，这种新婚姻制度的第一个特点，当然应该是男女婚姻自由。在这种新婚姻制度下，在男女婚姻问题上，任何人出来包办强迫的办法，任何第三者的人或"神"的干涉行为，都不应有存在的余地。男女结婚，只能是双方本人完全自愿的夫妻关系的自由结合，也就是说，男女双方本人完全自愿，是男女结婚自由的唯一合法形式。同时，任何财物的多寡，任何门第的高低，都不应再成为男女结婚关系的基础。任何珍贵之物，都不能作为男女双方相互爱情的代替物或交换品。基于共同生活（包括共同劳动等）、共同事业（包括对新社会、新国家的政治态度等）而引起的相互了解、特别友谊所形成的男女相互爱情，是男女结婚的基础，也是婚后夫妻关系持续的基础，也就是男女婚姻自由的直接的真实的基础。同时，在这种男女婚姻自由的情况下，男女离婚自由，也受国家法律保护。结婚自由与离婚自由，这正是新婚姻制度下男女婚姻自由这个统一物的两个对立部分的具体体现。第二，在这种新社会和新婚姻制度之下，当然应该实行一夫一妻制。为奴隶主和封建阶级所公然实行的一夫多妻制，为资本主义社会所必然产生的以通奸、卖淫作补充的虚伪的一夫一妻制，自来就为实行一夫一妻制的劳动人民所不取，当然更为实行新式的男女平等的一夫一妻制的现代无产阶级所敌对和鄙视。当工人阶级已处于社会国家领导地位而劳动人民又都成为国家社会主人翁的条件下，他们当然再不能不运用他们的国家法律的权力，来扫除这些旧社会的罪恶渣滓了。第三，在这种新社会和新婚姻制度之下，当然应该保护几千年来受尽剥削压迫（以致在中国甚至女子在人口比例上也比男子少！）而刚取得某些与男子平等权利的妇女，因而在婚姻法草案第一条上，一方面，规定"男女权利平等"的原则；另一方面，又规定"保护妇女的各种合法利益"的原则。第四，在这种新社会和新婚姻制度之下，当然应该保护子女的合法利益。在这种新社会新家庭制度之下，子女当然再不能是家长任意处置的"私产"了。他们不仅是家庭的组成员，他们更是社会的组成员，他们是新社会的小主人翁，新社会新国家当然应该保护他们的合法权利。

由此可见，男女婚姻自由、一夫一妻、男女权利平等、保护妇女和子女合法利益，是新民主主义婚姻制度的四个有机组成部分。实行新民主主义婚姻制度，就是要将它的四个有机组成部分全部实行。某些人企图利用或故意曲解男女婚姻自由的意义，把它与新民主主义婚姻制度的其他有机组成部分割裂开来，把通奸、重婚、纳妾男女关系上的杯水主义行为，漠视子女利益行为等，都拿所谓婚姻自由的幌子来掩盖或粉饰，是非常错误的和有害的。必须注意：实行男女婚姻自由，一定要建立在一夫一妻制、男女权利平等及保护妇女和子女合法利益的基础之上。任何假借所谓"婚姻自由"口号来实行违反一夫一妻制、违背男女平等原则及危害保护妇女和子女合法利益原则的行为，同时就是严重地违反婚姻自由原则的行为，也就是违背了整个新民主主义婚姻制度的行为。

新民主主义社会既然要建立新的婚姻制度，当然同时要扫除旧的婚姻制度的各种补充品和副产物。使妇女遭受惨重痛苦牺牲的童养媳办法；强迫寡妇守节，强迫寡妇结婚，抢寡妇，卖寡妇，为婚姻问题杀害寡妇的一切罪行；公开索取财物的买卖婚姻（出财物买妻子、嫁女儿嫁寡妇要身价，贩卖妇女与人为妻等）和变相索取财物的买卖婚姻（强迫索取一定财物作为婚姻成立要件者），今后都不应再在新社会有立足的余地，自是当然的事情。（至于类似《人民日报》的《人民文艺》第39期所载的《新事新办》小说里所反映的那种父母真诚自然地对女儿的善意的和有益的赠与或男女双方自愿的帮助或赠与，当然都不在禁止之列的）

这种新民主主义婚姻制度，是新民主主义革命和新民主主义社会的派生物。它首先是由现代中国无产阶级男女自然地实行的，"五四"运动以后它才为先进的工人代表和知识分子男女所自觉地实行的。在苏维埃运动时期、抗日战争时期和解放战争时期，凡是人民解放军所到及人民民主政权建立的地方，劳动人民男女便日益众多地实行起来。虽然现在实行这种婚姻制度的主要的还是解放较早地区的觉悟较高的人民，虽然实行这种婚姻制度的男女结婚目前在全国范围内数量上还未占优势，但它是新生的、进步的、合于新社会需要的新婚姻制度，因而它必然地要像刚迈入美妙青春的男女一样日益发育滋长，正如同目前表面上似乎仍有活力和仍占优势但实质上已是腐朽的、落后的旧婚姻制度，必然地要日益衰颓死亡一样。恩格斯说得好，小说是婚姻方式的最好的镜子。《红楼梦》所反映的婚姻时代，确定地成为过去了。代之而起的无疑是《王宝林结婚》(注1)、《小二黑结婚》(注2)和《新儿女英雄传》所描写牛大水和杨小梅结婚(注3)所反映的婚姻时代。这种新婚姻制度的普遍实行，不仅将空前地增进家庭的幸福，而且将在一定程度内大大地帮助和促进社会生产力的发展。

这种新民主主义的婚姻制度，不仅与封建主义的婚姻制度在各方面都有根本上的不同，而且与资产阶级式的婚姻制度在各方面也有原则的差别。

有什么样的社会，有什么样的社会生活，就有什么样的婚姻制度；有什么样的婚姻制度，就有什么样的规范婚姻关系的法律。有封建的旧中国社会，就有旧的封建主义婚姻制度，因而就有各种规范封建婚姻制度的道德礼俗和法律。有半封建半殖民地的旧中国社会，就有封建主义与资本主义混合物的婚姻制度，国民党政府的民法亲属编婚姻章，正是这种半封建半殖民地社会婚姻制度的法律形态的反映。有新民主主义的新中国社会，就有新民主主义的婚姻制度，中华人民共和国的婚姻法，正是这种新民主主义婚姻制度的法律形态的反映。

四、结婚和家庭问题的具体规定

第二章"结婚"——是关于结婚条件和结婚登记的规定

第三条规定:"结婚须男女双方本人完全自愿,不许任何一方对他方加以强迫或任何第三者加以干涉。"这是实现新民主主义婚姻制度中第一个首要的有机组成部分——男女婚姻自由中有关结婚自由的具体规定。根据这一规定,男女结婚,应该是以共同事业(包括对新社会、新国家态度等)、共同劳动和共同生活所引起的相互了解与特别友谊所形成的相互爱情为基础的双方本人完全自愿的夫妻关系的结合。这条规定,排除了婚姻当事人任何一方(社会现实证明主要是男方)以任何威胁和诱骗的办法去达到与他方结婚的目的。这个规定,给一切刘国义式(注4)的横暴强迫婚姻的男方以当头棒喝;同时,给一切李秀英式(注5)或朱莲秀式(注6)的威武不能屈、富贵不能淫为婚姻自由而英勇奋斗的女方以撑腰支柱。这条规定,使一切二孔明式的父和三仙姑式的母,永远丧失包办强迫儿女婚姻大事的威风,使一切金旺和兴旺式的非法干涉男女婚姻自由的恶棍,永远遭受可耻的失败;同时,使一切小二黑和于小芹式的大胆冲破旧婚姻制度枷锁的青年男女英雄,永远带上胜利的桂冠;并使贾宝玉、林黛玉和薛宝钗式的婚姻悲剧,不重演于新民主主义社会的光天化日之下。普遍实行这条规定,就是中国几千年来有进步思想的男女关于婚姻自由之理想的实现。男女婚姻关系,再不能是撇开双方本人的黑市交易和以物易物交换去代替人与人相爱的买卖行为。男女相互爱情,不再是结婚的附加,而真是结婚的基础了。恩格斯所说的男女互爱的婚姻和列宁所说的有爱情的自由婚姻,在中国现时的条件之下,正应该是这种婚姻。同时,实行这条规定,也正是废除包办强迫婚姻的具体办法。由于旧社会落后意识和野蛮传统在婚姻问题上的深重影响,不仅父母或其他亲属等包办强迫青年男女婚姻的现象,不仅老百姓中第三者干涉男女结婚自由的行为,在许多地方现在仍严重存在;也不仅一部分村、乡、区级的公务人员,时常无理横蛮地去干涉男女结婚自由,甚至有极少数县级的行政或司法干部,也顽固地用非法办法去反对基于相互爱情的男女自由结婚。而在包办强迫不成或干涉不成时,有时往往演成危害青年男女——尤其是妇女生命的惨剧。而在干涉寡妇婚姻问题上,更是时常表现出"野蛮到无人性"!

以河南的情况为例。最近河南省妇联会筹备委员会向法制委员会提出关于解决婚姻问题的意见中,就反映了好几项有关干涉寡妇婚姻自由问题的野蛮现象:

"抢寡妇,卖寡妇,是地主恶霸生财之道。他们将寡妇偷偷卖掉,寡妇本人和家人谁也不知道。他们卖了之后,买主就前来抢亲。"

"寡妇不能改嫁。在寡妇改嫁时,全族人都有干涉之权;如族人不同意时,可以随便杀害寡妇。(婆、娘二家都有卖寡妇之权)……"

"在一般群众和一些乡干部中尚存在浓厚的封建观点,认为寡妇自由恋爱是非法的。"

而去年11月23日《河南日报》公布的"淮阳专署和淮阳法院对淮阳黄集区寡妇陈氏被害案调查处理的经过",更是关于这个问题的血泪交织的材料。

案情大体上是这样的——寡妇陈氏的原来丈夫是姓徐(附注:《河南日报》公布的上述材料以及其他与本案有关的许多材料都未写明这位陈寡妇的名字和她已死丈夫的名字,

这更证明本《婚姻法》第十一条关于"夫妻有各使用其原有姓名的权利"的规定,很有现实的意义),死了已经八年,婆、娘二家都不准寡妇出嫁。直至淮阳解放后,寡妇陈氏才得与陈庄村村长杨殿臣双方自愿结婚。结婚两月后,寡妇的叔父恶霸分子陈培连,便威胁寡妇的同胞哥哥陈振明和勾结强奸寡妇未遂的寡妇丈夫家门兄弟徐如宾等,共同杀害了寡妇陈氏。据《河南日报》的登载,陈、徐暴徒等对陈氏实行杀害时:

"先令陈氏上吊,陈氏不从,再三哀求,对陈振明说:'哥!我为你们做多年活,难道就不讲兄妹情分吗?'又对陈培连说:'叔!你不为我讲讲情吗?'都遭到陈等拒绝。陈氏又要求和孩子见一面,取来衣服穿好再死,也未获许。因陈氏坚不上吊,陈培连为首齐下毒手,活活将陈氏勒死,再挂到梁上。(陈培德躲在房后看见的。)"

上面引述在河南省发生的这类干涉寡妇婚姻自由的情况,实际上是许许多多寡妇的悲惨境遇的写照!

为保障男女结婚自由的规定,所有这一切包办强迫或干涉男女结婚自由的野蛮落后现象,都必须大力地运用教育和强制相结合的法律武器来加以禁止和根除。

第四条规定:"男二十岁,女十八岁,始得结婚。"这是关于最低婚龄的规定。由于历代封建王朝和国民党政府,为增丁税的收入,为多劳役的驱使,以及为供战争的消耗,大抵都是提倡和强制人民早婚的;(例如,后周武帝规定:男年十五,女年十三,为娶嫁之期。唐开元间规定:男年十五,女年十三以上,听婚嫁。明《洪武令》和清《通礼》都规定,男十六岁,女十四岁以上,可以娶嫁。国民党政府民法亲属编婚姻章,虽然形式上规定了:"男未满十八岁女未满十六岁者,不得结婚",但实际上对于人民的早婚现象,从未加以教育纠正)同时,又由于群众的经济贫困和文化落后;因而早婚在很多地方已经成为一种恶劣的积习,殊不知早婚对于结婚双方本人的健康,对子女的健康和整个民族的健康,都是有害的,为免除早婚之害,所以本条才有这种婚龄的规定。同时,为使婚姻法在初期即能在全国各地普遍有效地施行,为照顾到中国一般人计算年龄的办法,大都不是以"满岁"计算,而是以"年头"计算;又为顾及到许多农村甚至有十三四岁男女即行结婚的习惯,如农村青年男女都能在二十个年头与十八个年头结婚,比起过去来已经算是很大的进步,所以未硬性规定婚龄男须满二十岁和女须满十八岁。照此规定,男满二十岁、女满十八岁或男二十个年头、女十八个年头,均得结婚,不过,这只是最低婚龄的规定,并不妨碍任何男女自愿将婚龄提高的,(如城市人民——尤其是知识分子等即常有这种现象)或在某些特殊情况下作提高婚龄的规定。

第五条的第一、第二和第三各款,都是关于男女间禁止结婚条件问题的规定。第二款和第三款两款规定的意义,是无须说明的。第一款规定的内容,则有加以说明的必要。当然,男女"为直系血亲,或为同胞的兄弟、姊妹和同父异母或同母异父的兄弟姊妹者"禁止结婚的规定,也是没有任何疑义的。要说明的就是"其他五代内的旁系血亲间禁止结婚的问题,从习惯"这个规定的涵义。这个规定的涵义是什么呢?这就是:第一,中国大多数人五代以内辈分不同和辈分相同的旁系血亲间都不结婚,照原有的习惯办。第二,五代以内旁系血亲间的表兄弟姊妹间有结婚的,也照原来的习惯办。而正是这个表兄弟姊妹间应否结婚的问题,往往聚讼纷纭,反对和赞成的两方面都大有人在。反对中表婚的(即是表兄弟姊妹间结婚的)人所持的理由,大体上不外乎1928年国民党法制局起草的"亲属法草案"说明书所讲的道理:"姑舅两姨之子女,彼此通婚,习惯、法律俱所不禁。然就血统之远近言,亲姑、亲舅、亲姨之子女与伯叔之子女,均属同等之血亲,特以中国习惯法律向来重视男统,轻视女系,遂致对一方极端限制,而他方则极端放任,不惟立法轻重失宜,抑且显违科学上遗传的公例……"这里首先附带说一下,这个说明书的起草人,既缺乏中国的历史常识,又缺乏外国的实际知识。他闭着眼睛打官腔,说什么中国习惯及法律向来不禁止中表婚!远的不去说它,《明律》不是明白规定着:"若娶己之姑舅两姨姊妹者,杖八十,并离异"吗?《清律》开始时不是也学《明律》一样禁止中表婚吗?然而为什么明、清两朝也正和国民党王朝一样,开始禁止又终于解禁呢?外国以苏联为例,除直系血亲及同胞兄弟姊妹和同父异母或同母异父的兄弟姊妹外,其他旁系血亲的兄弟姊妹间不是都可以结婚吗?为什么实行同宗不婚——甚至同姓不婚的中国人中,却又有实行表兄弟姊妹间通婚呢?这不能单拿"重男轻女""男系中心"等原因来解释,也不能拿老百姓不懂遗传科学来解释,而应当从人民的生活环境、生活条件和生活经验中去找解释。占中国人口最大多数的农村人口,平时大抵是聚族而居和安土重迁,又加以同宗不婚——甚至同姓不婚的限制,于是某一部分人不能不实行表姊妹兄弟间的通婚。这就是产生中国历来中表婚的生活环境和生活条件。当然,从历史上的事实看,封建贵族之间实行中表婚,还有"门当户对"和以"亲上加亲"的纽带来互相增强封建势力的用意,中表婚的结果,一般的没有什么害处,老百姓从生活经验中感觉到没有普遍禁止的必要。反之,如果生活经验证明有禁止的必要,即使没有任何法律去禁止,老百姓也会自动禁止的。这征之于远古时代的人从近血缘婚过渡到远血缘婚的历史发展过程,可以确信不疑的。而近千百年来人们的科学水准,比几万年几千年前的人们要高得多,这也是确信不疑的。远古时代的人之所以从近血缘婚发展到远血缘婚,也是由于他们的当时生活条件和生活经验所决定的。由于经济落后和交通闭塞,社会(以原始的氏族或部落为单位)范围小,人口少,生活资料简单而缺乏,社会活动狭隘而单调,这就是他们当时的生活条件。因而血统过近的社会成员间结婚,很容易把某部分人在肉体上或精神上的弱点或缺陷,积累地遗传下来成为严重的弱点或缺陷。同时,正如恩格斯在《家族、私有财产及国家之起源》一书中所引证的摩尔根的意见一样:"不属于同一血统的两个部落间的结婚,则产生在肉体上和精神上都更强健的人种。"这就是他们当时的生活条件和生活经验。由于经济的发展和交通的发达,近代人的社会范围不可比拟地扩大了;近代人的生活资料和社会活动的多样复杂和经常变化,更非远古时代的人所可比拟的。因而近代人的一部分近血缘男女间的通婚(如中国的表兄弟姊妹间或苏联及欧洲其他有些民族的堂兄弟姊妹及表兄弟姊妹间通婚等),比远古时代人的两个不属于同一血统内氏族或部落的人之间通婚的血缘关系实际上还要远得多。因而,苏联人等的堂兄弟姊妹间、表兄弟姊妹间通婚的,以及中国人的部分的或全部的表兄弟姊妹间通婚的,除非通婚者本人有肉体上和精神上积累地遗传下来的严重弱点和缺陷的情况之外,一般的是没有什么坏的血统遗传影响的。因而从中国"中表婚"的历史发展过程和现代苏联人及其他民族很多旁系血亲不禁止通婚的实例看来,现在在中国以法律禁止"中表婚",是没有必要的。同时,估计到中国经济落后和聚族而居的情况,在好些地区依然存在,提倡过近的旁系血亲者之间的通婚(中表婚为其之一),似乎也没有必要的。所以作"从习惯"的规定。

第六条是关于结婚登记问题的规定。中国历代的王朝、北洋军阀和国民党政府时代，都不要求人民结婚须向政府机关登记；过去中国的苏维埃区政府和各解放区政府以及现在中华人民共和国中央人民政府，都要求人民结婚须向政府机关登记；这件事的本身也反映出两种政府对待人民两种关系的不同本质。从奴隶主王朝到国民党政府，都是反人民的人民公敌的政府。他们横跨在人民头上并置身于人民之外，因而他们把人民自己重视为终身大事的结婚问题，完全看做与它们无关的老百姓的私事，漠不关心，置而不问。从苏维埃政府到中华人民共和国政府，都是人民自己的政府。人民政府唯一的任务，就是为人民本身服务。除了人民利益以外，人民政府没有别的利益。除了人民要办的事以外，人民政府没有别的应办之事。因而人民政府对于有关人民健康、家庭幸福、民族健康和国家建设的男女婚姻大事，不仅不能置而不问，而且要表现出比婚姻当事人及其亲属们更广泛的关心和更认真的负责。受旧社会婚姻制度习惯感染的婚姻当事人及其亲属们的关心和负责，往往是盲目的，漫无标准的，贪图某些眼前小利的。不计或不会计及婚姻男女个人的真正的永久利害的，当然更谈不上计及有关社会国家的利害了。人民政府及其婚姻登记机关的关心和负责，则与之大不相同。它们依据现代社会科学和自然科学所确定的公例，既郑重计及婚姻当事人的全盘利害，又仔细考虑社会国家的根本利害。人民政府不把人民婚姻问题当做外于社会国家公益的私事，而是看做社会国家的男女组成员间公私利益统一的大事。因而，它们要求"结婚应男女双方亲到所在地(区、乡)人民政府登记"，以便具体查明：结婚确系出于男女双方本人自愿吗？岁数达到婚龄吗？是否违背亲属间禁止结婚的规定吗？一方或双方有性生活器官的生理缺陷吗？有不能结婚的各种病症吗？是否合乎一夫一妻制呢？即是否为有夫之妇或有妇之夫呢？也即是否为重婚或纳妾呢？以及是否买卖婚姻等的非法结婚呢？查明白这些问题都合于本婚姻法准予登记的规定，便予以登记并发给结婚证，也就是承认这种结婚合于当事人和社会的利益，并给这种婚姻结合及其有关的一切权利以法律的保护。反之，如果请求登记结婚的当事人双方或一方不合于婚姻法关于准予登记结婚的规定，人民政府登记机关也不应只是简单地不予登记，而应具体明白地向当事人双方说明永远不予登记或暂时不予登记的理由，并借以向当事人及其他群众进行有关新婚姻制度和人民政府对婚姻问题态度的说服教育工作，以便使婚姻登记机关同时成为新婚姻制度的宣传者和保护者，并引导人民群众进行反对旧婚姻制度的合法斗争。

苏维埃时代、抗日战争时代以及近几年的实际经验证明：经过解放战争洗礼和革命运动教育的人民群众，是赞成和欢迎人民政府的婚姻登记办法的。他们的结婚很少不到政府登记的。人民自动登记结婚这件事，也可看出人民觉悟程度提高和对人民政府的信任拥护。的确，登记即为合法的结婚，对人民有许多好处的。不仅不像旧社会一样再为结婚而浪费许多人力物力，因此可以得到经济上的极大的节省，而且使男女在婚前更加郑重地考虑结婚问题，在婚后更加严肃地去处理家庭问题，这对于个人对于社会国家都有重大的意义。

本章的各条规定，是以法定条件和法定程序去实现男女的结婚自由，是人民政府对男女结婚问题采取严肃郑重态度的具体表现。

第三章"夫妻间的权利和义务"——是关于建立新式夫妻关系和幸福家庭基础的规定

男女因结婚关系存续而成为夫妻,夫妻是家庭的基本细胞和生殖单位。夫妻在家庭中的互相地位如何,夫妻间的权利和义务关系如何,不仅受社会制度决定,而且也影响社会生活,因此,有用法律加以确定的必要。

旧式家庭内夫妻间的关系如何呢?他和她之间是乾坤关系,是尊卑的关系,是主从的关系,也即是基于有产者与无产者间的关系,因而是压迫者与被压迫者间的关系。这不仅在旧中国的封建社会封建阶级家庭内的情况如此,而且在半封建半殖民地中国社会内,在资本主义社会内,除无产阶级与先进知识分子夫妻间的关系与这有原则的不同,以及一部分贫苦人民夫妻间的关系与这有程度上的差别以外,一切剥削者家庭内的情况本质上都是如此的。这种旧式家庭内的夫妻关系,当然不仅不能成为新家庭取法的先例,而且应当是废除和改造的对象,本章各条规定,是在新婚姻制度基础上建立起来的新式的夫妻关系生活经验的初步总结。

第七条规定:"夫妻为共同生活的伴侣,在家庭中地位平等。"这是在新民主主义社会内建立新式夫妻关系和新式家庭生活的最基本的规定,是根据第一章第一条关于"男女权利平等"的原则而规定的。与之相关联的本章其他各条,是这一基本规定的具体化。

第八条关于夫妻间义务的规定,不仅具体指明在家庭中处于平等地位的夫妻相互间,应该共同担负义务的内容和范围:"互爱互敬、互相帮助、互相扶养、和睦团结、劳动生产、抚育子女",而且指明实行这些义务的目的:"为家庭幸福和新社会建设而共同奋斗"。

第九条规定:"夫妻双方均有选择职业、参加工作和参加社会活动的自由。"第八条和第九条两条规定加在一起,就不仅确立下新式夫妻关系的合理基础,不仅给予新家庭中的妇女和子女以应有的地位,而且反映出新家庭与国家间和社会间互相关系的新时代,也即是把家庭利害与国家和社会利害有机结合的新时代。

第十条规定:"夫妻双方对于家庭财产有平等的所有权与处理权。"首先要说明的就是,所谓"家庭财产"的涵义是什么呢?这里所指的家庭财产的内容主要不外三种:第一种是男女婚前各自所有的财产;第二种是夫妻婚后共同生活时所得的财产;(这种财产大体上也可分为三类:第一类,夫妻劳动所得的财产——这里必须注意,妻照料家务抚育子女的劳动,应该看做与夫从事于获取生活资料的劳动有同等价值的劳动;因而夫的劳动所得的财产,应视为夫妻共同劳动所得的财产;第二类,夫妻双方或一方在此期间依法所得的财产;第三类,夫妻双方或一方在此期间所得的赠与的财产)第三种是未成年子女的财产——如在土地改革中子女分得的土地及其他财产等。其次要说明的就是,夫妻对于这种家庭财产"有平等的所有权与处理权"的涵义又是什么呢?这首先是针对中国绝大多数人作为一般通例的夫妻财产关系来规定的。中国人一般的形式上是夫妻共有全部家庭财产的,但实际上,往往是夫方单独所有和单独处理家庭财产,妻方无权过问或很少权利过问的。本条规定,就是要使夫妻间无论在形式上或实际上都能真正平等地共同所有与共同处理第一和第二两种家庭财产以及共同管理第三种家庭财产。这样的规定,既区别于封建时代那种完全公开否定妻方对家庭财产所有权与处理权的法令,又区别于某些资本主义国家在妇女"没有独立行为能力"的掩盖下实际上否定妻方对家庭财产的所有权与处理权的法律,同时也区别于半封建半殖民地的国民党政府关于这个问题所精心拟构的无耻诳骗妇女的法律(表面上承认妻方有某些财产的所有权,实际上否认妻方对财产有管理权和收益权的条件下,也就否认了妻方的财产的真正所有权)。这是真正基于男女权利平等和夫妻在家庭中地位平等之原则规定的新民主主义式的夫妻财产关系。当然,这种概括性的规定,不仅不妨碍夫妻间真正根据男女权利平等和地位平等原则来作出对于任何种类家庭财产的所有权、处理权与管理权互相自由的约定,相反,对一切种类的家庭财产问题,都可以用夫妻双方平等的自由自愿的约定方法来解决,也正是夫妻双方对于家庭财产有平等的所有权与处理权的另一具体表现。

第十一条规定:"夫妻有各用自己姓名的权利。"这里,当然事实上主要是指妻应有使用自己姓名的权利。在封建的和半封建半殖民地的中国社会里,当妻活着的时候,在一般的称呼习惯上,多半是无姓无名和只用夫姓的。在正式公文上和死后的碑文传志上,也只是以妻姓冠以夫姓的所谓某门某氏,而从来没有妻的名字的。在男子方面,却从来是使用自己姓名的(除了实行国民党政府民法亲属编婚姻章的"赘夫以其本姓冠以妻姓"之规定者外)。在新民主主义社会里,妇女在政治上、经济上、文化上和社会生活各方面既然均应与男子享受同等的权利,当然,不言而喻地应有"使用自己姓名"的权利。同时,这种规定,当然也毫不妨碍夫妻关于除本姓之外互相冠姓的自愿约定。

第十二条:"夫妻有互相继承遗产的权利",是新式夫妻关系必然和应有的规定,不仅是作为继承关系的一种规定,也是作为婚姻效力的一种规定。

本章的各条规定,可以作为未结婚的青年男女准备建立新式夫妻关系的道德规范,可以作为基于新婚姻制度结婚的夫妻建立新式幸福家庭的实际标准,问时,也可以作为一切基于旧婚姻制度结婚的旧式夫妻关系的改善准则。

人民政府对于封建主义的婚姻制度,实行彻底废除的政策,但对于基于旧婚姻制度结婚的夫妻关系,主要地采取教育改善的政策。基于旧婚姻制度结婚的夫妻关系,大体上不外三种情况:婚后夫妻关系很好的(这种情况的人不很多);婚后夫妻关系很不好的,以致其中一部分人必须采取离婚办法来解决(这种情况的人也不很多);最多的恰是有某些缺陷的旧式夫妻关系——特别是男女权利不平等和在家庭中地位不平等的夫妻关系,是应当而且可以根据《婚姻法》本章规定加以教育改善的。普遍提倡这种教育改善工作,是人民政府的义务,而认真实行这种教育改善工作,则是一切旧式夫妻的责任,特别是一切旧式丈夫的责任。

第四章"父母与子女间的关系"——是关于建立新家庭亲属关系和新社会道德准则的规定

有人说:父母子女间的关系,应属于中国法律上通常所谓亲属法(附注:实际上从科学涵义看来,应该称做家庭法)的范围,不应列入婚姻法范围以内。我们认为父母子女间的关系,是夫妻关系直接产生的结果,是婚姻制度中的有机组成部分。《中华人民共和国婚姻法》基本上也就是婚姻家庭法,所以应有本章的规定。在封建社会和半封建半殖民地社会以及资本主义社会里,父母子女间的血统的亲属关系,父母子女间的应有的亲属感情,往往为封建特权,私有财产和商品关系所隐蔽或代替,因而有时一方对他方不仅发生虐待或遗弃的行为,甚至作出危害生命的行为！这是旧社会制度所必然产生的一种罪恶表现。在新民主主义社会里,居领导地位的工人阶级是主张和提倡一切劳动人民互相帮助、互相关怀的新道德的,因而在《婚姻法》中更不能不有关于"父母子女间的关系"这一专章的规定。

第十三条第一项是关于亲生的父母子女间互相义务的规定(即:"父母对于子女有抚养教育的义务,子女对于父母有赡养扶助的义务;双方均不得虐待或遗弃")。第二项是"养父母与养子女相互间的关系,适用前项规定"的规定。第三项更将父母或第三者残害初生婴儿生命的一切野蛮残暴行为(包括普通所谓溺婴及其他类似的行为),确定地指出是犯罪行为,要求严厉加以禁止。

第十四条关于"父母子女有互相继承遗产的权利"的规定,是现代社会一般的通例,其意义是无须加以说明的。

第十五条所涉及的非婚生子女,主要包括:(1)旧社会所谓"私生子女",即非夫妻关系的男女间发生性行为所生的子女,也即是由于旧社会男女婚姻不自由根源产生的一部分结果;(2)旧社会婚姻制度下的妾生的子女(即所谓庶出的子女)。一切子女都是社会的组成员与国民的一分子,人民民主国家和新民主主义社会都应加以同等的保护。因而本条第一项规定"非婚生子女享受与婚生子女的同等权利,任何人不得加以危害或歧视"。这种规定的意义,就是对于旧社会危害或歧视一切非婚生子女的错误行为,尤其是杀害所谓"私生子女"的野蛮罪行,必须依法制裁。为使非婚生子女尤其是其中的所谓"私生子女"得到生活上的保证,所以有本条第二项和第三项的规定(即:"非婚生子女经生母或其他人证、物证证明其生父者,其生父应负担子女必需的生活费和教育费全部或一部,直至子女十八岁为止。如经生母同意,生父可将子女领回抚养"。以及"生母和他人结婚,原生子女的抚养,适用第二十二条的规定")。

第十六条规定:"夫对于其妻所抚养与前夫所生的子女或妻对于其夫所抚养与前妻所生的子女,不得虐待或歧视。"这是针对旧社会所常见的所谓继母虐待歧视其夫与前妻所生子女或所谓继父虐待歧视其妻与前夫所生子女的罪恶行为,而加以明令禁止的。

本章各条的规定,是新民主主义社会中父母子女间的新型亲属关系的法律规范,也是中国劳动人民行之已久的传统道德——慈、孝、仁、义等在新民主主义社会内的发扬光大。

五、离婚及其有关问题的具体规定

第五章"离婚"——是关于具体保障离婚自由和反对轻率离婚的规定

男女婚姻自由,是包括结婚自由与离婚自由两个方面的。不过结婚是一般男女到达婚龄后的普遍行为,离婚只是一部分男女婚后不得已时的特殊行为。建立在封建特权财产基础上的包办强迫婚姻,既然是不自由的结婚,当然也就没有离婚的自由。建立在资本主义私有财产基础上的所谓男女婚姻自由,其结婚自由只是资产阶级内部男女青年互选恋爱对象的有限的自由,是自由交换的商品关系的自由,因而,它的离婚自由,也是建筑在这种商品自由交换关系的基础上的自由。有些资本主义国家内离婚现象的普遍发生,如美国1945年的婚姻统计证明,当年结婚男女与离婚男女之数为三与一之比,这是资本主义整个社会制度日趋崩溃、社会道德日趋堕落的情况在家庭关系中的反映。与此相反,在新民主主义中国社会内,以法律保障男女离婚自由,正和保障男女结婚自由一样,首先是作为反对和废除旧的封建主义婚姻制度的必要手段,是使那些受封建主义婚姻制度深重痛苦而坚决要求离婚的男女——尤其是那些最受旧婚姻制度痛苦迫不得已而坚决要求离婚的妇女,得到肉体上和精神上的解放,以增进人民的幸福和提高社会的生产力。这是进步的合乎新社会发展需要的一种社会改革。正确地解决男女离婚问题,可以作为男女结婚自由的补充和保证。列宁说得对:"事实上,离婚自由并不是'破裂'家庭关系,相反地,是在文明社会内在唯一可能的和稳固的民主基础上巩固家庭关系。"(《列宁全集》,1935年俄文版,第17条,第448页)

从城乡人民法院和妇女团体有关婚姻案件的材料来看,离婚自由已经成为一部分感受婚姻痛苦的男女,尤其是妇女的迫切要求。

首先,这可以从婚姻案件占民事案件的相当大的或者很大的比重事实中看出来。根据北京、上海、天津、哈尔滨、西安、张家口、石家庄、保定8个城市与原华北解放区71个县、原陕甘宁边区一部分地区以及山西8个县等人民法院的材料统计,这种比重在城市为17.4%到46.9%,在农村为33%到99%。

其次,这可以从离婚案件占婚姻案件极大的比重事实中看出来。根据北京、上海、天津、哈尔滨4个城市及原华北解放区71个县和原陕甘宁边区一部分地区人民法院的材料统计,在城市离婚案件(包括所谓脱离同居关系者,只解除婚约者除外)占婚姻案件总数的46.44%到84.32%,在农村中,离婚案件竟占婚姻案件总数的54.1%到90%以上。

再次,这可以从离婚的主要原因与提出离婚的性别材料中看出来。离婚的第一部分原因是由于旧社会包办强迫和男尊女卑的婚姻制度(由他人作主的婚姻、买卖婚姻、重婚、通奸以及女方受虐待等)产生的夫妻感情不和的结果。这是过去和现在城乡男女离婚的最主要的原因,也是人民法院受理的最大多数离婚案件的离婚原因。由此可见,在现时中国条件下的离婚自由,正和结婚自由一样,是反对封建制度残余的一种特殊形式的革命斗争的表现。离婚的第二部分原因,则是由一些少数特殊情况产生的结果(如夫妻久别、一方犯罪处刑、一方有生理缺陷不能发生性行为、一方有不治之恶疾、一方进步而另一方过于落后,等等)。最后,虽然占离婚案件总数比例很少,但也有一些人的离婚原因是:虽然男女是自愿结婚的,但或者婚前基础即不稳固或者婚后感情不和以致造成离婚的结果。提出离婚者的性别,无论城乡都是女性占多数。在乡村,女方提出离婚者更占大多数。城市以上海、北京、天津三大城市里800件离婚案件来看,其中女方提出离婚要求为546件,即占总数的68%,男方提出离婚的为176件,即占总数的22%。双方都要求离婚的,只有78件,即占总数的10%。乡村从山西的文水(1949年7月至9月)、宁武(同年1月至9月)、代县(同年1月至10月)763件离婚案件的统计来看,由女方提出离婚要求的有705件,即占总数的92.4%弱,男方提出离婚要求的,才58件,即只占总数的7%强。

必须指出,无论在城市或乡村,提出离婚要求的或解除订婚婚约要求的,均以女方占多数的原因,绝不是像有些道学先生们摇头摆尾指手画脚所指责的——什么"女子水性杨花""妇女爱闹恋爱",等等(实际上,无论从历史发展过程看,无论从现实生活看,男子在所谓"性乱"方面都要负主要的责任),而是一部分妇女在家庭中的非人生活所逼迫出来的不得已的结果,许多妇女在家庭中真是过着所谓人间地狱的生活,不但备受虐待,而且往往惨死。山西省人民法院1950年1月7日《关于目前婚姻情况发展的几个举例》的报告中所论到的这类情形,根据现有材料看,是好些地区的大同小异的情形。这个报告中有一段说:

"如晋南洪洞、赵城等16县,7至9月份,就有因男人或翁婆虐待而被迫害致死的妇女25人之多;河津、万泉两县半年来有29个妇女被逼上吊、跳井自尽寻死;又如文水7至9月份及太谷等县11月份统计,共发生命案24件中,就有14个妇女遭到同等命运。如平遥赵秉盛之妻因提出与赵离婚,被赵将烙铁烧红在阴户上烫死毙命,凌川南冶青年妇女李召孩,平日劳动很好,因不堪婆婆与丈夫虐待,终于自杀毙命⋯⋯"

而在妇女中最受歧视和压迫的童养媳的大多数命运差不多都是这样非常悲惨的。兹举两件书面材料为证:

1949年《中国儿童》杂志第3期上所载的《新安旅行团的故事之三》里,说到他们参观安徽巢县温泉时,曾附带地说到一个白发老翁告诉他们的一个故事:

"大约在十几年前,庄上人都把鸡蛋放在水池里煮一会就拿起来吃,可是有一天,庄上的一个童养媳,因为她的婆婆很凶,每天不是骂就是打,这个童养媳受不了她婆婆的折磨,傍晚就跳到水池去了,等大家来救她时,已经烫死了。后来庄上的人再也不在水里煮鸡蛋吃了。"

上述山西省人民法院所写的报告中也曾说到一个童养媳生活和惨死的情况:

"更有如阳泉区石卜嘴村苏黑眼(外号'母蝎子')非人性地压迫十四岁幼女童养媳胖妮子,三九天不给穿棉衣,两三天不给吃饭,常令其儿子荆拐子毒打,于去年2月13日将身穿单衣的胖妮子毒打重伤后,又关在冷房内冻了一夜,于是冻得口吐黄水而死。"

在旧社会内,在家庭中受尽折磨痛苦的妇女,往往或者只有死路一条,或者"听天由命"受苦终身。在新社会内,遭受丈夫翁婆虐待或侮辱的妇女,遭受旧社会婚姻制度种种痛苦的妇女,敢于挺起身来提出离婚的要求,不正是社会进步和妇女解放的表现吗?!

最后,从离婚当事人的年龄看来,离婚问题,也必须得到合理的解决。根据一部分地方人民法院关于离婚当事人年龄的统计,可以看出要离婚的男女以25岁以上45岁以下的壮年为最多(约占50%左右),25岁以下的青年为次多(约占40%左右),其他早婚的未成年男女的离婚以及老年男女的离婚为最少(约占10%左右)。

由于关于婚姻自由的统一法律的缺乏和封建宗法社会的习惯与意识的存在,提出离婚要求的男女——特别是妇女,往往受到他们的家属、亲邻以致部分下级公务人员各种野蛮的干涉、侮辱和虐待,甚至往往造成妇女牺牲生命的惨案。例如前述的山西省人民法院《关于目前婚姻情况发展的几个举例》报告中也有这类的叙述:

"许多地方在群众及干部中仍严重地存在着封建的婚姻传统与恶习影响,而多方面压制妇女婚姻自由⋯⋯干部压制妇女离婚的如:孟县西南沟有一个妇女提出离婚,被该村支部书记痛打四十板,以示惩罚;六区区公所罚离婚妇女推磨;兴县二区某村干部给离婚妇女上背铐,镇压妇女离婚,更严重的是右玉县(现划归察哈尔省)司法科判了一件王四女与王德元的离婚案,原因是王四女因提出与王德元离婚,而被王德元刀刺重伤。该县司法科竟在判决书中写道:'你既早婚三载,男子不好,你应好好规劝,你不该背祖德失名声,背着牛头不认账,谁不恨自招之患!几乎送命;若非重伤,应坐同罪;念你重伤,恕不治罪;望自反省。'司法科如此判决,其他也就可想而知了。……其次家长限制也很普遍,如文水县章多村村长在其妹刘兴宽离婚后,认为是败坏家风,竟滥用职权,派民兵将其妹送回,强迫与前夫复婚,结果演成重大伤害,最后两次才离了婚。西旧城张丁香与武宁云离婚后,为父母之命所迫,又行复婚。西韩村三妮子,因在土改中积极,被男子连打两次,而该村支部不但不予撑腰做主,反而不敢吸收三妮子为党员。此外在群众中更流行着一种'好人不离婚,离婚不正经'的说法,甚至把离婚认为是一种恶劣现象'大逆不道'。"

正因为上述种种原因,所以《中华人民共和国婚姻法》,不能不把保障男女离婚自由当做一项重要的任务。

第十七条第一项规定:"男女双方自愿离婚的,准予离婚。男女一方坚决要求离婚的,经区人民政府和司法机关调解无效时,亦准予离婚。"就是保障男女离婚自由的原则规定,它应和结婚自由一样受到所有人民和司法机关的重视。有一种意见认为:一切的离婚只是人间的悲剧,所以最好不要有任何离婚的现象发生。这种意见,或者是由于受封建制度传统习惯的影响,或者是不明白在现时中国情况下离婚自由的真实意义。从家庭情景的悲欢离合看来,离婚有时固然是悲剧性的事件,然而当前事实证明:并不是一切的离婚都是悲剧,正如不是一切的结婚都是喜剧一样。不仅双方自愿离婚的,一方面是一幕家庭悲剧的终结,另一方面,可能是另一幕家庭喜剧的前提。就是有正当原因不能继续夫妻关系的一方坚决要求离婚而达到目的的,不仅对于提出离婚要求的一方在一定意义上是悲剧的终结和喜剧的开始,而且对于被离婚的另一方可能也是暂时的悲剧。有正当原因迫不得已而要求离婚的男女,尤其是深受旧婚姻制度痛苦迫不得已而坚决要求离婚的妇女,如果不能达到离婚的目的,只是使男女双方或一方忍受肉体上和精神上的无限痛苦。反之,由于双方自愿离婚或者有正当原因一方坚决要求离婚而达到离婚目的的,则是使双方或至少一方获得肉体上或精神上的解放。柳勉之所写的《晋绥土地改革中农村婚姻制度的变化》里,有一段描写了一个贫农妇女薛巧花在离婚前后生活的情况的改变,现将全文抄引如下:

"临县六区霍家坞村,妇女薛巧花,贫农成分,早在7年前(解放前),她的父亲因生活逼迫,把她卖给地主王临祚为妻。当时她只十四岁,王临祚是个发育不全的驼背。出嫁后,丈夫婆婆常常打骂,把她当牛马一样使唤,除做家里一切劳动外,还要和雇工一起上地,每天侍候丈夫婆婆吃白面、吃馍馍,她吃炒粗面、苦菜,还不得一饱。群众看不过去,劝她的父亲另给她找丈夫,但她的父亲不敢惹地主,就自己去替王家白做活,想以自己的劳动来分担女儿的痛苦和负担。地主却向人说:'我的媳妇我打死沤了粪,也不能离婚。'土地改革开始后,群众斗争地主,薛巧花也挺起了腰,向代表委员会提出离婚要求,并在斗争大会上倾诉了7年多的压迫。不久她选择了新翻身农民王石贵为对象,两人到政府登记后就结了婚,建立了幸福的新家庭。"

"在新年中,她自动报名参加了村里的秧歌队,边扭边唱,比任何一年都高兴,请听听她对于婚姻问题的歌唱吧:

"地主娶我心不爱,压迫七年'灰得太'(很不幸);土地改革实在好,跳出火坑真痛快!

"坞头有个王石贵,人很勤劳又和气,咱们二人起了意,自由自愿配夫妻!

"天上的云彩云套云,咱们妇女翻了身,不用金钱自由婚,各人爱上了心上的人!"

薛巧花和王临祚的结婚,从薛巧花方面看来,不正是喜剧的形式和悲剧的内容吗!而相反,薛巧花和王临祚的离婚,从王临祚方面看来,或许是地主老爷的所谓"人财两空"的悲剧;但从薛巧花方面看来,不正是一幕长期悲剧的终结和另一幕真正喜剧的开始吗!所谓结婚或离婚是喜剧还是悲剧的问题,必须从这类具体情况去实事求是地来判别,才能得到正确的合乎事物本质的结论。

以工人阶级为领导的人民民主专政的人民政府,对男女婚姻问题,采取严肃郑重的态度,反对轻率马虎的态度。对结婚问题是这样,对离婚问题也是这样。正如一方面规定结婚自由,同时又规定结婚条件和结婚登记一样。一方面规定离婚自由,同时又规定实现这种离婚自由的严肃郑重的法律程序,以便合情合理地依法处理离婚案件的问题,使离婚及其有关子女与财产和生活问题,都有恰当解决的途径,并防止和反对轻率离婚的现象。因而,在本条(即第十七条)第二项中,不仅规定"男女双方自愿离婚的,双方应向区人民政府登记,领取离婚证",而且责成"区人民政府查明确系双方自愿并对子女和财产问题确有适当处理时",才发给离婚证。同时,为避免某些区人民政府留难男女方提出离婚案件的处理(这种事情过去在好些地方曾经发生过的),所以规定在区人民政府查明确系合于本项规定的离婚,"应即发给离婚证"。而对于男女一方坚决要求离婚的,更采取慎重的调解和判决的程序去解决。因而首先规定:"男女一方坚决要求离婚的,得由区人民政府进行调解"。根据现有经验来看,这种调解有三种可能的结果:一种是经调解后双方同意不离婚了,这是区人民政府调解工作的主要任务,但这并不是无原则地劝和。另一种是经调解后双方都同意离婚了,这是在调解过程中原来不同意离婚的一方自愿同意离婚的结果,但这不能是区调解人员强制"说服"的结果。在这两种情况之下,问题就都算得到解决了。第三种是经调解后一方仍坚决要求离婚而另一方仍不同意离婚,在这种情况之下,区人民政府就应当毫无阻碍和及时地将这种离婚案件,转报县或市人民法院处理,正因为如此,所以紧接着"男女一方坚决要求离婚的,得由区人民政府进行调解"的规定之后,又规定了"如调解无效时,应即转报县或市人民法院处理;区人民政府并不得阻止或妨碍男女任何一方向县或市人民法院申诉"(这种阻止或妨碍行为,过去也曾在有些地方发生过)。同时,在这一规定之后,又紧接着规定县或市人民法院对离婚案件,也应首先进行调解;如调解无效时,即行判决。根据好些地方人民法院的调解书内容看来,县或市人民法院对离婚案件的调解,也有三种结果:一种是经过调解而双方同意不离婚了,同样,这是人民法院调解工作的主要任务,但这同样并不是无原则地劝和。另一种是经过调解而双方同意离婚了,这同样是在调解过程中原来不同意离婚的一方自愿同意离婚的结果,但这同样不能是法院调解人员强制"说服"的结果。在这两种情况之下,问题都已得到解决,便不必再作正式的审判和判决了。第三种是一方仍坚决要求离婚而另一方仍不同意离婚,在这种情况下,人民法院势须根据调查研究所得的具体情况材料,加以审判和判决。同样依据好些地方人民法院判决的内容看来,这种判决,也可能有两种结果:有正当原因不能继续夫妻关系的,作准予离婚的判决,否则作不准予离婚的判决。例如不久以前上海有一个妇女坚决要求和她的丈夫离婚,其理由是:他们并非正式结婚的夫妻关系,而且常受丈夫虐待。但是经过上海市人民法院调查研究的结果,知道这妇女原是一个妓女,系由被告从妓院中花钱赎买出来而正式结婚的,结婚已经十年,并已有一子一女。当原来丈夫经济情况好家庭生活好的时候,她对丈夫的感情很好。当搬到上海后,丈夫经济情况较坏,家庭生活开始比较穷困的时候,尤其是丈夫为响应人民政府号召准备回东北家乡进行生产的时候,这个妇女嫌丈夫生活贫困和不愿出关生产,便捏造一套理由坚决向市人民法院提出离婚的要求。上海市人民法院根据对案情调查研究的结果否定了这个妇女的离婚要求,判令她维持夫妻关系。像这种不准予离婚的判决,于情于理于法,都是恰当的。

根据上海市和济南市人民法院关于离婚案件的统计,其中因法院调解而夫妻言归于好的,也约占20%左右。这可见有一部分离婚案件,或者是出于一方或双方一时感情冲动的结果,或者是双方夫妻感情关系并未达到确实不能再继续共同生活的地步,或者是产生一方要求离婚的原因经过法院调解而得到了合理的解决。由这些实际经验看来,关于离婚案件调解程序的规定,是必要的。

必须注意:无论区人民政府或县市人民法院对离婚案件的调解,都只能是依据婚姻法原则规定向男女当事人进行说服教育的工作。调解产生的"和"或"离"的结果,只能是当事人自愿的结果,绝不能是调解人强制形成的结果。调解不能有强制性的,判决则是有强制性的,这种区别,必须使区人民政府和县或市人民法院工作人员以及离婚案件当事人都清楚了解。

根据人民法院的材料,有些男女离婚后不久,又要求恢复夫妻关系;同时,个别地方的婚姻登记机关或司法机关,竟有不准许或鄙视他们这种恢复夫妻关系要求的,因而有本条(即第十七条)第三项的规定:"离婚后,如男女双方自愿恢复夫妻关系,应向区人民政府进行恢复结婚的登记;区人民政府应予以登记,并发给恢复结婚证。"

本条各项规定,正是人民政府一方面保障离婚自由,另一方面反对轻率离婚的具体表现。

第十八条规定:"女方怀孕期间,男方不得提出离婚;男方要求离婚,须于女方分娩一年后,始得提出。但女方提出离婚的,不在此限。"这是保护妇女利益的特殊规定,尤其是保护孕妇胎儿和婴儿利益的特殊规定。因为女方在怀孕期间或刚分娩后,精神上、肉体上本已十分痛苦,胎儿或婴儿正在发育,均须父母合力特加保护;如男方于此时期向女方提出离婚,对女方的感情上刺激过大,势必严重地影响到母性健康和胎儿或婴儿的发育,所以有禁止男方于此时提出离婚要求的必要。至于女方如于此时期提出离婚,自是出于忍无可忍的情况,当然不能不使其早日脱离痛苦,以保护母性健康和胎儿或婴儿的发育。不过,若一方对他方有杀害的意图或有其他确实不能继续同居关系的严重原因时,当然可以作为例外而申请人民法院加以合理的处理。

第十九条第一项规定:"现役革命军人与家庭有通讯关系的,其配偶提出离婚,须得革命军人的同意。"这是为了现役革命军人在前方安心杀敌的规定。多年的实际经验证明:过去各解放区实行的婚姻条例中关于这类的规定,都收到了安定前方军人保证后方动员与争取解放战争胜利的重大成果。同时,也表现出革命军人的配偶,正如现役革命军人一样,能够牺牲个人的利益去服从民族、社会和国家的公共的永久的利益。现在当人民解放军已经差不多完全解放了中国大陆领土的时候,当中国人民解放战争完全胜利已经为期不远的时候,《中华人民共和国婚姻法》作这种规定,更会得到一切革命军人的配偶和整个社会舆论的同情的。同时,正因为人民解放战争的完全胜利已为期不远,所以本条第二项规定:"自本法公布之日起,如革命军人与家庭两年无通讯关系,其配偶要求离婚,得准予离婚。在本法公布前,如革命军人与家庭已有两年以上无通讯关系,而在本法公布后,又与家庭有一年无通讯关系,其配偶要求离婚,也得准予离婚。"这项规定后半段的意义就是,不管在本法公布前革命军人与家庭无通讯关系已超过了本法规定的两年期限以上的多少年,其配偶有权要求离婚与否,都要等待本法公布后一年内革命军人与家庭有无通讯关系才能决定。那些过去为解放战争公益牺牲小我利益而自觉等待多年的革命军人的配偶,对于这一年的期限,一定会欣然接受的。当然,现役革命军人如向其配偶提出离婚时,也应按《婚姻法》第十七条和第十八条的规定办理,表现革命军人遵守国家法令的模范。

本章各条,在现实情况下,是一方面保障男女离婚自由权利而另一方面又巩固家庭关系的原则性和具体性的规定。

第六章"离婚后子女的抚养和教育"——是关于男女离婚时如何具体实现"保护妇女和子女合法利益"原则的规定

鉴于不少人不了解夫妻间的关系与父母子女间的关系的不同,也就是不了解夫妻间的关系,是男女双方自愿结合的婚姻关系。这种关系,可以因一方的死亡或双方的离婚而消灭。而父母与子女间的关系,则是血亲关系,不能因父母离婚而消灭。同时,鉴于因为不了解这两种关系在原则上的分别,又因为旧社会把子女当做一种私产的传统宗法观念的影响,以致男女在离婚时发生对子女问题许多不必要的争论。他们的基本论点,正就是把子女由谁抚养教育的问题,混淆成为子女归谁所有的问题。因而,常有离婚后负责直接抚养和教育子女的一方,把子女看成与他方无关的为他一方所有的"私产",以致不承认他方仍为子女的父或母,不允许不负直接抚养责任的一方来看望子女或照顾子女,等等。这些情况,不仅影响男女离婚时对子女问题发生许多不必要的纠纷,而且影响离婚后的父母对子女的正常关系。因而使父母与子女间,尤其是子女方面,遭受许多的痛苦。也正是由于对这两种关系不同性质的误解,以致某些离婚时不负直接抚养教育责任的一方,不愿担负应当担负的抚养和教育子女的经济责任。正因为如此,所以才有本章第二十条的规定。

第二十条第一项规定:"父母与子女间的血亲关系,不因父母离婚而消灭。离婚后,子女无论由父方或母方抚养,仍是父母双方的子女。"第二项规定:"离婚后对于所生的子女,仍有抚养和教育的责任。"这些规定,不仅给各级人民法院进行离婚判决时应如何对待子女问题以原则的依据,并且,给所有离婚的男女应如何对待子女问题以常识的教育。第三项上半段规定:"离婚后,哺乳期内的子女,以随哺乳的母亲为原则。"这是保护婴儿利益的规定。只有在母亲无乳哺养或婴儿随母有特殊不利情况的条件下,离婚后的母亲才能不负哺乳婴儿的责任。下半段规定:"哺乳期后的子女,如双方均愿抚养发生争执不能达到协议时,由人民法院根据子女的利益判决。"这里必须注意,所谓子女利益,不应仅从父方或母方的经济条件着眼,而应该同时从子女直接由谁抚养教育更于子女有利的条件着眼,因为,即令真诚爱护子女的一方经济条件较他方困难,但子女由这一方抚养教育,要比由经济条件较为优裕的他方抚养教育子女更为有利时,当然,应由对子女更为有利的一方,担负直接抚养教育的责任,而由他方负担供给生活和教育费全部或一部的经济责任。

第二十一条第一项规定:"离婚后,女方抚养的子女,男方应负担必需的生活费和教育费全部或一部"(这是由于在中国现时条件下大多数妇女在经济上还未达到与男子真正平等地位的缘故),同时,又规定:"负担费用的多寡及期限的长短,由双方协议;协议不成时,由人民法院判决",而人民法院的判决并应依据双方的具体经济情况和抚养教育子女的利益。此外,为照顾到人民群众各种不同的经济情况,并且规定了:"费用支付的办法,为付现金或实物或代小孩耕种分得的田地等。"此外,估计到男女离婚时关于子女生活费和教育费的协议,或人民法院关于子女生活费或教育费的判决,往往是以当时男女双方经济情况为依据的,因而常常不能满足子女生活费和教育费的实际需要;同时,又估计到男女双方或一方在离婚后一定时期内经济情况随时有变动的可能,而子女的生活费和教育费往往确有增加的必要,因而,本条第二项采取《苏俄婚姻、家庭和监护法典》关于这类问题规定的精神,作出下列规定:"离婚时,关于子女生活费和教育费的协议或判决,不妨碍子女向父母任何一方提出超过协议或判决原定数额的请求。"

第二十二条规定:"女方再行结婚后,新夫如愿负担女方原生子女的生活费和教育费全部或一部,则子女的生父的负担可酌情减少或免除。"这是一方面指明即在女方再行结婚后的条件之下,也只有在女方的新夫愿意负担女方原生子女的生活费和教育费全部或一部的条件之下,子女的生父才可酌情减少或免除原有的负担;另一方面指出究竟是否减少或免除,还要看两家的具体经济情况和抚育子女的实际需要而定。

本章的各条规定,都是第一章第一条关于"保护妇女和子女的合法利益"的具体表现。

第七章"离婚后的财产和生活"——是关于男女离婚时应如何处理财产和生活问题的规定

根据许多大中城市和县人民法院关于离婚案件的材料看来,离婚后的财产和生活问题的处理,是比较复杂和繁难的问题。

城市情况以上海为例。根据对上海市人民法院1949年9月至12月份调解离婚与脱离同居关系的120件调解书的研究结果,可以看出:其中大多数是离婚后有财产处理、生活赡养与赔偿损失等问题的。这类案件共计74件,即占120件总数的61.2%弱。也有一部分离婚案件不牵涉到这些问题,这类案件共计46件,即占120件总数的38.3%强。离婚而不牵涉这类问题的主要原因有三种:第一,是男女双方生活都困难,任何一方均无赡养对方的能力。第二,是女方有生活能力,只要达到离婚目的,自愿不要任何的财物。第三,是提出离婚的女方,已经另有结婚的对象。同时,在有财产和生活问题的74件案件里,又有各种不同的情况:有离婚时,男方付给女方生活费和一部分财产的,这种情况的案件计48件,即占74件总数的64.8%强。也有离婚的女方付给男方所谓赔偿费的,这类案件计20件,即占74件总数的29%强。此外,离婚时,男方只归还女方原有衣物,而不另给女方生活费者,有8件。除女方原有衣物仍归女方所有外,男女各分一部分财物者有1件。

乡村以原华北解放区71个县离婚案件材料所反映的情况为例。在2 155件离婚案中,女方离婚而不带财产土地,计1 321件,即占总数的61.3%弱;只带部分财产而不带土地的,计442件,即占总数的20.5%强;既带土地又带其他财产的计392件,即占总数的

18.12%强。此外,鉴于女方离婚时要求带走土地而引起严重纠纷,甚至引起男方对女方身体或生命加以伤害的事情发生不少。同时,鉴于中农家庭在土地改革中一般的是不增减自己原有的土地,贫雇农在土改中分得的土地数量一般与中农相差不远,所以,对于妇女离婚时是否应带走土地的问题,必须慎重仔细地根据各方面的具体情况来加以处理。一方面,应该承认妇女[对]在土地改革中所分得的土地的所有权。因为,这不仅是农村妇女在经济上享有与男子平等权利的应有收获,而且是农村妇女在实行结婚自由或离婚自由权利时的经济基础;另一方面在具体处理农村男女离婚时的土地所有权与使用权时,不能不根据离婚当事人的家庭财产具体情况(即主要看家庭经济情况好坏和男女在婚时对各种类的家庭财产有无具体约定等)、照顾女方及子女利益,以及有利发展生产这些原则来决定。正因为如此,所以才有本章第二十三条的规定。

第二十三条第一项规定:"离婚时,除女方婚前财产归女方所有外,其他家庭财产如何处理,由双方协议,协议不成时,由人民法院根据家庭财产具体情况、照顾女方及子女利益和有利发展生产的原则判决。"这种概括性的原则规定,使异常复杂的男女离婚时的财产处理问题,无论由当事人双方协议,或由人民法院判决,均比列举性地具体规定更便利于对实际问题的解决。本条第二项规定,"如女方及子女分得的财产足以维持子女的生活费和教育费时,则男方可不再负担子女的生活费和教育费",这是有关实行第二十一条第一项规定和本条第一项规定时的补充规定。

第二十四条是关于离婚时偿还各种债务的规定。由于女方一般地较男方的经济地位弱,因此规定:"离婚时,原为夫妻共同生活时所负担的债务,以共同生活时所得财产偿还;如无共同生活时所得财产或共同生活时所得财产不足清偿时,由男方清偿。"当然,如果女方经济地位确比男方强时,女方也可对共同生活时所负的债务比男方多负一些责任。

第二十五条是关于男女离婚后一定时期内有互相帮助尚未再行结婚而生活困难的对方的义务的规定。一般的情况是女方如未再行结婚而生活困难者多,所以本条也是第一章第一条关于保护妇女合法利益的原则的另一个具体表现。同时,根据社会现实情况和人民法院判例看来,也有一部分男方未再行结婚而生活困难的,如女方经济上可能,当然也应该在一定时期内给予这样的男方以维持生活的帮助。

本章各条规定的用意,是使离婚当事人双方本身、对离婚负调解和登记责任的区人民政府以及对离婚案件负调解和判决责任的人民法院,在处理离婚案件中复杂的财产和生活问题时,都有一些基本原则的依据。

六、婚姻法的施行问题

第八章"附则"——是关于婚姻法施行问题的规定

第二十六条第一项规定:"违反本法者,依法制裁。"同时第二项规定:"凡因干涉婚姻自由而引起被干涉者的死亡和伤害者,干涉者一律应并负刑事的责任。"有人问:现在中华人民共和国还没有民事和刑事的成文法典,对违反本法者,怎样依法制裁呢? 而对干涉婚姻自由又引起被干涉者的死亡或伤害者,又怎样确定干涉者应并负民事和刑事的责任呢? 答复是:二十多年来,各解放区人民法院以及中华人民共和国成立以来的各级人民法院的工作现实明白地回答了这些问题。虽然人民法院暂时没有成文的民事和刑事的法律条文作为判案的依据,但是,他们依据人民政府和人民解放军以及中国人民的政党——中国共产党的各种纲领、决议、条例、命令和其他有关文件的规定,依据中国人民政治协商会议的《共同纲领》,以及新民主主义的政权,都基本上合情合理地审判和处理了各种各样的民事的和刑事的问题。在有关违反婚姻法的制裁法令暂时未颁行以前(这种法令正在研究草拟之中),各级人民法院一定会给违反本法者以应有的制裁的。

第二十七条第一项规定:"本法自公布之日起施行。"有一种意见认为:本法只应公布而暂不施行,以便广大人民群众先行讨论一时期后,再由中央人民政府宣布施行。毛主席说得好,《婚姻法》是有关一切男女利害的普遍性仅次于宪法的国家的根本大法之一。为《婚姻法》的有效施行,各民主党派,各级人民政府机关和各种人民团体——尤其是各民主党派和各级人民政府的宣教机关和各级人民司法机关与民政机关,以及妇、青、工、农等群众团体,都有领导和帮助广大人民群众来讨论和了解《婚姻法》的责任;都有在文字上和口头上广泛地宣传和解释《婚姻法》的义务,因而《婚姻法》在公布后,必须发动广大人民群众讨论的意见,无疑地是正确的。但是,暂不施行的意见,则是不便采纳的,因为《婚姻法》如只公布而不施行,则不仅广大人民群众——尤其是妇女群众迫切需要解决并有关国计民生的建立新婚姻制度和废除旧婚姻制度的问题,均将悬而不决,而且一部分维护旧婚姻制度和反对新婚姻制度的人,也将有可能利用《婚姻法》暂不施行的时期和机会来进行各种违反《婚姻法》规定的非法行为。中华人民共和国任何法律和法令,都不是仅仅依靠国家的强制力量来施行,而是同时依靠对人民的教育方法和人民的自觉拥护来施行的。在《婚姻法》施行的过程中,各级人民政府机关和各级人民团体,都要认真地对人民进行宣传教育的工作,而登记婚姻的区、乡人民政府和解决婚姻案件的司法机关,更应该首先利用每个可能的机会和依据每一个具体婚姻问题的情况,来进行对人民群众有关建立新民主主义婚姻制度和废除封建主义婚姻制度的宣传教育工作。同时,估计到中国境内少数民族地区由于经济落后和宗教影响而产生的各种婚姻习惯的存在,例如:某些民族由于宗教关系,男女结婚除在人民政府婚姻登记机关登记外,还必须举行结婚的宗教仪式的习惯等,都不能不在《婚姻法》施行时按照信仰自由原则加以应有的照顾,因此,本条第二项规定:"在少数民族聚居的地区,大行政区人民政府(或军政委员会)或省人民政府得依据当地少数民族婚姻问题的具体情况,对本法制定某些变通的或补充的规定,提请政务院批准施行。"

以上就是"关于《中华人民共和国婚姻法》起草理由"的报告。

请中央人民政府委员会第七次会议对《中华人民共和国婚姻法(草案)》再作一次正式的审核,以便通过公布施行;同时,并请对中央人民政府法制委员会《关于〈中华人民共和国婚姻法〉起草经过和起草理由》的报告,给以详尽的批评和指示!

注1:《王宝林结婚》,是何苦同志描写解放后男女工人自由自愿结婚的小说。内容是叙述年已三十三岁的纱厂男工王宝林,在解放前怎样也找不到结婚对象的痛苦,以及解放后,由于他积极生产和努力工作,怎样与同厂女工李秀兰在共同劳动基础上建立起互助友谊和互爱情感,而达到自由结婚的经过。(详见本年3月17日《天津日报》及法制委员会

编的《婚姻问题参考资料汇编》第一辑)

注2:《小二黑结婚》,是赵树理同志描写解放区农村男女青年自由自愿结婚的小说。内容是叙述真诚互爱的男女青年农民小二黑和于小芹怎样坚决地冲破了他们的父母(即二孔明和三仙姑)包办强迫的办法,怎样顽强地反对了封建迷信的思想,以及怎样艰苦地反抗了流氓分子(即金旺和兴旺)的野蛮干涉,终于在区人民政府的维护和支持婚姻自由政策下,达到结婚自由的经过。(详见赵树理同志原著)

注3:牛大水和杨小梅是孔厥和袁静同志合著的《新儿女英雄传》中的两个代表人物。牛大水和杨小梅都是农民出身的青年共产党员,在共同革命事业和共同英勇斗争中建立起深切的相互了解和相互爱情,而成为共同生活的伴侣。(详见孔厥和袁静同志原著)

注4:刘国义系河北省河间县公安局股员,因要求与李秀英结婚被拒绝,派公安员逮捕和拷打李秀英的母亲王桂香,并逮捕和威逼李秀英的叔父李树章,强迫他们交出跑躲出去的李秀英和他结婚。李秀英到河间县人民法院控告了刘国义的罪行,河间县人民法院将刘国义逮捕法办,河间县人民政府将刘国义撤职查办,中共河北省沧县地委会开除了刘国义的党籍,河北省人民政府和河北省人民法院指示河间县人民法院判处刘国义七年徒刑。(详情请参看本年4月4日《人民日报》及法制委员会所编《婚姻问题参考资料汇编》第一辑内何贝宝所写的"坚决维护婚姻自由"的通讯)

注5:李秀英一开始即干脆拒绝刘国义的结婚要求,以后当张瑞祥等三个村干部又用威胁利诱办法去要她答应刘国义要求时,她坚决地说:"我的婚姻我作主,宁可死了也不嫁他。"最后她不仅坚决机警地逃脱了刘国义的搜捕,并正当她的母亲和叔父被刘国义非法捕打的时候,她马上跑到河间县人民法院去控告了刘国义,结果救出了她的母亲和叔父,战胜了刘国义的无耻强迫逼婚暴行。(详见上述"坚决维护婚姻自由"通讯)

注6:朱莲秀是北京市南洋火柴厂的刷盒女工,在北京解放前,曾有维生工厂副经理要娶她作弟媳妇,她不愿意,曾有人提议她嫁伪国民党的空军人员,她也反对。前年她与维生工厂的看输毛的工人花庆林订了婚。但由于花庆林没钱雇花轿和送彩礼,引起她的嫂子和街坊大妈等反对,两人解放前始终未能结婚。她坚持到北京解放后,终于达到和花庆林结婚的目的。(见法制委员会所编《婚姻问题参考资料汇编》第一辑)

北京市公证处证明收养契约的专题总结[①]

1957年2月13日

证明收养契约是公证业务中的一项亲属关系的证明事件。从1950年起我们就开始举办这项亲属关系的证明。过去由于对这项业务宣传不够,群众间的收养契约据最近了解还有不少未来申请公证。为了总结经验,以利今后开展这项业务。现将几年来经公证证明的有关收养事件,抽查二十件,进行分析研究,综合起来,大致有以下几个问题:

一、收养契约缔结的原因

收养在我国俗称抱养。至于封建社会的过继,限于有血统关系的辈分相当的男性儿童或成年人,其目的在于接续宗祀。这与现在所承认的收养关系有本质上的不同,不能混为一谈。收养契约在收养人一方虽因各种具体事件各有其特殊目的,而其实质都不外收养别人之子,以为己子。收养是一种双方的法律行为,养父母和养子女之间亲属关系是由契约行为而产生。这种契约行为一般是由生父母(交养方)把自己的子女交别人抚养,接受孩子的一方叫做养父母(收养方)。双方订立收养契约后,养父母与养子女之间即产生了父母子女关系和相应的权利义务关系。根据我国婚姻法第十三条规定:养父母与养子女间的关系与亲生子女完全一样,养父母对于养子女有抚养教育的义务,养子女对于养父母有赡养扶助的义务,双方均不得虐待或遗弃。养父母和养子女之间有互相继承遗产的权利。

二十件收养契约的成立原因有以下几点:

(一)从收养人方面看

1. 因年老无子女,怕没人赡养而收养的。例如:韩延修年老守寡,收养侄子韩世良为养子,以便养老送终。

2. 因生理有缺陷,婚后不生子女,感到寂寞苦闷而收养子女的。例如:郑××、王×(收养方)在申请公证证明的收养契约上写着"郑××因生理缺陷不能生育自愿收王双福为养子"。

3. 因结婚多年没有生育,影响夫妇间感情,为改善夫妻关系而收养女子。例如:孙仲元过去因没有孩子,不好好工作,常与妻子吵架,自从收养孩子后,夫妻间感情和好了,工作积极性也提高了。

[①] 本件原件有"很不成熟"四字眉批。

4. 收养一方绝大多数是自己没有子女而收养的。但也有个别因为自己子女少,且不在一起生活感觉生活冷落,需要收养子女以取得精神寄托的。例如:崔长根与唐雅南夫妇俩因儿子参军后生活寂寞收养符露之为养女。

5. 看到孩子的生父母生活困难无力抚养自愿收养,使儿童生活得到保障。例如:刘铁生夫妇收养袁盛长与吴巧珍的两个女儿。袁、吴离婚后,生活都很困苦,对孩子无力抚养,刘铁生就收为养女,带到沈阳抚养教育。

6. 在二十件收养契约中有一件是继父收养其妻与前夫所生之子,养父(即孩子的继父)在陈述收养原因时说:"为了更好地保护儿童利益避免日后纠纷,而收养"。

(二)从交养人方面看

1. 生父母因多子女,经济能力不足无力抚养,而交养的。例如:刘□厚夫妇每月收入三十七元,有五个孩子,故将幼女交由郭长海夫妇抚养。

2. 生母生父离婚后,孩子归女方抚养,但因女方没有工作,无力抚养。如:高秀清与吴宗奎离婚后,女方高秀清没有工作,故将孩子交给别人抚养。又如:晏华因为死了丈夫,孩子多无力抚养,将次子送别人抚养。

3. 非婚生子女交别人收养。例如:寡妇刘××与有妇之夫郭×通奸生一小女孩,双方家庭都不容许收留,送给别人为养女。又有一个妇女在医院里生产,弃婴于医院里,医院登报催告生父母不来认领,医院就将孩子交给别人为养女了。

收养契约的原因一般不是单一的,而且有的是几个原因结合在一起的。如本人无子女,又看到孩子的生父母生活困难,无力抚养,自愿收养他人的子女,为自己的养子女。在生父母一方有的因为离婚又多子女和其他困难原因不得不把自己的孩子交给他人抚养。解放后,在党和政府的领导下,婚姻法的公布施行,人民的觉悟大大提高,收养父母和交养子女的生父母都是从爱护子女保护孩子的利益及巩固家庭关系为目的而建立的收养关系。旧社会流行着的变相买卖的收养关系或其他不正当的动机而成立的收养契约是不存在的。

二、收养契约的当事人和收养契约的主要内容

成立收养契约的双方养父母和被收养子女的生父母,一般都有直接或间接的亲戚关系,或者是亲属关系,二十件收养契约中共有十件包括姐妹关系、兄妹关系、表亲关系,等等。双方系邻居关系的一件;双方互不相识经人介绍的八件;团体交养的一件。

这些收养契约双方当事人的身份,有国家机关干部、工人、农民、教育工作者或家庭妇女,等等。

被收养子女的年龄:

二十件中计:一周岁以下的九件;十岁以下的七件;十七岁的两件;二十一岁的一件;年龄不详的一件。

收养契约的主要内容:

(1)养父母生父母对收养交养子女的一致意见。如被收养人年龄较大,本人同意收养的意思表示。

(2)成立收养契约的原因及养父母对收养子女负责抚养的态度,这一点一般都在收养契约中写着"养父母对养子女视同亲生,决不虐待、遗弃"。有的还写明"即便今后自己生了孩子,也平等对待"。由此可以看出人民的法制观念和爱护后一代的思想感情是较强的。

三、收养契约的作用

1. 收养契约体现了婚姻法保护第二代的精神,使被收养的子女的生活、教育得到保障,特别是非婚生子女、遗弃的婴儿的生命安全,得到了保护,不仅使幼有所养,而且对被收养人与养父母的亲属关系和相应的权利义务关系通过收养契约得以明确的树立。例如:寡妇刘××的非婚生女孩出生后,她的婆婆很反对,不让[把]孩子放在屋里,而妍夫郭×的老婆也不准郭×带孩子回家,以致把孩子用席盖着扔在院子里,挨冻受饿,后郭×把孩子交给魏××收养,经过公证证明,保全了孩子的生命。又如张书田收养其妻前夫之子,经公证证明后,明确了孩子的养子身份,在家中不受歧视。

2. 通过收养契约改善了夫妇关系,促进了夫妇敬爱团结和工作积极性。例如:瓦工孙仲元没收养孩子前,精神颓唐,爱喝酒、不安心工作,夫妻经常吵架,自收养孩子后,精神振奋、工作积极,不喝酒了,夫妻间也不吵架了。

3. 收养契约为多子女的生父母减轻和消除了经济负担的痛苦,加强了人民间的互助团结,从而有利于社会主义建设的顺利进行。

4. 收养契约使老有所依、幼有所养,国家也可以节省社会福利经费的开支,用于经济建设事业。

综上各点说明收养契约保护了儿童利益,改善了家庭关系,加强了人民间的团结,发扬了人民间的互助友爱精神,从而鼓舞和推动人们工作、学习、生产的积极性,凡此都有利于我国社会主义建设事业。这与目前社会提倡节育,减轻或消除对子女教养及其他各方面的困难问题具有相同意义,因此这种收养契约应是多子女和无子女的公民生活中不可缺少的一种法律形式,不仅目前需要,今后同样在我国人民生活中有相当重要的意义。

四、办理公证收养关系应注意的事项和存在的问题

收养契约直接关系到养父母和养子女间的亲属关系和相应的权利义务关系,也与生父母本身的利益攸关。从其后果上看,它是牵涉到三方面的利益的。故收养契约是一种严肃的法律行为,必须通过公证证明才可以使得养父母、生父母和养子女间的权益得到确切的保障。其次从调查得到的反映看:收养人在收养他人子女后,未经公证证明前,顾虑很多,经过公证证明后,才能安心大胆地抚育养子女,而且爱护备至。有的本想收养他人子女,考虑到收养后没有保障,因而作罢。这些情况说明公证收养关系是群众生活当中所迫切需要的。在办理证明收养关系的事件中,必须严肃认真的审查,审查的内容主要有下列几点:

(一)生父母、养父母的年龄、身份、职业、文化程度、家庭人口、经济状况及双方的关系等。

（二）生父母和养父母签订收养契约是否出于自愿？双方有无精神障碍及其道德品质如何？

（三）收养和交养的目的动机是否正确？

（四）收养人对被收养子女负责抚养教育的态度。

公证员就上列各项进行审查，如认为真实合法，可以给予证明，必须责令养父母和生父母在他们缔结的收养契约上签名盖章，表示依约履行决不反悔。如收养的子女年岁较大有一定辨别事理的能力，还可以征求他的同意；当然，在向他们交待收养问题时，要根据每个具体事件进行法制教育，加强他们的守法履行契约的思想，还是很重要的。

几年来我们在办理公证证明收养事件中，取得了一定的成绩。1956年春曾就收养事件，进行过调查访问，养父母和养子女以及生父母之间的关系，都搞的非常亲密，并对政府表示感谢。如收养人孙仲元从收养孩子后，夫妇俩和睦亲密，劳动生产情绪很高涨，他们感激政府给予的幸福和快乐。还有些收养子女的父母反映说：在我们和孩子的生父母协议收养时，直怕日后纠纷，不敢要，后经公证有了保障，我们的心才踏实了，对孩子也是非常爱护的。

但是，我们在办理公证证明收养事件中，也存在着不少的缺点，主要的由于我们调查研究工作不够细致，对于无收养能力的养父母也给予证明收养了。例如：陈灵慧、杨桂英夫妇收养白武、任月英的女儿为养女，到公安派出所进行调查时，没有了解到养母杨桂英患间歇性精神病，每因发病打骂养女，使养女饿瘦不堪，以致引起与生父母双方的纠纷，告到法委去解决。

此外在办理证明收养事件中，被收养人年龄较大（接近成年），有独立生活能力，不仅无受他人抚养的必要，而且在收养后效果上看，养父母与被收养人之间的关系一般是不好的。如王保民夫妇收养表弟的十七岁儿子魏仲平（瓦工）为养子，王保民夫妇要求魏仲平以其挣得的工资赡养养父母，魏仲平不同意，以致养父母、生父母、养子之间常发生口角，双方本是很好的亲戚，变成了生疏。这种收养关系可否建立，有待于立法上的研究。又夫妇离婚后，妻带子女嫁人，前夫之子女是否与后夫当然建立养父与养子女关系，这也需要立法上加以研究确定。

保障出版物著作权暂行规定(草案)

1957年

第一条 为在出版工作中保障著作者的著作权益,特制定本规定。

第二条 本规定所指著作物,包括:

(一)口头著作(包括讲演、讲学及说唱等);

(二)文字著作;

(三)文字翻译;

(四)地图、乐谱、绘画及其他艺术图片。

第三条 著作权归著作人享有:二人以上合著之著作物,其著作权归合著人共有,合著人之相互关系,由合著人自行商定之。

第四条 著作权归著作人终身享有:著作人亡故后,其继承人得继续享有著作权十五年。

消失著作权之著作物,其出版权归国家所有。

第五条 报纸、杂志、中小学课本之著作权,归出版者享有。

报纸、杂志中之各个著作人,除与出版者另有契约规定者外,仍得享有其本人著作物之著作权。

第六条 就著作权已消失之著作物从事编选、标点、评注等工作者,得享有著作权。但他人仍得就同一著作物从事上述工作。

前项著作物,除政府授权之出版社外,不得出版。

就有著作权之著作物而为前项之工作者,如经著作权所有人之同意,其编辑人得享有著作权。其著作权所有人对于自己之著作物,除与编辑人另有契约规定者外,仍保有其享有之著作权益。

第七条 著作权之一部或全部,其所有人得依据出版契约、遗嘱或其他规定让与他人。

第八条 中国共产党各级党委的指示、决定、党报的社论,各级人民政府的法令、通知、指示、决议、报告等文件,除政府授权之出版社外,不得编集或注释出版。

第九条 凡有下列各项行为者,均为侵害著作权:

(一)盗印他人之著作物者;

(二)抄袭、窜改他人之著作物出版者;

(三)未经著作权所有人同意,删节他人著作物出版者;

（四）未经著作权所有人同意，编集他人在书籍、纸张、杂志上发表之著作物成书出版者；

（五）未经著作权所有人同意，将他人之著作物翻制成照片或幻灯片出售者。

第十条　下列各项，不以侵害著作权论：

（一）就汉文之著作物翻译成国内兄弟民族文字者；

（二）就他人之著作物改编成其他形式之著作物，如改编小说为戏剧或电影剧本，改编戏剧或电影剧本为小说，改编戏剧为电影剧本，改编电影剧本为戏剧等，但改编时应征得著作权所有人之同意；

（三）从他人之著作物摘录片段或选载全篇，编入教科书而注明原著作人姓名及出处者；

（四）在自己的著作物中引用或转载他人著作物中少量文字供论证、参考之用，或采取少量地图、乐谱、绘画及其他艺术图片供说明、参照之用，而注明原著作人姓名及出处者；

（五）在报纸、杂志上转载其他报纸、杂志上发表之论文、通讯及其他未规定不许转载之著作物而注明原著作人姓名及出处者。

第十一条　著作权受侵害时，著作权所有人对侵害人（均包括出版者）得提出抗议，要求赔偿损失，或提请出版行政机关进行处理；必要时，并得向法院提起诉讼。

出版行政机关发现著作权被侵害及其他违犯本规定情事时，得进行处理。

第十二条　中央人民政府有权向出版物著作权所有人收购其著作权。

第十三条　本规定解释之权属中央人民政府出版总署。

附件一：

说　明

一、第四条关于著作权享受年限，依照一九三八年伪国民政府公布的著作权法，著作物归著作人终身享有，著作人亡故后，其继承人得继续享有著作权三十年；翻译书籍享有著作权二十年。本规定采取了苏联的办法，不分著作或翻译[书籍]，一律定为著作权归著作人终身享有，著作人死亡后，其继承人得继续享有十五年。其理由为：继承人享有著作权的年限太长，足以养成享有者的依赖心；翻译书籍虽然较著作为易，但他人仍可以据原书另行翻译，而优秀的、能历久受读者信任的翻译作品并不多，故应与著作受同等待遇。

二、第四条规定"消失著作权之著作物，其出版权归国家所有"及第六条但书"前项著作物，除政府授权之出版社外，不得出版"，其理由为消失著作权之著作物应作为全体人民的精神财富，我国目前还存在着私营出版社，这些财富不应让私营出版商去牟利。特别是投机私营出版商唯利是图，滥出某些封建迷信、武侠以致色情的旧小说，足以毒害读者，更非予以限制不可。

民间口头文艺著作无著作权，但搜集、编写者，得享有著作权。

三、第十条第（一）项规定的用意在促进国内各少数民族文化的发展。对于这一项我署已于一九五三年作了规定。苏联的办法,俄文文艺作品译成国内少数民族文字,对原著作人不必支付稿酬,从一种少数民族文字的作品译成其他民族文字,致送稿酬。(见马尔库斯《书籍出版事业的组织和经营》)

同条第(四)项,规定引用或转载他人著作物中少量文字、地图、乐谱、绘画等供论证、参考之用者不以侵害著作权论。所谓"少量",自嫌笼统。但由于著作物篇幅、性质、著作者态度等差异甚大,甚难作具体规定。只能在执行中视具体情形而定。一般只要编著者的态度严肃,其著作物确具有独立的性质,引用篇幅不超过总篇幅的四分之一以上,即可不以侵犯著作权论。

同条第(五)项规定的理由为:报纸、杂志上发表之论文、通讯等文字,对广大群众富有政治思想教育意义,容许转载,可以扩大宣传效果,所以不应予以限制。但以往报纸、杂志转载上述各项文字,有致送著作人稿酬的,自仍可致送。

四、第十一条对侵害著作权者的处理,规定得不够具体。由于我国民法、刑法都还没有正式制定,一般只能作行政处理。所谓赔偿著作人及出版者损失,得按侵害人情况,被侵害情况酌情处理。除赔偿损失外,并得视情节轻重,予以登报悔过、罚款、停业等处分。严重的并可向法院起诉,予以刑事处分。

五、我国旧著作权法中,列有"出资聘人所成之著作物其著作权归出资人有之,但当事人间有特约者从其特约"的条文。目前我国除公私营出版企业以外,机关、团体、学校及其他企业的工作干部,亦有在工作时间内从事著作的情形。在出版企业中,工作干部在工作时间所成的著作物,其著作权一般自应归企业所有,但机关、团体、学校及其他企业,为奖励著作,干部著作物的著作权有一部分归著作人所有者,间亦有全部归著作人所有者,目前尚无统一规定。要作统一规定亦甚难,故本规定中不予列入(苏联著作权法中,亦未列有此项条文)。

六、本规定公布时,当声明下列各点:

(一)本规定自发布一个月后施行。

(二)本规定发布前,在违反本规定第九条第(三)(四)(五)各项规定者,其已出版之著作物,不予处理,但存书(或存货)售完以后,不得再版。

(三)关于著作权保障事项,如尚有未尽事宜,得依照向来习惯并参照苏联著作权法斟酌处理。

附件二:

目前出版物中侵害著作权情况

一、私营出版商编印有关政策、法令、文件的书籍

一九五二年八月政务院颁布的《管理书刊出版业印刷业发行业暂行条例》,对编印或翻印各级人民政府法令文件之出版权已作法律规定。但在这个条例颁布的同时和以后

(一九五二年八月至十月），还有一些私营出版商(如上海祖国出版社、新人出版社、民生书店、陆开记书店、文工书店等)滥出了多种错误百出的解释共同纲领的学习手册一类读物。其中民生书店出版的《共同纲领学习手册》，竟把毛主席在人民政协第一届全体会议上的开幕词、周恩来总理关于共同纲领草案起草的经过和纲领特点的报告的摘要作为全书的参考资料，并把周总理报告的摘要的第一段全删去，而且擅自加了五个小标题。还有一家北京私营工商出版社自一九五二年六月起至一九五三年十二月止，共出版了自称为"集纳性、文摘性"的《工商手册》十八辑（约每月一辑又《新税制学习资料》一辑），其内容极大部分都是剪贴报刊上的材料，包括有关工商业的政策、法令、规章，有关政治时事的报告、文件、论文（其中有的是政府首长在公共会议上的报告，也有的是私人写作的文章），有的注明出处，有的不注明出处。更严重的是，这些书几乎每期都辟有"税务讲话""税务问答"等栏，从某些地方性的报刊中胡乱辑集有关解释国家税政问题的资料，资料中某些解释是错误的或与中央的统一规定不符的；此外工商出版社编辑部还擅自解答了一些问题，内容十分混乱。即在转载的文字中也常发生严重错误。例如《工商手册》第十八辑转载了《人民日报》社论《进一步把私营工商业纳入国家资本主义的轨道》，竟将其中一段"四、这些企业的生产和经营既然改善并且扩大，就使企业有合理的利润可图，资本家有合理的利润可得，资本家代理人的生活福利得到适当的保障，职工生活逐步提高。"改为"四、这些企业的生产和经营既然改善并且扩大，就使企业有合理的利润可得，资本家代理人的生活福利可以得到适当的保障，职工生活可以逐步提高。"

二、翻印图书、古籍及翻版艺术品

不尊重著作权和版权、任意翻印别人著作或图书的现象，在各地方也还是存在着。

一篇有较大影响的文章连续在不同地区翻印出版的情况相当多。例如魏巍的《谁是最可爱的人》，据不完全统计，曾在九个出版社的同名出版物中反复翻印，其中中央一级出版社二（人民文学、青年），地方国营出版社三（湖南、归绥、天津），非出版单位一（唐山市青委），杂志社一（成都《半月文摘》社），还有一家私营的天津益智书店。又如王勉执笔的《文化大进军》，曾由七个地方国营出版社翻印出版过（山东、江西、东北、河北、福建、中南、察哈尔）；高玉宝的《我是怎样学习文化和学习写作的》，东北、中南、西南、天津等四个地方国营出版社都印过单行本。这是一种情况。

另一种情况是，有许多地方上的非出版单位，如机关、团体或学校，单纯为了自己的需要或为了一个时期的宣传任务，任意翻印图书。这样除侵害到著作、出版权以外，而且妨碍对出版工作的有效管理和计划发行，引起版本的混乱和造成浪费。例如河南省农林厅农委会翻印华北人民出版社出版的《农业生产互助合作教材》达二十万册，这本书已有了修订本，而翻印本却是根据旧版本的。又如中共广西省委农村工作部翻印华北人民出版社出版的《农业生产合作社》，而新华书店广西分店就有存书。这种情况在江西、湖北、江苏、山东等省都曾发现，据反映的情况，以江西省最严重。据统计，南昌一市从一九五二年下半年到一九五三年二月，非出版单位翻印的书籍图片（不包括内部刊物）达一百八十六种，印一百余万册又八万张。如中共南昌市委翻印过《中国共产党党员基本知识讲话》；青年团南昌市委翻印过《消灭细菌战》；江西省防疫委员会翻印过《防疫常识》；省妇联翻印过《妇婴卫生简易教材》；南昌大学翻印过《小二黑结婚》。江西省其他各地，同样有这种情况，例如上饶专区市青委翻印《青年团基本知识教材》，高安中学翻印《经济建设常识读本》。我署对这种任意翻印图书的现象，曾于一九五三年十一月作过规定予以纠正，但个别地方仍继续发生，有待彻底克服。

在私商方面，最近还出现了任意翻印古籍及一些丧失了著作权的旧小说的情况。上海尚古山房翻印了《三国演义》《西游记》《西厢记》及七十回本《水浒》等书。尚古山房、普及书店、儿童出版社、锦章书局等私商大量翻印了一些恶劣的旧小说，如《九义十八侠》《大破孟州》《秦英征西》《刘公案》《临水平妖传》等，不下二三十种。

私商的翻版行为也侵入某些艺术品中。例如有好些优良的美术品——宣传画、年画（如《我们热爱和平》《和平代表，欢迎你！》）被许多私商复制为照片，大量销售。也有些国营出版社出版的连环画被私商翻印为《小图片》(如大沪图书出版社将人民美术出版社出版，刘继卣绘的《鸡毛信》复制为同名的小图片)，和不得同意复制为幻灯片。

三、剪贴或剽窃他人的著作成书

出版物中剪贴或剽窃他人的著作成书，借以牟利的行为相当严重，其方式方法也是多样的。

有一种方法是全部剪贴别人的著作成书，有的材料注明作者和出处，有的甚至不注明作者和出处。例如上海大路出版社出版的《小学教师参考资料》是把报刊上发表过的别人写的文章剪贴汇集而成的。其中有钱俊瑞同志的《用革命精神实施新学制》(这篇文章曾在《人民教育》第四卷第一期上发表过)，有《人民教育》三卷六期的社论《学制改革的重大意义和新学制的基本精神》，此外还有北京、天津市某些小学实验五年一贯制的初步经验的总结以及各科教学经验介绍，等等，共搜集了四十四篇。这些文章有的注明了作者和出处；有的只注明作者，不写出处。转载这些文章，也没有征求作者的同意。上海新人出版社出版的《中国新民主主义革命史回忆录》，全部材料是直接、间接从新旧报刊中或别人著作剪贴而成的；北京十月出版社出版的《五反运动后私营企业的新气象》，全部材料是从报纸上剪下来的。这两本书还注明了材料的来源。还有若干私营出版商出版的同性质的出版物，有的是一部或全部不注出处，有的甚至连原作者的姓名也给抹掉。例如北京万国书店出版的《中朝好儿女》收入了五十篇在各报刊上发表过的短文，全部没有注明作者和出处；民智书局出版的《抗美援朝英雄故事》也是一样；自强书局出版的《血海深仇录》编入了报纸上发表过的三十六篇短文，只注明了作者，而没有注明出处。

另一种方法是拼凑别人的著作纂为己有。上海广益书局出版的两套通俗读物——"工农兵故事丛书""中朝人民战斗英雄故事丛书"——共九十本，其中材料全部是拼凑了报刊上发表过的《朝鲜通讯》及有关战斗英雄、劳动模范事迹的报道而成，有些只在字句上稍加改动，而以"编写"的名义出版，并且在版权页上声明"有著作权"。还有许多出版商，如上海工农兵读物出版社、陆开记书店、汇文书店、自立书店、正气书局等，编选了许多流行的歌曲，大量出版，如《人民歌唱手册》《中国群众歌曲选》《新中华歌选》《新生歌选》《大合唱》《红旗歌声》《民间歌曲选集》《兄弟民族歌曲选集》《白毛女歌曲集》，等等。在编选我国作曲家创作的歌曲时,都没有征求同意。这些出版商和编选者,为了逃避责任,还在书前书后印上一段致作者说是:"本歌唱手册所刊载之歌曲,其作词及作曲者,均已薄酬发表费并赠送本书样书。倘有未收到者,请即示通讯地址,俾便寄奉。"可是许多作曲家都根本不曾收到什么发表费或样书。这已经引起作曲家的抗议。

还有一种方法是大量地或极大量地剽窃、侵占别人的作品,放在自己的出版物中,把它作为"参考资料"或"举例"资料。上海普文出版社出版的许多书,是这种盗窃手法的产品。例如《思想改造讲话》把发表在报刊上的许多人的思想批判剪集起来,砍头、断腰、截尾地加以拼凑,作为五十六个举例,这些举例以及其他引述文字占有全书四分之三以上的篇幅。《怎样写自传》《怎样写日记》也是这样:前书正文七十八页,侵占别人作品的材料即所谓"自传实例"占五十八页;后书正文六十八页,侵占别人作品的材料即所谓"日记实例"占五十八页。上海群众书店出版的《怎样写》也是一样:全书共一百一十六页,其中十分之九的篇幅是抄来的材料。

四、抄袭、窜改

抄袭和窜改的情况广泛存在于苏联文学名著的改写本或通俗本中。对这种改写本或通俗本,我署已作出停止出版的规定,情况不赘述。

高玉宝同志发表了《高玉宝》的若干片断后,上海太平洋出版社、北新书局先后出版了《高玉宝传》《放猪娃儿写书》等书。这些书都是抄袭、窜改高玉宝同志自己的著作,事先并未征求同意,也不通知作者。太平洋出版社出版的《马特洛索夫式的英雄黄继光》同样是抄袭、窜改了报刊上发表的材料,如中国青年报谷声溘、任楚材写的《不朽的志愿军英雄黄继光》,根据两作者的揭发,事先既没有取得作者的同意,事后也没有给他们看一下。

广益书局出版的另外两套书——"新人新事新唱本""民间文艺丛书",也是抄袭、窜改的典型。前一套书计十三种,内收四十九篇唱词,都是根据报刊上发表的生活小故事改编的,有的注明出处,有的不注明出处,经查明取材于《新观察》上的占四分之三左右。其改编的方法,据编者自称,主要是"按照原文的字句,长的裁短,短的加长,配准韵辙",实际是把一篇散文窜改一些字并改为唱词形式。"民间文艺丛书"主要是抄袭别人搜集来的东西或别人写作、翻译的东西,略加窜改。例如在《金鼠》《两粒豆子》两书里抄袭了董均伦采写的"民间故事集"里的《元宝》《狼》和《浪荡鬼》,并加以窜改。《人参的故事》转抄了别人翻译的朝鲜民间故事和传说八篇,编者自己说"一般只是根据译文,把那些欧化的字句作了一些改写"。

五、改编和改写

也有些是真正经过改编或改写的出版物。这一类出版物,有的是质量优良,确实称得上是再创作的。它们基本上与上述那些抄袭、窜改的投机出版物不同。这种情况是某些正当的著作者把另一著作者的著作物,从一种文艺形式改编、改写为另一种文艺形式,或把某一剧种的剧本改编、改写为另一剧种的剧本出版及上演。例如,据不完全统计,马烽的《结婚》曾先后由某些剧团或作者改编为越剧两种,鼓词、唱本、独幕话剧、川剧、评剧、秦腔等各一种,分由浙江、华东、河北、中南、山东等地方国营出版社及某些与地方文艺团体有联系的公私合营及私营书店(西安长安书店、北京宝文堂书局)出版。赵树理的《小二黑结婚》有十三种改编的剧本,《登记》有五种改编本;金剑的《赵小兰》、谷峪的《新事新办》和孙芋的《妇女代表》也有五种和四种改编本。这种改编和改写是可以的、必要的,但通常的情况,改编者或改写者事前并没有征求原作者的同意,这种情况也是应该改善的。

　　上述这些情况,特别是私营出版业使用种种方式方法侵害他人著作、出版权益的行为,对当前的出版工作已经起了一定的坏影响。大量出版粗制滥造的、质量低劣的出版物,是这种行为的直接结果。重复浪费,增加读者的负担并造成出版物的混乱现象,也是它的直接结果。例如许多私营出版商出版的歌曲集,名目繁多,质量低劣,因为是反复拼凑,所以内容大体相同,使广大读者遭受许多损失。更重要的是,由于这种情况的存在,还养成了出版工作中的草率苟且的风气,投机作者既不尊重他人的劳动,也不要求自己从事刻苦的精神劳动。这就使某些原本可以替人民做些事的文字工作者得不到应有的教育和提高,而私营出版商则因利乘便,得以大肆投机。在地方国营出版社以及各地方非出版单位中存在的不重视著作权的情况,也有加以纠正的必要。